DIREITO TRIBUTÁRIO
LINGUAGEM E MÉTODO

CIP-BRASIL. CATALOGAÇÃO NA PUBLICAÇÃO
SINDICATO NACIONAL DOS EDITORES DE LIVROS, RJ

C327d
8. ed.

    Carvalho, Paulo de Barros
    Direito tributário : linguagem e método / Paulo de Barros Carvalho. - 8. ed. - São Paulo: Noeses, 2021.

    1072 p. ; 23 cm.
    ISBN 978-65-992879-4-7

    1. Direito tributário - Brasil. 2. Direito tributário - Brasil - Linguagem. I. Título.

21-69170   CDU: 340.113:351.713(81)

Meri Gleice Rodrigues de Souza - Bibliotecária CRB-7/6439

PAULO DE BARROS CARVALHO
Professor Emérito e Titular da
Pontifícia Universidade Católica de São Paulo-PUC/SP
Professor Emérito e Titular da Universidade de São Paulo-USP

DIREITO TRIBUTÁRIO LINGUAGEM E MÉTODO

8ª edição

2021

editora e livraria
NOESES

Copyright © Editora Noeses 2020
Fundador e Editor-chefe: Paulo de Barros Carvalho
Gerente de Produção Editorial: Rosangela Santos
Arte e Diagramação: Renato Castro
Revisão: Semíramis Oliveira
Designer de Capa: Aliá3 - Marcos Duarte

TODOS OS DIREITOS RESERVADOS. Proibida a reprodução total ou parcial, por qualquer meio ou processo, especialmente por sistemas gráficos, microfílmicos, fotográficos, reprográficos, fonográficos, videográficos. Vedada a memorização e/ou a recuperação total ou parcial, bem como a inclusão de qualquer parte desta obra em qualquer sistema de processamento de dados. Essas proibições aplicam-se também às características gráficas da obra e à sua editoração. A violação dos direitos autorais é punível como crime (art. 184 e parágrafos, do Código Penal), com pena de prisão e multa, conjuntamente com busca e apreensão e indenizações diversas (arts. 101 a 110 da Lei 9.610, de 19.02.1998, Lei dos Direitos Autorais).

2021

Editora Noeses Ltda.
Tel/fax: 55 11 3666 6055
www.editoranoeses.com.br

Dedico este livro

A meus netos:

>*Bruno*
>*Filipe*
>*Marina*
>*Julia*
>*Luiza*
>*Isabella*
>*Nathalie*
>*Leonardo*

À Teresa e a José Souto Maior Borges, nesses mais de 30 (trinta) anos de retilínea e uniforme amizade

A Eros Roberto Grau, amigo de gerações

À memória de minha irmã Mirene de Barros Carvalho

Às lembranças, sempre fortes e significativas, de Lourival Vilanova, Geraldo Ataliba e Alfredo Augusto Becker

N.S.C.

NOTAS SOBRE ESTA 8ª EDIÇÃO

Creio que descaberia aludir, na pressa e urgência de uma síntese introdutória, a todas as modificações que foram inseridas na extensão longitudinal do texto. Contudo, algumas anotações devem ser assinaladas. Vou enumerar as que me parecerem mais sugestivas, tendo vista atualizar o trabalho. Convenhamos que sete edições de uma obra, ainda que depurada, uma a uma, no tempo de cada estação, faz amadurecer o tratamento do assunto no fogo brando da meditação e da expectativa sobre a eficácia da mensagem. Acontece isso, certamente, quando o tema central brilha pela sua unidade e pode ser aperfeiçoado com os acréscimos e reduções promovidos nos vários movimentos editoriais. Mas, não é propriamente aquilo que ocorre com o conteúdo deste volume. Há, nele, proposições de Filosofia, de Teoria Geral e, em boa medida, "teses" e enunciados de Direito Tributário, desenvolvidos nos planos de aplicação da linguagem técnico-prática e daquela outra, com pretensões de sobrenível científico, nem sempre ordenadas na forma superior de sistema. Todavia, o momento histórico em que vivemos, feito de proximidades e de distâncias, está longe de impedir que a linha diretiva e o sopro metodológico adotados até aqui continuem os mesmos, seguindo a concepção do Constructivismo Lógico-semântico, com as inserções da Teoria Comunicacional do Direito, de Gregório Robles, da Retórica Objetiva, tão bem elaborada pela nova "Escola Pernambucana" e dos impulsos culturalistas que adquirem cada vez mais espaço nas dimensões do meu pensamento. Tudo para favorecer o fortalecimento do novo método, evitando, com deliberado empenho, não atingir paroxismos de exaltação.

As eventuais repetições têm o condão de propiciar o "novo". Não custa lembrar que me refiro à "repetição produtiva", não àquela meramente "repetitiva" que enseja o cansaço intelectual na mente de quem lê. Para a boa compreensão das ideias já contidas no seguimento textual, procurei escapar das inconsistências e de quanto possa abalar a coesão e a coerência do trabalho. Nutro a convicção de que o "Direito, Linguagem e Método" vem prestando relevantes serviços à comunidade jurídica nacional e internacional, de tal sorte que não seria conveniente alterar os rumos de sua trajetória. Permanecem de pé as reflexões de Dardo Scavino (Pensar sem certezas) sobre o caráter niilista da "Hermenêutica", segundo Gianni Vattimo e o propósito da insistência de Richard Rorty em caracterizar os filósofos e os cientistas como poetas que se ignoram como tais.

Entre as inovações, o leitor encontrará páginas de Dominique Mainguenau, sobretudo no campo da "enunciação aforizante" com suas utilíssimas aplicações em instantes pragmáticos da dogmática brasileira. Além disso, a concepção do chamado "princípio da não-cumulatividade", examinado à luz das categorias de Gregório Robles, no que tange às "regras técnico-procedimentais", abrem caminho para uma interpretação mais e estável e incisiva dessa categoria tantas vezes empregada na doutrina e no corpo prescritivo de nossas instituições. A "interpretação literal" é outro tópico que merece revigorante análise, agora com angulações contextuais. Assim ocorrerá com o art. 111 do Código Tributário Nacional. Não podemos nos esquecer que interpretar, comentar, sintetizar, comparar, realçar contrastes, sublinhar aspectos e acompanhar movimentos no âmbito de obra tão relevante para a sistematização de nossa experiência jurídica, não poderia ser coisa fácil, resolvida com frases feitas que atravessam a história do Direito, enfrentando com a displicência e a ingenuidade dos múltiplos e inesgotáveis assuntos periféricos. Há, também, reflexões a respeito do tema invariavelmente presente das "competências".

Aqui estão algumas considerações que aludem ao que há de novo neste volume apresentado em sua 8ª edição. E acrescento que não é trabalho que se faz sozinho. Contou com muitas colaborações. Quero destacar, para além dos assessores imediatos, os importantíssimos diálogos que mantive com dois juristas notáveis, que tenho a ventura de conviver diuturnamente: de uma lado, Robson Maia Lins, sem qualquer favor, um dos mais qualificados advogados brasileiros da atualidade; e, de outro, Lucas Galvão de Brito, jovem que pode ser apontado como um dos expoentes mais talentosos de sua geração.

Por essas e por outras, não vacilo em elogiar este livro, feito com o sentimento e com a razão, recomendando-o a todos aqueles que se dispuserem a compulsá-lo.

São Paulo, 28 de fevereiro de 2021

Paulo de Barros Carvalho

NOTAS SOBRE ESTA 7ª EDIÇÃO

O aspecto nomodinâmico do Direito é algo que está presente à nossa percepção com a força e a evidência das "verdades" inquestionáveis. No ordenamento positivo, são normas que entram, são normas que saem, são normas que se modificam, fazendo com que o conjunto, assim como as nuvens do céu, assuma sempre diferentes configurações. Ora, algum tempo se passou e o conteúdo da obra, apesar de sustentar-se, requereu ajustes e adaptações que o jogo da realidade não cansa de sugerir. Fiz, também, correções na forma de expressão textual que a gentileza dos leitores anotou e delicadamente propôs. Assim, vem à luz a 7ª edição deste livro. Espero que continue a cumprir o papel relevante de suscitar reflexões sobre o fenômeno jurídico tributário e, sobretudo, a respeito da própria Teoria do Direito.

São Paulo, 21 de abril de 2018.
Paulo de Barros Carvalho

A PROPÓSITO DA 6ª EDIÇÃO DESTE LIVRO

Cada edição anuncia novo momento na vida intelectual do autor, ainda que poucas sejam as mudanças e levíssimas as alterações introduzidas no texto. Acontece que as acomodações necessárias ao equilíbrio pragmático da mensagem vão, por si só, oferecendo material fecundo para interpretações diferentes, a ponto de surpreendê-lo e estimulá-lo a promover expansões que não constavam do projeto inicial da obra.

Assim vem ocorrendo com o *Direito Tributário, Linguagem e Método*. Há trechos de releitura que sugerem ao autor retificações, desdobramentos, análises mais demoradas, sínteses mais objetivas, num esforço de depuração para o qual nenhum trato de tempo será suficiente para realizá-la.

Quero assinalar, porém, tópicos em que as modificações podem ser notadas, tais como, na primeira parte, *a interdefinibilidade dos modais deônticos e os limites lógicos do direito*, algumas palavras sobre *as relações de contradição, contrariedade, subcontrariedade e subalternação*, e, bem assim, sobre *forma e conteúdo*, texto apresentado com acréscimos. Já na segunda parte, *acepções do vocábulo tributo* e considerações sobre *unicidade, unitariedade, pluralidade e complexidade dos negócios jurídicos e seus reflexos na identificação do fato jurídico tributário*, além de *"sujeitos" e "pessoas" no direito*.

Fazenda Santo Antônio de Palmares, 21 de abril de 2015.
Paulo de Barros Carvalho

ALGO PARA DIZER SOBRE A 5ª EDIÇÃO DESTE LIVRO

Há textos que têm o condão de autorreproduzir-se, instigando o autor a movimentar-se para acompanhá-los na sua marcha existencial. O escrito parece puxar as atenções de quem o concebeu, como que exigindo novas edições para fazê-lo avançar no tempo e provocar o interesse de seus potenciais leitores. Assim vem ocorrendo com o "Direito Tributário, Linguagem e Método" assumindo, agora, as vestes de sua 5ª edição, revista e, em alguma proporção, ampliada.

A pretensão é contribuir, em cada nova edição e na medida do possível, para que o texto vá se acomodando, com intensidade crescente, no âmbito do movimento conhecido como giro-linguístico, de tal sorte que não remanesçam dúvidas quanto à convicção com que aderimos a essa linha de pensamento.

Outro ponto que assinala um dos setores que continuam sendo objeto de nosso mais vivo interesse é o da configuração lógica dos valores, agora com 14 quatorze itens de identificação. Já mencionei o quanto prezo a lembrança desses tópicos de análise, não só para o reconhecimento da figura, como também para enriquecer o discurso retórico sobre as estimativas, abrindo novas possibilidades de argumentação num assunto tão atual, porém instável e de difícil apreensão.

Aliás, a multiplicidade de princípios, invocados em todas as direções e para justificar propostas descritivas muitas vezes dissonantes, é convite incisivo para a atenção contínua e a reflexão detida. Tais expedientes, de ordem filosófica, são imprescindíveis para o progresso da ciência, que não pode verter-se sobre si mesma, repercutindo, também, nos horizontes da prática, onde acontece a experiência jurídica concreta da realidade social.

Fazenda Santo Antônio de Palmares, 09 de março de 2013.

Paulo de Barros Carvalho

ALGUMAS PALAVRAS SOBRE A QUARTA EDIÇÃO

A vida de um livro jurídico é um eterno transformar-se. Aqui, adaptando-se às mutações da experiência; ali, sofrendo acréscimos ditados pelas novas contribuições que a Dogmática não cessa de oferecer; mais adiante, passando pelas correções que o tempo implacavelmente aponta. Na dinâmica dessas providências consiste o caminho do aperfeiçoamento da obra, com seus momentos de revisão, de reflexão, de reestudo. *Direito Tributário, Linguagem e Método*, entra em sua 4ª edição e tudo se passa exatamente assim: correções, acréscimos, pequenas anotações e novas e reiteradas meditações sobre aqueles pontos tão significativos que não poderiam ficar fora da vigilância incessante de quem vive, intensamente, a aplicação de seu texto.

Torna-se necessário dizer que os compromissos com o programa do *giro-linguístico* exigem, quem sabe com mais vigor ainda, esses expedientes de acompanhamento, mesmo porque a velocidade das informações e o envolvimento com a pragmática da comunicação jurídica são fatores que, reiteradamente, cobram a movimentação incessante do autor, nos horizontes de seu trabalho.

Tais considerações pareceram-me importantes para introduzir esta 4ª edição, revista, repensada, mas sempre pronta para receber novas críticas de seus leitores.

Fazenda Santo Antônio de Palmares, 28 de março de 2011.

Paulo de Barros Carvalho

NOTA SOBRE A TERCEIRA EDIÇÃO

O Direito Tributário, Linguagem e Método entra em sua 3ª edição, ampliado o texto, bem como corrigido e atualizado, naquela proporção em que se tornou necessário fazê-lo. No item *ampliação*, acrescentei tópicos que me pareceram importantes, qual a distinção entre *filosofia do direito e filosofia no direito*, este último título afirmação cara ao modelo que utilizo e por meio do qual procuro pensar o jurídico. Agreguei também matéria sobre a discussão do teor de prescritividade do preâmbulo da Constituição, espaço textual em que o constituinte fez inserir valores decisivos para a orientação axiológica do sistema. Além disso, considerações a respeito de "limites objetivos", enquanto mecanismos realizadores de estimativas, reflexão que reitera a invariável presença dos valores na composição das unidades do conjunto. Do mesmo modo, inscrevi anotações acerca da hipótese normativa, lugar sintático das previsões dos acontecimentos factuais, ocorrências do mundo social que dão ensejo a regulações deônticas da conduta. Sabe-se que, no Direito Tributário, a rigorosa configuração dos *fatos geradores* (expressão disseminada, mas pouco recomendada cientificamente) tem indiscutível peso histórico, ocupando papel de relevo. Ainda quanto às ampliações, acresci, no quadro dos tributos federais, algo a respeito do imposto sobre "operações de crédito, câmbio e seguro, ou relativas a títulos ou valores mobiliários" (artigo 153, V), ou, como é mais conhecido "imposto sobre operações financeiras" – IOF. E, por fim, a matéria das sanções mereceu, igualmente, referências importantes. Para mais, foram inserções ocasionais, todas elas, porém, justificadas e oportunas.

O contacto com o pensamento de autores portugueses, do início do século passado, como Pinharanda Gomes, por exemplo, ajudaram a temperar excessos positivistas, num passo adiante do *constructivismo lógico-semântico* que venho desenvolvendo a partir da obra de Lourival Vilanova e ao lado de número expressivo de juristas interessados no aprofundamento dos estudos do Direito.

Faz. Santo Antônio de Palmares, 20 de julho de 2009.

Paulo de Barros Carvalho

NOTA SOBRE A SEGUNDA EDIÇÃO

Bastaram três meses para que se esgotasse a primeira edição deste livro, motivo de enorme satisfação para o autor e, certamente, para a Editora. A contraparte é o aumento significativo da responsabilidade sobre tudo aquilo que nele se contém e a expectativa de que corresponda, efetivamente, aos anseios do leitor. A busca pela intersecção entre a teoria e a prática, entre a ciência e a experiência, apesar de trabalhosa, penso ser a trajetória que melhor atenda às exigências atuais da comunidade jurídica brasileira.

Sobre o texto, procurei apenas corrigir os erros de grafia que, gentilmente, assistentes e amigos me apontaram.

Estarei às ordens para receber críticas e sugestões de quem se dispuser a oferecê-las.

São Paulo, agosto de 2008.
Paulo de Barros Carvalho

PRÓLOGO

Gostaria que os pensamentos contidos neste preâmbulo representassem não só uma *introdução ao texto* da obra, mas, sobretudo, consistissem numa *introdução no texto* deste trabalho que ofereço à edição.

Começo por dizer que inexistiu projeto inicial, na feição de proposta a ser desenvolvida, esboçando os marcos e as diretrizes na extensão das quais as locuções fluíssem. Pelo contrário, o livro foi sendo escrito, paulatinamente, com o sentimento e com a razão, ao longo de vários anos de atividade docente, envolvida por intensa experiência profissional. Nele se inserem aturadas discussões em salas de aula e nos seminários de cursos de bacharelado, especialização, mestrado e doutorado em duas eminentes instituições de ensino jurídico: a Faculdade de Direito da PUC/SP e a Faculdade do Largo de São Francisco, da USP. Acrescentem-se as reflexões desinteressadas e, particularmente aprofundadas, que os *Grupos de Estudos* do IBET – Instituto Brasileiro de Estudos Tributários – me proporcionaram. Tais sessões estão completando 23 (vinte e três) anos ininterruptos de história, numa sucessão cadenciada, que mantém o nome e o pensamento de seu inspirador – Lourival Vilanova – como algo presente e indissociável de seus avanços. O volume carrega consigo, portanto, aquele toque de dialogia que alarga as fronteiras do discurso e enriquece-lhe o conteúdo.

A matéria foi-se articulando em sequência natural, intuitiva, buscando na intertextualidade seus assomos de coesão. O Direito

Tributário, pretexto importante para a concepção da obra, está penetrado por incursões reiteradas ao universo da linguagem, que tomo aqui como constitutiva da realidade. E, dentro dela, o subdomínio da facticidade jurídica, espaço de intersecção entre a linguagem do direito posto e a linguagem da realidade social. Agora, enquanto estratégia mediante a qual o sujeito do conhecimento se aproxima do objeto que pretende conhecer, para surpreendê-lo numa das suas peculiares maneiras de apresentar-se ao mundo, o método tem nos estudos da Lógica a plataforma de suas categorias fundamentais. Daí o nome: Direito Tributário, Linguagem e Método que, ouso afirmar, confunde-se com o próprio itinerário de minha vida acadêmica.

A porção de lógica circunscreve-se a noções básicas, tão só para deixar claro que ali onde houver linguagem, haverá certamente o plano lógico, regendo a morfologia e a sintaxe do repertório ou conjunto sígnico. A da Ciência, na função descritiva, uma; a do direito posto, função prescritiva, outra. Há, porém, várias proposições sobre filosofia da lógica, especialmente acerca de questões epistêmicas que o trato com o dado jurídico não poderia prescindir.

De forma semelhante, os estudos sobre a linguagem e, mesmo, sobre as propostas semióticas que adoto para isolar o direito tributário como objeto da Ciência, distam de assumir o caráter de especulação teórica estruturada em termos sistemáticos. Nutro, apenas, o objetivo de tomar algumas categorias da Linguística e da Semiótica na sua índole instrumental, procurando aplicá-las à compreensão do direito positivo e de sua metalinguagem, a Dogmática.

A respeito da orientação que está subjacente ao escrito, na sua integridade constitutiva, não hesito em inscrevê-la no quadro do chamado *constructivismo lógico-semântico*, em que a postura analítica faz concessões à corrente hermenêutica, abrindo espaço a uma visão cultural do fenômeno jurídico. Coube-me perceber, aliás, que o ponto de vista analítico não sai prejudicado, mas robustecido com as luzes das construções hermenêuticas: o tom de historicidade, a consideração dos valores, a interdiscursividade entre textos afins, o imergir em segmentos culturais bem concebidos, tudo isso ressalta o teor de analiticidade com que o observador lida com o segmento normativo sob seus cuidados. Não é, portanto, um sincretismo vulgar, comodista, que banalize o assunto outorgando-lhe foros de superficialidade, para alegria dos adeptos das teorias em confronto. Longe disso, penso em expediente que potencialize a investigação: de primeiro, por sair amarrando e costurando os conceitos fundamentais, estipulando o conteúdo semântico dos termos e expressões de que se servem os especialistas; de segundo, porque projeta os elementos especulativos, preparando-os para outra sorte de indagações, agora de cunho culturalista; e, por fim, munidos desse poderoso instrumental, aplicá-lo ao direito tributário dos nossos dias.

Bem, como resultado de certo modo prático dessa conjugação, abre-se perspectiva para sugestivo exame da estrutura lógica dos valores, submetendo-os a uma decomposição apta para exibir, a qualquer momento, e com a estimativa que melhor nos convier, os 10 (dez) traços lógicos que os valores necessariamente contêm. E o teste objetivo dessa meditação aparece, desde logo, ao tratarmos da entidade num caso concreto: em vez de ficarmos clamando insistentemente pelo valor *segurança*, por exemplo, basta percorrermos os aspectos inerentes a esse dado axiológico e, por dez vezes, se assim o quisermos, mencioná-lo-emos no discurso que sobre ele proferirmos. O expediente favorece a retórica e aumenta, consideravelmente, a força expositiva da mensagem.

Este livro, reduzido à sua expressão mais simples, pretende ser um convite à meditação, fragmentos dispersos, escritos em épocas e circunstâncias várias e que requereu enérgica ordenação temática. Assim como o *texto musical de Weber, que não chega a ser uma valsa, mas apenas um convite à valsa*, esta obra aspira a ser um convite à reflexão, um estímulo ao pensamento, tal como Gerardo Mello Mourão fez notar na introdução de seu "A Invenção do Saber" – Paz e Terra – 1983.

Destina-se a todos aqueles que pretenderem estudar e conhecer o direito tributário, especialmente o brasileiro, numa atitude de reflexão. Fica para outro plano a procedência ou não dos argumentos utilizados no empenho do convencimento, da persuasão, mesmo porque opero, do início ao fim, com a relativização do valor verdade. Afinal de contas, creio que as ideias contidas neste escrito se movem, inteiramente, nos domínios do *"giro-linguístico"*.

Tenho a convicção de que a distribuição da matéria pode servir de roteiro à cadeira de Filosofia do Direito I (Lógica Jurídica), no mestrado da PUC/SP, mas também será muito útil aos que travarem contato com os numerosos temas de Direito Tributário que ocupam boa parte de sua extensão. São tópicos atuais, debatidos insistentemente pela doutrina e pelos tribunais superiores do país, razão suficiente para espertar o interesse da comunidade dos assim chamados "juristas práticos".

Por tudo que mencionei linhas acima, não poderia menos do que agradecer, sinceramente, às duas instituições em que vi florescer este trabalho, bem como a todos aqueles que, direta ou indiretamente, com ele colaboraram: à Pontifícia Universidade Católica de São Paulo, onde ingressei, como docente, no dia 12 de outubro de 1970, consoante Portaria do então diretor Professor Bernardino Gonzaga, que guardo até hoje com grande carinho; e à Faculdade de Direito do Largo de São Francisco, que gentilmente me acolheu no concurso para professor titular de Direito Tributário, em outubro de 1997, na vaga deixada pela aposentadoria do meu ilustre amigo e mestre Alcides Jorge Costa. No início deste ano de 2008, portanto, comemoro 10 (dez) anos de magistério na tradicional Arcadas. Quero reiterar a importância que atribuo aos *Grupos de Estudos* do Instituto Brasileiro de Estudos Tributários, entidade fundada por Rubens Gomes de Sousa, Antônio Roberto Sampaio Dória e Fábio Fanucchi, bem como a todos que deles participaram. Mas, sei bem avaliar o que representou o incessante trabalho de organização, leitura e classificação dos textos feito por Florence Haret, bem como a inestimável revisão empreendida por Rubya Floriani dos Anjos, às quais muito agradeço.

Faz. Santo Antônio de Palmares (SP), 06 de fevereiro de 2008.

Paulo de Barros Carvalho

SUMÁRIO

Notas sobre esta 8ª edição.. VII
Notas sobre esta 7ª edição.. IX
A propósito da 6ª edição deste livro.......................... XI
Algo para dizer sobre a quinta edição deste livro . XIII
Algumas palavras sobre a quarta edição................. XV
Nota sobre a terceira edição....................................... XVII
Nota sobre a segunda edição...................................... XIX
Prólogo XXI

Primeira Parte
MÉTODO ANALÍTICO E HERMENÊUTICO

Capítulo 1

DIREITO E FILOSOFIA.. 3

1.1 METODOLOGIA... 3

    1.1.1 Filosofia *do* Direito e Filosofia *no* Direito   7

1.2 CONHECIMENTO E LINGUAGEM 8

    1.2.1 Consciência e objeto 8

    1.2.2 Noções básicas sobre o objeto do conhecimento 11

    1.2.3 Teoria dos objetos e regiões ônticas 15

Capítulo 2

NOÇÕES FUNDAMENTAIS PARA UMA TOMADA DE POSIÇÃO ANALÍTICA 19

2.1 CÍRCULO DE VIENA 20

    2.1.1 O Neopositivismo lógico e o Círculo de Viena: aspectos gerais do movimento 20

    2.1.2 Como se formou o Círculo de Viena – antecedentes históricos – precursores e fundadores – pessoas e obras que o influenciaram 22

    2.1.3 Propostas e objetivos do Neopositivismo lógico 27

2.2 LÍNGUA E LINGUAGEM 30

    2.2.1 Linguagem e signos do sistema 33

    2.2.2 Funções da linguagem 37

    2.2.3 Formas de linguagem 52

    2.2.4 Tipos de linguagem 55

2.3 DIREITO E LÓGICA 67

    2.3.1 A Lógica e seu objeto: "Lógica jurídica" e "Lógicas jurídicas" 69

    2.3.2 Generalização e formalização 71

    2.3.3 O domínio das estruturas lógicas 75

2.3.4 Relações lógicas e relações entre os objetos da experiência.. 77

2.3.5 A chamada Lógica formal e a metodologia 80

2.3.6 Valores lógicos da linguagem do direito positivo e seus modais...................................... 83

2.3.6.1 Interdefinibilidade dos modais deônticos e os limites lógicos do direito............. 84

2.3.6.2 Sobre as relações de contradição, contrariedade, subcontrariedade e subalternação... 85

2.4 PROPOSIÇÃO E LINGUAGEM: ISOLAMENTO TEMÁTICO DA PROPOSIÇÃO.......................... 88

2.4.1 Linguagem formalizada e representação simbólica: as formas lógicas nas estruturas proposicionais... 91

2.4.2 As variáveis e as constantes da Lógica Proposicional Alética.................................. 93

2.4.3 Cálculo proposicional 98

2.5 TEORIA DAS RELAÇÕES 102

2.5.1 Simbolização: relações de primeira ordem e relações de segunda ordem..................... 104

2.5.2 As propriedades, as funções e as qualidades das relações... 105

2.5.3 Sobre a relação de identidade.................... 110

2.5.4 Cálculo das relações.................................... 111

2.5.5 Aplicação da teoria das relações 117

2.6 TEORIA DAS CLASSES.. 121

2.6.1 Aplicabilidade prática: o sistema harmonizado de designação e de codificação de mercadorias, a nomenclatura brasileira e a tabela do imposto sobre produtos industrializados 126

2.7 O DEVER-SER COMO ENTIDADE RELACIONAL 128
2.8 TEORIA DA NORMA JURÍDICA 130
    2.8.1 Ambiguidade do termo "norma jurídica" 131
    2.8.2 Estrutura lógica: análise da hipótese normativa 135
    2.8.3 Estrutura lógica da norma: análise do consequente 138
    2.8.4 Sistema jurídico como conjunto homogêneo de enunciados deônticos 140
    2.8.5 O conceito de "norma completa": norma primária e norma secundária 141
    2.8.6 Espécies normativas 143
2.9 A REGRA-MATRIZ DE INCIDÊNCIA 150
    2.9.1 O método da regra-matriz de incidência tributária 150
    2.9.2 Escalonamento da incidência normativa na óptica da teoria comunicacional 154

Capítulo 3

TEORIA HERMENÊUTICA 159

3.1 O MOVIMENTO DO "GIRO-LINGUÍSTICO" E A SUPERAÇÃO DOS MÉTODOS CIENTÍFICOS TRADICIONAIS 160
    3.1.1 O "giro-linguístico" e a desconstrução da verdade absoluta 163
    3.1.2 O direito como sistema comunicacional ... 166
    3.1.3 O conteúdo semântico do vocábulo "comunicação" 169

3.1.4 Comunicação, língua e realidade na concepção de Vilém Flusser 174
3.1.5 A construção da realidade para o direito e o mundo da facticidade jurídica 176
3.2 DIREITO E VALORES 177
3.2.1 Direito na sua dimensão axiológica 178
3.2.2 Características do valor 180
3.3 DIREITO E INTERPRETAÇÃO 184
3.3.1 Forma e conteúdo 186
3.3.2 O percurso gerador de sentido e as estruturas sígnicas do sistema jurídico 189
3.3.3 Interpretação e semiótica do direito: texto e contexto 193
3.3.4 Enunciação aforizante e sua recontextualização 196
3.3.5 Interpretação e Lógica formal do direito: o mínimo irredutível da mensagem deôntica 200
3.3.6 Reflexo do método na construção do texto 202
3.3.7 Axiomas da interpretação e os limites do exegeta 204
3.3.7.1 *Interdisciplinaridade e intertextualidade* 205
3.3.7.1.1 *Interdisciplinaridade e disciplinaridade* 207
3.3.7.2 *Inesgotabilidade da interpretação* 208
3.3.8 As diferentes técnicas interpretativas e o direito 209
3.4 CIÊNCIA E EXPERIÊNCIA 212

3.4.1 A conversação da prática com a teoria nos domínios do direito 216

Segunda Parte
DIREITO TRIBUTÁRIO

Capítulo 1

SISTEMA CONSTITUCIONAL TRIBUTÁRIO 219

1.1 SISTEMA CONSTITUCIONAL TRIBUTÁRIO . 221

    1.1.1 Sistema do direito positivo e sistema da Ciência do Direito.. 222

    1.1.2 Teubner e o direito como sistema autopoiético 226

    1.1.3 A impossibilidade de traduções perfeitas entre os idiomas da mesma família e a conversação que entre eles se estabelece, segundo a concepção de Vilém Flusser 227

    1.1.4 Axioma da hierarquia no sistema do direito posto 229

    1.1.5 O axioma da validade................................. 231

    1.1.6 Sistema tributário nacional e a Lei n. 5.172/66 234

    1.1.7 Sobre reforma constitucional – considerações de ordem política 235

1.2 COMPETÊNCIA TRIBUTÁRIA 240

    1.2.1 Utilidade das categorias veículo introdutor e norma introduzida para o exame do exercício da competência tributária.......... 241

1.2.2	Competência legislativa tributária e os limites constitucionalmente estabelecidos	243
1.2.3	Competência legislativa tributária e a aptidão de inovar o sistema jurídico..................	248
1.2.4	Competência residual	251
1.2.5	Competência extraordinária.......................	253
1.2.6	Competência tributária e capacidade tributária ativa..	255
1.2.7	Fiscalidade, extrafiscalidade e parafiscalidade..	256
1.2.8	Competência legislativa e ICMS................	260

1.3 OS PRINCÍPIOS JURÍDICOS TRIBUTÁRIOS ... 263

1.3.1	Os "princípios" na textura das várias linguagens jurídicas	264
1.3.2	Os "princípios" e a compreensão do direito	267
1.3.3	A classificação dos "princípios" em razão dos critérios de objetividade que presidem sua aplicação aos casos concretos	276
1.3.4	Limites objetivos como mecanismos realizadores do valor..	278
1.3.5	Violação de princípios e sobreprincípios..	280
1.3.6	Os sobreprincípios no sistema jurídico tributário	281
	1.3.6.1 O sobreprincípio da segurança jurídica	283
	1.3.6.1.1 O primado da segurança jurídica no tempo	285
	1.3.6.2 O sobreprincípio da certeza do direito	288
	1.3.6.3 O sobreprincípio da igualdade........	290

	1.3.6.4 O sobreprincípio da liberdade	293
	1.3.6.5 O sobreprincípio da justiça	296
1.3.7	Os princípios formadores do Estado	296
	1.3.7.1 Princípios da Federação e da República	297
	1.3.7.2 Princípio da separação dos poderes	299
	1.3.7.3 Princípio da isonomia das pessoas políticas de direito constitucional interno	302
	1.3.7.4 Princípio da autonomia dos Municípios	303
1.3.8	Os limites objetivos no direito tributário .	305
	1.3.8.1 Princípio da legalidade tributária	305
	1.3.8.2 Princípio da tipicidade tributária.	307
	1.3.8.3 Princípio da anterioridade	312
	1.3.8.4 Princípio da irretroatividade da lei tributária	313
	1.3.8.4.1 A retroatividade das leis interpretativas...	316
	1.3.8.4.2 Aplicação prospectiva de conteúdos decisórios e modulação de efeitos em decisão de (in) constitucionalidade: Integração entre o sobreprincípio da segurança jurídica e a retroatividade das leis tributárias	319
	1.3.8.5 Princípio da não-cumulatividade..	330
	1.3.8.5.1 A norma decorrente do regime jurídico da não-cumulatividade	335
1.3.9	Princípio da proibição de tributo com efeito de confisco	338
1.3.10	Princípio da capacidade contributiva	339

1.4 IMUNIDADES TRIBUTÁRIAS 344
    1.4.1 Noção corrente de imunidade tributária ... 345
    1.4.2 Teoria da imunidade como técnica legislativa de exoneração 361
    1.4.3 Conceito e definição do instituto: sua natureza jurídica 365
    1.4.4 Sistema constitucional tributário e as imunidades 380
    1.4.5 Paralelo entre imunidades e isenções 383
    1.4.6 Imunidade recíproca 384
    1.4.7 Imunidade dos templos de qualquer culto 386
    1.4.8 Imunidade dos partidos políticos e das instituições educacionais ou assistenciais 387
    1.4.9 Imunidade do livro, dos periódicos e do papel destinado à sua impressão 388
    1.4.10 Outras hipóteses de imunidade 389
    1.4.11 Imunidades de taxas e de contribuições .. 390

Capítulo 2

LEI COMPLEMENTAR TRIBUTÁRIA 393

2.1 NORMAS GERAIS DE DIREITO TRIBUTÁRIO 396
    2.1.1 Funções e limites das "normas gerais de direito tributário" 397
    2.1.2 Hierarquia das leis complementares: hierarquia formal e hierarquia material 399
    2.1.3 Lei complementar e regras de estrutura .. 401
    2.1.4 O Código Tributário Nacional perante a Constituição da República 404

　　　　　2.1.4.1 *Normas gerais de direito tributário na estrutura do CTN* 405

　　　　　2.1.4.2 *Exegese sistemática e compreensão do alcance das normas gerais de direito tributário* 408

2.2　TRIBUTO 410

　2.2.1　Acepções do vocábulo tributo 410

　2.2.2　Conceito de tributo 415

　2.2.3　Classificação das espécies tributárias 419

　2.2.4　Comentários sobre o preço público no direito tributário 422

　　　　　2.2.4.1 *A contraprestação de serviços públicos e a cobrança de tarifas* 424

　2.2.5　Aplicabilidade da classificação das espécies tributárias: a "contribuição ao FUST" 428

2.3　FONTES DO DIREITO 432

　2.3.1　A noção de fonte do direito 433

　2.3.2　O direito como linguagem empregada na função pragmática de regular condutas... 435

　2.3.3　A prescritividade do direito no Preâmbulo da Constituição 436

　2.3.4　O perfil do preâmbulo no direito positivo brasileiro 439

　　　　　2.3.4.1 *Retórica e Preâmbulo* 439

　　　　　2.3.4.2 *Preâmbulo, ementa e exposição de motivos* 441

　　　　　2.3.4.3 *Súmula dominante e Súmula vinculante* 442

2.3.4.4 O preâmbulo como feixe de marcas da enunciação, meio eficaz de acesso ao quadro axiológico que presidiu a edição do Texto Constitucional 446

2.3.4.5 Comandos de sobrenível – prescrições sobre prescrições 451

2.3.5 O axioma da hierarquia das normas e a teoria das fontes do direito 451

2.3.6 Fonte do direito e fonte da Ciência do Direito 452

2.3.7 Revogação tributária 453

2.3.8 Revogação e anulação dos atos jurídicos administrativos 456

2.4 SISTEMA E NORMA: VALIDADE, VIGÊNCIA, EFICÁCIA E INTERPRETAÇÃO DA LEGISLAÇÃO TRIBUTÁRIA 459

2.4.1 Sistema e norma: a validade da norma jurídica tributária 460

2.4.2 Sistema e norma: a vigência da norma jurídica tributária 461

2.4.2.1 A relação lógico-jurídica entre a vigência e os princípios constitucionais da irretroatividade e da anterioridade no direito tributário 464

2.4.3 Eficácia jurídica, técnica e social 469

2.4.4 Interpretação da legislação tributária e seus princípios regentes 471

2.4.5 Noções conclusivas 473

2.5 CONCEITOS GERAIS DO ANTECEDENTE DA REGRA-MATRIZ DE INCIDÊNCIA TRIBUTÁRIA 474

2.5.1 Os critérios da "hipótese tributária" 474

		2.5.1.1 *Critério material*...............................	477
		2.5.1.2 *Critério espacial*	481
		2.5.1.3 *Critério temporal*	485
	2.5.2	Classificação dos fatos jurídicos na conformidade do critério temporal da hipótese tributária	486
		2.5.2.1 *Classificação jurídica com base no critério temporal das "hipóteses tributárias"*	490
	2.5.3	Fenomenologia da incidência tributária e o necessário quadramento do fato à norma jurídica	491
		2.5.3.1 *A incidência tributária e o "tipo estrutural"*	492
	2.5.4	Interpretação dos fatos: delimitação do conteúdo de "fato puro", "fato contábil" e "fato jurídico"	494
	2.5.5	Considerações finais sobre a hipótese tributária	504
2.6	CONCEITOS GERAIS DA OBRIGAÇÃO TRIBUTÁRIA		507
	2.6.1	Composição interna do liame obrigacional	508
	2.6.2	Obrigação tributária no CTN	510
	2.6.3	Obrigação tributária e os deveres instrumentais	512
	2.6.4	O fato jurídico tributário e seu efeito peculiar: instaurar o vínculo obrigacional	514
	2.6.5	Crédito, débito e obrigação tributária: limites conceptuais	516

2.7 CRÉDITO TRIBUTÁRIO E LANÇAMENTO... 519
  2.7.1 Surgimento do crédito tributário.............. 520
  2.7.2 Noções preliminares do lançamento tributário 521
  2.7.3 Significado da palavra "lançamento" e a constituição do crédito pelo sujeito passivo 523
  2.7.4 Lançamento: norma, procedimento e ato 526
  2.7.5 Auto de infração e lançamento tributário 530
  2.7.6 Lançamento, "lançamento por homologação" e prazo decadencial para restituição do indébito 535

2.8 SUSPENSÃO DA EXIGIBILIDADE DO CRÉDITO TRIBUTÁRIO... 538
  2.8.1 As hipóteses do artigo 151 do CTN.......... 539
  2.8.2 Moratória e a sua disciplina jurídico-tributária 540
  2.8.3 Depósito do montante integral do crédito 544
  2.8.4 Concessão de medida liminar em mandado de segurança 549
  2.8.5 Parcelamento 553

2.9 EXTINÇÃO DAS OBRIGAÇÕES TRIBUTÁRIAS 553
  2.9.1 O fenômeno da desintegração da obrigação tributária 554
  2.9.2 Aspectos da extinção do crédito na forma do vínculo obrigacional disposto no CTN 555
  2.9.3 Causas extintivas no Código Tributário Nacional 556
  2.9.4 Pagamento e pagamento indevido 557

2.9.5	Compensação..	562
	2.9.5.1 A norma geral e abstrata da compensação tributária..	566
	2.9.5.2 A norma individual e concreta da compensação tributária.............................	567
	2.9.5.3 A compensação tributária pleiteada na esfera judicial..	568
2.9.6	Transação..	570
2.9.7	Remissão...	571
2.9.8	Decadência..	572
	2.9.8.1 Decadência como norma, procedimento e ato...	583
	2.9.8.2 Prazo decadencial aplicável às contribuições previdenciárias....................	586
2.9.9	Prescrição...	590
	2.9.9.1 Interrupção do prazo prescricional	592
	2.9.9.2 Suspensão do prazo prescricional .	593
	2.9.9.3 Prescrição como forma extintiva da obrigação tributária......................................	593
2.9.10	Conversão de depósito em renda................	594
2.9.11	Pagamento antecipado e homologação do lançamento..	595
2.9.12	O paradoxo da homologação tácita............	598
2.9.13	Decisão administrativa irreformável.........	600
2.9.14	Decisão judicial passada em julgado.........	601
2.9.15	Dação em pagamento em bens imóveis na forma e condições estabelecidas em lei....	601
2.10 "EXCLUSÃO" DO CRÉDITO TRIBUTÁRIO ...		602
	2.10.1 Teoria da norma e as isenções tributárias	603

2.10.2 Evolução semântica da descrição jurídico-científica da isenção 606

2.10.3 Isenções tributárias e extrafiscalidade 608

2.10.4 A interpretação das normas de isenção e o art. 111, do CTN 610

    2.10.4.1 Breves notas sobre o "significado literal" das palavras 610

    2.10.4.2 A interpretação literal e seu desprestígio no direito 611

2.10.5 As isenções condicionadas e a fenomenologia de sua instauração 613

    2.10.5.1 Da função do ato administrativo previsto no art. 179 do CTN e a prova do preenchimento dos requisitos legais para a fruição de isenção condicionada 614

2.10.6 Anistia fiscal 615

Capítulo 3

TEORIA DA REGRA-MATRIZ DA INCIDÊNCIA   619

3.1 REGRA-MATRIZ DE INCIDÊNCIA 622

   3.1.1 A fórmula abstrata da regra-matriz de incidência 623

   3.1.2 A hipótese tributária e seus critérios 625

      3.1.2.1 Unicidade, unitariedade, pluralidade e complexidade dos negócios jurídicos e seus reflexos na identificação do fato jurídico tributário 629

   3.1.3 Relação jurídica tributária: a obrigação tributária como fato jurídico relacional.... 630

3.1.4 Relação jurídica tributária e a relação de débito da Fazenda Pública – noções 636

3.1.5 Formalização em linguagem competente da relação jurídica tributária 637

3.1.6 Consequente tributário: o binômio "hipótese de incidência/base de cálculo" 639

3.1.7 Alíquota: elemento imprescindível à determinação do débito tributário 641

3.1.8 O consequente tributário: sujeitos ativo e passivo 644

    3.1.8.1 "Sujeitos" e "pessoas" no direito ... 646

    3.1.8.2 O significado da palavra "contribuinte" 648

    3.1.8.3 A palavra "contribuinte" nas relações jurídicas obrigacionais do IPI 651

    3.1.8.4 A repercussão jurídica do ICMS e a distinção entre "contribuinte" e "consumidor" 653

    3.1.8.5 Capacidade para realizar o fato jurídico e capacidade para ser sujeito passivo de obrigação tributária 656

3.1.9 Sujeição passiva indireta e responsabilidade tributária 664

    3.1.9.1 Responsabilidade tributária dos sucessores 666

    3.1.9.2 A responsabilidade tributária dos terceiros 669

    3.1.9.3 Responsabilidade tributária por infrações 672

3.1.10 Sujeição passiva indireta e substituição tributária 673

		3.1.10.1 Substituição tributária "para trás" e "para frente"	675
		3.1.10.2 O modelo constitucional da regra-matriz do ICMS e suas particularidades na substituição tributária "para frente"...	678
	3.1.11	Sujeição passiva indireta e solidariedade	681
	3.1.12	A importância da determinação do sujeito passivo da relação tributária nas ações de repetição de indébito.....................	682
3.2	PARA UMA SÍNTESE DA REGRA-MATRIZ DE INCIDÊNCIA		683
	3.2.1	Esquema lógico de representação formal	685
	3.2.2	O fenômeno da incidência tributária: a positivação da regra-matriz	687
3.3	REGRA-MATRIZ DOS PRINCIPAIS IMPOSTOS		689
	3.3.1	Anotações sobre o presente contexto histórico...	689
	3.3.2	Imposto sobre a renda	690
		3.3.2.1 Variações sobre o modo de aproximação cognoscitiva com o IR......................	691
		3.3.2.2 Os pressupostos constitucionais do imposto sobre a renda...............................	692
		3.3.2.3 Capacidade contributiva e IR	694
		3.3.2.4 Análise da regra-matriz do imposto sobre a renda	696
		3.3.2.5 Competência tributária e a delimitação do conceito de "disponibilidade".....	701
		3.3.2.6 Sistema e territorialidade do imposto sobre a renda	703
	3.3.3	Imposto sobre produtos industrializados	706

3.3.3.1 A composição interna das regras-matrizes do IPI 707

3.3.3.2 O critério subjetivo no IPI 710

3.3.3.3 A função extrafiscal do IPI 712

3.3.3.4 Princípio da não-cumulatividade no IPI e princípio da não-cumulatividade no ICMS: dois dispositivos constitucionais, dois regimes jurídicos distintos 714

3.3.3.4.1 Positivação do princípio da não-cumulatividade do IPI 719

3.3.3.5 Tabela de incidência do IPI e sua importância para a integração da regra-matriz do imposto 722

3.3.3.6 O direito ao crédito nas relações de IPI 724

3.3.3.7 Considerações finais sobre o crédito-prêmio do IPI 726

3.3.4 Impostos aduaneiros 728

3.3.4.1 A incidência tributária nas operações realizadas com produtos industrializados ... 729

3.3.4.2 A sujeição passiva nos tributos aduaneiros 731

3.3.4.3 Responsabilidade nos tributos aduaneiros 732

3.3.4.4 Regimes aduaneiros especiais 733

3.3.4.5 O adicional ao frete para renovação da Marinha Mercante – AFRMM 738

3.3.4.5.1 Regras atinentes à suspensão do pagamento do AFRMM 740

3.3.5 Imposto sobre Operações Financeiras 744

3.3.5.1 IOF: sua hipótese de incidência 745

3.3.5.2 IOF sobre operações relativas a títulos e valores mobiliários 747

3.3.5.3 As operações de "factoring" e o critério material do imposto sobre operações financeiras 750

3.3.6 Imposto sobre circulação de mercadorias e prestação de serviços 752

3.3.6.1 Movimentação física e simbólica das mercadorias 753

3.3.6.2 Alcance da locução "venda de mercadorias" 755

3.3.6.3 Direito ao crédito e operacionalidade da regra-matriz do crédito envolvendo mercadorias 757

3.3.6.3.1 Direito ao crédito e documentação idônea 759

3.3.6.3.2 Não-incidência e isenção: únicas exceções constitucionais do direito ao crédito de ICMS 762

3.3.6.4 ICMS e tributação sobre prestação de serviços de comunicação 765

3.3.6.4.1 A atividade dos provedores de acesso à internet e a não-incidência do ICMS 770

3.3.6.5 ICMS e tributação sobre prestação de serviços de transporte 774

3.3.6.5.1 Limites do conceito "operação de transporte" nos contratos complexos 776

3.3.6.6 ICMS incidente sobre a "realização de operações de importação de mercadorias": seus critérios material e temporal .. 781

	3.3.6.7 O caráter nacional do ICMS	786
3.3.7	Impostos sobre prestação de serviços de qualquer natureza	787
	3.3.7.1 Competência legislativa e ISS	788
	3.3.7.2 Aspectos constitucionais da regra-matriz de incidência do ISS	790
	3.3.7.2.1 Critério material da regra-matriz do ISS	791
	3.3.7.2.2 Relevância da lei complementar na delimitação do serviço tributável	793
	3.3.7.2.3 A "lista de serviços" anexa ao Decreto-lei n. 406/68 e à Lei Complementar n. 116/03	796
	3.3.7.3 O problema da habitualidade	798
	3.3.7.4 Sociedades sem fins lucrativos e o ISS	800
3.3.8	Imposto sobre a propriedade predial e territorial urbana	804
	3.3.8.1 Do critério material da regra-matriz de incidência do IPTU	805
	3.3.8.2 Sobre o critério quantitativo da regra-matriz de incidência do IPTU: a extensão do conceito "valor venal"	807
	3.3.8.2.1 O objeto constitucional: propriedade imobiliária	808
	3.3.8.2.2 Das diferentes materialidades constitucionais relacionadas à propriedade imobiliária urbana (ITBI, ITCMD e IPTU) e suas respectivas bases de cálculo	809
	3.3.8.2.3 Valor venal e planta genérica de valores	811

		3.3.8.3 Do critério pessoal da regra-matriz do IPTU: a definição dos contribuintes.....	813
3.4	REGRA-MATRIZ DAS TAXAS		814
	3.4.1	Taxas e suas espécies..................................	815
	3.4.2	Taxa exigida em função da prestação efetiva ou potencial de serviço público	815
	3.4.3	Taxa exigida em razão do exercício do poder de polícia...	817
	3.4.4	A lei complementar e a instituição de taxas	819
3.5	REGRA-MATRIZ DAS CONTRIBUIÇÕES		821
	3.5.1	Noções gerais sobre as contribuições tributárias	822
	3.5.2	Diferentes categorias de contribuições sociais e respectivas fontes de custeio	824
	3.5.3	Requisitos necessários à instituição de "contribuições"	825
	3.5.4	Contribuições residuais.............................	828
	3.5.5	Contribuições destinadas à seguridade social	830
	3.5.6	Evolução legislativa da contribuição ao PIS e COFINS	836
		3.5.6.1 Conceito de faturamento	839
		3.5.6.2 Conceito de receita	841
		3.5.6.3 Análise dos precedentes do Supremo Tribunal Federal quanto à diferenciação entre receita e faturamento........................	845
		3.5.6.3.1 Projeção das normas para o tempo futuro	848

        3.5.6.3.2 *A incompatibilidade vitanda da Lei n. 9.718/98, à luz do sistema constitucional em vigor na data de sua publicação* 849

  3.5.7 Instituição do regime da não-cumulatividade na contribuição ao PIS e na COFINS 852

        3.5.7.1 *Direito ao crédito de PIS e COFINS* 854

        3.5.7.2 *O fenômeno da isenção no caso dos tributos não-cumulativos* 856

        3.5.7.3 *Vedações ao crédito* 858

  3.5.8 As cooperativas e o não cabimento de sua tributação pelo PIS e COFINS 861

Capítulo 4

INFRAÇÕES E SANÇÕES TRIBUTÁRIAS 869

4.1 ESTRUTURA LÓGICA DA REGRA SANCIONATÓRIA.. 870

  4.1.1 Noções sobre o vocábulo "sanção" 871

  4.1.2 Ambiguidade do termo "sanção" e suas espécies na esfera tributária 872

  4.1.3 Algumas palavras sobre a norma secundária.. 873

  4.1.4 Regra-matriz e a estrutura lógica das normas sancionatórias... 877

  4.1.5 Requisito para aplicação de sanções: existência de provas 879

4.2 INFRAÇÕES TRIBUTÁRIAS: HIPÓTESE NORMATIVA, SEU NÚCLEO CONSTANTE..... 880

  4.2.1 Ilícitos ou infrações tributárias e os chamados "crimes fiscais" 880

4.2.2 Classificações e espécies de infrações tributárias 881

4.2.3 Os conceitos de "fraude" e "dolo" 885

4.2.4 As figuras do "abuso de direito" e da "fraude à lei" no Ordenamento Jurídico Tributário Brasileiro 886

4.2.5 Infrações tributárias no Código Tributário Nacional 890

4.2.6 Hipóteses de exclusão da penalidade 891

4.3 SANÇÕES NO DIREITO TRIBUTÁRIO 895

4.3.1 A sanção como consequente normativo ... 895

4.3.2 Espécies de sanções tributárias 897

4.3.3 Impossibilidade de cobrança de juros de mora no caso de medidas liminares 908

4.3.4 Excessos sancionatórios 912

4.3.5 Responsabilidade dos sucessores 914

4.3.6 Responsabilidade de terceiros 919

4.3.7 Responsabilidade por infrações 921

Capítulo 5

PROCEDIMENTO ADMINISTRATIVO TRIBUTÁRIO 923

5.1 REGRAS GERAIS DA ADMINISTRAÇÃO TRIBUTÁRIA 924

5.1.1 Processo e procedimento 924

5.1.2 Ato administrativo e procedimento administrativo 926

XLIX

5.1.3 Procedimento administrativo tributário como forma de controle das atividades administrativas 929

5.1.3.1 Princípios endógenos aplicáveis ao procedimento administrativo tributário.... 932

5.1.3.1.1 Princípio da legalidade objetiva . 933

5.1.3.1.2 Princípio da oficialidade 934

5.1.3.1.3 Princípio do informalismo em favor do interessado 936

5.1.3.1.4 Princípio do devido processo 937

5.1.3.1.5 Princípio da contraprodução 939

5.1.3.2 Princípios exógenos aplicáveis ao procedimento administrativo tributário.... 941

5.2 SÍNTESE DA ATIVIDADE DA ADMINISTRAÇÃO TRIBUTÁRIA 943

5.2.1 Classificação dos atos administrativos que integram o procedimento administrativo 944

5.2.2 Faculdades da Administração em matéria de lançamento tributário 945

5.2.2.1 Critérios do procedimento administrativo e meios para se reconhecer a perspectiva dimensível do fato jurídico tributário 948

5.2.2.2 Observações críticas sobre as formas de reconhecimento da medida do fato jurídico tributário 951

5.2.3 Limites às faculdades da Administração no lançamento e garantias dos administrados 953

5.2.3.1 Princípio da legalidade 955

5.2.3.2 Limites da atividade de inspeção fiscal 956

- 5.2.4 Procedimento administrativo e controle de legalidade dos atos de aplicação de sanções 956
- 5.2.5 Algumas observações de política tributária acerca dos atos administrativos................. 960
- 5.2.6 Impugnações e recursos no procedimento administrativo tributário............................ 964

Capítulo 6

TEORIA DAS PROVAS: CONTEÚDO, SENTIDO E ALCANCE 967

6.1 TEORIA DAS PROVAS: CONTEÚDO, SENTIDO E ALCANCE 967

- 6.1.1 Teoria das provas e constituição do fato jurídico tributário 968
- 6.1.2 Relação jurídica tributária e provas 974
- 6.1.3 Prova e presunções no direito tributário . 980
- 6.1.4 Inscrição em dívida ativa como prova pré-constituída.. 985

BIBLIOGRAFIA 991

Primeira Parte
Método Analítico e Hermenêutico

Capítulo 1

DIREITO E FILOSOFIA

Sumário: **1.1. Metodologia** – 1.1.1. Filosofia do Direito e Filosofia no Direto. **1.2. Conhecimento e linguagem** – 1.2.1 Consciência e objeto – 1.2.2. Noções básicas sobre o objeto do conhecimento – 1.2.3. Teoria dos objetos e regiões ônticas

1.1 METODOLOGIA

Quero ressaltar que não sou filósofo do direito, mas compreendi, de há muito, que a consistência do saber científico depende do *quantum* de retroversão que o agente realize na estratégia de seu percurso, vale dizer, na disponibilidade do estudioso para ponderar sobre o conhecimento mesmo que se propõe construir. Expressando-me de outra maneira, estou convicto de que o discurso da Ciência será tanto mais profundo quanto mais se ativer, o autor, ao modelo filosófico por ele eleito para estimular sua investigação. Já foi o tempo em que se nominava, acriticamente, de científica a singela coleção de proposições afirmativas sobre um direito positivo historicamente situado, passível de dissolver-se sob o impacto dos primeiros questionamentos. Requer-se, hoje, a inserção num paradigma mais amplo, numa tomada mais abrangente, capaz de manter-se em regime de interação com um esquema que possa realimentar incessantemente o labor da Ciência, nos quadros de uma concepção grandiosa do pensamento humano. O toque da cultura, cada vez reconhecido com maior intensidade, evita que se pretenda entrever o mundo pelo prisma reducionista do mero racionalismo descritivo. Por isso, o sopro filosófico, na forma superior de meditação crítica, há de estar presente em toda a extensão do trabalho.

Não somente aquelas disciplinas de caráter empírico--descritivas de relações interativas, como o são a Psicologia Social do Direito e a Sociologia do Direito, mas todas as posturas cognoscentes do jurídico, entre elas a Dogmática ou Ciência do Direito em sentido estrito, postulam, a cada passo, os incrementos do pensar filosófico, criando novo alento e expandindo, com isso, os horizontes de seu saber. O progresso da pesquisa científica fica na dependência direta do apoio indispensável da Filosofia. Daí seu prestígio para o desenvolvimento dos estudos atuais, na multiplicidade de suas manifestações construtivas.

A Teoria Geral do Direito tem recebido valiosa contribuição dos estudos empreendidos por especialistas da área tributária. Desde a obra de Becker e das elaborações de Geraldo Ataliba e de José Souto Maior Borges, até a decidida inserção do Grupo de Estudos que o IBET[1] promove há vinte e três anos, no movimento do "giro-linguístico", afirmando-se na linha de frente da "Filosofia da Linguagem". Com efeito, as intensas reflexões sobre o fenômeno do direito vêm acontecendo numa sucessividade digna de nota. Vários estudiosos, de muito elevado nível, num espontâneo e desinteressado esforço de cooperação intelectual, tomando a obra incomum de Lourival Vilanova como paradigma e deixando de lado o fluxo turbulento da vida social e profissional dos nossos dias,

---

1. Instituto Brasileiro de Estudos Tributários.

plantaram, em terra firme, interessante centro de indagação teórica e prática.

O denominador comum dessa dinâmica especulativa esteve sempre representado pela busca incessante de encontrar, na experiência concreta do direito tributário, as respostas satisfatórias contidas em proposições de Teoria Geral e de Filosofia do Direito. Renovou-se, assim, de forma eloquente, aquilo que de alguma maneira já houvera ocorrido nos domínios do direito civil, penal, processual, constitucional e administrativo.

Por uma circunstância histórica que o tempo ainda não permite identificar com clareza, importante segmento da doutrina dos tributaristas autodeterminou-se no sentido de oferecer os fundamentos de sua concepção jurídico-filosófica, de modo expresso, antes de iniciar o desenvolvimento da matéria proposta, ensejando ao leitor o controle e a vigilância sobre o conteúdo do trabalho.

Não é preciso dizer que procedimento desse tope, tornando o pensamento susceptível ao juízo crítico da coerência, requer seriedade de propósitos, demandando estudos aprofundados sobre a realidade do direito. Muda, de certa forma, o tom da retórica jurídica tradicional, para colocá-la em bases mais sólidas e consistentes. Sem abandonar a estrutura dialética do social, mantendo o diálogo entre a rotinização e a inovação, o exegeta avança em direção ao elo que há de existir entre as proposições teóricas e a experiência concreta do "mundo da vida".

Agora, se agregarmos a tal critério expositivo a preocupação com a linguagem jurídico-normativa; se atinarmos para o rendimento que pode ser obtido pela utilização das categorias do projeto semiótico, mais precisamente para as dimensões lógico-semânticas do texto prescritivo; se pensarmos que toda a marcha do raciocínio se reporta a uma visão da norma jurídica, analisada com vigor na sua inteireza conceptual, como "unidade mínima e irredutível" da mensagem deôntica portadora de sentido completo; se não perdermos de vista a necessidade premente de o discurso teórico propiciar a compreensão, com boa dose de racionalidade, da concretude empírica do direito posto; estaremos diante daquilo que bem se pode chamar de "constructivismo jurídico", vertido sobre o subsistema das regras tributárias, o qual analisaremos em capítulos subsequentes com maior rigor metodológico.

Creio, porém, que não se deva aprisionar labor desse estilo num único e singelo rótulo, por mais significativo que seja. Há outras perspectivas que colhem aspectos relevantes desse *factum* cultural, hoje irradiado por vários Estados do Brasil, despertando, igualmente, a curiosidade de juristas estrangeiros. Testemunhos veementes são os numerosos livros que já circulam nessa comunidade de conhecimento, fundados, todos eles, na concepção da *regra-matriz de incidência tributária*.

O modelo que foi nascendo jamais chamou a si a primazia de instrumento exclusivo para ensejar a aproximação do dado jurídico. Pelo contrário, alimenta a convicção de que muitos são os sistemas de referência por intermédio dos quais o objeto do direito pode ser examinado. Eis que a pluralidade de métodos científicos instrumentando a aproximação do exegeta ao próprio objeto cultural que é o sistema jurídico, decididamente, demonstra a complexidade da ontologia do direito. Entre a camada linguística do chamado direito positivo e a realidade social, tomada na porção das condutas interpessoais, há uma multiplicidade de modos de aproximação, um número crescente de enfoques temáticos, representando cada qual uma forma de corte metodológico com que o ser cognoscente trava contato com o objeto do conhecimento. Provêm dessa dificuldade a opção pelas concepções reducionistas, seja na vertente do jusnaturalismo, seja na do positivismo ou do realismo.

Na verdade, o saber científico dos tempos atuais é enfático em um ponto: todos entendem que não há como abrir mão da uniformidade na apreciação do objeto, bem como da rigorosa demarcação do campo sobre o qual haverá de incidir a proposta cognoscitiva. Foi neste sentido que Kelsen, habilmente, esquivou-se do problema ontológico, fazendo sua opção pelo caminho da Epistemologia: ali onde houver direito, certamente haverá normas. Ao surpreendê-las, teremos assegurado a uniformidade do objeto e demarcado o espaço da investigação.

1.1.1 Filosofia *do* Direito e Filosofia *no* Direito

Parece-me útil distinguir "Filosofia do Direito" de "Filosofia no Direito", como tem feito Tercio Sampaio Ferraz Junior. A primeira locução, utilizada para significar o conjunto de reflexões acerca do jurídico, corpo de ponderações de quem olha, de cima e por fora, textos de direito positivo historicamente dados, compondo proposições crítico-avaliativas. A segunda, como o emprego de categorias que se prestam às meditações filosóficas, todavia inseridas *nos* textos da Dogmática, isto é, vindas por dentro, penetrando as construções mesmas da Ciência. São enunciados extrajurídicos, não necesariamente filosóficos, linguísticos ou não, mas que potencializam o trabalho do cientista do direito em sentido estrito, na medida em que são introduzidos no discurso para aumentar sua capacidade cognoscente, ao provocar novos meios de aproximação com o objeto que se pretende conhecer.

Não há nessa nota qualquer espírito emulativo, para apontar esta ou aquela proposta metodológica como a melhor: podem conviver, ambas, harmonicamente, outorgando maior rendimento ao trabalho expositivo.

O exemplo sempre foi expediente fundamental para iluminar o conhecimento. Nesse sentido, o estudo das "fontes do direito" ficou engrandecido com as categorias linguísticas de *enunciação, enunciação-enunciada, enunciado e enunciado-enunciado*. Da mesma forma, os elementos pragmáticos *relato* e *cometimento*, empregados para a especulação teórica sobre a norma jurídica, fortaleceram a mensagem cognoscitiva, propiciando condições mais cômodas para a compreensão das unidades normativas.

Construções desse tipo estimulam o emprego da "Filosofia no Direito", tendo em vista expandir o conhecimento e dar mais consistência ao saber jurídico.

1.2 CONHECIMENTO E LINGUAGEM

O "mundo da vida", com as alterações ocorridas no campo das experiências tangíveis, é submetido à nossa intuição sensível, naquele "caos de sensações" a que se referiu Kant. O que sucede neste domínio e não é recolhido pela linguagem social não ingressa no plano por nós chamado de "realidade", e, ao mesmo tempo, tudo que dele faz parte encontra sua forma de expressão nas organizações linguísticas com que nos comunicamos; exatamente porque todo o conhecimento é redutor de dificuldades, reduzir as complexidades do objeto da experiência é uma necessidade inafastável para se obter o próprio conhecimento.

Encontramos nesse contexto e no inevitável processo reducionista, a exemplo de Husserl, a figura do homem como polo central de construção da realidade jurídica ou não-jurídica elaborada a partir da contextura físico-material. Sem ele, com suas estruturas intelectuais, seria impossível alcançar as instâncias cognoscitivas do saber. Eis que se toma como premissa do estudo linguístico do direito a análise do próprio conhecimento, das estruturas de consciências e dos objetos e estruturas lógico-abstratas a ele inerentes. O direito observado como linguagem não sobrevive sem esses traços do conhecimento.

1.2.1 Consciência e objeto

Tomemos a palavra "consciência" como a função pela qual o ser humano trava contato com suas vivências, estados psíquicos e condutas, bem como projeta sua atenção para o mundo exterior recolhendo os dados obtidos pela intuição sensível (olfato, visão, audição, tato, paladar), processando assim suas emoções, sentimentos, sensações, lembranças, sonhos, imaginação, pensamentos, esperanças e a gama imensa de suas manifestações volitivas. Nota-se, desde logo, que a "direcionalidade" é algo absolutamente necessário para a definição desse conceito, de modo que consciência é sempre "consciência de algo". Essa bi-relacionalidade integra a ideia de "consciência" com tanta força que não há sentido em cogitarmos de um recinto encerrado nos limites da sua configuração interna ou, mesmo, apenas voltado para a contingência externa do ente humano, jogado como um ser carente nos horizontes de sua existência.

O transcender, levando o espírito para o ambiente exterior do seu contorno de vida, é tão relevante quanto a atividade introspectiva que lhe oferece os meios de captar mutações internas, percebendo as alterações que se operam no fluxo contínuo de suas vivências interiores. Mais além, a consciência retroverte sua atenção para os próprios conhecimentos obtidos (sejam eles internos ou externos), numa atitude eminentemente reflexiva, avaliando-os sob múltiplos aspectos. Dito de outro modo, apropria-se dos conhecimentos a que teve acesso, combinando-os na conformidade dos valores que lhe pareçam cabíveis segundo sua ideologia. Conhece, sabe que conhece e, sobretudo, avalia e reflete acerca dos elementos que conheceu, incorporando-os ao patrimônio de seu espírito. Eis a reflexão, momento decisivo que, ao lado da atividade transcendente, manifestada pela "intencionalidade", vai oferecer a medida adequada dessa função sobranceira, que identifica fundamentalmente o ser humano, no amplo domínio dos entes da natureza. Registrou Edmund Husserl que a intencionalidade é o que caracteriza a consciência de modo significativo, o que levou Lourival Vilanova[2] a exprimir que "a consciência, expressão da subjetividade, tende para as coisas; o sujeito está vertido sobre seu contorno, por urgência vital, antes de o ser pelo puro chamamento da verdade objetiva". Como unidade dos processos psíquicos, que governam a intelecção pelo homem do mundo objetivo e do território imanente a suas subjetividades, a consciência é forma superior e exclusiva à espécie humana. "O desenvolvimento pleno do espírito comporta a sua própria reflexividade, a consciência.

---

2. "Notas para um ensaio sobre a cultura", in *Escritos jurídicos e filosóficos*, vol. 2, São Paulo, Axis Mundi/ IBET, 2003, pp. 285 e 286.

Sob todos os aspectos, a consciência é o produto e a produtora da reflexão", como pondera Edgar Morin[3].

Agora, tudo isso se faz mediante formas, produzidas por atos que, por sua vez, têm um conteúdo. São três faces diferentes: o ato de consciência, o resultado do ato (que é a forma), e o conteúdo do ato (que é seu objeto). Uma coisa é exercer o ato de pensar, que gera a forma "pensamento" e se dá num determinado instante; outra é o conteúdo desse pensamento (seu objeto), que pode ocupar-se de qualquer situação da vida, inclusive dele mesmo, "pensamento". Uma coisa é lembrar-se (ato); outra, a lembrança (forma); outra, ainda, a situação lembrada (objeto).

O ato de consciência produz a forma de consciência, dotada de conteúdo (objeto). E, assim, estendemos a tríade da consciência para todas as formas que possam ocorrer: a percepção, a sensação, a lembrança, as emoções, a imaginação, a vontade, o pensamento (com suas modalidades: ideias, juízos, raciocínios, sistemas), o sonhar, o conhecer, etc. Cabe aduzir que o ser consciente não sente a sensação, não percebe a percepção, não pensa o pensamento, mas sim apreende o objeto dessas formas em que a consciência se manifesta.

De qualquer modo, é sempre útil assinalar que a consciência somente existe por aquilo que a transcende, seja para fora, quando o ser humano observa o mundo exterior, seja para dentro, introspectivamente, quando surpreende suas próprias mutações interiores. A consciência pode ser vista, então, voltada para o exterior ou preocupada com a intimidade interna do espírito, remanescendo, ainda, a capacidade de refletir sobre tudo aquilo que colheu nessa atividade bi--transcendente. Daí dizer-se que é um saber de algo que como tal se sabe. Kant a toma como condição transcendental da possibilidade do conhecimento e para E. Husserl[4], "a inten-

---

3. *O Método 3:* o conhecimento do Conhecimento, trad. Juremir Machado da Silva, 3ª ed., Porto Alegre, Sulina, 2005, p. 209.

4. *Ideias para uma fenomenologia pura e para uma filosofia fenomenológica*, São Paulo, Ideias & Letras, 2006, p. 190.

cionalidade é aquilo que caracteriza a *consciência* no sentido forte, e que justifica ao mesmo tempo designar todo o fluxo do vivido como fluxo de consciência e como unidade de uma única *consciência*". Mediante a intencionalidade, a consciência seria doadora de significado ao mundo.

Mas convém insistir na circunstância de que não haverá consciência sem as formas que compõem seu particularíssimo modo de ser e de existir. Dissolvidas essas formas, com os respectivos objetos, desaparece também a consciência.

Essas considerações justificam a divisão da consciência em direta ou espontânea e indireta ou reflexiva, quatro ângulos fundamentais, anotados por Marilena Chauí[5]: a) do ponto de vista *psicológico*, como um fluxo temporal de estados corporais e mentais, que retém o passado na memória, percebe o presente pela atenção e espera o futuro pela imaginação e pelo pensamento; b) do ponto de vista *ético e moral*, onde aparece o *ser pessoa*, dotado de vontade livre e de responsabilidade; c) na sua *feição política*, em que a consciência é o *cidadão*, imerso no tecido das relações sociais, como portador de direitos e deveres, relacionando-se com a esfera pública do poder e das leis, integrando grupos e camadas sociais específicas; e d) sob o ponto de vista da *teoria do conhecimento*, o *ser cognoscente*, em que a consciência comparece como atividade sensível e intelectual, carregada do poder de análise, de síntese e de representação.

1.2.2 Noções básicas sobre o objeto do conhecimento

Husserl[6] chamou de *noeses* o ato de consciência e de *noema* o conteúdo surpreendido pelo ato. E já anotei, linhas atrás, que a consciência requer, de maneira indispensável, pelo menos alguma das formas a que aludi. Inexistirá consciência, portanto, sem a identificação precisa dessas entidades com os

---
5. *Convite à filosofia*, 2ª ed., São Paulo, Ática, 1995, pp. 117-118.
6. *Ideias para uma fenomenologia pura e para uma filosofia fenomenológica*, cit., p. 201 e ss.

respectivos conteúdos, já que não há forma sem conteúdo e a recíproca é inteiramente verdadeira.

Deixarei de lado a forma, bem como o ato que a produziu, para ater-me à substância recolhida pelo ato: eis aí o território imenso dos objetos, exteriores ao ser cognoscente, ou interiores a ele, pouco importa, como também pouco interessa aqui indagar se a consciência está ou não naquela atividade reflexiva que assume com tanta frequência, a ponto de ser indicada como um dos seus fatores compositivos.

Bem, o conhecimento pode ocorrer mediante qualquer das modalidades formais de consciência: a percepção, a sensação, a lembrança, as emoções, a imaginação, a vontade, o pensamento (ideias, juízos, raciocínios, sistemas), o sonhar, o alimentar esperanças, etc. Consubstancia-se na apreensão do objeto mediante ato específico e forma correspondente. É preciso salientar, contudo, que há meios mais ou menos eficazes para que se dê o fenômeno de absorção. Sempre lembrando que, vezes sem conta, o objeto é aprisionado por atos competentes, mas, por uma série de motivos sobre os quais especula a psicologia individual, ele permanece latente, oscilando em camadas inferiores do nosso espírito, que poderíamos chamar de "saberes inconscientes". Por variadas contingências existenciais, esses objetos não são conduzidos imediatamente à plataforma da consciência, o que não significa dizer que não tenham sido adequadamente capturados ou que inexistam como conhecimento. Nossas vivências pessoais atestam circunstâncias desse tope, com muita reiteração. Num átimo, são eles alçados à condição de objetos sobre os quais temos consciência, conquanto saibamos que já estavam depositados nos misteriosos arquivos situados em camadas inferiores do nosso espírito.

Tecidas essas notas introdutórias, que reputo indispensáveis, posso dizer, desde logo, que, por exemplo, já existe um *quantum* de conhecimento no ato de percepção, mas o conhecimento mesmo atinge sua plenitude quando aquele conteúdo se torna alvo de modalidades do pensamento (juízo). Pela intuição visual percebo o cão que passa, percebo também a cor de sua pelagem. Por enquanto, são meras percepções. Em seguida, emito o juízo afirmativo mediante o qual declaro que aquele animal tem o predicado de ser branco. Manifesta-se o conhecimento de maneira plena, submetendo-se, imediatamente, aos critérios de confirmação ou de infirmação, se não quisermos falar em verdade e falsidade, atributos de enunciados linguísticos. N'outra circunstância, emocionado diante de um objeto de arte, reparo traços e movimentos que não estão expostos ao olhar frio e neutro do espectador comum, e sobre eles emito um juízo de valor, expressivo de minhas preferências. Eis o conhecimento se apresentando, na forma superior do emocional, mas igualmente declarado por um juízo lógico.

Alaor Caffé Alves, no seu magnífico texto sobre Lógica[7], diz com objetividade:

> Conhecer é representar-se um objeto. É a operação imanente pela qual um sujeito pensante representa um objeto. É o ato de tornar um objeto presente à percepção, à imaginação ou à inteligência de alguém... Esse processo cognitivo está fundado, portanto, em três elementos: a representação, o objeto representado e o sujeito que representa o referido objeto.

Na tentativa de evitar o desequilíbrio entre os elementos formadores do conceito básico de "conhecimento" é que Miguel Reale[8] propôs a expressão *Ontognosiologia Jurídica*, por parecer-lhe

> impossível deixar de considerar, concomitantemente, no plano transcendental, os aspectos *ôntico* e *lógico* de todas as realidades culturais que, sendo como são, produtos da atividade espiritual segundo os valores condicionantes da convivência humana, caracterizam-se por serem 'realidades dialéticas', nos quais o subjetivo e o objetivo necessariamente se polarizam e se

---

7. *Lógica – Pensamento formal e argumentação – Elementos para o discurso jurídico*, São Paulo, Edipro, 2000, p. 27.

8. *O direito como experiência*: introdução à epistemologia jurídica, 2ª ed., São Paulo, Saraiva, 1999, p. 84.

co-implicam, dada a impossibilidade de reduzir-se qualquer desses dois fatores ao outro, ou de conceber-se qualquer deles sem o outro, resultando dessa tensão dois aspectos complementares de um único processo.

E mais:

> A *Ontologia Jurídica*, tendo por fim determinar a *fundação cognoscitiva do Direito*, em termos de integralidade, indaga de sua consistência 'ôntica' e da correlata estrutura 'lógica', isto é, dos pressupostos universais ao mesmo tempo *subjetivos e objetivos da realidade jurídica*[9].

Realmente, uma análise ponderada do fenômeno, seja ele jurídico ou não, pressupõe essas três instâncias cognoscitivas: o sujeito, no espírito de quem se dá o processo de absorção e retenção, o objeto conquistado no curso desse procedimento cognoscente e a própria representação.

"Objeto" é vocábulo que provém do latim, *objectus*, particípio passado de *objicere* – que nos aponta para "atirar em", ou "lançar contra", aludindo, então, àquilo a que a consciência se dirige, cognitiva ou conativamente. Lembremo-nos de que objeto cognitivo é qualquer item percebido, imaginado, concebido ou pensado. Enquanto o objeto conativo é qualquer item desejado, pretendido ou evitado.

Objetos, em tal sentido amplo, nascem com o discurso, surgem com o exercício de atos de fala, ou seja, não o precedem, muito ao contrário do que comumente se pensa. Os objetos nascem quando deles se fala: o discurso, na sua amplitude, lhes dá as condições de sentido mediante as quais os recebemos e os processamos.

A Teoria dos Objetos reconhece que todo objeto tem sempre um lado subjetivo, conteúdo de alguma forma subjetiva, apresentando-se, portanto, como um dado, um elemento integrante do mundo da consciência. Mantenhamos

---

9. *O direito como experiência*: introdução à epistemologia jurídica, cit., p. 85.

presente o que já foi dito: a consciência, enquanto tal, no fluxo incessante de sua existência, dissolve-se caso não se apresente sob alguma forma.

Creio oportuno frisar que há uma relação dialética entre sujeito e objeto, de tal sorte que um, não sendo o outro, não existe sem o outro; em última instância, um é pelo outro. O objeto do conhecimento, em sentido estrito, não é a coisa concreta, sentida ou percebida como algo existente, *também chamada objeto em sentido amplo*. É sempre *interior*. Por isso se apresenta, invariavelmente, sob determinada forma de consciência, como a percepção, a imagem, o conceito, etc. Transmitido de modo diverso, o processo de conhecimento dos objetos do mundo não se completa sem transitar, obrigatoriamente, pela subjetividade do ser cognoscente, quer os do mundo exterior como os de seu próprio universo interior, fazendo-se presentes em sua consciência por uma das formas que cogitamos.

É comum a confusão entre "objeto" do conhecimento e o "objeto" que vemos ali, concretamente existente no mundo real. O que está em nossa consciência é o conteúdo da forma, não o objeto mesmo, tomado na sua contextura físico-material. Os filósofos separam de maneira clara essas duas situações, referindo-se a "objeto" em sentido amplo: a coisa-em-si, percebida por nossos órgãos sensoriais, e "objeto" em sentido estrito, vale dizer, em sentido epistêmico: conteúdo de uma forma de consciência. Efeito prático imediato dessa distinção é a lembrança de William James de que "a palavra 'cão' não morde".

1.2.3 Teoria dos objetos e regiões ônticas

É também de Edmund Husserl a teoria geral dos objetos, retomada e explicitada por Carlos Cossio. Nela, vemos quatro ontologias regionais ou regiões ônticas, tendo o ser humano como ponto de referência de onde se irradiam os espaços correspondentes. Penso que o diagrama abaixo servirá como elemento coadjuvante na explicitação da mensagem. Vale ressaltar a presença do ser humano bem na confluência das regiões mencionadas.

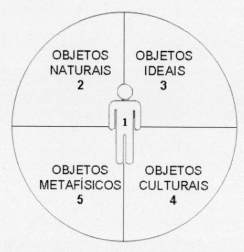

Maria Helena Diniz[10] oferece-nos uma visão geral do assunto, propondo, de maneira didática, os caracteres, o ato gnosiológico e o método de cada uma das quatro ontologias regionais.

REGIÃO ÔNTICA	CARACTERES	ATO GNOSIOLÓGICO	MÉTODO
2) Objetos naturais	A) são reais, têm existência no tempo e no espaço; B) estão na experiência; C) são neutros de valor.	Explicação	Empírico-indutivo
3) Objetos ideais	A) são irreais; não têm existência no tempo e no espaço; B) não estão na experiência; C) são neutros de valor.	Intelecção	Racional-dedutivo
4) Objetos culturais	A) são reais; têm existência no tempo e no espaço; B) estão na experiência; C) são valiosos, positiva ou negativamente.	Compreensão	Empírico-dialético
5) Objetos metafísicos	A) são reais; têm existência no tempo e no espaço; B) não estão na experiência; C) são valiosos, positiva ou negativamente.		

---

10. Maria Helena Diniz, *Compêndio de introdução à ciência do direito*, São Paulo, Saraiva, 1988, p. 124.

Antes de passar em revista os objetos e as correspondentes regiões ônticas, firmemos a premissa segundo a qual essa classificação, como, de resto, todas as outras, não esgotam com precisão o mundo objetal. Há entidades que preenchem os critérios de pertinência de duas ou mais classes regionais, suscitando a dúvida em nosso espírito.

1) Esta notação indica que o ser humano é o centro a partir do qual os objetos do mundo são considerados. Trata-se, sem dúvida alguma, de uma visão antropocêntrica, que toma o homem como o núcleo que integra todas as tentativas de localização dos objetos. Breve reflexão sobre esses elementos nos mostra que as quatro regiões têm nele, homem, participação imediata, encontrando nesse ponto central suas fontes últimas de existência, suas plataformas operacionais. Assim, por exemplo, sendo de carne e osso, o ente humano pertence à região dos objetos naturais; é na sua mente que estão depositadas as figuras ideais, como é, também, por meio de ações concretas, na trajetória de sua existência, que aparecem os objetos culturais. Ao mesmo tempo, é o homem, na complexidade de suas vivências psicológicas que cria e opera com os objetos metafísicos. Afinando-se pela mesma craveira, Gabriel Ivo[11] é incisivo:

> Em todos os momentos a presença humana é imprescindível. No ato de vontade de aplicação; o intérprete autêntico no sentido kelseniano. E no ato de conhecimento, de designação do sentido dos textos normativos, ou seja, na construção das normas jurídicas; o intérprete não-autêntico de Kelsen.

2) Os objetos físicos ou naturais são reais, manifestam-se no tempo e no espaço, o que significa dizer que podem ser colhidos na experiência, mediante enunciados protocolares, base das construções que costumamos chamar de leis físicas. Todavia, tendem à neutralidade axiológica, vale dizer, inclinam-se para a condição de objetos neutros com relação a valores. Cumpre notar, entretanto, que os objetos psicológicos

---

11. *Norma jurídica:* produção e controle, São Paulo, Noeses, 2006, pp. 60-61.

podem ser vistos entre os naturais, porém, só existem no tempo, não se verificando no espaço. O ato gnosiológico apropriado aos objetos dessa região ontológica é a *explicação* e o método é o *empírico-indutivo*.

3) Os objetos ideais são irreais, inocorrendo no âmbito das coordenadas de espaço e de tempo, o que implica declarar a impossibilidade de seu conhecimento empírico. Tanto quanto os anteriores tendem à neutralidade axiológica, o ato gnosiológico que lhes é próprio chama-se *intelecção* e o método eficaz para o trato com tais elementos é o *racional-dedutivo*.

4) Já os culturais são reais, têm existência espaço-temporal, susceptíveis, portanto, à experiência, além de serem valiosos, positiva ou negativamente. O acesso cognoscitivo se dá pela *compreensão* e o método próprio é o *empírico-dialético*, já que o saber, nesse campo, pressupõe incessantes idas e vindas da base material ao plano dos valores e, deste último, à concreção da entidade física que examinamos.

5) É importante salientar, ao falarmos dos objetos metafísicos, que são eles reais, tendo existência no tempo e no espaço, mas não podem ser surpreendidos pela experiência, ainda que sejam valiosos, positiva ou negativamente. É desconhecida a possibilidade de acesso, ao menos em termos científicos, ao mundo da metafísica, formada por objetos que estão para lá da experiência, justificando-se, unicamente, pela via da *crença (doxa)*. Para quem acredite e se convença da existência do bem metafísico, ele existe; contudo, para aqueles que não ficarem persuadidos, o dado metafísico, não estando sujeito aos atos gnosiológicos e correspondentes métodos indicados para as outras três regiões de objetos, será apenas algo inacessível, que, normalmente, as pessoas ignoram ou não levam a sério.

Em suma, o caminho científico não existe e, quanto ao conhecimento vulgar, dependerá do poder retórico de quem o afirma contando com a boa vontade e a crença do receptor da mensagem.

Capítulo 2
NOÇÕES FUNDAMENTAIS PARA UMA TOMADA DE POSIÇÃO ANALÍTICA

Sumário: **2.1. Círculo de Viena** – 2.1.1. O Neopositivismo lógico e o Círculo de Viena: aspectos gerais do movimento – 2.1.2. Como se formou o Círculo de Viena – antecedentes históricos – precursores e fundadores – pessoas e obras que o influenciaram – 2.1.3. Propostas e objetivos do Neopositivismo lógico. **2.2. Língua e linguagem** – 2.2.1. Linguagem e signos do sistema – 2.2.2. Funções da linguagem – 2.2.3. Formas de linguagem – 2.2.4. Tipos de linguagem. **2.3. Direito e Lógica** – 2.3.1. A Lógica e seu objeto: "Lógica jurídica" e "Lógicas jurídicas" – 2.3.2. Generalização e formalização – 2.3.3. O domínio das estruturas lógicas – 2.3.4. Relações lógicas e relações entre os objetos da experiência – 2.3.5. A chamada Lógica formal e a metodologia – 2.3.6. Valores lógicos da linguagem do direito positivo e seus modais – 2.3.6.1. Interdefinibilidade dos modais deônticos e os limites lógicos do direito – 2.3.6.2. Sobre as relações de contradição, contrariedade, subcontrariedade e subalternação. **2.4. Proposição e linguagem: isolamento temático da proposição** – 2.4.1. Linguagem formalizada e representação simbólica: as formas lógicas nas estruturas proposicionais – 2.4.2. As variáveis e as constantes da Lógica Proposicional Alética – 2.4.3.

Cálculo proposicional. **2.5. Teoria das relações** – 2.5.1. Simbolização: relações de primeira ordem e relações de segunda ordem – 2.5.2. As propriedades, as funções e as qualidades das relações – 2.5.3. Sobre a relação de identidade – 2.5.4. Cálculo das relações – 2.5.5. Aplicação da teoria das relações. **2.6. Teoria das classes** – 2.6.1. Aplicabilidade prática: o sistema harmonizado de designação e de codificação de mercadorias, a nomenclatura brasileira e a tabela do imposto sobre produtos industrializados. **2.7. O dever-ser como entidade relacional. 2.8. Teoria da norma jurídica** – 2.8.1. Ambiguidade do termo "norma jurídica" – 2.8.2. Estrutura lógica: análise da hipótese normativa – 2.8.3. Estrutura lógica da norma: análise do consequente – 2.8.4. Sistema jurídico como conjunto homogêneo de enunciados deônticos – 2.8.5. O conceito de "norma completa": norma primária e norma secundária – 2.8.6. Espécies normativas. **2.9. A regra-matriz de incidência** – 2.9.1. O método da regra-matriz de incidência tributária – 2.9.2. Escalonamento da incidência normativa na óptica da teoria comunicacional.

2.1 CÍRCULO DE VIENA

2.1.1 O Neopositivismo lógico e o Círculo de Viena: aspectos gerais do movimento

Neopositivismo Lógico ou, simplesmente, Positivismo Lógico – além de Filosofia Analítica, Empirismo Contemporâneo ou Empirismo Lógico – são os nomes pelos quais dá a conhecer uma corrente do pensamento humano que adquiriu corpo e expressividade em Viena, na segunda década do século XX, quando filósofos e cientistas se encontravam, sistematicamente, para discutir problemas relativos à natureza do conhecimento científico. Tratavam, portanto, de Filosofia das Ciências, mais preocupados, porém, com uma Epistemologia Geral, na medida em que cada um dos participantes lá estava movido pelos interesses específicos do seu campo de indagações. O grupo era heterogêneo, reunindo filósofos, físicos, sociólogos, matemáticos, psicólogos, lógicos, juristas (Kelsen esteve presente em alguns encontros), etc. Profundamente interessados nos fundamentos das respectivas Ciências, mantiveram intenso intercâmbio de ideias, num regime de cooperação intelectual poucas vezes registrado, circunstância que possibilitou uma série de conclusões tidas como válidas para os diversos setores do conhecimento. É daí que se pode falar de uma Epistemologia Geral, isto é, de uma teoria crítica voltada para o estudo e a análise dos conceitos básicos, dos princípios e dos objetivos do conhecimento científico em geral, bem como dos resultados de sua efetiva aplicação. Epistemologia, aliás, é termo mais restrito que Teoria Geral do Conhecimento ou Gnosiologia, pois seu foco temático não é o simples conhecimento (*doxa* = crença, opinião), mas o saber qualificado como científico (*episteme* = conhecimento científico + *logos* = estudo, pensamento, reflexão).

A forte preocupação com os princípios básicos do saber científico ainda não é suficiente para caracterizar a índole desse movimento filosófico. De fato, tal tendência epistemológica revela uma redução do campo filosófico, uma vez que a Filosofia da Ciência não se esgota com as especulações a propósito do quadro de possibilidades e das avaliações atinentes a Epistemologia. Vai mais além. Os neopositivistas lógicos reduziram também a Epistemologia à Semiótica, compreendida esta como teoria geral dos signos, abrangendo todo e qualquer sistema de comunicação, desde os mais singelos e primitivos até os sistemas linguísticos dos idiomas naturais e das linguagens formalizadas das Ciências. Agora, se levarmos em conta as duas mencionadas reduções (da Filosofia à Epistemologia e desta à Semiótica), poderemos entender a importância essencial que os adeptos do movimento atribuem à linguagem como o instrumento por excelência do saber científico. E, mais ainda, como a própria linguagem vai servir de modelo de controle dos conhecimentos por ela produzidos. Chegam, por isso, a proposições afirmativas como esta: compor um discurso científico é verter em linguagem rigorosa os dados do mundo, de tal sorte que ali onde não houver precisão linguística não poderá haver Ciência. Na verdade, perceberam os neopositivistas lógicos que a linguagem natural, com os defeitos que lhe são imanentes, como por exemplo a ambiguidade, jamais traduziria adequadamente os anseios cognoscitivos do ser humano, donde a necessidade de partir-se para a elaboração de linguagens artificiais, em que os termos imprecisos fossem substituídos por vocábulos novos, criados estipulativamente, ou se submetessem àquilo que Rudolf Carnap chamou de "processo de elucidação".

Esboçado genericamente, para efeito da primeira aproximação, eis o perfil do movimento conhecido por Neopositivismo Lógico.

2.1.2 Como se formou o Círculo de Viena – antecedentes históricos – precursores e fundadores – pessoas e obras que o influenciaram

Desde os idos de 1907, Hans Hahn, Phillipp Frank e Otto Neurath encontravam-se, constantemente, num determinado café vienense, com o objetivo de trocar ideias a respeito de temas ligados à Filosofia da Ciência. Entretanto, foi com a vinda de Moritz Schlick para a capital austríaca, transferindo-se de Kiel, nomeado para ocupar a cátedra de Filosofia das Ciências Indutivas, que se pôde reconhecer, efetivamente, a gênese do chamado "Círculo de Viena". Schlick obtivera o doutoramento em Berlim, com tese sobre Óptica teórica, orientado por Max Planck. Iniciou seu magistério em Viena em 1922, mas logo no ano seguinte coordenava um seminário, no seio do qual surgiu o famoso grupo de debates, integrado por filósofos e cientistas dos mais variados campos e dotados, todos eles, de inusitado interesse por temas epistemológicos, passando a reunir-se, com habitualidade, às senoites das quintas-feiras.

Cumpre advertir que uma das características do Círculo era a atitude aberta e antidogmática existente nas discussões, em que todos se mostravam dispostos a submeter suas teses à crítica dos demais. Predominava, amplamente, o espírito de colaboração, suplantando qualquer tipo de participação competitiva. O ambiente refletia, sem dúvida alguma, a especialíssima personalidade de Schlick. Equilibrado e portador de um dinamismo propenso à conciliação, coordenava os encontros com extraordinária habilidade, incentivando a mútua cooperação entre os membros, mas, sempre que necessário, tolhendo os arroubos excessivos, para que tudo se mantivesse num plano de efetiva praticidade. Em 1929, Schlick esteve na Califórnia como professor convidado pela Universidade de Stanford durante a primavera e o verão. Ao ensejo de seu regresso a Viena, em agosto daquele mesmo ano, três membros do Círculo – Rudolf Carnap, Hans Hahn e Otto Neurath – redigiram um manifesto intitulado "O ponto de vista científico do Círculo de Viena", com o que pretenderam prestar justa homenagem ao pai do cenáculo vienense, dedicando-lhe o opúsculo. A divulgação desse trabalho e a realização do congresso internacional de Praga, no mesmo ano, deram larga e pública difusão ao movimento que ficou, assim, conhecido como "Círculo de Viena".

O manifesto apresentava uma concepção científica do mundo, como algo a ser conquistado mediante uma série de medidas, entre elas: a) colocar a linguagem do saber contemporâneo sob rigorosas bases intersubjetivas; b) assumir uma orientação absolutamente humanista, reafirmando o velho princípio dos sofistas: o homem é a medida de todas as coisas; e c) deixar assentado que tanto a Teologia quanto a Filosofia não poderiam ostentar foros de genuína validade cognoscitiva, formando, no fundo, um aglomerado de pseudoproblemas. De tal concepção emergem dois atributos essenciais: 1º) todo o conhecimento fica circunscrito ao domínio do conhecimento empírico; e 2º) a reivindicação do método e da análise lógica da linguagem, como instrumento sistemático da reflexão filosófica. Este último aspecto dá originalidade ao movimento, em contraste com a tradição psicologizante da própria gnosiologia empírico-positivista.

Também faz parte do corpo do manifesto um exame dos fundamentos da Aritmética, da Física, da Geometria, da Biologia e da Psicologia, apontando seus autores para a inconsistência de termos precariamente definidos, tais como *alma, bem comum, espírito dos povos, entelequia* e muitos outros de cunho metafísico. No final, está declarado que a *visão científica do mundo* coloca-se a serviço da vida, propugnando por autênticas bases racionais para a existência associativa do homem, assim como para o próprio conhecimento humano.

São muitos os nomes a que se reporta o manifesto vienense, na condição de precursores do Neopositivismo Lógico. Poremos em evidência, contudo, as figuras de David Hume, de Gottlob Frege e de Ernst Mach.

O primeiro deles – David Hume[12] (1711/1776) – empirista inglês, é conhecido como o *pai espiritual do Positivismo Lógico*, tendo afirmado que "(...) o único fundamento sólido que podemos dar à ciência tem que residir na experiência e na observação". Elaborou a distinção entre *impressões* e *ideias*, resumindo sua posição antimetafísica na obra *Investigação sobre o entendimento humano*. Foi o mesmo Hume que, no seu *Tratado da natureza humana*, tecendo observações sobre a moral, abriu espaço para que outros pensadores resumissem suas ideias, formulando o princípio: "é impossível deduzir uma proposição normativa de uma série de proposições descritivas e vice-versa". Em outras palavras, do *ser*, não se chega ao *dever-ser* e do *dever-ser*, não se chega ao *ser*.

Gottlob Frege (1848/1925) formulou a definição de número (1884), na obra *As leis fundamentais da Aritmética*, demonstrando que esta Ciência é redutível à Lógica. Além disso, antecipou-se à chamada *concepção semântica da verdade*, apresentada por Alfred Tarski e compôs o primeiro sistema completo de Lógica Formal. É sua também a distinção entre

---

12. *Tratado da natureza humana*: uma tentativa de introduzir o método experimental de raciocínio nos assuntos morais, São Paulo, Imprensa Oficial/UNESP, 2001.

sentido e *referência*, acentuando que a busca da verdade é o que nos impele a avançar do sentido à referência.

Por fim, Ernst Mach (1838/1916) era físico e, em sua principal obra, trata dos princípios da Mecânica (1883). Preocupado com as noções básicas de sua Ciência, refletiu profundamente sobre os alicerces filosóficos da Física. Produziu fortes argumentos antimetafísicos, criticando o conceito de "coisa em si" como algo distinto de sua aparência ("Análise das Sensações"). Mach enfatizou um ponto muito importante para o Neopositivismo Lógico, qual seja, a imprescindível "unidade da ciência", e regeu a cátedra de Filosofia das Ciências Indutivas, mais tarde ocupada por Moritz Schlick.

Há coincidências acentuadas, igualmente, entre o ideário do Empirismo contemporâneo e o pensamento do lógico e matemático americano Charles Sanders Peirce (1839/1914). Todavia, melhor será firmarmos o nome daqueles três pensadores, cujas obras decididamente prepararam o advento do famoso "Círculo de Viena".

Por outro lado, não é difícil identificar os fundadores do movimento: Rudolf Carnap, Hans Hahn e Otto Neurath, sob a coordenação indiscutível e brilhante de Moritz Schlick, de quem já falamos. Ludwing Wittgenstein não chegou a pertencer ao grupo, entretanto seu livro *Tractatus logico-philosophicus* influenciou diretamente os integrantes do movimento, havendo quem afirme que sem as ideias contidas nesses escritos, os neopositivistas jamais teriam alcançado os níveis de profundidade a que chegaram. Essa obra apareceu em 1922, com introdução de Bertrand Russel, e na proposição 5.6 está dito que "os limites da minha linguagem são os limites do meu mundo".

Em comentário ligeiro, o *Tractatus logico-philosophicus* é marco decisivo na história do pensamento humano. Até Kant, a filosofia do ser; de Kant a Wittgenstein, a filosofia da consciência; e, de Wittgenstein aos nossos dias, a filosofia da linguagem, com o advento do "giro-linguístico" e de todas as implicações que se abriram para a teoria da comunicação.

Não estou entre aqueles que tomam o *Investigações Filosóficas* como rejeição cabal do *Tractatus*, vendo nele a autonegação da obra revolucionária do extraordinário pensador. Prefiro conceber os "jogos de linguagem", e tudo mais que está contido na segunda obra, como grande e corajosa revisão daquele impulso inicial que abalou as estruturas filosóficas tradicionais e que foi escrito em condições especialíssimas: nas trincheiras da Primeira Guerra Mundial. Além do que, claro, longe de imaginar que as proposições do livro, cuidadosamente ordenadas, teriam resolvido todos os problemas essenciais da filosofia. Aliás, o texto permite várias e desconcertantes leituras: desde a que fizeram os neopositivistas lógicos, até aquelas, de cunho metafísico, que salientam o sentido ético do *Tractatus*, dando como exemplo a proposição pela qual o que não é dizível cientificamente é a parte mais relevante, associada à ética e à religião. Há quem diga que Wittgenstein acreditasse, de maneira apaixonada, que tudo de importante na vida humana seria precisamente aquilo sobre o que devemos calar. Seja como for, interessa-me agora a asserção "falar uma linguagem faz parte de uma atividade ou de uma forma de vida", uma das cláusulas fundamentais da obra tida como derradeira desse autor considerado como a expressão maior do seu tempo. A nova concepção, dando origem à filosofia da linguagem ordinária, provocou aquilo que veio a chamar-se "giro-linguístico", movimento dentro do qual estamos imersos, cada vez com maior intensidade, segundo penso.

Há divergências sobre a identificação de Wittgenstein com o Empirismo Lógico, postos os antagonismos que alguns apontam entre as linhas primordiais do pensamento neopositivista e algumas proposições do *Tractatus*. A despeito disso, porém, é notória a irradiação de sua influência entre os participantes do cenáculo vienense, tanto pela obra em si como por sua própria pessoa, por intermédio de Schlick. Penso que a referência a essas duas obras de Wittgenstein possa servir de marco para apontar a grande virada linguística que se deu nas concepções da linguagem e do homem em relação aos dados brutos do universo do sensível, que são o seu contorno.

Ainda neste ponto, cito, concisamente, as ponderações de Sonia Mendes[13], que bem elucidou esse movimento da filosofia da linguagem:

> Do paradigma verificacional que vinha dominando a filosofia da linguagem desde Frege, passou-se para o paradigma comunicacional. Essa mudança de perspectiva no estudo da linguagem tornou-se conhecida como giro linguístico-pragmático.

E continua:

> *Tractatus logico philosophicus* e *Investigações filosóficas*, não apenas são referências desses dois momentos da filosofia da linguagem, como também nos permitem observar o giro linguístico-pragmático sob a ótica do mesmo filósofo. Como exposto anteriormente, no *Tractatus*, WITTGENSTEIN entende que a linguagem tem como função representar o mundo e, como examinaremos posteriormente, em *Investigações filosóficas*, o filósofo afirma o caráter comunicacional da linguagem[14].

2.1.3 Propostas e objetivos do Neopositivismo lógico

As reivindicações substanciais do Neopositivismo Lógico foram expostas e discutidas, no seu tempo, com suficiente clareza. Não fora isso, contudo, e a luz projetada pela análise histórica serviria para isolar os tópicos principais que essa tendência do pensamento filosófico quis ver consagrados. Falemos aqui dos mais relevantes, lembrando que na primeira parte, ao tratarmos da natureza do movimento, ficou patente que o Neopositivismo Lógico encarece sobremaneira a linguagem como instrumento do saber científico e, mais do que isso, como meio de controle daqueles mesmos conhecimentos. Ora, fazendo convergir para a linguagem todas as atenções, perceberam a necessidade premente da construção de modelos artificiais para a comunicação científica, assim entendidas as linguagens naturais *purificadas* pela substituição

---

13. *A validade jurídica pré e pós giro linguístico*, São Paulo, Noeses, 2007, p. 55.

14. *A validade jurídica pré e pós giro linguístico*, cit., p. 55.

de vocábulos que, por uma ou outra razão, obscureciam a explicação ou a compreensão do objeto.

O discurso científico, desse modo aperfeiçoado, estaria apto para proporcionar uma visão rigorosa e sistemática do mundo. Os recursos semióticos permitiram a análise das três dimensões que a linguagem apresenta[15]. Os neopositivistas lógicos, na procura da depuração discursiva, outorgam uma importância muito grande à sintaxe e à semântica, em detrimento do ângulo pragmático. Ao conceber uma linguagem ideal para as ciências, construíram um paradigma linguístico empobrecido no plano pragmático, ainda que bastante rigoroso nos planos sintático e semântico.

De fato, o respeito às regras sintáticas é um pressuposto inafastável para o sentido do enunciado. Não basta a justaposição de vocábulos conhecidos para que a mensagem tenha significação. É necessário que estejam dispostos segundo certa ordem. Se dissermos: "todavia quando e retoma", ninguém certamente compreenderá o que foi transmitido, porque a disposição das palavras não obedece às normas sintáticas da formação de frases, em língua portuguesa. Se, porém, o arranjo estiver adequadamente composto, há possibilidade de entender-se o que foi comunicado. Diremos, portanto, que tem sentido. Mas, a validade sintática, ainda que permita o sentido, não chega a garantir o conteúdo de verdade do enunciado. Estamos, aqui, em pleno campo semântico, isto é, no domínio da relação das palavras e expressões com as realidades interiores ou exteriores que elas denotam. Havendo a ponte entre o suporte material dos signos e os objetos significados, surge o valor de verdade, como atributo do enunciado. Desse modo, a frase *"choveu na cidade de Olinda, no dia 03 de junho de 1980"*, além de ter sentido, pois está bem formada sintaticamente, pode ser verdadeira ou falsa, dependendo da

---

15. Não custa recordá-las: a) o sintático, em que os signos linguísticos são examinados nas suas relações mútuas, isto é, signos com signos; b) o semântico, que se ocupa da relação do signo com o objeto que ele representa; e c) o pragmático, em que os signos são vistos na relação que mantêm com os utentes da linguagem.

cuidadosa certificação que fizermos. Se o fato for confirmado, mediante informações colhidas em fonte credenciada, aquele enunciado adquirirá o valor de verdade. Caso contrário, será falso. Note-se que é a verificabilidade o critério tomado para sabermos da verdade ou falsidade dos enunciados descritivos de situações objetivas.

Com tais anotações, já podemos expor um importante traço da concepção neopositivista, que não só exige a boa formação da sintaxe frásica, como também declara que os enunciados inverificáveis não poderão integrar o discurso científico. Este há de abranger, única e exclusivamente, enunciados verdadeiros, assim considerados por serem passíveis de comprovação efetiva. Advém daí o postulado: um enunciado terá sentido semântico se puder ser empiricamente verificável.

Esta firme e radical postura epistemológica afasta, desde logo, os enunciados metafísicos dos quadros do saber científico, que estaria circunscrito aos limites do factual, do tangível, vale dizer, daquele campo de objetos que podem ser recolhidos por nossa intuição sensível e demonstrados experimentalmente. As proposições metafísicas, por insusceptíveis de experimentação, não chegavam a adquirir *status* científico e, para o pensamento do "Círculo de Viena", sequer poderiam ser chamadas de "proposições". A carência de sentido relegava-as à condição de *pseudoproposições*. Com isso, os neopositivistas lógicos acolhiam duas teses dos *Tractatus* de Wittgenstein, quais sejam: a) os enunciados factuais têm sentido apenas e tão só quando puderem ser verificados empiricamente; e b) existem enunciados não verificados empiricamente, mas que têm sentido e são verdadeiros ou falsos consoante os próprios termos que os compõem. São as tautologias, que nada afirmam a respeito da realidade. A Lógica e a Matemática estudam essa figura, podendo dizer-se que ambas se estruturam como verdadeiros conjuntos de tautologias.

A condição semântica de sentido, que repousa no teor de verdade do enunciado, é uma tese central para os empiristas contemporâneos. Ao lado disso, a confluência de todos os enunciados para o mesmo campo temático permite a demarcação da região objetiva de que se vai ocupar determinada Ciência, outorgando-lhe foros de unidade. Um discurso científico estaria assim caracterizado pela existência de um feixe de proposições linguísticas, relacionadas entre si por leis lógicas e unitariamente consideradas em função de convergirem para um único domínio, o que dá aos enunciados um critério de significação objetiva.

A título de complementação deste breve estudo sobre Positivismo Lógico, cumpre lembrar que a corrente de pensamento que reduz a Filosofia à análise da linguagem bifurca-se, dando origem à vertente que se dirige à análise da linguagem científica – Neopositivismo Lógico –, bem como àquela que toma por objeto a linguagem comum. Esta última é conhecida como "Filosofia da Linguagem Ordinária" e tem como ponto de partida a segunda obra de Wittgenstein – *Investigações filosóficas* – que já circulara na Inglaterra, influenciando um grupo de pensadores, antes mesmo de sua publicação, que ocorreu em 1953. Alfredo Ayer é expressão dessa diretriz. A Filosofia da Linguagem Ordinária, não operando com modelos artificiais, preserva toda a riqueza do ângulo pragmático, que é inerente às linguagens naturais. Todavia, como ressaltou Bertrand Russel, seus excessos muitas vezes comprometem por inteiro as vantagens que, porventura, possa apresentar com relação à corrente da linguagem científica.

2.2 LÍNGUA E LINGUAGEM

É dentro daquelas ideologias adotadas pelo Neopositivismo que se propõe uma visão mais rigorosa da realidade e do mundo jurídico, tomando a linguagem como modo de aquisição do saber científico, aplicada por meio de mecanismos lógicos, na construção de modelos artificiais para a comunicação científica.

Entre outras acepções, tomamos língua como sistema de signos, em vigor numa determinada comunidade social, cumprindo o papel de instrumento de comunicação entre seus membros. A palavra está aqui com o sentido de idioma, como o português, o francês, o inglês, etc., se bem que os homens se comuniquem por meio de inúmeros códigos; assim, por exemplo, a expressão corporal e, dentro dela, a mímica, a linguagem do olhar e tudo aquilo que, com sua postura, o ente racional pode transmitir a seus semelhantes. A língua, portanto, é apenas um dos sistemas sígnicos que se presta a fins comunicacionais. O vestuário, o mobiliário, a culinária, a arquitetura, a música, as artes plásticas são também códigos e, no quadro de seus limites, deles se aproveitam as criaturas humanas para estabelecer interações do mesmo tipo. Deixemos de lado, porém, essas manifestações que o homem histórico construiu e fiquemos tão só com as estruturas idiomáticas, sistemas que melhor atendem aos contatos intersubjetivos, como mecanismos fecundos de intercâmbio de informações, da transmissão de notícias e conhecimentos, de ordens e de sentimentos, de sugestões, da formulação de perguntas, da própria realização de fatos importantes para a sociedade, bem como para a aproximação inicial das pessoas no convívio diário.

É imperioso que fixemos um ponto de apoio para situarmos, devidamente, a temática da língua enquanto sistema convencional de signos (no mais das vezes imotivados) e que se mostra resistente a tentativas isoladas de modificação por parte dos indivíduos, assumindo, por isso mesmo, o caráter de uma autêntica instituição social. Essa plataforma está representada pela linguagem, na sua natureza multiforme e heteróclita, como bem salientou Ferdinand de Saussure[16], participando, a um só tempo, do mundo físico, do fisiológico e do psíquico, da índole pessoal de cada um e do seu contorno social. É na confluência de fatores compositivos tão distintos que se opera o corte metodológico mediante o qual surgirá aquele sistema sígnico alheio à matéria de que são feitos os sinais que o integram: eis a língua que Saussure opôs à fala. Consiste

---
16. *Curso de linguística geral*, São Paulo, Cultrix, 1975, p. 17.

esta última num ato individual de seleção e de atualização, em face da primeira, que é instituição e sistema: o tesouro depositado pela prática da fala nos indivíduos pertencentes a uma mesma comunidade. Atreladas num processo dialético, não pode haver língua sem fala, e a recíproca é verdadeira. A dicotomia língua/fala, que Hjelmslev prefere substituir por esquema/uso e Jakobson por código/mensagem, é de grande relevância para a compreensão do assunto de que tratamos, de tal modo que podemos aceitar a proposição afirmativa segundo a qual a língua é, praticamente, a linguagem menos a fala, com o que R. Barthes[17] nos indica a forma de abstração que permite alcançar o conceito de língua.

Noções correlatas, *linguagem*, *língua* e *fala* são indissociáveis. Nenhuma delas poderá ser estudada, com profundidade, se não atinarmos para o esquema dialético que as aproxima. Sendo assim, da mesma maneira como pusemos em evidência a ideia de língua, como resultado da subtração, em que retiramos a fala da linguagem, nada custa reconstruir os conceitos, para recuperar a noção de linguagem e, em seguida, abstrair as ideias de língua e de fala. Linguagem, aliás, é a palavra mais abrangente, significando a capacidade do ser humano para comunicar-se por intermédio de signos cujo conjunto sistematizado é a língua. Sua análise se irradia por terrenos diversos, consoante os tipos de relações que estabelece: com o sujeito (psicolinguística); com a sociedade (sociolinguística); com a língua, enquanto sistema organizado de signos, ingressando aqui todos aqueles domínios que a Linguística recobre, tendo como proposta fundamental o estudo científico da linguagem.

De agora em diante, sem nos afastar do plano da língua, no qual estudaremos mais detidamente os signos, depositemos nossa atenção nos modos pelos quais os seres utilizam a estrutura da língua no contexto comunicacional. Vai interessar-nos, a contar deste momento, as maneiras de emprego dos códigos idiomáticos, circunstância que determina o

---

17. *Elementos de semiologia*, São Paulo, Cultrix, 1993, p. 17.

aparecimento de muitas linguagens, em decorrência de uma só língua. Neste sentido, vê-se, ocorre a confusão entre essa linguagem que mencionamos e a fala, segundo as categorias de Saussure. Para os objetivos do presente texto, usaremos linguagem em vez de fala, aproveitando ressaltar a extraordinária importância de que se reveste o estudo da linguagem nos tempos atuais, especialmente no que tange ao conhecimento "científico", como já explicitamos no apanhado histórico a que me referi em item anterior. Vale recordar, a este respeito, a proposição 5.6, do *Tractatus logico-philosophicus*, de L. Wittgenstein: "Os limites da minha linguagem significam os limites do meu mundo". Ou a afirmação categórica de Tercio Sampaio Ferraz Jr.[18]: "A realidade, o mundo real, não é um dado, mas uma articulação linguística mais ou menos num contexto social". E, páginas depois: "Fato não é, pois, algo concreto, sensível, mas um elemento linguístico capaz de organizar uma situação existencial como realidade"[19].

2.2.1 Linguagem e signos do sistema

O falar em linguagem remete o pensamento, forçosamente, para o sentido de outro vocábulo: o signo. Como unidade de um sistema que permite a comunicação inter-humana, signo é um ente que tem o *status* lógico de relação. Nele, um suporte físico se associa a um significado e a uma significação, para aplicarmos a terminologia husserliana. O suporte físico da linguagem idiomática é a palavra falada (ondas sonoras, que são matéria, provocadas pela movimentação de nossas cordas vocais no aparelho fonético) ou a palavra escrita (depósito de tinta no papel ou de giz na lousa). Esse dado, que integra a relação sígnica, como o próprio nome indica, tem natureza física, material. Refere-se a algo do mundo exterior ou interior, da existência concreta ou imaginária, atual ou passada, que é seu significado; e suscita em nossa mente uma noção, ideia ou conceito, que

---

18. *Introdução ao estudo do direito*, 3ª ed., São Paulo, Atlas, 2001, p. 245.
19. Idem, ibidem, p. 253.

chamamos de "significação". É necessário advertir que impera abundante descompasso entre os autores a respeito das denominações atribuídas a cada qual dos pontos desse triângulo, começando por aqueles que consideram o signo no seio de uma relação meramente bifásica ou bilateral[20]. De fato, se percorrermos os livros que se aprofundam na temática dos signos, vamos encontrar a mais variada terminologia. Umberto Eco[21] utiliza *significante* para designar o suporte físico, *significado* para a significação e *referente* para o significado. Expõe, ainda, o nome que outros estudiosos adotam, como, por exemplo, Peirce, para quem *signo* é o suporte físico; *interpretante*, a significação; e o *objeto*, o significado. Morris, de sua parte, elegeu *veículo sígnico* no lugar de suporte físico, *designatum* ou *significatum* em vez de significação e *denotatum* para aludir ao significado. É sensível a divergência entre os termos usados pela doutrina especializada, circunstância que não chega a obscurecer ou dificultar a compreensão do assunto. Estabeleçamos, contudo, num pacto semântico, a adoção das palavras de que se serve Edmund Husserl: suporte físico, significação e significado, prosseguindo no caminho que nos propusemos percorrer. Um exemplo, porém, terá o condão de consolidar a ideia de signo como relação triádica. A palavra manga (fruta) é o suporte físico (porção de tinta gravada no papel). Refere-se a uma realidade do mundo exterior que todos conhecemos: uma espécie de fruta, que é seu significado. E faz surgir em nossa mente o conceito de manga, variável de pessoa para pessoa, na dependência de fatores psíquicos ligados à experiência de vida de cada um. Para aqueles que apreciarem essa fruta, certamente que sua imagem será de um alimento apetitoso, suculento. Para os que dela não gostarem, a ideia será desfavorável, aparecendo a representação com aspectos bem diferentes. Trata-se da significação.

A classificação dos signos gera, também, intensas polêmicas. Uma das mais difundidas, que examina a entidade

---

20. Carnap: indicador e indicado; Saussure: significante e significado.

21. *O signo*, 3ª ed., Lisboa, Editorial Presença, 1985.

segundo o tipo de associação mantida entre o suporte físico e o significado, exposta por Charles S. Peirce, distingue o gênero signo em três espécies: índice, ícone e símbolo. *Índice* é o signo que mantém conexão física com o objeto que indica. Nuvens carregadas, que se avolumam no céu, aparecem como índice de chuva. Os sintomas patológicos que os homens manifestam nada mais são do que índices das várias enfermidades. Examinado o paciente, verificando o médico que nele ocorrem alguns sintomas, interpreta esses índices como significativos da presença de um mal, substituindo-os, então, pelo nome técnico que as ciências médicas artificialmente criaram: sinusite, hepatite, laringite, gastrite, etc. Veremos depois que tais palavras são signos da linguagem médica. O *ícone*, por sua vez, procura reproduzir, de algum modo, o objeto a que se refere, oferecendo traços de semelhança ou refletindo atributos que estão no objeto significado. Os desenhos figurativos, as próprias caricaturas, os bustos esculpidos ou entalhados, todos e muitos outros, são exemplos de signos icônicos. Já o *símbolo* é um signo arbitrariamente construído, não guardando, em princípio, qualquer ligação com o objeto do mundo que ele significa. Aceitos por convenção, os símbolos são largamente utilizados nos mais diferentes códigos de comunicação. Deles não pode haver melhor exemplo do que as palavras de um determinado idioma. O vocábulo *casa* nada sugere, considerado em si mesmo, a respeito da entidade real que menciona. É produto de convenção, formada num processo evolutivo que a gramática histórica pode em parte explicar, se bem que a escolha propriamente dita, no seu modo primitivo de existir, continue sendo ato arbitrário. São exemplos de símbolo, em linguagens não idiomáticas, a bandeira branca, que exprime o pedido de paz; a cruz, expressão viva do cristianismo; os emblemas, brasões, distintivos e tudo aquilo que representa pessoas, famílias, clubes, países, instituições, etc.

A Semiologia, como Ciência que estuda a vida dos signos no seio da sociedade, foi apresentada por Ferdinand de Saussure e voltou-se mais para a linguagem verbal, uma vez que o autor era linguista. Todavia, o projeto foi concebido para a pesquisa de todo e qualquer sistema sígnico. Quase simultaneamente, Charles Sanders Peirce, filósofo americano, fundava a Semiótica como disciplina independente, tendo por objeto, também, os signos dos mais variados sistemas. De caráter mais acentuadamente filosófica, a teoria de Peirce teve, desde o início, o mesmo campo objetal que a Semiologia de Saussure, razão por que a maioria dos autores emprega os dois nomes como sinônimos para designar a teoria geral dos signos[22].

Peirce e outro americano – Charles Morris[23] – distinguem três planos na investigação dos sistemas sígnicos: o sintático, em que se estudam as relações dos signos entre si, isto é, signo com signo; o semântico, em que o foco de indagação é o vínculo do signo (suporte físico) com a realidade que ele exprime; e o pragmático, no qual se examina a relação do signo com os utentes da linguagem (emissor e destinatário). Exemplo da dimensão semiótica da sintaxe é a gramática de um idioma, conquanto a pesquisa gramatical vá além, ocupando-se da morfologia e da fonologia. A sintaxe, entretanto, pode ser definida como o sistema finito de regras capaz de produzir infinitas frases. Já o ângulo semântico cuida da associação que se instala entre o signo (como suporte físico) e o objeto do mundo (exterior ou interior) para o qual aponta. Modelo de trabalho semântico são os dicionários que, inspirados pela lexicografia, colecionam ordenadamente os signos de uma língua, tendo em vista a explicação de seu significado. Há dicionários próprios a muitos sistemas de linguagem, que servem

---

22. Durante anos, Semiótica, empregada por Charles Sanders Peirce, e Semiologia, utilizada por Ferdinand de Saussure, eram termos usados para designar a teoria geral dos signos. Ambos autores viveram no final do século XIX e início do século XX, portanto, foram contemporâneos. Contudo, não chegaram a manter contato e desenvolveram as respectivas teorias paralelamente. Só com Roman Jakobson, em 1974, em Milão, na abertura do primeiro congresso da Associação Internacional de Estudos Semióticos que se definiu a semiótica como ciência geral dos signos. Foi quando com seu *On language*, publicado em Cambridge, pela Universidade de Harvard, firmou: "*Language as one of the sign systems and linguistics as the science of verbal signs, is but a part of semiotics, the general science of signs which was forseen, named and delineated in John Locke's essay...*".

23. *Signos, lenguaje y conducta*, Buenos Aires, Losada, 1962.

ao conhecimento e à comunicação desse conhecimento entre os homens. Salientamos aqui, a título de registro, os dicionários de terminologia jurídica, onde as palavras do direito estão dispostas de tal modo que o leitor interessado possa encontrar os correspondentes significados que os diversos signos abriguem, atribuindo-lhes os sentidos possíveis. Por fim, o plano pragmático, que é de extrema fecundidade, sendo infinitas as formas de utilização dos signos pelos sujeitos da comunicação, em termos de produzir mensagens. Imaginemos um elogio feito pelo emissor a uma terceira pessoa, ausente do contexto comunicacional, introduzindo a mensagem mediante sorriso irônico. É certo que o receptor compreenderá não se tratar de elogio verdadeiro, por força da combinação dos signos idiomáticos com os sinais extraidiomáticos produzidos pelo emissor (manifestação que também aparece como signo ou signos, pertencentes, no entanto, a outro código).

2.2.2 Funções da linguagem

Polarizemos nossas atenções nos sistemas idiomáticos, corpos de linguagem dotados de amplos recursos para o desenvolvimento do processo de comunicação inter-humana, e deixemos de lado, propositadamente, todos os demais códigos, por expressivos ou sugestivos que possam ser. Verificaremos, desde logo, que a interação ocorre num contexto extremamente complexo, pois há múltiplas possibilidades de utilização das palavras, individualmente consideradas, assim como numerosos são os usos das construções frásicas que a gramática de cada língua permite compor, sem que as regras sintáticas venham a ter caráter decisivo para o esclarecimento da específica função em que a linguagem está sendo empregada. A correspondência entre forma e função não acontece como relação necessária, de tal sorte que as estruturas gramaticais oferecem apenas precários indícios a respeito da função, como acentua Irving M. Copi[24]. Isso compele o intérprete

---

24. *Introdução à lógica*, São Paulo, Mestre Jou, 1974, p. 55.

a sair da significação de base (que toda palavra tem) em busca da amplitude do discurso, onde encontrará a significação contextual, determinada por uma série de fatores, entre eles e, principalmente, pelos propósitos do emissor da mensagem. Ora, se os objetivos daquele que expede o comunicado são tão importantes, é de convir que a decodificação da mensagem se dá, em grande parte, no plano pragmático da linguagem. Procede, portanto, a observação de Luis Alberto Warat[25]:

> Analizar la problemática funcional del lenguaje es en cierto modo efectuar un planteamiento de nivel pragmático, para cuya elucidación debemos incursionar indefectiblemente en torno a las condiciones subjetivas de su uso por parte de un sujeto determinado.

Aliás, tudo se encaixa bem naquela noção que apresentamos sobre a pragmática, como ângulo semiótico em que se analisa a relação dos signos com seus usuários. E os estudos pragmáticos se projetam exatamente nesse sentido, isto é, considerando o ser humano enquanto produtor da mensagem e, por meio dela, visando a obter certos efeitos.

No processo constitutivo da interação comunicacional, Roman Jakobson[26] descreve a coalescência de seis componentes:

> O REMETENTE envia uma MENSAGEM – ao DESTINATÁRIO. Para ser eficaz, a mensagem requer um CONTEXTO a que se refere (ou "referente", em outra nomenclatura algo ambígua), apreensível pelo destinatário, e que seja verbal ou suscetível de verbalização; um CÓDIGO total ou parcialmente comum ao remetente e ao destinatário (ou, em outras palavras, ao codificador e ao decodificador da mensagem); e, finalmente, um CONTACTO, um canal físico e uma conexão psicológica entre o remetente e o destinatário, que os capacite a entrarem e permanecerem em comunicação.

Discorrer, porém, sobre as funções da linguagem, obriga-nos a fixar premissa sem a qual as conclusões ficariam

---

25. *Semiótica y derecho*, Buenos Aires, Eikón, 1972, p. 80.

26. *Linguística e comunicação*, São Paulo, Cultrix, 1991, p. 123.

incompletas ou prejudicadas: toda e qualquer manifestação linguística, desde as mais simples às mais complicadas, raramente encerram uma única função, aparecendo como *espécies quimicamente puras,* no dizer de Copi. Ainda que haja uma função dominante, outras a ela se agregam no enredo comunicacional, tornando difícil a tarefa de classificá-las. Para contornar o empeço, sugere Alf Ross[27] que tomemos o efeito imediato como critério classificatório:

> La función de cualquier herramienta debe determinarse por su efecto propio, esto es, el efecto inmediato a cuya producción la herramienta está directamente adaptada. Son irrelevantes cualesquiera otros efectos ulteriores en la cadena causal subsiguiente.

Cientes de que toda comunicação efetiva exige certa combinação de funções e, recolhendo o critério do efeito imediato ou da função dominante, como entendemos melhor, passemos a formular uma classificação das linguagens, de acordo com as funções que cumprem no processo comunicacional. O esboço parte de um sincretismo que julgamos conveniente para o fim de ressaltar a importância das variadas maneiras segundo as quais o homem manipula os signos do seu idioma. Adota, portanto, o *animus* que move o emissor da mensagem (critério pragmático), sem desprezar as particularidades sintáticas que as linguagens ostentam (critério sintático ou lógico). Tal caminho nos permitirá ir além das funções assinaladas por Jakobson, ao associá-las a cada um dos fatores que constituem o processo de comunicação.

a) Linguagem descritiva, informativa, declarativa, indicativa, denotativa ou referencial é o veículo adequado para a transmissão de notícias, tendo por finalidade informar o receptor acerca de situações objetivas ou subjetivas que ocorrem no mundo existencial. Apresenta-se como um feixe de proposições, afirmadas ou negadas, que remetem o leitor ou

---
27. *Lógica de las normas,* Madrid, Editorial Tecnos, 1971, p. 28.

o ouvinte aos referentes situacionais ou textuais. É a linguagem própria para a transmissão do conhecimento (vulgar ou científico) e de informações das mais diferentes índoles, sendo muito utilizada no intercurso da convivência social. Seus enunciados submetem-se aos valores de verdade e de falsidade, razão pela qual essa sintaxe é estudada pela Lógica Clássica, também conhecida por Lógica Apofântica ou Lógica Alética[28]. Como discurso descritivo que é, mantém um vector semântico com as situações indicadas, de modo que seus enunciados serão verdadeiros se os fatos relatados tiverem realmente acontecido ou vierem a efetivar-se; e falsos, se não se verificarem na conformidade do que foi descrito. Note-se que a relação entre o enunciado factual e o acontecimento por ele informado só é possível se dispusermos de metalinguagem que afirme ou negue a correspondência entre enunciado e fato[29] ("verdade por correspondência").

b) *Linguagem expressiva de situações subjetivas* é aquela na qual o emissor exprime seus sentimentos, quer pelo uso de interjeições (ai!, oba!, oh!), de palavras interjeicionais (viva!, apoiado!, fora!) ou de expressões interjeicionais (minha Nossa Senhora!, quem dera!), quer por intermédio de orações ou de períodos. O traço característico da linguagem empregada nessa função é a presença de emoções manifestadas pelo remetente da mensagem, que se expande para comunicar aquilo que lhe passa n'alma, provocando no receptor, quase sempre, sentimentos da mesma natureza.

O exemplo típico da linguagem expressiva de situações subjetivas é a linguagem poética, mas convém referir que pode revestir-se de outras formas, que não a da poesia, como nas reações espontâneas, em que o homem exibe seus sentimentos de alegria, de dor, de surpresa, de desejo, de afeto, etc., fazendo-o pelo emprego de interjeições.

---

28. *Alethéa*, palavra grega que significa verdade.

29. Alfred Tarski, *A concepção semântica da verdade:* Textos Clássicos de Tarski, São Paulo, Imprensa Oficial/UNESP, 2007.

Quando desempenha essa função, a linguagem de que tratamos não pode subordinar-se aos critérios de verdade e falsidade, inerentes à lógica do discurso descritivo. A licença poética afasta de cogitação qualquer tentativa no sentido de vincular suas elaborações aos critérios da Lógica Clássica. Até o presente momento não se tem notícia da descoberta de sistema lógico capaz de explicar o funcionamento sintático da linguagem expressiva. Não que o discurso poético prescinda do ângulo sintático, que o descaracterizaria como linguagem, mas, pura e simplesmente, porque ninguém ainda descobriu, pelo que sabemos, quais as regras que presidem essa sintaxe. Quando se diz que a linguagem poética não tem lógica, na verdade o que se pretende transmitir é que a linguagem que atua nessa função não pode ser governada pelos padrões da Lógica Alética. Nunca que carecesse do plano sintático, o que seria absurdo.

c) *Linguagem prescritiva de condutas* presta-se à expedição de ordens, de comandos, de prescrições dirigidas ao comportamento das pessoas. Seu campo é vasto, abrangendo condutas intersubjetivas e intrassubjetivas. Todas as organizações normativas operam com essa linguagem para incidir no proceder humano, canalizando as condutas no sentido de implantar valores. Um excerto de Lourival Vilanova[30] diz bem da importância desse uso: "Altera-se o mundo físico mediante o trabalho e a tecnologia, que o potencia em resultados. E altera-se o mundo social mediante a linguagem das normas, uma classe da qual é a linguagem das normas do Direito".

As ordens não são verdadeiras ou falsas, mas sim válidas ou não-válidas. Estes últimos são os valores lógicos da linguagem prescritiva e sua sintaxe é estudada pela chamada Lógica Deôntica, de que faz parte a Lógica Deôntico-jurídica, cujo objeto é a organização sintática da linguagem do direito positivo. Esta especialização da Lógica Deôntica encontra-se hoje sistematizada, principalmente a partir da obra *Deontic Logic*, de autoria de Georg Henrik von Wright, publicada em 1951.

---

30. *As estruturas lógicas e o sistema do direito positivo*, São Paulo, Noeses, 2005, p. 42.

Em Lógica, o vocábulo proposição significa a expressão verbal de um juízo. Os estudiosos, entretanto, negaram-se a empregá-lo para designar outros juízos que não os descritivos de situações, subordinados aos critérios de verdade/falsidade. É curioso sublinhar que Kelsen, evitando a palavra para referir-se às unidades do direito positivo, utilizou-a na expressão "proposição jurídica", querendo aludir ao discurso do cientista, em nível de metalinguagem. Daí a distinção que fez entre norma jurídica e proposição jurídica. O étimo proposição, contudo, serve para denominar qualquer espécie de juízo, seja ele declarativo, interrogativo, imperativo ou exclamativo. E é assim que o encontramos em Lourival Vilanova, que distingue as proposições normativas das proposições descritivas, ambas contidas no conceito mais abrangente de proposições jurídicas.

Resta lembrar que a linguagem prescritiva se projeta sobre a região material da conduta humana. Mais ainda, que seu vector semântico atinge única e exclusivamente os fatos e as condutas possíveis, caindo fora de seu alcance as ocorrências factuais e os comportamentos necessários ou impossíveis. A consideração vale para todos os campos do deôntico, em particular para o do deôntico-jurídico, em que não teria sentido a regra que colhesse a conduta necessária – ou impossível, modalizando-a com o "P" (permitido), com o "V" (proibido) ou com o "O" (obrigatório).

d) Linguagem interrogativa ou *linguagem das perguntas* ou *dos pedidos* é a de que se utiliza o ser humano diante de objetos ou situações que desconhece, ou ainda quando pretenda obter alguma ação de seus semelhantes. As perguntas podem ser interpretadas como pedidos de respostas, circunstância que nos permite reduzir uma linguagem a outra. Em muitas situações, reflete a insegurança do emissor, ao mesmo tempo em que provoca uma tomada de posição do receptor. Ninguém pode ficar impassível perante uma indagação, seja ela qual for. Responderá ou não, afastando-se a possibilidade de conduta indiferente. Por mais absurda e impertinente que seja a pergunta, o destinatário assumirá uma de duas posturas:

ou se mantém silente, ignorando-a, com o que implementa a conduta de *não responder*; ou apresenta, satisfatoriamente ou não, a juízo do emissor, *comportamento que realiza a resposta*.

Do mesmo modo que a linguagem prescritiva, as proposições que compõem este discurso não estão sujeitas aos valores da Lógica Clássica: verdadeiro e falso. Seus critérios são outros. Uma pergunta é pertinente ou impertinente; adequada ou inadequada; própria ou imprópria; além do que, como todos os demais enunciados, haverá de ser bem formada sintaticamente, condição indispensável para que tenha sentido.

Sobre a lógica da linguagem das perguntas, Georges Kalinowski[31] nos dá notícias das obras de A. N. Prior, *Erotetic logic*; de Stalh, *Developpement de la logique des questions*; e de Ajdukiewicz, *Logiczne podstawy nauczania*.

Deparamos, em alguns teóricos da linguagem, com o tratamento conjunto das funções prescritiva e interrogativa, debaixo da designação genérica de função conativa, cuja finalidade seria de influenciar o comportamento do destinatário da mensagem. Sob o ângulo pragmático, nada há que objetar, a não ser acrescentando também a função persuasiva. Entretanto, a diretriz que elegemos para presidir nossa classificação não repousa, exclusivamente, na instância pragmática, levando em conta aspectos do plano sintático. Repetimos que a linha diretora que escolhemos considera o *animus* que move o emissor da mensagem, *sem desprezar as particularidades sintáticas que as linguagens ostentam*. Ora, há profundas diferenças de sintaxe entre as três linguagens referidas com o nome de conativas, o que justifica estudá-las separadamente.

e) Linguagem operativa ou *performativa* é o discurso em que os modos de significar são usados para concretizar alguma ação. Como efeito imediato, nada informam, pois sua função primordial é operativa, dando a concretude que certos eventos exigem para sua efetiva realização. Exemplo típico de função

---

31. *Introducción a la lógica jurídica*, Buenos Aires, Eudeba, 1973, p. 8.

performativa é aquela mencionada por Irving M. Copi[32], em que o sacerdote ou o juiz de paz, para o encerramento da cerimônia, proclama: *"eu vos declaro marido e mulher"*. Tais palavras constituem o ato em si, não sendo emitidas com o escopo imediato de informar. Para o autor citado, a linguagem operativa emprega as chamadas *"elocuções de desempenho"*, cujo papel é realizar, em circunstâncias apropriadas, a ação que relatam ou que transmitem. Tais locuções empregam os verbos que ele chama de *atuantes*, entre eles *aceitar, aconselhar, desculpar-se, batizar, parabenizar, prometer e sugerir*.

É oportuna a lembrança de Warat[33] de que *"Este uso presupone la existencia de un sistema normativo vigente que le otorga sentido objetivo a ciertos atos de voluntad"*. E agregamos que nem sempre o sistema normativo é o jurídico, podendo ocorrer sob preceitos de qualquer dos muitos plexos de regras que estão presentes no fato social.

f) Linguagem fáctica. Alude-se, com tal expressão, à linguagem introdutória da comunicação, bem como todos os recursos linguísticos empregados para manter o contato comunicacional já estabelecido. Dela faz parte tudo aquilo que, numa mensagem, serve para estabelecer, manter ou cortar o vínculo da comunicação. Para Francis Vanoye[34], "numa comunicação telefônica, o tradicional 'alô' estabelece o contato, as expressões 'você está me ouvindo?, um momento por favor' mantêm o contato, 'vou desligar' interrompe a comunicação".

Nas atividades diárias do ser humano é de grande intensidade o emprego da linguagem na sua específica função factual. Exercendo papel eminentemente introdutório, mantenedor ou terminativo da comunicação, essa linguagem quase nada informa, sendo que as orações interrogativas que a integram

---

32. *Introducción a la lógica*, Tradução de Álvaro Cabral, São Paulo, Mestre Jou, 1981, p. 52.

33. *Semiótica y derecho*, Buenos Aires, Eikón, 1972, p. 76.

34. *Usos da linguagem*: problemas e técnicas na produção oral e escrita, 4ª ed., São Paulo, Martins Fontes, 1983, p. 54.

não visam à obtenção de respostas, a não ser em gradações ínfimas. Quando nos encontramos com pessoa de nossas relações e emitimos a pergunta "*como vai?*", o objetivo não é travarmos conhecimento com o estado de saúde física ou psíquica do destinatário, mas de simplesmente saudá-lo – que denotaria breve comunicação – ou de prepararmos diálogo mais profundo. Da mesma forma, a resposta não costuma trazer dados explicativos a respeito do que foi perguntado, já que o interlocutor percebe, desde logo, tratar-se de linguagem utilizada em sua função fáctica. É bem verdade que a mesma indagação poderia colocar-se dentro de outro contexto, em que o emissor da pergunta estivesse efetivamente interessado em conhecer o estado de saúde do receptor. É a sensibilidade psicológica de cada um, ou de terceiros que assistem ao fato comunicacional, que vai reconhecer a linguagem como empregada na função interrogativa ou fáctica. Nesses domínios, já o dissemos, o ângulo pragmático é decisivo.

Interessante exemplo de linguagem cumprindo função factual nos é oferecido por Francis Vanoye[35], ao mencionar a letra da música "Sinal Fechado", de Paulinho da Viola, cujo trecho inicial transcrevemos:

> *Olá, como vai?*
> *Eu vou indo, e você, tudo bem!*
> *Tudo bem, eu vou indo, correndo,*
> *pegar meu lugar no futuro. E você?*
> *Tudo bem, eu vou indo em busca de um sono*
> *tranquilo, quem sabe?*
> *Quanto tempo...*
> *Me perdoe a pressa*
> *é a alma dos nossos negócios...*
> *Oh! não tem de quê*
> *eu também só ando a cem.*
> ....
> ....

---

35. *Usos da linguagem*: problemas e técnicas na produção oral e escrita, cit.

Vale notar que o encontro se dá ao fechar-se o sinal e ambos instalam a comunicação, procurando mantê-la mediante frases destituídas de sentido preciso, com reiteradas perguntas e correspondentes respostas, mas sem outro objetivo que não o de aproveitar os pouquíssimos instantes de contato, sustentando a comunicação instaurada.

Temos para nós que a "função cerimonial", indicada por Irving M. Copi[36], em muitas oportunidades ajusta-se melhor no âmbito desta linguagem que ora referimos. As palavras introdutórias que enchem os documentos oficiais, os ditos pomposos que antecedem certas solenidades e os ritos verbais que abrem espaço a sermões ou discursos políticos são, todos eles, modos de significar que preparam ou sustentam o curso de tipos específicos de interação comunicacional.

g) *Linguagem propriamente persuasiva*, como entendemos melhor chamar, é aquela animada pelo intento imediato de convencer, persuadir, induzir, instigar. Falamos em *"propriamente persuasiva"* porque as mensagens transmitidas com outras funções sempre têm um quê de persuasivas. Quem se comunica para informar alguém acerca de um fato procura fazer chegar a notícia ao destinatário, de acordo com seu modo de ver o acontecimento. Formulando conceitos, que são invariavelmente seletores de propriedades, o emissor acentua os aspectos que correspondam aos seus valores, passando-os ao receptor. A presença do *animus* persuasivo, aliás, pode ser registrada em todas as funções que a linguagem desempenha, em diferentes níveis de intensidade, circunstância que nos permite identificar uma espécie em que a persuasão exerce papel dominante: eis a linguagem a que nominamos de *"propriamente persuasiva"*. Aqui, o intuito de quem expede a comunicação é prioritariamente de convencer o interlocutor, induzindo-o a aceitar sua argumentação a ponto de estabelecer-se o acordo de opiniões. O caráter persuasivo manifesta-se ostensivamente, com função imediata, pronta e determinante

---

36. *Introdução à lógica*, cit., p. 52.

da própria razão de ser do discurso. É a linguagem que ocorre quando existirem interesses conflitivos ou em situações em que alguém postula algo, reivindicando a justiça, a razoabilidade ou a conveniência daquilo que é solicitado.

Nos territórios do direito esta linguagem assume extraordinária importância e enorme frequência: é o chamado discurso judicial. Também o encontramos na discussão de questões administrativas, sempre que o convencimento da autoridade competente seja pressuposto da decisão. Gregorio Robles Morchón[37] examina a linguagem empregada pelos juristas nos processos de decisão, propondo uma teoria da decisão jurídica. Afirma que a linguagem do advogado não cria a decisão, ainda que a propicie por representar uma das partes, oferecendo um ponto de vista dentro do diálogo que constitui o processo. Seu objetivo não é decidir senão convencer e a retórica jurídica é o esquema metódico de que se serve.

Vale salientar a propósito o caráter retórico indissociável à linguagem persuasiva, não incorrendo, com esta afirmativa, no mau vezo de atribuir somente a ela este registro. Sim, porque toda a função linguística exige o tom retórico, sem o qual a mensagem não se transmite do enunciador ao enunciatário. Enganam-se aqueles que admitem a retórica apenas como expediente da função persuasiva, estruturada para facilitar o convencimento de quem recebe o impacto da enunciação. Inexiste a "não-retórica". E a contra-retórica é retórica também. Resta saber qual a intensidade de sua utilização nos diversos tipos de linguagem.

Em comentários ligeiros, os recursos a serem utilizados pelo cientista variam segundo a região ôntica do objeto a ser descrito. Há um tipo de veemência recomendado para o domínio dos entes físico-naturais; outro para o dos ideais e ainda outro para o dos culturais, levando-se em conta, neste setor, a multiplicidade imensa das manifestações objetais[38]. Tudo para

---

37. *Las reglas del derecho y las reglas de los juegos*, Universidade de Palma de Mallorca, 1984, p. 271.

38. A propósito, ver p. 116 do livro.

advertir, de maneira incisiva, que não é qualquer torneio retórico que convém ao discurso da Ciência do Direito ou mesmo daquel'outros produzidos com o objetivo de convencer a autoridade competente ou o juiz de direito nos respectivos autos. Por outro lado, é impossível estipular o espaço de variação da possibilidade retórica no recinto do jurídico, mesmo porque um é o do direito posto, outro o da dogmática. Simplesmente isso. Caberá à intuição, tomada aqui como órgão, aliás o mais poderoso instrumento cognoscitivo, a chamada "ciência direta", sugerir os critérios de avaliação do *quantum* de argumentação retórica que deve ser empregada na construção do discurso científico, evitando, por todo o modo, a logomaquia e tantas extravagâncias que rondam e ameaçam a pena de quem escreve.

Com estas modulações, pretendo deixar claro que a lógica da linguagem persuasiva ou da linguagem que prepara a decisão é a lógica da argumentação, isto é, uma lógica da interpretação para decidir ou lógica dialógica orientada para a decisão[39]. Sobre a Teoria da Argumentação, Tercio Sampaio Ferraz Jr.[40] tece importantes considerações que merecem detida reflexão. Assinalando que a lógica retórica se ocupa da argumentação como tipo específico de raciocínio, correspondendo a procedimentos quase lógicos, que não obedecem ao rigor exigido pelos sistemas formais, passa a estudar, um a um, os mais conhecidos modelos de procedimento, no âmbito da argumentação jurídica, sem intuito classificatório.

Salta aos olhos que a estrutura sintática da linguagem jurídica, num processo de decisão judicial ou administrativa, subordina-se a valores lógicos outros que não os do discurso descritivo (verdadeiro/falso) ou prescritivo (válido/não-válido) ou ainda o da linguagem das perguntas (pertinentes/impertinentes). Os sujeitos participantes desenvolvem seus esforços no sentido de obter um fim determinado: o convencimento

---

39. Gregorio Robles Morchón, *Las reglas del derecho y las reglas de los juegos*, cit., p. 273.

40. *Introdução ao estudo do direito*, cit., p. 294.

do juiz ou da autoridade competente para decidir. E o próprio magistrado ou o agente administrativo, ao proferir o ato decisório, procurará justificá-lo, argumentando em termos de mostrar que o fez para atender a princípios de justiça, de coerência, de segurança, de respeito à ordem jurídica vigente.

Com efeito, se atinarmos bem, veremos que o rigoroso apego à verdade dos enunciados, a precisão ao relatar os acontecimentos factuais, a adequada subsunção dos conceitos dos fatos ao conceito das normas, tudo isso, ainda que sirva de instrumento valioso para a configuração das peças jurídicas, no contexto processual, cede lugar ao objetivo primeiro, ao fim último que os interessados almejam alcançar, qual seja o convencimento do órgão decisório. É certo que há expedientes dentro do processo, como os laudos periciais, por exemplo, cuja função preponderante da linguagem não é persuasiva. Contudo, tais manifestações, longe estão de predominar, a ponto de exercer função caracterizadora do discurso judicial ou do campo mais amplo da linguagem que trata dos procedimentos decisórios.

h) A *linguagem afásica* consiste num conjunto de enunciados que alguém dirige contra a mensagem de outrem, visando a obscurecê-la, confundi-la perante o entendimento de terceiros ou a dificultar sua aceitação, por meio de recursos linguísticos variados, tudo no pressuposto de que o discurso que sofre o impacto da linguagem afásica seja claro, estando em condições de ser devidamente apreendido. Cai bem o nome dessa função, pois *afasia* é termo técnico que designa perturbações na comunicação verbal. Neste caso, porém, a afasia não é provocada por lesões que a neuropsicologia e a neurolinguística localizaram no hemisfério esquerdo do cérebro humano, numa zona específica da linguagem, mas por efeito da contramensagem do destinatário.

Na amplitude da discussão judicial, bem o sabemos, é comum que os representantes das partes litigantes utilizem esse tipo de linguagem para tumultuar o andamento regular do feito. Diante de uma peça racionalmente composta, portadora de forte capacidade de persuasão, o advogado da parte contrária, não tendo como contrapor-se aos fundamentos de ordem fáctica e jurídica, passa a questionar afirmações pacíficas, levanta problemas sobre palavras, sobre situações estranhas ao tema controvertido, com o deliberado escopo de despertar embaraços e dificuldades na compreensão daquilo que, sem esses expedientes, seria perfeitamente admissível.

Mas o exercício da linguagem com tão antipáticos fins não é o único a que se presta o discurso afásico. Pode também encobrir o vazio de significação de certas mensagens, neste caso cumprindo uma função axiologicamente positiva. Em alguns momentos é o meio de escapar dos domínios estritos da literalidade da lei, fazendo prevalecer uma solução valorativa da equidade. Nas palavras de Warat[41]: "cuando se puede hacer pasar gato semántico por liebre equitativa". A função afásica permite, então, preencher lacunas, completando o discurso ao qual se dirige.

i) Linguagem fabuladora. Se a função descritiva se desenvolve mercê de enunciados com pretensão de verdade, há certo uso pragmático, como aponta Alf Ross[42], que não faz a proposição depender dos conceitos de verdade e falsidade, exigindo-se apenas que tenha significado. Este autor refere-se a tal uso como *"apresentação da proposição"*, que passa a constituir aquilo que denomina de *ficção* ou *hipótese*, ao passo que o discurso correspondente terá *função fabuladora*.

Frise-se que a linguagem desse modo utilizada cobre vasto segmento no quadro geral da comunicação humana, integrando os textos considerados fantasiosos ou fictícios, como as fábulas, os contos infantis, as novelas, os filmes cinematográficos, os mitos, as anedotas e, especialmente para o nosso interesse, as ficções jurídicas, bem como as hipóteses com que trabalham os cientistas. Descabe cogitar-se do teor de verdade desses enunciados, de tal arte que mesmo na contingência de serem coincidentes com a realidade, isso não lhes dá

---

41. Warat, op. cit., p. 79.

42. *Sobre el derecho y la justicia.*, trad., Buenos Aires, EUDEBA, 1974, p. 37.

preeminência no sistema contextual. Predominam os casos de falsidade, mas também é irrelevante para tipificar a atribuição que desempenham. Tratando-se de uma película cinematográfica ou de representação teatral de conteúdo histórico, requer-se, é evidente, um mínimo de proposições dotadas do valor-verdade, exatamente para reproduzir as situações escolhidas pelo autor.

Por outro lado, as histórias imaginárias abrigam somente enunciados falsos, sem que essa contingência enfraqueça o discurso. Fique bem claro que os enunciados da linguagem fabuladora são susceptíveis de apreciação segundo os critérios de verdade/falsidade, entretanto, *a verificação não importa para os fins da mensagem*. Sotopondo-se a esses valores, mesmo assim a dinâmica discursiva continua lentamente sua marcha para atingir a finalidade proposta, sem que o respeito àqueles padrões ou à sua manifesta inobservância tenham o condão de afetar-lhe a natureza de linguagem fictícia ou fabuladora.

O direito, na prescritividade mesma de sua linguagem, aproveita-se frequentemente das ficções. Como seu vector semântico está preparado para *incidir* na realidade social e não para com ela *coincidir*[43], sempre que o legislador das normas gerais e abstratas estiver premido a esquematizar fatos e qualificar objetos, em desacordo com a índole em que normalmente são tomados, emprega o recurso fabulador.

j) A *linguagem* que opera na *função metalinguística*, segundo Roman Jakobson[44], focaliza o código, ou seja, o próprio discurso em que se situa. Nela, antecipa-se o emissor às interrogações do destinatário, explicitando fragmentos do discurso que lhe pareceriam desconhecidos ou absurdos aos ouvidos ou aos olhos do interlocutor. Antes que o receptor interrompa a locução para formular perguntas, aquele que fala

---

43. Lourival Vilanova, "Analítica do dever-ser", in *Escritos jurídicos e filosóficos*, vol. 2, cit., p. 69.

44. *Linguística e comunicação*. Tradução de José Paulo Paes e Isidoro Blikstein, São Paulo, Cultrix, 1991.

ou escreve esclarece o trecho, oferecendo informações adicionais a respeito. Há metalinguagem, mas no interior do discurso. A função metalinguística, assim versada por Jakobson, pressupõe um único código e, dentro dele, dois níveis de linguagem convivendo na mesma sequência contextual. Difere, portanto, daquelas circunstâncias em que linguagem-objeto e metalinguagem aparecem em momentos distintos e, muitas vezes, elaboradas por sujeitos diferentes. Basta essa lembrança para divisarmos que a expressão não é unívoca: contempla a situação em que o emissor fala da sua própria fala, num único contexto; assim como todas as manifestações de linguagem que se ocupam de falar sobre outras linguagens, seja do mesmo autor ou de autores diferentes. Estipulemos aqui, para efeito do desenvolvimento dos nossos estudos, que a função metalinguística acontece sempre no interior de um único código, promovida por um só emissor e, mais adiante, versaremos o assunto das hierarquias de linguagem.

Para ilustrar com exemplos, lembremos que denunciam a presença da função metalinguística frases introduzidas por expressões como *isto é, ou seja, ou melhor, por outro modo, em outros termos, dito de forma diferente, etc.*

No campo da Ciência, observamos que o teórico sente muitas vezes a necessidade de extrapassar os limites do conhecimento especializado, para poder examinar a natureza e pensar nas possibilidades do seu trabalho. Nesse átimo, estará discorrendo sobre a técnica da sua construção científica, examinando o método de investigação para declará-lo ou explicitá-lo, instante em que põe em curso a função metalinguística.

2.2.3 Formas de linguagem

Orientar a atenção para as formas da linguagem significa ingressarmos no terreno da gramática do idioma. Mas a gramática, designada por normativa, cobre cinco setores diferentes: *a)* morfologia; *b)* fonética; *c)* sintaxe; *d)* semântica; e *e)* estilística. A divisão nos leva a supor que o estudo das formas seria desenvolvido nos quadros da morfologia. Não é assim. A morfologia cuida das palavras, isoladamente consideradas, pesquisando seu modo de formação, sua estrutura, suas propriedades e as flexões que podem experimentar. Enquanto isso, pensamos agora nas formas de discurso como modalidades de mensagens transmitidas no plexo interacional da comunicação, cujo conhecimento se dá no capítulo reservado à sintaxe, parte da gramática que examina as possíveis opções no que tange à combinação das palavras na frase, para que a exteriorização do pensamento ocorra com clareza. Distribui-se a sintaxe por três subcapítulos: *a*) sintaxe de concordância; *b*) sintaxe de subordinação (ou de regência); e *c*) sintaxe de ordem (ou de colocação).

Dentro dos limites que o interesse temático nos permite, estabeleçamos como ponto de partida o conceito de frase para chegarmos logo aos objetivos que este trabalho projetou atingir. Frase é a palavra ou combinação de palavras com que expressamos nosso pensamento. É categoria genérica, abrangendo as frases nominais, as orações, também conhecidas por sentenças, e o período. As frases nominais não têm verbo; as orações, portadoras de estrutura sintática, apresentam obrigatoriamente o verbo como elemento essencial e, muitas vezes, sujeito e complemento como elementos acidentais. Por fim, o período, formado por uma oração, uma combinação de oração e frase ou mais de uma oração, será simples, existindo uma só sentença; composto, quando houver duas ou mais estruturas oracionais.

As frases meramente nominais diferem das sentenças porque as primeiras carecem de estrutura sintática, não sendo passíveis de análise.

Recuperando o sentido genérico de frase, indicam os autores seis classes: 1) as declarativas; 2) as interrogativas; 3) as exclamativas; 4) as imperativas; 5) as optativas; e 6) as imprecativas. Consulta ao nosso interesse expositivo reduzir esses tipos a apenas quatro, o que entendemos possível, visto que as frases optativas (que manifestam um desejo) e as imprecativas (que contêm uma imprecação) cabem ambas no espaço das exclamativas.

A matéria dessa maneira exposta predispõe nossa mente a imaginar correspondência entre as formas de frases e as diversas funções que cumprem na comunicação humana. Tal correspondência, contudo, não acontece necessariamente. As funções de que se utiliza a linguagem não se prendem a formas determinadas, de modo que o emissor poderá escolher esta ou aquela, a que melhor lhe aprouver, para transmitir seu comunicado, dependendo dos fatores extralinguísticos que fizer acompanhar a manifestação verbal. O registro impede que identifiquemos a função pelo reconhecimento do enunciado textual. Façamos então uma experiência, firmando a estrutura da frase declarativa e procurando ver a que funções pode prestar-se:

a) Palmares é cidade do Estado de Pernambuco – forma declarativa e função declarativa.

b) Estou com muita sede – forma declarativa e função interrogativa, imaginando-se um meio de pedir água.

c) O som elevado da televisão está atrapalhando meu trabalho – forma declarativa e função prescritiva.

d) Toda pessoa é capaz de direitos e deveres na ordem civil (art. 1º do Código Civil) – forma declarativa e função prescritiva.

e) Já sossega, depois de tanta luta, já me descansa em paz o coração – Transcendentalismo, Antero de Quental – forma declarativa e função expressiva.

f) Os mais celebrados autores, assim nacionais, que estrangeiros, advogam a mesma tese – forma declarativa e função persuasiva.

g) O autor desenvolve seus argumentos sem discutir o cabimento das duas premissas que lhe servem de suporte – forma declarativa e função afásica.

h) Eu te batizo em nome do Pai, do Filho e do Espírito Santo – forma declarativa e função operativa.

i) A tartaruga, perante Aquiles, admite o condicional e seu antecedente, mas nega o consequente – Diálogo de Aquiles com a tartaruga, em conto de Lewis Carrol – forma declarativa e função fabuladora.

j) Tudo bem, eu vou indo, correndo, pegar meu lugar no futuro – trecho de *Sinal Fechado* – forma declarativa e função fáctica.

A dissociação entre forma e função não se verifica apenas com a frase declarativa. Breve esforço da parte do leitor demonstrará que a função da linguagem empregada pelo remetente, ao expedir a mensagem, independe da modalidade frásica adotada.

2.2.4 Tipos de linguagem

Uma classificação estará construída corretamente se tiver observado as regras sintáticas do procedimento classificatório, prescritas pela Lógica dos termos ou Lógica dos predicados. Trata-se de condição *a priori* de sua validade semântica. Nada obsta, entretanto, que, superado o plano sintático, venhamos a compor muitas classificações sobre o mesmo objeto, utilizando, para tanto, critérios diferentes sob cuja inspiração possamos analisá-lo por variados ângulos.

Já contemplamos a linguagem à luz das inúmeras funções que desempenha no fato concreto da comunicação. De seguida, vimo-la pelo ponto de referência das possíveis formas gramaticais que presidem o surgimento de frases em língua portuguesa. A diretriz, agora, será outra: descansa no grau e no modo de elaboração de mensagens, que serão mencionadas segundo tipos.

O Neopositivismo Lógico alude a três tipos de linguagem: *a)* a natural ou ordinária; *b)* a linguagem técnica; e *c)* a linguagem formalizada. Entendemos que o aspecto que nutre a especificação admite outros desdobramentos. Falaremos, assim, em seis tipos de linguagem, a saber: *a)* a natural, ordinária ou vulgar; *b)* a linguagem técnica; *c)* a linguagem científica; *d)* a linguagem filosófica; *e)* a linguagem formalizada; e *f)* a linguagem artística.

a) A *linguagem natural* aparece como o instrumento por excelência da comunicação entre as pessoas. Espontaneamente desenvolvida, não encontra limitações rígidas, vindo fortemente acompanhada de outros sistemas de significação coadjuvantes, entre os quais, quando falada, a mímica.

Entre suas múltiplas características figura o descomprometimento com aspectos demarcatórios do assunto sobre que se fala ou escreve: flui com ampla liberdade e corresponde, por isso, à reivindicação própria da comunicação cotidiana. Sobremais, lida com significações muitas vezes imprecisas, não se prendendo a esquemas rígidos de formação sintática de enunciados. A combinação desses fatores prejudica a economia do discurso, acentuando a dependência das mensagens à boa compreensão da conjuntura contextual. De contraparte, sua dimensão pragmática é riquíssima, evoluindo soltamente entre emissor e destinatário. Nela, percebem-se com clareza as pautas valorativas e as inclinações ideológicas dos interlocutores que, em manifestações despreocupadas, exibem suas intenções, dando a conhecer os vínculos psicológicos e sociais que entre eles se estabelecem.

Atento a esses traços que lhe são peculiares, o movimento conhecido por "Filosofia da Linguagem Ordinária" estruturou-se como reação ao "Empirismo Contemporâneo", principalmente porque este último, ao recolher o discurso científico como exclusivo objeto de suas especulações, deixava de lado a linguagem natural, rebelde em termos sintáticos, problemática no plano semântico, mas extremamente fecunda pelo prisma pragmático.

Na área dessa linguagem, na qual se aloja o coloquial, não haveria espaço para descrições cujo rigor dos enunciados é pressuposto de seu valor veritativo. O discurso natural, em face da latitude de indeterminações semânticas que provoca, ao lado da flexibilidade excessiva na construção sintática de suas proposições, jamais atenderia ao caráter analítico-descritivo do saber científico, que requer fórmulas minudentes, precisas, capazes de relatar a sutileza e a finura dos fenômenos que constituem seu objeto.

b) *Linguagem técnica* é toda aquela que se assenta no discurso natural, mas aproveita em quantidade considerável palavras e expressões de cunho determinado, pertinentes ao domínio das comunicações científicas. Não chegando a atingir uma estrutura que se possa dizer sistematizada, busca transmitir informações imediatas acerca da funcionalidade do objeto, utilizando, para tanto, número maior ou menor de termos científicos.

O intercâmbio socioeconômico dos dias atuais é pródigo em exemplos desse tipo de linguagem. A cada instante, deparamo-nos com manuais de instruções para o manejo de ferramentas, máquinas, utensílios eletrodomésticos, veículos, etc., e as recomendações contidas nesses corpos de linguagem empregam palavras específicas, de conteúdo fixo, viradas para o objetivo primordial de tornar possível o máximo proveito na manipulação do bem. Há porção significativa de linguagem descritiva, mas apenas para atender às necessidades explicativas que a exploração das potencialidades do objeto requer.

Sabemos que, para além daqueles *manuais* acima referidos, muitos outros exemplos podem ser sacados, entre eles as *bulas* que acompanham os remédios, abrigando escritos que se dirigem aos leigos. Nelas, é considerável a presença de terminologia das ciências médicas, ainda que a finalidade esteja ligada estreitamente à sua administração adequada por quem venha a consumir o medicamento. Difere da linguagem científica, toda ela vertida sobre os limites internos da matéria-objeto e sistematicamente organizada, de tal sorte que o feixe de proposições indicativas, governado pelo método, estará apto para produzir conhecimentos e controlar o teor de verdade dos enunciados emitidos.

Quanto ao direito positivo, aqui considerado na sua mais elevada extensão, seja a linguagem do legislador das normas gerais e abstratas, seja aquela das normas individuais e concretas, ambas se enquadram no tipo de linguagem técnica. As regras emanadas do Poder Legislativo, em razão de sua compostura heterogênea, decorrência inevitável da representatividade política, revela presença menor de termos com acepção precisa e predominância incontestável do linguajar comum. Já as normas individuais e concretas, principalmente as exaradas pelo Poder Judiciário, costumam revestir-se de mais rigor, penetradas em maior intensidade por vocábulos próprios da Ciência do Direito. Isso, contudo, não lhes tira o caráter de linguagem técnica, ainda porque, significativa que seja a preponderância de termos e expressões artificialmente construídos, para responder à determinação ínsita que a disciplina da conduta reclama, mesmo assim jamais poderia adquirir foro de discurso científico por não ser descritiva de objetos, e sim prescritiva de comportamentos intersubjetivos.

Se caso faltassem notas que pudessem justificar tratamento diferenciado entre linguagem técnica e linguagem científica, a experiência do jurídico serviria, à perfeição, para demonstrar que, certamente, essas linguagens são de tipos diferentes. Ninguém ousaria afirmar que o discurso prescritivo das proposições normativas labora tão somente no campo da comunicação natural. Tais mensagens, entretanto, nunca atingirão o *status* de linguagem científica, remanescendo o adjetivo *técnica* para qualificá-las. Ao contrário do que sucede com outras linguagens desse tipo, na jurídica nada há de função descritiva, apesar de sua forma muitas vezes dissimular esse aspecto relevante, que referimos linhas acima.

c) *Linguagem científica* é um discurso que se pode dizer artificial, porquanto tem origem na linguagem comum, passando por um processo de depuração, em que se substituem as locuções carregadas de imprecisão significativa por termos na medida do possível unívocos e suficientemente aptos para indicar, com exatidão, os fenômenos descritos. Nem sempre, porém, torna-se exequível a estipulação de vocábulos precisos, procedendo-se então ao que Carnap designou de "processo de elucidação", no qual se emprega a palavra, explicitando-se, em seguida, o sentido em que foi utilizada. A linguagem científica arma-se, desse modo, para caminhar em direção à ideia limite de um sistema, consistente e rigoroso, pronto para descrever a realidade objetal de que se ocupa. Esta circunscrição material há de ser demarcada de maneira firme e o cientista o faz adotando cortes arbitrários e incisivos. A delimitação do objeto é pressuposto do controle da incidência das proposições descritivas, que não poderão extrapolar as lindes traçadas, com o que se comprometeria a homogeneidade do espaço empiricamente observado. São questões epistemológicas, mas que integram o modo de ser da linguagem científica, imprimindo-lhe fisionomia própria.

Valem para qualquer Ciência as ponderações de Roberto J. Vernengo[45]:

> pretenderá formular, en un lenguaje lógicamente coherente, un conjunto de proposiciones verdaderas sobre su tema de investigación, en forma tal que los enunciados que las expresen sean racionalmente controlables, sea en cuanto empíricamente verificables, sea en cuanto lógicamente derivables de otras proposiciones cuya verdad se asume o ha sido acreditada.

Assentadas essas características, a linguagem científica há de aparecer bem esquematizada sintaticamente, com seu plano semântico cuidadosamente elaborado, mas enfraquecida na dimensão pragmática. O esforço de estruturação sintática e o empenho no sentido de evitar as confusões significativas trazem como resultado a diminuição do quadro de manobras de que dispõem os usuários dessa linguagem, ficando difícil captar as inclinações ideológicas, pois o texto referencial não deve conter palavras emotivas, evitando-se o recurso a argumentos de cunho retórico. No caso do direito, a linguagem científica fala a respeito de outra linguagem: a linguagem técnica do direito positivo. Pretende dizer como ela é, investigando-a nas suas dimensões semióticas. Sendo assim, convém ao cientista do direito, na composição de seu discurso indicativo, o uso de palavras emotivamente neutras, que não divirtam a atenção do leitor para fins outros que atendam suas intenções valorativas. E a persuasão há de fazer-se sem qualquer empenho retórico, mas por força da precisão descritiva da linguagem empregada. Bem certo que tudo isso representa uma procura incessante, a busca de um modelo

---

45. *Curso de teoría general del derecho*, Buenos Aires, Depalma, 1986, p. 34.

ideal de Ciência, que por ser ideal o homem jamais alcançará. Principalmente se seu objeto estiver contido na região dos objetos culturais, como o direito.

Vejamos, a propósito, a penetrante observação de Lourival Vilanova[46]:

> Se o formal permite a neutralidade do comportamento cognoscitivo do homem, se o homem concreto, em face das formas e sua articulação em sistema – assim, na Lógica – comporta-se como sujeito puro, quando trava contato com o mundo dos conteúdos sociais e históricos, vem a travar contato consigo mesmo, e, em vez da relação sujeito-objeto, mescla-se essa relação com uma inevitável parcela de atitude prático-valorativa.

Os problemas suscitados pelo interesse cognoscente do ser humano podem ser investigados por um procedimento que enfatize o aspecto *pergunta,* abrindo-se o espírito para o questionamento de conceitos fundamentais, em que até as premissas poderão ser submetidas a discussão e substituídas. Este tipo de enfoque é chamado de *zetético*. A ele se contrapõe o procedimento *dogmático,* em que se firmam as premissas, como algo intangível, absoluto.

Tercio Sampaio Ferraz Jr.[47] adverte que em toda investigação vamos encontrar os dois enfoques, se bem que algumas acentuem mais um aspecto que outro. Feliz é o exemplo do problema de Deus, examinado pela Filosofia e pela Teologia. Sirvamo-nos das palavras desse ilustre Professor:

> A primeira, num enfoque zetético, pode pôr em dúvida a sua existência, pode questionar até mesmo as premissas da investigação, perguntando-se inclusive se a questão de Deus tem algum sentido. Nestes termos, o seu questionamento é infinito, pois até admite uma questão sobre a própria questão. Já a segunda, num enfoque dogmático, parte da existência de Deus como premissa inatacável.

---

46. "O problema do objeto da teoria geral do estado", in *Escritos jurídicos e filosóficos*, vol. 1, São Paulo, Axis Mundi/IBET, 2003, p. 82.

47. *Introdução ao estudo do direito*, cit., p. 42.

Toda vez que uma investigação, de caráter zetético ou dogmático, compuser sistema de proposições orientado para um fenômeno com fins cognoscitivos, teremos uma teoria. E essa teoria será Ciência se, e somente se, além de formar um feixe de enunciados vertido sobre determinado campo objetal, tiver pretensão e finalidade veritativas. Sendo assim, as ciências nada mais são que teorias (uma só ou combinação delas) animadas pelo objetivo de apresentar conclusões que se confirmem como verdadeiras.

Enquanto modo específico de conhecimento da realidade, o assunto da Ciência requer meditações mais profundas, que os limites deste trabalho não comportam. É matéria da Epistemologia ou, em termos mais amplos, da Filosofia das Ciências.

Para concluir, aquilo que se passa com a Ciência do Direito, em relação a seu objeto, o direito positivo, oferece um bom exemplo da diferença entre a linguagem científica e a técnica.

d) A *linguagem filosófica* assume foros que a distinguem como discurso peculiar. Com efeito, as reflexões sobre a vida da criatura humana, na sua trajetória existencial, no papel que cumpre como ente da natureza, nos seus anseios de conquistas materiais e seus apelos de espiritualidade, enfim, o pensar no homem e no que ele representa, o tomar posição perante o mundo, requer uma linguagem de tipo especial, saturada de valores, com terminologia própria, tudo para habilitar aquela investigação que retroverte sobre o conhecimento mesmo, da realidade circundante, como do universo interior, na procura do ser em sua totalidade universal. Trata-se de uma linguagem que incide em todas as regiões ônticas: natural ou física, metafísica, ideal e cultural, de tal modo que seu objeto poderá ser tanto linguístico como extralinguístico. O filósofo medita sobre o conhecimento vulgar (*doxa*) e medita sobre o conhecimento científico (*episteme*), quando indaga a propósito das condições e possibilidades de determinada ciência. Mas, antes de tudo, pensa sobre o próprio conhecimento, o conhecimento em si, colocando-o como foco temático. Numa ascese temporária, suspende o interesse pelos objetos do mundo existencial, em atitude de renúncia momentânea e metodológica, e projeta sua atenção no fenômeno que ocorre entre o ser cognoscente e o objeto.

Se a Filosofia tem a pretensão de explicar o mundo, compondo teorias, estas, para serem legitimamente filosóficas, haverão de romper os limites do estrito campo objetal das ciências particulares, para nelas pensarem, em atitude crítica, analisando a natureza do trabalho cognoscitivo e as técnicas aplicadas à elaboração do material levantado. O passo subsequente é estabelecer a complementariedade daquele segmento do saber, no contexto da teoria geral com que o filósofo se propõe expressar a totalidade do real.

Tanto o saber comum como o científico marcam o ponto de partida da investigação filosófica, que retribui as contribuições particulares, esclarecendo-lhes as causas e assentando-lhes os fundamentos. Nesse ponto, vê-se com nitidez a relação entre o pensar filosófico e o pensar científico, cada qual manifestado num tipo de linguagem adequada a seus propósitos, suas finalidades e, substancialmente, ao seu modo particular de ser. Agora, em nenhum plano de indagação o enfoque zetético está tão presente quanto no das especulações da Filosofia. Cada teoria filosófica, antes de qualquer outra coisa, revela a perplexidade de uma grande indagação que une os indivíduos em torno de suas intermináveis dúvidas existenciais.

Uma referência prática ilustrará a distinção que vimos afirmando: se quisermos entender um texto da linguagem dos economistas ou dos sociólogos ou dos juristas consultaremos dicionários de terminologia de cada uma daquelas ciências. Da mesma forma, muitos dos termos da linguagem filosófica não serão encontrados senão em dicionários de Filosofia, o que denota estarmos diante de um tipo especial de discurso.

e) A *linguagem formalizada* advém da necessidade de abandonarmos os conteúdos de significação das linguagens idiomáticas, em ordem a surpreender as relações entre classes de indivíduos ou de elementos. As relações mesmas, com a pureza ínsita aos conceitos primitivos, fundantes, não são muitas vezes perceptíveis no conjunto frásico, por obra das vicissitudes gramaticais da língua, dos torneios inerentes ao falar comum e, principalmente, pelo comprometimento natural do homem com a realidade circundante. Tudo isso acaba inibindo a apreensão dos vínculos associativos que aproximam os termos e as proposições. A formalização da linguagem aparece como instrumento eficaz para exibirmos relações, sejam elas matemáticas, físicas, econômicas, sociológicas, psicológicas ou jurídicas. Quando a Geometria, utilizando fórmulas matemáticas, enuncia que ($h^2 = a^2 + b^2$), está exprimindo em linguagem formalizada uma relação constante para todo triângulo retângulo. Interpretada em linguagem desformalizada, teríamos: *Em todo triângulo retângulo, o quadrado da hipotenusa é igual à soma dos quadrados dos catetos.* Ao tratar da operação conhecida como produto, a Aritmética oferece a fórmula (x.y) = (y.x), indicando com precisão o comportamento das variáveis x e y, enquanto fatores da multiplicação, e o sinal de igualdade põe em evidência a propriedade comutativa de que desfruta essa operação. Também as relações jurídicas podem exprimir-se mediante esquemas de linguagem formalizada, momento em que saltam aos nossos olhos as qualidades que lhe são imanentes. Querendo salientar o caráter irreflexivo das relações jurídicas ou a assimetria do vínculo que une dois sujeitos, emprega o lógico do direito as fórmulas, respectivamente, -(xRx) e -[(xRy) ≡ (yRx)]. No caso da Aritmética, qualquer número que substitua x ou y mantém constante a relação. Paralelamente, no liame jurídico, pouco importa o sujeito de direito que esteja no tópico de x ou de y: a relação é sempre irreflexiva -(xRx), isto é, ninguém pode estar juridicamente relacionado consigo mesmo; assim como invariavelmente assimétrica, vale dizer, se x é credor de y, então y é devedor de x, não sendo possível a transposição pura e simples dos termos referente e relato: -[(xRy) ≡ (yRx)]. Dito de maneira diversa, a relação (xRy) e sua conversa (yRx) não são iguais.

Apesar de toda a formalização, com a simbologia artificialmente criada para acentuar os laços que a linguagem comum disfarça, mesmo assim estaremos diante de uma autêntica linguagem. Há variáveis (x e y) e constante (R), de tal modo que as variáveis têm um mínimo de significação, recolhendo em x ou em y quaisquer pessoas (físicas ou jurídicas, de direito público ou de direito privado), mas sujeitos de direito. Não posso substituir x ou y por nomes de condutas ou de fatos, o que indica haver, realmente, uma significação muito genérica, portanto, significação. Também R, como relacional deôntico, surgirá sempre modalizado num dos operadores: O, P e V (obrigado, permitido e proibido), inexistindo uma quarta possibilidade (lei deôntica do quarto excluído). Estamos, então, diante de uma linguagem com estrutura sintática rígida e bem organizada, com plano semântico em que seus termos encontram uma e somente uma significação, e com dimensão pragmática, pobre, mas existente.

Adiantamos alguns conceitos, que serão explicados e desenvolvidos em capítulos ulteriores. Fizemo-lo apenas a título de exemplificação, para transmitir ideia sumária do que venha a ser uma linguagem formalizada. Quero insistir, porém, num ponto: ao despojarmos o discurso de suas roupagens idiomáticas, há de remanescer um resíduo formal dotado de alguma significação, sob pena de transformar-se o conjunto num mero cálculo, quer dizer, numa combinação das relações possíveis entre os sinais do sistema, sinais esses que nada dizem, que nada comunicam, como adverte Lourival Vilanova[48].

f) Por *linguagem artística* entendemos aqueles modos de significar, de funções variadas, reveladores de valor estético. Sirvamo-nos da literatura, em prosa ou verso, que são modelos característicos, ou da peça jurídica da sentença, ou do relato histórico, ou do parecer do jurista especializado. Seja o relatório médico, as palavras introdutórias de um projeto arquitetônico ou páginas de um livro de Ciência. Nada disso importa. A função não está aqui como fator de identificação: não é o critério. Este é o senso estético, algo que provoca nossa

---

48. "Lógica jurídica", *in Escritos jurídicos e filosóficos*, vol. 2, cit., p. 178.

sensibilidade, orientando-a em direção ao belo e produzindo aquela satisfação cuja índole subjetiva e seu caráter intuitivo impedem seja isolado e definido com explicitude. Convocamos novamente a doutrina do jusfilósofo pernambucano[49] para ilustrar as noções expostas:

> Sob o ponto de vista estético, passa a plano secundário a verificabilidade histórica dos fatos cujo contexto situam-se um César ou um Henrique IV. A linguagem aqui é o sistema de símbolos portadores de significações que valem para um universo de formas, de formas do trágico, do sublime e do cômico, e onde as ocorrências e as pessoas são meras possibilidades na ordem dos fatos. Que haja uma confirmação empírica, ou que haja uma discordância com a realidade histórica, não acrescenta nem diminui o valor estético das produções artísticas. A busca da verdade subjacente à composição literária, se é um tema importante sob certos pontos de vista, representa um vetor de análise irrecusavelmente extra-estético.

O discurso que chama a atenção pelo valor artístico, assumindo, como de fato assume, qualquer das funções que examinamos, pode igualmente revestir-se das formas gramaticais disponíveis à expressão do pensamento, o que significa admitir que, como tipo de linguagem, é critério que pode prevalecer entre os demais. O subjetivismo que preside à utilização desse valor de referência dá margem a intensos desacordos de opinião. Isso, no entanto, não é obstáculo para sua autonomia, que se afirma a cada instante, na medida em que nos deparamos com textos que despertem em nosso espírito, como primeira reação, o sentimento estético que o inspirou. Quem já não leu sentenças ou acórdãos tão harmônicos e bem compostos, estilisticamente, que antes de provocar em nós qualquer tomada de posição acerca da justiça da decisão, ou de seu teor de juridicidade, suscitou a admiração pelo modo de expressar-se, pela nobreza das referências, pela riqueza das imagens e pela combinação simétrica das formas? Pois bem, é precisamente essa linguagem que traz à frente um apelo à sensibilidade estética, aquela que versamos sob o nome de *artística*.

---

49. Lourival Vilanova, *As estruturas lógicas e o sistema do direito positivo*, cit., p. 159.

Vimos, portanto, que em toda a formulação linguística, fruto das concepções neopositivistas, preza-se a boa formação da sintaxe frásica e toma-se a verificabilidade como critério semântico para que o texto se enquadre como discurso científico. A linguagem, aqui, é tida como instrumento do saber científico, empregada pelo intérprete jurídico na constituição do direito positivo. É esta busca da excelência sintática dos neopositivistas que os aproxima da Lógica ou, em outras palavras, da linguagem formalizada. O pensar científico, no intuito de precisar a descrição da mensagem legislada, exige métodos que assegurem a estrutura sintática rígida e bem organizada, que, no plano semântico caminhem ao encontro de termos dotados de uma e somente uma significação. Apenas a Lógica, expressão da dimensão formal de toda e qualquer linguagem, com recursos da simbologia, foi capaz de dar substrato a este universo.

Acontece que o conjunto escolhido para representar o plano das unidades lógicas constitui um sistema comunicacional, com suas dimensões sintática, semântica e pragmática: uma autêntica linguagem, com a particularidade de ser formalizada. Os recursos semióticos, por sua vez, permitem a análise das três dimensões que esta linguagem apresenta, cada qual analisado de acordo com as respectivas bases: (i) as estruturas frasais e as regras lógico-gramaticais nelas contidas; (ii) os tipos de linguagem; e (iii) as funções da linguagem no discurso. De um lado, a referida formalização contemplará os vínculos associativos que ligam os vários signos de um mesmo sistema, expondo à carne viva o plano sintático daquele conjunto, e, na instância semântica, encontrando-se a significação que é inerente àquela estrutura formal. De outro, a pragmática da comunicação humana indicará a trajetória imprescindível para a determinação do tipo de lógica com que devemos trabalhar. Ingressemos, agora, nos estudos propriamente da linguagem formalizada, estabelecendo o paralelo entre a lógica e o direito positivo.

2.3 DIREITO E LÓGICA

A Lógica integra a parte da Filosofia que trata do conhecimento. Entre os gregos, inicialmente, assumiu a feição de *arte* ou dom de produzir argumentos de maneira habilidosa, com o fito de organizar a mensagem, ensejando o convencimento. Evoluiu, em seguida, para tornar-se um conjunto de proposições cujo objetivo ia mais além, oferecendo critérios para a determinação da própria validade dos esquemas intelectuais que buscavam o valor-verdade. O núcleo das preocupações lógicas passou a estudar os modos que presidem o funcionamento do pensar humano, isolando-se a temática do pensamento naquilo que se podia considerar o quadro das relações possíveis entre as várias formas de manifestação do intelecto. Essa função tem início com as associações que nosso espírito elabora a partir dos materiais oferecidos pela intuição. Esses materiais são as ideias, noções ou conceitos. Aliás, o pensamento começa pelo ato da afirmação, que põe o juízo, enquanto este último se exterioriza pela proposição.

Foi Aristóteles quem transformou a pesquisa dos conteúdos mentais na secreta intimidade de sua organização interior, num sistema de enunciados de natureza científica. E o fez de modo tão bem composto que Kant admitiu estar diante de um corpo de conhecimentos pronto e acabado, não havendo como experimentar novos progressos.

Com efeito, desvencilhada dos componentes psicológicos que dão vida e movimento às suas estruturas, a Lógica atingiu foros de disciplina particular. Enquanto linguagem, é um sistema de significações dotado de regras sintáticas rígidas – com plano semântico em que seus signos apresentam um e somente um sentido – e que procura reproduzir, com recursos da simbologia, as relações que se estabelecem entre termos, proposições e argumentos. Esclareçamos desde já que assim como a proposição é a expressão verbal do juízo, o termo o é da ideia e o argumento, do raciocínio.

Nos nossos dias, a lógica se apresenta em linguagem formalizada, fazendo-se necessário, por isso, referência expressa ao sistema notacional adotado. Esse discurso formalizado requer, para explicá-lo, uma metalinguagem que, por sua vez, para falar acerca da linguagem-objeto, tem de apresentar-se, obrigatoriamente, desformalizada. É impossível conceber-se metalinguagem formalizada transcodificando linguagem-objeto também formalizada. O enunciado da linguagem lógica dirá: "p ⊃ q"; e a metalógica explicitará, afirmando: "esta fórmula molecular exprime o conectivo condicional, de maneira que, sendo verdadeira a proposição 'p', como antecedente, então a consequente 'q' também o será."

Tomada como Ciência, a Lógica consiste num discurso linguístico que se dirige a determinado campo de entidades. Esse domínio é o universo das formas lógicas, situado na região ôntica dos objetos ideais, que, portanto, não têm existência concreta, real; não estão na experiência e são axiologicamente neutros. Apreendemo-los pelo ato gnosiológico da intelecção e o método que se lhes aplica é o racional-dedutivo. Essas formas ideais, contudo, só existem onde houver qualquer manifestação de linguagem, por insignificante que seja.

Insistamos em que o objeto da Lógica, enquanto Ciência, é o pensamento da criatura humana, visto na condição de estrutura, independentemente de suas causas genéticas e das circunstâncias externas que lhe imprimem dinamismo funcional, setores especulativos pertinentes à Psicologia. Interessa à Lógica lidar com as entidades formais que organizam a estrutura do pensamento.

As ponderações acima mostram-se de grande relevância para o estudo e a aplicação do direito positivo. Considerada a premissa de que o direito situa-se na região ôntica dos objetos culturais, a lógica o encontrará como um autêntico *cosmos* para dele organizar o seu material ontológico, constituindo verdadeiro sistema formalizado de sobrelinguagem. No entanto, fica a advertência: a Lógica não altera o ordenamento jurídico, mas o descreve em linguagem formalizada, transformando o objeto cultural, que é o direito positivo, em objetos ideais, próprios das Ciências Lógicas. Constitui assim a ampliação dos horizontes culturais existentes.

A Lógica atua do mesmo modo que uma sobrelinguagem da Ciência Jurídica, descrevendo e codificando a própria linguagem descritiva do direito, assim como sobrelinguagem da argumentação jurídica. São, portanto, três linguagens-objeto que a análise da Lógica formaliza: (i) a do direito positivo, (ii) a da Ciência do Direito e (iii) a da retórica do direito. Eis o porquê da afirmativa do Professor Lourival[50]:

> A ciência da Lógica, sim, é que é a sobrelinguagem que formaliza a linguagem das proposições jurídicas (da ciência jurídica) e a linguagem das normas (do direito positivo), pois é nesse seu nível que se reduzem as duas capas de linguagem a fim de se obterem estruturas formais, constituídas de variáveis lógicas, de constantes lógicas e de functores intra/interproposicionais.

Diante deste poderoso instrumental descritivo que é a Lógica, o exegeta do direito encontrará racionalidade no discurso jurídico, sendo capaz, pela utilização das leis e estruturas lógicas, de apontar uma infinidade de características, vícios e contradições no ordenamento normativo.

2.3.1 A Lógica e seu objeto: "Lógica jurídica" e "Lógicas jurídicas"

Havemos de convir que a lógica (do grego *logiké*) é apenas um ponto de vista sobre o conhecimento. Nesse sentido, expressaria a dimensão formal de toda e qualquer linguagem, representada pelo conjunto das regras morfológicas e sintáticas que presidem a composição dos signos, bem como o grupamento dos modos possíveis de associação entre tais unidades, tendo em vista a geração de estruturas cada vez mais complexas. É "Lógica" também a Ciência que estuda

---

50. Lourival Vilanova, "Níveis de linguagem em Kelsen (Norma jurídica/proposição jurídica)", *in Escritos jurídicos e filosóficos*, vol. 2, cit., p. 216.

essa estrutura formal, analisando os entes e as relações que se verificam nesse setor do mundo ideal.

Mas é importante dizer que, por esse ângulo de análise, a lógica existirá, única e exclusivamente, ali onde houver linguagem. Mais ainda, suas variações estarão ligadas às funções que a linguagem cumpre no contexto comunicacional, de tal maneira que as alterações do uso linguístico determinarão modificações importantes nos padrões lógicos a serem empregados. Dito de outro modo, a pragmática da comunicação humana será o caminho imprescindível para a determinação do tipo de lógica com que devemos trabalhar. Para a linguagem utilizada em função descritiva de situações objetivas, a Lógica é chamada "formal", "menor", "Lógica clássica", "alética" ou "apofântica", na qual os valores são a *verdade* e a *falsidade*; tratando-se da função interrogativa, teremos a *lógica erotética*, com seus valores *cabível* ou *incabível*, *pertinente* ou *impertinente*; se a função for a persuasiva, os valores serão o *convincente* ou o *não-convincente*; para a linguagem empregada na função prescritiva de condutas, lidaremos com os valores *válido* e *não-válido*. Isso, nos horizontes das chamadas "lógicas bivalentes", porque na pesquisa do plano formal das linguagens, levando-se em conta suas oscilações funcionais, muitas lógicas foram criadas. Com o passar do tempo, apareceram estudos alentados sobre a matéria, de tal sorte que se fala, hoje, em muitas outras lógicas.

Pois bem, explorando a temática da linguagem, sob o enfoque da função pragmática do discurso, vamos nos aproximando daquilo que chamamos de "Lógica jurídica", expressão ambígua utilizada para mencionar a linguagem prescritiva do direito posto, mas também empregada para fazer referência à linguagem da Ciência do Direito e ao estudo do complexo de formas de argumentação que surpreende o sentido retórico das comunicações jurídicas. Essas três "lógicas" se acomodam dentro do campo semântico da expressão "Lógica jurídica", com os nomes, respectivamente, de "Lógica deôntico-jurídica", "Lógica da ciência jurídica" e "Lógica da retórica jurídica".

Convém insistir, porém, que essas formas ideais só existem onde houver qualquer manifestação de linguagem, por insignificante que seja. Não há lógica na floresta, no fundo dos oceanos ou no céu estrelado: torna-se impossível investigarmos entes lógicos em qualquer outra porção da existência real que não seja um fragmento de linguagem. O saber lógico pressupõe a linguagem, que é seu campo de eleição, e a ela se dirige não como fim temático e sim como índice temático, para recolher a lição de E. Husserl, oportunamente lembrada por Lourival Vilanova[51]. Tudo porque o pensamento humano se acha indissociavelmente jungido à linguagem, meio exclusivo de fixar o produto da atividade cognoscitiva e de transmiti-lo nas situações comunicacionais. Ora, transportando essas considerações para o campo do direito, podemos falar numa lógica deôntico-jurídica que terá como objeto a linguagem dos enunciados prescritivos e de uma lógica da Ciência do Direito, preocupada com os enunciados descritivos proferidos pelos juristas.

Firmado o pressuposto de que chegamos ao mundo da lógica pela formalização, explicitemos a diferença entre esse processo e a conhecida "generalização".

2.3.2 Generalização e formalização

A linguagem formalizada, portanto, é aquela que logrará plenamente substituir todas as palavras do discurso por símbolos lógicos para a elaboração dos cálculos proposicionais. Porém, como se dá esta formalização? Será que ela se faz por um processo de generalização ou mesmo de um processo de abstração? Qual o método aplicado pela Lógica para chegar a esta formalização?

Toda vez que passamos da observação de fatos particulares para uma conclusão geral sobre todos os fatos de uma dada classe, estaremos diante do processo de generalização.

---
51. "Lógica Jurídica", in *Escritos jurídicos e filosóficos*, vol. 2, cit., p. 195.

O método que lhe convém é o indutivo, que parte de enunciados protocolares observados e, sem esgotar o universo de fatos da mesma índole, pretende extrair lei geral, válida inclusive para os acontecimentos não submetidos à experiência. O enunciado conclusivo seria explicativo do subconjunto dos enunciados protocolares examinados, bem como de seu complemento, isto é, aquele formado pelos eventos não empiricamente testados. O método indutivo ergue-se sobre a base da regularidade objetiva dos fenômenos do mundo e da sua cognoscibilidade pelo homem. Trilhando caminho oposto ao da dedução, pelo raciocínio indutivo realizamos a síntese, ao passo que pelo dedutivo elaboramos a análise. Mas a indução de que falamos é a incompleta, roteiro interativo e constante no quadro das Ciências naturais, na Sociologia, na Psicologia, etc. A chamada "indução completa", cuja conclusão geral exaure a classe dos objetos considerados, supõe universos finitos, além de não muito numerosos. Têm-na alguns como simples enumeração, não merecendo o nome de "raciocínio". Outros, contudo, a incluem no esquema dedutivo, designando-a de "silogismo indutivo de Aristóteles". Todavia, evoluindo o pensamento do particular para o geral e sacando-se conclusão que difere das premissas, trata-se realmente de raciocínio e sua natureza não pode ser outra que a indutiva. Já a indução matemática guarda o caráter de autêntica dedução, não se confundindo com as duas primeiras.

Retomemos a generalização, enquanto processo, para dizer que em seu percurso, quer finito ou infinito o universo de objetos, desde o primeiro registro à conclusão generalizante, o observador não abandona, um momento que seja, o domínio demarcado. Em outras palavras, permanecerá operando no mesmo campo semântico, do começo ao fim. Se a área de verificação constituir-se de metais, por exemplo, sairá o interessado pesquisando, de espécie em espécie, até chegar ao conceito genérico que postula obter, mas conservar-se-á sempre, rigorosamente, dentro da região material dos metais. Se acaso dirigisse a investigação para o lado jurídico dos contratos e outro tanto ocorreria, pois o estudioso não cessaria de falar nessa figura, começando pelos tipos específicos que for encontrando, até surpreender os traços gerais integrantes de todo e qualquer contrato, sem jamais ultrapassar os limites que circunscrevem a matéria. Eis a característica da generalização: atua com conteúdos significativos constantes e uniformes, variando apenas os acidentes que identificam as espécies.

Formalizar, entretanto, é algo bem diferente. Nesse processo, deixamos de lado os núcleos específicos de significação das palavras para ficar com signos convencionalmente estabelecidos, que não apontam para este ou para aquele objeto e sim para o objeto em geral. No lugar de João ou de Pedro ou de Antonio ponho "S", que é o homem em geral, podendo ser substituído tanto por João quanto por Pedro ou por Antonio. Trata-se de despojarmos a linguagem natural, técnica, científica ou qualquer outra, de seus teores estritos de significação, substituindo-os por símbolos que expressem os objetos em geral, os predicados em geral, além das partículas que cumprem funções meramente sintáticas ou operatórias. Desse modo, edificamos um sistema de conhecimentos reduzido às suas estruturas formais, em que os materiais empíricos ou intuitivos são postos entre parênteses, para que surjam em evidência as relações sintáticas do discurso. É o instrumento eficaz para contemplarmos os vínculos associativos que ligam os vários signos de um mesmo sistema, expondo abertamente o plano sintático daquele conjunto. Por outros meneios, podemos dizer que é pela formalização que chegamos ao domínio das formas lógicas. Sim, porque generalizando não conseguimos desprender-nos do campo de irradiação semântica de cada palavra, permanecendo, como já vimos, no plano dos conteúdos materiais. Agora, na formalização, há um *descontinuum* que representa verdadeiro salto para o território das entidades lógicas. É por isso que depois de substituir "João é médico" por "S é P", em que "S" é o tópico dos objetos e "P" o dos predicados, posso, perfeitamente, aplicar a proposição "S é P" em domínio estranho, para significar que "o próton é integrante do núcleo dos átomos", que "o metal é bom condutor de eletricidade", que "a água do mar é salgada", que "o homem é racional", que "a consciência é doadora de significado ao mundo". Note-se que os exemplos oferecidos ajustam-se todos à mesma forma proposicional, variando apenas a circunstância de o objeto, que é sujeito de uma predicação, estar num sintagma nominal mais ou menos complexo, e também assim no que concerne ao sintagma verbal, onde está o predicamento. Chegaremos então ao patamar das formas lógicas e o faremos pelo caminho da formalização. De lá, se quisermos, é fácil retroceder, bastando saturar as variáveis lógicas com as significações de uma linguagem-de-objeto. É a trajetória inversa: a desformalização. Desaparecem os símbolos notacionais e, em seus lugares, aparecem palavras carregadas de significação e pertencentes a certo domínio material. Vale a proposição segundo a qual a generalização está para a particularização, assim como a formalização para a desformalização.

Vem ao ponto advertir que a formalização a que nos referimos não se confunde com a atividade de abstração, usada com tanta frequência em todos os níveis comunicacionais. Nesta última, a mente humana provoca um corte conceptual, de modo que logra separar o inseparável. Vejo uma mulher de olhos azuis e a cor de seus olhos me impressiona. Imediatamente, penso que aquela tonalidade se assemelha à cor do céu ou do mar. Recolho somente a cor de seus olhos, como se isso fosse possível, e componho versos que alimentam a imaginação. Estamos diante de processo de abstração, mas abstração que se estabelece no mesmo nível do ser físico daquela figura feminina. Isolei "propriedades físicas que se manifestam juntas", declara Lourival Vilanova[52] (em exemplo semelhante). E conclui:

> Não é assim a abstração em lógica. A proposição não está no mesmo sítio ontológico das letras, sílabas, palavras e orações da linguagem. (...) A abstração que nos conduz à proposição, como proposição, salta para outro plano: o que podemos denominar o *universo das formas lógicas. (O grifo é do original).*

---

52. "Lógica Jurídica", in *Escritos jurídicos e filosóficos*, vol. 2, cit., pp. 159-160.

Mantenhamos na retentiva a diferença entre a *abstração isoladora* e a *abstração lógica*.

A formalização ou abstração lógica tornou-se ferramenta indispensável ao matemático, ao lógico, ao filósofo, ao linguista, ao que lida com informática e a todos aqueles que pretenderem conhecer a fundo e aprimorar a organização de seu discurso, cuidando zelosamente da dimensão sintática da linguagem. Basta levarmos em conta os sistemas idiomáticos para ver, com clareza, a imprescindibilidade dos controles gramaticais, em grande parte responsáveis pelo sentido preciso das mensagens. Atinemos para que a boa construção da frase é pressuposto inafastável do entendimento comunicacional e as regras de seu uso adequado estão na sintaxe.

2.3.3 O domínio das estruturas lógicas

Vimos que generalizando não atingiremos a região do *logos*, permanecendo envolvidos com os núcleos de significação de uma linguagem-de-objeto ou de metalinguagem material. Tão somente o processo de formalização libertar-nos-á da concretude imanente daquelas linguagens, propiciando o salto para o universo das formas lógicas, autônomo e irredutível. Nele, toparemos com entidades que convivem de modo harmonioso, formando um todo que se movimenta por força de combinações que o cálculo do conjunto admite. Sabemos da existência de unidades, como sabemos a maneira pela qual ocorrem as articulações possíveis entre essas unidades. Mas, sobre a natureza das formas lógicas, nada há para afirmar-se: são conceitos primitivos, situados na raiz do fenômeno do conhecimento, sendo, portanto, indefiníveis. Aliás, são indefiníveis não só as formas lógicas, como o próprio domínio que as recolhe e organiza. Por não consubstanciarem noções derivadas e sim originárias, fundantes, ser-nos-á vedado o ingresso em sua ontologia: um véu espesso permanecerá encobrindo tais essências. O obstáculo, contudo, não é suficiente para tolher esforços no sentido de isolar esse cosmos e estudá-lo nas suas funções.

Alojando-se na região ôntica dos objetos ideais, como já dissemos, o ato que apreende as formas lógicas é a intelecção, que capta as noções ou conceitos, como simples representação mental. Em seguida, praticamos o ato de julgar, pelo que afirmamos ou negamos que a ideia de um predicado convém à ideia de dado objeto, sujeito da predicação: é o juízo. Passamos, então, ao raciocínio, operação em que, de dois ou mais juízos, extraímos um terceiro, que deles deriva de modo necessário. Enquanto atos integrantes do processo cognoscitivo, a apreensão nos leva à ideia, noção ou conceito; o julgamento produz o juízo; e a conjugação de juízos com vistas à obtenção de um terceiro manifesta-se como raciocínio. De um lado, atos do espírito; de outro, os produtos finais desses atos. É a distinção entre processo e produto ou entre *noeses* e *noema*. O primeiro exprime o ato e o segundo, seu conteúdo. A título de exemplo, no terreno dos fenômenos naturais, o ato de olhar para o horizonte do mar, por onde se desloca um navio, é *noeses*, ao passo que o navio que surpreendo com o desempenho dessa atividade é o conteúdo noemático do ato, ou *noema*. Importa lembrar que a Lógica vai parando por aqui, negando-se a discutir as razões determinantes do ato, para não se imitir nos domínios da Psicologia.

Oferecidas essas considerações propedêuticas, já podemos dizer que o termo é a expressão verbal da ideia; a proposição, do juízo; e o argumento, do raciocínio. Em outras palavras, as noções, os juízos e os raciocínios são produzidos e permanecem em nossa mente. Verbalizados, surgem como termos, proposições e argumentos, respectivamente. Se, ao lidarmos com a linguagem da Lógica, ativermo-nos às expressões verbais, entidades físicas que suportam significações, nem por isso podemos esquecer estas últimas, no quadro da estrita correspondência que mantêm com as primeiras.

Vista a proposição internamente, teremos variáveis de objeto e variáveis de predicado, como *categoremas*; além de partículas que cumprem papéis meramente sintáticos dentro do esquema proposicional (operadores ou functores e quantificadores), isto é, *sincategoremas*. A fórmula clássica da estrutura proposicional, na Lógica Apofântica: S é P, mostra S e P como categoremas (S é variável de objeto e P variável de predicado), enquanto o *"é"* apofântico faz as vezes de sincategorema. Há situações em que o termo-objeto, o termo-predicado ou ambos são compostos, aparecendo então conectivos como *e* e *ou* ligando os símbolos integrantes. N'outras, o termo vem afetado por quantificador, do tipo *todos, nenhum, alguns, pelo menos um*.

Convenhamos nisso: só com categoremas ou com sincategoremas não posso compor uma estrutura formal dotada de validade sintática. A associação de *Pedro Paulo alto apóstolo José forte*, contado apenas em categoremas, não permite que cheguemos ao nível de uma construção logicamente bem formada. Pelo mesmo motivo, se dispusermos tão só de sincategoremas (*todos e se então ou*) não atingiremos o mínimo necessário para satisfazer as normas sintáticas de composição de enunciados, ainda que nos dois exemplos conheçamos as palavras utilizadas.

O universo das formas lógicas, porém, não termina com as indagações intraproposicionais. Estas se integram em estruturas mais complexas, até alcançar a condição-limite de sistema, "a forma das formas", no dizer de Husserl. E as associações se fazem por meio de conectivos que estudaremos em capítulo subsequente (*negador, e, ou-includente, ou-excludente, se ..., então, se e somente se*). Outras regras sintáticas, agora da Lógica Proposicional, disciplinam a conjugação de proposições numa combinatória apta para a elaboração de infinitas fórmulas, todas rigorosamente pertinentes ao sistema.

2.3.4 Relações lógicas e relações entre os objetos da experiência

Os nexos lógicos, como vemos, acontecem num mundo abstrato cujo ingresso se dá a partir da experiência com a linguagem. Sem este ponto de apoio, ninguém penetra nos domínios das entidades lógicas. Entretanto, é com o emprego da linguagem que o ser cognoscente adquire e mantém contato com a realidade circundante, comunicando esse conhecimento a seus semelhantes. É com tal instrumento que ele descreve as mutações que a dinâmica existencial vai produzindo em sua volta, constante e paulatinamente, até permitir que ele se aproprie de uma visão objetiva, que lhe propicie mover-se nessa mesma realidade, cumprindo sua trajetória. Ao fazê-lo, verbaliza as relações que ocorrem no plano da circunstância tangível, depositando em sua linguagem aquilo que vê realizar-se segundo a lei da causalidade física ou natural. Um corpo cai, atraído pelo centro da terra, e com ela se choca. O homem observa atentamente o fenômeno físico provocado na experiência e, pela indução generalizadora, proclama o enunciado confirmatório da conhecida proposição newtoniana: a matéria atrai a matéria na razão direta das massas e na razão inversa do quadrado das distâncias. Pronto: trata-se de um evento do mundo cosmológico que acaba de ser descrito em linguagem. Surge, agora, a possibilidade de representá-lo por meio da simbologia lógica. Mas, única e exclusivamente, porque foi transcrito em termos verbais. Enquanto não merecesse esse cuidado, continuaria o fenômeno físico que é, todavia, sem capacidade de expressão lógica, pois na região dos fatos não há vínculos dessa natureza. Os vínculos lógicos existem a partir da linguagem, repetimos.

Sendo assim, como admitir referências a relações como esta, por exemplo: o evento econômico X implicou o evento político Y? Há implicações (no sentido estritamente lógico) entre eventos econômicos e eventos políticos? Evidentemente, não. Incide aqui a figura mediante a qual o homem transporta para o domínio dos objetos da experiência uma relação de índole lógica. É mera transposição que o falar comum insistentemente registra, mas que não se sustenta numa análise rigorosa. Um acontecimento físico ou social é causa de outras ocorrências físicas ou sociais. A lei que vige é a da causalidade natural, manifestada em termos de antecedência, de simultaneidade ou de sucessividade no tempo, algo inteiramente estranho ao campo da lógica, ao menos das lógicas convencionais. A relação de implicação, em contrapartida, instaura-se entre termos, proposições ou feixes de proposições de maneira que o termo, a proposição ou o conjunto delas, situado no tópico de antecedente, é condição suficiente do termo, da proposição ou conjunto delas, alojado no lugar sintático do consequente que, por sua vez, será condição necessária do antecedente.

Consignemos a doutrina de Lourival Vilanova[53]:

> A relação de causa/efeito é uma relação no mundo dos fatos, dos fatos naturais, ou dos fatos socioculturais. Entre objetos lógicos ou objetos formais não se encontra. As premissas não causam a conclusão, o enunciado implicante não causa o enunciado implicado, uma variável de objeto x não é causa ou efeito de outra variável y, uma variável R' não é causa ou efeito de outra variável R", uma variável de classe A não se inclui como causa ou efeito de outra variável B, nem a relação de pertinência de um indivíduo x 'com sua classe A' é de causa ou de efeito[54].

É que a origem das relações causais-naturais está na experiência com os objetos físicos, provocada ou não pelo homem no seu contato direto com a natureza. Já as relações lógicas dão-se na região dos objetos ideais e partem da experiência da linguagem, mas não estão nela, linguagem. Podemos dizer que esses dois tipos de relações pertencem a ontologias diferentes, de sorte que as interconexões no mundo dos acontecimentos tangíveis não constituem sintaxe: são laços criados no plano da realidade física e explicados pela lei da causalidade natural. Só por excesso vamos nos deparar, aqui e ali, com tal transposição.

---

53. *Causalidade e relação no direito*, 4ª ed., São Paulo, Editora Revista dos Tribunais, 2000, p. 39.

54. No texto transcrito, o professor Vilanova emprega fato como entidade extralógica, fora, portanto, do âmbito da linguagem, diferentemente do uso que venho recomendando. A ressalva preserva o inteiro cabimento da citação.

2.3.5 A chamada Lógica formal e a metodologia

A lógica de que vimos falando é a chamada "Lógica Formal" ou "Lógica Menor", que tem por objetivo o estudo das formas do pensamento, isto é, das ideias, dos juízos e dos raciocínios, bem como de seus correlatos verbais, a saber, dos termos, das proposições e dos argumentos, fazendo-se abstração dos conteúdos significativos a que se aplicam aqueles esquemas. Trata-se de examinar as estruturas do conhecimento, independentemente do objeto mesmo do conhecimento, o que lhe outorga foros de validade universal, uma vez que suas leis estão aptas para incidir em qualquer província do saber. Observe-se, contudo, que a locução "Lógica Formal" não pode escapar da crítica de pleonástica, pois, como ficou registrado, o único caminho capaz de conduzir-nos ao domínio das formas lógicas é o da formalização. A linguagem da lógica é necessariamente formalizada, carecendo de sentido acrescentarmos o adjetivo formal. Ao cabo de contas, toda lógica é formal.

Quando, porém, o homem se nutre dos recursos dessa lógica e se dirige a um determinado segmento especulativo, em atitude cognoscente, aplicando aquelas leis universais ao campo particular que foi proposto, surge a Lógica Aplicada, Lógica Maior, Lógica Material ou, simplesmente, Metodologia. Neste exato sentido, Metodologia significa adaptação da Lógica Menor a uma específica região material. Tenhamos presente que a Lógica Menor ou Lógica Apofântica ou Lógica Alética está credenciada tão só para revelar a sintaxe da linguagem com função descritiva de situações, não servindo à linguagem das ordens, das perguntas ou da linguagem poética.

Evoquemos, novamente, as considerações a respeito do rumo seguido para alcançar o estrato das formas lógicas: partimos da experiência do fato comunicacional e, pelo processo de formalização, fomos retirando os conteúdos de significação das palavras, até o ponto de despojarmos o fragmento de linguagem com que trabalhamos de todo sentido determinado. Remanesceram símbolos representativos do objeto em geral, do predicado em geral, além de partículas operatórias que exercem apenas função sintática. Nesse instante, atingimos as entidades lógicas, nuamente expostas, como estruturas abertas para receber qualquer tipo de objeto e qualquer tipo de predicado, o que lhes atribui *status* de universalidade.

O procedimento que nos leva ao formal é sempre o mesmo, variando somente o domínio de objetos a que nos dirigimos. Da multiplicidade dessas variações advém a quantidade de métodos que os muitos setores reclamam em razão de suas peculiaridades existenciais. E, nesse meio, há de estar o jurídico, com seu modo específico de existir. Cada porção do real representa uma incisão profunda, mas abstrata, imposta pelo ângulo de análise que satisfaz o interesse do sujeito do conhecimento. Este, por sua vez, não ignora a natureza contínua e heterogênea do mundo que o envolve, procurando, enquanto sujeito transcendental, romper aquela continuidade extensiva e intensiva para extrair o descontínuo homogêneo sobre o qual fará incidir o feixe de suas proposições descritivas. Mas é evidente que o objeto de tal maneira recortado reivindica um meio próprio de aproximação e de exploração cognoscitiva, em outras palavras, um método. Daí a insistente asserção segundo a qual a cada ciência corresponde uma metodologia, ainda que um único método admita técnicas diferentes de implantação e de operação. A via racional-dedutiva, por exemplo, utilizada para a intelecção dos objetos ideais, não pode substituir o processo empírico-indutivo, empregado na explicação generalizadora das ciências naturais, em virtude de razões que provêm da própria ontologia objetal: enquanto os primeiros não têm existência espaço-temporal, não se prestando à experiência, os últimos são reais e empíricos, pouco importando o traço comum de neutralidade axiológica que une tais objetos. Ainda mais: os métodos racional-dedutivo (adequado ao plano dos objetos ideais) e empírico-indutivo (objetos naturais) não convêm à investigação dos objetos culturais, sempre valiosos, positiva ou negativamente. Aqui, o ato cognoscente já é outro – a compreensão – e o caminho a ser percorrido é o método empírico-dialético.

O direito positivo, como camada de linguagem prescritiva de condutas, é uma construção do ser humano que está longe de ser um dado simplesmente ideal, não lhe sendo aplicável, também, as técnicas de investigação do mundo natural. As unidades normativas selecionam fatos e regulam condutas, fatos e condutas recolhidos no campo do social. Ora, o fato social, como processo de relação, é um fenômeno com sentido e, sem ele (sentido), que imprime direção aos fatos sociais, é impossível compreendê-los. Os fatos jurídicos, quer os previstos nos antecedentes das normas, quer os prescritos na fórmula relacional dos consequentes, apresentam-se na forma de fenômeno físico, relações de causas e efeitos, mais o sentido, isto é, o fim jurídico que os permeia. Sem a significação jurídica que presidiu a escolha do evento e inspirou a regulação da conduta, não se há de falar em fatos jurídicos e relações jurídicas. Essa parte do mundo empírico pede tratamento especial, que atente para seu lado dinâmico de ações e reações, no esquema de causa e efeito, mas que o considere, fundamentalmente, naquilo que ele tem de significação, de sentido.

Quem se propuser conhecer o direito positivo não pode aproximar-se dele na condição de sujeito puro, despojado de atitudes ideológicas, como se estivesse perante um fenômeno da natureza. A neutralidade axiológica impediria, desde o início, a compreensão das normas, tolhendo a investigação. Além do mais, o conhecimento jurídico já encontra no seu objeto uma autoexplicação, pois o direito fala de si mesmo e este falar-de-si é componente material do objeto. Daí a função reconstrutiva do saber jurídico expressa nas proposições da Ciência do Direito. Noções expostas com segurança e vigor pelo já referido pensador pernambucano.

Desta maneira, o procedimento de quem se põe diante do direito com pretensões cognoscitivas há de ser orientado pelas possibilidades gnosiológicas do ser humano, levando-se em conta as exigências que o próprio objeto levanta. A Ciência do Direito, como sistema autônomo de conhecimentos, tem sua metodologia, podendo exibi-la em face de outros sistemas que se ocupam da mesma realidade-objeto.

2.3.6 Valores lógicos da linguagem do direito positivo e seus modais

Válido e não válido são os dois (e somente dois) valores lógicos das proposições do direito posto, que não se confundem com os modalizadores das condutas intersubjetivas. Estes são três e somente três (lei deontológica do quarto excluído): obrigatório (Op), proibido (Vp) e permitido (Pp). O chamado comportamento facultativo (Fp) não é um quarto modal, precisamente porque se resolve sempre numa permissão bilateral: permitido cumprir a conduta, mas permitido também omiti-la (Pp . P-p).

Em linguagem formalizada, dirigindo a atenção para a norma jurídica completa, no seu mínimo deôntico, chegaremos a duas implicações: a da norma primária e a da norma secundária, unidas pelo conectivo disjuntor-includente. Consignemos a doutrina de Lourival Vilanova[55] a respeito:

> Seguimos a teoria da estrutura dual da norma jurídica: consta de duas partes, que se denominam norma primária e norma secundária. Naquela, estatuem-se as relações deônticas direitos/deveres, como consequência da verificação de pressupostos, fixados na proposição descritiva de situações fácticas ou situações já juridicamente qualificadas; nesta, preceituam-se as consequências sancionadoras, no pressuposto do não-cumprimento do estatuído na norma determinante da conduta juridicamente devida. (...) As denominações adjetivas 'primária' e 'secundária' não exprimem relações de ordem temporal ou causal, mas de antecedente lógico para consequente lógico.

A título de exemplo, utilizando o sistema notacional inglês, de Bertrand Russel, podemos representá-la assim: D [(f ⊃ r) v (-r ⊃ s)], o que possibilita perceber a drástica redução que se promove nos textos do direito positivo, para alcançar a universalidade própria da lógica. Nesse primeiro contato, porém, não aparecem os functores deônticos intraproposicionais, que estão contidos no consequente das implicações.

---
55. Lourival Vilanova, As estruturas lógicas e o sistema do direito positivo, cit., p. 105.

Comparece, todavia, o functor interproposicional, representado na fórmula pelo "D". Em termos de metalinguagem, diríamos "deve-ser que se ocorrer o fato 'f', então se instaure a relação 'r', ou se não for cumprida a conduta estabelecida na relação 'r', seja aplicada a sanção 's'".

Como se vê, a lógica é apenas um ponto de vista sobre o conhecimento, de modo que ultrapassar seus limites conduz ao logicismo. Geraldo Ataliba, ao prefaciar a obra "Estruturas lógicas e o sistema do direito positivo" de Lourival Vilanova, chama a atenção para a circunstância de que a experiência jurídica integral levará em conta todos os aspectos constituintes do dado: o lógico nos enunciados e o empírico nos dados-de-fato, valorativamente selecionados da realidade física e social (que, por isso, se qualifica juridicamente, ou se torna juridicamente relevante). Considerações desse tope nos permitem perceber que a lógica, por si só, não é suficiente para nos conduzir à concreção material da experiência jurídica, isolando, na sua amplitude, tão só os caracteres formais das normas.

2.3.6.1 Interdefinibilidade dos modais deônticos e os limites lógicos do direito

Quaisquer que sejam os conteúdos atribuídos a uma norma jurídica, é logicamente impossível elaborar prescrição que não possa ser estruturada a partir da fórmula que relaciona um termo antecedente a um consequente por meio de conectivo implicador, isto é, um juízo hipotético-condicional.

No interior do termo consequente, mais uma vez encontra-se o dever-ser, dessa vez *modalizado* para tornar obrigatória, proibida ou permitida a conduta prescrita aos sujeitos da relação jurídica. Diz-se *modalizado* porque esse functor deôntico é qualificado pelo emprego de um dos três modais que a lógica jurídica reconhece e assim os representa: "O" (obrigatório), "V" (proibido) ou "P" (permitido).

Um subcapítulo da lógica deôntica dedica-se à interdefinibilidade desses modais, indicando a maneira de, sem prejudicar o conteúdo da mensagem prescritiva, expressar uma mesma ideia com o emprego de modal diverso. Em situação ilustrativa, o comando veiculado por meio da expressão *"é obrigatório passar pelo caminho de pedras"* – em linguagem formal (Op) –, pode ser transmitido com a proposição "é proibido transitar por qualquer outro lugar que não o caminho de pedras" – formalizando (V–p). Esse mesmo preceito também pode ser indicado pela frase *"não é permitido que não se passe pelo caminho de pedras"* – assim expresso em linguagem formalizada (–P–p). As três expressões se equivalem: (Op ≡ V-p ≡ –P–p).

O exemplo serve para demonstrar como, apesar de serem diversos os enunciados, permanece a identidade da prescrição por eles transmitida: uma obrigação de conduta que se mantém a mesma, não importa quais e quantas palavras se utilizem para descrevê-la. Levássemos adiante o esforço, produziríamos a seguinte tabela de interdefinibilidade dos modais deônticos:

Pp	≡	$-O-p$	≡	$-Vp$
$-Pp$	≡	$O-p$	≡	Vp
$P-p$	≡	$-Op$	≡	$-V-p$
$-P-p$	≡	Op	≡	$V-p$

A iniciativa pode mostrar-se proveitosa para comparar providências diversas que a legislação registra, seja para identificar repetições ou apontar a existência de contradições, contrariedades ou subcontrariedades.

2.3.6.2 Sobre as relações de contradição, contrariedade, subcontrariedade e subalternação

A interdefinibilidade, que instala equivalências, é apenas uma das formas que têm os modais deônticos para se relacionarem. Podem eles, ainda, serem postos aos pares, em relações de (a) contradição; (b) contrariedade; (c) subcontrariedade; e (d) subalternação. Duas proposições serão (a) *contraditórias* quando a verdade de uma permita afirmar a falsidade da outra; (b) *contrárias* quando não se possibilite estabelecer um juízo positivo quanto à verdade de ambas, tendo-se como possível, porém, que as duas sejam falsas; (c) *subcontrárias* quando, em oposição às contrárias, tenha-se por inadmissível que as duas sejam simultaneamente falsas e; finalmente, (d) *subalternas* se a afirmação da verdade da primeira proposição implique a verdade da segunda, embora o inverso não se possa afirmar.

Quero deixar assentado aqui que o direito somente pode prescrever condutas na região ôntica do possível, não havendo sentido algum em regular comportamentos que devam ocorrer necessariamente. Dizendo o mesmo, de forma mais simples, apenas pode haver direito ali onde se conserve um mínimo de liberdade para o sujeito escolher entre dois caminhos, o do cumprimento ou descumprimento da conduta estipulada.

Vimos de ver que o direito, ao estipular a opção por um desses caminhos, o faz por meio do emprego de um modal deôntico: se se deseja proibir a conduta de "pisar a grama", fá-lo utilizando o modal proibido, (Vp) em linguagem formalizada, na qual "p" representa a conduta de "pisar a grama". Ao assim dispor, também permite "não pisar a grama" (P-p), conclusão esta a que se chega por meio de uma das duas leis lógicas de subalternação ([Vp $\supset$ P-p], que convive com a outra lei [Op $\supset$ Pp], segundo a qual toda obrigação de fazer uma conduta comporta a permissão de cumpri-la).

Vê-se, desde logo, que somente é possível obrigar ou proibir um comportamento qualquer caso seja concedida a permissão de fazê-la ou de não fazê-la, respectivamente. A obrigação de "pisar a grama" (Op) carrega sempre, na implicitude, a permissão de desempenhar essa conduta (Pp), muito embora nem sempre que seja permitido pisar a grama será possível afirmar a obrigatoriedade de fazê-lo, pois a fórmula

(Pp ⊃ Op) não é tautológica, mas contingente, dependendo, por isso, de investigação na experiência para confirmar-se.

Quando a uma obrigação legal (Op) se contrapuser a permissão, também jurídica, de não-fazer (P–p), estaremos diante de uma *contradição* de proposições em que, pela lógica, o cumprimento de uma conduta implicará o descumprimento da outra. Para dizê-lo de outro modo, registra-se um dilema: ou se aplica uma, ou se aplica a outra, mas nunca, simultaneamente, nenhuma delas e jamais as duas ao mesmo tempo. Se desformalizarmos as proposições, ilustrando com o exemplo já empregado, em que *p* simboliza o ato de "pisar a grama", verificaremos que são contraditórias (i) uma plaqueta que "proíba pisar a grama" (Vp) e (ii) um cartaz em que se leia a mensagem "é permitido pisar a grama" (Pp).

Por outro lado, se identificarmos a existência de duas placas sinalizadoras, uma dizendo que "é obrigatório pisar a grama", outra proibindo tal ato, ver-nos-emos diante da impossibilidade de atender aos dois comandos simultaneamente, e será possível verificar um trilema: (a) ou será proibido pisar a grama; (b) ou será obrigatório pisar a grama; ou (c) nem será obrigatório pisar a grama, nem será proibido fazê-lo. Essa relação, como vimos, chama-se *contrariedade*, significando que uma conduta não pode ser obrigatória e proibida ao mesmo tempo, o que costuma ser assim enunciada em simbolismo lógico: [-(Op . Pp)].

Se expandirmos o raciocínio para contemplar essa terceira opção, construiremos exemplo da relação de *subcontrariedade*, em que essa conduta de pisar a grama, mais uma vez, apresentaria um trilema: (a) ou seria permitido fazê-la; (b) permitido não-fazê-la; ou (c) facultado ao sujeito fazê-la ou não fazê-la. Enuncia-se que, ou uma conduta é permitida, ou permite-se sua não-realização, disjuntivamente, de modo que em linguagem formalizada teríamos (Pp v P–p).

É célebre entre os estudiosos de lógica deôntica o emprego do quadro de oposições para expressar essas quatro relações de que ora tratamos. O expediente, de grande utilidade, sintetiza tais informações na singeleza de um só gráfico:

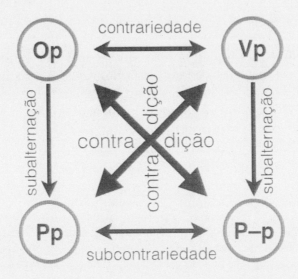

2.4 PROPOSIÇÃO E LINGUAGEM: ISOLAMENTO TEMÁTICO DA PROPOSIÇÃO

Dissemos que a Lógica integra a parte da Filosofia que trata do conhecimento. Tal se dá pelo ato intelectivo do pensar; exteriorizado pelas figuras do termo, da proposição e do argumento. Eis a importância da proposição como suporte linguístico que traduz os juízos pessoais, a saber, asserções de que algo é algo. O referido ente lógico tem características próprias dentro da linguagem que o distingue e o eleva a um patamar único, na medida em que o conhecimento adquire proporções adequadas a partir das estruturas proposicionais.

Enunciado é o produto da atividade psicofísica de enunciação. Apresenta-se como um conjunto de fonemas ou de grafemas que, obedecendo a regras gramaticais de determinado idioma, consubstancia a mensagem expedida pelo sujeito emissor para ser recebida pelo destinatário, no contexto da comunicação. Para a Lógica Apofântica, que opera com a linguagem tomada em sua função exclusivamente descritiva de situações objetivas, enunciado é toda formação linguística bem construída, indicativa de um acontecimento efetivo, ostentando, por isso mesmo, a propriedade de ser verdadeira ou falsa. A exigência de ser um segmento de linguagem "bem construído" garante ao enunciado aquilo que conhecemos por "sentido completo" e, por conseguinte, sua subordinação às valências lógicas mencionadas.

Há palavras frequentemente utilizadas como sinônimas de enunciado: "oração", "sentença", "asserção", "proposição". Os autores alemães empregam o vocábulo *"aussage"*, que significa "enunciado". Ficaremos, porém, com a orientação anglo-saxônica que distingue "sentença", "oração" (*"sentence"*) de "proposição" (*"proposition"*). Para os ingleses, "oração" e "sentença" teriam o mesmo valor semântico de "enunciado", isto é, a expressão oral ou gráfica de uma proposição, enquanto esta seria o conteúdo significativo que o enunciado, sentença ou oração exprimem. Daí que a mesma proposição possa encontrar diferentes expressões verbais, correspondendo, portanto, a enunciados distintos, num só ou em idiomas diversos. Vejamos este exemplo, em que dois enunciados em língua portuguesa expressam uma única proposição: "o movimento teve a adesão de muitos parlamentares" e "muitos parlamentares aderiram ao movimento". Ou este, em idiomas diferentes: *"it is raining"*, *"il pleut"*, "chove". Em ambos os exemplos, segmentos de linguagem sintaticamente diversos portam uma única significação. Em contrapartida, pode ocorrer que uma sentença comunique proposições distintas: "No Brasil, o Presidente da República foi deposto". A frase tanto serve para significar o episódio de 1945, quanto o de 1964. Conhecemos sua "significação geral", mas desconhecemos seu "sentido específico". A dualidade "significação geral"/"sentido específico" cumpre, então, interessante papel para a compreensão do texto.

Cremos que se legitima o uso da palavra "proposição", apesar de algumas críticas advindas principalmente dos nominalistas, para quem as proposições não têm existência real, pelo que preferem referir-se a sentenças ou orações pertencentes às linguagens concretas, faladas ou escritas (daí, cálculo sentencial). Na verdade, as proposições são objetos conceptuais, o que não importa admitir que desfrutem de existência autônoma, isto é, que haja "proposições-em-si", independentemente de quem possa pensá-las. Nessa linha, a distinção que se estabelece com o termo "enunciado" parece-nos bastante útil. Contudo, quando se afirma que a proposição é o conteúdo de um enunciado descritivo (declarativo, indicativo ou teorético), temos que advertir tratar-se de um excesso. O asserto vale para as proposições da linguagem descritiva mas, como sabemos, esta não é a única função que a linguagem desempenha no fenômeno comunicacional. Ali onde houver enunciados linguísticos, seja qual for a função, encontraremos proposições com o sentido daquelas sentenças. A redução se explica por motivos históricos, já que a linguagem descritiva de situações foi pioneira e intensamente estudada. Hoje, entretanto, podemos falar de proposições interrogativas, imperativas, exclamativas, etc. No estudo das normas jurídicas, por exemplo, lidamos com "proposições prescritivas", dirigidas ao comportamento inter-humano, no convívio social.

 Recomenda-se muita cautela na utilização dos termos "enunciado" e "proposição", especialmente porque a Lógica tradicional nominava de "proposição" aquilo que os modernos autores ingleses chamam de *sentence* e que nós empregaremos como "enunciado", "oração" ou "sentença", ao passo que anotava como "juízo" o que esses últimos indicam como sendo "proposição". Como dito anteriormente, trabalharemos com os vocábulos "proposição" e "enunciado" ("sentença" ou "oração"), à maneira dos ingleses. Como o interesse da Lógica está voltado para a forma das proposições e não dos enunciados, é sempre relevante lembrar que as proposições não são enunciados e os elementos das proposições e das formas de proposições não são palavras nem expressões linguísticas, mas aquilo que significam. A nota serve para divisarmos o campo temático da Lógica, em face do objeto de investigação da morfologia e da sintaxe gramatical de um idioma qualquer.

2.4.1 Linguagem formalizada e representação simbólica: as formas lógicas nas estruturas proposicionais

As particularidades gramaticais de cada língua e os fatores pragmáticos que estão presentes no fato comunicacional dificultam sobremaneira a apreensão das entidades lógicas, sendo necessário formalizar o discurso para percebermos os vínculos associativos que unem os termos, as proposições e os conjuntos de proposições, na figura maior de sistema. Ora, formalizar implica um salto para o domínio das formas lógicas e tal procedimento se dá pelo deliberado abandono dos conteúdos concretos de significação, substituindo as palavras e expressões da linguagem de que tratamos por signos convencionalmente estabelecidos, portadores de um mínimo semântico, qual seja o de representar um sujeito qualquer, um predicado qualquer, uma proposição qualquer, um sistema qualquer. Sem esse resíduo significativo não poderíamos falar de signos, muitos menos de linguagem. Sucede que o conjunto escolhido para representar o plano das unidades lógicas constitui um sistema comunicacional, com suas dimensões sintática, semântica e pragmática.

A fim de que possa referir-se de modo apropriado aos objetos ideais com que trabalha, faz-se preocupação constante da Lógica operar com o máximo de rigor. No capítulo "Lógica dos predicados" (melhor seria "Lógica dos termos"), para exemplificar, pretendendo ocupar-se da compostura interna da proposição, o lógico detém-se no estudo do termo sujeito, do termo predicado, da cópula apofântica, dos quantificadores, sugerindo uma convenção sígnica em que as unidades simbólicas, não podendo ser ambíguas, pois a linguagem há de ser precisa, venham a ter uma e somente uma significação. Imaginemos um acontecimento comunicativo do falar comum: "João ajuda seu pai". "Pai", nesta frase, denota um termo, está no lugar do nome de pessoa, de um substantivo próprio. Entretanto, quando dizemos "Antonio é pai de João", a palavra "pai" é o nome de uma relação: "ser pai de", que tem como seus termos "Antonio" e "João". No primeiro enunciado, a palavra "pai" está no papel sintático de substantivo próprio, enquanto que no segundo participa como predicado diádico ou "relação" entre dois nomes de pessoas. Pois bem, esta ambiguidade, que muitas vezes abre caminho para a falácia do equívoco, é algo que se pode considerar ínsito às linguagens idiomáticas, muito mais intensamente, é claro, na comunicação ordinária e muito menos nos discursos científicos, dada a artificialidade com que estes últimos são construídos. Para eliminar esse e outros problemas que perturbam o fenômeno comunicacional, imprimindo rigidez e determinação às mensagens, bem como para outorgar presteza e agilidade à combinatória entre as formas lógicas dos diversos sistemas, é que a simbolização da linguagem se apresenta como um passo decisivo. Substituem-se as palavras por meio de letras, números ou sinais, mas sempre de modo arbitrário, segundo as preferências de quem os escolhe. O requisito indispensável repousa na univocidade tão somente.

    Admitamos que é possível estudar-se Lógica com os meros recursos da linguagem comum, como o fez Aristóteles e o fizeram tantos outros. Durante muitos séculos foi escasso o nível de formalização da linguagem dos lógicos. Leibnitz, pioneiramente, concebeu a possibilidade de uma Lógica inteiramente formalizada, expondo as ideias fundamentais daquilo que viria a ser hoje a chamada "Lógica Simbólica" ou "Lógica Matemática". Os primeiros resultados concretos, porém, foram colhidos por A. de Morgan e G. Boole, seguindo-se os trabalhos de C. S. Peirce, G. Frege, G. Peano, A. N. Whitehead e B. Russel, que construíram sistemas totalmente desvinculados da linguagem idiomática. Com efeito, a substituição de certos nomes por símbolos de variáveis já denuncia algum grau de formalização, como no exemplo "X" vende o bem imóvel para "Y". Entretanto, dizemos que a linguagem estará plenamente formalizada quando lograrmos substituir todas as palavras do discurso por símbolos lógicos. Eis um caso: [(p ⊃ q) . p] ⊃ q, da Lógica Proposicional Alética, em que "p" e "q" são variáveis de proposição, "⊃" e "." são símbolos de constantes (conectivos condicional e conjuntor) e "[]" e "()"são símbolos auxiliares.

Não é preciso ressaltar que a adoção de signos que representem as formas lógicas facilita sobremaneira a elaboração dos cálculos (de predicados, de proposições, de relações), por permitir tábuas combinatórias ricas e sofisticadas, abrindo espaço para a criação de sistemas aptos para descrever as variadas e complexas situações do mundo. Para além do interesse teórico que possa suscitar, a matematização da Lógica é a responsável direta por grandes e relevantes conquistas do nosso tempo, especialmente no campo da informática, com o projeto e aperfeiçoamento de circuitos digitais ("hardware"), desenvolvimento de programas ("software") e toda a gama de contribuições que a computação eletrônica vem exibindo nas sociedades modernas.

2.4.2 As variáveis e as constantes da Lógica Proposicional Alética

Entende-se por Lógica Proposicional Alética o capítulo da Lógica da Linguagem Descritiva de situações objetivas, também conhecida por "Lógica Apofântica", "Lógica Clássica", "Lógica Menor" ou "Lógica Formal", que tem como objeto o estudo das proposições consideradas como tais, vale dizer, enquanto proposições, analisando-as na relação com outras proposições e sem se preocupar com sua estrutura interna. Trata-se de uma Lógica bivalente: seus valores são o verdadeiro "V" e o falso "F", daí o adjetivo "alética", que vem do grego – "Alethéa" – e significa "verdade". Na condição de linguagem formalizada que modernamente é, opera com fórmulas (atômicas e moleculares), havendo regras de construção e de transformação que permitem o chamado "cálculo de proposições". A esquematização formal em que são expressas as fórmulas presta-se para mostrar, desde logo, uma série de afirmações da Ciência Lógica, antecipando-se à própria verificação empírica, para ensejar o asserto sobre a verdade ou falsidade dos enunciados proposicionais. A atenta leitura de certas fórmulas já autoriza afirmarmos o seu caráter de verdadeira (tautologias) ou de falsa (contradições).

Na linguagem de que tratamos haverá símbolos de variáveis e símbolos de constantes; os primeiros estão no lugar das proposições e os últimos representam as conexões entre proposições. Além disso, no sistema notacional que viremos a adotar, há os chamados "símbolos auxiliares", que colaboram no sentido de evitar dificuldades quanto à leitura e interpretação das expressões formais. Nem sempre, porém, estarão todos os tipos sígnicos mencionados compondo uma única fórmula. Aprenderemos, a seguir, que uma variável proposicional, isoladamente considerada, já consubstancia uma fórmula e que os símbolos auxiliares são recomendáveis apenas quando houver possibilidade de dúvidas, em face de leituras diferentes.

São elucidativas, por isso mesmo, as palavras de Echave, Urquijo e Guibourg[56]:

> Una fórmula está siempre compuesta, en forma exclusiva, por los signos apuntados, que constituyen – por así decirlo – su elenco estable. Ningún actor ajeno a la compañía puede introducirse en la función... Que variables, conectivas y signos auxiliares formen el elenco estable del teatro lógico no implica que todos ellos deban estar siempre en escena: bastará con que haya, por lo menos una variable.

As variáveis proposicionais são símbolos que representam uma proposição qualquer, a proposição em geral, e que podem ser substituídas, no instante em que quisermos, por uma dada proposição, concretamente especificada. Alguns autores preferem chamá-las de "letras esquemáticas" ou "letras sentenciais", mas insistamos na advertência de que as proposições com as quais substituiremos as variáveis proposicionais,

---

56. *Lógica, proposición y norma*, Bueno Aires, Astrea, 1981, p. 43.

letras esquemáticas ou letras sentenciais, que fazem agora os nossos cuidados, são exclusivamente as correspondentes a enunciados descritivos de situações objetivas. Os símbolos de variáveis da Lógica Proposicional, por significarem uma proposição qualquer, conservam esse mínimo semântico, sem o qual não seriam signos. Não devemos confundir, portanto, a variável proposicional, que é um lugar sintático, com a proposição concreta que, porventura, venha a preencher aquele espaço lógico. Esta pode manifestar-se, verbalmente, pela sentença que bem entendermos, desde que seja declarativa ou indicativa de uma situação objetiva. Todavia, se tivermos duas ou mais variáveis proposicionais, a interpretação que dermos a uma das variáveis será restritiva das demais, ou seja, posso atribuir a "p" um significado qualquer; do mesmo modo a "q". Mas, quando escolher a sentença de "q", terei que excluir aquela primeira, outorgada a "p". Ao menos dentro da mesma sequência discursiva, pois num segundo momento estarei livre novamente, para eleger o conteúdo dos enunciados, de tal modo que o espaço sintático de "p" pode ser empregado para abrigar outra forma descritiva de significação determinada.

Função proposicional é um enunciado que, tendo a estrutura sintática de proposição, não se apresenta completa e conserva certo grau de indeterminação. Como nem todos os seus termos estão especificados, não há como promover o teste empírico e submetê-la aos valores "verdadeiro" e "falso". Nada obstante, por revestir a forma sintática inerente às proposições, bastará substituirmos a variável ou as variáveis por constantes, recolhidas no domínio próprio, para que a expressão se converta em entidade proposicional. Quem enunciar: "o número X é divisível por 3" não estará formulando uma proposição. Impossível seria comprovar seu teor de verdade ou de falsidade. Porém, desde que venhamos a trocar "X" pelo número 65, imediatamente aquela organização sintática se transforma em proposição, oferecendo ensejo a que lhe prediquemos o valor falsidade. Igualmente, teremos proposição se o número consignado for 18, momento em que seu valor lógico será o verdadeiro.

A ideia de função nasceu na Matemática moderna, juntamente com a poderosa noção de variável. Vimos que no enunciado "S é P", "S" e "P" são variáveis (categoremas, na terminologia clássica), enquanto o "é" apofântico aparece como constante (sincategorema). Uma relação "R" é funcional, ou simplesmente "função", sempre que a todo elemento "Y" corresponda um elemento "X", tal que "xRy". Por outro giro, se "xRy" e "zRy", então "x ≡ z". Chamam-se "valores do argumento" os objetos que ocupam o lugar sintático de sucessor, tendo em vista a relação "R", e "valores em função" aos predecessores do mesmo vínculo ("xRy"). Num exemplo da Matemática, se uma variável "x" tem seu valor dependente de outra variável "y", de forma que "x=2y", é evidente que o valor de "x" está ligado ao valor de "y", de tal maneira que vale o asserto segundo o qual "x é função de y", ou, em linguagem formal "x = f(y)". Saliente-se, contudo, que nem toda relação entre variáveis constitui uma função: em "ser maior do que", não temos relação funcional, pois para cada valor de "y" haverá um número infinito de valores de "x", satisfazendo a relação "x > y".

A convenção mais difundida para signos de variáveis é aquela que os representa por consoantes minúsculas do final do alfabeto: p, q, r, s, t, etc., acrescentando-lhes aspas simples, segundo as necessidades de variação simbólica. Assim, p e p', q e q', r e r', que lemos "p" e "p-linha", "q" e "q-linha", "r" e "r-linha".

As constantes da Lógica Proposicional Apofântica são os conectivos, partículas que cumprem a função operatória de associar as variáveis de proposição para formar estruturas mais complexas. São em números de 6 (seis): o negador, o conjuntor, o disjuntor includente, o disjuntor excludente, o condicional ou implicador e o bicondicional ou bi-implicador. O primeiro, negador, é monádico, uma vez que atua exclusivamente sobre a fórmula que está à sua direita. Os demais são diádicos ou binários, porquanto unem duas fórmulas, exercendo sobre ambas sua influência sintática. Os conectivos são conhecidos também como "conectivos extensionais", "constantes lógicas", "operadores" ou "functores" e seu papel não apenas se circunscreve a afetar uma fórmula (operadores monádicos) ou unir fórmulas – uma à direita, outra à esquerda – como no caso dos functores diádicos: deles depende o valor lógico das estruturas formais, daí a locução "conectivos extensionais".

De fato, o valor *verdade* ou *falsidade* que venhamos a extrair de uma formação lógica bem construída está na estrita dependência do tipo de conectivo que aproxima os termos da composição. Além de inverter o valor da fórmula a que se liga (sempre pelo lado esquerdo), que é propriedade do negador, os demais operadores (diádicos) combinam de certa maneira os valores das expressões componentes, de tal sorte que influem, decisivamente, no resultado final, como teremos a oportunidade de conhecer ao examinarmos as peculiaridades de cada um, mediante observação atenta das respectivas tabelas de casos possíveis (que alguns autores preferem chamar de "tabelas de verdade").

Há muitas notações para representar as constantes lógicas. O negador, por exemplo, manifesta-se por meio dos seguintes símbolos: "-", "~", ou "p̄" (afetando aqui a variável "p" por cima e não pela esquerda); o conjuntor, por ".", "∧", ou por "&"; o disjuntor includente, por "v"; o disjuntor excludente por "≠" ou "w"; o condicional, por "→" ou por "⊃"; o bicondicional, por "≡" ou "<->" ou ainda por "↔". Todos esses símbolos dizem respeito ao sistema notacional de B. Russel conhecido como "notação inglesa". Muito difundido, também, é o sistema polaco, proposto por Lukasiewicz, que tem a particularidade de empregar somente letras do alfabeto, de tal modo que dispensa a utilização dos símbolos auxiliares. Outros existem, contudo.

Tanto os símbolos de variáveis quanto os de conectivos são conceitos fundantes da Lógica Proposicional Alética. A partir deles, e com auxílio de regras de inferência, chegaremos aos conceitos derivados, exaurindo o sistema.

Façamos a comparação:

Notação Polaca	Notação Inglesa	
"Np"	"-", "~", ou "p̄"	**Negador**
"Kpq"	".", "∧" ou "&"	**Conjuntor**
"Apq"	"v"	**Disjuntor includente**
"Jpq"	"≢" ou "w"	**Disjuntor excludente**
"Cpq"	"->", "→" ou "⊃"	**Condicional**
"Epq"	"≡", "↔" ou "<->"	**Bicondicional**

Adotaremos o sistema notacional inglês, na primeira de suas variantes: "-", ".", "v", "≢", "→" e "≡".

Como símbolos auxiliares, vamos utilizar os parênteses "( )", os colchetes "[ ]", as chaves "{ }" e as barras "| |". Exatamente nessa sequência. Tais pares de sinais gráficos atendem ao objetivo de esclarecer os conectivos dominantes, sendo empregados para indicar grupamentos simbólicos que evitem a dualidade de interpretações, com o mesmo efeito da linguagem da Álgebra. Assim, a expressão algébrica x+y. z é susceptível de duas traduções: x+(y.z) e (x+y).z. Há quem utilize tão só os parênteses "( )", justapondo-os nos casos em que a leitura das expressões requer.

2.4.3 Cálculo proposicional

Fórmula é uma expressão lógica bem construída, composta por apenas um ou por mais símbolos, dentre aqueles relacionados no sistema notacional escolhido. Dizer-se que a fórmula é uma expressão lógica bem construída significa admitir que foi formada em estrita observância às correspondentes regras de construção. São elas:

> R1) Uma variável proposicional, isoladamente considerada, é uma fórmula. Exemplos: "p", "q", "r", etc.

R2) Se antepusermos o negador a uma fórmula constituída por uma variável proposicional, teremos outra fórmula. Exemplos: "-p", "-q", "-r", etc.

R3) Uma fórmula ligada a outra fórmula por um, e somente um operador diádico, é também uma fórmula. Exemplos:

"pvq", "-p.-q", "p→q", "-p.q", "-p→-q", "p.q", "[(p→q).-p]→q", "(p≡q) ≡ (p→q).(q→p)", etc.

Os símbolos auxiliares exercem papel importante para a identificação das expressões formadas na conformidade de R3, porquanto os conjuntos encerrados entre parênteses, entre colchetes, entre chaves e entre barras, representam uma única fórmula. A propósito, vê-se que existem, no último exemplo, sete fórmulas. Ei-las: a) "p", b) "q", c) "(p→q)", d) "(p→q)", e) "(q→p)", f) "(p→q).(q→p)" e a expressão final que decompõe o bicondicional: g) "(p≡q)≡(p→q).(q→p)".

Nominaremos de fórmulas atômicas aquelas construídas em consonância com R1, vale dizer, uma variável isoladamente considerada. Todas as demais serão moleculares, incluindo-se a formada de acordo com R2, ou seja, uma única variável proposicional precedida do operador monádico. A fórmula atômica é também conhecida por "simples", sendo "complexa" a molecular. Os termos vêm da Química, na qual os símbolos das moléculas são obtidos por associações de símbolos de átomos, que são originários ou primitivos e, portanto, indecomponíveis.

Reiteremos a afirmação mediante a qual o valor lógico da fórmula molecular é uma função do valor das fórmulas atômicas que a compõem, tomando-se como referência o conectivo empregado. Em outras palavras, uma fórmula complexa será verdadeira ou falsa na dependência da verdade ou da falsidade das fórmulas simples que nela se integram, mais a consideração do operador lógico presente.

Cálculo de um sistema é o conjunto das relações possíveis entre as unidades que o compõem. Tratando-se de um sistema lógico-proposicional, em que as unidades são expressões simbólicas chamadas de "fórmulas" (atômicas ou moleculares), seu cálculo será representado pelo conjunto das relações possíveis entre as fórmulas desse sistema. Assim, fala-se em "cálculo de predicados", "cálculo de quantificadores", "cálculo de classes", "cálculo proposicional", etc., tudo com referência ao conjunto das relações que se podem extrair entre os predicados, entre os quantificadores, entre as classes, entre as proposições de um sistema considerado.

Ora, dado que o sistema com que operamos é o proposicional, formado por elementos que são as fórmulas simples e complexas a que nos referimos para apuração do cálculo desse sistema, é preciso conhecer as regras sintáticas de construção e de transformação daquelas fórmulas. As regras de construção já foram examinadas; cabe-nos, então, indagar de que modo aquelas unidades lógicas se modificam, movimentando as estruturas: são as regras de transformação, ou de demonstração, também conhecidas como "regras de inferência" e que exprimem a maneira como é possível transitar, validamente, de uma fórmula a outra, mais ou menos complexa, mantendo-se rigorosamente dentro do sistema. Dito de outro modo, são instruções que nos permitem transformar dada proposição em novas proposições também verdadeiras. Como tais regras falam da linguagem formalizada da Lógica, indicando os procedimentos que devemos seguir para a movimentação de suas estruturas, atingindo unidades formalmente diferentes, integram o nível da Metalógica, isto é, da linguagem que fala da Lógica, não devendo confundir-se com as tautologias em que estas leis se manifestam. São estratos de linguagem de hierarquias diferentes: as fórmulas tautológicas, na posição de linguagem-objeto e as regras de inferência, como metalinguagem. Cabe aqui a analogia com os manuais de instrução para o bom uso de certos bens, como automóveis e eletrodomésticos em geral, em que fica patente a diferença entre o objeto adquirido que, no caso, não se manifesta como linguagem, e o corpo de normas de procedimento, dele inteiramente distinto.

Ao converter um dado sistema em objeto de nossa análise, vemos que é construído por conceitos primitivos e por outros conceitos obtidos dos primeiros por derivação, daí chamarem-se "conceitos derivados". O procedimento de derivação é regulado pelas regras de inferência que, rigorosamente, não pertencem ao sistema, integrando linguagem de sobrenível. No plano considerado, teremos apenas conceitos primitivos e conceitos derivados ou proposições axiomáticas e proposições teoremáticas.

Três são as regras de inferência: a) a substituição simples; b) o intercâmbio; e c) o *modus ponens* (ou regra de separação).

Pela substituição simples, permite-se trocar uma variável qualquer por outra variável ou por uma fórmula molecular, sem que se altere o valor lógico da expressão. Entretanto, a substituição há de operar-se em todas as aparições da variável.

Vejamos estes dois exemplos:

$(p \lor q) \equiv - (-p \, . \, -q)$

$(s \lor q) \equiv - (-s \, . \, -q)$

substituição da variável "p" pela variável "s".

$(p \lor q) \equiv - (-p \, . \, q)$

$[(r \to s) \lor q] \equiv - [- (r \to s) \, . \, q]$

substituição da variável "p" pela fórmula molecular $(r \to s)$.

Já o intercâmbio autoriza a permuta de toda e qualquer fórmula por outra, desde que lhe seja equivalente. Ao passo que a substituição simples, quando realizada numa variável, pressupõe a necessidade de implementá-la em todas as aparições dessa variável, no intercâmbio, a substituição pode operar-se apenas uma vez, segundo o interesse de quem exercita. Na fórmula tautológica: $[(p \to q) \, . \, (q \to r)] \to (p \to r)$, conhecida como "transitividade do condicional", podemos promover o intercâmbio de "$(p \to q)$" por "$(-p \lor q)$", dada a equivalência entre as duas expressões simbólicas: "$(p \to q) \equiv (-p \lor q)$". E, mesmo que houvesse outras manifestações da fórmula intercambiada, a substituição seria opcional: ou promovemos o intercâmbio em uma só aparição, ou o fazemos em algumas delas, ou, finalmente, em todas. Nisso se distingue da substituição pura e simples.

No *modus ponens*, ou regra de separação, se admitirmos um condicional "(p → q)" como verdadeiro, e afirmarmos a verdade do antecedente "p", necessariamente teremos que reconhecer a verdade do consequente "q" (o antecedente é condição suficiente do consequente). Diz-se também "regra de separação" porque este raciocínio "afasta", "isola", "separa" o consequente da fórmula molecular "(p → q)".

Se as regras de substituição e de intercâmbio representam procedimentos auxiliares para a movimentação das estruturas do cálculo proposicional, o princípio do *modus ponens*, transitando das premissas para a conclusão do pensamento, pode ser qualificado de raciocínio dedutivo por excelência.

As chamadas "regras de inferência" são, em rigor, procedimentos de demonstração, preceitos de como conduzir as provas neste campo do conhecimento formal.

2.5 TEORIA DAS RELAÇÕES

Carnap utilizou "predicado" para indicar o símbolo de propriedades ou de relação atribuíveis a um indivíduo. Exposto de modo distinto, na composição interior de um enunciado proposicional, vamos encontrar nomes de indivíduos (de pessoas ou de objetos) e outras palavras ou expressões que designam qualidades (propriedades) atribuídas aos nomes. Além disso, em alguns casos, em vez de propriedades ligadas aos nomes, temos uma relação entre indivíduos. São duas as formas do predicado: aparece como (i) característica ou propriedade conferida a um indivíduo; ou (ii) à maneira de uma relação que vincula dois ou mais indivíduos. Atinemos para os exemplos:

1. Pierce era americano.

2. Cabral foi um grande descobridor.

3. Sócrates foi mestre de Platão.

4. Três é maior do que dois.

5. Rodolfo prefere o esporte aos estudos.

6. Na lista dos aprovados, Otávio esteve abaixo de Júlio, Pedro e Augusto.

7. Considerando-se os dez primeiros números inteiros, 6 é menor que 7, 8, 9 e 10.

Em todos eles, sem contar com os nomes, as demais palavras ou expressões cumprem o papel de predicados. Nos exemplos 1 e 2, os predicados guardam a forma de qualidades, características ou propriedades que reconhecemos aos indivíduos (no caso, pessoas) Pierce e Cabral. Nos enunciados subsequentes (3, 4, 5, 6 e 7), aquilo que encontramos é uma relação: entre dois nomes de pessoas, como em 3; entre dois nomes de números, como em 4; entre três nomes, sendo um de pessoas e dois de atividade, como em 5; entre quatro nomes de pessoas, como em 6; e, finalmente, entre cinco nomes de números, tal como em 7. Isso nos permite afirmar que os predicados são monádicos (quando se referem, isoladamente, a um indivíduo) ou poliádicos (quando vinculam dois ou mais indivíduos). Vê-se, então, nos mencionados exemplos, que em 1 e 2 os predicados são monádicos; em 3 e 4 são diádicos (ou binários); em 5 o predicado é triádico; em 6 é tetrádico; e em 7 é pentádico.

Em face do que foi dito, portanto, é intuitivo perceber que o tema "Teoria das Relações" nada mais é que um subcapítulo da Lógica dos Predicados ou mesmo "Lógica dos Predicados Poliádicos". Trata-se de uma parte importantíssima da Lógica e seu desenvolvimento inicial é atribuído a A. de Morgan e a Charles S. Peirce, principalmente no que diz respeito ao chamado "Cálculo de Relações". Lembremo-nos que em todo o segmento do saber científico, seja ele qual for, encontramos a descrição de relações entre os mais variados entes, físicos, ideais, culturais ou metafísicos, e que o *"substractum"* desses vínculos há de ser conhecido no plano dos estudos lógicos. De fato, tanto as relações matemáticas, químicas, biológicas, fisiológicas, quanto as relações históricas, antropológicas, psicológicas, sociológicas, éticas e jurídicas hão de ser colhidas, nos seus fundamentos últimos, no domínio da Lógica dos Predicados Poliádicos ou, o que é a mesma coisa, no âmbito da Teoria das Relações. Eis um dos motivos pelos quais a Lógica é considerada como a base de todas as outras ciências, seja pela circunstância de que em cada raciocínio que empregamos estão presentes conceitos no universo da Lógica, seja porque toda inferência, para ser correta, há de conformar-se aos cânones dessa disciplina.

2.5.1 Simbolização: relações de primeira ordem e relações de segunda ordem

A representação das variáveis e constantes lógicas mediante símbolos arbitrariamente convencionados é um dos mais significativos traços da Lógica atual, conhecida por isso como Lógica Simbólica ou Lógica Matemática. Adotemos, pois, as letras maiúsculas "R", "S", ..., para simbolizar relações e as minúsculas "x", "y", ..., para denotar as variáveis de nomes de indivíduos ou de objetos, mais simplesmente, variáveis de objetos.

Teremos, então, "xRy" no lugar do enunciado "o objeto x tem a relação R com o objeto y". Da mesma forma, mas agora com a utilização do negador ("-"), símbolo que já conhecemos do cálculo proposicional, negamos aquela relação: "-(xRy)", que significa afirmar a inexistência da relação R entre os objetos x e y.

A variável de objeto "x" ocupa o tópico de predecessor da relação "R". A outra variável de objeto "y" figura na posição de sucessor. Diremos, assim, que todo o objeto que tenha relação "R" com algum objeto "y" é um predecessor com respeito à relação "R"; igualmente, todo o objeto "y" para o qual exista um objeto "x" tal que "xRy" é um sucessor com respeito à relação "R". Para designar esta posição sintática, os lógicos empregam também os termos "anterior" e "posterior"; região anterior e região posterior; bem como região esquerda e região direita.

A classe de todos os predecessores, tendo em vista a relação "R", é chamada de domínio e a classe de todos os sucessores, de contradomínio ou de domínio recíproco da relação "R". No vínculo de paternidade, por exemplo, a coleção de todos os pais forma o domínio, enquanto a dos filhos, seu contradomínio ou domínio recíproco. Tomando-se como referência a relação jurídica de venda e compra, todos os vendedores integrarão seu domínio e todos os compradores, seu contradomínio, já que os primeiros ocupam o lugar de predecessores ou anteriores, ao mesmo tempo em que os últimos estão no tópico de sucessores ou posteriores.

Existem relações de diversas ordens. Relações de primeira ordem são aquelas que ocorrem entre nomes de indivíduos ou de objetos, ao passo que as relações de segunda ordem enlaçam não indivíduos ou objetos, mas classes ou relações de primeira ordem, isto é, são relações que se estabelecem entre relações. O critério é idêntico para falarmos de relações de terceira, quarta ou enésima ordem. Vezes há, contudo, em que nos deparamos com relações mistas, nas quais figura um nome de indivíduo na região anterior (predecessor) e uma classe de indivíduos na região posterior (sucessor). Para os objetivos deste estudo, porém, lidaremos mais frequentemente com relações de primeira ordem, em que tanto predecessores como sucessores são nomes de indivíduos.

2.5.2 As propriedades, as funções e as qualidades das relações

Dada a relação – "xRy" – notamos que pode estar construída de tal modo que a um "x" corresponda um único "y"; a "x" correspondam vários "y"; a um "y", vários "x"; ou a vários "x" correspondam vários "y". Exemplifiquemos. Na relação de paternidade, expressa simbolicamente por xRy, podemos enunciar: "x é pai de y". Um pai pode ter vários filhos, todavia, um filho terá somente um pai.

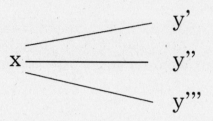

Relações como essa denominamos uni-plurívocas (porque há um só nome na região anterior e vários na posterior). Chamam-na, também, de anterior-unívoca (pois o nome que está na posição de predecessor é único). No campo da Matemática, esta categoria assume extraordinária importância e é conhecida como relação funcional ou, simplesmente, função. Reconhecemo-la sempre que a todo objeto "y" corresponder um único objeto "x", tal que "xRy". A relação "x é pai de y" é tipicamente uma relação funcional, visto que para toda pessoa "y" existe unicamente outra pessoa "x", que é pai de "y".

Na relação conversa, isto é, "yRx", ou "y é filho de x", temos um vínculo pluriunívoco ou posterior-unívoco, consoante queiramos salientar o perfil total da relação, ou vê-la apenas por um dos lados.

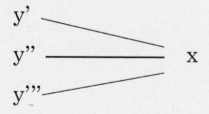

De outra parte, a relação "x é esposa de y" é unívoca, também conhecida como função biunívoca (Matemática), ao menos na concepção cristã de matrimônio. Entre os maometanos, esse vínculo figura no plano das relações pluriunívocas ou posterior-unívocas, considerando-se que, na hipótese, vários "x" podem ser esposas de um único "y".

Finalmente, há relações que são pluriplurívocas porquanto vários nomes podem assumir o espaço da região anterior, o mesmo sucedendo com o lugar de sucessor. São exemplos:

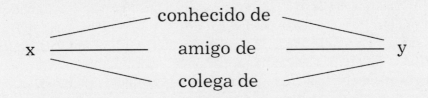

Nelas, são diversos os nomes aptos para figurar no polo de predecessor ou no posto de sucessor. Teríamos:

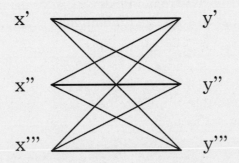

Cumpre advertir que nem toda relação é uma função. Este último termo tem sentido mais restrito, aplicando-se apenas às relações uni-plurívocas e às uni-unívocas ou biunívocas.

Três características são particularmente relevantes para a teoria das relações. Vamos examiná-las:

a) *Reflexividade*

Diz-se que uma relação é reflexiva se o nome do indivíduo inscrito no predecessor, ou no sucessor, estiver em correspondência com ele próprio. Dito de outra maneira, sempre que a relação for universalmente válida com anteriores e posteriores idênticos. A classe das relações reflexivas é o conjunto total dos vínculos que existem entre uma coisa e a mesma coisa, por força da identidade dos termos neles atrelados. Utilizando a simbologia, teremos: "xRx". São exemplos de relações reflexivas: a igualdade, a congruência e a equivalência. Aliás, nesses casos, a reflexividade é total, porque tais relações são sempre reflexivas. Em contraparte, há vínculos que nunca podem ser reflexivos, configurando-se, por via de consequência, como irreflexivos. São todos aqueles em que se torna impossível que o mesmo nome ocupe o espaço de predecessor e sucessor, no âmbito da mesma relação. A título de exemplo, encontramos inúmeras relações, tais como "maior que", "pai de", "ao norte de", "mais velho que", "casado com", etc. Hipótese genuína de relação irreflexiva é a jurídica, dado que ninguém pode estar, juridicamente, em relação consigo próprio. O direito pressupõe, inexoravelmente, dois sujeitos distintos, no mínimo, como imperativo de sua fundamental bilateralidade.

Entre as relações reflexivas (que sempre o são) e as irreflexivas (que nunca poderão ser reflexivas), encontramos as assim chamadas semi-reflexivas, as quais assumem por vezes um ou outro caráter, como em "elogiar", "quadrado de", "respeitar", "estar satisfeito com", etc. "X" tanto pode elogiar "y", como "elogiar-se"; "4 é o quadrado de 2", mas "1 é o quadrado de 1"; "x" pode respeitar "y", como pode, também, "respeitar-se", "um pai pode estar satisfeito com o filho", porém pode, igualmente, "estar satisfeito consigo mesmo".

b) *Simetria*

Uma relação é simétrica quando, se ocorre entre "x" e "y", também se dá entre "y" e "x". São simétricas as relações: "casada com", "vizinho de", "compatível com", "paralela a", e muitas outras.

Já empregamos, linhas acima, a expressão "relação conversa", sem defini-la. Vamos fazê-lo agora, para enfatizar a circunstância de que, numa relação simétrica, o objeto e seu converso são iguais. Relação conversa é aquela que se obtém pela inversão da ordem de sucessão de seus membros. Opera-se uma troca de posições, em que o sucessor passa ao tópico de predecessor e este assume o lugar do sucessor. Com tal modificação, ressalvado o caso das relações simétricas, altera-se o vínculo. Observamos alguns exemplos desse paralelismo:

Relação original	Relação conversa
"x é maior do que y"	"y é menor do que x"
"x é pai de y"	"y é filho de x"
"x é marido de y"	"y é mulher de x"
"x é professor de y"	"y é aluno de x"
"x está ao norte de y"	"y está ao sul de x"

Também no quadro de estudo das relações simétricas podemos falar de uma categoria intermediária: as relações semi-simétricas, que se apresentam ou não com as características descritas, dependendo da situação. No exemplo "x ama y", este amor pode ser unilateral, assim como correspondido. Outro tanto acontece com "x aprende de y" ou "x coopera com y".

c) *Transitividade*

Uma relação é transitiva, numa classe K, se, para três elementos quaisquer "x", "y" e "z" dessa classe, as condições "xRy" e "yRz" sempre implicam "xRz". Vimos, no cálculo proposicional, que a transitividade é uma das propriedades do conectivo condicional, de sorte que "[(p⊃q).(q⊃r)] ⊃ (p⊃r)]". Aqui, as variáveis são proposições e não nomes de indivíduos. Tomemos, no entanto, alguns exemplos da linguagem ordinária, envolvendo indivíduos. "Se um tigre é maior do que um gato e um gato é maior do que um rato, então o tigre é maior do que o rato." "Se Artur é mais velho do que Pedro e Pedro é mais velho do que José, então Artur é mais velho do que José." Vê-se que as relações "mais velho do que", "maior do que", "superior a", "preferível a" são transitivas.

Nada obstante, relações há que nunca são transitivas, como, por exemplo, "x é mãe de y" ou "y é pai de z". Nesses casos, se "x" é mãe de "y" que é mãe de "z", então "x" é avó de "z" e nunca "mãe de z". São denominadas, por isso, intransitivas.

Entre umas e outras, porém, temos as relações semitransitivas, como "ser amigo de", "conhecer", etc., as quais se apresentam ora como transitivas, ora como intransitivas, dependendo das circunstâncias.

2.5.3 Sobre a relação de identidade

Entre os conceitos lógicos não pertencentes ao cálculo proposicional, como ensina Alfred Tarski, o de maior importância é, provavelmente, o conceito de *relação de identidade*. Sua definição foi formulada por G. W. Leibniz (1646-1716), aproximadamente nestes termos:

> "x = y se, e somente se, x tiver toda a propriedade que y tenha, e y tiver toda a propriedade que tenha x."

A forma lógica é a do bicondicional (se, e somente se), como convém a uma definição bem composta. Nela, o sinal "=", que se pretende definir, está empregado unicamente no *definiendum*, não aparecendo no *definiens*, aspecto que a recomenda.

Tomando-a como ponto de partida, os lógicos deduziram outras leis pertencentes à teoria da identidade, das quais as mais importantes são as seguintes:'

> "Todo objeto é igual a si mesmo: x = x"

Esta lei (i), tal qual enunciada, chama a atenção para o caráter reflexivo da identidade.

> "Se x = y, então y = x"

Quer significar (ii) que a relação de identidade é simétrica, sendo iguais, ela e sua conversa.

"Se x = y e y = z, então x = z"

Salienta-se, aqui, a propriedade transitiva inerente à relação de identidade (iii).

"Se x = z e y = z, então x = y"

De acordo com esta formulação, se dois objetos são iguais a um terceiro, então são iguais entre si (iv).

Para concluir, registre-se que os termos "igualdade" e "identidade", sempre que utilizados no campo da Lógica, são sinônimos.

2.5.4 Cálculo das relações

Cálculo pode ser definido como o conjunto de relações entre os símbolos de um sistema. Tratando-se de assunto em que os símbolos do sistema representam relações, teremos então um conjunto de relações entre relações.

O cálculo de relações é uma parte do tema maior, a Teoria das Relações. Seu objetivo principal é o estabelecimento de leis formais que regem as operações por meio das quais se constroem relações a partir de outras relações dadas.

Comecemos por aludir a dois importantes conceitos desse cálculo: relação universal e relação nula.

(i) *Relação universal*

A relação universal é aquela que vincula todo indivíduo a todo indivíduo, dentro de determinado contexto. Mudando as palavras, é a relação que se mantém entre quaisquer dos indivíduos do conjunto universo. O símbolo que a exprime é "V". Isolando-se a classe dos advogados, a relação "ser colega de" está presente para qualquer par de seus membros. É exemplo de relação universal, válida, naturalmente, dentro do mencionado universo de discurso.

(ii) *Relação nula*

Relação nula ou vazia é aquela que nunca se estabelece entre pares de indivíduos do conjunto tomado como universo de referência. Só existiria entre termos que não possuem identidade. Como a identidade é a relação que todo indivíduo mantém consigo mesmo, relação nula ou vazia é aquela que não se instala, no quadro, é claro, de determinado universo discursivo. Para o conjunto de indivíduos solteiros (na acepção restrita da palavra), "ser casado com" é uma relação nula. Representa-se assim: "$\wedge$".

(iii) *Complemento de uma relação*

Complemento de uma relação R se define como a classe de pares ordenados de indivíduos entre os quais não se dá essa relação. Se R é a relação "estar casado com" (que se configura como a classe de todos os "x" e de todos os "y", tal que "x" está casado com "y"), o complemento de "R" será R', ou seja, a classe de todos os "x" e de todos os "y", tal que "x" não está casado com "y", ou ainda, a classe de todos os pares de indivíduos entre os quais não se dá a relação matrimonial.

(iv) *Soma ou união absoluta de relações*

Dadas as relações R e S, podemos dizer que a soma lógica ou união dessas relações é a classe de todos os pares ordenados entre os quais se dá somente a primeira relação, ou apenas a segunda, ou ainda ambas. O resultado, isto é, a soma lógica, é uma nova relação. Se interpretarmos R como "irmão de" e S como "irmã de", teremos a relação-soma, chamemo-la T, que está representada por "irmão e irmã de". A soma lógica das relações "filho de", "neto de" e "bisneto de" será a relação "descendente". Tal qual se emprega na teoria das classes, a notação simbólica é "U". Assim: "RUS" significa a soma lógica ou a união das relações R e S. Atente-se para a circunstância de que a união de relações segue o modelo da disjunção, de tal sorte que inclui os pares ordenados da primeira relação (R), ou da segunda (S), ou de ambas as relações (R e S). Enunciado em linguagem simbólica, teríamos:

$$x (R \cup S) y \equiv (xRy) \vee (xSy)$$

(v) *Inclusão de relações*

Uma relação está incluída em outra se, e somente se, quando a primeira se instaurar entre dois indivíduos, então a segunda, inevitavelmente, também ocorrerá. Exemplo de operação dessa natureza é a que se passa entre as relações "menor que" e "maior que", ambas incluídas na relação "ser de distinto tamanho". Igualmente, "ser pai de", "ser filho de", "ser tio de", "ser irmão de", todas se incluem na relação mais abrangente "ser parente de". O símbolo próprio é "<-", também utilizado na teoria de classes.

(vi) *Produto absoluto de relações*

Também conhecida por *"intersecção de relações"*, esta operação consiste na conjunção de duas relações dadas, ou seja, na classe de todos os pares ordenados entre os quais se dá a primeira juntamente com a segunda. Exemplo: se R é a relação "irmão de" e S a relação "maior que", o produto absoluto ou produto lógico ou intersecção das duas relações será a terceira (T), interpretada como "irmão maior de". Sua representação se faz pelo símbolo "∩", à semelhança da teoria de classes.

Se confrontarmos a soma lógica com o produto lógico das relações, veremos que, enquanto a soma segue o modelo formal do disjuntor, o produto acompanha o do conjuntor. Por isso, em toda a intersecção de relações encontraremos, em linguagem simbólica:

$$x(R \cap S) y \equiv (xRy).(xSy)$$

(vii) *Produto relativo de relações*

Produto relativo de R e S é a relação que se instaura entre todos os "x" e todos os "y", de maneira que haverá um "z" com o qual "x" mantém a relação R e "y" mantém a relação S. Representa-se por "R/S". Por outro giro, afirmamos que se dá o produto relativo R/S entre dois indivíduos "x" e "y" se, e somente se, existir um terceiro indivíduo – "z" –, tal que, simultaneamente, "xRz" e "zSy". Figuremos um exemplo em que a relação R é "ser marido de" e a relação S interpreta-se como "ser filha de". Neste caso, o produto relativo R/S se estabelece entre "x" e "y" se houver uma terceira pessoas – "z" –, tal que "x é marido de z" e "z é filha de y".

Na hipótese, o produto relativo R/S indica a relação "ser genro de".

Há uma diferença essencial entre o produto absoluto e o produto relativo de relações. Ao passo que o primeiro se perfaz com os indivíduos "x" e "y", exclusivamente, o segundo pressupõe um outro indivíduo, que ocupa a região posterior na relação R, e a região anterior, na relação S. Esse terceiro elemento – "z" – permite o aparecimento do produto relativo R/S, entre "x" e "y". O elemento "z" não consta da relação final, pois esta vinculará apenas "x" e "y"; todavia, intervém na produção do resultado, facilitando o trânsito de "x" para se ligar a "y". Analisemos as seguintes situações: "x é irmã de z" e "z é mãe de y", logo "x é a tia materna de y" (produto relativo daquelas duas relações). Outro exemplo: suponhamos que se trate de definir a expressão relacional "x é o assassino do irmão de y". Vemos, de pronto, que há duas relações: "ser assassino de" e "ser irmão de". De que forma combinar os dois vínculos? Tentemos operar com o produto absoluto. Obteremos: $x(R \cap S)y \equiv (xRy).(xSy)$, vale dizer, "x matou seu irmão", porque "x assassinou y" e "x é irmão de y". Conclui-se que o produto absoluto não serve para os objetivos daquela mensagem inicial. Na verdade, a questão se resolve pela operação chamada "produto relativo", na qual se une "x" a "y", de tal arte que há um "z" que "x" assassinou e que era irmão de "y".

$$(xRz) . (zSy)$$

O produto relativo de relações tem enorme aplicação na vida prática e, por meio dele, conseguimos entender e explicar uma série de relações tipicamente jurídicas. Utilizemos, agora, alguns gráficos.

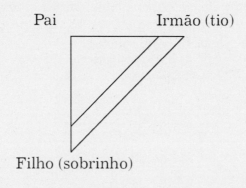

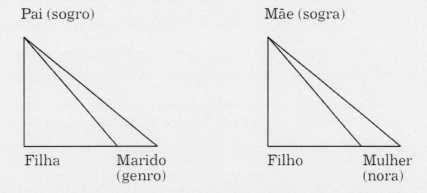

Nos produtos relativos de relações os "fatores" não são passíveis de comutação. Assim, o irmão do pai é o tio, enquanto que o pai do irmão é o próprio pai. O marido da irmã é o cunhado; pelo contrário, a irmã do marido é a cunhada. A mãe do marido é sogra, ao passo que o marido da mãe é o pai.

Vamos examinar, finalmente, a relação processual, aquela que se estabelece entre juiz, autor e réu. Consideramo-la triádica, numa visão integral. Se isolarmos, porém, a relação "autor/réu", saberemos que é o produto relativo de duas outras: "autor/juiz" e "juiz/réu", atuando o magistrado, neste caso, como elemento que possibilita o trânsito do autor, para se ligar ao réu num vínculo jurídico-processual implícito. Vejamos:

(viii) *Potências de uma relação*

Do mesmo modo como podemos elevar um número ao quadrado, também poderemos, mediante o produto relativo, formar as potências de uma relação:

$$R^1 = R$$
$$R^2 = R/R$$
$$R^3 = R^2/R$$

Em geral,

$$R^n = R^{n-1}/R$$

Para entender o que significa elevar uma relação a certa potência, nada como considerar a relação "ser pai de":

$$R = \text{ser pai de}$$
$$R^1 = \text{ser pai de}$$
$$R^2 = \text{ser avô de}$$
$$R^3 = \text{ser bisavô de}$$
$$R^4 = \text{ser trisavô de}$$
$$R^5 = \text{ser tetravô de}$$

(ix) *Algumas leis da lógica das relações*

- - R ≡ R (dupla negação aplicada à lógica das relações)

R ∪ S ≡ S ∪ R (comutatividade da soma das relações)

R ∩ S ≡ S ∩ R (comutatividade do produto absoluto)

R ∪ S ≡ - (-R ∩ S) (lei de DE MORGAN para relações)

R ∩ S ≡ - (-R ∪ -S) (lei de DE MORGAN para relações)

(R ⊃ S) ≡ (-S ⊃ -R) (contraposição da inclusão)

DIREITO TRIBUTÁRIO, LINGUAGEM E MÉTODO

[(R ⊃ S). (-S ⊃ -R)] → (R ⊃ T) (transitividade da inclusão)

[(R/S)/T] ≡ [R/(S/T)] (associatividade do produto relativo)

(R ⊃ S) → [(T/R) <- (T/S)] (inclusão dos produtos relativos)

R'' ≡ R (a conversa da conversa é a própria relação)

(R ⊃ S) ≡ (R' ⊃ S') (equivalência entre a inclusão de relações e respectivas conversas)

(R = S) ≡ (R' = S') (equivalência entre a igualdade de relações e respectivas conversas).

2.5.5 Aplicação da teoria das relações

A título elucidativo do que acabamos de expor sobre a Teoria das Relações, vamos aos exemplos do domínio que nos interessa, retomando os conceitos fundamentais da Ciência do Direito dentro de uma concepção relacional.

Fato jurídico é a parte do suporte fáctico que o legislador, mediante a expedição de juízos valorativos, recortou do universo social para introduzir no mundo jurídico. Pontes de Miranda[57] argumenta que o suporte factual, que está no mundo,

> não entra, sempre, todo ele. As mais das vezes, despe-se de aparências, de circunstâncias, de que o direito abstraiu; e outras vezes se veste de aparências, de formalismo, ou se reveste de certas circunstâncias, fisicamente estranhas a ele, para poder entrar no mundo jurídico. A própria morte não é fato que entre nu, em sua rudeza, em sua definitividade no mundo jurídico.

Ao promover essas incisões no plano da realidade social, o legislador tem de levar em conta a estrutura lógica da norma que vai compor, uma vez que as descrições factuais serão associadas implicacionalmente a prescrições de conduta. Estará às voltas, então, com as combinações possíveis entre os antecedentes e os consequentes de cada unidade, de tal sorte

---

57. *Tratado de direito privado*, 4ª ed., Tomo I, São Paulo, Revista dos Tribunais, 1974, p. 20.

que teremos as seguintes possibilidades: a) F' / R'; b) F' / R', R", R'"...; c) F', F", F'".../ R'; d) F', F",F'".../ R', R" R'"... Equivale a dizer, em linguagem desformalizada: a) um fato (F') pode estar ligado a uma única relação jurídica (R'); b) o mesmo fato (F') pode associar-se a dois ou mais vínculos jurídicos (R', R", R'"...); c) dois ou mais fatos (F', F", F'"...) podem provocar a mesma relação (R'); e d) dois ou mais fatos (F', F", F'"...) podem irradiar duas ou mais relações de direito (R', R", R'"...).

Já notamos que a Teoria das Relações (ou Lógica dos Predicados Poliádicos) não admite outras junções, somente essas: a) um com um; b) um com vários; c) vários com um; e d) vários com vários. E o legislador, como todos os demais seres pensantes, será prisioneiro dessa combinatória formal.

Bem sabemos, contudo, que o mesmo fato social pode sofrer tantos cortes jurídico-conceptuais quanto o desejar a autoridade que legisla, dando ensejo à incidência de normas jurídicas diferentes. Ao confluírem sobre a mesma base de incidência, as várias regras vão projetando, um a um, os distintos fatos jurídicos, dos quais se irradiam as peculiares eficácias.

Se, desde já, quisermos transportar essas reflexões para um caso concreto, cumpre verificar de pronto quais os tipos de relações existentes na estrutura normativa daquele fato jurídico que nos interessa.

Neste sentido, a fim de não deixar nenhuma dúvida sobre o assunto, trago exemplo no âmbito do direito tributário. Assunto polêmico e muito atual é o que tange ao crédito-prêmio do IPI. A dúvida estaria na seguinte indagação: este crédito continuaria válido mesmo em casos em que há isenção tributária sobre a atividade de industrialização tal qual ocorre na região de Manaus? Para a solução da dúvida, cumpre verificar que, nestes casos, será possível perceber que não se trata, apenas, de uma regra de direito, porquanto dois foram os cortes conceptuais promovidos no suporte fáctico, como duas foram as relações jurídicas que se propagaram pela ocorrência dos respectivos acontecimentos: a obrigação tributária e o vínculo no bojo do qual emergiu o direito ao crédito. Duas ocorrências do mundo físico-social, sendo uma de aquisição de insumos para o processo de industrialização (F') e outra operação de compra e venda mercantil (F"), entre Manaus e qualquer outro Estado, tendo por objeto produtos industrializados, abriram espaço para a percussão de duas normas jurídicas distintas: a da regra-matriz de direito ao crédito pelo valor do imposto pago nas compras para o processo de industrialização (N') e a da regra-matriz de incidência do IPI (N"). Esse exemplo demonstra caso típico da possibilidade lógica d).

As bases da Teoria das Relações, explicadas acima, facilitam muito a compreensão dos institutos de direito de maneira geral e, no caso, daqueles do direito tributário, impregnados pelo legislador de uma dificuldade operativa ímpar. Essa análise relacional demonstra de maneira formalizada a Lógica Deôntica, como linguagem objeto, existente entre as unidades sistêmicas desse universo axiológico que é o direito. A Lógica dos Predicados ou "Lógica dos Predicados Poliádicos" preocupa-se em estudar esses cálculos de relações, uma vez que estrutura, como sobrelinguagem (apofântica) que é, de maneira lógica e formal as frases normativas.

Agora, aplicando-se essa teoria a uma situação concreta, observa-se que ela traz soluções cognoscitivas imprescindíveis para a boa compreensão da subsunção que ocorre entre os fatos jurídicos e as normas de direito.

Neste sentido e no intuito de esclarecer quaisquer dúvidas, vale apresentar outra situação tributária. Citemos. Para saber da incidência ou não de ICMS na atividade de transporte prestado por uma empresa brasileira que executa serviço de *courier* a uma empresa estrangeira, é fundamental atinar para a teoria das relações, tendo em vista que nos ajudará a definir, dentre os tipos de relações e classes, onde aquele específico vínculo se enquadra. No exemplo mencionado, observadas as relações normativas possíveis, interessa-nos a "inclusão de relações".

Uma relação está incluída em outra se, e somente se, instaurando-se a primeira entre dois indivíduos, a segunda, inevitavelmente, também ocorrer. Esclarece Helmut Seiffert[58] que a relação de classe inclusiva dá-se quando uma classe A contém totalmente uma classe B. Nesse caso, todo elemento de B é também elemento de A, uma vez que A inclui B. Sendo assim, o serviço de transporte realizado por uma prestadora de serviço de *courier* encontra-se incluso no serviço de transporte internacional. Isso porque a contratação do serviço de transporte internacional consiste na coleta de documentos no domicílio do remetente, localizado no exterior, e sua entrega ao destinatário, em território nacional. Todavia, para que essa prestação de serviço seja concretizada, é necessário outra relação, nela inclusa, consistente na subcontratação da empresa brasileira que prestará o serviço de *courier* em nome da empresa internacional, para finalizar esse serviço no país. Chamaremos, respectivamente, de empresa A e empresa B. Não resta qualquer dúvida, por conseguinte, de que a relação consistente em prestar serviço de transporte internacional, pela empresa estrangeira B, é classe inclusiva, que contém, necessariamente, a finalização do serviço pela empresa brasileira A. Em consequência, estando a atividade da empresa A embutida naquela contratada com a empresa B, não pode dela ser dissociada. Trata-se, pois, de uma relação componente da prestação do serviço de transporte internacional.

Portanto, mesmo havendo subcontratação para transporte em trecho interno, não se descaracteriza a relação de transporte internacional, não constituindo, o transbordo, nova prestação de serviço. A subcontratação de parcela do serviço de transporte não implica quebra da unidade da operação, que é de natureza internacional.

São dois exemplos que ilustram a teoria das relações com o pragmatismo da realização jurídico-tributária, comprovando a seriedade e a aplicabilidade do estudo lógico-relacional.

---

58. *Introdución a la lógica*, Barcelona, Herder, 1977, pp. 78-79.

2.6 TEORIA DAS CLASSES

A Lógica dos Predicados, ou Lógica dos Termos, como pensamos ser mais apropriado referir, compreende o estudo da composição interna dos enunciados simples e, dentro deles, a análise dos termos sujeito e predicado, da cópula apofântica e dos quantificadores (universal e existencial). Os nomes são palavras tomadas voluntariamente para designar indivíduos e seus atributos, num determinado contexto de comunicação. Ao mesmo tempo em que todos os nomes são nomes de alguma coisa, real ou imaginária, nem todas as coisas têm nome privativo. Algumas reivindicam designação distinta, em função da sua individualidade, como acontece com as pessoas e com certos lugares que se tornam famosos. Mas há objetos que não têm nome próprio, de tal maneira que, se for preciso indicá-los, empregam-se nomes gerais, aptos para abrangê-los em número indefinido. Com efeito, um nome geral é susceptível de ser aplicado, no mesmo sentido, a um número indefinido de coisas.

Um nome geral denota uma classe de objetos que apresentam o mesmo atributo. Neste sentido, "atributo" significa a propriedade que certo objeto manifesta e todo nome, cuja significação está constituída de atributos é, em potencial, o nome de um número indefinido de objetos. Portanto, todo nome, geral ou individual, cria uma classe de objetos (de alguns objetos, como no geral, ou de apenas um, como nos nomes próprios). Um nome geral é introduzido no discurso em face da necessidade de palavra que denote determinada classe de objetos e de seus atributos peculiares. Definamos, então, classe como "a extensão de um conceito geral ou universal", na lição de Albert Menne[59], lembrando que o nome individual tem o condão de exaurir seu universo, sendo, portanto, também universal. Ou, finalmente, como a relação dos nomes de objetos que satisfazem a função proposicional "f(x)".

Ao examinar a estrutura interna do enunciado, a Lógica dos Termos se ocupa, além da definição, das operações de

---
59. *Introducción a la lógica*, Madrid, Editorial Gredos, 1969, p. 140.

classificação e de divisão. Classificar é distribuir em classes, é dividir os termos segundo a ordem da extensão ou, para dizer de modo mais preciso, é separar os objetos em classes de acordo com as semelhanças que entre eles existam, mantendo-os em posições fixas e exatamente determinadas em relação às demais classes. Os diversos grupos de uma classificação recebem o nome de espécies e de gêneros, sendo que espécies designam os grupos contidos em um grupo mais extenso, enquanto gênero é o grupo mais extenso que contém as espécies. A presença de atributos ou caracteres que distinguem determinada espécie de todas as demais espécies de um mesmo gênero denomina-se "diferença", ao passo que "diferença específica" é o nome que se dá ao conjunto das qualidades que se acrescentam ao gênero para a determinação da espécie, de tal modo que é lícito enunciar: "a espécie é igual ao gênero mais a diferença específica (E = G + De)". Tomando o exemplo da linha curva, podemos classificá-la em circunferência, elipse, parábola, hipérbole, espiral, etc. Se adicionarmos ao gênero (linha curva) as diferenças peculiares a cada qual, teremos as espécies anunciadas. Obviamente que as qualidades somente gerais não se prestam à divisão do gênero em espécies.

Com efeito, o gênero compreende a espécie. Disto decorre que o gênero denota mais que a espécie ou é predicado de um número maior de indivíduos. Em contraponto, a espécie deve conotar mais que o gênero, pois, além de conotar todos os atributos que o gênero conota, apresenta um *plus* de conotação que é, justamente, a diferença ou diferença específica. Daí por que estabelecer o significado de diferença como aquilo que deve ser adicionado à conotação do gênero, para completar a conotação da espécie.

Nessa linha, os princípios que devem dirigir a classificação, como procedimento lógico, informam que não há nomes que sejam exclusivamente gêneros ou apenas espécies. Tais palavras são termos relativos, aplicados a certos predicados para explicar sua relação com dado sujeito. Desse modo, a classe que aparece como gênero relativamente à subclasse ou espécie que contém, pode ser, ela mesma, uma espécie em relação a uma classe mais compreensiva (gênero superior). As normas individuais e concretas consubstanciam espécies de normas jurídicas; todavia, formam o gênero de que são espécies as normas individuais e concretas veiculadas pelo Poder Judiciário que, por sua vez, são o gênero com relação às individuais e concretas postas por sentenças.

Toda classe é susceptível de ser dividida em outras classes. É princípio fundamental em Lógica que a faculdade de estabelecer classes é ilimitada enquanto existir uma diferença, pequena que seja, para ensejar a distinção. O número de classes possíveis é, por conseguinte, infinito; e existem, de fato, tantas classes quantos nomes, gerais e próprios. Porém, se examinarmos, uma a uma, as classes assim formadas, como a dos contratos ou das plantas, a classe dos elementos químicos ou dos planetas, e se considerarmos em que particularidade os indivíduos de uma classe diferem dos que a ela não pertencem, encontraremos sob esse aspecto uma diferença bastante nítida entre duas classes distintas.

Por outro lado, o expediente classificatório pode dar sentido artificial a uma palavra em decorrência da necessidade técnica de uma Ciência particular. Isto porque cada gênero difere dos outros, não necessariamente por um só atributo, senão por número indefinido de atributos. A taxa, por exemplo, é espécie do gênero tributo, tomando-se como critério de distinção a circunstância de sua hipótese de incidência abrigar sempre uma atuação do Estado, efetiva ou potencial, referida ao sujeito passivo. Entretanto, outra é a característica segundo a qual, para as taxas, não há falar-se em competências privativas.

Realmente, não existem limites à liberdade de fazer classificações que, no fundo, consubstancia-se em separar em classes, em grupos, formando subclasses, subdomínios, subconjuntos. Ao sujeito do conhecimento é reservado o direito de fundar a classe que lhe aprouver e segundo a particularidade que se mostrar mais conveniente aos seus propósitos. Ressalvemos, porém, que se a conveniência prática é motivo suficiente para autorizar as principais demarcações de nossos objetos, *a fortiori* devemos estar atentos para a correção do processo de circunscrição, garantindo que os gêneros e as espécies sejam, efetivamente, gêneros e espécies.

A operação que nos permite distinguir as espécies de um gênero dado é a divisão, assim entendido o expediente lógico em virtude do qual a extensão do termo se distribui em classes, com base em critério tomado por fundamento da divisão. Mas, evitemos a confusão entre dividir e desintegrar. Quando afirmamos que "o ano tem 12 meses" ou que "o livro consta de dez capítulos" estamos diante de procedimento chamado "desintegração", que pode ser reconhecido na medida em que os elementos desintegrados do todo não conservam seus traços básicos, não sendo possível, neles, perceber o conteúdo do conceito desintegrado. Um capítulo do livro não é o livro, assim como o mês não é o ano. Em contranota, quando dizemos que "seres vivos se dividem em animais e plantas", tanto podemos predicar dos animais a condição de seres vivos quanto das plantas.

Importa mencionar as regras que presidem a operação de dividir que é, afinal de contas, o processo empregado para classificar os termos. A inobservância de tais preceitos provoca erros inevitáveis que maculam o raciocínio, comprometendo a manifestação do pensamento e prejudicando a comunicação entre as pessoas.

São elas: 1) A divisão há de ser proporcionada, significando dizer que a extensão do termo divisível há de ser igual à soma das extensões dos membros da divisão. 2) Há de fundamentar-se num único critério. 3) Os membros da divisão devem excluir-se mutuamente. 4) Deve fluir ininterruptamente, evitando aquilo que se chama "salto na divisão".

Cumpre advertir que a boa classificação depende não só do processo de bem dividir o termo, mas, antes disso, de elaborarmos uma definição adequada de seu conceito. E definir é operação lógica demarcatória dos limites, das fronteiras, dos lindes que isolam o campo de irradiação semântica de uma ideia, noção ou conceito. Com a definição, outorgamos à ideia sua identidade, que há de ser respeitada do início ao fim do discurso.

Ora, se dissemos e redissemos que nossa realidade é constituída pela linguagem; que o mundo jurídico se estabelece pela linguagem do direito; claro está que as unidades desses sistemas sígnicos, em grande parte nomes, gerais e próprios, são classes que exprimem gêneros ou espécies e, como tais, passíveis de distribuição em outras classes, segundo, evidentemente, as diretrizes do critério escolhido para a divisão. Com os recursos da classificação, o homem vai reordenando a realidade que o cerca, para aumentá-la ou para aprofundá-la consoante seus interesses e suas necessidades, numa atividade sem fim, que jamais alcança o domínio total e a abrangência plena. E salientamos esse caráter reordenador porque assim como a classificação pressupõe a existência de classe a ser distribuída em subclasses, o aumento ou aprofundamento da realidade, como algo constituído pela linguagem, antessupõe também a afirmação da própria realidade enquanto tal.

A Lógica reserva à temática da classificação um capítulo inteiro, denominado Teoria das Classes, em que se estuda o conceito de classe e o quadro de suas propriedades gerais. Como disciplina autônoma, foi criada e desenvolvida pelo matemático alemão G. Cantor (1845/1918), recebendo, nesse setor do conhecimento, o nome de "Teoria dos Conjuntos".

Visto que todos os nomes são classes de elementos, inclusive os nomes individuais (domínios ou conjuntos formados por um único objeto), não só a comunicação cotidiana, com sua linguagem livre e descomprometida, mas a Matemática, a Botânica, a Zoologia, a Sociologia, o Direito e todas as demais ciências lidam, necessária e insistentemente, com essas entidades. Ali onde houver linguagem, natural ou técnica, científica ou filosófica, haverá, certamente, classes e operações entre classes, com o aparecimento de gêneros, espécies e subespécies. Isso, em qualquer das regiões ônticas: seja a dos objetos naturais ou dos ideais; a dos metafísicos ou dos culturais. E frases como "o indivíduo x é elemento do conjunto

C", "o objeto y pertence à classe K" ou "o domínio D contém como elemento o indivíduo z", são expressões que denunciam a presença dessa categoria formal que, em linguagem simbólica, escrevemos "x ∈ K" ("x está em K").

Dito isto, é imprescindível ter em mente – recordando – que as coisas não mudam de nome, nós é que mudamos o modo de nomear as coisas. Portanto, não existem nomes verdadeiros ou falsos das coisas. Apenas existem nomes aceitos, nomes rejeitados e nomes menos aceitos que outros, como nos ensina Ricardo Guibourg. Esta possibilidade de inventar nomes para as coisas chama-se "liberdade de estipulação". Ao inventar nomes (ou ao aceitar os já inventados), traçamos limites na realidade, como se a cortássemos idealmente em pedaços e, ao assinalar cada nome, identificássemos o pedaço que, segundo nossa decisão, corresponderia a esse nome.

2.6.1 Aplicabilidade prática: o sistema harmonizado de designação e de codificação de mercadorias, a nomenclatura brasileira e a tabela do imposto sobre produtos industrializados

O sistema harmonizado de designação e de codificação de mercadorias é conteúdo aprovado pela Convenção Internacional (Bruxelas, 14/06/83), à qual o Brasil aderiu em 31/10/86. Ela é a base da nomenclatura brasileira de mercadorias que, por sua vez, é a fonte da implantação da tabela de incidência do imposto sobre produtos industrializados (TIPI). São, todas, classificações codificadas, isto é, expedientes artificiais que nos possibilitam repartir dado setor de objetos em subsetores específicos, consoante determinado critério, fixando-se para cada classe não um nome, mas um número ou um código alfanumérico.

Revestindo o caráter artificial de todas as classificações, a que estrutura a tabela de incidência do IPI criou uma outra realidade, reordenando a até então existente. Cada código denota um conjunto de mercadorias e, idealmente, cada mercadoria tem um código ao qual se subsome. Algumas, mesmo semelhantes, exigem e recebem códigos distintos.

O sistema harmonizado, como aprovado na Convenção Internacional, opera com seis dígitos, correspondendo a posições e subposições de mercadorias, mas a NBM/SH (TIPI/TAB) sobrepõe-se àquele sistema para acrescentar-lhe matriz de subespécies, mediante a particularização de itens e de subitens.

O código-posição denota uma classe de mercadorias que apresentam o mesmo atributo e atributo é a propriedade que manifesta um dado objeto. Todo código cuja significação esteja constituída de atributos é, em potencial, o código de um número indefinido de mercadorias. Portanto, todo código-posição cria uma classe de objetos.

Tomemos por exemplo a máscara utilizada na codificação da tabela NBM/SH-TIPI:

"XXXX.YY.ZZzz"

Três são as divisões: código-posição "XXXX", código subposição "YY" e código-item/subitem "ZZzz". Cada uma das letras representa um número. Assim, considerando que o sistema numérico empregado seja o decimal e tratando-se de variáveis numéricas, é lícito concluir que:

1 - o código-posição "XXXX" pode apresentar variação combinacional de 0000 até 9 999, isto é, 10 000 combinações possíveis;

2 - o código subposição "YY" pode apresentar variação combinacional de 00 até 99, ou seja, 100 combinações possíveis; e

3 - o código-item/subitem "ZZzz" pode apresentar variação combinacional de 0000 até 9 999, isto é, 10 000 combinações possíveis.

Infere-se, ainda, da ordem das variáveis de grupo, o seguinte:

4 - o código-posição "XXXX" descreve 10 000 gêneros possíveis e cada um desses pode apresentar 100

espécies diferentes em relação ao código-subposição "YY";

5 - o código subposição "YY", que é espécie em relação a "XXXX", é gênero em função do código-item/subitem "ZZzz". Nesse sentido, o código-subposição "YY" descreve até 100 gêneros distintos e cada um deles pode apresentar até 10 000 espécies diferentes em relação ao código "ZZzz";

6 - deduz-se que o código-posição "XXXX" é sempre variável de gênero; o código-item/subitem "ZZzz" é variável de espécie em relação a "YY" e variável de subespécie em relação a "XXXX"; o código subposição "YY" é variável de espécie em relação a "XXXX" e de gênero em relação a "ZZzz".

2.7 O DEVER-SER COMO ENTIDADE RELACIONAL

Kelsen insistiu na diferença entre as leis da natureza, submetidas ao princípio da causalidade física, e as leis jurídicas, articuladas pela imputabilidade deôntica. Lá, a síntese do ser; aqui, a do dever-ser. Nas duas causalidades temos a implicação, o conectivo condicional atrelando o antecedente ao consequente. Entretanto, quando usado e não simplesmente mencionado, o dever-ser denota uma região, um domínio ontológico que se contrapõe ao território do ser, em que as proposições implicante e implicada são postas por um ato de autoridade: $D (p \supset q)$ (deve-ser que p implique q). Falamos, por isso, num operador deôntico interproposicional, ponente da implicação. Não fora o ato de vontade da autoridade que legisla e a proposição-hipótese não estaria conectada à proposição-tese. Daí por que esse operador deôntico seja chamado de neutro, visto que nunca aparece modalizado.

Cumpre acrescentar, contudo, que no arcabouço normativo, enquanto estrutura lógica, encontraremos outro dever--ser expresso num dos operadores deônticos, mas inserto no consequente da norma, dentro da proposição-tese, ostentando caráter intraproposicional e aproximando dois ou mais sujeitos, em torno de uma previsão de conduta que deve ser cumprida por um e pode ser exigida pelo outro. Este dever-ser, na condição de conectivo intraproposicional, triparte-se nos modais "proibido" (V), "permitido" (P) e "obrigatório" (O), diferentemente do primeiro, responsável pela implicação, e que nunca se modaliza. Se chamarmos de "functor deôntico" aquele presente na proposição-tese da norma jurídica, seguindo a terminologia de Georges Kalinowski, o primeiro será "functor-de-functor", uma vez que, inaugurando a relação implicacional, é ponente também do functor intraproposicional.

Adverte muito bem Lourival Vilanova que, na linguagem falada e escrita do direito positivo, não nos deparamos com o dever-ser, com a função sintática de modal-deôntico neutro.

> Generalizando, obtenho o conceito de norma jurídica. Agora, só *formalizando* obtenho o conceito de 'dever-ser': ultrapassando a linguagem da Teoria Geral do Direito para ingressar na linguagem formal da Lógica[60] (o grifo é do original).

Em linguagens extrajurídicas, a expressão dever-ser traz o sentido de algo que pode ser, que tem a possibilidade de acontecer, ou também, revelando o modo alético da necessidade, aquilo que tem-de-ser. Na região do jurídico, porém, o dever-ser estará sempre ligado às condutas inter-humanas, tendo, portanto, significação, ainda que nada denote, pois não aponta para objetos do mundo, inexistindo fatos ou situações que lhe possam especificamente corresponder. Aliás, seja como sintagma verbal, seja como sintagma nominal, o dever-ser exprime sempre conceitos relacionais. Assim, para que nos aproximemos mais desse operador responsável pela síntese fundamental do próprio domínio do jurídico, sirvamo-nos novamente da lição do Professor Vilanova[61]:

---

60. "Analítica do dever-ser", *in Escritos jurídicos e filosóficos*, vol. 2, cit., pp. 53-54.

61. Idem, ibidem, p. 59.

> Em rigor, o 'dever-ser' é expressão sintática, é uma partícula operatória que se encontra na estrutura dos enunciados normativos, participando na sua lei de composição interna. Como partícula, carece de significação *per se*, não é por-si-só bastante para conduzir a uma expressão completa.

Por isso mesmo, o que está ao nosso alcance é a regra de uso dessa expressão sintática, movendo-se na articulação interna dos enunciados deônticos e, convém insistir, também no interior do enunciado que cumpre a função de apódose ou consequente. Iremos examinar a proposição-tese ou consequente normativo, mais à frente, ocasião em que reencontraremos esse functor, entreligando, como anunciamos, dois ou mais sujeitos de direito, acerca de uma conduta tipificada pela regra.

2.8 TEORIA DA NORMA JURÍDICA

A norma jurídica tem sido, muitas vezes, o ponto de referência para importantes construções interpretativas do direito. Torna-se difícil compreender, por isso mesmo, o papel de pouco relevo que algumas propostas cognoscentes de grande envergadura lhe atribuem. Em Pontes de Miranda, por exemplo, que desenvolveu com muito cuidado temas como "o fato jurídico", "a incidência", "a validade" e a "eficácia", não encontramos a estrutura completa da norma jurídica, como bem anota Lourival Vilanova[62]. Ele, Pontes, o grande dogmático, que partira de um positivismo filosófico que o levou ao positivismo jurídico-sociológico; que observou minuciosamente a tessitura relacional que a experiência com o direito oferece, aplicando-lhe com destreza, diga-se de passagem, as categorias lógicas da relação; ele mesmo que levou tão a sério o direito processual, a ponto de chamá-lo "o ramo do direito mais rente à vida"; pois bem, o jurista alagoano, que teorizou fartamente sobre o material empírico que o contato com o direito proporciona, em nenhum momento se mostrou estimulado a

---

62. "A teoria do direito em Pontes de Miranda", *in Escritos jurídicos e filosóficos*, vol. 1, op. cit., p. 410.

compor uma teoria da norma, preferindo falar simplesmente em "incidência da regra de direito".

Mas a concepção ponteana é tão só um exemplo. Mesmo autores que dispensaram tratamento mais abrangente ao tema das normas jurídicas não procuraram surpreendê-la, ingressando, com entusiasmo, na intimidade de sua essência. Enquanto isso prosperam teorias em várias direções: teorias sobre os fatos jurídicos, teorias sobre as relações jurídicas, teorias sobre as estruturas institucionais, teorias sobre o sistema e sobre seus valores, teorias, enfim, acerca das categorias fundamentais do fenômeno jurídico.

Devo esclarecer, contudo, que a visão normativa a que me refiro não pretende assumir caráter absoluto que a levaria, certamente, ao "normativismo", entendido o termo como algo excessivo, que se põe logo em franca competição com outros esquemas de compreensão, afastando iniciativas epistemológicas que se dirigem aos diferentes setores de que se compõe o fenômeno. A teoria da norma de que falo há de cingir-se à manifestação do deôntico, em sua unidade monádica, no seu arcabouço lógico, mas também em sua projeção semântica e em sua dimensão pragmática, examinando a norma por dentro, num enfoque intranormativo, e por fora, numa tomada extranormativa, norma com norma, na sua multiplicidade finita, porém indeterminada.

Tenho por imprescindível a investigação estrutural das unidades do sistema, vale dizer, as normas jurídicas, nas instâncias semióticas a que já me referi. A doutrina atual do Direito Tributário vive, abertamente, esse momento histórico de sua evolução: começou, tendo por núcleo de sustentação a chamada "obrigação tributária"; em seguida, ocupou-se do "fato gerador"; e agora encontrou na norma jurídica a fonte de suas especulações.

2.8.1 Ambiguidade do termo "norma jurídica"

A teoria comunicacional do direito vem se irradiando, tanto na Europa, com a obra de Gregorio Robles Morchón, quanto em outros países, como o Brasil, ainda que debaixo de diversas designações, sendo o caso das "doutrinas pragmáticas" e do "constructivismo lógico-semântico". Tratar o direito como algo que necessariamente se manifesta em linguagem prescritiva, inserido numa realidade recortada em textos que cumprem as mais diversas funções, abriu horizontes largos para o trabalho científico, permitindo oportuna e fecunda conciliação entre as concepções hermenêuticas e as iniciativas de cunho analítico.

Por outro lado, uma série de ajustes hão de ser feitos para encurtar as distâncias entre tais propostas. Um deles é a delimitação das proporções do chamado princípio da "homogeneidade sintática" das normas do sistema, em face da heterogeneidade linguística dos enunciados do direito positivo. De fato, como nos adverte Celso Lafer, "(...) o que caracteriza o Direito Positivo, no mundo contemporâneo, é a sua contínua mudança. Daí a necessidade de conhecer, identificar e qualificar as normas como jurídicas pela sua forma"[63].

Com efeito, a ambiguidade da expressão "normas jurídicas" para nominar indiscriminadamente as unidades do conjunto, não demora a provocar dúvidas semânticas que o texto discursivo não consegue suplantar nos seus primeiros desdobramentos. E a clássica distinção entre "sentido amplo" e "sentido estrito", conquanto favoreça a superação dos problemas introdutórios, passa a reclamar novos esforços de teor analítico.

A despeito disso, porém, interessa manter o secular modo de distinguir, empregando "normas jurídicas em sentido amplo" para aludir aos conteúdos significativos das frases do direito posto, vale dizer, aos enunciados prescritivos, não enquanto manifestações empíricas do ordenamento, mas como significações que seriam construídas pelo intérprete. Ao mesmo tempo, a composição articulada dessas significações, de tal sorte que produza mensagens com sentido deôntico-jurídico completo, receberia o nome de "normas jurídicas em sentido estrito".

---

63. Celso Lafer, *A ruptura totalitária e a reconstrução dos direitos humanos*: um diálogo com Hannah Arendt, São Paulo, Tese de concurso para provimento de cargo de professor titular do Departamento de Filosofia e Teoria Geral do Direito da Faculdade de Direito da USP, 1988, p. 53.

Por certo que ninguém ousaria negar a diversidade de formas sintáticas e a multiplicidade dos conteúdos semânticos que as construções normativas exibem, logo no exame do primeiro instante. Mas é difícil admitir que o comando deôntico-jurídico deixe de revestir aquela estrutura imputativa trabalhada por Hans Kelsen e tão bem desenvolvida por Lourival Vilanova, como denominador comum e último reduto das comunicações que se estabelecem entre o editor da regra e seus destinatários.

Fixemos aqui um marco importante: quando se proclama o cânone da "homogeneidade sintática" das regras do direito, o campo de referência estará circunscrito às normas em sentido estrito, vale dizer, aquelas que oferecem a mensagem jurídica com sentido completo (se ocorrer o fato F, instalar-se-á a relação deôntica R entre os sujeitos S' e S"), mesmo que essa completude seja momentânea e relativa, querendo significar, apenas, que a unidade dispõe do mínimo indispensável para transmitir uma comunicação de dever-ser. E mais, sua elaboração é preparada com as significações dos meros enunciados do ordenamento, o que implica reconhecer que será tecida com o material semântico das normas jurídicas em sentido amplo.

Penso que tais elucidações afastem, desde logo, algumas dificuldades atinentes à singela dicotomia "homogeneidade/ heterogeneidade", sobretudo porque a teoria comunicacional emprega esses signos voltada para a organização linguística do discurso jurídico, ao passo que o "constructivismo lógico-semântico" restringe esses nomes a planos distintos da análise semiótica.

Uma coisa são os *enunciados prescritivos*, isto é, usados na função pragmática de prescrever condutas; outras, as *normas jurídicas*, como significações construídas a partir dos textos positivados e estruturadas consoante a forma lógica dos juízos condicionais, compostos pela associação de duas ou mais proposições prescritivas. É exatamente o que ensina Riccardo Guastini[64], de modo peremptório: *"um documento*

---

64. Riccardo Guastini, *Delle fonti alle norme*, p. 16.

normativo (uma fonte del diritto) è um aggregato di enunciati del discorso prescritivo".

Gomes Canotilho[65] percorre o mesmo caminho epistemológico, firmado, entre outros, na posição daquele jurista italiano. Todavia, acaba por acolher doutrina que não me parece rigorosa, ao conceber a possibilidade de norma sem base em enunciados prescritivos. Ao citar como exemplo o princípio do procedimento justo (*due process*), arremata: *"Este princípio não está enunciado linguisticamente; não tem disposição, mas resulta de várias disposições constitucionais (...)"*. Ora, se resulta de várias disposições constitucionais, assenta-se não em um enunciado apenas, mas em vários, o que infirma o pensamento do autor português. Sucede que as construções de sentido têm de partir da instância dos enunciados linguísticos, independentemente do número de formulações expressas que venham a servir-lhe de fundamento. Haverá, então, uma forma direta e imediata de produzir normas jurídicas; outra, indireta e mediata, mas sempre tomando como ponto de referência a plataforma textual do direito posto.

Também Eros Grau, distinguindo "texto" de "norma", afirma que a atividade interpretativa é um processo intelectivo, pelo qual, partindo-se de fórmulas linguísticas contidas nos atos normativos (textos, enunciados, preceitos, disposições), alcançamos a determinação de seu conteúdo normativo[66]. Em outro escrito, retrilhando a mesma ideia, aduz:

> è volta al discernimento degli enunciati semantici veicolati daí *precetti* (enunciati, disposizione, testi). L'interprete libera la norma dal suo invólucro (il texto); in questo senso, l'interprete 'produce la norma'[67]. (Grifo do autor).

---

65. *Direito constitucional e teoria da Constituição*, 4ª ed, Coimbra, Almedina, 2000, p. 208.

66. Eros Roberto Grau, *Licitação e contrato administrativo*, São Paulo, Malheiros, 1995, pp. 5-6.

67. Idem, *La doppia destrutturazione del diritto*, Milão, Edizioni Unicopli, p. 59.

A doutrina do ilustre publicista se aproxima do ponto de vista que expusemos, com a pequena diferença de que tomamos a norma como construção "a partir dos enunciados" e não "contida ou involucrada nos enunciados". Todavia, a expressão "o intérprete produz a norma" cai como uma luva ao sentido que outorgamos às unidades normativas. Adverte o autor, no entanto, que o intérprete produz a norma na acepção de que, posto o enunciado pela autoridade competente, ele, intérprete, passa a construir a regra de direito. Outra proporção semântica seria a de expedir o próprio enunciado, a contar do qual será edificada a norma, tarefa do órgão indicado pelo sistema.

Seja como for, o processo de interpretação não pode abrir mão das unidades enunciativas esparsas do sistema positivo, elaborando suas significações frásicas para, somente depois, organizar as entidades normativas (sentido estrito). Principalmente porque o sentido completo das mensagens do direito depende da integração de enunciados que indiquem as pessoas (físicas e jurídicas), suas capacidades ou competências, as ações que podem ou devem praticar, tudo em determinadas condições de espaço e de tempo. A teoria comunicacional, aliás, trata admiravelmente bem desse tema, organizando os enunciados do direito positivo (ordenamento) de tal modo que facilite as providências subsequentes da montagem comunicativa.

2.8.2 Estrutura lógica: análise da hipótese normativa

A derradeira síntese das articulações que se processam entre as duas peças daqueles juízos, postulando uma mensagem deôntica portadora de sentido completo, pressupõe, desse modo, uma proposição-antecedente, descritiva de possível evento do mundo social, na condição de suposto normativo, implicando uma proposição-tese, de caráter relacional, no tópico do consequente. A regra assume, portanto, uma feição dual, estando as proposições implicante e implicada unidas por um ato de vontade da autoridade que legisla. E esse ato de vontade, de quem detém o poder jurídico de criar normas, expressa-se por um dever-ser neutro, no sentido de que não aparece modalizado nas formas "proibido", "permitido" e "obrigatório". "Se o antecedente, então deve-ser o consequente". Assim diz toda e qualquer norma jurídico-positiva.

A proposição antecedente funcionará como descritora de um evento de possível ocorrência no campo da experiência social, sem que isso importe submetê-la ao critério de verificação empírica, assumindo os valores "verdadeiro" e "falso", pois não se trata, absolutamente, de uma proposição cognoscente do real, apenas de proposição tipificadora de um conjunto de eventos. Nesta linha, Florence Haret[68] afirmou:

> ... o direito positivo se utiliza da linguagem em função fabuladora, toda vez que o legislador, no momento em que elabora a lei, opera com signo apto a significar algo, sem que lhe seja demandado a sua verdade ou a falsidade empírica, para ser signo válido no sistema e constitutivo de realidade jurídica.

Faz-se oportuno lembrar que o suposto, qualificando normativamente sucessos do mundo real-social, como todos os demais conceitos, é seletor de propriedades, operando como redutor das complexidades dos acontecimentos recolhidos valorativamente. Todos os conceitos, antes de mais nada, são contraconceitos, assim como cada fato será um contrafato e cada significação uma contra-significação. Apresentam-se como seletores de propriedades, e os antecedentes normativos, conceitos jurídicos que são, elegem aspectos determinados, promovendo cortes no fato bruto tomado como ponto de referência para as consequências normativas. E essa seletividade tem caráter eminentemente axiológico.

O antecedente da norma jurídica assenta-se no modo ontológico da possibilidade, quer dizer, os eventos da realidade tangível nele recolhidos terão de pertencer ao campo do possível. Se a hipótese fizer a previsão de fato impossível, a consequência que prescreve uma relação deôntica entre dois

---

68. As presunções e a linguagem prescritiva do direito, in *Revista de Direito Tributário*, vol. 97, São Paulo, Malheiros, p. 114.

ou mais sujeitos nunca se instalará, não podendo a regra ter eficácia social. Estaria comprometida no lado semântico, tornando-se inoperante para a regulação das condutas intersubjetivas. Tratar-se-ia de um sem-sentido deôntico, ainda que pudesse satisfazer a critérios de organização sintática.

Havendo grande similitude entre as proposições tipificadoras de classes de fatos, como é a hipótese normativa, e aquel'outras cognoscentes do real, seus traços individualizadores não se evidenciam, à primeira vista. Uma observação lógica, contudo, pode dar bem a dimensão do antecedente em face de proposições que dele se aproximem: a hipótese, como a norma na sua integralidade, pressupõe-se como válida antes mesmo que os fatos ocorram, e permanece como tal ainda que os mesmos eventos (necessariamente possíveis) nunca venham a verificar-se no plano da realidade. Paralelamente, diante de um enunciado declarativo ou teorético, teremos de aguardar o teste empírico para então expedirmos juízo de valor lógico sobre a proposição correspondente. Só depois da experiência será possível dizer da verdade ou falsidade dos enunciados descritivos, ressalvando-se, por certo, aqueles tautológicos e os contraditórios.

Anote-se que o suposto normativo não se dirige aos acontecimentos do mundo com o fim de regrá-los. Seria um inusitado absurdo obrigar, proibir ou permitir as ocorrências factuais, pois as subespécies deônticas estarão unicamente no prescritor. A hipótese guarda com a realidade uma relação semântica de cunho descritivo, mas não cognoscente, e esta é sua dimensão denotativa ou referencial.

Se a proposição-hipótese é descritora de fato de possível ocorrência no contexto social, a proposição-tese funciona como prescritora de condutas intersubjetivas. A consequência normativa apresenta-se, invariavelmente, como uma proposição relacional, enlaçando dois ou mais sujeitos de direito em torno de uma conduta regulada como proibida, permitida ou obrigatória.

O antecedente da norma, salientamos, assenta-se no modo ontológico da possibilidade, devendo a escolha do legislador recair sobre fatos de possível ocorrência no plano dos acontecimentos sociais. Agora, quando versamos sobre o consequente, outro tanto há de ser dito, porque a modalização das condutas interpessoais somente terá sentido dentro do quadro geral da possibilidade. Não faria sentido prescrever comportamento obrigatório, proibitivo ou permissivo a alguém, se o destinatário, por força das circunstâncias, estivesse tolhido de praticar outras condutas. Careceria de sentido deôntico obrigar alguém a ficar em uma sala, proibido de sair, se a sala estivesse trancada, de modo que a saída fosse impossível. Também cairia em solo estéril permitir, nessas condições, que a pessoa lá permanecesse. Ao disciplinar condutas intersubjetivas, o legislador opera no pressuposto da possibilidade. Ali onde houver duas ou mais condutas possíveis, existirá sentido em proibir, permitir ou obrigar certo comportamento perante outrem.

2.8.3 Estrutura lógica da norma: análise do consequente

Para a Teoria Geral do Direito, "relação jurídica" é definida como o vínculo abstrato segundo o qual, por força da imputação normativa, uma pessoa, chamada de sujeito ativo, tem o direito subjetivo de exigir de outra, denominada sujeito passivo, o cumprimento de certa prestação. Para que se instaure um fato relacional, vale dizer, para que se configure o enunciado pelo qual irrompe a relação jurídica, são necessários dois elementos: o subjetivo e o prestacional. No primeiro, subjetivo, encontramos os sujeitos de direito postos em relação: um, no tópico de sujeito ativo, investido do direito subjetivo de exigir certa prestação; outro, na posição passiva, cometido do dever subjetivo de cumprir a conduta que corresponda à exigência do sujeito pretensor. Ambos, porém, necessariamente sujeitos de direito. Nada altera tratar-se de pessoa física ou jurídica, de direito público ou de direito privado, nacional ou estrangeira.

Ao lado do elemento subjetivo, o enunciado relacional contém uma prestação como conteúdo do direito de que é titular o sujeito ativo e, ao mesmo tempo, do dever a ser cumprido pelo passivo. O elemento prestacional fala diretamente da conduta, modalizada como obrigatória, proibida ou permitida. Entretanto, como o comportamento devido figura em estado de determinação ou de determinabilidade, ao fazer referência à conduta terá de especificar, também, qual é seu objeto (pagar valor em dinheiro, construir um viaduto, não se estabelecer em certo bairro com particular tipo de comércio, etc.). O elemento prestacional de toda e qualquer relação jurídica assume relevância precisamente na caracterização da conduta que satisfaz o direito subjetivo de que está investido o sujeito ativo, outorgando o caráter de certeza e segurança de que as interações sociais necessitam. É nesse ponto que os interessados vão ficar sabendo qual a orientação que devem imprimir às respectivas condutas, evitando a ilicitude e realizando os valores que a ordem jurídica instituiu.

Para encerrar este tópico, quero dizer que a concepção de norma que temos operado é a chamada "hilética", qual seja, a que toma as unidades normativas, de modo semelhante às proposições, como o significado prescritivo de certas formulações linguísticas.

> En la otra versión, denominada "concepción expresiva", lo distintivo de una norma no reside en su aspecto semántico sino en el uso de un contenido proposicional, y por ello, la identificación de una norma supone recurrir a una análisis pragmático del linguaje[69].

E, inserindo-se na corrente hilética, o Professor Lourival Vilanova[70] registra bem a distinção apontada:

> O uso é sempre relação pragmática. É externo ao enunciado. É *relação pragmática* intersubjetiva, não *relação sintática* na *estrutura* do enunciado, nem *relação semântica* de referência denotativa com as situações que deonticamente qualificam. (Grifos no original).

Todo e qualquer vínculo jurídico voltado a um objeto prestacional apresenta essa composição sintática: liame entre

---

69. Pablo Eugênio Navarro, *La eficacia del derecho*, Madrid, Centro de Estudios Constitucionales, 1990, p. 31.

70. "Analítica do dever-ser", *in Escritos jurídicos e filosóficos*, vol. 2, cit., p. 54.

pelo menos dois sujeitos de direito. Tão só pela observação do conteúdo semântico das relações jurídicas é que estas podem ser objeto de distinção.

2.8.4 Sistema jurídico como conjunto homogêneo de enunciados deônticos

Kelsen sempre chamou a atenção para a circunstância de que todas as normas do sistema convergem para um único ponto, axiomaticamente concebido para dar fundamento de validade à constituição positiva. Esse aspecto confere, decisivamente, caráter unitário ao conjunto, e a multiplicidade de normas, como entidades da mesma índole, outorga-lhe o timbre de homogeneidade.

Sabemos que o legislador emprega, muitas vezes, a linguagem informativa ou expressiva, como forma de veicular suas mensagens. A despeito disso, entretanto, sua linguagem mantém, invariavelmente, uma função diretiva ou prescritiva, dobrando-se para o contexto social e nele atuando para tecer a disciplina da conduta entre as pessoas. Seu discurso se organiza em sistema e, ainda que as unidades exerçam papéis diferentes na composição interna do conjunto (normas de conduta e normas de estrutura), todas elas exibem idêntica arquitetura formal. Há homogeneidade, mas homogeneidade sob o ângulo puramente sintático, uma vez que nos planos semântico e pragmático o que se dá é um forte grau de heterogeneidade, único meio de que dispõe o legislador para cobrir a imensa e variável gama de situações sobre que deve incidir a regulação do direito, na pluralidade extensiva e intensiva do real-social.

Com admitir uma só esquematização formal para todas as normas do sistema poderemos reescrevê-las em fórmulas deônticas, a despeito do modo descritivo ou informativo de que se serviu o editor da regra. Vejo nisso um expediente correto e sobremaneira útil para a devida compreensão do fenômeno jurídico, além de oferecer instrumento apropriado e eficaz para as elaborações descritivas da dogmática.

2.8.5 O conceito de "norma completa": norma primária e norma secundária

As normas jurídicas têm a organização interna das proposições condicionais, em que se enlaça determinada consequência à realização de um fato. Dentro desse arcabouço, a hipótese refere-se a um fato de possível ocorrência, enquanto o consequente prescreve a relação jurídica que se vai instaurar, onde e quando acontecer o fato cogitado no suposto normativo. Reduzindo complexidades, podemos representar a norma jurídica da seguinte forma: H → C, onde a hipótese (H) alude à descrição de um fato e a consequência (C) prescreve os efeitos jurídicos que o acontecimento irá provocar, razão pela qual se fala em descritor e prescritor, sendo o primeiro para designar o antecedente normativo e o segundo para indicar seu consequente.

Mas a norma de que falamos é unidade de um sistema, tomado aqui como conjunto de partes que entram em relação formando um todo unitário. O todo unitário é o sistema; as partes, unidades que o compõem, configuram o repertório; e as relações entre essas partes tecem sua estrutura.

As regras jurídicas não existem isoladamente, mas sempre num contexto de normas com relações particulares entre si. Atentar para a norma, na sua individualidade, em detrimento do sistema é, na contundente metáfora de Norberto Bobbio[71], "considerar-se a árvore, mas não a floresta". Construir a norma aplicável é tomar os sentidos de enunciados prescritos no contexto do sistema de que fazem parte. A norma é proposição prescritiva decorrente do todo que é o ordenamento jurídico. Enquanto corpo de linguagem vertido sobre o setor material das condutas intersubjetivas, o direito aparece como conjunto coordenado de normas, de tal modo que uma regra jurídica jamais se encontra isolada, monadicamente só: está sempre ligada a outras normas, integrando determinado sistema de direito positivo.

---

71. *Teoria do ordenamento jurídico*, trad. Maria Celeste Cordeiro Leite dos Santos, Brasília/São Paulo, UNB/Polis, 1991, p. 19.

Depende a norma, pois, desse complexo produto de relações entre as unidades do conjunto. É produzida por um ato (do Legislativo, do Executivo, do Judiciário ou mesmo do particular), sua fonte material. Mas, ao ingressar o enunciado linguístico no sistema do direito posto, seu sentido experimenta inevitável acomodação às diretrizes do ordenamento. A norma é sempre o produto dessa transfiguração significativa.

Na completude, as regras do direito têm feição dúplice: (i) norma primária (ou endonorma, na terminologia de Cossio), a que prescreve um dever, se e quando acontecer o fato previsto no suposto; (ii) norma secundária (ou perinorma, segundo Cossio), a que prescreve uma providência sancionatória, aplicada pelo Estado-Juiz, no caso de descumprimento da conduta estatuída na norma primária.

Inexistem regras jurídicas sem as correspondentes sanções, isto é, normas sancionatórias. A organização interna de cada qual, porém, será sempre a mesma, o que permite produzir-se um único estudo lógico para a análise de ambas. Tanto na primária como na secundária, a estrutura formal é uma só [D (p → q)]. Varia tão somente o lado semântico, porque na norma secundária o antecedente aponta, necessariamente, para um comportamento violador de dever previsto na tese de norma primária, ao passo que o consequente prescreve relação jurídica em que o sujeito ativo é o mesmo, mas agora o Estado, exercitando sua função jurisdicional, passa a ocupar a posição de sujeito passivo. Por isso, o que existe entre ambas é *uma relação-de-ordem não simétrica*, como agudamente pondera Lourival Vilanova[72]. Apresentada em notação simbólica, a norma secundária apareceria da seguinte forma: [D(p.-q) → Sn]. E com o desdobramento de Sn: (S'RS'''), em que "*p*" é a ocorrência do fato jurídico; ".", o conectivo conjuntor; "-q", a conduta descumpridora do dever; "→", o operador implicacional; e Sn a sanção, desdobrada em S', como sujeito ativo (o mesmo da relação da norma primária; R, o relacional deôntico;

---

72. *As estruturas lógicas e o sistema do direito positivo*, cit., p. 105.

e S'", o Estado-Juiz, perante quem se postula o exercício da coatividade jurídica). A Teoria Geral do Direito refere-se à relação jurídica prevista na norma primária como de índole material, enquanto a estatuída na norma secundária seria de direito formal (na acepção de processual, adjetiva).

Não seguimos a terminologia inicialmente acolhida por Kelsen: norma primária a que prescreve a sanção e secundária a que estipula o dever jurídico a ser cumprido. Fico na linha de pensamento de Lourival Vilanova, coincidente, aliás, com o recuo doutrinário registrado na obra póstuma do mestre de Viena[73].

As duas entidades que, juntas, formam a norma completa, expressam a mensagem deôntica-jurídica na sua integridade constitutiva, significando a orientação da conduta, juntamente com a providência coercitiva que o ordenamento prevê para seu descumprimento. Em representação formal: $D\{(p \rightarrow q) \vee [(p.-q) \rightarrow S]\}$. Ambas são válidas no sistema, ainda que somente uma venha a ser aplicada ao caso concreto. Por isso mesmo, empregamos o disjuntor includente ("$\vee$") que suscita o trilema: uma ou outra ou ambas. A utilização desse disjuntor tem a propriedade de mostrar que as duas regras são simultaneamente válidas, mas que a aplicação de uma exclui a da outra.

2.8.6 Espécies normativas

Parece-nos perfeitamente justificada e coerente a adoção das qualidades "abstrato" e "concreto" ao modo como se toma o fato descrito no antecedente. A tipificação de um conjunto de fatos realiza uma previsão abstrata, ao passo que a conduta especificada no espaço e no tempo dá caráter concreto ao comando normativo. Embora revista caracteres próprios, a existência do antecedente está intimamente atrelada ao consequente, vista na pujança da unidade deôntica, que, por seu turno, terá outro perfil semântico. Levando em conta tais considerações, a relação jurídica será geral ou individual,

---

73. Hans Kelsen, *Teoria geral das normas*, Porto Alegre, Sergio Antonio Fabris, 1986, p. 181.

reportando-se o qualificativo ao quadro de seus destinatários: geral, aquela que se dirige a um conjunto de sujeitos indeterminados quanto ao número; individual, a que se volta a certo indivíduo ou a grupo identificado de pessoas.

Pudemos relevar, outrossim, que argutos conhecedores têm se limitado à apreciação do antecedente normativo, ao qualificar as normas jurídicas de gerais e individuais, abstratas e concretas. Apesar da fecundidade de notações, a redução não se justifica. A diferença repousa em que a compostura da norma reclama atenção para o consequente: tanto pode haver indicação individualizada das pessoas envolvidas no vínculo como pode existir alusão genérica aos sujeitos da relação. Uma coisa é certa: é possível que o antecedente descreva fato concreto, consumado no tempo e no espaço; com o consequente, porém, será isso impossível, uma vez que a prescrição da conduta devida há de ser posta, necessariamente, em termos abstratos. Briga com a concepção jurídico-reguladora de comportamentos intersubjetivos imaginar prescrição de conduta que já se consolidou no tempo, estando, portanto, imutável. Seria um sem-sentido deôntico.

Sopesadas essas premissas, poderemos classificar as normas em quatro espécies: (i) abstrata e geral; (ii) concreta e geral; (iii) abstrata e individual; e (iv) concreta e individual. Bem, passemos a examinar uma a uma.

A norma abstrata e geral adota o termo *abstrato*, em seu antecedente, no bojo do qual preceitua enunciado hipotético descritivo de um fato, e *geral*, em seu consequente, onde repousa a regulação de conduta de todos aqueles submetidos a um dado sistema jurídico. Observadas essas reflexões, o antecedente das normas abstratas e gerais representará, invariavelmente, uma previsão hipotética, relacionando as notas que o acontecimento social há de ter, para ser considerado fato jurídico. Será, portanto, um enunciado conotativo, que se compõe ora de uma classe ou conjunto, enumerando os indivíduos que a compõem, ora indicando as notas ou nota que o indivíduo precisa ter para pertencer à classe ou conjunto. A primeira é a forma tabular; a segunda, forma-de-construção. A modalidade em que, quase sempre, manifesta-se a proposição normativa geral e abstrata não é a forma tabular, mas a forma-de-construção. Nela se estatuem as notas (conotação) que os sujeitos ou as ações devem ter para pertencer ao conjunto. Em posição subsequente, teremos o consequente normativo que, por seu turno, trará conduta invariavelmente determinada em termos gerais, voltada para um conjunto indeterminado de pessoas.

Agora, em abono desse matiz e considerando a feição dúplice de toda norma completa, depararemo-nos, no plano semântico, com dois diferentes tipos gerais e abstratos: a norma geral e abstrata primária e a norma geral e abstrata secundária. Na primeira, acomoda-se um enunciado que prescreve um dever: "Se ocorrer o fato F, então dever-ser a conduta Q". Na segunda, instala-se um enunciado que prescreve uma providência sancionatória hipotética: "Se ocorrido o fato F e descumprido o dever da conduta Q, então deve-ser a relação sancionatória Sn entre o sujeito do dever e o Estado-Juiz". Ambas estruturas guardaram homogeneidade sintática, abrindo-se para receber apenas o plano dos conteúdos. Comprova-se, mais uma vez, a heterogeneidade semântica invariavelmente presente no domínio das estruturas normativas.

Penso ser inevitável, porém, insistir num ponto que se me afigura vital para a compreensão do assunto: a norma geral e abstrata, para alcançar o inteiro teor de sua juridicidade, reivindica, incisivamente, a edição de norma individual e concreta. Uma ordem jurídica não se realiza de modo efetivo, motivando alterações no terreno da realidade social, sem que os comandos gerais e abstratos ganhem concreção em normas individuais.

O fenômeno da incidência normativa opera, pois, com a descrição de um acontecimento do mundo físico-social, ocorrido em condições determinadas de espaço e de tempo, que guarda estreita consonância com os critérios estabelecidos na hipótese da norma geral e abstrata (regra-matriz de incidência). Por isso mesmo, a consequência desse enunciado será, por motivo de necessidade deôntica, o surgimento de outro enunciado protocolar, denotativo, com a particularidade de ser relacional, vale dizer, instituidor de uma relação entre dois ou mais sujeitos de direito. Este segundo enunciado, como sequência lógica e não cronológica, há de manter-se, também, em rígida conformidade ao que for estabelecido nos critérios da consequência da norma geral e abstrata. Em um, na norma geral e abstrata, temos enunciado conotativo; em outro, na norma individual e concreta, um enunciado denotativo. Ambos com a prescritividade inerente à linguagem jurídica.

O fato, portanto, ocorre apenas quando o acontecimento for descrito no antecedente de uma norma individual e concreta. O átimo de constituição, saliente-se, não pode ser confundido com o momento da ocorrência a que ele se reporta, e que, por seu intermédio, adquire teor de juridicidade.

Posto isto, pretendo deixar claro que, em notações paralelas ao que se postulou em planos abstratos, a norma primária e a norma secundária, em termos individuais e concretos, apresentam ordens semânticas diversas. Prescreve, a primeira, o fato típico denotativo previsto no suposto do dever, identificando o próprio acontecimento relatado no antecedente da norma individual e concreta; e a conduta regulada, identificando os sujeitos da relação e seu objeto. A segunda, por sua vez, em seu antecedente, alude, com determinação, à ocorrência do fato típico e à conduta descumpridora do dever em termos concretos; e, em seu consequente, à própria sanção, vinculando Estado-Juiz e sujeito de dever por meio de uma relação concreta, portadora de coatividade jurídica.

Seguindo o degrau das estruturas normativas, perceberemos que tanto a norma geral e abstrata quanto a norma individual e concreta pressupõem um ato ponente de norma, juridicizado pela competência jurídica de inserir norma no sistema que lhe prescreve o direito positivo. Torna-se preciso, como pede a teoria das fontes do direito, que um veículo introdutor (ato jurídico-administrativo do lançamento, por exemplo) faça a inserção da regra no sistema. Significa dizer:

unidade normativa alguma entra no ordenamento sem outra norma que a conduza. O preceito introduzido é a disciplina dos comportamentos inter-humanos pretendida pelo legislador, independente de ser abstrata ou concreta e geral ou individual, ao passo que a entidade introdutora é igualmente norma, porém concreta e geral. Lembremo-nos de que a regra incumbida de conduzir a prescrição para dentro da ordenação positiva é de fundamental importância para montar a hierarquia do conjunto, axioma do próprio sistema jurídico.

Em sua estrutura completa de significação, a norma geral e concreta tem como suposto ou antecedente um acontecimento devidamente demarcado no espaço e no tempo, identificada a autoridade que a expediu. Muitas vezes vêm numeradas, como é o caso das leis, dos decretos, das portarias, ou referidas diretamente ao número do processo, do procedimento ou da autoridade administrativa que lhe deu ensejo. A verdade é que a hipótese dessa norma refere-se a um fato efetivamente acontecido. Já o consequente revela o exercício de conduta autorizada a certo e determinado sujeito de direitos e que se pretende respeitada por todos os demais da comunidade. Nesse sentido é geral.

Quando faço alusão ao conteúdo do ato competencial introdutor de norma, estou me referindo àquilo que a conduta autorizada do sujeito competente da norma introdutora realiza: à norma ou às normas gerais e abstratas, gerais e concretas, individuais e concretas ou individuais e abstratas, inseridas no ordenamento por força da juridicidade da regra introdutora. Essas normas introduzidas são o próprio objeto da norma introdutora. Implica reconhecer que, sem tal núcleo de significação, o veículo introdutor fica oco, vazio, perdendo o sentido de sua existência.

Sua importância, em termos sistemáticos, aloja-se em dois pontos: a) são os instrumentos apropriados para inserir regras jurídicas no sistema positivo; e, além disso, b) funcionam como referencial para montar a hierarquia do conjunto. Afinal de contas, temos de ser coerentes com as premissas que declaramos. Se o direito é tomado como conjunto de normas válidas, num determinado território e num preciso momento do tempo histórico, tudo dentro dele serão normas, em homenagem ao princípio epistemológico da uniformidade do objeto. Daí por que as entidades "leis", "contratos", "atos administrativos", "desapropriação", "matrimônio", "tributo", etc., reduzidos à expressão mais simples, assumem a condição de normas jurídicas. E a prova está na circunstância segundo a qual a instituição, a modificação e a extinção dessas figuras se operam por regras de direito.

No plano das formulações normativas, fazendo-se menção ao conteúdo da norma geral e concreta em termos primários ou secundários, iremos nos deparar com uma importante secção semântica. Dado que a aplicação da norma secundária sujeito competente como unicamente ao Estado-Juiz, esta vem a constituir um subconjunto dentro daquele em que se inscrevem os sujeitos competentes da norma primária. Nesta, é sujeito de direito o Estado-legislativo, o Estado-executivo e o Estado-judiciário, bem como os particulares, uma vez que há hipóteses em que a lei autoriza ao próprio particular a efetivação da norma jurídica. O conteúdo da norma primária abrange aquele da norma secundária, no entanto, com maior amplitude.

Por fim, depuraremos a norma individual e abstrata, menos frequente no sistema que as três explicitadas acima. É aquela que toma o fato descrito no antecedente como uma tipificação de um conjunto de fatos; e que, no quadro de seus destinatários, volta-se a certo indivíduo ou a grupo identificado de pessoas. Seria o caso, por exemplo, de uma consulta fiscal, em que o interessado, ainda inerte, questiona ao Fisco a possibilidade de determinada conduta para fins tributários. A resposta do Fisco trará à luz uma norma individual e abstrata: justapondo o antecedente hipotético (objeto da consulta), ao consequente individualizado, uma vez que já se pode determinar os sujeitos e o objeto da relação veiculada pela consulta.

Outros dois exemplos bastante férteis são a servidão de passagem e o regime especial. Ao conceder servidão de passagem em sentença, o Juiz expede uma norma individual e abstrata. No antecedente não indica fato determinado no tempo e no espaço, mas uma hipótese factual que se desdobra no tempo. Diante da análise linguística do vocábulo "passagem", perceberemos que ele nada mais é que a substantivação do verbo "passar", caracterizando a inexistência do fator temporal na expressão. Para além do rigor, *servidão de passagem* não quer dizer *servidão do que se passou*, descartando-se com isso a possibilidade de fato jurídico concreto. O antecedente da norma prescindirá necessariamente de uma previsão abstrata, ao passo que nada ocorrerá com a norma individual e abstrata quando o beneficiário passar pelo prédio serviente, pois seu direito de passagem estará garantido enquanto perdurar a prescritividade daquele enunciado normativo. Em seu consequente, por outro lado, encontraremos um vínculo relacional no seio do qual são identificados os sujeitos de direito e de dever, bem como o objeto da relação jurídica, revelando que se trata de enunciado individual.

Tudo se dará da mesma forma com o regime especial. Há de notar-se, em determinados casos, por necessidade pragmática ou por objetivos sancionatórios, a autoridade administrativa, a requerimento do interessado ou de ofício, adota regime especial para o cumprimento das obrigações fiscais e o faz por intermédio de norma individual e abstrata. Em seu antecedente, prescreve qualquer tratamento diferenciado da regra geral, tal como a alteração das formas usuais de emissão de documentos fiscais, de escrituração, apuração e recolhimento dos tributos; e, em seu consequente, caracteriza os beneficiários do regime, formalizando o vínculo jurídico entre a autoridade administrativa e o sujeito de direito.

Eis, ainda que a breve trecho, um panorama do cenário normativo no ordenamento jurídico. O evolver dos tempos e o desenvolvimento gradativo da Ciência do Direito com alicerce no "constructivismo lógico-semântico" e na estrutura lógica da regra-matriz de incidência, tudo isso se encarregou de demonstrar, pouco a pouco, a eficiência do critério subjacente a essa classificação.

2.9 A REGRA-MATRIZ DE INCIDÊNCIA

A construção da regra-matriz de incidência, como instrumento metódico que organiza o texto bruto do direito positivo, propondo a compreensão da mensagem legislada num contexto comunicacional bem concebido e racionalmente estruturado, é um subproduto da teoria da norma jurídica, o que significa reconhecer tratar-se de contribuição efetiva da Teoria Geral e da Filosofia do Direito, expandindo as fronteiras do território científico. É claro que nesse percurso vai um reposicionamento do agente do saber jurídico que assume uma cosmo-visão situada, declaradamente, no âmbito do chamado "giro-linguístico". De qualquer modo, o esquema da regra-matriz é um desdobramento aplicativo do "constructivismo lógico-semântico" sugerido com tanta precisão na obra e no pensamento de Lourival Vilanova. E sua repercussão no direito tributário vem acontecendo com surpreendente intensidade. Somam-se, hoje, centenas de textos que empregam essa orientação epistemológica para aprofundar a investigação em matéria de tributos, certamente pelo seu vigor analítico e pela fecundidade das notações semânticas e pragmáticas que suscita, valendo ressaltar que têm sido auspiciosos os resultados práticos dessa proposição elaborada, originariamente, no plano teórico. Sua utilização nos conduz àquele momento decisivo em que a teoria e a prática se encontram para propiciar o domínio da mente humana sobre o mundo circundante, particularmente, no nosso caso, a propósito das complexidades do fenômeno jurídico da incidência tributária.

2.9.1 O método da regra-matriz de incidência tributária

Dentre os recursos epistemológicos mais úteis e operativos para a compreensão do fenômeno jurídico-tributário, segundo penso, inscreve-se o esquema da regra-matriz de incidência. Além de oferecer ao analista um ponto de partida rigorosamente correto, sob o ângulo formal, favorece o trabalho subsequente de ingresso nos planos semântico e pragmático, tendo em vista a substituição de suas variáveis lógicas pelos conteúdos da linguagem do direito positivo.

Com efeito, o conhecimento do sistema jurídico-prescritivo não pode continuar livre e descomprometido de padrões metodológicos como tem acontecido em múltiplas manifestações de nossa doutrina. Antes de tudo, a investigação científica requer método, como critério seguro para conduzir o pensamento na caminhada expositiva. Feito isso, pode o autor até trazer para o espaço discursivo proposições de outras áreas, as quais permanecerão como elementos ancilares, ao longo do eixo temático, este sim, governado por uma diretriz definida e, obviamente, compatível com o fenômeno-objeto.

Assentemos a premissa, reconhecida unanimamente no seio da Filosofia do Direito, segundo a qual toda norma jurídica tem estrutura lógica de um juízo hipotético, em que o legislador (sentido amplo) enlaça uma consequência jurídica (relação deôntica entre dois ou mais sujeitos), desde que acontecido o fato previsto no antecedente. Fala-se, por isso, em antecedente e consequente, suposto e mandamento, hipótese e tese, prótase e apódose, pressuposto e estatuição, descritor e prescritor. A regulação da conduta se dá com a aplicação dos modais deônticos (permitido, proibido e obrigatório), mas sempre na dependência do acontecimento factual previsto na hipótese. Obviamente, o evento descrito no pressuposto há de situar-se no campo do possível, sob pena de jamais obter-se a disciplina dos comportamentos intersubjetivos. Também a conduta, modalizada deonticamente, não pode localizar-se na região do necessário ou do impossível, pois a norma assim construída não chegaria a ter sentido jurídico. Resta, como é evidente, o intervalo das condutas possíveis.

Muito bem. Ocupemo-nos com a hipótese ou descritor da norma jurídica, polarizando nossa atenção nos enunciados de regras que instituem tributos. O legislador formula conceitos sobre os fatos do mundo real-social, escolhendo aqueles que ostentem signos presuntivos de riqueza econômica. Entretanto, dada a multiplicidade de aspectos que dizem respeito a todo e qualquer acontecimento, o legislador vê-se compelido a selecionar caracteres, eleger traços, indicar meios de identificação do fato que quer juridicizar, que aparecerá, então, como corte ou recorte daquilo que seria o fato bruto. Pontes de Miranda utilizou suporte fáctico para designar o fato bruto e o fato jurídico para referir-se àquela porção demarcada pelas notas da descrição hipotética. Acrescentemos que o fato bruto, o suporte fáctico, é plurilateral; o fato jurídico é que é, todo ele e exclusivamente, jurídico.

Prever a ocorrência de um evento é oferecer critérios de identificação, de tal modo que possa vir a ser reconhecido ao ensejo de sua concretização. Ajeita-se aqui a distinção sobre que tanto insistiu Alfredo Augusto Becker, entre a formulação abstrata redigida pelo legislador e o fato que se verifica no mundo empírico, sempre relacionado a condições espaço-temporais. Para nominar-lhes, Geraldo Ataliba sugeriu "hipótese de incidência" e "fato imponível", mas preferimos operar com "hipótese tributária" e "fato jurídico tributário", assinalando que o importante é discernir as duas situações, evitando, com isso, a possível ambiguidade da expressão fato gerador.

Retornando à linha do raciocínio inicial, descrever um fato social é apresentar as notas conceptuais que elegemos para transmitir sua ideia a nossos interlocutores. Significa apontar critérios de identificação, diretrizes para seu reconhecimento, toda vez que ocorra no contexto social, ainda que o sucesso pertença ao mundo dos objetos físicos ou naturais. Em outras palavras, equivale a consignar o critério material (verbo + complemento), o critério espacial e o critério temporal, isto é, o núcleo do acontecimento fáctico e seus condicionantes de espaço e de tempo. Em linguagem formalizada teremos:

$$Ht \equiv [Cm\ (v.c)\ .\ Ce\ .\ Ct\ ]$$

onde "Ht" é a hipótese tributária, "Cm" o critério material, "v" o verbo, "c" o complemento, "Ce" o critério espacial, "Ct" o critério temporal e "." o símbolo do conjuntor.

O critério material é o núcleo do conceito mencionado na hipótese normativa. Nele há referência a um comportamento de pessoas físicas ou jurídicas, condicionado por circunstâncias de espaço e de tempo, de tal sorte que o isolamento desse critério, para fins cognoscitivos, é claro, antessupõe a abstração das condições de lugar e de momento estipuladas para a realização do evento. Já o critério espacial é o plexo de indicações, mesmo tácitas e latentes, que cumprem o objetivo de assinalar o lugar preciso em que a ação há de acontecer. O critério temporal, por fim, oferece elementos para saber, com exatidão, em que preciso instante ocorre o fato descrito.

Na regra-matriz de incidência tributária, vale dizer, aquela responsável pelo impacto da exação, quando reduzida à sua estrutura formal, no mínimo irredutível que é o ponto de confluência das indagações lógicas, vamos encontrar o pressuposto ou antecedente representado simbolicamente da maneira supramencionada. Sabemos, contudo, que a interpretação não se esgota no plano formal, havendo necessidade de investigarmos os conteúdos de significação que a linguagem do direito positivo carrega e, ainda, os modos como os utentes dessa linguagem empregam seus signos. O passo subsequente, então, será preencher as variáveis daquela fórmula lógica com as constantes do direito posto.

Esse preenchimento de conteúdos concretos, como era de se esperar, ocorre por meio da enunciação dos fatos jurídicos, ou seja, pela transformação dos eventos factuais em linguagem deôntico-jurídica. Concretizado o evento hipoteticamente descrito no suposto da norma de incidência, instaura-se uma relação deôntica entre dois ou mais sujeitos, tal qual prevista no consequente ou prescritor normativo. Se a proposição-hipotética opera como descritor de um fato de possível ocorrência no mundo exterior, a proposição-tese funciona como prescritor de um vínculo abstrato, entre dois ou mais sujeitos de direito, mediante o qual o sujeito ativo, credor ou pretensor, terá o direito subjetivo de exigir do sujeito passivo ou devedor o cumprimento de determinada prestação (expressa em pecúnia, no caso da obrigação tributária).

Adotando o pressuposto de que no universo jurídico não há relação de causalidade, porém de imputabilidade, como bem o demonstrou Kelsen, podemos dizer que a hipótese implica a tese ou consequência, do mesmo modo que o fato jurídico implica a relação jurídica. Esta será sempre irreflexiva, por imposição da própria ontologia do direito, e dar-se-á por existente quando dois sujeitos, no mínimo, se encontrarem deonticamente atrelados. Não é preciso que as duas pessoas, termos da relação, estejam determinadas. Basta uma. É o que se passa com a promessa de recompensa, com os títulos ao portador ou com a declaração unilateral de vontade.

Em face de tais considerações que se pode afirmar que o prescritor da regra-matriz de incidência contém dois critérios: o pessoal (sujeito ativo e passivo) e o quantitativo (base de cálculo e alíquota). Nada mais é necessário para que possamos identificar uma obrigação tributária, espécie do gênero relação jurídica. Sua representação lógica poderia ser expressa com a seguinte notação simbólica: Cst"Cp(sa.sp).Cq(bc.al). Em que "Cst" é o consequente tributário; "Cp" é o critério pessoal; "sa" o sujeito ativo; "sp" o sujeito passivo; "Cq" o critério quantitativo; "bc" a base de cálculo; "al" a alíquota; e "." novamente o conjuntor ou multiplicador lógico.

2.9.2 Escalonamento da incidência normativa na óptica da teoria comunicacional

No primeiro plano, a adoção da teoria da regra-matriz outorga inegável caráter de potencialização ao pensamento do sujeito que investiga, instrumentalizando-o para explorar camadas mais profundas da linguagem do direito posto. Na instância seguinte, o isolamento da incidência como atividade de feição lógica, composta pelas operações de subsunção e de implicação, não só decompõe algo que não fora estudado com mais vagar, em outros tempos, como deixa assentado que o ser humano, e só ele, com seu aparato mental, autor de um ato de fala que manifesta o teor de sua vontade, poderá fazer com que a "norma incida", aplicando a regra geral e abstrata às situações concretas do mundo. No contradomínio, estão os preciosos efeitos da realização do fato jurídico, isto é, o relato em linguagem de um evento que teria ocorrido no domínio dos objetos da experiência e sua implicação inexorável: o nascimento da obrigação tributária.

As regras do direito juridicizam os fatos sociais (entre eles, os naturais que interessem de algum modo à sociedade), fazendo irromper relações jurídicas, no seio das quais aparecem os direitos subjetivos e os deveres correlatos. Daí dizer-se que a incidência da regra faz nascer o vínculo entre sujeitos de direito, por força da imputação normativa. E a norma tributária não refoge desse quadro de atuação que é universal, valendo para todo espaço e para todo o tempo histórico.

Como decorrência do acontecimento do evento previsto hipoteticamente na norma tributária, instala-se o fato, constituído pela linguagem competente, irradiando-se o efeito jurídico próprio, qual seja o liame abstrato, mediante o qual uma pessoa, na qualidade de sujeito ativo, ficará investida do direito subjetivo de exigir de outra, chamada de "sujeito passivo", o cumprimento de determinada prestação pecuniária. Empregando a terminologia do Código Tributário Nacional, diríamos: "ocorreu o 'fato gerador' (em concreto), surgindo daí a obrigação tributária"; é a fenomenologia da chamada incidência dos tributos.

Vilém Flusser afirmou *"nada aconteceu antes da invenção da escrita, tudo apenas ocorria"*[74]. É justamente na dicotomia entre o *acontecer* e o *ocorrer* que o filósofo tcheco separa tudo quanto nos é perceptível tão somente pela intuição sensível, que simplesmente ocorre e se esvai; daquilo que, por meio da linguagem, pode ser percebido e então compreendido pelo homem, isto é, ordenado em condições de tempo e espaço como realidade. Dizendo de outro modo, segundo o mesmo Flusser, a realidade é o tudo o que acontecer e somente acontece aquilo que é registrado pela linguagem. Assim também o passar do evento a fato, da realidade social à realidade jurídica. *Acontece* o fato jurídico quando o evento *ocorrido* for

---
74. *A Escrita*, São Paulo, Annablume, 2010.

relatado em linguagem pelo sujeito competente para firmá-lo na linguagem jurídica.

Em rigor, não é o texto normativo que incide sobre o fato social, tornando-o jurídico. É o ser humano que, buscando fundamento de validade em norma geral e abstrata, constrói a norma jurídica individual e concreta, na sua bimembridade constitutiva, empregando, para tanto, a linguagem que o sistema estabelece como adequada, vale dizer, a linguagem competente. Isso é o que reitera Gabriel Ivo[75]:

> É a aplicação, portanto, que dá o sentido da incidência. Separar os dois momentos como se um, o da incidência, fosse algo mecânico ou mesmo divino que nunca erra ou falha, e o outro, o da aplicação, como algo humano, vil, sujeito ao erro, é inadequado. É pensar que nada precisa da interpretação. E mais, a incidência automática e infalível reforça a ideia de neutralidade do aplicador. Assim, a incidência terá sempre o sentido que o homem lhe der. Melhor: a incidência é realizada pelo homem. A norma não incide por força própria: é incidida.

O intérprete instaura, desse modo, o fato jurídico e relata seus efeitos prescritivos, consubstanciados no laço obrigacional que vai atrelar os sujeitos da relação, como órgãos habilitados para o seu exercício. E tal atividade, que consiste na expedição de uma norma individual e concreta, somente será possível se houver outra norma, geral e abstrata, que lhe sirva de fundamento de validade.

Aquilo que se convencionou chamar de "incidência" é, no fundo, uma operação lógica entre conceitos conotativos (da norma geral e abstrata) e conceitos denotativos (da norma individual e concreta). É a relação entre o conceito da hipótese de auferir renda (conotação) e o conceito do fato de uma dada pessoa "A" auferir renda no tempo histórico e no espaço do convívio social (denotação). Exatamente porque se dá entre conceitos de extensão diversa, tal operação é conhecida como "inclusão de um elemento" (o fato protocolarmente

---

75. *Norma jurídica:* produção e controle, cit., p. 62.

identificado) na classe correspondente, expressa no enunciado conotativo da hipótese tributária. Utiliza-se também a palavra "subsunção" para fazer referência a esse processo do quadramento do fato na ambitude da norma. Tecnicamente, interessa sublinhar que a incidência requer, por um lado, a norma jurídica válida e vigente; por outro, a realização do evento juridicamente vertido em linguagem, que o sistema indique como própria e adequada.

Como verificado, a mesma norma pode incidir sobre acontecimentos diferentes, produzindo, com isso, fatos jurídicos distintos. Paralelamente, normas diferentes podem incidir sobre o mesmo suporte fáctico, engendrando também fatos juridicamente diversos. Um único fato social comparece aos olhos do jurista como dois fatos jurídicos distintos porque objeto da incidência de normas jurídicas diversas. Eis aí, desde logo, uma observação que me parece preciosa.

Capítulo 3
TEORIA HERMENÊUTICA

Sumário: **3.1. O movimento do "giro-linguístico" e a superação dos métodos científicos tradicionais** – 3.1.1. O "giro-linguístico" e a desconstrução da verdade absoluta – 3.1.2. O direito como sistema comunicacional – 3.1.3. O conteúdo semântico do vocábulo "comunicação" – 3.1.4. – Comunicação, língua e realidade na concepção de Vilém Flusser – 3.1.5. A construção da realidade para o direito e o mundo da facticidade jurídica. **3.2. Direito e valores** – 3.2.1. Direito na sua dimensão axiológica – 3.2.2. Características do valor. **3.3. Direito e interpretação** – 3.3.1. Forma e conteúdo. 3.3.2. O percurso gerador de sentido e as estruturas sígnicas do sistema jurídico – 3.3.3. Interpretação e semiótica do direito: texto e contexto – 3.3.4. Enunciação aforizante e sua recontextualização – 3.3.5. Interpretação e Lógica formal do direito: o mínimo irredutível da mensagem deôntica – 3.3.6. Reflexo do método na construção do texto – 3.3.7. Axiomas da interpretação e os limites do exegeta – 3.3.7.1. Interdisciplinaridade e intertextualidade – 3.3.7.1.1. Interdisciplinaridade e disciplinaridade – 3.3.7.2. Inesgotabilidade da interpretação – 3.3.8. As diferentes técnicas interpretativas e o direito. **3.4. Ciência e experiência** – 3.4.1. A conversação da prática com a teoria nos domínios do direito.

3.1 O MOVIMENTO DO "GIRO-LINGUÍSTICO" E A SUPERAÇÃO DOS MÉTODOS CIENTÍFICOS TRADICIONAIS

Mais do que mera presença de proposições descritivas de origens estranhas, a doutrina do direito tributário ostentou, durante considerável espaço de tempo, a confluência de métodos diversos, naquela "mancebia irregular" a que se referiu Alfredo Augusto Becker. E o resultado foi o que todos sabem: a falência, enquanto "conhecimento multidisciplinar", da nossa velha "Ciência das Finanças", que ousou ter a pretensão de relatar a atividade financeira do Estado sob todos os aspectos possíveis. Esta seria, como foi, tentativa vã de descrever o mesmo objeto segundo ângulos cognoscentes distintos: econômico, histórico, antropológico, jurídico, ético e tantos mais, porquanto sabemos que a cada Ciência cabe um, e somente um método.

Como reação, a pretexto de repudiar o que não fosse estritamente jurídico, a comunidade científica acabou desprezando domínios importantes para a disciplina das condutas inter-humanas.

Antes de caracterizar-se como singela procura da originalidade, em certa medida providência necessária nas elaborações da Academia, o caráter expansionista, em termos metodológicos, é o resultado da busca de novos modelos, de outras formas de expressão, de paradigmas diferentes dos usuais, no trato com o fenômeno do direito. Sobre a utilidade concreta dessas contribuições, como acréscimos efetivos no mundo da experiência, só o passar do tempo poderá dizer.

De uma coisa, porém, estou convencido: justificam-se plenamente sob o enfoque da pesquisa científica, da reflexão aprofundada, da investigação intelectual conduzida no âmbito desse padrão especulativo, de tal sorte que sua repercussão prática passe a ser mera questão circunstancial que as premências da vida algumas vezes antecipam, outras protelam.

Espera-se do cientista do direito que escolha as premissas, penetradas, é claro, pelos valores que compuserem sua ideologia, mantendo-se fiel aos pontos de partida, para elaborar um sistema descritivo consistente, dando a conhecer como se aproxima, vê e recolhe o objeto da investigação. Agora, as meditações que tal conhecimento venha a suscitar, em termos de reflexões ulteriores, serão matéria de outras conjecturas, tecidas pelo pensamento humano que não cessa, não se detém, porque a linguagem apta para falar do mundo é inesgotável.

Neste ponto, nutro uma convicção que me parece acertada: a expansão dos horizontes do saber do exegeta do direito positivado só será possível por meio de um método dogmático, restritivo do conteúdo da realidade semântica difusa, fundando este corte metodológico em premissas sólidas.

Nunca é demais lembrar que escrever "pensando", mediante corpo de asserções fundadas em premissas explícitas, dista de ser um trabalho fácil. Pelo contrário, é acontecimento inusual, sobretudo em face da doutrina dominante, com seu viés de tradição meramente expositiva, fincada em argumentos de autoridade, como garantia, quase que exclusiva, da procedência dos enunciados.

De uns anos para cá, no entanto, para benefício da comunidade jurídica, com o movimento do "giro-linguístico", e, posteriormente, do constructivismo lógico-semântico preconizado pelo mestre Lourival Vilanova, verifica-se uma grande tendência, por parte de alguns exegetas, em se aperfeiçoar a Teoria Geral do Direito fazendo uso de expedientes epistemológicos ricos em método, que visam a aprofundar o conhecimento da matéria. E neste movimento, obviamente, encontra-se envolvido também o direito tributário brasileiro.

O estudo do direito tributário, no Brasil, tem exibido invejável sentido de verticalidade. A circunstância da farta elaboração da matéria no altiplano da Constituição e a consciência de que o conhecimento do direito administrativo é imprescindível para a boa compreensão da sistemática tributária, tudo sustentado por uma base sólida de Teoria Geral, Lógica Jurídica e por sadias reflexões de Filosofia do Direito, enformaram uma doutrina que vem se distinguindo pela densidade e aprimoramento de suas elaborações, pela seriedade da pesquisa e pela produção de um coerente discurso científico. Óbvio que tais predicados não atingem a generalidade dos trabalhos, mas é traço bem característico em número razoável de escritos publicados nos últimos anos.

Diríamos que a primeira causa é de índole histórica, ensejada pelo modo minucioso segundo o qual o constituinte brasileiro estabeleceu o campo das possibilidades impositivas, obrigando o estudioso a ingressar no exame acurado da ordem constitucional, como pressuposto indeclinável do entendimento das instituições tributárias. Outras causas, porém, hão de ser creditadas à sensibilidade de nossos pesquisadores, que perceberam, oportunamente, a necessidade do controle na construção da linguagem científica no âmbito do direito, enfatizando a Teoria Geral e, para o coroamento da pesquisa, estimulando as meditações acerca da natureza do processo cognoscitivo e de suas projeções efectuais. Este último esforço, que retroverte sobre a própria construção do discurso, encontra limitações, mas, ao mesmo tempo, trava contato com suas virtudes e potencialidades.

No domínio das chamadas "Ciências Sociais", a postura axiológica do ser cognoscente é pressuposta, já que, sem valor, que é o sentido específico do homem e da sua liberdade, ele mesmo não existe como tal e não há como falar em cultura. A polaridade se estabelece em termos diferentes. Há cabimento de enunciados de outras ciências na linguagem da dogmática, desde que não interfiram naquilo que conhecemos por "modelo do raciocínio da Ciência do Direito em sentido estrito".

Vale dizer, o autor pode, perfeitamente, enriquecer seu discurso descritivo com orações estranhas, desde que o faça a título de observações marginais. Torna-se possível, então, trasladar sentenças da Economia, da Ciência Política, da Sociologia, da História, da Antropologia para ajudar no esclarecimento indicativo, para servir de contraste, de pano de fundo, jamais para fundamentar o modo de ser peculiar do pensamento jurídico.

Tudo isso, sem falar da necessidade que o teórico tem de sair do âmbito do conhecimento especializado, para examinar a natureza de seu trabalho, inspecionando a técnica da construção científica, a fim de arrumar organicamente o material da investigação, que é o campo próprio da metodologia jurídica.

Foi com esta preocupação em "escrever bem e pensando" que o constructivismo lógico-semântico tomou força em toda comunidade científica. A busca incessante de se aperfeiçoar a Teoria Geral, com o objetivo de aprofundar o conhecimento da matéria, tornou-se a base do movimento que introduziu, no campo epistemológico do direito, mudanças ideológicas relevantes. Transportando-se este panorama para o quadro das inovações teóricas do movimento, breve investigação nos demonstrará o enorme passo dado pela Ciência do Direito.

3.1.1 O "giro-linguístico" e a desconstrução da verdade absoluta

Atravessamos o tempo do "giro-linguístico", concepção do mundo que progride, a velas pandas, quer nas declarações estridentes de seus adeptos mais fervorosos, quer no remo surdo das construções implícitas dos autores contemporâneos. A cada dia, com o cruzamento vertiginoso das comunicações, aquilo que fora tido como "verdade" dissolve-se num abrir e fechar de olhos, como se nunca tivesse existido, e emerge nova teoria para proclamar, em alto e bom som, também em nome da "verdade", o novo estado de coisas que o saber científico anuncia.

Em exemplo recentíssimo, temos Plutão, "o nono planeta", que acaba de ser inapelavelmente desqualificado pelos "avanços" da Astronomia. Pequena substituição na camada de linguagem que outorgava àquela esfera celeste a condição de planeta foi o suficiente para desclassificá-lo, oferecendo à comunidade das Ciências outro panorama do nosso sistema solar. Mas é curioso perceber que enquanto isso, indiferente às linguagens que nós produzimos sobre ele, Plutão continua cumprindo sua trajetória, como se nada houvesse acontecido.

Quando Nietzsche asseverou que a Ciência aspirava ao saber sem ater-se a suas eventuais consequências, já antevia modificações como essa, que estendem sobre nós o manto do ceticismo, porém não impedem o progresso do conhecimento e a marcha inexorável da pesquisa, levantando apenas novas conjecturas que proporcionam outras refutações, para lembrar Popper.

As conquistas do "giro" fazem sentir-se em todos os quadrantes da existência humana. Ali onde houver o fenômeno do conhecimento, estarão interessados, como fatores essenciais, o sujeito, o objeto e a possibilidade de o sujeito captar, ainda que a seu modo, a realidade desse objeto.

Reflexões desse gênero conduziram o pensamento a uma desconstrução da verdade objetiva e a correspondente tomada de consciência dos limites intrínsecos do ser humano, com a subsequente ruína do modelo científico representado por métodos aplicáveis aos múltiplos setores da experiência física e social. Plantado no princípio da autorreferencialidade da linguagem, eis a assunção do movimento do "giro-linguístico". É a retórica, não como singelo domínio de técnicas de persuasão, mas, fundamentalmente, como o modelo filosófico adequado para a compreensão do mundo. Têm-se como não mais existente aquele espaço excessivamente privilegiado da racionalidade, apoiado nos auspiciosos resultados colhidos pela Ciência, tão enaltecido e reverenciado nos tempos do Iluminismo.

O abandono puro e simples da matriz convencional de recorte cartesiano poderia resvalar para um relativismo exacerbado, representando o perigo de nos movermos em direção ao anarquismo metodológico, sem perspectivas austeras para o projeto científico. Nada obstante, a Filosofia das Ciências continua sua trajetória, cogitando de recursos compatíveis com a produção de paradigmas novos, nos quais se estabeleçam conhecimentos rigorosos, desvencilhados do referencial implacável da "verdade absoluta", mas habilitados a manter de pé o prestígio do discurso científico nos domínios do saber.

É possível estruturar sistemas de objetivações que satisfaçam aos anseios do espírito, preservando a incomensurabilidade das teorias. Em outras palavras, firmado o pressuposto da indeterminabilidade da "verdade última", já que não consta haver tribunal credenciado para enunciá-la, isso não impediria a elaboração de um discurso preciso, consistente, dotado de força preditiva, porém com assomos de simplicidade, unificando fenômenos que pareceriam desconexos à compreensão daqueles que partissem do chamado "conhecimento vulgar".

Pondere-se: ultrapassar o modelo que trabalha com a "verdade absoluta", no âmbito da linguagem empregada em função descritiva, não significa prescindir dos valores "verdadeiro/falso". Obviamente, quem transmite uma notícia, uma informação, o faz "em nome da verdade", sem o que não teria sentido a proposição expedida a título de mensagem. Tal reconhecimento, contudo, não tolhe as livres especulações de nossa mente a respeito do valor metafísico "verdade". Há, portanto, duas dimensões operativas: (i) uma, de caráter eminentemente lógico, que advém da necessidade imanente ao ser humano de lidar com a "verdade" e com a "falsidade" das proposições; e (ii) outra, de índole ontológica, a concepção de "verdade" como valor filosófico.

Com estes torneios, pretendo deixar claro que a superação dos métodos científicos tradicionais pelo movimento do "giro-linguístico" deixou de encontrar-se tão só no degrau do valor da "verdade"; crava, da mesma forma, uma nova postura cognoscitiva perante o que se entende por "sujeito", por "objeto" e pelo próprio "conhecimento". Levando-se em conta essas injunções para delinear os traços do movimento, após o "giro-linguístico", passou-se a exigir o próprio conhecer da linguagem, condição primeira para a apreensão do objeto. Eis o resultado desta transposição de sistemas referenciais.

Uma vez estabelecidas as fronteiras da nova visão científico-filosófica, postula-se agora do intérprete muito mais que concepções subjetivistas (em que se focaliza o sujeito) ou doutrinas objetivistas (nas quais há o privilégio para o conhecimento do objeto). Tais cortes cognitivos causavam mudanças no modo de aproximação do intérprete tendo em vista a aquisição do conhecimento.

3.1.2 O direito como sistema comunicacional

Neste contexto, penso que nos dias atuais seja temerário tratar do jurídico sem atinar a seu meio exclusivo de manifestação: a linguagem. Não toda e qualquer linguagem, mas a verbal-escrita, em que se estabilizam as condutas intersubjetivas, ganhando objetividade no universo do discurso. E o pressuposto do "cerco inapelável da linguagem" nos conduzirá, certamente, a uma concepção semiótica dos textos jurídicos, em que as dimensões sintáticas ou lógicas, semânticas e pragmáticas, funcionam como instrumentos preciosos do aprofundamento cognoscitivo.

Além disso, a presença de uma eficaz teoria das normas abre as portas ao cientista para uma série de evoluções que o pensamento pode organizar, na construção de sentidos adequados para compreender o sistema do direito posto.

Orientar as condutas inter-humanas, no sentido de propiciar a realização de valores caros aos sentimentos sociais, num determinado setor do tempo histórico, tem sido o primordial objetivo do direito. Essa pré-ordenação de comportamentos possíveis, no âmbito do relacionamento intersubjetivo, porém, é apenas estimulada, instigada, provocada pelos mecanismos linguísticos de que se pode servir o instrumento jurídico, porquanto sabemos que a linguagem, ainda que proferida com a autoridade coativa dos órgãos do Poder Público, não chega a tocar materialmente os eventos e as condutas por ela reguladas. O legislador, tomado aqui em seu sentido amplo, tem de mexer com crenças, hábitos sociais, sentimentos e estimativas; tem de apreender, historicamente, a marcha do social, para que lhe seja possível motivar os destinatários da regra jurídica, induzindo-os no sentido de realizar as expectativas normativas.

Agora, esse poder retórico que atravessa de cima a baixo a mensagem legislada, e sem o qual ficará irremediavelmente comprometida a eficácia social da norma, faz com que o discurso jurídico-prescritivo assuma ares de autonomia com relação à linguagem da realidade. Verifica-se, ao percorrer textos do direito posto, que são numerosos os casos de discrepância entre a proposição prescritiva e a situação do mundo recolhida como conteúdo da linguagem ordinária, utilizada no cotidiano. A autoridade que legisla passa por alto pela conformação da linguagem vivida no ambiente social, tomando o acontecimento como convém à disciplina de seus interesses regulatórios, exibindo, com isso, a manifesta independência que existe entre os dois segmentos sígnicos.

Claro está que dessa observação advêm consequências fundamentais para a compreensão do fenômeno jurídico. Entre elas, cabe referir: a) o discurso normativo, para reger os comportamentos entre pessoas, não pode ater-se, pura e simplesmente, à linguagem mediante a qual aquelas condutas se efetivam no meio social, sob pena de ficar tolhido pelos mesmos fatores que o condicionam. Por isso mesmo, permite-se-lhe tanto confirmar proposições factuais como alterá-las pela infirmação, total ou parcialmente, ao talante do legislador, com o que se constrói o plano da facticidade jurídica; b) disso decorre uma configuração semiótica bem distinta entre os dois *corpus*, com suas peculiares dimensões sintáticas, semânticas e pragmáticas, nitidamente diferentes; c) e uma conclusão incisiva, no sentido de que o intervalo dessa diferença é ocupado por construções em que o autor dos preceitos normativos opera com liberdade, vigiada pela Lógica Deôntica e pelos imperativos do próprio sistema, é certo, mas imprescindível para os fins reguladores a que se destina a linguagem do direito positivo.

Ora, como a demarcação do objeto é da responsabilidade do cientista, atento aos limites epistemológicos do correspondente campo de investigação, nada impede que seu interesse venha a incidir exatamente no espaço daquela diferença a que aludi linhas acima, enfrentando indagações como: até que ponto o editor da norma jurídica pode desprender-se das formas usuais encontradas no exame do tecido social, sob o pretexto de disciplinar os comportamentos interpessoais? Que expedientes retóricos estaria ele credenciado a empregar? Como funcionariam esses recursos que, no final das contas, outorgam tal supremacia à linguagem do legislador?

As respostas dessas e outras indagações se enlaçam estritamente na escolha da concepção filosófica adotada pelo intérprete do direito na compreensão do direito posto e na construção da facticidade jurídica. E muitas podem ser! Eis que, por esse vezo metodológico apresentado acima, fica claro meu apreço pelas concepções do constructivismo lógico-semântico.

Certo é que o direito, tomado como um grande fato comunicacional, é concepção relativamente recente, tendo em vista a perspectiva histórica, numa análise longitudinal da realidade. Situa-se, como não poderia deixar de ser, no marco da filosofia da linguagem, mas pressupõe interessante combinação entre o método analítico e a hermenêutica, fazendo avançar seu programa de estruturação de uma nova e instigante Teoria do Direito, que se ocupa das normas jurídicas enquanto *mensagens* produzidas pela autoridade competente e dirigidas aos integrantes da comunidade social. Tais *mensagens* vêm animadas pelo tom da juridicidade, isto é, são prescritivas de condutas, orientando o comportamento das pessoas de tal modo que se estabeleçam os valores presentes na consciência coletiva.

O direito como sistema de comunicação – cujas unidades são ações comunicativas e, como tais e enquanto tais, devem ser observadas e exploradas – impõe que qualquer iniciativa para intensificar o estudo desses fenômenos leve em conta o conjunto, percorrendo o estudo do emitente, da mensagem, do canal e do receptor, devidamente integrados no processo dialético do acontecimento comunicacional.

Tenho a firme convicção de que essa proposta epistemológica é sumamente enriquecedora, oferecendo perspectivas valiosas para quem se aproxima do direito em atitude cognoscente. E o testemunho vivo desse reconhecimento já está consignado em numerosos escritos da dogmática brasileira, principalmente no campo do direito tributário. A investigação do fenômeno jurídico, com os recursos da teoria comunicacional, possibilitou atingir níveis mais profundos de observação e também desenvolver uma análise mais fina e penetrante do trabalho construtivo da Ciência. Tal perspectiva sacode a consciência e mexe com as concepções convencionais que estamos acostumados a encontrar.

O direito, no seu particularíssimo modo de existir, manifesta-se necessariamente na forma de linguagem. E linguagem é texto. Agora, a proposição segundo a qual "tudo é texto", o chamado "cerco inapelável da linguagem", como asserção filosófica da mais alta indagação, não nos cabe discutir neste espaço e nesta oportunidade.

3.1.3 O conteúdo semântico do vocábulo "comunicação"

Partindo da premissa de que, ao interpretarmos os textos jurídico-positivos, devemos buscar no discurso científico o conteúdo semântico dos vocábulos, passarei a fazê-lo no que tange ao termo "comunicação", objetivando explanar a concepção do direito como formador de um grande processo comunicacional. Animado por este propósito, impõe-se observar o significado a ele atribuído pela Semiótica, disciplina que estuda os elementos pertinentes à comunicação, pois essa matéria, na qualidade de Teoria Geral dos Signos, estará mais autorizada a dizer, de forma precisa, que é e como funciona o fenômeno da comunicação.

A palavra "comunicação", assim como a quase totalidade dos termos idiomáticos conhecidos, padece do problema da ambiguidade. No falar quotidiano, e até mesmo em obras que pretendem esclarecer o significado dos vocábulos (dicionários), "comunicação" seria uma palavra utilizada em ocasiões diversas, com sentidos variados. Cientificamente, porém, a situação é outra. "Comunicação" deve ser entendida em conformidade com a Ciência que estuda os signos, isto é, a Semiótica, abandonando-se os sentidos resultantes dos usos comuns.

Na acepção mais geral, o termo "comunicação" designa qualquer processo de intercâmbio de uma mensagem entre um emissor e um receptor[76]. Para que isso seja possível, porém,

---

76. Gérard Durozoi e André Roussel, *Dicionário de filosofia*, trad. Marinha Appenzeller, Campinas, Papirus, 1993, p. 95.

necessária se faz a coalescência de determinados componentes que, segundo Roman Jakobson[77], são seis: *remetente, mensagem, destinatário, contexto, código* e *contato*. Utilizando esses elementos para descrever o processo da interação comunicacional, temos a seguinte situação: O *remetente* (1) envia uma *mensagem* (2) ao *destinatário* (3). Para ser eficaz, a mensagem requer um *contexto* (4) a que se refere, apreensível pelo destinatário, e que seja verbal ou susceptível de verbalização; um *código* (5) total ou parcialmente comum ao remetente e ao destinatário; e, finalmente, um *contato* (6), um canal físico e uma conexão psicológica entre o remetente e o destinatário, que os capacite a entrar e permanecer em comunicação.

Umberto Eco[78] define o processo comunicativo como a passagem de um sinal que parte de uma fonte, mediante um transmissor, ao longo de um canal, até o destinatário. J. Teixeira Coelho Netto[79] também adota semelhante definição de processo comunicacional. Segundo esse autor, u'a mensagem é elaborada pela *fonte*, com elementos extraídos de um determinado *repertório*, sendo transmitida por um *canal* e decodificada por um *receptor*, que, para tanto, utilizará elementos extraídos de outro *repertório*, que tenha algum ponto em comum com o repertório da fonte.

Em síntese, o processo comunicacional, seja ele de que espécie for, apresenta a seguinte esquematização:

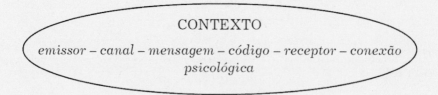

---

77. *Linguística e comunicação*, São Paulo, Cultrix, 1991, p. 123.
78. *Tratado geral de semiótica*, 2ª ed., São Paulo, Perspectiva, 1991, p. 5.
79. *Semiótica, informação e comunicação*, 3ª ed., São Paulo, Perspectiva, 1990, p. 123.

O significado de cada um desses elementos deve ser delimitado: (1) *emissor*: é a fonte da mensagem, aquele que comporta as informações a serem transmitidas; (2) *canal*: é o suporte físico necessário à transmissão da mensagem, sendo o meio pelo qual os sinais são transmitidos (é o "ar", para o caso da comunicação oral, mas pode apresentar-se em formas diversas, como faixas de frequência de rádio, luzes, sistemas mecânicos ou eletrônicos, etc.); (3) *mensagem*: é a informação transmitida; (4) *código ou repertório (comum a ambos)*: é o conjunto de signos e regras de combinações próprias a um sistema de sinais, conhecido e utilizado por um grupo de indivíduos ou, em outras palavras, é o quadro das regras de formação (morfologia) e de transformação (sintaxe) de signos; (5) *receptor*: a pessoa que recebe a mensagem, o destinatário da informação; (6) *conexão psicológica*: é a concentração subjetiva do emissor e receptor na expedição e na recepção da mensagem; e (7) *contexto*: é o meio envolvente e a realidade que circunscrevem o fenômeno observado.

É forçoso concluir que o processo comunicativo, segundo teóricos da comunicação e linguistas, consiste na transmissão, de uma pessoa para outra, de informação codificada. O esquema da comunicação supõe, portanto, a transmissão de u'a mensagem, por meio de um canal, entre o emissor e o receptor, que possuem em comum, ao menos parcialmente, o repertório necessário para a decodificação da mensagem. Eis o conteúdo semântico cientificamente atribuído ao vocábulo "comunicação".

Tomando este pano de fundo, situaremos o direito como um fato comunicacional.

Considerando que o direito existe para disciplinar os comportamentos humanos no convívio social, o consequente normativo é a categoria fundamental do conhecimento jurídico. Forma-se, invariavelmente, por uma proposição relacional, enlaçando dois ou mais sujeitos de direito em torno de uma conduta regulada como proibida, permitida ou obrigatória. Para terem sentido e, portanto, serem devidamente compreendidos pelo destinatário, os comandos jurídicos devem revestir um *quantum* de estrutura formal. Em simbolismo lógico, teríamos: D[F → (S'RS")], que se interpreta da seguinte forma: deve-ser que, dado o fato F, então se instale a relação jurídica R, entre os sujeitos S' e S". Apenas com esse esquema formal haverá possibilidade de sentido deôntico completo. Sua composição sintática é constante: um juízo condicional, em que se associa uma consequência à realização de um acontecimento fáctico previsto no antecedente, fazendo-o por meio implicacional. Eis o porquê de afirmar-se ser a norma jurídica a unidade irredutível de manifestação do deôntico.

Na hierarquia do direito posto, há forte tendência de que as normas gerais e abstratas se concentrem nos escalões mais altos, surgindo as gerais e concretas, individuais e abstratas e individuais e concretas à medida que o direito vai se positivando, com vistas à regulação das condutas interpessoais. Caracteriza-se o processo de positivação exatamente por esse avanço em direção aos comportamentos humanos, que se dá na produção das mensagens normativas expedidas pelo agente competente (emissor) por meio de linguagem escrita (canal) segundo os preceitos do direito positivo (código). As normas gerais e abstratas, dada sua generalidade e posta sua abstração, não têm condições efetivas de atuar num caso materialmente definido. Ao projetar-se em direção à região das interações sociais, desencadeiam uma continuidade de regras que progridem para atingir o caso especificado. Isso demonstra a necessidade da especificação da mensagem ínsita ao processo comunicacional do direito positivo.

Em suma, as normas gerais e abstratas não ferem diretamente as condutas intersubjetivas para regulá-las. Exigem o processo de positivação, vale dizer, reclamam a presença de norma individual e concreta a fim de que a disciplina prevista para a generalidade dos casos possa chegar ao sucesso efetivamente ocorrido, modalizando deonticamente as condutas. A mensagem do direito, neste processo jurídico-comunicacional, exige a tipificação no espaço e no tempo do comando normativo antecedente bem como, no consequente, do indivíduo ou do grupo identificado de pessoas.

Para que haja comunicação da mensagem jurídica geral e abstrata e sua eficácia é necessário, portanto, o fenômeno da incidência, que é a percussão da norma, por meio da juridicização do acontecimento do mundo da experiência social, fazendo propagar efeitos peculiares na disciplina das condutas interpessoais.

As normas jurídicas, entretanto, não incidem por força própria. É indispensável que seja efetuada sua aplicação, isto é, que alguém interprete a amplitude dos preceitos legais, fazendo-os incidir no caso particular e sacando, assim, a norma individual e concreta. A incidência das normas jurídicas requer o homem, como elemento intercalar, movimentando as estruturas do direito, construindo, a partir de normas gerais e abstratas, outras gerais e abstratas, gerais e concretas, individuais e abstratas, ou individuais e concretas, para, com isso, imprimir positividade ao sistema, até atingir o máximo de motivação das consciências e, dessa forma, tentar mexer na direção axiológica dos comportamentos intersubjetivos. É no homem que encontramos a fonte da mensagem jurídica; é nele que se armazenam as informações a serem transmitidas.

Não é qualquer sujeito de direito, porém, que está habilitado a aplicar a norma jurídica. Este aparece, já foi dito, como um grande fato comunicacional, sendo a criação normativa confiada a órgãos credenciados pelo sistema. O sujeito produzirá regras apenas na medida em que participe, efetivamente, daquele processo, integrando o fato concreto da comunicação jurídica. Sempre que não estiver inserido nesse processo, permanecendo de fora, não atuando, mas simplesmente estudando, descrevendo, conhecendo o direito positivo, formulará, se muito, propostas de normas, hipóteses sobre composição de estruturas normativas. A construção dessas unidades irredutíveis de significação do deôntico-jurídico pressupõe a inserção de enunciados prescritivos na ordenação total, revestindo todos os caracteres formais exigidos pelo sistema, e isso é tarefa privativa dos órgãos, pessoas físicas ou jurídicas, para tanto habilitadas. Somente sujeito de direito, indicado pela lei, poderá, por intermédio da norma individual e concreta, recolher os elementos verificados no acontecimento efetivo da vida social, proceder à operação lógica de subsunção e expedir a norma individual e concreta, constituindo em linguagem a relação jurídica. Em outras palavras, e transportadas essas reflexões ao campo do fato comunicacional, só será emissor da mensagem jurídica aquele que estiver assim qualificado pelo código comunicacional, ou seja, pelo ordenamento positivo.

Resumindo. Falar em incidência normativa ou subsunção do fato à norma, portanto, é descrever o processo comunicacional do direito, indicando os elementos participantes na construção da mensagem legislada.

3.1.4 Comunicação, língua e realidade na concepção de Vilém Flusser

Vilém Flusser[80] afirmou que *universo, conhecimento, verdade* e *realidade* são aspectos linguísticos, de tal modo que a língua *é, forma, cria* e *propaga a realidade*[81]. Aquilo que nos chega pela via dos sentidos (intuição sensível), e que chamamos de "realidade", é dado bruto, que se torna real apenas no contexto da língua, única responsável pelo seu aparecimento. Assim, todas as palavras são metáforas. As ciências, como camadas de linguagem, longe de serem válidas para todas as línguas, são, elas próprias, outras línguas que precisam ser traduzidas para as demais. O autor tcheco foi fortemente influenciado por Wittgenstein e por Husserl, criando seu método de análise fenomenológica da linguagem, o que lhe permitiu captar a língua como elemento vivo, capaz de transformar o caos dos dados imediatos, no cosmos das palavras preenchidas de sentido.

Prosseguindo com o pensamento desse autor, o mundo é "aparentemente" caótico, mas, pela linguagem, pode ser ordenado, constituindo-se a "realidade". Haveria, portanto, um

---

80. Vilém Flusser, *Língua e realidade*, 2ª ed., São Paulo, Annablume, 2004.

81. Idem, ibidem, p. 33.

mundo "aparente" caótico e um mundo "real" ordenado. O espírito humano avançaria da "aparência" para a "realidade". Os instrumentos desse avanço seriam a Filosofia, a Religião, as Ciências e as Artes, métodos pelos quais o espírito tenta romper as "aparências", constituindo e propagando a "realidade".

Gustavo Bernardo Krauser oferece interessantes e sugestivos aspectos da concepção de Flusser no Prefácio do livro *Língua e Realidade*[82]. Dele me servi para esse breve resumo.

As objeções que se têm levantado contra as ideias de Flusser são de três ordens: a) as que negam a possibilidade do espírito em penetrar as aparências (o ceticismo); b) as que negam a realidade, seja qual for (o niilismo); e c) as que afirmam a impossibilidade de articular e comunicar a penetração (o misticismo). Críticas epistemológicas, as primeiras; objeções ontológicas, as segundas; e obstáculos de cunho religioso, as últimas.

Flusser, porém, combate-os com argumentos convincentes, afirmando que o conhecimento absoluto, a realidade fundamental e a verdade imediata não passam de conceitos ocos e desnecessários para a construção de um cosmos. A estrutura desse cosmos se identifica com a língua, lembrando que *logos*, a palavra, é o fundamento do mundo dos gregos pré-filosóficos; *nama-rupa*, a palavra-forma, o fundamento do mundo dos hindus pré-vedistas; *hachem hacadoc*, o nome santo, é o Deus dos judeus. E conclui, para dizer que o evangelho tem início com a frase: *No começo era o verbo*. É preciso advertir que, para Flusser, o intelecto, com sua infraestrutura, os sentidos, e sua superestrutura, o espírito (ou qualquer outra palavra), formam o *Eu*. O *Eu* é, portanto, uma árvore cujas raízes, os sentidos, estão ancoradas no chão da realidade, cujo tronco é o intelecto e cumpre a função de transportar a seiva colhida pelas raízes, transformada até a copa, o espírito, para produzir folhas, flores e frutos[83]. E, mais adiante[84],

---

82. Vilém Flusser, *Língua e realidade*, 2ª ed., São Paulo, Annablume, 2004.
83. *Língua e realidade*, cit., p. 46.
84. Idem, ibidem, p. 47.

> Ele sabe dos sentidos e dos dados brutos que colhe, mas sabe deles em forma de palavras. Quando estende a mão para apreendê--los, transformam-se em palavras. Isto justamente caracteriza o intelecto: consiste de palavras, modifica palavras, reorganiza palavras, e as transporta ao espírito, o qual, possivelmente, o ultrapassa. O intelecto é, portanto, produto e produtor da língua, 'pensa'.

Curioso e sugestivo, também, é o tropo de linguagem utilizado por Flusser ao distinguir intelecto *stricto sensu* do *lato sensu*[85]. Na primeira acepção, intelecto comparar-se-ia a uma tecelagem que usa palavras como fios. No sentido lato, o local disporia de uma antessala na qual funcionaria uma fiação que transforma algodão bruto (dados dos sentidos) em fios (palavras). Acrescentando que a maioria das matérias-primas já vem na forma de fios.

3.1.5 A construção da realidade para o direito e o mundo da facticidade jurídica

O grande mérito de Flusser situa-se na força retórica de seus argumentos, que tiveram a virtude de demonstrar, o quanto se pode fazê-lo nessa difícil região do conhecimento, que a língua é, forma, cria e propaga a realidade. Pois então, o território das condutas intersubjetivas, campo de eleição do direito, sendo, como de fato pensamos ser, a realidade jurídica por excelência, é construído pela linguagem do direito positivo, tomado aqui na sua mais ampla significação, quer dizer, o conjunto dos enunciados prescritivos emitidos pelo Poder Legislativo, pelo Poder Judiciário, pelo Poder Administrativo e também pelo setor privado, este último, aliás, o mais fecundo e numeroso, se bem que de menor hierarquia que as outras fontes. São tais enunciados articulados na forma implicacional das estruturas normativas e organizados na configuração superior de sistema; eles, repito, *que são, formam, criam e propagam a realidade jurídica.*

No livro Direito Tributário – Fundamentos Jurídicos da Incidência, procurei transmitir essa proposição afirmativa com

---

[85]. Idem, ibidem, p. 40.

as seguintes palavras: *Digamos, então, que sobre essa linguagem (a social) incide a linguagem prescritiva do direito positivo, juridicizando fatos e condutas, valoradas com o sinal positivo da licitude e negativo da ilicitude. A partir daí, aparece o direito como sobrelinguagem, ou linguagem de sobrenível, cortando a realidade social com a incisão profunda da juridicidade. Ora, como toda a linguagem é redutora do mundo sobre o qual incide, a sobrelinguagem do direito positivo vem separar, no domínio do real-social, o setor juridicizado do setor não juridicizado, vem desenhar, enfim, o território da facticidade jurídica*[86].

Para não alongar o assunto, e procurando ser bem objetivo, quero manifestar a convicção plena de que a realidade jurídica é constituída, em toda a sua extensão, em todos os seus momentos e manifestações, em todas as suas instâncias organizacionais, pela linguagem do direito posto, entrando nessa função configuradora tanto as normas gerais e abstratas e gerais e concretas como as individuais e abstratas e as individuais e concretas, as quais decompostas, exibem a multiplicidade imensa dos enunciados jurídico-prescritivos.

3.2 DIREITO E VALORES

Examinamos, no capítulo anterior, a figura dos objetos culturais, como sínteses do ser e do dever-ser. Ao construir tais objetos, a criatura humana pretende alcançar um fim, que, na expressão de Miguel Reale[87], nada mais é do que um valor tomado enquanto razão de ser da conduta. Naquele momento, fiz notar que o direito preenche, na integridade, os requisitos próprios aos objetos culturais, cujo ato gnosiológico adequado é a compreensão. Pois bem. Parece-me imprescindível analisar, agora, a projeção axiológica do direito, tendo em vista a aproximação que pretendemos estabelecer.

---

86. Paulo de Barros Carvalho, *Direito tributário*: Fundamentos jurídicos da incidência, 5ª ed., Saraiva, São Paulo, p. 13.

87. *Introdução à filosofia*, 3ª ed., São Paulo, Saraiva, 1994, p. 145.

3.2.1 Direito na sua dimensão axiológica

Não é exagero referir que o dado valorativo está presente em toda configuração do jurídico, desde seus aspectos formais (lógicos), como nos planos semântico e pragmático. Em outras palavras, ali onde houver direito, haverá, certamente, o elemento axiológico. A demonstração deste asserto não é difícil e pode ser feita com singelas lembranças das manifestações jurídicas, em pontos diversos da existência desse fenômeno. Vou tecer algumas considerações, a título de exemplo, pois o exemplo sempre foi ponto de apoio fundamental, importantíssimo para a absorção e fixação do conhecimento.

Ao escolher, na multiplicidade intensiva e extensiva do real-social, quais os acontecimentos que serão postos na condição de antecedente de normas tributárias, o legislador exerce uma preferência: recolhe um, deixando todos os demais. Nesse instante, sem dúvida, emite um juízo de valor, de tal sorte que a mera presença de um enunciado sobre condutas humanas em interferência subjetiva, figurando na hipótese da regra jurídica, já significa o exercício da função axiológica de quem legisla. Outro tanto se diga no que atina ao modo de regular a conduta entre os sujeitos postos em relação deôntica. As possibilidades são três, e somente três: obrigatória, permitida ou proibida. Os modais "obrigatório" e "permitido" trazem a marca de um valor positivo, porque revelam que a sociedade aprova o comportamento prescrito, ou mesmo o tem por necessário para o convívio social. Caso o functor escolhido seja o "proibido", fica nítida a desaprovação social da conduta, manifestando-se inequívoco valor negativo. Vê-se que o valor está na raiz mesma do dever-ser, isto é, na sua configuração lógico-formal.

Foi Rudolf Hermann Lotze, um dos grandes metafísicos alemães e dos mais representativos pensadores do seu século, que introduziu a categoria valor na problemática da filosofia moderna. Haveria uma ordem dos valores distinta da ordem do ser, como o mundo das validades irreais, de uma objetividade puramente espiritual. Newton Sucupira[88] apresenta

---
88. *Tobias Barreto e a filosofia alemã*, Rio de Janeiro, Gama Filho, 2001, pp. 149-150.

alguns princípios gerais que norteavam a teoria de Lotze e que se encontram na filosofia dos valores do neokantismo de Baden e em outros filósofos: 1) os valores repousam sobre validades irreais; 2) constituem campo autônomo junto e sobre o ser concreto; 3) o valor é sempre uma relação ligada a um sujeito; 4) não é atividade puramente teorética, mas uma faculdade prática que nos conduz à apreensão do valor.

Como referiu Tercio Sampaio Ferraz Jr.[89], valores são preferências por núcleos de significação, ou melhor, são centros significativos que expressam preferibilidade por certos conteúdos de expectativa. Podemos dizer que é a não-indiferença de alguma coisa relativamente a um sujeito ou a uma consciência motivada. É uma relação entre o sujeito dotado de uma necessidade qualquer e um objeto ou algo que possua qualidade ou possibilidade real de satisfazê-lo. Valor é um vínculo que se institui entre o agente do conhecimento e o objeto, tal que o sujeito, movido por uma necessidade, não se comporta com indiferença, atribuindo-lhe qualidades positivas ou negativas. Luiz Fernando Coelho[90] salienta a quase unanimidade das opiniões no sentido de que os valores não têm expressão ôntica, isto é, eles não são, não consistem em algo, mas valem, e só se pode predicar sua existência como algo aderente ao ser e não como alguma coisa que tenha um ser. Haveria uma dependência ontológica dos valores com relação ao ser.

Registre-se, entretanto, que essa forte inclinação das opiniões filosóficas para o niilismo dos valores recebe o impacto da noção fenomenológica de objeto como correlato intencional da consciência cognitiva. Isso permite que os valores sejam objetivamente pensados como ser-em-si. Podemos, então, focalizar a justiça como dado supremo para o direito, a igualdade, a segurança, a boa-fé e assim por diante.

Não é excessivo, porém, falar na inexistência, propriamente dita, dos valores. Seu existir consistiria apenas no ato psicológico de valorar, segundo o qual, atribuímos a objetos, aqui

---

89. *Introdução ao estudo do direito*, cit., p. 111.

90. *Aulas de introdução ao direito*, São Paulo, Manole, 2004, p. 15.

considerados em toda a sua plenitude semântica, qualidades positivas ou negativas. E o que nos dá acesso ao reino dos valores é a intuição emocional, não a sensível nem a intelectual. Tomados, porém, isoladamente, tais atributos assumiriam a feição de objetos metafísicos: a justiça em si, a beleza em si, etc. Enfim, os valores não são, mas valem. Dito de outra maneira, os valores seriam aquelas entidades cujo modo específico de ser é o valer. Eles são na medida em que valem. Por outro lado, as ideologias constituem prismas, critérios de avaliação de valores. Como pondera Tercio, são valores que filtram outros valores. A ideologia vai se formando com a consolidação de valores em posições de preeminência, de tal modo que definida a composição desse bloco axiológico, passa ele a submeter outros valores que pretendam ingressar no sistema de estimativas do indivíduo, selecionando-os em função de sua compatibilidade com aquela camada que fundamenta a estrutura. É a experiência de vida de cada um que vai, paulatinamente, tecendo a configuração desse esquema seletor, em organizações que podem ser categorizadas e reconhecidas por aspectos peculiares, somente seus. Daí a proposição afirmativa segundo a qual a valoração ideológica tem por objeto imediato os próprios valores. Aliás, utiliza-se com muita propriedade o termo "ideologia" como equivalente nominal de "avaliação ideológica", e, neste sentido, funciona como fator que gera equilíbrio, calibrando as diversas instâncias do ordenamento normativo.

Sobre a temática dos valores, além dos trabalhos específicos de Johannes Hessen, Max Scheler, Nicolai Hartmann e Miguel Reale, vale a pena consultar outros autores, como Heinrich Rickert, Wilhelm Windelband e Emil Lask.

3.2.2 Características do valor

Miguel Reale[91], desvinculando os valores dos objetos ideais, logrou dar *status* autônomo à Axiologia ou Teoria dos Valores. Consoante as lições do jusfilósofo, seguindo a trilha de Hessen, há traços que assinalam a presença de valores,

---
91. *Introdução à filosofia*, cit., p. 141.

permitindo identificá-los em contraste com entidades próximas. São eles: a) a bipolaridade, apenas possível entre os objetos metafísicos e culturais, que é marca obrigatória dos valores. Onde houver valor, haverá, como contraponto, o desvalor, de tal modo que os valores positivos e negativos implicam-se mutuamente, daí b) a implicação recíproca. A terceira nota c) é a necessidade de sentido ou referibilidade, querendo significar que o valor importa sempre uma tomada de posição do ser humano perante alguma coisa, a que está referido. Além disso, as estimativas são d) entidades vetoriais, apontando para uma direção determinada, para um fim, e denunciando, com isso, preferibilidade. Por outro lado, e) não sendo passíveis de medição, os valores são incomensuráveis, mas f) apresentam forte tendência à graduação hierárquica, o que exprime a inclinação de se acomodarem em ordem escalonada, quando se encontram em relações mútuas, tomando como referência o mesmo sujeito axiológico. O fato de não poderem ser mensurados mostra a flagrante incompatibilidade entre o reconhecimento das estimativas e sua medição, seja qual for o padrão adotado. Entenda-se por incomensurabilidade, portanto, o sem-sentido semântico que representaria estabelecer proporções de medida aos valores. Além das características lembradas, g) os valores requerem sempre objetos da experiência para neles assumir objetividade. Não se revelam sem algo que os suporte e sem uma ou mais consciências às quais se refiram. A objetividade é consequência da particular condição ontológica dos valores. Se eles se configuram como qualidades aderentes, que os seres humanos predicam dos objetos (reais e ideais), hão de requerer, invariavelmente, a presença desses mesmos objetos. Chamamos, aqui, de "objetividade" a esse atributo intrínseco a todos os valores, a despeito de sua verificação cognoscitiva processar-se mais emocional do que racionalmente.

Ainda sobre a composição lógica dos valores, é preciso dizer que h) eles vão sendo construídos na evolução do processo histórico e social, o que lhes dá o timbre de historicidade. Com efeito, os valores não caem do céu, mas vão sendo depositados, gradativamente, ao longo da trajetória existencial dos homens. O elemento da historicidade nos valores significa, portanto, que eles não aparecem do nada, de um momento para outro, tratando-se de uma particularidade importante que integra sua estrutura lógica. Outro, porém, é i) a inexauribilidade, exibindo, a cada passo, que os valores sempre excedem os bens em que se objetivam. Mesmo que o belo seja insistentemente atribuído a uma obra de arte, sobrará esse valor estético para muitos outros objetos do mundo. Tal transcendência é própria às estimativas, de modo que o bem em que o valor se manifesta não consegue contê-lo, aprisioná-lo, evitando sua expansão para os múltiplos setores da vida social.

Ademais, como marca na configuração sintática ou lógica dos valores, convém mencionar a j) atributividade, aspecto relevantíssimo que enaltece o ato de valoração, deixando acesa a lembrança de que os valores são preferências por núcleos de significação ou centros significativos que expressam uma preferibilidade por certos conteúdos de expectativa, como já ficou dito linhas acima. Ao mesmo tempo, acentua o caráter de não indiferença de um sujeito ou de uma consciência motivada, em face de algo que esteja à sua frente. É uma relação entre o agente do conhecimento e o objeto, tal que o sujeito, movido por uma necessidade, não se comporta com indiferença, atribuindo-lhe qualidades positivas ou negativas.

A (k) indefinibilidade comparece como elemento que reforça, nos valores, o não poderem ser circunscritos semanticamente, atitude exegética inalcançável em decorrência da própria natureza do objeto-valor. É impossível traçar ou assinalar com objetividade os limites dos valores. Sua determinação depende do ponto de vista adotado por quem o enuncia (ideologia). Não há como produzir enunciação clara e concisa das propriedades que o determinam e o estabelecem em termos únicos, uniformes ou individuais. Tal providência somente ocorre ao teorizar os valores enquanto valores, elucidando, uma a uma, suas características, como vimos de proceder. Porém, escolhido um valor, tal como *segurança jurídica*, a atitude de defini-lo em termos tópicos é inatingível. Cada um dirá sobre *seu* conceito de *segurança jurídica*, que pode ser da mais diversa ordem, sem, contudo, cair em incorreções semânticas. Eis a indefinibilidade dos valores que revigoram a necessidade do *pensar sem certezas*, tão bem lembrado por Dardo Scavino em seu *Filosofia Atual*.

Sobremais, encontramos a l) vocação dos valores para se expressar em termos normativos. Reavivemos a memória de que os valores, no Direito, são enunciados deônticos prescritores de condutas, prescindindo da configuração lógica das unidades normativas (norma, aqui, no sentido estrito).

Bem se vê que o deparar com valores leva o intérprete, necessariamente, a esse mundo de subjetividades, até porque eles se entrelaçam formando redes cada vez mais complexas, que dificultam a percepção da hierarquia e tornam a análise uma função das ideologias dos sujeitos cognoscentes.

Como os valores são indefiníveis, o modo de compreendê-los é a m) *associatividade*, significa dizer, é fazendo associações mentais que chegamos ao domínio satisfatório de seu conteúdo. A ideia do valor a que pretendemos ter acesso vai se formando, lentamente, em nosso espírito, até atingir o nível que a intuição emocional recomendar.

Aliás, convém insistir que n) *o ingresso no mundo dos valores acontece sempre pela via das emoções*. Vale dizer, é deixando vibrar nossos sentimentos que as noções vão surgindo e, associativamente, se estruturando para compor manifestações axiológicas expressivas.

Em rol sucinto, para que possamos reter na memória essas informações sintáticas sobre valores, eis a lista dos quatorze elementos mencionados, sem que a ordem signifique predominância de uns em face de outros.

a) Bipolaridade;
b) Implicação recíproca;
c) Referibilidade;

d) Preferibilidade;

e) Incomensurabilidade;

f) Tendência à graduação hierárquica;

g) Objetividade;

h) Historicidade;

i) Inexauribilidade;

j) Atributividade;

k) Indefinibilidade;

l) Vocação dos valores em se expressar em termos normativos;

m) Associatividade;

n) Intuição emocional como modo de acesso aos valores.

3.3 DIREITO E INTERPRETAÇÃO

Desde os idos do "constructivismo lógico-semântico" ou, simplesmente, "constructivismo lógico", a relevância da análise epistemológica é algo imprescindível na elaboração científica. Os leitores, de um modo geral, sabem identificar o trabalho desenvolvido com método, seguindo um roteiro predeterminado, para distingui-lo daquel'outro, meramente informativo, voltado apenas ao fim de informar ou de transmitir a notícia. Quem lê ou quem ouve o discurso, mesmo não podendo justificar sua impressão, percebe quando a mensagem vem impregnada de certas reflexões que lhe dão gravidade e sentido de aprofundamento.

De outra parte, o direito posto, na sua continuidade normativa, oferece flagrante heterogeneidade de conteúdos, vista sua pretensão de regular as condutas intersubjetivas no contexto social. Daí a divisão, de cunho puramente metodológico, entre os vários ramos do sistema jurídico, providência estratégica do sujeito do conhecimento para poder aproximar-se do objeto que pretende conhecer.

A todo o instante, porém, instado pelas dificuldades da interpretação, envolvido com toda a sorte de peculiaridades desse ente cultural que é o direito, o exegeta vê-se na contingência de lançar um olhar retrospectivo, recuperando o espaço das noções fundamentais, ali onde estão depositados os conceitos básicos de sua Ciência. Ei-lo de volta à Teoria Geral do Direito; ei-lo refletindo sobre o conhecimento jurídico, numa posição de filósofo do seu saber, para regressar com toda a força, dando sustentação a suas teses no domínio das dogmáticas. E nesta tarefa cognoscitiva, elaboraremos os cortes metodológicos que a matéria exige.

Já observamos que, dentre os muitos traços que lhe são peculiares, o direito oferece o dado da linguagem como seu integrante constitutivo. A linguagem não só fala do objeto (Ciência do Direito), como participa de sua constituição (direito positivo). Se é verdade que não há fenômeno jurídico sem prescrições escritas ou não escritas; também é certo que não podemos cogitar de manifestação do direito sem uma linguagem, idiomática ou não, que lhe sirva de veículo de expressão.

Segundo os padrões da moderna Ciência da Interpretação, o sujeito do conhecimento não "extrai" ou "descobre" o sentido que se achava oculto no texto. Ele o "constrói" em função de sua ideologia e, principalmente, dentro dos limites de seu "mundo", vale dizer, do seu universo de linguagem. *Interpretar*, portanto, é atribuir valores aos símbolos, isto é, adjudicar-lhes significações e, por meio dessas, referências a objetos.

Todavia, creio que se ajeita aqui uma advertência, que faço utilizando-me de um meneio de linguagem ao gosto de Rui Barbosa: o vocábulo "interpretação" padece, como tantos outros, da ambiguidade processo/produto, uma vez que alude à atividade de construção de sentido, por um lado, e da própria compreensão, de outro. Percorrer as dificuldades e vicissitudes do trajeto formador do sentido realiza o processo, ao passo que a conquista das significações da mensagem textual consubstancia o produto. A distinção é importante como dado semântico inerente à pesquisa sobre o termo.

Outro ponto igualmente relevante é o de que a linguagem, típica realização do espírito humano, é sempre um objeto da cultura e, como tal, carrega consigo valores. Como decorrência imediata, o direito positivo se apresenta aos nossos olhos como objeto cultural por excelência, plasmado numa linguagem que porta, necessariamente, conteúdos axiológicos. Agora, esse oferecer-se em linguagem significa dizer que aparece na amplitude de um texto, fincado este num determinado *corpus* que nos permite construir o *discurso*, utilizada aqui a palavra na acepção de plano de conteúdo, a ser percorrido no processo gerativo de sentido. Surgirá o *texto* quando promovermos a união do plano de conteúdo ao plano de expressão, vale dizer, quando se *manifestar* um empírico objetivado, que é o plano expressional.

3.3.1 Forma e conteúdo

Sobre as espaldas de definições clássicas de "fato gerador" como aquela do Prof. Amilcar de Araújo Falcão ou, ainda, com várias referências a doutrina estrangeira, muito é falado hoje a respeito da prevalência do conteúdo (econômico) em desprestígio da forma (jurídica) dos atos, técnica muito conhecida também pela alcunha em língua inglesa *substance over form doctrine*.

Em estreita síntese, trata-se de expediente segundo o qual dever-se-ia dar preferência aos conteúdos manifestados no negócio jurídico em detrimento das formas jurídicas que os acobertassem. Tais preceitos, portanto, adequam-se como uma luva aos desígnios daqueles que pretendem transpor para o discurso jurídico a interpretação econômica do direito.

Para além das críticas já tecidas nos parágrafos anteriores sobre a natureza exclusivamente jurídica do fato jurídico e de como o direito constrói a sua própria realidade, penso que tal iniciativa padece de vício *ab origine*, isto é, há em meio a sua proposta uma falha fundamental que é a incompreensão da dicotomia hilemórfica: tais estudiosos contrapõem forma a conteúdo, ignorando que a relação entre eles não é de contraposição, mas de aposição.

Com efeito, aquele que se depare com a pergunta: *"que é a federação brasileira?"*, poderia muito bem responder à indagação com a frase *"A República Federativa do Brasil é formada pela união indissolúvel dos Estados e Municípios e do Distrito Federal"*, sob o manto da Constituição (art. 1º da CR). *"Eis o conteúdo"*, diria. Mas mesmo essa frase, terá ela também seu suporte físico, suas marcas de tinta no papel (ou até mesmo pontos luminosos numa tela de computador) que encerram numa *forma*. E não pode ser diferente: *não há maneira de ser senão por uma forma*, como explica-o, incisivamente, Lourival Vilanova[92]:

> [...] Não há vida sem sê-lo em forma. Já o corpo é a forma-limite, que contrapõe o ser vivente ao seu contorno. Pouco importa que seja a mais rudimentar espécie de vida biológica: há sempre um contorno próprio, em face do mundo circundante. Sem isso, não seria de um microcosmos imerso dentro do macrocosmos. A vida social não escapa a essa congênita presença da forma. Apenas há um pluralismo de formas modeladoras da existência social. O direito pré-político, ou a sociedade juridicamente sem Estado é, historicamente, a protoforma. Depois, vem o Estado e dá-se a politização do direito, forma mais potente para conter a multiplicação dos fatores sociais.

A prevalência do conteúdo sobre a forma é mais um dentre os falsos problemas que perturbam a compreensão do direito positivo. Isso porque forma e conteúdo longe de serem aspectos separáveis a ponto de um preterir o outro, são dimensões de um objeto incindível. Com propriedade, o escritor e crítico literário José Veríssimo observou: *"a forma é o fundo aparecendo"*. E não há outro modo de conhecer, descer às entranhas do significado para atribuir-lhe significação, senão pelo contato com a forma que se apresente o signo.

Que não se conhece algo a não ser por intermédio de uma forma é o que Pontes de Miranda parece concordar. Veja-se o que nos diz o mestre alagoano a respeito das vontades não exteriorizadas por meio de uma forma[93]:

---

[92]. "O poder de julgar e a norma". In: *Escritos Jurídicos e Filosóficos*, v. 1, São Paulo, IBET/Axis Mundi, 2003, p. 358.

[93]. *Tratado de Direito Privado*, v. 3, Rio de Janeiro, Borsoi, 1962, p. 346 (sublinhei).

> Enquanto a vontade permanece íntima, não-exteriorizada, não interessa ao direito. Pode interessar à religião e à moral. A expressão é a forma; só se levam em conta as vontades que se enformaram. A forma é a da vontade e dos outros elementos do suporte fáctico, que precisem exteriorizar-se, como fatos da psique. A forma mesma é elemento do suporte fáctico, razão para se preferir falar de forma da manifestação de vontade, de conhecimento ou de sentimento, em vez de forma do ato jurídico. [...] <u>Antes de ter forma, o ato não é, para o direito; não existe.</u>

A expressão de São Paulo "*a letra mata, mas o espírito vivifica*"[94], longe de refutar o argumento reforça a importância da forma. Inexiste outro meio de travar contato com o objeto senão pela forma, porquanto, diante dela, não bastará a aproximação via intuição sensível: é preciso que haja esforço do sujeito cognoscente para apreendê-lo e, assim, *vivificá-lo* em seu espírito. Com outras palavras: é necessário interpretar a forma para outorgar-lhe conteúdo.

O conhecimento somente se faz presente quando exteriorizado e, para que possa romper as fronteiras do mundo intrassubjetivo, objetivando-se, tornar-se-á imprescindível exprimir o sabido, vertendo-o numa forma.

Que isso, porém, não sirva para resolver a dicotomia de modo "formalista". Fazer inverso e outorgar mais prestígio à forma que ao conteúdo é padecer do mesmo vício: ignorar que estamos diante de aposição e não de contraposição. Ao atribuir conteúdo, dá-se vida à forma e pela ação de interpretar, a forma passa a implicar um conteúdo. Mas forma a que não se atribua conteúdo não pode aspirar ao *status* de signo, com o que o conteúdo, sempre que seja objeto de enunciação, também implica forma. Insta dizer então: *num signo qualquer, forma e conteúdo coexistem e, mais que isso, coimplicam-se.*

A forma é, a um só tempo, a porta que nos dá acesso ao plano do conteúdo e também é a saída para o domínio da intersubjetividade. Um dicionário, por exemplo, ao explicitar o

---

94. 2 Coríntios 3:6.

conteúdo de uma palavra qualquer, não tem outro meio de fazê-lo senão pelo emprego de outros termos, indubitavelmente formas para outros conteúdos. Assim também o fez o Poder Constituinte ao grafar já no art. 1º uma definição de Federação. Tanto na definição lexical de um verbete, como naquela estipulativa do direito, vê-se logo que o conteúdo de um signo somente pode fazer-se aparente – intersubjetivo – pelo emprego de outro signo e, com isso, mostram-se forma e conteúdo unidos, inseparavelmente.

3.3.2 O percurso gerador de sentido e as estruturas sígnicas do sistema jurídico

A proposta que se contém neste subcapítulo levanta-se sobre alguns pressupostos, como não poderia ser diferente, e procura instrumentos adequados para a exploração, em níveis mais profundos, dos textos do direito positivado, decompondo-os em quatro subsistemas, todos eles qualificados como *jurídicos*. As mencionadas incisões, como é óbvio, são de caráter meramente epistemológico, não podendo ser vistas as fronteiras dos subsistemas no trato superficial com a literalidade dos textos.

Um dos alicerces que suportam esta construção reside no discernir entre *enunciados* e *normas jurídicas*, com os diferentes campos de irradiação semântica a que já aludimos. Os primeiros (os enunciados) se apresentam como frases, digamos assim, soltas, como estruturas atômicas, plenas de sentido – uma vez que a expressão sem sentido não pode aspirar à dignidade de enunciado –, mas sem encerrar uma unidade *completa* de significação deôntica, na medida em que permanecem na expectativa de juntar-se a outras unidades da mesma índole. Com efeito, terão que conjugar-se a outros enunciados, consoante específica estrutura lógico-molecular, para formar *normas jurídicas*, estas sim, expressões completas de significação deôntico-jurídica.

Por certo que também as normas ou regras do direto posto, enquanto manifestações mínimas e, portanto, irredutíveis do conjunto, permanecerão à espera de outras unidades da mesma espécie, para a composição do sistema jurídico-normativo. Entretanto, são elas as unidades desse domínio, do mesmo modo que os enunciados também o são no conjunto próprio, que é o sistema de enunciados jurídico-prescritivos.

Aproveito para inserir, aqui, pequena digressão. Tenho insistido na tese de que normas são as significações construídas a partir dos suportes físicos dos enunciados prescritivos. No sentido amplo, a cada enunciado corresponderá uma significação, mesmo porque não seria gramaticalmente correto falar-se em enunciado (nem frase) sem o sentido que a ele atribuímos. Penso que seja suficiente mencionar "suporte físico de enunciado prescritivo" para referir-me à fórmula digital, ao texto no seu âmbito estreito, à base material gravada no documento legislado. As normas são da ordem das significações. Em sentido amplo, quaisquer significações. Porém, em acepção restrita, aquelas que se articularem na forma lógica dos juízos hipotético-condicionais: Se ocorrer o fato F, instalar-se-á a relação R entre dois ou mais sujeitos de direito (S' e S"). Reitero a terminologia para facilitar as comparações e os paralelos que ordinariamente o leitor estabelece cada vez que lhe acode à mente o ponto de vista de outros autores. Distinções como esta, se formuladas com clareza, alimentam a possibilidade criativa de quem reflete, sugerindo ideias que aprofundam a busca intelectual e enriquecem o pensamento.

São exemplos de enunciados expressos: *homens e mulheres são iguais em direitos e obrigações, nos termos desta Constituição* (art. 5º, inciso I, da CR); *Brasília é a Capital Federal* (art. 18, § 1º, da CR). Outros, porém, não têm forma expressa, aparecendo na implicitude do texto, fundados que são em enunciados explícitos. São os *implícitos*, obtidos por derivação lógica dos enunciados expressos, como, por exemplo, o da *isonomia jurídica entre as pessoas políticas de direito constitucional interno* (produzido a partir do enunciado expresso da Federação, combinado com o da autonomia dos Municípios); o princípio da *supremacia do interesse público ao do particular* (reconhecido pela leitura atenta dos enunciados explícitos, relativos à disciplina da atividade administrativa do Estado).

Seguindo esta construção exegética e partindo da premissa da unicidade do texto jurídico-positivo que se pode alcançar os quatro subsistemas pelos quais se locomovem obrigatoriamente todos aqueles que se dispõem a conhecer o sistema jurídico normativo: a) o conjunto de enunciados, tomados no plano da expressão; b) o conjunto de conteúdos de significação dos enunciados prescritivos; c) o domínio articulado de significações normativas; e d) os vínculos de coordenação e de subordinação que se estabelecem entre as regras jurídicas.

Há que se tomar nota que o comportamento de quem pretende interpretar o direito para conhecê-lo deve ser orientado pela busca incessante da compreensão desses textos prescritivos. Ora, como todo texto tem um plano de expressão, de natureza material, e um plano de conteúdo, por onde ingressa a subjetividade do agente para compor as significações da mensagem, é pelo primeiro, vale dizer, a partir do contato com a *literalidade textual*, com o *plano dos significantes* ou com o chamado *plano da expressão*, como algo *objetivado*, isto é, posto intersubjetivamente, ali onde estão as estruturas morfológicas e gramaticais, que o intérprete inicia o processo de interpretação, propriamente dito, passando a construir os conteúdos significativos dos vários enunciados ou frases prescritivas para, enfim, ordená-los na forma estrutural de normas jurídicas, articulando essas entidades para construir um domínio. Se retivermos a observação de que o direito se manifesta sempre nesses quatro planos: o das formulações literais, o de suas significações enquanto enunciados prescritivos, o das normas jurídicas, como unidades de sentido obtidas mediante grupamento de significações que obedecem a determinado esquema formal (implicação) e o dos vínculos de coordenação e de subordinação que se estabelecem entre as regras jurídicas – e se pensarmos que todo nosso empenho se dirige para estruturar essas normas contidas num estrato de linguagem – não será difícil verificar a gama imensa de obstáculos que se levantam no percurso gerativo de sentido ou, em termos mais simples, na *trajetória da interpretação*.

A missão do exegeta dos textos jurídico-positivos, ainda que possa parecer facilitada pela eventual coincidência da mensagem prescritiva com a sequência das fórmulas gráficas utilizadas pelo legislador (no direito escrito), oferece ingentes dificuldades se a proposta for de um exame mais sério e atilado. E, sendo o direito um objeto da cultura, invariavelmente penetrado por valores, teremos, de um lado, as estimativas, sempre cambiantes em função da ideologia de quem interpreta; de outro, os intrincados problemas que cercam a metalinguagem, também inçada de dúvidas sintáticas e de problemas de ordem semântica e pragmática.

Tudo isso, porém, não nos impede de declarar que conhecer o direito é, em última análise, compreendê-lo, interpretá-lo, construindo o conteúdo, o sentido e o alcance da comunicação legislada. Tal empresa, contudo, nada tem de singela. Requer o envolvimento do exegeta com as proporções inteiras do todo sistemático, incursionando pelos escalões mais altos e de lá regressando com os vetores axiológicos ditados por juízos que chamamos de *"princípios"*.

A lei, vista sob certo ângulo, representa o texto, na sua dimensão de veículo de prescrições jurídicas. Constituição, emenda constitucional, lei complementar, lei delegada, lei ordinária, medida provisória, resoluções, decretos, sentenças, acórdãos, contratos e atos administrativos, enquanto suportes materiais de linguagem deôntico-jurídica, pertencem à plataforma da expressão dos textos prescritivos e, como tais, são veículos introdutórios de normas jurídicas, constituindo a base empírica do conhecimento do direito posto.

Já a norma jurídica é juízo implicacional construído pelo intérprete em função da experiência no trato com esses suportes comunicacionais. Por isso, não há que se confundir norma com o complexo de significações enunciativas, unificadas em forma lógica determinada (estrutura implicacional) e a expressão literal desses enunciados, ou mesmo os conteúdos de sentido que tais enunciados apresentem, quando isoladamente considerados. O plano dos significantes (plano de expressão) é o veículo que manifesta, graficamente (no direito escrito), a mensagem expedida pelo autor. Na sua implexa totalidade, constitui o *sistema morfológico e gramatical do direito posto*, conjunto de frases prescritivas introduzidas por fatos jurídicos que a ordenação positiva para tanto credencia.

Com propósitos analíticos, entretanto, podemos isolar frase por frase, enunciado por enunciado, compondo um domínio de significações, antes de agrupar os conteúdos segundo fórmulas moleculares caracterizadas pelo conectivo implicacional. Nesse momento intermediário, estaremos diante daquilo que poderíamos chamar de *"sistema de significações proposicionais"*. Agora, num patamar mais elevado de elaboração, juntaremos significações, algumas no tópico de antecedente, outras no lugar sintático de consequente, tudo para constituir as entidades mínimas e irredutíveis (com o perdão do pleonasmo) de manifestação do deôntico, *com sentido completo*, uma vez que as frases prescritivas, insularmente tomadas, são também portadoras de sentido. Formaremos, desse modo, as unidades normativas, regras ou normas jurídicas que, articuladas em relações de coordenação e de subordinação, acabarão compondo a forma superior do *sistema normativo*.

Colho o ensejo para reiterar que os quatro subsistemas a que me refiro são constitutivos do texto, entendida a palavra como *produto da enunciação* e, portanto, na sua ampla dimensão semântica. Nunca é demais insistir que as subdivisões em sistemas respondem a cortes metódicos que os objetivos da investigação analítica impõem ao espírito do pesquisador.

3.3.3 Interpretação e semiótica do direito: texto e contexto

Tendo o signo *status* lógico de uma relação que se estabelece entre o suporte físico, a significação e o significado, para utilizar a terminologia de E. Husserl, pode dizer-se que toda linguagem, como conjunto sígnico que é, também oferece esses três ângulos de análise, ou seja, compõe-se de um substrato material, de natureza física, que lhe sirva de suporte, uma dimensão ideal na representação que se forma na mente dos falantes (plano de significação) e o campo dos significados, vale dizer, dos objetos referidos pelos signos e com os quais eles mantêm relação semântica. Nessa conformação, o texto ocupa o tópico de suporte físico, base material para produzir a representação na consciência do homem (significação) e, também, termo da relação semântica com os objetos significados. O texto é o ponto de partida para a formação das significações e, ao mesmo tempo, para a referência aos entes significados, perfazendo aquela estrutura triádica ou trilateral que é própria das unidades sígnicas. Nele, texto, as manifestações subjetivas ganham objetividade, tornando-se intersubjetivas. Em qualquer sistema de signos, o esforço de decodificação tomará por base o texto e o desenvolvimento hermenêutico fixará nessa instância material todo o apoio de suas construções.

Na linguagem escrita, ainda que as palavras possam ser decompostas em *semas* e *sememas,* continuam sendo as unidades significativas e se dispõem em sequências que formam as associações sintagmáticas (sintagmas verbais e nominais). As associações paradigmáticas, fluindo num eixo de estruturas ausentes, já pertencem ao domínio do contexto porque não têm natureza material.

Surge logo uma distinção que há de ser feita: texto no sentido estrito e texto em acepção ampla. *Stricto sensu*, o texto se restringe ao plano dos enunciados enquanto suporte de significação, de caráter eminentemente físico, expresso na sequência material do eixo sintagmático. Mas não há texto sem contexto, pois a compreensão da mensagem pressupõe necessariamente uma série de associações que poderíamos referir como linguísticas e extralinguísticas. Neste sentido, aliás, a implicitude é constitutiva do próprio texto.

Haverá, portanto, um contexto de linguagem envolvendo imediatamente o texto, como as associações do eixo paradigmático, e outro, de índole extralinguística, contornando os dois primeiros. Desse modo, podemos mencionar o texto segundo um ponto de vista interno, elegendo como foco temático a organização que faz dele uma totalidade de sentido – operando como objeto de significação no fato comunicacional que se dá entre emissor e receptor da mensagem – e outro corte metodológico que centraliza suas atenções no texto enquanto instrumento da comunicação entre dois sujeitos, tomado agora como objeto cultural e, por conseguinte, inserido no processo histórico-social, onde atuam determinadas formações ideológicas. Fala-se, portanto, numa análise interna, recaindo sobre os procedimentos e mecanismos que armam sua estrutura, e numa análise externa, envolvendo a circunstância histórica e sociológica em que o texto foi produzido.

Ora, se tomarmos o texto na sua dimensão estritamente material – que é, aliás, a acepção básica, como aquilo que foi tecido, circunscrevendo nosso interesse ao conjunto dos produtos dos atos de enunciação, o que importa ingressar na esquematização estrutural em que se manifesta –, poderemos compreender a razão pela qual os enunciados linguísticos não contêm, em si mesmos, significações. São objetos percebidos pelos nossos órgãos sensoriais que, a partir de tais percepções ensejam, intrassubjetivamente, as correspondentes significações. *São estímulos que desencadeiam em nós produções de sentido*. Vê-se, desde agora, que não é correta a proposição segundo a qual, dos enunciados prescritivos do direito posto, extraímos o conteúdo, o sentido e o alcance dos comandos jurídicos. Impossível seria retirar conteúdos de significação de entidades meramente físicas. De tais enunciados partimos, isto sim, para a *construção* das significações, dos sentidos, no processo conhecido como "interpretação".

Observando esse mesmo rigor, adverte Umberto Eco[95]:

> É mister, porém, estabelecermos aqui uma diferença entre a mensagem como *forma significante* e a mensagem como *sistema de significados*. A mensagem como forma significante é a configuração gráfica ou acústica 'I vitelli dei romani sono belli', que pode subsistir mesmo se não for recebida, ou se for recebida por

---

95. *A estrutura ausente*, São Paulo, Perspectiva, 1976, p. 42.

um japonês que não conheça o código língua italiana. Ao contrário, a mensagem como sistema de significados é a forma significante que o destinatário, baseado em códigos determinados, preenche de sentido.

Para os efeitos que pretendemos, importa discernir o texto, enquanto instância material, expresso em marcas de tinta sobre o papel ou mediante sons (fonemas), com sua natureza eminentemente física, do plano do conteúdo, do contexto, seja o linguístico, seja o extralinguístico.

3.3.4 Enunciação aforizante e sua recontextualização

Como já destaquei, a norma jurídica é uma estrutura categorial construída, epistemologicamente, pelo intérprete, a partir das significações que a leitura dos documentos do direito positivo desperta em seu espírito. É por isso, aliás, que, quase sempre, não *coincidem* com os sentidos imediatos dos enunciados em que o legislador distribui a matéria no corpo físico da lei. A proposição que dá forma à norma jurídica, ensina Lourival Vilanova[96]:

> é uma estrutura lógica. Estrutura sintático-gramatical é a *sentença ou oração*, modo expressional frástico (de frase) da síntese conceptual que é a norma. A norma não é a oralidade ou a escritura da *linguagem*, nem é o *ato-de-querer ou pensar* ocorrente no sujeito emitente da norma, ou no sujeito receptor da norma, nem é, tampouco, a *situação objetiva* que ela denota. A norma jurídica é uma estrutura lógico-sintática de significação (...). (Os grifos são do original).

Na maioria das vezes, a leitura de um único artigo é insuficiente para a compreensão da regra jurídica. Quando isso acontece, o exegeta se vê na contingência de consultar outros preceitos do mesmo diploma e até a sair dele, fazendo incursões pelo sistema de modo a *contextualizar* as parcelas do texto que servem de suporte para a construção da mensagem legislada.

---

96. "Níveis de linguagem em Kelsen (Norma jurídica/proposição jurídica)", *in Escritos jurídicos e filosóficos*, vol. 2, cit., p. 208.

Essas questões, porém, assumem especial relevância nas situações em que, por força do que prescreve o próprio ordenamento jurídico, apenas determinadas parcelas dos textos prescritivos são consideradas para fins de construção da mensagem legislada.

É certo que algumas frases possuem certas características (como autonomia textual, por exemplo) que as qualificam como aptas a serem separadas do texto ao qual, inicialmente, estão integradas (apresentam, assim, "destacabilidade") para serem utilizadas em outros contextos textuais. Como ressalta Dominique Maingueneau, essa possibilidade de destacamento, muitas vezes, é enfatizada pelo próprio autor do texto mediante a operação denominada *sobreasseveração*[97], a qual não é outra coisa senão o realce de uma determinada passagem em relação ao contexto no qual está inserida.

Muitas vezes, contudo, algumas parcelas do texto são dele destacadas – e adquirem vida própria – não por conta da *sobreasseveração* realizada pelo autor, mas sim em razão da chamada *enunciação aforizante*, a qual se caracteriza não pelo simples destaque de um enunciado do seu texto-fonte, mas pela profunda alteração do seu *status* pragmático, de modo que o sentido atribuído ao enunciado destacado – cuja redação, muitas vezes, sequer coincide integralmente com a sequência que lhe deu origem – desvincula-se completamente do contexto no qual se originou. Nas palavras do autor francês:

> Existe uma tensão irredutível entre o próprio princípio do discurso relatado, que delega a responsabilidade do dizer àquele que cita, e a própria natureza do estilo direto que simula dar a palavra ao locutor citado. Desde que existe a linguagem, há os que afirmam que suas frases foram distorcidas, "descontextualizadas". No caso da aforização, essa tensão é levada ao seu paroxismo, na medida em que não se trata de uma "citação" comum. A aforização não se apresenta como um fragmento de texto, mas como um enunciado autossuficiente, situado ao mesmo tempo

---

97. MAINGUENEAU, Dominique. *Frases sem texto*. 1ª ed. São Paulo: Parábola Editorial, 2014, p. 15-16.

"no" texto em que está inserido e "fora" de qualquer texto. Enquanto as citações em estilo direto podem variar de tamanho (de uma palavra a um texto inteiro) e conservar algumas características do texto-fonte, a lógica da aforização é a de apagar tanto as marcas de inscrição num ambiente textual quanto seu pertencimento a um gênero de discurso. Ela se apresenta como tendo sido proferida em outra cena.[98]

Em síntese, aquilo que o autor chama de *aforização* ou frase "sem texto" não é outra coisa senão um enunciado que, ao ser destacado do seu contexto original (e que, muitas vezes, sequer conserva a fidedigna transcrição), adquire vida própria e, exatamente por isso, pode ter seu sentido significativamente alterado. O mecanismo da *aforização*, portanto, consiste em destacar um enunciado de um determinado texto-fonte – algumas vezes, inclusive, alterando a sua redação – e permitir que seja interpretado de maneira autônoma, ou seja, de forma desvinculada do contexto no qual foi produzido.

Tomando um exemplo da literatura para aclarar o conceito, é comum encontrar a referência à célebre passagem de Euclides da Cunha para enaltecer o povo do Sertão: "*O sertanejo é, antes de tudo, um forte*". No entanto, é somente quando despida de seu contexto originário que a mensagem poderia assumir qualquer tom adulatório. A recontextualização dessa passagem, voltando ao texto Euclidiano, bem mostra um sentido bem menos abonador da mensagem:

> O sertanejo é, antes de tudo, um forte. Não tem o raquitismo exaustivo dos mestiços neurastênicos do litoral.
>
> A sua aparência, entretanto, ao primeiro lance de vista, revela o contrário. Falta-lhe a plástica impecável, o desempeno, a estrutura corretíssima das organizações atléticas.
>
> É desgracioso, desengonçado, torto. Hércules-Quasímodo, reflete no aspecto a fealdade típica dos fracos. O andar sem firmeza, sem aprumo, quase gingante e sinuoso, aparenta a translação de membros desarticulados. Agrava-o a postura normalmente

---

98. MAINGUENEAU, Dominique. Frases sem texto. 1ª ed. São Paulo: Parábola Editorial, 2014, p. 40.

> abatida, num manifestar de displicência que lhe dá um caráter de humildade deprimente. A pé, quando parado, recosta-se invariavelmente ao primeiro umbral ou parede que encontra; a cavalo, se sofreia o animal para trocar duas palavras com um conhecido, cai logo sobre um dos estribos, descansando sobre a espenda da sela. Caminhando, mesmo a passo rápido, não traça trajetória retilínea e firme. Avança celeremente, num bambolear característico, de que parecem ser o traço geométrico os meandros das trilhas sertanejas. [...]
>
> É o homem permanentemente fatigado.[99]

É exatamente isso o que se verifica com frequência no direito quando, por exemplo, se examinam os enunciados sumulares dos Tribunais Superiores a respeito de uma determinada matéria. Tais enunciados são, evidentemente, aforizações, pois se trata de formulações baseadas em enunciados destacados de um texto-fonte – no caso, das decisões anteriores proferidas por esses órgãos colegiados. Sua interpretação isolada, feita sem os cuidados de recontextualização, pode levar a compreensão bem diversa daquela que foi produzida no contexto de origem.

Problema semelhante se identifica quando se está a interpretar uma decisão proferida pelo Poder Judiciário de modo a fixar os limites da coisa julgada. Pelo fato de a legislação processual prescrever que os motivos e a verdade dos fatos não fazem coisa julgada (CPC, art. 504), ao interpretarem as decisões judiciais transitadas em julgado ao caso concreto, as autoridades competentes costumam limitar seu exame às formulações literais que compõem a *parte dispositiva* do provimento jurisdicional, uma vez que é ali que o julgador deve positivar o modo como resolveu a lide dentro dos limites postos pelas partes (CPC, art. 489, III). Dessa maneira, desconsideram o contexto originário (os fatos e fundamentos) em que o dispositivo foi inserido correndo-se o risco de alterar sensivelmente o seu sentido.

Ora, não ignoro que essas aforizações podem ser examinadas no contexto-fonte, que é o texto do qual provém, e no

---

[99]. *Os sertões*. Rio de Janeiro: Francisco Alves, 1923.

contexto de recepção, assim entendido como o texto no qual o enunciado destacado está sendo utilizado. A comparação entre essas análises, no entanto, permite que se identifique as mutações de sentido ("deslizamentos de sentido", no dizer de Maingueneau) que o contexto de recepção impõe às aforizações. Em termos mais diretos: surpreendendo o enunciado no contexto-fonte e no contexto de recepção, percebe-se que o seu destacamento resulta, muitas vezes, na completa alteração do sentido a ele atribuído, o que é inadmissível quando a missão é interpretar para aplicar o direito positivo.

Em síntese, embora admita a possibilidade de destacamento dos enunciados prescritivos, reitero que não se pode ignorar o contexto – interno e externo – no qual foram produzidos, sob pena de deturpar severamente a mensagem prescritiva. A interpretação do direito pressupõe não apenas o exame do texto prescritivo nas suas feições interna (estrutura) e externa (circunstância histórica e sociológica em que foi produzido), mas também de sua relação com os textos passados e presentes (intertextualidade) que integram o ordenamento jurídico em vigor.

3.3.5 Interpretação e Lógica formal do direito: o mínimo irredutível da mensagem deôntica

O direito, sabemos, é um fenômeno complexo. Um modo, porém, de estudá-lo sem ter de enfrentar o problema de sua ontologia é isolar as unidades normativas. Ali onde houver direito, haverá normas jurídicas (Kelsen). Ao que poderíamos acrescentar: e onde houver normas jurídicas haverá, certamente, uma linguagem em que tais normas se manifestem.

Aprisionando, então, a linguagem prescritiva de um direito positivo historicamente dado, estaremos em condições de iniciar o processo de aproximação com o conjunto das entidades normativas, *expressões irredutíveis de manifestação do deôntico*. Para esse fim será utilíssima a distinção entre texto e contexto, ou entre texto em sentido estrito e texto em sentido amplo, como já podemos depreender a partir da análise do item antecedente.

É preciso explicar, contudo, o significado da locução "unidade irredutível de manifestação do deôntico". É que os comandos jurídicos, para terem sentido e, portanto, serem devidamente compreendidos pelo destinatário, devem revestir um *quantum* de estrutura formal. Por certo que ninguém entenderia uma ordem, em todo o seu alcance, apenas com a indicação da conduta desejada: "pague a quantia de x reais". Adviriam logo algumas perguntas e, no segmento das respectivas respostas, chegaríamos à fórmula que nos dá o sentido completo. Supondo identificado o sujeito que deve cumprir o comando, perguntaria este: "pagar a quem? Quando? Por quê?" Ao atender a tais indagações, iríamos perfazendo aquele mínimo irredutível que possibilita a mensagem do direito.

Penso que a explicação possa também servir como fator de discernimento entre aquilo que se conhece por meras "ordens", "prescrições" ou "comandos" e a entidade da "norma jurídica" ou da "regra de direito", expressões tomadas como sinônimas, em toda a extensão deste trabalho.

Em simbolismo lógico, teríamos: $D[F \rightarrow (S' R S'')]$, que se interpreta assim: deve-ser que, dado o fato F, então se instale a relação jurídica R, entre os sujeitos S' e S". Seja qual for a ordem advinda dos enunciados prescritivos, sem esse esquema formal inexistirá possibilidade de sentido deôntico completo.

Ao nos aproximarmos da linguagem do direito posto, em atitude gnosiológica, aceitando o isolamento das normas jurídicas como expediente que imprime uniformidade ao objeto, imperioso se faz um ajuste semântico da maior relevância. De fato, o discurso produzido pelo legislador (em sentido amplo) é, todo ele, redutível a regras jurídicas, cuja composição sintática é absolutamente constante: um juízo condicional, em que se associa uma consequência à realização de um acontecimento fáctico previsto no antecedente. Agora, a implicação é o conectivo das formações normativas, após a leitura dos enunciados prescritivos. E enfatizo a sequência temporal exatamente para deixar claro que os enunciados prescritivos recebem tratamento formal ao serem acolhidos em nossa mente, que os agrupa e dispõe na conformidade lógica daquela fórmula iterativa que mencionamos. Vê-se que os enunciados prescritivos ingressam, na estrutura sintática das normas, na condição de proposição-hipótese (antecedente) e de proposição-tese (consequente). *E tudo isso se dá porque firmamos a norma jurídica como unidade mínima e irredutível de significação do deôntico.* Quero transmitir, dessa maneira, que reconheço força prescritiva às frases isoladas dos textos positivados. Nada obstante, esse teor prescritivo não basta, ficando na dependência de integrações em unidades normativas, como mínimos deônticos completos. *Somente a norma jurídica, tomada em sua integridade constitutiva, terá o condão de expressar o sentido cabal dos mandamentos da autoridade que legisla.*

3.3.6 Reflexo do método na construção do texto

Sabe-se quão difícil é sustentar a correção do pensamento sem fazer concessões; instaurar o processo comunicacional, passando a mensagem científica com o rigor necessário, sem provocar os ruídos que a precisão vocabular muitas vezes suscita.

O direito, como sistema de objetivações que projeta as formas pretendidas para a interação social, manifesta-se invariavelmente pela linguagem, seja ela escrita ou não escrita, pouco importa. Sistema de signos utilizado para a comunicação, a linguagem jurídica assume, desde logo, a função de conteúdos prescritivos voltados para o setor específico das condutas intersubjetivas.

À proposta epistemológica de isolar o dado jurídico identificando-lhe as normas, acresceu-se a verificação, até certo ponto tardia, de que tais entidades não teriam outro meio de aparição, no contexto da realidade social, que não fosse pela linguagem técnica, concebida pelo legislador para canalizar os comportamentos inter-humanos em direção aos valores que a sociedade quer ver concretizados.

Travar contato com a linguagem do direito, portanto, é o ponto de partida, inafastável, incisivo, para o conhecimento das estruturas mesmas do fenômeno jurídico. Aliás, ninguém lograria construir o ato hermenêutico, oferecendo sentido ao produto legislado, sem iniciar seu trabalho pelo plano da expressão ou da literalidade textual, suporte físico das significações do direito. Daí a extraordinária importância da semiótica, como teoria geral dos signos de toda e qualquer linguagem, teoria responsável pelas radicais transformações dos costumes da comunidade jurídica, no mundo contemporâneo. Nessa linha de reflexão, não seria excessivo afirmar que a teoria dos signos, tomando o direito positivo como sistema de objetivações, recorta-o, metodologicamente – é claro – nos três planos da análise semiótica: sintático, semântico e pragmático, atravessando o discurso prescritivo de cima a baixo, num invejável esforço de decomposição. E esse modo peculiar de investigação está provocando sensível mudança nos paradigmas clássicos de estudo, podendo ser identificado como autêntica revolução nos padrões científicos.

Fique consignado, porém, que a derivação de caminho, longe de representar mera operação de contorno, justifica-se plenamente. A instância da pesquisa semântica, dentre as outras opções de análise semiótica, é algo de grande especificidade, de tal sorte que o arsenal terminológico existente, na busca da precisão indispensável às rigorosas articulações de sentido, sobre ser complexo, é formado por termos que muitas vezes vêm em outro idioma, tal qual o inglês, aceito pela comunidade jurídica por convenção de caráter internacional.

A título exemplificativo, estamos convictos de que ninguém poderá responder à pergunta, aparentemente singela, sobre a incidência ou não de tributos como o ICMS e o ISSQN, nos casos de serviços de acesso à "rede das redes" (internet) ou de serviços prestados por seu intermédio, se não dispuser do domínio semântico adequado àquele aparato de signos. Acrescente-se a tanto que a manipulação de significações reivindica, necessariamente, certo nível de conhecimento de formas operacionais, inerentes ao veículo da comunicação, vale dizer, dos meios de produção, de armazenamento, de transmissão e de recepção de elementos sígnicos.

Aliás, é oportuno lembrar que as alterações produzidas pelo homem no mundo circundante, por mais desenvolvidos que sejam o instrumental e a técnica utilizados em determinado setor, terão de apoiar-se, invariavelmente, na chamada "causalidade física ou natural", isto é, no saber efetivo das relações "meio/fim". Daí por que, pondo entre parênteses o dado jurídico, numa ascese provisória, ingressamos em tópicos da teoria da comunicação, para de lá regressar com elementos informativos imprescindíveis ao conhecimento da matéria. Enfatiza-se, com isso, a experiência efetiva do princípio da intertextualidade, interior e exterior ao direito, sem a qual se tornaria impraticável o ato de interpretação.

3.3.7 Axiomas da interpretação e os limites do exegeta

Reitero que interpretar o direito é conhecê-lo, atribuindo valores aos símbolos, isto é, adjudicando-lhes significações e, por meio dessas, fazer referência aos objetos do mundo, na linha dos ensinamentos de Lourival Vilanova. A interpretação pressupõe, portanto, o trabalho penoso de enfrentar o percurso gerador de sentido, fazendo com que o texto possa dialogar com outros textos, no caminho da intertextualidade, onde se instala a conversação das mensagens com outras mensagens, passadas, presentes e futuras, numa trajetória sem fim, expressão da inesgotabilidade.

A intertextualidade é formada pelo intenso diálogo que os textos mantêm entre si, sejam eles passados, presentes ou futuros, pouco importando as relações de dependência estabelecidas entre eles. Com o advento da lei nova, institui-se complexa e extensa rede de comunicações jurídicas e extrajurídicas, repito, perfazendo o universo do conteúdo, delimitado, unicamente, pelos horizontes de nossa cultura.

Normas de lei ordinária dialogando com escritos constitucionais, com outras regras já revogadas, com dispositivos insertos em atos normativos infralegais, além das conversações que se instalam com mensagens advindas dos mais diversos setores do direito posto não são outra coisa senão expressões da intertextualidade.

A inesgotabilidade, por sua vez, é a ideia de que toda a interpretação é infinita, nunca restrita a determinado campo semântico. Daí a inferência de que todo texto poderá ser sempre reinterpretado. Eis as duas regras que aprisionam o ato de interpretação do sujeito cognoscente.

Importante destacar, por fim, que os predicados da inesgotabilidade e da intertextualidade não significam ausência de limites para a tarefa interpretativa. A interpretação toma por base o texto: nele tem início, por ele se conduz e, até o intercâmbio com outros discursos, instaura-se a partir dele. Ora, o texto de que falamos é o jurídico-positivo e o ingresso no plano de seu conteúdo tem de levar em conta as diretrizes do sistema. Em princípio, como bem salientou Kelsen, teríamos molduras dentro das quais múltiplas significações podem ser inseridas. Mas esse é apenas um ponto de vista sobre a linguagem das normas, mais precisamente aquele que privilegia o ângulo sintático ou lógico. Claro está que, no processo de produção normativa, os aplicadores estarão lidando com os materiais semânticos ocorrentes na cadeia de positivação, pois não teria cabimento prescindir dos conteúdos concretos, justamente aqueles que se aproximam das condutas interpessoais, postulando implementar os valores e as estimativas que a sociedade adota.

3.3.7.1 Interdisciplinaridade e intertextualidade

As questões mais difíceis acerca do caráter disciplinar ou interdisciplinar do conhecimento científico perdem substância diante do reconhecimento inevitável da intertextualidade. Tomado o saber da Ciência como algo que se apresenta invariavelmente em linguagem, constituindo-se na forma e no sentido de texto, não teria propósito sustentar o projeto do isolamento disciplinar sem ferir de maneira frontal o axioma da intertextualidade. Simultaneamente, porém, não haveria cabimento falar-se numa interdisciplinaridade prescindindo-se do valor individual das disciplinas postas em relação, o que significa reconhecer a bi-implicação desses conceitos.

Consignada a ressalva, é preciso dizer que a intertextualidade no direito se apresenta em dois níveis bem característicos: (i) o estritamente jurídico, que se estabelece entre os vários ramos do ordenamento (intertextualidade, interna ou intrajurídica); e (ii) o chamado jurídico em acepção lata, abrangendo todos os setores que têm o direito como objeto, mas o consideram sob ângulo externo, vale dizer, em relação com outras propostas cognoscentes, assim como a Sociologia do Direito, a História do Direito, a Antropologia Cultural do Direito, etc. (intertextualidade externa ou extrajurídica). Quanto ao "direito comparado", tanto cabe na primeira classe quanto na segunda, dependendo da perspectiva em que se coloca o sujeito do conhecimento.

Quando Kelsen põe acento na impossibilidade de separarmos até o direito público do direito privado, em termos metodológicos, proclamando a unidade do sistema de normas como imperativo da construção de uma Ciência, já se nota a convicção firme de reconhecer a intertextualidade intrajurídica, chamando a atenção, pioneiramente, para seu caráter axiomático. Dito de outro modo, a intertextualidade é o processo constitutivo, ou melhor, o procedimento elementar para a composição do texto, que, partindo de duas ou mais materialidades textuais, desenha e atualiza o sentido naquela particular situação de interdiscursividade. Para José Luiz Fiorin[100]: "Ela é o processo da relação dialógica não somente entre duas 'posturas de sentido', mas também entre duas materialidades linguísticas."

Ora, como a demarcação do objeto científico é apenas o "corte" inicial no *continuum* heterogêneo da realidade circundante, para propiciar o *descontinuum* homogêneo de cada Ciência em particular (Rickert), dentro deste último, muitos outros

---

100. "Interdiscursividade e intertextualidade", in *Bakhtin: outros conceitos-chave*. Beth Brait (org.), São Paulo, Contexto, 2006, p. 184.

cortes e recortes podem ser traçados, dependendo das metas e dos objetivos de aprofundamento que o agente se proponha alcançar, preservada a condição de que permaneça aberta a via do retorno à esquematização inicial, e seja sempre possível ao sujeito cientista combinar as classes e subclasses do domínio total, dentro, é claro, dos limites que a lógica do sistema permitir.

3.3.7.1.1 Interdisciplinaridade e disciplinaridade

A escolha do caráter disciplinar ou interdisciplinar, como estratégia para a construção do discurso científico, além de opção incontornável, continua sendo tema discutido nos círculos epistemológicos, juntamente com a própria amplitude da inter-relação das disciplinas, conteúdo de outra decisão a ser tomada pelo cientista. Tudo para perseguir aquele *quantum* de objetividade que pretende ter contraparte na carga mínima de subjetividade.

Tem-se como certo, nos dias de hoje, que o conhecimento científico do fenômeno social, seja ele qual for, advém da experiência, aparecendo sempre como uma síntese necessariamente *a posteriori*. Ele, o fato social, na sua congênita e inesgotável plurilateralidade de aspectos, reivindica, enquanto objeto, uma sequência de incisões que lhe modelem o formato para a adequada apreensão do espírito humano. Está presente nessa atividade tanto a objetivação do sujeito como a subjetivação do objeto, em pleno relacionamento dialético. Isso impede a concepção do "fato puro", seja ele econômico, histórico, político, jurídico ou qualquer outra qualidade que se lhe queira atribuir. Tais fatos, como bem salientou Lourival Vilanova[101], são elaborações conceptuais, subprodutos de técnicas de depuração de ideias seletivamente ordenadas. Não acredito ser possível, por isso mesmo, isolar-se, dentro do social, o fato jurídico, sem uma série de cortes e recortes que representem, numa ascese temporária, o despojamento daquele fato cultural maior de suas colorações políticas,

---

101. *As estruturas lógicas e o sistema do direito positivo*, cit., p. 65.

econômicas, éticas, históricas etc., bem como dos resquícios de envolvimento do observador, no fluxo inquieto de sua estrutura emocional.

Sem disciplinas, é claro, não teremos as interdisciplinas, mas o próprio saber disciplinar, em função do princípio da intertextualidade, avança na direção dos outros setores do conhecimento, buscando a indispensável complementaridade. O paradoxo é inevitável: o disciplinar leva ao interdisciplinar e este último faz retornar ao primeiro. A relação de implicação e polaridade, tão presente no pensamento de Miguel Reale, manifesta-se também aqui, uma vez que o perfil metódico que venha a ser adotado, sê-lo-á, certamente, para demarcar uma porção da cultura.

Dois outros obstáculos, na forma de desafios, estarão no caminho do estudioso, mesmo que se admita superada aquela situação paradoxal: (i) quais as proporções do corte e (ii) que critérios utilizar para a condução do raciocínio no trato com o objeto já constituído (digamos, recortado).

Aquilo que podemos esperar de quem empreenda a aventura do conhecimento, no campo do social, a esta altura, é uma atitude de reflexão, de prudência, em respeito mesmo às intrínsecas limitações e à própria finitude do ser humano. Esta tomada de consciência, contudo, não pode representar a renúncia do seguir adiante, expressa nas decisões que lhe parecerem mais sustentáveis ao seu projeto descritivo.

3.3.7.2 *Inesgotabilidade da interpretação*

Inesgotabilidade é outra coluna que sustenta o processo interpretativo. O programa de pesquisa para acesso à compreensão é, efetivamente, interminável. Conhecer e operar os textos, aprofundando o saber, é obra de uma vida inteira, mesmo que se trate de algo simples, aparentemente acessível ao exame do primeiro instante. A instável relação entre os homens, no turbulento convívio social, gera inevitáveis mutações semânticas, numa sucessão crescente de alterações que se processam no interior do espírito humano. Aquilo que nos parecia objeto de inabalável convicção, em determinado momento de nossa existência, fica desde logo sujeito a novas conformações que os fatos e as pessoas vão suscitando, no intrincado entrelaçamento da convivência social. O mundo experimenta mudanças estruturais de configuração sob todos os ângulos de análise que possamos imaginar. E essa congênita instabilidade, que atinge as quatro regiões ônticas, está particularmente presente no reino dos objetos culturais, território onde se demoram as prescrições jurídico-normativas. Os signos do direito surgem e vão se transformando ao sabor das circunstâncias. Os fatores pragmáticos, que intervêm na trajetória dos atos comunicativos, provocam inevitáveis modificações no campo de irradiação dos valores significativos, motivo pelo qual a historicidade é aspecto indissociável do estudo das mensagens comunicacionais.

Considerações desse tope já nos permitem ver a flagrante instabilidade que acompanha a vida das palavras e das expressões de uma língua, tomada aqui como instituição e sistema; e o direito pode ser visto como tal[102].

3.3.8 As diferentes técnicas interpretativas e o direito

A doutrina tem aconselhado vários métodos de interpretação, quais sejam: literal ou gramatical, histórico ou histórico-evolutivo, lógico, teleológico e sistemático. Contudo, tomado o direito positivo como camada linguística vazada em termos prescritivos, com um vetor dirigido ao comportamento social, nas relações de intersubjetividade, este deve ser interpretado com base nos métodos empregados em sistemas de linguagens. E o conhecimento de toda e qualquer manifestação de linguagem pede a investigação de seus três planos fundamentais: a sintaxe, a semântica e a pragmática. Só assim reuniremos condições de analisar o conjunto de símbolos

---

[102]. Essas lembranças reafirmam, com força incisiva, a relatividade do conhecimento, proposição tão bem desenvolvida na obra de Vilém Flusser – *Língua e Realidade*, 2ª ed., São Paulo, Annablume, 2004.

gráficos e auditivos que o ser humano emprega para transmitir conhecimentos, emoções, formular perguntas, ou, como é o caso do direito positivo, transmitir ordens, substanciadas em direitos e deveres garantidos por sanções.

O plano sintático é formado pelo relacionamento que os símbolos linguísticos mantêm entre si, sem qualquer alusão ao mundo exterior ao sistema. O semântico diz respeito às ligações dos símbolos com os objetos significados, as quais, tratando-se da linguagem jurídica, são os modos de referência à realidade: qualificar fatos para alterar normativamente a conduta. E o pragmático é tecido pelas formas segundo as quais os utentes da linguagem a empregam na comunidade do discurso e na comunidade social para motivar comportamentos.

Pertencem ao plano sintático todos os critérios que se detêm no arranjo dos signos jurídicos. A boa disposição das palavras, na frase normativa, é condição para o sentido da mensagem. A chamada interpretação literal é um passo nesse longo caminho e o método lógico de interpretação também opera no nível da sintaxe. Aliás, a Lógica Jurídica ou Lógica Deôntica desenvolve-se a partir das estruturas sintáticas. E não é só isso. Aquele trabalho prévio a que Carlos Maximiliano chama de crítica é igualmente atividade no campo da sintaxe, consistente na verificação da constitucionalidade da regra, da autenticidade do preceito, em função do procedimento legislativo que o teve como resultado, ou da competência do juiz que proferiu a sentença. São todos exercícios que o exegeta faz sob o ângulo sintático.

Não há qualquer exagero ao afirmar que os problemas relativos à validade das normas jurídicas, à constitucionalidade de regras do sistema são questões que têm um lado sintático e, em parte, podem ser estudadas no plano da gramática jurídica. Dizem respeito à correta posição que as unidades normativas devem manter no arcabouço do direito.

Por sua vez, situam-se no prisma semântico os importantes estudos das denotações e conotações dos termos jurídicos.

Desenvolveremos atividade semântica, por exemplo, quando tratarmos da significação dos vocábulos "suspensão" e "isenção" do pagamento.

Implementa-se a investigação da linguagem pela verificação do plano pragmático. E aqui radicam muitos dos problemas atinentes à eficácia, à vigência e à aplicação das normas jurídicas, incluindo-se o próprio fato da interpretação, com seu forte ângulo pragmático. A aplicação do direito é promovida por alguém que pertence ao contexto social por ele regulado e emprega os signos jurídicos em conformidade com pautas axiológicas comuns à sociedade.

Na proposta epistemológica do direito, não me canso de repetir que todo trabalho com aspirações mais sérias há de expor previamente seu método, assim entendido o conjunto de técnicas utilizadas pelo analista para demarcar o objeto, colocando-o como foco temático e, em seguida, penetrar seu conteúdo. Parece apropriado efetuar breves considerações sobre o itinerário do pensamento, no sentido de abrir caminho para que o leitor possa percorrê-lo com desenvoltura, consciente do plano traçado pelo autor. A informação, que é de grande utilidade até para ensejar a iterativa conferência do rigor expositivo, volta-se, fundamentalmente, para esclarecer o trajeto que será trilhado, facilitando sobremaneira o entendimento das proposições apresentadas.

A norma jurídica somente pode ser compreendida com base no conhecimento do ordenamento do direito. A tarefa de interpretar qualquer unidade do direito positivo é, portanto, uma função da estrutura sistêmica de que faz parte, comparecendo a chamada técnica de interpretação literal como pressuposto para o ingresso no interior do sistema. Afinal, ninguém poderá imitir-se no conhecimento da ordem jurídico-positiva sem travar contato com o suporte físico (plano de expressão) do produto legislado.

Nas situações do mundo real, durante todo o trajeto do percurso gerador de sentido, o pensamento do exegeta lida com dados exclusivamente jurídicos: analisa hipóteses de incidência, compara bases de cálculo, aplica alíquotas, confere qualificações normativas de eventuais sujeitos passivos. Até os valores que quantificam as operações, muito embora expressos em pecúnia, compareçam como o resultado de procedimentos regidos pelo direito, de tal modo que não sobra espaço para conjecturas de outra índole, que pudessem recomendar o emprego de categorias e formas do pensar dos economistas. As próprias vantagens ou desvantagens aferidas entre os resultados obtidos entrariam num jogo comparativo de prestações tributárias, realizadas estas na estrita conformidade dos parâmetros legais. Vê-se que interpretações dessa natureza nada têm de econômicas, tecidas que são com elementos, categorias e formas necessariamente prescritas em textos do direito positivo e desenvolvidas mediante fórmulas procedimentais igualmente contidas naqueles textos.

Atingindo esse ponto, não é difícil distribuir as citadas técnicas de interpretação pelas três plataformas da investigação linguística. Os métodos literal e lógico estão no plano sintático, enquanto o histórico e o teleológico influem tanto no nível semântico quanto no pragmático. O critério sistemático da interpretação envolve os três planos e é, por isso mesmo, exaustivo da linguagem do direito. Isoladamente, só o último (sistemático) tem condições de prevalecer, exatamente porque ante-supõe os anteriores. É, assim, considerado o método por excelência.

De qualquer modo, a exegese dos textos legais, para ser completa, tem de valer-se de incursões nos níveis sintático, semântico e pragmático da linguagem jurídica, única forma de se chegar ao conteúdo intelectual.

3.4 CIÊNCIA E EXPERIÊNCIA

O dinamismo da convivência humana, na sua incessante e surpreendente criatividade, vai produzindo novas manifestações de relacionamento entre as pessoas, expandindo ações, desenvolvendo instrumentos e aperfeiçoando técnicas de aproximação. Enquanto série interligada de ações e omissões, esse mundo circunstante das condutas intersubjetivas, feito de proximidades e de distâncias, dá-se no espaço físico e no espaço social, perfazendo uma sequência indeterminável em termos quantitativos e qualitativamente inexaustiva. O fluxo do acontecer histórico é imprevisível e suas incontidas mutações acrescentam uma dificuldade enorme para o fim de gerar modos de controle e nutrir expectativas de padronizar conteúdos. Daí por que o sistema jurídico, abrindo mão das ocorrências efetivas, se atém a formas de interação, a pautas de comportamento com referentes semânticos genéricos, providência que é sempre um *posterius* em relação ao fato social objeto das normas e que provoca o inevitável descompasso entre os dois planos: o da realidade social e o do ordenamento jurídico que sobre ela incide, numa "circularidade" que chama a atenção do observador e passa a ser um dos traços bem característicos da concepção pós-moderna do direito. Esse intervalo feito pelo destempo, tido às vezes como demora ou atraso, encerra, para outros, o *quantum* de sabedoria, de equilíbrio, de comedimento, de prudência, que as construções jurídico-prescritivas portam como seu apanágio ou, quando menos, como marca indelével de seu caráter.

Seja como for, é naquele vazio cronológico que acontecem as coisas, se instalam as novidades, surgem costumes auspiciosos ou preocupantes, propostas de modificação pela via da instauração, da restauração, da revolução, mas é sobretudo nessa fração de tempo que a sociedade se dá conta dos bens culturais que ela mesma produziu, das técnicas inovadoras que foram inventadas pelo crescimento do domínio operacional do ser humano sobre a natureza que o cerca. Em ritmo surdo, às vezes até sem ele o perceber, avança o homem no domínio cognoscente das leis naturais, transformando meros laços de causalidade física em relações de meio-fim: eis o aparecimento de novas regras técnicas.

O jurista, exegeta das proporções inteiras deste todo sistemático, pela atitude cognoscitiva de interpretação, é o ponto de intersecção destes dois mundos sígnicos: realidade e direito positivo, em toda sua complexidade. Tal empresa dista de ser fácil, pedindo ao exegeta uma interpretação que mantenha as proporções inteiras destes dois sistemas de linguagem. Neste viés, é algo sem sentido cogitarmos do saber, em termos rigorosos, isolando a teoria da prática. A epistemologia pressupõe a dialética e a interdependência entre as proposições teoréticas e os objetos do mundo, de tal sorte que aquelas, ordenadas racionalmente, possam descrever estes últimos de modo satisfatório.

No mesmo sentido, é perceptível o quão árdua é a tarefa de executar a projeção dos modelos teóricos, quando os precipitamos sobre o espaço do mundo objetivo, tendo em vista as dificuldades que cercam o desempenho dos iniciantes. Entre a linguagem da teoria e a linguagem da prática, no dia a dia da turbulenta vida social, interpõe-se outra camada linguística, que eu chamaria de linguagem técnico-empírica, porque consiste em fazer valer categorias abstratas, artificialmente concebidas no âmbito da verdade por coerência, incidindo na plataforma das construções quase sempre desordenadas do contato entre as pessoas, no tecido da existência comunitária. Dizendo de modo mais simples, é a preciosa linguagem da experiência, responsável pela intermediação entre as propostas do saber teorético e os contundentes reclamos da pragmática da comunicação jurídica.

De fato, essa linguagem intercalar não se oferece ao domínio logo no exame do primeiro instante. Às vezes, são necessários longos anos de atividade atenta e aplicação cuidadosa, para que o profissional possa dizer-se experiente.

Por outro lado, a realidade social oferece uma natural resistência às iniciativas de regulação de condutas operadas pelo processo de positivação do direito, intervalo que é objeto de estudo pelas teses sobre a eficácia jurídica. Ajeitando essas reflexões, assim se expressou Lourival Vilanova[103]: "O jurista,

---

103. "Fundamentos do estado do direito", in *Escritos jurídicos e filosóficos*, vol. 1, cit., p. 414.

no sentido mais abrangente, é o ponto de intersecção da teoria e da prática, da ciência e da experiência (...)."

O direito positivo, enquanto camada de linguagem prescritiva, se projeta sobre o contexto social, regulando as condutas intersubjetivas e direcionando-as para os valores que a sociedade quer ver praticados. Em momento algum, todavia, o fenômeno jurídico é reduzido à singela expressão das normas que integram a sua ontologia. A opção pelo tratamento semiótico da linguagem normativa é decisão de cunho metodológico, que se projeta na cognição do processo ontológico do objeto de conhecimento em que atua o homem pelo sistema lógico da linguagem. Eis o apontamento e o surgimento de um método científico que toma por base as evoluções nos campos da filosofia, epistemologia e teoria comunicacional destes últimos dois séculos.

Habitar o espírito do nosso tempo, como diria G. Vattimo é, de certo modo, participar desse mundo de incertezas, acatar essa multidiversidade que a todo instante nos deixa admirados, escapando, minutos depois, do nosso controle; é tomar consciência do extraordinário salto tecnológico havido no setor da comunicação, com informações que se cruzam e entrecruzam em múltiplos sentidos, acrescentando outras e inesperadas combinatórias ao tecido já hipercomplexo das sociedades atuais.

Agora, bem, um dos ângulos da disciplina jurídica das novas situações comunicacionais é o tributário. Importa refletir, por isso mesmo, com que amplitude de compreensão nosso sistema constitucional vai permitir às pessoas políticas abrangê-las, dimensioná-las, mas, sobretudo, definir as linhas demarcatórias das várias unidades operacionais. E essa temática, nos dias de hoje, é algo que se afigura difícil e pressupõe o conhecimento minucioso do universo factual em que se processam as condutas.

Não se pode perder de vista a noção fundamental de que tanto a realidade normada quanto as próprias regras do direito positivo aparecem sempre na forma de texto. Nada melhor, portanto, que a concepção semiótica para submetê-lo a uma crítica rigorosa, passando e repassando a estrutura da ordem jurídica vigente, no que atina aos tributos, mediante uma série de considerações de cunho sintático, semântico e pragmático.

3.4.1 A conversação da prática com a teoria nos domínios do direito

Faz algum tempo que a comunidade jurídica brasileira vem reivindicando trabalhos específicos sobre as figuras impositivas do nosso sistema tributário. As obras gerais, de boa qualidade, diga-se de passagem, oferecem um roteiro seguro para as necessárias incursões do estudioso nos vários campos de incidência, propiciando aos interessados o acesso a instrumentos institucionais que permitem a compreensão adequada daquelas entidades do direito posto. A despeito dessa doutrina firmada na parte geral da temática tributária, desenvolveu-se um sentimento de carência com relação aos impostos, particularmente considerados, às taxas e às contribuições, uma vez que a vivência empírica da sociedade brasileira já se mostrava substanciosa, exigindo, por assim dizer, um esforço de organização da experiência, de reflexão sobre esse material precioso que advém da prática reiterada e constante da aplicação normativa.

No final das contas, o direito se constrói na experiência, no entretecer paulatino das expectativas normativas envolvidas nos múltiplos conflitos de interesse, filtrados em linguagem competente e submetidos à apreciação de órgãos credenciados pelo ordenamento. Já se pode falar, hoje, numa vivência concreta, efetiva, rica de variações e de alternativas, na existência de cada um dos tributos brasileiros, principalmente dos impostos. Estes não representam mais, como outrora, meras construções de linguagem, à espera do longo e penoso processo de concretização. Vemo-los, agora, integrados numa realidade vivida e construída pela sociedade brasileira, portanto, por isso mesmo, dotadas de respeitável carga pragmática e que, agregada às outras duas instâncias semióticas, poderá propiciar uma visão mais ampla e fecunda da linguagem jurídico-tributária.

Segunda Parte
Direito Tributário

Capítulo 1
SISTEMA CONSTITUCIONAL TRIBUTÁRIO

Sumário: **1.1. Sistema Constitucional Tributário** – 1.1.1. Sistema do direito positivo e sistema da Ciência do Direito –1.1.2. Teubner e o direito como sistema autopoiético – 1.1.3. A impossibilidade de traduções perfeitas entre os idiomas da mesma família e a conversação que entre eles se estabelece, segundo a concepção de Vilém Flusser – 1.1.4. Axioma da hierarquia no direito posto – 1.1.5. O axioma da validade – 1.1.6. Sistema tributário nacional e a Lei n. 5.172/66 – 1.1.7. Sobre a reforma constitucional – considerações de ordem política. **1.2. Competência tributária** – 1.2.1. Utilidade das categorias veículo introdutor e norma introduzida para o exame do exercício da competência tributária – 1.2.2. Competência legislativa tributária e os limites constitucionalmente estabelecidos – 1.2.3. Competência legislativa e a aptidão de inovar o sistema jurídico – 1.2.4. Competência residual – 1.2.5. Competência extraordinária – 1.2.6. Competência tributária e capacidade tributária ativa – 1.2.7. Fiscalidade, extrafiscalidade e parafiscalidade – 1.2.8. Competência legislativa e ICMS. **1.3. Os princípios jurídicos tributários** – 1.3.1. Os "princípios" na textura das várias linguagens jurídicas – 1.3.2. Os "princípios" e a compreensão do direito – 1.3.3. A classificação dos "princípios" em razão dos critérios de objetividade que presidem sua aplicação aos casos concretos – 1.3.4. Limites objetivos como mecanismos realizadores do valor – 1.3.5 Violação de princípios e sobreprincípios. – 1.3.6. Os sobreprincípios no sistema jurídico tributário – 1.3.6.1. O sobreprincípio da segurança jurídica – 1.3.6.1.1. O primado da segurança jurídica no tempo – 1.3.6.2. O sobreprincípio da certeza do direito – 1.3.6.3. O sobreprincípio da igualdade – 1.3.6.4. Sobreprincípio da liberdade – 1.3.6.5. Sobreprincípio da justiça – 1.3.7. Os princípios formadores do Estado – 1.3.7.1. Princípios da Federação e da República – 1.3.7.2. O princípio da separação dos poderes – 1.3.7.3. Princípio da isonomia das pessoas políticas de direito constitucional interno – 1.3.7.4. O princípio da autonomia dos Municípios – 1.3.8. Os limites objetivos no direito tributário – 1.3.8.1. Princípio da legalidade tributária – 1.3.8.2. O princípio da tipicidade tributária – 1.3.8.3. O princípio da anterioridade – 1.3.8.4. O princípio da irretroatividade da lei tributária – 1.3.8.4.1. A retroatividade das leis interpretativas – 1.3.8.4.2. Aplicação prospectiva de conteúdos decisórios e modulação de efeitos em decisão de (in) constitucionalidade: Integração entre o sobreprincípio da segurança jurídica e a retroatividade das leis tributárias – 1.3.8.5. Princípio da não-cumulatividade – 1.3.8.5.1. A norma decorrente do regime jurídico da não-cumulatividade – 1.3.9. Princípio da proibição de tributo com efeito de confisco – 1.3.10. Princípio da capacidade contributiva. **1.4. Imunidades tributárias** – 1.4.1. Noção corrente de imunidade tributária – 1.4.2. Teoria da imunidade como técnica legislativa de exoneração – 1.4.3. Conceito e definição do instituto: sua natureza jurídica – 1.4.4. Sistema constitucional tributário e as imunidades – 1.4.5. Paralelo entre imunidades e isenções – 1.4.6. Imunidade recíproca – 1.4.7. Imunidade dos templos de qualquer culto – 1.4.8. Imunidade dos partidos políticos e das instituições educacionais ou assistenciais – 1.4.9. Imunidade do livro, dos periódicos e do papel destinado à sua impressão – 1.4.10. Outras hipóteses de imunidade – 1.4.11. Imunidades de taxas e de contribuições.

1.1 SISTEMA CONSTITUCIONAL TRIBUTÁRIO

Dentre os muitos legados que a obra fecunda de Geraldo Ataliba nos deixou, está a necessidade premente de partirmos do Texto Constitucional para podermos compreender as devidas proporções do sistema tributário brasileiro. Sem uma tomada de posição consciente a respeito das diretrizes sobranceiras estabelecidas pela Lei Suprema, fica difícil, para não dizer impossível, isolarmos a planta básica dos tributos, percebendo as peculiariaridades de um subdomínio normativo cuja complexidade vem crescendo numa velocidade espantosa. Mais do que nunca, o esforço da atividade cognoscente, neste setor, reivindica uma drástica redução da multiplicidade extensiva de funções, órgãos e atividades, inerentes ao fenômeno impositivo, para que possa aparecer, como resíduo, um plexo racional de enunciados, orientadores do raciocínio que vai nos conduzir à inteligência dos numerosos comandos prescritivos.

Na verdade, a mensagem do saudoso professor não se limitava à mera escolha do ponto de partida, mas proclamava, como providência indispensável, nessa linha de investigação, o saber da trilogia direito constitucional, direito administrativo e direito tributário, sustentada pelo hábil meneio das categorias da Teoria Geral do Direito.

Sem abandonarmos, por um instante sequer, esse precioso caminho especulativo, que tem como pressuposto o isolamento das normas, à maneira de Kelsen, podemos acrescentar as conquistas da semiótica e de outras Ciências da linguagem como algo também imprescindível no prosseguimento dos objetivos cognoscitivos do jurista pós-moderno, tendo em vista as construções de sentido que os textos legislados provocam em nossa mente. Em outras palavras, o jurista aparece como o intérprete, por excelência, dos textos prescritivos do direito posto, atravessando, com sua análise construtiva, o sistema das normas positivadas, em que os comportamentos interpessoais se encontram modalizados em obrigatórios (O), proibidos (V) e permitidos (P).

Dentro desta análise semiótica do sistema, o conhecimento de toda e qualquer manifestação de linguagem jurídica pede a investigação de seus três planos fundamentais: a sintaxe, a semântica e a pragmática. No sistema normativo do direito temos que o aspecto sintático se apresenta nas articulações das normas entre si. É sintática a relação entre a norma da Constituição e aquela da lei ordinária, assim como puramente sintático é o vínculo entre a regra que estipula o dever e a outra que veicula a sanção. De ordem sintática, também, a estrutura intranormativa e, dentro dela, o laço condicional que une antecedente (hipótese) ao consequente.

Por sua vez, semântica jurídica é o campo das significações do direito. É o meio de referência que as normas guardam com relação aos fatos e comportamentos tipificados. Essa relação é justamente a ponte que liga a linguagem normativa à conduta do mundo social que ela regula. O aspecto semântico nos leva ao tormentoso espaço das acepções dos vocábulos jurídicos, às vezes vagos, imprecisos e multissignificativos.

Mas, para além do estudo da arrumação dos termos jurídicos dentro da fraseologia da lei (sintaxe) e da pesquisa dos seus significados (semântica), o conhecimento da linguagem do direito supõe a indagação da maneira como os sujeitos a utilizam dentro da comunidade em que vivem (pragmática). Como motivar a conduta, realizando os valores da ordem jurídica, é o grande tema da pragmática.

1.1.1 Sistema do direito positivo e sistema da Ciência do Direito

Não são poucos os autores que insistem na distinção entre *ordenamento e sistema*, tendo em vista o direito positivo. Os enunciados prescritivos, assim que postos em circulação, como conjuntos de decisões emanadas das fontes de produção do direito, formariam matéria bruta a ser ordenada pelo cientista à custa de ingentes esforços de interpretação e organização das unidades normativas em escalões hierárquicos, até atingir o nível apurado de sistema, entidade que apareceria como resultado desse intenso labor estruturante, sem contradições, isento de ambiguidades e pronto para ser compreendido pelo destinatário. O ordenamento seria o texto bruto, tal como meditado pelos órgãos competentes e tomado na multiplicidade das decisões concretas em que se manifesta a autoridade de quem legisla. Melhor: seria o conjunto ou a totalidade das mensagens legisladas, que integrariam um domínio heterogêneo, uma vez que produzidas em tempos diversos e em diferentes condições de aparecimento.

Observado segundo esses padrões, o direito posto não alcançaria o *status* de sistema, reservando-se o termo para designar a contribuição do cientista, a atividade do jurista que, pacientemente, compõe as partes e outorga ao conjunto o sentido superior de um todo organizado. Ordenamento e direito positivo, de um lado, sistema e Ciência do Direito, de outro, seriam binômios paralelos, em que os dois últimos termos implicam os primeiros.

Ora, a despeito de tomar as variações terminológicas como precioso recurso para a construção da descritividade própria do discurso científico, não vejo como se pode negar a condição de sistema a um estrato de linguagem tal como se apresenta o direito positivo. Qualquer que seja o tecido de linguagem de que tratamos, terá ele, necessariamente, aquele mínimo de racionalidade inerente às entidades lógicas, de que o ser sistema é uma das formas. Pouco importa, aqui, se o teor da mensagem é prescritivo, interrogativo, exclamativo ou meramente descritivo. A verdade é que o material bruto dos comandos legislados, mesmo antes de receber o tratamento hermenêutico do cientista dogmático, já se afirma como expressão linguística de um ato de fala, inserido no contexto comunicacional que se instaura entre enunciador e enunciatário. E o asserto se confirma quando pensamos que o trabalho sistematizado que a doutrina elabora, em nível de sobrelinguagem, pode, perfeitamente, ser objeto de sucessivas construções hermenêuticas porque a compreensão é inesgotável.

Ali onde houver um texto, haverá sempre a possibilidade de interpretá-lo, de reorganizá-lo, de repensá-lo, dando origem a novos textos de nível linguístico superior. Sistema é o discurso da Ciência do Direito, mas sistema também é o domínio finito, mas indeterminável, do direito positivo.

Advirto, portanto, que emprego, livremente, no curso desta obra, "ordenamento" como sinônimo de "ordem positiva", "direito posto" e "direito positivo".

Assim sendo, as normas jurídicas formam um sistema, na medida em que se relacionam de várias maneiras, segundo um princípio unificador. Trata-se do direito posto, que aparece no mundo integrado numa camada de linguagem prescritiva. Produto do homem para disciplinar a convivência social, o direito pertence à região ôntica dos objetos culturais, dirigindo-se, finalisticamente, ao campo material das condutas intersubjetivas.

O sistema do direito oferece uma particularidade digna de registro: suas normas estão dispostas numa estrutura hierarquizada, regida pela fundamentação ou derivação que se opera tanto no aspecto material quanto no formal ou processual, o que lhe imprime possibilidade dinâmica, regulando, ele próprio, sua criação e suas transformações. Examinando o sistema de baixo para cima, cada unidade normativa se encontra fundada, material e formalmente, em normas superiores. Invertendo-se o prisma de observação, verifica-se que das regras superiores derivam, material e formalmente, regras de menor hierarquia. A Carta Magna exerce esse papel fundamental na dinâmica do sistema, pois nela estão traçadas as características dominantes das várias instituições que a legislação comum posteriormente desenvolverá. Sua existência imprime, decisivamente, caráter unitário ao conjunto, e a multiplicidade de normas, como entidades da mesma índole, lhe confere o timbre de homogeneidade. Isso autoriza dizermos que o sistema também empírico do direito é unitário e homogêneo, afirmação que vale para referência ao direito nacional de um país ou, para aludirmos ao direito internacional, composto pela conjunção do pluralismo dos sistemas nacionais.

Mas não só o direito positivo se apresenta como sistema, como também a Ciência que dele se ocupa assume foros sistemáticos. O direito positivo é um sistema nomoempírico prescritivo, onde a racionalidade do homem é empregada com objetivos diretivos e vazada em linguagem técnica. A Ciência que o descreve, todavia, mostra-se um sistema não só nomoempírico, mas também teorético ou declarativo, vertido em linguagem que se propõe ser eminentemente científica.

Como sistema nomoempírico teorético que é, a Ciência do Direito tem de ter uma hipótese-limite, sobre a qual possa construir suas estruturas. Do mesmo modo que as outras Ciências, vê-se o estudioso do direito na contingência de fixar um axioma que sirva de base última para o desenvolvimento do seu discurso descritivo, evitando assim o *regressus ad infinitum*. A descoberta da norma hipotética fundamental, empreendida por Hans Kelsen, é o postulado capaz de dar sustentação à Ciência do Direito, demarcando-lhe o campo especulativo e atribuindo unidade ao objeto de investigação. A norma hipotética fundamental, entretanto, não se prova nem se explica. É uma proposição axiomática, que se toma sem discussão de sua origem genética, para que seja possível edificar o conhecimento científico de determinado direito positivo. Ela dá legitimidade à Constituição, não cabendo cogitações de fatos que a antecedam. Com ela se inicia o processo derivativo e nela se esgota o procedimento de fundamentação. É fruto de um artifício do pensamento humano e a Filosofia do Direito a tem como pressuposto gnosiológico do conhecimento jurídico.

Não deve causar espécie a circunstância de a Ciência do Direito precisar de um axioma, enunciado que se dá por verdadeiro sem demonstração, para fincar a raiz do seu sistema. Tal acontece em todo o sistema científico: a Geometria, a Matemática, a Sociologia, a Psicologia e as demais Ciências partem sempre de proposições escolhidas arbitrariamente ou de evidência imediata, não demonstráveis, e sobre elas desdobra a organização descritiva dos respectivos objetos.

A contar da CR, reafirmamos, as restantes normas do sistema distribuem-se em vários escalões hierárquicos, ficando nas bases da pirâmide as regras individuais de máxima concretude. Concepção dessa ordem propicia uma análise estática do ordenamento jurídico — nomoestática — e uma análise dinâmica do funcionamento do sistema positivo — nomodinâmica. Na primeira, as unidades normativas são surpreendidas num determinado instante, como se fossem fotografadas; na segunda, é possível indagar do ordenamento nas suas constantes mutações, quer no que diz com a criação de regras novas, quer no que atina às transformações internas que o complexo de normas tem idoneidade para produzir. No plano da nomodinâmica nos deparamos, entre a norma fundante e a norma fundada, com o ser humano, suas crenças, seus valores, suas ideologias, atuando para movimentar o sistema, positivando-o e realizando, assim, efetivamente o direito.

1.1.2 Teubner e o direito como sistema autopoiético

Cabe, aqui, algumas palavras quanto à nomoestática acima referida, para fins de identificar a importância de uma análise sincrônica do ordenamento jurídico.

Para Teubner, *o Direito constitui um sistema autopoiético de segundo grau, autonomizando-se em face da Sociedade, enquanto sistema autopoiético de primeiro grau, graças à constituição autorreferencial dos seus próprios componentes sistêmicos e à articulação destes num hiperciclo*[104].

E continua o autor alemão, referindo-se ao direito como subsistema social autopoiético de comunicação, que se autonomizou do sistema social geral graças à emergência de um código próprio e diferenciado, suficientemente estável para funcionar como centro de gravidade e princípio energético de um processo de autoprodução recursiva, fechada e circular de comunicações *especificamente* jurídicas. Segundo ele, se

---

104. Gunther Teubner. *O direito como sistema autopoiético*, trad. José Engrácia Antunes, Lisboa, Fundação Calouste Gulbenkian, 1989.

o direito se consubstancia num sistema que vive em clausura comunicativa (isto é, comunica acerca de si próprio), então deixou de ser possível conceber sua origem num Direito Natural, num Direito Divino, ou numa qualquer essência pré-estabelecida e exterior ao próprio sistema jurídico: *não há Direito fora do Direito*.

O sistema jurídico aparece aqui concebido como sistema autorreferencial e autorreprodutivo de actos de comunicação particulares (os actos jurídicos), ou seja, um sistema constituído por eventos comunicativos específicos que, simultaneamente, se autorreproduzem à luz do código binário "lícito/ilícito", se articulam recursiva e circularmente entre si, definem as fronteiras do sistema jurídico, e constroem seu meio envolvente próprio ("realidade jurídica"): numa palavra, um sistema comunicativo "normativamente fechado". Sempre que as normas jurídicas entram no cálculo de outros subsistemas, apenas o fazem porque as mesmas foram tidas como importantes pelos códigos binários correspondentes (Moral, Religião, *Economia* etc).

Vê-se que a Teoria dos Sistemas, no modelo autopoiético, ressalta com tintas fortes a autonomia do direito e o quanto parece estranho interpretar a realidade jurídico-tributária em termos econômicos, contábeis, entre tantos outros pontos de vistas possíveis, de maneira a tomar tal interpretação como se prescritiva fosse.

1.1.3 A impossibilidade de traduções perfeitas entre os idiomas da mesma família e a conversação que entre eles se estabelece, segundo a concepção de Vilém Flusser

No seu *Língua e Realidade*, Flusser dá uma contribuição valiosa ao estudo da tradução entre idiomas. Além de estabelecer proposições sugestivas a respeito de a língua *ser* a realidade, *formar* a realidade e *criar* a realidade[105], mencionando

---

105. Gustavo Bernardo. Prefácio do livro *Língua e Realidade*, 2ª ed., 1ª reimp. São Paulo: Annablume, p. 17.

a conversação que se institui entre tais ordens para formar as várias culturas, o pensador Tcheco proclama, com bastante clareza, que as *Ciências são línguas*, de tal modo que as observações aplicáveis aos sistemas idiomáticos se acomodam perfeitamente ao esquema organizacional das Ciências. Ouçamo-lo. "A ciência sensu stricto, tal qual a conhecemos no Ocidente, desde o Renascimento, equivale, deste ponto de vista, ao aparecimento de uma nova língua."[106] E Gustavo Bernardo Krause, ao prefaciar essa obra-prima, como ele mesmo reconhece, reproduz o texto de Flusser: "a ciência, longe de ser válida para todas as línguas, é ela própria uma língua a ser traduzida para as demais."[107] Esse argumento se encontra presente também no artigo do mesmo autor, subsequente a este nessa revista, destacando que advém daí o *dilema da tradução*. Eis a razão e a pertinência de se reunir aos estudos tributários a "filosofia da palavra" de Krause.

Vilém Flusser, de fato, não admite a possibilidade de uma tradução perfeita, mesmo em se tratando de línguas flexionais, com organizações parecidas. Torna-se possível *aproximadamente*, graças às semelhanças existentes entre as estruturas dos idiomas. Daí o adágio consagrado: *tradutore, traditore*. Entre as realidades criadas e formadas por duas línguas diferentes, ainda que semelhantes, há um abismo que tem de ser transposto, momento em que surgem as inevitáveis distorções.

Ora, se o Direito (tomado aqui como Ciência) e a Economia, são dois sistemas cognoscentes distintos, entre eles somente poderá haver uma tradução *aproximada*, com a presença de termos e expressões intraduzíveis que determinam frequentes descompassos. Podem, contudo, manter uma *conversação* ampla, que envolva também o saber a respeito de outros segmentos do tecido social, como a Ciência Política, a Sociologia (em sentido estrito), as Ciências Contábeis, a Psicologia Social, a História etc.

---

106. Vilém Flusser, *Língua e Realidade*, 2ª ed., Editora Annablume, São Paulo, p. 54.
107. Idem, p. 19.

No âmbito destas investigações, chegaremos à conclusão de que toda construção de linguagem pode ser observada como jurídica, econômica, antropológica, histórica, política, contábel, etc.; tudo dependendo do critério adotado pelo corte metodológico empreendido. Existe interpretação econômica da realidade jurídica? Sim, para os economistas. Existirá interpretação contábil dela? Certamente, para o contabilista. No entanto, uma vez assumido o critério jurídico, o enunciado construído será, único e exclusivamente, jurídico; e claro, terá natureza jurídica, não econômica ou contábil, entre outras matérias. Como já anotado, o direito não pede emprestado conceitos de fatos para outras disciplinas. Ele mesmo constrói seu universo, seu objeto, suas categorias e unidades de significação. O paradoxo inevitável, e que causa perplexidade no trabalho hermenêutico, justifica a circunstância do disciplinar levar ao interdisciplinar e este último fazer retornar ao primeiro. Com já lembrei em outros momentos deste trabalho, sem disciplinas, portanto, não teremos as interdisciplinas, mas o próprio saber disciplinar, em função do princípio da intertextualidade, avança na direção dos outros setores do conhecimento, buscando a indispensável complementariedade. Tanto o jurídico quanto o econômico fazem parte do domínio social e, por ter este referente comum, justifica-se que entre um e outro haja aspectos ou áreas que se entrecruzem, podendo ensejar uma *tradução aproximada* e, em parâmetros mais amplos, uma densa e profícua *conversação*.

1.1.4 Axioma da hierarquia no sistema do direito posto

Sem hierarquia não há sistema de direito, pois ninguém poderia apontar o fundamento de validade das unidades componentes, não se sabendo qual deva prevalecer. Uma regra há de ter, para desfrutar de juridicidade, seu fundamento em outra que lhe seja superior. E isso vale tanto para o direito público como para o direito privado, sem qualquer distinção. Daí ser possível afirmar, peremptoriamente, que o princípio da hierarquia é um axioma. A maneira como cada direito positivo a realiza, todavia, é que pode variar, uma vez que o legislador a tece conforme os critérios que adota. Os mais comuns são, como sabemos, o de que a lei posterior prevalece sobre a anterior; a lei especial sobre a geral; a superior sobre a inferior. Saliente-se, contudo, que tais orientações são construídas historicamente pelo sistema, como instrumentos de consagração do postulado da hierarquia.

Não confundamos, portanto, o axioma da hierarquia com os critérios que o legislador adota para implantá-la. Hierarquia tem de existir sempre, de uma forma ou de outra, onde houver direito positivo.

A Constituição da República, em seu artigo 5º, inciso II, estabelece que "ninguém será obrigado a fazer ou deixar de fazer alguma coisa senão em virtude de lei". Entenda-se "lei" no sentido amplo e teremos o quadro dos instrumentos primários de introdução de normas no direito brasileiro, válido para as quatro ordens jurídicas que constituem o sistema total, quais sejam: a) o sistema nacional; b) o sistema federal; c) os sistemas estaduais; e d) os sistemas municipais. A lei e os estatutos normativos que têm força de lei são os únicos veículos credenciados a promover o ingresso de regras inaugurais no universo jurídico brasileiro, sendo por isso designados "instrumentos primários". São eles: lei constitucional, lei complementar, lei ordinária, lei delegada e até mesmo as medidas provisórias, além das resoluções e dos decretos-legislativos.

Todas as demais normas reguladoras das condutas humanas intersubjetivas, neste país, têm juridicidade condicionada às disposições legais, quer emanem de preceitos gerais e abstratos, quer individuais e concretos. Por essa razão, recebem o nome de "instrumentos secundários". Não possuem, por si só, a força vinculante capaz de alterar as estruturas do mundo jurídico-positivo. Realizam, simplesmente, os comandos que a lei autoriza e na precisa dimensão que lhes foi estipulada. São normas complementares das leis e a elas subordinadas, representadas por decreto regulamentar, instrução ministerial, instrução normativa, circular, ordem de serviço, ato declaratório e outros atos normativos expedidos pelas autoridades administrativas.

Qualquer tipo de obrigação tributária ou de dever instrumental que seja instituído por esta última classe de instrumentos introdutores, sem fundamento de validade naquelas normas de superior hierarquia, será, com efeito, incompatível com o ordenamento jurídico e deverá ter sua invalidade reconhecida pelos órgãos competentes da Administração Pública ou do Poder Judiciário.

Tão só a visão do direito positivo como um todo, assimilado nas suas relações internas de coordenação e de subordinação (hierarquia), tudo sob o manto dos grandes princípios que o sistema consagra e prestigia, é que terá o vigor de efundir luzes para o discernimento apropriado de questões controversas observadas no mundo jurídico.

As normas se conjugam de tal modo que as de menor hierarquia buscam seu fundamento de validade, *necessariamente*, em outras de superior hierarquia, até chegarmos ao patamar da Constituição, ponto de partida do processo derivativo e ponto de chegada do esforço de regressão. Vê-se, de pronto, que a *hierarquia* exsurge como autêntico axioma de toda e qualquer ordem positiva, como também os chamados "princípios ontológicos do direito"[108].

1.1.5 O axioma da validade

Muita diferença existe entre os mundos do "ser" e do dever-ser. São duas realidades que não se confundem, apresentando peculiaridades tais que nos levam a uma consideração própria e exclusiva. São dois corpos de linguagem, dois discursos linguísticos, cada qual portador de um tipo de organização lógica e de funções semânticas e pragmáticas diversas. O mundo normativo tem sua existência própria.

---

108. No direito privado, tudo que não estiver expressamente proibido estará juridicamente permitido; no direito público, tudo que não estiver expressamente autorizado estará juridicamente proibido.

Diferentemente do que ocorre na realidade do "ser", em que a causalidade é natural, no mundo do dever-ser a causalidade é normativa, ou seja, demanda que o homem a construa, enlaçando um fato a uma relação jurídica mediante conectivo implicacional deôntico. Exemplificando. Ao soltarmos um lápis, ele inevitavelmente cai, em razão da gravidade, ou seja, em virtude de uma relação naturalmente existente (ser). Por outro lado, ao depararmos com uma placa contendo a inscrição "não fume", não significa a impossibilidade física de praticar o ato ali tipificado, mas sim que um ser humano está manifestando sua vontade de que não haja pessoas fumando naquele local (dever-ser). Tanto que, independentemente dessa regra vir a ser observada ou não, o preceito continua válido.

Em suma, o mundo do "ser" é disciplinado pela causalidade natural, em que há relações de implicação exprimindo nexo formalmente necessário entre os fatos naturais e seus efeitos. Já no universo jurídico, inexiste necessidade lógica ou factualmente fundada de a hipótese implicar a consequência, sendo a própria norma quem estatui o vínculo implicacional por meio do dever-ser.

Agora, o leitor estará se perguntando qual o vínculo lógico destes efeitos com a temática da validade no direito positivo. Pois bem, enquanto na lei da causalidade natural a relação entre antecedente e consequente é descritiva, na lei de causalidade jurídica é o sistema jurídico que determina, dentre as possíveis hipóteses e consequências, as relações que devem se estabelecer. É o ato de vontade da autoridade que legisla expresso por um dever-ser neutro, isto é, que não aparece modalizado nas formas "proibido", "permitido" e "obrigatório", o responsável pela conexão deôntica entre proposição-antecedente e proposição-tese.

O direito positivo, sendo tomado como o conjunto de normas jurídicas válidas em determinado espaço e em certas condições de tempo, integra o mundo do dever-ser, isto é, seus enunciados são prescritivos, impondo como as coisas hão de ocorrer. Com isso, o direito cria sua própria realidade, admitindo e conhecendo como reais apenas os fatos produzidos na forma linguística prevista pelo ordenamento.

Vale a proporção: a linguagem natural está para a realidade em que vivemos (realidade social), assim como a linguagem do direito está para a realidade jurídica. Dito de outra maneira, da mesma forma que a linguagem natural constitui nosso mundo circundante, a que chamamos de "realidade", a linguagem do direito cria o domínio do jurídico, isto é, o campo material das condutas intersubjetivas, dentro do qual nascem, vivem e morrem as relações disciplinadas pelo direito. Se não há fato sem articulação de linguagem, também inexistirá fato jurídico sem a linguagem específica que o relate como tal.

Para aclarar a assertiva, tomemos a situação em que um sujeito S' empresta quantia em dinheiro para S". Caso S' não consiga expressar sua reivindicação mediante as provas que o direito prescreve como ajustadas à espécie, faltando, portanto, a linguagem jurídica competente para narrar o acontecimento, é descabido falar em fato jurídico ou norma válida, inserida no sistema. Conserva sua natureza factual porque descrito em linguagem ordinária, porém não alcança a dignidade de fato ou norma jurídica, por ausência da expressão verbal adequada.

Inseridos, portanto, dentro dessa autoconstitutividade da realidade deôntica, um mandamento qualquer só adquire *status* de jurídico por pertencer a determinado sistema de direito positivo e o critério de pertinência é exatamente o sinal decisivo de sua validade. Uma norma "N" é válida no sistema jurídico "S" se, e somente se, pertencer a esse conjunto, o que significa admitir que foi produzida por órgão previsto pelo sistema, consoante procedimento específico nele também estipulado.

Para a lógica deôntica, as normas jurídicas, proposições prescritivas que são, têm sua valência própria. Delas, não se pode dizer que sejam verdadeiras ou falsas, valores imanentes às proposições descritivas da Ciência do Direito, mas as normas jurídicas serão sempre válidas ou inválidas, com referência a determinado sistema "S". E ser norma válida quer significar que mantém relação de pertinencialidade com o sistema "S", ou que nele foi posta por órgão legitimado a produzi-la, mediante procedimento estabelecido para esse fim. Nesse sentido, Lourival Vilanova[109] lembrou, com sutileza de análise, que:

> No direito, são as regras do processo legislativo, ou quaisquer outras regras-de-regras, que estabelecem como constituir, reformar ou desconstituir normas válidas. A validade é, assim, validade no interior do sistema positivo. Normas de outra procedência, ou de outro conteúdo, para ingressar no sistema, requerem regra-de-regra que as juridicize, que as convalide. A correspondência com tais regras 'processuais' dá-lhes relação-de-pertinência em face do sistema positivo.

Eis a razão de se entender que a validade das normas aparece como um dos conceitos fundantes no domínio do jurídico.

Essa advertência nos conduz a três conclusões imediatas: a) em termos jurídico-normativos, *existir* e *valer* são grandezas semânticas que se equivalem; e b) o conhecimento de qualquer das unidades normativas pressupõe contato com a totalidade do conjunto. Como já dissera Carnelutti, "em torno de uma simples relação jurídica gira todo o sistema do direito positivo".

Breve exame dessas considerações preliminares nos aponta o despropósito consistente em procurar o teor significativo de uma regra de direito, nos estritos termos de sua configuração literal, ao mesmo tempo em que convoca nossa atenção para uma análise mais profunda das estruturas do direito positivo brasileiro.

Por fim, não posso deixar de enfatizar que as colocações de caráter teórico serão básicas para a compreensão dos problemas, além do que tem sido o caminho que, com mais eficiência e segurança, me tem guiado na solução de questões práticas.

1.1.6 Sistema tributário nacional e a Lei n. 5.172/66

A Lei n. 5.172/66 cumpre, em termos de sistema tributário nacional, relevante papel de mecanismo de ajuste, calibrando a produção legislativa ordinária em sintonia com os

---

109. *Estruturas lógicas e o sistema do direito positivo*, cit., p. 19.

mandamentos supremos da Constituição de 1988. Posso afirmar, de forma resumida, que exercendo sua missão, essa lei assegura o funcionamento do sistema, quer introduzindo preceitos que regulem as limitações constitucionais ao exercício do poder de tributar, quer dispondo sobre conflitos de competência entre as pessoas políticas de direito constitucional interno, ou disciplinando certas matérias que o constituinte entendeu merecedoras de cuidados especiais. Tudo visando à uniformidade e harmonia do ordenamento como um todo.

Pode dizer-se auspiciosa a experiência vivida pela comunidade jurídica brasileira com o advento do Código Tributário Nacional. Em face de uma estrutura rica e minuciosa, como a prevista pela Lei Básica, as construções doutrinárias encontraram repercussão na jurisprudência, que debateu, amplamente e com abertura de propósitos, os temas imprescindíveis à implantação dos tributos concebidos pelo Texto Supremo. Ao mesmo tempo, institutos caríssimos para a compostura do sistema tributário passaram por um processo de evolução e de acabamento normativo digno de nota. O resultado não demorou a aparecer: a despeito das críticas que venhamos a formular sobre os excessos cometidos e, ainda que impondo carga tributária incompatível com as aspirações das forças produtivas da sociedade em que vivemos, o sistema não deixa de ser rápido, operativo e funcional, respondendo ao mais singelo impulso, com resultados quase que imediatos e previsíveis.

Analisando de outra maneira, as queixas sobre eventuais injustiças com que nos deparamos na relação mantida entre os sujeitos da obrigação tributária no Brasil estão longe de comprometer o sistema na dinâmica de sua operatividade funcional. Por esse ângulo, merece aplausos sinceros de reconhecimento e de admiração.

1.1.7 Sobre reforma constitucional – considerações de ordem política

O procedimento de tomar o direito como fato da cultura, de reconhecer-lhe o caráter retórico e de compreendê-lo como produto efetivo de um tempo histórico marcado pela presença sensível de invariantes axiológicas, está longe de ser mera tática aproximativa do estudioso para tentar compreender a textura do fenômeno jurídico. Ainda que em certos momentos a ordem normativa possa parecer mero conjunto de estratégias discursivas voltadas a regrar condutas interpessoais e, desse modo, concretizar o exercício do mando, firmando ideologias, tudo isso junto há de processar-se no âmbito de horizontes definidos, em que as palavras utilizadas pelo legislador, a despeito de sua larga amplitude semântica, ingressem numa combinatória previsível, calculável, mantida sob o controle das estruturas sociais dominantes. A possibilidade de estabelecer expectativas de comportamento e de torná-las efetivas ao longo do tempo impede que o direito assuma feição caótica e dá-lhe a condição de apresentar-se como sistema de proposições articuladas, pronto para realizar as diretrizes supremas que a sociedade idealiza.

Com efeito, os valores e sobrevalores que a Constituição proclama hão de ser partilhados entre os cidadãos, não como quimeras ou formas utópicas simplesmente desejadas e conservadas como relíquias na memória social, mas como algo pragmaticamente realizável, apto, a qualquer instante, para cumprir seu papel demarcatório, balizador, autêntica fronteira nos hemisférios da nossa cultura. A propósito, vale a afirmação peremptória de que o direito positivo, visto como um todo, na sua organização entitativa, nada mais almeja do que preparar-se, aparelhar-se, preordenar-se para implantá-los.

Ora, a sociedade brasileira vive momentos de inquietação. O debate sobre matérias relativamente simples, cuja solução já se encontrava sedimentada na experiência jurídica nacional, mercê de remansosa e pacífica jurisprudência, apoiada em sólida doutrina, conduziu nossas consciências, de maneira vertiginosa, ao questionamento de princípios fundamentais, sem que pudéssemos perceber o que estava se passando. Aquilo que há de mais caro para a dignidade de um sistema de direito positivo foi posto em tela de juízo, desafiando nosso espírito e estimulando nossas inteligências, ao reivindicar uma tomada de posição firme e contundente. Chegando-se a esse ponto, não cabem mais tergiversações e os expedientes retóricos somente serão admitidos para fundamentar a decisão de manter a segurança jurídica, garantindo a estabilidade das relações já reconhecidas pelo direito, ou de anunciar, em alto e bom som, que chegou o reino da incerteza, que o ordenamento vigente já não assegura, com seriedade, o teor de suas diretrizes, que as pomposas manifestações dos tribunais superiores devem ser recebidas com reservas, porque, a qualquer momento, podem ser revistas, desmanchando-se as orientações jurídicas até então vigentes, sem outras garantias para os jurisdicionados.

Trata-se de pura idealização pensar na possibilidade de funcionamento de um subsistema social qualquer sem a boa integração dos demais subsistemas que formam o tecido social pleno. Não cabe cogitar da implantação de um primoroso modelo econômico, por exemplo, sem a sustentação das estruturas políticas e jurídicas que com ele se implicam. As virtudes da Constituição de 1988, que são muitas, fizeram imaginar um Brasil avançado e democrático, em que os direitos e garantias dos cidadãos se multiplicariam em várias direções. Mas bastou a prática dos primeiros anos para nos fazer ver que as previsões da Carta Suprema não se concretizariam sem o suporte de um plano econômico consistente e amparado, por sua vez, em procedimentos políticos e administrativos compatíveis com as dimensões do projeto. Algumas expectativas se frustraram, é certo, mas ficou a lição da experiência vivida intensamente na operosidade turbulenta do convívio social, caracterizado pela instabilidade de suas relações.

O sistema tributário brasileiro surgiu no âmago desse processo empírico onde o direito aparece e comparece como autêntico produto da cultura, acumulando-se no seu historicismo para projetar o entusiasmo de uma sociedade que olha para o futuro e pretende vivê-lo com a consciência de suas conquistas e com a força do seu espírito.

Sua configuração jurídica reflete bem a complexidade das instituições básicas de um Estado igualmente complexo. Seria até ingenuidade supor que num sistema em que convivem pessoas dotadas de autonomia legislativa, financeira, administrativa e política, pudessem existir diretrizes simples e transparentes que, em conjugação elementar com outras providências, tivessem o condão de esquematizar uma organização operativa e eficiente.

O sistema que temos foi forjado na prática das nossas instituições, nasceu e cresceu entre as alternâncias de uma história política agitada, irrequieta, no meio de incertezas econômicas internas e externas. Sua fisionomia é a do Brasil dos nossos tempos, com suas dificuldades, suas limitações, mas também com suas grandezas e, para que não dizer, com a surpreendente vitalidade de um país jovem, que marca, incisivamente, sua presença no concerto das nações.

Aquilo que de negativo se lhe atribuem nem sempre corresponde à realidade. Antes, porém, revela posturas de cunho ideológico já conhecido de outras circunstâncias. Querem mudar o sistema em nome de uma simplificação mais retórica do que efetiva; em nome da "racionalidade", princípio de difícil identificação, uma vez que dele precisamos para dele falarmos; em nome, até, de uma "progressividade" que viria a imprimir projeção mais dinâmica e justa à administração de certos gravames. Mal se lembram, contudo, que a Constituição de 1988 determinou que o imposto sobre a renda e proventos de qualquer natureza fosse progressivo, e "curiosamente", a partir desse marco, a legislação infraconstitucional passou a adotar tabela com apenas duas faixas de alíquotas, para a pessoa física, fora a de isenção, negando acatamento ao princípio superior, de redação cristalina. Isso nos faz refletir: será que o recente amor à progressividade é algo concreto, efetivo, um anseio consciente de uma comunidade jurídica treinada nas vicissitudes da difícil relação Fisco-contribuinte, ou, de modo diverso, é pretexto oportuno para a implantação de outra sorte de medidas?

Aspirar à simplificação, à racionalidade, à eficiência econômica, à eficiência administrativa, à progressividade, ao fortalecimento da federação e da autonomia municipal, é o lugar-comum de todos aqueles que se referem, em tom retórico, ao sistema tributário nacional. Considerá-lo, porém, como um eficiente produto da experiência jurídica, política e econômica do nosso país, curtido, demoradamente, no dia a dia das discussões administrativas e judiciais, bem como no pensamento aturado da dogmática, é algo que aponta para sugestões de muito equilíbrio e prudência. Mexer em alguma coisa que apresenta tal rendimento, com respostas ágeis e prontas aos estímulos da sociedade, como tem sido iterativamente demonstrado, é um passo difícil e que pode deixar marcas indesejadas.

Devemos reconhecer, por outro lado, que a carga tributária é excessiva, sufocando setores da economia e afetando a competitividade de nossos produtos, além de vários outros desvios que não escapariam à atenção de um observador pouco exigente do cotidiano. Entretanto, sob pena de um erro histórico irreparável, essas anomalias não podem ser atribuídas ao sistema, que em si mesmo é bom, capaz de propiciar arrecadações vultosas aos cofres do Poder Público, que está preparado para operar de muitas maneiras diferentes, entre elas e até nessas linhas que são tidas como inequívocas distorções. Em suma, creio que o sistema tributário nacional possa ser acionado de formas positivas, levando-se às últimas consequências diretrizes constitucionais que estão aí, à nossa frente, e, por uma série de razões, não foram ainda mobilizadas.

Tenho para mim que tais lembranças devem ser consignadas, no momento mesmo em que entra em jogo a própria manutenção da integridade sistêmica do Estado brasileiro. Vivemos o processo de uma decisão significativa e importante. E a melhor contribuição que o jurista poderia oferecer está na manifestação axiologicamente neutra (na medida do possível) a respeito do quanto percebe existir no trato com o real. Se a pretensão é alterar, efetivamente, algumas competências constitucionais, assunto delicado que pode abalar em seus fundamentos a organização jurídica nacional, requer-se domínio técnico e conhecimento especializado sobre a matéria.

Tomemos o quadro das chamadas "contribuições interventivas". Singelo apanhado histórico registra que sua utilização vem crescendo substancialmente nos últimos anos. Se as facilidades que a pessoa política União tem encontrado, num campo por assim dizer nebuloso em termos competenciais, em que a incidência dos cânones superiores não é nítida pela própria estrutura de linguagem do Texto Básico; se tais facilidades, repito, favorecem o aspecto da fruição integral desses recursos, não incluídos no rol daqueles que devem ser distribuídos entre Estados, Distrito Federal e Municípios, tudo isso contou, certamente, para chamar a atenção do poder político sobre as "vantagens" jurídicas e econômicas desse tipo de gravame, explorado até aqui com grande vigor e determinação.

A jurisprudência, ao seu jeito, vai construindo o sentido que lhe parece ser o mais justo, refletindo a inconstância dos relacionamentos sociais, enquanto a doutrina acompanha esse processo de configuração, procurando encontrar o perfil de uma outorga de competência que o legislador constituinte não adscreveu de maneira expressa.

Eis um ponto de real interesse para o programa de uma reforma constitucional, que envolve diretamente o bom funcionamento das instituições, garantindo o contribuinte e o próprio Estado-administração contra excessos que a Carta Magna esteve longe de conceber e de autorizar. Por que não aproveitarmos o ensejo para estabelecer os limites que estão faltando? Por que não emendarmos a Constituição em trechos como esse, atendendo às reivindicações dos especialistas, para aperfeiçoar um sistema que vem sendo construído como a projeção do sentimento histórico da sociedade brasileira?

1.2 COMPETÊNCIA TRIBUTÁRIA

Da concepção global de sistema jurídico-positivo, tomada a expressão como conjunto de normas associadas segundo critérios de organização prescritiva, e todas elas voltadas para o campo material das condutas interpessoais, extraímos o subsistema das normas constitucionais e, de dentro dele, outro subsistema, qual seja o subsistema constitucional tributário. Pode dizer-se, ainda que em traços largos e sobremodo abrangentes, que neste subsistema serão suas unidades integrantes as normas constitucionais que versam, direta ou indiretamente, matéria tributária.

Entre os assuntos tratados pelo Texto Maior está o da competência legislativa tributária. Expressão de uma das diversas formas empregadas pelo constituinte para traçar o desenho das competências legiferantes voltadas à instituição de tributos, os princípios constitucionais assumem especial relevância, configurando preceitos a serem observados pelo legislador infraconstitucional, no momento da criação das normas jurídicas tributárias. Por esta razão, o subsistema de que falamos é fortemente marcado por enunciados de cunho axiológico, revelando a orientação do legislador constituinte em impregnar as normas de inferior hierarquia com uma série de conteúdos de preferência por núcleos significativos.

1.2.1 Utilidade das categorias veículo introdutor e norma introduzida para o exame do exercício da competência tributária

O exercício das normas de competência é um fenômeno cuja análise muito se beneficia do uso das categorias *normas introdutoras* e *introduzidas*.

Com efeito, se as normas jurídicas sempre ingressam no ordenamento *aos pares*, cada vez que as pessoas de direito público exercitam suas competências tributárias para criar normas jurídicas, fazem-no sempre por meio de *veículos introdutores*, que inserem uma (ou mais) *norma*(s) *introduzida*(s). Assim, sempre que uma pessoa jurídica de direito público edita uma *lei* (o *veículo introdutor*), mediante esse expediente insere disposições que se prestam à construção interpretativa de novos comandos jurídicos destinados a prescrever certas condutas intersubjetivas (as *normas introduzidas*).

Se escrutinarmos analiticamente as normas de competência, não tardaremos em perceber que esses comandos constitucionais, disciplinam tanto os *procedimentos* para elaboração dos veículos introdutores, como também prescrevem a necessidade de adequação de certas matérias a certos instrumentos normativos. Isto é, determinam que certas normas somente podem ser inseridas na ordem jurídica por veículos introdutores especiais.

É por isso que nossa ordem constitucional, como regra geral positivada no art. 150, I, restringe a edição de normas inaugurais em matéria tributária ao trato da lei (princípio da estrita legalidade tributária). Pela mesma razão, em certas ocasiões, impõe o uso de outros veículos introdutores, como a Lei Complementar, como único instrumento apto introduzir disposições especiais, assim ocorre com as *normas gerais de direito tributário* (art. 146), diretrizes que instituam *empréstimos compulsórios* (art. 148), *impostos residuais* (art. 154, I), dentre outros.

Por outro lado, além desses *limites de ordem procedimental* (muitas vezes chamados pelos juristas de *formais*), as normas de competência também restringem a liberdade estipulativa dos legisladores circunscrevendo a *matéria* que poderá ser versada. Isto é, as normas de competência circunscrevem não só os veículos introdutores apropriados, mas também os contornos das *normas introduzidas* por eles.

Desse modo, por exemplo, ainda que edite *lei própria* (veículo introdutor adequado), não poderá o Estado introduzir norma que faça recair o ICMS sobre operação que não configure circulação de mercadoria, pois ao fazê-lo ultrapassará os *limites materiais* da competência outorgada pelo art. 155, II, da Constituição.

Assim, examinar um diploma normativo qualquer, o estudo de seu veículo introdutor é proveitoso para melhor compreender se foram respeitados os *limites procedimentais ou formais* postos pelas normas de competência. Por outro giro, o estudo das *normas introduzidas* mostra-se profícuo para o cotejo da norma com os limites *materiais* da ordem constitucional.

Se houver desrespeito aos ritos do procedimento legiferante ou se verificado descompasso entre a matéria da *norma introduzida* e o *veículo introdutor* exigido pela Constituição para versá-la, diz-se estar diante de *inconstitucionalidade formal*.

Se, de outro modo, o *veículo introdutor* é adequado, seu rito de elaboração se deu sem omissões ou falhas, mas a matéria versada (as normas introduzidas) não se atém aos limites da outorga da competência tributária, haverá *inconstitucionalidade material*.

Seja em sua feição formal, seja em sua feição material, o sistema jurídico brasileiro prevê instrumentos para que as autoridades competentes expurguem as normas inconstitucionais, garantindo a supremacia da Constituição e a higidez do sistema.

1.2.2 Competência legislativa tributária e os limites constitucionalmente estabelecidos

A Carta Fundamental traçou minuciosamente o campo e os limites da tributação, erigindo um feixe de princípios constitucionais com o fim de proteger os cidadãos de abusos do Estado na instituição e exigência de tributos. Desse modo, o legislador, ao criar as figuras de exação, deve percorrer o caminho determinado pelo Texto Maior, observando atentamente as diretrizes por ele eleitas.

O primeiro é o cânone da legalidade, projetando-se sobre todos os domínios do direito e inserido no artigo 5º, II, do Texto Constitucional vigente: "ninguém será obrigado a fazer ou deixar de fazer alguma coisa senão em virtude de lei". No setor do direito tributário, porém, esse imperativo ganha feição de maior severidade, por força do que se conclui da leitura do artigo 150, I, do mesmo Diploma: "sem prejuízo de outras garantias asseguradas ao contribuinte, é vedado à União, aos Estados, ao Distrito Federal e aos Municípios: I – exigir ou aumentar tributo sem lei que o estabeleça". Em outras palavras, qualquer das pessoas políticas de direito constitucional interno somente poderá instituir tributos, isto é, descrever a regra-matriz de incidência, ou aumentar os existentes, majorando a base de cálculo ou a alíquota, mediante expedição de lei.

Não podemos deixar de considerar que têm, igualmente, *competência tributária* o Presidente da República, ao expedir um decreto sobre IR, ou seu Ministro ao editar a correspondente instrução ministerial; o magistrado e o tribunal que vão julgar a causa; o agente da administração encarregado de lavrar o ato de lançamento, bem como os órgãos que irão participar da discussão administrativa instaurada com a peça impugnatória; aquele sujeito de direito privado habilitado a receber o pagamento de tributo (bancos, por exemplo); ou mesmo o particular que, por força de lei, está investido na condição de praticar a sequência procedimental que culminará com a produção de norma jurídica tributária, individual e concreta (casos de IPI, ICMS, ISS etc.). Todos eles operam revestidos de *competência tributária*, o que mostra a multiplicidade de traços significativos que a locução está pronta para exibir. Não haveria por que adjudicar o privilégio a qualquer delas, em detrimento das demais. Como sugeriram expoentes do Neopositivismo Lógico, em situações desse jaez cabe-nos tão somente especificar o sentido em que estamos empregando a dicção, para afastar, por esse modo, as possíveis ambiguidades.

Quadra advertir, portanto, que a mensagem não é dirigida somente ao legislador das normas gerais e abstratas, mas, igualmente, ao administrador público, ao juiz e a todos aqueles a quem incumba cumprir ou fazer cumprir a lei. No desempenho das respectivas funções, a todos se volta o mandamento constitucional, que há de ser cumprido. Qualquer tipo de imposição tributária que se pretenda instituir há de curvar-se aos ditames desse primado, conquista secular dos povos civilizados que permanece como barreira intransponível para os apetites arrecadatórios do Estado-administração.

O mesmo cabe dizer das demais regras impositivas de comportamentos aos contribuintes. Em linha de princípio, o veículo introdutor da norma tributária no ordenamento há de ser sempre a lei (sentido lato). O princípio da estrita legalidade, todavia, vem acrescer os rigores procedimentais em matéria de tributo, dizendo mais do que isso: estabelece que a lei adventícia traga, no seu bojo, os elementos descritores do fato jurídico e os dados prescritores da relação obrigacional. Esse *plus* caracteriza a tipicidade tributária.

A tipicidade tributária significa a exata adequação do fato à norma, e, por isso mesmo, o surgimento da relação jurídica se condicionará ao evento da subsunção, que é a plena correspondência entre o fato jurídico tributário e a hipótese de incidência, fazendo surgir a obrigação correspondente, nos exatos termos previstos em lei. Não se verificando o perfeito quadramento, inexistirá obrigação tributária. Nesse percurso, ou ocorre a subsunção do fato à regra, ou não, afastando-se terceira possibilidade. Perfaz-se aqui a eficácia da lei lógica do terceiro excluído: a proposição "p" é verdadeira ou falsa, inadmitindo-se situação intermediária. Por outro lado, ocorrido o fato, a relação obrigacional que nasce há de ser exatamente aquela estipulada no consequente normativo.

Em síntese, no trajeto de construção de sentido das normas tributárias (acepção estrita), os enunciados que versam as competências (normas indiretas da ação, para Gregorio Robles Morchón[110]), são decisivos para a estipulação das fronteiras dentro das quais o *factum* tributário pode acontecer.

São três condições necessárias para o estabelecimento de vínculo tributário válido: sem lei anterior que descreva o evento, obrigação tributária não nasce (princípio da legalidade); sem subsunção do fato à hipótese normativa, também não (princípio da tipicidade); havendo previsão legal e a correspondente subsunção do fato à norma e, após a devida transformação na linguagem competente, os elementos do liame jurídico irradiado devem equivaler àqueles prescritos na lei. O desrespeito a esses cânones fulminará, decisivamente, qualquer pretensão de cunho tributário.

---

110. *Teoría del derecho:* fundamentos de teoría comunicacional del derecho, Madrid, Civitas, 1998.

É da tradição do direito brasileiro reger a matéria das competências no altiplano constitucional, deixando bem claro o poder jurídico atribuído às pessoas, aos órgãos e às instituições. E, no que concerne ao direito tributário, é procedimento iterativo, traço inconfundível do nosso sistema, principalmente pela abundância principiológica, como já demonstramos, e pela maneira exaustiva com que os constituintes foram moldando as leis fundamentais, no correr da História. Esse peculiar modo de conceber os paradigmas constitucionais que sempre regeram as relações tributárias no Brasil foi anotado com riqueza de pormenor por Geraldo Ataliba, no seu clássico *Sistema Constitucional Tributário Brasileiro*, obra insuperável que indica a necessidade premente de estabelecer-se o texto da constituição como patamar a partir do qual os processos interpretativos hão de desenvolver-se, para chegar ao sentido que o exegeta tem por bem atribuir ao material linguístico bruto do direito positivo.

Assim, temos, na Constituição da República, minuciosa discriminação das competências tributárias, em que é relacionado, de forma pormenorizada, o campo tributável atribuído a cada pessoa política. Suas disposições são, portanto, o substrato material por excelência a partir do qual serão construídas as normas de competência que estabelecem as diretrizes a serem observadas pelo legislador para dar curso ao processo de positivação de modo a criar as figuras da exação e, assim, permitir a constituição de relações de cunho tributário.

Quadra advertir, porém, que a mensagem não é dirigida somente ao legislador das normas gerais e abstratas, mas, igualmente, ao administrador público, ao juiz e a todos aqueles a quem incumba cumprir ou fazer cumprir a lei. No desempenho das respectivas funções, a todos se voltam os mandamentos constitucionais, que hão de ser cumpridos.

Expressão de uma das diversas formas empregadas pelo constituinte para traçar o desenho das competências legiferantes voltadas à instituição de tributos, os princípios constitucionais assumem especial relevância, configurando preceitos a serem observados pelo legislador infraconstitucional no momento da criação das normas jurídicas tributárias.

Manifesta-se, de fato, a competência tributária, ao desencadearem-se os mecanismos jurídicos do processo legislativo, acionado, respectivamente, nos planos federal, estadual e municipal. Por esse *iter*, rigidamente seguido em obediência às proposições prescritivas existentes, a União, os Estados, o Distrito Federal e os Municípios elaboram as leis (acepção larga), que são promulgadas e, logo depois, expostas ao conhecimento geral pelo ato da publicação. Vencidas as dificuldades desse curso formativo, ingressam os textos legislados no ordenamento em vigor, surgindo a disciplina jurídica de novas situações tributárias, no quadro do relacionamento da comunidade social. Foi exercida a competência, enriquecendo-se o direito positivo com o acréscimo de outras unidades normativas sobre tributos.

Transportando-se isto para o quadro das formulações normativas e adotando pressuposto de que toda norma jurídica é sintaticamente homogênea, variando apenas em planos semânticos e pragmáticos, podemos afirmar que, com a competência tributária, deparar-nos-emos com a mesma estrutura normativa bipartida. Tácio Lacerda Gama[111], analisando o tema sobre a contribuição de intervenção, acertadamente compõe essa estrutura normativa, asseverando que:

> a norma de competência tributária em sentido estrito requer a reunião das proposições construídas a partir da leitura do direito positivo numa estrutura lógico-condicional. No antecedente dessa norma, descreve-se um fato – o processo de enunciação necessário à criação dos tributos –, imputa-se a esse fato uma relação jurídica, cujo objeto consiste na faculdade de criar tributos. De forma análoga ao que se dá com as demais normas jurídicas, sem que se construa essa norma em sentido estrito, a análise da competência estará incompleta.

---

111. *Contribuição de intervenção no domínio econômico*, São Paulo, Quartier Latin, 2003, p. 73.

Eis um breve resumo da competência no direito tributário.

1.2.3 Competência legislativa tributária e a aptidão de inovar o sistema jurídico

"Competência", com as acepções encontradas no direito positivo e na doutrina, é termo próprio do vocabulário técnico-jurídico. Quando empregado na Constituição para autorizar as pessoas políticas de direito constitucional interno a legislar sobre matéria tributária, falamos em "competência tributária". Trata-se de especificação da competência legislativa, posta como aptidão de que são dotadas aquelas pessoas para expedir regras jurídicas, inovando o ordenamento, e que se opera pela observância de uma série de atos, cujo conjunto caracteriza o procedimento legislativo. A despeito de a locução experimentar outras tantas acepções na própria simbologia do direito tributário brasileiro, focalizarei esse modo de emprego da expressão, circunscrito à atividade de legislar sobre o assunto, em termos inaugurais.

No plexo de faculdades legislativas que o constituinte estabeleceu, figura aquela de editar normas disciplinadoras do segmento das imposições tributárias, desde a que contemple o próprio fenômeno da incidência, até as que disponham a propósito de uma imensa gama de providências, circundando o núcleo da regra-matriz e tornando possível a realização concreta dos direitos subjetivos de que é titular o sujeito ativo, bem como dos deveres cometidos ao sujeito passivo.

A competência tributária é, em síntese, uma das parcelas entre as prerrogativas legiferantes das quais são portadoras as pessoas políticas, consubstanciada na faculdade de legislar para a produção de normas jurídicas sobre tributos. Configura tema eminentemente constitucional. Uma vez cristalizada a delimitação do poder legiferante, pelo seu legítimo agente (o constituinte), a matéria dá-se por pronta e acabada, carecendo de sentido sua reabertura em nível infraconstitucional.

A Constituição da República é extremamente analítica, relacionando as hipóteses em que as pessoas jurídicas de direito público, por intermédio dos respectivos poderes legislativos, estão habilitadas à instituição de tributos:

a) Quanto aos impostos (tributos não-vinculados de acordo com a classificação de Geraldo Ataliba), os elementos relevantes para sua fisionomia jurídica encontram-se estipulados no sistema constitucional tributário brasileiro de modo minucioso. As situações susceptíveis de integrar o critério material dos impostos de competência da União, dos Estados, do Distrito Federal e dos Municípios foram previstas nos artigos 153, 155 e 156, remanescendo aberta apenas a faixa de competência tributária da União, em face da possibilidade residual estabelecida no artigo 154, I, do Texto Supremo.

b) As taxas e contribuições de melhoria, tributos direta e indiretamente vinculados à atuação estatal, respectivamente, podem ser instituídos por qualquer das pessoas políticas. Conquanto à primeira vista pareça que o constituinte não repartiu entre elas o poder para criar taxas, tal equívoco se desfaz por meio do exame dos dispositivos constitucionais que disciplinam as competências administrativas das várias esferas: União, Estados, Distrito Federal e Municípios só estão autorizados a instituir e cobrar taxas na medida em que desempenhem a atividade que serve de pressuposto para sua exigência. O mesmo raciocínio deve ser efetuado com relação às contribuições de melhoria: tendo em vista a necessária vinculação (ainda que indireta) à atuação estatal, é permitida sua instituição apenas pela pessoa jurídica de direito público que realizar a obra pública geradora de valorização nos imóveis circunvizinhos.

c) Os empréstimos compulsórios, por sua vez, são de competência privativa da União. Não obstante essa exação possa revestir qualquer das formas que correspondam às espécies do gênero tributo (imposto, taxa ou contribuição de melhoria), conforme a hipótese de incidência e base de cálculo eleitos pelo legislador, a disciplina jurídico-tributária à qual está sujeita apresenta peculiaridades, relacionadas no artigo 148, incisos I e II, da Constituição. A União só está autorizada a fazer uso desse tributo (i) para atender a despesas extraordinárias, decorrentes de calamidade pública, de guerra externa ou sua iminência; e (ii) no caso de investimento público de caráter urgente e de relevante interesse nacional, devendo introduzi-los no ordenamento, necessariamente, por meio da edição de lei complementar.

d) Por fim, a Carta Magna faculta, no artigo 149, a criação de contribuições sociais[112], de intervenção no domínio econômico e de interesse de categorias profissionais e econômicas. Essas competências são exclusivas da União, salvo as contribuições sociais cobradas dos servidores públicos, destinadas ao financiamento de seus sistemas de previdência e assistência social, cuja exigência é autorizada aos Estados, Distrito Federal e Municípios, e da contribuição para custeio do serviço de iluminação pública, atribuída aos Municípios e Distrito Federal pelo artigo 149-A e parágrafo único, introduzidos pela Emenda Constitucional n. 39/2002. Também com relação a esse tributo o constituinte foi expresso ao impor limitações à atuação legislativa infraconstitucional, prescrevendo observância ao regime jurídico tributário, com especial rigor no que diz respeito às contribuições sociais destinadas ao financiamento da seguridade social, para as quais delimitou os conteúdos susceptíveis de tributação, estatuindo, para o exercício de competência residual, o cumprimento dos requisitos do artigo 154, I, do Texto Maior (artigo 195, § 4º, da CR/88). Além disso, todas as contribuições previstas no art. 149 devem observância aos artigos 146, III, e 150, I e III, que determinam, respectivamente, submissão do exercício da competência às normas gerais de direito tributário, a observância do princípio da estrita legalidade tributária, bem como os da anterioridade, da irretroatividade e todos os demais que se apliquem indiretamente ao gênero tributo.

Ressalta-se que a norma de competência, nos domínios das contribuições, tem a função de aglutinar os elementos que conformam o regime tributário desses tributos. Por isso,

---

112. À semelhança do que ocorre com os empréstimos compulsórios, também as contribuições podem assumir a feição de impostos ou taxas, conforme sua hipótese de incidência, confirmada pela base de cálculo, seja vinculada ou não-vinculada a uma atuação estatal.

além de prescrever os dispositivos que fundamentam a regra-matriz de incidência tributária, a norma de competência determina, também, qual destino deve ser dado ao produto de arrecadação. Como percebeu de maneira inaugural Tácio Lacerda Gama, é a norma de competência que vincula a instituição da norma tributária à norma financeira que prescreve a destinação do produto arrecadado. Eis suas palavras:

> ... à construção da norma de competência que regula a criação das contribuições (...), seria possível separar os enunciados que delimitam a criação de uma dessas contribuições em dois blocos distintos, mas inter-relacionados: de um lado, surgiria o conjunto de enunciados que delimitam a instituição da *regra-matriz de incidência possível*; do outro, agrupar-se-ia o conjunto de enunciados que indicam a *finalidade especial que enseja a instituição do tributo*[113]. (Grifos no original).

Nesses termos, observa-se quão rígido é o sistema constitucional tributário brasileiro, não podendo esse fato ser ignorado pelo legislador infraconstitucional ou pelo aplicador do direito.

1.2.4 Competência residual

A Constituição de 1988 deu autorização expressa para que a União, os Estados, o Distrito Federal e os Municípios legislassem sobre determinados impostos, mas, além disso, outorgou à União a chamada "faixa de competência residual", contida no artigo 154, I, bem como a previsão do inciso II do mesmo dispositivo, conhecida como competência extraordinária. Examinemos a primeira.

Prescreve o mencionado artigo 154, I, da Constituição brasileira:

> A União poderá instituir:
>
> I – mediante lei complementar, impostos não previstos no artigo anterior, desde que sejam não-cumulativos e não tenham fato gerador ou base de cálculo próprios dos discriminados nesta Constituição.

---

[113]. *Contribuições de intervenção no domínio econômico*, ob. cit., p. 84.

A titularidade competencial é da pessoa política União, que deverá exercê-la por meio de lei complementar, com o *quorum* estipulado no artigo 69 da Lei Maior, vale dizer, com maioria absoluta. Em outras palavras, a previsão do art. 154, I, da CF/88 requer ser somente lei complementar o veículo introdutor do tributo que tem por fundamento de validade a competência residual, contendo-se nesta lei, portanto, todos os elementos que compõem a regra-matriz de incidência da exação instituída. E a autorização delimita apenas o ponto de partida: impostos não previstos no artigo anterior. A contar daí, a área a ser explorada pela entidade tributante fica indeterminada, expandindo-se até onde puder ir o talento criativo do seu legislador. Os limites referidos, quais sejam, a não-cumulatividade e a circunstância de não terem "fato gerador" ou base de cálculo próprios dos discriminados na Constituição, por serem requisitos de técnica jurídica, não interferem no tamanho da competência residual, mas sim no modo de realizá-la. Não sobeja repisar que tais limitações têm por destinatário o legislador infraconstitucional, encontrando-se fora de sua abrangência o poder constituinte derivado. Nestes termos, emenda à Constituição poderia tratar sobre competência residual sem tomar em conta tais enunciados limitativos, afirmativa esta já consolidada no STF em voto do Eminente Min. Carlos Velloso (julgamento da ADIn 939/DF) inclusive.

Ajeita-se aqui uma observação de cunho histórico, mas que nos parece procedente: há muito que a União dispõe de faixa residual de competência tributária. Em vez de movimentá-la, nas ocasiões em que necessitou, preferiu servir-se de expedientes desaconselháveis, como a singela mudança de nomes (chamando impostos pela designação de taxas, empréstimos compulsórios, contribuições e uma sorte de epítetos extravagantes). E a competência residual permaneceu inativa, decorando a tábua de possibilidades legiferantes do ente federal.

Por outro lado, a disjunção "fato gerador" ou base de cálculo não exprime bem aquilo que uma interpretação sistemática do Texto Constitucional reivindica. Ambos devem ser considerados conjuntamente. Formam, aliás, o binômio que dá a feição tipológica do tributo. É comparando a hipótese de incidência com a base de cálculo que saberemos distinguir impostos de taxas e, destas, a contribuição de melhoria. Em outras palavras, por este critério que apontaremos as diferenças entre os impostos, as taxas e as contribuições de melhoria.

Para efeito de demarcação do espaço jurídico da competência residual, entretanto, o binômio hipótese de incidência/base de cálculo aparece como pressuposto indeclinável, não podendo a nova exação utilizar qualquer das hipóteses ou bases de cálculo arroladas para a competência dos Estados, dos Municípios ou do Distrito Federal. Respeitados esses limites e empregado o instrumento próprio – lei complementar –, a União poderá criar o imposto que bem lhe aprouver.

1.2.5 Competência extraordinária

Também coube à União a competência constitucional para instituir impostos extraordinários, compreendidos ou não no campo que lhe fora outorgado, os quais serão suprimidos, gradativamente, cessadas as causas de sua criação. Em decorrência, justamente, deste enunciado, a *privatividade*, característica atribuída pela doutrina tradicional às competências legislativas, não se sustenta. Autorizada a União a legislar sobre competências de outros entes políticos, confere-se-lhe aptidão legislativa concorrente aos Estados, Distrito e Municípios. Daí dizer-se privativos, no Brasil, somente os impostos outorgados à União. Em outros termos, a privatividade fica reduzida tão só à faixa de competência do Poder Público Federal.

Além de ser uma pessoa política de direito constitucional interno, a União foi investida dessa competência por força de sua condição de pessoa política no concerto das nações, importa dizer, pessoa política de direito constitucional externo.

O pressuposto, porém, é explícito: na iminência ou no caso de guerra externa. De fato, para enfrentar as vicissitudes de guerra externa, ou de sua iminência, entendeu por bem o constituinte de 1988 atribuir tal autorização legiferante ao ente federal, consignando-a na redação do artigo 154, II. Convém esclarecer, todavia, que por *guerra externa* haveremos de entender aquela de que participe o Brasil, diretamente, ou a situação de beligerância internacional que provoque detrimentos ao equilíbrio econômico-social brasileiro. É claro que na segunda hipótese os efeitos do conflito internacional hão de ser tais que se equiparem àqueles que seriam suscitados caso o Brasil participasse efetivamente da guerra. Diga-se o mesmo da iminência de guerra externa.

No falar cotidiano, os impostos originários de competência extraordinária poderão vir com o qualificativo *de finalidade específica*, sendo aqueles que se determinam pela sua vinculação a um objetivo pré-fixado. Um imperativo, entretanto, deve ser observado. Cessadas as causas que determinaram a criação dos impostos extraordinários, serão eles suprimidos, gradativamente. Logo, deixando de existir a causa, deve-se extinguir a referida exação, o que se dá somente mediante a expedição de um novo enunciado jurídico-normativo que revogue o imposto instituído.

Satisfeito o pressuposto, o legislador federal poderá editar normas jurídicas que venham a instituir impostos, dentro ou fora de seu âmbito de competência, isto é, poderá servir-se daquelas exações que foram concedidas, inicialmente, aos Estados, ao Distrito Federal e aos Municípios, o que caracterizaria hipótese de bitributação constitucionalmente autorizada; como também de sua própria competência, resultando na constitucionalidade de específicas situações de '*bis in idem*'.

Por último, é intuitivo crer que o exercício da competência extraordinária, em decorrência do próprio pressuposto escolhido pelo Texto Maior, não enseja submissão do legislador ordinário aos ditames da anterioridade, tanto aquela prevista no inciso III, *b*, do art. 150 (exercício financeiro seguinte) quanto aquel'outra enunciada na alínea *c* do mesmo inciso (nonagesimal). No entanto, o constituinte entendeu por bem prescrever expressamente não se aplicar aos impostos extraordinários as regras da anterioridade, conforme prescrição do parágrafo 1º do art. 150.

1.2.6 Competência tributária e capacidade tributária ativa

No curso do presente subitem, tomaremos *competência tributária* com a significação acima especificada, vale dizer, de legislar (pelo Poder Legislativo, já que "legislador", em sentido amplo, todos nós o somos). Esta não se confunde com a capacidade tributária ativa. Uma coisa é poder legislar, desenhando o perfil jurídico de um gravame ou regulando os expedientes necessários à sua funcionalidade; outra é reunir credenciais para integrar a relação jurídica, no tópico de sujeito ativo. O estudo da competência tributária é um momento anterior à existência mesma do tributo, situando-se no plano constitucional. Já a capacidade tributária ativa, que tem como contranota a capacidade tributária passiva, é tema a ser considerado no ensejo do desempenho das competências, quando o legislador elege as pessoas componentes do vínculo abstrato, que se instala no instante em que acontece, no mundo físico e social, o fato previsto na hipótese normativa.

A distinção justifica-se plenamente. Reiteradas vezes, a pessoa que exercita a competência tributária se coloca na posição de sujeito ativo, aparecendo como credora da prestação a ser cumprida pelo devedor. É muito frequente acumularem-se as funções de sujeito impositor e de sujeito credor numa pessoa só. Além disso, uma razão de ordem constitucional nos leva a realçar a diferença: a competência tributária é intransferível, enquanto a capacidade tributária ativa não o é. Quem recebeu poderes para legislar pode exercê-los, não estando, porém, compelido a fazê-lo, com exceção do ICMS, que há de ser instituído e mantido, obrigatoriamente, pelas pessoas políticas competentes (Estados-membros e Distrito Federal). Todavia, em caso de não-aproveitamento da faculdade legislativa, a pessoa competente estará impedida de transferi-la a qualquer outra. Trata-se do princípio da *indelegabilidade da competência tributária*, que se põe entre as diretrizes implícitas e que é uma projeção daquele postulado genérico do artigo 2º da Constituição, aplicável, por isso, a todo o campo da atividade legislativa. A esse regime jurídico não está submetida a capacidade tributária ativa.

É perfeitamente possível que a pessoa habilitada para legislar sobre tributos edite a lei, nomeando outra entidade para compor o liame, na condição de sujeito titular de direitos subjetivos, o que nos propicia reconhecer que a capacidade tributária ativa é transferível. Acredito que esse comentário explique a distinção que deve ser estabelecida entre competência tributária e capacidade tributária ativa.

1.2.7 Fiscalidade, extrafiscalidade e parafiscalidade

Os signos *fiscalidade*, *extrafiscalidade* e *parafiscalidade* são termos usualmente empregados no discurso da Ciência do Direito para representar valores finalísticos que o legislador imprime na lei tributária, manipulando as categorias jurídicas postas à sua disposição. Raríssimas são as referências que a eles faz o direito positivo, tratando-se de construções puramente doutrinárias. O modo como se dá a utilização do instrumental jurídico-tributário é o fator que identifica o gravame em uma das três classes. Fala-se, assim, em "fiscalidade" sempre que a organização jurídica do tributo denuncie que os objetivos que presidiram sua instituição, ou que governam certos aspectos da sua estrutura, estejam voltados ao fim exclusivo de abastecer os cofres públicos, sem que outros interesses – sociais, políticos ou econômicos – interfiram no direcionamento da atividade impositiva.

A experiência jurídica nos mostra, porém, que vezes sem conta a compostura da legislação de um tributo vem pontilhada de inequívocas providências no sentido de prestigiar certas situações, tidas como social, política ou economicamente valiosas, às quais o legislador dispensa tratamento mais confortável ou menos gravoso. A essa forma de manejar elementos jurídicos usados na configuração dos tributos, perseguindo objetivos alheios aos meramente arrecadatórios, dá-se o nome de "extrafiscalidade". Alguns exemplos esclarecerão bem o assunto. A lei do Imposto Territorial Rural (ITR), ao fazer incidir a exação de maneira mais onerosa, no caso dos imóveis inexplorados ou de baixa produtividade, busca atender, em primeiro plano, a finalidades de ordem social e econômica e não ao incremento de receita. A legislação do Imposto sobre a Renda e proventos de qualquer natureza (IR) permite o abatimento de verbas gastas em determinados investimentos, tidos como de interesse social ou econômico, tal o reflorestamento, justamente para incentivar a formação de reservas florestais no país. Em outras passagens, na composição de sua base de cálculo, seja entre as deduções ou entre os abatimentos da renda bruta, insere medidas que caracterizam, com nitidez, a *extrafiscalidade*. Quanto ao IPI, a própria Constituição prescreve que suas alíquotas serão seletivas em função da essencialidade dos produtos (artigo 153, § 3º, I), fixando um critério que leva o legislador ordinário a estabelecer percentuais mais elevados para os produtos supérfluos. Os chamados "tributos aduaneiros" – impostos de importação e de exportação – têm apresentado relevantíssimas utilidades na tomada de iniciativas diretoras da política econômica. Haja vista para a tributação dos automóveis importados do exterior que, em dado momento histórico, foi desestimulante ao extremo, para impulsionar a indústria automobilística nacional.

Há tributos que se prestam, admiravelmente, para a introdução de expedientes extrafiscais. Outros, no entanto, inclinam-se mais ao setor da fiscalidade. Não existe, porém, entidade tributária que se possa dizer pura, no sentido de realizar tão só a fiscalidade, ou, unicamente, a extrafiscalidade. Os dois objetivos convivem, harmônicos, na mesma figura impositiva, sendo apenas lícito verificar que, por vezes, um predomina sobre o outro.

Consistindo a extrafiscalidade no uso de fórmulas jurídico-tributárias para a obtenção de metas que prevalecem sobre os fins simplesmente arrecadatórios de recursos monetários, o regime que há de dirigir tal atividade não poderia deixar de ser aquele próprio das exações tributárias. Significa, portanto, que, ao construir suas pretensões extrafiscais, deverá o legislador pautar-se, inteiramente, dentro dos parâmetros constitucionais, observando as limitações de sua competência impositiva e os princípios superiores que regem a matéria, assim entendidos tanto os dispositivos expressos quanto os implícitos. Não tem cabimento aludir-se a regime especial, visto que o instrumento jurídico utilizado é invariavelmente o mesmo, modificando-se tão somente a finalidade do seu emprego.

Tenho insistido, reiteradamente, por fim, que só as pessoas políticas – União, Estados, Distrito Federal e Municípios – dispõem de competência tributária, na acepção que especificamos, pois são as únicas dotadas de Poder Legislativo e, por via de consequência, com possibilidades de produzir inovações na ordem jurídica. E exercer a competência tributária nada mais é que editar leis que instituam tributos ou regulem sua funcionalidade.

A competência tributária pressupõe a capacidade ativa. Vale dizer, às três entidades a quem se outorgou a faculdade de expedir leis fiscais, atribuiu-se a prerrogativa de serem sujeitos ativos de relações jurídicas de cunho tributário. Desse modo, sendo a União competente para legislar sobre o IPI, será ela, em princípio, a pessoa capaz de integrar a relação jurídica, na condição de titular do direito subjetivo de exigir o mencionado imposto. Assim ocorre com grande número de tributos, tanto vinculados como não-vinculados. Omitindo-se o legislador a propósito do sujeito ativo do vínculo que irá desabrochar com o acontecimento do fato jurídico tributário, podemos perfeitamente entender que se referiu a si próprio, na qualidade de pessoa jurídica de direito público.

Em algumas oportunidades, porém, verificamos que a lei instituidora do gravame indica sujeito ativo diferente daquele que detém a respectiva competência, o que nos conduz à conclusão de que uma é a pessoa competente, outra a pessoa credenciada a postular o cumprimento da prestação. Ora, sempre que isso ocorrer, apontando a lei sujeito ativo diverso do portador da competência impositiva, estará o estudioso habilitado a reconhecer duas situações juridicamente distintas: *a*) o sujeito ativo, que não é titular da competência, recebe atribuições de arrecadar e fiscalizar o tributo, executando as normas legais correspondentes (CTN, artigo 7º), com as garantias e privilégios processuais que competem à pessoa que legislou (CTN, artigo 7º, § 1º), mas não fica com o produto arrecadado, isto é, transfere os recursos ao ente político; ou *b*) o sujeito ativo indicado recebe as mesmas atribuições do item *a*, acrescidas da disponibilidade sobre os valores arrecadados, para que os aplique no desempenho de suas atividades específicas. Nesta última hipótese, temos consubstanciado o *fenômeno jurídico da parafiscalidade*.

Firmado esse preâmbulo, podemos definir "parafiscalidade" como o fenômeno jurídico que consiste na circunstância de a lei tributária nomear sujeito ativo diverso da pessoa que a expediu, atribuindo-lhe a disponibilidade dos recursos auferidos, tendo em vista o implemento de seus objetivos peculiares. A propósito adverte Paulo Ayres Barreto[114]:

> A não coincidência entre a titularidade da competência impositiva e a indicação do sujeito ativo da relação jurídica não desnaturam o caráter tributário da exigência. Da mesma forma, a disponibilidade do recurso ao eleito para figurar no polo ativo dessa mesma relação jurídica, com o objetivo de aplicação nos propósitos que motivaram a sua exigência, não modifica a sua natureza tributária. A parafiscalidade harmoniza-se plenamente com o conceito de tributo.

Dois aspectos, por conseguinte, hão de ser atendidos para que possamos isolar o chamado *tributo parafiscal*: 1) sujeito ativo indicado expressamente na lei instituidora da exação, diferente da pessoa política que exerceu a competência; e 2) atribuição, também expressa, do produto arrecadado, à pessoa apontada para figurar como sujeito ativo.

Poderão ser sujeitos ativos de "tributos parafiscais" as pessoas jurídicas de direito público, com ou sem personalidade política, e as entidades paraestatais, que são pessoas jurídicas de direito privado, mas que desenvolvem atividades de interesse

---

114. *Contribuições*: regime jurídico, destinação e controle, São Paulo, Noeses, 2006, p. 99.

público. Inúmeros são os casos de *tributação parafiscal* no direito positivo brasileiro. As contribuições previdenciárias (INSS – autarquia federal); as quantias exigidas pela OAB (Ordem dos Advogados do Brasil – autarquia federal) e muitos outros.

Todas as espécies impositivas são instrumentos idôneos da *parafiscalidade*. Quer as exações vinculadas (taxas e contribuições de melhoria), quer as não-vinculadas (impostos). A contribuição previdenciária que se reclama do empregado, por exemplo, tem a natureza jurídica de taxa. Já com relação ao empregador, o tributo assume a feição de imposto. Não temos notícias concretas a respeito do uso da contribuição de melhoria, dentro do esquema da *parafiscalidade*, o que não impede sua inclusão entre as formas jurídicas disponíveis para esse fim.

Por manipular categorias próprias às espécies tributárias, seria até despiciendo lembrar que o estatuto da *parafiscalidade* está estreitamente subordinado ao regime jurídico-constitucional dos tributos. Uma advertência, contudo, não pode ficar sem registro: o tema, a bem do rigor, não pertence ao domínio especulativo do direito tributário, uma vez que a nota característica de sua definição jurídica reside na conjuntura de as importâncias recebidas incorporarem-se ao patrimônio do sujeito ativo, que as investe em seus objetivos primordiais, quando sabemos que o ponto terminal das investigações jurídico-tributárias é, precisamente, o instante em que se extingue a obrigação, satisfazendo o devedor o pagamento que lhe cabia perante o sujeito pretensor. Transcorrido esse momento, ingressamos no terreno do direito financeiro. Recordemo-nos, para encerrar, do teor do artigo 4º do Código Tributário Nacional, que afirma ser irrelevante para a qualificação jurídica específica do tributo *a destinação legal do produto da arrecadação*.

1.2.8 Competência legislativa e ICMS

O imposto sobre operações relativas à circulação de mercadorias e sobre prestações de serviços de transporte interestadual e intermunicipal e de comunicação, mais conhecido pela sigla ICMS, foi outorgado à competência dos Estados e do Distrito Federal, consoante o artigo 155, II, da Lei Suprema. Dessa maneira, considerando o feixe de normas constitucionais que disciplinam a matéria, veremos que a uniformidade de sua implantação jurídica, em todo o território brasileiro, com a adoção de medidas harmonizadoras que permitem a sistematização da cobrança, aliadas a outros expedientes assecuratórios do regular intercâmbio entre os sujeitos tributantes, tudo isso nos leva a concluir pelo indisfarçável caráter nacional do gravame. Tais aspectos exprimem feição peculiar à chamada competência legislativa do ICMS. Passemos à análise.

Torna-se necessário lembrar que a competência tributária é exercida por intermédio de lei (ordinária ou, excepcionalmente, complementar) e ela é, de modo geral, facultativa, vale dizer, o ente público é livre para instituir o tributo que lhe foi conferido pela Lei Maior. A única exceção a esse característico traço do exercício da competência refere-se ao ICMS, pois que, pelas regras próprias, os Estados e o Distrito Federal estão obrigados a implantar e a arrecadar a exação, em decorrência do que dispõe o artigo 155, da Lei Suprema:

> § 2º será não-cumulativo, compensando-se o que for devido em cada operação relativa à circulação de mercadorias ou prestação de serviços com o montante cobrado nas anteriores pelo mesmo ou outro Estado ou pelo Distrito Federal;
>
> (...)
>
> XII – cabe à lei complementar:
>
> (...)
>
> f) prever casos de manutenção de crédito, relativamente à remessa para outro Estado e exportação para o exterior, de serviços e de mercadorias;
>
> g) regular a forma como, mediante deliberação dos Estados e do Distrito Federal, isenções, incentivos e benefícios fiscais serão concedidos e revogados (...).

Por esse modo, é forçosa a ilação de que os Estados e o Distrito Federal não podem deixar de obedecer, direta ou indiretamente, à letra constitucional, tal como inserida na alínea g, do artigo 155, cabendo-lhes produzir a legislação correspondente ao gravame.

Sabemos que o ICMS é o tributo com a maior participação no montante das receitas do sistema brasileiro e isso mostra não só sua importância, como também nos faz pensar que a supremacia de que desfruta, hoje, vem sendo conquistada gradativamente.

Em congressos internacionais, tenho notado uma curiosidade muito grande por parte de professores e especialistas de outros países com relação a esse tributo aqui no Brasil. Eles indagam como é possível um imposto dessa natureza, de caráter nacional, sendo produzido por focos ejetores de normas tão diferentes (quer dizer, as unidades federadas, e, além disso, o Distrito Federal) funcionar bem, já que a experiência de outros países se dá de forma bem diferente. Quer dizer, o órgão que gera as normas, a fonte normativa do imposto, nos demais países, é o poder central, ficando muito mais fácil, naturalmente, implantar e administrar o tributo. Diante dessa indagação, entendi que a única resposta plausível seria a seguinte: os convênios, tão combatidos, sob certos aspectos, e sobre os quais os juristas se manifestam com reservas, na verdade têm propiciado a integração e a possibilidade de o ICMS adquirir o vulto que vem hoje no quadro de participação das receitas no sistema brasileiro. Vejam bem: esse é um aspecto positivo dos convênios, pois se tornaram um instrumental significante para a integração de legislações estaduais, muitas vezes diversas e conflitantes. Nutro com convicção de que somente com os convênios pôde ser alcançada a integração de todos esses subsistemas normativos de ICMS elaborados pelos Estados e pelo Distrito Federal.

Agora, outro ponto é examinar os convênios sob o lado da sua juridicidade. Os convênios, continuo dizendo, são uma aberração em termos de ofensa ao princípio da legalidade. Estes hão de ser, segundo a estipulação constitucional, firmados e ratificados pelos Estados. Quando se diz "firmados pelos Estados" e "ratificados pelos Estados", não significa, evidentemente, a possibilidade de o Secretário de Fazenda celebrar o convênio, trazê-lo de volta para seu Estado, levá-lo ao Governador e este chancelá-lo. Não! Quando se diz isso – e nós sabemos que no Brasil ninguém será obrigado a fazer ou não fazer alguma coisa senão em virtude de lei – pressupõe-se o estabelecimento do convênio e, depois, sua ratificação pela Assembleia mediante Decreto-legislativo.

O Estado do Rio Grande do Sul foi o primeiro a submeter os convênios à apreciação do Poder Legislativo. Em todo caso, essa subordinação ao poder legislativo, que é positiva e faz respeitar o princípio da legalidade, vem sendo feita de forma automática. Não tenho notícias de convênios que foram rejeitados. Tem-se uma aprovação automática, o que tira, de certo modo, o valor da iniciativa do Estado do Rio Grande do Sul, pois caberia ao Poder Legislativo manifestar-se, discutindo os termos do acordo, para depois aprová-lo.

Outro tanto ocorre no plano internacional com os acordos entre nações. Nós sabemos que o Presidente da República pode celebrar tratados ou convenções internacionais e, no entanto, esses tratados dependem do *referendum* legislativo, ato próprio do nosso Parlamento, que o ratifica, aprovando-o. Como o convênio teria essa força? Eis uma questão a ser refletida e que a legislação, como está hoje, não nos dá resposta adequada.

O importante é destacar, em se tratando de convênios, que o princípio da legalidade não pode ser afastado em prol do pragmatismo e do interesse executivo. A ratificação efetiva e fundamentada pelo Poder Legislativo é o que confere validade a tais diplomas normativos, tornando-os válidos e juridicamente executáveis. Entender de outra forma é aniquilar o princípio federativo, o princípio da legalidade e tantos outros que sustentam o sistema.

1.3 OS PRINCÍPIOS JURÍDICOS TRIBUTÁRIOS

Venho insistindo na tese de que, com a linguagem, o homem vai criando novos nomes e novos fatos, na conformidade de seus interesses e de suas necessidades, atribuindo valores de acordo com a sociedade em que vive num dado momento histórico. Com o passar do tempo, aqueles mesmos vocábulos, já conhecidos, passam a assumir novas acepções, tanto uns como outros incorporando-se ao patrimônio linguístico por força de incessantes mutações sociais. *É a linguagem constituindo realidades novas e alargando as fronteiras do nosso conhecimento.*

Conhecer é saber emitir proposições sobre determinadas situações, pessoas ou coisas. A partir do momento em que falamos sobre algo, conferindo acepções, definindo, dividindo, classificando em gênero e espécies, conhecemos mais profundamente aquele objeto que nos é dado. E, nesse sentido, todo objeto, seja ele natural, metafísico, ideal, e, no nosso caso, cultural, está submetido a esse processo cognitivo. Trata-se do "cerco inapelável da linguagem".

O vocábulo "princípio" porta, em si, uma infinidade de acepções, que podem variar segundo os valores da sociedade num dado intervalo da sua história. No direito, ele nada mais é do que uma linguagem que traduz para o mundo jurídico-prescritivo, não o real, mas um ponto de vista sobre o real, caracterizado segundo os padrões de valores daquele que o interpreta.

No labor de definir o que seja o princípio no ordenamento jurídico e, mais especificamente, no direito tributário, há que se levar em conta o conjunto ou subconjunto em que ele é tomado elucidando o texto ("princípio") dentro do contexto. Tornou-se necessário apresentar os princípios na textura das várias linguagens jurídicas, como o primeiro corte metodológico a ser feito no presente estudo e, a partir daí, prosseguir elaborando outros cortes, classificando em critérios objetivos, buscando com isso identificar na ordem do direito, em geral, no sistema jurídico formador do Estado brasileiro e no direito tributário os primados que integram a estrutura e que servem de alicerce para a compreensão dos diversos microssistemas do direito. Vejamos.

1.3.1 Os "princípios" na textura das várias linguagens jurídicas

Empregamos "linguagem jurídica" para designar os sistemas de comunicação que se prestam ao objetivo de realizar ou de aludir ao fenômeno jurídico. Por essa locução mencionaremos o chamado direito posto, a Dogmática Jurídica ou Ciência do Direito em sentido estrito, bem como todos aqueles setores do conhecimento que tomam o sistema do direito positivo como objeto de suas indagações, ainda que não o façam em termos exclusivos. Nessa linha de pensamento, é linguagem jurídica a da Filosofia do Direito e, dentro dela, a da Lógica Jurídica, a da Epistemologia do Direito, a da Axiologia do Direito e a da Ontologia Jurídica. Mas serão também "linguagem jurídica" a Sociologia do Direito, a Antropologia Cultural do Direito, a História do Direito e tantas mais que levem em conta de objeto o sistema das normas positivadas.

De um lado, como linguagem-objeto, temos determinada ordem jurídico-normativa, operando num ponto do tempo histórico e sobre dado espaço territorial; de outro, como metalinguagem descritiva, a Ciência do Direito em sentido estrito ou Dogmática Jurídica, voltada somente a compreender e relatar sua linguagem-objeto. A Filosofia do Direito comparece aqui na condição de metalinguagem se suas reflexões incidirem sobre a linguagem do direito positivo. As meditações filosóficas, entretanto, trabalham muitas vezes sobre construções científicas, momento em que assumem a hierarquia de meta-metalinguagem. Outro tanto vale para os demais segmentos contidos no âmbito das "Ciências Jurídicas em sentido amplo".

Firmados nessas ponderações é lícito asseverar a existência de "princípios jurídicos" em todos os setores da investigação do direito. E é com tal dimensão significativa que enunciamos os princípios ou leis ditas ontológicas: "tudo que não estiver juridicamente proibido, estará juridicamente permitido" (aplicável ao direito privado) e "tudo que não estiver juridicamente permitido, estará juridicamente proibido" (válido para o campo do direito público); os princípios jurídicos empiricamente verificáveis, como, por exemplo: "de acordo com a Constituição vigente, o Brasil é uma República Federativa" (princípios federativo e republicano). Há o princípio lógico-jurídico segundo o qual "toda conduta obrigatória está necessariamente permitida" (em linguagem formalizada, diremos: (O → Pp), em que "O" é o modal "obrigatório", "P", o "permitido" e "p" uma conduta qualquer). Esse "princípio" ou "lei" da lógica deôntico-jurídica, aliás, é o fundamento da conhecida "ação de consignação em pagamento". Ao lado dele, por oportuno, podemos indicar a lei lógica da "idempotência do conjuntor", aplicada ao direito: "se duas ou mais normas servirem-se do mesmo antecedente e prescreverem idêntica regulação da conduta, então todas elas equivalem a uma só". Expliquemos o princípio, formalizando-o e, depois, mediante exemplo prático e objetivo. A "lei" da idempotência do conjuntor (utilizada para o universo jurídico) assim se exprime em linguagem formal: (Vp.Vp.Vp.Vp.Vp) ≡ Vp, onde "V" é a notação simbólica da "proibição"; "p", uma conduta qualquer; ".", o conectivo da conjunção lógica; e "≡", a equivalência. No sistema da Constituição de 1967, havia três preceitos consagrando a "legalidade tributária": um genérico e dois específicos. Quer significar, por outro giro, que o legislador constitucional prescrevia: "só é permitido exigir tributo novo ou aumentar os existentes por meio de lei". Tal era o conteúdo de três normas constitucionais. Pelo princípio da idempotência do conjuntor, os três equivaliam a apenas um, ficando a repetição por conta do interesse retórico do legislador.

Bem, até aqui vimos princípios empíricos, ontológicos e lógicos. Examinemos outros. A "norma fundamental" kelseniana é um princípio epistemológico-jurídico, colocado na condição de pressuposto da atividade cognoscitiva do direito. Sem a "norma fundamental", ou regressaríamos ao infinito, jamais começando a tarefa cognoscente, ou sacrificaríamos o cânone do isolamento do objeto, sem o que o estudo não atingiria a dignidade de Ciência. Outros princípios epistemológico-jurídicos são os da "homogeneidade sintática" e da "heterogeneidade semântica" das unidades normativas. Já nos domínios axiológicos mencionemos o "princípio da justiça", da "igualdade", da "segurança", da "racionalidade", entre muitos outros.

Vistos por outro prisma, os "princípios" seriam gerais (a legalidade referida no art. 5º, II, da Constituição de 1988) ou específicos (a legalidade tributária instituída no art. 150, I, do mesmo Estatuto). Além disso, há os explícitos (art. 150, III – princípio da anterioridade tributária) e os implícitos (princípio da isonomia das pessoas políticas – União, Estados, Distrito Federal e Municípios). Cumpre observar que os princípios mencionados estão distribuídos entre a linguagem-objeto (direito positivo) e as metalinguagens jurídicas acima indicadas. Pois bem. Demos exemplos, tecemos considerações, elucidamos algum conteúdo, mas permaneceu aberta a questão principal: que é princípio?

1.3.2 Os "princípios" e a compreensão do direito

Empregaremos como hipótese de trabalho o estudo do direito sob o ponto de vista dogmático, a partir das estruturas normativas existentes aqui e agora, que se projetam sobre a realidade social para ordená-la, no que tange às relações interpessoais que nela se estabelecem, canalizando o fluxo das condutas em direção a certos valores que a sociedade quer implantados. Reconhecemos no fenômeno jurídico algo extremamente complexo, em que interferem fatores de naturezas distintas, num intensivo processo de miscigenação. Afigura-se-nos um trabalho dificílimo ingressar na ontologia, para extrair dados de sua intimidade existencial, caso isto, porventura, seja possível, premissa que não pretendemos discutir. Nossa concepção há de caminhar predominantemente no padrão analítico da linguagem, respeitando aquela complexidade que salientamos como ínsita ao dado jurídico, mas ao mesmo tempo refletindo na consideração de que ali onde houver regulação jurídica haverá, inexoravelmente, proposições normativas que, escritas ou não escritas, hão de manifestar-se em linguagem.

Ora, se isolarmos o universo normativo, naquilo que ele tem de fenômeno linguístico, aparecerá diante de nós um objeto uniforme (somente normas jurídicas), todas compostas na mesma organização sintática, vale dizer, mediante juízo hipotético em que o legislador (sentido amplo) imputa, ao acontecimento de um fato previsto no antecedente, uma relação deôntica entre dois ou mais sujeitos, como consequente.

A previsão fáctica ou "descritor", como suposto, implica a disciplina da conduta intersubjetiva, contida no "prescritor" (Lourival Vilanova). Nunca será demasiado insistir que tanto a ocorrência factual como o comportamento regulado têm de ser possíveis, para que a regra venha a ser aplicada, tornando-se individualmente eficaz.

Sobressai à evidência a homogeneidade sintática suso referida, porquanto todas as unidades do sistema terão idêntica estrutura lógica, a despeito da multiplicidade extensiva de seus vectores semânticos. O direito positivo, então, apresentar-se-á aos olhos da Dogmática como um conjunto finito, mas indeterminado de normas jurídicas, nas quais surpreenderemos fatos jurídicos e relações jurídicas, associados por um ato de vontade de quem pôs as regras no sistema, ato psicológico este que o cientista coloca entre parênteses metódico, para não se imitir em territórios alheios, como, por exemplo, a Psicologia e outras Ciências que poderiam explicar aspectos parciais do fenômeno.

Todavia, se os fatos são jurídicos porque previstos em antecedentes normativos, remanesceria apenas um, o mais importante porque fundador do próprio sistema, sem a qualificação de jurídico, circunstância que viria a comprometer a uniformidade objetal: trata-se do acontecimento que dá origem à Constituição. É precisamente neste tópico que Kelsen trouxe a singela, porém genial contribuição da "norma fundamental", não posta, mas pressuposta, juridicizando aquele fato que ficara de fora, por imprimir-lhe o timbre de normatividade que lhe faltava. Fecha-se assim o conjunto, isolado na especificidade de seu objeto, uniforme porque composto tão somente de normas jurídicas, de tal modo que nele, conjunto, não encontraremos senão descritores e prescritores, bem como suas contrapartes factuais: fatos jurídicos e relações jurídicas.

O corolário natural de tudo quanto se expôs é que o direito positivo, formado unicamente por normas jurídicas, não comportaria a presença de outras entidades, como, por exemplo, princípios. Estes não existem ao lado de normas, coparticipando da integridade do ordenamento. Não estão ao lado das unidades normativas, justapondo-se ou contrapondo-se a elas. Acaso estivessem, seriam formações linguísticas portadoras de uma estrutura sintática. E qual é esta configuração lógica? Ninguém, certamente, saberá responder a tal pergunta, porque "princípios" são "normas jurídicas" carregadas de forte conotação axiológica. É o nome que se dá a regras do direito positivo que introduzem valores relevantes para o sistema, influindo vigorosamente sobre a orientação de setores da ordem jurídica.

A tipificação dos fatos que ingressam pela porta aberta das hipóteses normativas se dá mediante conceitos que o legislador formula: conceitos sobre os acontecimentos do mundo e conceitos sobre as condutas inter-humanas. Ocorre que todo o conceito, que tem como correlato expressional o termo, assim como o juízo o tem na proposição, todo o conceito, repetimos, é seletor de propriedades não só no direito, como em qualquer região do conhecimento. Conceituar importa selecionar caracteres, escolher traços, separar aspectos, desprezando os demais. As singularidades irrelevantes, o legislador as deixa de lado, mesmo porque são em tal quantidade que o trabalho ganharia proporções infinitas. E surge o conceito, após a aplicação do critério seletivo que o legislador adotou, critério este que nada mais é que um juízo de valor expedido em consonância com sua ideologia, tomada a palavra, neste ensejo, como pauta de valores, tábua de referências axiológicas. Assim, valora o legislador fatos e condutas, tecendo o conteúdo de significação das normas jurídicas ou, em outras palavras, saturando as variáveis lógicas daquela estrutura sintática que é comum a todas as unidades do sistema. E, ao enfatizar esse ângulo da construção jurídico-normativa, estamos apenas reconhecendo ao direito positivo a condição de objeto cultural, anteriormente consignada. Mantenhamos na retentiva que os objetos do mundo cultural são, invariavelmente, portadores de valores, como também os metafísicos, o que não se verifica com os objetos da natureza e com os da região ôntica dos ideais, ambos axiologicamente neutros.

Até esta parte, estabelecemos duas proposições que aceitamos por verdadeiras: a) o direito positivo é formado, única e exclusivamente, por normas jurídicas (para efeitos dogmáticos), apresentando todas o mesmo esquema sintático (implicação), ainda que saturadas com enunciados semânticos diversos (heterogeneidade semântica); e *b*) por outro lado, como construção do ser humano, sempre imerso em sua circunstância (Gasset), é um produto cultural e, desse modo, portador de valores, significa dizer, carrega consigo uma porção axiológica que há de ser compreendida pelo sujeito cognoscente – o sentido normativo, indicativo dos fins (*thelos*) que com ela se pretende alcançar.

Tal é a conclusão a que chegou Genaro Carrió, percorrendo caminhos um pouco distintos, em seu opúsculo sobre "Principios Jurídicos y Positivismo Jurídico"[115]:

> De lo expuesto se sigue que no existe la pretendida 'diferencia lógica' entre las reglas jurídicas y las pautas del tipo de la que expresa que a nadie debe permitírsele beneficiarse con su propria trasgresión.

O autor argentino não chega a esse resultado partindo das premissas que elegemos. Seu objetivo foi, antes de mais nada, questionar a procedência de crítica ao positivismo jurídico, que o Professor Ronald M. Dworkin, da Universidade de Oxford, apresentou com o trabalho "The model of rules[116]", e segundo o qual a análise e consideração adequada dos princípios ficaria prejudicada pela concepção positivista do fenômeno jurídico, já que tal concepção do direito não deixa ver o papel central que na prática os princípios desempenham. É nesse sentido que parte do sistema de Hart[117], para dele retirar argumentos que demonstrem a plena compatibilidade entre as normas jurídicas, examinadas pelo ângulo de sua positivação e os princípios que com elas combinam para formar o sistema do direito positivo.

---

115. Buenos Aires, Abeledo-Perrot, 1970.

116. 35 University of Chicago Law Review 14, 1967.

117. *O conceito de direito*, trad. de Armindo Ribeiro Mendes, Lisboa, Fundação Calouste Gulbenkian, 1961.

Tendo seu pensamento mais próximo de Hart, em virtude das ligações que sempre manteve com a Universidade de Oxford, Carrió entende que o positivismo de Kelsen ofereceria menos recursos à sustentação de sua tese, não lhe permitindo dar os passos de que necessitava para alojar os princípios dentro da ordem jurídica, consoante os critérios que lhe pareciam justos.

Nossa posição, contudo, é bem diversa, ainda que tenhamos de intuir certos desdobramentos que o mestre de Viena não empreendeu. Que não seja isso motivo de censuras, porquanto Carlos Cossio proclamou ter ido além de Kelsen sem haver transbordado os limites do próprio sistema kelseniano (foi além de Kelsen sem sair de Kelsen). E, de fato, há desdobramentos que se afiguram como corolários de uma teoria, não destacados por aquele que a concebeu, mas que podem perfeitamente ser percebidos por quem se dispuser a segui-la.

O que importa é que Genaro Carrió chega aos mesmos resultados, não só admitindo a existência de "princípios" dentro da ordem jurídica positiva, como reconhecendo que não há qualquer desencontro entre o esquema lógico das normas e o daqueles primados. Ainda que não ingresse na análise dos "valores", fala, insistentemente, no "peso" dos princípios, o que basta para identificar a referida concordância.

Uma significação carregada de grande força enaltece o caráter axiológico da palavra *princípio*. Riccardo Guastini[118], criticando a proposta de distinguir *princípio* de *norma*, anota:

> A questão de se uma dada disposição exprime um princípio (e não, ao invés disso, uma simples "norma"), como já foi afirmado logo ao delinear a noção de princípio, não é questão de fato, mas questão que só pode ser decidida por uma valoração: normalmente por uma valoração do intérprete.

De fato, há o ato de valoração expedido pela autoridade que legisla, depositando a forma axiológica no texto do direito positivo. Todavia, como a mensagem normativa é dirigida a todos

---

118. *Das fontes às normas*, trad. Edson Bini, São Paulo, Quartier Latin, 2005, pp. 195-196.

os cidadãos, caberá ao intérprete dos documentos prescritivos atribuir valor às palavras do texto. E isso de tal modo que se torna perfeitamente possível um exegeta outorgar significação axiológica de princípio ali onde outro não o faça. Para o primeiro, estaremos diante de uma diretriz principiológica, ao passo que, para o segundo, aquela unidade é uma simples norma.

Oferecidas essas observações propedêuticas, já podemos antever que, no campo das significações, o uso do signo "princípio" oferecerá farta variedade conotativa, de tal sorte que, com elas, será possível alcançar todas as circunscrições de objetos, atuando nas quatro regiões ônticas.

Como ficou consignado, princípio é palavra que frequenta com intensidade o discurso filosófico, expressando o "início", o "ponto de origem", o "ponto de partida", a "hipótese-limite" escolhida como proposta de trabalho. Exprime também as formas de síntese com que se movimentam as meditações filosóficas ("ser", "não-ser", "vir-a-ser" e "dever-ser"), além do que tem presença obrigatória ali onde qualquer teoria nutrir pretensões científicas, pois toda ciência repousa em um ou mais axiomas (postulados). Cada "princípio", seja ele um simples termo ou um enunciado mais complexo, é sempre susceptível de expressão em forma proposicional, descritiva ou prescritiva. Agora, o símbolo linguístico que mais se aproxima desse vocábulo, na ordem das significações, é "lei". Dizemos, por isso, que há uma lei, em Física, segundo a qual "o calor dilata os corpos", "os metais são bons condutores de eletricidade", "a matéria atrai a matéria na razão direta das massas e na razão inversa do quadrado das distâncias"; na Metafísica, apanhando como exemplo a filosofia de Schopenhauer, que a "vontade se constitui naquele ímpeto cego e irresistível que consubstancia o querer-viver universal"; entre os objetos ideais, que a "transitividade" é uma lei lógica: $[(p \rightarrow q).(q \rightarrow r)] \rightarrow (p \rightarrow r)$, assim como a "reflexividade" também o é $(xRy) \equiv (yRx)$; em Economia, falamos em "lei da oferta e da procura", ao mesmo tempo em que afirmamos que a "História é fundamentalmente diacrônica", para ingressarmos nos domínios dos objetos culturais, onde ao lado de "leis" ou "princípios" descritivos, vamos encontrar as prescrições éticas, religiosas, morais, etc., que ostentam o porte de autênticos "princípios".

Como desdobramento dessa descritividade e prescritividade, lidamos com "princípios gerais" e "específicos", "explícitos" ou "implícitos", classificando-os como "empíricos", "lógicos", "ontológicos", "epistemológicos" e "axiológicos". Tudo isso é índice da riqueza significativa que a palavra exibe, compelindo-nos a um esforço de elucidação para demarcar o sentido próprio que desejamos imprimir ao vocábulo, dentro de seu plano de irradiação semântica. Impõe-se uma decisão para cada caso concreto, principalmente se a proposta discursiva pretender foros de seriedade científica.

Neste tema, há que se ter como premissa que, sendo objeto do mundo da cultura, o direito e, mais particularmente as normas jurídicas, estão sempre impregnadas de valor. Esse componente axiológico, invariavelmente presente na comunicação normativa, experimenta variações de intensidade de norma para norma, de tal sorte que existem preceitos fortemente carregados de valor e que, em função de seu papel sintático no conjunto, acabam exercendo significativa influência sobre grandes porções do ordenamento, informando o vector de compreensão de múltiplos segmentos.

Em direito, utiliza-se o termo "princípio" para denotar as regras de que falamos, mas também se emprega a palavra para apontar normas que fixam importantes critérios objetivos, além de ser usada, igualmente, para significar o próprio valor, independentemente da estrutura a que está agregado e, do mesmo modo, o limite objetivo sem a consideração da norma.

Assim, nessa breve digressão semântica, já divisamos quatro usos distintos: *a*) como norma jurídica de posição privilegiada e portadora de valor expressivo; *b*) como norma jurídica de posição privilegiada que estipula limites objetivos; *c*) como os valores insertos em regras jurídicas de posição privilegiada, mas considerados independentemente das estruturas normativas; e *d*) como limite objetivo estipulado em regra de forte hierarquia, tomado, porém, sem levar em conta a estrutura da norma. Nos dois primeiros, temos "princípio" como "norma"; nos dois últimos, "princípio" como "valor" ou como "critério objetivo".

Entrevemos na consideração do signo "princípio", distinguindo-o como "valor" ou como "princípio objetivo", um passo decisivo, de importantes efeitos práticos. Isso porque, se reconhecermos no enunciado prescritivo campo para a atribuição de valores, teremos que ingressar, forçosamente, nos domínios da Axiologia, para estudá-los segundo as características próprias das estimativas.

A par dessas significações, outras existem empregadas nos campos da Ciência, da Epistemologia, da Lógica, da Metafísica, essas três últimas como partes da Filosofia, e também nos horizontes do conhecimento vulgar. Tais variações, contudo, não são muito frequentes no discurso jurídico, pelo que ficaremos com as quatro significações que assinalamos linhas atrás. Nesse sentido, para evitar ambiguidades, quando mencionarmos os princípios do sistema positivo brasileiro, e entendermos necessário, faremos consignar em que acepção o termo foi utilizado.

Seja como for, os princípios aparecem como linhas diretivas que iluminam a compreensão de setores normativos, imprimindo-lhes caráter de unidade relativa e servindo de fator de agregação num dado feixe de normas. Exercem eles uma reação centrípeta, atraindo em torno de si regras jurídicas que caem sob seu raio de influência e manifestam a força de sua presença. Algumas vezes constam de preceito expresso, logrando o legislador constitucional enunciá-los com clareza e determinação. Noutras, porém, ficam subjacentes à dicção do produto legislado, suscitando um esforço de feitio indutivo para percebê-los e isolá-los. São os princípios implícitos. Entre eles e os expressos não se pode falar em supremacia, a não ser pelo conteúdo intrínseco que representam para a ideologia do intérprete, momento em que surge a oportunidade de princípios e de sobreprincípios.

Há formulações específicas que atinam à ordenação em vigor no Brasil, determinações normativas contidas no Texto Supremo e que de lá se irradiam aos múltiplos segmentos disciplinadores das condutas interpessoais. Sendo assim, ninguém pode ignorar os princípios da Federação e da República, a diretriz que consagra a autonomia municipal, o primado da isonomia entre as pessoas políticas de direito constitucional interno, os cânones da supremacia do interesse público sobre o privado e o da indisponibilidade dos interesses públicos, bem como o catálogo dos direitos e garantias individuais. É efetivamente longa e minuciosa a listagem dos valores que a Constituição da República estabeleceu como planta básica, a partir da qual hão de compor-se as cadeias de normas estruturadas deonticamente para regular os comportamentos entre as entidades dotadas de personalidade jurídica.

No território dos tributos, por tocarem direitos relevantíssimos para o ser humano, como o da liberdade e o da propriedade, o legislador constitucional redobrou os cuidados de elaboração normativa, estatuindo princípios fundamentais de proteção aos direitos do cidadão, ao mesmo tempo em que deu cumprimento aos desígnios superiores da Federação, da República e da autonomia dos Municípios. E a complexidade desse sistema fez com que a disciplina prescritiva em matéria tributária atingisse níveis intensos, havendo uma multiplicidade de preceitos normativos dirigidos tanto aos agentes dos poderes tributantes como aos sujeitos passivos, atribuindo, a ambos, deveres e direitos correlatos.

Exatamente por ser o sistema constitucional tributário tão intrincado, trazendo rigorosa delimitação das esferas competenciais dos entes federativos, influenciada por vasta quantidade de princípios, o exame acerca da constitucionalidade de qualquer exação tributária deve compreender a totalidade de permissões e vedações juridicizadas pelo constituinte.

Há muitos princípios constitucionais gerais, válidos para a plenitude do ordenamento e, por isso, influindo, decisivamente, no setor dos fenômenos jurídico-tributários. Consideraremos, um a um, aqueles de maior expressividade.

1.3.3 A classificação dos "princípios" em razão dos critérios de objetividade que presidem sua aplicação aos casos concretos

É sedutora, ao menos no exame do primeiro instante, a classificação dos princípios levando-se em conta o grau de objetividade que se verifica no momento de sua efetiva aplicação. Há princípios que são postos em termos vagos e excessivamente genéricos, ao lado de outros, enunciados de modo tão preciso, que passam a ser escassas as dissenções a respeito de sua incidência numa situação concreta. Vamos aos exemplos. A Lei Fundamental, no art. 37, *caput*, expressa-se de maneira vaga ao impor que a administração pública obedeça ao princípio da "moralidade", tornando-se no mínimo duvidosa e discutível sua indicação numa faixa enorme de eventos reais. A "função social da propriedade" (art. 5º, XXIII, da Constituição) acha-se também envolvida por forte teor de indeterminação. E o mesmo se diga da "liberdade", da "segurança", da "racionalidade", do "bem comum", da "finalidade pública", etc. Bem certo que toda a palavra encerra alguma vaguidade, mas quero insistir na existência de fórmulas expressionais onde predomina densamente a indeterminação, ao lado de outras de fácil e intuitivo reconhecimento, em que a ocorrência do mundo exterior está visivelmente demarcada, sobrando pouco espaço para os desacordos de opinião. É o caso da irretroatividade tributária (art. 150, inciso III, *a*, da Lei Magna). Basta saber o momento em que se deu o fato jurídico tributário e confrontá-lo com aquele que marcou o início da vigência da lei instituidora ou majoradora do tributo. O princípio que prestigia a casa como asilo inviolável do indivíduo (art. 5º, XI, da Constituição), bem como o que protege o sigilo de correspondência, das comunicações telegráficas e das telecomunicações telefônicas, todos eles, em maior ou menor amplitude, podem acomodar-se rigorosamente no plano da aplicação factual.

Apesar da aparente simplicidade operativa, o critério que anima essa classificação procura transmitir uma objetividade que os valores não têm nem podem ter. A natureza eminentemente subjetiva desses núcleos significativos jamais poderá ser aprisionada, como se fora mero fato cosmológico insularmente levado à análise. Fiquemos com sua operacionalidade, mas desde que reconheçamos ser impossível fixar diretrizes objetivas e, portanto, com validade intersubjetiva, para delimitar valores. O que distrai nossa atenção entre as duas classes de princípios é que o legislador atribui valores (sempre subjetivos) a situações diferentes: incertas, indecisas, indeterminadas, as primeiras; limitadas e rigidamente delineadas, as últimas. Reflitamos sobre este tópico e estaremos autorizados a utilizar a classificação. Caso contrário, seremos surpreendidos quando o legislador empregar o mesmo valor em hipóteses abertas, sem fronteiras onde o desenho recortado do suporte fáctico (Pontes de Miranda) não corresponda aos traços que a realidade material sugerir aos nossos sentidos. Eis o princípio da "igualdade" que pode ser tomado como exemplo. Ao projetar-se num dado acontecimento do mundo, essa diretriz experimenta curiosas configurações. Sabemos quanto difícil seria sustentar a discriminação entre homens e mulheres, no processo de seleção para ingresso na carreira do Ministério Público. A singela invocação do art. 5º, I, da Carta Constitucional vigente seria o bastante para tolher qualquer entendimento discriminatório. Ao mesmo tempo, em matéria publicada na *Folha de S. Paulo*, em janeiro de 1992, Flávia Piovesan discutiu a interessante tese de benefícios pleiteados por pessoas do mesmo sexo vivendo "maritalmente". Tudo sobre o fundamento daquela norma que sobranceira estaria impregnando o sentido das demais regras do ordenamento. Num caso, o primeiro, a mera alusão ao primado da igualdade tem a força suficiente para decidir o problema. No segundo, em que a complexidade do desenho típico se vê agravada pela presença de outros valores, numa combinatória que suscita considerações mais profundas, o mesmo princípio perde seu aparente conteúdo de objetividade não se prestando mais para, sem outros meneios retóricos, encaminhar a solução exegética.

Recobremos a lembrança de que as expressões linguísticas conservam sempre um mínimo de vaguidade em sua integridade compositiva, inafastável por maior que seja o esforço de argumentação para efeito de convencimento. Não há como escapar dessa porção movediça que se aloja nos termos e nos enunciados proposicionais, alimentando, incessantemente, os estudos semânticos. Admitir esse traço, porém, longe de trazer a insegurança que desde logo imaginamos, significa reconhecer que há uma matéria-prima própria para o discurso persuasivo, tecendo a linguagem jurídica que antecede a decisão normativa.

1.3.4 Limites objetivos como mecanismos realizadores do valor

Apesar de tudo o que se disse, o direito existe para cumprir o fim específico de regrar os comportamentos humanos nas suas relações de interpessoalidade, implantando os valores que a sociedade almeja alcançar. As normas gerais e abstratas, principalmente as contidas na Lei Fundamental, exercem um papel relevantíssimo, pois são o fundamento de validade de todas as demais indicam os rumos e os caminhos que as regras inferiores haverão de seguir. Porém, é nas normas individuais e concretas que o direito se efetiva, se concretiza, se mostra como realidade normada, produto final do intenso e penoso trabalho de positivação. É o preciso instante em que a linguagem do direito toca o tecido social, ferindo a possibilidade da conduta intersubjetiva. Daí porque não basta o trabalho preliminar de conhecer a feição estática do ordenamento positivo. Torna-se imperioso pesquisarmos o lado pragmático da linguagem normativa, para saber se os utentes desses signos os estão empregando com os efeitos que a visão estática sugere. De nada adiantam direitos e garantias individuais, placidamente inscritos na Lei Maior, se os órgãos a quem compete efetivá-los não o fizerem com a dimensão que o bom uso jurídico requer. Agora, já na pragmática da comunicação jurídica se é fácil perceber e comprovar os "limites objetivos", outro tanto não se dá com os valores. Este é o caso, por exemplo, do sobreprincípio da *segurança jurídica*.

Não é preciso dizer mais. Convencionou-se que tal valor é, basicamente, a igualdade, a legalidade e a legalidade estrita, a universalidade da jurisdição, a vedação do emprego do tributo com efeitos confiscatórios, a irretroatividade e a anterioridade, ao lado do princípio que consagra o direito à ampla defesa e ao devido processo legal, todos, em verdade, limites objetivos realizadores do valor da segurança jurídica.

Experimentemos associar à *segurança jurídica* o limite objetivo da anterioridade. Com base neste preceito de direito tributário, se o tributo foi introduzido por ato infralegal, o que se prova com facilidade, ficaremos seguros em dizer que o princípio foi violado. Fique bem claro que o tributo cuja norma foi publicada em determinado exercício somente poderá incidir sobre fatos que vierem a ocorrer no ano seguinte, dando margem para que os destinatários planejem suas atividades econômicas, já cientes do custo representado pelo novo encargo. É limite objetivo que opera, decisivamente, para a realização do sobreprincípio da segurança jurídica. Seu sentido experimenta inevitável acomodação neste primado, vetor axiológico do princípio da anterioridade, de modo que o contribuinte não seja surpreendido com exigência tributária inesperada.

Da mesma forma se dá com o princípio da legalidade, limite objetivo que se presta, ao mesmo tempo, para oferecer segurança jurídica aos cidadãos, na certeza de que não serão compelidos a praticar ações diversas daquelas prescritas por representantes legislativos, e para assegurar observância ao primado constitucional da tripartição dos poderes. O princípio da legalidade compele o intérprete, como é o caso dos julgadores, a procurar frases prescritivas, única e exclusivamente, entre as introduzidas no ordenamento positivo por via de lei ou de diploma que tenha o mesmo *status*. Se do consequente da regra advier obrigação de dar, fazer ou não-fazer alguma coisa, sua construção reivindicará a seleção de enunciados colhidos apenas e tão somente no plano legal.

E assim também o é com o princípio da irretroatividade das leis. Renovo, neste momento, a posição segundo a qual, abaixo da justiça, o ideal maior do direito é a segurança jurídica, sobreprincípio que se irradia por todo o ordenamento e tem sua concretização viabilizada por meio de outros princípios, tal como o da legalidade, da irretroatividade das leis e tantos outros que podemos enunciar. O exemplo toma em conta o valor da segurança jurídica, mas a regra é válida para todos os valores que ordenam a organização jurídico-tributária brasileira. Citemos, por exemplo, o valor do não-confisco, da isonomia ou até mesmo o da capacidade contributiva. Em suma, os princípios limites objetivos trabalham no sentido de realizar tais valores, funcionam como verdadeiros mecanismos que dão força de eficácia a estes primados axiológicos do direito.

1.3.5 Violação de princípios e sobreprincípios

Quando o comando emergente de um princípio é transgredido, nem por isso estaremos autorizados a declarar que a diretriz não tem eficácia, que é "letra morta". Os sistemas de direito positivo preveem a conduta infringente de suas prescrições, montando dinamismos de controle que se voltam à recomposição dos interesses violados. E sempre que esses dispositivos funcionam, restabelecendo a situação anterior, confirma-se a efetividade daqueles valores. Diante desse quadro, a desconsideração de princípios, como o da igualdade, anterioridade, legalidade estrita, entre outros, é o meio juridicamente próprio para testarmos sua eficácia. Se, quantas vezes atacados, tantas vezes reafirmado na sua força axiológica, confortavelmente poderemos afirmá-lo como vetor relevantíssimo do sistema.

Agora, se a agressão prospera, surte efeitos que se consolidam na ordem jurídica; se o Poder Judiciário a absorve, então se opera uma modificação no sistema, simplesmente porque a norma que hospedava certo sentido, adquire outra interpretação, passando a abrigar novos valores. E como esses valores são muito significativos, já que influenciam importantes porções de outras regras do conjunto, o antigo princípio já não se apresenta com eficácia, substituído que foi por vetores que atuam em outra direção semântica.

Fixemo-nos, porém, num ponto: a substituição de um princípio por outro, construído por alterações que se realizam no plano pragmático, é algo natural e perfeitamente compreensível, mesmo porque a sociedade humana vive em constante mutação e os conteúdos axiológicos exercem um papel histórico, portanto delimitado no tempo. A distorção significativa a que aludimos, contudo, manifesta-se de maneira um pouco diversa: em determinado preceito do sistema se reconhece a presença de um valor, que todos apontam. Mas, no percurso da sua implantação para disciplinar as condutas em interferência intersubjetiva, ocorrem desvios, de tal sorte que ao chegar no seu destino a norma não traz a mesma orientação valorativa. Acaso se consolide a situação final, diremos que o princípio foi violado. Entretanto, se funcionarem os dispositivos de recomposição, o princípio será reafirmado, saindo fortalecido.

Transportando-se a reflexão para o domínio dos sobreprincípios, é possível dizermos que não existirá, efetivamente, o valor por ele afirmado, sempre que os princípios que o realizem forem violados. Tratando-se de entidades axiológicas, onde, como vimos, o teor de subjetividade é decisivo para identificar resultados, não cabe atinarmos a dados quantitativos, motivo pelo qual não se cogita de saber se uma única transgressão consolidada é suficiente ou se o juízo de reconhecimento requer uma sucessão delas.

1.3.6 Os sobreprincípios no sistema jurídico tributário

Toda vez que houver acordo, ou que um número expressivo de pessoas reconhecerem que a norma "N" conduz um vector axiológico forte, cumprindo papel de relevo para a compreensão de segmentos importantes do sistema de proposições prescritivas, estaremos diante de um "princípio". Quer isto significar, por outros torneios, que "princípio" é uma regra portadora de núcleos significativos de grande magnitude influenciando visivelmente a orientação de cadeias normativas, às quais outorga caráter de unidade relativa, servindo de fator de agregação para outras regras do ordenamento.

Advirta-se, entretanto, que ao aludirmos a "valores" estamos indicando somente aqueles que julgamos depositados pelo legislador (consciente ou inconscientemente) na linguagem do direito posto. Não cremos existir uma "região de valores", existente em si, como o topos uranos de Platão ou qualquer tipo de sistema suprapositivo de valores, ao modo de algumas vertentes jusnaturalistas. Aqueles de que nos ocupamos são os postos, centros significativos abstratos, mas positivados no ordenamento e que ficam ao sabor de nossa intuição emocional.

Se tais observações forem procedentes, cabe cogitar de uma hierarquia de valores jurídicos ou, de outra maneira, de uma classificação hierárquica das normas do direito positivo, elegendo-se como critério a intensidade axiológica nelas presente. Todavia, plantadas essas premissas, aquilo que se não pode admitir, consoante assentamos linhas atrás, é a coalescência de "normas" e "princípios", como se fossem entidades diferentes, convivendo pacificamente no sistema das proposições prescritivas do direito. Os princípios são normas, com todas as implicações que esta proposição apodítica venha a suscitar, mas são também valores, na medida em que lhes adjudicamos um vector semântico axiologicamente determinado.

Com efeito, os valores e sobrevalores que a Constituição proclama hão de ser partilhados entre os cidadãos, não como quimeras ou formas utópicas simplesmente desejadas e conservadas como relíquias na memória social, mas como algo pragmaticamente realizável, apto, a qualquer instante, para cumprir seu papel demarcatório, balizador, autêntica fronteira nos hemisférios da nossa cultura. A propósito, vale a afirmação peremptória de que o direito positivo, visto como um todo, na sua organização entitativa, nada mais almeja do que preparar-se, aparelhar-se, pré-ordenar-se para implantá-los.

Corolário inevitável da aplicação desses princípios é o preâmbulo da Constituição Brasileira de 1988, plataforma, por excelência, da ideologia constitucional. Lá se encontram os valores jurídicos da mais alta hierarquia, objetivando "instituir um Estado Democrático, destinado a assegurar o exercício dos direitos sociais e individuais, a liberdade, a segurança, o bem-estar, o desenvolvimento, a igualdade e a justiça como valores supremos de uma sociedade fraterna, pluralista e sem preconceitos, fundada na harmonia social e comprometida, na ordem interna e internacional, com a solução pacífica das controvérsias, (...)". A despeito de seu caráter moral e político, o texto do preâmbulo é texto de lei, no interior do qual se encontram normas jurídicas vinculantes. Nelas, estão disciplinados valores dos quais se retiram direitos e deveres subjetivos constitucionalmente garantidos.

Na pragmática da comunicação jurídica é muito difícil perceber e comprovar os "valores" impregnados nas formulações normativas da Constituição da República Federativa do Brasil. Experimentemos, por exemplo, lidar com o valor "justiça", com "segurança jurídica", com "igualdade". Demoremo-nos, agora, em cada um desses magnos princípios, procurando discernir o que os tornaram predicados indispensáveis a qualquer ordem jurídica que se pretenda racional nas sociedades pós-modernas.

1.3.6.1 *O sobreprincípio da segurança jurídica*

Vivemos um tempo histórico de grandes questionamentos constitucionais, sobretudo em matéria tributária. As raízes do nosso sistema, cravadas no Texto Supremo, fazem com que a atenção dos estudiosos seja convocada para o inevitável debate sobre o conteúdo de princípios fundamentais, conduzindo os feitos à apreciação do Supremo Tribunal Federal. Fica até difícil imaginar assunto tributário que possa ser inteiramente resolvido em escalões inferiores, passando à margem das diretrizes axiológicas ou dos limites objetivos estabelecidos na Carta Magna. Por sem dúvida que tal consideração eleva, desde logo, esse ramo do direito público, outorgando-lhe *status* de grande categoria, pois discutir temas de direito tributário passa a significar, em última análise, resolver tópicos da mais alta indagação jurídica, social, política e econômica.

Por outro lado, a estabilidade das relações jurídicas tributárias, diante das manifestações da nossa mais alta corte de justiça, torna-se assunto sobremaneira delicado, requerendo atenção especialíssima do intérprete, porquanto está em jogo o sobreprincípio da segurança jurídica.

Entre as grandes diretrizes que formam o estrato axiológico das normas tributárias no Brasil, já anotamos, algumas se apresentam como conteúdos de enunciados expressos, enquanto outras se encontram na implicitude dos textos do direito posto. Todas, porém, com a mesma força vinculante. Aliás, quanto à dita implicitude do sobreprincípio da segurança jurídica, salientemos, a propósito, o fato de não se ter notícia de que algum ordenamento a contenha como regra explícita. Efetiva-se pela atuação de outros princípios, como o da legalidade, da anterioridade, da igualdade, da irretroatividade, da universalidade da jurisdição, etc. Isso, contudo, em termos de concepção estática, de análise das normas, de avaliação de um sistema normativo sem considerarmos suas projeções sobre o meio social. Se nos detivermos em um direito positivo, historicamente dado e isolarmos o conjunto de suas normas (tanto as somente válidas, como também as vigentes), indagando dos teores de sua racionalidade; do nível de congruência e harmonia que as proposições apresentam; dos vínculos de coordenação e de subordinação que armam os vários patamares da ordem posta; da rede de relações sintáticas e semânticas que respondem pela tessitura do todo; então será possível imitirmos um juízo de realidade que conclua pela existência do primado de segurança, justamente porque neste ordenamento empírico estão cravados aqueles valores que operam para realizá-lo. Se a esse tipo de verificação circunscrevemos nosso interesse pelo sistema, mesmo que não identifiquemos a primazia daquela diretriz, não será difícil implantá-la. Bastaria instituir os valores que lhe servem de suporte, os princípios que, conjugados, formariam os fundamentos a partir dos quais se levanta. Assim, vista por esse ângulo, será difícil encontrarmos uma ordem jurídico-normativa que não ostente o princípio da segurança. E, se o setor especulativo é o do Direito Tributário, praticamente todos os países do mundo ocidental, ao reconhecerem aqueles vetores que se articulam axiologicamente, proclamam, na sua implicitude, essa diretriz suprema. A circunstância de figurarem no texto, ou no contexto, não modifica o teor de prescritividade da estimativa, que funciona como vetor valorativo que penetra as demais regras do sistema, impregnando-lhes, fortemente, a dimensão semântica. Por isso mesmo são colocadas no altiplano da Constituição. De lá, precisamente onde começam todos os processos de positivação das normas jurídicas, descem aqueles primados para os vários escalões da ordem legislada, até atingir as regras terminais do sistema, timbrando os preceitos que ferem diretamente as condutas em interferência intersubjetiva, com a força axiológica dos mandamentos constitucionalmente consagrados.

O princípio da certeza do direito traduz as pretensões do primado da segurança jurídica no momento em que, de um lado, (i) exige do enunciado normativo a especificação do fato e da conduta regrada, bem como, de outro, (ii) requer previsibilidade do conteúdo da coatividade normativa. Ambos apontam para a certeza da mensagem jurídica, permitindo a compreensão do conteúdo, nos planos concretos e abstratos. Pensamos que esse segundo significado (ii) quadra melhor no âmbito do princípio da segurança jurídica. A relação entre tais princípios é evidentemente complexa, devendo ser melhor elucidada no próximo item deste estudo.

Mas, ao lado da certeza, em qualquer das duas dimensões de significado, outros valores constitucionais, explícitos e implícitos, operam para concretizar o sobrevalor da *segurança jurídica*. Diremos que em um dado sistema existe este sobreprincípio, pairando sobre a relação entre Fisco e contribuinte, sempre que nos depararmos com um feixe de estimativas, integradas para garantir o desempenho da atividade jurídico-tributária pelo Estado-administração.

1.3.6.1.1 *O primado da segurança jurídica no tempo*

As leis não podem retroagir, alcançando o direito adquirido, o ato jurídico perfeito e a coisa julgada. É o comando do art. 5º, XXXVI da CF/88. Nesse princípio, que vem impregnado de grande força, podemos sentir com luminosa clareza seu vetor imediato, qual seja a realização do primado da segurança jurídica. Qualquer agressão a essa sentença constitucional representará, ao mesmo tempo, uma investida à estabilidade dos súditos e um ataque direto ao bem da certeza do direito.

Contudo, entre um conceito e outro utilizados para definir o princípio da irretroatividade, não há por que confundir a *certeza do direito* naquela acepção de índole sintática, com o cânone da *segurança jurídica*. Aquele é atributo essencial, sem o que não se produz enunciado normativo com *sentido deôntico*; este último é decorrência de fatores sistêmicos que utilizam o primeiro de modo racional e objetivo, mas dirigido à implantação de um valor específico, qual seja o de coordenar o fluxo das interações inter-humanas, no sentido de propagar no seio da comunidade social o sentimento de previsibilidade quanto aos efeitos jurídicos da regulação da conduta. Tal sentimento tranquiliza os cidadãos, abrindo espaço para o planejamento de ações futuras, cuja disciplina jurídica conhecem, confiantes que estão no modo pelo qual a aplicação das normas do direito se realiza. Concomitantemente, a certeza do tratamento normativo dos fatos já consumados, dos direitos adquiridos e da força da coisa julgada, lhes dá a garantia do passado. Essa bidirecionalidade *passado/futuro* é fundamental para que se estabeleça o clima de segurança das relações jurídicas, motivo por que dissemos que *o princípio depende de fatores sistêmicos*. Quanto ao passado, exige-se um único postulado: o da irretroatividade. No que aponta para o futuro, entretanto, muitos são os expedientes principiológicos necessários para que se possa falar na efetividade do primado da segurança jurídica. Desnecessário encarecer que a segurança das relações jurídicas é indissociável do valor *justiça*, e sua realização concreta se traduz numa conquista paulatinamente perseguida pelos povos cultos.

Observado sob o ponto-de-vista do passado, o simples vedar que a lei não prejudique o direito adquirido, o ato jurídico perfeito e a coisa julgada, seria o bastante para obstar qualquer incursão do legislador dos tributos pelo segmento dos fatos sociais que, por se terem constituído cronologicamente antes da edição legal, ficariam a salvo de novas obrigações. Qual o motivo do zelo constitucional? Sabemos que o legislador das normas gerais e abstratas, a começar por aquelas fundantes da ordem jurídica, comete seus desassisos, seja pela ausência de regras disciplinadoras – *anomia* –, seja pela ponência de normas contrárias e contraditórias, seja ainda pela impressão, juridicamente falsa, mas aparentemente útil, de que prescrevendo a mesma coisa duas ou mais vezes, outorgará a eficácia que a regra não logrou alcançar na formulação singular. Se em termos dogmáticos representa um ledo engano, nada modificando no panorama concreto da regulação das condutas, pelo ângulo histórico ou sociológico encontra-se a explicação do fato.

Com efeito, o enunciado normativo que protege o direito adquirido, o ato jurídico perfeito e a coisa julgada, conhecido como *princípio da irretroatividade das leis*, não vinha sendo, é bom que se reconheça, impedimento suficientemente forte para obstar certas iniciativas de entidades tributantes, em especial a União, no sentido de atingir fatos passados, já consumados no tempo, debaixo de plexos normativos segundo os quais os administrados orientaram a direção de seus negócios. Isso marcou decisivamente o meio jurídico e, na primeira oportunidade, que ocorreu com a instalação da Assembleia Nacional Constituinte, fez empenho em consignar outra prescrição explícita, dirigida rigorosamente para o território das pretensões tributárias, surgindo, então, o princípio de que falamos.

Por outro lado, como expressão do imperativo da segurança do direito, as normas jurídicas voltam-se para a frente, para o porvir, para o futuro, obviamente depois de oferecido ao conhecimento dos administrados seu inteiro teor, o que se dá pela publicação do texto legal. Na linha de realização desse valor supremo, da mesma forma está o enunciado do inciso XXXVI, art. 5º da Carta Magna. Fere a consciência jurídica das nações civilizadas a ideia de que a lei possa colher fatos pretéritos, já consolidados e cujos efeitos se canalizaram regularmente em consonância com as diretrizes da ordem institucional.

Há ocasiões excepcionais, entretanto, em que se concede ao legislador a possibilidade de atribuir às leis sentido retroativo. O Código Tributário Nacional discorre sobre o assunto, ao cristalizar, no art. 106 e seus incisos, as hipóteses em que a lei se aplica a fato pretérito. Interessa-nos, nesta oportunidade, as chamadas *leis interpretativas*. Segundo o inciso I, do art. 106 do CTN, assumindo a lei expressamente esse caráter, pode ser aplicada a fatos passados, excluindo-se a aplicação de penalidades à infração dos dispositivos interpretados.

As leis interpretativas exibem um traço bem peculiar, na medida em que não visam à criação de novas regras de conduta para a sociedade, circunscrevendo seus objetivos ao esclarecimento de dúvidas levantadas em razão da dubiedade dos vocábulos linguísticos constantes da lei interpretada. Encaradas sob esse ângulo, despem-se da natureza inovadora que acompanha a atividade legislativa, retrotraindo ao início da vigência da lei interpretada, explicando com fórmulas elucidativas sua mensagem antes obscura. Este, no entanto, será objeto de enfoque em momento subsequente deste trabalho.

1.3.6.2 O sobreprincípio da certeza do direito

Trata-se, também, de um sobreprincípio, estando acima de outros primados e regendo toda e qualquer porção da ordem jurídica. O sobreprincípio da certeza do direito experimenta uma dualidade de sentido que não pode ser ignorada: (i) exprime a circunstância de que o comando jurídico, atuando numa das três modalidades do deôntico (proibido, permitido e obrigatório), requer, com assomos de necessidade absoluta, que a conduta regrada esteja rigorosamente especificada (alguém, estando obrigado, tendo a permissão ou estando proibido, deve saber, especificamente, qual a conduta que lhe foi imputada, comportamento esse que não se compadece com a dúvida, com a inexatidão, com a incerteza); (ii) ao mesmo tempo, certeza do direito significa previsibilidade, isto é, o administrado tem o direito de saber, com antecedência, qual o conteúdo e alcance dos preceitos que lhe serão imputados, para que possa programar-se, tomando iniciativas e dirigindo suas atividades consoante a orientação que lhe advenha da legislação vigente. É aquilo que alguns preferem chamar de "princípio da não-surpresa".

Como valor imprescindível do ordenamento, sua presença é assegurada nos vários subsistemas, nas diversas instituições e no âmago de cada unidade normativa, por mais insignificante que seja. A certeza do direito é algo que se situa na própria raiz do dever-ser, é ínsita ao deôntico, sendo incompatível imaginá-lo sem determinação específica. Na sentença de um magistrado, que põe fim a uma controvérsia, seria absurdo figurarmos um juízo de probabilidade, em que o ato jurisdicional declarasse, como exemplifica Lourival Vilanova[119], que "A possivelmente deve reparar o dano causado por ato ilícito seu". Não é sentenciar, diz o mestre, ou estatuir, com pretensão de validade, o *certum* no conflito de condutas. E ainda que consideremos as obrigações alternativas, em que o devedor pode optar pela prestação A, B ou C, sobre uma delas há de recair, enfaticamente, sua escolha, como imperativo inexorável da certeza jurídica. Substanciando a necessidade premente da segurança do indivíduo, o sistema empírico do direito elege a certeza como postulado indispensável para a convivência social organizada.

O princípio da certeza jurídica é implícito, mas todas as superiores diretrizes do ordenamento operam no sentido de realizá-lo.

Além do caráter sintático dessa acepção, outra muito difundida é aquela que toma "certeza" com o sentido de "previsibilidade", de tal modo que os destinatários dos comandos jurídicos hão de poder organizar suas condutas na conformidade dos teores normativos existentes.

---
119. *As estruturas lógicas e o sistema do direito positivo*, cit., p. 232.

1.3.6.3 O sobreprincípio da igualdade

O sobreprincípio da igualdade, por seu turno, está contido na formulação expressa do art. 5º, *caput*, da Constituição e reflete uma tendência axiológica de extraordinária importância. Todos são iguais perante a lei, sem distinção de qualquer natureza, garantindo-se aos brasileiros e aos estrangeiros residentes no País a inviolabilidade do direito à vida, à liberdade, à igualdade, à segurança e à propriedade. Seu destinatário é o legislador, entendido aqui na sua proporção semântica mais larga possível, isto é, os órgãos da atividade legislativa e todos aqueles que expedirem normas dotadas de juridicidade.

No domínio do direito tributário, o artigo 150, II, da Carta Magna, proíbe à União, Estados, Distrito Federal e Municípios a instituição de tratamento desigual a contribuintes que se encontrem em situação equivalente. Não deverá haver qualquer *discrimen* com base na ocupação profissional ou função exercida. O intuito é garantir a tributação justa (sobrevalor). Isto não significa, contudo, que todos os contribuintes devam receber tratamento tributário igual, mas, sim, que as pessoas, físicas ou jurídicas, encontrando-se em situações econômicas idênticas, ficarão submetidas ao mesmo regime jurídico, com as particularidades que lhe forem próprias. Caberá à legislação de cada tributo, tomando em consideração as notas singulares das diversas classes de sujeitos passivos, eleger fatos distintivos que sejam hábeis para atender às especificidades dos casos submetidos à imposição, de tal maneira que se mantenha a correspondente equivalência entre as múltiplas situações empíricas sobre as quais haverá de incidir a percussão tributária.

O estabelecer itens de desigualdade entre os destinatários da norma, achando-se esses em situações jurídico-econômicas semelhantes, exige a observância de rigorosa e manifesta proporcionalidade, marca decisiva da própria isonomia com que foram tratadas as ocorrências distintas, e que se traduz numa equação reveladora da aplicação do princípio da igualdade tributária. Afinal, todos sabemos que o real é irrepetível, não havendo, nem podendo haver, dois sucessos totalmente iguais.

Resta ao legislador, portanto, assegurar a estabilidade funcional do diploma normativo de modo que a lei possa irradiar sua eficácia por toda a extensão do domínio pretendido, fazendo-o, contudo, uniformemente, sem oscilações que escapem da equação montada para realizar o equilíbrio da atividade impositiva. Dentro daquele seguimento, os sujeitos saberão, previamente, o modo pelo qual serão alcançados pela incidência da regra tributária, assegurada a proporção entre as inevitáveis desigualdades existentes.

Tudo seria fácil se o princípio da isonomia não fosse um autêntico valor. Para o universo do direito, múltiplos são os critérios que podem ser tomados para a realização da igualdade. Há isonomia entre pessoas qualificadas como maiores para os atos da vida civil, para fins eleitorais, criminais; há igualdade entre pessoas do mesmo sexo, nacionalidade, cor, grupo profissional, político e social. Quando a estimativa "igualdade" é empregada no direito tributário, o critério é bem objetivo: dois sujeitos de direito que apresentarem sinais de riqueza expressos no mesmo padrão monetário haverão de sofrer a tributação em proporções absolutamente iguais.

Exemplificando, podemos mencionar a situação de duas empresas localizadas em território nacional, em que uma delas aufira o dobro de receita do valor obtido pela outra: o montante da COFINS devida por uma será exatamente o dobro da outra. Isso quer dizer que o critério jurídico da igualdade, para fins de incidência tributária, tem como ponto de referência a variação jurídico-econômica da base de cálculo, podendo, em casos muito específicos, ser temperado por providências de natureza extrafiscal.

Aproveito para afirmar que o direito, reconhecendo na igualdade tributária um valor, trata de colocar parâmetros incisivos, tendo em vista estabilizar as expectativas normativas. Não fora assim e cada um empregaria suas referências subjetivas, construindo "isonomias" que consultassem antes suas inclinações ideológicas, acarretando profunda insegurança ao bem-estar social. Longe disso, por lidar com direitos fundamentais (propriedade e liberdade), a ordem jurídica cerca de garantias o direito que cada um tem de responder pela carga tributária de forma igualitária, recolhendo aos cofres públicos importâncias do mesmo tamanho econômico daquelas que qualquer outro sujeito de direitos venha a arcar, encontrando-se em situação idêntica.

A isonomia de que desfrutam os sujeitos passivos das obrigações tributárias, além disso, é uma estimativa da mais elevada relevância, pois de sua concreta efetividade, em cada situação empírica, dependem dois sobrevalores, quais sejam, o da segurança das relações jurídico-tributárias e o da "justiça da tributação". Percebe-se, claramente, que sem igualdade na distribuição das cargas tributárias não atingiremos os níveis adequados de segurança, impedindo a realização suprema da justiça na implantação dos tributos.

José Artur Lima Gonçalves[120], em aprofundado estudo sobre o tema, e perfeitamente consciente do que significa o implemento desse valor em cada caso concreto, propõe ao intérprete um itinerário seguro:

> Para que se afira a existência ou não de ofensa ao princípio da isonomia em matéria tributária, sugere-se que o pesquisador siga o seguinte roteiro sistemático ao deparar-se com a norma que crie discriminação:
>
> 1. dissecar a regra-matriz de incidência tributária em seus cinco critérios;
>
> 2. identificar qual é o elemento de discriminação utilizado pela norma analisada;
>
> 3. verificar se há correlação lógica entre o elemento de discriminação e a diferenciação de tratamento procedida; e,
>
> 4. investigar se há relação de subordinação e pertinência lógica entre a discriminação procedida e os valores positivados no texto constitucional.

---

120. *Isonomia na norma tributária*, São Paulo, Malheiros, 1993, p. 75.

Encaixa-se bem, neste tópico, a observação mediante a qual o direito positivo introduz uma série de proposições prescritivas tendo em vista tolher o trabalho exegético, para evitar, por esse modo, que o aplicador mobilize valores que lhe são próprios, pondo em jogo sua ideologia em detrimento das orientações axiológicas que o sistema consagra. Ainda que não se elimine a participação subjetiva do operador, reduz seu exercício a padrões mínimos, aptos para garantir que o ordenamento cumpra sua trajetória reguladora sem interferências estranhas ao projeto que a sociedade solenemente adotou.

É conferido à lei tributária desigualar situações, atendendo a peculiaridades de categorias de contribuintes, mas somente quando houver relação de imanência entre o elemento diferencial e o regime conferido aos que estão incluídos na classe diferenciada. O princípio da isonomia é agredido quando o tratamento diverso, dispensado pelo legislador a várias pessoas, não encontra motivo razoável. Na lição de Celso Antônio Bandeira de Mello[121], "há ofensa ao preceito constitucional da isonomia quando (...) a norma atribui tratamento jurídico diferente em atenção a fator de *discrimen* adotado que, entretanto, não guarda relação de pertinência lógica com a disparidade de regimes outorgados (...)", e também quando "a norma supõe relação de pertinência lógica existente em abstrato, mas o *discrimen* estabelecido conduz a efeitos contrapostos ou de qualquer modo dissonantes dos interesses prestigiados constitucionalmente". Em suma, para realizar-se a isonomia, não basta tratar diferentemente os desiguais. É preciso que o tratamento diferenciado dê-se em razão dessa diferença, ou seja, que o tratamento diferenciado tenha relação com o critério discriminante eleito.

1.3.6.4 O sobreprincípio da liberdade

Adotando o pressuposto de que o sobreprincípio da liberdade é um direito fundamental, podemos dizer que se encontra permeado por todo o sistema jurídico prescritivo em

---

[121]. *Conteúdo jurídico do princípio da igualdade*, 3ª ed., São Paulo, Malheiros, 2003, p. 47.

diferentes feições. Temos a liberdade legiferante de que os Parlamentos são portadores, dentro dos limites constitucionais; a liberdade política entre os entes do Estado-governo; a liberdade de associação, entre pessoas individuais, empresas ou sindicatos; a liberdade de expressão, opinião e difusão, garantida, na ordem tributária, pelas imunidades; a liberdade de tráfego no direito tributário; entre tantas outras liberdades explícitas ou implícitas no texto constitucional. Essas figuras vêm a aparecer, mediatamente, na realização do Estado Democrático Brasileiro, em que se impõe sistema que equilibra liberdades e limitações de direitos.

O ordenamento jurídico, como forma de tornar possível a coexistência do homem em comunidade, garante, efetivamente, o cumprimento das suas ordens, ainda que, para tanto, seja necessária a adoção de medidas punitivas que afetem a própria liberdade das pessoas. Daí por que, ao criar um direito subjetivo, concomitantemente o legislador enlaça um dever ou, em segunda instância, uma providência sancionatória ao não-cumprimento do referido dever. Só o direito coage mediante o emprego da força, com a aplicação, em último grau, das penas privativas da liberdade ou por meio da execução forçada. Essa maneira de coagir, de garantir o cumprimento dos direitos e dos deveres estatuídos em suas regras, é que assinala o direito, apartando-o de outros sistemas de normas.

Dentre as liberdades constitucionais, cumpre relevar, num primeiro momento, o fraseado do art. 5º, XIII, que garante o livre exercício de qualquer trabalho, ofício ou profissão, atendidas as qualificações profissionais que a lei estabelecer. Nesse mesmo sentido, garante também a "liberdade de associação para fins lícitos, vedada a de caráter paramilitar" (art. 5º, XVII, da CR/88), bem como dispõe que "a criação de associações e, na forma da lei, a de cooperativas independem de autorização, sendo vedada a interferência estatal em seu funcionamento" (art. 5º, XVIII, da CR/88). Mais a frente ainda completa estatuindo que "as entidades associativas, quando expressamente autorizadas, têm legitimidade para representar seus filiados judicial ou extrajudicialmente" (art. 5º, XXI, da CR/88). Há que se tomar nota que as leis sobre tributo não podem tolher o livre exercício do trabalho e da livre associação, a que tem direito o cidadão brasileiro. Como bem tutelado no plano da Constituição, é um limite a mais que confrange as iniciativas legislativas em matéria tributária.

Outras vezes, vamos deparar com o étimo "liberdade" querendo apontar as garantias de expressão, conforme disposto nos arts. 5º, IX, e 220 da CR/88. Dessa forma, "a manifestação do pensamento, a criação, a expressão e a informação, sob qualquer forma, processo ou veículo não sofrerão qualquer restrição", proibindo, por intermédio do que foi disposto, qualquer tipo de censura pelo Estado aos sujeitos de direito. No domínio tributário, o Texto Magno, por meio das imunidades, garantiu a liberdade de expressão religiosa (sobre os templos de qualquer culto), política (sobre patrimônio, renda ou serviços dos partidos políticos), sindical (sobre entidades sindicais dos trabalhadores), da educação (sobre instituições de educação e de assistência social, sem fins lucrativos) e de imprensa (sobre livros, jornais, periódicos e o papel destinado a sua impressão), desonerando tais institutos e instituições da carga tributária. Trata-se de reafirmação do princípio da liberdade que a Constituição prestigia no seu art. 5º. Nenhum óbice há de ser criado para impedir ou dificultar esses direitos de todo cidadão. E entendeu o constituinte de eximi-lo também do ônus representado pela exigência de impostos (art. 150, VI, da CR/88).

Por fim, a propósito, vale a lembrança peremptória, no domínio tributário, da liberdade de tráfego, prestigiada pelo art. 150, V, da CR/88 de que é apenas exceção a cobrança de pedágio pela utilização de vias conservadas pelo Poder Público e o ICMS em razão de estar constitucionalmente garantido em seu fato gerador a designação de "circulação de mercadoria" como base de tributação.

A liberdade de tráfego vem reafirmar o princípio federativo, formador do Estado brasileiro, vedando a todos os entes políticos "estabelecer limitações ao tráfego de pessoas ou bens, por meio de tributos interestaduais ou intermunicipais", como se depreende do próprio texto do artigo. Isto quer dizer que não poderá compor o antecedente da norma, em nenhum tipo tributário (imposto, taxa ou contribuição), o predicado "operação interestaduais ou intermunicipais". Em outras palavras, não será tomado como base de tributação o simples fato de se configurar deslocamento de pessoa ou bem entre Estados e Municípios, garantindo o movimento livre das massas populacionais e do comércio.

1.3.6.5 *O sobreprincípio da justiça*

O princípio da justiça é uma diretriz suprema. Na sua explicitude, pois está expressa no Preâmbulo da CR/88, penetra de tal modo as unidades normativas do ordenamento que todos o proclamam, fazendo dele até lugar-comum, que se presta para justificar interesses antagônicos e até desconcertantes. Como valor que é, participa daquela subjetividade que mencionamos, ajustando-se diferentemente nas escalas hierárquicas das mais variadas ideologias. Os sistemas jurídicos dos povos civilizados projetam-no para figurar no subsolo de todos os preceitos, seja qual for a porção da conduta a ser disciplinada.

Realiza-se o primado da justiça quando implementamos outros princípios, o que equivale a elegê-lo como sobreprincípio. E na plataforma privilegiada dos sobreprincípios ocupa lugar preeminente. Nenhum outro o sobrepuja, ainda porque para ele trabalham. Querem alguns, por isso mesmo, que esse valor se apresente como o sobreprincípio fundamental, construído pela conjunção eficaz dos demais sobreprincípios.

1.3.7 Os princípios formadores do Estado

Pertencendo ao estrato mesmo da Constituição, da qual se destaca por mero expediente lógico de cunho didático, o subsistema constitucional dos princípios formadores do Estado realiza as funções do todo, dispondo sobre os poderes capitais do Estado, nos diversos campos da política, da administração e, de nosso interesse atual, da tributação, ao lado de medidas que asseguram as garantias imprescindíveis à liberdade das pessoas, diante daqueles poderes. Empreende, na trama normativa, uma construção harmoniosa e conciliadora, que visa a atingir a forma do Estado brasileiro e, a partir dessa formação, abstrair os conteúdos dos valores supremos da certeza, da liberdade, da igualdade, da justiça, pela segurança das relações jurídicas que se estabelecem entre Administração e administrados. E, ao fazê-lo, enuncia normas que são verdadeiros princípios, tal o poder aglutinante de que são portadoras, permeando, penetrando e influenciando um número inominável de outras regras que lhe são subordinadas.

1.3.7.1 *Princípios da Federação e da República*

O princípio federativo, inscritos no art. 1º da Constituição, está endereçado, inequivocamente, aos legisladores da União, dos Estados-membros e do Distrito Federal. Contudo, não há negar que enquanto expresse a autonomia recíproca das unidades federadas, sob o manto da Lei Fundamental, representará fonte inesgotável de direitos e garantias individuais. A experiência brasileira nesse sentido, aliás, é bem sugestiva. Que de vezes a União tem invadido as províncias da competência estadual, a pretexto de legislar sobre seus impostos privativos, ou tirando proveito da atribuição que os arts. 147 e 154, do Texto Maior lhe adjudicam, em claro detrimento dos outros entes federativos e, em muitas oportunidades, arranhando o patrimônio jurídico dos próprios contribuintes. Cabe ao sujeito passivo, em ocasiões como essa, insurgir-se contra a exigência federal, sobre o fundamento de que não fora respeitada a autonomia das unidades federadas, consagradas no art. 1º da Constituição.

Nesse ponto, as hipóteses mais comuns de violação de direitos e garantias individuais parecem alojar-se nos artigos 155, § 2º, XII, e 146 da CR/88, este, justamente, prevê a edição de normas gerais de direito tributário, rubrica de que nos ocuparemos em momento subsecutivo.

Importa firmar, por enquanto, a infringência de direitos e garantias individuais do contribuinte ou de terceiros, ligados à relação jurídico-tributária, sempre que desrespeitado for o princípio da Federação, salvaguarda intangível da autonomia dos Estados.

O ser "República" Federativa é pretender uma forma de governo na qual o povo, soberano, investe seus representantes em funções de poderes diferentes. No modelo atual, são eles tripartidos em: legislativo, executivo e judiciário.

Do ponto de vista da cidadania, define-se como a forma de estado que atribui condição especial ao povo na formação do regimento constitucional interno. Em seu aspecto estrutural, apresenta-se como conjunto de instituições ordenadas para o fim de preservar os direitos individuais e coletivos bem como a representação legítima de seus administrados. Nesse ponto, Geraldo Ataliba asseverou com sutileza de análise em seu *República e Constituição*[122], que "a República, tal como plasmada pelos sucessivos constituintes brasileiros, traduz-se num conjunto de instituições cujo funcionamento harmônico visa a assegurar, da melhor maneira possível, a eficácia de seu princípio básico, consistente na soberania popular".

Nesse tópico, é preciso dizer enfaticamente que princípio nenhum se encontra isolado no sistema. Corolário inevitável da aplicação desse postulado é a confluência dos preceitos republicanos e federativos no Estado brasileiro. Ambos são atributos indissociáveis, fundamento da forma atual da Nação, e, juntos, determinam como os outros princípios devem ser interpretados. Nenhuma lei pode ser interpretada sem que se conforme à exegese desses dois princípios. Nesses termos, podemos apresentar afirmativa peremptória de que um não é o outro, mas um está pelo outro. Tanto o princípio republicano quanto o princípio federativo são os alicerces necessários da presente formação do Estado brasileiro.

---

122. Geraldo Ataliba, *República e Constituição*, 2ª ed., São Paulo, Malheiros, 1998, p. 89.

Demoremo-nos, porém, num ponto: a despeito de apresentarem-se no mesmo Diploma e, portanto, serem normas de sobrenível, os princípios adquirem diferentes relevâncias na formulação do sentido completo normativo. E os postulados da Federação e da República exercem no direito positivo brasileiro função determinante. Tal conclusão se depura de vários fatores: (i) na atual Constituição esses princípios se manifestam expressamente representados no art. 1º, marca do início do ordenamento jurídico vigente; (ii) além disso, por diversas vezes, repete-se o preceito em outras formulações normativas, explícita ou implicitamente; e, por fim; (iii) encontra-se, a forma federativa de Estado, garantida entre as cláusulas pétreas do art. 60, § 4º, da CR/88 não sendo, portanto, objeto de emenda constitucional.

No regime republicano, a forma federativa assegura o sistema de representação dos administrados pela Administração Pública. Nele garantem-se os instrumentos que permitem a representação, bem como os meios de controle e fiscalização dos mandantes sobre seus mandatários. Nesse sentido, utiliza-se do princípio "Poder contendo poder"[123], ou nos termos norte-americanos adota o regime do *"Check and Balance"*, no qual, ao mesmo tempo em que o Estado lhes confere poderes, estipula uma série de responsabilidades que lhes fazem contrapartida. Eis as condições de base em que deve enquadrar-se o regime jurídico brasileiro republicano.

1.3.7.2 *Princípio da separação dos poderes*

Apesar do poder estatal ser uno e indivisível, como repetidamente advertido por Rousseau, para que se opere seu racional e responsável exercício, este é partido em três segmentos, objetivando atender à complexidade das tarefas estatais e à consequente necessidade de especialização dos órgãos do Estado, no desempenho dessas tarefas. Fala-se, assim, em separação dos poderes, consistente na divisão do exercício do poder estatal.

---

123. Geraldo Ataliba, *República e Constituição*, 2ª ed., São Paulo, Malheiros, 1998, p. 48.

O conceito de separação dos poderes designa princípio de organização política que, mediante a repartição de competências jurídicas, estrutura órgãos com funções específicas. No ordenamento brasileiro, o assunto encontra-se disciplinado, expressamente, no artigo 2º da Constituição da República, nos termos do qual "são Poderes da União, independentes e harmônicos entre si, o Legislativo, o Executivo e o Judiciário". A independência e a harmonia entre os poderes do Estado indicam, como princípio, que cada um deles projeta uma esfera própria de atuação, cuja demarcação tem por fundamento de validade a própria norma constitucional. Ao Legislativo confere, preponderantemente, a função de editar normas gerais e abstratas; ao Executivo o dever de efetivá-las mediante a edição de normas individuais e concretas; e, finalmente, ao Judiciário, a tarefa de dirimir os inevitáveis conflitos na aplicação das normas jurídicas produzidas pelo sistema. Nessa projeção das fontes, não está previsto o setor privado responsável pela produção intensiva de normas que, a todo momento, enriquecem o ordenamento positivo.

Justamente para atender às estipulações dessa índole é que ao Poder Judiciário é vedado extrapolar os limites da lei, emitindo normas individuais e concretas que não se encontrem fundamentadas nos preceitos gerais e abstratos emitidos pelo Legislativo. Eis a presença inafastável da legalidade, pressuposto do universo jurídico.

Na qualidade de subdomínio da ordenação jurídico-positiva, nosso sistema tributário traz a marca indelével das particularidades do constitucionalismo praticado no Brasil. O quadro formado pela coexistência das quatro classes de pessoas políticas de direito constitucional interno (União, Estados-membros, Distrito Federal e Municípios), todas desfrutando de autonomia e estruturadas como entidades que se autocompõem, buscando o fundamento de validade de suas normas diretamente na Constituição da República, exibe, desde logo, uma feição peculiar ao sistema do direito posto, colocando de manifesto sua grande complexidade. Isso, ainda, passando por alto pela existência de outro ente político, a própria União, mas investida agora de soberania e operando como pessoa de direito constitucional na ordem externa, no direito das gentes.

Sabemos, perfeitamente, quão difícil tem sido a articulação dessas entidades, justapostas como detentoras de faixas próprias de competência impositiva, na medida em que se entrecruzam os problemas de ordem jurídica, política e social. Tudo para respeitar o modelo federativo implantado pela Constituição de 1988, mas que, de resto, já vem atravessando a tradição histórica e jurídica do país há muito tempo.

Em verdade, não é fácil manter o equilíbrio e a harmonia das pessoas políticas de direito interno, assim no plano estático como, e principalmente, na dinâmica do seu funcionamento. São quatro focos ejetores de normas cujo fundamento de validade está plantado na Lei das leis, não havendo vínculos de subordinação entre essas esferas parciais de governo. São quatro fontes de produção normativa que hão de manter-se em constante sintonia, integradas por obra de diretrizes superiores que lhes asseguram o movimento simultâneo, tendo em vista a realização dos valores supremos que a Constituição proclama.

Sobremais, é preciso salientar que todo esse arcabouço montado pelo legislador constituinte foi concebido dentro de padrões que tendem à fixidez, pois a Constituição brasileira é rígida, prevendo, expressamente, os meios e modos de possíveis modificações, todos eles reivindicando procedimentos especiais e mais complicados que os do rito comum. Aliás, em obra de imenso valor doutrinário, Geraldo Ataliba pôs em evidência esse traço, aliado, no setor específico dos tributos, àquilo que chamou de "abundância", quer dizer, o legislador constituinte, ao estabelecer um número sobremaneira elevado de preceitos a propósito de matéria tributária, fê-lo no corpo de uma Constituição rígida, aspecto que imprime ao subsistema tributário brasileiro um caráter de amplitude e firmeza sem paralelo nos ordenamentos de países que seguem o modelo do direito continental europeu.

Torna-se necessário um esforço concentrado para mergulhar na amplitude textual e isolar os princípios fundamentais da ordem jurídica vigente para, daí avante, projetar estratégias de compreensão, passando à fase de construir o conteúdo, sentido e alcance do produto legislado.

1.3.7.3 *Princípio da isonomia das pessoas políticas de direito constitucional interno*

O conceito de isonomia não é de fácil determinação. Autores ilustres pretenderam demarcá-lo, encontrando acerbas dificuldades, pois os valores não podem ser objetivados. Em função de sua plasticidade, amolda-se diferentemente aos múltiplos campos de incidência material das regras jurídicas, o que torna penosa a indicação precisa do seu conteúdo. Celso Antônio Bandeira de Mello[124], como já vimos, tem importante contribuição ao estudo dos obstáculos que se interpõem no caminho de um exame científico e aprofundado acerca desse tema.

Já identificamos em subitem anterior a presença da acepção de isonomia como equivalente ao conceito de igualdade de todos perante a lei. Por outro lado, em linha de princípio, verificaremos que isonomia está presente também na formação do Estado, veiculando predicados normativos entre as pessoas políticas de direito constitucional interno, garantindo tratamento igual e autonômico entre si.

O art. 18, *caput* da CR/88, estatui que "A organização político-administrativa da República Federativa do Brasil compreende a União, os Estados, o Distrito Federal e os Municípios, todos autônomos, nos termos desta Constituição." A despeito de sua redação imprópria, uma vez que os Municípios não compõem a Federação brasileira, põe, em pé de igualdade, as entidades políticas, firmando ainda sua autonomia.

A premissa autoriza dizermos que esse princípio funciona como fator de paridade entre as entidades políticas de

---

124. *Conteúdo jurídico do princípio da igualdade*, 3ª ed., São Paulo, Malheiros, 2003.

direito interno, reafirmando os princípios da Federação e da autonomia dos Municípios, sem os quais não se alcança a isonomia das pessoas políticas de direito interno e o inverso da mesma forma é verdadeiro. Em outros termos, a isonomia de que desfrutam os entes políticos é uma estimativa da mais elevada relevância, pois de sua concreta efetividade dependem dois sobrevalores, quais sejam, o da Federação e o da autonomia dos Municípios. Percebe-se, claramente, que sem isonomia entre as pessoas políticas não atingiremos os níveis adequados do federalismo, impedindo a realização suprema da autonomia dos Municípios.

Por esse modo, é forçosa a ilação de que os princípios formadores do Estado brasileiro são um emaranhado de normas que só adquirem significação completa quando colocadas em combinatória. Isonomia, Federação e autonomia dos Municípios são o reflexo de uma só ideia: o Estado brasileiro.

1.3.7.4 *Princípio da autonomia dos Municípios*

A oração que proclama a isonomia das pessoas políticas de direito constitucional interno apresenta-se como enunciado implícito, construído a partir de duas formulações expressas: a que assegura o princípio federativo (autonomia dos Estados sob a égide da CR, art. 1º) e a que consagra a autonomia dos Municípios (art. 13, § 2º; art. 18, *caput*, e § 4º; art. 23, *caput*, e parágrafo único; arts. 29, 30, 44, 45, 46 e 53 da CR/88). E é nesse último que iremos focalizar nossas atenções no momento.

Sabemos que as mensagens prescritivas dos arts. 18 a 57 da Constituição do Brasil realizam o "princípio da autonomia dos Municípios", confirmado pela análise do sistema vigente. Nada obstante, juristas de renome, menos inclinados ao "municipalismo", conquanto não neguem a indigitada autonomia, reduzem drasticamente a relevância dessas pessoas políticas, em suas interpretações, chegando ao ponto de designá-las por "entes menores". Esforçados nessa mesma inspiração, compreendem, ao pé da letra, o que preceitua o art.

187, parágrafo único, do Código Tributário Nacional, sobre violarem de maneira frontal o princípio implícito da isonomia das pessoas políticas de direito constitucional interno, chegando ao resultado deplorável de admitir a "ordem" que o dispositivo estabelece, com o que relegam os Municípios a uma condição de flagrante inferioridade em face dos Estados, do Distrito Federal e da União.

A autonomia municipal se reflete em diferentes passagens no texto constitucional, quando o próprio texto da Carta Magna os autoriza a ter símbolos próprios (art. 13, § 2º), indica expressamente que União, Estados, Distrito Federal e Municípios são todos autônomos entre si (art. 18, *caput*), impõe consulta prévia à população municipal nos casos de criação, incorporação, fusão ou desmembramento de Municípios (art. 18, § 4º), dentre tantos outros que vão aos poucos comprovando, de uma vez por todas, a existente e necessária autonomia dos Municípios.

Justamente para atender às estipulações dessa índole é que a Constituição da República, ao dispor sobre as competências legislativas, estabelece autonomia e competência municipais para dispor sobre a matéria tributária. Em seu inciso III, do art. 30, prescreve, de forma abrangente, competir aos Municípios a instituição e arrecadação dos tributos de sua competência, bem como aplicação de suas rendas. Reafirmando peremptoriamente esse princípio, a fiscalização do Município será exercida pelo próprio Poder Legislativo Municipal, mediante controle externo, e pelos sistemas de controle interno do Poder Executivo Municipal. É uma prova de sua autonomia. Mais a frente, ainda no domínio tributário, assegura a competência equiparando os Municípios às outras entidades por meio do art. 145, *caput*; e, por fim, coloca-os no rol das imunidades, inviabilizando que União, Estados, Distrito Federal onerem o patrimônio municipal com impostos. Do exposto percebe-se a condição de igualdade que se encontram os Municípios em relação aos Estados, ao Distrito Federal e à União.

1.3.8 Os limites objetivos no direito tributário

Os "limites objetivos" distinguem-se dos valores, pois são concebidos para atingir certas metas, certos fins. Estes, sim, assumem o porte de valores. Aqueles limites não são valores, são procedimentos, se os considerarmos em si mesmos, mas voltam-se para realizar valores, de forma indireta, mediata, que são os fins para os quais estão preordenados os procedimentos. Os princípios de direito tributário, por seu turno, geralmente se expressam como "limites objetivos", posto como sobre-regras que visam a implementar os valores estipulados no ordenamento jurídico.

A despeito dos "limites objetivos" perseguirem valores como objetivos teleológicos da norma, não entram em jogo, aqui, as motivações subjetivas do legislador ou mesmo da própria sociedade na sua positivação, tornando-se muito mais simples a construção de sentido dos enunciados. E na aplicação prática do direito esses limites saltam aos olhos, sendo de verificação pronta e imediata. Expressão de uma das diversas formas empregadas, observa-se os princípios tributários, tal como um limite objetivo, nos primados da legalidade e da tipicidade cerrada; da anterioridade e da irretroatividade da lei tributária; da não-cumulatividade nos casos de IPI e ICMS; entre tantos outros.

Por outro lado, não há como negar que os cânones da legalidade, da anterioridade e da irretroatividade trazem consigo uma carga axiológica expressiva, na medida em que representam conquistas seculares mantidas e anunciadas pela tradição do nosso direito.

1.3.8.1 Princípio da legalidade tributária

O princípio da legalidade é introduzido no sistema jurídico quer na formulação genérica do artigo 5º, II, da CR, quer em sua conformação específica para o direito tributário (artigo 150, I, da CR). A análise do texto legal se desenvolve a partir deste plano constitucional, onde se situa, aliás, o enunciado normativo daquele valor, expandindo-se pelo corpo do sistema, com integral respeito à hierarquia. É tomando posições firmes do texto da Carta Magna, racionalmente compostas e fundadas sempre em doutrina segura, que o exegeta compõe a linguagem descritiva, imprimindo seriedade ao discurso.

Nunca serão demais os estudos que evoluírem em torno de valores com a magnitude do princípio da legalidade, a despeito do timbre subjetivo que os faz resvalarem, frequentemente, pela quadra das especulações ideológicas, distanciando-se, em certa medida, do objetivo final do labor cognoscente. Sua importância marca com tal intensidade a presença do fenômeno jurídico que não seria exagerado afirmar tratar-se de dado inafastável, decisivo para a compreensão dessa realidade. Refletir sobre o princípio da legalidade, aqui, equivale a meditar sobre o próprio direito.

O princípio da legalidade é limite objetivo que se presta, ao mesmo tempo, para oferecer segurança jurídica aos cidadãos, na certeza de que não serão compelidos a praticar ações diversas daquelas prescritas por representantes legislativos, e para assegurar observância ao primado constitucional da tripartição dos poderes. O princípio da legalidade compele o intérprete, como é o caso dos julgadores, a procurar frases prescritivas, única e exclusivamente, entre as introduzidas no ordenamento positivo por via de lei ou de diploma que tenha o mesmo *status*. Se do consequente da regra advier obrigação de dar, fazer ou não-fazer alguma coisa, sua construção reivindicará a seleção de enunciados colhidos apenas e tão somente no plano legal.

Isso se aplica, na plenitude, à regra-matriz de incidência tributária: sua estrutura lógico-sintática há de ser saturada com as significações do direito positivo. Pela diretriz da estrita legalidade, não podem ser utilizados outros enunciados, senão aqueles introduzidos por lei. Seja a menção genérica do acontecimento factual, com seus critérios compositivos (material, espacial e temporal), seja a regulação da conduta, firmada no consequente, também com seus critérios próprios, vale dizer, indicação dos sujeitos ativo e passivo (critério pessoal), bem como da base de cálculo e da alíquota (critério quantitativo), tudo há de vir expresso em enunciados legais.

1.3.8.2 *Princípio da tipicidade tributária*

Quando se reclama a observância do princípio da legalidade inscrito no art. 150, inciso I, da Constituição de 88, repetindo de certo modo o que já dissera o art. 5º, no seu inciso II, o que se quer exprimir é a exigência da lei ordinária. Diria "em princípio", porque "lei", neste passo, está usada num sentido que permite várias acepções. Eis novamente o cientista do direito ou o jurista prático olhando para o direito positivo como um fenômeno de linguagem e procurando, dentro das acepções desse vocábulo, escolher uma que pode não ser a do outro. Gostaria que "lei" fosse interpretada aqui no seu sentido de lei ordinária, mas sabemos que o ordenamento brasileiro assim não dispõe. Há uma série de tributos que são criados, em virtude de imposição constitucional, por lei complementar. Já pela via de lei delegada, não há essa possibilidade. Entretanto, existem aqueles que aceitam a medida provisória com a virtude de criar tributos também. Não é minha interpretação.

Uma exigência, contudo, se faz presente: na *lei tributária* há que se conter todos os elementos necessários à chamada regra-matriz de incidência, isto é, aquele mínimo irredutível, aquela unidade monádica que caracteriza a percussão do tributo, vale dizer, a descrição de um evento de possível ocorrência para a norma poder operar, e a prescrição de uma relação jurídica que vai nascer quando ocorrer esse acontecimento. Nessa proposição consequencial, também chamada de consequência tributária, existem não só dois sujeitos, mas uma conduta que pode ser exigida pelo titular do direito subjetivo e que deve ser cumprida por aquele que foi cometido do dever jurídico. Tal conduta no direito tributário está ligada à entrega de uma quantia em dinheiro e essa apuração em valor devido ao Fisco pressupõe a conjugação de dois fatores: a base de cálculo e a alíquota. Temos aqui um dado importantíssimo para a compreensão do direito tributário brasileiro: um primado que decorre dessas ponderações e que se apresenta como o binômio "hipótese de incidência/base de cálculo".

Acredito, pessoalmente, que o artigo 4º do Código Tributário Nacional, ao dizer que a natureza específica do tributo é definida pelo fato gerador, nos fornece uma pequena contribuição, mas não diz tudo. A natureza específica do tributo é dada pela conjugação da hipótese da incidência e da base de cálculo. Vou dar dois exemplos práticos que me parecem bem elucidativos: um, ocorrido no Estado do Rio Grande do Sul, em Município gaúcho que, pretendendo ampliar a faixa da incidência do IPTU, no caso de imóveis dados em locação, escolheu como base de cálculo o montante percebido pelo locador, no ano anterior. Alfredo Augusto Becker imediatamente apontou: "eis uma invasão de competência, trata-se de uma inconstitucionalidade", o Município estará invadindo a competência federal, pois o montante percebido pelo locador no ano imediatamente anterior é um dos integrantes daquilo que se chama de rendimento bruto, colhido pelo imposto sobre a renda e proventos de qualquer natureza. Percebe-se, claramente, neste caso, que a base de cálculo, ao dimensionar o critério material da hipótese de incidência, serve para definir aquilo que se pretende tributar pelo Município: a renda do proprietário e não a propriedade predial e territorial urbana.

Quero utilizar também de um excelente parecer do Professor Geraldo Ataliba ao identificar na "taxa de melhoramento dos portos", não uma taxa, mas um imposto. Por quê? Porque a base de cálculo deixava de medir atividade estatal diretamente ligada ao obrigado, e voltava-se para um fato qualquer, independente de atuação do Poder Público. Ao detectar a base de cálculo, confrontando-a com o critério material da hipótese de incidência, concluiu: "isto é imposto, não uma taxa".

O artigo 4º – repito – do Código Tributário Nacional, quando prescreve que a denominação e o destino do produto da arrecadação são irrelevantes para dizer da natureza jurídica específica do tributo e que esta é dada pelo fato gerador, diz pouco. Pelo fato gerador, nós teríamos a hipótese de incidência daquele imposto predial e territorial urbano mencionado por Alfredo Augusto Becker. Agora, a base de cálculo está medindo outra realidade que não a de ser proprietário, ter o domínio útil ou a posse de imóvel no perímetro urbano do Município.

Faz-se necessária, todavia, a observação do princípio da tipologia dos tributos. Dá-me o caminho para discernir os impostos dos impostos e os impostos das taxas. Esse critério tem fundamento constitucional, não é mera criação doutrinária. Nesse sentido, temos o art. 145, § 2º, da CR, onde se encontra disposto: "As taxas não poderão ter base de cálculo própria de impostos".

O legislador quando discerniu impostos de taxas escolheu como critério ter base de cálculo diferente. Em outro momento, quando quis criar a faixa de competência residual da União, que, por incrível que pareça, nunca foi utilizada, empregou o mesmo critério discriminador. Na verdade, a União não sabe ou não desejou saber, até hoje, se dispunha ou não de faixa de competência residual, preferindo criar impostos com nome de taxas, impostos com nome de empréstimos compulsórios, impostos com nome de depósito para viagens, impostos com nome de salário-educação, etc., em vez de utilizar da competência residual constitucionalmente estabelecida.

Ora, de ver está que o artigo 145, § 2º, da CR/88, impõe que as taxas tenham base de cálculo diferente dos impostos e, ao criar a faixa de competência residual, inscrita no artigo 154, I do mesmo Diploma encontraremos também o seguinte:

> A União poderá instituir, mediante lei complementar, impostos não previstos no artigo anterior, desde que sejam não-cumulativos e não tenham fato gerador ou base de cálculo próprios dos discriminados nesta Constituição.

Mas, aí não há o conjuntor "e" e, sim, o disjuntor "ou"? Quer dizer, tendo fato gerador ou base de cálculo está satisfeita a exigência constitucional? Creio que com breve interpretação do sistema do direito positivo brasileiro, em especial, do sistema constitucional, verificaremos que é um simples tropeço do legislador. Empreendeu redação no sentido de significar que só lhe é vedada a competência de instituir novos tributos com fato gerador e base de cálculo iguais aos impostos.

Tal estilo interpretativo caracteriza instante delicado da tarefa elaborada pelo legislador constituinte, porque teve cuidado muito grande em delinear as competências da União, dos Estados, dos Municípios, do Distrito Federal, salvaguardando diretrizes consagradas como intangíveis, entre elas a da Federação. É demarcando a zona de competência da União que o legislador constituinte decretou, digamos assim, a Federação. Também foi em respeito ao princípio da autonomia dos Municípios que outorgou competência para que tais pessoas políticas de direito constitucional interno instituíssem seus tributos. Trata-se, portanto, de momento sumamente importante da atividade constitucional o demarcar das competências. E foi nessa atividade delicadíssima que o legislador, intuitivamente ou não, escolheu e utilizou o mencionado critério, que põe em confronto a hipótese de incidência com a base de cálculo do tributo. A prática nos mostra que se nós aceitarmos, pura e simplesmente, aquilo que o legislador diz ser o fato gerador de certo gravame, correremos o risco de ficar redondamente enganados pela singela leitura do texto.

Parece-me fundamental entender, quanto ao princípio da tipicidade tributária, que o exercício do poder impositivo-fiscal, no Brasil, encontra-se orientado por uma série de vetores, voltados especialmente para organizar as relações que nesse setor se estabelecem. São os chamados "princípios constitucionais tributários", na maioria explícitos, e a que deve submeter-se a legislação infraconstitucional, sempre que o tema da elaboração normativa seja a instituição, administração e cobrança de tributos. Pois bem, entre tais comandos, em posição de indiscutível preeminência, situa-se o princípio da tipicidade tributária, que se define em duas dimensões: (i) no plano legislativo, como a estrita necessidade de que a lei adventícia traga no seu bojo, de modo expresso e inequívoco, os elementos descritores do fato jurídico e os dados prescritores da relação obrigacional; e (ii) no plano da facticidade, como exigência da estrita subsunção do evento aos preceitos estabelecidos na regra tributária que o prevê, vinculando-se, obviamente, à adequada correspondência estabelecida entre a obrigação que adveio do fato protocolar e a previsão genérica constante da norma abstrata, conhecida como "regra-matriz de incidência".

Corolário inevitável da aplicação desse princípio é a necessidade de que os deveres sejam introduzidos no sistema de direito positivo por veículos introdutores primários, com força de lei, portanto. E mais, que os agentes da Administração Pública, no exercício de suas funções de gestão tributária, indiquem, pormenorizadamente, todos os elementos do tipo normativo existentes na concreção do fato que se pretende tributar e, bem assim, dos traços jurídicos que apontam uma conduta como ilícita.

Por outro lado, o princípio da vinculabilidade da tributação, retirado da implicitude do Texto Supremo e inserido no artigo 142 do Código Tributário Nacional, traduz uma conquista no campo da segurança dos administrados, em face dos poderes do Estado moderno, de tal maneira que o exercício da administração tributária encontra-se tolhido, em qualquer de seus movimentos, pela necessidade de aderência total aos termos específicos da lei, não podendo abrigar qualquer tipo de subjetividade própria aos atos de competência discricionária.

No procedimento administrativo de gestão tributária não se permite ao funcionário da Fazenda o emprego de recursos imaginativos, por mais evidente que pareça ser o comportamento delituoso do sujeito passivo. Para tanto, a mesma lei instituidora do gravame, juntamente com outros diplomas que regem a atividade administrativa, oferece um quadro expressivo de providências, com expedientes das mais variadas espécies, tudo com o escopo de possibilitar a correta fiscalização do cumprimento das obrigações e deveres estatuídos.

Seguindo esta ordem de considerações, surgem como notas características do Sistema Tributário Brasileiro a impossibilidade de instituir, arrecadar e fiscalizar tributos fora dos estritos limites legalmente prescritos. Com efeito, para que um sujeito seja convocado a participar de uma relação jurídica, tenha ela natureza tributária ou sancionatória, os seus contornos, bem como os das hipóteses que lhes antecedem logicamente, devem ser introduzidos por instrumento introdutor primário. Vejamos o porquê.

1.3.8.3 Princípio da anterioridade

O art. 150, I, veda a possibilidade de exigir-se ou aumentar-se tributo sem que a lei o estabeleça (princípio da legalidade estrita), enquanto o inc. III consagra os cânones da irretroatividade (letra *a*) e da anterioridade (letra *b*). Fixemos nossa atenção nesse último. A diretriz da anterioridade, com toda a força de sua presença na sistemática impositiva brasileira, é um "limite objetivo". Sua comprovação em linguagem competente (a linguagem das provas admitidas em direito) é de uma simplicidade franciscana: basta exibir o documento oficial relativo ao veículo que introduziu normas jurídicas no sistema do direito positivo, com a comprovação do momento em que se tornou de conhecimento público, e poderemos saber, imediatamente, se houve ou não respeito ao princípio da anterioridade. Dessa linha de raciocínio não discrepa a legalidade. Se o tributo foi introduzido por ato infralegal, o que se prova com facilidade, ficaremos seguros de que o princípio foi violado. Seu sentido experimenta inevitável acomodação no primado da segurança jurídica, vetor axiológico do princípio da anterioridade, de modo que o contribuinte não seja surpreendido com exigência tributária inesperada.

Em função de sua plasticidade, o princípio da anterioridade para muitos parece amoldar-se ora como recorte da eficácia ora como recorte da vigência. Nesse ponto, é preciso dizer enfaticamente que a vigência das normas tributárias no tempo carrega uma particularidade que deve ser posta em relevo. Aquelas que instituem ou majoram tributos hão de respeitar não somente o princípio da legalidade, inerente à tipicidade cerrada das figuras tributárias, como também outro limite, qual seja, aquele sobranceiramente enunciado no corpo do art. 150, III, *b*, e que consiste na necessidade de terem sido publicadas antes do início do exercício financeiro em que se pretenda cobrar a exação. É o princípio da anterioridade, que comporta apenas as exceções enunciadas no § 1º do mesmo preceptivo constitucional. Ora, se bem sopesarmos a conjugação desses dois condicionantes, legalidade e anterioridade, teremos que inferir que as normas jurídicas que decretam tributo novo, ou nova faixa de incidência para tributo já existente, ou ainda que venham a aumentá-lo, como expressão econômica, devem sujeitar-se à resultante da combinação dos dois limites.

Não advogamos a tese de que tais normas (as que criam ou aumentam tributos) entrem, efetivamente, em vigor, nas datas que estipulem, deixando a eficácia jurídica dos fatos previstos em suas hipóteses protelada até o início do próximo exercício financeiro. Não se trata de problema de eficácia, mas única e exclusivamente de vigência. Na hipótese, o que ocorre é a convergência de dois fatores condicionantes, que interagem provocando o deslocamento do termo inicial da vigência, de modo que a regra jurídica que entraria em vigor quarenta e cinco dias depois de publicada ou na data que estabelecer continua sem força vinculante, até que advenha o primeiro dia do novo exercício financeiro. Isso nos autoriza a falar numa vigência predicada pela norma e noutra imperiosamente estabelecida pelo sistema. São reflexões dessa natureza que nos permitem entender o conteúdo do art. 104 do Código Tributário Nacional, exarado em consonância com o art. 150, III, *b* e *c*, da Constituição da República.

1.3.8.4 *Princípio da irretroatividade da lei tributária*

Entre as *limitações do poder de tributar* inscreveu o constituinte de 1988 o princípio da irretroatividade (artigo 150, III, *a*). Por certo que a prescrição é despicienda, visto que a diretriz contida no artigo 5º, XXXVI, da Constituição da República, é portadora desse mesmo conteúdo axiológico, irradiando-se por todo o universo do direito positivo, incluindo, portanto, a região das imposições tributárias.

A Constituição da República estabelece no artigo 5º, inciso XXXVI, que "a lei não prejudicará o direito adquirido, o ato jurídico perfeito e a coisa julgada" enquanto, de maneira mais restritiva estabelece, no capítulo concernente ao sistema tributário, que:

> Sem prejuízo de outras garantias asseguradas ao contribuinte, é vedado à União, aos Estados, ao Distrito Federal e aos Municípios:
>
> (...)
>
> III – cobrar tributos:
>
> a) em relação a fatos geradores ocorridos antes do início da vigência da lei que os houver instituído ou aumentado;
>
> (...)

Observe-se: o simples vedar que a lei não prejudique o direito adquirido, o ato jurídico perfeito e a coisa julgada já seriam o bastante para obstar qualquer incursão do legislador dos tributos pelo segmento dos fatos sociais que, por se terem constituído cronologicamente antes da edição legal, ficariam a salvo de novas obrigações. Qual o motivo do zelo constitucional? Ora, sabemos que o legislador das normas gerais e abstratas, a começar por aquelas fundantes da ordem jurídica, comete seus desassisos, seja pela ausência de regras disciplinadoras, seja pela ponência de normas contrárias e contraditórias, seja ainda pela impressão juridicamente falsa, mas aparentemente útil, de que, prescrevendo a mesma coisa duas ou mais vezes, outorgará a eficácia que a regra não logrou alcançar na formulação singular. Se em termos dogmáticos representa um ledo engano, nada modificando o panorama concreto da regulação das condutas, pelo ângulo histórico ou sociológico encontraram alguns escritores a explicação do fato.

Neste ponto, é preciso dizer, enfaticamente, que o desrespeito à coisa julgada não pode ser admitido sob pretexto algum.

Mexe com a estabilidade das relações jurídicas, prerrogativa inafastável de sistema que tenha um *quantum* de coerência interna e que pretenda atuar, também, com aquele mínimo de eficácia que a ordem normativa há de ter para ser reconhecida como tal. Desatender à coisa julgada é, em última análise, quebrar a hierarquia do ordenamento, porque investe contra a primazia do Judiciário para dizer do direito ao caso concreto; é transgredir o princípio da exclusividade da jurisdição, conduta que desarticula o sistema, comprometendo a função reguladora que o direito se propõe cumprir com o fito de implantar os valores que a sociedade quer ver realizados.

Com efeito, o enunciado normativo que protege o direito adquirido, o ato jurídico perfeito e a coisa julgada, conhecido como "princípio da irretroatividade das leis", não vinha sendo, é bom que se reconheça, obstáculo suficientemente forte para impedir certas iniciativas de entidades tributantes, em especial a União, no sentido de atingir fatos passados, já consumados no tempo, debaixo de plexos normativos segundo os quais os administrados orientaram a direção de seus negócios. Isso marcou decisivamente o meio jurídico e, na primeira oportunidade, que ocorreu com a instalação da Assembleia Nacional Constituinte, fez empenho em consignar outra prescrição explícita, dirigida rigorosamente para o território das pretensões tributárias, surgindo, então, o princípio de que falamos.

No Brasil, não pode haver tributo sem prévia descrição legal, conforme dispõe o artigo 150, da Constituição de 1988, que contém, em si, vedação à retroatividade. Impera, nos domínios do direito tributário, a mesma regra do direito penal: *nullum crimen, nulla poena sine praevia lege.*

Lei retroativa é aquela que rege fato ocorrido antes de sua vigência, proibição que a Carta Magna estabelece como princípio geral, abrindo particularíssimas exceções para as hipóteses de preceitos interpretativos ou, no caso de infrações e de sanções, para beneficiar o acusado. Tudo em homenagem à estabilização e segurança das relações jurídicas, cercadas de muitos cuidados e garantias, quando entram em jogo o patrimônio e a liberdade dos cidadãos, caso típico das exações tributárias.

1.3.8.4.1 A retroatividade das leis interpretativas

Como expressão do imperativo da segurança do direito, as normas jurídicas voltam-se para frente, para o porvir, para o futuro, obviamente depois de oferecido ao conhecimento dos administrados seu inteiro teor, o que se dá pela publicação do texto legal. Na linha de realização desse valor supremo, estatui a Carta Magna que a *lei não prejudicará o direito adquirido, o ato jurídico perfeito e a coisa julgada*. Fere a consciência jurídica das nações civilizadas a ideia de que a lei possa colher fatos "pretéritos", já consolidados e cujos efeitos se canalizaram regularmente em consonância com as diretrizes da ordem institucional.

Há ocasiões, entretanto, em que se concede ao legislador a possibilidade de atribuir às leis sentido retroativo. O Código Tributário Nacional discorre sobre o assunto, ao cristalizar, no artigo 106 e seus incisos, as hipóteses em que a lei se aplica a fato "pretérito". Interessa-nos, nesta oportunidade, o teor do inciso I, que alude às chamadas "leis interpretativas". Segundo tal dispositivo, assumindo a lei expressamente esse caráter, pode ser aplicada a acontecimentos passados, excluindo-se a aplicação de penalidades à infração dos dispositivos interpretados.

As leis interpretativas exibem um traço bem peculiar, na medida em que não visam à criação de novas regras de conduta para a sociedade, circunscrevendo seus objetivos ao esclarecimento de dúvidas levantadas em razão da ambiguidade dos vocábulos linguísticos constantes da lei interpretada. Encaradas sob esse ângulo, despem-se da natureza inovadora que acompanha a atividade legislativa, retrotraindo ao início da vigência da lei interpretada, explicando com fórmulas elucidativas sua mensagem antes obscura.

As leis tributárias ditas "interpretativas", assim como qualquer outra lei que pretensamente assuma esse caráter, devem ser examinadas com particular cautela. Não pode o legislador, sob o pretexto de esclarecer pontos obscuros de uma lei ou de revelar seu verdadeiro sentido, utilizar-se de outros diplomas, supostamente interpretativos, para estabelecer aos destinatários os rigores de uma retroatividade ilimitada.

Inicialmente, cumpre distinguir *lei interpretativa* de *lei inovadora*. As leis interpretativas, como já anotei, circunscrevem seus objetivos ao esclarecimento de dúvidas. A quase totalidade das legislações, todavia, mostra-se inovadora, introduzindo alterações nas regras prescritivas de condutas. A dificuldade de se produzir norma que nada altere no ordenamento é tão acentuada que torna quase impossível identificar-se preceito exclusivamente interpretativo, significando mera declaração do sentido e alcance de preceito já existente.

Examinando o rol de possíveis alterações legislativas para, a partir delas, identificar os caracteres da lei interpretativa, assevera Nuno Sá Gomes[125] serem inovadoras as normas revogatórias, pois a extinção de um regime jurídico conduz à aplicação da regra geral, ou reconduz as relações que deixaram de ser reguladas à esfera da liberdade. Implicam alteração no ordenamento até mesmo as leis novas que veiculem regras idênticas às antes existentes, na medida em que, sendo a lei nova informada por outros princípios e tendo diverso enquadramento sistemático, haverá sentido necessariamente inovador, devendo lembrar-se que a *occasio legis*, a razão de ser imediata da nova lei, é também diferente, sendo outra, por igual, a atividade da enunciação de que decorre. São também inovadoras as leis novas que, em face de uma interpretação uniforme e pacífica, atribuem sentido diferente à lei antiga ou, ainda, embora sendo controvertida a interpretação daquela, orientam o acolhimento de uma solução inteiramente nova, que exorbita da controvérsia sobre o respectivo sentido.

Tem-se por interpretativas apenas as leis que objetivam fixar a significação de norma jurídica que suscite dúvidas no seu sentido e alcance ou que possa vir a suscitá-las.

---

125. *Manual de direito fiscal*, v. II, Lisboa, Rei dos Livros, 1997, p. 333.

Apresenta-se como pressuposto da lei interpretativa, portanto, a existência de incerteza sobre o significado normativo do preceito interpretado, incerteza esta que decorre da possibilidade de interpretações variadas, as quais se pretende uniformizar por meio do preceito interpretativo. Procura-se, pois, com essa espécie de procedimento legislativo, resolver problema de certeza e de igualdade na aplicação da lei.

Muitas vezes, porém, não obstante as leis ou dispositivos legais sejam denominados "interpretativos", acabam por inovar as regras supostamente interpretadas, modificando-lhes as disposições. Isso acontece, por exemplo, quando a interpretação da lei antiga é pacífica, ou quando, existente a controvérsia, venha a nova legislação indicar uma solução que jamais foi admitida em face do regramento pretérito. Reitero, portanto, que somente quando verificar-se o escopo de elucidar os termos de dispositivo legal cujo conteúdo gere controvérsia, pode falar-se em natureza *interpretativa* da norma. Ainda assim, é preciso ter cuidado com a significação conferida por esse veículo, que não pode distanciar-se do foco das dúvidas existentes, quer dizer, é-lhe vedado alterar entendimentos já consolidados, restringir ou ampliar direitos.

Existe forte corrente doutrinária que rejeita, terminantemente, a atribuição de caráter retroativo às leis interpretativas. Esse é o posicionamento adotado por Carlos Maximiliano[126], para quem a chamada "interpretação autêntica", emanada do próprio poder que produziu o ato interpretado, pretendendo aclarar seu sentido e alcance, só se aplica aos casos futuros: *não vigora desde a data do ato interpretado*, uma vez que deve respeitar os direitos adquiridos em consequência do entendimento conferido, até então, pelo órgão aplicador (Judiciário ou Executivo). Semelhante é o posicionamento do Ministro Carlos Mário da Silva Velloso[127], manifestando que:

---

126. *Hermenêutica e aplicação do direito*, 9ª ed., Rio de Janeiro, Forense, 1979, p. 87.

127. "Irretroatividade da lei tributária – Irretroatividade e anterioridade – Imposto de renda e empréstimo compulsório", in *Revista de Direito Tributário* n. 45, p. 85.

Nos sistemas constitucionais como o nosso, em que a regra da irretroatividade situa-se em nível constitucional e não apenas de lei ordinária, impossível falar-se em lei interpretativa. Admiti-la, seria permitir ao legislador ordinário, a pretexto de estabelecer regra de interpretação da lei, a pretexto de fornecer a interpretação autêntica da lei, fazê-la retroagir.

Com maior razão, sendo a lei inovadora, não há que falar na produção de efeitos retroativos. No ordenamento brasileiro, em que a irretroatividade da lei em relação às situações jurídicas definitivamente constituídas assume caráter de direito e garantia individuais do estatuto político, a lei interpretativa há de ser limitada à sua função específica de esclarecer e suprir o que foi legislado, sem introduzir novo significado, mais oneroso para o cidadão. Lei que interpreta outra há de ser retroativa apenas se destinada a eliminar as obscuridades e ambiguidades. Não se admite, contudo, que lei falsamente interpretativa retroaja, atingindo situações consolidadas. Verificando-se a criação de qualquer espécie de obrigação, dever ou ônus, a legislação é tida por inovadora, alcançando somente os acontecimentos futuros.

Pelo que se expôs, fica evidente a circunstância de que, a despeito do disposto no artigo 106, I, do Código Tributário Nacional, não basta que a lei seja *expressamente* interpretativa: é preciso que esta se caracterize, *materialmente*, como interpretativa, objetivando tão somente esclarecer controvérsias existentes, sem que isso implique restrição a direitos e garantias constitucionais conferidos aos destinatários.

1.3.8.4.2 Aplicação prospectiva de conteúdos decisórios e modulação de efeitos em decisão de (in) constitucionalidade: Integração entre o sobreprincípio da segurança jurídica e a retroatividade das leis tributárias

A introdução de dois novos dispositivos de lei, no ano de 1999, respectivamente art. 27 da lei 9.868/99 e art. 11 da lei 9.882/99 deu a luz a novos debates sobre matérias de extrema relevância: *a modulação de efeitos em decisão de (in) constitucionalidade*. Hoje, nos tribunais superiores, admite-se em benefício do interesse público e em situação excepcional, isto é, nas hipóteses em que a declaração de nulidade, com seus normais efeitos *ex tunc*, resultaria em grave ameaça a todo o sistema legislativo vigente, atribuir efeito *pro futuro* à declaração incidental de inconstitucionalidade. A referida inovação conduziu nossas consciências, de maneira vertiginosa, ao questionamento de princípios fundamentais. Aquilo que há de mais caro para a dignidade de um sistema de direito positivo está sendo posto em tela de juízo, desafiando nosso espírito e estimulando nossas inteligências, ao reivindicar uma tomada de posição firme e contundente. Chegando-se a esse ponto, não cabem mais tergiversações e os expedientes retóricos somente serão admitidos para fundamentar a decisão de manter a segurança jurídica, garantindo a estabilidade das relações já reconhecidas pelo direito, ou de anunciar, em alto e bom som, que chegou o reino da incerteza, que o ordenamento vigente já não assegura, com seriedade, o teor de suas diretrizes, que as pomposas manifestações dos tribunais superiores devem ser recebidas com reservas, porque, a qualquer momento, podem ser revistas, desmanchando-se as orientações jurídicas até então vigentes, sem outras garantias para os jurisdicionados.

Trata-se de pura idealização pensar na possibilidade de funcionamento de um subsistema social qualquer sem a boa integração dos demais subsistemas que formam o tecido social pleno. Não cabe cogitar da implantação de um primoroso modelo econômico, por exemplo, sem a sustentação das estruturas políticas e jurídicas que com ele se implicam. As virtudes da Constituição de 1988, que são muitas, fizeram imaginar um Brasil avançado e democrático, em que os direitos e garantias dos cidadãos se multiplicariam em várias direções. Mas bastou a prática dos primeiros anos para nos fazer ver que as previsões da Carta Suprema não se concretizariam sem o suporte de um judiciário digno de suas decisões.

O sistema jurídico brasileiro surgiu no âmago desse processo empírico onde o direito aparece e comparece como autêntico produto da cultura, acumulando-se no seu historicismo para projetar o entusiasmo de uma sociedade que olha para o futuro e pretende vivê-lo com a consciência de suas conquistas e com a força do seu espírito.

Sua configuração jurídica reflete bem a complexidade das instituições básicas de um Estado igualmente complexo. Seria até ingenuidade supor que num sistema em que convivem pessoas dotadas de autonomia legislativa, financeira, administrativa e política, pudessem existir diretrizes simples e transparentes que, em conjugação elementar com outras providências, tivessem o condão de esquematizar uma organização operativa e eficiente.

O sistema que temos foi forjado na prática das nossas instituições, nasceu e cresceu entre as alternâncias de uma história política agitada, irrequieta, no meio de incertezas econômicas internas e externas. Sua fisionomia é a do Brasil dos nossos tempos, com suas dificuldades, suas limitações, mas também com suas grandezas e, para que não dizer, com a surpreendente vitalidade de um país jovem, que marca, incisivamente, sua presença no concerto das nações.

Tenho para mim que tais lembranças devem ser consignadas, no momento mesmo em que entra em jogo a própria manutenção da integridade sistêmica do Estado brasileiro. Vivemos o processo de uma decisão significativa e importante. E a melhor contribuição que o jurista poderia oferecer está na manifestação axiologicamente neutra (na medida do possível) a respeito do quanto percebe existir no trato com o real. Se a pretensão é alterar, efetivamente, a modulação dos efeitos das decisões em controle de (in)constitucionalidade, assunto delicado que pode abalar em seus fundamentos a organização jurídica nacional, requer-se domínio técnico e conhecimento especializado sobre a matéria.

Eis um ponto de real interesse, que envolve diretamente o bom funcionamento das instituições, garantindo, no domínio do direito tributário, o contribuinte e o próprio

Estado-administração contra excessos que a Carta Magna esteve longe de conceber e de autorizar. Por que não aproveitarmos o ensejo para estabelecer os limites que estão faltando? Por que não emendarmos a Constituição em trechos como esse, atendendo às reivindicações dos especialistas, para aperfeiçoar um sistema que vem sendo construído como a projeção do sentimento histórico da sociedade brasileira?

O Direito é senhor do tempo, frase difundida nos textos mais conhecidos de Filosofia e de Teoria Geral. Seja para estipular, reduzir ou ampliar a eficácia da disciplina dos comportamentos intersubjetivos, o legislador, no seu sentido mais amplo (o do Poder Legislativo, o do Judiciário, o do Executivo ou o do Setor Privado), isto é, todas aquelas que, investidas de competência pela ordem jurídica em vigor, têm a prerrogativa de fazer inserir normas no sistema, tanto as gerais e abstratas, como as individuais e concretas ou as individuais e abstratas, o legislador, repita-se, está devidamente credenciado a manipular o *tempo* tendo em vista a configuração dos projetos regulatórios que bem lhe aprouver.

Alarga o intervalo temporal que ele mesmo estabelece quando prescreve, como no caso da decadência tributária, que o prazo é de 5 (cinco) anos, por exemplo, mas que o termo inicial de contagem é o primeiro dia do exercício seguinte àquele em que a Fazenda poderia ter celebrado o ato de lançamento. Pode reduzi-lo, assim como opera com o prazo de prescrição (também de cinco anos), fixando o termo inicial, contudo, para a data em que o contribuinte tiver ciência da pretensão tributária, conquanto a Fazenda não tenha ainda manifestado inércia como titular do direito de ação, ao menos no que diz respeito aos primeiros trinta dias do ato notificatório. Em outros casos, faz retroagir a norma aplicável, para atender a motivos que julga satisfazer aos ideais de justiça. O Presidente da República, mediante decreto, instaura o "horário de verão", mexendo nos ponteiros do relógio, para adiantá-los por uma hora. Os particulares, no domínio de suas possibilidades jurídico-contratuais, dispõem como bem lhes parece acerca do tempo das prestações firmadas. E o Poder Judiciário, dizendo o direito aos casos concretos, institui o lapso temporal que melhor consultar à realização do que entende por justo. É nesse sentido que se diz, metaforicamente, que *o Direito é senhor do tempo*.

Demoremo-nos um pouco no tópico da modulação de efeitos. Tratando-se de controle concentrado, em ações objetivas de inconstitucionalidade, como princípio geral, declarava-se a nulidade da norma, revogando o enunciado em termos retrospectivos, isto é, *ipser juri ab initio*, o que significa atribuir efeitos *ex tunc* ao ato decisório. Estabelecido, porém, que a declaração de inconstitucionalidade pode dar-se a qualquer tempo, ou seja, o direito de ação não preclui, passou-se a observar que a aplicação da pena de nulidade, como regra, prejudicaria não somente a certeza do direito, mas também e principalmente o próprio direito, enquanto sistema prescritivo de condutas, uma vez que toda norma goza da presunção de constitucionalidade até ser expulsa do sistema. A providência ensejaria clima de instabilidade, depreciando o sentimento de certeza das mensagens normativas, um dos pilares de sustentação da ordem jurídico-positiva.

Foi na extensão desta medida, para atender a situações peculiares e excepcionais, que a anulabilidade de norma inconstitucional com a modulação de seus efeitos surgiu como importante instrumento para salvaguardar o princípio da Supremacia da Constituição e outros valores fundamentais como o primado da segurança jurídica.

Nesse contexto, foram promulgadas em 1.999 duas Leis ordinárias – a Lei n. 9.868/99 e a Lei n. 9.882/99 –, anunciando, entre seus preceitos, dois dispositivos da maior relevância, que inovaram o tema da modulação dos efeitos no ordenamento jurídico brasileiro. Vejamos:

> Art. 27, da Lei n. 9.868/99. Ao declarar a inconstitucionalidade de lei ou ato normativo, **e tendo em vista razões de segurança jurídica ou de excepcional interesse social**, poderá, o Supremo

Tribunal Federal, por maioria de dois terços de seus membros, restringir os efeitos daquela declaração ou decidir que ela só tenha eficácia a partir de seu trânsito em julgado **ou de outro momento que venha a ser fixado**. (Grifo posterior).

Art. 11, da Lei n. 9.882/99. Ao declarar a inconstitucionalidade de lei ou ato normativo, no processo de arguição de descumprimento de preceito fundamental, e **tendo em vista razões de segurança jurídica ou de excepcional interesse social**, poderá o Supremo Tribunal Federal, por maioria de dois terços de seus membros, restringir os efeitos daquela declaração ou decidir que ela só tenha eficácia a partir de seu trânsito em julgado **ou de outro momento que venha a ser fixado**. (Grifo posterior).

Diante dos textos de Lei acima referidos, a Suprema Corte passou a decidir sobre os efeitos da declaração de inconstitucionalidade segundo dois critérios subjetivos: (i) a segurança jurídica e (ii) o excepcional interesse social, buscando, dessa maneira, temperar os efeitos negativos da modificação de situações jurídicas já consolidadas no âmbito social. Isso nos permite enunciar a proposição pela qual foi sobre o fundamento desses Diplomas normativos e na linha do que proclama o art. 102 da Constituição da República – atributivo ao STF, da *guarda da Constituição* – que o Colendo Superior Tribunal encontrou os supedâneos que lhe permitem restringir os efeitos da declaração de inconstitucionalidade, consoante seus próprios critérios decisórios, operando sempre em nome do elevado princípio da Segurança jurídica e do excepcional interesse social. O asserto pode ser confirmado nos julgados que abaixo coligimos:

> RECURSO EXTRAORDINÁRIO. MUNICÍPIOS. CÂMARA DE VEREADORES. COMPOSIÇÃO. AUTONOMIA MUNICIPAL. LIMITES CONSTITUCIONAIS. NÚMERO DE VEREADORES PROPORCIONAL À POPULAÇÃO. CF, ARTIGO 29, IV. APLICAÇÃO DE CRITÉRIO ARITMÉTICO RÍGIDO. INVOCAÇÃO DOS PRINCÍPIOS DA ISONOMIA E DA RAZOABILIDADE. INCOMPATIBILIDADE ENTRE S POPULAÇÃO E O NÚMERO DE VEREADORES. INCONSTITUCIONALIDADE INCIDENTER TANTUM DA NORMA MUNICIPAL. EFEITOS PARA O FUTURO. SITUAÇÃO EXCEPCIONAL.
>
> (...)

7. Efeitos. **Princípio da segurança jurídica. Situação excepcional em que a declaração de nulidade, com seus normais efeitos ex tunc, resultaria em grave ameaça a todo o sistema legislativo vigente. Prevalência do interesse público para assegurar, em caráter de exceção, efeitos pro futuro à declaração incidental de inconstitucionalidade.** Recurso extraordinário conhecido e, em parte, provido."[128] (Grifos nossos); e

"A Constituição de 1988 instituiu o concurso público como forma de acesso aos cargos públicos. CF, art. 37, II. Pedido de desconstituição de ato administrativo que deferiu, mediante concurso interno, a progressão de servidores públicos. Acontece que, à época dos fatos – 1987 a 1992 -, o entendimento a respeito do tema não era pacífico, certo que, apenas em 17/02/1993, é que o Supremo Tribunal Federal suspendeu, com efeito ex nunc, a eficácia do art. 8º, III, art. 10, parágrafo único; art. 13, § 4º; art. 17 e art. 33, IV, da Lei 8.112, de 1990, dispositivos esses que foram declarados inconstitucionais em 27-08-1998: ADI 837 DF, relator o Ministro Moreira Alves, DJ de 25-6-1999. **O princípio da boa-fé e da segurança jurídica autorizam a adoção do efeito ex nunc para a decisão que decreta a inconstitucionalidade**. Ademais, os prejuízos que adviriam para a Administração seriam maiores que eventuais vantagens do desfazimento dos atos administrativos."[129] (Grifos nossos).

Consoante se vê nos exemplos acima, que ilustram o posicionamento do Supremo Tribunal Federal, a introdução dos supramencionados dispositivos, em 1999, atribuiu àquela Corte competência para conceder pena de anulabilidade às decisões que declaram inconstitucional determinada norma, possibilitando a estipulação de efeitos *ex nunc* e *pro futuro*, a fim de resguardar as relações jurídicas que se firmarem sob o manto da norma posteriormente tida por inconstitucional. Lembremos: tudo em homenagem ao princípio da segurança jurídica e ao excepcional interesse social.

O Ministro Leitão de Abreu, em acórdão de que foi relator, em maio de 1977, já inscrevia palavras que se acomodam bem ao assunto que faz aqui nossos cuidados. Asseverou: *A tutela da*

---

128. STF, RE 273.844/SP, Rel. Min. Maurício Correa, Pleno, DJ 21.05.2004, p. 34.
129. STF, RE 442.683, Rel. Min. Carlos Velloso, julgamento em 13.12.05, DJ de 24.4.06.

boa-fé exige que, em determinadas circunstâncias, notadamente quando, sob a lei declarada inconstitucional, se estabeleceram relações entre o particular e o poder público, se apure, prudencialmente, até que ponto a retroatividade da decisão, que decreta a inconstitucionalidade, pode atingir, prejudicando-o, o agente que teve por legítimo o ato e, fundado nele, operou na presunção de que estava procedendo sob o amparo do direito objetivo.

É invocando os mesmos critérios subjetivos – segurança jurídica e excepcional interesse social – que se pretende proteger, hoje, as relações jurídicas formuladas em vista do ordenamento tributário vigente, resguardando-se todas as situações jurídicas já firmadas pelos contribuintes que, de boa-fé, acreditaram naquilo que já dispunha a lei e, com base nela, consolidaram suas relações de direito. Ora, de ver está que não seria justo surpreender aqueles jurisdicionados que seguiram as diretrizes vigentes ao tempo da lei, agravado pelas sanções da ilicitude, precisamente quando da mudança de entendimento jurisprudencial, pela nova orientação deste Egrégio Tribunal.

Lembremos que nosso ordenamento positivo rejeita com força e veemência a retroação das normas jurídicas para atingir situações consolidadas no tempo. As exceções são pouquíssimas e literalmente consignadas. Certo que as disposições fazem referência ao direito posto pelo Poder Legislativo, pelas leis complementares, delegadas, ordinárias, medidas provisórias, decretos legislativos e resoluções. Todavia, esses são instrumentos introdutores de normas emanados por aquele Poder da República. A rejeição é a mesma quando se tratar de normas postas por decretos do Chefe do Executivo, por instruções ministeriais, por portarias, etc., unidades normativas exaradas pelo Poder Administrativo. E, da mesma forma, aplica-se ao Poder Judiciário, foco ejetor de normas preponderantemente individuais e concretas, se bem que haja muitas individuais e abstratas (servidão de passagem, por exemplo) e até gerais e abstratas, como os Regimentos, votados e aprovados pelos Ministros que compõem a Corte. Quando o assunto gira em torno de normas jurídicas, nosso pensamento se projeta, desde logo, para o Legislativo, mas é um equívoco pensar que os demais Poderes não editem regras jurídicas (aqui empregada a expressão como equivalente nominal de normas).

Disse-o com muita propriedade o Professor Cândido Rangel Dinamarco, traçando o paralelo entre a retroatividade legislativa e a judiciária:

> Para elas (empresas) o impacto de uma tal mudança jurisprudencial seria em tudo e por tudo equivalente ao impacto que sobre suas respectivas esferas de direitos produziria uma alteração legislativa.
>
> ....
>
> Qual diferença haveria entre a retroatividade dessa mudança jurisprudencial e a lei nova?
>
> ....
>
> Mas, como me parece que ficou bastante claro, o que aqui repudio é outra coisa, a saber: a abrupta imposição de uma nova jurisprudência, em um tema de tanta repercussão na vida e higidez das empresas, sem levar em conta todas aquelas situações criadas e consumadas diante da expectativa criada pelo próprio Poder Judiciário.
>
> Ora, em si mesmo o expresso veto constitucional à retroatividade das leis (Constituição, art. 5º, inc. XXXVI) comporta fácil extensão analógica capaz de produzir sua imposição à jurisprudência nova, que não deverá atingir situações pretéritas, já consumadas sob a égide da antiga[130].

A verdade é que não há disciplina expressa sobre a vedação do uso retroativo da jurisprudência, no que concerne ao controle difuso de constitucionalidade. A construção vem nascendo e se ampliando com supedâneo na própria experiência jurídica do dia a dia. Mesmo antes da vigência da Lei n. 9.868/99, o Ministro Gilmar Ferreira Mendes já se manifestava favoravelmente ao que veio representar o conteúdo do art. 27 daquele Estatuto. E, como fez anotar o Professor Cândido Rangel Dinamarco, naquele mesmo parecer: *Uma pesquisa revela que ao menos dez entre os onze Ministros da Corte*

---

130. Parecer produzido em 09 de maio de 2005 e publicado em volume conjunto pela Editora Manole Ltda.

já se manifestaram nesse sentido, o que mostra que a tese não é sequer tão inovadora quanto à primeira vista me pareceu,...

De fato, a modulação dos efeitos em benefício da segurança jurídica já é tema conhecido da Suprema Corte que, apreciando matéria referente à fidelidade partidária, manifestou-se de forma peremptória pela possibilidade de concessão de efeitos *ex nunc* diante de hipótese de mudança substancial da jurisprudência assentada sobre o assunto. Eis um fragmento:

> Diante da mudança substancial da jurisprudência da Corte acerca do tema, que vinha sendo no sentido da inaplicabilidade do princípio da fidelidade partidária aos parlamentares empossados, e atento ao princípio da segurança jurídica, reputou-se necessário estabelecer um marco temporal a delimitar o início da eficácia do pronunciamento da matéria em exame[131]. (Grifos nossos).

Com efeito, as turmas estão vinculadas à declaração de constitucionalidade do plenário a partir de sua publicação, consoante os termos há muito assentados neste C. Tribunal:

> **I – Controle incidente de Constitucionalidade: vínculo das turmas do STF à precedente declaração plenária da constitucionalidade ou inconstitucionalidade de lei ou ato normativo, salvo proposta de revisão de qualquer dos Ministros** (RISTF, arts. 101 e 103).
>
> II – Contribuição social sobre o lucro: L 7.689/88: constitucionalidade, com exceção do art. 8º, declarada pelo plenário (RREE 146.733, M. Alves, e 138.284, Velloso), que é de aplicar-se ao caso, à falta de novos argumentos de relevo[132]. (Grifos nossos).

É em vista de todo o exposto que entendo cumprirem papel de grande relevância no subdomínio das significações dos enunciados as sentenças prescritivas implícitas, compostas, por derivação lógica, de formulações expressas do direito positivo, onde se encontram tanto o magno princípio da *segurança*

---

131. STF, MS 26.602, Rel. Min. Eros Grau, MS 26.603, Rel. Min. Celso de Mello, MS 26.604, Rel. Min. Cármen Lúcia, julgamento em 04.10.07, Informativo 482.
132. STF, AgRgAI 160174-5, 1ª. turma, Rel. Min. Sepúlveda Pertence, DJ 17.02.1995.

jurídica quanto o limite objetivo da *irretroatividade*. E é justamente mediante estes valores que o direito adquire a possibilidade de estabelecer expectativas de comportamento e de torná-las efetivas ao longo do tempo, impedindo-se com isso que o próprio ordenamento jurídico assuma feição caótica. Com alicerce nestes primados, o direito ganha a condição de apresentar-se como sistema de proposições articuladas, pronto para realizar as diretrizes supremas que a sociedade idealiza. Com base nestes ideais que a Carta Magna do Estado Brasileiro, em seus artigos 5º, XXXVI, e 150, III, "a" da CF/88, constrói e autentica o sentimento de previsibilidade quanto aos efeitos jurídicos da regulação da conduta.

A jurisprudência, como se viu, ao seu jeito, vai construindo o sentido que lhe parece ser o mais justo, refletindo a inconstância dos relacionamentos sociais, enquanto a doutrina acompanha esse processo de configuração, procurando encontrar o perfil de uma outorga de competência que o legislador constituinte não adscreveu de maneira expressa. Enquanto doutrinador, renovo a posição segundo a qual, abaixo da justiça, o ideal maior do direito é a segurança jurídica, sobreprincípio que se irradia por todo o ordenamento e tem sua concretização viabilizada por meio de outros princípios, tal como o da irretroatividade das leis. Com ela não se compatibiliza dispositivo que, além de determinar ao Judiciário que este modifique orientação pacificada, pretende ser aplicado retroativamente. Qualquer violação a essas diretrizes supremas compromete, irremediavelmente, a realização do princípio implícito da certeza, como previsibilidade, e, ainda, o grande postulado, também inexpresso, da segurança jurídica.

Em face do exposto, fica claro ser o direito o senhor do seu tempo, controlando a bidirecionalidade *passado/futuro* das relações jurídicas que ele mesmo prescreve, fundando o clima de segurança que o sistema exige de si mesmo como condição para a sua própria existência, motivo por que dissemos que o *sobreprincípio da segurança jurídica depende de fatores sistêmicos*. A irretroatividade é o primado que se ocupa do passado;

enquanto que, para o futuro, muitos são os expedientes principiológicos necessários para que se possa falar na efetividade do primado da segurança jurídica, como já vimos anteriormente.

A modulação dos efeitos em benefício da segurança jurídica é tema conhecido pela Suprema Corte que se manifestara, já em 1977, pela possibilidade de concessão de efeitos *ex nunc* diante de hipótese de mudança substancial da jurisprudência assentada sobre o assunto. Ora, de ver está, não seria justo surpreender aqueles jurisdicionados que seguiram as diretrizes vigentes ao tempo da lei, agravado pelas sanções da ilicitude, precisamente quando da mudança de entendimento jurisprudencial, pela nova orientação deste Egrégio Tribunal.

De fato, não há disciplina expressa sobre a vedação do uso retroativo da jurisprudência, no que concerne ao controle difuso de constitucionalidade. No entanto, em vista das sentenças prescritivas implícitas, compostas, por derivação lógica, de formulações expressas do direito positivo, onde se encontram tanto o magno princípio da *segurança jurídica* quanto o limite objetivo da *irretroatividade*, o direito adquire a possibilidade de estabelecer expectativas de comportamento e de torná-las efetivas ao longo do tempo, impedindo-se com isso que o próprio ordenamento jurídico assuma feição caótica.

1.3.8.5 *Princípio da não-cumulatividade*

A Constituição da República de 1988, cuidando da instituição do IPI e do ICMS, prescreveu que ambos seriam não-cumulativos, compensando-se o que for devido em cada operação com o montante cobrado nas anteriores[133].

Fica a pergunta: a não-cumulatividade é um valor constitucional ou um limite objetivo que se quer cumprido por todos os sujeitos envolvidos na atividade de implantação do sistema tributário nacional? Para responder a essa questão, são necessárias algumas considerações.

---

133. IPI: art. 153, § 3º, II; ICMS: art. 155, § 2º, I.

DIREITO TRIBUTÁRIO, LINGUAGEM E MÉTODO

A expressão *linguagem jurídica*, reduzida semanticamente ao universo do direito positivo, ainda assim pode sugerir outras significações, entre elas: a) o conjunto dos signos normativos; b) a maneira de utilizar tais entidades no processo de positivação; e c) a esfera dos procedimentos próprios dos discursos jurídicos. É a propósito da segunda acepção, vale dizer, do plexo dos modos e expedientes que o legislador utiliza para compor a disciplina das condutas intersubjetivas, que pretendo aduzir considerações, identificando a categoria das chamadas *normas procedimentais*, tão frequentes nos textos prescritivos do direito. Em quaisquer setores da comunicação social, essa espécie normativa decorre de apropriações que o homem promove no território das relações de causalidade física ou natural, fazendo surgir liames de meio e fim. Nos seus ímpetos de dominação, o ser humano, conhecedor dos laços de causa e efeito, emprega-os para obter certos resultados, abrindo espaço ao aparecimento de sequências bem caracterizadas e que são tidas como imprescindíveis para a obtenção das finalidades anunciadas.

A Teoria Geral do Direito tem tratado dessas unidades normativas no quadro das chamadas *normas procedimentais*, como forma de pôr, criar ou constituir as figuras jurídicas que pretende sejam instituídas. Se refletirmos bem, a celebração de um ato qualquer reclama o preenchimento de requisitos, a satisfação de expedientes sem os quais o acontecimento não se verifica no mundo do Direito. A própria configuração do instituto depende do implemento dessas providências, por mais simples que possa parecer a iniciativa. Ninguém realiza ato administrativo sem que satisfaça as condições mínimas para sua expedição. Da mesma forma, é inconcebível pensar no reconhecimento de conduta juridicamente qualificada sem que o agente tenha percorrido o chamado *iter procedimental*, feixe das condições básicas para o surgimento da figura. Tais disposições são enunciados prescritivos que operam com o núcleo lógico *ter-que (müssem)*, modalizado pelo operador deôntico, manifestação do comando volitivo de quem insere a norma no sistema. Assinale-se, contudo, que o *dever-ser (sollen)* atua aqui como conectivo-de-conectivo (*functor de functor*), pois a norma procedimental está estruturada internamente com o *ter-que*.

Penso ter sido Gregorio Robles Morchón aquele que, com maior profundidade e clareza, discorreu sobre o assunto. O autor espanhol, na sua concepção do Direito como fenômeno comunicacional, oferece sugestiva classificação dos enunciados jurídico-prescritivos, distinguindo-os em *normas indiretas e normas diretas da ação*[134]. As primeiras não tratariam diretamente da ação, limitando-se a instituir elementos do sistema prévios à regulação direta. Estipulam as condições dentro das quais há de ocorrer ou há de ser regulada a ação. Implantam os elementos espaciais e temporais do sistema, assim como os sujeitos e suas capacidades ou competências. O verbo *ser* é seu modo de expressão, daí o chamá-las *normas ônticas*. Agrega, a título de exemplo, "*Madrid es la capital de España*". As normas desse tipo não regulam diretamente a ação, limitando-se a firmar seus pressupostos.

Já as *normas diretas* contemplam determinada ação, tomada em sua concepção genuína. Convém observar que Robles não equipara *ação* e *conduta*. Esta última será *ação*, sempre que caracterizada pela incidência de um *dever*. Inexistindo *dever*, não há falar-se em *conduta*. O conceito de *ação* é, portanto, semanticamente mais extenso.

As normas diretas diferenciam-se, *funcional e linguisticamente*, em três tipos:

- *normas procedimentais*, marcadas, como foi dito, pela presença do núcleo verbal *ter-que*, exprimem uma *necessidade convencional*, não um imperativo natural ou lógico. Criam todos os tipos de ação relevantes para o sistema, tanto as lícitas, como as ilícitas. Não proíbem nem autorizam as ações, simplesmente dizem em que consistem. Por exemplo, que há de fazer

---

[134]. Entre as várias obras de Gregorio Robles Morchón, vale a pena conferir El derecho como texto, Thomson-Civitas, 2ª ed., p. 42 e seguintes.

o sujeito para cometer homicídio ou que passos há de seguir o juiz para que sua sentença seja válida;

- *normas potestativas*, expressas mediante o verbo *poder (können)*, não como mera possibilidade de levar a cabo a ação, mas como autorização dada ao sujeito para realizá-la. A norma potestativa determina o campo das ações lícitas que alguém pode efetivar. Transmite o *poder*, em sentido forte, não equivalendo aqui ao *poder* contido nas normas atribuidoras de capacidades ou de competências; e, por último,

- *normas deônticas*, significa dizer, as que estabelecem os *deveres*. São normas diretas que cumprem a função de estipular exigências aos sujeitos da ação, manifestando-se, naturalmente, pelo verbo *dever (sollen)*. Lembra Gregório Robles que a ação, tomada por esse ângulo, se transforma em *conduta*, motivo pelo qual pode ser definida como aquela que exige determinada *conduta* ou a que estabelece o dever de observá-la.

Anotamos tudo isso para justificar a proposição afirmativa segundo a qual os preceitos jurídicos atinentes à *não-cumulatividade* são da categoria das *normas procedimentais*. E, se quisermos aproximar a lente para aumentar o rigor da análise, podemos referi-las como *metaprocedimentais*, uma vez que instituem medidas para constituir um procedimento. Se a *não-cumulatividade* for considerada como sequência procedimental, claro está que as normas que orientam a formação do procedimento serão regras de sobrenível procedimental, quer dizer, normas sobre normas de procedimento ou ainda normas procedimentais de segundo grau. Aliás, fenômeno jurídico semelhante ocorre com as regras que estipulam o *contraditório, a ampla defesa* etc. É preciso assinalar que, na qualidade de regras procedimentais, não parece apropriado aludir-se à existência de *sanção* no caso de descumprimento dos requisitos estabelecidos. Acontecida essa inobservância, simplesmente o processo não avança, tornando-se impossível a obtenção das finalidades pensadas pelo legislador.

Eis um ponto que merece nossa especial atenção: o *ser procedimento* é estrutura que se organiza para atingir uma finalidade e "fim" *nada mais é do que um valor, enquanto tomado como razão de ser da conduta* (Miguel Reale[135]).

Sabemos que a *não-cumulatividade* se propõe alcançar sérios objetivos concernentes à boa distribuição da carga tributária, procurando implantar, nesse sentido, ideais de justiça. Entre seus propósitos estão presentes consequências (valores), que a recomendam para certos tipos de gravame. Tal se dá com o ICMS, com o IPI, com os impostos e contribuições residuais e, por força do art. 195, § 12[136], da Constituição, também com a Contribuição ao PIS e a COFINS exigidos de determinados setores da atividade econômica. Em todas essas hipóteses, embora as normas procedimentais da não-cumulatividade sejam distintas em seu modo de implementação, o objetivo é um só: realizar o valor "justiça" mediante equânime distribuição da carga tributária, evitando a sobreposição de incidências de tributos.

Sendo assim, a resposta para aquela pergunta formulada anteriormente (a não-cumulatividade apresenta-se enquanto valor ou limite objetivo?) pressupõe a consideração do signo "princípio", distinguindo-o como "valor" ou como "limite objetivo", o que já foi feito acima num passo decisivo de importantes efeitos práticos.

Resumidamente, os "limites objetivos" distinguem-se dos valores pois são postos para atingir certas metas, certos fins. Estes, sim, assumem o porte de valores. Aqueles limites não são valores, se os considerarmos em si mesmos, mas voltam-se para realizar valores de forma indireta, mediata.

O princípio da não-cumulatividade dista de ser um valor. É um "limite objetivo", mas que se verte, mediatamente, à realização de certos valores, como o da justiça da tributação,

---

135. Teoria tridimensional do direito. 5ª ed. São Paulo: Saraiva, 1994. p.63.

136. "Art. 195. [...] §12. A lei definirá os setores de atividade econômica para os quais as contribuições incidentes na forma dos incisos I, b; e IV do caput, serão não cumulativas."

o do respeito à capacidade contributiva do administrado, o da uniformidade na distribuição da carga tributária, etc.

Apresenta-se como técnica que opera sobre o conjunto das operações econômicas entre os vários setores da vida social, para que o impacto da percussão tributária não provoque certas distorções já conhecidas pela experiência histórica, como a tributação em cascata, com efeitos danosos na apuração dos preços e crescimento estimulado na aceleração inflacionária. E entre as possibilidades de disciplina jurídica neutralizadoras daqueles desvios de natureza econômica, nosso constituinte adotou determinado caminho, mediante a estipulação de um verdadeiro limite objetivo.

1.3.8.5.1 A norma decorrente do regime jurídico da não-cumulatividade

Rubens Gomes de Sousa[137] afirmou que "impostos diretos seriam os suportados em definitivo pelo contribuinte obrigado por lei ao seu pagamento", ao passo que os indiretos configurariam os que

> são ou podem ser transferidos por aquele contribuinte para outra pessoa que por sua vez os transferirá ou suportará em definitivo; por isso se diz que no imposto indireto há dois contribuintes, o de direito (a pessoa obrigada por lei ao pagamento) e o de fato (a pessoa que arcará em definitivo com o ônus do imposto). Essa transferência do ônus fiscal de uma pessoa para outra se chama repercussão ou translação do imposto.

Vê-se que se tratava de perfil mais econômico do que jurídico, certamente pela influência desagregadora que a Ciência das Finanças provocava no desenvolvimento do raciocínio jurídico. É, não resta dúvida, um ângulo de consideração do fenômeno. Outro será, entretanto, o jurídico, complementar ao primeiro e a todos os demais, na descritividade das alterações por que passam as relações sociais, com a percussão das regras do direito na plataforma das condutas intersubjetivas.

---

137. *Compêndio de legislação tributária*, São Paulo, Resenha Tributária, 1975, p. 170.

O próprio Rubens Gomes de Sousa, com a sensibilidade que fez dele o grande sistematizador do direito tributário brasileiro, assinala que tal proposta classificatória, elaborada pela Ciência das Finanças a partir da observação do mecanismo da repercussão do imposto, foi muito criticada por apresentar critério distintivo haurido nos confins da economia[138].

Esse e outros indicadores fizeram com que a doutrina reformadora, conduzida por Alfredo Augusto Becker, buscasse definir critérios mais seguros entre os dois subsistemas sociais, para que os institutos jurídico-tributários pudessem ser isolados com firmeza, a partir de instrumentos de trabalho que pertencessem exclusivamente ao direito. E foi caminhando nessa trajetória que se demonstrou ser o conceito de *contribuinte de fato* irrelevante para o direito tributário, uma vez que tal pessoa não figurava na relação jurídica do tributo, mas tão só no vínculo econômico.

O problema, contudo, não é tão simples quanto parece, pois, não obstante seja correto afirmar que o *contribuinte de fato* não compõe a relação jurídica do imposto, este não chega a perder a relevância para o direito tributário, porquanto participa de outra relação jurídica específica, importantíssima para a concretização do primado constitucional da não-cumulatividade: *a relação jurídica dentro da qual surge o direito ao crédito do contribuinte em face da Fazenda Pública.*

Neste sentido, observado o princípio da não-cumulatividade, veremos que, na incidência tributária dos impostos "indiretos", não se trata de apenas uma regra-matriz, porquanto dois foram os cortes conceptuais promovidos no mesmo suporte fáctico, como duas foram as relações jurídicas, e consequentemente a atuação de dois sujeitos de direito diferentes, que se propagam pela ocorrência dos respectivos acontecimentos: a obrigação tributária e o vínculo no bojo do qual emergiu o direito ao reembolso (direito ao crédito).

---

138. Geraldo Ataliba, *Hipótese de incidência tributária*, São Paulo, Malheiros, 1992, p. 126.

Elucidando por meio de exemplos, observa-se que, numa única ocorrência do mundo físico-social (venda de mercadorias ou prestação de serviços de transporte interestadual e intermunicipal ou de comunicação), abriu-se espaço para o impacto de duas normas jurídicas distintas: a da *regra-matriz de incidência do ICMS* e a da *regra que estipula o direito ao reembolso* pelo valor do imposto pago nas operações realizadas.

Tal se dá também com o IPI. A relação jurídica tributária do crédito de IPI nasce como eficácia do fato da aquisição de insumos pelo contribuinte, antes que se inicie o processo de industrialização que, por sua vez, dará ensejo ao fato jurídico tributário do IPI, antecedente da norma jurídica que estabelece a relação obrigacional tributária. Tudo na forma de duas previsões normativas entrelaçando-se, harmonicamente, na trama prescritiva daquela figura de tributo.

Quero reiterar, portanto, que há u'a norma juridicizando as aquisições de que necessita o contribuinte para desencadear o processo de industrialização, regra que prescreve em seu consequente o direito de crédito do comprador perante o Poder Público Federal, no montante do valor pago a título de IPI.

Penso que o desprestígio do contribuinte de fato, a ponto de chegar a ser tido por irrelevante para o direito tributário, originou-se pela generalização indevida dessa categoria, tomada a partir do consumidor final. Este, sim, nada representa na fenomenologia jurídica dos tributos, a despeito de ocupar posição importante no quadro social, político e econômico da incidência tributária.

Lembremo-nos, porém, que nem todo contribuinte de fato é consumidor final. Outros há cumprindo papel decisivo na implantação dos tributos sotopostos ao princípio constitucional da não-cumulatividade.

Eis a sistemática desta diretriz, fundamental na percussão dos impostos indiretos, para resguardar os valores da justiça da tributação, o respeito à capacidade contributiva do administrado e o da uniformidade na distribuição da carga tributária.

1.3.9 Princípio da proibição de tributo com efeito de confisco

Aqui está outro princípio de difícil configuração. A ideia de confisco não tem em si mesma essa dificuldade. O problema reside na definição do conceito, na delimitação da ideia, como limite a partir do qual incide a vedação do artigo 150, IV, da Constituição da República. Aquilo que para alguns tem efeitos confiscatórios, para outros pode perfeitamente apresentar-se como forma lídima de exigência tributária.

A intuição, que sabemos ser poderoso instrumento cognoscitivo, indica-nos alguns casos de flagrante confisco. Como terreno fecundo, que facilita a identificação do princípio, estão os tributos que gravam a propriedade imobiliária e mesmo a titularidade de bens móveis com características de durabilidade, nos quais a incidência acontece periodicamente, caindo de maneira sistemática para suscitar novas relações tributárias. Exemplo do primeiro caso é o imposto predial e territorial urbano, da competência dos Municípios, bem como o imposto territorial rural, do âmbito da União. Modelo do segundo é o imposto sobre veículos automotores, da esfera dos Estados e do Distrito Federal. De evidência, qualquer excesso impositivo acarretará em cada um de nós a sensação de confisco.

Já com os bens de consumo, cujo gravame se incorpora no preço, permite-se cogitar de taxações altíssimas, sem que se alvitre sombras de efeitos confiscatórios. É o caso do IPI e dos impostos que oneram o mercado exterior. Também o ICMS prestar-se-ia a manifestações desse tipo, sem falar nos problemas paralelos que o expediente desencadearia no campo econômico, desdobrados que estão do quadro objetal de nossas especulações. E só para mostrar a complexidade do assunto, não custa lembrar que o ISS, dos Municípios, exibe com facilidade o aparecimento de iniciativas confiscatórias.

Também nas contribuições, a tributação com falta de moderação viola o direito de propriedade, repudiada pelo ordenamento. Quando da imposição tributária decorrer substancial redução do patrimônio ou da renda, estar-se-á diante de verdadeiro aniquilamento do direito de propriedade. Consequentemente, exagerada oneração da folha de salários, da receita ou do faturamento, ou do lucro, mediante exigência de contribuições para a seguridade social, não fugirá da coima de inconstitucionalidade, por caracterização de confisco.

Enfim, o princípio que veda o confisco no âmbito tributário encontra aplicação em todas as espécies de tributo, inclusive nas contribuições, as quais, reitero, apresentam indiscutível natureza jurídico-tributária. Considerando que a tributação interfere no patrimônio dos cidadãos, subtraindo parcelas deste, é inadmissível a imposição de ônus insuportáveis, ainda que se vise à arrecadação de recursos para fins específicos, como ocorre com a contribuição destinada ao custeio da seguridade social. Também essa figura tributária deve observância à razoabilidade, sendo vedada sua imposição excessiva, de modo que ultrapasse os limites da capacidade contributiva dos particulares.

1.3.10 Princípio da capacidade contributiva

Um dos temas que mais atormenta a dogmática é a discussão sobre a natureza jurídica da famosa *capacidade contributiva*, em função do que, na Constituição de 1946 e na atual Constituição de 1988 em seu artigo 145[139], § 1º, as cargas tributárias haveriam de ser dosadas pelo legislador. A capacidade contributiva do sujeito passivo sempre foi o padrão de referência básico para aferir-se o impacto da carga tributária e o critério comum dos juízos de valor sobre o cabimento e a proporção do expediente impositivo. Mensurar-se a possibilidade econômica de contribuir para o erário com o pagamento de tributos é o grande desafio de todos os que lidam com esse delicado instrumento de satisfação dos interesses públicos, sendo o modo como é avaliado o grau de refinamento dos

---

139. O § 1º do art. 145 é incisivo ao determinar que os impostos serão graduados segundo a capacidade econômica do contribuinte.

vários sistemas de direito tributário. Muitos se queixam, entre nós, do avanço desmedido no patrimônio dos contribuintes, por parte daqueles que legislam, sem que haja atinência aos signos presuntivos de riqueza sobre os quais se projeta a iniciativa das autoridades tributantes, o que compromete os esquemas de justiça, de certeza e de segurança, predicados indispensáveis a qualquer ordenamento que se pretenda racional nas sociedades pós-modernas.

Vimo-nos manifestando, há muito tempo, no sentido de que, mesmo se a atual Constituição nada previsse expressamente sobre o princípio da capacidade contributiva, tal como o fez a Constituição de 1967, este persistiria no direito brasileiro como formulação implícita nas dobras do primado da igualdade. E o estudo sistemático do direito positivo apresenta o material mais propício à reabertura do assunto, como pretendemos demonstrar.

Ao recortar, no plano da realidade social, aqueles fatos que julga de porte adequado para fazerem nascer a obrigação tributária, o político sai à procura de acontecimentos que sabe haverão de ser medidos segundo parâmetros econômicos, uma vez que o vínculo jurídico a eles atrelado deve ter como objeto uma prestação pecuniária. Em princípio, pode o legislador prever como hipótese qualquer fato social lícito, abrangendo, dessa maneira, tanto os permitidos quanto os obrigatórios. E será "em princípio" pois, justamente, a tarefa de eleição dos supostos tributários está visceralmente jungida à existência ou não de princípios retores da atividade impositiva do Estado, no mais das vezes alçados a nível constitucional. É o que acontece no Brasil, onde toda a elaboração legislativa tributária deve ser condicionada ao princípio da igualdade. O emprego deste cânone só é viável, em termos de tributação, na exata medida em que se considera a capacidade de contribuir de quem vai arcar com o gravame fiscal.

Diante desse quadro, aliás corriqueiro nos sistemas tributários modernos, há necessidade premente de ater-se o legislador à procura de fatos que demonstrem signos de riqueza, pois somente assim poderá distribuir a carga tributária de modo uniforme e com satisfatória atinência ao princípio da igualdade. Ter presente que, de uma ocorrência insusceptível de avaliação patrimonial, jamais conseguirá extrair cifras monetárias que traduzam, de alguma forma, um valor em dinheiro. Lembrar-se dos exemplos clássicos que a doutrina relata, acerca da tentativa de exigências fiscais fundadas no pressuposto de um prédio ter mais ou menos janelas, ou das caricaturas inerentes à tributação de pessoas físicas, em virtude da cor dos olhos, da tez ou do tamanho do nariz. Passa, então, a derivar seu interesse para o lado dos eventos que ostentem signos de riqueza, passíveis, por vários ângulos, de ser comensurados e, por esse caminho, colhe a substância apropriada para satisfazer os anseios do Estado, que consiste na captação de parcelas do patrimônio de seus súditos, sempre que estes participarem de fatos daquela natureza. Da providência contida na escolha de fatos presuntivos de fortuna econômica decorre a possibilidade de o legislador, subsequentemente, distribuir a carga tributária de maneira equitativa, estabelecendo, proporcionadamente às dimensões do evento, o grau de contribuição dos que dele participaram. Daí por que Jarach tenha se referido à igualdade como "condiciones iguales de capacidad contributiva"[140] e Perez de Ayala inclua tal capacidade entre "Los principios superiores de la imposición y la justicia fiscal"[141].

Acentua Fernando Vicente-Arche Domingo[142], ao apreciar o conceito de capacidade contributiva e reportando-se à advertência de Giardina, que devemos distinguir a capacidade contributiva absoluta daquela relativa:

> La capacidad contributiva absoluta es la aptitud para concurrir a las cargas públicas. La capacidad contributiva relativa es el criterio que ha de orientar la determinación de la concreta carga tributaria.

---

140. Dino Jarach, *El hecho imponible*, 2ª ed., Buenos Aires, Abeledo Perrot, p. 126.

141. José Luis Perez de Ayala, *Derecho tributario*, Madrid, Editorial de Derecho Financiero, 1968, p. 85.

142. Fernando Vicente-Arche Domingo, *Seminario de Derecho Financiero de la Universidad Complutense*, org. Fernando Sainz De Bujanda, Madrid, 1967, p. 190.

Dentre os autores que entendem relevante o estudo da capacidade contributiva, para a boa compreensão da problemática jurídico-tributária, a colocação do jurista espanhol é das mais férteis e coerentes.

Segundo seu pensamento, pode ser entendida a capacidade contributiva absoluta como consistindo no dever (pré-jurídico) de o legislador escolher fatos que exibam conteúdo econômico. Ao fazê-lo, estará realizando esse princípio, porém, não há cogitar-se, ainda, de aplicação do cânone da igualdade tributária. Este terá como pressuposto a satisfação da capacidade contributiva absoluta, equivale a dizer, a presunção de que, por participar de fatos economicamente expressivos, as pessoas estejam demonstrando condições de contribuir ao Erário. O plano da obediência ao princípio da igualdade na imposição fiscal cingir-se-ia àquele da capacidade contributiva relativa, ou melhor, sempre que o legislador, tendo escolhido para suposto de normas tributárias fatos que demonstrem signos de riqueza, deva dosar igualitariamente a carga impositiva. Nesse estádio é que se poderá aludir à igualdade constitucionalmente prevista, pois é de todo possível o emprego dos instrumentos que existem à disposição do legislador (base de cálculo, alíquota, isenções), no sentido de atender às desigualdades sociais e mesmo individuais, na fase de instituição do ônus tributário. E isso representa a satisfação de um dever jurídico e não simplesmente pré-jurídico, como acontece no caso da capacidade contributiva absoluta.

Podemos resumir o que dissemos em duas proposições afirmativas bem sintéticas: realizar o princípio pré-jurídico da *capacidade contributiva absoluta ou objetiva* retrata a eleição, pela autoridade legislativa competente, de fatos que ostentem signos de riqueza; por outro lado, tornar efetivo o princípio da *capacidade contributiva relativa ou subjetiva* quer expressar a repartição do impacto tributário, de tal modo que os participantes do acontecimento contribuam de acordo com o tamanho econômico do evento.

A segunda proposição, transportada para a linguagem técnico-jurídica, significa a realização do princípio da igualdade, previsto no art. 5º, *caput*, do Texto Supremo. Todavia, só se torna exequível na exata medida em que se concretize, no plano pré-jurídico, a satisfação do princípio da *capacidade contributiva absoluta ou objetiva*, selecionando o legislador ocorrências que demonstrem fecundidade econômica, pois, apenas desse modo, terá ele meios de dimensioná-las, extraindo a parcela pecuniária que constituirá a prestação devida pelo sujeito passivo, guardadas as proporções do acontecimento.

Com estes torneios, firmemos que, no terreno do direito tributário, a igualdade impositiva está irremediavelmente ligada ao conteúdo econômico dos fatos escolhidos pela lei, que são medidos pela entidade que conhecemos por *base de cálculo*. A simples contingência de um êxito do mundo físico não ter qualquer atributo apto para quantificá-lo já diz de sua imprestabilidade para fins impositivos, visto que o cânone da igualdade é um imperativo constitucional, que ficará tolhido à míngua da possibilidade de seleção de um dado capaz de avaliá-lo na sua intensidade.

Acolhida essa tese, seria lícito concluir pela inconstitucionalidade de lei que, elegendo fatos de conteúdo econômico para supostos tributários e, portanto, satisfazendo ao princípio da capacidade contributiva absoluta, não dispusesse dos instrumentos jurídicos ao alcance do legislador para o fim de estabelecer, igualmente, a satisfação do princípio da capacidade contributiva relativa.

Importaria considerar, ainda, com base na posição de Fernando Vicente-Arche Domingo, que a escolha, pelo legislador, de fatos destituídos de expressão econômica viria a inibi-lo na tarefa de manejar os diversos recursos à sua disposição, com vistas a realizar o princípio da igualdade tributária, violando-o de modo oblíquo.

Federico Maffezzoni, enfatizando a importância desse princípio no Direito Tributário italiano, declara ser ele:

> ...inscindibilmente, coneso, nel sistema della nostra Costituzione, con altri tre principi o ordini di principi e precisamente: il principio di progressività sancito dall' art. 53 Cost., i principi

> distributivi extrafiscali sinteticamente enunciati nell' art. 41 Cost. e il principio di uguaglianza sancito dall' art. 3 Cost[143].

Ainda que nos pareça interessante a visão dicotômica de Arche-Domingo, bem como a argumentação envolvente e sutil de Maffezzoni, qualquer delas podendo abrir ensanchas a observações elucidativas, cremos que continua sendo categoria vaga e imprecisa, que condiciona o raciocínio do jurista em terreno alheio à sua Ciência, tolhendo-o no seu método, sem que desse trabalho nada possa extrair de útil, em termos exclusivamente jurídicos.

Consoante ousamos supor, no Brasil, o sistema do direito positivo exibe, em todas as figuras tributárias conhecidas, a observância do princípio da *capacidade contributiva absoluta*, uma vez que os fatos escolhidos são aqueles que denotam signos de riqueza. Em outras palavras, por capacidade contributiva deve entender-se apenas a absoluta e, mesmo assim, como dado pré-jurídico. Realizar o princípio da capacidade contributiva quer significar, portanto, a opção a que se entrega o legislador, quando elege para antecedente das normas tributárias fatos de conteúdo econômico que, por terem essa natureza, fazem pressupor que as pessoas que deles participam apresentem condições de colaborar com o Estado mediante parcelas de seu patrimônio.

1.4 IMUNIDADES TRIBUTÁRIAS

Durante muitos anos, o assunto das imunidades tributárias permaneceu, entre nós, encerrado nos limites doutrinários das preciosas lições de Aliomar Baleeiro. O jurista baiano, com o peso de sua autoridade científica, implantou um sistema de proposições descritivas rico e atrativo, mediante o qual a matéria foi exposta em consistente plano discursivo.

---

143. Federico Maffezzoni, *Il principio di capacitá contributiva nel diritto finanziario*, Torino, UTET, 1970, p. 281.

Acontece que, entre os axiomas da atual linguística do texto, dois fatores existem para impedir, decisivamente, a estagnação das construções interpretativas: intertextualidade e inesgotabilidade do sentido.

O primeiro, desde logo, põe a produção de linguagem em contato com todos os demais textos existentes, a ele ligados direta ou indiretamente; ao passo que o segundo leva em conta a irrepetibilidade do real, físico e social, para concluir ser impossível a reprodução exata das condições pragmáticas em que foi expedida a mensagem. Ainda que emissor e receptor sejam os mesmos e idêntico o teor digital da comunicação, ter-se-á alterado o meio envolvente, o que provoca, inevitavelmente, modificação interpretativa.

Essas considerações conduzem o pensamento a mutações constantes diante do objeto do conhecimento, e de forma mais enfática quando se tratar de bens da cultura, como o direito, em que os valores fazem-se presentes de modo invariável.

É o que se dá com a linha temática das "imunidades tributárias". O passar do tempo foi levantando dúvidas, estruturando problemas, sugerindo novos esquemas de avaliação dos dados da experiência, rendendo espaço, assim, ao aparecimento de diferentes propostas de compreensão. E nosso direito positivo, no seu plano empírico, tem oferecido discussões interessantes. A todo momento deparamo-nos com situações conflitivas que envolvem imunidades, seja como argumento de defesa, seja como investidas do legislador para contorná-las, transpondo, por esse modo, o importante obstáculo inscrito no Texto Maior.

1.4.1 Noção corrente de imunidade tributária

Alimento a convicção de que o estudo científico das imunidades jurídico-tributárias não encontrou ainda uma elaboração teórica metodologicamente adequada ao conhecimento de sua fenomenologia. O menos impertinente fiscal da coerência própria às asserções doutrinárias descobrirá desvios lógicos de acentuada gravidade na descrição do instituto, ao lado de abundantes colocações de índole econômica, sociológica, ética, histórica e, em grande profusão, de cunho político. Entre os autores que mais destramente cuidaram do assunto, há poucas discrepâncias, reinando certo equilíbrio de conceitos, singular e estranho, num tema que teria tudo para provocar as mais acesas discussões acadêmicas.

Uma coleção de referências pode ser aduzida para bem ilustrar o estado de calmaria em que se detém a doutrina, todas elas colhidas em obras de argutos conhecedores desse ramo da especulação jurídica. Assim é que pregam o caráter político das imunidades tributárias, sobre aconselhar os recursos da Ciência das Finanças para a interpretação e aplicação da Lei Fundamental[144]; salientam a condição de verdadeiras limitações constitucionais às competências tributárias, consubstanciando hipóteses de não-incidência juridicamente qualificadas no Texto Supremo[145]; aludem a uma exclusão do próprio poder de tributar[146]; ou a uma supressão da competência impositiva[147]. Todos a veem como aplicável unicamente aos impostos e, de modo invariável, lembram o importante papel da incidência, nesse ponto anulada pelo preceito que imuniza[148]. Não faltam aqueles, contudo, que lhe atribuem a qualidade de ser sempre ampla e indivisível, não admitindo restrições ou meios-termos. O instituto não comportaria fracionamentos[149].

---

144. Aliomar Baleeiro, *Limitações constitucionais ao poder de tributar*, 4ª ed., Rio de Janeiro, Forense, 1998, pp. 2-7.

145. Bernardo Ribeiro de Moraes, *Sistema tributário na Constituição de 1969*, São Paulo, Revista dos Tribunais, 1973, p. 467.

146. Ruy Barbosa Nogueira, *Curso de direito tributário*, 5ª ed., São Paulo, Saraiva, 1980, p. 172.

147. Amilcar de Araújo Falcão, *Fato gerador da obrigação tributária*, 5ª ed., Rio de Janeiro, Forense, 1994, p. 117.

148. Hugo de Brito Machado, *Curso de direito tributário*, Rio de Janeiro, Forense, 1981, p. 151.

149. Fábio Leopoldo de Oliveira, *Curso expositivo de direito tributário*, Resenha Tributária, 1976, p. 50.

Há consenso entre os especialistas no consignar as diferenças entre imunidade, isenção e não-incidência, convindo dizer que, ultimamente, vem prosperando a lição mediante a qual as três categorias mereceriam considerar-se casos de não-incidência, agregando-se a cada uma, pela ordem, as seguintes expressões: estabelecida na Constituição (imunidade); prevista em lei (isenção); e pura e simples (não-incidência em sentido estreito).

Gilberto de Ulhôa Canto[150], com a força de sua autoridade de renomado jurisconsulto, dá bem a dimensão corrente dessa entidade do direito positivo:

> Imunidade é impossibilidade de incidência, que decorre de uma proibição imanente porque constitucional, impossibilidade de um ente público dotado de poder impositivo exercê-lo em relação a certos fatos, atos ou pessoas. Portanto, é, tipicamente, uma limitação da competência tributária, que a União, os Estados, o Distrito Federal e os Municípios sofrem por força da Carta Magna, porque os setores a eles reservados na partilha da competência impositiva já lhes são confiados com exclusão desses fatos, atos ou pessoas.

Se conjugarmos os elementos que mais agudamente despertam a atenção dos estudiosos, procurando o denominador comum dos pensamentos dominantes, teremos a imunidade como um obstáculo posto pelo legislador constituinte, limitador da competência outorgada às pessoas políticas de direito constitucional interno, excludente do respectivo poder tributário, na medida em que impede a incidência da norma impositiva, aplicável aos tributos não vinculados (impostos), e que não comportaria fracionamentos, vale dizer, assume foros absolutos, protegendo de maneira cabal as pessoas, fatos e situações que o dispositivo mencione.

O tema das imunidades há de ser sobrepensado. Um passo que nos parece importante, nesse caminho, é submetermos as cláusulas do conceito habitual ao teste de congruência lógica, perguntando do cabimento semântico de cada afirmação, à luz

---

150. Gilberto de Ulhôa Canto, *Temas de direito tributário*, vol. III/190, Alba.

de seus desdobramentos sistêmicos. É o que faremos de seguida, sem que a avaliação crítica possa representar qualquer irreverência ao ingente labor expositivo dos juristas invocados.

Uma a uma, colocaremos em evidência as assertivas utilizadas no enunciado corrente na doutrina, verificando-lhe as premissas.

a) A imunidade é uma limitação constitucional às competências tributárias

O raciocínio não procede. Inexiste cronologia que justifique a outorga de prerrogativas de inovar a ordem jurídica, pelo exercício de competências tributárias definidas pelo legislador constitucional, para, em momento subsequente, ser mutilada ou limitada pelo recurso da imunidade. Aliás, a regra que imuniza é uma das múltiplas formas de demarcação de competência. Congrega-se às demais para produzir o campo dentro do qual as pessoas políticas haverão de operar, legislando sobre matéria tributária. Ora, o que limita a competência vem em sentido contrário a ela, buscando amputá-la ou suprimi-la, enquanto a norma que firma a hipótese de imunidade colabora no desenho constitucional da faixa de competência adjudicada às entidades tributantes. Dirige-se ao legislador ordinário para formar, juntamente com outros mandamentos constitucionais, o feixe de atribuições entregue às pessoas investidas de poder político. Aparentemente, difere dos outros meios empregados por mera questão sintática. Enquanto o constituinte declara que compete à União instituir o imposto sobre produtos industrializados, menciona que é vedado a qualquer dos entes dotados de possibilidade legiferante gravar os livros e os periódicos, assim como o papel destinado à sua impressão. São expedientes de técnica legislativa utilizados para talhar, com zelo e segurança, a via por onde deverão fluir as medidas inovadoras daquela pessoa, no que tange aos assuntos tributários.

Mas é curioso refletir que toda atribuição de competência, ainda que versada em termos positivos e categóricos, importa uma limitação. Entretanto, nem por isso estaríamos autorizados a falar em imunidade, para os casos que ultrapassem os limites conferidos. Se assim não fosse, poderíamos declarar-nos imunes à tributação de nossas rendas e proventos de qualquer natureza pelo Município, uma vez que tal iniciativa se encontra inequivocamente defesa, nos dizeres da Constituição. Nesse mesmo rumo, todos os administrados estariam imunes a exigências tributárias não determinadas por lei, em virtude de existir princípio lapidar que consagra o cânone da estrita legalidade. E, assim por diante, cada investida do Fisco, violadora dos primados da igualdade, da anterioridade, da universalidade da jurisdição e de todo o amplo catálogo de direitos e garantias que o Estatuto Maior prevê, suscitaria a invocação do *versátil* instituto da imunidade. Forçando mais o raciocínio, não seria desatino reduzir o Capítulo I do Título VI da Constituição a uma tábua de limitações, que passaríamos a denominar "Imunidades tributárias".

A linha proposta não leva o pensamento ao miolo do problema da imunidade, deixando remanescer breve noção, que entrevemos insatisfatória, ao processo de conhecimento científico. Em última *ratio*, concebemos os dispositivos que identificam a chamada imunidade tributária como singelas regras que colaboram no desenho do quadro das competências, expostas, todavia, por meio de esquemas sintáticos proibitivos ou vedatórios. Nada mais. E o fenômeno não é inusitado, como bem esclarece este trecho de Lourival Vilanova[151]:

> Dada a *interdefinibilidade* dos modais deônticos explica-se por que as normas de direito positivo possam ser formuladas ora como obrigações, ora como permissões, *com o aditivo da negação que reestabelece a equivalência desses modais* (...). Tanto faz a norma dizer que o locatário *fica proibido* de sublocar a coisa dada em locação, como dizer que não está permitido, como que *é obrigatório não sublocar*, sem o consentimento expresso ou tácito do locador. A negação incidiu ora no verbo deôntico, ora na classe de ação, que se converteu num omitir. Ficar proibido de fazer,

---

151. *As Estruturas Lógicas e o Sistema do Direito Positivo*, cit., p. 232.

> como não ter permissão de fazer, como ficar obrigado a omitir um especificado tipo de ação, vêm a ser normativamente equivalentes. (Os grifos são do autor).

O magistério do eminente pensador bem se acomoda ao assunto de que tratamos. O constituinte estabeleceu muitas prescrições sobre o exercício da atividade impositiva. Para tanto, utilizou, indiscriminadamente, os modais deônticos na linguagem do produto legislado, isto é, *permitiu* (fazer ou omitir), *obrigou* (a fazer ou a omitir) e *proibiu* (de fazer ou de omitir). Por essa maneira, fixou a fraseologia constitucional a larga pauta de diretrizes que se vira ao legislador ordinário, demarcando-lhe a competência tributária.

Quem esteja familiarizado com as categorias lógicas do Direito, mesmo sem ter partes de bom jurista, nada acharia de anormal se o inciso II do art. 5º da CR, em vez de proclamar que "ninguém será obrigado a fazer ou deixar de fazer alguma coisa senão em virtude de lei", estatuísse que "as obrigações de fazer ou de não fazer haverão de ser estabelecidas em lei". Alterado ficou, tão somente, o esquema oracional empregado no texto, sem qualquer prejuízo para a mensagem nele exarada.

Uma lembrança final encerra este arrazoado que já vai longo: dada a interdefinibilidade dos modais deônticos, o legislador pode vedar ou proibir simplesmente negando a permissão ou obrigando a não fazer, o que implica manter a mesma mensagem, com alteração da estrutura frásica do idioma. Ainda assim, permanecendo forma sintática redutível à proibição, teremos hipótese de imunidade.

b) Imunidade como exclusão ou supressão do poder tributário

A ideia que se contém nesse juízo hospeda idêntico absurdo, apresentado de modo mais grosseiro. A etimologia dos verbos *excluir* e *suprimir* fala mais alto que qualquer argumento. De origens latinas, o primeiro vem de *excludere* e todos os significados que se lhe atribuem guardam a acepção de *pôr de parte, expulsar, excetuar, afastar, tirar da lista*. O outro proveio de *supprimere*, com o sentido de *extinguir, fazer desaparecer, eliminar, anular, cortar, deixar de fora*. É justamente essa a grandeza semântica que inspira o emprego de *exclusão ou supressão do poder tributário*, se bem que entre os dois verbos haja sensível diferença sematológica. Ao passo que *excluir* pressupõe a expulsão de algo que estivera *incluído*, *suprimir* traz à mente o ato de anular, de eliminar, de cancelar. O ponto de convergência é a condição de existir alguém, alguma coisa ou algum fato que se inscreva no quadro sotoposto ao *poder tributário*, razão necessária e suficiente para que seja objeto de exclusão ou de supressão.

O exame moderado e objetivo daquilo que a doutrina quer exprimir com o uso desses vocábulos sugere tratamento diferente.

De fato, só um apelo direto ao método diacrônico, inerente à investigação histórica, porém incomportável no plano da Ciência do Direito, poderia ter o condão de suster raciocínio desse quilate. Carrega dentro de si a suposição de dois instantes cronologicamente distintos: um, em que fossem definidas as faixas de competências tributárias entregues às entidades políticas; outro, posterior, quando se introduzem preceitos excludentes ou supressores de parcelas daqueles canais.

Seja como for, no trajeto de tal concepção se levanta um obstáculo intransponível: a análise do fenômeno jurídico, em termos dogmáticos, é, substancialmente, de natureza sincrônica. Vale para aqui e para agora. O direito de ontem já não existe, e o de amanhã não sabemos qual será. Cabe-nos selecionar princípios e aglutinar normas, segundo o critério associativo do entrelaçamento vertical (subordinação hierárquica) e horizontal (coordenação), para montarmos o arcabouço do sistema jurídico em vigor, descrevendo-o metodologicamente. Nisso consiste o trabalho do cientista de Direito, em sentido estrito, enunciador frio e atento da realidade que observa: o direito positivo.

José Souto Maior Borges[152] firmou em manifestações passadas convicção nesse sentido, ensinando que se deve evitar

---

152. José Souto Maior Borges, *Elementos de direito tributário*, São Paulo, Revista dos Tribunais, 1978, p. 134.

o uso de expressões que denotem aquela reprochável cronologia, naturalmente em homenagem à precisão dos conceitos jurídicos. Citemo-lo:

> Aliás, a respeito das chamadas 'limitações constitucionais ao poder de tributar', lembraria que *a competência já nasce constitucionalmente delimitada*. A competência é uma afirmação de liberdade, mas é também uma limitação; uma autorização para o exercício das faculdades, das atribuições tributárias dos entes políticos, que nascem com uma limitação constitucional, que lhes é inerente. (Foi grifado).

Tolera o emprego da locução "limitações constitucionais ao poder de tributar", chegando a falar no instituto como "um princípio constitucional de exclusão de competência tributária". Imediatamente, porém, se recompõe, dizendo, às abertas e publicadas, que:

> *A rigor*, portanto, *a imunidade não subtrai* competências tributárias, pois essa é apenas a soma das atribuições fiscais que a Constituição Federal outorgou ao poder tributante e *o campo material constitucionalmente imune nunca pertenceu à competência deste. A competência tributária já nasce limitada*[153]. (Sublinhamos).

Para além do rigor, o apontamento do mestre pernambucano alcançou síntese expositiva.

Resumindo, a imunidade não exclui nem suprime competências tributárias, uma vez que estas representam o resultado de uma conjunção de normas constitucionais, entre elas, as de imunidade. A competência para legislar, quando surge, já vem com as demarcações que os preceitos da Constituição fixaram.

c) *Imunidade como providência constitucional que impede a incidência tributária – hipótese de não-incidência constitucionalmente qualificada*

---

153. José Souto Maior Borges, *Isenções tributárias*, 2ª ed., Sugestões Literárias, 1980, p. 181.

Se as regras que imunizam são normas de competência, como todos consentem, seus destinatários exclusivos são aquelas pessoas jurídicas de direito público dotadas de personalidade política. Tais entes constituem o pequeno universo tomado como alvo e objetivo final das chamadas regras sobre tributação, que a Lei Superior sobejamente abriga. Formam o corpo das perfiladas leis sobre *leis tributárias*, que, assim consideradas, não são portadoras de alusões *diretas e imediatas* ao tópico da incidência, tema exclusivo dos enunciados normativos que criam, propriamente, os tributos. As regras de imunidade são normas de estrutura, enquanto as de incidência são preceitos de conduta. No plano constitucional, o objeto da preocupação normativa é definir os campos de competência das entidades tributantes. As prescrições editadas nesse nível não cuidam da percussão do gravame, que é algo inerente à regra-matriz, erigida na plataforma do legislador ordinário. Supomos não ser precisamente essa a hora adequada para pensar na fenomenologia da incidência, quando estamos tratando de estabelecer os parâmetros de atuosidade legiferante das unidades políticas. Fique ressalvado, porém, que a sentença não abrange as menções *indiretas, mediatas* ou *oblíquas*, implicitamente contidas nas entrevozes dos comandos que estipulam as prerrogativas. Exatamente porque seria absurdo focalizar atribuições dessa natureza sem tocar, de modo genérico, no alvo perseguido pelo sistema, que é, em última instância, o impacto jurídico da exação. Tudo concorre para afirmar que, não sendo o específico momento de disciplinar a ocorrência do fato e o concomitante aparecimento do vínculo, também não será o tempo cientificamente correto para vermos levantados os obstáculos impeditivos do nascimento da obrigação (*que ainda não foi descrita pelo legislador*), ou imaginarmos fatores que obstruam o fato típico (*que somente virá a lume com a lei instituidora do gravame*). A sucessividade não é temporal. É lógica, do mesmo teor daquela que nos compele a examinar primeiro a prestação, para depois cogitarmos do descumprimento do dever, antecedente da regra sancionatória, ou a que nos manda verificar a premissa maior e a menor *antes* da conclusão, no raciocínio inferencial-dedutivo.

Os preceitos que definem a adjudicação de competências tributárias hão de preceder os dispositivos editados em função dos poderes outorgados. E a proposição não admite comutatividade. Seria incompreensível analisar a norma jurídica que cria o tributo e, portanto, define a incidência, sem antes observar, atentamente, os canais que a Constituição elegeu para esse fim.

Servem bem, por analogia, os argumentos que alinhávamos para demonstrar não ser o tributo uma criatura constitucional, surgindo sempre no andaime da legislação ordinária (direito positivo brasileiro).

Cravada a premissa, não temos por que aludir às imunidades como barreiras, embaraços ou obstâncias à incidência dos tributos, como se tem copiosamente difundido.

Distrações desse gênero conduziram o pensamento mais em voga na doutrina à proclamação solene de que a imunidade representaria caso de *não-incidência constitucionalmente qualificada*. Aqui, encontramos novamente rompido o fio da ideia, nos longos giros do discurso descritivo das regras imunizantes. Bernardo Ribeiro de Moraes[154], rebatendo a proposta, deu-se pressa em aduzir a seguinte advertência:

> Não aceitamos a expressão 'não-incidência constitucionalmente qualificada' para exprimir a imunidade, porque entendemos que a regra jurídica constitucional de imunidade incide sempre, como qualquer regra jurídica. É uma regra como qualquer outra regra positiva. Incide sobre os fatos imunes, para vedar a sua tributação. Daí ser imprópria a denominação 'hipótese de não incidência'.

A afirmação leva a acreditar que a norma constitucional possa não incidir, o que é inaceitável. A censura tem procedência, mas não foi nesse sentido que a locução surgiu e vem sendo empregada. A crítica presta-se a uma de suas acepções, precisamente aquela que sugere ter inexistido o fenômeno da subsunção do fato à regra e, por conseguinte, não haveria falar

---

154. "A imunidade tributária e seus novos aspectos". In: *Revista Dialética de Direito Tributário*, n. 34, São Paulo, Dialética, julho de 1998, p. 31.

em efeitos jurídicos. É por *incidir* que a proposição normativa qualifica pessoas, coisas e estados de coisas, bem como é *incidindo* que o sistema, como um todo, atinge a disciplina integral do relacionamento intersubjetivo. Realmente, asseverar que a regra *não incide* equivale a negar-lhe tom de juridicidade, marca universal das unidades jurídico-normativas. Norma que não tenha essa virtude está à margem do direito ou não foi produzida segundo os ditames do ordenamento em vigor.

Há, porém, outra porção de significado que muitas vezes aparece colorindo o verbo *incidir*, na linguagem da Ciência do Direito: é aquela que denota o surgimento da *obrigação tributária*, no preciso instante em que se deu a realização do fato jurídico. Na sentença *ocorreu o pressuposto de fato e nasceu a obrigação tributária* vemos consubstanciada a fenomenologia da *incidência*. E foi com tal carga significativa que certos autores empregaram a dicção *não-incidência*, onde o *não* prefixo muda a valência proposicional, de tal forma que poderíamos enunciá-la assim: inexistiu fato sotoposto à norma tributária, razão pela qual não se instalou o vínculo obrigacional. Exibe a incompossibilidade de exigência do tributo, pela inocorrência do fato descrito no antecedente da regra. E, se assim é, esvazia-se o cabimento da crítica, voltada que está à consideração do vocábulo de acordo com o primeiro dos sentidos que expusemos.

As duas vertentes semânticas da expressão *não-incidência* mostram que, no mínimo, é uma fórmula ambígua, que pode conduzir o intérprete a lugares assimétricos, de difícil conciliação lógica. Isso não escapou ao crivo de Sacha Calmon Navarro Coêlho[155], ao predicar o disparate de admitir-se a *incidência* de regra que não *incida*. É certo que a relação formal antagônica que se estabelece entre enunciados da mesma valência, e que denominamos *contradição*, na referida hipótese pode até ser resolvida, aceitavelmente, mas daria azo ao outro entendimento, que reputamos prescindível. Mais difícil,

---

155. Sacha Calmon Navarro Coêlho, *Teoria geral do tributo e da exoneração tributária*, São Paulo, Revista dos Tribunais, 1982, p. 130.

sem dúvida, procurarmos a essência do fenômeno e, tirado o véu que recobre as estruturas, compreendê-lo na sua intimidade existencial. Em obséquio a esse intento cumpre relegar a locução *não-incidência constitucionalmente qualificada* ao espaço comum das definições impróprias, que não se hão de acomodar num corpo de linguagem de pretensões científicas.

d) *A imunidade é aplicável tão somente aos tributos não-vinculados (impostos)*

Querem, quase todos, que a imunidade seja uma instituição jurídica que diga respeito unicamente aos impostos, forrando-se a ela os demais tributos. Tudo sobre o fundamento de que o texto do Diploma Básico, ao transmitir as hipóteses clássicas veiculadas pelo art. 150, VI, cita, nominalmente, a espécie de tributos que Geraldo Ataliba[156] qualifica de *não-vinculados*. Além do mais, insistem alguns na circunstância de que os impostos são concebidos para o atendimento das despesas gerais que o Estado se propõe, ao passo que as taxas e a contribuição de melhoria, antessupondo uma prestação direta, imediata e pessoal ao interessado, não comportariam o *benefício* da imunidade, por todos os títulos incompatível com aqueles tipos impositivos.

Nada mais infundado! A redução é descabida, transparecendo como o produto de exame meramente literal (e apressado) ou como o resultado de considerações metajurídicas, que não se prendem ao contexto do direito positivo que vige. Que motivo de ordem superior ditaria o princípio de que o legislador constituinte, no exercício de suas prerrogativas, pudesse estar impedido de organizar as competências tributárias, de tal modo que tolhesse a decretação de certas taxas ou impossibilitasse a criação de contribuições de melhoria? Com assomos jurídicos, nenhum. Se a Constituição fala e refala nos impostos, tratando-os com a intimidade de quem os conhece pelo nome, é natural que utilize expedientes como a

---

156. *Hipótese de incidência tributária*, 2ª ed., São Paulo, Revista dos Tribunais, pp. 131-148.

imunidade para lhes tracejar a feição. Com os gravames vinculados, sendo as menções constitucionais mais reduzidas, nem por isso deixou o constituinte de alcançá-los, como prova o versículo do art. 151, I, que estatui o primado da uniformidade. Ei-lo, na sua forma genuína:

É vedado à União:

> I – instituir tributo que não seja uniforme em todo o território nacional ou que implique distinção ou preferência em relação a Estado, ao Distrito Federal ou a Município, em detrimento de outro, admitida a concessão de incentivos fiscais destinados a promover o equilíbrio do desenvolvimento socioeconômico entre as diferentes regiões do País.

Em comentário ligeiro, Aliomar Baleeiro[157] evoca a lembrança de que o *"dispositivo, que aparece em todas as Constituições desde a de 1891, refere-se a tributo e, portanto, compreende, por definição legal e não apenas teórica, os impostos, as taxas e a contribuição de melhoria"* (grifo do original).

Sabemos que a forma de apurar o valor lógico dos enunciados descritivos da Ciência do Direito é confrontá-los com o resultado da experiência; e o padrão empírico para os testes da Dogmática é o exame do direito positivo: uma vez confirmados, serão tidos por verdadeiros; mas, sempre que negados, considerar-se-ão falsos. Se assim é, bastaria o preceito constitucional estabelecido no art. 5º, XXXIV, *a* e *b*, para exibir a falsidade da proposição afirmativa, segundo a qual "a imunidade é aplicável tão somente aos tributos não-vinculados (impostos)".

Ao refletirmos acerca dos modos e dos meios que o político utiliza para esboçar as competências tributárias das pessoas dotadas de poder legislativo, iremos observar que as exações vinculadas (taxas e contribuição de melhoria) mereceram escassas referências, fundamentalmente concentradas no princípio de que, em tese, poderiam ser criadas tanto pela

---

157. *Direito tributário brasileiro*, 10ª ed., Rio de Janeiro, Forense, p. 95.

União quanto pelos Estados, Distrito Federal e Municípios, firmando-se a legitimidade em função da pessoa que realizar a atuação específica. Isso vale para as taxas cobradas em razão do exercício do poder de polícia, como também para aquelas instituídas com fundamento na prestação de serviços públicos. E, em idêntica proporção, aplica-se às contribuições de melhoria, que poderão ser criadas por qualquer uma daquelas pessoas, desde que se verifique o pressuposto de fato, qual seja a valorização imobiliária como decorrência da realização de obra pública. Acrescente-se, é claro, o caso das outras contribuições.

Além dessa outorga genérica, vemos que o legislador constitucional sublinha a contingência de que não se pode tomar como base de cálculo das taxas a que tenha servido para dimensionar a incidência dos impostos (art. 145, § 2º), que expressa, por outra retórica, a necessidade incontornável de fixar-se base de cálculo nas taxas, imperativo que não foi ainda devidamente digerido por nossa doutrina.

Se é verdade que assim sucede no plano das imposições vinculadas, algo completamente diverso se dá no que concerne aos impostos. Aqui, o constituinte se manteve demoradamente, traçando, retraçando, bordando, burilando e cinzelando, de forma atremada, um sistema minucioso, feito com zelo e penetrado de tantos escrúpulos que até chega a confundir o aplicador menos precatado. Não deve surpreender, então, que apareça um número significativo de referências constitucionais especialmente voltadas ao regime desse e daquele imposto. Nem é desarrazoado supor que, no meio de tantas disposições sobre uma única exação não vinculada, venha o legislador constitucional a declarar, em tom peremptório, que a competência privativa da União para instituir o imposto sobre a renda não deve se estender às ajudas de custo e às diárias pagas pelos cofres públicos, na forma da lei, com o que estabeleceu a hipótese para a pessoa física.

Levemos em conta essas injunções, colhidas na linguagem do direito positivo brasileiro, e teremos explicada, por inteiro, a razão pela qual quase todas as imunidades aludem a impostos. Subsistem, contudo, alguns preceitos, como os dois a que fizemos referência, em que nos é dado ver que o instituto é perfeitamente compatível com a sistemática das taxas, da contribuição de melhoria e das demais contribuições.

A proposição afirmativa de que a imunidade é instituto que só se refere aos impostos carece de consistência veritativa. Traduz exacerbada extensão de uma particularidade constitucional que pode ser facilmente enunciada mediante a ponderação de outros fatores, também extraídos da disciplina do Texto Superior. Não sobeja repetir que, mesmo em termos literais, a Constituição brasileira abriga regras de competência da natureza daquelas que se conhecem pelo nome de *imunidades tributárias*, e que trazem alusão explícita às taxas e à contribuição de melhoria, o que basta para exibir a falsidade da proposição descritiva.

Vejamos, nesse sentido, o que preceitua o art. 195, § 7º, da Constituição da República: *São isentas de contribuição para a seguridade social as entidades beneficentes de assistência social que atendam às exigências estabelecidas em lei*. Com a ressalva do tropeço redacional, em que o legislador empregou *isenção* por *imunidade*, vê-se que há impedimento expresso para a exigência de contribuição social das entidades beneficentes referidas no dispositivo. Ora, ainda que para nós contribuição social tenha a natureza jurídica de imposto ou de taxa, sabemos que a orientação predominante é outra, discernindo essa figura, nitidamente, dos impostos.

e) *A imunidade é sempre ampla e indivisível, não comportando fracionamentos*

Como a Ciência do Direito é um sistema de linguagem, que fala de seu objeto – o direito positivo – por sua vez também expresso numa capa de linguagem, é compreensível a existência de disparidades semânticas e desencontros descritivos. Talvez por isso acabe sendo campo sobremodo favorável a combinações de frases e jogos de palavras, capazes de desconcertar o mais prevenido observador. Entretanto, um breve instante de meditação, que a Ciência recomenda e a importância do Direito sugere, tem a força de desmanchar vetustas sentenças, que a tradição jurídica vai carregando pelos tempos afora, sem saber ao menos por quê.

Não trepidaríamos em inscrever nessa pauta de proposições levianas mais aquela que identifica a presente rubrica. Dizer que as imunidades são sempre amplas e indivisíveis, que não suportam fracionamentos, protegendo de maneira absoluta as pessoas, bens ou situações que relatam, é discorrer sem compromisso; é descrever sem cuidado, sem o desvelo necessário à construção científica. Certamente por afirmações semelhantes é que Alfredo Augusto Becker tanto insiste no chamado *sistema dos fundamentos óbvios*, tal a frequência com que pontificam no fraseado jurídico-tributário enunciados gratuitos, vazios de conteúdo, de significação precária, mas com garbosa e imponente aparência de sabedoria.

Ao estender às autarquias a intangibilidade, por meio dos impostos, do patrimônio, renda e serviços atrelados às suas finalidades, ou delas decorrentes, o § 2º do art. 150 da Constituição estabeleceu um fracionamento que separa, induvidosamente, de um lado, as atividades ligadas aos objetivos primordiais daqueles entes; de outro, o exercício de funções paralelas, marginais, episódicas, que porventura as autarquias e as fundações instituídas e mantidas pelo Poder Público venham a desempenhar.

E aproximamos dessa hipótese todas aquelas em que o legislador constitucional subordina o desfrute da imunidade à observância de requisitos previstos em lei (complementar, no caso), como, por exemplo, a do art. 150, VI, *c*, da Constituição da República de 1988.

Que da amplitude? Que da indivisibilidade?

É evidente que todo fato social que ingressa para o mundo jurídico pela porta aberta dos supostos normativos, uma vez realizado, provoca a incidência e é colhido em cheio, irradiando os efeitos jurídicos que lhe são imputados. Se a isso querem os autores denominar amplitude e indivisibilidade, operam com engano, pois o fenômeno não é atributo das imunidades, mas de todas as disposições prescritivas do direito posto. Exista uma regra que qualifique um evento, associando-lhe determinados efeitos, e a consequência propagar-se-á de modo absoluto, direto e contundente, toda vez que o fato acontecer. A incidência se dá, invariavelmente, de maneira automática e infalível, desde que seja produzida a linguagem competente. O cumprimento do dever que satisfaz o direito subjetivo correlato pode ou não verificar-se, momento em que se cogitará de outro antecedente normativo – o da regra sancionatória. A aplicação de ambas ao caso concreto, porém, no que toca à obediência e respeitabilidade dos respectivos destinatários, é algo que há de ser estudado em outra matéria, também cognoscente em relação ao direito – a Sociologia Jurídica.

1.4.2 Teoria da imunidade como técnica legislativa de exoneração

Há crescente insatisfação, no seio da moderna doutrina do direito tributário brasileiro, com respeito ao modelo tradicional de descrição do fenômeno jurídico da imunidade. A demonstração cristalina desse asserto é a procura constante de novos rumos que vem ocorrendo nas recentes obras de cunho científico. Tomemos, entre outras, a proposta de Sacha Calmon Navarro Coêlho[158], que vê a imunidade como técnica legislativa de exoneração, de tal arte que os dispositivos dessa índole "entram na composição da hipótese de incidência das normas de tributação, configurando-lhe o alcance e fixando-lhe os lindes". Para o ilustre Professor, a regra constitucional que põe a imunidade atua no plano da hipótese de incidência, excluindo de certos fatos ou aspectos destes a virtude jurígena. Tudo baseado na premissa, aliás, incontestável, de que as normas não derivam de textos legais isolados, mas do contexto

---

[158]. *Teoria geral do tributo e da exoneração tributária*, Revista dos Tribunais, 1982, pp. 121-149.

jurídico positivo, considerado como um todo. Exsurgem, então, como a resultante de um plexo de leis ou de artigos de leis em vigor no sistema. E nessa conjugação de preceitos que se entretecem, as leis e os artigos de leis que definem os fatos tributáveis se harmonizam com as previsões imunizantes e isencionais para compor uma única hipótese de incidência: a da norma jurídica de tributação. Frisa o autor baiano, radicado em Minas Gerais, que imunidades e isenções apresentam a mesma dinâmica funcional, com a diferença de as primeiras terem origem na Constituição e as últimas decorrerem de leis infraconstitucionais, complementares ou ordinárias. Tanto umas quanto outras, ainda que ostentando o mesmo esquema de funcionalidade, são exonerações internas, qualitativas, que penetram os supostos das normas de tributação.

Inobstante a reconhecida integridade científica do Autor, aspecto que recomenda a teoria, cremos que duas objeções a comprometem de modo fulminante e irremediável. Passemos a examiná-las.

É corretíssimo asseverar a distinção entre lei e norma, nem sempre assinalada com o devido rigor. Podemos dizer, perfeitamente, em analogia com os símbolos quaisquer, que o texto escrito de lei está para a norma jurídica tal qual o vocábulo está para sua significação. Nas duas situações temos o suporte físico, signo gravado no papel, que se refere a uma realidade pensada do mundo exterior que todos nós conhecemos (significado) e a partir do qual construímos um conceito ou juízo lógico (significação). Pois bem, nessa estrutura triádica, o conjunto dos textos do direito positivo ocupa o tópico de suporte físico, como se fora o repositório das significações que o jurista elabora sob a forma de juízos lógicos, e que se reporta ao comportamento humano, no quadro de suas relações intersubjetivas (significado). Aproximar a significação ao suporte material que a suscita, confundindo-os, é transgredir determinações da própria teoria geral do conhecimento, um atentado epistemológico de severa gravidade. E nesse erro cursivamente incorrem todos os juristas que prestigiam a interpretação literal. Não é demasia a preocupação de Sasha Calmon em demarcar noções que parecem cediças, dado o descuido que vem grassando com referência aos princípios elementares da compreensão ontológica do direito. Que uma lei possa não ser suficiente para transmitir a integralidade existencial de uma norma jurídica é acontecimento corriqueiro. Muitas vezes são numerosos os dispositivos de lei necessários para a formação de um único juízo hipotético, arquitetura lógica da unidade normativa. Ligeira reflexão sobre esse fato possibilita ver o intérprete de textos jurídicos como alguém que empreende trabalho verdadeiramente compositivo: pesquisa o ordenamento em vigor, esmiuçando diplomas e vasculhando estatutos, para surpreender o conteúdo da mensagem legislada.

Até aqui, pensamos inexistir qualquer discrepância com a dicção do insigne Professor. Todavia, há espaço enorme entre essa colocação teorética, que admitimos sem ressalvas, e a assertiva de que as normas tributárias entram em processo de fusão, a tal ponto que as proposições imunizantes, bem como as de isenção, passem a fazer parte do arcabouço íntimo de uma terceira, a chamada "norma de tributação". Trocando em miúdos: se é válido reconhecer que da combinação de "n" dispositivos de lei posso construir uma única norma jurídica, o mesmo não ocorre com a proposta mediante a qual de várias regras hei de colher uma outra, que represente o produto final da conjugação de todas, como se fora a força resultante de um feixe de vetores. São coisas substancialmente diversas.

Como já observado em capítulos anteriores, as proposições normativas do direito posto se articulam segundo padrões associativos lógicos, entre os quais sobreleva o vínculo de subordinação, que conduz à hierarquia, ao lado das relações coordenativas, fatores determinantes da estrutura piramidal do ordenamento jurídico, assim como o concebera Adolph Merkl. Mas tal organização hierárquica pressupõe, de maneira indeclinável, que as entidades normativas preservam seu mínimo irredutível para que seja possível notar os laços subordinativos e reconhecer as linhas de coordenação que fazem do direito um sistema, ainda que se utilize esse termo no seu sentido livre e, portanto, menos rigoroso.

A tão decantada arquitetura piramidal se constrói pela distribuição escalonada das normas jurídicas, nos diversos patamares da ordem positiva, o que nos abre a possibilidade de contemplar a supremacia de umas com relação às outras. Acaso nos fosse dado promover a união das disposições prescritivas de estaturas diferentes, de tal forma que se interpenetrassem intrinsecamente, cairia por terra o edifício do direito, abalado na razão última e primordial do seu equilíbrio, enquanto sistema. Rompidas as ligações hierárquicas, passaríamos, de imediato, para o âmbito de um singelo esquema linear, e, juntadas as normas de mesmo *status*, ao ponto de vê-las fundidas, encontraríamos uma figura punctiforme. Quando se menciona o equilíbrio da ordem jurídica em vigor, introduzimos, ao jeito de condição, que cada unidade normativa mantenha íntegra sua estrutura lógica, para que possamos contemplá-las, confrontá-las e coordená-las, respeitando sempre a posição que o sistema a elas atribuiu.

Não é precisamente esse o efeito que se obtém da aplicação da citada teoria. Seu autor predica o cruzamento dos arcabouços normativos, pela via de imiscuir o preceito imunizante, por inteiro, no antecedente da regra de tributação. É o significado de seu gráfico[159]:

$H = A - (B + C)$

onde:

H = hipótese de incidência

A = fatos tributáveis

B = fatos imunes

C = fatos isentos

---

[159]. Sacha Calmon Navarro Coêlho, *Teoria geral do tributo e da exoneração tributária*, cit., p. 132.

Neles, os fatos imunes, descritos no conteúdo das prescrições de imunidade, ingressam no suposto da norma de tributação, desaparecendo ao serem subtraídos (ao lado dos fatos isentos) dos fatos tributáveis. E isso já vem como pretexto para a segunda grande objeção à tese exposta.

Com efeito, não se pode extrair de um conjunto elementos que não lhe pertencem. A subtração apresentada no esquema formal que transcrevemos é simplesmente impossível: os fatos imunes não estão e nunca estiveram contidos na classe dos fatos tributáveis. Juridicamente, aliás, têm a natureza de *fatos intributáveis*, por força de expressa determinação constitucional. O equívoco reside na premissa. O raciocínio parte do pressuposto de que todos os acontecimentos da realidade tangível estão disponíveis ao impacto tributário, sentença que só é válida em termos extrajurídicos.

Para encerrar esse esforço crítico, cumpre dizer que, se o objetivo da aludida construção teórica foi explicitar os efeitos que se desencadeiam no mundo factual, por força da percussão de normas imunizantes, o trajeto escolhido não nos parece ter sido o mais adequado, justamente porque mexe em conceitos jurídicos fundamentais, perturbando noções sedimentadas e extremamente caras à moderna Teoria Geral do Direito.

1.4.3 Conceito e definição do instituto: sua natureza jurídica

a) *O processo de positivação das normas jurídicas. Completude da Ciência e vocação de completude do Direito Positivo*

No sistema do direito positivo vamos encontrar uma sucessão de normas, em número finito, mas indeterminável, entrelaçadas de modo complexo. Ao descrevê-las, a Ciência do Direito formula enunciados de compostura formal ôntica ou apofântica, procurando arrumá-las segundo critérios associativos de coordenação (associação horizontal) e de subordinação (associação vertical-hierarquia). É nessa última sintaxe que o conjunto de regras jurídicas se desdobra, com início na norma fundamental, hipótese-limite do sistema, até a norma individual, que Kelsen toma como a concrescência máxima, verdadeiro ato terminal da cadeia elaborativa de proposições prescritivas. E, assim, o direito posto persegue sua completude, para ser sistema, realizando a vocação de completabilidade que lhe é inerente. A lembrança é útil, cabendo distinguir a plenitude lógica, que é própria de toda Ciência, da mera tendência à completude, que vemos no ordenamento das regras jurídicas. Nunca é demais reafirmar que o direito positivo abriga lacunas, hiatos, fissuras normativas, que começam a desaparecer com a decisão jurisdicional integrativa.

b) *Normas de aplicação e normas de construção. As imunidades como sobrenormas tributárias*

No percurso desse processo de positivação do direito, que tende ao fechamento, no nível da linguagem-objeto, e que o consegue no estrato da metalinguagem científica, observaremos normas de aplicação de outras normas, ao lado de normas de construção de outras normas. As últimas, também nominadas de "regras de produção", de "formação" ou de "transformação" de normas, assumem extraordinária importância para a configuração do direito positivo, como sistema e como estrutura, razão pela qual o jusfilósofo pernambucano insiste[160]:

> *o sistema de proposições normativas contém, como parte integrante de si mesmo, as regras (proposição) de formação e de transformação de suas proposições.* As normas que estatuem como criar outras normas, isto é, normas-de-normas, ou proposições-de-proposições, não são regras sintáticas *fora* do sistema. Estão no interior dele. Não são *metassistemáticas.* Apesar de constituírem um nível de metalinguagem (uma linguagem que diz como fazer para criar novas estruturas de linguagem), inserem-se dentro do sistema. (Grifos nossos).

Muito bem. Firmemo-nos, precisamente, no campo de eleição das normas que estabelecem de que modo criar novas

---

160. Lourival Vilanova, *As estruturas lógicas e o sistema do direito positivo*, cit., p. 154.

regras, pois é nessa subclasse normativa que iremos encontrar as prescrições de imunidades tributárias. Não nos esqueçamos, porém, de que as normas de construção também são regras de aplicação, excetuando-se a norma fundamental e o derradeiro ato de positivação do direito (norma individual), visto que a primeira é tão só preceito de construção e a segunda unicamente de aplicação. Tirantes as duas, demarcadoras da finitude do sistema empírico, todas as demais "posuen dos caras, como la testa de Jano. Si se las examina desde arriba, aparecen ante nosotros como atos de aplicación; si desde abajo, como normas"[161].

As manifestações normativas que exprimem as imunidades tributárias incluem-se no subdomínio das sobrenormas, metaproposições prescritivas que colaboram, positiva ou negativamente, para traçar a área de competência das pessoas titulares de poder político, mencionando-lhes os limites materiais e formais da atividade legiferante. São as "normas de ordem superior", cujo conteúdo se expressa por "atos normativos", na terminologia de von Wright[162].

Chegamos até aqui com o propósito de reconhecer que espécie normativa realiza a figura da imunidade, e já sabemos tratar-se de regra que dispõe acerca da construção de outras regras. Além disso, salientamos que o espaço frequentado por tais normas é o patamar hierárquico da Constituição da República, porquanto é lá que estão depositadas as linhas definidoras da competência tributária, no direito positivo brasileiro. As referidas aproximações, se bem que relevantes, não bastam, ainda, para o isolamento científico do instituto. Teremos que avançar mais, discernindo caracteres, separando conotações e descobrindo traços que nos ofereçam a possível integridade estrutural desse grupamento de normas. Prossigamos colocando sob foco temático a concepção doutrinária mais influente entre nós.

---

161. Eduardo García Maynez, *Introducción al estúdio del derecho*, México, Editorial Porrúa, 1973, p. 85.

162. G. Henrik von Wright, *Norma y Acción: Una investigación lógica*. Tradução espanhola de Pedro Garcia Ferrero, Madrid, Tecnos, p. 196.

Tem-se entendido que apenas as prescrições formuladas em termos imperativos-negativos – "não incidirá", "não incide" – ou proibitivos – "é vedado" – ou excepcionadores – "salvo ajuda de custo..." – satisfazem o conceito.

O critério que anima tais construções está fundado nos meios de expressão da linguagem natural do legislador, recaindo a análise nas variações gramaticais de certos verbos, observados em função dos tempos, modos e formas de conjugação. É bem de ver que utilizada dessa maneira a diretriz não pode representar instrumento hábil e seguro para nos conduzir ao fim proposto. A falta de precisão, a liberdade expressional e a atecnia que integram o corpo da linguagem-objeto pelejam contra sua racionalidade, tornando-a inidônea. O caminho há de ser outro.

c) *Método para o isolamento temático do instituto das imunidades*

O cunho deôntico do direito identifica-se pelo functor dever-ser, que se apresenta em três modalidades: "obrigado", "proibido" e "permitido", esse último no sentido de permissão unilateral e bilateral. Dominando tais operadores poderemos enunciar, corretamente, a proposição normativa que bem nos aprouver e, agregando-lhes a partícula de negação, inverteremos a valência dos três modais. Isto nos leva a concluir não ser a combinação gramatical ou a modesta associação de palavras aos símbolos do deôntico que nos irá modificar a substância da mensagem. Já vimos que a linguagem do direito positivo, por não ter compromisso com a Ciência, é uma linguagem natural e técnica. O político expede, simplesmente, um ato de vontade revestido de formalidades que o habilitam a ingressar nos domínios do ordenamento jurídico. Daí por diante, passando a pertencer à região ontológica do direito, aquele ato se vê despojado dos seus pressupostos psicológicos, integrando-se no universo das proposições normativas com o conteúdo e com os valores objetivados no seu enunciado. Nesse momento é que aparece a Ciência do Direito, como linguagem de nível superior que procura descrever, mediante formas científicas, a linguagem técnica empregada pelo legislador. Por virtude de ser um sistema lógico – e não empírico – a Ciência do Direito terá que socorrer-se da Lógica seja para estudar as estruturas formais de seu objeto (Lógica deôntica), seja para compreender a natureza alética de suas próprias proposições (Lógica Apofântica).

Agora, sim. Esta sobrelinguagem ou linguagem de sobrenível que se obtém por um processo de formalização, partindo do direito posto e transitando pela Ciência do Direito e pela Teoria Geral do Direito, haverá de estar expressa de modo preciso e determinado. No plano lógico, não há espaço para vocábulos, expressões ou frases ambíguas ou plurissignificativas. A linguagem das formas lógicas é fundamentalmente *unívoca*. Seus termos têm uma e somente uma significação. Eis por que, galgando as alturas das sedificações lógicas, por meio de sucessivas formalizações, teremos eliminado as dificuldades semânticas que o falar leigo do legislador consagra.

Rigorosamente ali, naquele reduto de abstração, encontrar-nos-emos com as estruturas formais, dotadas, como diz Lourival Vilanova[163], de um mínimo de significação, o suficiente contudo, para denunciar a arquitetura interior da proposição normativa. É o que recomenda Georges Kalinowski[164]:

> fazemos abstração também das formas gramaticais desses verbos, das conjugações ativa e passiva, dos modos, dos tempos, das pessoas e do singular e do plural. Pois as diferenças de significação que criam essas formas, por importantes que sejam no terreno da linguística, se apagam totalmente no nível da Lógica, a partir do momento em que se adota uma linguagem puramente simbólica, que pode ser interpretada de modo que tenha rigorosamente em conta todas as formas gramaticais em questão.

E o esforço, cremos, não representa mero exercício intelectual que adestre a mente, numa atividade lúdica. Reproduz

---
163. *As estruturas lógicas e o sistema do direito positivo*, cit., p. 49.

164. *Lógica del discurso normativo*, trad. de Juan Ramon Capella, Madrid, Tecnos, p. 27.

imperativo irrefragável, que precede o estádio de *desformalização*, em que o estudioso prossegue, num trabalho de regresso, mas agora saturando as variáveis lógicas com os significados colhidos na planície do direito positivo, até atingir o teor satisfatório de esclarecimento, necessário à aplicação da norma ao caso concreto. *A linguagem do direito posto, onde foram depositadas as significações dos atos de vontade do político, é o ponto de partida para a análise lógica e o ponto de chegada da análise semântica.* Mais uma vez transparece a importância da afirmação segundo a qual o autêntico jurista é o lógico, o semântico e o pragmático da linguagem do direito, realizando, a cada instante, as três grandes divisões da Semiótica: sintaxe, semântica e pragmática.

Retornemos da digressão para considerar que, no degrau das estruturas lógicas, quando o produto legislado é surpreendido na sua intimidade entitativa, desembaraçado do revestimento de linguagem natural que o encobria, vamos ver que os modais deônticos exsurgem plenamente aptos para entrar na *combinatória formal* governada pelas leis lógicas. As palavras não mais confundem e o analista experimenta inusitada sensação de segurança, porque, nesse tempo, lida com elementos estáveis, não sujeitos às vicissitudes que o acompanham e o atormentam em quase todo o desenvolvimento do seu trabalho.

É bom refletir: os autores nacionais que se ocuparam do tema, por uma série de razões que não cabe indagar, sequer exploraram inteiramente a camada de linguagem do próprio direito positivo. Não esgotaram as categoriais e métodos da Ciência ou da Teoria Geral do Direito, muito menos da Lógica Jurídica. Desse jeito, seria muito difícil pôr o dedo no ponto certo do problema, vendo sutilmente, ali onde estava a linha demarcatória dos preceitos de imunidade, em contraste com as demais regras atinentes ao desenho da competência tributária. Não é outro o motivo que nos permite dizer, sem qualquer cerimônia científica, que a diretriz escolhida pela doutrina dominante converte o sistema constitucional tributário num extenso catálogo de imunidades, assunto que retomaremos mais à frente.

Qual a explicação adequada? Que sorte de especulações poderia iluminar a compreensão de tópico tão significativo para o estudo do Direito Constitucional e do Direito Tributário? Achamos que o método de investigação não pode ser outro que não aquele preconizado linhas atrás: partimos da sintaxe do direito posto e, com emprego de processos de formalização, buscarmos o resíduo que se tem, quando liberamos as normas jurídicas positivas de suas roupagens de linguagem natural. Toparemos com a proposição normativa da imunidade cruamente exposta nos seus elementos constitutivos, o que nos propiciará examiná-la, em cotejo com outras normas de mesma índole, para saber se hospeda ou não timbre específico que autorize discriminações.

d) *As categorias de Norberto Bobbio e a formalização das normas de imunidade. Seu núcleo deôntico*

Norberto Bobbio[165] percorreu esse trâmite esmiuçando o arcabouço jurídico, o italiano, para conseguir a redução das sobrenormas às expressões fundamentais do deôntico. Sua inestimável contribuição, por assumir foros de universalidade para o direito, como objeto do mundo cultural, facilita a proposta que nos dispusemos a oferecer.

Deveras, após encetar a formalização das regras de construção de outras regras, o mencionado teórico chega a encontrar a presença de modalizadores deônticos combinados dois a dois, de tal sorte que o constituinte "permite", "obriga" ou "proíbe" o exercício da própria atividade de edição normativa, enquanto o segundo, reduzido aos mesmos símbolos ("permitido", "obrigado" ou "proibido"), determina os elementos de conteúdo e/ou de forma que o preceito há de ter ou de evitar. Por meio desse expediente, Bobbio distingue nove categorias de normas de sobrenível, utilizando-as para enunciar disposições da Constituição italiana. Vamos apresentá-las, em vernáculo, associando a cada qual a correspondente expressão simbólica.

---

165. Norberto Bobbio, *Teoria dell'ordinamento giuridico*, Turim, G. Giappichelli Editore, pp. 37-39.

a) Normas que *permitem obrigar* (PO)
b) Normas que *obrigam a obrigar* (OO)
c) Normas que *proíbem obrigar* (VO)
d) Normas que *permitem permitir* (PP)
e) Normas que *obrigam a permitir* (OP)
f) Normas que *proíbem permitir* (VP)
g) Normas que *permitem proibir* (PV)
h) Normas que *obrigam a proibir* (OV)
i) Normas que *proíbem proibir* (VV)

Antes de mais nada, duas notações a respeito da classificação. Os símbolos (P), (O) e (V) querem dizer, respectivamente, *permitido*, *obrigado* e *proibido*, não constando da dicção original do acatado Professor da Universidade de Turim. Demais, as diversas combinações não têm caráter comutativo, equivale a afirmar que (OP) e (PO) não são a mesma coisa. A ordem dos signos é importante para traduzir esta compreensão da regra que declara como outras regras podem, devem ou não podem ser criadas.

O momento não esconde o elevado grau de elaboração teorética. Nada obstante, a aplicação prática é pronta e imediata, o que nos traz à lembrança o ensinamento sempre vivo de Pontes de Miranda, de que não há diferença entre a teoria e a prática, pois o que existe, efetivamente, é o conhecimento do objeto.

Deixando de lado os exemplos que Bobbio aduz, por se reportarem ao direito italiano, não é penoso verificar as inúmeras correlações entre as categorias expostas e prescrições explícitas de nosso Diploma Constitucional. Os dispositivos que outorgam a competência para instituir tributos estão, todos eles, contidos na letra "a", isto é, são normas que permitem obrigar (PO), entendendo "obrigar" por disciplinar, regular, criar direitos, obrigações e sanções. Os entes políticos, a quem é deferida a possibilidade de inovar a ordem jurídica, criando tributos, não estão obrigados a fazê-lo. Há, simplesmente, permissão constitucional determinada, donde o simbolismo (PO), isto é, "normas que permitem obrigar". Certos mandamentos constitucionais, que também falam da formação de outras regras, aparecem de modo diferente, já que se manifestam por diversa associação deôntica. É o caso, por exemplo, do comando que emerge do art. 155, § 2º, inciso II, quando o constituinte alude à não-cumulatividade do gravame: "será não cumulativo, compensando-se o que for devido em cada operação relativa à circulação de mercadorias ou prestação de serviços com o montante cobrado nas anteriores pelo mesmo ou outro Estado ou pelo Distrito Federal". Tal mensagem, que se não confunde com a primeira, expressa "norma que obriga a obrigar", o que representa uma determinação inequívoca do legislador da Constituição no sentido de que a disciplina do imposto consagre o princípio da não-cumulatividade. Formalizando, teremos (OO). E, de entremeio, poderíamos apontar uma terceira norma constitucional, asilada na formulação daquele mesmo dispositivo, mas com vistas ao legislador complementar, de sorte que expeça lei, definindo os termos da não-cumulatividade. Em linguagem formal encontraremos novamente os signos (OO).

A propósito, registre-se a presença de três comandos da Lei Suprema convivendo num único esquema oracional, consubstanciado na redação do citado art. 155, § 2º, inciso II. Dele, diríamos que se desprendem três grupos de dois functores, aqui consignados desse modo: (PO), (OO) e (OO). Cada preceito está encerrado dentro de parênteses e a expressão pode ser lida assim: "é *permitido* ao legislador dos Estados *instituir* a disciplina jurídica do ICMS. Ao fazê-lo *estará obrigado a adotar o princípio da não-cumulatividade*, nos termos de lei complementar que *será editada para esse fim*".

É a hora de cifrar a composição deôntica peculiar que as normas de imunidade apresentam. Se as reduzirmos ao mínimo simbólico, vamos nos deparar, iterativamente, com a combinação (VO) – "proibido obrigar" – fazendo entrever que o constituinte estatui uma vedação que inibe o legislador ordinário de regular específicas matérias. Aquele que comanda (legislador constitucional) firma a proibição de que o destinatário da regra (o legislador infraconstitucional) discipline certas situações, obviamente para tolher o surgimento de vínculos jurídico-tributários.

Saquemos o rico exemplo do art. 150, IV, da CR. Nele há várias normas imunizantes. Todas elas, porém, reduzidas à expressão mais simples, substanciam proibições claras e peremptórias, com indicação precisa do objeto da interdição. Esses os dois elementos que põem à calva a fisionomia própria das regras de imunidade. Delas não se separam, o que torna fácil identificá-las, a cada passo.

A doutrina tradicional tem prestigiado esses aspectos, como já foi lembrado. Todavia, falar apenas em proibição expressa, com objeto determinado, ainda não é suficiente. Outro ponto tem de ser explanado, sem o que a compreensão do tema não poderá ser integral. Para tanto, algumas considerações metajurídicas serão imprescindíveis.

e) *Técnicas do constituinte para impedir o exercício da atividade legislativa. Os princípios ontológicos. Proibição forte e proibição fraca*

As proibições da atividade legiferante, advindas do Texto Supremo, assumem duas formas bem distintas. Veda-se a iniciativa do legislador infraconstitucional para editar normas jurídicas, tanto pela via do impedimento expresso quanto pela circunstância de o legislador constituinte não atribuir poderes à pessoa política considerada. A não adjudicação de prerrogativas para legislar sobre determinados assuntos é obstáculo tão poderoso como a vedação explícita, se atinarmos aos resultados objetivos que provoca. Tudo por virtude do princípio ontológico – "aquilo que não estiver permitido estará proibido" – complemento perfeito daquel'outro – "o que não estiver proibido estará permitido". Com tais postulados, pretendem alguns o fechamento do direito positivo, uma vez que abrangeriam, reunidos, todos os comportamentos possíveis do homem, nas suas relações de inter-humanidade. O primeiro está voltado para o direito público, operando no terreno das normas de construção. O segundo, por sua vez, ilumina as regras de aplicação, viradas, diretamente, para as disciplinas da conduta das pessoas.

Transportando-se o primado ontológico que se aplica às normas de direito público para o quadro das imposições tributárias, descobriremos uma proibição igualmente eficaz, um obstáculo também consistente, porquanto o político não pode ultrapassar os limites da sua competência, quer desrespeitando vedações explícitas, quer editando normas que não tenham fundamento de validade em dispositivo constitucional próprio. A reflexão nos põe diante de uma similitude de efeitos tal que autoriza asseverarmos existirem dois modos de proibição: a expressa, gravada fisicamente no texto legal, e a implícita, isto é, aquela que se depreende pela ausência de permissão ostensiva. As últimas são em número infinito, abarcando todo o conjunto das ações humanas não tipificadas para fins tributários. As duas providências vedatórias apareciam como alternativas do legislador constitucional, no instante da decisão política, e poderíamos chamá-las de "proibição forte" (expressa) e "proibição fraca" (implícita), à maneira de von Wright[166], quando menciona a "permissão forte" e "a "permissão fraca".

De fato, articulando o raciocínio, não seria nenhum destempero aludir à imunidade de que os súditos do Município desfrutariam de não sofrerem exigências de IPTU por parte do Estado-membro. A unidade federada esbarraria num empeço constitucional de grandes dimensões, inequívoca interdição aos seus propósitos. Muito bem. Se estamos ao pé de um obstáculo posto pelo constituinte, que impede o exercício da atividade legislativa ordinária, no que tange à instituição de tributo, soaria até natural chamar a vedação implícita pelo nome de "imunidade".

---

166. G. Henrik Von Wright, *Norma y acción: Una investigación lógica*. Tradução espanhola de Pedro Garcia Ferrero, Madrid, Technos, 1970, p. 101.

Não há de ser assim, porém. O comando que imuniza ingressa no universo do direito positivo por intermédio de uma autêntica norma jurídica, entendida a expressão na plenitude do seu significado lógico. E a vedação tácita, implícita ou oblíqua, proibição fraca que é, não entra no ordenamento como conteúdo de regra jurídica e por isso não pertence à região normativa do direito positivo por intermédio de uma autêntica norma jurídica. Uma é norma jurídica (proibição forte), a outra, não (proibição fraca). Sobre a dúvida, García Maynez[167] leciona, com sutileza:

> El principio 'lo que no está jurídicamente permitido está jurídicamente prohibido' son juicios enunciativos y, e o ipso, no pueden servir como pautas para suprimir lagunas o resolver casos concretos de la experiência jurídica. Lo dicho equivale a sostener que no son normas explícitas o implícitas – sino verdades de razón que expresan determinadas conexiones de orden formal entre lo jurídicamente prohibido y lo jurídicamente permitido (...).

O pensamento de von Wright[168], pioneiro da formalização da linguagem normativa, chega a idêntica ilação. Para ele: "Los *permissos débiles* no son en absoluto prescriciones o normas. Solo un *permiso fuerte* es um caráter de las normas" (sublinhamos). E a analogia entre normas que permitem e que proíbem se nos afigura plenamente cabível.

f) *As imunidades como regras de incompetência de objeto determinado*

Supomos demonstrado, há muito tempo, o teorema de que normas de conteúdos deônticos diferentes irradiam efeitos jurídicos distintos. O fenômeno é atribuído à utilização dos três modais – "permitido", "obrigado" e "proibido" – que, a despeito de realizarem o mesmo elemento implicacional – o functor dever-ser – fazem-no cada qual a sua maneira. A

---

167. Eduardo García Maynez, *Lógica del raciocínio jurídico*, México, Fondo de Cultura Económica, 1964, p. 52.

168. G. Henrik von Wright, *Norma y acción: una investigación lógica*. Tradução espanhola de Pedro Garcia Ferrero, Madrid, Technos, 1970, p. 102.

verdade é que permitir, obrigar ou proibir são formas específicas de influir no comportamento das pessoas, formando o tecido da ordem jurídica. Sendo assim, cumpre discernir, entre as muitas regras de construção, as que permitem obrigar (normas que outorgam competência) das que proíbem obrigar (normas que declaram a incompetência). Em símbolos formais, diremos: (PO) (VO), permanecendo constante a modalidade (O), que participa dos dois núcleos associativos.

Ora, como nominamos, as permissivas (PO) de regras que conferem competência, boa razão existe em chamarmos as proibitivas (VO) de normas que declaram a incompetência, não incorrendo no mau vezo de definir pela negativa, visto que é a descrição genuína do próprio miolo da disposição normativa que põe o impedimento constitucional.

Mas a declaração de incompetência tem de vir acompanhada de um objeto determinado. Não pode ser vaga ou genérica. O comando que proíbe há de dizer, claramente, aquilo que está proibido, individualizando as categorias de pessoas, situações e/ou coisas alcançadas pelo dispositivo. Para que se configure a existência de uma regra de imunidade tributária é mister que a vedação, sobre ser expressa, assuma o satisfatório grau de especificidade. Não cabe na rubrica a interdição incerta, imprecisa, indefinida, que deixe dúvidas ao intérprete acerca da qualificação jurídica das pessoas, situações ou coisas.

A determinação do objeto sobressai com nitidez em qualquer dos exemplos de que nossa Constituição é farta. Tomemos a mensagem exarada pelo art. 150, IV, que já foi trazido à colação. Em todas as alíneas, os segmentos sobre os quais está impedida a produção de normas tributárias apresentam-se devidamente caracterizados, seja nas hipóteses em que a descrição típica impõe a presença de certa pessoa (imunidade subjetiva), seja também naquelas em que o fato referido comporta agente indiscriminado (imunidade objetiva).

g) *Definição do conceito de imunidade tributária*

Ao coordenar as ponderações que até aqui expusemos, começa a aparecer o vulto jurídico da entidade. É mister, agora, demarcá-lo, delimitá-lo, defini-lo, atentos, porém, às próprias críticas que aduzimos páginas atrás, a fim de que não venhamos, por um tropeço metodológico, nelas nos enredar. Recortamos o conceito de imunidade tributária, única e exclusivamente, com o auxílio de elementos jurídicos substanciais à sua natureza, pelo que podemos exibi-la como *a classe finita e imediatamente determinável de normas jurídicas, contidas no texto da Constituição da República, e que estabelecem, de modo expresso, a incompetência das pessoas políticas de direito constitucional interno para expedir regras instituidoras de tributos que alcancem situações específicas e suficientemente caracterizadas.*

Com essa definição, que é relativamente breve, ficam bem acentuadas as linhas básicas da figura, desprezadas que foram todas as notas estranhas à compostura do raciocínio jurídico.

Vejamos:

1) *É uma classe finita e imediatamente determinável*

A cláusula é relevante para demonstrar que as imunidades tributárias são somente aquelas explicitadas na Carta Magna, compondo um grupo de elementos que, a qualquer momento, pode ser determinado nas suas várias unidades. A finitude é traço diferencial importante, se levarmos em conta a infinitude própria das proibições implícitas.

2) *De normas jurídicas*

O tópico é fundamental. Com indicar que as imunidades são normas jurídicas, estaremos afastando a ideia de imiscuirmos no seu conceito a multiplicidade de vedações tácitas, originadas pela lembrança do princípio ontológico mediante o qual o que *não estiver permitido estará proibido*, aplicável à disciplina do direito público. Este é um princípio implícito, utilíssimo para a compreensão do sistema positivo, como juízo enunciativo que é, mas não se reveste dos caracteres lógico-formais das regras jurídicas, como realidade que integre a região ôntica do jurídico-normativo.

3) *Contidas no texto da Constituição da República*

O universo do direito positivo brasileiro abriga muitas interdições explícitas que, num instante considerado, podem ter o condão de inibir a atividade legislativa ordinária, escala hierárquica em que nascem as regras tributárias em sentido estrito. Tão somente aquelas que irromperem do próprio texto da Lei Fundamental, entretanto, guardarão a fisionomia jurídica de normas de imunidade. O quadro das proposições normativas de nível constitucional é seu precípuo campo de eleição.

4) *E que estabelecem, de modo expresso, a incompetência das pessoas políticas de direito constitucional interno*

É imperioso que o núcleo deôntico do comando constitucional denuncie uma proibição inequívoca, dirigida aos legisladores infraconstitucionais e tolhendo-os no que tange à emissão de regras jurídicas instituidoras de tributos. O isolamento do núcleo de cada proposição normativa pressupõe o emprego do processo de formalização, pelo qual se caminha em busca das estruturas lógicas. E quando nos deparamos com a associação dos modais (VO) – *proibido obrigar* – teremos achado a *afirmação ostensiva e peremptória de incompetência*, justamente o contrário daquelas outras (PO) – *permitido obrigar* – que atribuem poderes para legislar. Daí falar-se em normas que estabelecem a incompetência.

A União, os Estados, o Distrito Federal e os Municípios são as três pessoas de direito constitucional interno que mencionamos. No direito brasileiro são as únicas dotadas de personalidade política e, portanto, credenciadas a legislar, inovando a ordem jurídica.

5) *Para expedir regras instituidoras de tributos que alcancem situações específicas e suficientemente caracterizadas*

A incompetência que a edição constitucional estipula evidentemente que não há de sufocar por inteiro a atuosidade legiferante das pessoas investidas de personalidade política no campo tributário. O impedimento se refere apenas à instituição de tributos, com o que se evita sejam aquelas situações oneradas por via desse instrumento jurídico-impositivo. Em contranota, não havendo exigência de gravame, estarão livres para estatuir as providências administrativas que bem convierem aos fins públicos.

Para que fique delineado o perfil do instituto, cabe observar a necessidade premente de que a situação esteja tipificada, de tal arte que nenhum outro expediente seja preciso para sua perfeita identificação no mundo factual. A qualificação utilizada pelo comando constitucional tem de ser bastante em si mesma para compor hipótese de imunidade, o que não exclui a participação do legislador complementar na regulação dos condicionantes fácticos definidos pela norma imunizante.

1.4.4 Sistema constitucional tributário e as imunidades

Ocupar-se do sistema tributário a partir do texto constitucional é imposição inarredável, quando se trata do direito brasileiro, dadas as peculiaridades e a tradição histórica de nossas instituições. Em matéria de tributos, o sistema, que Christian Wolff chamou de *"nexus veritatum"*, foi concebido e está cravado no Estatuto Supremo, de tal modo que estudá-lo a sério supõe reflexões aturadas a respeito da organização constitucional do ordenamento vigente. O assunto, sempre é bom frisar, foi versado de maneira inexcedível por Geraldo Ataliba, que demonstrou o asserto em páginas memoráveis.

Por outro lado, uma das posturas cognoscentes de quem toma o jurídico como objeto de preocupações é, certamente, a de descrevê-lo no seu processo crescente e contínuo de produção de normas jurídicas, momento em que se revela o impulso do direito para se dirigir à concrescência da vida humana em sociedade. A vocação de projetar-se com esse vetor direcional para o plano das interações entre os indivíduos mostra o jurídico em pleno vigor de sua experiência, atuando para realizar seus objetivos e, desse modo, implantar os valores que persegue.

A escolha, porém, do segmento que será isolado para fins da "construção descritiva"; do intervalo de normas a ser fixado metodologicamente como o "domínio do objeto", é decisão de puro caráter subjetivo, inspirada pelas preferências e inclinações de cada observador ao conceber a elaboração do trabalho. Sobre o tema, aliás, é preciso dizer que carece de sentido emitir juízos de valor a respeito do maior ou menor cabimento no separar-se determinada porção do direito posto, já que a pretensa "neutralidade científica" garantiria sempre a legitimidade da indicação.

Acontece que o ser humano, atrelado inexoravelmente aos tempos e aos espaços do seu contorno existencial, contido pelos horizontes de sua cultura, mesmo naquelas contingências em que se sente tomado de forma arrebatadora pelos encantos da razão, não pode apartar-se, um instante sequer, dos quadros e dos padrões axiológicos que lhe são ínsitos. E os valores atuam, ainda que silenciosamente, presidindo as decisões de cada conduta, de cada decisão, acompanhando de perto a mutável e turbulenta vida social.

Com esses torneios, pretendo deixar claro que seria lícito ao autor de uma obra jurídico-científica demarcar a região que melhor lhe aprouvesse do direito positivo para, sobre ela, fazer incidir seu esforço descritivo. A ninguém caberia impugnar-lhe a escolha ou censurar-lhe a iniciativa. Todavia, não posso deixar de enaltecer que a opção pela via constitucional, pelo enfoque da Lei Suprema, onde repousam os fundamentos de validade de todas as regras do sistema, oferece uma visão grandiosa do objeto, além de ordenar a descritividade, fazendo-a iniciar-se pela fundação última de todas as indagações que se situem na esfera própria da juridicidade.

Vale salientar, a propósito, que a concepção do sistema tributário montado pelo constituinte se assenta na estrutura mesma da formação jurídica do Estado brasileiro, com o inteiro teor de sua complexidade, uma vez que na raiz de todas as variações está presente a Federação, a República e os Municípios autônomos, bem como suas implicações imediatas e indiretas.

E o caminho percorrido para a consecução desse traçado foi o da repartição das competências entre as pessoas jurídicas dotadas de personalidade política: Estados, Municípios, Distrito Federal e União. Neste sentido, dizer como se apresenta o direito posto em determinado território, surpreendido em intervalo de tempo devidamente especificado, é referir os atos normativos do Poder Legislativo, do Poder Judiciário, do Poder Executivo, bem como os expedientes lavrados pelos particulares, no âmbito da "competência" que o sistema lhes atribui.

Ora, entre as regras competenciais estão as de "imunidades", como preceitos delimitadores negativos do exercício legiferante. Quando se percorre o eixo temático das imunidades tributárias, ilustrando as prescrições constitucionais com a sequência do processo de positivação, até chegar às normas individuais e concretas que dão sentido de eficácia ao sistema normativo, estar-se-á delineando o próprio desenho competencial trazido pela Constituição.

Sob o enfoque dessas atribuições constitucionais, as entidades tributantes, no exercício de suas prerrogativas, ficam atreladas a cadeias de normas cujo fundamento último são os preceitos competenciais contidos e demarcados no Texto Supremo, na forma indicativa expressa de autorizações e de vedações, estas últimas designadas pelo nome de "imunidades".

Sendo assim, uma vez cristalizada a delimitação do poder legiferante, pelo legítimo agente (o constituinte), a matéria se dá por pronta e acabada, carecendo de sentido sua reabertura em nível infraconstitucional. Nesses termos, observa-se quão rígido é o sistema constitucional tributário brasileiro, aspecto que não pode ser ignorado pelo legislador (em sentido amplo) infraconstitucional. Por esse motivo, a União, os Estados, o Distrito Federal e os Municípios, ao instituírem uma exação cuja competência lhes foi atribuída pela Carta Magna, devem ater-se aos limites ali estabelecidos, elegendo como fatos tributáveis somente aqueles que não se enquadrem no conceito delimitado pelos dispositivos sobre as imunidades.

Com supedâneo nessas premissas é possível preencher o arranjo sintático da regra-matriz de incidência tributária com a linguagem do direito positivo, saturando as variáveis lógicas com o conteúdo semântico constitucionalmente previsto e identificando o arquétipo constitucional da imunidade.

Os tratados e as convenções internacionais também recebem refinado tratamento. É tema que vem debatido com argumentos vigorosos e convincentes o modo de situar as regras que autorizam a União, enquanto pessoa jurídica no contexto do direito das gentes, a "desonerar" impostos estaduais, do Distrito Federal e dos Municípios; mas, neste instante, não nos cabe prolongar esta discussão.

Por essas e outras que, no tocante às imunidades tributárias, há que se ater à ideia de que são manifestações normativas que se incluem no subdomínio das sobrenormas, metaproposições prescritivas, colaborando, com esquemas negativos, para traçar a área de competência das pessoas titulares de poder político e mencionando-lhes os limites materiais e formais da atividade legiferante. Chegamos até aqui com o propósito de reconhecer que espécie normativa é a figura da imunidade, e já sabemos tratar-se de regra que dispõe acerca da construção de outras regras. Além disso, salientamos que o espaço frequentado por tais normas é o patamar hierárquico da Constituição da República, porquanto é lá que estão depositadas as linhas definidoras da competência tributária, no direito positivo brasileiro.

1.4.5 Paralelo entre imunidades e isenções

É da tradição dos escritos da dogmática jurídico-tributária brasileira estudar os institutos da imunidade e da isenção conjuntamente, em disposições de um mesmo capítulo, ressaltando os autores pontos aproximativos entre as duas realidades normativas. Traçam, dessa maneira, linhas paralelas por onde correm os temas, mantendo suas peculiaridades, mas, ao mesmo tempo, mostrando caracteres de similitude. Anunciam que, no final das contas, seja no caso de imunidade ou na hipótese de isenção, inexiste o dever prestacional tributário, aspecto que justifica o paralelismo entre as instituições.

Visão dessa ordem não se coaduna com a devida compreensão do papel sistemático que a norma de imunidade e a de isenção desempenham na fenomenologia jurídico-tributária em nosso país. O paralelo não se justifica. São proposições normativas de tal modo diferentes na composição do ordenamento positivo que pouquíssimas são as regiões de contato. Poderíamos sublinhar tão somente três sinais comuns: a circunstância de serem normas jurídicas válidas no sistema; integrarem a classe das regras de estrutura; e tratarem de matéria tributária. Quanto ao mais, uma distância abissal separa as duas espécies de unidades normativas.

O preceito de imunidade exerce a função de colaborar, de forma especial, no desenho das competências impositivas. São normas constitucionais. Não cuidam da problemática da incidência, atuando em instante que antecede, na lógica do sistema, o momento da percussão tributária. Já a isenção se dá no plano da legislação ordinária. Sua dinâmica pressupõe um encontro normativo, em que ela, regra de isenção, opera como expediente redutor do campo de abrangência dos critérios da hipótese ou da consequência da regra-matriz do tributo, como teremos a oportunidade de descrever em capítulo ulterior.

Com esses torneios, pretendo deixar claro que são categorias jurídicas distintas, que não se interpenetram. Não mantêm qualquer tipo de relacionamento no processo de derivação ou de fundamentação, a não ser em termos muito oblíquos e indiretos, como já tive oportunidade de salientar. A conclusão é no sentido de que não se pode delinear paralelismo entre as mencionadas instituições, como o faz a doutrina brasileira.

1.4.6 Imunidade recíproca

A imunidade recíproca, prevista no art. 150, VI, *a*, da Constituição é uma decorrência pronta e imediata do postulado da isonomia dos entes constitucionais, sustentado pela estrutura federativa do Estado brasileiro e pela autonomia dos Municípios. Na verdade, encerraria imensa contradição imaginar o princípio da paridade jurídica daquelas entidades e, simultaneamente, conceder pudessem elas exercitar suas competências impositivas sobre o patrimônio, a renda e os serviços, umas com relação às outras. Entendemos, na linha do pensamento de Francisco Campos[169], Oswaldo Aranha Bandeira de Mello[170] e Geraldo Ataliba[171], que, se não houvesse disposição expressa nesse sentido, estaríamos forçados a admitir o princípio da imunidade recíproca, como corolário indispensável da conjugação do esquema federativo de Estado com a diretriz da autonomia municipal. Continuaria a imunidade, ainda que implícita, com o mesmo vigor que a formulação expressa lhe outorgou.

É em nome do cânone da supremacia do interesse público ao do particular que a atividade de administração tributária ganha foros de efetividade prática. E não poderíamos compreender como, debaixo dessa mesma linha diretiva, uma pessoa jurídica de direito público, munida de personalidade política e autonomia, pelos dizeres explícitos da Constituição, viesse a submeter-se aos poderes de fiscalização e de controle, que são ínsitos ao desempenho daquele tipo de atividade.

Problema surge no instante em que se traz ao debate a aplicabilidade da regra que imuniza os impostos cujo encargo econômico seja transferido a terceiros, como no IPI e no ICMS. Predomina a orientação no sentido de que tais fatos não seriam alcançados pela imunidade, uma vez que os efeitos econômicos iriam beneficiar elementos estranhos ao Poder Público, refugindo do espírito da providência constitucional. A relação jurídica se instala entre sujeito pretensor e sujeito devedor, sem que haja qualquer participação integrativa dos terceiros beneficiados. E a pessoa jurídica de direito constitucional interno não pode ocupar essa posição, no setor das exigências tributárias. A tese foi brilhantemente sustentada pelo saudoso Min. Bilac Pinto, em memoráveis acórdãos do

---

169. *Direito constitucional*, Rio de Janeiro, Freitas Bastos, 1956, v. 1, p. 18.

170. Tributação dos bens, rendas e serviços das entidades da federação, *Revista de Direito*, n. 9, pp. 124-125.

171. *Sistema tributário constitucional brasileiro*, São Paulo, Revista dos Tribunais, 1968, p. 54.

Supremo Tribunal Federal. E a formulação teórica não pode ficar conspurcada pela contingência de a entidade tributante, comparecendo como *contribuinte de fato*, ter de arcar com o peso da exação, pois aquilo que desembolsa não é tributo, na lídima expressão de seu perfil jurídico.

A imunidade recíproca é extensiva às autarquias federais, estaduais e municipais, por obra da disposição contida no art. 150, § 2º, no que atina ao patrimônio, renda e serviços vinculados às suas finalidades essenciais, mas não se aplica aos serviços públicos concedidos, nem exonera o promitente-comprador da obrigação de pagar o imposto que grave a promessa de venda e compra de bens imóveis.

1.4.7 Imunidade dos templos de qualquer culto

Estão imunes os templos de qualquer culto. Trata-se de reafirmação do princípio da liberdade de crença e prática religiosa, que a Constituição prestigia no art. 5º, incisos VI a VIII. Nenhum óbice há de ser criado para impedir ou dificultar esse direito de todo cidadão. E entendeu o constituinte de eximi-lo também do ônus representado pela exigência de impostos (art. 150, VI, *b*).

Dúvidas surgiram sobre a amplitude semântica do vocábulo *culto*, pois, na conformidade da acepção que tomarmos, a outra palavra – *templo* – ficará prejudicada. Somos por uma interpretação extremamente lassa da locução *culto religioso*. Cabem no campo de sua irradiação semântica todas as formas racionalmente possíveis de manifestação organizada de religiosidade, por mais estrambóticas, extravagantes ou exóticas que sejam. E as edificações onde se realizarem esses rituais haverão de ser consideradas *templos*. Prescindível dizer que o interesse da coletividade e todos os valores fundamentais tutelados pela ordem jurídica concorrem para estabelecer os limites de efusão da fé religiosa e a devida utilização dos templos onde se realize. E quanto ao âmbito de compreensão destes últimos (os templos), também há de prevalecer uma exegese bem larga, atentando-se, apenas, para os fins específicos de sua utilização.

1.4.8 Imunidade dos partidos políticos e das instituições educacionais ou assistenciais

As pessoas tributantes são incompetentes para atingir com seus impostos o patrimônio, a renda e os serviços dos partidos políticos, inclusive suas fundações, das entidades sindicais dos trabalhadores, das instituições de educação e de assistência social, observados os requisitos da lei (art. 150, VI, *c*). Os partidos são células de capital relevância para a organização política da sociedade, saindo de seus quadros os representantes dos vários setores comunitários, que dentro deles discutem e aprovam os programas e as grandes teses de interesse coletivo. As instituições de educação e de assistência social desenvolvem atividade básica, que, a princípio, cumpriria ao Estado desempenhar. Antevendo as dificuldades de o Poder Público vir a empreendê-la na medida suficiente, o legislador constituinte decidiu proteger tais iniciativas com a outorga da imunidade. Tanto uns quanto outros, não sofrendo imposições por tributos não vinculados, mas na condição de observarem os quesitos estabelecidos em lei.

Apesar do entendimento contrário de alguns autores, parece-nos de cristalina evidência que a lei a que se reporta o comando constitucional é a complementar, mais precisamente aquela prevista no art. 146, II, da Constituição da República. E o Código Tributário Nacional, extraindo com acerto o autêntico teor de sua competência, oferece, no art. 14, os pressupostos para o implemento do desígnio do constituinte. São eles:

> I – não distribuírem qualquer parcela de seu patrimônio ou de suas rendas, a qualquer título;
>
> II – aplicarem integralmente, no País, os seus recursos na manutenção dos seus objetivos institucionais;
>
> III – manterem escrituração de suas receitas e despesas em livros revestidos de formalidades capazes de assegurar sua exatidão.

Neste ponto, a Lei n. 5.172/66 veicula uma verdadeira *norma geral de direito tributário*, na sua função reguladora das *limitações constitucionais ao poder de tributar* (CR, art. 146, II).

Como a regra constitucional é de eficácia contida, ficando seus efeitos diferidos para o momento da efetiva comprovação das exigências firmadas no Código Tributário, pensamos que deve haver requerimento do interessado à autoridade administrativa competente, que apreciará a situação objetiva, conferindo seu quadramento às exigências da Lei n. 5.172/66, após o que reconhecerá a imunidade do partido político ou da instituição educacional ou assistencial.

1.4.9 Imunidade do livro, dos periódicos e do papel destinado à sua impressão

A redação do art. 150, VI, d, da CR menciona *o livro, o jornal, os periódicos, e o papel destinado à sua impressão*. Há indisfarçável redundância, porquanto o jornal é um periódico, aliás, de periodicidade diária, na maioria das vezes, segundo sua própria etimologia.

Qualquer livro ou periódico, e bem assim o papel utilizado para sua impressão, sem restrições ou reservas, estarão à margem dos anseios tributários do Estado, no que concerne aos impostos. De nada vale arguir que a frequência da edição seja pequena, que o livro tenha características especiais, ou, ainda, que o papel não seja o mais indicado para a impressão. Provado o destino que se lhe dê, haverá a imunidade. Para essa hipótese, sendo uma disposição de eficácia plena e aplicabilidade imediata, nada tem a lei que complementar.

Discute-se a propósito da inclusão das listas telefônicas no âmbito de alcance da regra imunizante do art. 150, VI, d, da CR. É fácil perceber o manifesto descabimento da pretensão fazendária. Certificado que as listas telefônicas têm periodicidade, que no caso é anual, não pode prosperar qualquer hesitação no reconhecimento da imunidade.

A imunidade dos livros, periódicos e do papel destinado à sua impressão é classificada, por muitos, como do tipo objetivo, pouco importando as qualificações pessoais da entidade que opera com esses bens.

1.4.10 Outras hipóteses de imunidade

Encetamos sucinta descrição das referências constitucionais do art. 150, VI, da CR. Outras normas há, no Texto Supremo, que definem a incompetência do legislador infraconstitucional para colher, com impostos, pessoas, coisas ou estados de coisas. Citemos, concisamente, algumas.

É preceito imunizante aquele gravado no art. 153, § 3º, III, da CR, segundo o qual o IPI *não incidirá sobre produtos industrializados destinados ao exterior.*

Outrossim, é de imunidade a previsão do art. 153, § 4º, II, ao proclamar que o imposto territorial rural *não incidirá sobre pequenas glebas rurais, definidas em lei, quando as explore, só ou com sua família, o proprietário que não possua outro imóvel.* Da mesma forma, é consagrada a imunidade do ouro, com relação a todos os impostos que não aquele previsto no art. 153, V. Significa dizer, por outra retórica, que somente o imposto que onera as operações de crédito, câmbio e seguro, ou relativas a títulos ou valores mobiliários, pode alcançar o ouro, desde que seja ele definido em lei como ativo financeiro ou instrumento cambial. Esse o mandamento inscrito no art. 153, § 5º.

Trata-se de imunidade, também, a hipótese mencionada no art. 155, § 2º, X, *a*, da CR, envolvendo, agora, o ICMS, no que concerne às operações que destinem mercadorias para o exterior e aos serviços prestados a destinatários situados fora do território nacional. Como igualmente estarão imunes as *operações que destinem a outros Estados petróleo, inclusive lubrificantes, combustíveis líquidos e gasosos dele derivados, e energia elétrica* (art. 155, § 2º, X, *b*, da CR).

Na alínea seguinte (*c*), desta vez de modo afirmativo, o legislador constitucional reitera a imunidade do ouro em relação ao ICMS, nos estritos termos do citado art. 153, § 5º, da CR. No inciso subsequente (XI), fica estabelecida a imunidade do ICMS, mas outorgada em estrutura frasal diferente. Diz o legislador que esse gravame (ICMS) "não compreenderá, em sua base de cálculo, o montante do imposto sobre produtos industrializados, quando a operação, realizada entre contribuintes e relativa a produto destinado à industrialização ou à comercialização, *configure fato gerador dos dois impostos* (grifo nosso). E, para encerrar a lista de previsões do art. 155, seu § 3º estipula que as operações relativas a energia elétrica, serviços de telecomunicações, derivados de petróleo, combustíveis e minerais do País, estarão imunes a outros impostos, com exceção do ICMS, imposto de importação e exportação.

Quanto ao imposto sobre transmissão de bens e direitos, inscrito no art. 156, II, da CR, há a imunidade referida no § 2º, I, vedando a incidência desse tributo sobre a transmissão de bens ou direitos incorporados ao patrimônio de pessoa jurídica em realização de capital, ou na transmissão de bens ou direitos decorrentes de fusão, incorporação, cisão ou extinção de pessoa jurídica, *salvo se, nesses casos, a atividade preponderante do adquirente for a compra e venda desses bens ou direitos, locação de bens imóveis ou arrendamento mercantil.*

Curioso observar que a previsão do art. 156, § 3º, II, da CR, que parece ser, à primeira vista, caso de imunidade, não se configura como tal, precisamente porque remete à lei complementar e, como vimos, a proibição deve exaurir-se no altiplano da Constituição.

Por outro lado, são operações imunes aquelas previstas no § 5º do art. 184 da CR, a despeito de o legislador constituinte ter empregado o termo *"isentas"*. Bem de ver que não será a atecnia do editor da regra que irá comprometer a compreensão da figura.

1.4.11 Imunidades de taxas e de contribuições

A comprovação empírica de que as imunidades transcendem os impostos, alcançando taxas e contribuições, pode ser facilmente verificada atinando-se às situações abaixo relacionadas.

1. "São a todos assegurados, *independentemente do pagamento de taxas* (grifo nosso):

a) o direito de petição aos Poderes Públicos em defesa de direito ou contra ilegalidade ou abuso de poder;

b) a obtenção de certidões em repartições públicas, para defesa de direitos e esclarecimento de situações de interesse pessoal" (art. 5º, XXXIV, da CR).

2. Garantindo a gratuidade do casamento civil, o art. 226, § 1º, da CR, impede a cobrança de taxa pela correspondente celebração.

3. Sempre que o serviço de transporte coletivo urbano for remunerado por via de taxa, prevalecerá a imunidade para os maiores de 65 (sessenta e cinco) anos, a que refere o art. 230, § 2º, da CR.

4. O cidadão que propuser ação popular, nos termos do art. 5º, LXXIII, da CR, estará imune às custas judiciais (taxas).

5. Àqueles reconhecidamente pobres, nos termos da lei, é conferida a imunidade referente às taxas do registro civil de casamento e da certidão de óbito, por determinação do art. 5º, LXXVI, *a* e *b*, da CR.

6. Quem impetrar *habeas corpus* e *habeas data* estará imune às custas (taxas) judiciais correspondentes, bem como todos aqueles que, na forma da lei, praticarem atos necessários ao exercício da cidadania, na conformidade do que prevê o art. 5º, LXXVII, da CR.

7. A contribuição para a seguridade social somente incidirá sobre os valores dos proventos da aposentadoria e pensão, concedidos pelo regime do art. 40 da CR, que superem o limite máximo estabelecido para os benefícios do programa geral de previdência social de que trata o art. 201 (art. 40, § 18, da CR). Desse modo, as quantias situadas abaixo desse patamar estão imunes à referida contribuição previdenciária.

8. Conquanto o legislador constitucional mencione a palavra "isentas", há imunidade à contribuição para a seguridade social por parte das entidades beneficentes de assistência social que atendam às exigências estabelecidas em lei, consoante dispõe o art. 195, III, § 7º, da CR.

9. Nos termos do art. 149, § 2º, I, da CR (com redação dada pela Emenda Constitucional n. 33/2001), há imunidade das contribuições de intervenção no domínio econômico, relativamente às receitas oriundas de operações de exportação.

Capítulo 2
LEI COMPLEMENTAR TRIBUTÁRIA

Sumário: **2.1. Normas gerais de direito tributário** – 2.1.1 Funções e limites das "normas gerais de direito tributário" – 2.1.2. Hierarquia das leis complementares: hierarquia formal e hierarquia material – 2.1.3. Lei complementar e regras de estrutura – 2.1.4. O Código Tributário Nacional perante a Constituição da República – 2.1.4.1. Normas gerais de direito tributário na estrutura do CTN – 2.1.4.2. Exegese sistemática e compreensão do alcance das normas gerais de direito tributário. **2.2. Tributo** – 2.2.1. Acepções do vocábulo tributo – 2.2.2. Conceito de tributo – 2.2.3. Classificação das espécies tributárias – 2.2.4. Comentários sobre o preço público no direito tributário – 2.2.4.1. A contraprestação de serviços públicos e a cobrança de tarifas – 2.2.5. Aplicabilidade da classificação das espécies tributárias: a "contribuição ao FUST". **2.3. Fontes do direito** – 2.3.1. A noção de fonte do direito – 2.3.2. O direito como linguagem empregada na função pragmática de regular condutas – 2.3.3. A prescritividade do direito no Preâmbulo da Constituição – 2.3.4. O perfil do preâmbulo no direito positivo brasileiro – 2.3.4.1. Retórica e Preâmbulo – 2.3.4.2. Preâmbulo, ementa e exposição de motivos – 2.3.4.3. Súmula dominante e Súmula vinculante – 2.3.4.4. O preâmbulo como feixe de marcas da enunciação, meio eficaz de acesso ao quadro axiológico que presidiu a edição do Texto

Constitucional – 2.3.4.5. Comandos de sobrenível – prescrições sobre prescrições – 2.3.5. O axioma da hierarquia das normas e a teoria das fontes do direito – 2.3.6. Fonte do direito e fonte da Ciência do Direito – 2.3.7. Revogação tributária – 2.3.8. Revogação e anulação dos atos jurídicos administrativos. **2.4. Sistema e norma: validade, vigência, eficácia e interpretação da legislação tributária** – 2.4.1. Sistema e norma: a validade da norma jurídica tributária – 2.4.2. Sistema e norma: a vigência da norma jurídica tributária – 2.4.2.1. A relação lógico-jurídica entre a vigência e os princípios constitucionais da irretroatividade e da anterioridade no direito tributário – 2.4.3. Eficácia jurídica, técnica e social – 2.4.4. Interpretação da legislação tributária e seus princípios regentes – 2.4.5. Noções conclusivas. **2.5. Conceitos gerais do antecedente da regra-matriz de incidência tributária** – 2.5.1. Os critérios da "hipótese tributária" – 2.5.1.1. Critério material – 2.5.1.2. Critério espacial – 2.5.1.3. Critério temporal – 2.5.2. Classificação dos fatos jurídicos na conformidade do critério temporal da hipótese tributária – 2.5.2.1. Classificação jurídica com base no critério temporal das "hipóteses tributárias" – 2.5.3. Fenomenologia da incidência tributária e o necessário quadramento do fato à norma – 2.5.3.1. A incidência tributária e o "tipo estrutural" – 2.5.4. Interpretação dos fatos: delimitação do conteúdo de "fato puro", "fato contábil" e "fato jurídico" – 2.5.5. Considerações finais sobre a hipótese tributária. **2.6. Conceitos gerais da obrigação tributária** – 2.6.1. Composição interna do liame obrigacional – 2.6.2. Obrigação tributária no CTN – 2.6.3. Obrigação tributária e os deveres instrumentais – 2.6.4. O fato jurídico tributário e seu efeito peculiar: instaurar o vínculo obrigacional – 2.6.5. Crédito, débito e obrigação tributária: limites conceptuais. **2.7. Crédito tributário e lançamento** – 2.7.1. Surgimento do crédito tributário – 2.7.2. Noções preliminares do lançamento tributário – 2.7.3. Significado da palavra "lançamento" e a constituição do crédito pelo sujeito passivo – 2.7.4. Lançamento: norma, procedimento e ato – 2.7.5. Auto de infração e lançamento tributário – 2.7.6. Lançamento, "lançamento por homologação" e prazo decadencial para restituição do indébito. **2.8. Suspensão da exigibilidade do crédito tributário** – 2.8.1. As hipóteses do artigo 151 do CTN – 2.8.2. Moratória e a sua disciplina jurídico-tributária – 2.8.3. Depósito do montante integral do crédito – 2.8.4. Concessão de medida liminar em mandado de segurança – 2.8.5. Parcelamento. **2.9. Extinção das obrigações tributárias** – 2.9.1. O fenômeno da desintegração da obrigação tributária – 2.9.2. Aspectos da extinção do crédito na forma do vínculo obrigacional disposto no CTN – 2.9.3. Causas extintivas no Código Tributário Nacional – 2.9.4. Pagamento e pagamento indevido – 2.9.5. Compensação – 2.9.5.1. A norma geral e abstrata da compensação tributária – 2.9.5.2. A norma individual e concreta da compensação tributária – 2.9.5.3. A compensação tributária pleiteada na esfera judicial – 2.9.6. Transação – 2.9.7. Remissão – 2.9.8. Decadência – 2.9.8.1. Decadência como norma, procedimento e ato – 2.9.8.2. Prazo decadencial aplicável às contribuições previdenciárias – 2.9.9. Prescrição – 2.9.9.1. Interrupção do prazo prescricional – 2.9.9.2. Suspensão do prazo prescricional – 2.9.9.3. Prescrição como forma extintiva da obrigação tributária – 2.9.10. Conversão de depósito em renda – 2.9.11. Pagamento antecipado e homologação do lançamento – 2.9.12. O paradoxo da homologação tácita – 2.9.13. Decisão administrativa irreformável – 2.9.14. Decisão judicial passada em julgado – 2.9.15. Dação em pagamento em bens imóveis na forma e condições estabelecidas em lei. **2.10. "Exclusão" do crédito tributário** – 2.10.1. Teoria da norma e as isenções tributárias – 2.10.2. Evolução semântica da descrição jurídico-científica da isenção – 2.10.3. Isenções tributárias e extrafiscalidade 2.10.4. A interpretação das normas de isenção e o art. 111, do CTN – 2.10.4.1. Breves notas sobre o "significado literal" das palavras – 2.10.4.2. A interpretação literal e seu desprestígio no direito – 2.10.5. As isenções condicionadas e a fenomenologia de sua instauração – 2.10.5.1. Da função do ato administrativo previsto no art. 179 do CTN e a prova do preenchimento dos requisitos legais para a fruição de isenção condicionada – 2.10.6. Anistia fiscal.

2.1 NORMAS GERAIS DE DIREITO TRIBUTÁRIO

A ordenação jurídica é una e indecomponível. Seus elementos – as unidades normativas – se acham irremediavelmente entrelaçados pelos vínculos de hierarquia e pelas relações de coordenação, de tal modo que tentar conhecer regras jurídicas isoladas, como se prescindissem da totalidade do conjunto, seria ignorá-la enquanto sistema de proposições prescritivas. Seu discurso se organiza em sistema e, ainda que as unidades exerçam papéis diferentes na composição interna do conjunto (normas de conduta e normas de estrutura), todas elas exibem idêntica arquitetura formal. Há homogeneidade, mas homogeneidade sob o ângulo puramente sintático, uma vez que nos planos semântico e pragmático o que se dá é forte grau de heterogeneidade, único meio de que dispõe o legislador para cobrir a imensa e variável gama de situações sobre que deve incidir a regulação do direito, na pluralidade extensiva e intensiva do real-social.

A secção das normas em dois tipos, sob o critério da função que exercem no sistema, apesar de se apresentar como estrutura de cunho meramente metodológico, é bastante rica, na medida em que nos permite separar os diferentes regimes jurídicos que a elas o direito impõe. Outrossim, em planos epistemológicos, as normas jurídicas, como unidades atômicas do sistema, cumprem dois papéis diferentes: umas disciplinam, pronta e diretamente, o comportamento – são as regras de conduta; enquanto outras se ocupam também do proceder do homem no seio da sociedade, porém o fazem de maneira mediata e indireta – são as regras de estrutura. E é nessas últimas que se encontram as normas gerais de direito tributário.

Tais formulações normativas gerais mostram-se presentes no ato de aplicação do direito, quando, no curso do processo de positivação das estruturas individuais e concretas, são verificadas todas as regras superiores que lhe dão fundamento de validade. É pela aplicação que se constrói o direito em cadeias sucessivas de regras, a contar da norma fundamental, axioma básico da existência do direito enquanto sistema, passando pelas normas gerais, até chegar àquelas particulares, não passíveis de ulteriores desdobramentos, e que funcionam como pontos terminais do processo derivativo de produção do direito. Nesses entremeios, as normas gerais vão tecendo a estrutura das outras regras, pelo direito positivadas, não sendo possível que se faça construção de norma individual e concreta nenhuma sem que se passe pelos limites normativos impostos pelas normas gerais de direito.

2.1.1 Funções e limites das "normas gerais de direito tributário"

A despeito de complexo, nosso ordenamento tributário tem sua racionalidade, de tal sorte que seus destinatários, se desejarem, não ficarão perdidos, entregues à prática de construções de sentido desenvolvidas livremente, cada qual emitindo interpretações talhadas por seu exclusivo modo de compreensão e orientadas por sua particular ideologia. O direito posto fixa valores, impõe direcionamento à regulação das condutas, empregando sempre os modais deônticos obrigatório (Op), proibido (Vp) e permitido (Pp), mas sofreando os arroubos intelectivos do receptor das mensagens, mediante vetores expressos ou implícitos, aptos a condicionarem o raciocínio exegético e conterem a progressão de estimativas individuais dentro de padrões axiológicos garantidores de uniformidade, harmonia e unidade no grande *factum* comunicativo que é o direito.

O delicado relacionamento entre União, Estados-membros, Municípios e Distrito Federal, pessoas políticas portadoras de autonomia, dá-se pela distribuição rígida das competências impositivas, estabelecidas em faixas exclusivas pela técnica tabular, vale dizer, enumerando-se imposto por imposto, com suas especificidades. Por sua vez, para as taxas e contribuições de melhoria há parâmetros seguros que eliminam, quase por completo, a possibilidade de entrechoques jurídicos de pretensão tributante, tendo em vista que União, Estados, Distrito Federal e Municípios só estão autorizados a instituir e cobrar taxas conforme desempenhem a atividade que serve de pressuposto para sua exigência, sendo permitida a instituição de contribuição de melhoria apenas pela pessoa jurídica de direito público que realizar a obra pública geradora de valorização imobiliária dos particulares.

Não obstante essa pormenorizada distribuição das competências entre as pessoas políticas, há campos da incidência tributária que ensejam dúvidas sobre o ente constitucionalmente autorizado a exigir tributos com relação a determinados fatos, em razão, como bem anota Sacha Calmon Navarro Coêlho[172], da *"insuficiência intelectiva dos relatos constitucionais pelas pessoas políticas destinatárias das regras de competência, relativamente aos fatos geradores de seus tributos"*. Por esse motivo, preocupado em manter o esquema federativo e a autonomia dos Municípios, o constituinte atribuiu à lei complementar, com sua natureza ontológico-formal, a incumbência de servir de veículo introdutor de normas destinadas a prevenir conflitos e, consequentemente, invasões de competência (art. 146, I, da Carta Magna).

A legislação complementar cumpre assim, em termos tributários, relevante papel de mecanismo de ajuste, calibrando a produção legislativa ordinária em sintonia com os mandamentos supremos da Constituição da República.

O conteúdo de tais considerações força-nos a concluir que se atinarmos à significação axiológica dos grandes princípios constitucionais; se observarmos os limites objetivos que a Constituição estabelece; e se nos ativermos ao dinamismo da legislação complementar, exercitando as funções que lhe são próprias, poderemos compreender, adequadamente, os comandos tributários, atribuindo-lhes o conteúdo, sentido e alcance que a racionalidade do sistema impõe. Tudo, entretanto, no pressuposto de que se observe, com o máximo rigor, com toda a radicalização e com inexcedível intransigência, o axioma

---

172. *Comentários à Constituição de 1988:* sistema tributário, Rio de Janeiro, Forense, 1990, p. 124.

fundamental da hierarquia, juntamente com o princípio da reserva legal, considerado como aquele segundo o qual os conteúdos deônticos devem ser introduzidos no ordenamento mediante o veículo normativo eleito pela regra competencial. Sem observação a tais peculiaridades, o sistema se dissolve, transformando-se num amontoado de proposições prescritivas, sem organização sintática e sem critério que nos possa orientar para estabelecer a multiplicidade intensiva e extensiva das normas jurídicas, nos vários patamares do direito posto.

2.1.2 Hierarquia das leis complementares: hierarquia formal e hierarquia material

Embora revista caracteres peculiares, a existência das normas gerais no direito tributário está intimamente enredada à hierarquia do ordenamento positivo. Não há sistema de direito sem hierarquia, pois seria impossível indicar o fundamento de validade das unidades componentes. Decorre disto a afirmação peremptória, que já falamos, de que o princípio da hierarquia é um axioma.

Há a hierarquia sintática, de cunho eminentemente lógico, assim como há a hierarquia semântica, que se biparte em hierarquia formal e hierarquia material. Aliás, a subordinação hierárquica, no direito, é uma construção do sistema positivo, nunca uma necessidade reclamada pela ontologia objetal. Dito de outra maneira, não é a regulação da conduta, *em si mesma*, que pede a formação escalonada das normas jurídicas, mas uma decisão que provém do ato de vontade do detentor do poder político, numa sociedade historicamente dada.

Interessa-nos agora o enfoque semântico da hierarquia, que, como já dissemos, pode dar-se no aspecto formal e no aspecto material. A primeira, quando a norma superior dita apenas os pressupostos de forma que a norma subordinada há de respeitar; a segunda, sempre que a regra subordinante preceituar os conteúdos de significação da norma inferior. O modo como as leis são produzidas, seus requisitos procedimentais, desde a propositura até a sanção (quando houver); os esquemas de alteração ou modificação de umas pelas outras; como também os meios de revogação parcial ou total (ab-rogação), tudo isso concerne ao segmento de indagações da hierarquia formal entre regras jurídicas. No domínio material, porém, a hierarquia se manifesta diversamente, indo a norma subordinada colher na compostura semiológica da norma subordinante o núcleo do assunto sobre o qual pretende dispor.

Deste modo, a partir da CR/88, no que concerne ao campo material, a situação continua a mesma da ordem jurídica anterior, vale dizer, muitas normas introduzidas no sistema por lei ordinária, da União, dos Estados, do Distrito Federal e dos Municípios deverão procurar o âmbito de validade material de seu conteúdo prescritivo em normas da legislação complementar. O exemplo eloquente está nas regras que dispõem sobre conflitos de competência entre as entidades tributantes. Instalando-se a possibilidade, o legislador complementar expedirá disposição normativa cujo conteúdo deverá ser observado e absorvido pelas pessoas políticas interessadas. Trata-se de hipótese de hierarquia material, em que a regra veiculada por lei complementar submete suas inferiores hierárquicas: as introduzidas por lei ordinária. Não nos esqueçamos, contudo, de que existem porções privativas para atuação da lei complementar tributária e o exemplo típico é o das limitações constitucionais ao poder de tributar. Neste ponto, como os campos de irradiação semântica são necessariamente diferentes, não há como e por que falar-se em relação de hierarquia. Confirma-se aqui a precisão da doutrina de Souto Maior Borges quanto à impossibilidade de uma visão *unitária* sobre o tema da supremacia das leis complementares tributárias.

Foi no terreno da hierarquia formal que a Constituição de 1988 trouxe uma inovação de grande alcance para o estudo e o entendimento adequado da categoria legislativa que examinamos. Logo no parágrafo único do seu artigo 59 instituiu que *"Lei complementar disporá sobre a elaboração, redação, alteração e consolidação das leis".*

Se, como dissemos, as relações de subordinação entre normas, bem como as de coordenação, são tecidas pelo sistema do direito positivo, o nosso, inaugurado em 1988, houve por bem estabelecer que as leis, todas elas, com nome ou com *status* de lei, fiquem sujeitas aos critérios que o diploma complementar previsto no art. 59, parágrafo único da CR estabeleceu, critérios estes prescritos pela Lei Complementar n. 95/98. Note-se que seu papel é meramente formal, porque nada diz sobre a matéria que servirá de conteúdo significativo às demais leis. Entretanto, nenhuma lei ordinária, delegada, medida provisória, decreto legislativo ou resolução poderá inobservar as formalidades impostas por essa Lei Complementar. É a consagração da superioridade hierárquica formal dessa espécie do processo legislativo com relação às previstas nos outros itens.

2.1.3 Lei complementar e regras de estrutura

Fixemos atenção na lei complementar como instrumento introdutório de normas gerais de direito tributário, prestigiando os primados da Federação e da autonomia municipal para, dentro desse contexto, encontrar-se a amplitude semântica que devemos outorgar às locuções empregadas pelo legislador constituinte. Firmemos o alerta, outrossim, que, partindo-se do plano da expressão, não podemos nos deixar envolver pela literalidade do texto, devendo buscar, incessantemente, as estruturas mais profundas.

A *lei complementar*, com sua natureza singular, matéria especialmente prevista na Constituição e *quorum* qualificado a que alude o artigo 69 deste Diploma – maioria absoluta nas duas Casas do Congresso – cumpre hoje função institucional da mais elevada importância para a estruturação da ordem jurídica brasileira. Aparece como significativo instrumento de articulação das normas do sistema, recebendo numerosos cometimentos nas mais diferentes matérias de que se ocupou o legislador constituinte. Viu afirmada sua posição intercalar, submetida aos ditames da Lei Maior e, ao mesmo tempo, subordinando os demais diplomas legais. Não há como negar-lhe, agora, supremacia hierárquica com relação às outras leis que, por disposição expressa no parágrafo único do art. 59, nela terão que buscar o fundamento formal de suas validades.

Para temas tributários, a Lei Básica de 1988 prescreveu muitas intervenções de legislação complementar, que vão desde a expedição de *normas gerais* (artigo 146, III) até a própria instituição de tributos, como no caso da competência residual da União (artigo 154, I), ou na hipótese de empréstimos compulsórios (artigo 148, I e II), passando por uma série de assuntos dos mais variados matizes. Assim é que o imposto sobre heranças e doações (artigo 155, I) será regulado por lei complementar, tendo em vista a competência para sua criação nas duas situações previstas no mesmo artigo 155, § 1º, III, *a* e *b*. Esta categoria de estatuto legislativo recebe as incumbências do inc. XII, alíneas *a* até *i*, onde valiosos tópicos do ICMS são referidos. Para mais, cabe à lei complementar *"definir os serviços de qualquer natureza, não compreendidos no artigo 155, II* (artigo 156, III)", bem como fixar as alíquotas máximas e mínimas do imposto sobre serviços de qualquer natureza, podendo excluir da sua incidência exportações de serviços para o exterior, além de regular a forma e as condições como isenções, incentivos e benefícios fiscais serão concedidos e revogados (artigo 156, § 3º, I a III).

Não excede recordar que a Lei n. 5.172/66 – Código Tributário Nacional – foi aprovada como lei ordinária da União, visto que naquele tempo a lei complementar não apresentava o caráter ontológico-formal que só foi estabelecido com o advento da Constituição de 1967. Todavia, com as mutações ocorridas no ordenamento anterior, a citada lei adquiriu eficácia de lei complementar, pelo motivo de ferir matéria reservada, exclusivamente, a esse tipo de ato legislativo. E, com tal índole, foi recepcionada pela Constituição de 1988.

É importante lembrar que houve alterações significativas no ordenamento jurídico tributário brasileiro, com o advento de uma série de normas inseridas por emendas constitucionais e, bem assim, por leis complementares e outros veículos normativos de hierarquia inferior. Especialmente a Lei Complementares n. 104, de 10 de janeiro de 2001.

A Lei Complementar n. 104/2001 acrescentou ao sistema inúmeros enunciados que de certa forma contribuíram para pacificar as divergências já discutidas nos tribunais superiores. Em outros pontos, no entanto, não logrou tanto êxito fomentando maiores incertezas. Dentre as principais inovações, veiculou mais uma modalidade de extinção do crédito tributário, qual seja a dação em pagamento em bens imóveis, na forma e condições estabelecidas em lei. Em regra, o pagamento só era feito em moeda corrente, cheque ou vale postal (artigo 162, I, CTN), mas, nos casos previstos em lei, poderia ser efetuado em estampilha, papel selado ou mediante processo mecânico (artigo 162, II, CTN). O sistema não admitia, portanto, a prestação *in natura*, contraditando aquilo que faz supor o artigo 3º do Código Tributário Nacional, quando enuncia que pode ser em moeda *ou cujo valor nela se possa exprimir*. Com a Lei Complementar n. 104, de 10 de janeiro de 2001, tornou-se possível realizar a extinção do crédito mediante dação em pagamento em bens imóveis, na forma e condições previstas em lei ordinária de cada ente político.

Cabe notar que esse novo enunciado extintivo do crédito, no entanto, não se confunde com a regra-matriz de incidência tributária, pois esta continua veiculando o dever de pagar em dinheiro, jamais mediante a entrega de bens. Outra é a norma que preverá a possibilidade de o contribuinte cumprir com a obrigação mediante entrega de bem imóvel.

No âmbito processual, da mesma forma, introduziu novidades. Até janeiro de 2001, o direito positivo fazia menção apenas à liminar em processos de mandado de segurança. A jurisprudência, contudo, já vinha sufragando, com apoio na doutrina dominante, o mesmo efeito suspensivo para os casos de provimentos dessa natureza em outras ações judiciais. E a Lei Complementar n. 104/2001 confirmou a tendência, tornando-a manifestação explícita, de tal sorte que medidas liminares e tutelas antecipadas em quaisquer ações suspendem a exigibilidade do crédito tributário, mantidas as características processuais de cada entidade.

Outra relevante alteração promovida pela mencionada Lei foi que, no âmbito judicial, a compensação, mediante aproveitamento de tributos indevidamente recolhidos, somente será autorizada após o trânsito em julgado da decisão.

Quanto às hipóteses de suspensão da exigibilidade do crédito, inseriu no inciso VI do artigo 151 do Código Tributário Nacional a figura do "parcelamento", distinguindo-o, em planos literais, da moratória. Distrações desse gênero conduziram o pensamento a reformular nova interpretação do termo, buscando alcançar sua amplitude semântica. De fato, o parcelamento também suspende a exigibilidade do crédito tributário, a ele se aplicando as disposições atinentes ao instituto da moratória. Essa característica coloca ambas as figuras tributárias sob um mesmo plano, confirmando, mais uma vez, ser o parcelamento uma espécie do gênero moratória.

Por último, cumpre mencionar ainda, no tocante às inovações trazidas pela LC n. 104/2001, a inclusão no artigo 116 do parágrafo único, dispondo:

> A autoridade administrativa poderá desconsiderar atos e negócios jurídicos praticados com a finalidade de dissimular a ocorrência do fato gerador do tributo ou a natureza dos elementos constitutivos da obrigação tributária, observados os procedimentos a serem estabelecidos em lei ordinária.

O ordenamento brasileiro, a meu ver, já autorizava a desconsideração de negócios jurídicos dissimulados, a exemplo do disposto no art. 149, VII, do Código Tributário Nacional. O preceito comentado veio apenas ratificar regra existente no sistema em vigor que confere possibilidade à Administração de desconsiderar os negócios fictícios ou dissimulados.

2.1.4 O Código Tributário Nacional perante a Constituição da República

É oportuno acentuar que os comandos constitucionais têm importantes desdobramentos na legislação complementar, o que faz do Código Tributário Nacional uma forte base de fundamentação para as unidades do conjunto.

Os comandos jurídicos introduzidos por esse Diploma normativo não se circunscrevem à esfera de uma ou outra pessoa jurídica de direito público interno, isoladamente. Ao contrário, sendo lei nacional, suas determinações dirigem-se a todos os entes da Federação. Eis um dos principais fatores que, na lição de José Souto Maior Borges[173], a diferencia da lei federal.

Isso não significa, porém, ser ilimitado o âmbito material susceptível de ser por ele regulado. Apresentando força de lei complementar, sua disciplina não pode promover invasão da competência legislativa das demais pessoas políticas, ficando restrita às áreas que constitucionalmente lhe foram reservadas. No que diz respeito especificamente à matéria tributária, foi-lhe atribuída a função de introduzir no ordenamento jurídico normas gerais de direito tributário, voltadas à regulação de matéria necessária para evitar conflitos de competência entre as entidades tributantes, bem como para regular as limitações constitucionais ao poder de tributar, atuando como mecanismo de ajuste que assegura o funcionamento do sistema. Tão só nesse sentido é que há de ser entendido o artigo 146, III, da Constituição da República. Ao dispor sobre a definição de tributos e suas espécies, fato gerador, base de cálculo, contribuintes, obrigação, lançamento, crédito, prescrição e decadência tributárias, a lei complementar pode fazê-lo apenas com as finalidades acima relacionadas. Está habilitado o Código Tributário Nacional, portanto, a dispor sobre esses institutos em termos definitórios, objetivando evitar o caos e a desarmonia que a imprecisão de suas significações certamente causaria.

2.1.4.1 Normas gerais de direito tributário na estrutura do CTN

Sabemos que o legislador exprime-se numa linguagem técnica, miscigenação de termos colhidos na experiência comum e de vocábulos científicos e, ao depositar nos textos do direito positivo as significações de seus atos de vontade, muito embora

---

173. *Lei complementar tributária*, São Paulo, Revista dos Tribunais, 1975, p. 68.

o faça com intenção de racionalidade, acaba por incorrer numa série de vícios, responsáveis por antinomias, pleonasmos, ambiguidades de toda ordem, falhas sintáticas, construções impróprias e até fórmulas vazias de sentido. Esse trato, de certa forma inconsequente da matéria legislada, obriga o cientista do Direito a um penoso trabalho de reconstrução, de natureza compositiva, promovendo o arranjo lógico dos preceitos nos seus escalões hierárquicos de origem, desenvolvendo ingentes pesquisas nos planos semântico e pragmático, tudo para obter, do sistema, um produto isento de contradições e idôneo para o fim a que se destina. Dista de ser verdadeira a lição, tão cediça em nossos clássicos, de que a lei não contém erros, redundâncias, palavras inúteis. A prática no meneio dos diplomas legislativos desmente, com absoluta reiteração, o vetusto e teimoso preconceito. É lícito afirmar que nenhum ato normativo está livre de tais defeitos, fruto que é do trabalho do homem, prisioneiro eterno de suas imanentes limitações. O Código Civil anterior (1916), modelo excelso de linguagem escorreita, onde o zelo pela precisão da frase e a pureza na concepção dos institutos ultrapassaram as melhores expectativas, de nacionais e de estrangeiros, nem por isso se forrou aos percalços do labor humano, averbando tropeços.

Esse intróito quer suavizar a gravidade com que venhamos a nos deter na questão das normas gerais de direito tributário, em face da sistematização produzida pelo Código Tributário Nacional.

Quem soabrir a Lei n. 5.172/66 encontrará, logo no seu art. 1º, a seguinte afirmação: *Esta Lei regula... o sistema tributário nacional e estabelece... as normas gerais de direito tributário aplicáveis à União, aos Estados, ao Distrito Federal e aos Municípios, sem prejuízo da respectiva legislação complementar, supletiva ou regulamentar.* Ora, o leigo, o leitor incauto ou aquele intérprete aferrado ao ligeiro e superficial exame da tessitura gráfica dos textos jurídicos, ficará atônito diante de algo que jamais imaginara: as normas gerais de direito tributário não pertencem ao sistema tributário nacional! Certamente, irão acudir-lhe à ideia pensamentos tão absurdos como esses: hão de pertencer, então, ao sistema financeiro? Ao sistema monetário? Ao sistema previdenciário? E qual não será seu estado de admiração quando, ao percorrer com os olhos a compostura integral do Código, o vê dividido em dois livros: *Livro Primeiro – Sistema Tributário Nacional*; *Livro Segundo – Normas Gerais de Direito Tributário*! Precisamente aqui, neste ponto, aquilo que lhe parecera um desassiso aflora à sua convicção com a força das confirmações manifestas. Nota que todas as letras correspondem à orientação perfilhada pelo legislador, que não só disse como de fato fez, separando as duas matérias em *livros* distintos.

Quem sabe seja esse um dos exemplos mais sugestivos acerca da despreocupação do político, que joga, irrefletidamente, normas para o interior do ordenamento, alheio ao significado orgânico que nele possa representar a edição de tais regras. E o sistema resiste, com todos os pesares, mantendo-se inclinado à racionalidade...

Para suplantarmos situações desse jaez é que fizemos inserir a advertência de que não devemos esperar do legislador a edificação de um sistema logicamente bem construído, harmônico e cheio de sentido integrativo, quando a composição dos Parlamentos é profundamente heterogênea, em termos culturais, intelectuais, sociais, ideológicos e políticos. Essa tarefa difícil está reservada, única e exclusivamente, ao cientista, munido de seu instrumental epistemológico e animado para descrever o direito positivo nas articulações da sua intimidade constitutiva, transformando a multiplicidade caótica de normas numa construção congruente e cósmica.

À margem do problema de ter sido esse o real objetivo do político que editou tais regras, as normas gerais de direito tributário pertencem ao sistema tributário nacional, subordinando-se ao regime jurídico da Lei Maior e arrancando dele todas as projeções e efeitos capazes de irradiar. Afigura-se como um capítulo de enorme influência no desdobramento do sistema, com assegurar e implementar princípios capitais firmados no plano da Constituição. Bastaria, para consignar essa importância, conferir o rol de temas que sob tal rubrica são versados pelo Código Tributário, ao desenvolver e aprofundar institutos, categorias e formas indispensáveis ao manejo do tributo. É nesse *Livro Segundo* que a Lei n. 5.172/66 desceu aos pormenores que tangem a incidência, prescrevendo as consequências peculiares ligadas ao impacto tributário.

2.1.4.2 *Exegese sistemática e compreensão do alcance das normas gerais de direito tributário*

A inserção do art. 146, seus incisos e alíneas, na Constituição de 1988, com a amplitude de que é portador, refletiu o desempenho de um trabalho político bem urdido, para a obtenção de finalidade específica: impor a prevalência, agora com foros normativos, daquela corrente que prosperara, a velas pandas, entre os mais tradicionais tributaristas brasileiros. Objetivaram firmar, de modo mais incisivo, que as *normas gerais de direito tributário* continuavam a ser um canal de livre interferência da União nos interesses jurídico-tributários dos Estados, do Distrito Federal e dos Municípios. Buscaram, para tanto, uma fórmula *quantitativamente mais forte* do que aquela prevista no antigo § 1º do art. 18 da Constituição de 1967. Pretenderam que a repetição de vocábulos e a quantidade de termos pudessem ter o condão de vergar o sistema, deslocando suas raízes e deformando princípios fundamentais.

Fique estabelecido que esta oposição não significa reconhecer o primado da Federação e o da autonomia dos Municípios, com ares de uma plenitude que, verdadeiramente, não têm. São conceitos relativos, cuja dimensão de significado há de ser procurada nos limites internos do nosso sistema, e não fora. Entretanto, há de existir um *minimum* semântico sem o qual tais categorias, tão prestigiadas pelo próprio legislador constitucional, ficariam vazias de conteúdo e destituídas de sentido. E a interpretação que adversamos resvala, desastrosamente, em mais este obstáculo. Não lograram dizer os limites do conceito de *normas gerais de direito tributário*, além de incidirem no erro lógico trivial de afirmar a validade do gênero e, de sequência, confirmar o cabimento da espécie. Chegamos a pensar até que seria mais consistente, em termos de argumentação séria, que os sectários da doutrina ortodoxa se mantivessem atrelados à forma do preceito superado, menos ostensivo e mais defensável.

Qual a compreensão que devemos ter do papel a ser cumprido pelas *normas gerais de direito tributário*, no novo sistema?

O primeiro passo é saber que são as tão faladas *normas gerais de direito tributário*. E a resposta vem depressa: são aquelas que dispõem sobre conflitos de competência entre as entidades tributantes e também as que regulam as limitações constitucionais ao poder de tributar. Pronto: o conteúdo está firmado. Quanto mais não seja, indica, denotativamente, o campo material, fixando-lhe limites. E como fica a dicção constitucional, que despendeu tanto verbo para dizer algo bem mais amplo? Perde-se no âmago de rotunda formulação pleonástica, que nada acrescenta. Vejamos. Pode o legislador complementar, invocando a disposição do art. 146, III, *a*, definir um tributo e suas espécies? Sim, desde que seja para dispor sobre conflitos de competência. Ser-lhe-á possível mexer no fato gerador, na base de cálculo e nos contribuintes de determinado imposto? Novamente sim, no pressuposto de que o faça para dispor sobre conflitos. E quanto à obrigação, lançamento, crédito, prescrição e decadência tributários? Igualmente, na condição de satisfazer àquela finalidade primordial.

Com tal interpretação, daremos sentido à expressão *normas gerais de direito tributário*, prestigiaremos a Federação, a autonomia dos Municípios e o princípio da isonomia das pessoas políticas de direito constitucional interno, além de não desprezar, pela coima de contraditórias, as palavras extravagantes do citado art. 146, III, *a* e *b,* que passam a engrossar o contingente das redundâncias tão comuns no desempenho da atividade legislativa.

2.2 TRIBUTO

O legislador, ao escolher os fatos que integrarão a hipótese de incidência tributária, vale-se de conceitos oferecidos pela Ciência das Finanças Públicas e pela Política Fiscal. Instituído o tributo, sua repercussão pode ser objeto de estudo das indigitadas disciplinas ou da Ciência do Direito, conforme se trate de repercussão econômica ou jurídica, respectivamente.

Ao observarmos o fenômeno existencial de um determinado sistema de direito positivo, porém, somos imediatamente compelidos a abandonar outros prismas, motivo pelo qual voltaremos nossa atenção ao exame da repercussão jurídica do tributo.

2.2.1 Acepções do vocábulo tributo

O vocábulo "tributo" experimenta nada menos do que seis significações diversas, quando utilizado nos textos do direito positivo, nas lições da doutrina e nas manifestações da jurisprudência. São:

a) "tributo" como quantia em dinheiro;

b) "tributo" como prestação correspondente ao dever jurídico do sujeito passivo;

c) "tributo" como direito subjetivo de que é titular o sujeito ativo;

d) "tributo" como sinônimo de relação jurídica tributária;

e) "tributo" como norma jurídica de competência;

f) "tributo" como norma jurídica instituidora de tributo;

g) "tributo" como norma, fato e relação jurídica.

Vamos a elas:

a) Uma das mais vulgares proporções semânticas da palavra "tributo" é justamente aquela que alude a uma importância pecuniária. Indicando um volume de notas, quantas vezes não dizemos: eis aí o imposto que vou levar ao banco. Essa menção corriqueira, entretanto, não é somente a do falar comum dos leigos. Pode ser encontrada, até com frequência, no fraseado de nossas leis, regulamentos e portarias, como, por exemplo, no art. 166 do Código Tributário Nacional: *A restituição de tributos que comportem...* Surge aqui a voz "tributo", inequivocamente, como soma de dinheiro, quantia que, na forma do dispositivo, poderá ser restituída. Em abono desse matiz, Alfredo Augusto Becker[174] traça explanações que terminam por afirmar: *O tributo é o objeto daquela prestação que satisfaz aquele dever.* E, representado graficamente, teremos:

Nesta acepção, fica acentuado o objeto da prestação ou o conteúdo do dever jurídico cometido ao sujeito passivo, indicado por $.

b) Outras vezes, vamos deparar o étimo "tributo" querendo mencionar não mais uma soma em moeda, mas o comportamento de certa pessoa, física ou jurídica, que se consubstancia no pagamento de determinada importância pecuniária. A ênfase, neste passo, não incide no dinheiro em si, antes recai no proceder de conduzi-lo ao lugar preestabelecido para solver-se o débito.

É com tal amplitude que Giuliani Fonrouge[175] ensina: *Los tributos son prestaciones obligatorias y no voluntarias...* A tônica da prestação pecuniária é o fator que denota o conteúdo simbólico da palavra "tributo", que assume, dessa maneira, significado bem distinto do primeiro. A conotação fica mais nítida na exposição de

---

174. *Teoria geral do direito tributário*, Saraiva, 1963, p. 237.

175. *Derecho financeiro*, v. 1, p. 269.

Arnaldo Borges[176], quando afirma: *Tributo é conduta humana. Esta conduta é conceituada por uma endonorma que estabelece o dever de alguém dar ao Estado certa soma de dinheiro...*

Os autores citados timbram especialmente a circunstância do comportamento do sujeito passivo, ao satisfazer o dever jurídico que lhe fora atribuído.

c) Contraposta a essa, temos a visão daqueles que põem acento no cunho de exigibilidade que o liame jurídico provoca em favor do sujeito ativo. Assim, a lição de Ernst Blumenstein[177]: *Tributos são as prestações pecuniárias que o Estado*, ou um ente por ele autorizado, em virtude de sua soberania territorial, *exige dos sujeitos econômicos que lhe estão submetidos*. (Os frisos não são do autor). É também a linha de Rubens Gomes de Sousa[178], que asseverou ser " 'tributo' a receita derivada que o Estado arrecada mediante o emprego da sua soberania, nos termos fixados em lei...".

Em posição antagônica à anterior, o núcleo semântico tomado é o do direito subjetivo de que está investido o sujeito ativo para exigir o objeto da prestação [$].

---

176. Artigo publicado na *Revista de Estudos Tributários*, IBET, p. 174-5.

177. *Sistema di diritto imposta*, trad. it. F. Forte, Milano, 1954.

178. *Compêndio de legislação tributária*, 2ª ed., Rio de Janeiro, Ed. Financeiras, 1954, p. 12.

d) O vocábulo "tributo" comporta um quarto âmbito de significação que, em vez de partir da indicação do conteúdo patrimonial do objeto [$], ou do dever jurídico cometido ao sujeito passivo, ou do direito subjetivo de que é titular o sujeito ativo, cogita do vínculo como um todo, isto é, "tributo" como equivalente a obrigação tributária, relação jurídica tributária. A carga significativa não repousa mais em qualquer dos tópicos do laço obrigacional, mas nele como uma entidade integral.

Com o relato em linguagem competente do evento descrito na hipótese de incidência da regra tributária, instala-se, por força da imputação deôntica, um liame de conteúdo patrimonial, pois seu objeto é expresso em termos econômicos. Numerosas construções doutrinárias empregam "tributo" para designar a relação jurídica que se instaura por virtude do acontecimento daquele fato previsto no antecedente da norma.

Nessa altura, já é considerado como laço jurídico de substância patrimonial, abrangendo, desse modo, o complexo formado pelo direito subjetivo, pelo dever jurídico e pelo objeto da prestação. O magistério de Geraldo Ataliba[179] é bem elucidativo: *Com efeito, juridicamente, tributo se define como uma relação obrigacional.*

Vê-se, pelo gráfico, que o liame é tomado na sua integridade.

e) A grandeza semântica seguinte que o termo assume é a de norma jurídica competencial, equivale a afirmar, "tributo" como

---

179. *Proposições tributárias*, Resenha Tributária, 1975, p. 140-1 (obra conjunta em homenagem a Rubens Gomes de Sousa).

regra de direito, como preceito normativo que cuida de disciplina de como instituir um tributo qualquer. Quem der revista no texto constitucional irá encontrar, à farta, prescrições que aludem àquela realidade jurídica como norma ou plexo de normas, especialmente no capítulo destinado ao Sistema Tributário. Vejamos o exemplo tirado do art. 153, III, da Constituição Federal:

> Compete à União instituir impostos sobre:
>
> ....
>
> III — renda e proventos de qualquer natureza.

Que representa *instituir*, *criar*, *decretar* um tributo? Nesse instante, a fraseologia jurídica não admite digressões ou equivocidades: instituir um tributo é tarefa legislativa que se contém na edição de normas jurídicas, determinadas e peculiares, cuja estrutura antessupõe a descrição de um fato a que o legislador associa o surgimento de um vínculo jurídico. Aliás, sendo o tributo uma instituição jurídica, e tomando-se o direito como um sistema de normas, dificilmente poderíamos demonstrar que aquela realidade escapa da configuração normativa. E tal como o tributo, todas as demais entidades do universo jurídico: o matrimônio, o divórcio, a desapropriação, a república etc.

f) Para além da previsão das normas de competência, que ora vimos de ver, "tributo" pode significar, também, o conjunto de regras jurídicas que materializa essa instituição, exercendo objetivamente a potestade prevista na Constituição. Nesse sentido, descabe falar da existência, *hic et nunc*, de tributo denominado *Imposto sobre Grande Fortunas*, por exemplo. Isso porque, a despeito de haver a previsão da competência para que este seja inserido no ordenamento brasileiro, não sobreveio, ao menos ainda, o conjunto de prescrições que cuida de sua incidência e cobrança no sistema jurídico pátrio.

g) O símbolo "tributo" admite ainda uma outra significação, sobremedida ampla. Nesse derradeiro sentido, quer exprimir toda a fenomenologia da incidência, desde a norma instituidora, passando pelo evento concreto, nela descrito, até o liame obrigacional que surde à luz com a ocorrência daquele fato. É com esse conteúdo que o art. 3.º da Lei n. 5.172/66 se propõe determiná-lo. Estudemo-lo mais de espaço, já que é disposição viva do nosso direito positivo.

2.2.2 Conceito de tributo

Tributo é nome de uma classe de objetos construídos conceptualmente pelo direito positivo. Trata-se de palavra ambígua que pode denotar distintos conjuntos de entidades (relação jurídica, direito subjetivo, dever jurídico, quantia em dinheiro, norma jurídica e, como prefere o Código Tributário Nacional, a relação jurídica, o fato e a norma que juridiciza o fato). Fixarei aqui meu interesse na acepção de "tributo" com as proporções semânticas que o artigo 3º da Lei n. 5.172/66 lhe outorga, *in verbis*:

> Art. 3º Tributo é toda prestação pecuniária compulsória, em moeda ou cujo valor nela se possa exprimir, que não constitua sanção de ato ilícito, instituída em lei e cobrada mediante atividade administrativa plenamente vinculada.

É bom salientar dentre as características prescritas pelo mencionado artigo, como notas principais, a compulsoriedade, o caráter pecuniário da prestação e o traço do tributo não constituir sanção de ato ilícito, decorrendo, sempre, de fato lícito.

Por compulsoriedade compreende-se a obrigação a determinado comportamento, afastando-se, de plano, qualquer cogitação inerente às prestações voluntárias, que recebem o influxo do modal "permitido". Em decorrência, independem da vontade do sujeito passivo, que deve efetivá-la, ainda que contra seu interesse. Concretizado o fato previsto no antecedente da norma jurídica, nasce o elo mediante o qual alguém ficará adstrito a um comportamento obrigatório.

Por outro lado, a prestação de que se cogita deve ser pecuniária. Tributo se paga em moeda, em pecúnia, outorgando-lhe, a lei, efeito liberatório suficiente para extinguir o crédito tributário[180].

---

180. Exceto no caso dos tributos que prescindem do ato de lançamento (tributos sujeitos a "lançamento por homologação"), em que para a extinção do crédito

415

Como derradeiro marco, assinale-se a circunstância de o tributo não constituir sanção de ato ilícito. Elemento sumamente relevante para a compreensão de "tributo" está objetivado nessa frase, em que se determina a feição de licitude para o fato que desencadeia o nascimento da obrigação tributária. Foi oportuna a lembrança trazida pelo artigo 3º do CTN, uma vez que os acontecimentos ilícitos vêm sempre atrelados a providência sancionatória e, fixando-se o caráter lícito do evento, separa-se, com clareza, a relação jurídica do tributo da relação jurídica atinente às penalidades exigidas pelo descumprimento de deveres tributários. Como são idênticos os vínculos, isoladamente observados, é pela associação ao fato que lhe deu origem que pode ser reconhecida a índole da relação.

Em face do exposto, tenhamos presente que qualquer prestação que tiver ínsitas as características supramencionadas será tributo, independentemente do nome que se lhe atribuam ou da destinação que seja dada aos recursos decorrentes de sua cobrança, como informa o artigo 4º, incisos I e II, da Lei n. 5.172/66. Importante considerar, também, que tais características devem estar associadas, não sendo o bastante para configurar determinada prestação como tributo a circunstância de somente uma, ou algumas delas, marcarem presença.

Conforme ficou assentado, para isolar a regra-matriz de incidência tributária é preciso aludir aos critérios material, espacial e temporal, na proposição hipótese, e aos critérios pessoal e quantitativo, na proposição tese. Dentre tais critérios, interessam, para fins de identificação da natureza jurídica do tributo, o material e o quantitativo. Isto porque, enquanto o primeiro é o núcleo da hipótese de incidência, composto por verbo e complemento que descrevem abstratamente uma atuação estatal ou um fato do particular, o segundo, no âmbito da base de cálculo, mensura a intensidade daquela conduta praticada pela Administração ou pelo contribuinte, conforme

---

exige-se, além do pagamento, sua homologação (artigo 156, inciso VII, do Código Tributário Nacional).

o caso. Nesses critérios é que se encontra o feixe de preceitos demarcadores dos chamados "traços da enunciação", ou seja, o conjunto dos elementos que o editor da norma julgou relevante para produzir o acontecimento tributado.

Nota-se com nitidez, pelo que já foi relatado, a inaptidão da hipótese para, sozinha, dizer qualquer coisa de definitivo sobre a estrutura intrínseca do evento a ser colhido pela incidência. Para identificarmos os verdadeiros contornos do fato tributável, faz-se necessário consultar a base de cálculo, especialmente se o objetivo é conhecer a natureza jurídica do gravame.

A tipologia tributária é obtida pela análise do binômio "hipótese de incidência e base de cálculo". Esse princípio de dualidade compositiva figura na Carta Magna, consistindo, pois, em diretriz constitucional, firmada no momento em que o legislador realizava o delicado trabalho de montar a rígida discriminação de competências tributárias, preocupado em preservar os princípios da Federação e da autonomia dos Municípios. Preceituou o constituinte brasileiro, no artigo 145, § 2º, que "as taxas não poderão ter base de cálculo própria de impostos". E, mais adiante, no artigo 154, inciso I, asseverou, como requisitos para a União instituir impostos não previstos em sua competência privativa, que sejam eles criados mediante lei complementar, não apresentem caráter de cumulatividade e "não tenham fato gerador ou base de cálculo próprios dos discriminados nesta Constituição". A mensagem é clara: torna-se imprescindível analisar a hipótese de incidência e a base de cálculo para que se possa ingressar na intimidade estrutural da figura tributária.

Registre-se, porém, que caso não houvesse menção expressa acerca da relevância da base de cálculo, esta seria revelada pela própria análise normativa. Tanto que Alfredo Augusto Becker[181], sob a vigência da Constituição anterior, já entrevia nesse elemento o autêntico núcleo da hipótese de incidência dos tributos, asseverando que "o espectro atômico da hipótese de incidência da regra de tributação revela que

---
181. *Teoria geral do direito tributário*, 4ª ed., São Paulo, Noeses, 2007, p. 394-6.

em sua composição existe um núcleo e um, ou mais, elementos adjetivos. O núcleo é a base de cálculo e confere o gênero jurídico ao tributo".

Relativizando um pouco a posição do mencionado autor, mesmo porque entendo que a base de cálculo está no consequente da norma e não na hipótese, não há como ignorar a importância dessa grandeza que dimensiona o fato, mensurando-o para efeitos de tributação. Partindo de tais considerações, concluo serem três as funções da base de cálculo: a) função mensuradora, por competir-lhe medir as proporções reais do fato; b) função objetiva, em virtude de compor a específica determinação do débito; e c) função comparativa, por confirmar, infirmar ou afirmar o correto elemento material do antecedente normativo.

Induvidosa é a operatividade do citado elemento do critério quantitativo, centro efetivo das atenções, pois oferece caminho seguro para reforçar aquilo que, intuitivamente, a doutrina e a jurisprudência já vêm afirmando de maneira reiterada: a base de cálculo deve, necessariamente, exteriorizar a grandeza do fato descrito no antecedente normativo, motivo pelo qual sempre que houver descompasso entre a hipótese de incidência firmada pelo legislador e a base de cálculo por ele escolhida, esta última é que há de prevalecer, orientando o intérprete no sentido de determinar a autêntica "natureza jurídica" do tributo. Por isso, sendo a medida do fato tributado, tem o condão de infirmar o critério material oferecido no texto, que será substituído por aquel'outro que realmente foi mensurado.

Em conclusão, no direito brasileiro o tipo tributário encontra-se integrado pelo relacionamento lógico e harmônico da hipótese de incidência e da base de cálculo. O binômio, adequadamente reconhecido, revela a natureza do tributo submetido à investigação, permitindo a análise de sua compatibilidade relativamente ao sistema constitucional, sem interferência das imprecisões tão frequentes no discurso legislativo.

2.2.3 Classificação das espécies tributárias

Feita a decomposição analítica da definição estipulativa de tributo, veiculada pelo artigo 3º, do CTN, impõe-se, neste passo, discorrer acerca das espécies tributárias. No contexto, tributo é gênero do qual imposto, taxa e contribuição de melhoria são espécies, de acordo com a disposição inserta no artigo 145, da Constituição da República Federativa do Brasil. Desse modo, todas as espécies que conotam as características inerentes ao tributo devem ser examinadas, apontando-se para as diferenças específicas. E, não obstante sejam várias as classificações jurídicas das espécies tributárias, uma vez que, dependendo do critério empregado a conclusão possa ser diversa, optamos pela classificação intranormativa, ou seja, repartimos os tipos de tributo a partir de suas regras-matrizes de incidência. Nestas, os elementos úteis ao agrupamento em classes são a hipótese de incidência e a base de cálculo, pelos motivos expostos linhas acima. Saliento, contudo, que o enfoque intranormativo não vai afastar a possibilidade do tratamento extranormativo, como veremos mais abaixo.

Partindo desses pressupostos, divido os tributos em vinculados e não-vinculados, na esteira dos ensinamentos de Geraldo Ataliba[182]. Os primeiros conotam, em sua hipótese, uma atividade do Estado direta ou indiretamente relacionada ao contribuinte, ao passo que os segundos apresentam, em seu antecedente normativo, a indicação de aspectos inerentes a negócios jurídicos do contribuinte, não relacionados a qualquer prestação estatal. Suas bases de cálculo, em consequência, não podem ser outra que não: a) o custo da atuação do Estado, quando se tratar de tributo diretamente vinculado; b) a medida dos efeitos dessa atividade, na hipótese de exação indiretamente vinculada; e c) o valor do fato praticado pelo particular, se for o caso de espécie não-vinculada.

Tecidas essas considerações, estamos aptos a identificar, nas várias figuras tributárias, sua natureza jurídica. Será

---

182. *Hipótese de incidência tributária*, 5ª ed., São Paulo, Malheiros, 1997, p. 121 e ss.

imposto (tributo não-vinculado) quando apresentar na hipótese de incidência, confirmada pela base de cálculo, fato alheio a qualquer atuação do Poder Público. Estaremos diante de taxa (tributo diretamente vinculado) se o antecedente normativo mencionar fato revelador de atividade estatal, direta e especificamente dirigida ao contribuinte, exibindo, na correspondente base de cálculo, a medida da intensidade da participação do Estado. E, por fim, reconhecemos contribuição de melhoria (tributo indiretamente vinculado) na norma jurídica tributária que ostentar, no suposto, um efeito da atividade do ente público, qual seja, valorização imobiliária decorrente de obra pública, mensurando-a na base de cálculo. Quanto aos empréstimos compulsórios, entendo que podem revestir quaisquer das formas que correspondam às três espécies do gênero tributo. Para admiti-los como imposto, taxa ou contribuição de melhoria, basta aplicar o critério composto pelo binômio "hipótese de incidência e base de cálculo". Do mesmo modo, as contribuições sociais não configuram, pelo ângulo intranormativo, espécie tributária autônoma, podendo assumir a feição de taxas ou impostos, consoante o fato tributado seja atividade estatal ou não.

Sempre que o intérprete pretender, na análise de determinada exação, identificar sua espécie tributária, penso que deverá recorrer àquele binômio constitucional. Somente este é diretriz segura a quem almeja o estudo da feição jurídica de um tributo. A linguagem do legislador, por assentar-se no discurso natural e ser produzida por representantes de vários segmentos da sociedade, sem conhecimento jurídico específico, costuma apresentar erros, impropriedades, atecnias, deficiências e ambiguidades. O próprio legislador, no inciso I, do artigo 4º, do Código Tributário Nacional, prevendo os equívocos e confusões que poderiam decorrer de sua linguagem, declara serem irrelevantes, para o fim de qualificação da espécie tributária, "a denominação e demais características formais adotadas pela lei". Os nomes com que venham a ser designadas as prestações tributárias, portanto, hão de ser recebidas pelo intérprete sem aquele tom de seriedade e certeza, exigindo cuidadosa verificação. Assim, por exemplo, caso o legislador mencione a existência de taxa, mas eleja base de cálculo mensuradora de fato estranho a qualquer atividade do Poder Público, a espécie tributária será outra, qual seja, um imposto.

A bem da verdade, porém, é imperativo lembrar outros posicionamentos doutrinários a propósito do assunto, podendo identificar-se, sem excesso de pormenor, quatro correntes: bipartida, tripartida, quadripartida e quinquipartida, existindo, ainda, ramificações relativas às três últimas modalidades classificatórias. A corrente tripartida, por exemplo, comporta divisão em duas partes: uma, à qual me filio, entende serem impostos, taxas e contribuições de melhoria as três espécies tributárias; outra, considera as contribuições como tributo autônomo, e a contribuição de melhoria apenas sua subespécie. De forma semelhante, há quem entenda serem quatro os tipos de tributo, bem como os que os classificam em cinco. Realmente, não há limites à liberdade de fazer classificações que, no fundo, consiste na operação lógica de tomar determinada classe e, dentro dela, eleger-se critério pertinente à natureza do conjunto, separando tantas classes quanto for possível, para com isso dar ensejo ao aparecimento de grupos formadores de subclasses, subdomínios, subconjuntos. Como registra Lourival Vilanova[183], o homem pode alojar um mesmo dado em tantas classes quantos critérios definientes seja capaz de criar para agrupá-los. Ao sujeito do conhecimento é reservado o direito de fundar a classe que bem lhe aprouver e, segundo a particularidade que se mostrar mais conveniente aos seus propósitos, desde que, obviamente, permaneça atento à correção do processo de circunscrição dos objetos classificados, garantindo que os gêneros e as espécies sejam, efetivamente, gêneros e espécies.

Para encerrar o item sobre que discorremos, quero advertir que anunciei adotar a proposta bipartida (tributos vinculados e não-vinculados) sob o influxo da concepção intranormativa, isto é, analisando a norma por dentro. Nada

---

183. *Causalidade e relação no direito*, 4ª ed., São Paulo, Revista dos Tribunais, 2000, p. 91.

impede e tudo recomenda que examinemos a regra jurídica também nas suas relações extranormativas, quer dizer, as normas com outras normas, em vínculos de coordenação e de subordinação, o que nos levará a identificar, com boa margem de visibilidade, as contribuições, que não a de melhoria, no seu espectro mais amplo. Trata-se, porém, de outro critério e, portanto, de classificação diversa, igualmente susceptível de ser acolhida. Aquilo que penso não ser correto, entretanto, é associar critérios diferentes para formar uma única classificação, a pretexto de torná-la mais abrangente. Tal procedimento fere os cânones da Lógica e, por isso mesmo, não deve ser aceito. Faz senso admitir, todavia, que o descritor atento do direito positivo venha a construir quantas classificações lhe pareçam convenientes para surpreender seu objeto do modo mais eficaz. Quero insistir que acolher a proposta intranormativa não implica rejeitar a concepção extranormativa, no quadro da qual poderei estudar, com riqueza de pormenores, o fenômeno das várias contribuições que o sistema brasileiro vem criando com grande fecundidade nas últimas décadas.

2.2.4 Comentários sobre o preço público no direito tributário

Preço público, diversamente das taxas, é a contraprestação decorrente do consumo de bens ou serviços públicos. O conceito genérico de "preço" está demarcado no direito privado. O Código Civil brasileiro, ao versar sobre o instituto da compra e venda, fala em preço no artigo 481. Ao cuidar da locação de coisas, *ex vi* do artigo 565, utiliza o vocábulo "retribuição", empregando essa mesma palavra no artigo 594, que trata de locação de serviços. Na mesma linha, o Código Tributário Nacional usa "preço" nos artigos 20, I; 24, II; 47, I; e, no artigo 69, entre outros, para referir-se, respectivamente, às bases de cálculo do Imposto de Importação, do Imposto de Exportação, do Imposto sobre Produtos Industrializados e do Imposto sobre Serviços de Transporte e Comunicação, denotando, com a utilização desse termo, a perspectiva dimensível da hipótese tributária de cada um dos tributos incidentes sobre operações jurídicas de caráter contratual.

O preço público ou tarifa[184] consiste na remuneração decorrente da prestação de serviço de interesse público, ou do fornecimento ou locação de bens públicos, efetivada em regime contratual e não imposta compulsoriamente às pessoas, como é o caso das obrigações de caráter tributário. Essa é, também, a compreensão do Supremo Tribunal Federal, expressa pelo ministro Moreira Alves[185]:

> Preço público é o preço contratual, que constitui contraprestação de serviços de natureza comercial ou industrial – e que, por isso mesmo, podem ser objeto de concessão para particulares –, serviços esses prestados por meio de contrato de adesão. Para haver preço público é necessário existir contrato, ainda que tacitamente celebrado, e o contrato ainda que de adesão, dá a quem pretende celebrá-lo, se aderir às condições dele, a liberdade de não contratar, atendendo a sua necessidade por outro meio lícito. Quem não quiser tomar ônibus, e aderir, portanto, ao contrato de transporte, poderá ir, licitamente, por outros meios, ao lugar de destino. O que não tem sentido é pretender-se a existência de contrato quando o que deve aderir não tem sequer a liberdade de não contratar, porque, licitamente, não tem meio algum para obter o resultado de que necessita. (RTJ/STF n. 98).

Em suma, o preço público ou tarifa remunera o serviço público prestado, sob regime de direito privado, por empresas concessionárias. Vista do ângulo daquele a quem onera, é o valor pecuniário que os usuários devem pagar à empresa concessionária toda vez que se utilizarem do serviço prestado; examinada pela óptica de quem desempenha, a tarifa é a importância que a empresa concessionária está autorizada a cobrar, dos usuários, em função dos serviços públicos efetivamente realizados. Enfim, sua cobrança visa a *i)* garantir o

---

184. O uso já consagrou a equiparação dos termos "preço público" e "tarifa". Entretanto, vale ressalvar que "tarifa", na tradição do Direito Financeiro, significa a tabela de preços e não os preços em si.

185. "Taxa e preço público", *in Caderno de Pesquisa Tributária* nº 10, São Paulo, Resenha Tributária, 1985, p. 174.

custeio da prestação dos serviços concedidos; *ii)* remunerar, de forma justa, o capital investido pelas concessionárias; e *iii)* melhorar e expandir os serviços, assegurando o equilíbrio econômico do contrato.

Ressalte-se que a tarifa tem inequívoco caráter remuneratório. Nesse sentido, os valores arrecadados devem convergir para a empresa concessionária, que com eles desempenha e aprimora os serviços que presta aos usuários. Caso a quantia exigida não decorra da prestação de serviço de interesse público, exercida pela empresa concessionária, isto é, não apresente conteúdo remuneratório, nem se destine ao custeio ou ao implemento dos serviços prestados, não se pode cogitar da existência de tarifa ou preço público, figura que, necessariamente, há de conter os elementos anteriormente descritos.

Traçadas essas linhas, cumpre examinar o contrato de concessão de serviços públicos, conferindo especial atenção à sua básica forma de remuneração, por intermédio da tarifa.

2.2.4.1 *A contraprestação de serviços públicos e a cobrança de tarifas*

A concessão de serviço público pode ser definida como o conjunto finito de normas jurídicas mediante as quais o Estado atribui o exercício de um serviço, de interesse público, a alguém que aceita prestá-lo em nome próprio, sob garantia de manutenção do equilíbrio econômico-financeiro, remunerando-se pela própria exploração, em geral e basicamente por meio de tarifas cobradas diretamente dos usuários do serviço e submetendo-se ao regime de direito privado[186]. Diz-se geral e basicamente porque a concessionária poderá remunerar-se de outras formas, como, por exemplo, veiculação de publicidade. Não obstante, a tarifa continua sendo o modo mais usual de contraprestação do serviço público executado sob regime de contrato de concessão. Esse é o principal traço da

---

186. Celso Antônio Bandeira de Mello, *Curso de direito administrativo*, 21ª ed., São Paulo, Malheiros, 2006, p. 672.

tarifa, descaracterizando-se na hipótese de não espelhar, com fidedignidade, o esforço expendido pelo concessionário para a execução dos serviços.

Segundo dispõe o artigo 2º, inciso II, da Lei n. 8.987/95, que regulamenta o artigo 175, da Constituição, disciplinando o regime de concessão e permissão da prestação de serviços públicos, o contrato de concessão deve ser sempre precedido de licitação, na modalidade de concorrência. Na oportunidade da apresentação da proposta, compete aos licitantes indicar o valor da tarifa a ser cobrado dos usuários do serviço público. O valor assinalado, inclusive, servirá como um dos critérios para selecionar a empresa vencedora do certame licitatório, de acordo com o artigo 15, inciso I, dessa Lei. Como se vê, o valor inicial da tarifa é moldado por meio da manifestação de vontade da empresa concessionária, bem como do poder concedente. O artigo 9º, da Lei de Concessões robora o enunciado acima, ao dispor que "a tarifa do serviço público concedido será fixada pelo preço da proposta vencedora da licitação (...)". Os critérios que coordenam a fixação do valor da tarifa estão relacionados com os custos do serviço a ser prestado, com as demais formas de receita e com a margem de lucro suficiente para conformar-lhe o caráter remuneratório e a necessária modicidade. São esses, portanto, os componentes a serem ponderados pelos contratantes para a instituição do valor da tarifa.

No que tange à modificação do preço pactuado, o critério estabelecido pelo Texto Supremo é o da manutenção do equilíbrio econômico-financeiro do contrato de concessão. Segundo o artigo 37, XXI, da Constituição da República, as obras e os serviços serão contratados com cláusulas que estipulem obrigações de pagamento, mantidas as condições efetivas da proposta. Diante do mandamento constitucional, na hipótese de elevação dos custos dos serviços prestados, as tarifas que remuneram as empresas concessionárias devem ser proporcionalmente majoradas, a fim de que seja mantida a igualdade (equilíbrio) subjacente na oportunidade da celebração do contrato.

Muito embora o contrato seja instituição típica do chamado "direito privado", é utilizado no âmbito da Administração Pública, apresentando, nessa condição, aspectos peculiares. Maria Helena Diniz[187], baseada nos ensinamentos de Celso Antônio Bandeira de Mello, define o contrato administrativo como:

> *avença tratada entre a administração e terceiros na qual, por força de lei, de cláusulas pactuadas ou do tipo de objeto, a permanência do vínculo e as condições preestabelecidas sujeitam-se a cambiáveis imposições de interesse público,* ressalvados os interesses patrimoniais do contratante privado. (Grifo meu).

Para proteger os interesses do particular contratado, o direito administrativo admite aquilo que se chama "recomposição de preços". Trata-se de conduta praticada na contingência de modificarem-se as condições necessárias para a execução da avença, em virtude de fatos supervenientes que agravem substancialmente os encargos do executor, passando a onerar em quantia inesperada a realização da obra, do serviço ou do fornecimento objeto da contratação. Esclarece Hely Lopes Meirelles[188] que "não se trata, nestes casos, do reajustamento contratual do preço, mas sim de revisão do próprio ajuste diante de situações novas, imprevistas e imprevisíveis, e por isso mesmo não cogitadas pelas partes no momento da celebração do contrato". Aduz também que, se a recomposição dos preços não vier a ser efetuada durante a execução do contrato, remanescerá o direito do particular contratado, no sentido de receber indenização pelos ônus a ele acarretado.

Tanto a Lei n. 8.666/93, que regulamenta o artigo 37, XXI, da Constituição, estabelecendo normas gerais sobre licitações e contratos administrativos pertinentes a obras, serviços, compras, alienações e locações no âmbito do Poder Público, como a já referida Lei n. 8.987/95, prescrevem, em diversos artigos, a obrigatoriedade da manutenção do equilíbrio econômico-financeiro, prevendo no edital e no contrato fórmulas

---

187. *Dicionário jurídico*, vol. 1, São Paulo, Saraiva, 1998, p. 837.

188. *Licitação e contrato administrativo*, 14ª ed., São Paulo, Malheiros, 2006, p. 253.

de revisão do valor, reajustes em razão da alteração unilateral promovida pelo poder concedente. E o motivo é singelo: o desequilíbrio econômico, em desfavor da empresa concessionária, por exemplo, além de colaborar para a má prestação do serviço público, poderá determinar o enriquecimento sem causa do poder concedente, fato contra o qual operam prescritivamente as normas do sistema.

Nesse contexto, não tenho dúvidas em afirmar que, majorado o ônus da prestação do serviço ou aumentado seu volume, deve ser elevado o valor da tarifa, como forma de manter o equilíbrio econômico-financeiro do contrato.

No que tange à instituição de tributo novo ou ao aumento dos já existentes, estaremos diante daquilo que Hely Lopes Meirelles[189] denomina de "fato do príncipe", ou seja, determinação estatal imprevista que onera a execução do contrato administrativo. Esse ônus, sendo extraordinário e extracontratual, obriga o Poder Público contratante a compensar os prejuízos suportados pelo contratado na execução do ajuste. O fundamento da "teoria do fato do príncipe" está em que a Administração não pode causar danos aos administrados e, muito menos, aos que com ela contratam, motivo pelo qual, sempre que o Poder Público tomar atitudes que agravem, por algum modo, a execução do acordo, ficará ele obrigado a indenizar o contratante prejudicado. É que a Administração, ao contratar, visa ao atendimento de necessidades públicas, enquanto o particular objetiva lucro, a ser alcançado por meio da remuneração avençada nos termos das cláusulas contratuais. Esse lucro, previsto no instrumento contratual, deve ser assegurado durante a execução do que foi estabelecido, pois esse equilíbrio financeiro pactuado não pode sofrer alteração. Di-lo Marcello Caetano[190]:

> o contrato assenta, pois, numa determinada equação financeira (o valor em dinheiro dos encargos assumidos por um dos

---

189. *Licitação e contrato administrativo*, 14ª ed., São Paulo, Malheiros, 2006, p. 242.

190. *Princípios fundamentais do direito administrativo*, Rio de Janeiro, Forense, 1977, p. 255-256.

contraentes deve equivaler ao das vantagens prometidas pelo outro) e as relações contratuais têm de desenvolver-se na base do equilíbrio estabelecido no ato da estipulação.

A teoria suso referida foi, inclusive, encampada pelo Estatuto das Licitações e Contratos Administrativos (Lei n. 8.666/93), no § 5º do artigo 65, e pela Lei que dispõe sobre o regime de concessão e permissão da prestação de serviços públicos (Lei n. 8.987/95), no § 3º do artigo 9º. Os citados dispositivos prescrevem, respectivamente:

> Quaisquer tributos ou encargos legais criados, alterados ou extintos, bem como a superveniência de disposições legais, quando ocorridas após a data da apresentação da proposta, de comprovada repercussão nos preços contratados, implicarão a revisão destes para mais ou para menos, conforme o caso.

E:

> Ressalvados os impostos sobre a renda, a criação, alteração ou extinção de quaisquer tributos ou encargos legais, após a apresentação da proposta, quando comprovado seu impacto, implicará a revisão da tarifa, para mais ou para menos, conforme o caso.

Note-se, do exposto, que o valor das tarifas deve movimentar-se de acordo com a majoração ou redução dos custos para execução dos serviços a serem prestados, consubstanciando nítido enriquecimento ilícito – como já foi dito – seja do Estado ou da empresa concessionária, se o valor das tarifas não acompanhar, proporcionalmente, as condições econômicas iniciais da execução do contrato. Se verificado qualquer desequilíbrio, o poder concedente deverá majorar ou reduzir o preço das tarifas cobradas dos usuários.

2.2.5 Aplicabilidade da classificação das espécies tributárias: a "contribuição ao FUST"

Na norma jurídica tributária que institui o tributo, denominada "regra-matriz de incidência tributária", identificamos cinco critérios, sendo três na hipótese e dois no consequente. Aqueles observados no antecedente normativo descrevem o fato (critérios material, espacial e temporal) em decorrência do que se origina a obrigação de recolher o gravame, e os elementos do vínculo constam dos critérios da consequência (critérios pessoal e quantitativo).

Preenchendo esse arranjo sintático com a linguagem do direito positivo, tomando, para esse fim, a Lei n. 9.998/2000, no que diz respeito à "contribuição" destinada ao Fundo de Universalização dos Serviços de Telecomunicações, teremos:

> Hipótese normativa:
>
> a) **critério material**: prestar serviços de telecomunicações;
>
> b) **critério espacial**: qualquer lugar do território nacional;
>
> c) **critério temporal**: último dia do mês (*mês civil*, como alude o artigo 8º, do Decreto n. 3.624/2000.
>
> Consequente normativo:
>
> d) **critério pessoal**: (d.1) *sujeito ativo*: ANATEL; (d.2) *sujeito passivo*: prestadores de serviços de telecomunicações;
>
> e) **critério quantitativo**: (e.1) *base de cálculo*: receita operacional bruta, decorrente da prestação de serviços de telecomunicações, excluídos o ICMS, PIS e COFINS; (e.2) *alíquota*: 1%.

O exame dessa regra-matriz revela que a hipótese de incidência e a base de cálculo especificadas pela Lei n. 9.998/2000, ao criar a "contribuição" destinada ao FUST, escolheu fato alheio à atividade estatal, ocupando-se com critérios relativos à proporcionalização do fato realizado pelo contribuinte. O tributo foi concebido para ser pago simplesmente por existir prestação de serviços de telecomunicações, sendo calculado sobre os valores auferidos em decorrência da prática dessa atividade. Tais anotações não deixam dúvidas quanto à espécie tributária criada pela Lei n. 9.998/2000, sob o nome de "contribuição para o FUST": trata-se de imposto, tributo não--vinculado à atividade do Estado.

De ver está que, em se tratando de imposto, padece a União de competência para instituir o gravame, pela simples circunstância de o fato tributado não se encontrar previsto no artigo 153, do Texto Maior. Exigência com tal configuração jurídica só poderia ser instituída, em legítimos termos constitucionais, se a faixa de competência residual daquela pessoa política (União) viesse a ser corretamente acionada, o que implicaria a edição de lei complementar com seu perfil ontológico-formal devidamente caracterizado. Mas a União não trilhou esse caminho, preferindo criar a figura com a feição que mencionamos, outorgando-lhe o nome de "contribuição", sem refletir na circunstância de que estava dando corpo jurídico a uma pretensão tributária claramente incompatível com a Constituição brasileira.

Além disso, examinando a tipologia do encargo tributário destinado ao FUST, verifica-se que o núcleo da sua hipótese de incidência consiste na prestação de serviços de telecomunicações, apresentando, como base de cálculo, a receita operacional bruta decorrente da prática dessa atividade. Passa à margem, portanto, de mais um dos requisitos prescritos pelo artigo 154, I, pois seu esboço tipológico é o mesmo eleito para o ICMS (imposto sobre operações relativas à circulação de mercadorias e sobre prestações de serviços de transporte interestadual e intermunicipal e de comunicação), no que se refere à prestação de serviços de comunicação. Vejamos: a) a hipótese de incidência do ICMS, relativamente a esse aspecto, consiste em prestar serviços de comunicação, enquanto a materialidade da "contribuição" ao FUST é prestar uma espécie de serviço de comunicação, qual seja, serviços de telecomunicações; b) as bases de cálculo dos dois tributos são idênticas, pois tanto um como outro incidem sobre a receita decorrente do serviço de comunicação prestado. Por conseguinte, havendo identidade entre a hipótese de incidência e a base de cálculo de imposto constitucionalmente previsto (ICMS) e as correspondentes categorias daquele instituído mediante competência residual da União ("contribuição" ao FUST), torna-se manifesto o descompasso e flagrante a inconstitucionalidade deste último.

Quero consignar, não bastassem os relevantes argumentos acima expostos, que o procedimento legislativo ora analisado representa, ainda, em termos específicos, o desrespeito ao inciso IV, do artigo 167, da Lei Fundamental, pois, ao mesmo tempo em que o mencionado dispositivo proíbe a vinculação de receita de impostos a qualquer órgão, fundo ou despesa, ressalvados apenas os casos ali expressamente relacionados, a Lei n. 9.998/2000 destina o gravame ao Fundo de Universalização dos Serviços de Telecomunicações (FUST). Eis mais uma irregularidade que tornaria difícil ao sistema assimilar essa "contribuição", inviabilizando-lhe a cobrança coativa.

Nas linhas que antecederam, tive a oportunidade de expor a proposição afirmativa segundo a qual o critério jurídico adequado à classificação das espécies tributárias, dentro de uma visão intranormativa, é o binômio "hipótese de incidência e base de cálculo" e que, na contingência de inexistir compatibilidade entre ambos os termos, deve prevalecer a espécie indicada por aquela última, vale dizer, pela base imponível. Considerei, também, que esse raciocínio se aplica às contribuições sociais, de intervenção no domínio econômico ou de interesse das categorias profissionais ou econômicas, que assumem a feição de impostos ou de taxas, conforme suas características prescritivas. A partir dessa premissa, concluí: a "contribuição" destinada ao FUST consubstancia, na realidade, um imposto criado sem observância dos requisitos constitucionais estabelecidos para esse fim.

Compus essas observações para deixar patente que, conquanto considere as contribuições com perfil de impostos ou de taxas, consoante a relação lógico-semântica que se estabelecer entre as hipóteses de incidência e as correspondentes bases de cálculo, tendo em vista a existência ou não de uma atividade estatal no antecedente da regra-matriz, há concepções distintas acerca da natureza jurídica dessa exação. Sobremais, é preciso reconhecer que, mesmo na hipótese de entendimento diverso, no que concerne à estrutura básica do indigitado tributo, sua implantação, no caso submetido a exame, mostra-se incongruente com os comandos da Lei Fundamental. Com efeito, mesmo na exegese que identifica a contribuição como tributo diferente do imposto ou da taxa, remanesceriam vícios diversos na "contribuição para o FUST", tornando indevida sua exigência.

2.3 FONTES DO DIREITO

O sopro filosófico, na forma superior de meditação crítica, que introduziu a Ciência Jurídica às compreensões de comunicação e linguagem, se iniciou na segunda década do século XX, com o Neopositivismo Lógico, e seguiu avante com os outros movimentos científicos que lhe sucederam, em destaque, o "giro-linguístico" e o constructivismo lógico-semântico, já referidos nas primeiras páginas do livro.

A concepção que enalteceu a linguagem e o homem gerou uma revolução no campo do saber jurídico. A linguagem, instrumento necessário do saber científico passou a servir como o próprio modelo de controle dos conhecimentos; enquanto o homem adquiriu posição de relevo, como o centro a partir do qual os objetos do mundo são considerados.

Em abono desse matiz, passou a ser necessário repensar a temática das "Fontes do direito", assentando-a sobre bases teóricas mais firmes e consistentes. Com a separação dos planos linguísticos do direito – científico e positivo – e a incorporação dos institutos da teoria do conhecimento e da linguagem – enunciação, enunciação-enunciada, enunciado--enunciado e enunciado – abandonaram-se as construções segundo as quais linguagens normativas ou normas pudessem ser fontes do direito. Verificou-se que a figura de fontes produtoras das normas jurídicas vem aparecer, efetivamente, assentada nos atos de fala, como enunciação do intérprete legitimado pelo direito. Cravadas as premissas, tomaremos essas injunções como ponto de partida para o estudo que se apresenta em seguida.

2.3.1 A noção de fonte do direito

O conceito "fonte" beira os limites do sistema jurídico, destacando o processo enunciativo do direito. Por *fontes do direito* havemos de compreender os focos ejetores de regras jurídicas, isto é, os órgãos habilitados pelo sistema para produzirem normas, numa organização escalonada, bem como a própria atividade desenvolvida por essas entidades, tendo em vista a criação de normas. O significado da expressão *fontes do direito* implica refletirmos sobre a circunstância de que regra jurídica alguma ingressa no sistema do direito positivo sem que seja introduzida por outra norma, que chamaremos, daqui avante, de "veículo introdutor de normas". Isso já nos autoriza a falar em "normas introduzidas" e "normas introdutoras" ou, em outras palavras, afirmar que "as normas vêm sempre aos pares".

Em todos esses casos, há um procedimento a ser seguido, previsto nas normas de competência. Quando se diz que norma válida é aquela produzida por órgão competente, perante o sistema, e consoante o procedimento nele, sistema, estabelecido, não nos detemos na reflexão mediante a qual todo procedimento de elaboração normativa se manifesta como forma de realizar o próprio direito. Não é difícil perceber que o sistema de normas, introdutoras e introduzidas, integra o que conhecemos por "direito positivo", ao passo que o conjunto de eventos aos quais a ordem jurídica atribui teor de juridicidade, se tomados na qualidade de enunciação e não de enunciados, estarão formando o território das fontes do direito posto.

Fortes nesses pressupostos não hesitaríamos em proclamar que o estudo das fontes do direito está voltado, primordialmente, para o exame dos fatos enquanto enunciações que fazem nascer regras jurídicas introdutoras. Por isso, as exposições de motivos das legislações não podem ser desprezadas. Na qualidade de marcas deixadas no curso do processo de enunciação, assumem indiscutível relevância, auxiliando e orientando a atividade do intérprete. Isso nos permitirá operar com as fontes como algo diferente do direito posto, evitando, desse modo, a circularidade ínsita à noção cediça de fontes como sendo o próprio direito por ele mesmo criado. A propósito, Tárek Moysés Moussallem[191], em seu *Fontes do direito tributário* lembra que:

> a partir da linguagem do veículo introdutor (enunciação-enunciada), reconstruímos a linguagem do procedimento produtor de enunciados (enunciação), e realizamos o confronto entre esta e a linguagem da norma de produção normativa (fundamento de validade do veículo introdutor) para aferirmos se a produção normativa se deu ou não em conformidade com o prescrito no ordenamento.

Com supedâneo em tais ponderações, dá-se por firmada a concepção que funcionará como base filosófica para se desconstituir determinadas crenças tradicionais no que diz respeito às fontes do direito. Pondo de lado o costume, de natureza eminentemente factual, e que só gera efeitos jurídicos quando integrante de hipóteses normativas, percebemos que é corriqueira a concepção tautológica de que a lei seria a própria fonte do sistema normativo.

No entanto, esquecem os argutos conhecedores que ao postular haver normas que criam normas, direito que cria direito, numa proposição evidentemente circular, deixam o primeiro termo como resíduo inexplicado. E da sorte desse raciocínio participa a impugnação da dicotomia fontes formais/fontes materiais. As primeiras são estudadas como fórmulas que a ordem jurídica estipula para introduzir regras no sistema, enquanto as últimas se ocupam dos fatos da realidade social que, descritos hipoteticamente nos supostos normativos, têm o condão de produzir novas proposições prescritivas para integrar o direito posto. Estas, sim, se tomadas como atos de enunciação, são fontes de normas, enriquecem o conjunto, modificando-o de alguma maneira. Mas, para que falarmos em fontes materiais, se dispomos da expressão tradicional e legítima fatos jurídicos?

---

191. *Fontes do direito tributário*, 2ª ed., São Paulo, Noeses, 2006, p. 141.

Em posição similar à anterior, embora revista caracteres próprios, a doutrina da mesma forma não é fonte do direito positivo. Seu discurso descritivo não altera a natureza prescritiva do direito. Ajuda a compreendê-lo, entretanto, não o modifica. Coloca-se como uma sobrelinguagem que fala da linguagem deôntica da ordenação jurídica vigente. Nem será admissível concebê-la como fonte da Ciência do Direito, pois ela própria pretende ser científica. Quem faz doutrina quer construir um discurso científico, reescrevendo as estruturas prescritivas do sistema normativo.

2.3.2 O direito como linguagem empregada na função pragmática de regular condutas

Sob certo aspecto, torna-se até confortável transitar pelo texto do direito, dado que os enunciados prescritivos – suas unidades – encontram-se soltos, derramados por todo o conjunto, nas mais variadas estruturas frásicas. A forma da linguagem, o texto em sentido estrito, ainda que importante, não será decisiva, principalmente no tema que nos toca no presente estudo – o Preâmbulo da Carta Maior – porque o predomínio é da função em que esta linguagem é tomada e, para o subsistema do direito positivo, estará sempre voltada para a regulação das condutas intersubjetivas. A prescritividade do ordenamento jurídico reside no modo como tal linguagem é empregada, a despeito da composição sintático-gramatical que presidir seu revestimento. Os enunciados do direito positivo não são expressões de atos de objetivação cognoscente. Não pretendem reproduzir o real-social, descrevendo-lhe os aspectos. Longe disso, o vetor semântico que os liga ao "mundo da vida" contém, invariavelmente, um *dever-ser*, assim no estado neutro, sem modalização, ou operando por intermédio dos functores *obrigatório*, *proibido* ou *permitido*, com o que se exaure o campo material das possíveis condutas interpessoais.

O dever-ser, frequentemente, comparece disfarçado na forma apofântica, como se o legislador estivesse singelamente descrevendo situações da vida social ou eventos da natureza, a ela relacionados: A existência da pessoa natural termina com a morte... (art. 6 do CC/02). A capacidade tributária passiva independe: I – da capacidade civil das pessoas naturais... (art. 126 do CTN). Em outros momentos, porém, os modalizadores deônticos vêm à tona, expressando-se, ostensivamente, na linguagem do direito posto, com o que denunciam, de forma evidente, sua função prescritiva: O tutor, antes de assumir a tutela, "é obrigado" a especializar, em hipoteca legal, que será inscrita, os imóveis necessários, para acautelar, sob a sua administração, os bens do menor (art. 1745 do CC/02). O contribuinte do ITR entregará "obrigatoriamente" em cada ano, o Documento de Informação e Apuração do ITR – DIAT, correspondente a cada imóvel, observadas datas e condições fixadas pela Secretaria da Receita Federal (art. 8º da Lei n. 9.393 de 19-12-96).

Enquanto se movimenta entre os enunciados, para compreendê-los na sua individualidade, o intérprete dos textos jurídicos deve saber que manipula frases prescritivas, orientadas para o setor dos comportamentos estabelecidos entre sujeitos de direito. É preciso, contudo, considerá-las na forma em que se apresentam, para que seja possível, posteriormente, congregá-las e convertê-las em unidades normativas, em que o sentido completo da mensagem deôntica venha a aparecer com toda a força de sua juridicidade. E esse "considerá-las na forma em que se apresentam" implica, muitas vezes, a utilização da Lógica Apofântica, com o modelo clássico "S é P". Nesse intervalo, a tomada de consciência sobre a prescritividade é importante, mas o exegeta não deve se preocupar, ainda, com os cânones da Lógica Deôntico-jurídica, porque o momento da pesquisa requer, tão somente, a compreensão isolada de enunciados que, quase sempre, se oferecem em arranjos de forma alética.

2.3.3 A prescritividade do direito no Preâmbulo da Constituição

Situação que salta aos olhos no tocante à prescritividade do direito está justamente na figura do preâmbulo. Percebo que, embora revista caracteres próprios, sua existência está intimamente envolvida na totalidade do sistema jurídico-normativo, portando, desta maneira, idêntico teor prescritivo ao das estruturas deônticas inseridas mediante artigos, parágrafos, incisos e alíneas, distribuídas na extensão do diploma. Assim, ao enunciar:

> Nós, representantes do povo brasileiro, reunidos em Assembleia Nacional Constituinte para instituir um Estado Democrático, destinado a assegurar o exercício dos direitos sociais e individuais, a liberdade, a segurança, o bem-estar, o desenvolvimento, a igualdade e a justiça como valores supremos de uma sociedade fraterna, pluralista e sem preconceitos, fundada na harmonia social e comprometida, na ordem interna e internacional, com a solução pacífica das controvérsias, promulgamos, sob a proteção de Deus, a seguinte CONSTITUIÇÃO DA REPÚBLICA FEDERATIVA DO BRASIL.

o constituinte insere nos domínios do direito posto, proposições de ordem introdutória, expondo os motivos e anunciando, em tom prescritivo, o quadro sobre o qual deve o exegeta manter sua interpretação da mensagem constitucional.

Este, contudo, não tem sido o entendimento da Suprema Corte. Acolhendo a tese da *irrelevância jurídica do preâmbulo*, afirmou o Eminente Min. Carlos Velloso ser o referido texto enunciado estranho ao território jurídico, isto é, *não se situa no âmbito do Direito, mas no domínio da política, refletindo posição ideológica do constituinte*[192]. E, em abono desse matiz, concluiu: *Não contém o preâmbulo, portanto, relevância jurídica*[193].

Ora, em posição que se opõe pelo vértice, com o respeito e a admiração que o ilustre magistrado sem dúvida alguma merece, creio que suas asserções não devam prevalecer com a força dogmática que delas se pretende extrair. No subdomínio das significações dos enunciados, cumprem as cláusulas do preâmbulo papel prescritivo da mais elevada importância, impregnando, em função de sua hierarquia e pelo próprio

---

192. STF, ADIN 2.076-5 ACRE, Tribunal Pleno, Rel. Min. Carlos Velloso, Voto Min. Carlos Velloso, p. 226.

193. *Idem, ibidem.*

efeito da derivação lógica que desencadeiam, todas as unidades normativas do direito infraconstitucional. É o que se vê no caso da "segurança", do "bem-estar", do "desenvolvimento", anunciados no preâmbulo como valores supremos a serem perseguidos por uma sociedade que se apresenta por "fraterna, pluralista e sem preconceitos". Na amplitude dessa providência, vários são os enunciados de forte carga axiológica aduzidos no Preâmbulo, todos eles partes constitutivas das formulações proposicionais disciplinadoras de condutas intersubjetivas, bastando lembrar que alguns desses magnos princípios, manipulados pelos juristas, pertencem à subclasse dos implícitos, como os primados da justiça, da segurança jurídica e da certeza do direito, que não são retomados expressamente no texto da Constituição, mas que, é certo, hão de repercutir com intensidade controlada em todas as normas do ordenamento. Esclareço logo que tal implicitude diz respeito ao corpo articulado de preceitos, pois na declaração preambular encontram-se literalmente mencionados.

É intuitivo crer que a geração de sentido de uma oração prescritiva qualquer já pressupõe a atinência a esses enunciados que funcionam como se fora um *texto implícito,* ou melhor, um *contexto* a ser levado em conta no ato mesmo da atividade interpretativa das formulações legais. De fato, a circunstância de figurarem expressamente na organização do corpo textual, ou separadamente da distribuição em livros, seções, capítulos, artigos, parágrafos, incisos e alíneas, tal condição não modifica o *quantum* de prescritividade que o Preâmbulo ostenta, pois, de todo modo, funciona como vetor valorativo, penetrando as demais regras do sistema e impregnando-lhes, fortemente, em sua dimensão semântica. Por isso mesmo é colocado no altiplano da Constituição. De lá, no lugar preciso de onde começam todos os processos de positivação das normas jurídicas, irradiam-se aqueles primados para os vários escalões da ordem legislada, até atingir as regras terminais do sistema, timbrando os preceitos que ferem diretamente as condutas em interferência intersubjetiva, com a força axiológica dos mandamentos constitucionalmente consagrados.

2.3.4 O perfil do preâmbulo no direito positivo brasileiro

A Lei Complementar n. 95, de 26 de fevereiro de 1998, dispõe sobre a elaboração, redação, alteração e consolidação das leis, conforme determina o parágrafo único do art. 59 da Constituição da República, e estabelece normas para a consolidação dos atos normativos que menciona. E, logo no art. 3º, alude, impositivamente, às três partes básicas que compõem o estatuto:

> I – parte preliminar, compreendendo a epígrafe, a ementa, o preâmbulo, o enunciado do objeto e a indicação do âmbito de aplicação das disposições normativas;
>
> II – parte normativa, compreendendo o texto das normas de conteúdo substantivo relacionadas com a matéria regulada;
>
> III – parte final, compreendendo as disposições pertinentes às medidas necessárias à implementação das normas de conteúdo substantivo, às disposições transitórias, se for o caso, a cláusula de vigência e a cláusula de revogação, quando couber.

Quer isso expressar que a lei tem de conter essas três porções de linguagem, todas elas integrantes da compostura do enunciado posto pelo legislador. Tais menções distam de ser peças optativas ou ornamentais que o autor do documento escolha segundo as inclinações de sua vontade ou ao interesse de simplificar o esquema textual. Não. A referida Lei é bem clara ao estabelecer conteúdo prescritivo a cada um daqueles incisos, deixando patente o *animus* imperativo das providências. E pouco importa lembrar que o legislador somente utilizou a palavra *normativa* na segunda parte. Ressalta à mais pura obviedade que tanto o inciso I, quanto o III assumem caráter indissociável do II, formando um bloco de intenso e forte calibre deôntico.

2.3.4.1 Retórica e Preâmbulo

Outro argumento evocado por aqueles que desconsideram o preâmbulo como base constitutiva de direitos e deveres está no entendê-lo como *texto meramente retórico*, constituindo-se de enunciados que colaboram no convencimento, na persuasão dos jurisdicionados do texto da Constituição da República, sem contudo integrá-lo.

Acontece que o caráter retórico, como aspecto pragmático da linguagem, é indissociável de toda comunicação que se pretenda, de algum modo, persuasiva, não incorrendo, com esta afirmativa, no mau vezo de atribuir somente a ela o dado registro. Sim, porque toda a função linguística exige o timbre retórico, sem o qual a mensagem não se transmite do enunciador ao enunciatário. Enganam-se aqueles que admitem a retórica apenas como expediente da função persuasiva, estruturada para facilitar o convencimento de quem recebe o impacto da enunciação. Inexiste a "não-retórica", de tal sorte que a contra-retórica é retórica também. Resta saber qual a intensidade e os limites de sua utilização nos diversos tipos de linguagem.

Em comentários ligeiros, os recursos a serem utilizados pelo cientista, em todo trabalho exegético de descrição, variam segundo a região ôntica do objeto a ser conhecido. Há um tipo de veemência recomendado para a região dos entes físico-naturais; outro para a dos ideais e ainda outro para a dos culturais, levando-se em conta, neste setor, a multiplicidade imensa das manifestações objetais. Tudo para advertir, de maneira incisiva, que não é qualquer torneio retórico que convém ao discurso da Ciência do Direito ou mesmo daquel'outros produzidos com o objetivo de convencer a autoridade competente ou o juiz de direito nos respectivos autos. Por outro lado, é impossível estipular o espaço de variação da possibilidade retórica no recinto do jurídico, mesmo porque um é o do direito posto, outro o da dogmática. Simplesmente isso. Caberá à intuição, tomada aqui como órgão, aliás o mais poderoso instrumento cognoscitivo, a chamada "ciência direta", sugerir os critérios de avaliação do *quantum* de argumentação retórica que deve ser empregada na construção do discurso científico, evitando, por todo o modo, a logomaquia e tantas extravagâncias que rondam e ameaçam a pena de quem escreve.

Com estas modulações, pretendo deixar claro que a lógica da linguagem persuasiva ou da linguagem que prepara a decisão é a lógica da argumentação, isto é, uma lógica da interpretação para decidir ou lógica dialógica orientada para a decisão. Sobre a Teoria da Argumentação, Tercio Sampaio Ferraz Jr.[194] tece importantes considerações que merecem detida reflexão. Assinalando que a lógica retórica se ocupa da argumentação como tipo específico de raciocínio, correspondendo a procedimentos quase lógicos, que não obedecem ao rigor exigido pelos sistemas formais, passa a estudar, um a um, os mais conhecidos modelos de procedimento, no âmbito da argumentação jurídica, sem intuito classificatório.

Revela-se de forma clara que a estrutura sintática da linguagem jurídica, num processo de decisão judicial ou administrativa, subordina-se a valores lógicos outros que não os do discurso descritivo (verdadeiro/falso) ou prescritivo (válido/não-válido) ou ainda o da linguagem das perguntas (pertinentes/impertinentes). Os sujeitos participantes desenvolvem seus esforços no sentido de obter um fim determinado: o convencimento de quem tem o poder de decidir. E no próprio ato decisório, estará a justificativa, pela argumentação, em termos de mostrar que assim o decidiu, isto é, positivou a regra, para atender a princípios de justiça, de coerência, de segurança, de respeito à ordem jurídica vigente, entre tantos outros que poderiam ser aqui enunciados.

2.3.4.2 Preâmbulo, ementa e exposição de motivos

Preâmbulo, ementa e exposição de motivos cumprem, de certo modo, o mesmo objetivo: fixam dêiticos de conteúdo que identificam aspectos relevantes da substância discursiva. Assumem o papel de *enunciação enunciada* e permitem o ingresso do receptor da mensagem no teor do que nela foi transmitido. As figuras são muito próximas, consubstanciando algo relevante a respeito da matéria objeto do ato de vontade do legislador, seja ele Poder Legislativo (lei), Poder Judiciário (sentença ou acórdão), Poder executivo (decreto) ou

---

194. Tercio Sampaio Ferraz Jr., *Introdução ao estudo de direito: técnica, decisão, dominação*. 3ª ed., São Paulo: Atlas, 2001, p. 330-1.

Setor Privado (contrato). A diferença fica por conta do critério mais acentuadamente axiológico do preâmbulo, em face do caráter sumular, compendial da ementa e da inclinação preponderantemente histórica e explicativa da exposição de motivos. O tom prescritivo, todavia, está igualmente presente nas três figuras, porquanto quem legisla não está credenciado a manifestar-se de outra maneira que não seja a ordenadora de condutas. Ainda que o autor empregue meios sintáticos que sugiram a forma de relato descritivo, como é comum, sua função é, fundamentalmente, disciplinadora de comportamentos intersubjetivos. Direi que o preâmbulo tende mais para o lado dos valores que a mensagem normativa pretende implantar, ressaltada por isso mesmo sua tonalidade retórica; ao passo que a ementa visa, antes de tudo, a resumir o produto legislado, extratando-o, reduzindo-o à sua expressão mais simples. Já a exposição de motivos costuma dar ênfase ao clima histórico-institucional em que o diploma foi produzido, discutindo, muitas vezes, as teses em confronto na circunstância da elaboração, para justificar (dar os motivos) a eleição de determinada tendência dogmática. Sua extensão é maior do que as das duas primeiras categorias, funcionando também como introdução no espírito do tema sobre o qual dispõe o estatuto. A exposição de motivos, constando da enunciação-enunciada, manifesta-se mais próxima ao processo de enunciação do "ato de fala" jurídico, enquanto o preâmbulo e a ementa nos remetem à enunciação-enunciada, porém mais inclinadas ao enunciado do que, propriamente, ao processo de enunciação.

Vale acrescentar que o descompasso entre a ementa e o conteúdo do documento normativo dá ensejo a embargos de declaração, mais um argumento que reafirma a índole de sua prescritividade.

2.3.4.3 *Súmula dominante e Súmula vinculante*

Se preâmbulo, ementa e exposição de motivos são momentos interiores ao estatuto normativo, a Súmula é algo a ele externo. No subsolo do direito posto, seguindo a linha de pensamento de que a realidade jurídica é composta só e somente só de normas, isto é, constitui-se, por essência, de linguagem prescritiva de condutas, vamos encontrar a Súmula da jurisprudência dominante apresentando-se aos olhos do sistema positivo como veículo de autonomia apenas formal, porquanto seu conteúdo revela mecanismo de caráter unificador e sistematizante das unidades que já compõem o ordenamento. Não põe direito novo, como as sentenças e os acórdãos. Seu caráter é sistematizador daquilo que já existe. Porém, não é possível, mesmo assim, deixar de reconhecer-lhe natureza prescritiva, traço peculiar da linguagem empregada na função de comando, como certamente é o *modus* próprio do jurídico. Trata-se de providência que seleciona, que organiza, outorgando foros de uniformidade aos julgados sobre certas matérias, ao mesmo tempo em que aponta, com firmeza e determinação, a direção da conduta, segundo o quadro das expectativas normativas do sistema. Ao tomar a iniciativa do procedimento sumular, o Tribunal exerce competência específica, como o faz com relação aos acórdãos e demais provimentos de seu domínio de atribuições constitucionais, promovendo o compêndio, o resumo, o extrato daquilo que já está no âmbito de uma classe de julgados.

Com efeito, pensemos que as manifestações que os Tribunais Superiores proferem em tom de Súmula tornam-se diretrizes decisórias para aquel'outros que lhes são hierarquicamente inferiores, ao mesmo tempo em que a sociedade as acolhe como expressão eloquente do direito que há de ser cumprido no plano das relações intersubjetivas. Além disso, a construção dos conteúdos sumulares se faz gradativamente, pela reiteração de julgamentos acumulados nos horizontes da mais legítima experiência jurídica. É a consolidação do trabalho judicante, produzindo o direito vivo, testado e compassadamente aplicado na composição de litígios sobre certos e determinados objetos do comportamento social.

Sobre o papel da Súmula ordinária no direito brasileiro, instituída em 1.963, ao tempo do Eminente Min. Victor Nunes

Leal, quando passou a constar do Regimento Interno do Supremo Tribunal Federal, nada melhor do que as palavras contidas em acórdão daquela Egrégia Corte, publicado no DJ de 24/05/2005, no AI-AgR 179.560/RJ, da 1ª turma, sendo relator o Ilustre Ministro Celso de Mello:

> A SÚMULA DA JURISPRUDÊNCIA PREDOMINANTE DO SUPREMO TRIBUNAL
>
> (...)
>
> A formulação sumular, que não se qualifica como "pauta vinculante de julgamento", há de ser entendida, consideradas as múltiplas funções que lhe são inerentes – função de estabilidade do sistema, função de segurança jurídica, função de orientação jurisprudencial, função de simplificação da atividade processual e função de previsibilidade decisória, v. g. (RDA 78/453-459 – RDA 145/1-20), como resultado paradigmático a ser autonomamente observado, sem caráter impositivo, pelos magistrados e demais Tribunais judiciários nas decisões que venham a proferir").

Por outros torneios, eis o sentido do texto exarado pelo E. Supremo Tribunal Federal no fragmento trasladado para esta peça. E tudo quanto se disse a respeito daquela Elevada Corte se aplica às Súmulas de consolidação de jurisprudência do Superior Tribunal de Justiça que, na mesma proporção, persegue as funções de estabilidade do sistema, de segurança jurídica, de orientação jurisprudencial, de simplificação da atividade processual e de previsibilidade decisória, uma vez que na amplitude de sua missão constitucional está o dever de uniformizar a interpretação das leis federais. Apesar de sua vocação sintetizadora, vê-se que não há como equiparar a súmula à classe de que tratamos, vale dizer, dos preâmbulos, das ementas e das exposições de motivos.

O momento epistemológico pede ajeitar-se aqui também alguns comentários acerca da súmula vinculante. Do mesmo modo que a súmula dominante, a de caráter vinculante é também norma externa aos atos que a constituem, isto é, em termos formais, é veículo normativo autônomo às normas que a instituem (decisões e julgados do Tribunal Superior). Em planos materiais, contudo, seu conteúdo vincula-se àqueles, uma vez que a Súmula justamente os unifica e sistematiza para fins de composição do ordenamento. Também aqui, não põe direito novo, mas funciona como providência necessária na organização e celeridade dos julgados do Poder Judiciário.

Em comentários ligeiros, entende-se por súmula vinculante o nome dado a determinado procedimento normativo, que, seguindo a sequência de atos exigida pelo art. 103-A da CF (incluído na Constituição da República pela EC 45/2004), traz como resultado norma produzida pelo STF com efeito vinculante. Veja redação do Texto Constitucional:

> O Supremo Tribunal Federal poderá, de ofício ou por provocação, mediante decisão de dois terços dos seus membros, após reiteradas decisões sobre matéria constitucional, aprovar súmula que, a partir de sua publicação na imprensa oficial, terá efeito vinculante em relação aos demais órgãos do Poder Judiciário e à administração pública direta e indireta, nas esferas federal, estadual e municipal, bem como proceder à sua revisão ou cancelamento, na forma estabelecida em lei.

A discussão, levantada pelo dispositivo, diz muito mais à qualidade vinculante do efeito do decisório do que do próprio procedimento em si, que se encontra prescrito com hialina clareza na Carta Magna. Posto isto, que é *efeito vinculante*? Qual a força de eficácia jurídica que se deve atribuir a esta expressão? Firmemos que a norma expedida pelo STF, para fins de uniformizar jurisprudência reiterada, em caráter vinculante, amarra, conforme texto constitucional, os *órgãos do Poder Judiciário e a administração pública direta e indireta, nas esferas federal, estadual e municipal*. Logo, uma vez expedida e publicada na imprensa oficial, a vigência da súmula é imediata e são obrigados (o) a respeitá-la, ao proferir suas próprias decisões, os juízes e tribunais, em sua totalidade, incluindo-se as Turmas do próprio STF, no plano do Poder Judiciário; e, no âmbito executivo, a administração pública, direta ou indireta, em suas esferas federal, estadual e municipal. Note-se que a CF/88 nada diz quanto ao Poder legislativo, que, deste modo, encontra-se fora do campo de abrangência normativa e vinculante da Súmula.

Em resumo, à diferença dos procedimentos ordinários sumulares, a Súmula vinculante tem duas consequências no universo jurídico: (i) é imperativa, uma vez que o STF impõe, em planos semânticos, um sentido determinado a uma dada norma, sentido este que deve ser acolhido de forma obrigatória pelos sujeitos de direitos enunciados no art. 103-A; e (ii) é coercível, tendo em vista que a sua inobservância autoriza o jurisdicionado a ingressar com reclamação, no próprio STF, sem prejuízo de futuras e eventuais sanções que podem ser previstas em lei. Eis que a condição de ser vinculante comparece aqui como elemento interior a essas Súmulas, com o caráter de predicado interno (não vindo de fora). Trata-se daquilo que a distancia das chamadas Súmulas dominantes.

2.3.4.4 *O preâmbulo como feixe de marcas da enunciação, meio eficaz de acesso ao quadro axiológico que presidiu a edição do Texto Constitucional*

Deixando de lado os argumentos trazidos pela teoria da irrelevância, mencionadas páginas atrás, quero insistir que o Preâmbulo constitucional é portador de carga prescritiva como qualquer outra porção do direito posto. Distingue-se, porém, pela hierarquia. É a palavra do legislador constituinte que remete à própria instância da enunciação do Texto Maior, anunciando valores que funcionam como verdadeiros dêiticos para localizar, no tempo e no espaço, o momento e o lugar cultural em que se implantou a Constituição de 1988.

Não sobeja lembrar, quanto ao âmbito de compreensão deste cenário exegético, aquelas palavras que empreguei no prefácio do sugestivo livro do Professor José Souto Maior Borges, *Ciência Feliz*, onde lembrei que as construções do espírito permitem à criatura humana não simplesmente *existir*, que é manter-se dentro dos limites físicos da natureza, sendo abrangido pelo espaço, mas sobretudo *viver*, que é abranger o tempo, rompendo com aquilo que nos parece ser a ordem natural das coisas, para expandir-se livremente no infinito, onde podem fluir todos os sonhos e são acolhidas as nossas aspirações e devaneios.

Efetivamente, o homem vai além do universo físico; transcende sua própria existência para alcançar o impossível, o inefável. Encontra-se sempre em eterna busca: a procura de algo que o ultrapassa. Neste sentido, o que o homem tem de material, como ser vivente, é-lhe muito pouco. Oferece apenas o apoio físico indispensável para as aventuras do espírito.

Basta examinar uma obra de arte qualquer: seu valor estético não descansa na base empírica que recebe o impacto do desenho e das tintas que lhe são aplicadas, mas no desempenho do artista que, na genialidade de seus traços e na combinação inusitada das cores, deixa marcas no objeto. São as marcas da enunciação no enunciado, como índices da criação artística e modo de objetivação do belo. Veem-se, neste exemplo, os transportes do espírito humano sobrepujando as limitações da materialidade da vida, naquela síntese do ser com o dever ser, presente em toda composição do objeto da cultura.

Quero lembrar, também, que tais objetos acontecem no curso da história, arrastando consigo os dados que o passado vai acumulando. Lourival Vilanova[195], a propósito, refletindo sobre a porção de historicidade que os acontecimentos sociais carregam, declara com linguagem penetrante e expressiva:

> Os entes históricos são assim: num ponto do tempo, repousam todos os pontos antecedentes, que se fazem presentes sem perderem seu modo de ser pretéritos. Confluem todos para o presente, que se converte em ponto de intersecção do que já se foi com o que está por vir. Com isso, o tecido histórico vai se constituindo ponto por ponto, tornando-se cada vez mais espesso, mais resistente, mais denso.

Transmitindo essas meditações para o quadro das unidades textuais, da mesma forma que uma obra de arte, todo texto

---

195. "O poder de julgar e a norma". In: *Escritos jurídicos e filosóficos*, v. 1, São Paulo, IBET/Axis Mundi, 2003, p. 354.

– componente do universo físico que é – transcende sua própria existência, permitindo ao intérprete alcançar o impossível: aquela camada do ideal com que o espírito humano lida com tanta naturalidade. Em toda escolha lexical, em toda combinação frásica, há um pouco de quem os executa – o ser humano – sendo depositado no corpo do material com que trabalha, as marcas de suas crenças e ideologias, suas esperanças e frustrações. E, ao ser retomado pelo exegeta, o homem volta a expandir-se livremente, eternizando-se. Nasce e renasce em todo ato de enunciação, fazendo-se presente e onipresente.

Para não perder o fio da meada e retornando à linha de raciocínio da qual partimos, quero dizer que o Preâmbulo da Constituição é um admirável exemplo de matéria textual pronta para propiciar ao espírito humano suas excursões no mundo de seus sonhos, aspirações, traumas e necessidades, realizando-o ao deixar traços das crenças e ideologias que ficaram gravadas, a ferro e fogo, na Constituinte de 88. Nessa trajetória, pode dizer-se que o Preâmbulo expandiu o espírito de uma *sociedade fraterna, pluralista e sem preconceitos, fundada na harmonia social*. E com tais exortações fixou coordenadas relevantíssimas para a interpretação do Texto Constitucional.

Cabe dizer que é perfeitamente possível explicar a função discursiva do preâmbulo no direito, associando-o ao tema das fontes, sob o influxo das enérgicas influências da teoria da linguagem e, mais especificamente, dos atos de fala. Lembremo-nos de que chamo de *fontes materiais* aqueles fatos jurídicos produtores de normas e de *fontes formais* as normas que têm a missão de introduzir no sistema jurídico-prescritivo uma ou mais normas gerais e abstratas, individuais e concretas ou individuais e abstratas. Agora, as fontes formais ou *veículos introdutores de normas*, como parece melhor denominar, serão sempre e invariavelmente *normas concretas e gerais*, pouco importando o tipo de regras por elas inseridas no ordenamento. Comprova-se que são *gerais* pela circunstância de que todos haverão de respeitá-las como normas válidas insertas no sistema: foram produzidas pelo órgão competente, segundo a forma procedimental também nele (sistema) prevista. Seu teor de concretude manifesta-se na leitura do antecedente: *advêm de um fato efetivamente realizado, isto é, marcado no tempo e situado no espaço.*

Com efeito, pensemos numa sentença: o suposto invoca a competência específica do magistrado e a situação do processo, recebe um número (que é o do processo) e é proferida em determinado ponto do tempo e em certo lugar do espaço (local e data da publicação). Reúne, portanto, tudo aquilo que se requer de um fato concreto: verbo no pretérito e coordenadas espaço-temporais definidas. E como a sentença, teremos todas as demais fontes formais, sejam aquelas emanadas do Judiciário (acórdãos e outros atos de cunho jurisdicional), do Legislativo (emendas à Constituição, leis, decretos legislativos, resoluções etc.), do Executivo (decretos, instruções ministeriais, portarias, ordens de serviço, lançamentos tributários, decisões administrativas e outros expedientes) ou, no caso, cumpre ressaltar, do constituinte originário (Constituição da República). Acrescentemos aqui a multiplicidade de atos que pertenceram também à província do ordenamento normativo e que advêm do setor privado (como os contratos, promessas unilaterais de recompensa e outras manifestações jurídicas individuais).

Em situações desse tope, há sempre um procedimento a ser seguido, previsto nas *normas de competência*. Quando se diz que norma válida é aquela produzida por órgão competente, perante o sistema, e consoante o procedimento nele, sistema, estabelecido, não nos detemos na reflexão segundo a qual *todo procedimento de elaboração normativa se apresenta como forma de realizar o próprio direito*. Não é difícil perceber que o sistema de normas, *introdutoras* e *introduzidas*, é o que conhecemos por direito positivo, ao passo que o conjunto de fatos aos quais a ordem jurídica atribui teor de juridicidade, se tomados na qualidade de *enunciação* e não de *enunciados*, estarão formando o território das *fontes do direito posto*.

É precisamente neste último exemplo – a enunciação pela Assembleia constituinte do Preâmbulo e do Texto constitucional – que Kelsen trouxe a singela, porém genial contribuição da "norma hipotética fundamental", não posta, mas pressuposta, juridicizando aquele fato – procedimento de elaboração normativa – que ficara de fora, por imprimir-lhe a feição de normatividade que lhe faltava. Ao redigir o texto do Preâmbulo, a Assembleia Constituinte seguiu itinerário previsto na *norma fundamental* que lhe deu competência e, portanto, fundamento de validade. O Preâmbulo, uma vez enunciado, torna-se norma válida, tendo em vista que é produzido por órgão competente perante o sistema e consoante o procedimento nele admitido, realizando o próprio direito. O domínio de fatos produzidos pela Assembleia Constituinte é recepcionado pela ordem jurídica, na medida em que se lhes atribui teor de juridicidade. São eles tomados na qualidade de *enunciação* e não de *enunciados*, formando, neste ponto, a região das *fontes do direito posto*. Fecha-se assim o conjunto, isolado na especificidade de seu objeto, uniforme porque composto tão somente de normas jurídicas, de tal modo que nele, conjunto, não encontraremos senão descritores e prescritores, bem como suas contrapartes factuais: fatos jurídicos e relações jurídicas.

O corolário natural deste quadro de indagações é que o direito positivo, integrado unicamente por normas jurídicas, não comportaria a presença de outras entidades. Ora, tudo isso aplicado ao Preâmbulo não é compatível com a existência de textos que componham o direito posto sem, contudo, revestir caráter prescritivo. Figura desse jaez de forma alguma caberia ao lado de normas, coparticipando da integridade do ordenamento. Não poderia compartilhar do mesmo campo de objetos que reúne as unidades normativas, justapondo-se ou contrapondo-se a elas. Se porventura estivessem, seriam formações linguísticas portadoras de uma estrutura sintática própria. E qual seria essa configuração lógica? Ninguém, certamente, saberá responder a tal pergunta, porque o Preâmbulo é formado por "normas jurídicas" carregadas de intensa conotação axiológica, influindo vigorosamente sobre a orientação de todos os segmentos da ordem positiva.

2.3.4.5 Comandos de sobrenível – prescrições sobre prescrições

Forte nesses pressupostos não hesito em proclamar que o estudo das fontes do direito está voltado, primordialmente, para o exame dos fatos enquanto enunciações que fazem nascer regras jurídicas introdutoras de normas no sistema. Por isso, o Preâmbulo não pode ser desconsiderado na feição de sua juridicidade. Como feixe de marcas deixadas no curso do processo de enunciação do direito, assume indiscutível relevância, auxiliando e orientando a atividade do intérprete. Aliás, precisa ficar claro que o Poder Constituinte não foi eleito para propor sugestões, emitir opiniões, tecer comentários, formular conselhos, conceber hipóteses ou elaborar proposições independentes de metalinguagem sobre o discurso de estruturação do Estado Brasileiro que adveio de seu trabalho. No caso do Preâmbulo, admite-se tão só a função metalinguística dentro do Texto, como função de glosa, mas projetada sobre o mesmo código que está sendo empregado, vale dizer: *é prescrição sobre prescrições, preceitos de sobrenível voltados para o mister de resumir, imperativamente, aqueles mesmos dispositivos que, esparsos na amplitude do discurso constitucional, cumprem sua missão disciplinadora de comportamentos intersubjetivos.*

2.3.5 O axioma da hierarquia das normas e a teoria das fontes do direito

Outra coisa, bem distinta, é reconhecermos o enorme interesse de investigar os plexos de normas que estão credenciados pelo sistema para o fim de promover a inserção de novas unidades, movimentando-o no sentido de projetar-se sobre a região material da conduta, e coordenando o fluxo das interações humanas, na direção que implanta os valores fundamentais da sociedade. São normas que falam acerca de normas, regras que dizem como as regras do direito devem ser postas, alteradas ou expulsas do sistema. Eis o direito se autocompondo, se retroalimentando, para absorver as matérias que outros subsistemas do tecido social, considerado na sua inteireza (político, econômico, ético, religioso, social em sentido estrito, etc.), vão paulatinamente oferecendo ao juízo do legislador, que decide o modo de aproveitá-las para a regulação do comportamento intersubjetivo.

O estudo da hieraquia das normas, tomada a palavra "hieraquia" como axioma é relevantíssimo. Sem ele, nada poderíamos dizer a propósito da situação hierárquica de determinado preceito que, por qualquer razão, convocasse os nossos cuidados, já que todas as normas jurídicas têm idêntica estrutura sintática (homogeneidade lógica), embora dotadas de conteúdos semânticos diferentes (heterogeneidade semântica). É por aceitar que a norma N' entrou pela via constitucional, que reivindico sua supremacia com relação à norma N", posta por lei ordinária. É por saber que certa norma individual e concreta veio à luz no bojo de um acórdão do Supremo Tribunal Federal, que me atrevo a declarar sua prevalência em face de outro acórdão proferido por tribunal de menor hierarquia. Neste domínio, recolhemos material precioso para o discurso crítico-descritivo da Ciência do Direito, conquanto seja necessário enfatizar que isso nada tem que ver com a temática das fontes.

2.3.6 Fonte do direito e fonte da Ciência do Direito

Desde logo cumpre fazer observação importante e que atina ao momento da própria determinação das diferenças existentes entre a fonte do direito positivo e a fonte da Ciência do Direito. Com apoio nos alicerces da teoria comunicacional acima exposta, entendemos que são fontes do direito positivo as materiais, vale dizer, os acontecimentos que se dão no plano uno e múltiplo do processo de enunciação dos fatos jurídicos, abrangendo os fatos sociais em senso estrito e os fatos naturais de que participem, direta ou indiretamente, sujeitos de direito. Para que tais eventos adquiram o predicado de fontes, portanto, mister se faz que encontrem qualificação em hipótese de normas válidas do sistema. Já por fontes da Ciência do Direito podemos, numa opção perfeitamente aceitável, congregar tudo aquilo que venha a servir para a boa compreensão do fenômeno jurídico, tomado agora como a linguagem prescritiva em que se verte o direito.

Vem a ponto aqui notar que o fenômeno jurídico de que falamos comporta diversas posições cognoscitivas: a linguagem normativa, no seu projetar-se sobre a realidade social, enseja "n" posturas formais diferentes. São Ciências do Direito tanto a Sociologia do Direito quanto a História do Direito, a Antropologia Cultural do Direito, a Política do Direito, a Psicologia Social do Direito e quantas outras.

Pudemos relevar, outrossim, que o estudo das chamadas fontes materiais do direito circunscreve-se ao exame do processo de enunciação dos fatos jurídicos, de tal modo que neste sentido a teoria dos fatos jurídicos é a teoria das fontes dogmáticas do direito. Paralelamente, as indagações relativas ao tema das fontes formais correspondem à teoria das normas jurídicas, mais precisamente daquelas que existem no ordenamento para o fim primordial de servir de veículo introdutório de outras regras jurídicas. Já que este campo de investigação assume caráter de grande interesse e de indiscutível utilidade para o cientista, permitindo-lhe situar as unidades prescritivas nos respectivos patamares da estrutura piramidal, nada mais razoável do que compreender o porquê da insistência dos doutos em discorrer espaçosamente sobre o assunto. A impropriedade fica registrada, mesmo sabendo que nem sempre é fácil ajeitar a linguagem à nitidez do pensamento.

2.3.7 Revogação tributária

Há muito que se estuda a revogação de normas jurídicas mesmo porque o assunto é tão antigo como o próprio direito. É no fenômeno revogatório que o sistema vai adquirindo novas configurações, como se fosse uma formação de nuvens no céu. As construções doutrinárias, entretanto, não têm atribuído ao tema a importância que ele merece, como dinâmica internormativa de alterar o ordenamento, fazendo com que ele se atualize e avance em direção às condutas interpessoais, para discipliná-las, implantando valores. Os autores permaneceram no nível epidérmico das soluções de conflitos interpretativos ou na singela explicação das razões pelas quais uma regra deve prevalecer sobre outra, ao regular deonticamente as situações da vida social. Mas os tempos mudaram e o "giro-linguístico" permitiu que novas perspectivas se abrissem para a análise do dado jurídico. Os horizontes normativos, com as técnicas que se assentam na teoria dos atos de fala e apoiados no desenvolvimento das investigações sobre a estrutura do discurso, puderam ser vistos com maior amplitude, de tal modo que as questões atinentes à revogação passaram a ser, antes de mais nada, problemas do universo das fontes de produção do direito.

O pensamento acerca de matéria tão relevante poderia ser localizado no âmbito do mundo dos objetos culturais, onde se manifesta, efetivamente, a experiência jurídica e os valores que os sujeitos do conhecimento lhe atribuem. Tomando a Lógica como premissa há de se considerar no fenômeno da revogação, equilibradamente, a organização sintática do discurso normativo em face da presença inafastável dos fatores axiológicos, numa postura que se movimenta bem na linha das meditações empreendidas pelo mestre Lourival Vilanova. Mais ainda, ao refletir sobre o instituto da revogação, comparece, ostensivamente, o chamado "constructivismo lógico-semântico" ou, como prefere Gregorio Robles Morchón, a proposta hermenêutico-analítica, que privilegia os atos de fala como o *a priori* de todo e qualquer fato comunicacional.

Convém reiterar mais uma vez que o direito é fenômeno complexo. Um caminho para estudá-lo é isolar as manifestações normativas. Ali onde houver direito, haverá normas jurídicas. E onde houver normas jurídicas haverá, certamente, uma linguagem em que tais normas se manifestam. Não se trata, contudo, de algo estático, imutável. Ao contrário, o direito está em constante movimento, em que o legislador (em sentido lato), partindo de normas jurídicas de hierarquia superior, produz novas regras. Tudo nos parâmetros previstos pelo sistema jurídico.

Ao regular sua própria criação, ele institui o modo pelo qual se opera a produção, modificação e extinção de suas normas, fazendo-o por meio das denominadas regras de estrutura, as quais representam, para o direito positivo, o mesmo papel que as regras da gramática cumprem num idioma historicamente dado. Prescrevem estas últimas a forma de combinação dos vocábulos e das expressões para produzirmos orações, isto é, construções com sentido. À sua semelhança, as chamadas regras de estrutura determinam os órgãos do sistema e os expedientes formais necessários para que se editem normas jurídicas válidas no ordenamento, bem como o modo pelo qual são elas alteradas e desconstituídas.

Conquanto o sistema do direito positivo, sendo composto por linguagem prescritiva, admita a existência de contradições entre as unidades do conjunto, o próprio ordenamento costuma trazer estipulações que determinam qual das normas há de prevalecer. Vale lembrar a lição de Lourival Vilanova[196] no sentido de que:

> O só fato da contradição não anula ambas as normas. Nem a lei de não-contradição, que é lei lógica e não norma jurídica, indicará qual das duas normas contradizentes prevalece. É necessária a norma que indique como resolver a antinomia: anulando ambas ou mantendo uma delas.

A solução das antinomias porventura existentes no sistema resolve-se pelos critérios estabelecidos pelo ordenamento e não por outros meios. Neste sentido, a Teoria Geral do Direito construiu três critérios de solução de conflitos de normas, os quais, posteriormente, foram inseridos no sistema do direito positivo brasileiro pela Lei de Introdução ao Código Civil, por seu artigo 2º, nos seguintes termos:

> Art. 2º Não se destinando à vigência temporária, a lei terá vigor até que outra a modifique ou revogue.
>
> § 1º A lei posterior revoga a anterior quando expressamente o declare, quando seja com ela incompatível ou quando regule inteiramente a matéria de que tratava a lei anterior.

---

196. *Causalidade e relação no direito*, 4ª ed., São Paulo, Revista dos Tribunais, 2000, p. 212.

§ 2º A lei nova, que estabeleça disposições gerais ou especiais a par das já existentes, não revoga nem modifica a lei anterior.

§ 3º Salvo disposição em contrário, a lei revogada não se restaura por ter a lei revogadora perdido a vigência.

Observa-se, com esse dispositivo, que revogação pode dar-se *com* ou *sem* conflito de normas. No segundo caso, tem-se a *revogação expressa*, que atinge diretamente um ou alguns enunciados (v.g., "fica revogado o artigo X da lei Y" ou "revoga-se a lei Y"), enquanto na primeira hipótese opera-se *revogação tácita*, em que, diante da ausência de indicação do dispositivo ou lei revogada, persiste conflito entre as duas legislações. Diz-se haver revogação expressa quando a lei revogadora manifestamente o declare, e haverá revogação tácita quando existir incompatibilidade entre lei anterior e lei posterior, ou, ainda, quando esta regular inteiramente a matéria de que tratava a lei anterior. Observando o direito positivo como texto, poderíamos dizer que a revogação expressa atua no plano da literalidade textual (S1), enquanto a revogação tácita ocorre no altiplano das significações, quer consideradas isoladamente (S2), quer articuladas na forma de juízo hipotético-condicional (S3).

Vimos que a solução das antinomias porventura existentes no sistema resolve-se pelos critérios estabelecidos pelo direito posto e não por outros meios. Neste sentido, as referidas disposições da Lei de Introdução ao Código Civil funcionam como metarregras, determinando como a norma perde sua vigência e é excluída do ordenamento. É com fundamento em suas determinações que se enunciam os princípios da *lex posterior derogat priori*, *lex superior derogat inferiori* e *lex specialis derogat generalis*.

2.3.8 Revogação e anulação dos atos jurídicos administrativos

Os atos jurídicos administrativos podem desaparecer do mundo jurídico pela revogação ou pela anulação.

Hely Lopes Meirelles[197] chama a atenção para a diferença, mencionando a Súmula 473, do STF, que pôs fim à inadequada equiparação.

> A administração revoga ou anula o seu próprio ato; o Judiciário somente anula o ato administrativo. Isso porque a revogação é o desfazimento do ato por motivo de conveniência ou oportunidade da Administração, ao passo que a anulação é a invalidação por motivo de ilegalidade do ato administrativo. Um ato inoportuno ou inconveniente só pode ser revogado pela própria Administração, mas um ato ilegal pode ser anulado, tanto pela Administração como pelo Judiciário.

O ato jurídico administrativo de lançamento pode ser nulo, de pleno direito, se o motivo nele declarado – a ocorrência de determinado fato jurídico tributário, por exemplo – inexistiu. Também será nulo quando, a título de modelo, for identificado sujeito passivo diverso daquele que deve integrar a obrigação tributária. Igualmente nulo o lançamento de imposto de renda, pessoa física, celebrado antes do termo final do prazo legalmente estipulado para que o sujeito passivo apresente sua declaração de rendimentos e de bens, hipótese de forma em desacordo com a prescrição da lei.

Como exemplos de anulação de lançamentos, temos os conhecidos erros de fato, tão frequentes em nossos dias: troca de números, substituição de valores, etc.

Conviria lembrar, principalmente no que tange à categoria do lançamento tributário, a classe dos atos irregulares a que alude Seabra Fagundes[198]. Tais entidades estariam eivadas de pequenos vícios que, por irrelevantes, não justificariam a anulação do ato. O nome do contribuinte, ainda que permitindo sua identificação, não está corretamente consignado. Nesses casos, suficiente será leve retificação que não determina, por si só, qualquer mudança jurídica no relacionamento entre Administração e administrado.

---

197. *Direito administrativo brasileiro*, 33ª ed., Malheiros, 2007, p.171-172.

198. *O controle dos atos administrativos pelo Poder Judiciário*, Rio de Janeiro, Forense, 1967, p. 54-67.

De final, pequena advertência acerca da procedente distinção assinalada por Hely Lopes Meirelles. Para evitar perigosos equívocos, não convém falarmos em revogação de lançamento, visto como foi que a revogação seria o desfazimento do ato por motivo de conveniência ou oportunidade da Administração. Ora, se no plano das imposições tributárias, ao menos quanto ao ato de lançamento, estamos diante de atividade vinculada, e não discricionária, descabe qualquer alusão a critérios de conveniência ou oportunidade. Empreguemos, em obséquio à precisão da fraseologia jurídica, o termo anulação, o único compatível com o reconhecimento, pela Administração ou pelo Judiciário, da ilegalidade do ato.

Mas, a doutrina correta entendemos estar expressa nas lições de Celso Antonio Bandeira de Mello[199], quando prefere o termo invalidade – "antítese de validade e invalidação" – para se referir a defeito jurídico e não problema de inconveniência, de mérito, do ato.

"Um ato ajustado aos termos legais é *válido* perante o Direito, ainda que seja considerado inconveniente por quem pretenda suprimi-lo. Não se deve, pois, chamar de invalidação à retirada por motivo de mérito."

Por isso é indesejável a terminologia de alguns autores, inclusive nacionais, que usam a voz "invalidação" para referir a retirada tanto por motivo de ilegitimidade quanto por motivo de inconveniência ou inoportunidade (revogação).

Pode-se conceituar invalidação do seguinte modo: invalidação é a supressão, com efeito retroativo, de um ato administrativo ou da relação jurídica dele nascida, por haverem sido produzidos em desconformidade com a ordem jurídica.

O escólio do notável administrativista traz luzes ao tema que versamos, justamente porque o procedimento administrativo está, todo ele, virado à produção de um ato final e conclusivo, que diga da validade de ato originário, que tanto pode

---

199. *Curso de direito administrativo*, 21ª ed., São Paulo, Malheiros, 2006, p. 439.

ser o de simples exigência de tributo, como também de penalidade ou mesmo da notificação de ambos.

2.4 SISTEMA E NORMA: VALIDADE, VIGÊNCIA, EFICÁCIA E INTERPRETAÇÃO DA LEGISLAÇÃO TRIBUTÁRIA

Surpreendido no seu significado de base, o sistema aparece como o objeto formado de porções que se vinculam debaixo de um princípio unitário ou como a composição de partes orientadas por um vetor comum. Onde houver um conjunto de elementos relacionados entre si e aglutinados perante referência determinada, teremos a noção fundamental de sistema. Trata-se de ente de complexidade máxima jurídica, ou, no modo de Husserl, é a "forma das formas" do direito.

As unidades que compõem o sistema do direito positivo são as normas jurídicas, que, em planos conotativos, são compostas por juízos hipotético-condicionais, em que se enlaça ao antecedente, ou descritor, um consequente, ou prescritor, tudo por intermédio da cópula deôntica – o dever-ser, na sua configuração neutra, isto é, sem modalização. Em termos denotativos, substituindo a hipótese, encontrar-se-á a descrição normativa de um evento que, concretizado no nível das realidades materiais, será relatado no antecedente da norma individual e concreta, e fará irromper o vínculo abstrato que o legislador estipulou na consequência. Imerso na linguagem prescritiva do direito posto, o fato jurídico é o signo enunciativo peculiar do direito, próprio para dar concreção jurídica à realização efetiva de um sucesso relatado em linguagem própria. Há que se consignar, outrossim, que fato e norma são, em verdade, uma só estrutura jurídica, considerado o efeito automático e infalível do functor deôntico modalizado no consequente ao ser relatado o fato jurídico em linguagem das provas. Ponderadas essas injunções, cumpre advertir que manter-se-á tal intersecção, apenas para fins epistemológicos.

Sistema, norma e fato são, outrossim, estruturas dotadas de conteúdo semântico e de efeitos pragmáticos próprios do universo jurídico. Abrindo-se espaço para as Ciências Jurídicas na produção de classificações, encontraremos esquemas seguros para determinar as qualidades de cada um desses enunciados, atribuindo ora propriedades às normas (validade, invalidade, vigência e vigor) ora aos fatos (eficácia jurídica, eficácia técnica e eficácia social). Prossigamos a análise sob os efeitos de tais meditações.

2.4.1 Sistema e norma: a validade da norma jurídica tributária

Como já consignado anteriormente, as normas jurídicas, proposições prescritivas que são, têm sua valência própria. Delas não se pode dizer que sejam verdadeiras ou falsas, valores imanentes às proposições descritivas da Ciência do Direito, mas as normas jurídicas serão sempre válidas ou inválidas, com referência a um determinado sistema "S". E ser norma válida quer significar que mantém relação de pertinencialidade com o sistema "S", ou que nele foi posta por órgão legitimado a produzi-la, mediante procedimento estabelecido para esse fim.

A validade não é, portanto, atributo que qualifica a norma jurídica, tendo *status* de relação: é o vínculo que se estabelece entre a proposição normativa e o sistema do direito posto, de tal sorte que ao dizermos que u'a norma "N" é válida, estaremos expressando que ela pertence ao sistema "S".

A ponência de normas num dado sistema serve para introduzir novas regras de conduta para os cidadãos, como também modificar as que existem ou até para expulsar outras normas, cassando-lhes a juridicidade. Uma regra, enquanto não ab-rogada por outra, continua pertencente ao sistema e, como tal, reveste-se de validade.

É intuitivo crer que a validade se confunde com a existência, de sorte que afirmar que u'a norma existe implica reconhecer sua validade, em face de determinado sistema jurídico. Do que se pode inferir: ou a norma existe, está no sistema e é, portanto, válida, ou não existe como norma jurídica. Ainda que o juiz deixe de aplicar u'a norma, por entendê-la inconstitucional, opinando por outra para ele mais adequada às diretrizes do ordenamento, nem por isso, a regra preterida passa a inexistir, permanecendo válida e pronta para ser aplicada em outra oportunidade.

2.4.2 Sistema e norma: a vigência da norma jurídica tributária

Viger é ter força para disciplinar, para reger, cumprindo a norma seus objetivos finais. A vigência é propriedade das regras jurídicas que estão prontas para propagar efeitos, tão logo aconteçam, no mundo fáctico, os eventos que elas descrevem. A propósito, Tercio Sampaio Ferraz Jr.[200] distingue "vigência" como o intervalo de tempo em que a norma atua, podendo ser invocada para produzir efeitos, e "vigor", como a força vinculante que a norma tem ou mantém, mesmo não sendo mais vigente. O exemplo de uma regra não mais vigente, revogada, que continue vinculante para os casos anteriores à sua revogação, justificaria a diferenciação semântica. Creio que o assunto mereça, efetivamente, variação terminológica capaz de identificar dois momentos diferentes. Parece-me, contudo, que os termos empregados não seriam os mais recomendáveis. Fico com a distinção, que a entendo útil e relevante, mas sem dar conteúdos semânticos diversos às palavras "vigência" e "vigor". A regra revogada não terá vigência para fatos futuros, conservando, porém, a vigência para os casos acontecidos anteriormente à revogação. Haverá uma vigência plena (passado e futuro) e outra parcial (passada, havendo revogação, ou futura, quando a vigência for nova).

Há normas que existem e que, por conseguinte, são válidas no sistema, mas não dispõem dessa aptidão. A despeito de ocorrerem os fatos previstos em suas hipóteses, não se

---

200. *Introdução ao estudo do direito*, 3ª ed., São Paulo, Atlas, 2001, pp. 193-199.

desencadeiam as consequências estipuladas no mandamento. Dizemos que tais regras de direito não têm vigor, seja porque já o perderam, seja porque ainda não o adquiriram. A vigência não se confunde com a eficácia. U'a norma pode estar em vigor e não apresentar eficácia técnica (sintática ou semântica) e, igualmente, não ostentar eficácia social. Pode, por outro lado, não estar em vigor, apresentando, porém, eficácia técnica e eficácia social. Todavia, é bom repetir que não cabe falar de norma válida e vigente como dotada, ou não, de eficácia jurídica, já que tal caráter é qualidade de fatos jurídicos, não de normas. A questão da eficácia social (norma vigente sem eficácia social ou norma não vigente com eficácia social) assume grande interesse para a Política do Direito, configurando o ponto de partida para o exercício de pressões sociais no sentido de suprimir a norma tida por ineficaz e introduzir, regularmente, aquela outra que a prática social vem reclamando.

Como ensinou Kant, o espaço e o tempo não existem fora do ser cognoscente, mas se apresentam como instrumentos da faculdade de conhecer e de recolher sensações. As leis, enquanto produto cultural do homem, vêm irremediavelmente impregnadas pela necessidade de tudo relacionar a essas condições *a priori* da sensibilidade. Estão por isso destinadas a cobrir um determinado setor do mundo externo, fazendo-o por certo trato de tempo que ela mesma demarca, como unidade de um sistema jurídico igualmente submetido a idênticas limitações.

De quanto se expôs deflui que a norma jurídica se diz vigente quando está apta para qualificar fatos e determinar o surgimento de efeitos de direito, dentro dos limites que a ordem positiva estabelece, no que concerne ao espaço e no que consulta ao tempo.

Ajeita-se aqui uma consideração relevante, tendo em vista o aprofundamento teórico na temática da vigência. Distinguimos, no capítulo anterior, os veículos introdutores das fontes, na medida em que estas são fatos, no sentido de enunciação, que fazem irromper essas regras introdutoras; da mesma forma que os diferenciamos das normas introduzidas no sistema de direito positivo. Mas ficou consignado, também, que os veículos introdutores são igualmente normas jurídicas, com a mesma organização lógica de todas as demais (princípio da homogeneidade sintática das proposições prescritivas conjugado com o cânone da uniformidade que o objeto da ciência deve ostentar), apenas assinalando que tais regras serão sempre do tipo das gerais e concretas, porquanto seu antecedente dá conta da ocorrência de um fato devidamente delimitado no espaço e no tempo e seu consequente estabelece uma relação jurídica em que, de um lado, comparece o titular da autorização para praticar certa conduta (legislar, expedir atos administrativos, sentenciar etc.) e, do outro, figuram os demais indivíduos da comunidade social, isto é, aqueles que devem respeito ao teor de juridicidade de tais manifestações. Esses atos normativos inserem no sistema normas gerais e abstratas, individuais e concretas e individuais e abstratas. Ora, se assim é, tanto as primeiras, normas introdutoras, como as últimas, normas introduzidas, hão de ter sua vigência, já que frisamos ser esse predicado universal da generalidade das regras jurídicas.

Os veículos introdutores terão sua vigência marcada pelo átimo da própria validade. Nesse caso específico, vigência e validade são concomitantes e não teria sentido imaginar-se que a regra geral e concreta, operando como instrumento introdutor, tivesse de esperar intervalo de tempo para, somente depois, irradiar sua vigência, dado que a finalidade exclusiva de tais normas é inserir na ordem jurídica posta outras normas. Desse modo, ao ingressarem no sistema, recebem a predicação de normas vigentes. Outro tanto, porém, não ocorre com as regras introduzidas. A vigência dessas últimas é fixada pela norma introdutora e muitas vezes não coincide com a entrada em vigor do instrumento que as introduziu. Em outras palavras, as regras introduzidas ficam na dependência do que for estipulado nos veículos introdutores, segundo o conteúdo volitivo que neles se expressa.

O vigor das leis, no tempo, está sob a diretriz genérica fixada pelo art. 1º da Lei de Introdução ao Código Civil (Decreto-lei n. 4.657/42). E é precisamente esse o conteúdo do art. 101 do Código Tributário Nacional, ao firmar que a vigência da legislação tributária rege-se pelas disposições legais aplicáveis às normas jurídicas em geral, ressalvado o previsto neste Capítulo.

Sendo assim, as normas tributárias entram em vigor, salvo disposição em contrário, quarenta e cinco dias após haverem sido publicadas. O lapso que se interpõe entre a publicação e o termo inicial de vigência é a conhecida *vacatio legis*, tempo em que a regra é válida como entidade jurídica do sistema, mas não adquiriu a força que lhe é própria para alterar, diretamente, a conduta dos seres humanos, no contexto social. Nada impede ao legislador tributário que faça coincidir a vigência da norma com a data da publicação do texto, aproveitando-se da cláusula excepcionadora – salvo disposição em contrário – do referido art. 1º da Lei de Introdução ao Código Civil, entretanto, algum tempo de *vacatio* parece recomendável, dada a especificidade da matéria tributária e o plexo de valores jurídicos que o impacto tributário acaba determinando.

2.4.2.1 *A relação lógico-jurídica entre a vigência e os princípios constitucionais da irretroatividade e da anterioridade no direito tributário*

As diretrizes constitucionais da irretroatividade e da anterioridade, embora cada uma delas revista-se de caracteres próprios, são "limites objetivos" ao poder de tributar e seu sentido experimenta inevitável acomodação ao que se entende por *vigência*. O art. 150, III, da CR/88 estabelece expressamente as três exigências temporais a que se submete a lei tributária: (i) na alínea *a*, a irretroatividade da lei tributária; (ii) na alínea *b*, a anterioridade da lei que institui ou majora tributo; e (iii) na alínea *c*, a anterioridade nonagesimal, sistemática presente em determinados tributos[201]. Vale destacar:

---

201. Cumpre ressaltar os tributos que não estão sujeitos à anterioridade nonagesimal, dentre os federais: (i) imposto de importação, (ii) imposto de exportação, (iii)

Art. 150. CR/88: "Sem prejuízo de outras garantias asseguradas ao contribuinte, é vedado à União, aos Estados, ao Distrito Federal e aos Municípios:

(...)

III – Cobrar tributos:

a) em relação a fatos geradores ocorridos antes do início da vigência da lei que os houver instituído ou aumentado;

b) no mesmo exercício financeiro em que haja sido publicada a lei que os instituiu ou aumentou;

c) antes de decorridos noventa dias da data em que haja sido publicada a lei que os instituiu ou aumentou, observado o disposto na alínea b.

A irretroatividade das leis tributárias busca proteger o direito adquirido, o ato jurídico perfeito e a coisa julgada, reiterando, portanto, os termos do art. 5º, XXXVI, do Diploma Magno. Nestes termos, não poderá a lei tributária nova retroagir, incidindo em eventos ocorridos antes de sua vigência. Por outro lado, a anterioridade da lei tributária da mesma forma beira este dogma do sistema brasileiro impedindo que leis sobre tributos tomem o contribuinte de surpresa, fazendo incidir diploma legislativo criador ou majorador publicado no mesmo exercício financeiro em que se pretenda efetuar a cobrança da exação criada ou aumentada. Por último, fruto de inovação originária da Emenda Constitucional n. 42/2003, criou-se a anterioridade nonagesimal submetendo determinados tributos a um período mínimo de *vacatio legis* de 90 (noventa) dias, tais como o IPI, a CIDE-combustível e o ICMS-combustível.

Não advogamos a tese de que tais normas (as que criam ou aumentam tributos) entrem, efetivamente, em vigor, nas datas que estipulem, permanecendo a eficácia jurídica dos fatos previstos em suas hipóteses protelada até o início do próximo exercício financeiro. Não se trata de problema de eficácia, mas

---

imposto de renda, (iv) imposto sobre operações financeiras, (v) imposto extraordinário de guerra e (vi) os empréstimos compulsórios para calamidade pública ou para guerra externa. E para os tributos municipais, as hipóteses de alteração na base de cálculo do IPTU ou do IPVA.

única e exclusivamente de vigência. Na hipótese, o que ocorre é a convergência de dois fatores condicionantes, que interagem provocando o deslocamento do termo inicial da vigência, de modo que a regra jurídica que entraria em vigor quarenta e cinco dias depois de publicada ou na data que estabelecer continua sem força vinculante, até que advenha o primeiro dia do novo exercício financeiro. Isso nos autoriza a falar numa vigência predicada pela norma e noutra imperiosamente estabelecida pelo sistema. É o princípio da anterioridade, que comporta apenas as exceções enunciadas no § 1º do mesmo preceptivo constitucional. Ora, se bem sopesarmos a conjugação desses dois condicionantes – a anterioridade do art. 1º da LICC e a anterioridade anual tributária do art. 150, III, *b*, da CR/88 –, podemos inferir que as normas jurídicas que decretam tributo novo, ou nova faixa de incidência para tributo já existente, ou ainda que venham a aumentá-lo, como expressão econômica, devem sujeitar-se à resultante da combinação dos dois limites.

São reflexões dessa natureza que nos permitem entender o conteúdo do art. 104 do Código Tributário Nacional, exarado em consonância com o art. 150, III, *b* e *c*, da Constituição da República.

Recolhido o fato de ser o Brasil, juridicamente, uma Federação, e o de haver Municípios dotados de autonomia, a vigência das normas tributárias ganha especial e relevante importância. Vê-se, na disciplina do Texto Constitucional, a preocupação sempre presente de evitar que a atividade legislativa de cada uma das pessoas políticas interfira nas demais, realizando a harmonia que o constituinte concebeu. É a razão de ter-se firmado a diretriz segundo a qual a legislação produzida pelo ente político vigora no seu território e, fora dele, tão-somente nos estritos limites em que lhe reconheçam extraterritorialidade os convênios de que participem. Nessa linha de raciocínio, as normas jurídicas editadas por um Estado são vigentes para colher os fatos que aconteçam dentro de seus limites geográficos, o mesmo ocorrendo com os Municípios e com a própria União. Todavia, desde que se celebrem convênios entre os Estados e entre os Municípios, alguns princípios de extraterritorialidade podem ser eleitos e, nessa estrita dimensão, as normas de um serão vigentes no território do outro. Passa-se o mesmo com a União, quer na sua qualidade de pessoa política de direito constitucional interno, quer como pessoa no direito das gentes. Participando no concerto das nações, assina tratados e convenções internacionais que têm o condão de imprimir vigência às suas normas, mesmo em território estrangeiro.

A título exemplificativo, no bojo da tese que acabamos de veicular, importa examinar, agora, a sua consistência diante do caso prático. Tomemos a discussão acerca da constitucionalidade da prescrição do artigo 13, da Lei n. 9.998/2000, que determina: "as contribuições ao FUST serão devidas trinta dias após a regulamentação desta Lei". O Diploma foi publicado no Diário Oficial de 18 de agosto de 2000 e o Decreto n. 3.624/2000, que o regulamenta, foi introduzido no ordenamento jurídico mediante publicação no Diário Oficial de 9 de outubro de 2000, estabelecendo que o gravame seria exigido a partir de 8 de novembro daquele mesmo ano.

A "contribuição" ao FUST tornou-se "devida", portanto, já em 2000, ou seja, no próprio ano em que foi instituída, ofendendo manifestamente o inteiro teor do artigo 150, inciso III, alínea *b*, da Constituição da República, que veda a exigência de tributos no mesmo exercício financeiro em que houver sido publicada a lei que os tenha instituído ou aumentado. Trata-se do princípio da anterioridade tributária, que não se confunde com o princípio da anualidade, inexistente no atual ordenamento jurídico brasileiro, ao menos no que se refere à antiga configuração de implacável diretiva a ser observada pelo legislador infraconstitucional. Segundo ele, na Carta de 1946, era imprescindível para a cobrança do tributo o registro de prévia autorização orçamentária. Assim, apesar de disposto no artigo 165, § 2º, da Constituição:

> A lei de diretrizes orçamentárias compreenderá as metas e prioridades da administração pública federal, incluindo as despesas de capital para o exercício financeiro subsequente; orientará a

elaboração da lei orçamentária anual; disporá sobre as alterações na legislação tributária e estabelecerá a política de aplicação das agências financeiras oficiais de fomento.

Ele não inibe a possibilidade da exigência do gravame, no caso de não constar referência da lei no orçamento, se bem que se mantenha imperiosa a necessidade de publicação do estatuto normativo em tempo anterior ao do ano em que se pretenda cobrar a exação (princípio da anterioridade).

Fique bem claro que o tributo cuja norma foi publicada em determinado exercício somente poderá incidir sobre fatos que vierem a ocorrer no ano seguinte, dando margem para que os destinatários planejem suas atividades econômicas, já cientes do custo representado pelo novo encargo. É limite objetivo que opera, decisivamente, para a realização do sobreprincípio da segurança jurídica.

O tributo destinado ao FUST, porém, conquanto instituído em 18 de agosto de 2000 e regulamentado em 9 de outubro desse mesmo ano, começou a ser exigido com relação a fatos ocorridos a partir de 8 de novembro de 2000. O termo inicial da incidência foi estipulado para o mesmo exercício financeiro de sua criação, desrespeitando não somente o Texto Constitucional, mas também todo o conteúdo axiológico objetivado por aquela regra de direito, uma vez que não conferiu aos contribuintes qualquer margem de planejamento para que pudessem eles organizar suas atividades econômicas e adequar seus custos à nova realidade fiscal.

A instituição do encargo tributário de que falo, além de apresentar as diversas incompatibilidades com o Texto Maior, ofendeu o primado da anterioridade tributária, agora posto em relevo. De qualquer ângulo que se procure ver, por qualquer lado que nos dispusermos a examinar, a transgressão a ordens constitucionais ressalta ao paralelo mais simples, com o que não se pode condescender, sob pena de praticar flagrante agressão a imperativos superiores que representam memorável conquista de todas as nações civilizadas do nosso tempo.

Em resumo, gravemos a afirmativa peremptória segundo a qual "vigência" é atributo de norma válida (norma jurídica), consistente na prontidão de produzir os efeitos para os quais está preordenada, tão logo aconteçam os fatos nela descritos, podendo ser plena ou parcial (só para fatos passados ou só para fatos futuros, no caso de regra nova), presente na sistemática tributária mediante a regra geral do art. 1º da Lei de Introdução ao Código Civil (Decreto-lei n. 4.657/42) e as três regras específicas explicitadas nos princípios da irretroatividade e anterioridade da lei tributária, com respaldo no art. 150, III, da CR/88.

2.4.3 Eficácia jurídica, técnica e social

Penso que a eficácia possa ser estudada sob três ângulos, que denominamos eficácia jurídica, eficácia técnica e eficácia social.

Tomamos por eficácia jurídica o próprio mecanismo lógico da incidência, o processo pelo qual, efetivando-se o fato previsto no antecedente, projetam-se os efeitos prescritos no consequente. É a chamada causalidade jurídica, ou seja, vínculo de implicação mediante o qual, ocorrendo o fato jurídico (relato do evento no antecedente da norma), instala-se a relação jurídica. Firmemos "causalidade jurídica" pela ligação do acontecimento factual com o vínculo aliorrelativo que se instaura entre sujeitos de direito. É algo inexorável, na medida em que, revestido o evento com a linguagem competente, isto é, aquela que o direito estipula como necessária e suficiente, os efeitos não podem deixar de ocorrer, inaugurando-se "automática e infalivelmente", como anotara Alfredo Augusto Becker[202] (feita a correção para "fato" na acepção de enunciado linguístico). Sendo assim, dá-se o fenômeno sempre e quando os fatos jurídicos acontecem, traduzindo-se numa autêntica impossibilidade lógico-semântica imaginar-se a realização do fato jurídico, na conformidade de norma vigente, sem que se propaguem os efeitos correspectivos.

---
202. *Teoria geral do direito tributário*, 4ª ed., São Paulo, Noeses, 2007, p. 328-9.

Em outros termos, podemos dizer que a eficácia jurídica é a propriedade de que está investido o fato jurídico de provocar a irradiação dos efeitos que lhe são próprios, ou seja, a relação de causalidade jurídica, no estilo de Lourival Vilanova. Não seria, portanto, atributo da norma, mas sim do fato nela previsto. Entretanto, como a regra de direito é a causa mediata dessa capacidade de gerar resultados, temos de reconhecer-lhe a "eficácia técnica", pois é em função de norma integrante do sistema positivo que o fato por ela juridicizado produz suas decorrências peculiares.

Sob a rubrica de eficácia técnica vemos a condição que a regra de direito ostenta, no sentido de descrever acontecimentos que, uma vez ocorridos no plano do real-social, tenham o condão de irradiar efeitos jurídicos, já removidos os obstáculos que impediam tal propagação.

Pode acontecer que u'a norma válida assuma o inteiro teor de sua vigência, mas por falta de outras regras regulamentadoras, de igual ou inferior hierarquia, ou, pelo contrário, na hipótese de existir no ordenamento outra norma inibidora de sua incidência, não possa juridicizar o fato, inibindo-se a propagação de seus efeitos. Ou ainda, pensemos em normas que façam a previsão de ocorrências factuais possíveis, mas, tendo em vista dificuldades de ordem material, inexistam condições para que se configure em linguagem a incidência jurídica. Em ambas as hipóteses teremos norma válida dotada de vigência plena, porém impossibilitada de atuar. Chamemos a isso de "ineficácia técnica". Tercio Sampaio Ferraz Jr.[203] utiliza "ineficácia sintática" no primeiro exemplo e "ineficácia semântica" no segundo. As normas jurídicas são vigentes, os eventos do mundo social nelas descritos se realizam, contudo as regras não podem juridicizá-los e os efeitos prescritos também não se irradiam. Falta a essas normas "eficácia técnica".

Gravemos que a ineficácia técnica será de caráter semântico quando dificuldades de ordem material impeçam,

---

203. *Introdução ao estudo do direito*, 3ª ed., São Paulo, Atlas, 2001, p. 196.

iterativamente, a configuração em linguagem competente tanto do evento previsto quanto dos efeitos para ela estipulados. Em ambos os casos, ineficácia técnico-sintática ou técnico-semântica, as normas jurídicas são vigentes, os sucessos do mundo social nelas descritos se realizam, porém inocorrerá o fenômeno da juridicização do acontecimento, bem como a propagação dos efeitos que lhe são peculiares.

A eficácia social ou efetividade, por sua vez, diz respeito aos padrões de acatamento com que a comunidade responde aos mandamentos de uma ordem jurídica historicamente dada ou, em outras palavras, diz com a produção das consequências desejadas pelo elaborador das normas, verificando-se toda vez que a conduta prefixada for cumprida pelo destinatário. Indicaremos, portanto, como eficaz aquela norma cuja disciplina foi concretamente seguida pelos destinatários, satisfazendo os anseios e as expectativas do legislador, da mesma forma que inculcaremos de ineficaz aquel'outra cujos preceitos não foram cumpridos pelos sujeitos envolvidos na situação tipificada. Toda vez que a conduta estipulada pela norma for reiteradamente descumprida, frustrar-se-ão as expectativas, inexistindo eficácia social.

Introduzidos esses esclarecimentos acerca da eficácia jurídica, técnica e social das regras do direito, convém salientar que os dois primeiros casos de eficácia expressam conceitos jurídicos, que muito interessam à Dogmática, ao passo que o último pertence aos domínios das indagações sociológicas, mais precisamente, da Sociologia Jurídica.

2.4.4 Interpretação da legislação tributária e seus princípios regentes

Retomemos a assertiva de que o ser humano vive em um universo de signos, decodificando-os a cada instante para situar-se no mundo da sua existência. A multiplicidade de sistemas sígnicos faz com que sua trajetória de vida seja uma atividade contínua de interpretação, lidando com códigos das mais variadas espécies. Assim ocorre com o direito, que se oferece ao nosso conhecimento como estrato de linguagem prescritiva de condutas intersubjetivas, as quais o legislador regula procurando canalizá-las em direção aos valores que a sociedade quer ver implantados.

A interpretação do direito, em tempos atuais, com os recursos da Semiótica e das teorias analíticas do discurso, pressupõe o contato primeiro e necessário com o plano da expressão ou da literalidade textual. A partir de então tem início o muitas vezes penoso processo de geração de sentido, já que as significações situam-se na instância do conteúdo do texto, devendo ser construídas pelo sujeito do conhecimento. É nesse caminho gerativo, superados os obstáculos de natureza sintática, que o agente ingressa nos domínios da semântica e da pragmática, como intervalos semióticos imprescindíveis ao trabalho de elaboração, pesquisando as relações dos veículos sígnicos com as realidades materiais ou imateriais que eles pretendem significar, bem como os vínculos estabelecidos entre os signos e seus usuários (pragmática).

Em outras palavras, e pondo entre parênteses as especulações lógico-sintáticas, sem as quais não se pode pensar em sentido semântico, o jurista aparece como o intérprete, por excelência, dos textos prescritivos do direito posto, atravessando, com sua análise construtiva, o sistema das normas positivadas, em que os comportamentos interpessoais se encontram modalizados em obrigatórios, proibidos e permitidos.

Há dois princípios que guiam a interpretação: (i) a intertextualidade ou dialogia; e, (ii) a inesgotabilidade. A intertextualidade se dá com a junção do ato de fala a outros textos. É este contato de um com outro que propicia a troca de informações inerente à intertextualidade. A inesgotabilidade é a ideia principiológica de que toda a interpretação é infinita, nunca circunscrita a determinado campo semântico. Um texto poderá ser sempre reinterpretado. Eis as duas regras que governam o ato de interpretação do sujeito cognoscente, numa análise preliminar.

Segundo os padrões da moderna Ciência da Interpretação, o sujeito do conhecimento não "extrai" ou "descobre" o sentido que se achava oculto no texto. Ele o "constrói" em função de sua ideologia e, principalmente, dentro dos limites de seu "mundo", vale dizer, do seu universo de linguagem. Exsurge, com muita força, o axioma da inesgotabilidade do sentido, ao lado da intertextualidade, que opera não só no território do sistema do direito posto, mas o transcende, na direção de outros segmentos do saber.

Os predicados da inesgotabilidade e da intertextualidade não significam ausência de limites para a tarefa interpretativa. A interpretação toma por base o texto: nele tem início, por ele se conduz e, até o intercâmbio com outros discursos se instaura a partir dele. Ora, o texto de que falamos é o jurídico-positivo e o ingresso no plano de seu conteúdo tem de levar em conta as diretrizes do sistema. Em princípio, como bem salientou Kelsen, teríamos molduras dentro das quais múltiplas significações podem ser inseridas. Mas esse é apenas um ponto de vista sobre a linguagem das normas, mais precisamente aquele que privilegia o ângulo sintático ou lógico. Claro está que no processo de produção normativa os aplicadores estarão lidando com os materiais semânticos ocorrentes na cadeia de positivação, pois não teria cabimento prescindir dos conteúdos concretos.

2.4.5 Noções conclusivas

Firmemos estes conceitos: "validade" é relação de pertinencialidade de uma norma "N" com o sistema jurídico "S". "Vigência" é atributo de norma válida (norma jurídica), consistente na prontidão de produzir os efeitos para os quais está preordenada, tão logo aconteçam os fatos nela descritos, podendo ser plena ou parcial (só para fatos passados ou só para fatos futuros, no caso de regra nova). "Eficácia técnica" é a qualidade que a norma ostenta, no sentido de descrever fatos que, uma vez ocorridos, tenham aptidão de irradiar efeitos jurídicos, já removidos os obstáculos materiais ou as impossibilidades sintáticas (na terminologia de Tercio). "Eficácia jurídica" é o predicado dos fatos jurídicos de desencadearem as consequências que o ordenamento prevê. E, por fim, a "eficácia social", como a produção concreta de resultados na ordem dos fatos sociais. Os quatro primeiros são conceitos jurídicos que muito interessam à Dogmática, ao passo que o último é do campo da Sociologia, mais precisamente, da Sociologia Jurídica.

As normas válidas podem ser vigentes (plena ou parcialmente) ou não vigentes. Podem também apresentar ou não eficácia técnica e, igualmente, ostentar ou não eficácia social. Todavia, fundado nessas premissas não cabe falar-se de norma válida como dotada, ou não, de eficácia jurídica, visto que esta eficácia é qualidade de fatos jurídicos, não de normas. A despeito de tais esclarecimentos, continua pertinente a afirmação segundo a qual u'a norma só tem sua validade retirada por meio de outra norma que o determine. Confirmação eloquente desse asserto está na disposição do art. 52, X, do Texto Constitucional vigente.

No caso de declaração de inconstitucionalidade de norma pelo Supremo Tribunal Federal, pelo controle difuso, suspende-se sua eficácia mediante resolução do Senado, até que seja ela revogada pelo órgão competente. Em outras palavras, significará: certa norma vigente na ordem jurídica nacional teve sua inconstitucionalidade declarada pelo Supremo, que comunica sua decisão ao Senado da República. Este, pela figura legislativa da resolução, manda suspender a eficácia técnica daquela regra, que permanece vigente sem poder atuar, continuando também válida, até que o órgão que a promulgou venha a expulsá-la do sistema. O expediente da resolução do Senado traz um obstáculo de ordem sintática que caracteriza ineficácia técnica. Não é a ausência de normas reguladoras que impede a atuação concreta da regra. Trata-se agora da presença de outra norma inibidora de sua incidência.

2.5 CONCEITOS GERAIS DO ANTECEDENTE DA REGRA-MATRIZ DE INCIDÊNCIA TRIBUTÁRIA

2.5.1 Os critérios da "hipótese tributária"

Em súmula estreita, vale acentuar que quando menciono o direito posto, na condição de sistema, é para encará-lo não como sistema lógico, dotado de consistência, isento de contradições, tal qual o modelo do sistema das Ciências, mas como conjunto de proposições linguísticas que se dirigem a certa e determinada região material – a região material das condutas interpessoais. O discurso de que falo, conquanto abrigue proposições contraditórias e lacunas, mesmo assim vem carregado de uma porção de racionalidade que julgo suficiente para outorgar-lhe foros de sistema, não lógico, mas empírico, precisamente pelo comprometimento que mantém com o tecido social, por ele ordenado de maneira prescritiva.

Ora, guardando a forma de sistema, as unidades que compõem o direito positivo são as normas jurídicas, juízos hipotético-condicionais, em que se enlaça ao antecedente, ou descritor, um consequente, ou prescritor, tudo por intermédio da cópula deôntica – o "dever-ser", na sua configuração neutra, isto é, sem modalização. Essas entidades lógicas (os juízos hipotéticos) ganham expressão verbal no jeito de proposições – proposição hipótese e proposição tese – entreligadas pelo conectivo peculiar ao domínio do normativo-social, a que já me referi.

É bom lembrar que, nos fenômenos de incidência normativa, componentes de uma nova realidade jurídica, há duas normas que devem ajustar-se, respectivamente, a norma geral e abstrata e a norma individual e concreta. Cada enunciado que venha a ser formado, contendo os caracteres selecionados na composição típica da hipótese, subsumir-se-á naquele conjunto que, dessa maneira, poderá receber número infinito de ocorrências fácticas. É bom ter presente que a formação desses segmentos linguísticos com sentido completo pressupõe um processo seletivo, com a eleição dos traços julgados mais relevantes para a identificação do objeto da experiência, refletindo, não o real, mas um ponto de vista sobre o real, como salienta Samira Chalhub[204]. Afinal de contas, um conceito demarcado é sempre seletor de propriedades, já que os infinitos aspectos do real passam pelo juízo de valor expedido pelo autor do ato de fala, no caso, o legislador.

---

204. *Função da linguagem*, 5ª ed., São Paulo, Ática, 1991, p. 14.

A esta altura, já podemos dizer que o enunciado factual é protocolar, surpreendendo uma alteração devidamente individualizada do mundo fenomênico, com a clara determinação das condições de espaço e de tempo em que se deu a ocorrência. Articulação de linguagem organizada assim, com esse teor de denotatividade, chamaremos de *fato*, fato político, econômico, contábil, biológico, psicológico, histórico, jurídico etc. No direito positivo, correspondem ao antecedente das normas individuais e concretas. É aqui que se encontra a grande divergência interpretativa atual.

Parto da premissa de que o *status* dos fatos é diferente do *status* dos objetos a que se referem. O evento, na visão ontológica, no sentido de realidade social concreta, para vestir o caráter jurídico precisa ser transcrito em linguagem competente, ou seja, aquela linguagem juridicamente admitida como capaz para constituir o antecedente normativo e estabelecer o vínculo relacional entre agentes do direito no plano concreto e individual. Outrossim, não é qualquer função pragmática da linguagem que propicia a composição de um enunciado factual. Além da linguagem descritiva, indicativa ou declarativa, muito usada na comunicação diária e no discurso científico, torna-se possível emitir enunciados fácticos também em linguagem prescritiva e em linguagem operativa ou performativa. Obviamente que os valores lógicos de tais enunciados serão os inerentes ao uso empregado: verdadeiro e falso, para o descritivo; válido e não-válido para o prescritivo; e eficaz e ineficaz para o performativo. A despeito da função, contudo, em todos eles haverá, necessariamente, um *quantum* de referencialidade, uma vez que são formações linguísticas vertidas para o mundo fenomênico das coisas, projetando-se no domínio dos objetos da experiência. Na composição de tais enunciados sobre as regras que orientam a boa formação sintática, hão de observar-se os usos do idioma, sem o que o sentido daquelas estruturas não será apto para fins denotativos. E esses fins reclamam a identificação da ocorrência num intervalo de tempo e num ponto do espaço, dentro da conotatividade de uma hipótese autorizadora da construção do fato jurídico. Serão, portanto, necessariamente, determinativos. Por isso, o verbo há de estar no presente ou no passado, excluindo-se o futuro.

O momento da análise se propõe a estudar a hipótese e seus elementos constitutivos. Sabe-se bem que todos os critérios deste enunciado protocolar são imprescindíveis para identificar o fato jurídico, este conjunto de elementos que nos dará a conhecer a circunstância limitadora da ação no tempo e no espaço que antecede a consequência da norma tributária. No entanto, sendo a regra-matriz o mínimo de sentido deôntico completo é preciso ponderar um a um os critérios compositivos da hipótese e destacar tudo aquilo que dele não faz parte. Eis o nosso próximo empreendimento.

2.5.1.1 *Critério material*

O critério material da hipótese tributária pode bem ser chamado de núcleo, pois é o dado central que o legislador passa a condicionar, quando faz menção aos demais critérios. Parece-nos incorreta a tentativa de designá-lo como a descrição objetiva do fato, posto que tal descrição pressupõe as circunstâncias de espaço e de tempo que o condicionam. Estar-se-ia conceituando a própria hipótese tributária. Essa é uma entre as muitas dificuldades que se nos antolham quando pretendemos cindir, mesmo que em termos lógicos, entidade una e indecomponível. E nesse engano incidem quase todos os autores que versam a matéria. Tem-se esse critério, como envolvente dos outros dois, isto é, daqueles que expressam as condicionantes de espaço e de tempo.

Ao individualizar o critério material não se pode abarcar elementos estranhos que teriam o condão de emprestar-lhe feição definitiva, como previsão de um evento. E é tarefa sumamente difícil a ele referir sem tocarmos, mesmo que levemente, nas circunstâncias de tempo e lugar que lhe sejam atinentes.

Para obviarmos tal empecilho é preciso fazer abstração absoluta dos demais critérios (o que só é possível no plano lógico-abstrato) e procurar extrair não o próprio fato, mas um outro evento que, uma vez condicionado no tempo e no espaço, venha a transformar-se no fato hipoteticamente descrito. Dessa abstração emerge sempre o encontro de expressões genéricas designativas de comportamentos de pessoas, sejam aqueles que encerrem um fazer, um dar ou, simplesmente, um ser (estado). Teremos, por exemplo, "vender mercadorias", "industrializar produtos", "ser proprietário de bem imóvel", "auferir rendas", "prestar serviços", "construir estradas", "pavimentar ruas" etc.

Esse núcleo, ao qual nos referimos, será formado, invariavelmente, por um verbo, seguido de seu complemento. Daí porque aludirmos a comportamento humano, tomada a expressão na plenitude de sua força significativa, equivale a dizer, abrangendo não só as atividades refletidas (verbos que exprimem ação), como aquelas espontâneas (verbos de estado: ser, estar, permanecer etc.). Esse sentido lato que se atribui à palavra "comportamento" está autorizado pela lição segura de Eduardo Carlos Pereira. Ouçamo-lo:

> Segundo Ayer e outros distintos gramáticos, exprimir ação é caráter fundamental do verbo. Outros, porém, acham que este caráter pertence a certos verbos chamados por isso ativos, como andar, amar, etc., ao passo que os outros verbos exprimem estados, como estar, ficar, ser, viver. Daí definem o verbo como a palavra que exprime a ação ou o estado, ou, ainda, a qualidade, atribuída ao respectivo sujeito. *Porém nos próprios verbos de estado concebe-se algum grau de atividade do sujeito. A diferença entre as duas atividades está em ser esta espontânea do sujeito, e aquela refletida*[205]. (Grifo nosso).

Assim não fora e as obrigações de "não fazer" deixariam de ter como objeto da prestação um comportamento humano, uma vez que sua satisfação envolve justamente a inatividade do sujeito passivo. E acolhida esta tese ter-se-ia ensejado exceção discutível e perigosa ao princípio de que as relações jurídicas têm sempre por objeto o comportamento humano, seja um "dar", um "fazer" ou mesmo um "não fazer" (permanecer verbo de estado).

---

205. Eduardo Carlos Pereira, *Gramática Expositiva*. Curso Superior: Companhia Editorial Nacional, 1958, p. 117.

Como corolário de tais observações, que mantiveram frequência absoluta, entendemos o critério material ou objetivo da hipótese tributária como o comportamento de uma pessoa (de dar, fazer ou ser), que deflui de um processo de abstração da própria fórmula hipotética. Não é, como muitos pretendem, a descrição objetiva do fato ou do acontecimento que dará ensejo ao nascimento de obrigações tributárias, pois tal é o arcabouço de própria hipótese.

Autores há que procuram estudar, no exame desse critério, um modo para diferençar hipóteses. Partem da premissa de que, algumas vezes, a previsão diz respeito a um só fato, enquanto em outras há um conjunto de eventos. Aos primeiros, designam de simples, em contraposição aos últimos, que seriam complexos.

Nesse sentido, o magistério de Perez de Ayala:

> Es importante señalar aqui que el elemento objetivo del hecho imponible puede estar integrado legalmente con un solo hecho o con varios hechos reunidos. En el primer caso, se dice que el hecho imponible és simple. En el segundo caso, que és complejo[206].

Cremos que além de o exame do critério material não comportar análise desse teor, pois não enfoca o fato na sua integridade, antes busca, em processo de abstração, outro fato despido dos condicionantes espaciais e temporais, a ilação não corresponde a raciocínio inteiramente jurídico.

Com efeito, na sua intimidade sociológica, ou econômica, talvez nos seja possível extremar dois fatos que foram conjugados para fins de perfazer uma unidade jurídico-normativa. É bem possível que a Economia, a Sociologia ou a Ciência das Finanças possam analisar eventos colhidos pelo legislador, sem observar a feição unitária que esse conjunto adquiriu ao ingressar no universo jurídico. Todavia, se tal procedimento é cabível no plano pré-jurídico, não o será, certamente, a partir

---

206. AYALA, José Luis Perez de Ayala. *Derecho Tributario*. Editorial de Derecho Financeiro: Madrid, 1968, p. 151.

do momento em que nasce o Direito, por virtude do ingresso da norma no todo sistemático. Esse é o termo inicial de uma fase que caracteriza a exclusividade do jurista, não havendo tolerar-se cogitações de outra índole. Por mais primorosas que sejam as construções políticas, econômicas, financeiras ou sociológicas, haverão de ser admitidas tão-só na fase de elaboração legislativa, como subsídios informadores que nortearão o espírito do legislador, no sentido de produzir um instrumento adequado para a disciplina de determinada relação social.

No caso vertente, tão só se pode cogitar de um complexo de fatos, à medida que não foram colhidos pelo legislador, pois a partir desse momento integram uma unidade lógica, reduzem-se novamente a um só evento, o fato jurígeno.

A este respeito, vale a pena discorrer de forma sucinta sobre a classificação dos "fatos geradores" em simples e complexos. Em meu *Curso de Direito Tributário*[207], ao enunciar sobre a aplicação das normas tributárias, analisei de forma pormenorizada a questão, concluindo não haver o menor fundamento jurídico para tal distinção, tendo em vista que os 'fatos geradores' são todos simples ou todos complexos. Senão vejamos, o "fato gerador" do IPI é considerado como fato simples, por isso que se consubstancia na simples saída de produto industrializado, do estabelecimento industrial ou que lhe seja equiparado (tomemos esta entre outras hipóteses). Por outro lado, o "fato gerador" do imposto de renda seria da natureza dos complexos porque dependeria de vários fatores, que se entreligam, no sentido de determinar o resultado, que é a renda tributável. Na verdade, a incidência tributária atinge somente o resultado, seja o fato representado pela saída do produto industrializado de certo estabelecimento, ou o saldo final que determina renda líquida tributável, no caso do imposto de renda, pois se não for possível concebermos renda líquida tributável independentemente das receitas e despesas relativas a determinado exercício, igualmente inviável será aceitarmos um produto industrializado independentemente do processo de industrialização.

---

207. *Curso de Direito Tributário*. 21ª Ed. São Paulo: Saraiva, 2009, p. 91-93.

Em suma, o que interessa para a lei tributária é determinado resultado sobre o qual incidirá o preceito, desencadeando efeitos jurídicos. Óbvio será que, na condição de resultado, estará sempre a depender dos elementos que o determinaram.

Realmente, pode haver o concurso de um milhão de fatos para que surja determinado efeito. Entretanto, a lei prevê apenas o resultado, como se fora a expressão de um simples acontecimento. No plano pré-jurídico, têm importância os fatos que engendraram resultado a que a lei dá relevância. Para o Direito, apenas a consequência de todos aqueles fatos é que será cogitada, e, ainda assim, na exata medida em que puder subsumir-se nalguma hipótese normativa.

De outra parte, convém dizer que o critério material não é, na conformidade do que muitos pensam, o mais importante da hipótese tributária, já porque não se pode escalonar níveis de relevância onde todos os critérios são imprescindíveis, já porque nele costumam inserir a chamada "base de cálculo" ou "base imponível" que, quando existe, deve ser estudada na consequência da regra-matriz de incidência tributária, mais precisamente, ao analisar-se o conteúdo do dever jurídico a ser cumprido pelo sujeito passivo e exigido pelo sujeito ativo.

O critério material ou objetivo da hipótese tributária resume-se, como dissemos, no comportamento de alguém (pessoa física ou jurídica), consistente num ser, num dar ou num fazer e obtido mediante processo de abstração da hipótese tributária, vale dizer, sem considerarmos os condicionantes de tempo e de lugar (critérios temporal e espacial). Isto, porém, já é o suficiente para classificarmos os tributos, consoante veremos em capítulo ulterior.

2.5.1.2 Critério espacial

Releva o estudo do critério espacial das hipóteses tributárias porque nele se precisam os elementos necessários e suficientes para identificarmos a circunstância de lugar que condiciona o acontecimento do fato jurídico.

Visto como foi, há dois condicionantes daquele comportamento que se obtém mercê de um processo de abstração. Pois bem, o critério espacial encerra os elementos que nos permitirão reconhecer a circunstância de lugar que limita, no espaço, a ocorrência daquele evento.

Importa lembrar, ainda aqui, que não devemos referir-nos ao critério espacial como a própria condição ou a própria circunstância de lugar, pois nos encontramos naquele plano lógico das descrições hipotéticas que, em última análise, correspondem a meros conjuntos de critérios. Desse modo, um dos três conjuntos que formam o conteúdo da hipótese é, justamente, aquele que nos instrumentaliza para identificar um dado da realidade tangível que exerce a função limitadora de condicionar um sucesso também reconhecido por meio de indicações abstratas (critério material).

Há quem lhe atribua apenas a qualidade de delinear os lindes dentro dos quais se faz cogente a norma jurídica. Seria, por assim dizer, o âmbito territorial de aplicação das leis.

Esta visão, sobremodo simplista, parece reduzir injustamente a dimensão desse critério, tornando-o singelo indicador, quase sempre implícito, do campo de validade da proposição jurídico-normativa, o que implica indisfarçável empobrecimento daquela realidade.

Temos por verdadeiro, não obstante, que outros esclarecimentos poderão advir de exame acurado do critério espacial, não havendo de cingir-se tão somente a explicitar o perfil da aplicabilidade territorial da norma jurídica.

Se nos detivermos na investigação desse critério, desde logo haveremos de notar que pequena mutação que se proceda em seus elementos pode determinar sensível modificação, não só da hipótese, como também da consequência que lhe é imputada.

Exemplos há que poderão roborar o que se afirma. Tomemos regra-matriz de incidência tributária que estipule dever de pagar imposto sobre produtos industrializados, a ser cumprido por pessoas jurídicas titulares de estabelecimentos industriais ou que lhe sejam equiparados. Tratando-se de gravame da competência da União, por imperativo constitucional, o âmbito de aplicação territorial dessa regra-matriz de incidência é aquele estabelecido pelas fronteiras geográficas do país. Dentro desses quadrantes, em qualquer lugar que aconteça o fato hipoteticamente descrito, estará satisfeito o requisito geral da territorialidade. Mas, se o fato suceder nos limites da "zona franca de Manaus", não desencadeará os mesmos efeitos jurídicos de semelhante evento, porém ocorrido no Município de São Paulo. Este último determinará o surgimento de relação jurídica, mediante a qual a Fazenda Federal poderá exigir de pessoa a ele ligada o pagamento de certa soma em dinheiro, consoante a combinação de dada alíquota com a base de cálculo adequada. Enquanto isso, semelhante fato acontecido na "zona franca de Manaus" realiza o pressuposto da "isenção", não havendo para a Fazenda Federal o direito de exigir o pagamento de imposto.

Permaneceu inalterável o âmbito de validade territorial da regra-matriz de incidência, todavia, pela mudança do lugar de ocorrência do fato descrito, notamos substancial transformação da consequência normativa. Quer isso significar que o critério espacial das normas jurídicas de um modo geral e, particularmente, das regras-matrizes de incidência tributária, pode conter outros elementos mais específicos que venham em complemento daquele dado genérico, no sentido de possibilitar o reconhecimento do condicionante temporal do comportamento abstraído da hipótese. Pondere-se, outrossim, que esta especificidade pode dar-se tanto de forma restritiva do âmbito espacial da legislação produzida pelo ente político em face da sua territorialidade; quanto de modo extensivo, e, nesta medida, em caráter extraterritorial, quando for objeto de acordos e consecutivas estipulações por meio de convênios. A vigência das normas tributárias no espaço tem como diretriz geral, portanto, a condição de vigorar a regra-matriz produzida pela entidade tributante, em geral, no domínio espacial do seu território e, fora dele, tão somente nos estritos limites em que lhe reconheçam extraterritorialidade os convênios de que participem. Somente nessa excepcional dimensão as normas de um serão vigentes no território do outro. Tal entendimento também foi por mim esposado em meu *Curso de Direito Tributário*[208].

Modelo desse tipo de elemento mais específico, dentro do âmbito espacial da territorialidade daquela Administração Pública, seria aquele, lembrado por Geraldo Ataliba[209], segundo o qual a norma condiciona efeitos tributários à qualificação jurídica do estabelecimento de uma sociedade, "verbi gratia", filial, sucursal, depósito, matriz, agência, etc.

Consoante se vê, o critério espacial das hipóteses tributárias é fértil repositório de dados importantes, estando, pois, por merecer exame mais aprofundado de parte dos estudiosos. No Direito brasileiro, a despeito da acentuada rigidez do sistema constitucional tributário, e muito embora haja o legislador constituinte tratado nimiamente desse assunto, não deixando qualquer prurido de manifestação criativa a cargo do legislador ordinário, que já recebe um sistema devidamente plasmado, mesmo assim, podem ocorrer conflitos de competência entre as três pessoas políticas de Direito Constitucional e a experiência tem demonstrado que a origem de boa parte desses conflitos está na circunstância de existirem critérios espaciais pouco elaborados, pobres em especificações, carentes de melhores esclarecimentos.

Por outro lado, é força convir que o aludido critério pode representar matéria-prima inestimável para o trabalho legislativo de disciplina do relacionamento inter-regional, eliminando, na medida do possível, aquele desnível econômico que invariavelmente existe em países de grande extensão territorial como o nosso. Em suma, o manejo adequado dos elementos que compõem esse critério é modo de alcançar-se aquela unidade político-econômica a que alude o ministro Aliomar

---

208. *Curso de Direito Tributário*. 21ª ed. São Paulo: Saraiva, 2009, p. 88-89.

209. Geraldo Ataliba, *Hipótese de Incidência Tributária*. Revista dos Tribunais, 1973, p. 110.

Baleeiro, no seu sempre clássico "Limitações Constitucionais ao Poder de Tributar"[210].

2.5.1.3 Critério temporal

Não seria ocioso repetir que o critério material da "hipótese tributária" pretende representar um fato de natureza diversa daquele que constitui a representação da própria hipótese, desenvolto que está, por processo de abstração lógica, dos condicionamentos de tempo e de lugar.

Mesmo que em apertada síntese, é imperioso estabelecer-se distinção, lamentavelmente descurada pela doutrina, para que se possa vislumbrar sentido no exame esmiuçado do antecedente tributário.

Tendo presente esta premissa, havemos de conceituar o critério temporal das hipóteses tributárias como aquele conjunto de elementos que nos permite identificar a condição que atua sobre determinado fato (também representado abstratamente – critério material), limitando-o no tempo.

Afastada a medida da relevância, posto que todos os critérios são imprescindíveis para identificar o fato jurídico, este conjunto de elementos que nos dará a conhecer a circunstância limitadora temporal apresenta interessante matéria para a especulação científica. Basta dizer que define o momento em que nasce aquele vínculo jurídico disciplinador de comportamentos humanos. Seu exato conhecimento importa determinar, com precisão, em que átimo surge o direito subjetivo público de o Estado exigir de alguém prestações pecuniárias, por força do acontecimento de um fato lícito, que não um concerto de vontades.

Não há de esquecer-se que, por via de regra, o legislador deixa implícita a indicação desse critério, abrindo ensanchas à análise científica que só o jurista pode promover. Em algumas oportunidades, todavia, a fórmula legislativa, aponta com clareza a condição temporal, obviando a tarefa interpretativa e impedindo

---

210. Aliomar Baleeiro. *Limitações Constitucionais ao Poder de Tributar*. Forense: Rio de Janeiro, 1960, p. 203.

que prosperem entendimentos errôneos a respeito do momento em que se reputa consumado o fato hipoteticamente descrito.

Entretanto, por não constar da expressão verbal da hipótese, não está o intérprete autorizado a concluir pela inexistência de condicionamento temporal, o que implicaria o absurdo de conceber fato que se não realize no tempo, apenas no espaço. Havemos de ter a consciência plena de que não cabe verdadeiramente ao legislador entregar proposições jurídicas, normativas ou não, dentro de esquemas lógicos que abreviem o trabalho do jurista, tomando-o despiciendo. Labor dessa ordem traria subjacente a necessidade de ser empreendido por próprios cientistas do Direito, quando sabemos todos que as leis são feitas por quem reúna instrumental político e não jurídico. Ora, sendo assim, compete exclusivamente ao jurista receber o trabalho legislativo, no estado de clareza e de compostura jurídica em que se encontre, para quadrá-lo nas categorias adequadas, emprestando-lhe a significação que o todo sistemático impuser. Essa é, primordialmente, a função do cientista do Direito. De evidência que não será obra prescritiva, pois essa é qualidade do Direito Positivo e não da matéria que o descreve. Dessas considerações é que deflui a necessidade de esquemas lógicos, seguros e precisos, que permitam acolher os dizeres, muitas vezes desconexos, contidos na fórmula legislativa e submetê-los a uma série de testes que terão o condão de demonstrar sua compatibilidade ou não com o sistema jurídico global, agrupando-os, em seguida, para que assumam a feição de um ente dotado de expressividade jurídica.

Por tudo isso, não repugna encontrar disposição normativa em que se não faça menção expressa ao *critério temporal*. Não está o legislador obrigado a fazê-lo e, de qualquer modo, terá o jurista os instrumentos para trazê-lo a lume.

2.5.2 Classificação dos fatos jurídicos na conformidade do critério temporal da hipótese tributária

O critério temporal das hipóteses tributárias tem ensejado classificação sobremodo simpática à doutrina dominante, segundo a qual as diversas espécies de tributos poderiam corresponder a apenas dois tipos de "fatos geradores": instantâneos e complexivos.

Amilcar de Araújo Falcão[211], abordoando-se nas lições de A. D. Giannini, Vanoni e Wilhelm Merk, adota com entusiasmo a divisão bipartida, com fulcro na consideração do condicionante de tempo dos "fatos geradores".

Com a clareza de seu estilo e o brilho do seu talento, demonstra o sentido prático da aludida ordenação, carregando ênfase no pressuposto de que nenhum "fato gerador" haveria de subtrair-se de tais categorias que, portanto, seriam hábeis para determinar o desenvolvimento especializado dos respectivos efeitos jurídicos.

Instantâneos seriam os "fatos geradores" que "ocorrem num momento dado de tempo e que, cada vez que surgem, dão lugar a uma relação obrigacional tributária autônoma. Exemplo: fato gerador venda, em relação ao imposto de vendas e consignações; o fato gerador importação (isto é, transposição de lindes, limites ou barreiras aduaneiras), em relação ao imposto de importação, etc"[212].

Já complexivos, completivos, continuativos, periódicos ou de formação sucessiva, seriam aqueles "cujo ciclo de formação se completa dentro de um determinado período de tempo (Zeitabschnitt, Steuerabschnitt, periodo d'imposta) e que consistem num conjunto de fatos, circunstâncias ou acontecimentos globalmente considerados. Exemplo: o fato gerador renda (isto é, o fluxo de riqueza que vem ter às mãos do seu destinatário e que importa num aumento do seu patrimônio, durante um período de tempo determinado), em relação ao imposto de renda (sistema de arrecadação mediante lançamento)".

A distinção, consoante advertência do mesmo autor, não apresentaria valor meramente acadêmico, mas se destinaria a

---

211. Amilcar de Araújo Falcão, *O Fato Gerador da Obrigação Tributária*. Revista dos Tribunais, 1973, p. 125/131.

212. Amilcar de Araújo Falcão, obra e local citados.

solucionar problemas práticos ou concretos de alta relevância jurídica.

E foi o suficiente para que nossos mais qualificados tributaristas abrigassem em seus estudos uma classificação carente de densidade jurídica, muito embora possa justificar-se em análise econômica do fenômeno impositivo.

Sobre o assunto, cuidamos de deduzir os pontos fundamentais que justificavam nossa radical discordância no item *Crítica à classificação dos fatos geradores em função do momento de sua ocorrência* de meu *Curso*[213]. É infundada a referida classificação, precisamente porque ignora dado fundamental, qual seja, o da incidência automática da lei tributária. Para que fosse possível, mister seria que pudéssemos conceber fato que vai acontecendo aos poucos, sendo que a ordem jurídica, concomitantemente, vai reconhecendo, de modo parcial, os eventos que forem ocorrendo, o que, evidentemente, seria um grande absurdo. Por mais complexo que seja o fato objeto de consideração pela lei tributária, só se poderá falar em "fato gerador" no momento exato em que estiver completa a figura típica. Se for constituído, digamos, por 100 elementos e apenas 99 ocorrerem, nada existirá de relevante para o Direito. É como se nada houvera acontecido. Seria o mesmo que nenhum dos 99 jamais haver ocorrido. Assim é que há de se concluir ser todos os fatos instantâneos, não tendo cabimento a classificação bipartida adotada unanimemente pela doutrina.

Não haverá negar-se, por inquestionável, que a colocação é sedutora e sugestiva. Assumindo-a, logo nos primeiros segundos de raciocínio estaremos selecionando hipóteses e aplicando-lhes regimes jurídicos distintos, o que nos condiciona a aceitá-la como verdadeira.

Em que influa o peso da autoridade de Giannini, Merk e Vanoni, bem como do nosso grande Amilcar Falcão, o tratamento rigorosamente científico do Direito Tributário não

---

213. *Curso de Direito Tributário*, 21ª ed. São Paulo: Saraiva, 2009, p. 299-304.

pode condescender com doutrinas que molestem, mesmo que levemente, premissas da ciência jurídica. E a colocação exposta tem a virtude de fazê-lo.

Não vemos com bons olhos as lições importadas de mestres estrangeiros e que aqui se impõem por força de suas autoridades, sem que se lhes anteceda um esforço efetivo de verificação de premissas. Quase sempre as doutrinas importadas trazem resquícios de outra realidade, em que, talvez, possam ser aplicadas sem maiores transtornos. Padece o Direito brasileiro de uma série de impropriedades cuja origem deve ser buscada no vezo antipático de importar conhecimentos ao invés de colhê-los no campo extraordinariamente fértil da reflexão sobre nossa própria realidade jurídica.

Em exemplário tomado ao acaso, temos expressões do quilate de "entes menores", designativas de nossos Municípios, ou "níveis de governo", para atinar-se às três pessoas políticas de Direito Constitucional União, Estados e Municípios. Ressalta à obviedade que são construções perfeitamente adequadas a sistemas jurídicos que não o nosso. No Brasil, como sabemos, os Municípios têm dignidade constitucional, conquanto não integrem o pacto federativo. Gozam de autonomia jurídica governando seus próprios interesses e em nada diferindo daquela que o Texto Supremo confere aos Estados e à União. São "entes menores" na França, ou na Itália. Nosso sistema jurídico, inobstante, repele essa construção, por inteiramente inadequada. Diga-se o mesmo de "níveis de governo", uma vez que os três entes tributantes – União, Estados e Municípios – estão no mesmo nível jurídico, precisamente porque são senhores de fatias do poder tributário, outorgadas pelo legislador constituinte. Podem existir, e certamente existem, diferenças de amplitude entre as faixas de competência das pessoas tributantes. Todavia, estão no mesmo nível jurídico.

Não somos contrários a que se estudem os grandes autores estrangeiros. Entendemos mesmo dever inarredável para o progresso da ciência do Direito Tributário. Contudo, é útil estarmos cintados de cautelas ao transferir conceitos ou soluções jurídicas para nossa realidade. Podemos fazê-lo, mas antes impende verificar se os pressupostos estão harmonizados com os princípios retores de nossa sistemática jurídica.

Tangemos o assunto das importações de conhecimentos jurídicos não para apontar discordância da classificação discutida em cotejo com nossa realidade jurídico-tributária, pois já dissemos padecer de um outro mal- não ter conteúdo jurídico. Mas, justamente para acentuar que o vocábulo empregado na designação de uma das categorias "complexivos" – nem existe no vernáculo. É adaptação apressada do adjetivo italiano "complessivo", que vem de "complesso" e quer dizer complexo.

Assim, tanto os "fatos geradores" continuados como os complexos ou de formação sucessiva, são, igualmente, instantâneos, visto que surgem sempre numa específica unidade de tempo e, cada vez que acontecem, dão origem a obrigações tributárias autônomas. E por isso que todos os "fatos geradores" ocorrem sempre em determinada unidade de tempo é que se não pode falar também de "fatos geradores pendentes", como o faz o Código Tributário Nacional (art. 105).

2.5.2.1 Classificação jurídica com base no critério temporal das "hipóteses tributárias"

O único dado efetivamente jurídico que se pode extrair do critério temporal das hipóteses tributárias, com o escopo de separar as espécies de gravames fiscais, é aquele que consiste em saber se a hipótese prevê ou não momento certo para a realização do fato descrito.

Com efeito, supostos tributários existem que fazem previsão de determinado momento em que deva ocorrer o fato jurídico. Se fato idêntico suceder, porém em instante diferente daquele aludido na hipótese, não será fato jurídico, ao menos para efeitos tributários, à míngua de satisfação do condicionante temporal especificado em sua descrição típica. Enquadram-se nessa categoria o imposto sobre a renda e proventos de qualquer natureza, o imposto predial e territorial urbano, bem como o imposto territorial rural. O legislador estabelece, às vezes expressamente (imposto predial e territorial urbano do Município de São Paulo), outras implicitamente (imposto sobre a renda e proventos de qualquer natureza), o momento exato em que se deva considerar realizado o fato jurídico tributário.

Em outras ocasiões, não se preocupa com o momento em que deva acontecer o fato hipoteticamente descrito, o que equivale a dizer que, em qualquer circunstância de tempo em que se realize, terá desencadeado os efeitos tributários normativamente concebidos. (Exemplos: IPI, ICM, etc.) De um lado, há marcos temporais que deverão ser observados, de outro, não existem. Quer parecer-nos que seria esse o único elemento hábil no sentido de fornecer base jurídica para distinguirmos as hipóteses tributárias e, por via de consequência, os fatos jurídicos que a elas correspondam.

Teríamos então:

HIPÓTESES TRIBUTÁRIAS
- a) que definem (expressa ou implicitamente) o momento de ocorrência do fato jurídico tributário;
- b) que não definem momento específico, podendo acontecer em qualquer circunstancia de tempo.

2.5.3 Fenomenologia da incidência tributária e o necessário quadramento do fato à norma jurídica

Uma vez demarcados os elementos que compõem o antecedente da regra-matriz de incidência tributária, colho o ensejo para repisar a fenomenologia da incidência tributária e o necessário quadramento do fato à norma jurídica para que se dê sua ocorrência. Tecnicamente, interessa sublinhar que a incidência requer, por um lado, a norma jurídica válida e vigente; por outro, a realização do evento vertido em linguagem que o sistema indique como própria e adequada. Percebe-se, portanto, que a chamada "incidência jurídica" se reduz, pelo prisma lógico, a duas operações formais: a primeira, de *subsunção* ou inclusão de classes, em que se reconhece que uma ocorrência concreta, localizada num determinado ponto do espaço social e numa específica unidade de tempo, inclui-se na classe dos fatos previstos no suposto da norma geral e abstrata; outra, a segunda, de implicação, porquanto a fórmula normativa prescreve que o antecedente implica a tese, vale dizer, o fato concreto, ocorrido *hic et nunc*, faz surgir uma relação jurídica também determinada, entre dois ou mais sujeitos de direito. É importante ter em mente, outrossim, que tais operações lógicas somente se realizam mediante a atividade de um ser humano, que efetue a subsunção e promova a implicação que o preceito normativo determina.

Voltando nossa atenção à primeira dessas operações formais, diremos que houve subsunção quando o fato jurídico tributário guardar absoluta identidade com o desenho normativo da hipótese. Esse quadramento, porém, tem de ser completo. É aquilo que se tem por tipicidade, que no Direito Tributário, assim como no Direito Penal, adquire transcendental importância. Segundo tal preceito, para que determinada ocorrência seja tida como fato jurídico tributário, imprescindível a satisfação de todos os critérios identificadores tipificados na hipótese da norma geral e abstrata. Que apenas um não seja reconhecido, e a dinâmica da incidência ficará inteiramente comprometida.

2.5.3.1 *A incidência tributária e o "tipo estrutural"*

O direito positivo apresenta-se como objeto cultural, criado pelo homem, construído num universo de linguagem. Trata-se de sistema autopoiético que regula, ele próprio, sua produção e transformação. Não obstante sua operatividade, consistente na incidência normativa, dependa de atos-de-fala, ou seja, da enunciação pela autoridade competente, tais atos devem ser praticados segundo critérios estabelecidos pelo próprio sistema jurídico. As autoridades mesmas, somente recebem esse qualificativo porque assim previsto pelo direito, devendo agir nos exatos limites da competência que lhe foi atribuída.

Essa tomada de posição leva-nos a evidenciar o caráter constitutivo da linguagem jurídico-positiva. Sendo a linguagem constitutiva da realidade, dentre elas a realidade jurídica, determinado fato só é concretizado se observados os requisitos linguísticos exigidos para tanto, pois somente haverá subsunção se estiverem presentes todas as notas características do conceito eleito pelo legislador para integrar a hipótese normativa. Consequentemente, dependendo da forma como o negócio jurídico é efetuado, quer dizer, da linguagem jurídica empregada, estaremos diante de um fato jurídico tributário ou não.

Registre-se, nesta oportunidade, que ao distribuir as competências, o constituinte efetuou cortes, estabelecendo rígidos limites ao exercício da tributação. Desse modo, autorizou as pessoas políticas a tributarem apenas determinadas situações especificadas no Texto Constitucional, ficando-lhes vedado atingir fatos não cobertos pela competência tributária que lhes foi atribuída. Ofereceu, também, critérios para determinar os possíveis sujeitos passivo e ativo de cada exação.

Acontece que ao selecionar os fatos passíveis de tributação, o constituinte empregou "tipos estruturais" e "tipos funcionais". Estar-se-á diante de um tipo estrutural quando a hipótese normativa apresentar notas características de formas e atos de Direito Privado, como ocorre, por exemplo, no imposto sobre transmissão causa mortis e doação e no imposto sobre transmissão inter vivos por ato oneroso. O tipo funcional, por sua vez, consiste na atribuição de competência para tributar um fato sem qualquer relação com categoria de Direito Privado pré-concebida, como é o caso do imposto sobre a renda e proventos de qualquer natureza, onde são irrelevantes os meios pelos quais a renda é auferida. Em suma, quando a estrutura do negócio jurídico integra o antecedente da regra-matriz de incidência, trata-se de "tipo estrutural".

Quando, porém, a hipótese normativa tributária é composta apenas pela obtenção de resultado econômico, independentemente do ato jurídico praticado, tem-se "tipo funcional".

Pelos fundamentos expostos, podemos afirmar que nos casos em que a regra-matriz tributária elege em sua hipótese um "tipo estrutural", a fenomenologia da incidência somente se verificará quando o procedimento adotado pelo particular corresponder inteiramente à forma normativamente prevista. Se o procedimento empregado pelo particular é diverso daquele utilizado para concretizar-se o negócio conotativamente descrito pela norma jurídica, distintos são os fatos jurídicos, ainda que seus efeitos econômicos sejam semelhantes. E a incidência normativa deve respeitar tal peculiaridade, surgindo o liame obrigacional nos exatos termos prescritos pela regra-matriz relativa ao tipo estrutural verificado.

2.5.4 Interpretação dos fatos: delimitação do conteúdo de "fato puro", "fato contábil" e "fato jurídico"

No degrau da hermenêutica jurídica, o grande desafio de quem pretende desvelar o conteúdo, sentido e alcance das regras de direito radica na inafastável dicotomia entre a letra da lei e a natureza do fenômeno jurídico subjacente.

O desprestígio da chamada interpretação literal é algo que dispensa meditações mais profundas, bastando recordar que, prevalecendo como método de interpretação do direito, seríamos forçados a admitir que os meramente alfabetizados, quem sabe com o auxílio de um dicionário de tecnologia jurídica, estariam credenciados a identificar a substância das mensagens legisladas, explicitando as proporções de significado da lei. O reconhecimento de tal possibilidade roubaria à Hermenêutica Jurídica e à Ciência do Direito todo o teor de suas conquistas, relegando o ensino universitário a um esforço sem expressão e sentido prático de existência. Talvez por isso, e sem o perceber, Carlos Maximiliano haja sufragado, com suficiente ênfase, que todos os métodos interpretativos são válidos, desde que seus resultados coincidam com aqueles colhidos na interpretação sistemática.

Não sobeja repetir: para nós, as normas jurídicas são as significações que a leitura do texto desperta em nosso espírito e, nem sempre, coincidem com os artigos em que o legislador distribui a matéria no campo escrito da lei. Dito de outro modo, na realidade social em que vivemos, experimentamos sensações visuais, auditivas, tácteis, que suscitam noções. Estas, agrupadas em nosso intelecto, fazem surgir os juízos ou pensamentos que, por sua vez, se exprimem verbalmente como proposições. A proposição aparece como o enunciado de um juízo, da mesma maneira que o termo expressa uma ideia ou noção. E a norma jurídica é, exatamente, o juízo hipotético que a percepção do texto provoca no plano de nosso consciente, da mesma forma em que tantas outras noções não-jurídicas poderiam ter sido originadas daquele mesmo conjunto de percepções físicas. Diz-se, portanto, que a noção é jurídica, pois se enquadrou a uma determinada hipótese jurídica.

Por analogia aos símbolos linguísticos quaisquer, é válida a construção segundo a qual o texto escrito está para a norma jurídica tal qual o vocábulo está para sua significação. E adotando-se a estrutura trilateral, de inspiração husserliana, falaremos em suporte físico, significado e significação. Transportadas as ideias para o domínio do jurídico: o suporte físico é o conjunto dos textos do direito posto; significado, a conduta humana compartida, na vida social; e significação, o vasto repertório que o jurista extrai, compondo juízos lógicos, a partir do contato sensorial com o suporte físico, e com referência ao quadro dos fatos e das condutas juridicamente relevantes. É exatamente na significação e no significado que se dá a construção hermenêutica do fato jurídico e onde centralizaremos todas as nossas atenções a fim de compor estudo semântico sobre a expressão "fato jurídico".

Quer isto exprimir, por outros torneios, que a única forma de se entender o fenômeno jurídico, conclusivamente, é analisando-o como um sistema, visualizado no entrelaçamento vertical e horizontal dos inumeráveis preceitos que se congregam e se aglutinam para disciplinar o comportamento do ser humano, no convívio com seus semelhantes. O texto escrito, na singela expressão de seus símbolos, não pode ser mais do que a porta de entrada para o processo de apreensão da vontade da lei, jamais confundida com a intenção do legislador. Sem nos darmos conta, adentramos a análise do sistema normativo sob o enfoque semioticista, recortando, como sugere uma análise mais séria, a realidade jurídica em seus diferentes campos cognoscitivos: sintático, semântico e pragmático.

Bem sabido que não se pode priorizar qualquer das dimensões semióticas, em detrimento das demais. Todavia, o momento semântico num exame mais apurado sobre o tema que ora tratamos, chama a atenção pela maneira intensa como qualifica e determina as questões submetidas ao processo dialógico que prepara a decisão ou conclusão. Daí exclamar Alfredo Augusto Becker, cheio de força retórica, que o jurista *nada mais seria que o semântico da linguagem do direito*. A ele cabe a árdua tarefa de examinar os textos, quantas vezes obscuros, contraditórios, penetrados de erros e imperfeições terminológicas, para captar a essência dos institutos, surpreendendo, com nitidez, a função da regra, no implexo quadro normativo.

No processo de cognição da linguagem prescritiva de condutas, o hermeneuta esbarra em numerosos entraves que a realidade jurídica mesma lhe impõe. O primeiro obstáculo está cravado na própria matriz do direito. A produção das normas de mais elevada hierarquia no sistema, que são gerais e abstratas, está confiada aos parlamentos, casas legislativas de natural heterogeneidade, na medida em que se pretendam democráticas e representativas. Com isso, a despeito dos esforços na elaboração de uma linguagem técnica, dotada da racionalidade suficiente para atingir padrões satisfatórios de eficácia social, a verdade é que a mensagem legislada quase sempre vem penetrada de imperfeições, com problemas de ordem sintática e semântica, tornando muitas vezes difícil sua compreensão pelos sujeitos destinatários. É neste ponto que a

Dogmática (Ciência do Direito em sentido estrito) cumpre papel de extrema relevância, compondo os enunciados frequentemente dispersos em vários corpos legislativos, ajeitando-os na estrutura lógica compatível e apontando as correções semânticas que a leitura contextual venha a sugerir. Com tais ponderações, a comunicação normativa flui mais facilmente do emissor ao receptor, realizando os propósitos da regulação jurídica com mais clareza e determinação.

Num segundo momento, depara-se o estudioso com uma realidade juridicamente complexa. Analisando no contexto de uma visão sistemática, onde as unidades normativas se entreligam formando uma estrutura sintática; onde há, inequivocamente, um referente semântico consubstanciado pela região material das condutas, ponto de confluência das iniciativas reguladoras do comportamento intersubjetivo; e onde se verificam as inesgotáveis manifestações dos fatores pragmáticos. Tudo isso, repito, traz ao estudo do fenômeno jurídico complexidades imensas. Na qualidade de exegeta, deve partir da literalidade do texto, e buscar as significações sistêmicas, aquelas que retratam os específicos parâmetros instituídos pelo sistema. Do mesmo modo, a consistência material das regras há de encontrar fundamento no sistema, sob pena de não prevalecerem, vindo a ser desconstituídas. Daí a tendência para cortar cerce o problema, ofertando soluções simplistas e descomprometidas, como ocorre, por exemplo, com a canhestra "interpretação literal" das formulações normativas, que leva consigo a doce ilusão de que as regras do direito podem ser isoladas do sistema e, analisadas na sua compostura frásica, desde logo "compreendidas".

Adotando tal postura, parece-nos perfeitamente justificada e coerente a adoção da afirmativa suso adotada de que as regras jurídicas são as significações que a leitura do texto desperta em nosso espírito e, nem sempre, coincidem com os dispositivos mediante os quais o legislador distribui a matéria no corpo escrito da lei. Advém daí que, muitas vezes, um único artigo não seja bastante para a compreensão da norma, em sua integridade existencial. Vê-se o leitor, então, na contingência de consultar outros preceitos do mesmo diploma e, até, a sair dele, fazendo incursões pelo sistema.

Por fim, não nos esqueçamos de que a camada linguística do direito está imersa na complexidade do tecido social, cortada apenas para efeito de aproximação cognoscitiva. O real, com a multiplicidade de suas determinações, só é susceptível de uma representação intuitiva, porém aberta para receber inúmeros recortes cognoscitivos. Com tais ponderações, torna-se hialina a afirmativa de que de um mesmo evento, poderá o jurista construir o fato jurídico; como também o contabilista, o fato contábil; e o economista o fato econômico. Tudo, portanto, sob a dependência do corte que se quer promover daquele evento.

E quanto ao âmbito de compreensão deste fenômeno, retornando à linha de raciocínio inicial, citemos que todos os fatos são construções de linguagem, e, como tanto, são representações metafóricas do próprio evento. Seguem a gramaticalidade própria do universo linguístico a que pertencem – o jurídico – quando constituinte do fato jurídico ou o contábil, por exemplo, quando construtores do fato contábil. As regras da gramática cumprem função linguística reguladora de um idioma historicamente dado. Prescrevem a forma de combinação dos vocábulos e das expressões para produzirmos oração, isto é, construção com sentido daquele universo linguisticamente dado. O direito, portanto, é linguagem própria compositiva de uma realidade jurídica. Provém daí o nominar-se Gramática Jurídica ao subconjunto das regras que estabelecem como outras regras devem ser postas, modificadas ou extintas, dentro de certo sistema.

Posto isso, perceberemos que a construção do fato jurídico, nada mais é que a constituição de um fraseado normativo capaz de justapor-se como antecedente normativo de uma norma individual e concreta, dentro das regras sintáticas ditadas pela gramática do direito, assim como de acordo com os limites semânticos arquitetados pela hipótese da norma geral e abstrata.

Há que ter em mente, nesse caminho, uma importante informação: as palavras componentes desta frase constitutiva de realidade jurídica têm uma denotação, que é o conjunto dos significados que, posteriormente, representam o signo. Ao mesmo tempo, as mesmas palavras classificam-se dicotomicamente, na medida em que estabelecem duas categorias: a dos objetos que representam e a dos objetos que não representam.

Tal ocorre com a expressão fato jurídico. Têm-se como certo, nos dias de hoje, que o conhecimento científico do fenômeno social, seja ele qual for, advém da experiência, aparecendo sempre como uma síntese necessariamente a posteriori. Na constituição do fato jurídico, a análise relacional entre a linguagem social e a linguagem jurídica, redutora da primeira, sobrepõe-se a esse conhecimento sinzetético, obtendo como resultado um novo signo, individualizado no tempo e no espaço do direito e recebendo qualificação jurídica: eis o fato jurídico. É, portanto, uma construção de sobrelinguagem. Há duas sínteses: (i) do fenômeno social ao fenômeno abstrato jurídico e (ii) do fenômeno abstrato jurídico ao fenômeno concreto jurídico.

Adotados estes pressupostos, verificaremos que o termo ou expressão que adquirir o qualificativo "jurídico" não somente será representativo de uma unidade do universo do direito, como também denotará seu contraponto, que são todos os outros fatos linguisticamente possíveis de serem construídos a partir daquele mesmo evento, mas que não se enquadram às regras sintáticas e semanticamente dadas pelo sistema de linguagem do direito. A demarcação do objeto implica a delimitação do corte de sua classe e, ao traçar esses limites o exegeta obtém como resultado indireto a formação do conjunto dos fatos que não se qualificam como tal. Trata-se de singela construção resultante da lógica, pois, no universo das proposições normativas, "p" (proposição) é diferente e oposto de "n-p" (não-proposição), impedindo a quem se dispõe a conhecer o sistema incluir a classe "n-p" dentro do conjunto "p". São categorias que tomam o mesmo universo mas que não se intercruzam. Ou seja, de um mesmo evento pode-se construir um fato jurídico ou um fato contábil; mas um e outro são sobremaneira diferentes, o que impede de inscrever o último como antecedente da norma individual e concreta, dado que representa unidade carente de significação jurídica. O fato capaz de implicar o consequente normativo haverá de ser sempre fato jurídico, mesmo que muitas vezes haja situações em que num e noutro estejam presentes os mesmos conteúdos denotativos. A partir desses dados, é que poderemos demarcar o conjunto dos fatos jurídicos, separando-o do conjunto dos fatos não-jurídicos, onde se demoram os fatos econômicos, os fatos contábeis, os fatos históricos e tantos outros quantas sejam as ciências que os constroem. O critério utilizado para a separação desses dois domínios é justamente a homogeneidade sintática do universo jurídico.

Com tais considerações, cabe relembrar que todo conhecimento do objeto requer cortes e mais recortes científicos, que cumprem a função de simplificar a complexa realidade existencial delimitando o campo da análise. Não nos esqueçamos de que a camada linguística do direito está imersa na complexidade do tecido social, cortada apenas para efeito de aproximação cognoscitiva. O direito positivo é objeto do mundo da cultura e, como tal, torna árdua a tarefa do exegeta em construir a plenitude de seus conteúdos de significação, obrigando-o a reduzir a complexidade empírica, ora isolando ora selecionando caracteres do dinâmico mundo do existencial. O objeto passa a ser uma construção em linguagem do intérprete que reduz as características próprias e imanentes daquilo que se toma do universo físico-social.

Eis uma barreira intransponível à concepção do "fato puro", seja ele econômico, histórico, político, jurídico ou de qualquer outra qualidade que se lhe pretenda atribuir. Tais fatos, como acrescenta Lourival Vilanova, são elaborações conceptuais, subprodutos de técnicas de depuração de ideias seletivamente ordenadas[214].

---

214. Confira: "O fato puro não leva, com ele, a suficiente relevância significativa para ser incluído dentro do tipo. Para ingressar, sofre uma valoração comandada

Cumpre fazer observação importante e que atina ao momento da própria consolidação da afirmativa acima exposta. Isto porque a doutrina tradicional vem conotando certos fatos jurídicos, tal qual o fato elisivo, como construção de conteúdo econômico, com efeitos jurídicos. Não concordamos em conceituar os fatos jurídicos tributários como "fatos jurídicos de conteúdo econômico", posto que essa é a natureza dos fatos econômicos e não dos fatos relevantes para o Direito. Obviamente, toda a realidade jurídica deve ter consistência jurídica, sob pena de não qualificar-se como tal. A essência de uma realidade é que dirá da qualificação que lhe devemos atribuir. Os fatos econômicos terão natureza econômica, os fatos sociológicos, essência sociológica e os fatos políticos, consistência política. Se, porventura, cogitássemos cientificamente de uma realidade sociológica, mas que tivesse conteúdo político, pareceria claro não tratar-se verdadeiramente de realidade sociológica, mas sim política, devendo ser analisada à luz dos conhecimentos da ciência política, que é, justamente, a matéria que estuda aquela classe dos fenômenos sociais.

Cabe impugnar, também, aquel'outra expressão muito difundida, segundo a qual o fato jurídico elisivo viria a ser um fato econômico de relevância jurídica.

O Direito não toma por empréstimo entidades de outro campo, para os fins de que necessita. Sua grande virtude é construir as próprias realidades. Por isso mesmo, as construções jurídicas não deformam as leis econômicas ou políticas, como amiúde se afirma. Não é correto dizer que o Direito modifica a lei da oferta e da procura, ou mesmo que teria a força suficiente para contrariar as leis da natureza, fazendo do homem, mulher. O que acontece é que o Direito não está condicionado senão às suas finalidades, sendo-lhe facultado escolher os caminhos que lhe aprouverem. Isso, de certo que só se aplica ao Direito posto, de vez que a ciência do Direito, sendo

---

por um dever-ser." (VILANOVA, Lourival. *Estruturas lógicas e o sistema de direito positivo*, p. 104).

como é matéria descritiva, encontra-se plenamente vinculada ao objeto de seu estudo que é o Direito positivo. Reside aqui, aliás, o vício de raciocínio daqueles que comparam o Direito positivo à Física, à Biologia ou à Química. A correlação é de todo inadequada, por isso que essas três matérias são eminentemente descritivas, ao passo que o "jus positum" tem caráter prescritivo. A Física, a Biologia e a Química, assim como a Economia, a Ciência das Finanças e a Ciência Política devem ser comparadas, isto sim, à ciência jurídica e, nesse ponto, esta última está irremediavelmente vinculada ao seu exclusivo objeto que é o Direito positivo. A ciência do Direito não pode construir outra realidade que não aquela de descrever seu objeto específico. O mesmo acontece com a Física ou com a Economia, que haverão de cingir-se à tarefa de descrever, respectivamente, as leis físicas e as leis econômicas.

Isso não impede, todavia, que um mesmo fato da natureza exterior venha a servir de elemento da cogitação econômica, ao mesmo tempo que se presta a estudo pelo Direito. Enquanto considerado pela Economia, seu conteúdo é eminentemente econômico. À medida que revestir interesse jurídico, terá consistência exclusivamente jurídica, com abstração de quaisquer outros aspectos.

As expressões que ora impugnamos bem atestam o grau de comprometimento, que ainda podemos notar, do Direito com ciências que estudam fenômenos parecidos. E a mesma falha pode ser verificada no que pertine ao Direito Constitucional, pleno de considerações políticas.

No desejo de construir um recorte da realidade que cerque o fato jurídico elisivo, pensamentos deslizam ao longo do eixo descritivo, impulsionados por uma eloquência ordenada e vigorosa, bem na medida que a Ciência recomenda. Afinal de contas, que fato é esse? Como qualificá-lo? Sob qual critério? Nunca é demais insistir que as subdivisões em sistemas respondem a cortes metódicos que os objetivos da investigação analítica impõem ao espírito do pesquisador. O critério adotado no corte é o que qualificará o fato construído por ele, quantificando-o, inclusive, em seu consequente normativo. Se adotarmos um critério jurídico, o fato será atribuído ora como jurídico ora como não-jurídico, de acordo com as características instituídas em lei que determinam os contornos daquele *factum* tributário. Adotando tal pressuposto, a referência estará sempre contida nos critérios legalmente estipulados.

Ao indagarmos sobre a expressão economia fiscal, em olhar ligeiro, entenderemos estar nos limites entre o que é do domínio econômico e o que é do direito. Em qual desses domínios o critério se insere? Cumpre observar que, ao estabelecermos o paralelo entre o resultado de duas situações fiscais, estamos ingressando em uma análise aritmética entre duas quantias ou dois resultados numéricos. Seria esta uma análise jurídica ou econômica? Vejamos. Transportando-se isto para o quadro das prescrições legais tributárias, iremos verificar no próprio art. 3º do CTN que tributo é um prestação pecuniária compulsória, em moeda ou cujo valor nela se possa exprimir. Em outras palavras, tributo é um valor pecuniário. O próprio artigo 4º do CTN, ao dizer que a natureza específica do tributo é definida pelo fato gerador, está confirmando que a natureza do tributo é dada pela conjugação da hipótese da incidência e da base de cálculo, assumindo, nesta operação, perfil numérico.

Pelo exposto, fica a ressalva de que não há fatos jurídicos puros ou fatos econômicos puros. O que existe são cortes de linguagem. Nós, juristas, montamos a realidade jurídica que representa o corte. Desta maneira, construímos a interpretação jurídica. Nada disso impede que economistas tomem a mesma base objetiva e produzam enunciados econômicos sobre ela. Produzem-se, por sua vez, outros cortes sobre o mesmo acontecimento, compondo novo signo. E a mesma coisa ocorre para o historiador, que constitui o fato histórico; para o sociólogo, que constrói o fato sociológico, entre tantos outros recortes que se possam produzir naquela realidade. À confusão metodológica que se estabelece no instante do corte Becker chamou de "mancebia irregular" do direito tributário com outras Ciências. Aliás, foi precisamente pela pretensão de fixar como objeto a atividade financeira do Estado, passando a examiná-la sob todos os ângulos possíveis e imaginários, sem qualquer prioridade metodológica, que a Ciência das Finanças rotundamente faliu, não mais existindo como disciplina nas grades curriculares das Faculdades de Direito do Brasil.

Discorrendo acerca do modo de pensar algumas vezes irrefletido da doutrina tradicional, também conhecida como doutrina bem comportada do Direito Tributário, Alfredo Augusto esclarece: Exemplo de carência de atitude mental jurídica é a divulgadíssima tese (aceita como coisa óbvia) que afirma ser a hipótese de incidência ("fato gerador", "fato imponível", "suporte fáctico") sempre um fato econômico. Outro exemplo atual é a muito propagada doutrina da interpretação e aplicação do Direito Tributário segundo a "realidade econômica do fenômeno social". Como se demonstrará, ambas as teorias têm como resultado a demolição da juridicidade do Direito Tributário e a gestação de um ser híbrido e teratológico: o Direito Tributário invertebrado.[215] (Os grifos são do autor).

2.5.5 Considerações finais sobre a hipótese tributária

O exame dos três critérios *suso* mencionados material, espacial e temporal – dá-nos a feição do conteúdo das hipóteses normativas, de um modo geral e, em particular, das hipóteses das regras-matrizes de incidência tributária. Essas categorias lógicas devem ser suficientes para definir qualquer fato jurídico, assim entendidos aqueles acontecimentos do mundo tangível que o Direito toma como marcos, a partir dos quais faz incidir a disciplina do relacionamento social.

Regressando à hipótese tributária, não é demais renovar que a doutrina lhe outorgou dimensão descabida, transformando-a na vereda florida que nos permite descobrir o tesouro de todas as soluções fiscais.

---

215. Alfredo Augusto Becker, *Teoria Geral do Direito Tributário*, 4ª ed., Marcial Pons/Noeses.

Pudemos ver que o Direito enlaça ao acontecimento de um fato determinada consequência que consiste, em última análise, no regramento do proceder humano. Nesse esquema lógico, de estrutura hipotética, temos que os diferentes fatos escolhidos pelo Direito representam tão somente balizas, signos a partir dos quais a ordenação jurídica considera inaugurado um vínculo que irá preordenar comportamentos. Surge, então, a pergunta: em que elemento da formulação hipotética – no antecedente ou no consequente – reside a essência do Direito? Haveria de ser nos sinais externos que o legislador toma como pressupostos ou na relação abstrata que vincula pessoas, no sentido de adotarem, coativamente, proceder determinado? Dada a natural coalescência, não é fácil responder em termos absolutos. Um não existirá sem o outro, pelo que não pode falar-se em graus de importância. Porém, é intuitivo reconhecer que no consequente é que o Direito se realiza, dado que lá repousam os critérios para identificarmos o único e exclusivo instrumento de disciplina do relacionamento social – a relação jurídica. Desse modo, ainda que se não possa estabelecer escalonamento segundo o grau de importância dessas duas peças do juízo hipotético, que é a estrutura lógica das normas jurídicas, é imperioso reconhecer que o Direito age, procurando suas finalidades, mercê dos efeitos decorrentes daquele vínculo abstrato.

É sintomático, também, observarmos que nem todos os fatos da natureza física são tomados em consideração pelo Direito. Muitos fatos existem que nada representam juridicamente. Por outro lado, todos os comportamentos humanos são governados pela ordenação jurídica, consoante aqueles dois gráficos que tivemos o ensejo de referir (Garcia Maynes e Roberto José Vernengo).

Inexplicavelmente, porém, prosperou tendência contrária no espírito da doutrina nacional e estrangeira do Direito Tributário, com ênfase total na hipótese, em detrimento da consideração adequada do elemento consequência. Sobre não estabelecer a distinção necessária que uma análise científica impõe, esta visão desnaturadora da norma jurídica e atentatória da metodologia do Direito cometeu sérios e irreparáveis desacertos, a ponto de comprometê-la por inteiro. Merece indicação, por extremamente curioso, o descobrimento do sujeito ativo da relação tributária, no exame da hipótese. Apenas para argumentar, aceitemos que o sujeito passivo esteja envolvido no acontecimento do fato. Mas o sujeito ativo, especialmente nos impostos, como haverá de surgir mediante a verificação do suposto tributário? E mesmo acontecendo o fato jurídico tributário, de que forma enuclearemos o titular do direito subjetivo, meramente pela análise desse fato?

Sendo assim, haveremos de convir que o critério pessoal não pode estar repartido entre os dois elementos da regra-matriz de incidência tributária. Não seria concebível extraí-los, um da hipótese, outro da consequência.

Para reforço desses argumentos, vamos servir-nos de exemplo sobremaneira sugestivo e tomado de autor que defende posição contrária, vendo na hipótese o lugar-comum de todo o Direito Tributário. E a alusão que fazemos é, precisamente, de um dos estudos mais sérios e aprofundados a respeito da matéria, em termos nacionais ou de doutrina estrangeira – "Hipótese de incidência tributária" – de autoria do jurista paulista Geraldo Ataliba.[216]

Explicitando a formulação das normas tributárias e após estabelecer as diferenças que podem ser verificadas entre a "hipótese de incidência" e o "fato imponível", saca exemplo de notável alcance didático, na grandeza em que pode ilustrar o ponto de vista que expusemos.

Diz esse professor:

> "Assim, a lei formula a seguinte hipótese: "comerciante vender mercadoria no território X"

a que associa o mandamento:

> "esse alguém ficará devedor de 1/10 do valor da operação, ao Estado".

---
216. Geraldo Ataliba, *Hipótese de incidência tributária*, Revista dos Tribunais, 1973, p. 76.

Dificilmente um exemplo poderia calhar com tanta precisão para enriquecer o ponto de vista que defendemos.

Está solarmente claro que o mandamento dessa norma tributária é que fixa: quem é o sujeito ativo (Estado); quem é o sujeito passivo (comerciante); qual é o dever jurídico a ser cumprido (base de cálculo – valor da operação e alíquota – 1/10, que são os elementos quantitativos). Na hipótese, permaneceria apenas um comportamento humano (vender mercadorias – critério material), devidamente limitado no espaço (território X – critério espacial) e no tempo (qualquer momento em que ocorra critério temporal – formulação implícita).

É bem verdade que a hipótese faz alusão a "comerciante" e, disso, poder-se-ia extrair que o sujeito passivo da relação houvesse de ser procurado na hipótese. Entretanto, se retirarmos a palavra "comerciante", em nada se alterará a disposição da regra-matriz de incidência, visto que o autor se viu compelido a repeti-la ao construir o arquétipo da relação jurídica.

É interessante notar, ademais, que o mandamento, que nós designamos por consequência, encerra os dados suficientes para a determinação do conteúdo do dever jurídico a ser cumprido pelo sujeito passivo, vale dizer, a base de cálculo (valor da operação) e a alíquota (1/10).

Fundados nessa concepção é que invadiremos o campo da consequência tributária, para analisar em sua intimidade estrutural os critérios que nos possibilitarão reconhecer aquele liame que se inaugura mediante o acontecimento de determinado evento, escolhido pelo legislador como baliza para o prosseguimento de algum resultado considerado relevante.

2.6 CONCEITOS GERAIS DA OBRIGAÇÃO TRIBUTÁRIA

A obrigação tributária, enquanto relação jurídica de cunho patrimonial (envolvendo um sujeito ativo, titular do direito subjetivo de exigir a prestação, e um sujeito passivo, cometido do dever de cumpri-la), é nexo lógico que se instala a contar de um enunciado factual, situado no consequente de u'a norma individual e concreta, juntamente com a constituição do fato jurídico tributário descrito no suposto da mesma norma. A edição dessa regra, como norma válida no sistema positivo, tem o condão de introduzir no ordenamento dois fatos: o *fato jurídico tributário* (fato gerador) e o *fato relacional* que conhecemos por "relação jurídica tributária".

2.6.1 Composição interna do liame obrigacional

A composição interna do liame obrigacional é integrada pela presença de três elementos – sujeito ativo, sujeito passivo e objeto – que se entrelaçam num vínculo abstrato. Renovemos a representação.

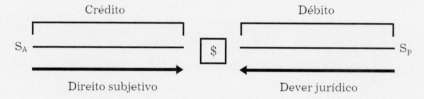

S_A é o sujeito ativo;

S_P é o sujeito passivo;

$ é o objeto da prestação, uma quantia em dinheiro;

"→" representa o direito subjetivo de que está investido o sujeito ativo de exigir a prestação: "crédito";

"←" representa o dever subjetivo (ou dever jurídico) de cumprir a prestação: "débito";

"→" e "←" são dois vetores, com a mesma direção, mesma intensidade, porém, de sentidos contrários.

O gráfico expõe a obrigação tributária na sua completude sintática. Todos os componentes que nele consignamos são elementos ínsitos, necessários e, portanto, imprescindíveis à existência da relação jurídica obrigacional. O objeto é o centro de convergência, para onde afluem as atenções e preocupações dos sujeitos. Diz-se que o sujeito ativo tem o direito subjetivo de exigir a prestação pecuniária. Em contranota, o sujeito passivo tem o dever jurídico de cumpri-la. Reproduzimos essa contraposição de interesses mediante dois vetores, de mesma intensidade, com a mesma direção, porém de sentidos contrários, justamente para mostrar que, satisfeito o dever jurídico, desaparece o direito subjetivo e vice-versa. Ao se anularem mutuamente, extingue-se a relação jurídica, que não pode subsistir, repetimos, à míngua de qualquer dessas entidades integrantes de sua estrutura.

Devo salientar que o sujeito passivo da relação jurídico-tributária poderá ser pessoa física ou jurídica, privada ou pública, de quem se exige o cumprimento da prestação pecuniária. Na maioria das vezes, a Constituição não aponta exatamente quem deva ser o sujeito passivo das exações cuja competência legislativa faculta às pessoas políticas. O constituinte costuma aludir a um evento, deixando a cargo do legislador ordinário não só estabelecer o desenho estrutural da hipótese normativa, que deverá girar em torno daquela referência constitucional, mas, além disso, escolher o sujeito que arcará com o peso da incidência fiscal, fazendo as vezes de devedor da prestação tributária. A cada um dos eventos eleitos para compor a hipótese da regra-matriz de incidência, a autoridade legislativa apanha um sujeito, segundo o critério de sua participação direta e pessoal com a ocorrência objetiva, e passa a chamá-lo de contribuinte, fazendo-o constar da relação obrigacional, na qualidade de sujeito passivo.

A obrigação tributária, entretanto, só se instaura com sujeito passivo que integre a ocorrência típica. A ênfase afirmativa está fundada num argumento singelo, mas poderoso: o legislador tributário não pode refugir dos limites constitucionais da sua competência, que é oferecida de maneira discreta, mediante a indicação de meros eventos.

Aproveitando-se dessas referências, a autoridade legislativa exerce suas funções, autolimitando-se no compor da descrição normativa. Feito isso, não pode transpor as fronteiras do fato que ele mesmo (legislador ordinário) demarcou, nos termos constitucionalmente permitidos. Em consequência, somente pode ocupar a posição de sujeito passivo tributário quem estiver em relação com o fato jurídico praticado.

Pois bem, voltemos à ideia nuclear da esquematização relacional. O direito subjetivo de que está investido o sujeito ativo de exigir o objeto, denominamos "crédito". E o dever jurídico (ou também dever subjetivo) que a ele se contrapõe, de prestar o objeto, designamos "débito". Revela, por isso, inominável absurdo imaginar-se obrigação sem crédito. No domínio dos desatinos, equipara-se à concepção do vínculo obrigacional sem sujeito ativo, ou sem sujeito passivo, ou sem objeto. Todos, conjugados e coalescentes, mantendo, entre si, os nexos que salientamos, outorgam ao liame o porte e a dignidade categorial de obrigação.

Definimos, portanto, *crédito tributário* como o direito subjetivo de que é portador o sujeito ativo de uma obrigação tributária e que lhe permite exigir o objeto prestacional, representado por uma importância em dinheiro.

É oportuno expressar, com o propósito de amarrar melhor os conceitos, que uma coisa é o objeto da obrigação: no caso, a conduta prestacional de entregar uma porção de moeda; outra, o objeto da prestação, representado aqui pelo valor pecuniário pago ao credor ou por ele exigido.

2.6.2 Obrigação tributária no CTN

Como já observado anteriormente, as regras do direito juridicizam os fatos sociais (entre eles, os naturais que interessem de algum modo à sociedade) fazendo irromper relações jurídicas, no seio das quais aparecem os direitos subjetivos e os deveres correlatos. Daí dizer-se que a incidência da regra faz nascer o vínculo entre sujeitos de direito, por força da imputação normativa. E a norma tributária não refoge desse quadro de atuação, que é universal, valendo para todo espaço e para todo o tempo histórico.

Como decorrência do acontecimento do evento previsto hipoteticamente na norma tributária, instala-se o fato, constituído pela linguagem competente, irradiando-se o efeito jurídico próprio, qual seja, o liame abstrato, mediante o qual uma pessoa, na qualidade de sujeito ativo, ficará investida do direito subjetivo de exigir de outra, chamada de sujeito passivo, o cumprimento de determinada prestação pecuniária. Empregando a terminologia do Código Tributário Nacional, diríamos que ocorreu o "fato gerador" (em concreto), surgindo daí a obrigação tributária: é a fenomenologia da chamada "incidência dos tributos".

Em rigor, não é o texto normativo que incide sobre o fato social, tornando-o jurídico. É o ser humano que, buscando fundamento de validade em norma geral e abstrata, constrói a norma jurídica individual e concreta, na sua bimembridade constitutiva, empregando, para tanto, a linguagem que o sistema estabelece como adequada, vale dizer, a linguagem competente. Instaura, desse modo, o fato e relata seus efeitos prescritivos, consubstanciados no laço obrigacional que vai atrelar os sujeitos da relação. E tal atividade, que consiste na expedição de uma norma individual e concreta, somente será possível se houver outra norma, geral e abstrata, que lhe sirva de fundamento de validade.

Com efeito, a hipótese tributária de qualquer exação deve descrever fato realizado por pessoa que manifeste, objetivamente, riqueza. Ao recortar, no plano da realidade social, aqueles fatos que julga de porte adequado para fazerem nascer a obrigação tributária, o legislador deve sair à procura de acontecimentos passíveis de serem medidos segundo parâmetros econômicos, uma vez que o vínculo jurídico a eles atrelado deve ter como objeto uma prestação pecuniária. É evidente que de uma ocorrência insusceptível de avaliação patrimonial jamais se conseguirá cifras monetárias que traduzam, de alguma forma, um valor em dinheiro. São esses eventos que fazem irromper a obrigação tributária, conduta prestacional de entregar uma porção de moeda (objeto da obrigação) e respectivo crédito (valor pecuniário objeto da prestação).

Vem a ponto uma advertência que não pode ser preterida. O legislador brasileiro costuma empregar "crédito tributário" numa acepção bem ampla, designando não só o direito subjetivo que o sujeito ativo tem para exigir a prestação, como também o próprio liame obrigacional, na sua integridade constitutiva. No que concerne à primeira dessas significações, mais estrita, vemos que é usada, em reiteradas oportunidades, na suposição de que pudesse subsistir independentemente da obrigação. Daí falar-se em nascimento da obrigação e posterior constituição do crédito, como se isso fosse logicamente possível.

Não é, entretanto, a linha terminológica que seguimos. O crédito tributário é, simplesmente, uma forma de ver o laço obrigacional, o ângulo de quem o observa pelo ponto de vista do direito subjetivo de que está investido o credor da dívida tributária. A ele se contrapõe o débito tributário, consistente no dever jurídico atribuído ao sujeito passivo da relação. O vínculo, como um todo, pressupõe a integração de ambos, crédito e débito, sem o que perde sentido falar em relação jurídica de caráter obrigacional, como é o caso do tributo.

Toda disciplina da Lei n. 5.172/66 estrutura-se com base na expressão "crédito tributário", de amplitude discreta e insuficiente para transmitir de forma adequada as mensagens que o legislador se propôs. Melhor seria se tivesse empregado "obrigação tributária" de proporções semânticas mais abrangentes.

2.6.3 Obrigação tributária e os deveres instrumentais

O objetivo primordial do direito é ordenar a vida social, disciplinando o comportamento dos seres humanos nas suas relações de intersubjetividade. Tomando por base esse caráter eminentemente instrumental do ordenamento jurídico, nota-se que o único meio de que dispõe, para alcançar sua finalidade precípua, é a relação jurídica, no contexto da qual emergem direitos e deveres correlatos, pois é desse modo que se opera a regulação das condutas.

É incontestável a importância que os fatos jurídicos assumem, no quadro sistemático do direito positivo, porquanto, sem eles, jamais apareceriam direitos e deveres, inexistindo possibilidade de regular a convivência dos homens, no seio da comunidade. Mas, sem desprezar esse papel fundamental, é pela virtude de seus efeitos que as ocorrências factuais adquirem tanta relevância. E tais efeitos estão prescritos no consequente da norma, irradiando-se por via de relações jurídicas.

"Relação jurídica", como tantas outras expressões usadas no discurso do direito, experimenta mais de uma acepção. É relação jurídica o liame de parentesco, entre pai e filho, o laço processual que envolve autor, juiz e réu, e o vínculo que une credor e devedor, com vistas à determinada prestação. Iremos nos ocupar dessa derradeira espécie, tomando a relação jurídica como o nexo abstrato mediante o qual uma pessoa, chamada de sujeito ativo, tem o direito subjetivo de exigir uma prestação, enquanto outra, designada de sujeito passivo, está encarregada de cumpri-la.

No âmbito tributário, encontramos dois tipos de relações: (i) as de substância patrimonial e (ii) os vínculos que fazem irromper deveres instrumentais. A primeira dessas espécies é conhecida por "obrigação tributária", tendo como objeto da prestação uma quantia em dinheiro, nos termos do artigo 3º, do Código Tributário Nacional. Soltas ou gravitando em seu derredor está a segunda modalidade, representada por múltiplas relações que prescrevem comportamentos outros, positivos ou negativos, consistentes num fazer ou não-fazer, os quais estão pré-ordenados a tornar possível a apuração, o conhecimento, o controle e a arrecadação dos valores devidos a título de tributo.

É preciso assinalar que os deveres instrumentais cumprem papel relevante na implantação do tributo porque de sua observância depende a documentação em linguagem de tudo que diz respeito à pretensão impositiva. Por outros torneios, o plexo de providências que as leis tributárias impõem aos sujeitos passivos, e que nominamos de "deveres instrumentais" ou "deveres formais", tem como objetivo precípuo relatar em linguagem os eventos do mundo social sobre os quais o direito atua, no sentido de alterar as condutas inter-humanas para atingir seus propósitos ordinatórios. Tais deveres assumem, por isso mesmo, uma importância decisiva para o aparecimento dos fatos tributários, que, sem eles, muitas vezes não poderão ser constituídos na forma jurídica própria.

É extremamente significativa a participação dos deveres instrumentais na composição da plataforma de dados que oferecem condições à constituição do fato jurídico tributário, pois a prestação atinente aos deveres formais é a base sobre a qual a formação do fato vai sustentar-se. Exemplificando, ao realizar a venda de produtos industrializados, o contribuinte deve emitir nota fiscal, em que figuram as informações imprescindíveis à identificação do evento. Além disso, cabe-lhe escriturar esses elementos informativos no livro próprio, oferecer declarações e preencher documentos relativos ao acontecimento a que deu ensejo. Esse feixe de notícias indicativas, postas na linguagem jurídica competente, consubstanciará o alicerce comunicativo sobre o qual será produzida a norma tributária individual e concreta.

Nada obstante, cumpre advertir que a formação desse tecido linguístico, por mais relevante que possa ser, circunscrevendo, com minúcias, as ocorrências tipificadas na lei tributária, ainda não é suficiente para estabelecer juridicamente o fato. Trata-se de relato em linguagem competente, não há dúvida, mas ainda não credenciada àquele fim específico. É indispensável a edição da norma individual e concreta, no antecedente da qual aparecerá a configuração do fato jurídico tributário e, no consequente, a respectiva relação. Por esses mesmos fundamentos, o instante em que nasce a obrigação tributária é exatamente aquele em que a norma individual e concreta, produzida pelo particular ou pela Administração, ingressa no sistema do direito positivo.

2.6.4 'O fato jurídico tributário e seu efeito peculiar: instaurar o vínculo obrigacional

No ordenamento, a constituição do fato dá-se no antecedente de norma individual e concreta. "Fatos jurídicos" não se confundem com os fatos do mundo social, constituídos pela linguagem de que nos servimos no dia a dia. Antes, são os enunciados proferidos na linguagem competente do direito positivo.

Com efeito, se as mutações que ocorrerem entre os objetos da experiência vierem a ser contadas em linguagem social, teremos os fatos, no seu sentido mais largo e abrangente. Aquelas mutações, além de meros "eventos", assumem a condição de "fatos": fatos sociais. Da mesma forma, para o ponto de vista do direito, os fatos da chamada realidade social serão simples eventos, enquanto não forem constituídos em linguagem jurídica própria. Para melhor esclarecer o assunto, costumo empregar singelo exemplo envolvendo o nascimento de um ser humano:

> a) Nasce uma criança. Isso é um evento.
>
> b) Os pais contam aos vizinhos, relatam os pormenores aos amigos e escrevem aos parentes distantes para dar-lhes a notícia. Aquele evento, por força dessas manifestações de linguagem, adquiriu as proporções de um fato, de natureza social.
>
> c) Os pais ou responsáveis comparecem ao cartório de registro civil e prestam declarações. O oficial do cartório expede uma norma jurídica cujo antecedente é o fato do nascimento e o consequente é a prescrição de relações jurídicas em que o recém-nascido aparece como titular dos direitos subjetivos fundamentais. Tem-se, nesse momento, a constituição do fato jurídico.

Sucede dessa maneira porque o direito posto não se satisfaz com a linguagem ordinária, que utilizamos em nossas comunicações corriqueiras. Exige forma especial, fazendo adicionar declarações perante autoridades determinadas, requerendo a presença de testemunhas e outros requisitos mais, conforme o caso. A linguagem do direito positivo incide sobre a linguagem da realidade social para, só então, produzir a linguagem da facticidade jurídica.

Por todo o exposto, concluímos consistir o "fato jurídico" no enunciado linguístico denotativo, protocolar, topicamente colocado no antecedente de norma individual e concreta, emitida num determinado momento do processo de positivação do direito. Relatado o evento por qualquer outra modalidade linguística, inapropriado falar-se em juridicidade do fato, não vindo ele a integrar a realidade do direito.

2.6.5 Crédito, débito e obrigação tributária: limites conceptuais

A Lei n. 5.172/66 contempla o crédito tributário no Título III, consagrando-lhe seis capítulos. Cuidaremos aqui das *Disposições gerais* (Capítulo I), onde vêm firmados os conceitos que o legislador emprega no desenvolvimento disciplinar da matéria.

> "O crédito tributário decorre da obrigação principal e tem a mesma natureza desta."

Eis a redação do artigo 139. O dispositivo demonstra reconhecer a inerência de que falamos e imprime à dualidade *crédito/obrigação* um tom explicativo que pode até despertar alguma dúvida, pois, se o crédito decorre da obrigação, é possível supor que haja obrigação sem crédito, o que a Teoria Geral do Direito não concebe. Seja como for, a segunda afirmação do enunciado prescritivo *"e tem a mesma natureza desta"* ratifica a identidade essencial, conduzindo à ilação de que devem ser considerados numa relação de todo (obrigação) para parte (crédito).

O preceito não merece, em si, uma crítica mais acesa, se bem que nele já se note a inclinação reprovável de separar-se a obrigação do crédito, cristalizada em vários preceptivos que, a seu tempo, iremos examinando.

O artigo 140 introduz a ideia, correta a nosso ver, de que as mutações porventura experimentadas pelo crédito tributário, do seu nascimento à extinção, não afetam o vínculo que lhe deu origem. E, de fato, as circunstâncias modificadoras do crédito, no que toca à sua extensão, a seus efeitos, ou às garantias e privilégios a ele atribuídos, não chegam a abalar o laço obrigacional. Há um limite, contudo, que não poderia ser ultrapassado: a exclusão de sua exigibilidade, que equivale, ontologicamente, à extinção. Pecou nisso a proposição normativa que comentamos, porque a exclusão do crédito implica mutilar a obrigação tributária num ponto fundamental à sua existência como figura jurídica. De que modo imaginaríamos um liame em que o sujeito passivo é cometido do dever jurídico de cumprir a prestação, mas o sujeito ativo não detém a titularidade do direito subjetivo de postular aquele mesmo comportamento? E a bilateralidade ingênita à relação jurídica obrigacional, que é, antes de tudo, um vínculo entre sujeitos – o pretensor e o devedor?

Excedeu-se a autoridade legislativa ao consignar que a exclusão da exigibilidade do crédito não mexe com a estrutura da obrigação. Mexe a ponto de desarmá-la, de destruí-la. Excluir o crédito quer dizer excluir o débito, com existências simultâneas, numa correlação antagônica. E modificação de tal vulto extingue a obrigação tributária.

Percebe-se, pois, que no texto do Código Tributário Nacional, encontramos diversos problemas inerentes aos vocábulos e expressões empregadas. Postulados os comentários referentes ao crédito, interessa-nos, no momento, o conteúdo semântico empregado por esse Diploma legislativo ao referir-se ao "débito tributário".

Duas são as acepções em que pode ser utilizado: uma estrita, referindo-se ao dever jurídico de pagar tributo; outra ampla, referindo-se à unidade composta pela obrigação de pagar o tributo e às penalidades pecuniárias.

A definição do conceito de "débito" decorre da "relação jurídica". Esta consiste no nexo abstrato mediante o qual uma pessoa, chamada de "sujeito ativo", tem o direito subjetivo de exigir uma prestação, enquanto outra, designada de "sujeito passivo", está encarregada de cumpri-la. Identificam-se, aí, os elementos componentes da relação jurídica, quais sejam: sujeito ativo, sujeito passivo, objeto, direito subjetivo de que é titular o sujeito pretensor (crédito) e dever jurídico cometido ao sujeito passivo (débito).

Disso infere-se que débito é o dever jurídico que o sujeito passivo tem de cumprir uma prestação, relativamente a um objeto. Surge, portanto, a questão: na esfera tributária, que objeto seria esse? Na acepção estrita, tributo; na ampla, tributo e penalidades pecuniárias.

O legislador do Código Tributário Nacional optou pela acepção mais ampla. É o que se depreende da intelecção do artigo 113 e parágrafos. Esclarecendo os termos empregados nesse dispositivo, afirma José Souto Maior Borges[217] que:

> na regência do Código Tributário Nacional a obrigação tributária é principal ou acessória (artigo 113, *caput*) e a obrigação principal tem por objeto o pagamento do tributo ou de penalidade pecuniária (artigo 113, § 1º). Assim sendo, a obrigação tributária não é um conceito co-extensivo ao de tributo, precisamente porque, transbordando-o, envolve também sanção específica de ato ilícito – a penalidade pecuniária.

Esse é o entendimento que se constrói também a partir do artigo 121 do CTN, segundo o qual "sujeito passivo da obrigação principal é a pessoa obrigada ao pagamento de tributo ou de penalidade pecuniária", bem como de vários outros dispositivos espalhados por aquele Diploma.

Registre-se que manifestamos nossa total discordância com relação ao conteúdo semântico empregado no Código Tributário Nacional. Optamos pela acepção estrita de obrigação tributária e, consequentemente, de crédito e débito tributários[218]. Entretanto, se nesta oportunidade estamos analisando o sentido atribuído pelo direito positivo em vigor ao vocábulo "débito", não podemos simplesmente ignorar suas prescrições definitórias relativas aos termos "obrigação" e "crédito".

Assim, crédito tributário corresponde, na terminologia do CTN, ao direito subjetivo decorrente da obrigação principal, sendo o débito tributário, o dever jurídico decorrente daquela obrigação. Consequentemente, como a obrigação principal, segundo essa legislação, tem por objeto o pagamento de

---

217. *Lançamento tributário*, 2ª ed., São Paulo, Malheiros, 1999, p. 73.

218. *Curso de direito tributário*, 19ª ed., São Paulo, Saraiva, 2007, pp. 314-316.

tributo ou penalidade pecuniária, este é também o conteúdo do débito tributário.

2.7 CRÉDITO TRIBUTÁRIO E LANÇAMENTO

Ninguém ingressa na intimidade do lançamento sem dominar uma porção significativa da Teoria Geral do Direito, como também não se concebe o estudo da matéria sem fortes e consistentes tomadas de posição nos domínios do Direito Administrativo.

Pensar no lançamento e no feixe de poderes de que dispõe o Estado-administração para realizá-lo, é pensar no problema da aplicação do direito ao caso concreto, equivale a dizer, cogitar da incidência jurídica e de todas as vicissitudes que lhe são inerentes. É considerar o instante mesmo em que a norma jurídica, por virtude de uma ocorrência factual, fere decisivamente a conduta intersubjetiva, para regrá-la como obrigatória, proibida ou permitida, orientando-a, desse modo, em direção aos valores que a sociedade pretende ver objetivados. Trata-se de um fato plurilateral, que reclama incisivo corte metodológico, para que se torne possível o aprofundamento cognoscitivo. E conhecer é reduzir complexidades, estruturando-as. É promover drástica e radical seleção no quadro da multiplicidade interminável de aspectos que envolvem o *factum* no plano do real-social, para recolher apenas alguns deles, que se sotoponham ao critério eleito. Conhecer é aproximar-se o sujeito do objeto, preparado com instrumental eficiente, não só para enfrentar as dificuldades correspondentes ao processo de aproximação, mas para imprimir-lhe o rendimento final que se expressa na captação dos conteúdos significativos da matéria observada, trazendo para a consciência do sujeito cognoscente algo que está fora dele. Essa apreensão intelectual, que Goffredo Telles Jr. trata como o renascimento do objeto conhecido, em novas condições de existência, dentro do sujeito conhecedor, vai apresentar-se como se fora a transferência de algumas propriedades do objeto para o sujeito pensante.

2.7.1 Surgimento do crédito tributário

Tomamos o crédito tributário em sua acepção estrita, vale dizer, como o direito subjetivo do sujeito ativo, ao qual se contrapõe o débito tributário, entendido como o dever jurídico do sujeito passivo. Como elemento indissociável da obrigação tributária, o crédito de que falamos surge no mundo jurídico no exato instante em que se opera o fenômeno da incidência, com a aplicação da regra-matriz do tributo. Isso porque, como já assinalei linhas acima, antes do relato em linguagem competente, com emissão de norma individual e concreta, não há falar-se em fato jurídico tributário e na respectiva obrigação.

Agora, é importante dizer que não se dará a incidência se não houver um ser humano fazendo a subsunção e promovendo a implicação que o preceito normativo determina. As normas não incidem por força própria. Numa visão antropocêntrica, elas requerem o homem, como elemento intercalar, movimentando as estruturas do direito, extraindo de normas gerais e abstratas outras regras, gerais e abstratas, gerais e concretas, individuais e abstratas, ou individuais e concretas.

Desse modo, entendo que o crédito tributário só nasce com sua formalização, que é o ato de aplicação da regra-matriz de incidência. Formalizar o crédito significa verter em linguagem jurídica competente o fato e a respectiva relação tributária, objetivando o sujeito ativo, o sujeito passivo e o objeto da prestação, no bojo de norma individual e concreta. Essa é a configuração linguística hábil para constituir fatos e relações jurídicas, sendo o veículo apropriado à sua introdução no ordenamento.

Cumpre assinalar que a formalização e consequente constituição do crédito tributário podem ser feitas tanto pela autoridade administrativa, por meio do lançamento (artigo 142 do CTN), quanto pelo próprio contribuinte, em cumprimento a normas que prescrevem deveres instrumentais (art. 150 do CTN).

Cabe à autoridade administrativa ou ao contribuinte, conforme o caso, aplicar a norma geral e abstrata, produzindo norma individual e concreta, nela especificando os elementos do fato e da obrigação tributária, com o que fará surgir o correspondente crédito fiscal.

2.7.2 Noções preliminares do lançamento tributário

Lançamento tributário é o ato jurídico administrativo, da categoria dos simples, constitutivos e vinculados, mediante o qual se insere na ordem jurídica brasileira uma norma individual e concreta, que tem como antecedente o fato jurídico tributário e, como consequente, a formalização do vínculo obrigacional, pela individualização dos sujeitos ativo e passivo, a determinação do objeto da prestação, formado pela base de cálculo e correspondente alíquota, bem como pelo estabelecimento dos termos espaço-temporais em que o crédito há de ser exigido.

A definição do conceito de lançamento, tal qual expus, preenche inteiramente os elementos estruturais do ato jurídico administrativo, segundo a teoria tradicional. São eles:

a) Motivo ou pressuposto: é a realização do "evento", do qual tem notícia o agente da Administração. Não é ainda o "fato jurídico tributário" que vai surgir na forma de um enunciado linguístico, integrado no conteúdo do ato. É aquele acontecimento do mundo que feriu a sensibilidade de um sujeito de direito e está à espera da linguagem própria que lhe dê foros de objetividade.

b) Agente competente: é o funcionário que a lei indicar para o exercício de tal função, dependendo de cada espécie legislada.

c) Forma: é a organização de linguagem que a lei entendeu adequada para o tributo, variante, também, caso a caso.

d) Conteúdo ou objeto: é a norma individual e concreta inserida no sistema pelo ato de lançamento.

e) Finalidade: é o objetivo colimado pelo expediente, qual seja, o de tornar juridicamente possível o exercício do direito subjetivo à prestação tributária.

Postulando configuração distinta, Celso Antônio Bandeira de Mello[219] registra, além do conteúdo e forma do ato administrativo, seis pressupostos que permitem examinar sua regularidade:

a) pressuposto objetivo: a razão de ser, o motivo que justifica a celebração do ato;

b) pressuposto subjetivo: o agente competente para expedi-lo;

c) pressuposto teleológico: a finalidade que o ato procura alcançar ou o bem jurídico pretendido pelo Estado;

d) pressuposto procedimental: conjunto de atos organicamente previstos para que possa surgir o ato final;

e) pressuposto causal: a causa, como correlação lógica entre o motivo e o conteúdo, em função da finalidade do ato; e

f) pressuposto formalístico: o modo específico estabelecido para sua exteriorização ou as singularidades formais de que o ato deve estar revestido.

Trazendo para o campo das relações tributárias os ensinamentos do Direito Administrativo, podemos identificar os seguintes pressupostos do ato administrativo de lançamento:

a) pressuposto objetivo: a ocorrência do evento, a ser descrito no suposto da regra matriz;

b) pressuposto subjetivo: a autoridade lançadora cuja competência está claramente definida em lei;

c) pressuposto teleológico: tornar possível ao Estado exercitar seu direito subjetivo à percepção do tributo, mediante a formalização da obrigação tributária;

d) pressuposto procedimental: são os chamados "atos preparatórios", cometidos ao Poder Público e tidos como necessários à lavratura do lançamento;

e) pressuposto causal: nexo lógico entre o suceder do evento tributário (motivo), a atribuição desse evento a certa pessoa, bem como a mensuração do acontecimento típico (conteúdo), tudo em função da finalidade, qual seja, o exercício possível do direito de o Estado exigir a prestação pecuniária que lhe é devida;

---

219. *Elementos de direito administrativo*, São Paulo, Revista dos Tribunais, 1980, p. 42.

f) pressuposto formalístico: está devidamente esclarecido nas legislações dos diversos tributos, cada uma com suas particularidades, variáveis de acordo com a espécie da exação.

Não preenchido qualquer desses pressupostos, o lançamento tributário será irregular, maculado por vícios que impedem sua subsistência.

De fato, o estudo do lançamento, enquanto ato jurídico administrativo, trouxe novos rumos à análise do instituto, consubstanciando-se em poderoso instrumento para penetrar-lhe a intimidade e desvendar-lhe segredos, ao mesmo tempo em que abriu caminho a uma análise mais aprofundada, rendendo ensejo à formação de um feixe de proposições descritivas, com pretensão veritativa, a que chamamos de "teoria".

Contudo, a consideração do lançamento, como ato jurídico, reclama meditação apurada sobre os expedientes que o antecedem, além de exigir controle rígido do teor de sua legalidade, o que se obtém mediante a sucessão de atos e termos que compõem o chamado procedimento administrativo. Como formalização do suporte fáctico e do vínculo jurídico-tributário surgido por força de sua incidência, automática e infalível no dizer de Becker, o lançamento tributário é documento fundamental pois, sem ele, o Estado-administração não tem como exercitar o direito subjetivo de que se acha investido. Daí os cuidados que o ordenamento prevê para sua edição, estabelecendo limites, criando proibições e canalizando a atividade dos órgãos fiscalizadores, de tal modo que os contribuintes se sintam protegidos contra abusos e possíveis excessos que este tipo de atividade normalmente suscita.

2.7.3 Significado da palavra "lançamento" e a constituição do crédito pelo sujeito passivo

A consciência de que a constituição do crédito tributário é uma construção de linguagem, produzida pelo agente competente consoante os padrões e o estilo que a lei rigorosamente estipula, por estranho que possa parecer, é uma conquista relativamente recente, na história da Dogmática do direito tributário. Oscilando entre as concepções de procedimento e de ato, envolvida no problema semântico da ambiguidade "processo/produto", a doutrina deixou passar, por período maior que o necessário, a percepção de que os fatos jurídicos e, entre eles, o do lançamento tributário, eram formações linguísticas, como tais devendo ser pesquisadas.

No fundo, empreendido o procedimento e celebrado o ato, uma norma individual e concreta é posta na ordem jurídica, como resultado do processo de positivação do direito, em que da regra-matriz de incidência, conjunto aberto a infinitas possibilidades factuais, o editor do ato chega a uma classe de um elemento só, em rigoroso esquema de determinação. Eis o ato de lançamento, como veículo introdutor (regra geral e concreta), inserindo a norma introduzida (regra individual e concreta).

Acontece que nas ordens positivas das sociedades atuais, o lançamento, enquanto ato jurídico-administrativo que aplica a regra-matriz de incidência a uma situação concreta do mundo circunstante, passou a existir em quantidade cada vez mais reduzida. O tamanho tendencialmente estável dos aparatos administrativos, em proporção ao crescimento acentuado do universo dos sujeitos passivos, vem determinando que as legislações atribuam aos contribuintes a "competência" para expedir o ato de linguagem responsável pela introdução da norma individual e concreta no sistema do direito positivo. Desse modo, crescem os deveres instrumentais ou formais cometidos ao devedor do tributo, aumentando, correlativamente, o dever de vigilância do Poder Público.

Mas, o lançamento mesmo, no seu particularíssimo modo de ser e de existir, como expediente de constituição originária do crédito do tributo, comparece, cada vez menos, nas situações efetivas da experiência jurídico-tributária. No modelo atual, seu papel tende a concentrar-se nas circunstâncias em que o Fisco exerce competências controladoras da atividade do poder privado, deparando-se com eventos que denotem a possibilidade de direitos subjetivos da Fazenda Pública. Nesses casos, o ato de constituição do crédito é produzido com o objetivo de desconstituir aquel'outro de iniciativa do sujeito passivo, no contexto, é claro, do processo administrativo tributário. O quadro está amplamente generalizado nos países de cultura ocidental, constituindo tema de constantes reivindicações. Penso, contudo, que a marcha é inexorável. Não há como inverter a situação: os sujeitos passivos verão aumentar, gradativa, mas substancialmente, sua participação na determinação dos créditos tributários. Seja como for, e ainda que o ato administrativo venha a desempenhar função insignificante, em termos quantitativos, na multiplicidade dos procedimentos de gestão dos órgãos públicos, o certo é que as teorias sobre o lançamento mantêm-se intactas, prontas para serem aplicadas no estudo de atos dos particulares que cumpram idêntico objetivo, qual seja, apurar em termos determinativos os conteúdos dos fatos e das obrigações tributárias previstas na regra-matriz de incidência tributária.

Eis que o importante é observar a ambiguidade presente na palavra "lançamento" que padece do problema semântico do tipo "processo/produto", como tantas outras nos discursos prescritivo e descritivo do direito. É lançamento o processo de determinação, pelo sujeito passivo, com apuração da dívida tributária, como é lançamento, também, a norma individual e concreta, posta no sistema com a expedição do "ato de lançamento". Como norma individual e concreta, é construída segundo o modelo da norma geral e abstrata, na dinâmica do processo de positivação do direito, que atinge o plano das condutas intersubjetivas, regulando-as pelo emprego dos três modais deônticos: permitido (P), obrigatório (O) e proibido (V). Por si só, a norma geral e abstrata não consegue ferir, decisivamente, os comportamentos interpessoais, reivindicando sua projeção mediante a individualidade e a concreção de outra regra. Torna-se preciso, portanto, ato administrativo (lançamento) ou expediente de iniciativa do particular (autolançamento) para imitir no sistema do direito posto a norma individual e concreta que tipificará o evento tributário, convertendo-o em fato jurídico, ao mesmo tempo em que firmará em linguagem competente a relação jurídica por ele irradiada.

Os eventos da vida social vão se encaixando, cada um a seu modo nos modelos da regra-matriz de incidência, toda vez que o agente público ou o particular lograrem produzir a linguagem específica, prevista pelo ordenamento.

2.7.4 Lançamento: norma, procedimento e ato

A interpretação é inesgotável, o que importa reconhecer que os processos de geração de sentido continuam, incessantemente, acompanhando a obra ao longo de sua existência. Os fatores pragmáticos que interferem na sequência discursiva, todavia, estarão sempre reclamando alterações do texto, de tal sorte que convém ao autor, de tempos em tempos, rever os conteúdos de seu pensamento, objetivados em linguagem, para atualizar o trabalho.

Foi nessa incessante busca epistemológica de lapidação dos conceitos que percebi ficar a compreensão da figura do lançamento mais nítida quando refletimos sobre a convergência das palavras "norma", "procedimento" e "ato", tomadas como aspectos semânticos do mesmo objeto. Importa dizer, se nos detivermos na concepção de que o ato é, sempre, o resultado de um procedimento e que tanto ato quanto procedimento hão de estar, invariavelmente, previstos em normas do direito posto, tornar-se-á intuitivo concluir que norma, procedimento e ato são momentos significativos de uma e somente uma realidade. Aliás, como soe acontecer, a construção jurídica não destoa das situações comuns da existência de que participamos.

Pensemos num bolo cuidadosamente preparado para ser servido como sobremesa. Há uma receita, formulada por escrito ou passada de pessoas para pessoas pelos múltiplos canais por onde flui a cultura. Eis aí a norma, no caso, não positivada pelo direito, mas fixando um conjunto de providências, como a previsão de quantidades de substâncias, misturadas segundo certas proporções e maneiras específicas, e obedecendo a uma ordem sequencial, tudo realizado em determinadas condições de temperatura e pressão, procedimento que há de ser percorrido para que, encerrado o processo, apareça, como resultado, o produto final, no nosso exemplo, o bolo.

Se transpusermos o raciocínio para a região das entidades jurídicas, direcionando-o ao campo que nos interessa, podemos aludir ao "lançamento", concebido como norma, como procedimento ou como ato. Norma, no singular, para reduzir as complexidades de referência aos vários dispositivos que regulam o desdobramento procedimental para a produção do ato (i); procedimento, como a sucessão de atos praticados pela autoridade competente, na forma da lei (ii); e ato, como o resultado da atividade desenvolvida no curso do procedimento (iii). Isto significa afirmar que são semanticamente válidos os três ângulos de análise. Tanto será "lançamento" a norma do artigo 142 do CTN como a atividade dos agentes administrativos, desenvolvida na conformidade daquele preceito, como o documento que a atesta, por eles assinado, com a ciência do destinatário. A prevalência de qualquer das três acepções dependerá do interesse protocolar de quem se ocupe do assunto. Uma coisa, porém, deve ficar bem clara: não pode haver ato de lançamento sem que o procedimento tenha sido implementado. Da mesma forma, não haverá ato nem procedimento sem que uma regra do direito positivo estabeleça os termos das respectivas configurações.

Sobre "ato", utilizado neste texto como sinônimo de "ação", algumas ponderações se tornam oportunas. Vemo-lo como a significação de um movimento ou de um plexo deles, mas enquanto unidade de sentido que os tem por referente. O movimento é, digamos assim, o suporte físico da significação. Gregorio Robles Morchón serve-se do exemplo, já conhecido, de alguém que levanta o braço. Como interpretar esse gesto que pressupõe comandos cerebrais, mobilização de ossos, músculos e nervos, sendo, portanto, algo complexo? Será que significa chamar um táxi ou saudar alguém que passa? Mas, pode ser, também, um aceno de despedida. De que modo decidir? A despeito de tratar-se do mesmo fenômeno psicofísico, cada opção representa um ato diferente, pois os sentidos são diversos.

E o filósofo espanhol acrescenta que sem movimentos inexiste ação. Entretanto, "movimentos" na sua dimensão ampla: exteriores ou interiores. O puro ato de pensamento constitui movimento, contudo de caráter interno, porque não se manifesta exteriormente. Lembremo-nos de que os atos meramente internos não têm relevância para o direito, todavia sim para a moral ou para a religião. Do ato puro de pensamento só tem consciência o sujeito pensante, o que também sucede com outros tipos de atos internos, como desejar, fantasiar, recordar, sentir, perceber, imaginar, ter a intenção, etc. Ao dizer que os atos internos não ingressam na esfera de preocupação do direito, saliento que os eventos são objetos de percepção, permanecendo no âmbito da subjetividade de cada qual, até que, mediante a linguagem, venham a ser transmitidos para terceiros, no contexto social.

Por outro lado, continua aquele autor, há também atos que são meramente externos, sem abrigar elementos internos, como acontece com os atos reflexos, ou aqueles outros que uma pessoa realiza dormindo ou em estado de hipnose, ou ainda em todas aquelas situações em que o sujeito "não é dono de seus atos"[220].

Agora, "procedimento" é termo com outras projeções semânticas, para além daquela de "lançamento tributário". Aproxima-se de "atividade", que supõe pluralidade de atos, com habitualidade ou sem habitualidade, organizados no modo de conjuntos ou mediante ações desconexas, que se repetem irrefletidamente, escapando de nossas possibilidades de captação mental. Essa movimentação, que chamaremos de "mera atividade", não interessa para a demarcação semiológica da figura procedimental, pois o procedimento é sempre desenvolvido e caminha na direção de um objetivo adredemente estipulado. Não tem, em si mesmo, sentido unitário, como o ato, contudo se pré-ordena para obtê-lo. Isso não quer

---

[220]. Gregorio Robles Morchón, *Teoría del derecho:* fundamentos de teoría comunicacional del derecho, Madrid, Civitas, 1998.

dizer que não se lhe possa atribuir nome (procedimento de adoção, de licitação, de "lançamento"). Também não se apresenta como mero punhado de ações em desnexo, sem vínculos associativos que possam denunciar seus fins. Pelo contrário, ali onde houver procedimento haverá sucessão organizada de ações, praticadas sequencialmente, com o escopo de atingir determinado resultado, de tal modo que é possível promover a decomposição analítica do todo, tendo em vista o exame pormenorizado de ato específico que, por qualquer razão, venha a nos interessar.

Outro elemento importante para a compreensão da atividade procedimental é o tempo. A cronologia faz parte integrante da noção de procedimento, a tal ponto que, se não detectarmos a presença do fator temporal, intrometido entre os atos, estaremos diante de ações simultâneas destituídas de sentido enquanto categoria definida de atuosidade.

Intercalo, aqui, uma observação relevante. É sabido que o ato somente pode realizar-se em precisas condições de espaço e de tempo. O que pretendo significar, entretanto, é que no caso do procedimento, além do desdobrar-se no tempo, que é algo próprio desse tipo de atividade, o fluxo temporal se interpõe na sucessão organizada das ações praticadas, o que não ocorre com os atos. Há o tempo interno, digamos assim, e o tempo externo, que marca a duração do procedimento, vale dizer, seu início e seu término, que se dá com o aparecimento de qualquer um dos resultados previstos. O ato, por seu turno, não manifesta o tempo interno, somente o externo.

Quanto às normas, são enunciados de teor prescritivo que se projetam sobre a região material das condutas intersubjetivas, para disciplina-las, implementando os valores que a sociedade pretende ver realizados e, com isso, possibilitando o convívio social. As normas qualificam pessoas, situações e coisas, mas, fique bem estabelecido, com o objetivo precípuo de regular os comportamentos interpessoais. Daí não pode dizer-se, em linguagem científica, que as normas incidam sobre objetos do mundo que circunda o ser humano. É impropriedade, e grave, o asseverar que há normas que incidem sobre bens móveis ou imóveis, fungíveis ou infungíveis. Mesmo sobre pessoas isoladamente consideradas. A regra que dá o direito ao nome, por exemplo, não percute sobre o indivíduo da comunidade social, mas qualifica-o dessa maneira para que possa ela ingressar em relações jurídicas com os demais participantes da coletividade. Adicione-se a essas notas a circunstância de que todo o espaço social está coberto por normas jurídicas, de tal sorte que, se algo refugir a esse domínio certamente não poderá ser levado em conta como dado jurídico. Dito de maneira mais lacônica e objetiva, no direito, toda a vida social, excluídas as manifestações meramente subjetivas, está contida na projeção semântica do sistema de normas.

É com esse tom que devemos recolher os significados das ações inter-humanas para lidar com o "lançamento tributário". Há unidades normativas que o mencionam, instituem o regime procedimental para sua produção e o contemplam como ato jurídico-administrativo com funções relevantíssimas para que o Estado-administração realize a missão constitucional que lhe foi atribuída.

Tratar o "lançamento" como norma, como procedimento ou como ato passa a ser, então, singela decisão daquele que o examinará, valendo a asserção para o jurista prático e para o jurista teórico, tanto faz. Aquilo que não se justifica, sob o ponto de vista da Epistemologia do Direito, é o caráter emulativo que se difundiu pela doutrina, com a disputa entre a primazia das três possibilidades cognoscitivas.

2.7.5 Auto de infração e lançamento tributário

Na esfera do direito tributário, quando se fala em expedição de norma jurídica individual e concreta, vem logo à mente a atividade de um órgão da Administração. Mas não é assim no direito positivo brasileiro. Basta soabrirmos os textos do ordenamento, no que concerne aos tributos, para verificar esta realidade empírica indiscutível: o subsistema prescritivo das regras tributárias prevê a aplicação das normas gerais e abstratas, em algumas hipóteses, pelo Poder Público, e, em outras, outorga esse exercício ao próprio sujeito passivo, de quem se espera, também, o cumprimento da prestação pecuniária.

A maior parte dos tributos hoje existentes prescindem do lançamento tributário, dando-se a incidência mediante ato do particular. Nesses tributos, ocorridos os eventos previstos em lei, devem os respectivos sujeitos passivos emitir a norma individual e concreta, constituindo o crédito tributário e, em seguida, proceder ao pagamento, extinguindo o liame obrigacional, em nada interferindo o Poder Público que, ao menos em tese, permanece vigilante, numa posição meramente controladora da conduta dos administrados. Nesses tributos, o lançamento, quando existe, aparece como acidente, na hipótese da Administração, no exercício da sua vigilância, surpreender alguma anomalia na constituição do crédito tributário; não é por outro motivo que, ao formalizarem as exigências tributárias alusivas a essas exações, vêm elas acompanhadas de um ato de aplicação de penalidade, ambos encerrados num documento fiscal denominado "auto de infração".

Sob a epígrafe "auto de infração", deparamo-nos muitas vezes com dois atos administrativos, ambos introdutores de norma individual e concreta no ordenamento positivo: um, de lançamento, produzindo regra cujo antecedente é fato lícito e o consequente, uma relação jurídica de tributo; outro, o ato de aplicação da penalidade, veiculando norma que tem, no suposto, a descrição de um delito e, no consequente, a instituição de liame jurídico sancionatório, pela circunstância de o sujeito passivo não ter recolhido, em tempo hábil, a quantia pretendida pela Fazenda ou pela não-observância de dever instrumental. Dá-se a conjunção, num único instrumento material, sugerindo até possibilidades híbridas. Mera aparência. Não deixam de ser duas normas jurídicas distintas postas por documentos que, por motivos de comodidade administrativa, estão reunidos no mesmo suporte físico.

Operando-se, no suporte físico do auto de infração, verdadeiro lançamento tributário, deve este obedecer aos pressupostos de validade, que, retomando subitem anterior, serão: (i) pressuposto objetivo: a ocorrência do evento, a ser descrito no suposto da regra-matriz; (ii) pressuposto subjetivo: a autoridade lançadora cuja competência está claramente definida em lei; (iii) pressuposto teleológico: tornar possível ao Estado exercitar seu direito subjetivo à percepção do tributo, mediante a formalização da obrigação tributária; (iv) pressuposto procedimental: são os chamados "atos preparatórios", cometidos ao Poder Público e tidos como necessários à lavratura do lançamento; (v) pressuposto causal: nexo lógico que há de existir entre o suceder do evento tributário (motivo), a atribuição desse evento a certa pessoa, bem como a mensuração do acontecimento típico (conteúdo), tudo em função da finalidade, qual seja, o exercício possível do direito de o Estado exigir a prestação pecuniária que lhe é devida; e (vi) pressuposto formalístico: está devidamente esclarecido nas legislações dos diversos tributos, cada uma com suas particularidades, variáveis de acordo com a espécie da exação.

Coalescendo os dados imprescindíveis que integram a estrutura do lançamento e ocorrendo seu ingresso no processo comunicacional do direito, mediante notificação às partes, existe o ato jurídico administrativo de lançamento tributário. Há, aí, relação de pertinencialidade com o sistema normativo e, portanto, tem-se a validade. Outra coisa, no entanto, é testar essa validade consoante os padrões estabelecidos pela ordem em vigor, confrontando-se o ato existente com o plexo de normas jurídicas que o disciplinam, levando, percorridos os trâmites legais, à declaração prescritiva exarada por órgão do sistema, que certificará a validade ou invalidade do ato questionado.

Para que se declare a validade do ato de lançamento, não basta que este tenha sido celebrado mediante a conjugação de elementos tidos como substanciais. É imprescindível que seus requisitos estejam em perfeita correspondência às prescrições legais. A mera conjugação existencial dos elementos, em expediente recebido pela comunidade jurídica com a presunção de validade, já não basta para sustentar o ato que ingressa nesse intervalo de teste. Para ser confirmado, ratificando-se aquilo que somente fora tido por presumido, há de suportar o confronto decisivo. Caso contrário, será juridicamente desconstituído ou modificado para atender às determinações que o subordinam.

Além das hipóteses em que o lançamento tributário sofre alterações em virtude de vícios que maculam sua validade, há circunstâncias nas quais o ato administrativo pode vir a sofrer modificações que agravam a exigência anteriormente formalizada. O direito positivo, porém, visando à segurança jurídica das relações que tutela, relacionou taxativamente as hipóteses em que o lançamento regularmente notificado ao sujeito passivo pode ser alterado. São elas, segundo o artigo 145 do Código Tributário Nacional: (i) impugnação do sujeito passivo; (ii) recurso de ofício; e (iii) iniciativa de ofício da autoridade administrativa, nos casos previstos no artigo 149. Segundo este dispositivo, por sua vez, o lançamento pode ser efetuado e revisto de ofício, em suma, quando verificada fraude, erro de fato, omissão por parte do sujeito passivo ou quando surgir prova ou fato novo que não era conhecido pela autoridade fiscal. Não se verificando quaisquer dessas situações, é inadmissível o exercício de novo lançamento tributário, mais gravoso ao contribuinte.

Cumpre registrar, outrossim, que o artigo 146 desse Diploma legal veda a alteração do lançamento, relativo ao fato jurídico tributário passado, em virtude da modificação nos critérios jurídicos adotados pela autoridade administrativa. Sobre o assunto, esclarece Mary Elbe Queiroz Maia[221]:

> No tocante ao impedimento legal para que seja executado novo lançamento, no caso de mudança de critério jurídico, é relevante se considerar que neste conceito se incluem não só a ignorância da norma jurídica, como também o seu falso conhecimento e a sua interpretação errônea, haja vista que a ninguém é dado

---
221. *Do lançamento tributário* – execução e controle, São Paulo, Dialética, 1999, p. 75.

desconhecer a lei, muito menos o Fisco que é quem detém a obrigação legal de aplicá-la e interpretá-la como uma das funções que lhe são inerentes e a mais especial.

O erro da autoridade fiscal que justifica a alteração do ato de lançamento é apenas o "erro de fato"; nunca o "erro de direito". Não obstante, ainda que nem sempre seja fácil distinguir esses dois tipos de erro, isso não nos impede de aplicar a discriminação nos pontos que enxergamos com clareza. Enquanto o "erro de fato" é um problema intranormativo, um desajuste interno na estrutura do enunciado, o "erro de direito" é vício de feição internormativa, um descompasso entre a norma geral e abstrata e a individual e concreta.

Assim, constitui "erro de fato", por exemplo, a contingência de o evento ter ocorrido no território do Município "X", mas estar consignado como tendo acontecido no Município "Y" (erro de fato localizado no critério espacial), ou, ainda, quando a base de cálculo registrada para efeito do IPTU foi o valor do imóvel vizinho (erro de fato verificado no elemento quantitativo).

"Erro de direito", por sua vez, estará configurado, exemplificativamente, quando a autoridade administrativa, em vez de exigir o ITR do proprietário do imóvel rural, entende que o sujeito passivo pode ser o arrendatário, ou quando, ao lavrar o lançamento relativo à contribuição social incidente sobre o lucro, mal interpreta a lei, elaborando seus cálculos com base no faturamento da empresa, ou, ainda, quando a base de cálculo de certo imposto é o valor da operação, acrescido do frete, mas o agente, ao lavrar o ato de lançamento, registra apenas o valor da operação, por assim entender a previsão legal. A distinção entre ambos é sutil, mas incisiva.

Pelo exposto, não pode a autoridade fiscal, fundada no argumento de equívoco na sua interpretação normativa ("erro de direito"), lavrar novo lançamento, com a finalidade de exigir o Imposto de Importação e o Imposto sobre Produtos Industrializados relativamente a eventos e respectivos valores que, por ocasião da emissão de norma individual e concreta e pagamento desses impostos, considerou não sujeitos à incidência tributária. Ao contrário, naquele instante entendeu corretas as declarações e pagamentos efetuados, manifestando sua concordância.

2.7.6 Lançamento, "lançamento por homologação" e prazo decadencial para restituição do indébito

Prescreve o Código Tributário Nacional, em seu artigo 168, que o direito de pleitear a restituição dos valores indevidamente pagos a título de tributo extingue-se com o decurso do prazo de cinco anos. Os incisos I e II informam o início da contagem do referido prazo. São palavras do legislador:

> Art. 168. O direito de pleitear a restituição extingue-se com o decurso do prazo de 5 (cinco) anos, contados:
>
> I – nas hipóteses dos incisos I e II do art. 165, da data da extinção do crédito tributário;
>
> II – na hipótese do inciso III do art. 165, da data em que se tornar definitiva a decisão administrativa ou passar em julgado a decisão judicial que tenha reformado, anulado, revogado ou rescindido a decisão condenatória.

O fluxo temporal é de decadência, pois o lapso da prescrição vem estabelecido no artigo 169 e seu parágrafo único, sendo de dois anos a partir da decisão administrativa que denegar a restituição, momento em que perece o direito à interposição da correspondente ação anulatória.

Quer significar que o contribuinte terá cinco anos para exercitar o direito de pedir restituição, a partir do instante em que se der a extinção do crédito tributário (inciso I) ou no átimo em que se tornar definitiva a decisão administrativa ou transitar em julgado a decisão judicial que tenha reformado, anulado, revogado ou rescindido a decisão condenatória (inciso II). Por outro lado, denegada a restituição em boa hora reclamada, o contribuinte terá dois anos para deduzir sua pretensão em juízo, com o ingresso da competente ação anulatória da decisão administrativa que inaceitou o pedido. Prazo de decadência o primeiro, em que vemos desaparecer o direito à reivindicação na esfera administrativa; tempo de prescrição o segundo, com o perecimento do direito à ação judicial.

Tratando-se de tributo sujeito ao denominado "lançamento de ofício", em que, nos termos do artigo 142 do referido Diploma, a autoridade administrativa emite a norma individual e concreta constitutiva do crédito tributário, o liame obrigacional extingue-se com o pagamento (artigo 156, I, do CTN), contando-se o prazo decadencial a partir desse instante.

Relativamente aos tributos sujeitos ao chamado "lançamento por homologação", há duas orientações em torno do momento da extinção do crédito e que afetam diretamente o prazo para a restituição do indébito. Uma, no sentido de que a extinção dá-se na data do *pagamento antecipado*, sendo este o marco inicial para contagem do prazo de decadência e, outra, que não bastaria o mencionado pagamento, sendo necessário, para tanto, a *homologação*, nos termos do art. 156, VII, do CTN.

Salta à evidência que o cerne da questão interpretativa repousa na frase *da data da extinção do crédito tributário*, empregada no inciso I do artigo 168. Dependendo da orientação de sentido que outorgarmos a essa frase haverá contagens diversas, deslocando-se o termo final que define o momento do fato extintivo da caducidade. E as proporções semânticas dessa frase adquirem especial interesse quando se trata de impostos submetidos ao chamado "lançamento por homologação", que pressupõe o "pagamento antecipado", sem prévio exame pela Fazenda Pública de sua adequada aderência aos textos do direito positivo.

Prescreve o artigo 150, §§ 1º e 4º, do CTN, *in verbis:*

> Art. 150. O lançamento por homologação, que ocorre quanto aos tributos cuja legislação atribua ao sujeito passivo o dever de antecipar o pagamento sem prévio exame da autoridade administrativa, opera-se pelo ato em que a referida autoridade, tomando conhecimento da atividade assim exercida pelo obrigado, expressamente a homologa.

§ 1º O pagamento antecipado pelo obrigado nos termos deste artigo extingue o crédito, sob condição resolutória da ulterior homologação ao lançamento.

(...)

§ 4º Se a lei não fixar prazo à homologação, será ele de cinco anos, a contar da ocorrência do fato gerador; expirado esse prazo sem que a Fazenda Pública se tenha pronunciado, considera-se homologado o lançamento e definitivamente extinto o crédito, salvo se comprovada a ocorrência de dolo, fraude ou simulação.

Não obstante as duas direções mencionadas acima, cabe frisar que o entendimento mais forte e substancioso em termos de sustentação no direito brasileiro, já pacificado pela Primeira Seção do Egrégio Superior Tribunal de Justiça, aponta para a interpretação que privilegia a fórmula redacional do artigo 156, inciso VII, da Lei n. 5.172/66 (CTN):

Art. 156. Extinguem o crédito tributário:

(...)

VII – o pagamento antecipado e a *homologação do lançamento* nos termos do disposto no art. 150 e seus parágrafos 1º e 4º. (Grifei).

Isso quer significar que, havendo pagamento antecipado, a extinção do crédito fica diferida para o instante em que a homologação, expressa ou tácita, ocorrer. Desse marco de tempo, haverá de ser contado o prazo de cinco anos para que se dê o fato jurídico decadencial. Dito por outros torneios, tal intervalo foi tido como apropriado para que o contribuinte, tendo pago importâncias indevidas, ajuste suas contas com o Fisco, obtendo de retorno os valores excedentes. E sabemos que esse ajuste implica remexer os elementos e registros escriturais, tanto do Estado-administração, que devolve, quanto do sujeito passivo, que assiste ao reingresso, na sua contabilidade, aquelas quantias que saíram indevidamente de seus cofres.

Ainda que o sistema jurídico acompanhe de perto o exercício dos múltiplos direitos que adjudica às pessoas, públicas e privadas, não pareceu qualquer demasia ao legislador estipular uma porção de tempo que pode chegar a dez anos, levando-se em conta que, do *factum* do pagamento antecipado, tenha decorrido o nexo de cinco anos para a homologação tácita, ponto de partida para o cômputo subsequente, de caráter decadencial, e que se perfaz em outros cinco anos. E creio que o legislador do Código ponderou conscientemente, sopesando a circunstância de tratar-se de valor indevido, que não poderia manter-se em mãos do Poder Público, sob pena de caracterizar enriquecimento sem causa. Daí a justificativa para adotar-se, com elasticidade, um período tão largo: a necessidade de tutela de direitos legítimos do sujeito passivo, devidamente reconhecidos como tais pelas autoridades administrativas.

2.8 SUSPENSÃO DA EXIGIBILIDADE DO CRÉDITO TRIBUTÁRIO

Nasce o direito de perceber o valor da prestação tributária no exato momento em que surge o vínculo jurídico obrigacional, equivale a dizer, quando se realiza aquele fato hipoteticamente descrito no suposto da regra-matriz de incidência. Aparece, então, para o sujeito ativo, o direito subjetivo de postular o objeto, e, para o sujeito passivo, o dever jurídico de prestá-lo. Contando de outra forma, afirmaremos que advém um crédito ao sujeito pretensor e um débito ao sujeito devedor.

Por exigibilidade havemos de compreender o direito que o credor tem de postular, efetivamente, o objeto da obrigação, e isso tão só ocorre, como é óbvio, depois de tomadas todas as providências necessárias à constituição da dívida, com a lavratura do ato de lançamento tributário. No período que antecede tal expediente, ainda não se tem o surgimento da obrigação, inexistindo, consequentemente, crédito tributário, o qual nasce com o ato do lançamento. Ocorrendo alguma das hipóteses previstas no art. 151 da Lei n. 5.172/66, aquilo que se opera, na verdade, é a suspensão do teor de exigibilidade do crédito, não do próprio crédito que continua existindo tal qual nascera.

Com a celebração do ato jurídico administrativo, constituidor da pretensão, afloram os elementos básicos que tornam possível a exigência: *a*) identificação do sujeito passivo; *b*) apuração da base de cálculo e da alíquota aplicável, chegando-se ao *quantum* do tributo; e *c*) fixação dos termos e condições em que os valores devem ser recolhidos. Feito isso, começa o período de exigibilidade. A descrição concerta bem com os atributos que dissemos ter o ato jurídico administrativo do lançamento: presunção de legitimidade e exigibilidade. Com ele, inicia a Fazenda Pública as diligências de gestão tributária, para receber o que de direito lhe pertence. É o lançamento que constitui o crédito tributário e que lhe confere foros de exigibilidade, tornando-o susceptível de ser postulado, cobrado, exigido.

O direito positivo prevê situações em que o atributo da exigibilidade do crédito fica temporariamente sustado, aguardando, nessas condições, sua extinção, ou retomando sua marcha regular para ulteriormente extinguir-se. Elucidemos essas hipóteses.

2.8.1 As hipóteses do artigo 151 do CTN

O título do Capítulo III do Código Tributário Nacional é "Suspensão do Crédito Tributário", mas o art. 151, dispondo acertadamente, refere-se à suspensão da exigibilidade do crédito. A seguir, indica seis hipóteses que teriam a virtude de sustá-la: a moratória (I); o depósito de seu montante integral (II); as reclamações e os recursos nos termos das leis reguladoras do processo tributário administrativo (III); a concessão de medida liminar em mandado de segurança (IV); a concessão de medida liminar ou de tutela antecipada, em outras espécies de ação judicial (V); e o parcelamento (VI). A par disso, preceitua, no parágrafo único, que *o disposto neste artigo não dispensa o cumprimento das obrigações acessórias dependentes da obrigação principal cujo crédito seja suspenso, ou dela consequente*. Trata-se de uma constante no corpo desse Diploma. Sempre que o legislador cuida de possíveis alterações da figura obrigacional (que ele chama de obrigação tributária principal), faz questão de salvaguardar o cumprimento dos deveres instrumentais (que ele versa como obrigações acessórias). E a reiteração se explica, na medida em que o implemento dos deveres instrumentais é o meio pelo qual a Fazenda se certifica da real situação dos seus administrados, ingressando na intimidade das relações jurídicas que lhe interessam fiscalizar.

2.8.2 Moratória e a sua disciplina jurídico-tributária

Moratória é a dilação do intervalo de tempo estipulado para o implemento de uma prestação, por convenção das partes, que podem fazê-lo tendo em vista uma execução unitária ou parcelada.

Entrando em jogo o interesse público, como no campo das imposições tributárias, vem à tona o fundamental princípio da indisponibilidade dos bens públicos, razão por que o assunto da moratória há de ser posto em regime de exclusiva legalidade. Sua concessão deve ser estabelecida em lei e pode assumir caráter geral ou individual. O diploma pode ser expedido por qualquer das pessoas políticas investidas de competência tributária, naturalmente reportando-se aos seus gravames. Contudo, assegura-se à União a prerrogativa de conceder moratória aos tributos estaduais e municipais, desde que, simultaneamente, também a conceda com relação aos seus, isto é, aos federais. Realizada na feição individual, especificará a autoridade administrativa habilitada a proferir o despacho concessivo. A norma jruídica que cria a moratória pode circunscrever sua aplicabilidade a determinada região do território da pessoa política que a expedir, ou a certa classe ou categoria de sujeitos passivos. Tudo isso em consonância com o art. 152, I, *a* e *b*, e II, e seu parágrafo único, do CTN.

Dois requisitos obrigatórios haverá de conter a lei que conceda moratória em caráter geral: os tributos a que se aplica e o prazo de duração da medida, com indicação do número de prestações e seus vencimentos. Sendo em caráter individual, apontará, adicionamente, as condições necessárias para sua fruição pelo particular e as garantias que o administrado deve oferecer. A quantidade de pagamentos e respectivas datas poderão, se a lei assim o dispuser, ficar a cargo da autoridade administrativa, que os fixará de acordo com as particularidades circunstanciais de cada caso concreto, dentro dos limites legais. Tais disposições formam o conteúdo do art. 153, I, II e III, *a, b* e *c*, do CTN.

Prescrições que suscitam comentários são as do art. 154 e seu parágrafo único. Dizem elas:

> Art. 154. Salvo disposição de lei em contrário, a moratória somente abrange os créditos definitivamente constituídos à data da lei ou do despacho que a conceder, ou cujo lançamento já tenha sido iniciado àquela data por ato regularmente notificado ao sujeito passivo.
>
> Parágrafo único. A moratória não aproveita aos casos de dolo, fraude ou simulação do sujeito passivo ou do terceiro em benefício daquele.

A regra mantém sincronia com o princípio segundo o qual a exigibilidade que se suspende é atributo do lançamento e, desse modo, o ato jurídico administrativo é pressuposto para sua aplicação. Pelos vocábulos *créditos definitivamente constituídos* devemos entender aqueles que foram objeto de lançamento eficaz, assim compreendido o ato regularmente notificado ao sujeito passivo. Como receber, então, a cláusula excepcionadora inicial – *salvo disposição de lei em contrário* – e, demais disso, a parte conclusiva da cabeça do art. 154 – *ou cujo lançamento já tenha sido iniciado àquela data por ato regularmente notificado ao sujeito passivo*? A exceção parece desmentir a premissa que tomamos. Procuremos explicá-la melhor.

A concessão de moratória é fator ampliativo do prazo para que certa e determinada dívida venha a ser paga, de uma só vez ou em parcelas, por sujeito passivo individualizado. Requer-se, portanto, que o sujeito pretensor tenha perfeito conhecimento do valor de seu crédito, do tempo estabelecido para sua exigência e da individualidade da pessoa cometida do dever. Para o direito tributário brasileiro, o ato que realiza tais especificações é o lançamento. Todavia, querendo o legislador imprimir tom de maior operatividade ao instituto da moratória, que foi ditada, certamente, por elevadas razões de ordem pública, permite que outros devedores, ainda que não tenham seus débitos constituídos no modo da lei (pelo lançamento), possam enquadrar-se, postulando seus benefícios. Mas de que maneira? Apresentando à autoridade administrativa competente uma declaração em que tudo aquilo que o lançamento contém esteja claramente discriminado. É assim que sucede nos casos em que o procedimento, que prepara a edição do ato, se haja iniciado por expediente notificado de forma regular ao sujeito passivo. Nessas condições, antecipa-se o devedor, oferecendo os dados integrais que seriam expressos no ato de lançamento, e predica sua inclusão para desfrutar dos prazos mais dilargados que a lei da moratória prevê. É precisamente a hipótese a que alude a parte final do art. 154. Esse é o único caminho possível para o funcionamento do instituto. Sem ele, seria ilógico pensar na sua aplicabilidade, a não ser em âmbito restrito, e cogitar de seus efeitos. E tal recurso à iniciativa do administrado acaba adquirindo a natureza de providência substitutiva do lançamento, para os fins da moratória. Não é preciso dizer que, de posse dos esclarecimentos básicos que o sujeito devedor oferece à apreciação do Fisco, terá este condições prontas para iniciar as verificações necessárias e, independentemente de haver concedido a moratória, celebrar aquele ato administrativo.

A lei instituidora da moratória pode dispor de tal forma que não seja necessário o lançamento, à data em que entrar em vigor ou à do despacho que conceder a medida, e, ainda, no sentido de prescindir até do início de qualquer procedimento iniciador da constituição do crédito. É o permissivo que emana da ressalva inicial.

O parágrafo único desse preceito veda o aproveitamento da moratória, nos casos de dolo, fraude ou simulação do sujeito passivo ou de terceira pessoa em benefício daquele. A proibição é categórica e corresponde a um valor moral que o sistema prestigia. Não impedir a concessão, em comportamentos dolosos que visassem a obtê-la, significaria um tratamento paritário aos postulantes de boa-fé, estimulando a prática de condutas ilícitas.

Vamos ao art. 155:

> Art. 155. A concessão da moratória em caráter individual não gera direito adquirido e será revogada de ofício, sempre que se apure que o beneficiado não satisfazia ou deixou de satisfazer as condições ou não cumpria ou deixou de cumprir os requisitos para a concessão do favor, cobrando-se o crédito acrescido de juros de mora:
>
> I – com imposição da penalidade cabível, nos casos de dolo ou simulação do beneficiado, ou de terceiro em benefício daquele;
>
> II – sem imposição de penalidade, nos demais casos.
>
> Parágrafo único. No caso do inciso I deste artigo, o tempo decorrido entre a concessão da moratória e sua revogação não se computa para efeito da prescrição do direito à cobrança do crédito; no caso do inciso II deste artigo, a revogação só pode ocorrer antes de prescrito o referido direito.

O modificar o prazo de implemento das prestações tributárias, ampliando-o, não é ato discricionário que a autoridade administrativa celebre de acordo com critérios de conveniência ou oportunidade. Trata-se de um ato vinculado que há de ser presidido pelos ditames da lei, quer na moratória de caráter geral, quer na de caráter individual. Desse modo, certificando-se a Fazenda de que os antessupostos para o gozo da medida não foram observados, que o sujeito passivo não se encontrava, verdadeiramente, na situação que declarou estar, é evidente que deve anular o ato concessivo, passando a exigir seu crédito sem as influências que a moratória exerceria. Convém registrar que o legislador se utiliza do termo *revogar*, quando o correto seria *anular*. O não-cumprimento dos requisitos legais, ou seu descumprimento, é tema de legalidade e motivo de anulação. Lembremo-nos de que *revogação* é o desfazimento do ato por razões de conveniência ou oportunidade, e esse não é o caso da cassação do ato concessivo da moratória.

543

Por outro lado, deparando a autoridade legislativa com o ilícito, representado pela conduta dolosa do sujeito passivo, deve apená-lo na estrita observância das prescrições legais (inc. I). Inocorrendo infração, a exigência haverá de circunscrever-se ao valor do crédito, tão só acrescido dos juros de mora (inc. II).

O trato de tempo que medeia entre a concessão da moratória e a anulação do ato não se leva em conta para efeito de prescrição, quando acontecer a hipótese do inc. I, isto é, comportamento doloso por parte do sujeito passivo ou de terceiro em seu benefício. Assim não fora, e o intervalo temporal viria em benefício do infrator, orientação que nosso ordenamento não acolhe. Regime diverso, sob esse aspecto, é o que governa a situação do inc. II, em que houve inadaptação aos dispositivos da lei, sem que para isso concorresse o comportamento doloso do sujeito passivo. O ato anulatório da concessão, nessas condições, somente será lavrado se o prazo prescricional não se tiver exaurido.

Como escólio final, simplesmente a nota de que se esqueceu o legislador de incluir a figura da fraude na redação do inc. I. É intuitivo, porém, que a omissão é suprida pela análise sistemática, não sendo compreensível que as providências sancionadoras deixassem de ser aplicadas àquele que a cometeu.

2.8.3 Depósito do montante integral do crédito

Entre os meios jurídicos de suspensão da exigibilidade do crédito está o depósito do montante integral da dívida tributária, consoante a disposição do artigo 151, II, do Código Tributário Nacional. E é preciso lembrar que tal depósito pode ser promovido em dois momentos distintos: (i) no curso do procedimento administrativo; e (ii) no processo judicial. Não se trata de iniciativa obrigatória para o sujeito passivo, assumindo, no primeiro caso, apenas o efeito de evitar a atualização do valor monetário da dívida (correção monetária) e a incidência da mora (multa e juros). No que tange ao depósito judicial, além de impedir o ajuizamento da ação de execução, por parte da Fazenda Pública, com o que manifesta seu efeito suspensivo da exigibilidade, igualmente previne seja a dívida corrigida, evitando-se todos os efeitos da mora. Aliás, é somente quando efetuado na esfera do Judiciário que o depósito vai assumir a feição de causa suspensiva da exigibilidade, porquanto no curso do procedimento administrativo, quer ao impugnar o lançamento, quer ao interpor recurso aos órgãos superiores, tais expedientes do sujeito passivo, por si só, já asseguram a suspensão da exigência, não se constituindo o depósito forma direta de inibir o sujeito pretensor, no sentido de ingressar em juízo com a ação competente.

Por "montante integral" o Código Tributário alude ao valor do tributo devido, atualizado monetariamente até a data da efetivação do depósito, acrescido das penalidades pecuniárias e dos juros de mora, quando incidentes. Em outras palavras, o montante integral corresponde à importância com a qual o Erário se daria por satisfeito, caso o devedor se dispusesse, naquele exato momento, a pagar seu débito. É por isso que, operando dessa maneira, nada mais haverá para ser exigido do sujeito passivo e, pela conversão em renda, dissolver-se-á o vínculo obrigacional pelo cumprimento do dever e correlativo desaparecimento do direito subjetivo de exigi-lo (artigo 156, VI, do CTN). Se o depositante obtiver decisão favorável, receberá de volta a quantia depositada com o produto dos juros e da correção monetária. Pelo contrário, julgada improcedente a ação, o credor terá direito ao valor do depósito e de tudo aquilo que lhe foi acrescentado durante o tempo de sua vigência.

Vê-se, desde logo, que o implemento do depósito cumpre o papel de garantir o administrado com relação à variação do poder aquisitivo da moeda e aos riscos da mora, revelando seu perfil assecuratório e não-satisfativo do débito. Enquanto isso, o sujeito pretensor aguardará a prestação jurisdicional do Estado, certo de que a arrecadação do tributo será realizada uma vez reconhecida a legitimidade de seu direito. Com o trânsito em julgado da decisão, tornando-se consolidada a manifestação da Justiça, a Fazenda Pública poderá tomar as providências legais cabíveis para a satisfação de seu crédito tributário, requerendo a conversão do depósito em renda.

Realizado o depósito do montante integral do débito, o contribuinte encontrará meio idôneo para acautelar-se da aplicação de sanções punitivas e moratórias, tais como multa e juros, além da correção monetária, no pressuposto de entender indevido o tributo que lhe está sendo cobrado; o Fisco, vendo contestado seu direito, ao mesmo tempo assiste à providência do devedor, interessado em mostrar sua boa vontade e sua firmeza, depositando como se houvesse pagado, efetivamente, aquele valor. Tudo porque fica suspensa a exigibilidade do crédito, permanecendo os dois sujeitos na expectativa do que for judicialmente estabelecido. Nessa pequena síntese, caracteriza-se a neutralidade da iniciativa prevista no artigo 151, II, do CTN, que dista de ser algo promovido em benefício do credor ou do devedor da obrigação tributária. Ademais, a importância ficará depositada em instituição de crédito, sendo remunerada, nos termos da legislação própria, nas mesmas bases da caderneta de poupança.

No processo judicial, o depósito, além de suspender a exigibilidade do crédito tributário, impedindo a propositura da ação de execução fiscal, faz cessar a fluência dos juros e da correção monetária. Isso não significa, contudo, que o valor depositado permanecerá o mesmo, inerte. Tal entendimento inviabilizaria a figura do depósito, uma vez que depois de certo tempo, dada a depreciação da moeda em virtude de situação econômica inflacionária, o objeto de discussão judicial (valores depositados) pereceria. O que se verifica é o fato de, havendo depósito, os juros e correção monetária deixem de ser responsabilidade do depositante (*in casu*, contribuinte), passando a ser encargo do depositário (instituição bancária). Ao efetuar o depósito, o contribuinte transfere a disponibilidade do seu montante para o juízo: nem o sujeito passivo nem o Fisco têm acesso àqueles valores, razão pela qual o vencedor da demanda fará *jus*, além do valor principal, aos juros remuneratórios, cuja produção é encargo do depositário.

A figura do depósito, conquanto muito empregada na esfera tributária, tem sua origem no direito privado, sendo seu conceito cuidadosamente traçado no Código Civil, no artigo 629: *"O depositário é obrigado a ter na guarda e conservação da coisa depositada o cuidado e diligência que costuma com o que lhe pertence, bem como restituí-la, com todos os frutos e acréscidos, quando o exija o depositante"*[222]. O depositário tem obrigação, portanto, de devolver não apenas a coisa, mas também os rendimentos dela decorrentes.

Tal determinação justifica-se pelo fato de que, conquanto o depósito não constitua mútuo de dinheiro, presume-se que, durante o tempo em que o valor estava ali depositado, foi utilizado por instituição própria, tendo em vista sua natureza fungível. Por esse motivo, ainda que o depósito não constitua aplicação financeira, tem praticamente os mesmos efeitos do empréstimo de dinheiro, cabendo ao titular o recebimento dos frutos correspondentes, representados pela remuneração do capital que permaneceu em mãos alheias.

A conclusão supra decorre não apenas de construções doutrinárias. Tem suporte em legislação específica, perante a qual as remunerações dos depósitos judiciais não se constituem apenas de correção monetária, havendo expressa determinação do emprego de índices representativos de verdadeiras taxas de juros.

A TR (Taxa Referencial), índice utilizado pela Caixa Econômica Federal para remunerar os depósitos até a edição da Lei n. 9.703/98, tem incontestável natureza remuneratória, sendo aplicada como taxa de juros, conforme reiteradamente decidido pelo Egrégio Supremo Tribunal Federal, inclusive no âmbito do controle concentrado, cujo trecho permito-me transcrever:

> A TR não é índice de correção monetária, pois refletindo as variações do custo primário da captação dos depósitos a prazo fixo, não constitui índice que reflita a variação do poder aquisitivo da moeda.
>
> (ADIN 493-0/DF, Rel. Min. Moreira Alves, *DJU* 04.09.92, p. 14.089).

---

222. Grifos meus. Redação semelhante à do artigo 1.266 do Código Civil de 1916.

Com efeito, a TR, índice aplicado para remuneração dos depósitos, é taxa de juros, a qual não traduz a variação do poder aquisitivo da moeda, sendo inconfundível com correção monetária. A primeira é um "acréscimo legal", a segunda, mera recomposição do patrimônio.

Além disso, a Lei n. 9.703/98 veio a estabelecer, em seu artigo 1º, § 3º, I, que os depósitos judiciais de tributos e contribuições federais seriam "acrescidos de juros, na forma estabelecida pelo § 4º do art. 39 da Lei n. 9.250, de 26 de dezembro de 1995, e alterações posteriores". Assim, a partir de 1º de janeiro de 1996, os depósitos judiciais passaram a ser acrescidos de juros equivalentes à taxa referencial do Sistema Especial de Liquidação e Custódia – SELIC. Mais uma vez, tem-se a fluência de juros, e não a atualização da moeda.

Não bastassem as determinações legais acima referidas, convém recordar que desde o Provimento 257 do Conselho Superior da Magistratura, ficou deliberado que os depósitos judiciais seriam feitos mediante abertura de contas judiciais numeradas, com juros legais capitalizados, mais a correção monetária *pro rata die*[223]. O Provimento n. 347/88 do Egrégio Conselho Superior da Magistratura, por sua vez, impõe ao estabelecimento bancário a imediata liquidação da conta, de acordo com a opção do interessado e estabelece que, nesta hipótese, somente no dia em que protocolado o mandado de levantamento cessará a incidência de juros e correção monetária: "Protocolado o mandado no estabelecimento pagador, cessará a partir de então a incidência de juros e correção monetária" (art. 20, item III – 4, letra *a*, do Provimento n. 347/88).

No mesmo sentido, os comunicados da Corregedoria-Geral da Justiça estabelecem que os índices de correção monetária e juros aplicáveis aos depósitos judiciais devem ser os de remuneração da caderneta de poupança, nos quais, é cediço reconhecer, estão contidos os juros remuneratórios.

---

[223]. Neste sentido, decidiu a Terceira Câmara Civil do Egrégio Tribunal de Justiça de São Paulo (RT 651/62-64).

A respeito da questão, já se pronunciou o Tribunal de Justiça do Estado de São Paulo, em acórdão publicado na *RJ-TJESP* 124/79, Relator o preclaro Desembargador Rebouças de Carvalho:

> Em primeiro lugar, há de se mencionar que desde o Provimento n. 257 do Conselho Superior da Magistratura ficou deliberado que os depósitos judiciais seriam feitos mediante a abertura de contas judiciais numeradas, com juros legais capitalizados, mais a correção monetária 'pro rata die' ('vide' cláusula I desse Provimento).

Do exposto, não restam dúvidas: a remuneração dos depósitos judiciais não se confunde com mera correção monetária. Esta última representa a atualização do valor da dívida, tendo em vista a desvalorização da moeda, em contextos econômicos onde atua o problema inflacionário. De acordo com índices estimativos, o valor aquisitivo do dinheiro é corrigido, periodicamente, de tal sorte que, a qualquer momento, é possível determinar sua real expressão econômica. Em termos aritméticos, trata-se de majoração. Para o direito e a economia, entretanto, o resultado corrigido traduz apenas o valor atual da dívida, sendo o montante da correção uma parte do próprio objeto prestacional.

Essa correção não se confunde com frutos, rendas ou juros. É o próprio capital, sem tirar nem pôr. Um débito atualizado monetariamente e outro depositado em poupança, ao final de determinado lapso de tempo, terão valores diferentes. Isso porque na poupança há "rendimentos", tendo aplicação, além de índices de correção monetária, outros concernentes a juros remuneratórios.

2.8.4 Concessão de medida liminar em mandado de segurança

Quando falamos em incidência jurídica estamos pressupondo a linguagem do direito positivo projetando-se sobre o campo material das condutas interpessoais, para organizá-las deonticamente. Como vimos, a norma geral e abstrata, para alcançar o inteiro teor de sua juridicidade, reivindica, incisivamente, a edição de norma individual e concreta, a ser emitida por órgão credenciado pelo sistema.

Um desses órgãos é o Judiciário. Este se encontra habilitado a aplicar o direito, expedindo normas individuais e concretas, para determinar aos destinatários o comportamento a ser adotado. Referidas normas ingressam no ordenamento jurídico por meio de decisões judiciais, tendo, nestas, seu veículo introdutor. Integrando o ordenamento pela satisfação dos requisitos que se fizerem necessários, a norma jurídica emitida pelo Judiciário é válida e assim se mantém até o momento em que deixa de pertencer ao sistema, sendo dali retirada por outra norma que assim a desconstitua.

Tudo o que até agora se expôs encontra integral aplicação à medida liminar, pois espécie do gênero decisão judicial. É bastante conhecido no meio tributário o preceito do art. 5º, LXIX, da Constituição, que prevê o mandado de segurança como providência judicial para proteger direito líquido e certo não amparado por *habeas corpus*, ou *habeas data* quando o responsável pela ilegalidade ou abuso do poder for autoridade pública ou agente de pessoa jurídica no exercício de atribuições do Poder Público. Trata-se de u'a medida eficaz de proteção aos direitos individuais, tolhidos ou ameaçados por atos abusivos.

O magistrado, diante da iminência dos efeitos lesivos do ato, pode, com supedâneo no art. 7º, II, da Lei n. 1.533/51, cautelarmente, expedir medida liminar, que tem por escopo impedir a irreparabilidade do dano, pelo retardamento da sentença. Com caráter autônomo, não exprime ainda a convicção do órgão jurisdicional sobre o mérito do pedido, tanto assim que pode ser cassada a qualquer momento. Comunicada a liminar aos destinatários, introduz no sistema norma que relata, no antecedente, fato delimitado no tempo e no espaço, prescrevendo, no consequente, relação jurídica entre sujeitos individualizados, determinando as condutas a serem por estes adotadas em face do evento previsto no suposto normativo.

Concedida a liminar, em processo de mandado de segurança impetrado contra ato jurídico administrativo de lançamento tributário, a exigibilidade do ato fica suspensa, de sorte que a Fazenda passa a aguardar a sentença denegatória, ou, então, que a medida venha a ser sustada. Recuperado, dessa forma, seu predicado de ato exigível, há plena condição jurídica de ser ajuizada a ação de execução ou de se prosseguir no seu curso, interrompido pela providência cautelar.

É descabida qualquer alegação no sentido de haver diferenças entre os efeitos da liminar e das demais normas individuais e concretas expedidas pelo Judiciário, por tratar-se aquela de decisão provisória. Breve observação denunciará logo a improcedência desse argumento. Se a liminar é o resultado de um ato judicial, introdutor de norma individual e concreta no ordenamento positivo, desde que atinja os requisitos jurídicos para seu acabamento[224], ingressa no sistema, passando a integrá-lo. Outra coisa, porém, é a possibilidade de vir a ser modificada, consoante meios previstos para esse fim. A susceptibilidade a impugnações é predicado de todos os atos administrativos, judiciais e legislativos, com exceção somente daqueles que se tornaram imutáveis por força de prescrições do próprio sistema do direito posto, como é o caso da decisão judicial transitada em julgado, não mais passível de ser atacada por ação rescisória. Não há, portanto, o menor cabimento em estabelecer a dualidade "provisória/definitiva" como critério de referência a normas expedidas pelo Judiciário. Caso contrário, seria forçosa a conclusão de que quase tudo no direito seria provisório. Todas as sentenças seriam provisórias, uma vez que delas a parte vencida pode recorrer. Os acórdãos dos tribunais também seriam provisórios, na medida em que podem suscitar novos apelos. E assim por diante. O direito seria um corpo de manifestações interinas, meramente transitórias, com número reduzido de exceções.

Disso conclui-se que a liminar, como decisão judicial que é, introduz norma jurídica válida. E esta, enquanto não for retirada do sistema por outra norma jurídica que assim o determine, produzirá efeitos, disciplinando as condutas

---

224. Dada a conhecer a seus destinatários.

intersubjetivas por meio de um dever-ser modalizado (proibido, permitido ou obrigatório).

As medidas liminares, como veículos introdutores de normas individuais e concretas, objetivam aproximar os comandos normativos gerais e abstratos, visando a direcionar as vontades dos destinatários ao cumprimento das condutas prescritas. Para tanto, introduzem normas jurídicas que permitem, proíbem ou obrigam a prática de certo ato.

A cassação da liminar, por sua vez, nada mais é que uma decisão judicial modificadora de outra decisão judicial, ou, em outras palavras, uma norma individual e concreta que, por ser posterior à primeira, a substitui no ordenamento jurídico. Consequentemente, a norma revogadora não tem o condão de fazer desaparecerem os efeitos decorrentes da norma revogada. Seus efeitos são *ex nunc*, não atingindo atos praticados sob a égide da norma anterior. É o que assegura o artigo 5º, inciso XXXVI, da Constituição da República.

Nos termos do dispositivo constitucional supra, a norma jurídica não poderá prejudicar o direito adquirido, o ato jurídico perfeito e a coisa julgada. Tal previsão objetiva dar relevo ao princípio da segurança jurídica, preservando os atos praticados e os direitos titulados na vigência de determinada norma jurídica. Desse modo, a edição de norma jurídica nova apenas poderá disciplinar relações futuras, sem atentar contra situações já consolidadas no tempo.

As decisões judiciais, ao prescreverem dada conduta aos seus destinatários, pretendem que estes ajam de acordo com a imposição instituída. Tratando-se, pois, de norma jurídica individual e concreta, os atos e omissões praticados no cumprimento de sua vontade estão plenamente respaldados pelo ordenamento, protegidos, conforme o caso, na qualidade de ato jurídico perfeito ou de direito adquirido.

Desta maneira, a alteração do mandamento judicial, seja qual for, não pode sujeitar o destinatário da norma revogada às consequências típicas do descumprimento de norma jurídica, justamente porque o Código lhe atribui efeito suspensivo do crédito tributário. Cassada a medida liminar, a norma substituta não pode atingir de forma retroativa as condutas praticadas sob o amparo da norma anterior, ficando seus efeitos restritos à disciplina dos atos futuros.

2.8.5 Parcelamento

A inserção do inciso VI no art. 151 do Código Tributário Nacional, realizada pela referida Lei Complementar n. 104/2001, acendeu as dúvidas sobre a especificação semântica da voz "parcelamento". Voltou-se a pensar na sua amplitude, tendo em vista o gênero "moratória", de tal maneira que se pode distinguir, com Christine Mendonça[225]: (i) o parcelamento previsto antes do nascimento da obrigação tributária; (ii) o parcelamento como espécie do gênero moratória; e (iii) aquele que se pode chamar de parcelamento *stricto sensu*. A despeito das possibilidades elucidativas que o termo possa propiciar e a utilidade de construções dessa natureza, pois, afinal de contas, "o jurista é o semântico da linguagem do direito", como bem assinalou Becker, o legislador fez questão de sublinhar que o parcelamento também suspende a exigibilidade do crédito tributário, a ele se aplicando as disposições atinentes ao instituto da moratória. Mais uma confirmação de que se trata apenas de espécie (parcelamento) do gênero (moratória), como vêm proclamando, entre outros, Sacha Calmon Navarro Coêlho, Mizabel Derzi e Leonor Leite Vieira.

2.9 EXTINÇÃO DAS OBRIGAÇÕES TRIBUTÁRIAS

A relação jurídica, como nexo abstrato mediante o qual uma pessoa, chamada de sujeito ativo, tem o direito subjetivo de exigir uma prestação, enquanto outra, designada de sujeito

---

[225]. Christine Mendonça, O regime jurídico do programa de recuperação fiscal – Refis: parcelamento *stricto sensu*, in *Refis:* aspectos jurídicos relevantes, São Paulo, Edipro, 2001, pp. 90-94.

passivo, está encarregada de cumpri-la, nasce, como vimos, da ocorrência do fato típico descrito no antecedente da proposição normativa. No percurso da sua existência pode experimentar mutações, que interferem nos elementos que a compõem ou nas gradações de sua eficácia. E depois se extingue, por haver realizado seus objetivos reguladores da conduta ou pelas razões que o ordenamento estipula. É sobre o desaparecimento que voltaremos nossas atenções.

2.9.1 O fenômeno da desintegração da obrigação tributária

Quadra examinar, no presente capítulo, o fenômeno jurídico que se opera na extinção de tais vínculos, para podermos bem compreender a desconstituição das obrigações tributárias.

Se a unidade irredutível das relações jurídicas é formada por dois sujeitos (ativo e passivo) e um objeto, presos entre si por nexos que conhecemos, parece-nos que o melhor caminho para sabermos da desintegração dessa entidade é procurarmos indagar o modo pelo qual desaparecem seus elementos integrativos, bem como as relações que os unem, uma vez que tais elementos e tais vínculos dão a compostura atômica dos liames jurídicos que fazem surdir direitos e deveres correlatos.

Retomemos a representação gráfica:

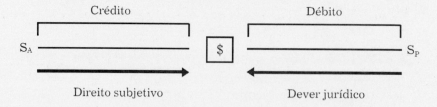

Decompõe-se a figura obrigacional que reproduzimos:

a) pelo desaparecimento do sujeito ativo;

b) pelo desaparecimento do sujeito passivo;

c) pelo desaparecimento do objeto;

d) pelo desaparecimento do direito subjetivo de que é titular o sujeito pretensor, que equivale à desaparição do crédito;

e) pelo desaparecimento do dever jurídico cometido ao sujeito passivo, que equivale à desaparição do débito.

Qualquer hipótese extintiva da relação obrigacional que possamos aventar estará contida, inexoravelmente, num dos cinco itens que enumeramos. Carece de possibilidade lógica imaginar uma sexta solução, precisamente porque esta é a fisionomia básica da existência de um vínculo de tal natureza.

Advertimos: no direito positivo brasileiro, no que se refere às obrigações tributárias, não há prescrições que contemplem a extinção do objeto prestacional, estritamente considerado. Entretanto, todos os demais casos de desaparecimento de elementos integrativos ou dos nexos que os enlaçam se encontram previstos, indicados pelo legislador pelos nomes técnicos correspondentes. Ao analisarmos as fórmulas extintivas gravadas no Código Tributário Nacional teremos a oportunidade de convocar a atenção do leitor, relembrando essa proposta teorética de enorme utilidade prática.

2.9.2 Aspectos da extinção do crédito na forma do vínculo obrigacional disposto no CTN

Depois de tudo o que dissemos, claro está que desaparecido o crédito decompõe-se a obrigação tributária, que não pode subsistir na ausência desse nexo relacional que atrela o sujeito pretensor ao objeto e que consubstancia seu direito subjetivo de exigir a prestação. O crédito tributário é apenas um dos aspectos da relação jurídica obrigacional, mas sem ele inexiste o vínculo. Nasce no exato instante em que irrompe a obrigação e desaparece juntamente com ela.

Lamentavelmente, disso não se apercebeu o legislador do Código, que resolveu sistematizar a disciplina jurídica da matéria em torno do conceito de extinção do crédito, quando cumpriria fazê-lo levando em conta a obrigação, que é o todo. Não importa, porém, o trajeto escolhido pela autoridade legislativa para descrever o fenômeno da extinção. Temos acesso a ele pelo recurso da reflexão, inspirada pelas categorias da Teoria Geral do Direito, embora isso não tenha a força de apagar os efeitos prejudiciais de uma elaboração normativa confusa.

Subproduto da orientação assistemática que presidiu a concepção do legislador, nesse campo, está logo no parágrafo único do art. 156, onde se diz que *a lei disporá quanto aos efeitos da extinção total ou parcial do crédito sobre a ulterior verificação de irregularidade da sua constituição, observado o disposto nos arts. 144 e 149*.

O enunciado versa o problema de anulação do lançamento e dos efeitos que isso provoca no que tange à extinção do crédito. Permite concluir, no entanto, que seja possível dar-se a extinção do crédito, permanecendo íntegro o vínculo obrigacional, dedução errônea, estruturada em frontal desapreço aos conceitos elementares sobre a figura da obrigação. Isso é o que pretendemos demonstrar nos capítulos seguintes.

2.9.3 Causas extintivas no Código Tributário Nacional

O art. 156 do CTN enuncia onze causas extintivas: I) o pagamento; II) a compensação; III) a transação; IV) a remissão; V) a prescrição e a decadência; VI) a conversão de depósito em renda; VII) o pagamento antecipado e a homologação do lançamento nos termos do disposto no art. 150 e seus §§ 1º e 4º; VIII) a consignação em pagamento, nos termos do disposto no § 2º do art. 164; IX) a decisão administrativa irreformável, assim entendida a definitiva na órbita administrativa, que não mais possa ser objeto de ação anulatória; X) a decisão judicial passada em julgado; e XI) a dação em pagamento em bens imóveis, na forma e condições estabelecidas em lei.

Tanto o surgimento quanto as modificações por que passam durante sua existência, e assim também a extinção das obrigações tributárias hão de ocorrer nos precisos termos da lei. Nesse terreno, o princípio da estrita legalidade impera em toda a extensão e a ele se ajunta, em vários momentos, o postulado da indisponibilidade dos bens públicos.

Alguns autores pretendem reagrupar as onze causas extintivas que o art. 156 estabelece, dividindo-as em causas *de fato* e *de direito*. A prescrição e a decadência seriam modalidades *de direito*, enquanto todas as demais seriam *de fato*. Discordamos desse critério classificatório. As onze causas que o legislador arrolou são modalidades jurídicas no âmbito mais restrito que se possa dar à expressão. São acontecimentos que o direito regula, traçando cuidadosamente seus efeitos. Algumas delas adquirem até a configuração de verdadeiros institutos jurídicos, como o pagamento, a compensação, a transação, a remissão, a prescrição e a decadência, enquanto outras se apresentam como fatos carregados de juridicidade, como a decisão administrativa irreformável e a decisão judicial passada em julgado. As hipóteses de conversão de depósito em renda, de pagamento antecipado e homologação do lançamento, e a consignação em pagamento, entendemos que sejam formas diferentes de u'a mesma realidade: o pagamento. Como afirmar que tais ocorrências da vida real, regradas por insistentes disposições jurídico-normativas, tenham a proporção de causas de fato?

O que é possível divisar no catálogo do art. 156 é a ausência de outros motivos que teriam a virtude de extinguir o liame obrigacional, como a desaparição do sujeito passivo, sem que haja bens, herdeiros e sucessores, bem como a confusão, onde se misturam, na mesma pessoa, as condições de credor e devedor.

Para facilitar o discurso expositivo, vamos seguir a ordem que o legislador concebeu, deduzindo as críticas que estimarmos cabíveis.

2.9.4 Pagamento e pagamento indevido

Omitindo-se o legislador ordinário quanto ao prazo de vencimento das obrigações tributárias, o termo final dar-se-á trinta dias depois de o sujeito passivo haver recebido a notificação do lançamento (art. 160), podendo a legislação específica, nas condições que estabeleça, conceder desconto pelo pagamento antecipado (parágrafo único). Torna-se evidente que tal proposição não se aplica àqueles tributos que não têm no lançamento um requisito indispensável e aos quais o Código chama de tributos sujeitos a lançamento por homologação. Nestes, a lei oferece todas as indicações necessárias e suficientes para a regular satisfação das prestações devidas.

Inocorrendo a solução do débito, no vencimento próprio, será ele acrescido de juros de mora, seja qual for o motivo determinante da falta, sem prejuízo da imposição das penalidades cabíveis e da aplicação de quaisquer medidas de garantia previstas na Lei n. 5.172/66 ou nas demais leis tributárias (art. 161). Os juros serão calculados na base de 1% ao mês, se a lei não dispuser de modo diverso (§ 1º) e, ao contrário do que se dá com as obrigações de direito privado, não é preciso interpelação do devedor para que este seja constituído em mora. Havendo consulta, formulada pelo interessado dentro do prazo estabelecido para o pagamento e com observância das regras que a legislação estatui, os juros de mora não incidem, enquanto estiver pendente a resposta (§ 2º).

O pagamento é feito em moeda corrente, cheque ou vale postal (art. 162, I), mas, nos casos previstos em lei, pode ser efetuado em estampilha, papel selado ou mediante processo mecânico (art. 162, II). O sistema não admite a prestação *in natura*, contraditando aquilo que faz supor o art. 3º do Código Tributário Nacional, quando enuncia que pode ser em moeda *ou cujo valor nela se possa exprimir*. Todavia, com a Lei Complementar n. 104, de 10 de janeiro de 2001, tornou-se possível realizar a extinção do crédito mediante dação em pagamento em bens imóveis, na forma e condições previstas em lei ordinária de cada ente político.

O legislador ordinário está autorizado a determinar as garantias exigidas para o pagamento em cheque ou vale postal, desde que não o torne impossível ou mais oneroso que o pagamento em moeda corrente (art. 162, § 1º). No que concerne ao cheque, não há necessidade de garantias, uma vez que o § 2º desse mesmo artigo declara que o crédito pago por cheque só se considera extinto com o resgate deste pelo sacado.

Na circunstância do pagamento ser efetuado por estampilhas, extinguir-se-á o crédito com a regular inutilização daquelas, resguardando-se ao Fisco a prerrogativa de controle, na forma do que preceitua o art. 150, isto é, promovendo o chamado *lançamento por homologação* (art. 162, § 3º). A perda ou destruição das estampilhas, ou o erro no pagamento por tal modalidade, não dão direito à restituição, salvo nos casos expressamente previstos na lei tributária, ou naqueles em que o erro for imputável à autoridade administrativa (art. 162, § 4º) e o pagamento em papel selado ou por processo mecânico equipara-se ao feito em estampilhas (art. 162, § 5º).

A imputação de pagamento consiste na escolha do débito a ser extinto, se o devedor tiver mais de um deles. Enquanto no direito privado é um direito subjetivo do devedor escolher qual dos débitos quer pagar, caso todos sejam líquidos e vencidos (artigo 352 do Código Civil), na esfera tributária a imputação é efetuada pela autoridade competente para receber o pagamento. A opção pelo débito a ser extinto, entretanto, não é sua, devendo obedecer à escala pré-estabelecida na legislação.

Atualmente, o assunto é disciplinado pelo Código Tributário Nacional, no artigo 163. Segundo este, tendo o sujeito passivo dois ou mais débitos para com a mesma entidade tributante, relativamente ao mesmo gravame ou a diferentes exações, ou ainda provenientes de penalidades pecuniárias ou juros de mora, fica a cargo da autoridade administrativa competente a imputação do pagamento, observadas as seguintes regras, na ordem em que enumeradas: a) em primeiro lugar os débitos por obrigação própria, e em segundo os decorrentes de responsabilidade tributária; b) primeiramente as contribuições de melhoria, depois as taxas e, de final, os impostos; c) terão preferência as dívidas mais antigas, na ordem crescente dos prazos de prescrição; e d) antes as de maior valor, em escala decrescente.

Registre-se, porém, que a imputação não se dá automaticamente. É imprescindível que a autoridade competente para receber o pagamento determine que ela seja efetivada[226]. Eis o motivo por que afirmamos ser muito difícil, nos dias de hoje, observar o exercício do direito de imputação[227]. Como hodiernamente os tributos são, na maioria, sujeitos a "lançamento por homologação", seu recolhimento dá-se por meio de guias nas quais o sujeito passivo indica expressamente o débito que está sendo quitado. Além disso, sendo os pagamentos efetuados, normalmente, em instituições bancárias, não se verifica a possibilidade da administração recusar seu recebimento em virtude de eventualmente existir outro débito, colocado em condição privilegiada pelo art. 163 do Código Tributário Nacional.

Os comandos jurídicos introduzidos pelo Código Tributário Nacional não se circunscrevem à esfera de uma ou outra pessoa jurídica de direito público interno, isoladamente. Ao contrário, sendo Lei Nacional, suas determinações dirigem-se a todos os entes da Federação. Eis um dos principais fatores que, na lição de José Souto Maior Borges, a diferencia da lei federal[228].

Isso não significa, porém, que o âmbito material passível de ser por ele regulado assuma caráter ilimitado. Apresentando força de lei complementar, sua disciplina não pode representar invasão da competência legislativa de qualquer dos entes federados, ficando restrita às áreas que constitucionalmente lhe foram reservadas.

No que concerne especificamente à matéria tributária, foi-lhe atribuída a função de introduzir no ordenamento jurídico normas gerais de direito tributário. Sendo controversa a amplitude da expressão "normas gerais", cumpre esclarecer que ela não pode ultrapassar o ponto limite das competências das pessoas políticas. Por esse motivo, já vimos entendendo

---

226. Aliomar Baleeiro, *Direito tributário brasileiro*, 10ª ed., Rio de Janeiro, Forense, 1993, p. 553.

227. *Curso de direito tributário*, 19ª ed., São Paulo, Saraiva, 2007, p. 472.

228. *Lei complementar tributária*, São Paulo, Revista dos Tribunais, 1975, p. 68.

que o âmbito das normas gerais consiste em disciplina de matéria necessária para evitar conflitos de competência entre as entidades tributantes, bem como para regrar as limitações constitucionais ao poder de tributar. Apenas nesse sentido é que pode ser entendido o artigo 146, III, da Constituição da República. Ao dispor sobre a definição de tributos e suas espécies, fato gerador, base de cálculo, contribuinte, obrigação, lançamento, crédito, prescrição e decadência tributários, a lei complementar pode fazê-lo apenas com as duas finalidades acima relacionadas. Está habilitado o Código Tributário Nacional, portanto, a dispor sobre esses institutos em termos definitórios, objetivando evitar o caos e a desarmonia que a imprecisão de suas significações poderia causar[229].

Seguindo essa linha de raciocínio, a disciplina jurídica da imputação do pagamento pode ser veiculada em lei complementar, na medida em que sua regulamentação de forma indiscriminada por cada ente federativo poderia suscitar conflitos de competência que às normas gerais cabe prevenir. Com isso impede-se, por exemplo, que determinado ente federativo institua imputação de pagamento relativamente a débitos de sujeitos ativos diferentes, privilegiando, por meio da escala de prioridades, os seus créditos em detrimento das outras pessoas constitucionais.

Quanto à disciplina da imputação do pagamento, portanto, não há que falar em invasão de competência. Ao dispor sobre esse instituto, o Código Tributário Nacional operou na qualidade de lei nacional, sem interferir na competência legislativa de qualquer dos entes políticos, tendo como fim primordial conferir harmonia e uniformidade ao sistema jurídico.

De outro lado, por sua vez, iremos encontrar a figura do pagamento indevido. Muitas vezes, a importância recolhida a título de tributo é indevida, quer por exceder o montante da dívida real, quer por ter sido o crédito tributário desconstituído,

---

[229]. Sacha Calmon Navarro Coêlho, *Curso de direito tributário brasileiro*, 3ª ed., Rio de Janeiro, Forense, 1999, pp. 114-115.

em virtude de estar em desacordo com o sistema pátrio. Nesse caso, assegura o ordenamento jurídico a devolução daquilo que o contribuinte pagou indebitamente. Fá-lo mediante norma geral e abstrata cuja hipótese descreve, em caráter conotativo, o pagamento indevido, prescrevendo, no consequente, uma relação jurídica obrigacional em que o Fisco ocupará o polo passivo, assumindo o dever de restituir o indébito, enquanto o contribuinte figurará como sujeito ativo, com o direito de exigir o cumprimento dessa restituição. Diferentemente do que ocorre na obrigação tributária, o contribuinte é credor na relação ora examinada. O Fisco se encontra no polo passivo do vínculo obrigacional, possuindo o dever de cumprir uma prestação pecuniária para com o contribuinte. Eis porque nos referiremos a esse dever como "débito do Fisco".

Convém registrar, nesta oportunidade, que para o pagamento indevido assumir a feição de fato jurídico, deve ser relatado no antecedente de norma individual e concreta, vindo objetivado, no seu consequente, o liame que comporta o débito do Fisco. Três são as formas pelas quais a constituição do débito do Fisco pode ocorrer: (i) invalidação do lançamento; (ii) decisão administrativa; e (iii) decisão judicial. Ainda, quando houver autorização em lei, o próprio contribuinte pode fazê-lo, ficando a constituição do débito do Erário, nesse caso, sujeita à fiscalização e ulterior homologação pela autoridade administrativa.

Assim como no crédito tributário, não basta a simples ocorrência do evento do pagamento indevido para que a aludida relação se instale. Será preciso a aplicação da norma geral e abstrata para que se verifique a constituição do fato jurídico e dos respectivos direitos e deveres. É somente com o ato de expedição da norma individual e concreta que teremos, juridicamente, pagamento indevido, dever do Fisco e direito do contribuinte receber a restituição.

2.9.5 Compensação

O estudo da compensação como forma extintiva prevista no artigo 156, do Código Tributário Nacional, não se limita ao disposto em lei. A análise do processo de positivação desta figura, nos tribunais, reabre as expectativas para um tratamento jurídico consistente sobre o desenvolvimento da matéria. Sempre atento para a circunstância de que a fração de justiça que o *decisum* do caso concreto requer, postula a presença de itinerário definido, de tal modo que seja dado ao leitor perceber a progressão do raciocínio dirigindo-se, célere, para o encaminhamento das conclusões, momento em que se torna mais remoto o perigo da emissão de juízos de valor extravagantes, proferidos fora dos horizontes de previsibilidade que ao senso do direito convém admitir.

Aquela "circularidade" que os estudiosos acentuam existir no sistema do direito será representada no intercurso do mundo dos eventos com o domínio da linguagem jurídico-prescritiva. Os editores de normas vão buscar, incessantemente, a matéria dos fatos sociais (na região dos eventos), para neles retroagir, projetando preceitos que regulem as condutas intersubjetivas e implantem valores: acontecimentos geradores de regras que, por sua vez, retrovertem sobre aquelas ocorrências, produzindo a disciplina jurídica.

Discute-se, hoje, a possibilidade de adoção de critério adequado para classificar as "ações tributárias", movimentando-se com sutileza nessa região tão delicada das técnicas que presidem a positivação do direito, sugerindo caminhos pelos quais se passa das normas gerais e abstratas para as individuais e concretas.

A compensação de débitos do contribuinte com créditos que ele mantenha perante o Estado-administração, como modo de extinção das obrigações tributárias, claro, deverá ser prevista em lei que a autorize e nos precisos termos em que ela o fizer, em atenção ao princípio implícito da indisponibilidade dos interesses públicos. Subjacente, como algo a ser pensado pela Teoria Geral do Direito, temos a norma autorizativa da compensação como metanorma, pressupondo duas outras, de instância lógica inferior, sobre as quais vai incidir.

Cumpre observar que aquilo que se extingue, no quadro das compensações estudadas, são obrigações e não simplesmente créditos, como um exame mais precipitado do assunto poderia até insinuar. Não sobeja lembrar que a chamada "obrigação tributária" consiste no laço que se instala entre o sujeito pretensor e o devedor, tendo por objeto prestação pecuniária, nos exatos termos do artigo 3º do Código Tributário Nacional[230]. Integram-na o dever jurídico que tem o sujeito passivo de conduzir determinada quantia em dinheiro ao Erário (débito), e o correspondente direito do Estado de receber aquele montante (crédito). Eis o motivo pelo qual defino "crédito tributário" como o direito subjetivo de que é portador o sujeito ativo de uma obrigação tributária e que lhe permite exigir o objeto prestacional, representado por uma importância em dinheiro, tendo ele nascimento com a construção de um enunciado fáctico, posto pelo consequente de norma individual e concreta.

Por outro lado, situações há em que o Fisco figura no polo passivo da relação jurídica. Fala-se, nesse caso, em "débito do Fisco", consequência do fato do pagamento indevido, e constituído, também, no consequente de outra norma individual e concreta.

Na compensação tributária são dissolvidas, simultaneamente, essas duas relações: (i) de crédito tributário e (ii) de débito do Fisco. Direitos e deveres funcionam como vetores de mesma intensidade e direção, mas de sentidos opostos, que se anulam.

A compensação é forma extintiva das obrigações em geral, encontrando fundamento de validade no artigo 368 do Código Civil: "Se duas pessoas forem ao mesmo tempo credor e devedor uma da outra, as duas obrigações se extinguem, até onde se compensarem"[231]. No que concerne à obrigação do tributo, o Código Tributário Nacional acolhe o instituto, desde que, em

---

230. "Art. 3º Tributo é toda prestação pecuniária compulsória, em moeda ou cujo valor nela se possa exprimir, que não constitua sanção de ato ilícito, instituída em lei e cobrada mediante atividade administrativa plenamente vinculada."

231. Idêntica era a disciplina do Código Civil revogado (art. 1.009).

homenagem ao princípio da indisponibilidade dos bens públicos, seja autorizado em lei. É a redação do artigo 170:

> A lei pode, nas condições e sob as garantias que estipular, ou cuja estipulação em cada caso atribuir à autoridade administrativa, autorizar a compensação de créditos tributários com créditos líquidos e certos, vencidos ou vincendos, do sujeito passivo contra a Fazenda Pública.

No quadro da fenomenologia das extinções, a compensação ocupa o tópico de modalidade extintiva tanto do direito subjetivo como do dever jurídico, uma vez que o crédito do sujeito pretensor, num dos vínculos, é anulado pelo seu débito, no outro, o mesmo se passando com o sujeito devedor. Um aspecto, porém, há de ser consignado: a compensação só extingue relações jurídicas em que os valores coincidam. Caso inexista essa parificação dos montantes prestacionais, algo remanescerá para qualquer dos sujeitos, permanecendo vivo, juridicamente, o laço obrigacional. A compensação aparecerá, nesses casos, como elemento redutor do objeto da prestação devida, não podendo, portanto, ser considerada extintiva. Tal comentário é oportuno no momento em que examinamos mais de perto a configuração jurídica do instituto, que nem sempre cumpre o papel de dissolver os vínculos até então existentes.

Além das duas relações contrapostas (crédito tributário e débito do Fisco), decorrentes da aplicação de normas jurídicas tributárias, para que a compensação se aperfeiçoe, exige o artigo 170 do Código Tributário Nacional que as relações tenham objetos líquidos e certos. São requisitos a "certeza da existência" e a "determinação da quantia" dos créditos e débitos que se pretende compensar.

Não restam dúvidas, portanto, de que para o implemento da compensação é imprescindível a emissão de norma individual e concreta pelo sujeito competente, pois é esse o veículo apto a constituir fatos e relações jurídicas, objetivando, dentre outros, o objeto da prestação (*quantum* devido). Do mesmo modo que crédito tributário líquido e certo é aquele formalizado pelo ato do lançamento ou do contribuinte, débito do Fisco líquido e certo é o que foi objeto de decisão administrativa ou decisão judicial, ou, ainda, reconhecido pelo contribuinte com fundamento em expressa autorização legal. Tais atos, formalizando o fato do pagamento indevido, introduzem-no no sistema. Tanto o crédito tributário como o débito do Fisco são líquidos e certos quando estão identificados (i) o credor e o devedor, (ii) o montante do objeto da prestação e (iii) o motivo do surgimento do vínculo relacional.

Liquidez e certeza referem-se à existência e determinação da dívida, tanto do Fisco como do contribuinte. E, conforme já comentei, a constituição do crédito tributário dá-se por meio de lançamento ou mediante norma individual e concreta expedida pelo contribuinte. Quanto ao débito do Fisco, será constituído por norma individual e concreta decorrente de ato administrativo de invalidação do lançamento, de decisão administrativa, de decisão judicial ou, quando autorizado em lei, por ato do próprio administrado. Em todas essas hipóteses, está presente, sempre, a linguagem reconhecida pelo ordenamento como apropriada.

2.9.5.1 A norma geral e abstrata da compensação tributária

A norma da compensação pressupõe a obrigação tributária e a relação de débito do Fisco, devidamente introduzidas no ordenamento jurídico por meio de normas individuais e concretas. Exige a presença dessas duas normas para que, combinadas, ensejem a produção de uma terceira.

Sendo a norma jurídica, no sentido estrito da expressão, dotada de estrutura hipotético-condicional, a esse esquema lógico não refogem a norma de compensação nem aquel'outras duas regras com supedâneo nas quais ela vai ser composta:

> (i) Na regra-matriz de incidência tributária, o denominado "fato jurídico tributário" é indicado conotativamente na hipótese normativa, enquanto, na posição do consequente, figura a "obrigação tributária", podendo ser assim enunciada,

simplificadamente: dado o fato jurídico tributário, deve ser a relação obrigacional.

(ii) Noutro específico campo, o da regra-matriz do pagamento indevido, é a conotação do denominado fato jurídico do pagamento indevido que assume a condição de suposto, ao passo que a consequência é integrada pela relação de débito do Fisco, nos seguintes moldes: dado o fato jurídico do pagamento indevido, deve ser a relação de débito do Fisco.

Postas tais realidades, cabe-nos ajuntá-las, combinando norma relativa à obrigação tributária e aquela atinente à relação de débito do Fisco, sacando uma terceira estrutura normativa: (iii) a da compensação tributária, que será assim enunciada: dado o fato jurídico do pagamento indevido de determinado tributo, conjugado ao fato relacional da obrigação, deve ser a relação jurídica de compensação tributária envolvendo os respectivos débitos do Fisco e crédito do sujeito passivo. Tudo, operando-se estritamente dentro do campo do cálculo das relações.

2.9.5.2 A norma individual e concreta da compensação tributária

Assinalei, linhas acima, a necessidade de constituição do crédito tributário e do débito do Fisco, mediante a linguagem prevista pelo ordenamento, para que a compensação se verifique. Esses elementos linguísticos, todavia, ainda não são, por si só, suficientes para que se tenha por concretizada a compensação. Necessário se faz o efetivo "encontro de contas", formalizado por linguagem juridicamente reconhecida.

Para que a compensação seja efetuada é imprescindível a existência de duas normas jurídicas individuais e concretas: uma, constituindo o débito do contribuinte; outra, formalizando o débito do Fisco. Combinando essas duas normas, surgirá uma terceira, que é a norma individual e concreta da compensação tributária. Somente com a expedição dessa última norma é que a compensação atuará.

O fato extintivo da compensação será positivado por norma individual e concreta que promova o encontro das relações, extinguindo-as no *quantum* em que se equivalerem. Os sujeitos habilitados a expedir a norma individual e concreta da compensação, formalizando o mencionado "encontro de contas", são a autoridade administrativa e a autoridade judiciária. Há hipóteses em que a lei autoriza ao próprio particular a efetivação da compensação tributária. Esta, todavia, somente é ultimada quando o ato do particular for homologado pela Administração, de maneira tácita ou expressa.

Dito de outro modo, o aplicar-se da norma de compensação gera a extinção do crédito tributário e do débito do Fisco. Mas, para que esta se concretize, necessário o relato em linguagem competente não apenas das relações que se pretende compensar, mas também do fato da compensação. Apenas se descrito no antecedente de norma individual e concreta irradiará os efeitos previstos no consequente normativo, operando-se extinção dos vínculos obrigacionais.

Por sem dúvida, a compensação só existe juridicamente quando relatada na linguagem admitida pelo direito. Com a emissão da norma individual e concreta que certifica a compensação, esta passa a integrar o sistema do direito posto, desencadeando os efeitos extintivos do crédito tributário e débito do Fisco envolvidos. Sem o reconhecimento do fato jurídico da compensação, nos exatos termos prescritos pelo ordenamento, não se irradiarão os efeitos que lhe são peculiares, permanecendo intocados a obrigação tributária e o dever de restituir do Fisco.

2.9.5.3 *A compensação tributária pleiteada na esfera judicial*

Tenho ressaltado a necessidade de constituição do crédito tributário e do débito do Fisco, mediante a linguagem prevista pelo ordenamento, para que a compensação se verifique. Ademais disso, para que se tenha por concretizada a compensação, necessário se faz o efetivo "encontro de contas", formalizado por linguagem juridicamente reconhecida.

Não correndo no mau vezo de reiterar as afirmativas, vale repisar: para que a compensação seja efetuada é imprescindível além da existência de duas normas jurídicas individuais e concretas – uma, constituindo o débito do contribuinte e outra, formalizando o débito do Fisco – que se realize a combinação entre elas, fazendo surgir uma terceira, consistente na norma individual e concreta de compensação tributária. E os sujeitos habilitados a expedir a norma individual e concreta da compensação, formalizando o "encontro de contas", são a autoridade administrativa, a autoridade judiciária e, em algumas hipóteses, a lei autoriza que tal expediente caiba ao particular.

Sobre o assunto, têm entendido os Tribunais brasileiros que a compensação, como modalidade extintiva da obrigação tributária, está condicionada à existência de norma individual e concreta de caráter definitivo, não se compadecendo com a provisoriedade. Nesse sentido, o Superior Tribunal de Justiça editou a Súmula n. 212, segundo a qual medida liminar não se presta para certificar a extinção dos créditos tributários decorrente de compensação. A Lei Complementar n. 104/2001, por sua vez, acrescentou o art. 170-A ao Código Tributário Nacional, vedando que se efetue, antes do trânsito em julgado da decisão, o aproveitamento de créditos tributários sujeitos à contestação judicial.

Os preceitos mencionados impedem a extinção dos vínculos que sejam objeto de compensação tributária realizada com fundamento em norma individual e concreta susceptível de alteração.

Por tais razões, não obstante a propositura de medida judicial seja vantajosa no sentido de demarcar a atuação do contribuinte, impedindo que se opere a prescrição relativamente aos últimos 5 (cinco) anos, tal opção inviabiliza que a compensação se opere de forma imediata. Trata-se, sem dúvida, de alternativa conservadora, pois os riscos são pequenos e a pretensão será alcançada em longo prazo. Isso porque, nos termos do art. 170-A do Código Tributário Nacional: "É vedada a compensação mediante o aproveitamento de tributo, objeto de contestação judicial pelo sujeito passivo, antes do trânsito em julgado da respectiva decisão judicial".

Diante desse quadro legislativo, recomenda-se que o contribuinte, ao propor medida judicial, pleiteie a concessão de liminar ou de tutela antecipada, de modo que se suspenda a exigibilidade do crédito tributário com o qual se deseja compensar o débito da Fazenda. Suspende-se a exigibilidade dos débitos vincendos do contribuinte até o montante do indébito que se pretende compensar. Nesse caso, a decisão judicial sem trânsito em julgado não desencadeia efeito extintivo, mas tão somente suspensivo da exigibilidade do crédito.

Dizer que a exigibilidade do crédito está suspensa significa a impossibilidade de se efetuar a cobrança forçada do valor correspondente. Em tal situação, o sujeito passivo tem resguardado seu direito de não ser molestado enquanto vigente aquela providência suspensiva, estando a Fazenda Pública impedida de promover atos que objetivem o recebimento do tributo. Apenas se suprimida a causa suspensiva, poderá ser dada continuidade ao procedimento de exigências tributárias, com inscrição em dívida ativa e ação de execução fiscal.

2.9.6 Transação

Nos termos e nas condições estabelecidas em lei, os sujeitos da obrigação tributária podem celebrar transação, assim entendido o instituto mediante o qual, por concessões mútuas, credor e devedor põem fim ao litígio, extinguindo a relação jurídica. Tal é o alcance do art. 171 da Lei n. 5.172/66. A lei autorizadora da transação indicará a autoridade competente para efetivá-la, em cada caso (parágrafo único).

O princípio da indisponibilidade dos bens públicos impõe seja necessária previsão normativa para que a autoridade competente possa entrar no regime de concessões mútuas, que é da essência da transação. Os sujeitos do vínculo concertam abrir mão de parcelas de seus direitos, chegando a um denominador comum, teoricamente interessante para as duas partes, e que propicia o desaparecimento simultâneo do direito subjetivo e do dever jurídico correlato. Mas, é curioso verificar que a extinção da obrigação, quando ocorre a figura transacional, não se dá, propriamente, por força das concessões recíprocas, e sim do pagamento. O processo de transação tão somente prepara o caminho para que o sujeito passivo quite sua dívida, promovendo o desaparecimento do vínculo. Tão singela meditação já compromete o instituto como forma extintiva de obrigações.

Ao contrário do que sucede no direito civil, em que a transação tanto previne como termina o litígio, nos domínios do direito tributário só se admite a transação terminativa. Há de existir litígio para que as partes, compondo seus mútuos interesses, transijam. Agora, divergem os autores a propósito das proporções semânticas do vocábulo *litígio*. Querem alguns que se trate de conflito de interesses deduzido judicialmente, ao passo que outros estendem a acepção a ponto de abranger as controvérsias meramente administrativas. Em tese, concordamos com a segunda alternativa. O legislador do Código não primou pela rigorosa observância das expressões técnicas, e não vemos por que o entendimento mais largo viria em detrimento do instituto ou da racionalidade do sistema. O diploma legal permissivo da transação trará, certamente, o esclarecimento desejado, indicando a autoridade ou as autoridades credenciadas a celebrá-la.

2.9.7 Remissão

Remissão, do verbo remitir, é perdão, indulgência, indulto, diferente de *remição*, do verbo *remir*, e que significa resgate. No direito tributário brasileiro é forma extintiva da obrigação, se e somente se houver lei autorizadora. Está aqui, novamente, o primado da indisponibilidade dos bens públicos, que permeia intensamente todo o plexo das disposições tributárias. Nesse campo, o instituto ganhou expressão prescritiva no art. 172 e seu parágrafo único que estão redigidos da maneira seguinte:

> Art. 172. A lei pode autorizar a autoridade administrativa a conceder, por despacho fundamentado, remissão total ou parcial do crédito tributário, atendendo:

I – à situação econômica do sujeito passivo;

II – ao erro ou ignorância escusáveis do sujeito passivo, quanto a matéria de fato;

III – à diminuta importância do crédito tributário;

IV – a considerações de equidade, em relação com as características pessoais ou materiais do caso;

V – a condições peculiares a determinada região do território da entidade tributante.

Parágrafo único. O despacho referido neste artigo não gera direito adquirido, aplicando-se, quando cabível, o disposto no art. 155.

Na remissão, desaparece o direito subjetivo de exigir a prestação e, por decorrência lógica e imediata, some também o dever jurídico cometido ao sujeito passivo. Isso, naturalmente, se a remissão for total. Não pode haver remissão de crédito tributário sem que o laço obrigacional tenha sido constituído por meio da linguagem prevista no ordenamento jurídico. É necessária, portanto, a prévia existência do ato jurídico-administrativo do lançamento tributário ou, sendo o caso, da norma individual e concreta produzida pelo próprio sujeito passivo.

Remitindo, o Estado dispensa o pagamento do crédito relativo ao tributo e, pela anistia, dá-se o perdão correspondente ao ato ilícito ou à penalidade pecuniária. As duas realidades são parecidas, mas estão subordinadas a regimes jurídicos bem distintos. A remissão se processa no contexto de um vínculo de índole obrigacional tributária, enquanto a anistia diz respeito a liame de natureza sancionatória, podendo desconstituir a antijuridicidade da própria infração.

2.9.8 Decadência

Tomemos o direito positivo como instrumento de ação social, concebido para ordenar as condutas intersubjetivas, orientando-as para os valores que a sociedade quer ver realizados. Claro está que organização dessa índole não pode compadecer-se com a indeterminação, com a incerteza, com a permanência de conflitos irresolvíveis, com o perdurar no tempo, sem definição jurídica adequada, de questões que envolvam controvérsias entre sujeitos de direito. Os comportamentos interpessoais são tolhidos pelas modalidades deônticas (obrigatório, proibido e permitido), concretizando-se no plano factual em termos de cumprimento da orientação normativa (condutas lícitas) ou no modo de descumprimento (condutas ilícitas). Enquanto sistema, a ordem jurídica aparece como forma de superar conflitos de interesse, estabelecendo, coercitivamente, a direção que a conduta há de seguir, em nome do bem-estar social. Essa tendência à determinação e à estabilização dos comportamentos intersubjetivos nem sempre se volta, de modo imediato, para o valor "justiça". Antes, persegue o equilíbrio das relações, mediante a convicção de que uma solução jurídica será encontrada: eis o primado da "certeza do direito", que opera para realizar, num segundo momento, o bem maior da "justiça".

Dessa maneira, sempre que o fluxo do tempo ameaçar, de algum jeito, a obtenção daquele almejado equilíbrio, que se reflete no princípio da firmeza ou da certeza jurídica, prevê o sistema a ocorrência de fatos extintivos, que têm a virtude de definir, drasticamente, a situação pendente, determinando direitos e deveres subjetivos correlatos. Entre tais acontecimentos, está a "decadência". Eis aqui outro termo jurídico que experimenta sensível instabilidade de ordem semântica. Na mesma sequência discursiva, emprega-se "decadência" ou "caducidade", seu equivalente nominal, às vezes por ocorrências efetivas da vida social, outras por normas, o que não é para admirar, pois é nessa dualidade que o fenômeno da positivação jurídica se estabelece e se sustenta. Teremos sempre normas, construídas a partir dos textos positivos, que juridicizam sucessos da realidade em que vivemos, provocando a expedição de outras normas de inferior hierarquia, até chegar ao evento-conduta que o direito pretende concretamente regular. A singela lembrança desse movimento dialético, do estilo "norma/fato", é suficiente para fixar os parâmetros dentro dos quais há de mover-se o raciocínio jurídico-científico. Examinemos, então, quais são as possibilidades significativas do vocábulo "decadência", no ordenamento jurídico brasileiro.

A decadência, como, de resto, todas as entidades do hemisfério jurídico, pode ser analisada numa instância normativa, enquanto regra que compõe o sistema do direito positivo e no plano factual, como acontecimento do mundo, descrito em linguagem. Fala-se, portanto, em "norma decadencial", "procedimento" e em "fato decadencial". Na condição de norma, desfrutando da comum estrutura de todas as unidades do ordenamento, consiste de um antecedente ou hipótese e de um consequente ou tese. A hipótese descreve as notas predicativas de um evento de possível ocorrência: "dado o decurso de certo trato de tempo, sem que o titular do direito o exercite"; e a tese prescreve a desconstituição do direito subjetivo de que o sujeito ativo esteve investido: "deve ser a extinção do direito".

Quando recolhida no domínio da facticidade jurídica, a decadência vai aparecer como acontecimento que se dá no tempo histórico e no espaço social. Exemplificando: "a Fazenda Nacional deixou escoar o intervalo de 5 (cinco) anos sem celebrar o ato jurídico-administrativo de lançamento, que lhe competia privativamente". Uma vez relatado esse evento, em linguagem competente, isto é, segundo as provas em direito admitidas, dar-se-á o efeito extintivo que lhe é próprio. Menciona-se, aqui, a ocorrência do "fato decadencial", não se utilizando, nesse ângulo de observação, da palavra "instituto", que fica reservada ao conhecimento da entidade enquanto estrutura normativa.

Breve investigação semântica revelará nada menos do que seis acepções para o vocábulo "decadência", no campo do direito tributário: (i) "decadência" como norma geral e abstrata; (ii) como a hipótese dessa norma, descrevendo o termo final de um lapso de tempo; (iii) como o consequente da norma geral e abstrata, tipificando o efeito extintivo; (iv) como norma individual e concreta que constitui o fato de haver decorrido o tempo referido na regra geral e abstrata, no mesmo instante em que determina, no consequente, o efeito fulminante de desconstituir uma relação existente; (v) como o antecedente desta última norma individual e concreta; e (vi) tão só como o consequente, também desta última regra. Seu uso, na linguagem técnica do direito posto, ou na linguagem científica da Dogmática, sugere, portanto, o processo de elucidação pois nem sempre o contexto virá em socorro do intérprete, ficando evidente o equívoco.

O Código Tributário Nacional disciplina a figura da decadência nos arts. 173 e 150, § 4º. O primeiro aplica-se aos tributos sujeitos a lançamento de ofício[232], enquanto o segundo refere-se aos tributos submetidos ao chamado lançamento por homologação.

Observando-se as hipóteses de tributo sujeito a lançamento realizado pela Administração (lançamento de ofício e "por declaração"), a regra decadencial, repetimos, vem estabelecida no art. 173 do Código Tributário Nacional, prescrevendo:

> Art. 173. O direito de a Fazenda Pública constituir o crédito tributário extingue-se após 5 (cinco) anos, contados:
>
> I – do primeiro dia do exercício seguinte àquele em que o lançamento poderia ter sido efetuado;
>
> II – da data em que se tornar definitiva a decisão que houver anulado, por vício formal, o lançamento anteriormente efetuado.

O efeito extintivo previsto é o do desaparecimento do direito da Fazenda, consistente em exercer sua competência administrativa para constituir o crédito tributário. Reconhecido o fato da decadência, sua eficácia jurídica será a de fulminar a possibilidade de a autoridade administrativa competente realizar o ato jurídico-administrativo do lançamento. Sabemos que, sem efetuá-lo, não se configura o fato jurídico e, por via de consequência, também não se instaura a obrigação tributária. É fácil concluir que, nesse caso, a decadência não extingue a relação jurídica tributária, mas tão somente a competência para que os agentes do Poder Tributante celebrem o ato de lançamento. A caducidade será extintiva do vínculo apenas nas circunstâncias em que tiver sido alegada pelo interessado

---

232. No qual também se inclui o lançamento por declaração, tradicionalmente classificado como modalidade autônoma do lançamento de ofício.

e reconhecida pelo órgão credenciado pelo sistema, depois de ter nascido a obrigação tributária. Aqui, sim, o efeito será terminativo da relação. Em ambos os casos, porém, trata-se mesmo do direito de a Fazenda Pública editar a norma individual e concreta do lançamento.

Quanto à contagem do prazo, por sua vez, a previsão legal é de hialina clareza: nos tributos sujeitos ao lançamento de ofício e por declaração, dá-se o decurso do prazo decadencial em desfavor da Fazenda Pública, em cinco anos, contados (i) do primeiro dia do exercício seguinte àquele em que o lançamento poderia ter sido efetuado – art. 173, parágrafo único do CTN; ou (ii) da data em que se tornar definitiva a decisão que houver anulado por vício formal o lançamento anteriormente efetuado – art. 173, II, do CTN. No primeiro caso, temos situação que, no âmbito pragmático, atinge a possibilidade da Administração realizar o ato do lançamento[233]; no segundo, houve decisão administrativa que desconstitui a relação jurídico-tributária originária do lançamento anteriormente efetuado pela Administração. Em ambas, a Fazenda deixou decorrer prazo de 5 (cinco) anos: são situações sobremaneira distintas, contudo, com a produção de efeitos jurídicos semelhantes: a decadência.

Além disso, cumpre esclarecer que o art. 173, parágrafo único, do CTN traz outro termo inicial nas hipóteses em que há ciência, pelo particular, de algum fato ou medida preparatória indispensável ao lançamento. Neste caso, ocorrerá antecipação do termo inicial para o decurso do prazo decadencial, contando-se cinco anos a partir da data em que se tenha por formalizada a notificação do contribuinte a respeito desta medida.

Na hipótese de tributo sujeito a lançamento por homologação, citemos, concisamente, algumas reflexões sobre os dois fatos decadenciais: (i) aquele da Fazenda Pública de constituir ou modificar, por lançamento de ofício, créditos

---

233. Salvo se, a despeito de transcorridos 5 (cinco) anos, o lançamento vier a ser efetivado. Neste caso, o reconhecimento do fato decadencial opera a extinção do liame indevidamente formado.

de tributos sujeitos ao lançamento por homologação; e (ii) aquel'outro do particular de pedir a devolução do tributo pago indevidamente.

A Fazenda Pública, no exercício de sua função fiscalizadora, deve acompanhar de perto o comportamento dos seus administrados, zelando pela observância das obrigações a que estão submetidos. O direito positivo estabelece prazo definitivo para que a entidade tributante proceda à constituição ou modificação dos créditos a que tem direito. Dentro desse período e, ao controlar a conduta dos seus supostos contribuintes, está habilitada a formalizar as exigências que entender cabíveis, celebrando os respectivos atos de lançamento tributário. Então, o que de efetivo acontece, no caso dos chamados lançamentos por homologação, é que os agentes públicos visitam ou controlam eletronicamente os possíveis contribuintes, fiscalizando-os. Na eventualidade de encontrarem prestações não recolhidas ou irregularidades que impliquem falta de pagamento de tributos, havendo tempo (isto é, não tendo fluído o prazo de caducidade), constituem o crédito tributário e expedem o ato de aplicação da penalidade cabível em face do ilícito cometido. O preceito decadencial, nesse caso, é aquele veiculado no art. 150, § 4º, do Código Tributário Nacional.

A redação é a seguinte:

> Se a lei não fixar prazo à homologação, será ele de cinco anos, a contar da ocorrência do fato gerador; expirado esse prazo sem que a Fazenda Pública se tenha pronunciado, considera-se homologado o lançamento e definitivamente extinto o crédito, salvo se comprovada a ocorrência de dolo, fraude ou simulação.

Quanto à parte inicial, fixa o prazo de 5 (cinco) anos para que se faça a homologação, a contar da ocorrência do "fato gerador". Transcorrido esse prazo a contar do acontecimento tributário cuja formalização incumbia à iniciativa do contribuinte (lançamento por homologação), sem que a Administração Pública se tenha pronunciado, considera-se homologado o lançamento e definitivamente extinto o crédito tributário.

Em outras palavras, fica extinta a possibilidade de a Fazenda Pública expedir norma individual e concreta, tanto constituindo por meio dela novo crédito não alcançado pela norma produzida pelo particular ou não constituído pelo contribuinte por norma alguma, quanto modificando o crédito já constituído pelo contribuinte em decorrência da sobreposição de normas individuais e concretas. Uma vez exaurido, não poderá a Fazenda Pública reclamar seu direito subjetivo ao gravame, extinguindo-se o crédito do jeito em que se encontra ou exaurindo-se a possibilidade de constituição do crédito tributário. Temos para nós que esse lapso de tempo termina com o mero decurso do prazo decadencial ou, quando posto em linguagem competente, com o fato jurídico da decadência. O problema, porém, não se demora aí e sim na ressalva final: *salvo se comprovada a ocorrência de dolo, fraude ou simulação.*

A realidade cotidiana nos mostra que numerosas situações de falta de recolhimento de tributos, em termos parciais ou globais, no quadro de impostos que se sotopõem a esse regime, abrigam dolo, fraude ou simulação, muito embora diversas outras causas possam motivar o mesmo efeito. Pois bem, que prazo teria o Poder Público para deduzir suas pretensões tributárias, tomando-se como pressuposto que a legislação em vigor se mantém silente, omitindo-se sobre a hipótese? A questão é tormentosa e as soluções encontradas pelos autores são divergentes. Teria cabimento lançar mão dos prazos estipulados pelo art. 173 do Código? A exigência se perpetuaria, à míngua da instituição de qualquer limite? Seria admissível aplicar-se, subsidiariamente, o art. 205 do Código Civil, chegando-se ao período de dez anos?

Diante da lacuna causada pela omissão do legislador ordinário em disciplinar esse prazo, entendemos que a regra que mais condiz com o espírito do sistema é a do art. 173, I, do Código Tributário Nacional, isto é, havendo dolo, fraude ou simulação, adequadamente comprovados pelo Fisco, o tempo de que dispõe para efetuar o lançamento de ofício é de cinco anos, a contar do primeiro dia do exercício seguinte àquele em que poderia ter praticado o ato.

São, portanto, duas situações diferentes: a) falta de recolhimento do tributo, em termos totais ou parciais, todavia sem dolo, fraude ou simulação: o intervalo temporal, para fins de lançamento, é de cinco anos, a partir do instante da ocorrência do evento tributário; e b) falta de recolhimento, integral ou parcial, de tributo, cometida com dolo, fraude ou simulação: o trato de tempo para a formalização da exigência e para a aplicação de penalidades é de cinco anos, contados do primeiro dia do exercício seguinte àquele em que o lançamento poderia ter sido realizado.

Por seu turno, existe outra hipótese decadencial que traz como consequência o desaparecimento do direito do particular de pedir a devolução do tributo pago indevidamente. Essa prerrogativa há de ser exercida num lapso que tem, como termo inicial, a *data da extinção do débito* e, como termo final, o marco de cinco anos. É bem verdade que a contagem desse período de tempo se depara com a dificuldade interpretativa da locução "extinção do crédito pelo pagamento", uma vez que o Código Tributário Nacional veicula duas modalidades de pagamento: (i) uma, que podemos chamar de "puro e simples"; e (ii) outra, que aquele próprio Diploma denomina "pagamento antecipado".

Havendo ato jurídico-administrativo de lançamento, com a apuração, pelo Fisco, da importância devida a título de tributo, o recolhimento do valor correspondente configura a hipótese de "pagamento puro e simples", dando-se por extinto o crédito (ou o débito, que é a mesma coisa), no momento mesmo de sua realização, vale dizer, no átimo em que o recolhimento for efetuado. Se, todavia, a produção da norma individual e concreta, que apura em linguagem o *quantum* devido como tributo, couber ao contribuinte – competindo-lhe também o "pagamento antecipado" da dívida, o que sucede com os impostos sujeitos ao chamado "lançamento por homologação" –, o Código Tributário Nacional, por disposição expressa (artigo 156, VII), determina que a extinção somente acontecerá com a *homologação do pagamento antecipado*.

No subsolo da disciplina normativa está a preocupação do legislador em assegurar, por parte do Estado-administração, o controle do procedimento de liquidação do gravame. Em comentários ligeiros, partindo a iniciativa de seus agentes, o pagamento "puro e simples" terá, sem outros desdobramentos, a virtude de extinguir o crédito tributário. Quando, porém, a atividade de levantamento do montante devido ficar a cargo do sujeito passivo, sem passar pelos olhos do Poder Público, a situação é mais complexa e pede uma ressalva, apanhando nos fatos da história política e jurisprudencial uma explicação para o entendimento que hoje adotamos.

Tendo em vista a ambiguidade e vagueza inerente a todo texto, instalou-se fervorosa discussão da doutrina e jurisprudência acerca do conteúdo semântico do termo "extinção do crédito tributário" nas hipóteses de lançamento por homologação, presente no § 1º do artigo 150 do Código Tributário Nacional, cuja determinação é imprescindível à fixação do termo inicial do prazo de decadência para a restituição dos valores indevidamente recolhidos.

Tudo começou com o reconhecimento da inconstitucionalidade de parte do art. 10 do Decreto-lei n. 2.288/86, que instituiu o controvertido empréstimo compulsório sobre consumo de combustíveis, acarretando, em meados dos anos noventa, grande fluxo de ações pleiteando a restituição do gravame. Já naquela oportunidade, o Egrégio Superior Tribunal de Justiça entendeu que a extinção do crédito tributário realiza-se somente com a ulterior homologação do pagamento, conforme se depreende do julgado abaixo:

> TRIBUTÁRIO – EMPRÉSTIMO COMPULSÓRIO – AQUISIÇÃO DE VEÍCULO E CONSUMO DE COMBUSTÍVEL – REPETIÇÃO DE INDÉBITO – DECADÊNCIA – PRESCRIÇÃO – INOCORRÊNCIA.
>
> – O tributo arrecadado a título de empréstimo compulsório sobre o consumo de combustíveis é daqueles sujeitos a lançamento por homologação. Em não havendo tal homologação, faz-se impossível cogitar em extinção do crédito tributário.

– À falta de homologação, a decadência do direito de repetir o indébito tributário somente ocorre, decorridos cinco anos, desde a ocorrência do fato gerador, acrescidos de outros cinco anos, contados do termo final do prazo deferido ao Fisco, para apuração do tributo devido[234].

Em seguida, dada a reiterada manifestação daquela Corte sobre o tema, sua posição foi se consolidando naquele sentido. Ao julgar o EREsp n. 435.835, a Primeira Seção do Superior Tribunal de Justiça pacificou o entendimento em termos de que o prazo para interposição de ações que versem sobre a repetição de tributos sujeitos a "lançamento por homologação" é de cinco anos, contados da efetiva homologação, seja ela expressa ou tácita.

Não obstante estar o entendimento jurisprudencial uniformizado a respeito do tema, foi editada, recentemente, a Lei Complementar n. 118/2005, que em seu art. 3º, autodenominando-se interpretativo, dispôs ocorrer a extinção do crédito tributário, no caso de tributo sujeito a "lançamento por homologação", no instante do pagamento antecipado, e não posteriormente, com a homologação daquele. Em razão do pretenso caráter interpretativo, que quer o legislador fazer entender, o art. 4º da referida Lei Complementar prescreve a sujeição do art. 3º ao comando do art. 106, I, do Código Tributário Nacional, nos termos do qual as leis interpretativas retroagem, aplicando-se a fatos pretéritos.

Há que se tomar nota, todavia, que o art. 3º da Lei Complementar n. 118/2005, veicula comando diverso daquele que já vinha sendo adotado, colocando o pagamento antecipado como único requisito necessário ao desaparecimento do vínculo obrigacional tributário. A despeito de o referido enunciado asseverar que a disposição ali contida é veiculada para efeito de interpretação, evidencia-se, com nitidez, seu caráter inovador. Trata-se de ato do Poder Legislativo, rebelando-se

---

234. Superior Tribunal de Justiça, Agravo Regimental no Recurso Especial 354.268/MG (2001/0128020-4), Relator: Ministro Humberto Gomes de Barros, *DJ* 24.11.2003, p. 215.

contra entendimento já consolidado no Judiciário, promovendo alterações legislativas que objetivam, efetivamente, modificar a ordem jurídica sob a qual a jurisprudência se formou. Apresenta, por conseguinte, incompatibilidade com os primados da separação dos poderes e da segurança jurídica, além de lhe serem inaplicáveis os termos do art. 106, I, do Código Tributário Nacional. Nessa direção, é inconstitucional admitir-se que, como quer o art. 4º da Lei n. 118/2005, o art. 3º retroaja a eventos já ocorridos, alegando tratar-se de preceito interpretativo. Deve, portanto, seguir a regra geral que da mesma forma se encontra prevista no art. 4º, entrando em vigor 120 (cento e vinte) dias após a publicação, que ocorreu em 9.2.2005, ou seja, em 9.6.2005.

Em outras palavras, a partir da entrada em vigor da Lei Complementar n. 118/2005, em 9.6.2005, passou-se a admitir duas situações distintas para os tributos sujeitos ao "lançamento por homologação". Os fatos juridicizados a partir desta data, ou seja, os recolhimentos feitos indevidamente e posteriores a este marco passaram a ter prazo decadencial para sua restituição contados em cinco anos do instante em que acontece o pagamento antecipado; antes disso, a contagem se dará da efetiva homologação, seja ela expressa ou tácita. Apesar de ter opinião pessoal diversa, exponho aqui, em termos didáticos, esse entendimento jurisprudencial apenas para fins informativos.

Por fim, cabe destacar a hipótese decadencial que abrange ambas as formas de lançamento, de ofício e por homologação, destacada expressamente nos artigos 165, III, e 168, II, ambos do CTN. Sem muitos torneios, a lei é clara em estabelecer que, na hipótese de reforma, anulação, revogação ou rescisão de decisão condenatória, tanto para tributos sujeitos à homologação quanto para tributos sujeitos a lançamento de ofício, são contados cinco anos da data em que se tornar definitiva a decisão administrativa ou passar em julgado a decisão judicial que tenha reformado, anulado, revogado ou rescindido a decisão condenatória. A regra é de expressão clara, dispensando-se outros comentários.

2.9.8.1 Decadência como norma, procedimento e ato

Tenho insistido, reiteradamente que, ao lidar com a linguagem, o exegeta se vê impelido a construir, a partir do texto, as diferentes possibilidades interpretativas de cada palavra no contexto em que ela se insere. Desvincilham-nos daquele laço que se pretendeu instituir, durante longo tempo, entre termo e seu significado, como algo que nos teria sido dado, mediante vínculo natural que conhecemos na forma de elementos da realidade. Hoje, sabemos que *essa relação entre a palavra e a coisa é artificial*, convencionalmente estabelecida.

Quando aprendemos o nome de um objeto, não aprendemos algo acerca da coisa, senão sobre os costumes linguísticos de certo grupo ou povo que fala o idioma em que este nome corresponde a esse objeto. É corriqueiro afirmar-se que uma coisa tem nome, contudo é mais rigoroso dizer que nós é que temos um nome para essa coisa. Conclusão necessária: não há falar de nomes verdadeiros ou falsos. Já nos advertira Guibourg, há, tão somente, nomes aceitos ou não aceitos. E esta potencialidade para inventar nomes, por sua vez, também leva um nome: *liberdade de estipulação*[235]. "Eis que a mesma palavra pode significar coisas diferentes e palavras diferentes podem representar coisas iguais"[236].

Nesse ponto, surpreendemos a ambiguidade da palavra "decadência" no direito tributário para dela construir as diferentes situações semânticas que nos são dadas pelo contexto jurídico.

Na oportunidade de discorrer sobre o "lançamento", foi visto haver nele três momentos significativos de uma e somente uma realidade: o ato, o procedimento e a norma. Não sobreja lembrar que *ato é, sempre, o resultado de um procedimento e que tanto ato quanto procedimento hão de estar, invariavelmente, previstos em normas do direito posto*.

---

235. *Introducción al conocimiento científico*, Buenos Aires, Eudeba, 1985, p. 37.

236. José Roberto Whitaker Penteado, *A técnica da comunicação humana*, São Paulo, Pioneira, 2001, p. 209.

Trasladando esse pensamento para o quadro das formulações normativas da decadência, por intuição semântica, perceberemos que todas as características se encontram nas diferentes situações em que se dá a constituição de norma pelo decurso do prazo. Senão, vejamos.

A ambiguidade dos signos jurídicos, por mais rigoroso que se apresente o plano semântico dessa linguagem, jamais desaparecerá, mesmo ao lidar com palavras que, aparentemente, mostram-se de simples compreensão. Já vimos que se atribui ao vocábulo "procedimento" duas acepções bem distintas: (1) "procedimento" como conjunto ordenado de atos administrativos e termos que evoluem, unitariamente, para a consecução de um ato específico, que é sua finalidade (exemplos: procedimento administrativo tributário, procedimento de consulta, procedimento de licitação, etc.); e (2) "procedimento" como qualquer atividade físico-material e intelectual para a produção de um ato jurídico-administrativo (exemplo: o funcionário, verificando o quadramento do fato à norma, redige breve autorização, num ato jurídico-administrativo isolado).

No direito tributário, nem sempre encontraremos o "procedimento" na sua acepção de "série de atos e termos" em sua concretude existencial, pois não está nessa atividade o fundamento do ato ou da norma, mas, justamente, naquel'outra ação físico-material e intelectual, de acepção mais livre e descomprometida que a primeira, que se volta para a produção de um ato jurídico-administrativo e de uma norma individual e concreta.

Um passo que nos parece importante nesse caminho é asseverar que a palavra "decadência" é usada para denotar esse procedimento completo, em que se observa o decurso de certo trato de tempo, sem que o titular do direito o exercite, e, quando traduzido em linguagem competente, tem o condão de instaurar a norma decadencial. Em outras palavras, o procedimento prevê, desde o ponto de início da contagem do prazo decadencial – primeiro dia do exercício seguinte à homologação –, até as últimas providências normativas para a satisfação do direito subjetivo, mediante ato que constitua o fato jurídico da decadência.

Nos limites desse quadro, aliás, comum no sistema tributário, há necessidade premente de ater-se o intérprete à noção de que o direito posto não se satisfaz com a linguagem ordinária que utilizamos em nossas comunicações diárias: exige forma especial, fazendo adicionar declarações perante autoridades determinadas, requerendo a presença de testemunhas e outros requisitos mais. A linguagem do direito não aceita as comunicações sociais em sua forma natural. Impõe, para que o fato se dê por ocorrido juridicamente, um procedimento específico, previsto por norma que lhe outorgue fundamento jurídico e transmitida segundo a linguagem das provas. Eis a *linguagem do direito positivo* (Ldp) incidindo sobre a *linguagem da realidade social* (Lrs) para produzir uma unidade na *linguagem da facticidade jurídica* (Lfj).

Com supedâneo em tais ponderações, entendo que, para a decadência ingressar nesse subsistema jurídico, deverá preencher os requisitos: (i) de apresentar-se como expressões linguísticas portadoras de sentido jurídico; (ii) produzidas por órgãos credenciados pelo ordenamento para sua expedição; e (iii) consoante o procedimento específico estipulado pela ordem jurídica por meio de uma norma geral e abstrata.

Como providência epistemológica de bom alcance, podemos tomar "procedimento da decadência" como atividade, como processo de preparação, que tem início no termo disposto em lei para a contagem do prazo e término no ato de produção do fato jurídico, com a expedição do documento competente; "ato da decadência" como o produto final do procedimento, o fato jurídico decadencial, composto por enunciados de teor prescritivo, consubstanciados num documento que passa a integrar o sistema do direito positivo; e, a "norma da decadência" como a previsão legal abstrata tanto do ato quanto do procedimento, postulada com a seguinte formulação: "dado o decurso de certo trato de tempo, sem que o titular do direito o exercite, com início no marco especificado em lei e término com a expedição do documento competente; deve ser a extinção do direito".

A partir da leitura desses enunciados, reconstruindo a norma individual e concreta que os tem como suporte físico, receberemos a mensagem deôntica que representa a adequação do procedimento, do ato e da norma às exigências do ordenamento jurídico vigente.

2.9.8.2 *Prazo decadencial aplicável às contribuições previdenciárias*

Após a promulgação da Constituição de 1988, pacificou-se o entendimento de que as contribuições sociais, dentre elas as previdenciárias, são tributos. Para que não restassem dúvidas, o legislador constituinte prescreveu, expressamente, que as contribuições são típicas exigências tributárias, subordinando-se em tudo e por tudo às linhas definitórias do regime constitucional peculiar aos tributos.

Sendo tributos, as contribuições previdenciárias estão sujeitas às normas veiculadas pelo Código Tributário Nacional, que foi recepcionado pela Constituição de 1988, com *status* de lei complementar, inclusive para harmonizar-se com o disposto no inciso III do art. 146 da Lei Maior.

Desse modo, se o Código Tributário Nacional, considerado como norma geral de direito tributário e, portanto, com força de lei complementar, dispõe sobre o prazo de decadência para fins de constituição dos mais diversos créditos tributários, evidente que qualquer lei ordinária modificadora desse prazo será ilegal e inconstitucional, pois é vedado à lei ordinária tratar de matéria reservada à lei complementar. E foi exatamente isso o que pretendeu a Lei n. 8.212/91, em seu art. 45. Tal dispositivo representa frustrada tentativa de ampliar o prazo para constituição dos créditos da seguridade social, estendendo-os de 5 (cinco) para 10 (dez) anos.

Determinação desse jaez não encontra respaldo na sistemática constitucional vigente, pois o veículo introdutor "lei ordinária" não é apto para desencadear alterações em matéria de decadência tributária. Esse é assunto ao qual, dada sua relevância para a manutenção da segurança jurídica e estabilidade das relações sociais, o constituinte conferiu especial vigilância, exigindo que seja disciplinado por lei complementar.

Proclama o inciso III, *b*, do art. 146 da Constituição da República que cabe à lei complementar estabelecer normas gerais em matéria de legislação tributária, especialmente sobre prescrição e decadência. Em seguida, o art. 149 preceitua que a União tem competência exclusiva para instituir contribuições, observado o disposto nos arts. 146, III, e 150, I e III. Verifica-se que, por expressa disposição da norma inserida no art. 149 supracitado, as contribuições sociais, das quais é subespécie a contribuição previdenciária, sujeitam-se à observância do disposto no art. 146, III, *b*, para todos os fins de direito. Daí decorre a inconstitucionalidade formal do art. 45 da Lei n. 8.212/91, que acaba por dispor sobre matéria para a qual não tem competência, uma vez que o assunto decadência só pode ser regulamentado por lei complementar.

Nesse sentido é o entendimento do Supremo Tribunal Federal, como se depreende da ementa abaixo:

> CONTRIBUIÇÃO SOCIAL – PRAZOS DECADENCIAL E PRESCRICIONAL – REGÊNCIA - ARTIGOS 45 E 46 DA LEI N. 8.212/91 – DECLARAÇÃO DE INCONSTITUCIONALIDADE PELA CORTE DE ORIGEM – HARMONIA COM A CONSTITUIÇÃO FEDERAL – PRECEDENTES - RECURSO EXTRAORDINÁRIO – NEGATIVA DE SEGUIMENTO.
>
> 1. Na espécie, discute-se a constitucionalidade dos artigos 45 e 46 da Lei n. 8.212/91, no que introduziram prazo decadencial e prescricional de dez anos para a apuração e constituição de créditos da Seguridade Social, e para a respectiva cobrança. A Corte de origem, com base em precedentes do órgão especial do Tribunal, concluiu pela desarmonia dos referidos dispositivos legais com a Carta, ante a circunstância de não terem sido veiculados por lei complementar.
>
> 2. No julgamento do Recurso Extraordinário n. 138.284-8/CE, decidido à unanimidade de votos pelo Plenário em 1º de julho de 1992, o ministro Carlos Velloso, relator, quanto à natureza da

norma para a disciplina do instituto da prescrição consideradas as contribuições sociais, expressamente consignou:

[...]

Todas as contribuições, sem exceção, sujeitam-se à lei complementar de normas gerais, assim ao C.T.N. (art. 146, III, *ex vi* do disposto no art. 149). Isto não quer dizer que a instituição dessas contribuições exige lei complementar: porque não são impostos, não há a exigência no sentido de que os seus fatos geradores, bases de cálculo e contribuintes estejam definidos na lei complementar (art. 146, III, 'a'). A questão da prescrição e da decadência, entretanto, parece-me pacificada. É que tais institutos são próprios da lei complementar de normas gerais (art. 146, III, 'b'). Quer dizer, os prazos de decadência e de prescrição inscritos na lei complementar de normas gerais (CTN) são aplicáveis, agora, por expressa previsão constitucional, às contribuições parafiscais (C.F., art. 146, III, 'b'; art. 149).

[...]

Esse entendimento veio a ser novamente ressaltado pelo Plenário, quando do julgamento do Recurso Extraordinário n. 396.266-3/SC, também relator o ministro Carlos Velloso, cujo acórdão foi publicado no Diário da Justiça de 27 de fevereiro de 2004. Assim restou assentado:

[...]

As contribuições do art. 149 da C.F., de regra, podem ser instituídas por lei ordinária. Por não serem impostos, não há necessidade de que a lei complementar defina o seu fato gerador, base de cálculo e contribuintes (C.F., art. 146, III, 'a'). No mais, estão sujeitas às regras das alíneas 'b' e 'c' do inciso III do art. 146, C.F. Assim, decidimos, por mais de uma vez, como, v.g., RE 138.284/CE por mim relatado (RTJ 143/313), e RE 146.733/SP, Relator o Ministro Moreira Alves (RTJ 143/684).

[...]

Realmente, descabe concluir de forma diversa. Confiram, numa visão equidistante, o que está preceituado no artigo 146, inciso III, alínea 'b', do Diploma Maior:

Art. 146. Cabe à lei complementar:

[...]

III – estabelecer normas gerais em matéria de legislação tributária, especialmente sobre:

[...]

b) obrigação, lançamento, crédito, prescrição e decadência tributários;

[...]

3. Ante o quadro, nego seguimento ao extraordinário[237]. (Destacamos).

Do mesmo modo, são as manifestações do Superior Tribunal de Justiça:

> PROCESSUAL CIVIL E TRIBUTÁRIO. AÇÃO DECLARATÓRIA. IMPRESCRITIBILIDADE. INOCORRÊNCIA. CONTRIBUIÇÕES PARA A SEGURIDADE SOCIAL. PRAZO DECADENCIAL PARA O LANÇAMENTO. INCONSTITUCIONALIDADE DO ARTIGO 45 DA LEI 8.212, DE 1991. OFENSA AO ART. 146, III, 'B', DA CONSTITUIÇÃO.
>
> 1. (...)
>
> 2. As contribuições sociais, inclusive as destinadas a financiar a seguridade social (CR, art. 195), têm, no regime da Constituição de 1988, natureza tributária. Por isso mesmo, aplica-se também a elas o disposto no art. 146, III, 'b', da Constituição, segundo o qual cabe à lei complementar dispor sobre normas gerais em matéria de prescrição e decadência tributárias, compreendida nessa cláusula inclusive a fixação dos respectivos prazos. Consequentemente, padece de inconstitucionalidade formal o artigo 45 da Lei 8.212, de 1991, que fixou em dez anos o prazo de decadência para o lançamento das contribuições sociais devidas à Previdência Social.
>
> 3. Instauração do incidente de inconstitucionalidade perante a Corte Especial (CR, art. 97; CPC, arts. 480-482; RISTJ, art. 200)[238].

Esse tem sido, também, o posicionamento do Primeiro Conselho de Contribuintes:

> DECADÊNCIA – O prazo de decadência das contribuições sociais é o constante no art. 150 do CTN (cinco anos contados do fato gerador), que tem caráter de Lei Complementar, não podendo a Lei Ordinária n. 8.212/91 estabelecer prazo diverso. Recurso parcialmente provido[239].

---

237. RE 552.710-7/SC, Rel. Min. Marco Aurélio, 13.08.2007.

238. AgRg no REsp. n. 616.348/MG, 1ª T., un., Rel. Min. Teori Albino Zavascki, j. em 14.12.2004, *DJ* de 14.02.2005, p. 144.

239. 5ª Câm., Ac. 105-15.295, Rel. Cons. Daniel Sahagoff, j. em 13/09/2005.

Em síntese, se a alínea *b* do inciso III do art. 146 da Carta Fundamental impõe a necessidade de lei complementar para dispor sobre decadência e, por outro lado, se já existe texto com *status* de lei complementar sobre o assunto, assume feição ostensiva a subordinação das contribuições previdenciárias à norma veiculada pelo art. 150, § 4º, todos do Código Tributário Nacional, visto tratar-se de tributos sujeitos ao lançamento por homologação.

2.9.9 Prescrição

Com o lançamento eficaz, quer dizer, adequadamente notificado ao sujeito passivo, abre-se à Fazenda Pública o prazo de cinco anos para que ingresse em juízo com a ação de cobrança (ação de execução). Fluindo esse período de tempo sem que o titular do direito subjetivo deduza sua pretensão pelo instrumento processual próprio, dar-se-á o fato jurídico da prescrição. A contagem do prazo tem como ponto de partida a data da *constituição definitiva do crédito*, expressão que o legislador utiliza para referir-se ao ato de lançamento regularmente comunicado (pela notificação) ao devedor.

No fundo, é isso que quer dizer o *caput* do art. 174 do Código Tributário Nacional. Seu parágrafo único enumera quatro causas interruptivas do prazo prescricional: citação pessoal feita ao devedor (I); pelo despacho do juiz que ordenar citação em execução fiscal (NR pela LC n. 118/05) (II); qualquer ato judicial que constitua em mora o devedor (III); e qualquer ato inequívoco, ainda que extrajudicial, que importe reconhecimento do débito pelo devedor (IV).

Iniciemos por nos precatar da locução – *A prescrição se interrompe* – que encerra uma flagrante impropriedade. A prescrição, como fato jurídico que é, não se interrompe nem se suspende. Aquilo que se interrompe é o intervalo de tempo que, associado à inércia do titular da ação, determina o surgimento do fato prescricional.

Este assunto também merece uma série de reflexões.

O instituto da prescrição já espertou vários estudos importantes para a dogmática jurídica brasileira. Antonio Luiz da Camara Leal[240], numa investigação clássica, arrola quatro elementos integrantes do conceito, ou quatro *condições elementares da prescrição*:

1ª) existência de uma ação exercitável (*actio nata*);

2ª) inércia do titular da ação pelo seu não-exercício;

3ª) continuidade dessa inércia durante certo lapso de tempo;

4ª) ausência de fato ou ato, a que a lei atribua eficácia impeditiva, suspensiva ou interruptiva do curso prescricional.

Não é suficiente identificar no instituto da prescrição u'a medida enérgica da ordem jurídica, no sentido de desestimular a omissão de certas pessoas, na defesa dos seus direitos, fazendo com que não prosperem situações indefinidas e não fiquem por muito tempo pendentes direitos e deveres que os fatos (descritos em normas) vão sistematicamente produzindo.

Para a devida compreensão de sua natureza é fundamental meditar sobre seus requisitos, a fim de conhecermos as possíveis mutações introduzidas pelo legislador tributário.

É fácil divisar, desde logo, que não se pode falar em curso da prescrição enquanto não se verificar a inércia do titular da ação. Todavia, o termo inicial do prazo, no Código Tributário, foi estipulado tendo em conta o momento em que o sujeito passivo é notificado do lançamento. Como aceitar que possa ter começado a fluir o lapso temporal se, naquele exato momento, e ao menos durante o período firmado no ato de lançamento, a Fazenda ainda não dispunha do meio próprio para ter acesso ao Judiciário, visando à defesa de seus direitos violados? O desalinho entre os pressupostos do instituto e o preceito do Código é indisfarçável. Não se preocupou o legislador em saber se havia possibilidade de exercício da ação judicial ou se o titular do direito se manteve inerte. Foi logo

---

240. *Da prescrição e da decadência*, 2ª ed., Rio de Janeiro, Forense, 1969, p. 25.

estabelecendo prazo que tem como baliza inicial um instante que não coincide com aquele em que nasce, para o credor, o direito de invocar a prestação jurisdicional do Estado, para fazer valer suas prerrogativas. Surpreende-se, neste ponto, profunda divergência entre a lógica do fenômeno jurídico e a lógica do fraseado legal. Com que ficamos?

Temos inabalável convicção de que as imposições do sistema hão de sobrepor-se às vicissitudes do texto. Este nem sempre assume, no conjunto orgânico da ordem jurídica, a significação que suas palavras aparentam expressar.

A solução harmonizadora está em deslocar o termo inicial do prazo de prescrição para o derradeiro momento do período de exigibilidade administrativa, quando o Poder Público adquire condições de diligenciar acerca do seu direito de ação. Ajusta-se assim a regra jurídica à lógica do sistema.

2.9.9.1 *Interrupção do prazo prescricional*

As causas previstas no parágrafo único do art. 174, uma vez ocorridas, têm a força de interromper o fluxo temporal que termina com a prescrição. Interrompido o curso do tempo, cessa a contagem, começando tudo novamente, isto é, computando-se mais cinco anos. Exemplifiquemos. A Secretaria da Fazenda do Estado de São Paulo, mediante decisão administrativa final, confirma a existência de seu crédito para com determinado contribuinte, sendo este notificado do inteiro teor do ato decisório. A partir desse instante começa a escoar o prazo prescricional. Admitamos que a entidade tributante se mantenha inerte e o devedor, passados três anos, venha a postular o parcelamento de seu débito, que confessa existente. A iniciativa do contribuinte, porque contemplada no item IV do art. 174, terá o condão de interromper a fluência do prazo, que já seguia pelo terceiro ano, fazendo recomeçar a contagem de mais cinco anos para que prescreva o direito de ação da Fazenda Estadual. Toda vez que o período é interrompido, despreza-se a parcela de tempo que já foi vencida, retornando-se ao marco inicial.

2.9.9.2 Suspensão do prazo prescricional

Suspensão no curso do prazo prescricional não é a mesma coisa que suspensão da exigibilidade do crédito tributário. Frequentemente deparamos com a confusão das duas realidades jurídicas, nas obras de bons autores. Para que se suspenda o lapso de tempo que leva à prescrição é imperativo lógico que ele se tenha iniciado, e, nem sempre que ocorre a sustação da exigibilidade, o tempo prescricional já terá começado a correr. Modelo significativo dessa disparidade encontramos no caso de impugnações e recursos interpostos nos termos das leis reguladoras do procedimento administrativo tributário. Lavrado o ato de lançamento, o sujeito passivo é notificado, por exemplo, a recolher o débito dentro de trinta dias ou a impugná-lo no mesmo espaço de tempo. É evidente que nesse intervalo a Fazenda ainda não está investida da titularidade da ação de cobrança, não podendo, por via de consequência, ser considerada inerte. Se o suposto devedor impugnar a exigência, de acordo com as fórmulas do procedimento administrativo específico, a exigibilidade ficará suspensa, mas o prazo de prescrição não terá sequer iniciado.

Surge a dúvida em outras hipóteses, como a da moratória, do depósito do montante integral do crédito e da concessão de medida liminar em mandado de segurança. Muitas vezes pode coincidir que, à suspensão da exigibilidade do crédito, fique igualmente suspenso o seguimento do prazo prescricional. A coincidência, entretanto, exige que a suspensão da exigibilidade se dê em átimo subsequente àquele em que o sujeito ativo teve condições de acesso à ação judicial de cobrança.

2.9.9.3 Prescrição como forma extintiva da obrigação tributária

Foi oportuno o legislador do Código ao incluir a prescrição entre as modalidades extintivas da obrigação tributária. De fato, a todo o direito corresponde uma ação, que o assegura. Com o perecimento do direito à ação de cobrança, perde o credor os meios jurídicos para compelir o sujeito passivo à satisfação do débito. Acontecimento dessa índole esvazia de juridicidade o vínculo obrigacional, que extrapola para o universo das relações morais, éticas, etc. E o efeito jurídico da impossibilidade de repetição, nos casos de pagamento de débito prescrito, em nada aproveita à tese oposta, uma vez que as dívidas de jogo têm o mesmo efeito, e não por isso assumiram dimensões de deveres jurídicos. Estes pressupõem, invariavelmente, um titular de direito subjetivo a quem o sistema normativo faculta, potencialmente, desencadear o aparelho coativo do Estado, para ver respeitado seu direito. Ali onde estiver ausente esta capacidade potencial, inexistirá um direito, na lídima significação jurídica do termo, mesmo que proposições prescritivas em vigor atribuam certos efeitos ao seu cumprimento espontâneo.

Outro deplorável equívoco repousa na teoria perante a qual, sendo paga uma dívida caduca, terá cabimento a repetição, porque desaparecera o direito do sujeito ativo (isto é, o crédito). Contudo, tratando-se de débitos prescritos, não caberia a restituição, porquanto, embora houvesse perecido a ação, o sujeito pretensor continuava titular do direito. De qualquer ângulo pelo qual se examinem as duas situações, o nexo obrigacional estará extinto. Até o Código Tributário o reconhece, catalogando o instituto entre as formas extintivas.

2.9.10 Conversão de depósito em renda

Entendo que o depósito do montante integral da exigência pode ser promovido no curso do procedimento administrativo ou no âmbito do processo judicial. Feito junto aos órgãos da Administração Pública, seu papel é de evitar a atualização do valor monetário da dívida, pois o procedimento prossegue até decisão definitiva. O depósito, nessa conjuntura, não é causa de suspensão da exigibilidade, que já está sustada pela impugnação ou pelo recurso do administrado. Realizado, porém, na esfera do Poder Judiciário, sobre impedir a propositura da ação de cobrança, exibindo assim seu caráter de fato suspensivo da exigibilidade do crédito, previne a incidência da correção monetária.

Nas duas situações, dando-se o depositante por vencido e sendo notificado, quer na discussão administrativa, quer na demanda judicial, os valores depositados são convertidos em renda em favor do sujeito ativo. Oportuno recordar que a conversão se dará trinta dias após a notificação do devedor, tanto nos casos de decisão jurisdicional quanto naquel'outras de cunho administrativo, desde que ele não recorra ao Poder Judiciário.

A conversão de depósito em renda não deixa de ser u'a modalidade de pagamento. Efetivada, extingue-se o dever jurídico cometido ao sujeito passivo, fazendo desaparecer, por correlação lógica, o direito subjetivo de que estivera investido o sujeito credor, decompondo-se a relação jurídica tributária.

2.9.11 Pagamento antecipado e homologação do lançamento

Ao inscrever o pagamento antecipado e a homologação do lançamento no catálogo das causas extintivas, quis o legislador referir-se à situação daqueles tributos que não precisam do ato jurídico administrativo de lançamento, para que possa o devedor satisfazer a prestação. Há espécies tributárias que requerem a expedição de ato administrativo, veiculando norma individual e concreta do lançamento. N'outras, contudo, a aplicação da regra-matriz de incidência fica a cargo do sujeito passivo, de tal modo que, ocorrido o evento no mundo físico-social, encontrará ele nos textos do direito posto todas as informações necessárias à apuração do débito, bem como os prazos e demais condições em que a quantia apurada deva ser recolhida aos cofres públicos. Nessas circunstâncias, caberá à entidade tributante fiscalizar os atos praticados por seu administrado, controlando, dessa maneira, o fiel cumprimento das obrigações tributárias. Trata-se, aqui, de desempenho de controle, em que o Fisco, zelando na defesa de seus interesses, realiza atividades de verificação. Podendo atestar a regularidade da conduta prestacional do devedor, que observou adequadamente os ditames da lei, a Fazenda dá-se por satisfeita, exarando ato no qual declara nada ter de exigir: é o que se chama de *homologação expressa de lançamento*. Nada obstante, ao certificar qualquer desacordo na atividade identificadora ou apuradora exercida pelo sujeito passivo, passa a substituí-lo, lavrando ato de lançamento, e, caso venha a surpreender um ilícito, aplica, conjuntamente, as medidas sancionatórias cabíveis, compondo a peça denominada "auto de infração".

Sempre atento à segurança das relações jurídicas, e tomando como pressuposta a diretriz segundo a qual a expectativa dos direitos e dos correlatos deveres não pode perdurar no tempo, indefinidamente, o sistema normativo brasileiro criou a figura da homologação tácita. Se o sujeito ativo não exercer suas competências administrativas, fiscalizando, concretamente, as atuosidades do devedor, durante o lapso de cinco anos, a contar da data dos eventos tributados, operar-se-á a homologação, vale dizer, toma-se por efetivada a fiscalização daqueles atos, extinguindo-se o liame obrigacional.

Quanto à figura do *pagamento antecipado*, é forma de pagamento, significando o cumprimento, pelo sujeito passivo, da conduta que dele se esperava. Isso poderia levar à conclusão de que com a realização do pagamento antecipado ter-se-ia o desaparecimento do direito subjetivo de que esteve investido o credor, desfazendo-se o crédito e, correlativamente, o débito, extinguindo a obrigação. Mas, precisamente aqui, ingressa dado que é peculiar ao instituto, tal qual o prescreve o direito tributário brasileiro: ainda que o *factum* do pagamento tenha efeitos extintivos, requer a legislação aplicável que ele se conjugue ao ato homologatório a ser realizado (comissiva ou omissivamente) pela Administração Pública. Só assim dar-se-á por dissolvido o vínculo, diferentemente do que sucede nos casos de pagamento de dívida tributária apurada por "lançamento de ofício", em que a conduta prestacional do devedor tem o condão de pôr fim, desde logo, à obrigação tributária.

Importante salientar recente discussão doutrinária a esse respeito. Em face do disposto nos artigos 150, §§ 1º e 4º, e 156, VII, do CTN, o Superior Tribunal de Justiça pacificou o entendimento de que a extinção do crédito tributário, nas hipóteses de tributos sujeitos ao chamado *"lançamento por homologação"*, opera-se com a homologação, expressa ou tácita, do pagamento antecipado. Como já observado, com o advento do art. 3º da LC n. 118/05, deslocou-se o critério, entendendo-se ser o momento do pagamento antecipado, puro e simplesmente, o termo de contagem do prazo de decadência.

Vem ao caso registrar que, além do fato de o artigo 3º da Lei Complementar n. 118/2005 dispor que o comando é ali veiculado *"para efeito de interpretação"*, o artigo 4º faz expressa referência ao artigo 106, I, do Código Tributário Nacional, nos seguintes termos:

> Art. 4º Esta lei entra em vigor 120 (cento e vinte) dias após sua publicação, observado, quanto ao art. 3º, o disposto no art. 106, I, da Lei n. 5.172, de 25 de outubro de 1966 – Código Tributário Nacional.

Com tal determinação, objetiva que o disposto no artigo 3º retroaja, sendo aplicado a fatos passados. Todavia, como exposto, reiteradamente, o Judiciário, por meio do Superior Tribunal de Justiça, possui posicionamento consolidado a respeito do assunto. Em razão disso, não se pode tomar o preceito do artigo 3º como se fosse mera regra interpretativa.

Esse o motivo pelo qual, por ocasião do julgamento do EREsp n. 327.043-DF, iniciado em 23/03/05, o Relator Ministro João Otávio de Noronha proferiu voto mantendo o atual entendimento da jurisprudência do STJ. Segundo ele, a tese dos "cinco mais cinco", que considera a homologação como elemento imprescindível à extinção dos créditos tributários a ela sujeitos, está pacificada há 15 (quinze) anos. Não há falar, por conseguinte, em lei interpretativa ou em exegese autêntica. A despeito de ver hoje entendimento que estipula a data da entrada em vigor da LC n. 118/05 como divisor de águas das diferentes hipóteses de início de contagem do prazo decadencial, creio que se deseja com esse novo comando *alterar* situação estabilizada, favorável ao contribuinte, desconstituindo-se tudo o que foi concretizado no passado. Aceitar essa espécie de determinação significaria dar um cheque em branco ao Legislativo, para que este, discordando da interpretação realizada pelo Judiciário, possa modificá-la, como se fora uma instância de sobreposição.

De forma semelhante, manifestou-se o Ministro Peçanha Martins, que, após referir-se a todo o trabalho de construção jurisprudencial relativa ao tema, concluiu não vislumbrar, no artigo 3º da Lei Complementar n. 118/2005, caráter interpretativo. Trata-se, a seu ver, de uma lei nova, que diz ser interpretativa, mas não é. Por conseguinte, não pode retroagir. Acompanharam o voto do relator, também, os Ministros José Delgado e Franciulli Neto, identificando, no dispositivo em exame, tentativa de pressionar o Judiciário, ao determinar que este altere seu modo de compreender aquele preceito legal.

Renovo a posição segundo a qual, abaixo da justiça, o ideal maior do direito é a segurança jurídica, sobreprincípio que se irradia por todo o ordenamento e tem sua concretização viabilizada por meio de outros princípios, tal como o da irretroatividade das leis. Com ela não se compatibiliza dispositivo que, além de determinar ao Judiciário que este modifique orientação pacificada, pretende ser aplicado retroativamente.

2.9.12 O paradoxo da homologação tácita

Esperta nossa curiosidade refletir um pouco sobre a chamada "homologação tácita". O lançamento por homologação já encerra uma contradição vitanda, pois a atividade de lançar briga com o ato de homologar: quando o agente público pode e, portanto, deve lançar, estará certamente impedido de homologar. Observado pelo ângulo oposto, quando o funcionário pode e deve homologar, seria absurdo lavrar o ato de lançamento. De que modo, então, combinar os dois expedientes, juntando-os numa entidade só? São proezas que o legislador concebe e para as quais nós, descritores do direito posto, temos que encontrar aquele difícil *minimum* de racionalidade que a mensagem legislada há de conter.

Como se não bastasse, foi criada a "homologação tácita", figura canhestra que tem a virtude, porém, de nos levar a certas meditações sobre o direito como texto, lembrando aqui a obra sempre presente de Gregorio Robles. Com efeito, se os fatos jurídicos, na completude da sua multiplicidade, revestem-se, necessariamente, de uma forma de linguagem (a linguagem competente), como conceber manifestações tácitas destituídas de suporte no plano dos significantes ou, dito de outra maneira, no plano da literalidade textual?

Ora, quando os processualistas tratam da oralidade, fazem-no com relação àquela susceptível de redução a escrito. Para que a peça ou o depoimento pessoal da testemunha, por exemplo, possa ingressar nos autos, autêntico depósito de todos os atos e fatos que compõem a situação controvertida, é absolutamente necessário que assuma feição escrita. A premissa de que não há fato jurídico sem linguagem está de pé, pronta para enfrentar todas as vicissitudes da experiência jurídica.

Se a homologação tácita tem a pretensão de irradiar efeitos jurídicos, predicado dos fatos que são antecedentes de normas individuais e concretas, por esse mesmo motivo, deve ser vertida em linguagem. Pensemos na impugnação oferecida por sujeito passivo autuado com base na desconformidade de valores que teriam sido pagos há sete anos. Uma, de duas: ou seu argumento cairá em solo estéril, desconhecida a alegação e mantido o auto, ou a autoridade julgadora o acolhe, cancelando a exigência e a manifestação escrita desse reconhecimento constituirá o fato jurídico da homologação tácita, que terá o condão de retroceder, no tempo, até o termo final do prazo previsto pelo CTN. Esse, contudo, é apenas um exemplo. Outras circunstâncias podem ser imaginadas. O que releva assinalar, por enquanto, é que a *homologação tácita* tem de apresentar-se *por escrito*, para que possa surtir os efeitos que lhe são próprios: um deles, o de extinguir o débito tributário. Eis aí o paradoxo da homologação tácita, matéria deste subcapítulo.

2.9.13 Decisão administrativa irreformável

A decisão administrativa irreformável, equivale a dizer, aquela da qual não cabe mais recurso aos órgãos da Administração, é posta como causa extintiva, consoante o item IX do art. 156 do Código Tributário Nacional. Ao mencioná-la, agregou-se a cláusula – *que não mais possa ser objeto de ação anulatória*. Vem, então, a pergunta: teria a Fazenda Pública a possibilidade de predicar em juízo a anulação de ato por ela lavrado, depois de ingente procedimento administrativo, que é, de fato, uma sucessão de atos controladores da legalidade do lançamento? Estimamos que não. Percorrido o *iter* procedimental e chegando a entidade tributante ao ponto de decidir, definitivamente, sobre a inexistência de relação jurídica tributária ou acerca da ilegalidade do lançamento, cremos que não teria sentido pensar na propositura, pelo Fisco, de ação anulatória daquela decisão.

O ato administrativo irreformável, que favorece o sujeito passivo, pode consistir na negação da existência do vínculo que se supunha instalado, como também decretar a anulação do lançamento. Quanto à primeira hipótese, considerando-se que o fato jurídico tributário e a correlativa obrigação são constituídos pela linguagem que o sistema do direito positivo dá por competente, verifica-se que uma linguagem de sobrenível desconstituiu, juridicamente, linguagem de posição hierárquica inferior. Para aqueles que, ao contrário, imaginarem ser o fato tributário mero evento, fazendo nascer aquilo que se chama de "relação jurídica efectual", surgirá um contrassenso, uma vez que, se a decisão declara inexistente o crédito, não haveria que falar em extinção, haja vista a impossibilidade de se extinguir o que não existe. Diante do exposto, ficam reforçadas as vantagens da concepção que considera surgido o fato e a obrigação por força de uma linguagem juridicamente prevista.

No que diz respeito à situação da decisão administrativa irreformável que ataca vícios de constituição do crédito, anulando-o, mas reconhecendo o direito da Fazenda, o entendimento administrativo volta-se para a ilegalidade do ato de lançamento. Nesse caso, opera-se a extinção da obrigação tributária outrora surgida com o lançamento que fora anulado, abrindo-se à entidade tributante o prazo de mais cinco anos, que é lapso decadencial, para constituir novamente a relação jurídica tributária.

2.9.14 Decisão judicial passada em julgado

A decisão judicial passada em julgado é aquela que consubstancia, em toda plenitude, a prestação jurisdicional do Estado, tendo em vista caso concretamente considerado. Assume tal força quando dela não couber recurso algum ao Judiciário e está prevista no item X do art. 156 da Lei n. 5.172/66, como modalidade de extinção do crédito tributário.

O comentário que fizemos no subcapítulo anterior calha, à perfeição, para o exame desse fato extintivo. Isso porque, seja atacando vício formal, seja apreciando o mérito do feito, a linguagem da decisão judicial passada em julgado sobrepõe-se à linguagem que prevaleceu até aquele momento, extinguindo a relação jurídica tributária.

Ressalte-se, porém, diferentemente do que ocorre na esfera administrativa, a decisão judicial passada em julgado que anula a exigência tributária por vício formal não interrompe o prazo decadencial. Assim, uma vez passada em julgado a decisão judicial, a entidade tributante poderá empreender outro lançamento, em boa forma, apenas se ainda dispuser de tempo, computado dentro do intervalo de cinco anos atinentes à decadência, o que é muito difícil de verificar na experiência jurídica brasileira.

2.9.15 Dação em pagamento em bens imóveis na forma e condições estabelecidas em lei

A Lei Complementar n. 104, de 10 de janeiro de 2001, veiculou nova modalidade de extinção do crédito tributário, qual seja a dação em pagamento em bens imóveis, na forma e condições estabelecidas em lei. Enquanto não publicada a lei que introduz os requisitos de aplicação dessa hipótese extintiva, a norma prevista no art. 156, XI, do Código Tributário Nacional será ineficaz sintaticamente, porquanto ausentes regras no sistema que possibilitem construir a cadeia de positivação, cujo ponto terminal são as normas jurídicas de máxima concretude. Importa consignar, também, que a inserção desse novo enunciado extintivo do crédito não altera as cláusulas do art. 3º da Lei n. 5.172/66, especialmente quanto à prestação qualificar-se como estritamente pecuniária. Não há por que confundir a regra-matriz de incidência tributária, que, no espaço sintático de consequente, traz elementos de uma relação jurídica cuja prestação consubstancia a entrega de certa soma em dinheiro, e a norma jurídica extintiva, que prevê, no seu antecedente, a hipótese de realização da dação de imóveis – cumpridas as condições previstas em lei ordinária de cada ente político, na esfera de sua competência impositiva – e, no consequente, enunciados que serão utilizados para, no cálculo lógico das relações normativas, fazer desaparecer o crédito tributário. Vê-se que a regra-matriz de incidência continua veiculando o dever de pagar em pecúnia, jamais mediante a entrega de bens. A norma individual e concreta decorrente da regra-matriz também estipulará um valor pecuniário no interior da relação jurídico-tributária. Outra norma fixará a possibilidade de o contribuinte satisfazer a obrigação mediante a entrega de bem imóvel. Logo, a definição de tributo prevista no art. 3º do Código Tributário Nacional não sofreu modificações, valendo todos os comentários feitos anteriormente.

2.10 "EXCLUSÃO" DO CRÉDITO TRIBUTÁRIO

O tema da exclusão do crédito tributário nos põe diante de situações sobremaneira importantes no direito tributário, possibilitando que, de sua análise, possamos olhar de forma crítica o sistema jurídico em vigor e, pela hermenêutica, reconstruir dogmaticamente a compreensão dos dispositivos que a ela se referem. Isso porque falar em excluir é ingressar nos domínios da "vida" do crédito tributário, verificando os laços existentes na estrutura lógica da norma jurídica, associando-se crédito e vínculo obrigacional numa só formulação[241].

2.10.1 Teoria da norma e as isenções tributárias

O estudo do perfil constitucional das isenções é tema delicado porque alça o exame da matéria, ordinariamente tratado no plano infraconstitucional, para apreciá-lo à luz dos preceitos da Lei Suprema. E afirmo que o enfoque é pouco usual, porquanto a doutrina sobre o assunto, desdobrando-se na análise da farta produção legislativa que marca o exercício das competências tributárias dos entes políticos, raras vezes tem discutido os limites e os pressupostos que a Constituição estabelece, tendo em vista a possibilidade de outorga de isenções.

Com efeito, para o campo da especulação jurídica, o vocábulo "isenção" experimentou sensível oscilação semântica nos últimos 40 (quarenta) anos. De "dispensa do pagamento do tributo devido", para "hipótese de não incidência legalmente qualificada", passando por "fato impeditivo", até chegar ao fenômeno de "encontro de normas com a mutilação da regra-matriz de incidência", o instituto se estende em termos significativos, propiciando interessante fonte de pesquisa. Tudo vai depender do paradigma que for adotado e dos padrões de consistência do estudioso ao promover suas investigações.

"Isenções" sempre foi tema complexo, ainda que intensamente presente na economia das relações tributárias brasileiras. Seus efeitos liberatórios, suas consequências no campo negocial, seu perfil de instrumento eficaz para a obtenção de resultados extrafiscais, entre outros, seriam aspectos relevantes para identificar o instituto como algo de fácil manejo, sempre à disposição das autoridades que legislam, tendo em vista calibrar o impacto da percussão dos tributos, atenuando distorções e aperfeiçoando os microssistemas de incidência. É larga a utilização do mecanismo das isenções na tradição

---

[241]. Já fizemos algumas notas a respeito do termo "exclusão" no item 2.5.5. Crédito, débito e obrigação tributária: limites conceptuais.

jurídica de nosso país, oferecendo conteúdos amplamente discutidos, quer na esfera dos órgãos administrativos, quer nos domínios do Poder Judiciário. Tudo se conciliaria, portanto, para fazer do assunto matéria rica em construções doutrinárias, com propostas teóricas aptas para descrever esse fenômeno jurídico em termos de elucidação fecunda.

Sabemos, entretanto, que não é assim. As poucas teorias existentes esbarram em obstáculos de difícil transposição, permanecendo em nível epidérmico, tão ao gosto daqueles que se satisfazem com soluções rápidas e pretensamente "eficientes". Basta mencionar que a tese clássica, vigorando por muito tempo, concluiu tratar-se de singela iniciativa mediante a qual o legislador dispensava o pagamento do tributo devido, isto é, pressupunha a incidência da regra de tributação e, de seguida, o efeito da norma exoneratória que cumpria, por essa forma, o papel de desqualificar, juridicamente, o dever obrigacional nascido com o impacto da primeira. A antítese inverteu a sequência: tomava como certo que a regra de isenção incidia para que a de tributação não pudesse fazê-lo, porquanto, ao chegar ao plano factual, já encontrava a situação adequadamente protegida. Na terminologia de Pontes de Miranda, a corrente mais antiga, presente no subsolo do Código Tributário Nacional, tomava a isenção como norma desjuridicizante, ao passo que a concebia como regra não-juridicizante, uma vez que evitava a juridicização do *factum* previsto na lei como ensejador do nascimento de prestações tributárias.

De ver está que as duas propostas da Dogmática tinham um ponto comum: disputavam a *velocidade da incidência* das normas jurídicas. Para a teoria tradicional, a regra de tributação chegava antes, cumprindo seu papel juridicizante, enquanto a de isenção, quando atingia o fato, já se deparava com a situação consumada, restando-lhe apenas promover a dispensa do pagamento do tributo devido (devido por força da incidência da primeira). Ao transpor os elementos da análise, a tese renovadora atribuiu maior presteza à norma de isenção que, de maneira fulminante, desabava sobre o acontecimento previsto, protegendo-o das irradiações implacáveis da regra de tributação. Esta, de trajetória mais morosa, não tinha como expandir efeitos, impedida de propagar sua carga de juridicidade.

Poucas matérias têm suscitado tantas dúvidas e fomentado tão grande insegurança como a temática das isenções. Igualmente no seio da jurisprudência, como na obra dos mais aforados tributaristas, o instituto se encontra plasmado sem o travo esclarecedor de u'a metodologia precisa e rigorosa, capaz de sugerir soluções apropriadas a hipóteses que o direito positivo consagra e que os aplicadores da lei não conseguem destrinçar, soabrindo caminhos efetivos ao conhecimento do regime jurídico adequado à espécie.

A palpitante realidade do direito, contudo, vivificada, a cada passo, no esplendor de sua eficácia, vem postulando novas elucubrações, alinhavadas para o fito de explicar certos problemas que, até agora, não lograram convincente descrição jurídico-científica. Isto porque, por mais admirável que fosse a arquitetura composta e desenvolvida pelos juris-cientistas, remanesceria o campo inexaurível do próprio progresso da Ciência, onde há sempre espaço à reflexão e tempo para sopesar conjecturas e alternativas depositadas nos misteriosos arquivos da memória.

Dentro desse quadro, impunha-se a revisão das premissas, tornando-se evidente a necessidade de repensar o assunto. Mas, refletir sobre ele significava ingressar no terreno da Filosofia e da Teoria Geral do Direito, de onde se depreenderia uma sólida teoria da norma para, de lá, empregando categorias fundamentais do conhecimento jurídico, projetar luzes sobre o fenômeno das isenções. Isso explica, de certa forma, a relutância da doutrina convencional em procurar outros caminhos, conformando-se em conviver com soluções pouco satisfatórias e mantendo o véu de dificuldades que obscurecia o contato com a matéria.

2.10.2 Evolução semântica da descrição jurídico-científica da isenção

Acredito que foram sobremodo relevantes os estudos desenvolvidos no Brasil sobre a Teoria da Norma Tributária, atrelando hipótese e consequência como proposições indissociavelmente ligadas para outorgar caráter de unidade às mensagens deônticas. Com o isolamento da regra-matriz de incidência ficou mais fácil observar o dinamismo do fenômeno jurídico em geral e sua aplicabilidade ao setor das imposições tributárias. Daí para a produção de modelos específicos que atendessem às reivindicações de nossa realidade empírica, foi mera questão de tempo, pois se estabilizou a plataforma sobre a qual uma teoria das isenções, bem composta em sua estrutura lógico-semântica, poderia erguer-se. E quando me refiro a uma teoria não pretendo assumir posição ontológica a respeito do assunto, como se somente uma fosse possível. Desde que bem articulada, tecida a partir de meditações da lógica do dever-ser e desenvolvida sobre categorias da Teoria Geral do Direito, vertendo-se em linguagem apropriada, as construções do espírito adquirem foros de sustentação científica, merecendo o respeito da comunidade especializada. Sua expansão, contudo, dependerá de fatores de ordem pragmática, tornando-se mais ou menos convincentes.

As normas de isenção pertencem à classe das regras de estrutura, que intrometem modificações no âmbito da regra-matriz de incidência tributária. Guardando sua autonomia normativa, a norma de isenção atua sobre a regra-matriz de incidência tributária, investindo contra um ou mais critérios de sua estrutura, mutilando-os, parcialmente. Com efeito, trata-se de encontro de duas normas jurídicas que tem por resultado a inibição da incidência da hipótese tributária sobre os eventos abstratamente qualificados pelo preceito isentivo, ou que tolhe sua consequência, comprometendo-lhe os efeitos prescritivos da conduta. Se o fato é isento, sobre ele não se opera a incidência e, portanto, não há que falar em fato jurídico tributário, tampouco em obrigação tributária. E se a isenção se der pelo consequente, a ocorrência fáctica encontrar-se-á inibida juridicamente, já que sua eficácia não poderá irradiar-se.

O que o preceito de isenção faz é subtrair parcela do campo de abrangência do critério do antecedente ou do consequente, podendo a regra de isenção suprimir a funcionalidade da regra-matriz tributária de oito maneiras distintas: (i) pela hipótese: i.1) atingindo-lhe o critério material, pela desqualificação do verbo; i.2) mutilando o critério material, pela subtração do complemento; i.3) indo contra o critério espacial; i.4) voltando-se para o critério temporal; (ii) pelo consequente, atingindo: ii.1) o critério pessoal, pelo sujeito ativo; ii.2) o critério pessoal, pelo sujeito passivo; ii.3) o critério quantitativo, pela base de cálculo; e ii.4) o critério quantitativo, pela alíquota.

De qualquer maneira, a regra de isenção ataca a própria esquematização formal da norma-padrão de incidência, para destruí-la em casos particulares, sem aniquilar a regra-matriz, que continua atuando regularmente para outras situações.

Salienta-se, para fins deste estudo, que a norma isentiva tem objetivo determinado: mutilar, parcialmente, a regra-matriz de incidência tributária.

Importa referir que o legislador, muitas vezes, dá ensejo ao mesmo fenômeno jurídico de recorte normativo, mas não chama a norma mutiladora de isenção. Não há relevância na terminologia usada, pois aprendemos a tolerar as falhas do produto legislado e sabemos que somente a análise sistemática, iluminada pela compreensão dos princípios gerais do direito, é que poderá apontar os verdadeiros rumos da inteligência de qualquer dispositivo de lei.

Por esses motivos, a título exemplificativo e levando em conta que a contribuição ao PIS e à COFINS apresentam como critério material da hipótese normativa o fato de "auferir receitas", tendo como base de cálculo exatamente o montante destas, qualquer supressão acaba por mutilar a regra-matriz de incidência tributária. É o que fazem, por exemplo, o art. 1º, § 3º, IV, da Lei n. 10.637/02, e o art. 1º, § 3º, II, da Lei

n. 10.833/03: atacam o critério quantitativo da norma que determina a tributação, atingindo, mais especificamente, a base de cálculo. Essas mesmas leis, entretanto, prescrevem que as receitas não-operacionais, decorrentes da venda do ativo imobilizado e permanente, não integram a base de cálculo dos gravames examinados (art. 1º, § 3º, IV, da Lei n. 10.637/02, e art. 1º, § 3º, II, da Lei n. 10.833/03, respectivamente).

Ao relacionar as espécies de receitas que são excluídas da base de cálculo tributária, referidas leis acabaram por instituir verdadeira isenção, mediante mutilação parcial do critério quantitativo da regra-matriz de incidência. Se a base de cálculo é a medida do fato jurídico tributário (função mensuradora), qualquer exclusão que se pretenda fazer implicará reduzir a regra-matriz de incidência, colocando o fato excluído fora do âmbito da percussão tributária.

2.10.3 Isenções tributárias e extrafiscalidade

Segundo os padrões da moderna Ciência da Interpretação, o sujeito do conhecimento não "extrai" ou "descobre" o sentido que se achava oculto no texto. Ele o "constrói" em função de sua ideologia e, principalmente, dentro dos limites de seu "mundo", vale dizer, do seu universo de linguagem. Exsurge, com muita força, o axioma da inesgotabilidade do sentido, ao lado da intertextualidade, que operam não só no território do sistema do direito positivo, mas o transcende, na direção de outros segmentos do saber. A interpretação dos nossos dias outorga grande importância à história e à tradição, reconhecendo que o direito, como objeto cultural que é, há de ser visto nos lindes do seu tempo, sem o que não será adequadamente compreendido.

Os predicados da inesgotabilidade e da intertextualidade, porém, não significam ausência de limites para a tarefa interpretativa. A interpretação é do texto: nele tem início, por ele se conduz e até o intercâmbio com outros discursos se instaura a partir dele. Ora, o texto de que falamos é o jurídico positivo, e o ingresso no plano de seu conteúdo tem de levar em conta as diretrizes do sistema. Em princípio, como bem salientou Kelsen, teríamos molduras dentro das quais múltiplas significações podem ser inseridas. Mas esse é apenas um ponto de vista sobre a linguagem das normas, mais precisamente aquele que privilegia o ângulo sintático ou lógico. Claro está que no processo de produção normativa os aplicadores estarão lidando com os materiais semânticos ocorrentes na cadeia de positivação, pois não teria cabimento prescindir dos conteúdos concretos.

O percurso gerador de sentido que leva à interpretação do texto não pode deixar de considerar os primados superiores que disciplinam normativamente o próprio processo. A ordem jurídica brasileira, de modo especial, não só regula os processos formais de elaboração de normas, mas, sobretudo, fixa os limites dentro dos quais deve transitar o raciocínio dos agentes de aplicação, para que uma série de valores sejam implantados.

Esses valores que orientam a atividade interpretativa estão presentes em todos os âmbitos do direito positivo. Na esfera tributária, são implementados mediante regras de caráter extrafiscal, que perseguem objetivos alheios aos meramente arrecadatórios. O mecanismo das isenções é um forte instrumento de extrafiscalidade. Dosando equilibradamente a carga tributária, a autoridade legislativa enfrenta as situações mais agudas, onde vicissitudes da natureza ou problemas econômicos e sociais fizeram quase que desaparecer a capacidade contributiva de certo segmento geográfico ou social. A par disso, fomenta as grandes iniciativas de interesse público e incrementa a produção, o comércio e o consumo, manejando de modo adequado o recurso jurídico das isenções.

Os problemas mencionados, é verdade, extrapolam os limites da especulação jurídica. Formam, no entanto, um substrato axiológico que, por tão próximo, não se pode ignorar. A contingência de carecerem de positivação explícita não deve conduzir-nos ao absurdo de negá-los, mesmo porque penetram a disciplina normativa e ficam depositados, implicitamente, nos textos do direito posto. O intérprete do produto legislado, ao arrostar as tormentosas questões semânticas que o conhecimento da lei propicia, fatalmente irá deparar-se com resquícios dessa intencionalidade que presidiu a elaboração legal.

2.10.4 A interpretação das normas de isenção e o art. 111, do CTN

O art. 111, II, do CTN impõe a interpretação literal como meio para construção do sentido das mensagens legisladas que se refiram à outorga de isenção.

Desde já destaco que a literalidade configura significativo óbice à liberdade estipulativa dos intérpretes. Entretanto, não se deve enxergar nesse dispositivo uma *proibição de interpretar*, pois mesmo a chamada "interpretação literal" é, ainda ela, uma forma de interpretar o texto. Por essa razão, antes de regressar ao comando do art. 111, do CTN, para recontextualizá-lo à luz do problema trazido a meus cuidados, penso ser oportuno tecer algumas palavras preambulares sobre a ideia de "significado literal" no contexto dos estudos sobre comunicação e interpretação.

2.10.4.1 *Breves notas sobre o "significado literal" das palavras*

Quer no uso da linguagem em geral, quer na jurídica em particular, costuma-se dizer que as palavras as ostentam uma significação de base e uma significação contextual. A interpretação literal seria aquela que prestigia especialmente as *significações de base*, restringindo a liberdade do intérprete para empreender maiores digressões na busca de significações contextuais.

Ocorre que, como há muito traçou Roman Jakobson, é impossível cogitar de esforço comunicativo que ignore o *contexto*. Esse é um dos seis elementos essenciais de qualquer comunicação: *emissor*, *destinatário*, *mensagem*, *código*, *canal* e *contexto*. Que falte qualquer um deles e não haverá comunicação[242].

---

242. "[São] fatores constitutivos de todo processo lingüístico, de todo ato de comunicação verbal, O REMETENTE envia uma MENSAGEM ao DESTINATÁRIO.

De fato, não há como identificar sequer o sentido literal de uma palavra sem fazer alguma alusão a seu contexto. O exemplo da frase *"a manga é amarela"* bem mostra que, sem o *contexto*, é impossível discernir entre a interpretação literal que liga a palavra *manga* à ideia da fruta ou à noção da parte da camisa. Para elucidar a dúvida, será preciso apelar a outros dados, textuais e contextuais, só assim poderá se eliminar o problema da polissemia.

Firmada a premissa, penso que não há como cogitar sequer a possibilidade de uma interpretação, nem mesmo a chamada *literal, sem qualquer recurso ao contexto*. Num texto, as palavras não existem em isolamento, mas em forte interação umas com as outras, presas às amarras de coesão e coerência que o discurso impõe. O sentido dado a uma expressão qualquer depende, em larga medida, do significado atribuído aos termos que compõem o seu entorno e somente pode ser conhecido com atenção a essas relações.

2.10.4.2 A interpretação literal e seu desprestígio no direito

Ora, como vimos de ver, nem mesmo a interpretação literal escapa à necessidade de apelo ao contexto para estabilizar as significações de base dos termos empregados na mensagem. Essa dependência se torna ainda mais perceptível na interpretação das comunicações jurídicas, mensagens insertas num contexto especialíssimo de prescrições que visam a interferir sobre condutas intersubjetivas, implementando valores.

O conteúdo semântico dos vocábulos, tomando-se somente a significação de base, é insuficiente para a compreensão da

---

Para ser eficaz, a mensagem requer um CONTEXTO a que se refere (Ou "referente", em outra nomenclatura algo ambígua), apreensível pelo destinatário, e que seja verbal ou suscetível de verbalização; um CÓDIGO total ou parcialmente comum ao remetente e ao destinatário (ou, em outras palavras, ao codificador e ao decodificador da mensagem); e, finalmente, um CONTACTO, um canal físico e uma conexão psicológica entre o remetente e o destinatário, que os capacite a ambos a entrarem e permanecerem em comunicação. Todos estes fatores alienavelmente envolvidos na comunicação verbal podem ser esquematizados como segue [...]" (JAKOBSON, Roman. *Linguística e Comunicação*. São Paulo: Cultrix, 2007. pp. 121-122.)

mensagem, que requer empenho mais elaborado, muitas vezes trabalhoso, de vagar pela integridade textual a procura de uma acepção mais adequada ao pensamento que nele se exprime. Em outras palavras, é preciso buscar a acepção mais adequada ao contexto jurídico o que envolve, necessariamente, alguma atenção para a dimensão axiológica dos comandos prescritivos.

Caso permaneça prisioneiro do significado básico dos signos usados no texto jurídico, o intérprete da formulação literal dificilmente alcançará a plenitude do comando legislado, exatamente porque se vê impedido de investigar o contexto axiológico da ordem proferida.

O desprestígio da chamada *interpretação literal*, como critério isolado de exegese, é algo que dispensa meditações mais sérias. Basta arguir que, prevalecendo como método interpretativo do direito, seríamos forçados a admitir que os meramente alfabetizados, quem sabe com o auxílio de um dicionário de tecnologia jurídica, estariam credenciados a elaborar as substâncias das ordens legisladas, edificando as proporções do significado da lei.

O reconhecimento de tal possibilidade roubaria à Ciência do Direito todo o teor de suas conquistas, relegando o ensino universitário, ministrado nas faculdades, a um esforço estéril, sem expressão e sentido prático de existência. Daí por que o texto escrito, na singela conjugação de seus símbolos, não pode ser mais que a porta de entrada para o processo de apreensão da vontade da lei; jamais confundida com a intenção do legislador.

Voltando aos ditames do art. 111 do CTN, vimos que é realmente impossível que, mesmo numa *interpretação literal*, não se alimente do contexto para atribuir sentido aos termos legais. O comando do Código deve ser compreendido como forma de *restringir* o contexto para aquele do universo normativo, encontrando na legislação as balizas interpretativas indispensáveis à boa compreensão dos fenômenos referidos na lei isentiva.

2.10.5 As isenções condicionadas e a fenomenologia de sua instauração

Ao estabelecer uma determinada isenção, pode o legislador condicionar sua fruição a uma contraprestação do beneficiário, cabendo a este verificar se é ou não interessante cumprir tais pressupostos para gozar da benesse.

Em razão disso, os teóricos do direito costumam discernir as regras de isenção em dois grandes grupos: "isenções condicionadas" e "isenções incondicionadas". O critério que as distingue é justamente a necessidade ou não do cumprimento de certos requisitos especiais para seu gozo.

No entanto, ao examinar a forma como atuam as regras de isenção, fica claro que, qualquer que seja sua espécie, será necessário o cumprimento de certos requisitos.

Isso porque, para restringir o campo de aplicação da norma que institui o tributo e, com isso, evitar que determinadas pessoas sejam obrigadas a efetuar o recolhimento do tributo, a regra isentiva sempre faz referência a uma determinada categoria (de pessoas, coisas, lugares, tempo etc.). Portanto, para gozar da isenção, é indispensável comprovar, logo de início, o quadramento nesta classe. Uma acepção tão ampla do termo "condição" evidentemente não se prestaria para fracionar o gênero isenção em espécies.

Outra acepção, esta mais estrita, permite entrever a condição como um *ônus*, uma contrapartida ativamente exigida do agraciado pela isenção. É precisamente o que se observa quando o Poder Público condiciona o gozo da isenção ao cumprimento de certos encargos, ou seja, impõe um ônus àqueles que se inserem na categoria mencionada na regra isentiva. Em tais casos, será necessária a observância de dois tipos de requisitos: os genéricos, relacionados à categoria abrangida pela isenção, e os específicos, que representam encargos para o beneficiário.

Nesse sentido, estaremos diante de isenções condicionadas apenas quando a legislação restringir o gozo do benefício à realização de alguma condição onerosa por parte do contribuinte.

A distinção não é desprovida de efeitos práticos imediatos. Muito ao contrário, o CTN traça regime especial para o gozo das isenções condicionadas, regulando-o nos termos de seus arts. 178 e 179[243].

2.10.5.1 Da função do ato administrativo previsto no art. 179 do CTN e a prova do preenchimento dos requisitos legais para a fruição de isenção condicionada

Vimos de ver que, no domínio das isenções condicionadas, a efetivação do benefício deve ser acompanhada da implementação da condição onerosa. A forma que o Código Tributário Nacional previu para que o contribuinte possa atestar o bom cumprimento do ônus que lhe é exigido está prevista no art. 179, que assim prescreve:

> Art. 179. A isenção, quando não concedida em caráter geral, é efetivada, em cada caso, por despacho da autoridade administrativa, em requerimento com o qual o interessado faça prova do preenchimento das condições e do cumprimento dos requisitos previstos em lei ou contrato para sua concessão.

A função do ato administrativo deve limitar-se a atestar ou não o cumprimento dos requisitos traçados na lei. Dado o caráter estritamente vinculado à lei que deve presidir o agir das autoridades fiscais, não cabe aos agentes públicos erigir nenhum outro requisito que os oriundos do diploma legal, muito menos submeter o pedido do contribuinte a juízos de oportunidade e conveniência. Em outras palavras: não há espaço para discricionariedade, apenas o dever de cumprir estritamente a lei.

Importa consignar que mesmo ante a negativa ou demora injustificada da expedição do ato administrativo do art. 179

---

243. O art. 178 impõe restrições à liberdade de supressão dos benefícios fiscais, o art. 179 trata do procedimento de efetivação destas mediante expedição de ato administrativo (despacho, no dizer do Código, muito embora se admita o uso de outros documentos expedidos pelo Poder Executivo para cumprir a mesma finalidade).

do CTN, ainda assim é reconhecido ao contribuinte o direito de valer-se da isenção, desde que este faça prova do cumprimento dos requisitos. É, aliás, o que reconhece o Poder Judiciário, como bem exemplifica esse julgado do STJ:

> TRIBUTÁRIO. IPVA. ISENÇÃO CONDICIONADA. ATO ADMINISTRATIVO. NATUREZA DECLARATÓRIA. EFEITOS EX TUNC. INEXIGIBILIDADE DO CRÉDITO TRIBUTÁRIO. 1. A concessão de isenção tributária apenas proclama situação preexistente capaz de conceder ao contribuinte o benefício fiscal. 2. **O ato declaratório da concessão de isenção tem efeito retroativo à data em que a pessoa reunia os pressupostos legais para o reconhecimento dessa qualidade.** 3. A alegação de que o contribuinte não preenche os requisitos à concessão da isenção reveste-se de inovação recursal, bem como destoa-se de toda a lógica firmada no processo, que se funda exatamente no efeito - *ex tunc* ou *ex nunc* - em que deve ser acolhido o reconhecimento pela Administração Pública ao preenchimento dos requisitos para o gozo de benefício tributário: isenção de IPVA. Portanto, o preenchimento dos requisitos foi reconhecido pela Administração Pública. Outrossim, o acolhimento da referida tese, em detrimento do que concluiu a Corte de origem, encontra óbice na Súmula 7 do STJ. Agravo regimental improvido[244].

Essa última nota é relevantíssima, pois permite ratificar no trato jurisprudencial que o ato normativo expedido pelo ente competente não *constitui* o direito à isenção (este tem fundamento na lei), mas apenas o *declara*. Tanto assim que poderá o contribuinte ingressar em juízo para ver reconhecido seu direito à isenção mesmo quando a autoridade administrativa não expeça o ato administrativo competente.

2.10.6 Anistia fiscal

Anistia fiscal é o perdão da falta cometida pelo infrator de deveres tributários e também quer dizer o perdão da penalidade a ele imposta por ter infringido mandamento legal. Tem, como se vê, duas acepções: a de perdão pelo ilícito e a de

---

244. 2ª Turma, AgRg no AREsp 145916 / SP, Rel. Min. Humberto Martins, julgado em 15.05.2012, DJe 21.05.2012.

perdão da penalidade. As duas proporções semânticas do vocábulo "anistia" oferecem matéria de relevo para o direito penal, razão por que os penalistas designam "anistia" o perdão do delito e indulto o perdão da pena cominada para o crime. Voltando-se para apagar o ilícito tributário ou a penalidade infligida ao autor da ilicitude, o instituto da anistia traz em si indiscutível caráter retroativo, pois alcança fatos que se compuseram antes do termo inicial da lei que a introduz no ordenamento.

Apresenta grande similitude com a remissão, mas com ela não se confunde. Ao remitir, o legislador tributário perdoa o débito do tributo, abrindo mão do seu direito subjetivo de percebê-lo; ao anistiar, todavia, a desculpa recai sobre o ato da infração ou sobre a penalidade que lhe foi aplicada. Ambas retroagem, operando em relações jurídicas já constituídas, porém de índoles diversas: a remissão, em vínculos obrigacionais de natureza estritamente tributária; a anistia, igualmente em liames de obrigação, mas de cunho sancionatório. E, além disso, a anistia pode revelar o esquecimento da infração que fez irromper a medida punitiva, enquanto a remissão nunca incide no fato jurídico tributário, desconstituindo-o ou apagando-o pelo esquecimento expresso. Têm um ponto em comum: as duas figuras encerram o perdão. E dois traços distintivos bem salientes: processam-se em relações jurídicas de diferentes teores, e uma delas, a anistia, endereça-se também ao evento que caracterizou a infração, tirando-lhe a mancha da antijuridicidade.

Feitas essas anotações, cabe registrar que a não ser para a compreensão do mecanismo jurídico da anistia, no plano teórico, não vislumbro nenhuma consequência prática na distinção entre o perdão que retroage ao ilícito e aquele que dispensa a penalidade imposta ao infrator. De um ou de outro modo, a sanção será extinta.

A anistia a que se refere o artigo 175, II, do Código Tributário Nacional, alcança as penalidades e reflexos do não-pagamento de tributos, do seu pagamento em atraso ou do descumprimento de deveres instrumentais, todos qualificados como ilícitos tributários. Ao colher o fato tipificado como infração, a lei de anistia pode fazê-lo de forma expressa ou tácita. Dá-se a forma expressa quando o legislador explicitamente indica os ilícitos tributários que ele remite. Ocorre de maneira tácita, na eventualidade de modificação na ordem jurídica, em que as normas adventícias deixem de definir certo ato como infração, seguindo a regra do artigo 106, II, *a*, do Código Tributário Nacional. Nesse caso, com o desaparecimento do ilícito, a partir da lei, beneficiam-se os atos ou fatos pretéritos, por força de sua aplicação retroativa. É a anistia tácita.

A anistia pode ser concedida, também, em caráter total ou parcial. No primeiro caso, excluem-se todas e quaisquer exigências que tenham por origem a prática do ilícito; no segundo, apenas algumas dessas exigências são dispensadas, podendo, por exemplo, haver extinção dos débitos relativos a multas, mas mantendo-se os juros.

Capítulo 3

TEORIA DA REGRA-MATRIZ DA INCIDÊNCIA

Sumário: **3.1. Regra-matriz de incidência** – 3.1.1. A fórmula abstrata da regra-matriz de incidência – 3.1.2. A hipótese tributária e seus critérios – 3.1.2.1. Unicidade, unitariedade, pluralidade e complexidade dos negócios jurídicos e seus reflexos na identificação do fato jurídico tributário – 3.1.3. Relação jurídica tributária: a obrigação tributária como fato jurídico relacional – 3.1.4. Relação jurídica tributária e a relação de débito da Fazenda Pública – noções – 3.1.5. Formalização em linguagem competente da relação jurídica tributária – 3.1.6. Consequente tributário: o binômio "hipótese de incidência/base de cálculo" – 3.1.7. Alíquota: elemento imprescindível à determinação do débito tributário – 3.1.8. O consequente tributário: sujeitos ativo e passivo – 3.1.8.1. "Sujeitos" e "pessoas" no direito – 3.1.8.2. O significado da palavra "contribuinte" – 3.1.8.3. A palavra "contribuinte" nas relações jurídicas obrigacionais do IPI – 3.1.8.4. A repercussão jurídica do ICMS e a distinção entre "contribuinte" e "consumidor". 3.1.8.5. Capacidade para realizar o fato jurídico e capacidade para ser sujeito passivo de obrigação tributária – 3.1.9. Sujeição passiva indireta e responsabilidade tributária – 3.1.9.1. Responsabilidade tributária dos sucessores – 3.1.9.2. A responsabilidade tributária dos terceiros – 3.1.9.3. Responsabilidade tributária por infrações – 3.1.10. Sujeição passiva indireta e substituição tributária – 3.1.10.1. Substituição tributária "para trás" e "para frente" – 3.1.10.2. O modelo constitucional da regra-matriz do ICMS e suas particularidades na substituição tributária "para frente" – 3.1.11. Sujeição passiva indireta e solidariedade – 3.1.12. A importância da determinação do sujeito passivo da relação tributária nas ações de repetição de indébito. **3.2. Para uma síntese da regra-matriz de incidência** – 3.2.1. Esquema lógico de representação formal – 3.2.2. O fenômeno da incidência tributária: a positivação da regra-matriz. **3.3. Regra-matriz dos principais impostos** – 3.3.1. Anotações sobre o presente contexto histórico – 3.3.2. Imposto sobre a renda – 3.3.2.1. Variações sobre o modo de aproximação cognoscitiva com o IR – 3.3.2.2. Os pressupostos constitucionais do imposto sobre a renda – 3.3.2.3. Capacidade contributiva e IR – 3.3.2.4. Análise da regra-matriz do imposto sobre a renda – 3.3.2.5. Competência tributária e a delimitação do conceito de "disponibilidade" – 3.3.2.6. Sistema e territorialidade do imposto sobre a renda – 3.3.3. Imposto sobre produtos industrializados – 3.3.3.1. A composição interna das regras-matrizes do IPI – 3.3.3.2. O critério subjetivo no IPI – 3.3.3.3. A função extrafiscal do IPI – 3.3.3.4. Princípio da não--cumulatividade no IPI e princípio da não-cumulatividade no ICMS: dois dispositivos constitucionais, dois regimes jurídicos distintos – 3.3.3.4.1 Positivação do princípio da não-cumulatividade do IPI – 3.3.3.5. Tabela de incidência do IPI e sua importância para a integração da regra-matriz do imposto – 3.3.3.6. O direito ao crédito nas relações de IPI – 3.3.3.7. Considerações finais sobre o crédito-prêmio do IPI – 3.3.4. Impostos aduaneiros – 3.3.4.1. A incidência tributária nas operações realizadas com produtos industrializados – 3.3.4.2. A sujeição passiva nos tributos aduaneiros – 3.3.4.3. Responsabilidade nos tributos aduaneiros – 3.3.4.4. Regimes aduaneiros especiais – 3.3.4.5. O adicional ao frete para renovação da Marinha Mercante – AFRMM – 3.3.4.5.1. Regras atinentes à suspensão do pagamento do AFRMM – 3.3.5. Imposto sobre Operações Financeiras – 3.3.5.1. IOF: sua hipótese de incidência – 3.3.5.2. IOF sobre operações relativas a títulos e valores mobiliários – 3.3.5.3. As operações de "factoring" e o critério material do imposto sobre operações financeiras – 3.3.6. Imposto sobre circulação de mercadorias e prestação de serviços – 3.3.6.1 Movimentação física e simbólica de mercadorias – 3.3.6.2. Alcance da locução "venda de mercadorias" – 3.3.6.3. Direito ao crédito e operacionalidade da regra--matriz do crédito envolvendo mercadorias – 3.3.6.3.1. Direito ao crédito e documentação idônea – 3.3.6.3.2. Não-incidência e isenção: únicas exceções constitucionais do direito ao crédito de ICMS – 3.3.6.4. ICMS e tributação sobre prestação de serviços de comunicação – 3.3.6.4.1. A atividade dos provedores de acesso à internet e a não-incidência do ICMS – 3.3.6.5. ICMS e tributação sobre prestação de serviços de transporte – 3.3.6.5.1. Limites do conceito "operação de transporte" nos contratos complexos – 3.3.6.6. ICMS incidente sobre a "realização de operações de importação de mercadorias": seus critérios material e temporal – 3.3.6.7. O caráter nacional do ICMS – 3.3.7. Impostos sobre a prestação de serviços de qualquer natureza – 3.3.7.1. Competência legislativa e ISS – 3.3.7.2. Aspectos constitucionais da regra-matriz de incidência do ISS – 3.3.7.2.1. Critério material da regra-matriz do ISS – 3.3.7.2.2. Relevância da lei complementar na delimitação do serviço tributável – 3.3.7.2.3. A "lista de serviços" anexa ao Decreto-lei n. 406/68 e à Lei Complementar n. 116/03 – 3.3.7.3. O problema da habitualidade – 3.3.7.4. Sociedades sem fins lucrativos e o ISS – 3.3.8. Imposto sobre a propriedade predial e territorial urbana – 3.3.8.1. Do critério material da regra-matriz de incidência do IPTU – 3.3.8.2. Sobre o critério quantitativo da regra-matriz de incidência do IPTU: a extensão do conceito "valor venal" – 3.3.8.2.1. O objeto constitucional: propriedade imobiliária – 3.3.8.2.2. Das diferentes materialidades constitucionais relacionadas à propriedade imobiliária urbana (ITBI, ITCMD e IPTU) e suas respectivas bases de cálculo valores – 3.3.8.3. Do critério pessoal da regra--matriz do IPTU: a definição dos contribuintes – **3.4. Regra-matriz das taxas** – 3.4.1. Taxas e suas espécies – 3.4.2. Taxa exigida em função da prestação efetiva ou potencial de serviço público – 3.4.3. Taxa exigida em razão do exercício do poder de polícia – 3.4.4. A lei complementar e a instituição de taxas. **3.5. Regra--matriz das contribuições** – 3.5.1. Noções gerais sobre as contribuições tributárias – 3.5.2. Diferentes categorias de contribuições sociais e respectivas fontes de custeio – 3.5.3. Requisitos necessários à instituição de "contribuições" – 3.5.4. Contribuições residuais – 3.5.5. Contribuições destinadas à seguridade social – 3.5.6. Evolução legislativa da contribuição ao PIS e COFINS – 3.5.6.1. Conceito de faturamento – 3.5.6.2. Conceito de receita – 3.5.6.3. Análise dos precedentes do Supremo Tribunal Federal quanto à diferenciação entre receita e faturamento – 3.5.6.3.1. Projeção das normas para o tempo futuro – 3.5.6.3.2. A incompatibilidade vitanda da Lei n. 9.718/98, à luz do sistema constitucional em vigor na data de sua publicação – 3.5.7. Instituição do regime da não-cumulatividade na contribuição ao PIS e na COFINS – 3.5.7.1. Direito ao crédito de PIS e COFINS – 3.5.7.2. O fenômeno da isenção no caso dos tributos não-cumulativos – 3.5.7.3. Vedações ao crédito – 3.5.8. As cooperativas e o não cabimento de sua tributação pelo PIS e COFINS.

3.1 REGRA-MATRIZ DE INCIDÊNCIA

Já evocamos em páginas anteriores a lição de Lourival Vilanova[245], segundo a qual a proposição que dá forma à norma jurídica:

> é uma estrutura lógica. Estrutura sintático-gramatical é a *sentença ou oração*, modo expressional frástico (de frase) da síntese conceptual que é a norma. A norma não é a oralidade ou a escritura da *linguagem*, nem é o *ato-de-querer ou pensar* ocorrente no sujeito emitente da norma, ou no sujeito receptor da norma, nem é, tampouco, a *situação objetiva* que ela denota. A norma jurídica é uma estrutura lógico-sintática de significação (...). (Os grifos são do original).

A partir deste asserto pode dizer-se com tranquilidade que as leis não trazem normas jurídicas organicamente agregadas, de tal modo que nos seja lícito desenhar, com facilidade, a indigitada regra-matriz de incidência, que todo o tributo hospeda, como centro catalisador de seu plexo normativo. Pelo contrário, sem arranjo algum, os preceitos se dispersam pelo corpo do estatuto, compelindo o jurista a um penoso trabalho de composição. Visto por esse prisma, o labor científico aparece como árduo esforço de procura, isolamento de dados, montagem e construção final do arquétipo da norma jurídica.

Estabelecidas tais proposições, julgo oportuno retrilhar que o resultado dessa tarefa compositiva haverá de ser a obtenção de um juízo hipotético, e que seus componentes se associam pelo vínculo da imputação deôntica.

Chega-se, enfim, à norma-padrão de incidência, locução dotada do mesmo alcance e com a mesma força semântica de norma tributária em sentido estrito. Todas as demais regras

---

245. Lourival Vilanova, "Níveis de linguagem em Kelsen (Norma jurídica/proposição jurídica)", in *Escritos jurídicos e filosóficos*, vol. 2, cit., p. 208.

que componham a disciplina do mesmo tributo, por não cuidarem, propriamente, do fenômeno da incidência, e também por motivo de acentuada superioridade numérica, ficarão sob a rubrica de normas tributárias em acepção ampla.

3.1.1 A fórmula abstrata da regra-matriz de incidência

"Norma jurídica" é a expressão mínima e irredutível (com o perdão do pleonasmo) de manifestação do deôntico, com o sentido completo. Dá-se porque os comandos jurídicos, para serem compreendidos no contexto de uma comunicação bem-sucedida, devem revestir um *quantum* de estrutura formal. Certamente ninguém entenderia uma ordem, em todo seu alcance, apenas com a indicação, por exemplo, da conduta desejada: "pague a quantia de x reais". Adviriam desde logo algumas perguntas e, no segmento das respectivas respostas, chegaríamos à fórmula que tem o condão de oferecer o sentido completo da mensagem, isto é, a identificação da pessoa titular do direito, do sujeito obrigado e, ainda, como, quando, onde e por que deve fazê-lo. Somente então estaríamos diante daquela unidade de sentido que as prescrições jurídicas necessitam para serem adequadamente cumpridas. Em simbolismo lógico represento assim: D[F → (S'RS")], que interpreto: *deve ser que, dado o fato F, então se instale a relação jurídica R, entre os sujeitos S' e S"*.

Diante do princípio da homogeneidade sintática das regras do direito positivo, não pode ser outra a conclusão senão aquela segundo a qual as normas jurídicas tributárias ostentam a mesma estrutura formal de todas as entidades do conjunto, diferenciando-se apenas nas instâncias semântica e pragmática. Caracterizam-se por incidir em determinada região do social, marcada por acontecimentos economicamente apreciáveis que são atrelados a condutas obrigatórias da parte dos administrados, e que consistem em prestações pecuniárias em favor do Estado-administração. Todavia, se o esquema lógico ou sintático permanece estável, em toda a extensão do sistema, outro tanto não ocorre no plano semântico.

Convém assinalar que, no domínio das chamadas "normas tributárias", nem todas as unidades dizem, propriamente, com o fenômeno da percussão impositiva. Algumas estipulam diretrizes gerais ou fixam providências administrativas para imprimir operatividade a tal pretensão. Pelo contrário, são poucas, individualizadas e especialíssimas as que definem a incidência tributária, conotando eventos de possível ocorrência e prescrevendo os elementos da obrigação de pagar. Para uma aproximação mais breve, como expediente didático, pode até afirmar-se que existe somente uma para cada figura tributária, acompanhada por numerosas regras de caráter funcional. Ora, é firmado nessa base empírica que se justifica a designação "norma tributária em sentido estrito" àquela que assinala o núcleo do impacto jurídico da exação. E este comando, exatamente por instituir o âmbito de incidência do tributo, é também denominado "norma-padrão" ou "regramatriz de incidência tributária".

A construção da regra-matriz de incidência, assim como de qualquer norma jurídica, é obra do intérprete, a partir dos estímulos sensoriais do texto legislado. Sua hipótese prevê fato de conteúdo econômico, enquanto o consequente estatui vínculo obrigacional entre o Estado, ou quem lhe faça as vezes, na condição de sujeito ativo, e uma pessoa física ou jurídica, particular ou pública, como sujeito passivo, de tal sorte que o primeiro ficará investido do direito subjetivo público de exigir, do segundo, o pagamento de determinada quantia em dinheiro. Em contrapartida, o sujeito passivo será cometido do dever jurídico de prestar aquele objeto. Essa meditação nos autoriza a declarar que, para obter-se a fórmula abstrata da regra-matriz de incidência, é mister isolar as proposições em si, como formas de estruturas sintáticas; suspender o vector semântico da norma para as situações objetivas, constituídas por eventos do mundo e por condutas; e desconsiderar os atos psicológicos de querer e de pensar a norma.

Efetuadas as devidas abstrações lógicas, identificaremos, no descritor da norma, um critério material (comportamento de uma pessoa, representado por verbo pessoal e de predicação incompleta, seguido pelo complemento), condicionado no tempo (critério temporal) e no espaço (critério espacial). Já na consequência, observaremos um critério pessoal (sujeito ativo e sujeito passivo) e um critério quantitativo (base de cálculo e alíquota).

A conjunção desses dados referenciais oferece-nos a possibilidade de exibir, na sua plenitude, o núcleo lógico-estrutural da proposição normativa:

D{[Cm(v.c).Ce.Ct] → [Cp(Sa.Sp).Cq(bc.al)]}

Explicando os símbolos dessa linguagem formal, teremos: "D" é o dever-ser neutro, interproposicional, que outorga validade à norma jurídica, incidindo sobre o conectivo implicacional para juridicizar o vínculo entre a hipótese e a consequência. "[Cm(v.c).Ce.Ct]" é a hipótese normativa, em que "Cm" é o critério material da hipótese, núcleo da descrição fáctica; "v" é o verbo, sempre pessoal e de predicação incompleta; "c" é o complemento do verbo; "Ce" é o critério espacial; "Ct" o critério temporal; "." é o conectivo conjuntor e "→" é o símbolo do conectivo condicional, interproposicional; e "[Cp(Sa.Sp).Cq(bc.al)]" é o consequente normativo, em que "Cp" é o critério pessoal; "Sa" é o sujeito ativo da obrigação; "Sp" é o sujeito passivo; "bc" é a base de cálculo; e "al" é a alíquota.

3.1.2 A hipótese tributária e seus critérios

Análises de modernos estudos jurídicos tributários revelam forte tendência doutrinária, para a qual não entrevemos justificação plausível. Doutores de tomo, legítimos representantes de escolas doutrinárias, seguem a mesma trilha, aprofundando cada vez mais as investigações e criando padrões que, com o passar do tempo, vão se solidificando, a ponto de tornar sumamente problemática qualquer espécie de revisão de premissas. É precisamente o que sucede com os estudos acerca das normas jurídicas tributárias. Inexplicavelmente, foram se concentrando as atenções no antecedente, que chamamos de suposto ou hipótese tributária, para dele construir dados e elementos que tivessem a virtude de descrever e fundamentar todas as construções tributárias possíveis e imaginárias. Entenderam de eleger a prótase do juízo hipotético, que é a estrutura lógica da norma tributária, como o repositório inexaurível em que devessem estar alojados todos os conhecimentos e todas as soluções. A inclinação é tão vigorosa, tão visível, que pensamos inexistir autor que deixe de considerar na hipótese os critérios para identificação global dos elementos que definem a entidade "tributo". Com isso, o suposto das normas tributárias transformou-se na pedra angular, no pequeno núcleo dos grandes conhecimentos, na fonte inesgotável em que haveríamos de haurir os dados fundamentais para a compreensão do fenômeno jurídico-fiscal, surgindo assim a chamada "Escola de glorificação do fato gerador", que tem em Dino Jarach, mestre italiano, talvez seu mais conhecido arauto. São palavras do conceituado cientista:

> Es esta la razón por qué este ensayo de una teoría general del derecho tributario material está construido alrededor de la teoría del hecho imponible[246].

Outras obras surgiram, no Brasil, como as de Amilcar de Araújo Falcão[247] e Geraldo Ataliba[248], tendo como escopo declarado estudar a essência do direito tributário, segundo a minuciosa análise do suposto das normas primárias (ou endonormas) fiscais. Por outro lado, a generalidade dos autores que tangem a matéria costuma dedicar, quando menos, um capítulo inteiro de seus livros para o estudo dos elementos ou aspectos da hipótese tributária. Temos aí as obras de A. D. Giannini[249], Perez De Ayala[250], Hector B. Villegas[251], A. A. Becker[252] e Ruy Barbosa No-

---

246. Dino Jarach, *El hecho imponible*, 2ª ed., Buenos Aires, Abeledo Perrot, p. 68.

247. Amilcar de Araújo Falcão, *Fato gerador da obrigação tributária*, Rio de janeiro, Forense, 1994.

248. Geraldo Ataliba, *Hipótese de incidência tributária*, Revista dos Tribunais, 1973.

249. A. D. Giannini, *Concetti fondamentali del diritto tributario*, UTET, 1956, p. 64.

250. Perez de Ayala, *Derecho tributario*, Madrid, Editorial de Derecho Financiero, 1968.

251. Hector B. Villegas, *Curso de finanzas: derecho financiero y tributario*, Depalma, Buenos Aires, 1972.

252. Alfredo Augusto Becker, *Teoria geral do direito tributário*, 4ª ed. São Paulo,

gueira[253] entre muitas outras, todas elas buscando no "fato gerador", entendido como suposto de norma primária tributária, a explicação dos elementos que definem o vínculo jurídico-fiscal. É assim que, no aspecto material do antecedente tributário, encontram a descrição objetiva do fato; no aspecto espacial, as condições territoriais; no aspecto temporal, as circunstâncias que definem o momento em que se deve considerar ocorrido o evento; no aspecto pessoal, os sujeitos da relação jurídica tributária. Vislumbram, ainda, no exame do suposto das normas de natureza fiscal, a base imponível ou base de cálculo que, conjugada à alíquota, perfaz o "quantum" devido. Consoante se vê, as hipóteses tributárias são mananciais intermináveis de onde a unanimidade da doutrina sói construir a substância informativa de toda sua investigação científica.

Por questão de imperativo lógico, entretanto, não podemos acolher tais ensinamentos, não obstante o extraordinário valor dos estudos até aqui empreendidos pela referida doutrina. Realmente, se ousamos concordar com aquelas noções preliminares que bosquejam os contornos dos conceitos jurídicos tidos como fundamentais, evidentemente que haveremos de repelir, de modo peremptório, qualquer espécie de raciocínio que venha esvaziar de substância a consequência da norma jurídica tributária, para efeito de deslocar os elementos que a definem como relação jurídica, para a hipótese da mesma regra.

Nos termos em que a doutrina o coloca, temos a negação tácita da norma jurídica como juízo hipotético, em que se enlaça uma consequência a um antecedente. Seria, ademais, desmentir a afirmação mediante a qual a consequência das normas jurídicas é sempre a instauração de liame entre pessoas. Representaria, finalmente, mesclar aspectos de realidades distintas, enformando curiosa figura híbrida. Verdadeiramente melancólico o papel que se atribui à consequência das normas primárias tributárias, enquanto se reserva à hipótese

---

Noeses, 2007.

253. Ruy Barbosa Nogueira, *Curso de direito financeiro*, São Paulo, J. Bushatsky Ed., 1971.

a virtude de conter os dados essenciais, os elementos definidores dessa classe de fenômenos jurídicos. De que serviria a "apódose" do juízo hipotético que exprime uma norma primária tributária se não tem critérios para oferecer ao jurista, se os próprios sinais de identificação do vínculo jurídico são transmudados para a "prótase"? Seria totalmente despicienda, o que de certo viria a causar intensa e demolidora revolução na própria estrutura do Direito, que tem na norma, segundo as modernas concepções, um juízo hipotético. Isso demonstra, de sobejo, que as posições doutrinárias a que aludimos não são coerentes com os princípios fundamentais da Ciência Jurídica. Pelo contrário, deles discrepam, ensejando perigoso abismo onde poderão precipitar-se muitas construções erigidas à custa de sério e alentado trabalho científico.

A única postura que nos parece válida diante do problema é precisamente aquela que respeita a integridade do ente que se analisa, examinando com cuidado a realidade jurídica normativa para, de seus elementos estruturais – hipótese e consequência –, elaborar os critérios que cada qual possa, efetivamente, hospedar.

Se no suposto há a descrição de um fato, obviamente que lá apenas encontraremos critérios para o reconhecimento desse evento. Debalde procuraremos informações estranhas, porque o suposto não as conterá. Quais os critérios que poderão servir para identificar um fato lícito, que não acordo de vontades considerado em si mesmo? O critério material – descrição objetiva do fato - que é o próprio núcleo da hipótese; o critério espacial – condições de lugar onde poderá acontecer o evento; e o critério temporal – marcos de tempo que nos permitirão saber em que momento se considera ocorrido o fato. Esses são os dados que a análise dos supostos das normas primárias de deveres fiscais – tanto aquela que se refere à obrigação quanto as dos deveres instrumentais – possibilitará construir. Não havendo mais que a descrição hipotética de um fato, tais critérios prestar-se-ão para identificá-lo, perfeitamente.

3.1.2.1 Unicidade, unitariedade, pluralidade e complexidade dos negócios jurídicos e seus reflexos na identificação do fato jurídico tributário

Por vezes o direito determina o tratamento uno a um certo conjunto de direitos e deveres, atribuindo-lhe *unidade* a despeito da complexidade, como sucede com as obrigações de dar a coisa negociada e pagar o preço acertado, num contrato de venda e compra; n'outras, trata de dissociá-las, reconhecendo a sua *pluralidade* e, logo, constituindo diferentes sujeições, submetendo-as a diferentes regimes.

Sobre o tema da *unidade* ou *pluralidade* de negócios jurídicos – e, logo, das distintas posições de sujeição que podem duas pessoas ocupar –, vale bem a explicação de Marcos Bernardes de Mello[254], inspirado nas categorias de Pontes de Miranda:

> [...] se refere à especificidade que se atribui ao ato jurídico. Diz-se uno, ou único, o negócio jurídico quando as suas disposições constituem um todo indissociável, não se podendo separá-las em partes distintas sem descaracterizá-lo. Há um só negócio jurídico porque se lhe atribui especificidade única, o que se identifica pela existência de um só fim (=objeto) específico. Os negócios jurídicos típicos, considerados em seus suportes fácticos específicos, são atos jurídicos unos (ex.: compra-e-venda, doação, locação). No entanto, se no mesmo negócio jurídico há elementos de negócios jurídicos vários, inclusive atípicos, o negócio jurídico se torna complexo, ou misto, mas essa complexidade não exclui a unidade sempre que existir subordinação do todo à especificidade de um deles, que é preponderante (=especificidade preponderante), e ao fim comum do negócio jurídico complexo ou misto (ex.: contrato de leasing, contrato de franquia, contrato de transporte com fornecimento de hospedagem e alimentação, contrato de empreitada com fornecimento de material).

De ver está que a verificação de unidade ou pluralidade dos negócios jurídicos não coincide com o número de prestações ajustadas, mas na finalidade única do(s) instrumento(s) convencionado(s). O problema desloca-se então para o tema da *finalidade específica* ou *preponderante* de um negócio

---

254. *Teoria do fato jurídico. Plano da existência*, São Paulo, Saraiva, 1999, p. 191.

jurídico, sendo que com essa expressão quer-se aludir ao exame dos três componentes essenciais ao negócio jurídico: (a) sujeitos, (b) objeto e (c) manifestação de vontade, pois a unidade pressupõe a identidade de *ao menos um* desses aspectos, podendo o negócio jurídico único ser subdividido em *simples* e *complexo*, também denominado *misto*:

> Diz-se unitário o negócio jurídico em que há unicidade de todos os seus elementos: sujeito, objeto e exteriorizações de vontade (ex.: A vende a B o imóvel I).
>
> Complexo, ou misto, é o negócio jurídico, também único, em que algum ou alguns desses elementos não são unitários, mas pelo menos um é. A complexidade pressupõe unidade, bem assim unicidade, esta relativamente, ao menos, a um dos elementos do ato jurídico, nunca, porém, a todos (ex: A e B, condôminos da sala S – bem indivisível –, a alugam a C; Y contrata com X a decoração de sua casa, fornecendo X os objetos de adorno; Z e K contratam o leasing (=locação + opção de compra) de um computador)[255].

Desse modo, sempre que não se verifique a identidade desses três elementos, estaremos diante de relações que constituem negócios jurídicos diversos, devendo ser considerados independentemente um do outro no trato das questões cíveis e, especialmente, para fins de incidência de tributos, em respeito ao sobreprincípio da liberdade, seu corolário a autonomia da vontade negocial e tal como prescrito no art. 110 do Código Tributário Nacional. Nessa seara, por exemplo, o tema ganha especial utilidade ao servir de critério objetivo para discernir, em cada caso, se uma dada atividade configura atividade meio ou se seria negócio jurídico autônomo, com as devidas consequências no que pertine a seu quadramento como fato jurídico tributário.

3.1.3 Relação jurídica tributária: a obrigação tributária como fato jurídico relacional

Não é sem propósito o asserto de que a Ciência do Direito Tributário já abandonou o estádio de glorificação do "fato

---

255. Op. cit., pp. 191-192 (as sublinhas são do autor).

gerador", polarizando suas atenções no laço abstrato que, assumindo formas diferentes, amarra o sujeito passivo aos desígnios impositivos da entidade tributante.

Na doutrina brasileira, porém, a evolução se opera de modo gradativo e, cursivamente, os autores vão dando conta da existência de um feixe, sobremedida complexo, de direitos, poderes e poderes-deveres que estariam por envolver a figura do sujeito ativo, talhando a situação que as modernas obras italianas e espanholas chamam de "procedimento de gestão tributária".

Sob o signo de certa insegurança e palmilhando caminho pleno de obstáculos, nossos autores tomaram consciência da impossibilidade de estudar-se a relação jurídica tributária, tão somente perlustrando as implicações do objeto do vínculo, ou mesmo da pessoa jungida ao implemento da prestação. Tornava-se imperioso inquirir, para o exame completo dos laços abstratos que o direito positivo prevê, sobre a posição do sujeito ativo, ou seja, sobre aquela entidade que se acha investida do direito subjetivo, ou do poder, ou poder-dever, no quadro da realização dos anseios impositivos do Estado.

Quando pensamos no fenômeno da percussão jurídico-tributária acode-nos logo à mente a presença do Estado e, em contraponto, o dever subjetivo do administrado, tendo ambos por objeto a conduta que se consubstancia numa pretensão pecuniária. É criando laços dessa ordem que os comportamentos intersubjetivos são regrados, procurando o legislador implantar valores que a Constituição determina para o desempenho da atividade financeira do Poder Público, no que tange a essa matéria.

Com efeito, em outros tempos já se concebeu a obrigação tributária como centro de irradiação de todas as especulações científicas a respeito do fenômeno jurídico da incidência do tributo, tendência que cedeu espaço à valorização do "fato imponível", produzindo, num excesso de radicalização, o surgimento da já famosa "escola de glorificação do fato gerador".

Nos dias de hoje, recuperou-se a harmonia da composição interna da norma jurídica tributária que passou a ser, na sua integridade constitutiva, o ponto de referência fundamental para o discurso descritivo da Dogmática. Tanto o relato do antecedente normativo quanto a prescrição contida no seu consequente interessam, igualmente, à compreensão do impacto tributário.

É incontestável a importância que os fatos jurídicos assumem, no quadro sistemático do direito positivo, pois, sem eles, jamais apareceriam direitos e deveres, inexistindo possibilidade de regular a convivência dos homens, no seio da comunidade. Mas, sem desprezar esse papel fundamental, é pela virtude de seus efeitos que as ocorrências factuais adquirem tanta relevância. E tais efeitos estão prescritos no consequente da norma, irradiando-se por via de relações jurídicas. Isso nos permite dizer, com inabalável convicção, que o prescritor normativo é o dado por excelência da realização do direito, porquanto é precisamente ali que está depositado o instrumento da sua razão existencial.

Ao reconhecermos o fato jurídico tributário, necessariamente expresso em linguagem (e em linguagem competente), damos por instalado o vínculo obrigacional, que surgirá, também, por força de um fragmento de linguagem. Interessante notar que, sem o discurso linguístico cuja forma a lei determina, não há falar em fato e, muito menos, em relação. Contudo, o singelo nascimento do laço que atrela dois ou mais sujeitos de direito, em torno de uma conduta obrigatória, que se espera seja cumprida pelo devedor e pode ser exigida pelo credor, ainda não é tudo. Não é preciso que haja relação social subjacente para que o direito exercite sua atividade normativa, instituindo o vínculo abstrato que ensejará direitos e deveres. De modo semelhante, pode o legislador imaginar a instauração de liame jurídico, onde já exista outro tipo de relação, momento em que consignaremos mera coincidência, que pouco sugere e nada acrescenta, em termos de possibilidade legislativa.

Há um longo caminho a ser percorrido, desde o aparecimento do liame até sua extinção, caracterizada, em regra, pelo instante em que o Estado-administração torna efetivo o recebimento da quantia em dinheiro que caracteriza o objeto da prestação tributária. Nesse entretempo, muitas coisas podem ocorrer, modificando a feição inicial do vínculo.

Aspecto que merece ser considerado, no âmbito do conceito de relação jurídica, é a circunstância de ser um vínculo entre pessoas, reflexão que abriu margem a intermináveis disputas acadêmicas. Prevalece hoje, contudo, sobre o fundamento da essencial bilateralidade do direito, a tese da necessidade impostergável de, pelo menos, dois sujeitos para que se possa configurar o liame jurídico. É incisiva, nesse sentido, a lição de Francesco Carnelutti[256]: "A noção mais ampla e singela de relação jurídica é a de uma relação constituída pelo direito, entre dois sujeitos, com referência a um objeto". E com ela concorda o magistério da grande maioria dos teóricos gerais do direito.

No quadro conceptual da relação jurídica, sobreleva observar, ainda, a presença de um objeto, centro de convergência do direito subjetivo e do correlato dever. Fator estrutural da entidade, qualquer modificação no objeto pode ocasionar mutações de fundo na própria composição do vínculo, suscitando, como veremos a breve trecho, as espécies em que se divide a categoria. A faculdade de exigir o objeto dá a substância do direito subjetivo, de que é titular o sujeito ativo da relação, ao passo que a conduta de prestá-lo define o dever jurídico a cargo do sujeito passivo.

Vale acentuar, retomando pelo prisma lógico, a relação que une os sujeitos (S' e S") é uma relação *irreflexiva*, pois representaria um sem-sentido deôntico conceber que S' está facultado, obrigado ou proibido perante si mesmo. Além disso, é *assimétrica*, quer dizer, S'R S" implica sempre S"R_C S'. R_C; é a *relação conversa* de R: se R interpreta-se como *ter o direito a*, seu converso é *ter a obrigação de*. O ensinamento, extraído das preciosas lições de Lourival Vilanova[257], é fundamental para a compreensão das relações jurídicas, que mantêm *equivalência implicacional*, da mesma forma que o enunciado $X > Y$

---

256. *Teoría general del derecho*, trad. F.X. Osset, Madrid, Civitas, 1955, p. 184.

257. *As estruturas lógicas do direito positivo*, São Paulo, Noeses, 2005, p. 148.

(*X é maior do que Y*) equivale a $Y < X$ (*Y é menor do que X*). E conclui o eminente professor: "No mundo do Direito, estruturado relacionalmente, quando a norma estatui que o vendedor *deve* dar a coisa alienada ao comprador, implica dizer que o comprador *tem* o direito de receber a coisa adquirida a título oneroso" *(grifos no original)*.

Tenhamos presente que a linguagem do direito positivo não fornece a compostura verbal completa das relações jurídicas, salientando a relação entre o sujeito ativo e o passivo, e a relação conversa, entre sujeito passivo e sujeito ativo. As regras são postas de modo *atributivo* (*o sujeito S' tem o direito de*) ou em termos *imperativos* (*o sujeito S" tem o dever de*).

A hipótese normativa está ligada à consequência pelo elo da imputação deôntica, fixado ao talante do político, no tempo da elaboração da lei. O vínculo implicacional que se estabelece no consequente — a relação jurídica — diferentemente, é regido pelas leis lógicas. *Enquanto a primeira implicação é posta pelo sistema normativo, que livremente a constitui e desconstitui, a segunda decorre de imposições lógicas ante as quais o sistema não escapa.*

Identificados os elementos definidores da organização básica das relações jurídicas, qualquer desdobramento que se empreenda no exame do sujeito ativo, do sujeito passivo ou do objeto será meio legítimo de classificá-las. Várias diretrizes, portanto, são admissíveis, desde que repousem nas alterações que se processam em um dos integrantes da composição intrínseca do liame.

De fato, tomando como pressuposto que o sujeito ativo está presente na estrutura de todas as relações jurídicas, será útil e valiosa a classificação que cogite desses vínculos, consoante seja o sujeito pretensor uma pessoa pública ou privada e, dentre as últimas, pessoa física ou jurídica. De modo análogo, têm cabimento teórico e prático aquelas discriminações que, percebendo as flutuações que se operam no polo passivo, engendrem qualificar as espécies de relações jurídicas, na conformidade da natureza específica de quem haja de cumprir a prestação. Também o objeto, dado central e nuclear, tem levantado investigações de grande teor científico, para o fim de isolar os tipos possíveis de relações jurídicas.

A escolha do caminho, é evidente, ficará ao juízo do cientista, que procurará certamente aquele dotado de maior capacidade explicativa.

Pois bem, quanto ao objeto, descrito na sua individualidade estática, ganhou projeção interessante estudo, pelo qual o critério seletivo das espécies é o caráter patrimonial da prestação. Há de mister separar as relações jurídicas na consonância de ser ou não, seu objeto, susceptível de avaliação econômica. Em caso afirmativo, teremos as relações jurídicas de cunho obrigacional; na hipótese contrária, relações jurídicas não-obrigacionais, ou veiculadoras de meros deveres. Surge, assim, a figura da *obrigação*, cujo traço característico é hospedar prestação de natureza patrimonial, na medida em que, sob diversas formas, seja passível de exprimir-se em valores economicamente apreciáveis. No extremo oposto, são conhecidos como relações de índole não-obrigacional, ou de simples deveres, aqueles vínculos jurídicos cujo conteúdo não se possa representar, de alguma maneira, por símbolos ou equações econômicas.

Importa esclarecer que, embora a maioria dos civilistas e dos teóricos gerais do direito saliente o timbre da patrimonialidade como aspecto que estabelece distinção entre as relações jurídicas, separando as obrigacionais das não-obrigacionais, a orientação não goza de unanimidade, havendo aqueles que a contestam. Inobstante isso, vamos adotá-la, em função de seu forte potencial explicativo.

Assim, recolhendo o vocábulo "obrigação" como sinônimo de relação jurídica de índole economicamente apreciável, podemos defini-lo como o vínculo abstrato, que surge pela imputação normativa, e consoante o qual uma pessoa, chamada de sujeito ativo, credor ou pretensor, tem o direito subjetivo de exigir de outra, denominada sujeito passivo ou devedor, o cumprimento de prestação de cunho patrimonial. Advertimos que o termo "obrigação" costuma ser empregado com outras significações, representando o dever jurídico cometido ao sujeito passivo, no seio das relações de cunho econômico (obrigacionais) e, até, o próprio dever jurídico, nos liames não-obrigacionais. Vê-se que a palavra é multissignificativa, problema semântico que persegue e atormenta constantemente o cientista do direito.

Em resumo, no conjunto de prescrições normativas que interessam ao direito tributário, com as chamadas relações jurídicas tributárias, vamos encontrar os dois tipos de relações: as de substância patrimonial e os vínculos que fazem irromper meros deveres administrativos. As primeiras, previstas no núcleo da norma que define o fenômeno da incidência – regra-matriz –, e as outras, circumpostas a ela, para tornar possível a operatividade da instituição tributária, são os deveres instrumentais ou formais.

3.1.4 Relação jurídica tributária e a relação de débito da Fazenda Pública – noções

A definição do conceito de "relação jurídica tributária" encontra-se vinculada à ideia de direito positivo tributário, o qual, por sua vez, consiste no complexo de normas jurídicas válidas que se referem, direta ou indiretamente, ao exercício da tributação: instituição, fiscalização e arrecadação de tributos. Considerada em seu sentido estrito, "obrigação tributária" é o vínculo abstrato em que uma pessoa, chamada de sujeito ativo, tem o direito subjetivo de exigir de outra, denominada sujeito passivo, o cumprimento de prestação de cunho patrimonial, decorrente da aplicação de norma jurídica tributária (art. 3º do Código Tributário Nacional).

Surgida a obrigação tributária mediante a aplicação da respectiva regra-matriz de incidência, nasce, simultaneamente, o crédito tributário. Trata-se de elemento indissociável da obrigação de pagar tributo, consistente no direito subjetivo de que é possuidor o sujeito ativo.

Paralelamente a essa espécie de relação obrigacional, identificamos, no ordenamento pátrio, o surgimento de liames em que a Fazenda Pública figura no polo oposto, assumindo a posição de sujeito passivo. É a chamada "relação de débito da Fazenda Pública", cujo nascimento pode decorrer de: (i) recolhimento indevido ou a maior de importância pecuniária a título de tributo; (ii) prática de fato jurídico que faz nascer relação de crédito para o contribuinte; ou (iii) contrato administrativo firmado pela pessoa política. Em quaisquer dessas hipóteses, a Fazenda Pública possui o dever de cumprir uma obrigação pecuniária para com o particular, caracterizando um "débito" seu.

Na fenomenologia do nascimento do débito tributário temos: (i) regra-matriz de incidência tributária; (ii) acontecimento do evento previsto na hipótese da norma geral e abstrata; (iii) produção da linguagem competente, por parte do administrado (em princípio) ou por parte do Fisco, em atividade corretiva ou substitutiva, e construção da norma individual e concreta, em que figura o fato jurídico e a correspondente obrigação tributária; (iv) comunicação da norma individual e concreta ao Fisco, quando constituída pelo contribuinte ou a este, na circunstância de ser editada pelo Poder Público; e (v) aparecimento formal do débito do imposto.

3.1.5 Formalização em linguagem competente da relação jurídica tributária

A relação jurídica tributária, que decorre imediatamente do fato jurídico tributário ("fato gerador"), requer, para sua existência e consequente exigibilidade, a formalização em linguagem própria, que podemos chamar de "linguagem competente", identificada como aquela prevista em lei como a forma necessária para o relato jurídico dos acontecimentos que o legislador entendeu relevantes.

Essa atividade de compor em linguagem os eventos previstos na formulação da regra-matriz de incidência nos "lançamentos" dos tributos sujeitos à homologação, tal como o IPI, por exemplo, confiou ao contribuinte uma sequência que vai desde a expedição da nota fiscal correspondente às operações realizadas, sua escrituração nos livros próprios, até o preenchimento das declarações finais, em que o chamado contribuinte se confessará sujeito passivo da obrigação tributária, sujeito ativo do direito de crédito, ou, concomitantemente, um e outro, naquela subclasse de intersecção, apurando-se, em seguida, a conta que predomina, vale dizer, ou a de débito ou a de crédito.

Tais operações de elaboração da linguagem se aperfeiçoam com a atividade consistente em expedir norma individual e concreta, entregue ao órgão administrativo também indicado na legislação pertinente, enriquecendo o sistema normativo com mais uma unidade deôntica.

Em caso de omissão do administrado ou sempre que as autoridades fiscais entenderem que o procedimento originário não se deu em consonância com os preceitos da lei, caberá ao Poder Público, por intermédio de seus funcionários, expedir a norma individual e concreta, corretiva daquela produzida pelo contribuinte, na hipótese de desacordo, ou mesmo substitutiva, quando houver omissão.

Ainda que todos os atos praticados pelo administrado fiquem sujeitos a ulteriores verificações, em procedimentos fiscalizatórios, o que também acontece com os atos celebrados pela Administração, submetidos a sucessivos controles de legalidade, pode dizer-se que o direito ao tributo, por parte do Fisco, e o direito ao crédito do imposto, como no IPI, por parte do contribuinte, ganham liquidez e certeza quando se produzem, adequadamente, nos corpos das respectivas linguagens competentes. Repito que a liquidez e a certeza a que me refiro não terão a virtude de outorgar definitividade a tais direitos, que se mantêm susceptíveis a outros controles de legalidade, promovidos de ofício ou a juízo do interessado. A liquidez e certeza têm aqui a proporção semântica de qualidade jurídica do ato, em termos de poder ser invocado no intercurso das relações que ligam Administração e administrados.

É preciso salientar, também, que a atividade corretiva ou substitutiva, exercida pela Fazenda Pública nos casos de imperfeição ou de omissão do contribuinte, não se limita ao campo de irradiação da obrigação tributária, mas se estende, igualmente, às relações que dizem respeito ao direito de crédito, porquanto a diretriz da não-cumulatividade obriga a todos, sem qualquer discriminação.

3.1.6 Consequente tributário: o binômio "hipótese de incidência/base de cálculo"

Entre nós, e como já expusemos em capítulo anterior, o tipo tributário é definido pela integração lógico-semântica de dois fatores: hipótese de incidência e base de cálculo. Ao binômio, o legislador constitucional outorgou a propriedade de diferençar as espécies tributárias entre si, sendo também operativo dentro das próprias subespécies. Adequadamente isolados os dois fatores, estaremos credenciados a dizer, sem hesitações, se um tributo é imposto, taxa ou contribuição, bem como anunciar a modalidade de que se trata.

O critério material é o núcleo da hipótese de incidência, composto por verbo e complemento, que descrevem abstratamente uma atuação estatal ou um fato do particular. Por sua vez, o critério quantitativo, no âmbito da base de cálculo, mensura a intensidade daquela conduta praticada pela Administração ou pelo contribuinte, conforme o caso. Nesses critérios é que se encontra o feixe de preceitos demarcadores dos chamados "traços da enunciação", ou seja, o conjunto dos elementos que o editor da norma julgou relevantes para produzir o acontecimento tributado.

Em outras palavras, a base de cálculo há de ter uma correlação lógica e direta com a hipótese de incidência do tributo. Não foi por outro motivo que Amilcar Falcão[258] qualificava a base imponível como: "verdadeira e autêntica expressão econômica" da hipótese de incidência. Eis a base de cálculo,

---

258. *Fato gerador da obrigação tributária*, Rio de Janeiro, Forense, 1994, p. 138.

na sua função comparativa, confirmando, infirmando ou afirmando o verdadeiro critério material da hipótese tributária. Confirmando sempre que houver total sintonia entre o padrão da medida e o núcleo do fato dimensionado; infirmando quando houver manifesta incompatibilidade entre a grandeza eleita e o acontecimento que o legislador declara como a medula da previsão fáctica; e afirmando, na eventualidade, ser obscura a formulação legal.

A citada relação pode ser observada com veemência nas taxas, tributo com fundamento existencial em função da atividade estatal, imediatamente vinculada ao contribuinte. Sobre o assunto, ensina Hector Villegas[259]:

> Resulta portanto indiscutível que a base imponível das taxas deve estar relacionada com sua hipótese de incidência (a atividade vinculante). (...) Em consequência, tais critérios de graduação levarão em conta uma série de aspectos relativos à atividade que o Estado desenvolve e ao serviço que resulta prestado pelo exercício dessa atividade.

Nessa mesma linha flui o pensamento de Geraldo Ataliba, ao concluir que "a base imponível das taxas de polícia é a extensão, medida ou grandeza real ou presumida pelo legislador, das diligências que informam o procedimento administrativo que culmina com o ato de polícia"[260].

Fora de qualquer dúvida é a operatividade do citado fator do critério quantitativo, tendo em vista que no direito brasileiro o tipo tributário encontra-se integrado pelo relacionamento lógico e harmônico da hipótese de incidência e da base de cálculo. O binômio, adequadamente reconhecido, revela a natureza do tributo submetido à investigação, permitindo a análise de sua compatibilidade relativamente ao sistema constitucional, sem interferência das imprecisões do legislador. E

---

259. "Verdade e ficções em torno do tributo denominado taxa", in *Revista de Direito Público*, n. 17, São Paulo, Revista dos Tribunais, p. 337.

260. "Taxa de polícia e funcionamento", in *Estudos e pareceres de direito tributário*, São Paulo, Revista dos Tribunais, p. 257.

cremos, também, que a substituição do disjuntor "ou" pelo conjuntor "e" se impõe por determinação de uma análise sistemática mais apurada.

A título exemplificativo cumpre tecer algumas considerações na aplicabilidade interpretativa deste instrumental. Com relação ao IPI, dentre suas hipóteses de incidência registradas na regra-matriz encontra-se aquela representada pela circunstância de alguém vir a industrializar produtos, em qualquer lugar do território nacional, considerando-se acontecido o fato no instante em que os produtos industrializados deixarem o estabelecimento. E a base de cálculo escolhida pelo legislador é o valor da operação de que decorrer a saída, confirmando o critério material do antecedente normativo. Vê-se, por esse confronto, que a percussão do tributo se dá com a atividade de industrialização, pois a base imponível, antes de armar-se para dimensionar o acontecimento, tem primeiro que identificá-lo nos traços jurídicos de sua tipificação legal. Além dessa função, que chamamos de "comparativa", a base de cálculo cumpre aquelas duas outras já mencionadas: a função mensuradora, em que comparece para medir as proporções reais do evento e a função objetiva, em que se agrega à alíquota para compor a específica determinação da dívida.

3.1.7 Alíquota: elemento imprescindível à determinação do débito tributário

Já vimos que a base de cálculo, para cumprir sua função objetiva, compondo a específica determinação do débito, requer a presença de outro fator: a alíquota. Para qualquer exação, não pode haver base imponível ali onde não houver alíquota, entidade que se congrega à base para oferecer a compostura numérica do *debitum*, estatuindo o valor que pode ser exigido pelo sujeito ativo, em cumprimento da obrigação que nascera pelo acontecimento do fato normativamente descrito. Não entra na configuração tipológica dos tributos, cingida que está ao binômio "hipótese de incidência/base de cálculo", mas se apresenta como instrumento importante na realização de elevados desígnios constitucionais, como a diretriz do respeito à capacidade contributiva e, por decorrência, a implementação da igualdade. É por manejá-la dentro de certos limites que o legislador evita os detrimentos do confisco e conduz a atividade tributária por canais politicamente recomendáveis, tornando efetivos os propósitos de bem-estar social e protegendo valores muito caros à comunidade. São as alíquotas, outrossim, elementos preciosos na realização dos objetivos extrafiscais do Estado, ao manipular as várias figuras impositivas.

Para o IPI, o tema das alíquotas ganha dimensão expressiva, tendo em vista o mandamento constitucional da seletividade em função da essencialidade dos produtos, prescrita pelo artigo 153, § 3º, do Texto Magno. O constituinte outorgou ao legislador ordinário a possibilidade de dosar a carga tributária, em função de predicados de utilidade atribuídos aos produtos, segundo o talante do próprio legislador infraconstitucional, não estipulando critério determinado a que este último ficasse jungido. Aquilo que se estipula no artigo 153, § 3º, é apenas que o imposto venha a ser "seletivo, em função da essencialidade do produto". Agora, de que modo chegar a esse resultado, positivando a orientação, foi providência sobre a qual se absteve o constituinte. Remanesce o valor que há de ser implantado por um dos meios cabíveis.

O conteúdo semântico desse princípio aponta para um processo e para um valor. Enquanto processo, é forma de eleição, consciente e deliberada, promovida em determinado campo de objetos, e conduzida por alguma diretriz racionalizadora. Mesmo quando, n'outro sentido, se fale em "seleção natural", imagina-se uma força superior, absoluta, dotada de racionalidade, e capaz de imprimir direção ao processo de escolha. Mas a seletividade de que tratamos não é meramente um esquema formal, que se esgota com a própria realização, selecionando por selecionar. Este procedimento eletivo há de ser presidido pela estimativa da essencialidade, vale dizer, quer a Constituição que os produtos sejam classificados, tomando-se por base o teor da respectiva essencialidade. Aqui está o valor (essencialidade) que a Constituição indica, oferecendo o processo (seletividade) para obtê-lo. E a mensagem, ainda que lacônica, diz mais, porquanto os produtos, depois de organizados pelo critério axiológico da essencialidade, ficarão em correspondência com uma alíquota, que será tanto maior quanto menor o grau de utilidade que tais produtos venham a apresentar. Há grandezas em razão inversa, de tal sorte que, em se diminuindo o grau de essencialidade, elevar-se-ão as alíquotas correspondentes.

Certo que há problemas também semânticos a serem resolvidos, no que concerne aos vocábulos "essencialidade" e "utilidade". Entretanto, bem podemos recordar a observação de Alf Ross, segundo a qual todas as palavras são vagas e potencialmente ambíguas. De fato, o caráter de utilidade que se atribui aos produtos industrializados é construção da experiência cultural de cada povo, tomando-se como referência um intervalo de tempo considerado. O que é indispensável para uma sociedade pode não ser para outra, ou para ela mesma, em período subsequente. Ainda mais, entre as várias camadas de uma só comunidade social, o conceito de utilidade, que chega aos limites do seu campo de irradiação significativa assumindo o timbre de imprescindibilidade (equivalente nominal da máxima essencialidade), atravessa modificações sensíveis, retratando a mutante e instável condição do relacionamento inter-humano.

Tudo isso nos leva a admitir esses signos com toda a lassidão de seu quadro de possibilidades significativas, sabendo que o emprego normativo vai ser uma função da ideologia do legislador e, sobretudo, de seus intérpretes. Distribuir os produtos industrializados pelas escalas da tabela, sob inspiração do primado da essencialidade é, decididamente, uma tomada de posição político-ideológica, sobre a qual não há o que discutir, porquanto nela se consubstancia o ato de vontade que o legislador emite, ao produzir a matéria legislada.

Contudo, para compreendê-la deverá o exegeta sopesar dois pontos de efetiva importância: a) o processo seletivo formal, isto é, o mecanismo de distribuição dos nomes dos produtos em classes e subclasses (operação classificatória), e b) o substrato axiológico que preside a organização, quer dizer, o critério da essencialidade como valor, ou como fim, assim entendida a estimativa enquanto racionalmente reconhecida no motivo da conduta.

Em termos de texto legal, essa diretriz é concretizada mediante a instituição da tabela de incidência do IPI – TIPI, segmento de linguagem prescritiva que integra o ordenamento jurídico brasileiro, e se destina a oferecer elementos para a identificação dos produtos alcançados pela percussão do gravame, além de conferir-lhes um percentual, a título de alíquota.

Nada mais é necessário dizer para enaltecer a importância da tabela, razão pela qual se afigura imprescindível tomar uma série de cuidados, sempre que o problema se situe na compreensão do que lá foi estabelecido. Ao interpretá-la, portanto, não se pode esquecer que é parte da regra-matriz de incidência do IPI, concorrendo com dado necessário à composição do *quantum* devido, ao estipular a grandeza percentual que há de ser conjugada à base de cálculo.

A circunstância de que a tabela influi na regra-matriz do IPI, mais especificamente em seu critério quantitativo, e que sua estruturação visa exatamente a implantar o princípio da seletividade, por expressa determinação constitucional, leva-nos a concluir pela absoluta impossibilidade de ignorar os percentuais ali taxativamente especificados para cada espécie e subespécie de produto, empregando-se "média ponderada" de todas as alíquotas vigentes no ano calendário. Tal atitude, além de configurar presunção subjetiva, inexistindo previsão legal que a autorize, encontra óbice intransponível no princípio constitucional da seletividade em função da essencialidade, além de violar a legislação ordinária, que especifica a alíquota aplicável aos diversos produtos industrializados.

3.1.8 O consequente tributário: sujeitos ativo e passivo

Recordemos. Ocorrido o fato jurídico tributário, instala-se a relação dele decorrente, denominada "obrigação tributária". Esta é composta por dois sujeitos, sendo um – o sujeito ativo – o titular do direito subjetivo público de exigir o cumprimento da prestação pecuniária equivalente ao tributo, e outro – o sujeito passivo, portador do dever jurídico de adimplir referida prestação.

O sujeito ativo, no direito tributário brasileiro, pode ser uma pessoa jurídica pública ou privada, mas não visualizamos óbice para que seja uma pessoa física. Dentre as pessoas jurídicas de direito público, temos aquelas investidas de capacidade política – são as pessoas políticas de direito constitucional interno – dotadas de poder legislativo e habilitadas, por isso mesmo, a inovar a organização jurídica, editando normas. Há outras, sem competência tributária, mas credenciadas à titularidade de direitos subjetivos, como integrantes de relações jurídicas obrigacionais. Entre as pessoas de direito privado, sobressaem as entidades paraestatais que, guardando a personalidade jurídico-privada, exercitam funções de grande interesse para o desenvolvimento de finalidades públicas. Por derradeiro, e como já adiantamos, há possibilidade jurídica de uma pessoa física vir a ser sujeito ativo de obrigação tributária. A hipótese traz como pressuposto que tal pessoa desempenhe, em determinado momento, atividade exclusiva e de real interesse público. Concorrendo os requisitos, nada conspiraria contra a indicação de sujeitos de direito, pessoa física, para arrecadar taxas, por exemplo.

Sujeito passivo da obrigação tributária é, por sua vez, a pessoa física ou jurídica, privada ou pública, de quem se exige o cumprimento da prestação pecuniária. Esse é, em termos jurídicos, o contribuinte, ou seja, aquele que deve realizar o pagamento dos tributos eventualmente devidos.

A Constituição não aponta quem deva ser o sujeito passivo das exações cuja competência legislativa faculta às pessoas políticas. Invariavelmente, o constituinte alude a um evento, deixando a cargo do legislador ordinário não só estabelecer o desenho estrutural da hipótese normativa, que deverá girar em torno daquela referência constitucional, mas, além disso, escolher o sujeito que arcará com o peso da incidência fiscal, fazendo as vezes de devedor da prestação tributária. Em cada um dos eventos eleitos para compor a hipótese da regra-matriz de incidência, a autoridade legislativa apanha um sujeito, segundo o critério de sua participação direta e pessoal com a ocorrência objetiva, e passa a chamá-lo de "contribuinte", fazendo-o constar da relação obrigacional, na qualidade de sujeito passivo.

Em algumas oportunidades, outras pessoas, que mantiveram uma proximidade apenas indireta com aquele ponto de referência em redor do qual foi formada a situação jurídica, poderão ser escolhidas para, na condição de responsáveis, substitutos ou solidários pelo crédito tributário, responderem, em caráter supletivo, ao adimplemento da prestação. A obrigação tributária, entretanto, só se instaurará com sujeito passivo que integre a ocorrência típica, limite constitucional da competência do legislador tributário. Em consequência, somente pode ocupar a posição de sujeito passivo tributário quem estiver em relação com o fato jurídico praticado.

3.1.8.1 *"Sujeitos" e "pessoas" no direito*

De muita valia para a compreensão dos negócios jurídicos praticados pelos particulares e, especialmente, para sua interpretação à luz da regra-matriz de incidência tributária é a diferença que se pode estabelecer entre os conceitos de *sujeito* e *pessoa* no direito. Muitas são as vezes em que os termos aparecem empregados em sinonímia no linguajar técnico-jurídico. Mas se tais imprecisões são toleráveis no discurso da técnica, não se podem admitir no discurso científico que estima o rigor na exposição das ideias.

Com o termo *pessoa* refere-se Kelsen[261], assim como muitos outros teóricos do direito, à capacidade atribuída pelo ordenamento para ser titular de direitos subjetivos e deveres jurídicos, diz o vienense: *"ser pessoa ou ter personalidade jurídica é o mesmo que ter deveres jurídicos e direitos subjetivos"*. É noção

---

261. *Teoria pura do direito*, 4ª ed., trad. Baptista Machado, Coimbra, Arménio Amado, 1979, p. 242.

relacionada, porém diversa daquela de *sujeito* com a qual se faz referência à função desempenhada por uma pessoa em uma relação jurídica; por vezes utiliza-se a expressão *condição* para significar a mesma coisa (*e.g.*: "aquele que está na *condição* de credor"). É-se pessoa em um ordenamento; *está*-se sujeito em uma relação. Como já o afirmara Pontes de Miranda[262]:

> Rigorosamente, só se devia tratar das pessoas, depois de se tratar dos sujeitos de direito; porque ser pessoa é apenas ter a possibilidade de ser sujeito de direito. Ser sujeito de direito é estar na posição de titular de direito. [...] Se alguém não está em relação de direito não é sujeito de direito: é pessoa; isto é, o que pode ser sujeito de direito.

Tais como são distintas as relações que uma mesma pessoa pode construir dentro de um ordenamento jurídico, diversas também serão suas posições como sujeito nessa ordem. Uma mesma pessoa (P') pode ser sujeito credor (S') de outra (P") em uma dada relação (R') e, simultaneamente, ser devedor (S") daquela outra (P") em vínculo relacional diverso (R"). As funções de sujeito credor (S') e sujeito devedor (S") correspondem a diferentes sujeições e não coincidem com as pessoas que ocupam tais posições (seja P' ou P"), a não ser no acidente de uma dada relação concreta. Para recorrer à metáfora das artes cênicas, a noção de *pessoa* está para o *ator*, tal como a ideia de *sujeito* aproxima-se da de *personagem*. Ainda que não seja a maneira mais convencional, é possível que, em uma única peça, o mesmo ator desempenhe o papel de diferentes personagens.

Para que se possa conhecer qual a condição como inerente a determinada pessoa no direito, deve conhecer-se bem a relação na qual ela desempenha suas funções enquanto sujeito. Isso porque, tal como é verdade que *somente se pode ser sujeito em meio a uma relação*, cada relação terá os seus sujeitos específicos. Como a identidade de pessoas não implica a identidade de sujeitos, pode ocorrer que duas pessoas entretenham diversas relações jurídicas e, assim,

---

262. *Tratado de direito privado*, T.1, Rio de Janeiro, Borsoi, 1972, p. 153 (a sublinha é do autor).

coloquem-se em diferentes posições de sujeição, uma frente à outra, construindo variados feixes de deveres e direitos de uma para com a outra.

Abundam evidências dessa distinção no direito positivo, por exemplo, como sucede com a verificação da *litispendência*. Segundo a prescrição do §2º do art. 301 do Código de Processo Civil[263], para afirmar a identidade de demandas não basta conhecer das pessoas, ou melhor, apontar a coincidência quanto às pessoas que desempenham a função de partes no processo: mais que isso, é preciso que se verifique a mesma causa de pedir e o mesmo pedido. Só assim estar-se-ia diante da mesma *relação* e, logo, dos mesmos sujeitos.

3.1.8.2 O significado da palavra "contribuinte"

Economicamente, contribuinte é a pessoa que arca com o ônus do pagamento do tributo. Nos domínios jurídicos, é o sujeito de direitos que ocupa o lugar sintático de devedor, no chamado "polo passivo da obrigação tributária".

A observação é oportuna quando se trava contato com o que vinha sendo postulado pela doutrina tradicional. Ocorre que a "Ciência da Finanças", campo disciplinar em extinção, entre outras coisas, pelo sincretismo metodológico que se propôs implantar, sem maiores cuidados fundiu esses conceitos, como se ambos coubessem no gênero próximo "contribuinte". Instaurou-se, assim, o dilema: (i) sob o enfoque econômico, o "contribuinte de direito" não é contribuinte, ao passo que, (ii) pelo prisma jurídico, o "contribuinte de fato" também não é contribuinte. Como resolver essa disjunção excludente? Que significa, afinal, "ser contribuinte"?

Antes de qualquer proposta explicativa, vejamos onde reside a falha vitanda da indigitada classificação. Dou por assente que as classificações, como as definições, não se submetem

---

[263]. "Art. 301. (...). § 2º Uma ação é idêntica à outra quando tem as mesmas partes, a mesma causa de pedir e o mesmo pedido." Na Lei n. 13.105/2015 (Novo Código de Processo Civil), a prescrição é do art. 337, § 2º.

aos valores verdadeiro/falso. Reivindicam, entretanto, boa formação sintática, isto é, respeito à regra lógica da separação em classes e subclasses que, por sua vez, reclama apenas a escolha de um critério definido e que permaneça estável nas divisões do mesmo nível. Daí a possibilidade de infinitas classificações, tomando-se como ponto de referência tão somente um único conjunto de elementos. Agora, a escolha do modelo classificatório vai implicar, diretamente, a eleição do critério de isolamento das entidades que participam do todo ou, em outras palavras, a propriedade comum ou o traço que será privilegiado, na multiplicidade do campo objetal, para fins de classificação. Isso determina a possibilidade de infinitas classificações sobre o mesmo domínio, todas elas corretamente construídas. Cumprirá ao interessado, então, submetê-las a juízo seletivo para apurar-se o teor de contribuição que cada uma delas venha a oferecer, tendo em vista o esclarecimento do objeto a ser descrito.

Ora, na tradicional classificação dos contribuintes em "de fato" e "de direito", inexistindo domínio comum a que pertenceriam simultaneamente as duas locuções – porque uma é construída sobre fundamentos econômicos, enquanto a outra é montada com supedâneo em dados jurídicos – remanesce o aspecto comum do vocábulo "c-o-n-t-r-i-b-u-i-n-t-e", ligando as duas entidades. E havemos de convir que o critério é muito pobre para suscitar efeitos elucidantes na compreensão do tema, seja ele jurídico ou econômico. Decididamente, o suporte físico a que se reduz o signo não tem como oferecer luzes à Ciência, podendo atender apenas às necessidades do discurso ordinário ou natural, em que o rigor sintático e a precisão semântica ficam relegadas a plano secundário, prevalecendo a instância pragmática como a grande condutora do processo de comunicação. No âmbito da linguagem científica, contudo, não teria o menor cabimento introduzir-se classificação como esta, que além de nada esclarecer, dificulta intensamente o acesso ao objeto do conhecimento.

O uso indiscriminado dessas expressões ocasionou verdadeiro caos na ordem jurídica, levando à criação de regras voltadas mais aos aspectos econômicos da tributação que aos jurídicos, como se observa, por exemplo, no artigo 166 do Código Tributário Nacional, que condiciona a restituição de tributos que, por sua natureza, comportem transferência do respectivo encargo financeiro, à prova de haver o "contribuinte de direito" assumido o referido encargo ou, na hipótese de tê-lo transferido, estar autorizado, pelo "contribuinte de fato", a recebê-la. Por outro lado, o "contribuinte de fato", por não integrar a relação jurídica tributária, é impedido de, ele próprio, ver-se restituído do tributo indevidamente recolhido.

Não ingressarei no mérito da compatibilidade ou não do artigo 166 do CTN com o texto constitucional. Trouxe-o à colação apenas para ilustrar os desvios legislativos gerados pela mencionada classificação dos contribuintes em "contribuinte de direito" e "contribuinte de fato".

O termo "contribuinte", no direito e na economia, apresenta critérios de uso diferentes, propiciando conotações distintas. Seria como classificar as "mangas" em duas categorias, aquelas que (i) consistem na parte do vestuário que cobre o braço e aquelas que (ii) são frutos da árvore que chamamos de mangueira. Haveria, certamente, uma complexa disputa doutrinária entre a Botânica descritiva e dado ramo da antropologia cultural. Os estudiosos daquela Ciência afirmariam, categoricamente, que o fruto da mangueira não é manga de camisa ou de casaco, ao mesmo tempo em que os especialistas em indumentária sustentariam a primazia de suas concepções. Este exemplo, singelo e pouco elaborado, permite ver até que ponto classificações mal feitas podem conduzir nosso raciocínio!

Nos tributos em que se verifica a repercussão jurídica da exação, como é o caso do IPI, o "contribuinte de fato" assume relevância no âmbito do direito tributário, já que, conquanto não seja o sujeito passivo da obrigação de pagar tributos, integra outro vínculo jurídico, nascido por determinação do princípio constitucional da não-cumulatividade, representado pelo liame dentro do qual surge o direito ao crédito do contribuinte em face da Fazenda Pública. Em seguida, investigaremos esta percussão tributária em seus pormenores. Mas algo pode, desde já, ficar assentado: o "contribuinte de fato" não é tão "de fato" como sempre se pensou.

3.1.8.3 A palavra "contribuinte" nas relações jurídicas obrigacionais do IPI

Acredito que entre outras classificações há uma que se apresenta forte no sentido de impulsionar os desígnios expositivos desta pesquisa. Refiro-me à classificação que toma como domínio comum o universo dos sujeitos passivos de determinado tributo, digamos, do IPI, que passarei a nomear de "contribuintes", qualificando como tais todos aqueles sujeitos de direito susceptíveis de integrar relações jurídicas do imposto, por praticarem ou estarem prontos para realizar operações previstas em lei como oneradas pelo impacto do gravame. O conjunto será delimitado com facilidade, uma vez que seus elementos estão individualmente cadastrados nos registros próprios da Fazenda Pública, perfazendo uma totalidade finita e determinável.

Muito bem. Admitindo que tal universo de contribuintes mantém-se em constante movimentação, pela dinâmica dos fatos sociais e das próprias estruturas do fenômeno jurídico, sempre nos será possível paralisá-lo em dado instante, para efeito de verificação das posições que os vários indivíduos estão desempenhando na integridade do conjunto. E não será difícil perceber que, numa precisa unidade de tempo, nem todos os contribuintes do imposto estarão participando, como sujeitos passivos, de uma relação jurídica obrigacional de IPI. A visão estática desse universo mostrará que muitos elementos do domínio (S') estarão atrelados à Fazenda Federal, na condição de devedores do tributo (R'), enquanto outros (S"), ainda que sujeitos a integrarem relações daquela ordem, encontrar-se-ão vinculados à mesma pessoa de direito público, todavia em liame jurídico de outra índole (R"), por haverem adquirido insumos com direito a crédito. Obviamente, não excluo a hipótese de uma terceira subclasse (S'"') que – por diversos motivos, no exato momento da análise não estivessem pertencendo a S' e a S", isto é, integrando o universo de contribuintes do IPI – inclui sujeitos passivos da relação jurídica tributária que já satisfizeram seu débito para com o Erário e ainda não praticaram outras operações tributáveis, bem como não adquiriram matérias-primas, produtos intermediários e materiais de embalagem, não tendo, por conseguinte, créditos oponíveis ao Fisco da União. E outros mais que estariam simultaneamente nas relações R' e R", compondo uma zona de intersecção (S' ∩ S"), nas relações (R' ∩ R"). Podemos nomear estes últimos, da classe de intersecção, de S"".

Examinando o assunto pelo ângulo das incidências normativas, teríamos a norma jurídica N' juridicizando os eventos que a legislação trata como "operações de industrialização", dos quais se irradiariam as relações R', trazendo no polo passivo os contribuintes S'. Paralelamente, encontraríamos a norma jurídica N", juridicizando as operações de aquisição de matérias-primas, produtos intermediários e materiais de embalagem e promovendo, no lado eficacial, as relações R", em que o contribuinte S" comparece como titular do direito subjetivo ao crédito do IPI, sendo sujeito passivo desse liame a Fazenda Federal.

Pela intersecção de classes (S' ∩ S"), chegaríamos ao subconjunto dos sujeitos passivos que, simultaneamente, participariam das duas relações, vale dizer, de R' e de R", portanto (R' ∩ R").

Para completar o domínio, reservemos o símbolo S'" para significar todos aqueles integrantes do universo de contribuintes do IPI que, por uma razão ou por outra, não se encontram participando dos subdomínios S' e S", bem como S'" para representar os sujeitos pertencentes à classe de intersecção. Eis configurado o panorama da sujeição passiva e ativa das relações de incidência do IPI, demarcando, com suas determinações específicas, os sujeitos direta ou indiretamente vinculados aos fatos jurídicos, o que permite atribuir a cada qual seus direitos e deveres tributários.

3.1.8.4 A repercussão jurídica do ICMS e a distinção entre "contribuinte" e "consumidor"

Por certo, não podemos menos do que abandonar, energicamente, essa classificação de "contribuinte" em (i) "contribuinte de fato" e (ii) "contribuinte de direito", pois a circunstância de existir disposição normativa que estipule a repercussão jurídica do tributo não altera os sujeitos integrantes da relação jurídica tributária.

Essa conclusão se destacou em posicionamento uniformizado pelo Superior Tribunal de Justiça, no julgamento do Recurso Especial Repetitivo nº 903.394, ementado nos seguintes termos:

> "PROCESSO CIVIL. RECURSO ESPECIAL REPRESENTATIVO DE CONTROVÉRSIA. ARTIGO 543-C, DO CPC. TRIBUTÁRIO. IPI. RESTITUIÇÃO DE INDÉBITO. DISTRIBUIDORAS DE BEBIDAS. CONTRIBUINTES DE FATO. ILEGITIMIDADE ATIVA AD CAUSAM, SUJEIÇÃO PASSIVA APENAS DOS FABRICANTES (CONTRIBUINTES DE DIREITO). **RELEVÂNCIA DA REPERCUSSÃO ECONÔMICA DO TRIBUTO APENAS PARA FINS DE CONDICIONAMENTO DO EXERCÍCIO DO DIREITO SUBJETIVO DO CONTRIBUINTE DE JURE À RESTITUIÇÃO (ARTIGO 166, DO CTN)**. LITISPENDÊNCIA. PREQUESTIONAMENTO. AUSÊNCIA. SÚMULAS 282 E 356/STF. REEXAME DE MATÉRIA FÁTICO-PROBATÓRIA. SÚMULA 7/STJ. APLICAÇÃO.
>
> 1. O "contribuinte de fato" (in casu, distribuidora de bebida) não detém legitimidade ativa ad causam para pleitear a restituição do indébito relativo ao IPI incidente sobre os descontos incondicionais, recolhido pelo "contribuinte de direito" (fabricante de bebida), **por não integrar a relação jurídica tributária pertinente**.
>
> [...]
>
> 4. Em se tratando dos denominados "tributos indiretos" (aquele que comportam, por sua natureza, transferência do respectivo encargo financeiro), a norma tributária (artigo 166, do CTN) impõe que a restituição do indébito somente se faça ao contribuinte que comprovar haver arcado com o referido encargo ou, caso contrário, que tenha sido autorizado expressamente pelo terceiro a quem o ônus foi transferido.

5. A exegese do referido dispositivo indica que: "...o art. 166, do CTN, embora contido no corpo de um típico veículo introdutório de norma tributária, veicula, nesta parte, norma específica de direito privado, que atribui ao terceiro o direito de retomar do contribuinte tributário, apenas nas hipóteses em que a transferência for autorizada normativamente, as parcelas correspondentes ao tributo indevidamente recolhido:

Trata-se de norma privada autônoma, que não se confunde com a norma construída da interpretação literal do art. 166, do CTN. É desnecessária qualquer autorização do contribuinte de fato ao de direito, ou deste àquele. Por sua própria conta, poderá o contribuinte de fato postular o indébito, desde que já recuperado pelo contribuinte de direito junto ao Fisco. No entanto, note-se que o contribuinte de fato não poderá acionar diretamente o Estado, por não ter com este nenhuma relação jurídica. Em suma: **o direito subjetivo à repetição do indébito pertence exclusivamente ao denominado contribuinte de direito**. Porém, uma vez recuperado o indébito por este junto ao Fisco, pode o contribuinte de fato, com base em norma de direito privado, pleitear junto ao contribuinte tributário a restituição daqueles valores. A norma veiculada pelo art. 166 não pode ser aplicada de maneira isolada, há de ser confrontada com todas as regras do sistema, sobretudo com as veiculadas pelos arts. 165, 121 e 123, do CTN. **Em nenhuma delas está consignado que o terceiro que arque com o encargo financeiro do tributo possa ser contribuinte**. Portanto, só o contribuinte tributário tem direito à repetição do indébito.

[...]

6. Deveras, o condicionamento do exercício do direito subjetivo do contribuinte que pagou tributo indevido (contribuinte de direito) à comprovação de que não procedera à repercussão econômica do tributo ou à apresentação de autorização do "contribuinte de fato" (pessoa que sofreu a incidência econômica do tributo), à luz do disposto no artigo 166, do CTN, **não possui o condão de transformar sujeito alheio à relação jurídica tributária em parte legítima na ação de restituição de indébito**.

[...]

8. É que, na hipótese em que a repercussão econômica decorre da natureza da exação, "**o terceiro que suporta com o ônus econômico do tributo não participa da relação jurídica tributária**, razão suficiente para que se verifique a impossibilidade desse terceiro vir a integrar a relação consubstanciada na prerrogativa da repetição do indébito, não tendo, portanto, legitimidade processual"

(Paulo de Barros Carvalho, in "Direito Tributário - Linguagem e Método", 2ª ed., São Paulo, 2008, Ed. Noeses, pág. 583).

[...]

13. Mutatis mutandis, é certo que:

"1. Os consumidores de energia elétrica, de serviços de telecomunicação não possuem legitimidade ativa para pleitear a repetição de eventual indébito tributário do ICMS incidente sobre essas operações.

2. A caracterização do chamado contribuinte de fato presta-se unicamente para impor uma condição à repetição de indébito pleiteada pelo contribuinte de direito, que repassa o ônus financeiro do tributo cujo fato gerador tenha realizado (art. 166 do CTN), mas não concede legitimidade ad causam para os consumidores ingressarem em juízo com vistas a discutir determinada relação jurídica da qual não façam parte.

3. **Os contribuintes da exação são aqueles que colocam o produto em circulação ou prestam o serviço, concretizando, assim, a hipótese de incidência legalmente prevista.**

4. **Nos termos da Constituição e da LC 86/97, o consumo não é fato gerador do ICMS.**

5. Declarada a ilegitimidade ativa dos consumidores para pleitear a repetição do ICMS." (**RMS 24.532/AM**, Rel. Ministro Castro Meira, Segunda Turma, julgado em 26.08.2008, DJe 25.09.2008)

[...]

15. Recurso especial desprovido. Acórdão submetido ao regime do artigo 543-C, do CPC, e da Resolução STJ 08/2008."

O ponto de atenção nesse julgado refere-se à assertiva de que **o consumidor ou "contribuinte de fato" não participa da relação jurídica tributária**, de modo que, apesar de arcar com o ônus econômico, não possui legitimidade para requerer a restituição do indébito, não obstante seja possível a demanda do valor assumido diretamente do contribuinte de direito, no contexto de uma relação tipicamente privada.

A esse respeito foi, inclusive, transcrita uma passagem em que me referia à impossibilidade de o terceiro que assume o ônus econômico do tributo vir a integrar a relação consubstanciada na prerrogativa da restituição do indébito, exatamente em virtude de não estar inserido na relação jurídica tributária.

Ora, isso significa, igualmente, que o contribuinte de fato não é sujeito passivo do ICMS. O comerciante é que é o sujeito passivo e, na hipótese de não ter efetuado a repercussão jurídica do tributo, em virtude de liminar à época vigente, mas já cassada, tem lugar relação de direito privado para esse ressarcimento.

Recentemente, o assunto retornou à pauta do Judiciário, mais especificamente do Plenário do Supremo Tribunal Federal, quando, por ocasião do julgamento do RE 608.872, com repercussão geral reconhecida, decidiu, de forma unânime, que a imunidade tributária só alcança quem faz parte da relação jurídica do tributo. Em vista disso, concluiu aquela Corte, nos termos do voto do relator Min. Dias Toffoli, que incide ICMS sobre as operações de comercialização de mercadorias a entidades imunes, pois estas não integram a relação jurídica tributária, estando no papel de consumidoras.

Pelo exposto, está consolidado o entendimento de que o consumidor final, embora economicamente tido como "contribuinte de fato", não integra a relação jurídica tributária. Tratando-se de ICMS, o liame obrigacional forma-se entre o vendedor da mercadoria (no polo passivo) e o Estado, sujeito ativo da exação.

3.1.8.5 *Capacidade para realizar o fato jurídico e capacidade para ser sujeito passivo de obrigação tributária*

Dúvida ainda presente entre os estudiosos do direito tributário é aquela referente ao sujeito passivo, quando analisado como devedor da prestação pecuniária, se bem que não houvesse participado da realização do fato, objeto da incidência. Vezes sem conta, o legislador atribui o cumprimento da obrigação a alguém diferente daquele que deu ensejo ao acontecimento fáctico, cercando de grande nebulosidade o discernimento de quem procura as correlações lógicas entre as pessoas possivelmente responsáveis. É imperioso reconhecer, decididamente, que graça enorme confusão nessa matéria, envolvendo legisladores, escoliastas e jurisprudentes, de tal sorte que vemos mesclados, na ambitude do mesmo termo, seres que ocupam lugares inteiramente distintos, na estrutura lógica da regra-padrão de incidência tributária.

O legislador brasileiro, por exemplo, dá nome de contribuinte não àquele que, de fato e de direito, contribui, mas a quem provoca o evento típico, na condição de agente. Prova disso está na redação do Código Tributário, no art. 126, que dá curso a estranha e exótica mancebia, enunciando que a capacidade tributária passiva independe:

> I – da capacidade civil das pessoas naturais;
>
> II – de achar-se a pessoa natural sujeita a medidas que importem privação ou limitação do exercício de atividades civis, comerciais ou profissionais, ou da administração direta de seus bens ou negócios;
>
> III – de estar a pessoa jurídica regularmente constituída, bastando que configure uma unidade econômica ou profissional.

Quanto desajuste e que tamanho desacerto pela ausência de uma distinção singela e despretensiosa! E convém salientar que o art. 126, da Lei 5.172/66, ao disciplinar a capacidade tributária, acha-se contido no capítulo atinente ao "Sujeito Passivo", mais precisamente, na seção III, do capítulo IV, do título II.

Se refletirmos na contingência de que o sujeito da ação nem sempre é dotado de personalidade jurídica, segundo os padrões do direito privado, enquanto o sujeito passivo da obrigação tributária tem que ser "pessoa de direito", vale dizer, ter nome, domicílio, patrimônio, consubstanciar, enfim, um centro de imputação de direitos e obrigações, como diria Kelsen, chegaremos à ilação óbvia de que o agente da ação que se subsome aos critérios da hipótese de incidência deve ser analisado de maneira diversa do sujeito passivo do laço obrigacional.

Realmente, o direito tributário reconhece legitimidade e aptidão para realizar o fato jurídico ou, ainda, dele participar, a entes, agregados econômicos, unidades profissionais e outras organizações, de pessoas ou de bens, não contempladas pelo direito privado com "personalidade jurídica". A eles confere possibilidade jurídica de promover aqueles acontecimentos hipoteticamente descritos na lei, reputando-os sucessos válidos e eficazes para desencadear os efeitos jurídicos característicos, significa dizer, a inauguração do *vinculum juris* que dá ao Estado o direito subjetivo público de exigir parcelas do patrimônio privado. Este é, sem torneios retóricos, o campo de eleição do "sujeito capaz" de realizar o fato jurídico tributário, ou dele participar, e os eventos que nessa conformidade ocorrerem assumem a magnitude própria que o direito associa aos chamados "fatos jurídicos tributários".

Por sem dúvida que "ser capaz" de realizar o fato jurídico tributário não quer demonstrar capacidade jurídica para ser sujeito passivo da obrigação tributária. Nesse sentido asseverou Maria Rita Ferragut[264]:

> Contribuinte é a pessoa que realizou o fato jurídico tributário, e que cumulativamente encontra-se no polo passivo da relação obrigacional. Se uma das duas condições estiver ausente, ou o sujeito será o responsável, ou será o realizador do fato jurídico, mas não o contribuinte. Praticar o evento, portanto, é condição necessária para essa qualificação, mas insuficiente.

Uma coisa é a aptidão para concretizar o êxito abstratamente previsto no texto normativo, outra é integrar o liame que se instaura no preciso instante em que adquire proporções concretas o fato descrito no suposto da regra tributária. É intuitivo que se não poderia negar legitimidade ao legislador fiscal para erigir fatos lícitos, que não acordos de vontade, considerados em si mesmos, e cogitá-los perfeitos e acabados, na estrita correspondência dos interesses e anseios da

---

264. *Responsabilidade tributária e o Código Civil de 2002*, São Paulo, Noeses, 2005, pp. 29-30.

pretensão impositiva do Estado. É nesse caminho que entrevemos a desvinculação do direito tributário com relação às demais construções do direito positivo, circunstância que lhe empresta, inequivocamente, traço particular e foros de autonomia, não científica, como de cotio se afirma, mas autonomia meramente didática, uma vez que o direito constitui sistema unitário e indecomponível, debaixo de qualquer pretexto que não aquele que busca meios e formas de expor a compostura de seus institutos, por métodos apropriados de compreensão.

E tal virtualidade criadora ou modificadora tão só existe porque nesse plano de elaboração normativa não há preocupar-se com impedimentos ou obstáculos de ordem lógico-jurídica, o que oferece vasta latitude aos eflúvios criativos do político, investido da função legislativa.

Nada haveria que opor, como o direito positivo certamente não opõe, a que a lei tributária atribuísse validade a atos ou negócios jurídicos, celebrados por pessoas relativa ou absolutamente incapazes, de acordo com os critérios firmados no direito civil. E, simplesmente, porque a lei tributária não associa àqueles atos ou negócios jurídicos os efeitos que lhe são próprios e característicos, nos quadros disciplinados pela lei civil.

A capacidade para participar dos fatos tributários, ou de concretizá-los, na consonância das previsões normativas, não é privilégio das pessoas físicas ou jurídicas, espécies de entidades personalizadas pelo direito privado. Para esse escopo, o legislador tributário desfruta de ampla liberdade, cerceada apenas pela consideração de dois fatores exógenos, quais sejam, os limites da outorga constitucional de competência e o grau de relacionamento da entidade com a ocorrência do fato. Dentro desse lato espectro, é infinita a legitimidade criativa do legislador fiscal, que pode atribuir "personalidade tributária" e "capacidade para realizar o fato jurídico-tributário" a quem não as tenha por reconhecidas no enredo das normas de direito civil.

Aceita a premissa, será apropriada, para a caracterização de um contrato de venda e compra de mercadoria, como ensejador de efeitos tributários, a circunstância de ambas as partes serem absolutamente incapazes; a contingência de uma sociedade de fato (sem constituição jurídica válida) ou de sociedade irregular (cuja constituição foi reconhecida pelo direito, mas que, por razões diversas, deixou de manter a regularidade jurídica de sua existência), praticar operações tributáveis; a eventualidade de um agregado familiar ser alvo de pretensões fiscais, por encontrar-se envolvido em situação tributada; a hipótese de um grupo de sociedades, não reconhecido em sua unidade pela ordem jurídica vigente, participar de sucesso estatuído em lei tributária; ou a conjuntura de um núcleo econômico ou profissional efetuar operações colhidas pela legislação de certo gravame.

Ora, com exceção dos menores, absoluta ou relativamente incapazes, e da sociedade irregular, pessoas dotadas de personalidade jurídica, os demais "sujeitos" acima referidos pertencem à numerosa família dos seres que o direito privado não reconhece como centros de imputação de direitos e obrigações. São utilizadas, a despeito disso, para compor a situação de fato que serve de pressuposto à inauguração do vínculo tributário, o que exibe a eloquência da afirmação, consoante a qual a capacidade de realizar o fato jurídico tributário, ou dele participar, prescinde de qualquer atinência às construções do direito civil.

De fora parte a consideração da hipótese normativa, para o fim de centralizar nossas atenções na consequência do juízo condicional, havemos de convir que o rol de opções do legislador se restringe, sensivelmente, não lhe sendo possível indicar para sujeito passivo alguém que não tenha personalidade jurídica, nos precisos termos em que definidos pelo direito civil. Minguando o requisito da personalidade jurídica, tal qual concebida na plataforma das elaborações privadas, a pretensão tributária estará por todos os meios inibida, em função da inaplicabilidade de cadeias de dispositivos de direito processual, que dão significado e conteúdo de coatividade às aspirações fazendárias. Nesse átimo, está o direito tributário irremediavelmente jungido aos preceitos, quer do direito civil, quer da processualística, com todas as implicações que lhe são ínsitas.

É útil recordar, neste ponto, que se o direito tributário é livre e suficiente em si mesmo para desenhar os contornos dos fatos que elege, não o será, certamente, para estipular os termos da chamada "obrigação tributária". E o motivo é simples e intuitivo: a obrigação tributária é espécie de relação jurídica, da categoria das patrimoniais, instituição que informa e ilumina a disciplina do comportamento humano em sociedade. Sua estrutura íntima é a mesma, seja qual for a índole do direito subjetivo ou do dever jurídico que veicule. Sob pena de frustrar o meneio desse instrumento, o legislador tributário não poderá talhar sua natureza, havendo de respeitá-la na plenitude de sua integridade.

A relação jurídica, como única e sobranceira fórmula que faz surgir direitos e correlatos deveres, tem suas raízes no seio da própria teoria geral do direito, matéria que versa os conceitos fundamentais descritores do direito positivo, observado como um todo. O emprego de tal equação instrumental, qualquer que seja o campo jurídico a que se destine, haverá de acatar o arcabouço comum e invariável, que antes supõe um sujeito ativo, titular do direito subjetivo; um sujeito passivo, de quem se pode exigir determinada prestação; e, por final, um objeto, centro de convergência do direito e do dever. À margem desse conjunto, inexiste relação, do que defluiu a necessidade de preservá-lo, para que se mantenha o conteúdo de juridicidade irradiada pela ocorrência dos fatos previstos nas hipóteses normativas.

Asseverei, linhas atrás, que o legislador brasileiro não distinguiu, com clareza, as figuras do sujeito capaz de realizar o fato jurídico tributário e o sujeito capaz de integrar a relação jurídica obrigacional. A confusão tem raízes constitucionais, foi consagrada no CTN e acabou penetrando toda a plataforma da legislação ordinária, para não citar atos normativos de estatura infralegal.

Nesse passo, quando vigorava o Decreto-lei n. 406/68, tecemos críticas que precisam ser registradas. Todavia, sabemos que algumas dessas questões foram "resolvidas" com a edição da Lei Complementar n. 116/2003.

Nunca sobeja insistir no registro dos adnumeráveis erros jurídicos, de cunho lógico ou terminológico, que o Decreto-Iei n. 406, de 31.12.68 perpetrou, aparecendo como o Diploma responsável por grande sorte das distorções existentes sobre o ICMS e o ISS. E, entre tantas, uma delas também reside na indicação do "sujeito capaz" de realizar o fato imponível, em contraponto ao "sujeito passivo" ou aquele apontado para integrar o liame obrigacional do tributo.

A Constituição não disse quem estaria credenciado a provocar a ocorrência do evento, mesmo porque se limitou a declarar a possibilidade dos Municípios de legislar sobre imposto que gravasse "serviços de qualquer natureza", desde que não compreendidos na competência da União ou dos Estados. No Texto Fundamental, debalde procuraremos encontrar a mais tênue referência ao verbo que terá como objeto direto "serviços de qualquer natureza". E, muito menos, quem deva operar tais serviços. Foi obra do indigitado Decreto-lei erigir o verbo "prestar", além de indicar os sujeitos da ação: empresa ou profissional autônomo. Vamos meditar neste ponto, já que a legislação do Município de São Paulo incorporou a iniciativa do legislador federal, que fazia as vezes (também assunto discutível) de legislador complementar, imprimindo caráter nacional às regras contidas naquele estatuto.

Tenho para mim que a prescrição correta sobre o sujeito capaz de realizar o fato jurídico tributário do ISS haveria de ser quem prestasse utilidades, materiais ou imateriais, a terceiro, com conteúdo econômico, habitualmente, e sob regime de direito privado. Dentro desses parâmetros, qualquer um, tivesse ou não personalidade de Direito Privado, estaria desde logo na condição de agente. O enunciado do Decreto-lei e da legislação municipal de São Paulo alude à empresa ou profissional autônomo, mas sabemos, perfeitamente, que muitos prestadores de serviços não revestem a feição jurídica de profissionais autônomos e, inobstante isso, praticam atividades catalogadas como tributárias, em curso reiterado. Estariam, porventura, fora do campo de incidência? Evidentemente, não. Mas, quem responderá pelo pagamento do imposto? Aqui penetram as digressões que desenvolvemos acerca da determinação do sujeito passivo, pois, forçosamente, terá ele personalidade, segundo as instituições de direito privado, habilitando-se no sentido de ocupar posição no polo negativo da obrigação tributária. Caso idêntico acontece com o agregado econômico ou profissional que der azo à concretização do fato. Nascerá o vínculo patrimonial, e o aplicador da lei, em trabalho exegético, procurará especificar quem responderá pelo *debitum*. Incontáveis exemplos poderiam ser trazidos à baila, para demonstrar a insuficiência do tratamento legislativo. Ventilemos um profissional atrelado a seu empregador por vínculo trabalhista. Não é profissional autônomo, como prescreve a lei. No entanto, se prestar serviços, iterativamente, à margem do vínculo empregatício, sua atividade paralela haverá de ser tributada, desde que, naturalmente, o serviço tenha cunho econômico e possa ser alcançado pelo imposto municipal.

Igualmente, o açodo do legislador transparece níveo ao referir-se à palavra "empresa". Com efeito, se teve a preocupação de mencionar uma atividade metódica e profissionalmente organizada, com vistas à obtenção de lucros, consoante os padrões atuais, pressupôs a existência de pessoa jurídica, que revestisse quaisquer das formas societárias admissíveis em direito. Entretanto, se pensou unicamente no núcleo econômico, preparado para a prática efetiva e reiterada de serviços, ainda que funcionando ao arrepio das normas civis e comerciais que regem a matéria, disse pouco.

Na verdade, o vocábulo "empresa" não encontrou ainda sua precisa conotação semântica. Como termo da simbologia jurídica está longe de atingir a determinação necessária e suficiente a um vocábulo que empresta rigor ao discurso. Duas ideias convergem na base deste conceito: a de "organização", mais ou menos sofisticada; e a de produção econômica de bens ou serviços. Se por "organização" pudéssemos depreender *todos* os sinais inerentes às estruturas jurídicas consagradas pelo direito, o termo ganharia firmeza, abrindo campo a elaborações mais sólidas e consistentes. Todavia, essa não é a única proporção semântica do vocábulo, pois ninguém ousaria negar que uma sociedade de fato, concebida para funcionar, em níveis profissionais, auferindo lucros, por não ser pessoa de direito, deixasse de ser considerada "organização empresarial". Vê-se, com clareza meridiana, que a noção de empresa continua lassa e cercada de aspectos imprecisos. Advém, então, a nota suso referida, a partir da qual seria melhor que o legislador municipal não determinasse aquelas duas categorias, como exclusivas responsáveis pela ocorrência do fato típico, remanescendo livre, por via de consequência, o campo de eleição do sujeito capaz de concretizá-lo.

Não repousa nesta crítica uma divergência de natureza político-legislativa, mas a descrição de um erro de lógica jurídica, suscitado pela letra do Diploma, que está em descompasso com a totalidade do direito vigorante. Cabe ao intérprete, na tarefa de compor a regra-padrão da incidência tributária, sopesar a correlação lógica que deve governar a unidade atômica do tributo, apontando os caminhos que culminam com soluções objetivas, prestigiadas pelo sistema. Mesmo porque, no caso concreto, não prevalece a redação da lei, quando vem em detrimento dos princípios e diretrizes que dão a arquitetura própria do Direito. O fenômeno jurídico subjacente tem que suplantar os desavisos do político, cristalizados no texto frio dos estatutos legislados. E descobrir o fenômeno jurídico subjacente é o grande e perene desafio do jurista. É partir do "direito posto" e chegar ao "direito pressuposto", na feliz expressão de Eros Roberto Grau[265].

A título de epílogo, não é demais salientar que quem quer que preste serviços, assim entendida a prestação de utilidades a terceiro, materiais ou imateriais, com substância econômica, em caráter habitual e debaixo de regime de direito privado, estará realizando o fato jurídico do imposto sobre serviços de qualquer natureza, seja empresa ou não, pessoa física ou jurídica, tenha ou não personalidade consagrada pela ordem vigente. Ressalta à obviedade, portanto, que de nada valem as palavras utilizadas pelo legislador, ao especular com a limitação dos agentes capazes de praticar o fato. O importante é saber se os serviços foram prestados, dentro daquelas condições.

3.1.9 Sujeição passiva indireta e responsabilidade tributária

Já observamos que muitas vezes o legislador refoge aos limites do suporte factual tributário, indo à procura de pessoa estranha àquele acontecimento do mundo, para fazer dele o *responsável* pela prestação. O eixo temático da responsabilidade tributária tem-se mostrado, na experiência brasileira, terreno sobremodo fecundo para o surgimento de dúvidas e imprecisões, principalmente considerando-se a polissemia do vocábulo. A propósito, este assunto foi tratado por Maria Rita Ferragut[266], onde, em seu *Responsabilidade Tributária e o Código Civil de 2002*, destacou que:

---

265. *O direito posto e direito pressuposto*, 6ª ed., São Paulo, Malheiros, 2005.
266. *Responsabilidade tributária e o Código Civil de 2002*, São Paulo, Noeses, 2005, p. 33.

o enunciado 'responsabilidade tributária' detém mais de uma definição, posto tratar-se de proposição prescritiva, relação e fato. As acepções caminham juntas, já que, em toda aparição do termo, faz-se possível identificar essas três perspectivas, indissociáveis. Optamos por nesse momento separá-las sem afastar o entendimento de que o fato jurídico é também uma proposição e uma relação; que a relação é um fato e uma proposição; e assim por diante.

Assim, com o objetivo de racionalizar a matéria, o legislador fez constar no Código Tributário Nacional regras disciplinadoras do assunto, subdividindo-o em três espécies: a) responsabilidade dos sucessores; b) responsabilidade de terceiros; e c) responsabilidade por infração.

Rigorosamente analisada, a relação envolve o responsável tributário, porém, é forçoso concluir que não se trata de verdadeira "obrigação tributária", mas de vínculo jurídico com natureza de sanção administrativa. Não é demasia repetir que a obrigação tributária só se instaura com sujeito passivo que integre a ocorrência típica, motivo pelo qual o liame da responsabilidade, nos termos traçados pelo Código Tributário Nacional, apresenta caráter sancionatório.

Anote-se que a responsabilidade tributária é das matérias que o constituinte considerou especiais e merecedoras de maior vigilância, demandando disciplina mais rigorosa, a ser introduzida no ordenamento mediante veículo normativo de posição intercalar, em decorrência de seu procedimento legislativo mais complexo, nos termos do artigo 146, III, do Texto Magno. Trata-se de típico exemplo do papel de ajuste reservado à legislação complementar, para garantir a harmonia que o sistema requer. Haveria verdadeiro caos se cada ente político pudesse, a seu bel-prazer, fixar normas que disciplinassem a responsabilidade atribuída aos sucessores, terceiros e infratores, em direito tributário.

No atual sistema jurídico brasileiro, o Código Tributário Nacional exerce essa peculiar função calibradora, tendo sido incluído como parte integrante da nova ordem jurídica estabelecida pela Constituição de 1988, pelo preceito contido no § 5º do artigo 34 do Ato das Disposições Constitucionais Transitórias, que garante a validade sistêmica da "legislação anterior", naquilo em que não for incompatível com o novo ordenamento. É o conhecido "princípio da recepção", meio pelo qual se evita intensa e árdua movimentação dos órgãos legislativos para o implemento de normas jurídicas que já se encontram prontas e acabadas, irradiando sua eficácia em termos de compatibilidade plena com o teor dos novos preceitos constitucionais. Porventura inexistisse a aplicabilidade de tal princípio e, certamente, o Poder Legislativo não faria outra coisa durante muito tempo, senão reescrever no seu modo prescritivo regras já conhecidas, nos vários setores do convívio social.

Não obstante se trate de lei ordinária, o legislador do Código Tributário Nacional regulou, em muitos de seus dispositivos, matéria privativa de lei complementar e, em face dessa orientação semântica, foram tais preceitos acolhidos pelo ordenamento jurídico com a força vinculativa daquele estatuto, em função do conteúdo por eles regulado. É o que se verifica nos artigos 128 a 138, que disciplinam a responsabilidade tributária, prescrevendo as hipóteses e condições nas quais o crédito pode ser exigido de pessoa diversa daquela que praticou o fato jurídico tributário.

3.1.9.1 Responsabilidade tributária dos sucessores

Efetuados os devidos esclarecimentos quanto à teoria geral da responsabilidade tributária, empreendamos breve revista nos artigos da Lei n. 5.172/66 que aludem à responsabilidade dos sucessores.

O artigo 130 do Código Tributário Nacional comete o dever tributário aos adquirentes de bens imóveis, no caso de imposto que grave a propriedade, o domínio útil ou a posse, e bem assim quanto a taxas e contribuições de melhoria. Ora, de ver está que, muito comum na prática, é o adquirente que não participou nem, muitas vezes, soube da ocorrência do fato jurídico tributário. É elemento estranho. O único motivo que justifica sua desconfortável situação de responsável é não ter curado de saber, ao tempo da aquisição, do regular pagamento de tributos devidos pelo alienante até a data do negócio. Por descumprir esse dever, embutido na proclamação de sua responsabilidade, é que se vê posto na contingência de pagar certa quantia.

No artigo 131 do Código Tributário Nacional, temos a responsabilidade pessoal (i) do adquirente ou remitente, pelos tributos relativos aos bens adquiridos ou remidos; (ii) do sucessor a qualquer título e do cônjuge meeiro, pelos tributos devidos pelo *de cujus* até a data da partilha ou adjudicação, limitada esta responsabilidade ao montante do quinhão do legado ou da meação; e (iii) do espólio, pelos tributos devidos pelo *de cujus* até a data da abertura da sucessão. Nos três incisos, repete-se a idêntica problemática, pressupondo a lei um dever de cooperação para que as prestações tributárias venham a ser satisfeitas. Em caso contrário, atua a sanção que, por decisão política do legislador, é estipulada no valor da dívida tributária, e seu pagamento tem a virtude de extinguir aquela primeira relação.

O mecanismo renova-se para as hipóteses de fusão, transformação e incorporação, fatos jurídicos ou operações de transformação societária dispostos no artigo 132 do Código Tributário Nacional. A pessoa jurídica de direito privado que resultar desses processos é responsável pelo pagamento dos tributos devidos até a data do ato. Não é difícil verificar o dever implícito de forçar a regularização do débito, antes da operação, ou de assumir o ônus na qualidade de responsável.

O artigo 133, por fim, leva-nos também ao mesmo fenômeno: uma pessoa natural ou jurídica de direito privado que adquire outra, fundo de comércio ou estabelecimento comercial, industrial ou profissional, e continua a respectiva exploração, sob a mesma ou outra razão social, ou sob firma ou nome individual. A pessoa adquirente será responsável pelos tributos devidos até a data do ato.

Do exposto, é intuitivo observar que a responsabilidade tributária instaura-se quando, tendo a obrigação de pagar tributos nascido contra determinado sujeito, é ela transferida a outrem, em virtude da ocorrência de fato posterior, pessoa de quem há de exigir-se o pagamento do valor correspondente.

No caso da chamada "responsabilidade por sucessão", a morte – tratando-se de pessoa física –, fusão, incorporação, transformação ou alienação de estabelecimentos tributados – tratando-se de pessoa jurídica – são ocorrências ocasionadoras da "mudança" de sujeição passiva, aparecendo sujeito diverso do contribuinte para o fim de cumprir a obrigação de recolher o montante equivalente ao débito tributário (artigos 129 a 133 do Código Tributário Nacional). Não se configura, como já consignei, verdadeira alteração da pessoa integrante do polo passivo da obrigação tributária original, mas da criação de novo vínculo, de natureza sancionatória, sendo sua disciplina exaustivamente traçada no Código Tributário Nacional.

Voltemos nossa atenção à responsabilidade tributária decorrente de alterações societárias, disciplinada no artigo 132, *caput*, da Lei n. 5.172/66, *verbis:*

> Art. 132. A pessoa jurídica de direito privado que resultar da fusão, transformação ou incorporação de outra ou em outra é responsável pelos tributos devidos até a data do ato pelas pessoas jurídicas de direito privado fusionadas, transformadas ou incorporadas.

O dispositivo *supra* estabelece, à sociedade que se originar da incorporação, a obrigação de recolher valores correspondentes ao *quantum* dos "tributos" devidos até a data do ato pela fusionada, transformada ou incorporada. Em relação ao assunto, prescreve o artigo 129 do Código Tributário Nacional que o disposto na Seção II do Capítulo V, relativo à responsabilidade dos sucessores, "aplica-se por igual aos créditos tributários definitivamente constituídos ou em curso de constituição à data dos atos nela referidos, e aos constituídos posteriormente aos mesmos atos, *desde que relativos a obrigações tributárias surgidas até a referida data*" (grifei).

Dessa determinação depreende-se ser irrelevante a data da lavratura do lançamento ou do auto de infração, pois estabelece que, mesmo que a constituição do crédito tributário seja posterior à sucessão, continuarão tendo aplicabilidade as regras de responsabilidade, tendo em vista que os eventos que deram nascimento àquelas obrigações foram praticados pela pessoa sucedida.

Podemos dizer que os dispositivos do Código Tributário Nacional, relativos à responsabilidade dos sucessores, têm aplicação sempre que o "evento tributário", comumente denominado "fato gerador", tiver ocorrido antes da sucessão, com a participação, em um dos polos, da pessoa jurídica sucedida. A sucessão desta sociedade engloba, portanto, todos os créditos ou débitos em seu nome, produzidos por negócios ocorridos até a data da sucessão independentemente da data de sua conclusão. Outrossim, o que se torna relevante para esses efeitos é a data da constituição do vínculo negocial com efeitos tributários e não a de sua extinção.

3.1.9.2 A responsabilidade tributária dos terceiros

Convém recordar que, à fixação da responsabilidade pelo crédito tributário, há dois rumos bem definidos: um interno à situação tributada; outro externo. Diremos logo que o externo tem supedâneo na frase excepcionadora, que inicia o período – *Sem prejuízo do disposto neste Capítulo* – e se desenrola no conteúdo prescritivo daqueles artigos que mencionamos e seguintes (129 até 138). O caminho da eleição da responsabilidade pelo crédito tributário, depositada numa terceira pessoa, vinculada ao *fato gerador*, nos conduz à pergunta imediata: mas quem será essa terceira pessoa? E a resposta vem pronta: qualquer uma, desde que não tenha relação pessoal e direta com o fato jurídico tributário, pois essa é chamada pelo nome de *contribuinte*, mesmo que, muitas vezes, para nada contribua. Sem embargo, haverá de ser colhida, obrigatoriamente, dentro da moldura do sucesso descrito pela norma. É o que determina o legislador.

As duas orientações para a indicação da responsabilidade pelo crédito tributário abrem, para o intérprete, uma série de especulações. Comecemos pela terceira pessoa, vinculada ao fato jurídico tributário. Acreditamos, outrossim, que esta se encontra sempre que o sujeito escolhido saia da compostura interna do fato tributário. Em ambas as hipóteses teremos uma relação obrigacional, de natureza tributária, visto que os sujeitos passivos foram retirados do interior da realidade objetiva descrita no suposto da norma.

Não sucede o mesmo quando o legislador deixa os limites factuais, indo à procura de uma pessoa estranha àquele acontecimento do mundo, para fazer dele o *responsável* pela prestação tributária, quer de forma supletiva, quer na condição de sujeito passivo exclusivo. Não é demasia repetir que a obrigação tributária só se instaura com sujeito passivo que integre a ocorrência típica, seja direta ou indiretamente unido ao núcleo objetivo da situação tributada. No processo de positivação das leis, a autoridade legislativa exerce suas funções, autolimitando-se ao compor a descrição normativa. Não pode transpor as fronteiras do fato que ele mesmo (legislador ordinário) demarcou, a não ser que venha a refazer a regra-matriz, mexendo no arcabouço do tributo, o que também só é possível se mantiver o núcleo de referência que a Constituição lhe atribuiu. Sendo assim, coloca-se a indagação, cheia de mistério e curiosidade: não se tratando de obrigação tributária, que índole teria esse vínculo, de que tantas vezes se socorre nosso legislador? Reuniria ele, porventura, poderes constitucionais para prescrever relações de outro jaez?

Tudo fica mais evidente, porém, quando atinamos ao disposto na Seção II – "Responsabilidade de Terceiros". Sob o manto jurídico da *solidariedade*, esconde-se a providência sancionatória, de maneira nítida e insofismável. Vamos conferir.

> Art. 134. Nos casos de impossibilidade de exigência do cumprimento da obrigação principal pelo contribuinte, respondem solidariamente com este *nos atos em que intervierem ou pelas omissões de que forem responsáveis* (a sublinha é nossa):

I – os pais, pelos tributos devidos por seus filhos menores;

II – os tutores e curadores, pelos tributos devidos por seus tutelados ou curatelados;

III – os administradores de bens de terceiros, pelos tributos devidos por estes;

IV – o inventariante, pelos tributos devidos pelo espólio;

V – o síndico e o comissário, pelos tributos devidos pela massa falida ou pelo concordatário;

VI – os tabeliães, escrivães e demais serventuários de ofício, pelos tributos devidos sobre os atos praticados por eles, ou perante eles, em razão do seu ofício;

VII – os sócios, no caso de liquidação de sociedade de pessoas.

Parágrafo único. O disposto neste artigo só se aplica, em matéria de penalidades, às de caráter moratório.

A transcrição foi longa, mas valeu a pena. Denuncia, com força e expressividade, o timbre sancionatório que vimos salientando. A cabeça do artigo já diz muita coisa, e fizemos questão de grifar *nos atos em que intervierem ou pelas omissões de que forem responsáveis* porque revela a existência de indisfarçável ilícito e do *animus puniendi* que inspirou o legislador, ao construir a prescrição normativa. Não fora isso, e todos os incisos confirmariam a presença de um dever descumprido, na base da responsabilidade solidária. Para evitar o comprometimento, as pessoas arroladas hão de intervir com zelo e não praticar omissões: tal é o dever que lhes compete. A inobservância acarreta a punição.

Para rematar, o parágrafo único fortalece ainda mais a convicção, restringindo a *responsabilidade* unicamente às penalidades moratórias, que têm caráter de sanção civil. E por que não estendeu às multas administrativas? Logicamente, porque haveria sobreposição de penalidades.

Cremos haver demonstrado a natureza do vínculo que se instala, sempre que pessoa externa ao acontecimento do fato jurídico tributário é transportada para o tópico de sujeito passivo. Teremos uma relação jurídica, de cunho obrigacional, mas de índole sancionatória – sanção administrativa.

Alguns autores invocam a extinção da obrigação tributária, quando o responsável paga a dívida, como um argumento contrário à tese que advogamos. O argumento, todavia, é inconsistente. Nada obsta a que o legislador declare extinta a obrigação tributária, no mesmo instante em que também se extingue a relação sancionatória. Dá-se por satisfeito, havendo conseguido seu objetivo final. Nem por isso, contudo, poderá impedir que o *responsável* procure ressarcir-se junto ao sujeito passivo tributário, aparecendo, perante ele, como credor no âmago de uma relação de direito privado.

3.1.9.3 *Responsabilidade tributária por infrações*

Salvo disposição de lei em contrário, a responsabilidade por infrações da legislação tributária independe da intenção do agente ou do responsável e da efetividade, natureza e extensão dos efeitos do ato (CTN, art. 136). Nota-se aqui uma declaração de princípio em favor da responsabilidade objetiva. Mas, como sua formulação não está em termos absolutos, a possibilidade de dispor em sentido contrário oferta espaço para que a autoridade legislativa construa as chamadas infrações subjetivas.

O art. 137 aponta os casos em que a responsabilidade é pessoal do agente: quanto às infrações conceituadas por lei como crimes ou contravenções, salvo quando praticadas no exercício regular de administração, mandato, função, cargo ou emprego, ou no cumprimento de ordem expressa emitida por quem de direito (item I); quanto às infrações em cuja definição o dolo específico do agente seja elementar (item II); e quanto às infrações que decorram direta e exclusivamente de dolo específico: a) das pessoas referidas no art. 134, contra aquelas por quem respondem; b) dos mandatários, prepostos ou empregados, contra seus mandantes, preponentes ou empregadores; c) dos diretores, gerentes ou representantes de pessoas jurídicas de direito privado, contra estas (art. 137, III).

Modo de exclusão da responsabilidade por infrações à legislação tributária é a denúncia espontânea do ilícito, acompanhada, se for o caso, do pagamento do tributo devido e dos juros de mora, ou do depósito da importância arbitrada pela autoridade administrativa, quando o montante do tributo dependa de apuração (CTN, art. 138). A confissão do infrator, entretanto, haverá de ser feita antes que tenha início qualquer procedimento administrativo ou medida de fiscalização relacionada com o fato ilícito, sob pena de perder seu teor de espontaneidade (art. 138, parágrafo único). A iniciativa do sujeito passivo, promovida com a observância desses requisitos, tem a virtude de evitar a aplicação de multas de natureza punitiva, porém não afasta os juros de mora e a chamada multa de mora, de índole indenizatória e destituída do caráter de punição. Entendemos que as duas medidas – juros de mora e multa de mora – por não se excluírem mutuamente, podem ser exigidas de modo simultâneo: uma e outra.

3.1.10 Sujeição passiva indireta e substituição tributária

Já vimos que sujeito passivo da relação jurídica tributária é a pessoa de quem se exige o cumprimento do objeto da prestação, nos nexos obrigacionais, bem como daquelas insusceptíveis de avaliação patrimonial, nas relações que veiculam meros deveres instrumentais ou formais. No subsolo do direito posto, seguindo a linha de pensamento de Rubens Gomes de Sousa, vamos encontrar a doutrina que aponta o contribuinte como sujeito passivo direto, e, como figuras de sujeição indireta, a substituição e a transferência, subdividindo-se esta última em solidariedade, sucessão e responsabilidade. O magistério, porém, tecido com critérios econômicos ou com dados ocorridos em momento pré-legislativo, não mais se sustenta em face de uma dogmática que se pretende rigorosa, voltada apenas para os aspectos jurídicos que os eventos do mundo possam oferecer.

Não sobeja repisar que a substituição de que falam os mestres, ou que registram os textos prescritivos, dista de ser fenômeno jurídico em que um sujeito de direitos cede lugar a outro sujeito de direitos, sob o pálio de determinado regime, como sugere o termo. A modificação se produz antes que o texto seja editado, em tempo que antecede o aparecimento da disciplina jurídica sobre a matéria. Estamos diante de algo que se opera em intervalo meramente político, quando o legislador prepara sua decisão e a norma ainda não logrou entrar no sistema.

Deixando entre parênteses essas imprecisões, tão comuns, aliás, na história de nossas instituições, coloquemos debaixo dos olhos o vulto do substituto, com o objetivo de demarcar o campo de sua possibilidade jurídica. Temos conhecimento, até agora, de que foi posto na condição de sujeito passivo por especificação da lei, ostentando a integral responsabilidade pelo *quantum* devido a título de tributo. Enquanto nas outras hipóteses permanece a responsabilidade supletiva do contribuinte, aqui o substituto absorve totalmente o *debitum*, assumindo, na plenitude, os deveres de sujeito passivo, quer os pertinentes à prestação patrimonial, quer os que dizem respeito aos expedientes de caráter instrumental, que a lei costuma chamar de "obrigações acessórias". Paralelamente, os direitos porventura advindos do nascimento da obrigação ingressam no patrimônio jurídico do substituto, que poderá defender suas prerrogativas, administrativa ou judicialmente, formulando impugnações ou recursos, bem como deduzindo suas pretensões em juízo, para, sobre elas, obter a prestação jurisdicional do Estado.

É preciso dizer que não se perde de vista o substituído. Ainda que não seja compelido ao pagamento do tributo, nem a proceder ao implemento dos deveres instrumentais que a ocorrência suscita, tudo isso a cargo do substituto, mesmo assim permanece à distância, como importante fonte de referência para o esclarecimento de aspectos que dizem com o nascimento, a vida e a extinção da obrigação tributária. Está aí a origem do princípio segundo o qual o regime jurídico da substituição é o do substituído, não o do substituto. Se aquele primeiro for imune ou estiver protegido por isenção, este último exercitará os efeitos correspondentes. Ao ensejo do lançamento, a lei aplicável há de ser a vigente no instante em que ocorreu a operação praticada pelo substituído, desprezando-se a do substituto. Mas, uma peça indispensável ao arranjo jurídico da substituição é a pronta disponibilidade de mecanismo eficaz para eventuais ressarcimentos do substituto.

Entendo que essa providência assecuratória, estreitamente ligada a princípios constitucionais da mais alta expressividade, não pode ficar ao sabor de juízos de conveniência ou de oportunidade exarados pela Administração Pública, nem, muito menos, prejudicada por bloqueios burocráticos tão frequentes nos domínios da gestão dos tributos. O substituto pode servir-se de ação regressiva contra o substituído, *"para recuperar a importância correspondente ao imposto e para manter o equilíbrio da equação financeira da substituição, sem que esteja em jogo qualquer prestação meramente tributária"*, como bem anota Ricardo Lobo Torres[267].

O instituto da substituição desfruta de grande atualidade no Brasil, difundindo-se intensamente como vigoroso instrumento de controle racional e de fiscalização eficiente no processo de arrecadação dos tributos. Entretanto, ao mesmo tempo em que responde aos anseios de conforto e segurança das entidades tributantes, provoca sérias dúvidas no que concerne aos limites jurídicos de sua abrangência e à extensão de sua aplicabilidade. Afinal de contas, o impacto da percussão fiscal mexe com valores fundamentais da pessoa humana – propriedade e liberdade –, de tal sorte que não se pode admitir transponha o legislador certos limites, representados por princípios lógico-jurídicos e também jurídico-positivos.

3.1.10.1 Substituição tributária "para trás" e "para frente"

Convencionou-se distinguir a substituição *para trás* da substituição *para frente*. Na primeira, segundo alguns, deu-se o evento tributado em todos os seus contornos jurídicos. Nada obstante, o legislador, por medidas de garantia e comodidade

---

267. *Curso de direito financeiro e tributário*, Rio de Janeiro, Renovar, 1998, p. 213.

no procedimento arrecadatório, entende por bem passar à frente, estabelecendo a responsabilidade na operação subsequente, como que prolongando o perfil da dívida tributária.

A substituição tributária para trás, portanto, será verdadeira hipótese de diferimento onde há postergação do instante para o pagamento do tributo, transferindo a obrigação fiscal para o sujeito que realiza etapa subsequente da cadeia, este obrigado a recolher o valor de duas operações: uma, de sua própria etapa; outra, daquela que a antecedeu. Aí, a regra-matriz permanece intacta em todos os seus aspectos, incidindo e dando nascimento à obrigação tributária. Apenas a exigibilidade do cumprimento dessa relação jurídica é que será adiada, verificando-se em momento posterior da cadeia, por sujeito passivo diverso daquele que praticou o fato jurídico tributário.

Em outras palavras, nessa situação, o pagamento é postergado a um dado momento que ocorre após a própria constituição do fato jurídico. Observe-se que, em tal sentido, recolhendo o sujeito passivo no âmbito da geografia do acontecimento, haverá perfeita consonância com as diretrizes constitucionais, pois o legislador está se movendo dentro do espaço que lhe foi superiormente atribuído. É modificando os elementos jurídicos na conformação da imposição tributária, perseguindo, assim, objetivos alheios aos meramente arrecadatórios, que se dá a "extrafiscalidade" na substituição tributária. Priorizam-se as finalidades de ordem social e econômica e não o incremento de receita, desonerando, pelo diferimento, os produtores de artigos primários, em regra, ao mesmo tempo em que impõe ao revendedor subsequente o ônus de recolher o tributo.

De modo diverso, na chamada substituição *para frente*, nutrida pela suposição de que determinado sucesso tributário haverá de realizar-se no futuro, o que justificaria uma exigência presente, as dificuldades jurídicas se multiplicam em várias direções, atropelando importantes valores constitucionais. Para atenuar os efeitos aleatórios dessa concepção de incidência, acena-se com um expediente compensatório ágil, que possa, a qualquer momento, ser acionado para recompor a integridade econômico-financeira da pessoa atingida, falando-se até em lançamentos escriturais imediatamente lavrados nos livros próprios. Por esse modo se pretende legitimar, perante o ordenamento jurídico, a extravagante iniciativa de tributar eventos futuros, sobre os quais nada se pode adiantar.

Ora, se pensarmos que o direito tributário se formou como um corpo de princípios altamente preocupados com minúcias do fenômeno da incidência, precisamente para controlar a atividade impositiva e proteger os direitos e garantias dos cidadãos, como admitir um tipo de percussão tributária que se dê à margem de tudo isso, posta a natural imprevisibilidade dos eventos futuros? Se é sabidamente difícil e problemático exercitar o controle sobre os fatos ocorridos, de que maneira lidar com a incerteza do porvir e, ao mesmo tempo, manter a segurança das relações jurídicas?

Procurando atalhar essas questões, o legislador brasileiro fez aprovar a Emenda Constitucional n. 03/93, que acrescentou o § 7º ao art. 150 da Carta Magna, prescrevendo:

> A lei poderá atribuir a sujeito passivo de obrigação tributária a condição de responsável pelo pagamento de imposto ou contribuição, cujo fato gerador deva ocorrer posteriormente, assegurada a imediata e preferencial restituição da quantia paga, caso não se realize o fato gerador presumido.

Modificação desse porte, introduzida no altiplano constitucional, teria o condão de encerrar o debate dogmático, imprimindo rumos seguros à disciplina das condutas intersubjetivas no setor tributário? Estimo que não. A partir da Emenda n. 03/93, ficaram bem caracterizadas duas orientações normativas contrapostas, ambas girando em torno do secular princípio da irretroatividade das leis. Havendo oposição formal entre dois enunciados do mesmo nível, e não podendo aplicá-los concomitantemente, o intérprete deverá optar por um em detrimento do outro. Trata-se, por certo, de decisão de fundo ideológico, mas toda interpretação pressupõe um ato de conhecimento e outro de decisão política, como bem advertira Kelsen. Na verdade, parece-me extremamente difícil abrir mão de valores que as civilizações modernas conquistaram com muita luta e de modo paulatino, no sentido de acolher diretriz fundada unicamente em critérios de comodidade administrativa, para realizar melhores padrões de conforto na arrecadação dos tributos. Interessa a todos, não há dúvida, o bom êxito da gestão tributária, concretizada pelos órgãos da Administração Pública. Ao mesmo tempo, ninguém desconhece a constante preocupação dos funcionários especializados, na busca de providências racionalizadoras, que diminuam o risco e aumentem o rendimento dos procedimentos de cobrança. Todavia, aquilo que choca o sentimento jurídico do cidadão é que isso se faça à custa de valores tão caros e obtidos com tanto sacrifício.

Tais considerações servem para registrar minha convicção no sentido de ser essa espécie de tributação maculada por vícios de inconstitucionalidade, tendo em vista a pretensão de se tributar "fato futuro", atropelando uma série de princípios constitucionais. Contudo, para que seja possível o exame da legislação infraconstitucional, compreendendo suas determinações para, no caso concreto, identificar a presença ou não desse regime jurídico, bem como suas consequências quanto ao laço obrigacional, é necessário abstrair por alguns momentos essa opinião.

3.1.10.2 *O modelo constitucional da regra-matriz do ICMS e suas particularidades na substituição tributária "para frente"*

Quero advertir que o esquema da regra-matriz de incidência tributária é uma fórmula simplificadora, reduzindo, drasticamente, as dificuldades do feixe de enunciados constituidores da figura impositiva. Obviamente, não esgota as especulações que a leitura do texto suscita, porquanto o legislador lida com múltiplos dados da experiência, promovendo mutações que atingem o sujeito passivo, o tempo da ocorrência factual, as condições de espaço, a alíquota e as formas de mensurar o núcleo do acontecimento.

É o que ocorre com o ICMS na modalidade substituição tributária "para frente": o arquétipo de sua regra-matriz sofre alterações, nos termos veiculados pelo art. 150, § 7º, da Constituição da República, incluído pela Emenda Constitucional nº 03/1993.

Nesse caso, o sujeito passivo passa a ser o substituto tributário, sendo o critério temporal antecipado para o momento da primeira (ou outra preferida pelo legislador) etapa da cadeia produtiva. Vejamos:

Hipótese:

- **critério material**: realizar operação relativa à circulação de mercadoria;

- **critério espacial**: âmbito territorial do Estado ou do Distrito Federal;

- **critério temporal**: momento da saída da mercadoria escolhida pelo legislador.

Consequência:

- **critério pessoal**: *sujeito ativo:* Estado ou Distrito Federal; *sujeito passivo*: o comerciante que, na qualidade de substituto, praticou a respectiva operação relativa à circulação de mercadoria do ciclo econômico;

- **critério quantitativo**: *base de cálculo*: valor presumido das operações de circulação de mercadoria em todas as etapas substituídas; *alíquota*: aquela prevista na legislação do imposto.

A adoção dessa modalidade de exigência tributária é uma opção do legislador dos Estados-membros. Todavia, uma vez eleita a substituição tributária "para frente" como sistemática de recolhimento do tributo, a fiscalização e arrecadação devem ser feitas nos exatos termos prescritos na Constituição, na Lei Complementar e no Convênio que regule a matéria.

Ademais, é preciso deixar bem claro que a referida gama de liberdade legislativa não pode ultrapassar os limites lógicos que a regra-matriz comporta. Se as mutações chegarem ao ponto de modificar os dados essenciais da hipótese e, indo além, imprimir alterações na base de cálculo, estaremos, certamente, diante de violação à competência constitucionalmente traçada. Não se pode perder de vista, portanto, o primeiro dos citados esquemas normativos, o qual apresenta extrema utilidade, possibilitando sejam elucidadas questões jurídicas, mediante a exibição das fronteiras dentro das quais o legislador e o aplicador das normas devem manter-se para não ofender o Texto Constitucional.

A substituição tributária não determina a instituição de tributo novo. Trata-se do mesmo ICMS que apenas tem sua regra-matriz de incidência parcialmente alterada pela norma jurídica que institui a substituição tributária. Modifica-se, a partir dela, o momento em que se considera ocorrido o fato jurídico tributário, ou seja, o critério temporal, e o sujeito obrigado a efetuar o recolhimento do imposto, previsto no critério pessoal do imposto. Tudo o mais permanece imutável tal como se encontra na regra-matriz de incidência do ICMS.

Desse modo, embora se implementem alterações na exigência do ICMS, em virtude de deslocamento do instante em que se considera ocorrido o fato jurídico tributário, antecipando-o, bem como do sujeito obrigado ao recolhimento dos respectivos valores aos cofres públicos, essa ordem de modificações só é admitida em virtude da existência de mecanismos que possibilitam confirmar ou infirmar a ocorrência do fato presumido, assegurando-se a restituição das quantias indevidamente recolhidas, caso não se verifique o fato presumido.

Além disso, a base de cálculo da exação, composta pelo valor da operação, acrescido de frete, seguro e outros encargos, além da MVA ou por preço médio ao consumidor, deve conferir dimensão ao fato presumido. Assim, quando ocorrer o fato presumido, verificar-se-á se o recolhimento do ICMS--ST foi feito adequadamente ou em montante inferior ou superior. Nessa última hipótese, o Estado deverá assegurar a *"preferencial e imediata restituição da quantia paga"* a maior, conforme disposto no art. 150, §7º da Constituição da República. Vale destacar que esse entendimento foi pacificado pelo Supremo Tribunal Federal (STF) com o julgamento do RE nº 593.849 em repercussão geral.

Nesse contexto, o ICMS-ST não possui regra-matriz de incidência isolada nem se trata de imposto novo, diferente do ICMS incidente sobre a operação própria. Ele é construído a partir da regra-matriz de incidência do ICMS, apenas modificada pela norma jurídica que institui no ordenamento jurídico a substituição tributária. Firma-se entre o ICMS "padrão" e o ICMS-ST uma relação de gênero e espécie, respectivamente. A nota é sobremaneira relevante, pois sabe-se que toda espécie "herda" do gênero todas as características que lhe definem.

3.1.11 Sujeição passiva indireta e solidariedade

No direito tributário, o instituto da solidariedade é um expediente jurídico eficaz para atender à boa organização administrativa do Estado, na procura da satisfação dos seus direitos. Sempre que houver mais de um devedor, na mesma relação jurídica, onde cada um fique obrigado ao pagamento da dívida integral, dizemos existir solidariedade passiva, nos termos do preceituado pelo artigo 264 do Código Civil brasileiro. Disciplinando o assunto na esfera tributária, o artigo 124 do Código Tributário Nacional firma que "são solidariamente obrigadas: I – as pessoas que tenham interesse comum na situação que constitua o fato gerador da obrigação principal; II – as pessoas expressamente designadas por lei", consignando, ainda, no parágrafo único, que "a solidariedade referida neste artigo não comporta benefício de ordem".

O *interesse comum* dos participantes na realização do fato jurídico tributário é o que define, segundo o inciso I, o aparecimento da solidariedade entre os devedores. A expressão empregada, além de vaga, não é roteiro seguro para a identificação do nexo que se estabelece entre os devedores da prestação tributária. Basta refletirmos na hipótese do imposto que onera as transmissões imobiliárias. No Estado de São Paulo, a lei indica o comprador como o sujeito passivo do gravame. Entretanto, tanto ele quanto o vendedor estão diretamente ligados à efetivação do negócio, havendo indiscutível interesse comum. Numa operação relativa à circulação de mercadorias, ninguém afirmaria inexistir convergência de interesses, unindo comerciante e adquirente, para a concretização do fato, se bem que o sujeito passivo seja aquele primeiro. Nas prestações de serviços, gravadas pelo ISS, tanto o prestador quanto o tomador do serviço têm interesse comum no evento, e não por isso o sujeito passivo deixa de ser o prestador.

Aquilo que vemos repetir-se com frequência, em casos dessa natureza, é que o *interesse comum* dos participantes no acontecimento factual não representa dado satisfatório para a definição do vínculo da solidariedade. Em nenhuma dessas circunstâncias cogitou o legislador desse elo que aproxima os participantes do fato, o que ratifica a precariedade do método preconizado pelo inciso I, do artigo 124, do Código Tributário Nacional. Vale, sim, para situações em que não haja bilateralidade no seio do fato tributado, como, por exemplo, na incidência do IPTU, em que duas ou mais pessoas são proprietárias do mesmo imóvel. Tratando-se, porém, de ocorrências em que o fato se consubstancie pela presença de pessoas, em posições diversas, não se instala a solidariedade. É o que se dá no imposto de transmissão de imóveis, no ICMS, no ISS, dentre outros.

3.1.12 A importância da determinação do sujeito passivo da relação tributária nas ações de repetição de indébito

Conforme observa Eduardo Domingos Bottallo[268]:

> somente o contribuinte chamado 'de jure' é parte da relação jurídica tributária; consequentemente, somente a ele é atribuível o título jurídico; somente a ele cabe o direito de repetição do

---

268. "Restituição de impostos indiretos", in *Revista de Direito Público*, vol. 22, São Paulo, Revista dos Tribunais, 1973, p. 320.

tributo indevido e nenhuma condição adicional se lhe pode ser imposta para o exercício desse direito.

E mais adiante: "o vínculo entre os contribuintes 'de jure' e 'de fato', pelo qual o fenômeno da translação legalmente reconhecida se opera, é de natureza privada".

Assim é que a norma veiculada pelo artigo 166, do Código Tributário Nacional, não pode ser aplicada de maneira isolada; há de integrar-se com todas as regras do sistema, sobretudo com as veiculadas pelos artigos 121, 123 e 165 do Código Tributário Nacional. Em nenhuma delas está consignado que o terceiro que arque com o encargo financeiro do tributo possa ser contribuinte. Portanto, só o contribuinte tributário tem direito à repetição de indébito e, via de consequência, só a ele é atribuído legitimidade processual para tal empreendimento.

Advirta-se que o terceiro que suporta com o ônus econômico do tributo não participa da relação jurídica tributária, razão suficiente para que se verifique a impossibilidade desse terceiro vir a integrar a relação consubstanciada na prerrogativa da repetição do indébito, não tendo, portanto, legitimidade processual.

Resulta dessas considerações que é ao sujeito passivo da obrigação tributária, ou responsável, que realizou o evento jurídico do pagamento indevido, que pertence o direito subjetivo de figurar no polo ativo do liame da devolução do indébito tributário. O direito à repetição de indébito está assegurado constitucionalmente e decorre dos princípios informadores do sistema tributário nacional, motivo pelo qual não se admite que regra de inferior hierarquia pretenda restringir ou suprimir esse direito.

3.2 PARA UMA SÍNTESE DA REGRA-MATRIZ DE INCIDÊNCIA

A norma jurídica, com seu esquema sintático de juízo condicional (proposição condicional para a Lógica moderna), recoberto semanticamente com sentidos concretos que se dirigem ao campo material das condutas intersubjetivas, volta-se para o fim de orientar o comportamento social em direção a certos valores que assegurem o equilíbrio e a harmonia entre as pessoas da sociedade humana (sua dimensão pragmática). É estrutura linguística que tem como finalidade precípua condicionar o proceder coletivo, produzindo a almejada eficácia social do mandamento.

As normas jurídicas têm a organização interna das proposições hipotéticas, em que se enlaça determinada consequência à realização condicional de um evento, da forma "$p \to q$", ou, em linguagem jurídica semiformalizada, verificando-se a ocorrência do fato "F", deve ser a conduta obrigatória, por parte de S", de cumprir a prestação "P" em favor de S'.

Na verdade, numerosos são os postulados que regem a atividade impositiva do Estado, praticamente todos inscritos, expressa ou de modo implícito, na Constituição. Igualmente abundantes, as regras tributárias que envolvem a instituição do gravame, tornando possível sua existência como instrumento efetivo de desempenho do poder político, social e econômico-financeiro do Estado. A produção dos textos legislativos é obra dos legisladores (entendido este termo no sentido amplo), plexo de órgãos credenciados para produzir enunciados jurídicos com teor prescritivo. Já a proposição normativa não é exclusividade de quem promove o ingresso do texto legislado, mas de todo aquele que se coloque na posição de sujeito-cognoscente dos enunciados jurídicos. Está no plano das significações, apresentando-se, de final, após a atividade construtiva do intérprete, com a compostura própria dos juízos condicionais. Nessa plataforma conceptual é que se pode dizer de uma hipótese, suposto ou antecedente, a que se conjuga uma tese, consequência ou mandamento. A forma associativa é a cópula deôntica, o dever-ser que caracteriza a imputação jurídico-normativa.

Dentro desse arcabouço, a hipótese trará a previsão de um fato de possível ocorrência, enquanto a consequência prescreverá a relação jurídica que se vai instaurar, onde e quando acontecer o evento cogitado no suposto normativo. A hipótese alude a um fato e a consequência prescreve os efeitos jurídicos que o acontecimento irá propagar, razão pela qual se fala em descritor e prescritor (Lourival Vilanova), o primeiro para designar o antecedente normativo, e o segundo para indicar seu consequente.

3.2.1 Esquema lógico de representação formal

Analiticamente, os muitos cientistas do direito têm insistido na tese de que, tanto no descritor (hipótese) quanto no prescritor (consequência), existem referências a aspectos ou dados identificativos. Na hipótese (descritor), haveremos de encontrar um critério material (comportamento de uma pessoa), condicionado no tempo (critério temporal) e no espaço (critério espacial). Já na consequência (prescritor), depararemos com um critério pessoal (sujeito ativo e sujeito passivo) e um critério quantitativo (base de cálculo e alíquota), em se tratando de regra tributária. A conjunção desses dados indicativos nos oferece a possibilidade de exibir, na sua plenitude, o núcleo lógico-estrutural da proposição normativa. Chega-se, enfim, à regra-matriz de incidência ou proposição-normativa-padrão, que em linguagem simbólica pode ser representada da seguinte forma:

$$D \{ [cm(v.c) . ct . ce] \rightarrow [cp(Sa.Sp) . cq(bc.al)] \}$$

Interpretação dos símbolos:

- "D" dever-ser neutro que outorga validade à norma jurídica. Incide sobre o conectivo interproposicional "$\rightarrow$", juridicizando o vínculo entre hipótese e consequência;

- "[cm(v.c) . ct . ce]" ≡ hipótese normativa, antecedente, suposto normativo, proposição hipótese ou descritor, em que:

    cm ≡ critério material da hipótese - núcleo da descrição fáctica;

    v ≡ verbo, sempre pessoal e de predicação incompleta;

c ≡ complemento do verbo;

ce ≡ critério espacial da hipótese, condicionante de espaço;

ct ≡ critério temporal da hipótese, condicionante de tempo;

"≡" símbolo de equivalência

"." ≡ conectivo lógico conjuntor;

– "→" conectivo condicional interproposicional;

– "[cp(Sa.Sp) . cq(bc.al)]" consequente normativo, proposição relacional, tese ou prescritor, em que:

Sa ≡ sujeito ativo da obrigação, credor, sujeito pretensor;

Sp ≡ sujeito passivo da obrigação, devedor;

bc ≡ base de cálculo;

al ≡ alíquota.

Estabelecidos tais pressupostos, é oportuno relembrar que o resultado dessa tarefa compositiva haverá de ser a obtenção de um juízo hipotético, e que seus componentes se associam pelo liame da imputação deôntica [D(→)], qualificado pelo dever-ser neutro.

O princípio da homogeneidade sintática das regras do direito positivo identifica a mesma estrutura formal de todas as entidades do conjunto normativo. As normas jurídicas tributárias ostentam a mesma estrutura frástica, diferenciando-se apenas nas instâncias semântica e pragmática. No âmbito do direito tributário, caracterizam-se por incidir em determinada região do social, marcada por acontecimentos economicamente apreciáveis que são atrelados a condutas obrigatórias da parte dos administrados, e que consistem em prestações pecuniárias em favor do Estado-administração. Todavia, em toda a extensão do sistema, o esquema lógico ou sintático permanece estável, o que não ocorre, no entanto, em termos de conteúdo, no nível semântico.

Convém relembrar que, no domínio das chamadas "normas tributárias", poderemos classificá-las em dois subconjuntos: (i) as unidades que dizem, propriamente, com o fenômeno da percussão impositiva; e (ii) aquel'outras que estipulam diretrizes gerais ou fixam providências administrativas para imprimir operatividade a tal pretensão. São poucas as pertencentes ao primeiro subdomínio, ou seja, as que definem a incidência tributária, conotando os eventos de possível ocorrência e prescrevendo os elementos da obrigação de pagar. Pode-se até afirmar que existe somente uma para cada figura tributária, acompanhada por numerosas regras de caráter funcional. Ora, é firmado nessa base empírica que passo a designar "norma tributária em sentido estrito" àquela que assinala o núcleo do impacto jurídico da exação. E esta, exatamente por instituir o âmbito de incidência do tributo, é também denominada "norma-padrão" ou "regra-matriz de incidência tributária".

3.2.2 O fenômeno da incidência tributária: a positivação da regra-matriz

As regras do direito juridicizam os fatos sociais (entre eles, os naturais que interessem de algum modo à sociedade), fazendo irromper relações jurídicas, no seio das quais aparecem os direitos subjetivos e os deveres correlatos. Daí dizer-se que a incidência da regra faz nascer o vínculo entre sujeitos de direito, por força da imputação normativa. E a norma tributária não refoge desse quadro de atuação, que é universal, valendo para todo espaço territorial e para todo o tempo histórico.

Como decorrência do acontecimento do evento previsto hipoteticamente na norma tributária, instala-se o fato constituído pela linguagem competente, irradiando-se o efeito jurídico próprio, qual seja o liame abstrato mediante o qual uma pessoa, na qualidade de "sujeito ativo", ficará investida do direito subjetivo de exigir de outra, chamada de "sujeito passivo", o cumprimento de determinada prestação pecuniária. Empregando a terminologia do Código Tributário Nacional, diríamos que ocorreu o "fato gerador" (em concreto), surgindo daí a obrigação tributária: é a fenomenologia da chamada "incidência dos tributos".

Em rigor, não é o texto normativo que incide sobre o fato social, tornando-o jurídico. É o ser humano que, buscando fundamento de validade em norma geral e abstrata, constrói a norma jurídica individual e concreta, na sua bimembridade constitutiva, empregando, para tanto, a linguagem que o sistema estabelece como adequada, vale dizer, a linguagem competente. Instaura, desse modo, o fato e relata seus efeitos prescritivos, consubstanciados no laço obrigacional que vai atrelar os sujeitos da relação. E tal atividade, que consiste na expedição de norma individual e concreta, somente será possível se houver outra norma, geral e abstrata, servindo-lhe de fundamento de validade.

Tecnicamente, interessa sublinhar que a incidência requer, por um lado, norma jurídica válida e vigente; por outro, a realização do evento juridicamente vertido em linguagem que o sistema indique como própria e adequada. Percebe-se, portanto, que a chamada "incidência jurídica" reduz-se, pelo prisma lógico, a duas operações formais: a primeira, de subsunção ou inclusão de classes, em que se reconhece que uma ocorrência concreta, localizada em determinado ponto do espaço social e em específica unidade de tempo, inclui-se na classe dos fatos previstos no suposto da norma geral e abstrata; outra, a segunda, de implicação, porquanto a fórmula normativa prescreve que o antecedente implica a tese, vale dizer, o fato concreto, ocorrido *hic et nunc*, faz surgir uma relação jurídica também determinada, entre dois ou mais sujeitos de direito. É importante ter em mente, outrossim, que tais operações lógicas somente se realizam mediante a atividade de ser humano, que efetue a subsunção e promova a implicação que o preceito normativo determina, o que pressupõe construção de linguagem.

Voltando nossa atenção à primeira dessas operações formais, diremos que houve subsunção quando o fato jurídico tributário guardar absoluta identidade com o desenho normativo da hipótese. Esse quadramento, porém, tem de ser completo. É aquilo que se tem por tipicidade, que no direito tributário, assim como no direito penal, adquire enorme importância.

Segundo tal preceito, para que determinada ocorrência seja tida como fato jurídico tributário, imprescindível a satisfação de todos os critérios identificadores tipificados na hipótese da norma geral e abstrata. Que apenas um não seja reconhecido, e a dinâmica da incidência ficará inteiramente comprometida.

3.3 REGRA-MATRIZ DOS PRINCIPAIS IMPOSTOS

3.3.1 Anotações sobre o presente contexto histórico

Vivemos momento crítico, caracterizado pela instabilidade das instituições, principalmente no que concerne ao quadro jurídico-tributário que vigora no Brasil. O país passa por intervalo difícil de sua história e toda a desordem a que assistimos no plano econômico irradia-se para o setor político, social (em sentido estrito), moral e, como não poderia deixar de ser, para os domínios do direito. Certamente que nunca atravessamos período de tanta turbulência na edição de regras atinentes às condutas inter-humanas, de modo especial, no exercício das pretensões impositivas do Estado enquanto Poder Tributante. A ausência de expectativas estáveis impede qualquer iniciativa de planejamento racional por parte dos sujeitos passivos, gerando indeterminações que hoje são sentidas intensamente também pelas autoridades administrativas, perdidas na trama de uma legislação desencontrada, em que a multiplicidade de comandos, editados sem respeito aos superiores princípios da Lei Fundamental, precipitam-se sobre a região material das condutas intersubjetivas, em cadeias de normas que se desdobram, muitas vezes, sem o nexo que a harmonia do sistema requer.

A criação de um esquema seguro para dar parâmetros racionais à tributação, com fundamento em estrutura lógica, permitiu à Ciência do Direito Tributário colaborar na limitação da vontade arrecadatória do legislador. A regra-matriz veio à lume, justamente, para instaurar critérios seguros, permitindo identificar a natureza do tributo e relacioná-la com o regime jurídico que querem lhe impor. O texto de lei passa a ser observado de forma crítica e sob reflexões autorizadas pela Epistemologia Geral, de tal sorte que fiquem preservados os sobranceiros princípios constitucionais informadores da adequada construção da regra-matriz de incidência, assim como de todas as unidades integrantes do processo de positivação do direito.

3.3.2 Imposto sobre a renda

Dentre os impostos que compõem o sistema tributário nacional, o imposto sobre a renda e proventos de qualquer natureza sempre ocupou lugar importante, independentemente do volume de receita que é capaz de produzir para os cofres públicos. Sua dimensão histórica; seus amplos recursos econômicos, políticos e jurídicos; sua potencialidade de atingir em cheio a capacidade contributiva do sujeito passivo; sua compostura tão propícia à realização de valores supremos como a "justiça tributária"; tudo isso foi criando, ao longo da tradição, um ambiente favorável ao desenvolvimento desse tributo. Em princípio, mais no plano contábil; depois, no campo da política e da economia, passando a interessar fortemente os juristas. Nada obstante esse papel de crescente relevância para a Dogmática, a verdade é que somente agora surgem estudos jurídicos de maior envergadura submetendo o gravame a uma análise mais fina, a ponto de aproveitar, com profundidade, a messe de informações que a experiência brasileira tem ensejado.

Por esse ângulo de observação, penso que o grande problema sempre foi a conexão entre os preceitos estatuídos no modelo da Lei Suprema e os desdobramentos infraconstitucionais que a farta legislação prevê. O domínio de certos primados, cujos conteúdos hão de manter-se presentes no longo e complexo processo de positivação, estava por reclamar outras reflexões mais aturadas, mais rigorosas, mais criativas, que a mera preocupação com aspectos econômicos e contábeis jamais poderia oferecer.

Com efeito, os desvios inerentes a interpretações pouco elaboradas dos comandos constitucionais têm dificultado sobremaneira a boa aplicação dos amplos recursos dessa forma de tributação, impedindo que Fisco e contribuinte possam usufruir das indiscutíveis vantagens que ela oferece.

3.3.2.1 Variações sobre o modo de aproximação cognoscitiva com o IR

Todo aquele que pretender aproximar-se desse tributo terá que observar de perto a vida das empresas. Essas sociedades, células indispensáveis para a movimentação econômica do país, demonstram que o trato com o direito tributário requer a consideração direta da linguagem contábil-fiscal, com sua particularíssima simbologia, cuidadosamente juridicizada pela legislação específica. A Lei das Sociedades Anônimas, por exemplo, consagra porção expressiva de formulações oriundas das Ciências Contábeis, o que equivale a absorver tais conteúdos, outorgando-lhes relevância para o direito.

Os assim chamados "fatos contábeis" são construções de linguagem, governadas pelas diretrizes de um sistema organizado para registrar ocorrências escriturais, articulando-as num todo carregado de sentido objetivo.

Quando o direito se ocupa dessa trama sígnica, fazendo sobre ela incidir sua linguagem deôntica, temos o jurídico-prescritivo empregado na condição de metalinguagem, isto é, de linguagem de sobrenível, e a Ciência do Direito Tributário operando como meta-metalinguagem, porém de caráter descritivo.

Poder-se-ia advertir que sempre tudo se passa assim, porquanto as normas jurídicas estariam, invariavelmente, percutindo sobre a linguagem do social, com o que estou de acordo. Todavia, no caso dos registros contábeis, essa linguagem se interpõe acima da linguagem social e abaixo da camada linguística do direito posto. É um estrato a mais, que o cientista do direito não pode esquecer, tratando, como se trata, de discurso voltado para uma finalidade precípua, qual seja, a de estabelecer o procedimento técnico indispensável ao estabelecimento intersubjetivo dos fatos relevantes para o convívio socioeconômico.

Os sistemas contábeis, com suas regras de formação e de transformação rigorosamente explicitadas, dão espaço a um cálculo operacional próprio, além de toda a gama de dificuldades de cunho semântico e pragmático que sabemos existir.

3.3.2.2 *Os pressupostos constitucionais do imposto sobre a renda*

Já é expressiva a literatura jurídica brasileira sobre os tributos. Com a velocidade da produção normativa dos órgãos governamentais, gerando intensivamente a disciplina de situações novas na ânsia de diminuir o descompasso inevitável entre a realidade social e os padrões adequados da juridicidade positiva, a doutrina nacional vem aumentando, consideravelmente, sua contribuição nesse território tão delicado do relacionamento intersubjetivo.

No amplo quadro das obras publicadas sobre a matéria, contudo, preponderam manifestações genéricas, no feitio de cursos, compêndios, manuais, ou a respeito de institutos jurídicos cuja presença inevitável na compostura das várias entidades tributárias é de meneio obrigatório entre os estudiosos. No mais, há grande incidência de doutrina a propósito de assuntos tópicos que, por algum motivo, tenham suscitado o interesse imediato da comunidade jurídica. Monografias acerca de tributos, especificamente considerados, são raras. De cinco anos para cá, entretanto, foram surgindo alguns trabalhos de alto nível científico, com a proposta de analisar a regra-matriz de algumas figuras do nosso sistema tributário.

E a preferência tem recaído em impostos como os de importação e exportação, o ICMS, o IPI e, recentemente, sobre o IPTU e o ITR. Quanto ao imposto sobre a renda e proventos de qualquer natureza, talvez pela complexidade do seu regime de incidência, ou pelo número às vezes até extravagante dos enunciados prescritivos que integram sua estrutura, a verdade é que a exação tem espantado os especialistas, afastando-os de um contato mais direto e radical com tão nobre forma de imposição tributária.

Esperava-se, com grande expectativa, um escrito diferente, que dirigisse o foco da análise para as raízes constitucionais do imposto sobre a renda, discutindo-lhe os pressupostos para o conhecimento de sua base institucional, uma vez que, pelo processo de derivação, todas as normas do direito positivo hão de buscar o fundamento último de sua validade jurídica no Texto Supremo. É a Lei das leis que instaura a ordem jurídica e precipita, uma a uma, todas as cadeias normativas que servem de ponte entre os grandes valores e as diretrizes constitucionais, de um lado, e as condutas pessoais em interferência intersubjetiva, do outro. Os comandos do Diploma Básico, para chegarem à região material dos comportamentos inter-humanos, necessitam, de modo imprescindível, de uma série de outras normas gerais e abstratas e individuais e concretas, sem o que não logram aproximar-se do agir humano, nas suas relações de interpessoalidade. E disso decorre que a discussão dos grandes problemas, por mais que se estabeleça no plano pragmático das condutas concretas, há de regredir, necessariamente, à busca da sustentação constitucional apropriada, sem o que resvalará para o lugar-comum das questões infundadas, das pretensões tributárias juridicamente insustentáveis.

Podemos dar por consente que, em todas as imposições tributárias, os alicerces da figura impositiva estarão plantados na Constituição da República, de onde se irradiam preceitos pelo corpo da legislação complementar e da legislação ordinária, crescendo em intensidade a expedição de regras em escalões de menor hierarquia. Não fosse isso, o labor constante dos contribuintes, do Judiciário, da própria Administração e do Congresso Nacional, interpretando o produto legislado e outorgando-lhe dimensões semânticas muitas vezes inconciliáveis, seguiria multiplicando os embaraços e fazendo do assunto objeto de inesgotáveis polêmicas.

Tais elementos respondem, certamente, pela grande complexidade do projeto expositivo do cientista, obscurecendo-lhe a visão para uma tomada mais abrangente e sistematizada. E o resultado pode ser facilmente apurado: há pouquíssimas obras que dele (IR) se ocupem com o objetivo de apresentá-lo em seu esquema básico, em sua feição unitária, em seu caráter estrutural. Quase sempre os estudos se afastam daquilo que poderíamos chamar de "núcleo rígido" da exação, para tratar de desdobramentos periféricos, de segmentos especializados, de questões agudas, cheias de interesse para as partes envolvidas, mas sem lidar com suas categorias fundamentais.

Dentre as várias cadeias de positivação do imposto sobre a renda, encontram-se os cânones constitucionais, no topo, e de lá descem aos patamares mais baixos do sistema, que conferem, controlando, a congruência dos numerosos preceitos com os mandamentos da Lei Maior. É curioso observar, trilhando esse caminho epistemológico, como as conexões vão se desgastando e os desvios vão surgindo, à medida que o direito posto avança em direção às condutas intersubjetivas. Princípios seculares, como o da igualdade, da generalidade, da legalidade, da universalidade, da progressividade e da pessoalidade, tão característicos desse tributo, tidos e havidos como instrumentos poderosos para surpreender a capacidade contributiva do sujeito passivo, acabam se esvaziando no percurso de concretização, de tal modo que o imposto chega desfigurado ao tocar o comportamento das pessoas, impotente para exibir as virtudes tão proclamadas pelos estudiosos. Por não preservar o mínimo vital à subsistência digna do ser humano, sua implantação ofende à segurança da tributação, maculando o sobrevalor "justiça", com o que se desencadeiam efeitos sociais sumamente indesejáveis.

Agora, em clima de reforma constitucional, acesos os debates sobre aspectos estruturais de nosso sistema tributário, nada mais oportuno do que analisar o processo de positivação do imposto sobre a renda na óptica da lógico-semântica do sistema jurídico-normativo.

3.3.2.3 *Capacidade contributiva e IR*

No contexto do imposto sobre a renda, o assunto da capacidade contributiva assume caráter de obviedade, pois se torna até impossível tributar sem atinência ao substrato econômico do evento que sofre a percussão. Mas o tema ganha outras proporções quando, admitido esse pressuposto inafastável, o estudioso passa a indagar sobre os limites em que devem ser considerados os aspectos econômicos. E aproveito o espaço para dizer que não me refiro, aqui, ao dado econômico extrajurídico, mas àquele que, juridicizado por normas do sistema positivo, se inseriu no universo dos signos do direito, passando a pertencer-lhe, ao lado de todos os demais que compõem a massa sígnica desse setor da vida social.

Convenhamos que os problemas mais agudos relativos à capacidade contributiva não se inscrevem no quadro que orienta a singela escolha, por parte do autor da regra, de ocorrências reveladoras de alguma forma de riqueza. Mais além, as dificuldades surgem quando, implantados esses pressupostos, põe-se o legislador a pesquisar, dentro da amplitude econômica já reconhecida, qual a medida que cabe ao sujeito passivo suportar. Não é, portanto, a capacidade contributiva absoluta, mas a capacidade contributiva relativa que causa maiores dificuldades.

De tais registros, podemos deduzir duas proposições afirmativas bem sintéticas: (i) que o princípio da capacidade contributiva absoluta retrata a efetiva realização do conceito jurídico de "renda"; e, (ii) que tornar efetivo o princípio da capacidade contributiva relativa implica realizar a igualdade tributária, de tal modo que os participantes do acontecimento contribuam de acordo com o tamanho econômico do evento.

Pois bem. Falando em capacidade contributiva relativa, o art. 145, §1º da Constituição da República estabelece que "os impostos terão caráter pessoal e serão graduados segundo a capacidade econômica do contribuinte". Demais disso, focalizando especificamente o imposto sobre a renda e proventos de qualquer natureza, prescreve a determinação segundo a qual deva ele ser "informado pelos critérios da generalidade, da universalidade e da progressividade, na forma da lei".

Aliás, diga-se de passagem, poucos são os tributos que se prestam à aferição da autêntica capacidade contributiva relativa como o imposto sobre a renda, dado sua forte índole de pessoalidade, sendo inteiramente possível ao legislador, por controlar a multiplicidade e a legitimidade dos ingressos e selecionando as quantias admitidas como dedutíveis, apurar o verdadeiro saldo identificador da renda tributável ou da renda líquida, segundo o regime jurídico de incidência. Aquilo que só de longe pode ser imaginado em impostos como o IPI e o ICMS, no IR se transforma em algo tangível e perfeitamente concretizável. Todavia, para tanto, é mister que o editor na norma jurídica geral e abstrata respeite a diretriz suprema, porque constitucional, da capacidade contributiva relativa, que pode ser expressa na exigência do tributo nos estritos termos em que a hipótese estipular e a base de cálculo dimensionar. Transcendendo esses limites, ou o Poder Público estará abrindo mão do imposto ou extrapolando suas prerrogativas, exigindo riqueza que não lhe é devida pelo administrado.

Se a exação alcança a disponibilidade econômica ou jurídica de renda, entendida esta como o resultado do trabalho, do capital ou da combinação de ambos, claro está que ali onde não houver a disponibilidade econômica ou jurídica não haverá a plataforma sobre que incida a regra-matriz do imposto. Diremos, por outro giro, que inocorreu o *factum* tributário, por insuficiência dos elementos de sua composição material. Tudo na conformidade dos termos da Lei Maior.

É intuitivo admitir que o avanço do legislador, extravasando seus limites impositivos por afastar-se do núcleo factual do acontecimento tributário, fere também o primado da capacidade contributiva, em sua dúplice perspectiva, e ingressa, irrecusavelmente, no perigosíssimo segmento do confisco, que se caracteriza pelo exercício da imposição tributária para além das possibilidades relativas do sujeito passivo em arcar com o ônus do tributo.

3.3.2.4 *Análise da regra-matriz do imposto sobre a renda*

Falar em tom descritivo acerca do ordenamento jurídico é o grande tema da Ciência do Direito em sentido estrito, se bem que o trabalho do intérprete para montar o sistema seja tarefa construtiva, estimulada pela sua subjetividade, por suas inclinações ideológicas, por suas vivências psicológicas, por sua vontade, pois o chamado "direito positivo" não aparece como algo já constituído, pronto para ser contado, reportado, descrito. A tessitura em linguagem, todavia, não será ainda o bastante para atribuir-lhe qualificações comunicativas plenas, requerendo que o destinatário o leia e o compreenda. É precisamente nessa função hermenêutica de atribuição de sentido, nesse adjudicar significação, que reside o trabalho do cientista, disfarçado numa descritividade acentuadamente subjetiva, como acontece, de resto, com as ciências sobre objetos da cultura.

Recordando lições de Bobbio, Ricardo Guastini[269] enfatiza a contribuição incisiva do exegeta ao modelar o sistema, desconsiderando enunciados prescritivos ou inserindo, no conjunto, formulações que estariam na implicitude do texto, tudo, é claro, no pressuposto da ocorrência de antinomias e no reconhecimento de lacunas. É de ver que sem tais expedientes operatórios a interpretação não teria sido possível e a sobrelinguagem descritiva sequer existiria, importando desde logo admitir que a participação do agente é algo fundamental no aparecimento da mensagem científica. E mais, os conteúdos dos atos decisórios valerão apenas para o momento dado, pois os enunciados antinômicos e as lacunas permanecerão na base empírica do discurso, prontos para estimular outros intérpretes e até o próprio sujeito que anteriormente manifestou sua compreensão.

Ora, quando pensamos num texto crítico acerca do imposto sobre a renda e proventos de qualquer natureza - no que ele tem de organização jurídico-positiva, estrutura de proporções amplas, envolvendo os três campos clássicos de incidência (pessoa física, pessoa jurídica e fonte), elaborada com toda a força de uma tradição consistente e segundo padrões internacionais incessantemente criativos – percebemos o *quantum* de dificuldade que a empresa encerra.

---

269. Norberto Bobbio, "Sul ragionamento dei giuristi", in *Comanducci*, P.; GUSTINI, R. L'analisi del ragionamento giuridico, vol. II, p. 181 e seguintes.

Ao escolher as ocorrências sociais que lhe interessam para desencadear efeitos jurídicos, o legislador expede conceitos que selecionam propriedades do evento, considerados relevantes para sua caracterização. Tais conceitos trazem, necessariamente, aspectos de ordem material, espacial e temporal, por completa impossibilidade de algum acontecimento verificar-se fora das demarcações de tempo e de espaço.

Mais uma vez nos valemos do expediente da regra-matriz de incidência tributária para formular, em termos racionais, os critérios que permitem a implantação do imposto sobre a renda. O núcleo do fato jurídico irradia-se do verbo e seu complemento, que se encontram dispostos no critério material da regra-matriz. No imposto sobre a renda, há referência ao comportamento de pessoas, físicas ou jurídicas, linguisticamente representado por um verbo e seu complemento. Para esse imposto, já anotei ter o legislador optado pela locução "auferir renda", impondo-se, para sua exata compreensão, esclarecimentos sobre o que vem a ser "renda".

A definição do conceito de "renda", no Brasil, é construída no plano da legislação complementar (arts. 43 e 44 do Código Tributário Nacional), porém com supedâneo em referência constitucional expressa, patamar normativo onde se encontram estabelecidos seus pressupostos (art. 153, III, da CR).

Acerca do conceito de "renda", três são as correntes doutrinárias predominantes:

> a) "teoria da fonte", para a qual "renda" é o produto de uma fonte estável, susceptível de preservar sua reprodução periódica, exigindo que haja riqueza nova (produto) derivada de fonte produtiva durável, devendo esta subsistir ao ato de produção;
>
> b) "teoria legalista", que considera "renda" um conceito normativo, a ser estipulado pela lei: renda é aquilo que a lei estabelecer que é; e
>
> c) "teoria do acréscimo patrimonial", onde "renda" é todo ingresso líquido, em bens materiais, imateriais ou serviços avaliáveis em dinheiro, periódico, transitório ou acidental, de caráter oneroso ou gratuito, que importe um incremento líquido do patrimônio de determinado indivíduo, em certo período de tempo.

Prevalece, no direito brasileiro, a terceira das teorias referidas, segundo a qual o que interessa é o aumento do patrimônio líquido, sendo considerado como lucro tributável exatamente o acréscimo líquido verificado no patrimônio da empresa, durante período determinado, independentemente da origem das diferentes parcelas. É o que se depreende do art. 43 do Código Tributário Nacional.

Expressando-se de outra maneira, José Artur Lima Gonçalves[270], em aprofundado estudo sobre o tema, diz que o conteúdo semântico do vocábulo "renda", nos termos prescritos pelo Sistema Constitucional Tributário Brasileiro, compreende o saldo positivo resultante do confronto entre certas entradas e certas saídas, ocorridas ao longo de um dado período. É, em outras palavras, acréscimo patrimonial.

Nessa linha de raciocínio, a hipótese de incidência da norma de tributação da "renda" consiste na aquisição de aumento patrimonial, verificável pela variação de entradas e saídas num determinado lapso de tempo. É imprescindível, para a verificação de incrementos patrimoniais, a fixação de intervalo temporal para sua identificação, dado o caráter dinâmico ínsito à ideia de renda. Nesse sentido, Rubens Gomes de Sousa escreveu ser insuficiente o processo de medição de riqueza pela extensão do patrimônio, sendo necessário distinguir o capital do rendimento pela atribuição, ao primeiro, de um caráter estático, e ao segundo, de um caráter dinâmico, ligando-se à noção de renda um elemento temporal. "Capital seria, portanto, o montante do patrimônio encarado num momento qualquer de tempo, ao passo que renda seria o acréscimo do capital entre dois momentos determinados[271]".

A fixação desse intervalo para fins de comparação do patrimônio nos instantes inicial e final é indissociável do

---

270. *Imposto sobre a renda: pressupostos constitucionais*, 2ª ed., São Paulo, Malheiros Editores, 1997, p. 179.

271. "Evolução do conceito de rendimento tributável", *in Revista de Direito Público*, n. 14, p. 340.

conceito de renda. Daí a relevância da identificação do critério temporal da hipótese normativa tributária, átimo terminal para as mutações patrimoniais em dado período e momento em que se considera ocorrido o fato jurídico "renda".

É oportuno tecer breves considerações acerca da classificação dos "fatos geradores" em função do momento de sua ocorrência. Pareceria inteiramente superada a questão de ser o fato jurídico tributário do imposto sobre a renda da categoria dos instantâneos ou dos "complexivos", porquanto na conformidade das estruturas mentais do ser humano, todo acontecimento, seja ele do mundo real-natural ou real-social, teria que acontecer em certas condições de espaço e em determinada unidade de tempo. Porém, a ausência de linguagem pertinente tem levado alguns juristas a insistir na afirmação de que, tratando-se do imposto sobre a renda, a única saída seria reconhecer nele, fato, aquela complexidade indispensável para caracterizá-lo juridicamente, pois, como entender o produto final da apuração da base de cálculo sem a consideração das receitas e das despesas ocorrentes durante o período?

Tenho para mim, porém, que a reiteração desse ponto de vista é inteiramente absurda perante informações rudimentares de Teoria Geral do Conhecimento e pode ser localizado na insuficiência da linguagem dos juristas, ao isolarem essa manifestação da experiência social. Parto, desde logo, da premissa segundo a qual é inconcebível ao ser humano, por força de suas limitações intrínsecas, identificar uma ocorrência qualquer sem manter relação direta com um setor do espaço e com um ponto do tempo histórico. E não será o fato jurídico do imposto sobre a renda e proventos de qualquer natureza que vai abrir a primeira exceção. Concordo que não há sentido em imaginar a matéria tributável do imposto sobre a renda sem cogitar das receitas e das despesas que se dão, sucessivamente, durante o período considerado. Contudo, pensando assim, os mais singelos objetos que possamos supor também não caem do céu: uma gota d'água não aparece por acaso, mas como resultado de um período de formação. A coerência nos levaria a concluir que todas as ocorrências factuais, do mundo físico e do mundo social, seriam necessariamente "complexivas" (neologismo desnecessário e sem significação determinada), o que implicaria o esvaziamento da classificação proposta.

Uma coisa é certa, a diretriz para distinguir as figuras tributárias não pode partir do critério temporal da regra-matriz de incidência, porquanto em todos eles encontraremos uma unidade, especificamente determinada na escala do tempo, fazendo com que, por esse prisma, todas as exações se misturem na vala comum dos fatos instantâneos, expressão pleonástica em virtude de todos os acontecimentos da experiência, no campo do real, serem apoditicamente instantâneos.

Esse instante, no caso do imposto sobre a renda, consiste no derradeiro momento do último dia relativo ao período de competência, ou seja, ao átimo final do exercício financeiro. Em consequência, apenas a aquisição de disponibilidade econômica ou jurídica de renda, considerada como acréscimo patrimonial decorrente do capital, do trabalho ou da conjugação de ambos (critério material), verificada no último instante do ano civil (critério temporal), configura fato jurídico tributário do imposto sobre a renda, fazendo nascer o correspondente vínculo obrigacional, conjugados esses critérios, logicamente, ao espacial, quantitativo e pessoal. Isso, naturalmente, como hipótese de trabalho, pois a configuração jurídica do gravame é bem mais complicada.

3.3.2.5 *Competência tributária e a delimitação do conceito de "disponibilidade"*

O art. 146, inciso III, alínea *a*, da Constituição de 1988, prevê a emissão de normas gerais de direito tributário para, entre outras coisas, definição de tributos e de suas espécies, bem como, em relação aos impostos, a dos respectivos fatos geradores, bases de cálculo e contribuintes.

Não tenho poupado críticas a esse dispositivo, naquilo em que fere, de maneira contundente, os princípios federativos e da autonomia municipal, podendo prestar-se a servir de instrumento à União para imiscuir-se nas faixas de competência outorgadas aos Estados-membros e aos Municípios. No que tange, porém, aos interesses competenciais da pessoa política União, nada há que objetar, porquanto o Congresso, como seu órgão legislativo, pode operar com a legislação complementar, regulando assuntos de interesse federal ou com a legislação ordinária. Tudo, aliás, como bem lhe aprouver. É nesse estrito sentido que entendo perfeitamente cabível a disciplina dos arts. 43 e 44, do CTN, em que a União autolimita sua possibilidade legiferante, estipulando a determinação do conceito de "renda", ao mesmo tempo em que alude à base de cálculo do imposto.

Dispõe o artigo 43, do Código Tributário Nacional:

> "O imposto, de competência da União sobre a renda e proventos de qualquer natureza tem como fato gerador a aquisição da disponibilidade econômica ou jurídica:
>
> I - de renda, assim entendido o produto do capital, do trabalho ou da combinação de ambos;
>
> II - de proventos de qualquer natureza, assim entendidos os acréscimos patrimoniais não compreendidos no inciso anterior."

E o artigo 44 estabelece:

> "A base de cálculo do imposto é o montante real, arbitrado ou presumido, da renda ou dos proventos tributáveis."

Advirta-se que o conceito de "renda" foi tomado pelo legislador complementar com a precedência de uma conduta de pessoa, física ou jurídica, expressa no sintagma verbal "aquisição de disponibilidade econômica ou jurídica", mesmo porque não seria crível que o imposto recaísse sobre a "renda-em-si", entidade objetiva e da qual não se pode esperar comportamentos específicos. Daí o CTN agregar aquela cláusula, muito elucidativa, aliás, e que antecede o ingresso no universo semântico da palavra "renda". Isso significa também reconhecer, numa visão mais ampla, que renda é, sempre e necessariamente, renda disponível, pelo que tributar renda indisponível importaria ultrapassar os limites postos pelo legislador do Código Tributário, para efeito de criar a regra-matriz da exação.

As importâncias das provisões para créditos de liquidação duvidosa, enquanto estiverem provisionadas, permanecerão jurídica e economicamente insusceptíveis de disposição e, nessas condições, tais valores não podem integrar o conceito de "renda". Pretender, por exemplo, como o art. 43 da Lei n. 8.981/95, que o montante provisionado componha a base de cálculo do IRPJ e da CSL, significa fazer incidir o imposto sobre o que não é "renda", transformando-lhe a feição, tributando não o acréscimo patrimonial, produto do trabalho, do capital ou da conjugação de ambos, que deve resultar da somatória das grandezas positivas e negativas, mas mera aparência de acréscimo patrimonial, gerando descompasso entre a regra-matriz e o resultado do cumprimento dos deveres instrumentais ou formais. Tributar-se-ia, sim, o patrimônio do contribuinte, procedimento que afronta a competência esboçada no plano constitucional e desenvolvida na mensagem do artigo 43 do Código Tributário Nacional.

3.3.2.6 *Sistema e territorialidade do imposto sobre a renda*

Personalidade é eficácia de fato pela incidência de norma. É a capacidade de ser sujeito-de-direito, como vira Jellinek. O ser sujeito de direito é projeção eficacial decorrente da incidência das normas constitutivas da personalidade sobre os suportes físicos indicados pelo ordenamento positivo.

Curioso assinalar a distinção entre os conceitos de pessoas físicas e pessoas jurídicas. A pessoa física pressupõe uma referência objetiva, u'a materialidade, e a pessoa jurídica também. Na primeira, o corpo; na segunda, a situação, o território. Diz-se que as pessoas físicas são pessoas naturais, ao passo que as pessoas jurídicas são artificiais, só existindo em função do sistema jurídico que as congrega. Num primeiro momento, sim, mas não se pode esquecer que tanto como as jurídicas, são criações do direito, são feixes de normas incidindo num ponto de confluência e, portanto, nesse sentido, ambas artificiais. Suprimidas as normas, desaparece a figura. A personalidade jurídica é abstrata e relativa, sendo criação peculiar do direito que se assenta existencialmente numa parcela da superfície territorial do Estado: sua "sede". O jurídico da pessoa natural também é abstrato, tendo como referência o objeto dessa juridicidade; não um domínio territorial, mas outro suporte fáctico, base da incidência, que é o próprio corpo com vida. Corpo sem vida despersonaliza-se, pela incidência de outra norma que prevê o fato da morte. O jurídico do ser pessoa tem como pressuposto a existência física do corpo com vida. Mas, claro, tudo isso vertido em linguagem própria. Corpo com vida sem linguagem que o ateste não é corpo com vida.

Desse modo, nada impede que o sistema de direito positivo eleja, como critério de conexão legítimo para fazer as suas normas impositivas da produção de rendimentos, um vínculo de natureza pessoal, como a residência, o domicílio ou a nacionalidade, independentemente do vínculo de presença física da fonte efetiva do território. E, além disso, estabeleça quais serão os requisitos necessários e suficientes para caracterizar a "residência" ou o "domicílio" da pessoa, próprios para distinguir e qualificar: i) os sujeitos residentes; ii) os sujeitos que, mesmo sendo não residentes, poderão ser equiparados aos residentes; e iii) os sujeitos não-residentes, dispondo a cada um, tratamento jurídico próprio.

Reflexões desse tipo são muito esclarecedoras no que tange à análise dos regimes de tributação da pessoa física e da pessoa jurídica no imposto sobre a renda e proventos de qualquer natureza.

No direito tributário brasileiro, até dezembro de 1995, as pessoas físicas submetiam-se ao princípio da universalidade, ao passo que, em matéria de imposto sobre a renda de pessoas jurídicas, vigorava o princípio da territorialidade. Ocorre que, com a Lei n. 9.249/95, o Brasil passou a adotar o princípio da universalidade também para as pessoas jurídicas, de modo que, atualmente, são estas tributadas pelas rendas produzidas no exterior, regime que tende a consolidar-se, em face dos últimos aperfeiçoamentos implementados pelas Leis ns. 9.430/96 e 9.532/97.

Quer dizer, ao princípio da territorialidade, que informa a legislação do imposto sobre a renda das pessoas jurídicas desde sua implantação, em 1924, acrescentou-se um critério de conexão pessoal (tomando em conta o domicílio) para alcançar os rendimentos produzidos pela pessoa jurídica ultraterritorialmente, com a adoção da chamada "tributação da renda mundial" – *worldwide income taxation*.

Não obstante seja este o atual regime de tributação das pessoas jurídicas, de modo algum tal circunstância poderá ter o condão de levar-nos a concluir, apressadamente, que a opção pelo princípio da universalidade tenha afastado aquel'outro, da territorialidade. Ao contrário, o princípio da universalidade implica o da territorialidade, e esta servirá como nexo para determinar o regime jurídico das rendas auferidas no interior do Estado brasileiro, seja por residentes ou não residentes.

Sob o pálio dessa nova estrutura de imposição das rendas de pessoas jurídicas em bases mundiais (universalidade), abre-se para o jurista dogmático a necessidade de indagar acerca de que mudanças irão ocorrer por força dessa inovação provocada no processo de criação e aplicação das normas jurídicas, para efeito da exigibilidade do critério tributário. A essa preocupação respondo que não há qualquer mudança de cunho substancial, além da necessidade de considerar-se como fato jurídico tributário eventos (relatados em linguagem jurídica competente) da produção de rendimentos ocorridos fora do território nacional, a fim de compor o fato da base de cálculo que, por sua vez, concorrerá para formar o objeto da relação jurídica tributária e, por seu turno, dará ensejo à formação de crédito tributário a ser exigido do sujeito passivo, qualificado pela legislação como "residente". A obrigação tributária será composta, exclusivamente, no interior do sistema jurídico, respeitando o princípio da territorialidade, por permanecer intacto este valor.

O princípio da universalidade apenas predispõe um critério de conexão (pessoal: residência, domicílio, nacionalidade), legítimo e suficiente para justificar a tributação dos rendimentos de um sujeito de direito, independentemente do local de produção, ou seja, de a fonte efetiva da renda encontrar-se situada nos limites territoriais do Estado, ou não. É algo que diz respeito, desse modo, ao critério espacial da norma jurídica, porque, como adverte Alberto Xavier[272], "uma coisa é determinação do local onde um fato juridicamente ocorreu, outra coisa – bem distinta – é a determinação da ordem jurídica competente para a sua disciplina".

Sendo assim, remanesce com a mesma importância de antes o estudo e a aplicação das regras de direito positivo reguladoras da conformação do princípio da territorialidade no direito brasileiro, na medida em que as normas impositivas individuais e concretas serão produzidas para valer, viger e ter eficácia limitada ao âmbito territorial do Estado brasileiro. E isto independentemente de o Estado da fonte de produção do rendimento constituir, por ato de lançamento próprio de suas autoridades, outra norma individual e concreta, tomando como fato jurídico o mesmo evento de formação de renda e amparado também pela territorialidade.

3.3.3 Imposto sobre produtos industrializados

O imposto sobre produtos industrializados é a expressão mais singela da iniciativa diretora da política econômica pelo Estado brasileiro. Em razão de seu caráter extrafiscal, criado para impulsionar a produção interna do País, a própria Constituição lhe atribui regime jurídico tributário próprio, em que o excepciona de uma série de princípios, tais como o da anterioridade anual (art. 150, § 1º, b), do confisco (prescrito no art.

---

272. *Direito tributário internacional do Brasil*: tributação das operações internacionais, 3ª ed., Rio de Janeiro, Forense, 1994, p. 63.

150, IV, uma vez que se permite cogitar de taxações altíssimas, sem que se alvitre sombras de efeitos confiscatórios) e da estrita legalidade (art. 150, I, podendo ter sua alíquota como objeto de alteração por Decreto Presidencial). Quanto a este último, a própria Constituição prescreve que suas alíquotas serão seletivas em função da essencialidade dos produtos (art. 153, § 3º, I), fixando um critério que leva o legislador ordinário a estabelecer percentuais mais elevados para os produtos supérfluos, apresentando relevantíssima utilidade na política econômica interna. E, por fim, lavrou o legislador o preceito imunizante gravado no art. 153, § 3º, III, da Constituição da República, segundo o qual o IPI "não incidirá sobre produtos industrializados destinados ao exterior". Mais uma decisão política articulada por intermédio do regime extrafiscal do IPI. Levemos em conta essas injunções para conduzir o estudo que se segue sobre essa peculiar exação no direito tributário.

3.3.3.1 *A composição interna das regras-matrizes do IPI*

A atribuição constitucional da competência do IPI foi elaborada pelo constituinte nestes termos:

> Art. 153. Compete à União instituir impostos sobre:
>
> (...)
>
> IV – produtos industrializados

O legislador da União, ao fazer uso da competência que lhe foi adjudicada, toma o ponto de referência – *produto industrializado* – construindo, em seu derredor, três faixas de incidência: *a)* uma, que onera a industrialização de produtos; *b)* outra, que grava a importação de produtos industrializados, do exterior; e *c)* uma terceira, que colhe a arrematação de produtos industrializados levados a leilão por terem sido apreendidos ou abandonados (a atual legislação do IPI revogou esse canal de incidência, podendo restabelecê-lo a qualquer momento).

Focalizemos a primeira. Isolando os critérios da hipótese, teremos: *a)* critério material – industrializar produtos (o verbo é industrializar e o complemento é produtos); *b)* critério espacial – em princípio, qualquer lugar do território nacional; *c)* critério temporal – o momento da saída do produto do estabelecimento industrial. Quanto aos critérios da consequência: *a)* critério pessoal – sujeito ativo é a União e sujeito passivo o titular do estabelecimento industrial ou que lhe seja equiparado; *b)* critério quantitativo – a base de cálculo é o preço da operação, na saída do produto, e a alíquota, a percentagem constante da tabela.

No que tange ao IPI na importação de produtos industrializados do exterior, a regra-matriz ficaria assim composta: hipótese: *a)* critério material – importar produto industrializado do exterior (o verbo é importar e o complemento é produto industrializado do exterior); *b)* critério espacial – repartições alfandegárias do país; *c)* critério temporal – momento do desembaraço aduaneiro. A consequência: *a)* critério pessoal – sujeito ativo é a União e sujeito passivo o importador; *b)* critério quantitativo – a base de cálculo é o valor que servir de base para o cálculo dos tributos aduaneiros, acrescido do montante desses e dos encargos cambiais devidos pelo importador. A alíquota é a percentagem constante da tabela e correspondente ao produto importado.

Por último, a hipótese de incidência de IPI, nos casos de arrematação de produtos industrializados levados a leilão por terem sido apreendidos ou abandonados. A despeito de não ser tributável em momento atual, é perfeitamente possível estruturarmos sua regra-matriz: *a)* critério material – arrematar, em leilão, produto industrializado apreendido ou abandonado (o verbo é arrematar e o complemento é produto industrializado apreendido ou abandonado); *b)* critério espacial – em quaisquer repartições alfandegárias ou outro lugar em que se realizam leilões de produtos industrializados apreendidos ou abandonados; *c)* critério temporal – momento da arrematação, documentado em nota de venda do leiloeiro oficial. A consequência: *a)* critério pessoal – sujeito ativo é a União e sujeito passivo, o arrematante; *b)* critério quantitativo – a base de cálculo é o valor arrematado. A alíquota é a percentagem fixada em lei.

Afirmamos que as três regras são juridicamente distintas, com fundamento na diretriz constitucional que estabelece a diferença, sempre que os impostos tenham hipóteses de incidência e bases de cálculo dessemelhantes (CR, art. 154, I). Ora, é evidente que as hipóteses são diversas, quer no critério material (verbos e complementos que não coincidem), quer no critério espacial (no primeiro caso, qualquer lugar do território nacional; no segundo, apenas os locais específicos das repartições aduaneiras), seja, por fim, no critério temporal (o IPI da industrialização incide no instante em que o produto deixa o estabelecimento industrial, ao passo que na importação se dá no momento do ato do desembaraço aduaneiro). Além disso, as bases de cálculo são bem diferentes: enquanto na industrialização é o preço da operação na saída do produto, no fato da importação é o valor que servir de base para o cálculo dos tributos aduaneiros, acrescido do montante desses e dos encargos cambiais devidos pelo importador.

De ver está, como o constituinte não determinou a conduta ligada a *produtos industrializados,* o legislador infraconstitucional, exercendo a competência que lhe fora deferida, escolheu três tipos de ação: *industrializar produtos, importar produtos industrializados e arrematar em leilões produtos industrializados* (encontrando-se este último atualmente desativado). O núcleo comum, obrigatório, portanto, é o complemento *"produtos industrializados".*

O binômio *hipótese de incidência/base de cálculo* indica tratar-se de impostos diferentes, sob a mesma denominação – IPI. As grandezas escolhidas para dimensionar a materialidade de ambos os fatos são compatíveis, pelo que confirmam o critério material enunciado na lei. Restaria, então, perguntar se o legislador da União dispunha de competência constitucional para fazer o que fez. E a resposta, acreditamos, deve ser afirmativa, porque o constituinte se refere, no art. 153, IV, a instituir *imposto sobre produtos industrializados,* não adscrevendo o verbo a ser agregado a esse complemento, o que possibilitou ao legislador ordinário fazê-lo. Aliás, convém memorar que havia outra regra, distinta das duas primeiras, em que se utilizava o verbo *arrematar*, revestindo-se, no nosso entender, de cabal legitimidade perante a Constituição.

3.3.3.2 O critério subjetivo no IPI

Sendo a União competente para legislar sobre IPI, como se depreende da leitura do art. 153, IV da CR/88, será ela, em princípio, a pessoa capaz de integrar a relação jurídica na condição de titular do direito subjetivo de exigir o aludido imposto. Assim ocorre com grande número de tributos, tanto vinculados como não-vinculados. Omitindo-se o legislador a propósito do sujeito ativo do vínculo que irá desabrochar com o acontecimento do fato jurídico tributário, podemos perfeitamente entender que se referiu a si próprio, na qualidade de pessoa jurídica de direito público.

Quanto à sujeição passiva, buscou a autoridade legislativa apanhar, para cada um dos eventos compostos na forma de situação jurídica, um sujeito que mantinha participação direta e pessoal com a ocorrência objetiva, passando a chamá-lo de contribuinte do IPI, fazendo-o constar da relação obrigacional, na qualidade de sujeito passivo. Foi também opção do legislador estabelecer, nos casos desse imposto, a autonomia entre empresa matriz e sua filial.

Vale a ressalva de que, em algumas oportunidades, por conveniência e praticidade, optou incluir no vínculo obrigacional outras pessoas que, embora mantendo proximidade apenas indireta com aquele ponto de referência em redor do qual foi formada a situação jurídica, eram responsáveis pelo crédito tributário, em caráter supletivo do adimplemento total ou parcial da prestação. Eis o autêntico responsável, trazido ao contexto da relação jurídica para responder subsidiariamente pelo *debitum*. Agora, também há a figura do substituto, que, com a exclusão do participante direto (contribuinte), passa a assumir a postura de sujeito passivo da obrigação.

Retornemos da digressão para estabelecer a ideia segundo a qual o universo de sujeitos passivos do IPI, chamados de "contribuintes" (S), se apresentavam em três subclasses distintas: (i) a daqueles vinculados à Fazenda Federal, na condição de devedores do imposto (S'); (ii) a dos credores do Fisco, pelo valor do tributo, quando pago na aquisição de insumos (S"); e, finalmente, (iii) a de todos aqueles que, devidamente cadastrados para a realização de operações tributáveis pelo IPI, não se encontravam nos subdomínios de S' ou de S".

A nova proposta classificatória, como tive a oportunidade de salientar, evita os equívocos que as expressões contribuinte de direito e contribuinte de fato frequentemente suscitam. Aparece, também, como imposição do princípio lógico da identidade, cuja observância é imprescindível para a própria existência e manutenção da linguagem no processo comunicacional: sem respeito à lei fundamental da identidade a linguagem não cumprirá sua função, tornando-se impossível fixar o conhecimento e, por via de consequência, transmiti-lo a terceiros.

Nas linguagens naturais, utilizadas para a comunicação ordinária, no dia a dia dos intercursos sociais, os atentados ao princípio da identidade não chegam a ser frontais e absolutos. Isso já basta, entretanto, para tornar imprecisas as mensagens. Quando, porém, falamos em discurso científico, a citada lei adquire foros de total imprescindibilidade, posto o rigor da linguagem das Ciências, tendo em vista a necessidade premente de descrever seu objeto. A atinência ao primado da identidade passa à condição de pressuposto *necessário* para a coerência interna de qualquer discurso que se pretenda científico. E uso "necessário" aqui, no sentido técnico da expressão; isto é, sem a observância desse cânone, não há falar-se em Ciência. Prescreve a referida lei, em síntese, que, em um dado discurso, um termo ou uma expressão devem ter um só e bem determinado referente em todas as ocorrências[273].

Passemos ao campo dos exemplos, que sempre representaram ponto de apoio indispensável ao conhecimento. Cogitemos do IPI e, para tanto, imaginemos que "A" venha a

---

273. Leônidas Hegenberg, *Dicionário de lógica*, São Paulo, EPU, 1995, p. 99.

adquirir de "B", ambos contribuintes cadastrados como tais na Secretaria da Receita Federal, matérias-primas, produtos intermediários e material de embalagem, para dar início a operações que a lei qualifica como de "industrialização". Encerrado o processo, "A" vende produtos industrializados a "C" que, admitimos, é consumidor final.

A situação hipotética indica, de maneira clara, a presença de duas regras jurídicas, com seus dois antecedentes e seus dois consequentes. Quando "A" adquire os insumos de "B", pagando-lhe o preço avençado, junto com ele virá o valor do imposto sobre produtos industrializados que "B" houvera destacado na nota fiscal de venda. Nesse exato momento, instala-se a relação jurídica de direito ao crédito (rjdc), ligando "A" a "F" (ArdcF).

Em instante subsequente, porém, agora terminado o processo de industrialização em que "A" esteve empenhado, vende este os produtos industrializados a "C", que convencionamos ser consumidor final, para facilitar o corte do desenho sugerido. No átimo da saída dos produtos do estabelecimento industrial, dar-se-á a incidência da regra-matriz do IPI, que tem, por antecedente, o industrializar produtos, fato que assim se qualifica no tempo daquela saída. A consequência será expressa pelo nascimento da relação jurídica tributária (ArjtF), cujos termos serão "A", no lugar sintático de sujeito passivo, a quem se comete o dever jurídico de prestar a "F", como sujeito ativo, o valor do IPI correspondente àquela operação.

3.3.3.3 A função extrafiscal do IPI

Não somente pelo caráter funcional desta sistemática da não-cumulatividade do IPI, mas principalmente pela sua participação nas contas de arrecadação da União, de ver está que este imposto adquiriu papel peculiar na implementação de um Sistema Tributário Nacional eficaz junto a uma política comercial favorável. A construção do sentido deste instrumental no direito positivo submete o intérprete a trabalhar, de um lado, dentro dos conceitos jurídico-tributários, como imposto de competência exclusiva da União, e, de outro, no âmbito político, como ferramenta de controle do mercado, do fluxo internacional – importação e exportação – de mercadorias. Dada sua regra-matriz, quaisquer alterações das alíquotas nos produtos, dentro do critério quantitativo desta exação, denunciam as vontades políticas por detrás destas escolhas, que são trazidas na TIPI (Tabela de Incidência do IPI).

Diferentemente, a classificação do Sistema Harmonizado de Designação e de Codificação de Mercadorias, trazida com a aprovação, no Brasil, em 31/10/86, da Convenção Internacional de Bruxelas de 14/06/83, se volta ao objetivo de oferecer um panorama genérico dos produtos, considerados na conformidade de critérios técnicos internacionais para atender às exigências de uniformização do comércio entre as nações. Os vários países signatários da Convenção adotam-na, promovendo os acréscimos que a política tributária de cada um sugerir, em termos de melhor adaptação à realidade nacional e aos juízos de valor que as circunstâncias internas venham a recomendar sobre a multiplicidade dos produtos classificados.

Dito de outro modo, se a distribuição das mercadorias no Sistema Harmonizado da Convenção tende à neutralidade axiológica, preponderando, nitidamente, os caracteres técnicos das várias unidades, outro tanto não se dá com o sistema da NBM/TIPI, aparelhado para classificar os produtos de acordo com avaliações nacionais, em que a estimativa específica dos bens é sopesada em função do papel que seu aproveitamento representa para a sociedade brasileira, num dado momento histórico. Com a NBM/TIPI, operou-se um ajuste da tecnicidade classificatória da tabela internacional ao ambiente do sistema normativo brasileiro, adquirindo novo matiz significativo. A adição dos códigos item/subitem demonstra bem esse esforço do legislador em promover processo de adaptação que, introduzindo subclasses adicionais, aprofundou a conotação das subposições originais, depositando naquelas subclasses os valores inerentes às particularidades do nosso ordenamento positivo.

Daí por que se aplicam as "Regras Gerais de Interpretação" da NBM/SH (TIPI/TAB) às posições e subposições, isto é, aos seis primeiros dígitos "XXXXYY", sendo as regras de números 1, 2, 3, 4 e 5 para o reconhecimento da posição "XXXX" e a regra de número 6 para identificar a subposição "YY". Eis o teor da regra de número 6:

> A classificação de mercadorias nas subposições de uma mesma posição é determinada para efeitos legais, pelos textos dessas subposições e das Notas de subposição respectivas, assim como 'mutatis mutandis' pelas Regras precedentes, entendendo-se que apenas são comparáveis subposições do mesmo nível. Para os fins da presente Regra, as Notas de Secção e de Capítulo são também aplicáveis, salvo disposições em contrário.

Do dígito 7 ao dígito 10, vale dizer, para o código item/subitem "ZZzz", a regência é a da Regra Geral Complementar (RGC) número 1, da NBM/SH (TIPI/TAB):

> As regras gerais para interpretação do Sistema Harmonizado são igualmente válidas, 'mutatis mutandis', para determinar dentro de cada posição ou subposição o item aplicável e, dentro deste último, o subitem correspondente, entendendo-se que apenas são comparáveis desdobramentos de mesmo nível (um item com outro item, ou um subitem com outro subitem).

3.3.3.4 Princípio da não-cumulatividade no IPI e princípio da não-cumulatividade no ICMS: dois dispositivos constitucionais, dois regimes jurídicos distintos

"O imposto sobre produtos industrializados (...) será não-cumulativo, compensando-se o que for devido em cada operação com o montante cobrado nas anteriores": dicção do artigo 153, § 3º, inciso II, da Magna Carta.

De forma semelhante, mas não idêntica, o artigo 155, § 2º, inciso I, prescreve que "o Imposto sobre Circulação de Mercadorias (...) I - será não-cumulativo, compensando-se o que for devido em cada operação relativa à circulação de mercadorias ou prestação de serviços com o montante cobrado nas anteriores pelo mesmo ou outro Estado ou pelo Distrito Federal"; II - a isenção ou não incidência, salvo determinação em contrário da legislação: a) não implicará crédito para a compensação com o montante devido nas operações ou prestações seguintes; *b) acarretará a anulação do crédito relativo às operações anteriores* (destaquei e grifei).

A vã tentativa de buscar *semelhanças* entre esses dois dispositivos parece toldar a visão do exegeta para as inúmeras diferenças que os individualizam. Ainda que possa figurar-se óbvio, haverá espaço, aqui, para alguns esclarecimentos: (i) estão dispostos em artigos diversos; (ii) um se refere a imposto federal, enquanto o outro a imposto estadual e distrital; (iii) a hipótese tributária do primeiro imposto contempla condutas que tenham por objeto "produtos industrializados", ao passo que a do segundo recai sobre "operações de circulação de mercadorias ou prestação de serviços"; (iv) no ICMS, perante norma isentiva, há a restrição do direito ao crédito, o que não acontece no caso do IPI.

Se focalizarmos antes as similitudes que as diferenças, verificar-se-á que o único aspecto comum a esses enunciados normativos é o atendimento à diretriz da não-cumulatividade. E só, nada mais.

Aliás, repousa justamente na observação de se tratarem de impostos diferentes a justificativa do expediente restritivo do direito à compensação no ICMS.

O assunto nos impele a rápida digressão à temática das isenções, para recordar que se trata de instrumento jurídico, à disposição do legislador ordinário, enriquecendo seu campo de manobra no sentido de estabelecer uma série de providências ordinatórias, fiscais, parafiscais e extrafiscais, indispensáveis para moderar a generalização indiscriminada da regra-matriz de incidência do gravame, corrigindo, juridicamente, desequilíbrios econômicos, políticos e sociais. É certo que, no quadro dos expedientes isentivos, predomina o caráter extrafiscal, o que não diminui a funcionalidade do instituto nos setores da fiscalidade e da parafiscalidade. A isenção exerce papel instrumental e intermediário na estruturação do sistema tributário, não tendo como fim imediato providências arrecadatórias. Sua interpretação, por isso mesmo, há de cingir-se à perspectiva dos interesses primários, segundo a doutrina de Renato Alessi, não aos secundários: afinal de contas, o ingresso de dinheiro nos cofres públicos não é tudo na configuração de um Estado-de-direito.

O mecanismo das isenções, no campo da extrafiscalidade, há de atuar, coerentemente, em função da natureza específica do imposto. Assim, ao lado das providências de teor eminentemente técnico, visa também à justiça e ao bom equilíbrio das relações sociais, atuando para realizar, em alguns momentos, concretamente, os anseios da seletividade das alíquotas em função da essencialidade dos produtos tributados. Isso nos federais, porque nos estaduais as isenções prestam serviço relevantíssimo no que diz respeito às integrações regionais de que depende a implantação e a boa gestão do ICMS em todo o território nacional.

Num ponto, entretanto, vê-se com clareza a diversidade de atuação das isenções entre o IPI e o ICMS. No IPI, a isenção, apesar de poder atingir todos os critérios da regra-matriz, opera, preponderantemente, sobre o critério espacial da regra-matriz, enquanto no ICMS, imposto estadual que se integra para assumir feição nacional[274], atua também, de modo dominante, sobre o critério material.

De fato, no ICMS, a mercadoria que é objeto da operação jurídica de circulação não muda sua materialidade, mantendo-se a mesma durante todo o percurso da comercialização. O leite esterilizado, por exemplo, será leite esterilizado do início ao fim da cadeia de operações. Essa característica não está presente na vida jurídica do IPI, pois o insumo leite, ingressando no processo de industrialização, pode vir a transformar-se em leite em pó, em queijo, bolachas, pães e inúmeros outros produtos que utilizam o leite como insumo. Essa

---

274. Sobre o caráter nacional do ICMS, consultar item 3.3.5.6, Parte 2.

referência singela serve para mostrar que as duas formas de exação têm suas peculiaridades, de tal sorte que o emprego dos preceitos isentivos deve ser conduzido com muito cuidado, a fim de preservar a integridade das figuras impositivas.

Por outro lado, tomando a Constituição como carta de competências, aquilo que se verifica é a inexistência de qualquer previsão restritiva ao direito subjetivo do contribuinte, com vistas à não-cumulatividade do IPI. Diverso, no entanto, é o caso do ICMS, em que o Texto Supremo, ao impor vedação que inviabiliza as isenções, outorgou, explicitamente, competência para o Poder Público recuperar a integridade do magno princípio da não-cumulatividade, na medida em que inseriu a cláusula *salvo determinação em contrário da legislação* (artigo 155, § 2º, II). Exposto de outra maneira, para o IPI não há qualquer obstáculo na trilha de sua utilização como imposto não-cumulativo, enquanto o mesmo não se passa com o ICMS, em que há limitações impostas pela Constituição, as quais, todavia, podem ser supridas por legislação estadual que disponha em sentido contrário.

Resta comentar a esdrúxula tese pela qual a restrição expressa que o constituinte impôs à sistemática do ICMS deve ser aplicada à interpretação do âmbito competencial do IPI, como se fora uma disposição implícita, ditada pelo mesmo legislador da Carta Superior.

Venho proclamando, invariavelmente, a possibilidade de o ser cognoscente construir interpretações diferentes quando se põe diante de um objeto cultural. Sendo a compreensão, em parte, produto da ideologia de cada qual, e sendo as ideologias necessariamente diversas, de indivíduo para indivíduo, nada mais natural que duas pessoas cheguem a interpretações diferentes, ao pé do mesmo objeto da cultura.

Acontece, porém, que as proposições afirmativas que enunciamos sobre o mundo circundante pretendem ser verdadeiras, e tal propósito reivindica o exercício da capacidade de sustentação para que sejam aceitas pelo interlocutor, no processo comunicacional. Quanto maior for o suporte argumentativo de uma teoria, mais potência certamente terá para prevalecer em face das demais. Eis do que carece a tese suso mencionada: não tem base de sustentação, na sistemática do direito positivo brasileiro.

É inquestionável a presença efetiva do princípio da não--cumulatividade do IPI e do ICMS, como também indisputável é a restrição que o constituinte formulou ao tratar desse último imposto, se bem que removível por disposição explícita. Vislumbrar idêntico tratamento ao IPI é montar prescrições, em manifestação cerebrina, atribuindo-as a um pseudolegislador constitucional, que muito distante esteve de tais elucubrações.

Mas, se quisermos insistir nessa via de interpretação, para saber até que ponto poderia nos levar, basta admitir, *ad argumentandum*, que a limitação ao *direito de crédito* prevista apenas no artigo que trata do ICMS decorreu de injunções casuísticas do processo legislativo, às quais estão sujeitos todos os parlamentos, sem que nenhum deles fique imune. A consideração dessa contingência faria, então, com que o dispositivo do imposto estadual pudesse aplicar-se também ao IPI.

Mantendo a coerência que se espera do discurso científico, teríamos que reconhecer, da mesma forma, serem as exceções ao princípio da anterioridade para o IPI, IOF, IE e II previstos na CR/88, resultados de injunções políticas que determinariam sua imediata extensão a todos os impostos. E, nesse compasso, empregaríamos idêntica análise à apreciação das faixas competenciais que o constituinte erigiu. Não é preciso dizer que tudo isso nos leva ao absurdo, como absurdo creio ser o raciocínio tomado como base de argumentação.

Tenho para mim que a exegese que estende a restrição do ICMS para o IPI não encontra suporte na concepção sistemática de nosso direito positivo. Contudo, não bastasse esse pensamento, uma lembrança de cunho histórico pode clarear nossa mente: antes da Emenda Constitucional n. 23, de 01/12/83, o artigo 23, II, não previa o impedimento atual do *direito ao crédito*, relativo à isenção para o ICMS. A introdução do limite constitucional à não-cumulatividade e à isenção do ICMS teve por finalidade evitar a denominada "guerra fiscal", isto é, a disputa entre os Estados, considerada pelo Constituinte de 1988 como prejudicial às Fazendas Estaduais. Ora, por certo que o mesmo não ocorre com o IPI, que é tributo federal.

Na plataforma desse imposto, adjudicado à competência da União, os preceitos isentivos servem para eliminar diferenças econômicas no território do Brasil. Oferece posição juridicamente privilegiada a dados contribuintes, bem distribuindo a carga tributária entre seus destinatários e visando, com isso, à realização do cânone constitucional da isonomia.

A título de esclarecimento derradeiro sobre o descabimento daquela extravagante teoria que faz comunicar restrições do ICMS ao IPI, sem autorização constitucional expressa, vale trazer novamente à balha a presença dos chamados "princípios ontológicos". Um deles, aplicável ao direito privado: *tudo que não estiver expressamente proibido, estará permitido;* e outro que se projeta sobre o direito público: *tudo aquilo que não estiver expressamente autorizado, estará proibido.*

Estando nosso campo de indagação em pleno direito público, ficaria a pergunta: onde está a autorização expressa para vedar-se a isenção, no caso do IPI? Sabemos que existe para o ICMS, mas investigamos, agora, exatamente o IPI. A conclusão há de ser peremptória: explicitamente posto o cânone da não-cumulatividade, que não só permite como exige o exercício do direito ao crédito do tributo, e na ausência de obstáculo constitucional para sua implantação, o entendimento válido para o ICMS não pode ser aplicado ao IPI.

3.3.3.4.1 *Positivação do princípio da não-cumulatividade do IPI*

Para realizar o princípio da não-cumulatividade, imperativamente proposto pela Constituição da República, impende a edição de norma jurídica que instaure, de forma efetiva, o direito ao crédito daquele que adquire mercadoria ou insumo com o fim de dar sequência às várias etapas dos procedimentos de industrialização ou de comercialização.

A *relação do direito ao crédito* consiste, assim como a obrigação tributária, num laço obrigacional que se instala entre contribuinte e Fisco, tendo por objeto o tributo cobrado na operação anterior. A diferença, aqui, é que o contribuinte figura como credor da relação, encontrando-se o Fisco no polo passivo do vínculo obrigacional.

Também neste caso não basta a simples ocorrência do evento para que a aludida relação se instale. Será preciso a aplicação da norma geral e abstrata para que se verifique a constituição do fato jurídico e dos respectivos direitos e deveres. É somente com o ato de expedição da norma individual e concreta que teremos, juridicamente, dever do Fisco e direito do contribuinte ao crédito de IPI.

É importante ressaltar, no entanto, que o *direito ao crédito* não decorre da regra-matriz de incidência tributária, que tem sua eficácia direcionada para a instauração do crédito tributário. Internamente, analisando a fenomenologia da não-cumulatividade, verifica-se que o direito ao crédito do sujeito adquirente provém da norma denominada *regra-matriz de direito ao crédito*.

A regra que estipula o nascimento do direito ao crédito (norma geral e abstrata) pode ser sintetizada do seguinte modo: *dada a entrada de bem ou mercadoria, deve ser o direito do adquirente ao crédito do IPI*. Considerando que para tornar efetivo o princípio da não-cumulatividade exige-se, em cada ciclo, a compensação entre a relação do direito ao crédito e a relação jurídica tributária (que nasce com a saída do bem), o direito de crédito previsto no consequente dessa regra-matriz se traduz no direito de compensação dos valores cobrados nas operações com os montantes devidos na saída do bem ou mercadoria.

Feitas essas considerações, penso que o processo de positivação, para fins de constituição da relação jurídica de direito ao crédito pode ser sintetizado em pelo menos quatro etapas:

(i) *norma de competência* com atribuição, às pessoas políticas de direito público, da obrigação de conferir aos contribuintes o direito ao crédito do IPI (ou seja, direito à compensação do IPI cobrado na operação de entrada de mercadoria ou bem no estabelecimento do contribuinte);

(ii) introdução, por esses sujeitos, de uma norma (geral e abstrata) que estatui o acontecimento (hipótese) que, se verificado, dará ensejo ao direito de crédito (consequente) – *regra-matriz do direito ao crédito*;

(iii) aplicação da referida regra, mediante a positivação de uma nova norma (esta individual e concreta) que atesta a ocorrência de fato que se subsome ao quanto previsto na hipótese da norma superior e constitui relação jurídica de direito ao crédito entre sujeitos individualizados; e

(iv) cotejo desse crédito com algum débito tributário e a consequente *compensação*, extinguindo-se os vínculos mencionados.

Como se vê, são pelo menos três as condições necessárias para que a obrigação imposta pelo constituinte originário seja cumprida:

- edição de lei estatuindo os termos da relação de direito ao crédito, de modo a garantir ao contribuinte o direito à compensação do IPI cobrado na operação anterior;

- constituição da relação de crédito, ou seja, do direito à compensação dos créditos com os valores devidos nas operações subsequentes; e

- efetiva compensação do crédito com débitos do contribuinte e, consequentemente, a extinção desses vínculos.

O primeiro passo, portanto, para determinar se o preceito constitucional da não-cumulatividade foi ou não observado é identificar se as normas infraconstitucionais implementam o direito à compensação dos créditos de IPI ou se, ao contrário, foram instituídas normas inviabilizando a constituição do vínculo por meio do qual tal direito é imputado ao contribuinte.

3.3.3.5 *Tabela de incidência do IPI e sua importância para a integração da regra-matriz do imposto*

A tabela de incidência do IPI é segmento de linguagem prescritiva inserta, como vimos, no ordenamento jurídico brasileiro, e que se destina a oferecer elementos para a identificação dos produtos alcançados pela percussão do gravame, além de conferir-lhes um valor percentual, a título de alíquota. Atua, por conseguinte, no critério material da hipótese normativa, precisando o complemento do verbo, além de completar o critério quantitativo da consequência, ao atribuir a percentagem correspondente ao bem tributado.

Nada mais é necessário dizer para enaltecer-lhe a importância, razão pela qual teremos que tomar uma série de cuidados, sempre que o problema se situe na compreensão da tabela. Ao interpretá-la, não podemos nos esquecer de que é parte da regra-matriz de incidência do IPI, não só por afetar-lhe o critério material da hipótese, como também por concorrer com dado imprescindível para a composição do *quantum* devido, ao estipular a grandeza percentual que há de ser conjugada à base de cálculo. Por certo, então, que os valores jurídicos concebidos para presidir a instituição desse imposto têm que ser invocados com veemência, quando o assunto é discutir o espaço que determinado produto ocupa na configuração da tabela.

Antes de mais nada, porém, uma advertência que me parece oportuna: tratando-se de classificação produzida na linguagem prescritiva do direito, está informada por critérios exclusivamente jurídicos. As diretrizes que orientam a distribuição das posições, subposições, itens e subitens devem ser pesquisadas nos limites do ordenamento positivo brasileiro, descabendo falar-se em recursos de outras Ciências, como expedientes técnicos que justifiquem o alojamento das mercadorias nos vários compartimentos da tabela. Isso não quer expressar, por óbvio, que o interessado abandone outros conteúdos de significação que sejam úteis para a determinação da identidade do produto. Pretende simplesmente afirmar que o catálogo foi concebido, estruturado, organizado segundo estimativas de ordem jurídica. A observação é útil porque um sistema de classificação, como o de que falamos, é algo sobremaneira complexo, em que as múltiplas classes e subclasses se cruzam e entretecem, reivindicando a atenção do intérprete para o correto isolamento do objeto procurado.

De outra parte, é preciso repisar a sensível diferença que se estabelece entre o Sistema Harmonizado, enquanto conteúdo da Convenção internacional de Bruxelas, e a tabela de incidência do IPI, extraída da Nomenclatura Brasileira de Mercadorias. Traz o primeiro o fim deliberado de instituir nomenclatura uniforme, no sentido de facilitar o comércio entre as nações, servindo-se, por isso mesmo, de características técnicas aceitas internacionalmente. A última, entretanto, persegue outros objetivos: toma o primeiro como proposta de trabalho, passando a injetar-lhe fatores de distinção fundados no valor *essencialidade*. Daí a inclusão de itens e subitens, aumentando a complexidade dos produtos, mas propiciando ensejo ao reconhecimento da destinação do bem, para aferir seu índice de utilidade social ou pessoal. E o legislador que cria o IPI não procede assim porque deseja. É imperativo constitucional: não pode deixar de fazê-lo.

Essas duas reflexões, isto é, a circunstância de que a tabela influi na regra-matriz de incidência do IPI, tanto pela hipótese quanto pela tese; e a consideração de que a referida lista foi estruturada exatamente para implantar o valor essencialidade, por expressa determinação constitucional, leva-nos a interpretar a classificação empreendida na Tabela/TIPI segundo o regime axiológico a que está submetido esse tributo.

Ora, se meditarmos que o dado jurídico se apresenta sempre como um fenômeno cultural e que não há objeto do mundo da cultura sem a presença de valores, a conclusão poderia parecer demasiadamente intuitiva e cristalina. Justifica-se, todavia, por identificar com nitidez os valores que estão necessariamente envolvidos na compreensão do tema. E essas estimativas são, em ordem de redução crescente: os princípios constitucionais gerais, os princípios constitucionais tributários gerais, os princípios constitucionais tributários específicos do IPI e, dentre eles, *o princípio da essencialidade, apurado pelo mecanismo da seletividade*. Raciocinar com esses elementos implica reconhecer improcedente qualquer tentativa hermenêutica que considere os textos do direito posto, com relação ao IPI, sem atinar aos mencionados valores.

3.3.3.6 *O direito ao crédito nas relações de IPI*

Para realizar esse desígnio, imperativamente proposto pela Constituição da República, impende a edição de norma jurídica que instaure, de forma efetiva, o direito ao crédito daquele que adquire mercadoria ou insumo, com o fim de dar sequência às várias etapas dos procedimentos de industrialização ou de comercialização. Mas o *direito ao crédito* não basta. Para tornar efetivo o princípio da não-cumulatividade exige-se, em cada ciclo, a compensação entre a *relação do direito ao crédito* (nascida com a entrada do bem) e a *relação jurídica tributária* (que nasce com a saída do bem). É por esse motivo que o direito ao crédito, daquele que participa das fases do ciclo da não-cumulatividade, é tão necessário na consecução dessa técnica impositiva.

O contribuinte exercita seu *direito ao crédito* mediante a forma juridicamente qualificada da compensação, tão somente se for, em outro momento, integrante da relação jurídica do gravame. O *direito à compensação* é direito de cunho patrimonial em face do Estado. Entretanto, o "crédito" "com que ele se exerce é mera moeda-escritural que tem a única vocação legal de servir como moeda de pagamento parcial de impostos como o ICMS e o IPI[275]".

---

275. Geraldo Ataliba e Cléber Giardino, Segurança do direito, tributação e anterioridade – Imposto sobre a renda (Exame do Dec. Lei 1967/82 Exercício social encerrado em março de 1983), *in Revista de Direito Tributário*, São Paulo, Revista dos Tribunais, 1984, 27/28, p. 125.

O *direito ao crédito* é moeda-escritural. E se, de um lado, é inexigível enquanto crédito pecuniário na via judicial, por outro, é imprescindível perante o lídimo exercício do direito à não-cumulatividade, que se consuma com o exercício da compensação desse crédito com o "crédito tributário" (obrigação tributária) do Fisco. Pode ou não nascer, cronologicamente, ao mesmo tempo em que o fato jurídico tributário, mas *não decorre da regra-matriz de incidência tributária*, que tem sua eficácia direcionada para a instauração do *crédito tributário*. Internamente, analisando a fenomenologia da não-cumulatividade, verifica-se que o *direito ao crédito* do sujeito adquirente provém da norma denominada regra-matriz de direito ao crédito e formaliza-se com os atos praticados pelo administrado e, ulteriormente, homologados, de maneira tácita ou explícita, pelas autoridades fiscais.

A dinâmica que expusemos reproduz-se, ponto por ponto, em cada intervalo, espraiando-se pela cadeia produtiva e de comercialização dos produtos e das mercadorias, de tal modo que torne efetiva, concretamente, o preceito constitucional da não-cumulatividade.

Interessante discussão que se vê às voltas do tema, e que adquire racionalidade científica com a regra-matriz do direito ao crédito, é a interpretação do termo "cobrado" na literalidade do texto do art. 153, § 3º, da CR/88. O dispositivo em epígrafe induz o exegeta apressado a pensar que o direito ao crédito decorre da extinção da obrigação tributária. A asserção é falsa.

É o mesmo que dizer que a operação de compra e venda decorre do pagamento do valor da coisa que é objeto do negócio, o que também encerra equívoco: o negócio da compra e venda é fato jurídico caracterizado pelo acordo de vontades entre comprador e vendedor. O comprador se torna proprietário do bem antes do pagamento, advindo o direito de propriedade do acordo de vontades qualificado pela norma que regula a celebração do negócio jurídico. O ato do pagamento representa a satisfação de cláusula que decorre desse contrato, não se consubstanciando no próprio contrato.

O mesmo se dá no direito tributário. A *regra-matriz de incidência tributária* e a *regra-matriz de direito ao crédito* incidem sobre o acordo de vontades que perfaz o negócio jurídico de compra e venda. Desse suporte fáctico, propiciador de dois cortes diferentes, suscitando fatos jurídicos distintos, é que surgem, respectivamente, a obrigação tributária e a regra-matriz de direito ao crédito. Fique certo, todavia, que o pagamento dos valores correspondentes, cobrados ou não, é irrelevante para a fenomenologia da incidência normativa. Aliás, tanto é assim que o próprio Código Tributário Nacional, no artigo 118, determina que a validade do "fato gerador" independe da validade jurídica e dos efeitos dos atos efetivamente praticados pelo contribuinte.

É despiciendo saber se houve ou não cálculo do IPI embutido no valor do produto para justificar o *direito ao crédito*. Este não decorre da cobrança, nem da incidência, nem do pagamento do imposto; nasce da percussão da regra de *direito ao crédito*. Mesmo que os insumos oriundos da Zona Franca de Manaus, em face da isenção, entrassem na empresa sem a carga impositiva de IPI, haveria o direito ao crédito. Simetricamente, enquanto este direito deflui do princípio da não-cumulatividade, aquele é o resultado da norma isentiva.

Cabe salientar, enfim, que a regra que estipula o nascimento do direito ao crédito goza de autonomia, relativamente à norma que cuida da imposição tributária. Portanto, se para a formação do *direito ao crédito* é irrelevante o próprio nascimento da obrigação, muito mais ainda será a circunstância de ter sido ou não extinta essa mesma relação: a cobrança do tributo na operação anterior torna-se sem importância para a formação do direito ao crédito.

3.3.3.7 *Considerações finais sobre o crédito-prêmio do IPI*

Não é difícil perceber a razão pela qual foi atiçado o entusiasmo pelo assunto do crédito-prêmio de IPI: nele estão em jogo sobreprincípios como o da segurança jurídica, o da certeza do direito e o da eficácia das decisões emanadas do Poder Judiciário, com seus naturais e complexos desdobramentos. Além disso, temas de enorme relevância para a Teoria Geral, como a revogação das normas jurídicas e suas modalidades, encontram-se diretamente envolvidos na composição dos litígios. Tido, é bom que se diga, num momento crítico da sociedade brasileira em que a dieta cultural do nosso tempo de certa forma ameaça a estabilidade das relações entre o Estado-administração e o crescente universo de contribuintes, ávidos por diretrizes racionais que lhes garantam a tranquilidade necessária para o trabalho e para o desenvolvimento.

É muito importante o aumento acelerado dos níveis de arrecadação da Fazenda Pública, como, aliás, tem sido a tônica dos últimos anos, desde que, porém, esse auspicioso resultado se dê num clima de relacionamento saudável entre os dois históricos protagonistas, em que o respeito às instituições não seja apenas instrumento retórico de convencimento episódico, mas opção decisiva para o encontro de soluções justas e definitivas. O espírito emulativo, quando exacerbado, traz à sirga distorções inconvenientes, que atendem a decisões rápidas e evanescentes, mas comprometem a firmeza de uma parceria projetada para existir em termos duradouros e indeterminados. A pujança e os bons resultados obtidos pelo Poder Administrativo são grandezas diretamente proporcionais ao fortalecimento do setor privado, inspirado pela firme convicção de que as ações governamentais corresponderão às suas expectativas.

Coube ao Imposto sobre Produtos Industrializados (IPI), sem a expressividade e a força de outrora, sucedâneo que foi do antigo Imposto de Consumo, coluna mestra da arrecadação em seu tempo; coube ao IPI, repito, exalçar o problema da incerteza jurídica encontrada hoje nos tribunais superiores sob o manto de manifestações pomposas de matéria tributária simples. Além do mais, coube a ele também exagitar no meio jurídico brasileiro uma solução incisiva, categórica, sobre os elevados princípios da segurança jurídica, do respeito à coisa julgada, bem como da garantia de cumprimento fiel do inteiro teor das decisões jurisdicionais.

3.3.4 Impostos aduaneiros

Quando se promove o isolamento de um sistema de normas e, dentro dele, de um subsistema qualquer, quer para simplesmente nominá-lo, quer para desse objeto nos aproximarmos com ânimo cognoscente, a estratégia é circunscrever o conjunto de suas "regras necessárias", vale dizer, aquelas que, na terminologia de Gregorio Robles Morchón, são chamadas "ônticas" e também as "procedimentais". Alguns setores do direito são mais férteis em disposições dessa natureza, como sucede com o âmbito da chamada "legislação aduaneira", onde é copioso o número de prescrições de caráter técnico. A prática de ações jurídicas, nesse domínio, requer procedimentos específicos, muitas vezes complexos e conhecidos apenas por "iniciados".

A contingencialidade dos tributos aduaneiros, que se querem sempre instrumentos rápidos, objetivos, porém maleáveis, prontos para assumir configurações diversas diante dos mutantes interesses econômicos e políticos que entram em jogo no concerto das nações, sugere *corpus* de legislação com traços bem característicos, diferentes das modalidades convencionais de tributação. É sabido que os vários tributos, e não só os aduaneiros, operam debaixo de diretrizes comuns, podendo ser reconhecidos a despeito das condicionantes de espaço e de tempo em que utilizados. Todavia, o assim falado grupo das exações sobre o comércio exterior forma segmento distinto, com valores até certo ponto diversos das estimativas gerais do sistema tributário e que se foram depositando, gradativamente, na história da convivência entre os povos civilizados.

A integração econômica entre os países passou a ser pressuposto da competitividade internacional, trazendo como corolário a mobilização dos capitais de investimento, canalizados aos diferentes setores produtivos, ao passo que os tributos, cumprindo antes de mais nada função extrafiscal, transformaram-se no mais poderoso instrumento regulador desse intensivo relacionamento.

Pois bem. Para falar de assunto assim carregado de tecnicismo, faz-se necessária uma linguagem apurada, com recursos terminológicos e expressionais que possam reproduzir a multiplicidade de aspectos de matéria tão delicada.

3.3.4.1 A incidência tributária nas operações realizadas com produtos industrializados

Ao conferir possibilidade legiferante às pessoas políticas, no campo tributário, o constituinte reporta-se a determinados eventos, atribuindo ao legislador ordinário o pormenorizado esboço estrutural da hipótese e da consequência normativa. Delineados os contornos genéricos do acontecimento, incumbe ao ente político fixar a fórmula numérica de estipulação do conteúdo econômico do dever jurídico a ser cumprido pelo sujeito passivo, escolhendo, dentre os atributos valorativos que o fato exibe, aquele que servirá de suporte mensurador do êxito descrito, e sobre o qual atuará outro elemento, denominado "alíquota", desde que, naturalmente, o predicado factual eleito seja idôneo para anunciar a grandeza efetiva do evento.

Quando se fala em anunciar a proporção efetiva do acontecimento, pretende-se captar aspectos inerentes à conduta ou objeto da conduta, devendo o legislador cingir-se às manifestações exteriores que sirvam de índice avaliativo daquele comportamento tipificado. No caso do imposto de importação e do imposto sobre produtos industrializados, cujos critérios materiais consistem em "importar produtos estrangeiros" e "importar produtos industrializados do exterior", a base de cálculo não pode ser outra que não "o valor dessas operações de importação", pois é esse elemento que exterioriza a grandeza do fato descrito no antecedente normativo. Inadmissível, portanto, que quaisquer outros valores sejam integrados à base de cálculo, para fins de exigência dos impostos referidos.

Ademais, o artigo 8º do Acordo de Valoração Aduaneira autoriza acréscimos ao valor da transação apenas se este não refletir o real ônus econômico suportado pelo importador (comprador), com consequente beneficiamento do exportador (vendedor), fazendo-o nos seguintes termos:

Artigo 8º:

1. Na determinação do valor aduaneiro, segundo as disposições do artigo 1º, deverão ser acrescentados ao preço efetivamente pago ou a pagar pelas mercadorias importadas:

a) os seguintes elementos, na medida em que sejam suportados pelo comprador mas não estejam incluídos no preço efetivamente pago ou a pagar pelas mercadorias importadas:

i) comissões e corretagens, excetuadas as comissões de compra;

ii) o custo de embalagens e recipientes considerados, para fins aduaneiros, como formando um todo com as mercadorias em questão;

iii) o custo de embalar, compreendendo os gastos com mão-de-obra e com materiais;

b) o valor, devidamente apropriado, dos seguintes bens e serviços, desde que fornecidos direta ou indiretamente pelo comprador, gratuitamente ou a preços reduzidos, para serem utilizados na produção e na venda para exportação das mercadorias importadas, e na medida em que tal valor não tiver sido incluído no preço efetivamente pago ou a pagar:

i) materiais, componentes, partes e elementos semelhantes, incorporados às mercadorias importadas;

ii) ferramentas, matrizes, moldes e elementos semelhantes, empregados na produção das mercadorias importadas;

iii) materiais consumidos na produção de mercadorias importadas;

iv) projetos de engenharia, pesquisa e desenvolvimento, trabalhos de arte e de 'design', e planos e esboços, necessários à produção das mercadorias importadas e realizados fora do país de importação;

c) 'royalties' e direitos de licença relacionados com as mercadorias objeto de valoração, que o comprador deva pagar, direta ou indiretamente, como condição de venda dessas mercadorias, ou na medida em que tais 'royalties' e direitos de licença não estejam incluídos no preço efetivamente pago ou a pagar;

d) o valor de qualquer parcela do resultado de qualquer revenda, cessão ou utilização subsequente das mercadorias importadas, que reverta direta ou indiretamente ao vendedor.

Torna-se ainda mais evidente a impossibilidade de incluir os valores relativos a prestações de serviços na base de cálculo dos impostos incidentes sobre importação e operações realizadas com produtos industrializados quando recordamos que estes pertencem à competência da União, ao passo que a prestação de serviços de qualquer natureza – excluídos os de transporte interestadual e intermunicipal e de comunicação – inserem-se no campo tributável pelos Municípios. Por via de consequência, diante da rígida partição das competências tributárias, minuciosa e exaustivamente efetuada pelo constituinte, o *quantum* relativo às contraprestações de tais serviços não podem figurar na base de cálculo dos citados impostos exigidos pelo ente federal, sob pena de, assim o fazendo, estar essa pessoa política tributando fato diverso do que lhe foi permitido, invadindo, por essa maneira, a competência tributária municipal.

3.3.4.2 A sujeição passiva nos tributos aduaneiros

Persistindo na tarefa que nos propusemos no sentido de determinar as características do consequente normativo nas operações de importação de produtos industrializados, verifica-se que os enunciados jurídicos qualificam, além de coisas e estados de coisas, pessoas. Eis que, para caracterizar a relação jurídica tributária, é fundamental especificar tais sujeitos de direitos e deveres de tal modo que, individualizados, a norma do tributo aduaneiro possa incidir e, por meio desta operação, o sistema, como um todo, atingirá seu fim de disciplinar o relacionamento intersubjetivo.

No direito tributário, o sujeito passivo da obrigação tributária é a pessoa física ou jurídica, de direito privado ou de direito público, de quem se exige o cumprimento da prestação pecuniária. Assume esse papel, tanto no imposto de importação como no imposto sobre produtos industrializados, no que concerne à materialidade consistente em "importar produtos industrializados do exterior", aquele que realizou a conduta de "importar". E, segundo preceitua o artigo 80, inciso I, alínea *a*, do Regulamento Aduaneiro, quem realiza a conduta de "importar" é o sujeito de direitos em nome de quem a importação foi realizada:

> Art. 80. É contribuinte do imposto:
> I – de Importação (Decreto-lei n. 37/66, artigo 31):
> a) o importador, assim considerada qualquer pessoa que promova a entrada de mercadoria estrangeira no território aduaneiro;

Procede afirmar, em outras palavras, que contribuinte do imposto é a pessoa cujo nome está consignado na declaração de importação, por ser este, unicamente, quem promove a introdução de bens estrangeiros no país.

Com idêntica orientação, entendendo que o sujeito passivo dos impostos incidentes sobre a importação de bens é a pessoa em nome da qual se opera a importação, manifesta-se Hector Villegas[276]:

> El sujeto pasivo de la obligación tributaria en el impuesto aduanero es la persona a cuyo nombre figura la mercadería que se presenta a la aduana (...). Pueden revestir esta condición el propietario de la mercancía, su presentador o tenedor material, o la persona por cuenta de la cual se produce la importación o la exportación, aunque no sea la propietaria.

Diante do exposto, não resta outra inferência senão a de que o contribuinte dos impostos incidentes sobre a entrada de bens no território nacional é aquele que realizar a conduta de importar, ou seja, a pessoa que faça vir produtos do exterior, em cujo nome dá-se a importação, figurando como tal na declaração que documenta o fato.

3.3.4.3 *Responsabilidade nos tributos aduaneiros*

A determinação do sujeito passivo, em termos práticos, é de suma relevância no sentido de que individualiza o agente

---

[276]. *Curso de finanzas, derecho financiero y tributario*, Buenos Aires, Depalma, 1994, pp. 714-715.

que está obrigado e, consequentemente, tem a responsabilidade sobre o pagamento do débito tributário. Reitero que nem sempre é isoladamente responsável o contribuinte do imposto, ou seja, aquele que efetivamente realiza a conduta de importar.

Como se vê, o artigo 82 do Regulamento Aduaneiro elegeu como responsáveis tributários solidários "o adquirente ou cessionário da mercadoria beneficiada com isenção ou redução do Imposto de Importação vinculada à qualidade do importador (Decreto-lei n. 37/66, artigo 32)". Solidário, portanto, é apenas o adquirente ou cessionário de mercadoria com isenção ou redução fiscal, porquanto responde pela desoneração perante o Fisco. Nessa hipótese, transmitente e adquirente, cedente e cessionário, respondem solidariamente pelo tributo devido. Em nenhum outro caso há previsão de solidariedade.

E continua o Regulamento Aduaneiro em seu artigo 81, determinando, desta vez, a responsabilidade subsidiária pelo imposto e multa cabíveis:

> I – o transportador, quando transportar mercadoria procedente do exterior ou sob controle aduaneiro, inclusive em percurso interno;
>
> II – o depositário, como tal designado todo aquele incumbido da custódia de mercadoria sob controle aduaneiro;
>
> III – outras pessoas expressamente indicadas na legislação vigente.

A lei é clara: esses e tão somente esses respondem pelos impostos aduaneiros eventualmente devidos.

3.3.4.4 Regimes aduaneiros especiais

Há institutos e conceitos que são como que privativos dessa ordem do conhecimento jurídico-tributário: trânsito aduaneiro, admissão temporária, *drawback*, entreposto aduaneiro, lojas francas, depósito especial alfandegado (DEA), depósito afiançado (DAF), depósito franco, depósito aduaneiro de distribuição (DAD), depósito aduaneiro certificado

(DAC), entreposto aduaneiro internacional na Zona Franca de Manaus (Eizof), entreposto industrial, regime especial de entreposto industrial sob controle informatizado (Recof), exportação temporária, áreas de livre comércio, zonas de processamento de exportação (ZPE), Repetro, Repex, Recom e vários outros termos que dão bem a dimensão do *quantum* de especificidade existente nessa área tão importante para as relações internacionais. É oportuno, por isso, tecer alguns comentários sobre os regimes aduaneiros especiais.

Toma-se por regime aduaneiro o tratamento jurídico-tributário aplicado à mercadoria importada, que pode dar-se em três modalidades: geral, especial e atípico. Interessa-nos, nesta oportunidade, a diferenciação entre os regimes aduaneiros geral e especial. Este último se diferencia do geral em virtude de inexistir importação com caráter de definitividade. A principal característica do regime geral é que nele a operação é realizada com *animus* definitivo, não desfrutando, ela ou a mercadoria, de nenhum tratamento diferenciado. A mercadoria é importada e os tributos, se devidos, são pagos normalmente. Nos regimes aduaneiros especiais, diversamente, o destino natural dos bens importados é a reexportação, motivo pelo qual o tratamento tributário apresenta peculiaridades.

No regime aduaneiro denominado *drawback*, por exemplo, tem-se a inexigência ou retorno, no todo ou em parte, dos direitos cobrados sobre a entrada de produtos estrangeiros no país, os quais serão objeto de reexportação no seu estado original, ou sobre a importação de matéria-prima ou produtos semimanufaturados, que serão utilizados na produção de artigos manufaturados nacionais a serem exportados. Seu objetivo precípuo é promover o incremento das exportações, pela possibilidade de melhor colocação da produção nacional no mercado externo, o que evidentemente irá traduzir-se no desenvolvimento de determinados setores produtivos do país[277].

---

277. Bruno Ratti, *Comércio internacional e câmbio*, 8ª ed., São Paulo, Aduaneiras, 1994.

A legislação prevê três modalidades de aplicação do *drawback*: isenção, restituição ou suspensão:

> (i) Na modalidade "isenção", o contribuinte poderá importar, sem a cobrança de exações relativas à importação, a mesma quantidade e qualidade de insumos anteriormente importados e utilizados em produtos já exportados.
>
> (ii) Na espécie "restituição", o contribuinte faz jus ao benefício fiscal com a recuperação total ou parcial dos investimentos despendidos com a importação de insumos, após cumpridas todas as etapas exigidas pela legislação, ou seja, depois de importada a mercadoria, e após exportação com beneficiamento, ou utilizada aquela na fabricação, complementação ou acondicionamento de mercadoria também já exportada.
>
> (iii) No modo "suspensão", a exigibilidade do crédito tributário relativo aos tributos incidentes sobre o fato da entrada de mercadorias importadas no território nacional fica suspensa por determinado prazo, deferido pela Administração Fazendária para o retorno do produto ao mercado externo ou sua colocação no mercado interno para incentivar a importação de matérias-primas, insumos, produtos intermediários etc., utilizáveis na complementação de fabricação local de máquinas e equipamentos, destinados à venda externa realizada por fabricante nacional. Comprovada a operação, nos termos que a legislação estatui, a modalidade "suspensão" converte-se em isenção do pagamento dos tributos.

Assim como o *drawback*, o entreposto industrial é concebido para atender os interesses da indústria nacional. Nos termos do Regulamento Aduaneiro aprovado pelo Decreto n. 91.030/85, assim como daquele veiculado pelo Decreto n. 4.543/2002, entreposto industrial é o regime que permite a determinado estabelecimento de uma indústria importar, com suspensão de tributos, mercadorias que, depois de submetidas à operação de industrialização, deverão destinar-se ao mercado externo, podendo, entretanto, remeter parte da produção ao mercado interno. A parte da produção exportada será exonerada dos gravames incidentes na importação dos insumos, devendo ser recolhidos os tributos devidos na importação daqueles utilizados na produção destinada ao mercado interno. À medida que a produção do entreposto for destinada ao mercado interno, deverão ser pagos os tributos suspensos relativos à mercadoria importada, segundo a quantidade e o valor dos materiais empregados no processo produtivo.

Osíris Lopes Filho[278] adverte que há muita similitude entre os regimes de *drawback* e de entreposto industrial. O fator distintivo, segundo ele, reside no fato de que a industrialização, realizada pelo entreposto, deve ocorrer dentro do seu próprio estabelecimento, enquanto nos outros regimes o grau de liberdade é maior, em relação aos locais onde se deva proceder à fabricação dos produtos. A finalidade de ambos os regimes, porém,

> é incentivar a realização de operações industriais no país, objetivando a exportação. Para isso, permite-se a importação de matérias-primas e produtos intermediários, ao preço do mercado internacional, uma vez que há suspensão dos tributos, a fim de que haja incorporação no processo de industrialização, de fatores abundantes e baratos internamente.

O artigo 78 do Decreto-lei n. 37, de 18 de novembro de 1966, recepcionado pela nova ordem constitucional com o nível de legislação ordinária, dispõe sobre a concessão de regime aduaneiro especial às importações vinculadas à exportação:

> Art. 78. Poderá ser concedida, nos termos e condições estabelecidas no Regulamento:
>
> I – restituição, total ou parcial, dos tributos que hajam incidido sobre a importação de mercadoria exportada após beneficiamento, ou utilizada na fabricação, complementação ou acondicionamento de outra exportada;
>
> II – suspensão do pagamento dos tributos sobre a importação de mercadoria a ser exportada após beneficiamento, ou destinada à fabricação, complementação ou acondicionamento de outra a ser exportada;
>
> III – isenção dos tributos que incidirem sobre importação de mercadoria, em quantidade e qualidade equivalentes à utilizada no beneficiamento, fabricação, complementação ou acondicionamento de produto exportado.

---

278. "Regimes aduaneiros especiais", in *Revista dos Tribunais*, São Paulo, RT, 1984, p. 121.

O regime aduaneiro de entreposto industrial foi instituído pelos artigos 89 a 91 do Decreto-lei n. 37/66 e regulamentado pelos artigos 356 a 368 do Regulamento Aduaneiro. Nos termos do artigo 89, "o regime de entreposto industrial permite à empresa que importe mercadoria na conformidade dos regimes previstos no artigo 78, transformá-la, sob controle aduaneiro, em produtos destinados a exportação e, se for o caso, também ao mercado interno".

Ressalte-se que o artigo 89, *caput*, do Decreto-lei n. 37/66, possibilita a concessão do regime nas mesmas modalidades previstas para o *drawback* – "suspensão", "isenção" e "restituição". Contudo, a legislação regulamentadora restringiu o regime de entreposto industrial à modalidade de "suspensão", como se observa no artigo 356 do Regulamento Aduaneiro aprovado pelo Decreto n. 91.030/85:

> Art. 356. O regime de entreposto industrial é o que permite a determinado estabelecimento de uma indústria importar, com suspensão de tributos, mercadorias que, depois de submetidas à operação de industrialização, deverão destinar-se ao mercado externo (Decreto-lei n. 37/66, art. 89).

Na mesma orientação, prescreve o artigo 372 do Regulamento Aduaneiro aprovado pelo Decreto n. 4.543/2002:

> Art. 372. O regime de entreposto industrial sob controle aduaneiro informatizado (Recof) é o que permite a empresa importar, com ou sem cobertura cambial, e com suspensão do pagamento de tributos, sob controle aduaneiro informatizado, mercadorias que, depois de submetidas à operação de industrialização, sejam destinadas à exportação (Decreto-lei n. 37, de 1966, art. 89).

Ao determinar a suspensão dos tributos aduaneiros da hipótese de entreposto industrial, quis o legislador que os tributos incidentes sobre a importação de mercadoria a ser reexportada após beneficiamento ou destinada à fabricação, complementação ou condicionamento de outra a ser reexportada não fossem exigidos por ocasião do ingresso da mercadoria em território nacional. Desse modo, o bem entra nos limites territoriais brasileiros sem o pagamento dos tributos desde que, conforme condições estabelecidas, seja industrializado e redestinado ao exterior. Em consequência, se as condições forem descumpridas, os tributos sobre importação devem ser pagos.

Esse breve relato permite concluir que, no caso da modalidade "suspensão", no momento em que a mercadoria é despachada para consumo, admitida no regime geral de importação, tem-se configurada uma isenção condicionada à destinação da mercadoria, nos termos do artigo 12 do Decreto-lei n. 37/66. De fato, dispõe esse dispositivo que "a isenção ou redução, quando vinculada à destinação dos bens, ficará condicionada ao cumprimento das exigências regulamentares, e, quando for o caso, à comprovação posterior do seu efetivo emprego nas finalidades que motivarem a concessão".

3.3.4.5 O adicional ao frete para renovação da Marinha Mercante – AFRMM

O AFRMM foi instituído para atender aos encargos da intervenção da União nas atividades de apoio ao desenvolvimento da Marinha Mercante e da indústria de construção e reparação naval brasileira, tendo por hipótese de incidência a entrada de bens no porto de descarga, sendo calculado sobre o frete, entendido como a remuneração do transporte mercante porto a porto, incluídas as despesas portuárias com manipulação de carga constantes do conhecimento de embarque anteriores e posteriores a esse transporte, e outras despesas de qualquer natureza pertinentes ao transporte. Trata-se, sem dúvida, de gravame que onera as importações. Logo, impõe-se a concessão de isenção relativamente aos transportes de cargas envolvendo mercadorias destinadas à industrialização e posterior retorno ao mercado externo, objetivando cumprir a finalidade extrafiscal inerente aos regimes aduaneiros especiais, como é o caso do entreposto industrial, comentado no subitem acima.

A interpretação sistemática do artigo 5º, V, c, e § 2º, do Decreto-lei n. 2.404/87, alterado pela Medida Provisória n.

1.897-50, revela tratar-se de isenção condicionada, isto é, enquanto não concretizada a condição, o legislador denominou "suspensão" do pagamento do tributo. É uma isenção condicionada resolutiva, em que o implemento das condições constitui o fato jurídico isento, impedindo a exigência do tributo. Neste sentido, esclarece Alberto Xavier[279]:

> Tenha-se presente que as expressões 'suspensão de pagamento' e 'suspensão de tributo' são sistematicamente utilizadas pela lei, revelando, com isto, ser apenas o pagamento da obrigação tributária que se encontra submetido a condição suspensiva, que outra coisa não é que o reflexo simétrico de um benefício fiscal concedido sob condição resolutiva.

De outro lado, se não forem satisfeitos os requisitos que condicionaram a isenção, o tributo tornar-se-á exigível.

Havendo importação de mercadorias sob regime de entreposto industrial, portanto, duas são as possíveis consequências jurídicas:

> *Hipótese 1*: nacionalização da mercadoria, implementada pelo registro da declaração de importação em caráter definitivo. Nesse caso, a regra-matriz permanece intacta em todos os seus aspectos, incidindo e dando nascimento à obrigação tributária, a qual deve ser cumprida nos termos do § 3º do artigo 5º do Decreto-lei n. 2.404/87, com a redação dada pela Medida Provisória n. 1.897-50/99.
>
> *Hipótese 2*: retorno da mercadoria importada ao exterior, no mesmo estado ou após ter sido submetida a processo de industrialização. Nesse caso, dão-se por preenchidos os requisitos da isenção condicionada, inexistindo tributo a ser pago.

A conclusão não poderia ser outra. Inconcebível imaginar que o § 2º teria revogado o preceito isentivo, pois o veículo que o introduziu no ordenamento foi incisivo em manter a isenção do pagamento do AFRMM para as cargas de mercadorias que sejam objeto das operações previstas nos regimes

---

279. "Do prazo de decadência em matéria de "drawback" – Suspensão", in *Direito tributário*, vol. 1, Luís Eduardo Schoueri (coord.), São Paulo, Quartier Latin, 2003, p. 536.

estabelecidos no artigo 78 do Decreto-lei n. 37/66. A Medida Provisória n. 1.897-50/99 não apenas acrescentou o § 2º como repetiu os termos da alínea c do inciso V do art. 5º. Não há que falar, portanto, em revogação decorrente do advento de norma posterior. Também não consiste em regra que prevaleça em função da especialidade ou da hierarquia.

Se atentarmos para as funções exercidas pelos "parágrafos" dos dispositivos legais, o raciocínio acima desenvolvido torna-se mais evidente, visto que não há como coexistirem parágrafos que conflitem com as disposições principais do artigo. Na lição de Maria Helena Diniz[280], o parágrafo é "disposição secundária de um artigo de lei que contém modificações, esclarecimentos, exemplificações, complementando e dividindo a disposição principal". Pode, portanto, elucidar ou edificar exceções à regra geral contida no *caput*, incisos e alíneas.

À luz de tais considerações é que deve ser interpretado o § 2º do artigo 5º do Decreto-lei n. 2.404/87. Não exerce ele a função de dispor de forma contrária ao artigo 5º, V, c. Sua finalidade é estabelecer o termo da condição isentiva, momento em que (i) deverá ocorrer o pagamento do tributo, se houver nacionalização da mercadoria, ou, alternativamente, (ii) ter-se-á por implementada a condição prevista, preenchendo os requisitos da regra de isenção, no caso de retorno ao exterior da mercadoria importada.

3.3.4.5.1 *Regras atinentes à suspensão do pagamento do AFRMM*

Como já anotei, o critério de interpretação denominado tradicionalmente pela doutrina de histórico ou histórico-evolutivo encontra-se tanto no nível semântico como no pragmático da linguagem, auxiliando na fixação das denotações e conotações dos termos jurídicos, bem como na sua aplicação pelo intérprete. Análise desse porte requer investigações das

---

280. *Dicionário jurídico*, vol. 3, São Paulo, Saraiva, 1998, p. 507.

tendências circunstanciais ou das condições subjetivas e objetivas que cercaram a produção da norma, esmiuçando a evolução do substrato de vontade que o legislador depositou no texto da lei. É o que farei a seguir, ainda que de modo breve. O estudo histórico das regras atinentes à "suspensão" do pagamento do AFRMM serve como importante subsídio para o intérprete, no exame dos preceitos legislativos que integram o objeto da pesquisa sobre as regras correspondentes à suspensão do AFFRM.

Em sua redação original, o Decreto-lei n. 2.404/87 dispunha:

> Art. 5º Ficam isentas do pagamento do AFRMM as cargas:
>
> (...)
>
> V – de mercadorias;
>
> (...)
>
> d) que sejam objeto das operações previstas nos regimes estabelecidos no art. 78 do Decreto-lei n. 37, de 18 de novembro de 1966, ficando a isenção condicionada à exportação para o exterior das mercadorias submetidas aos referidos regimes aduaneiros especiais;

A Medida Provisória n. 1.141/95 acrescentou o § 2º ao artigo 5º do Decreto-lei n. 2.404/87, passando a ser assim redigido:

> Art. 5º Ficam isentas do pagamento do AFRMM as cargas:
>
> (...)
>
> V – de mercadorias;
>
> (...)
>
> c) que sejam objeto das operações previstas nos regimes estabelecidos no art. 78 do Decreto-lei n. 37, de 18 de novembro de 1966, *ficando a isenção condicionada à exportação para o exterior das mercadorias submetidas aos referidos regimes aduaneiros especiais*, excetuando-se do atendimento desta condição de efetiva exportação as operações realizadas a partir de 5 de outubro de 1990, nos termos do § 2º do art. 1º da Lei n. 8.402, de 8 de janeiro de 1992;
>
> (...)
>
> § 2º Ficam suspensas do pagamento do AFRMM, passando o novo prazo de recolhimento, correspondente à totalidade ou à parte de carga, a partir da data de sua nacionalização, nos

seguintes casos, *desde que não estejam alcançados pelas isenções previstas nesta Lei:*

a) as mercadorias submetidas aos seguintes regimes aduaneiros especiais:

1. trânsito aduaneiro;

2. entreposto aduaneiro;

3. *entreposto industrial* (grifos meus).

Com a edição da Medida Provisória n. 1.897-50/99 e suas reedições, a literalidade textual foi novamente alterada:

> Art. 5º Ficam isentas do pagamento do AFRMM as cargas:
>
> (...)
>
> V – de mercadorias;
>
> (...)
>
> c) que sejam objeto das operações previstas nos regimes estabelecidos no art. 78 do Decreto-lei n. 37, de 18 de novembro de 1966, *ficando a isenção condicionada à exportação para o exterior das mercadorias submetidas aos referidos regimes aduaneiros especiais,* excetuando-se do atendimento desta condição de efetiva exportação as operações realizadas a partir de 5 de outubro de 1990, nos termos do § 2º do art. 1º da Lei n. 8.402, de 8 de janeiro de 1992;
>
> (...)
>
> § 2º O pagamento do AFRMM incidente sobre o transporte de mercadoria importada submetida a regime aduaneiro especial ou atípico *fica suspenso até a data do registro da correspondente declaração de importação em caráter definitivo ou do seu retorno ao exterior no mesmo estado ou após ter sido submetida a processo de industrialização.*
>
> § 3º O não-pagamento do AFRMM, finda a suspensão prevista no § 2º, implicará sua cobrança com os encargos financeiros mencionados no § 4º do art. 6º (grifos meus).

Atualmente, o assunto é disciplinado pela Lei n. 10.893/2004, que preceitua:

> Art. 14. Ficam isentas do pagamento do AFRMM as cargas:

(...)

V – que consistam em mercadorias:

(...)

c) submetidas a regime aduaneiro especial que retornem ao exterior no mesmo estado ou após processo de industrialização, excetuando-se do atendimento da condição de efetiva exportação as operações realizadas a partir de 5 de outubro de 1990, nos termos do § 2º do art. 1º da Lei n. 8.402, de 8 de janeiro de 1992;

(...)

Art. 15. Fica suspenso o pagamento do AFRMM incidente sobre o transporte de mercadoria importada submetida a regime aduaneiro especial, até o término do prazo concedido pelo Ministério dos Transportes ou até a data do registro da correspondente declaração de importação em caráter definitivo, realizado dentro do período da suspensão concedida.

Conquanto os preceitos isentivos do AFRMM tenham sofrido modificações em sua técnica redacional, o objetivo de sua existência foi mantido: preservou-se a suspensão, com posterior isenção, da cobrança do AFRMM relativo a mercadorias submetidas a regime aduaneiro especial. É o que se depreende, também, da Exposição de Motivos Interministerial n. 07/MT/MF/MDIC, de 29 de junho de 1999, que propiciou a edição da Medida Provisória n. 1.897-50/99:

> I – (do parágrafo 5º) – Propõe-se, também, nesta oportunidade, algumas alterações nas regras para arrecadação do Adicional ao Frete para Renovação da Marinha Mercante – AFRMM, visando aperfeiçoá-las.
>
> II – (do parágrafo 6º) – A isenção do AFRMM, relativamente ao transporte de mercadorias importadas, em substituição a outras idênticas devolvidas ao exterior face à apresentação de efeitos, ou por terem se revelado imprestáveis para os fins a que se destinavam, foi incluída, harmonizando este procedimento com o adotado pela Secretaria da Receita Federal no que se refere à cobrança de tributos federais.
>
> III – (do parágrafo 7º e seu item *a*) – Constam ainda, por fim, as seguintes propostas de alteração ao instrumento legal: a) exclui-se a citação individual de cada regime aduaneiro, especial ou atípico, que tenha direito à suspensão do AFRMM, eliminando a

necessidade de alteração da Lei a cada modificação nos regimes que venha a ser introduzida pelo Ministério da Fazenda.

Nota-se que em momento algum pretendeu o legislador suprimir a isenção do AFRMM relativamente às mercadorias importadas sob regime aduaneiro especial. Desejava-se, apenas: (i) aperfeiçoar as regras relativas a esse tributo; (ii) incluir novo rol de mercadorias entre aquelas beneficiadas pela isenção (mercadorias importadas em substituição a outras idênticas devolvidas ao exterior em virtude da apresentação de defeitos ou por se terem revelado imprestáveis para os fins a que se destinavam; e (iii) evitar a necessidade de alteração legislativa a cada modificação introduzida nos regimes aduaneiros.

A chamada "suspensão" configura verdadeira isenção condicionada ao emprego dos insumos na industrialização de produtos a serem exportados. Trata-se de isenção concedida mediante condição resolutória. Ou seja, a isenção é concedida desde o momento da importação, afastando-se, desde logo, a incidência da norma impositiva com a condição de que a mercadoria seja empregada nos fins previstos: *a)* cumprido o compromisso de exportação firmado, que é a regra geral, não haverá implemento da condição resolutiva; *b)* não havendo o emprego nos fins e prazos previstos, ocorre o implemento da condição resolutiva, o que desfaz a incidência da norma isentiva, caso em que são devidos os tributos previstos.

3.3.5 Imposto sobre Operações Financeiras

A Constituição da República incluiu, na competência da União, o imposto sobre "operações de crédito, câmbio e seguro, ou relativas a títulos ou valores mobiliários" (artigo 153, V), ou, como é mais conhecido o imposto sobre operações financeiras – IOF, dispondo, ainda, a respeito do assunto, que *"é facultado ao Poder Executivo, atendidas as condições e os limites estabelecidos em lei, alterar as alíquotas dos impostos enumerados nos incisos I, II, IV e V"* (§ 1º, do mesmo artigo), o que lhe confere características predominantemente extrafiscais, já que se presta como instrumento de política de crédito, câmbio, seguro e transferência de valores. Justamente por isso, a competência para sua criação foi outorgada à União.

A percussão jurídica, portanto, é definida em quatro distintas situações: a de crédito, a relativa a câmbio, a relativa a seguro e aquel'outra relativa a títulos e valores mobiliários.

3.3.5.1 IOF: sua hipótese de incidência

O Código Tributário Nacional definiu, estipulativamente, o tributo:

> Art. 63 - O imposto, de competência da União, sobre operações de crédito, câmbio e seguro, e sobre operações relativas a títulos mobiliários tem como fato gerador:
>
> I – quanto às operações de crédito, a sua efetivação pela entrega total ou parcial do montante ou do valor que constitua o objeto da obrigação, ou sua colocação à disposição do interessado;
>
> II – quanto às operações de câmbio, a sua efetivação pela entrega de moeda nacional ou estrangeira, ou de documento que a represente, ou sua colocação à disposição do interessado, em montante equivalente à moeda estrangeira ou nacional entregue ou posta à disposição por este;
>
> III – quanto às operações de seguro, a sua efetivação pela emissão da apólice ou do documento equivalente, ou recebimento do prêmio, na forma da lei aplicável;
>
> IV – quanto às operações relativas a títulos e valores mobiliários, a emissão, transmissão, pagamento ou resgate destes, na forma da lei aplicável
>
> Parágrafo único. A incidência definida no inciso I exclui a definida no inciso IV, e reciprocamente, quanto à emissão, ao pagamento ou resgate do título representativo de uma mesma operação de crédito.

Verifica-se que o referido Diploma, conceituando a hipótese de incidência dentro dos limites máximos permitidos pela lei tributária, *não modificou conceitos estatuídos em outros ramos do direito, como o civil, ou o comercial,* mas adotou os parâmetros previstos na Carta Magna para indicar suas características essenciais, nos exatos termos previstos no artigo 146 da Constituição Federal.

Analisando, com minúcias, o fato jurídico tributário que faz nascer a obrigação de pagar o tributo, fica evidente que ao referir-se às operações de crédito (gênero), o constituinte já englobara as operações de títulos (espécie), sempre que tais títulos exteriorizassem uma operação daquela modalidade, por exemplo as debêntures emitidas por uma sociedade por ações.

O imposto de que nos ocupamos agora atinge, fundamentalmente, as operações relativas à circulação de valores a ele referidos, que se exteriorizam por intermédio de operações de crédito, câmbio e seguro e de quaisquer espécies de títulos *vinculados ao sistema financeiro ou à Comissão de Valores Mobiliários,* vale dizer, que transitem pelo sistema financeiro ou sejam fiscalizados, por algum de seus órgãos.

O campo de incidência do IOF está, como todos os demais tributos, delimitado, de maneira rígida e inflexível, pela Lei Maior. Os fatos jurídicos tributários, ensejadores da exigência, devem ser identificados dentro do contexto delimitado no Ordenamento Superior e na sua lei de criação.

As operações de crédito são, como bem assevera o Ministro Claudio Santos, do Superior Tribunal de Justiça,

> necessariamente as operações ativas praticadas pelas instituições financeiras. São as denominadas operações bancárias, aquelas em que os bancos põem dinheiro ou crédito à disposição de seus clientes, mediante atos jurídicos conceituados como contratos. Abrangem todos os negócios de mútuo mercantil fechados pelos bancos ou instituições assemelhadas e, certamente, ainda os denominados de 'créditos de firma'.

Dentre as operações ativas praticadas pelos bancos, destaca o inolvidável comercialista brasileiro Carvalho de Mendonça: os empréstimos, os descontos, as antecipações, as aberturas de crédito, os créditos de firma, as operações de del credere bancário, além das operações de câmbio. Como créditos de firma, ele encaixa os créditos mediante aceite, mediante aval e mediante fiança"[281].

---

[281]. *Tratado de Direito Comercial Brasileiro*, vol. VI, Rio de Janeiro, Tipografia do Jornal do Comércio, 1.928, p. 158 e 246.

E continua:

> A operação de *del credere* bancário é também uma operação de garantia, de cuja prática não se tem notícia, na atualidade[282].

Por todos os ângulos em que se analise a matéria, a referência sempre presente é aquela ligada aos instrumentos financeiros, permutáveis por moeda nas trocas de mercados financeiros.

3.3.5.2 IOF sobre operações relativas a títulos e valores mobiliários

A expressão "valores mobiliários" significa a espécie de títulos de crédito, utilizados como instrumentos de aplicação de capital, como fontes de renda, abrangendo os que conferem direitos de sócio (ações e bônus de subscrição), de crédito a longo prazo com vencimento periódico de juros, ou de participação nos lucros da companhia. São emitidos em massa, e não individualmente: cada emissão compreende uma quantidade de títulos iguais, fungíveis porque cada um assegura os mesmos direitos aos demais. Os valores mobiliários são emitidos em bloco ou série e, portanto, normalmente, destinados ao mercado de capitais, primário ou de balcão, ou secundário ou bursátil e é, exatamente nesses mercados, que as operações a ele relativas são tributadas.

De todo modo, compete, ao legislador infraconstitucional arrolar as espécies de bens que se enquadrem no contexto do inciso VI, do artigo 153, da Constituição da República. E, procurando fundamentos próprios, encontraremos o comando da Lei Federal n. 6.385, de 07.12.76:

> Art. 2º – São valores mobiliários sujeitos ao regime desta Lei:
>
> I – as ações, partes beneficiárias e debêntures, os cupões desses títulos e os bônus de subscrição;

---

282. *In Caderno de Pesquisas Tributárias*, vol. 16, Ed. Resenha Tributária, São Paulo, 1991, p. 88.

II – os certificados de depósito de valores mobiliários;

III – outros títulos criados ou emitidos pelas sociedades anônimas, a critério do Conselho Monetário Nacional.

Parágrafo único – Excluem-se do regime desta Lei:

I – os títulos da dívida pública federal, estadual ou municipal;

II – os títulos cambiais de responsabilidade de instituição financeira, exceto as debêntures.

Como se verifica, a enumeração taxativa, seguindo os passos traçados pela doutrina e por balizas constitucionais suficientemente claras, cuida de papéis negociados em massa, em contraposição àqueles de emissão singular, individual, representando direitos de sócios ou empréstimos a longo prazo, contratados pelo emissor (companhia pública ou privada, Estado, etc.), mediante emissão de ações ou de obrigações, tendo como objetivo emprestar dinheiro a outro para obter um resultado, envolvendo capitais.

Assim, o valor mobiliário há de ser entendido como um título de investimento que tem como característica básica o direito de sócio ou de um empréstimo, isto é, um direito susceptível de provocar o aparecimento de renda.

Vale citar, outra vez, Waldirio Bulgarelli ao perceber que:

> ... para ser valor mobiliário, o papel necessita de alguns requisitos próprios que lhe confiram (mesmo independentemente de disposição legal) a possibilidade de mobilização em termos de negociabilidade e de títulos de massa e sua vinculação a uma empresa emitente, e por outro lado, para que atuem eficazmente como valores mobiliários necessitam tais papéis de serem dotados de alguns requisitos básicos dos títulos de crédito e sua vinculação a uma empresa emitente, sobretudo, e principalmente, no tocante à circularidade[283].

Também, é preciso notar que a realização de um negócio jurídico, consubstanciado numa operação de crédito, câmbio, seguro ou relativa a títulos ou valores mobiliários, poderá

---

283. *Enciclopédia Saraiva do Direito* – verbete "valores mobiliários", p. 411-412.

ensejar a irradiação de efeitos tributários. Significa dizer, a realização do negócio jurídico poderá ser tomada como suporte fáctico da descrição contida na hipótese normativa, provocando a instauração dos efeitos jurídicos de sua ocorrência em concreto, consubstanciados no surgimento da relação jurídica, em razão da qual o sujeito estará obrigado a prestar o tributo perante o sujeito ativo do liame tributário.

Afirmam nesse sentido Gilberto de Ulhôa Campos e Aloysio Meirelles de Miranda Filho:

> "Se é certo que nos quadros de formulação dos princípios referentes ao ICMS, "operações" como abrangendo negócios jurídicos se ligam às atividades de que resulte a circulação de mercadorias, no caso do IOF há de prevalecer o entendimento dos textos constitucionais, que empregam o mesmo vocábulo como significando a prática dos atos jurídicos referidos nos incisos I, II, III e IV do art. 63 do CTN; e, mesmo quanto ao ouro, que vem referido no parágrafo 5º, do art. 153 da própria Constituição, não estando incorporado às normas definidoras de legislação complementar, a sua tributação está, no referido texto constitucional, claramente vinculada à existência de uma operação de circulação, que é a realização da operação de origem, assim entendendo-se o negócio jurídico de aquisição do metal que o extraiu"[284].

Como já se verificou, o vocábulo "crédito", utilizado nos dispositivos legais que cuidam de instituir o imposto, é ambíguo, no sentido de poder ser empregado em diversas acepções, servindo de suporte a diversos significados. Na hipótese de IOF sobre operações relativas a títulos e valores mobiliários, o "crédito" somente pode estar vinculado à expressão "operações", no sentido que já lhe foi dado, isto é, de operações de créditos como sendo a troca de bens no momento atual por bens em momento futuro como, aliás, ensina Carvalho de Mendonça:

> A operação mediante a qual alguém efetua uma prestação presente, contra a promessa de uma prestação futura, denomina-se "operação de crédito.

---

284. *In Caderno de Pesquisas Tributárias*, vol. 16, Resenha Tributária, São Paulo, 1991, p. 43.

A operação de crédito por excelência é a em que a prestação se faz e a contraprestação se promete em dinheiro. O mútuo de dinheiro é a manifestação verdadeiramente típica do crédito na sociedade moderna[285].

3.3.5.3 As operações de "factoring" e o critério material do imposto sobre operações financeiras

Sabe-se bem que a atividade de faturização consiste na compra de direito creditório de outra empresa – "faturizada" – com origem na atividade desta. O "factoring" é, pois, instituto regido pelo direito comercial, nos moldes do novo Código Civil, e/ou pelo direito civil. A atividade das instituições financeiras, por sua vez, comporta, conforme caput do art. 17 da Lei n. 4.595/64, três hipóteses: (i) coleta, (ii) intermediação e (iii) aplicação de recursos financeiros próprios ou de terceiros. Feita a distinção, verifica-se não reunir a cessão de crédito na operação de "factoring" os pressupostos do art. 17 da referida Lei e, portanto, não poderá ser entendida como constitutiva de operação de crédito, atividade típica de instituição financeira. Diante disso, uma única conclusão é admissível: a atividade de "factoring" não está constitucionalmente sujeita ao IOF que, nos termos do artigo 153, inciso V, do Texto Maior, só poderá incidir sobre operações praticadas pelos sujeitos referidos no artigo 192, integrantes do Sistema Financeiro Nacional.

Introduzindo regra própria, como se encontrasse fundamento no sistema jurídico, a Lei n. 9.532, de 10.12.1997, que passou a surtir efeitos a partir de 1.998, estabeleceu, no artigo 58 que:

> A pessoa física ou jurídica que alienar, à empresa que exercer as atividades relacionadas na alínea d, do inciso III, do § 1º, do art. 15 da Lei n. 9.249, de 1.995 (factoring), direitos creditórios resultantes de vendas a prazo, sujeita-se à incidência do imposto sobre operações de crédito, câmbio e seguro ou relativas a títulos e valores mobiliários – IOF, às mesmas alíquotas aplicáveis às operações de financiamento e empréstimos praticadas pelas instituições financeiras.

---

285. J. X. Carvalho de Mendonça, *Tratado de Direito Comercial Brasileiro*, p. 51.

Como se vê, o legislador ordinário não respeitou os princípios de direito civil e comercial e transformou, por força de lei tributária, o perfil, delineado por aquelas regras próprias, que o "factoring" ostenta, em direito bancário, contra o disposto nos artigos 192 e 153, V, da Constituição Federal, que instituiu o IOF apenas para as instituições arroladas no artigo 192, antes transcrito.

Nessa mesma direção semântica, aliás, têm sido traçadas as linhas da jurisprudência, como se verifica nas ementas adiante reproduzidas:

> IOF – OPERAÇÕES DE CRÉDITO – EXPORT NOTES – não incide IOF sobre operações de crédito relativamente às operações que tenham por objeto export notes – Ato declaratório n. 04, de 15.01.1999 Recurso de ofício a que se nega provimento[286].
>
> IOF – OPERAÇÕES FINANCEIRAS: Caracterizadas pela captação de recurso por Sociedade Cooperativa junto a cooperados através de "Fundo Rotativo" com fixação, no momento da operação, de prazo de resgate e rendimento de aplicação. Recurso Negado[287].

O Ministro Leitão de Abreu, ao exarar voto no acórdão do RE 86.297 – STF, asseverou, com precisão de raciocínio hermenêutico:

> Em primeiro lugar, não vale argumentar com normas de direito comum para estabelecer limites a princípios fundamentais, as normas, por isso mesmo, universais, normas necessárias, reconhecidas como tais pelo nosso país. Em lugar de argumentar da lei ordinária para a fundamental, a fim de limitar-lhe o sentido e a eficácia, cumpre é argumentar dos princípios estabelecidos na declaração de direitos para os preceitos de lei ordinária, para subordinar estes últimos aos primeiros[288].

Posto isto, eis conclusão peremptória. Conforme preceitos da CR/88 - art. 153, inciso V – e do CTN – art. 63 - , o critério

---

286. Ac. n. 202-11.692 - Segunda Câmara do Segundo Conselho de Contribuintes.

287. Recurso n. 105344 - Conselho de Contribuintes – Segunda Câmara Rel. Antônio Carlos Bueno Ribeiro.

288. *RDP* 39/200.

material do IOF comporta quatro situações, operações sobre: (i) crédito; (ii) câmbio; (iii) seguro e (iv) título imobiliário. Com base em interpretação sistêmica do direito tributário, a subsunção do conceito do fato ao conceito da norma só se opera quando presente identidade absoluta entre um e outro, afastamento as hipóteses presuntivas, no que diz respeito à ocorrência do fato jurídico tributário. Com base no princípio da estrita legalidade e tipicidade, à administração cabe realizar a devida prova dos indícios para, a partir deles, demonstrar a existência da relação de causalidade com o fato que se pretende dar por ocorrido. Quer isso significar, aqui, que, conquanto possam ser encontrados, na faturização, elementos símiles àquel'outros próprios de instituições financeiras – adiantamento, desconto e financiamento –, tais operações não se enquadram dentro do critério material da hipótese de incidência típica do Imposto sobre Operações Financeiras, não sendo possível, portanto, qualquer imposição tributária a título de IOF às operações das empresas de "factoring".

3.3.6 Imposto sobre circulação de mercadorias e prestação de serviços

Poder-se-ia pensar que diante de cenário de tanta incerteza seria temerária a elaboração de pesquisas mais sérias e atiladas que ferissem temas sujeitos a mutações imprevisíveis, como a do ICMS sobre prestação de serviços de comunicação ou nas importações. Neste último, por exemplo, vemos tendência ao iminente desaparecimento desta figura ao ensejo de modificações drásticas no sistema atual, abrindo espaço para o surgimento de um imposto sobre valor acrescentado, entregue à competência legislativa da União.

Não é esse, contudo, meu modo de pensar. A situação alcançada pela incidência continuará sendo, *ad aeternum*, objeto das preocupações das normas jurídicas sobre o gravame, uma vez que toca ponto delicado das relações interpessoais submetidas ao impacto do tributo, quer seja o imposto sobre a circulação de mercadorias e de serviços (ICMS), de competência dos Estados e do Distrito Federal, quer se trate de seu sucedâneo, digamos, de um imposto sobre o valor agregado, subordinado ao âmbito competencial da União.

Não é auspicioso o quadro da literatura existente sobre o ICMS, preponderantemente de caráter informativo e permeada de dogmatismos infundados, que não surgem como produto de um processo dialético firmado em premissas sólidas e consistentes.

Nos termos do artigo 155, II, da Constituição de 1988, compete aos Estados e ao Distrito Federal instituir impostos sobre "operações relativas à circulação de mercadorias e sobre prestações de serviços de transporte interestadual e intermunicipal e de comunicação, ainda que as operações e as prestações se iniciem no exterior".

No caso do ICMS, temos três regras-matrizes, o que implica admitir que existem três hipóteses de incidência e três consequências. Vejamos os três antecedentes normativos que a legislação constitucional consagra para, de seguida, tratarmos dos consequentes:

> *a)* realizar operações relativas à circulação de mercadorias;
>
> *b)* prestar serviços de comunicação, mesmo que se iniciem no exterior, prestações essas que deverão concluir-se ou ter início dentro dos limites territoriais dos Estados ou do Distrito Federal, identificadas as prestações no instante da execução, da geração ou da utilização dos serviços correspondentes;
>
> *c)* prestar serviços de transporte interestadual ou intermunicipal.

3.3.6.1 *Movimentação física e simbólica das mercadorias*

O minucioso exame da materialidade do ICMS, além de elucidar as situações em que tem nascimento a obrigação tributária, permite vislumbrar a inexigibilidade, pela legislação desse imposto, da movimentação física das mercadorias. A circulação corpórea dos bens, além de insuficiente para a configuração da materialidade do ICMS, não se apresenta como requisito essencial à incidência do tributo. O direito, ao criar suas próprias realidades, atribui à expressão "operações de circulação de mercadorias" o significado de "transferência de sua titularidade". Do mesmo modo, ao tributar as "operações de importação de mercadorias" refere-se à aquisição de tais bens por sujeito estabelecido ou domiciliado no país, não sendo seu ingresso físico bastante, em si mesmo, para a caracterização do fato jurídico tributário.

A circulação e a entrada no estabelecimento pode ser real ou apenas simbólica. Existindo documentação que a respalde, a operação jurídica se considera perfeita e acabada, desencadeando os efeitos jurídico-fiscais correspondentes.

Confirmando esse ponto de vista, a própria legislação do ICMS prevê hipóteses de tradição simbólica da mercadoria, tendo por objetivo possibilitar que os contribuintes exerçam suas atividades operacionais sem custos desnecessários de transporte. Exige-se, na hipótese, apenas o adequado controle das operações realizadas.

Observe-se nesse sentido, por exemplo, os artigos 133 e 141 do RICMS de Tocantins (Decreto n. 462/97), que determinam a emissão de notas fiscais sem a circulação física das mercadorias: a nota fiscal é exigida na hipótese de bens ou mercadorias entrarem no estabelecimento *real ou simbolicamente*. Também o artigo 118 do RICMS reconhece ser irrelevante o trânsito corpóreo da mercadoria, autorizando sua entrada simbólica:

> Art. 118. Os estabelecimentos, excetuados os produtores agropecuários, emitirão nota fiscal modelo 1 ou 1-A:
>
> I – sempre que promoverem a saída de mercadorias;
>
> II – na transmissão de propriedade de mercadorias quando estas não devam transitar pelo estabelecimento transmitente;
>
> III – sempre que, no estabelecimento, entrarem bens ou mercadorias, real ou simbolicamente, nas hipóteses do art. 133 deste regulamento.

Semelhante é a prescrição da Lei Complementar n. 87/96, que no artigo 20, ao dispor sobre a compensação assegurada pelo princípio da não-cumulatividade, reforça ser prescindível a entrada física no estabelecimento adquirente:

> Art. 20. Para a compensação a que se refere o artigo anterior, é assegurado ao sujeito passivo o direito de creditar-se do imposto anteriormente cobrado em operações de que tenha resultado a entrada de mercadoria, real ou simbólica, no estabelecimento, inclusive a destinada ao seu uso ou consumo ou ao ativo permanente, ou o recebimento de serviços de transporte interestadual e intermunicipal ou de comunicação.

Por sem dúvida que o direito positivo vigente reconhece e autoriza a movimentação simbólica de mercadorias, considerando praticada a circulação jurídica quando da emissão dos respectivos documentos fiscais.

Nesse caso, portanto, é juridicamente irrelevante a circulação física da mercadoria. Sua ausência não impede que se realizem negócios jurídicos concernentes àquele bem, com a transferência da titularidade e a consequente incidência do ICMS. Por tais razões, já que é prescindível a circulação física para fins jurídicos, comprovado o trânsito simbólico, torna-se sem importância saber dos locais por onde se realizam a passagem física dos bens.

3.3.6.2 Alcance da locução "venda de mercadorias"

A expressão "venda de mercadorias" tem conteúdo semântico coincidente com o de "operação de circulação de mercadoria", empregada para fins de exigência do ICMS. Para sua concretização, é necessária a presença de negócios jurídicos, configurando instrumentos imprescindíveis para que se tenha, como efeito de direito, circulação de mercadorias. Trata-se de atos jurídicos que promovem a transmissão de direito, *in casu*, a propriedade de mercadorias.

Após reconhecer a existência de operação, entendida como "negócio jurídico", pode-se partir para a identificação da presença dos demais requisitos: circulação e mercadorias. Tais vocábulos, como explicitação qualificativa, reduzem, inevitavelmente, o campo semântico do termo "operações", para dizer que a incidência não se realiza em qualquer de suas espécies, mas apenas naquelas "relativas à circulação de mercadorias". Se decompusermos esse adjunto adnominal, vamos encontrar, como vocábulo de segundo relevo, "circulação", qualificado restritivamente por "de mercadorias".

"Operações", "circulação" e "mercadorias" são três elementos essenciais para a caracterização da venda de mercadorias. Tenho para mim que o vocábulo "operações", no contexto, exprime o sentido de atos ou negócios jurídicos hábeis para provocar a circulação de mercadorias. "Circulação", por sua vez, é a passagem das mercadorias de uma pessoa para outra, sob o manto de um título jurídico, com a consequente mudança de patrimônio. Já o adjunto adnominal "de mercadorias" indica que nem toda a circulação está abrangida no tipo proposto, mas unicamente aquelas que envolvam mercadorias.

O étimo do termo "mercadoria" está no latim *mercatura*, significando tudo aquilo susceptível de ser objeto de compra e venda, isto é, o que se comprou para pôr à venda. Evoluiu de *merx, mercis* (sobretudo no plural: *merces, mercium*), referindo-se ao que é objeto de comércio, adquirindo, na atualidade, o sentido de "qualquer objeto natural ou manufaturado que se possa trocar e que, além dos requisitos comuns a qualquer bem econômico, reúna outro requisito extrínseco, a destinação ao comércio"[289]. Não se presta o vocábulo para designar, nas províncias do direito, senão coisa móvel, corpórea, que está no comércio.

A natureza mercantil do produto não está, absolutamente, entre os requisitos que lhe são intrínsecos, mas na destinação que se lhe dê. É mercadoria a caneta exposta à venda entre outras adquiridas para esse fim. Não se enquadra nesse conceito, porém, aquela mantida em meu bolso e destinada a meu uso pessoal. Observe-se que não se operou a menor modificação na índole do objeto referido. Apenas sua destinação veio a conferir-lhe atributo de mercadoria.

---

289. Antenor Nascentes, *Dicionário da língua portuguesa*, Coimbra, Atlântica, 1957.

3.3.6.3 Direito ao crédito e operacionalidade da regra-matriz do crédito envolvendo mercadorias

O ICMS, consoante o disposto no art. 155, § 2º, I, da Carta Magna, deve atender ao princípio da não-cumulatividade e, para tornar efetivo esse princípio, conduzindo a tributação aos valores que pretende realizar, exige-se, em cada elo da cadeia de produção ou circulação, a compensação entre a relação do direito ao crédito (nascida com a entrada jurídica do bem) e a relação jurídica tributária (que nasce com a saída da mercadoria).

Estão aí presentes, portanto, dois momentos distintos, duas situações diversas que dão origem a duas consequências diferentes: dois antecedentes e dois consequentes, ou seja, duas normas jurídicas, incidindo sobre fatos jurídicos independentes (embora participantes de uma mesma cadeia de circulação de mercadoria) e impondo comportamentos específicos no seio de relações jurídicas igualmente distintas.

Analisando a fenomenologia da não-cumulatividade, verifica-se que o direito ao crédito do sujeito adquirente provém de uma norma jurídica instituidora do direito ao crédito, que denominamos "regra-matriz do direito ao crédito". Sua incidência implica uma relação jurídica que tem como sujeito ativo o adquirente/destinatário de mercadorias, detentor do direito ao crédito do imposto, e como sujeito passivo o Estado.

Se voltarmos nossas atenções mais uma vez à regra-matriz de incidência do ICMS, facilmente perceberemos que lá não se instala o direito subjetivo do contribuinte ao crédito do imposto. Tratamos ali apenas da relação jurídica formada entre o sujeito passivo/contribuinte e o sujeito ativo/Estado, na qual o primeiro está obrigado a pagar ao segundo certo valor, a título de ICMS, calculado a partir da conjunção da alíquota com a base de cálculo (critério quantitativo), correspondendo esta última ao valor da operação de circulação de mercadoria.

Ocorrido o fato previsto no antecedente da regra-matriz de incidência do ICMS, praticada a ação, núcleo do critério material da hipótese, isto é, realizada a operação relativa à circulação de mercadoria ou importação, passa-se a vincular dois sujeitos no seio de uma outra relação, de direito privado, distinta da relação jurídica tributária. Portanto, se a realização da operação faz nascer vínculo jurídico tributário entre o contribuinte e o Estado, relativo ao ICMS, importa concluir que tal relação (do ICMS) dar-se-á tão somente com a configuração de outra relação, também jurídica, mas de cunho mercantil. É o fato-relação necessário e imprescindível para o estabelecimento do vínculo obrigacional tributário.

É bem de ver que, entre a operação mercantil e a obrigação tributária há combinação de relações, de tal sorte que a primeira dá origem à segunda. Uma é relação fundante (operação mercantil); outra, relação fundada (obrigação tributária). Mudando as palavras, se não houver relação mercantil, não poderá falar-se em obrigação tributária. Visualizando a estrutura lógica da norma jurídica, a operação mercantil estaria na posição sintática de antecedente, como conteúdo do enunciado hipotético, ao passo que a obrigação tributária cumpriria a função de consequente, fazendo as vezes do prescritor.

O ICMS tem, portanto, como requisito constitucional que sua hipótese tributária traga a descrição do fato de um comerciante, industrial ou produtor, traduzida por verbo e seu complemento vir a praticar operação jurídica que transfira, física ou simbolicamente, a propriedade de mercadoria ou implique sua importação. Esses eventos, uma vez ocorridos, no mundo fenomênico, subsomem-se ao fato hipoteticamente previsto na regra-matriz do direito ao crédito, fazendo nascer, inexoravelmente, uma relação jurídica que tem como sujeito ativo o adquirente das mercadorias, detentor do direito ao crédito do imposto, e como sujeito passivo o Estado.

Para aquele que participou de relação jurídica de transferência de mercadoria, tributada pelo ICMS, na figura de adquirente, não importa saber se o alienante procedeu ao lançamento ou ao pagamento do imposto. Ou, ainda, se o alienante deixou de fazê-lo por motivos pessoais, por motivos de força maior, por dispensa legalmente concedida, ou por mera prática ilegal. Em qualquer caso, com ou sem formalização da obrigação tributária, há o direito ao crédito (e o consequente direito à compensação, pelo primado da não-cumulatividade), visto que o nascimento deste decorre de norma jurídica distinta da regra-matriz de incidência do ICMS; decorre da transmissão da titularidade da mercadoria, e não da ocorrência de lançamentos de ICMS que são alheios ao adquirente.

Pelas mesmas razões, a circunstância de o vendedor das mercadorias abrir mão de seus créditos reais, optando por compensar-se de valores calculados por estimativa, não interfere no *quantum* do crédito a que tem direito o adquirente de tais bens. Além de serem irrelevantes, a formalização e o pagamento do imposto pelo vendedor das mercadorias, bem como o montante do abatimento por ele efetuado, termo de acordo de Regime Especial, não tem o condão de anular, restringir ou alterar direito a crédito constitucionalmente assegurado, especialmente quando o contribuinte não é signatário do ajuste firmado.

3.3.6.3.1 *Direito ao crédito e documentação idônea*

Não obstante as considerações expostas, há ponto importante na incidência do ICMS que diz respeito à emissão das notas fiscais que relatam os negócios jurídicos de transferência de titularidade. Neste tópico, é enunciado expresso do Texto Constitucional, artigo 155, § 2º, inciso XII, que compete à lei complementar definir os contribuintes, os regimes de substituição tributária, os regimes de compensação de impostos (não-cumulatividade), entre uma série de outros elementos do regime jurídico do ICMS. Desempenhando esta competência, a Lei Complementar n. 87/96, em seu artigo 23, encerra a seguinte prescrição:

> O direito de crédito, para efeito de compensação com débito do imposto, reconhecido ao estabelecimento que tenha recebido as mercadorias ou para o qual tenham sido prestados os serviços, está condicionado à idoneidade da documentação e, se for o caso, à escrituração nos prazos e condições estabelecidos na legislação.

É, portanto, requisito para o aproveitamento do crédito que esteja ele vertido em documento hábil para certificar a ocorrência do fato que dá ensejo à apuração do crédito. Pois bem. Mas quais seriam esses requisitos? Como os contribuintes podem identificar o que vem a ser uma documentação idônea? E mais, quem são os sujeitos competentes para emitir esta documentação?

A legislação do Estado de São Paulo, Lei n. 6.374/89, por exemplo, prescreve um rol de deveres que devem ser atendidos por todos aqueles que sejam contribuintes do tributo, tanto em relação ao tipo e à forma dos documentos que devem ter e emitir quanto aos que devem exigir daqueles com os quais venha a manter relações comerciais. Por meio da implementação assídua deste conjunto de deveres instrumentais, denominados pela legislação de "obrigações acessórias", o contribuinte do imposto terá subsídios para identificar que a documentação é idônea para o aproveitamento dos respectivos créditos.

Analisando com mais vagar o texto de Lei citado, identificam-se, logo no artigo 7º, todos os sujeitos que são considerados contribuintes para fins de arrecadação deste tributo. Já no artigo 16 encontra-se o dever daqueles obrigados a pagar o imposto, seja como contribuinte, como substituto ou ainda responsável, bem como de efetuar a inscrição na repartição fazendária competente, segundo a região em que se encontra o estabelecimento. A partir da inscrição, a pessoa jurídica torna-se efetivamente contribuinte do ICMS, ou seja, pessoa apta a emitir documentos fiscais idôneos.

É, contudo, no artigo 22-A da citada legislação que se encontra a principal obrigação de um contribuinte, no sentido de assegurar a legitimidade dos créditos que irá adquirir. Vejamos seu conteúdo:

> Art. 22-A. Sempre que um contribuinte, por si ou seus prepostos, ajustar a realização de operação ou prestação com outro contribuinte, fica obrigado a comprovar a sua regularidade perante o fisco, de acordo com o item 4 do § 1º do artigo 36, e também a exigir o mesmo procedimento da outra parte, quer esta figure como remetente da mercadoria ou prestador do serviço, quer como destinatário ou tomador, respectivamente.

Conhecer o número de inscrição do contribuinte, exigindo-o em cada negócio jurídico que se pretenda realizar, surge, por força de expressa previsão legal, como dever daquele que compra ou vende bens sujeitos à incidência do ICMS de outros contribuintes. Consultar a regularidade da inscrição é, destarte, o meio de aferir a regularidade do contribuinte com o qual se pretende contratar. Trata-se, a toda vista, de meio de determinar a atuação conjunta dos contribuintes e da administração fazendária no sentido de evitar fraudes na transmissão de créditos tributários.

O artigo 36, § 1º, item 3, do referido Diploma normativo, prescreve, ainda, quais elementos devem ser atendidos na produção dos documentos fiscais:

> 3 – documento fiscal hábil, o que atenda a todas as exigências da legislação pertinente, seja emitido por contribuinte em situação regular perante o fisco e esteja acompanhado, quando exigido, de comprovante do recolhimento do imposto; (...)

Cabe destacar, nesta exigência, a necessidade dos documentos atenderem ao que dispõe a legislação, no tocante à sua confecção, tipo, série e demais peculiaridades. Aquilo que se impõe, no caso, é o dever de o contribuinte conferir os documentos que acompanham os bens adquiridos, buscando identificar se atendem ou não ao que estabelecem os dispositivos legais que tratam da matéria. Nada mais.

O derradeiro requisito, também percebido na já mencionada legislação, diz respeito à efetiva ocorrência das operações documentadas, o que já foi previamente lembrado letras acima. Ou, por outras palavras, o que estiver registrado – em documento fiscal – deve refletir a efetiva realização do negócio jurídico, com ingresso, real ou simbólico, da mercadoria no estabelecimento adquirente e o respectivo pagamento.

Tais providências, quando tomadas em conjunto, evidenciam a boa-fé do contribuinte, eximindo-o de eventuais responsabilidades caso seja posteriormente verificada a prática de ilícitos por terceiros.

3.3.6.3.2 Não-incidência e isenção: únicas exceções constitucionais do direito ao crédito de ICMS

Realizado o acontecimento do evento previsto na hipótese de incidência e constituído o fato pela linguagem competente, propaga-se o efeito jurídico próprio, instalando-se o liame mediante o qual uma pessoa, sujeito ativo, terá o direito subjetivo de exigir de outra, sujeito passivo, o cumprimento de determinada prestação pecuniária. Eis a fenomenologia da incidência tributária. Esta requer, por um lado, norma jurídica válida e vigente; por outro, a realização do evento juridicamente vertido em linguagem que o sistema indique como própria e adequada. Estaremos diante de não-incidência, portanto, sempre que algum desses elementos não estiver presente.

Da observação do direito positivo brasileiro, verificamos as seguintes causas de não-incidências, por ordem crescente de abstração:

> (i) ausência do fato jurídico tributário;
>
> (ii) inexistência da regra-matriz de incidência tributária, a qual, conquanto autorizada constitucionalmente, não foi produzida pelo legislador ordinário;
>
> (iii) falta de previsão constitucional que atribua competência para a tributação de determinado acontecimento;
>
> (iv) incompetência para a tributação de situações específicas, por expressa determinação na Carta Magna (imunidade tributária).

Sendo a "não-incidência" uma das hipóteses eleitas pelo constituinte como obstáculo ao aproveitamento de créditos de ICMS, salvo se a legislação infraconstitucional dispuser em sentido contrário, certificadas as situações acima, não nascerá, para o contribuinte, relação jurídica de direito ao crédito.

Cumpre registrar, ainda, que em todas as situações de não-incidência, supra-relacionadas, inexiste direito ao crédito e, igualmente, não há nascimento da obrigação tributária. Isso ocorre exatamente porque falta algum elemento necessário à subsunção.

A isenção tributária, por sua vez, também é hipótese de não-incidência tributária. Sua configuração, porém, é mais complexa: não decorre de mera ausência de elemento normativo, oriundo de inatividade do legislador. Ao contrário, o órgão legislativo competente age, editando norma isentiva que atua sobre a regra-matriz de incidência, investindo contra um ou mais critérios de sua estrutura, para mutilá-los parcialmente. Com efeito, trata-se de encontro de duas normas jurídicas que têm por resultado a inibição da incidência da hipótese tributária sobre os eventos abstratamente qualificados pelo preceito isentivo, ou que tolhe sua consequência, comprometendo-lhe os efeitos prescritivos da conduta.

Se o fato é isento, sobre ele não se opera a incidência e, portanto, não há falar em fato jurídico tributário, tampouco em obrigação tributária. E se a isenção se der pelo consequente, a ocorrência fáctica encontrar-se-á tolhida juridicamente, já que a sua eficácia não poderá irradiar-se.

De qualquer maneira, guardando sua autonomia normativa, a regra de isenção ataca a própria esquematização formal da norma-padrão de incidência, para destruí-la em casos particulares, sem aniquilar a regra-matriz, que continua atuando regularmente para outras situações. Se determinada operação é isenta, *a regra-matriz de incidência tributária* fica neutralizada, não havendo falar-se em acontecimento do "fato gerador" e, por via de consequência, em nascimento da obrigação tributária.

Essas são as duas únicas situações em que a operação relativa à circulação de mercadoria não acarretará crédito de ICMS. Em todos os demais casos, como em algumas hipóteses de "diferimento" (que não configure isenção) e de creditamento por estimativa, em substituição ao regime normal de apuração, haverá direito ao crédito.

a) Diferimento

A terminologia "diferimento" é empregada, no direito positivo brasileiro, para designar vários fenômenos jurídicos ocorridos nas legislações que disciplinam os impostos plurifásicos e não-cumulativos, como o ICMS. Seu caráter pode ser de isenção, substituição tributária, ou mera postergação da data prevista para o pagamento do tributo. A correta identificação deve ser efetuada em cada caso concreto, mediante exame do diploma normativo pertinente.

O diferimento apresentar-se-á como isenção quando a regra-matriz de incidência sofrer mutilação no critério temporal da hipótese, de tal modo que a impeça de alcançar determinadas situações. Nesse caso, inocorrerá, em momento algum da cadeia, exigência tributária concernente à operação intitulada "diferida".

Por sua vez, será verdadeira substituição tributária a hipótese de diferimento onde houver postergação do instante para pagamento do tributo, transferindo-se a obrigação fiscal para o sujeito que realiza a etapa subsequente da cadeia de positivação. Aí, a regra-matriz permanece intacta em todos os seus aspectos, podendo incidir e dar nascimento a outras obrigações tributárias. Apenas a exigibilidade do cumprimento dessa relação jurídica é que será adiada, verificando-se em momento posterior, por sujeito passivo diverso daquele que praticou o fato jurídico tributário.

Pode, ainda, manifestar-se como mera postergação da data do pagamento, sem interferência em quaisquer dos critérios da regra-matriz tributária. A obrigação permanece a mesma; o sujeito passivo da relação continua sendo aquele que praticou o fato jurídico tributário.

Nessas duas últimas hipóteses, não restam dúvidas acerca da verificação da fenomenologia da incidência tributária.

b) Crédito por estimativa

A forma de cálculo do crédito, como pode vir definido em Termos de Acordo de Regime Especial, em nada obstrui a incidência tributária. Acontecido o fato da importação, surge para a empresa contribuinte a obrigação de pagar o ICMS ao

Estado onde se encontra estabelecida, nascendo, em contrapartida, o direito ao crédito correspondente. Efetuada a venda de mercadorias no mercado interno, nova incidência se dá sobre essa operação de circulação, incidindo, simultaneamente, a regra-matriz de incidência tributária e a regra-matriz do direito ao crédito, fazendo aparecer a obrigação tributária para o vendedor e, para o comprador, o direito de se compensar.

Como dá para notar, a incidência opera em sua integridade, desencadeando todos os possíveis efeitos. Dentre eles, o direito da empresa-adquirente de aproveitar-se dos créditos correspondentes às alíquotas aplicadas nas operações de importação e comercialização. A circunstância de a pessoa jurídica contribuinte abdicar dos "créditos reais" a que faz *jus*, optando por compensar valores estimados, na forma estipulada em Termos de Acordo de Regime Especial, não implica supressão, diminuição ou qualquer condicionamento à fruição, pelos adquirentes das mercadorias, dos valores correspondentes às alíquotas de ICMS estipuladas na legislação estadual, pois se não verificada a figura da não-incidência ou da isenção, o abatimento dos créditos não pode ser tolhido. Eis as determinações sistêmicas da não-cumulatividade no ICMS para estes casos.

3.3.6.4 ICMS e tributação sobre prestação de serviços de comunicação

A hipercomplexidade das sociedades pós-modernas vem acompanhada dos progressos da tecnologia. E no campo da comunicação essas conquistas foram decisivas, a ponto de marcar nosso próprio tempo com balizas claras e objetivas, que nós mesmos, sem os critérios apurados da visão histórica, pudemos identificar. De seu lado, o direito posto, mantendo a distância operacional necessária para lidar com os possíveis controles das condutas intersubjetivas, segue observando a marcha dos acontecimentos, recebendo as múltiplas notícias dos subsistemas afins, para produzir, segundo esquemas que lhe são ínsitos, as normas jurídicas reguladoras da interação social.

Se a velocidade dessa sequência integrativa é lenta em alguns setores, n'outros chega a ser fulminante, num desafio à eficiência técnica da capacidade que o ser humano tem de receber e manipular informações. E assim tem sido nos domínios do direito tributário, no que concerne ao chamado "comércio eletrônico".

Esse "comércio eletrônico", que ganhou corpo com o advento da Internet, rede mundial ou rede das redes, é um subproduto da aceleração vertiginosa das conquistas da tecnologia, projetado sobre o campo das relações mercantis. Inserindo-se num processo de retroalimentação, a velocidade das mensagens atinge níveis sofisticados, que aprimoram a comunicação e se abrem em ramificações diversas por outros canais da convivência entre os indivíduos, para tanto, colaborando, decisivamente, os sistemas computacionais das diferentes mídias. Não é preciso dizer que o impacto dessas transformações enriqueceu sobremaneira a participação subjetiva das pessoas envolvidas nos contratos, munindo-as de novas perspectivas sobre o negócio.

A destreza e a agilidade dos órgãos legislativos, no território dos tributos, absorvendo informações das mais variadas origens, para selecioná-las, organizá-las de modo coerente e vertê-las na forma e no tom de juridicidade, é algo que suscita o interesse e a admiração de quantos se preocupam com a dinâmica do tecido social, principalmente se levarmos em conta a estrutura rígida e severa dos princípios constitucionais tributários vigentes no Brasil.

É pouco numerosa a literatura nacional existente sobre a matéria e o produto legislado revela a insegurança das entidades tributantes ao empregar meios e critérios muitas vezes desconcertantes para atingir seus objetivos arrecadatórios. Na outra ponta está o sujeito passivo, ávido para saber até onde irão suas responsabilidades, programando-se para atuar, ou continuar atuando, num campo tão rico de expectativas.

Dentro da materialidade do mencionado imposto, conhecido por ICMS, inclui-se a "prestação de serviço de comunicação".

É nessa parcela da competência impositiva dos Estados e do Distrito Federal que focalizarei o pensamento, tendo em vista demarcar o domínio de sua abrangência. Torna-se imperioso, para tanto, uma análise mais atilada do significado de "prestação de serviço de comunicação", frase empregada pelo constituinte. Apenas por esse meio será possível identificar, com firmeza, o quadro de eventos que integram o critério material da regra-matriz de incidência desse imposto.

O termo "comunicação", como não poderia ser diferente, é polissêmico, sendo usado em diferentes acepções. Do ponto de vista científico, no entanto, deve ser entendido consoante já nos manifestamos, ou seja, em conformidade com a teoria que estuda os signos, a Semiótica, abandonando-se os sentidos resultantes dos usos comuns. O processo comunicativo que estabelece o conteúdo semântico do vocábulo "comunicação" é aquele consistente na transmissão, de uma pessoa para outra, de informação codificada, por meio de um canal, entre emissor e receptor, que possuem em comum, ao menos parcialmente, o repertório necessário para a decodificação da mensagem.

Comunicação, entendida como o vínculo que se instaura com o ciclo formado pela emissão, transmissão e recepção de mensagens, de modo intencionado ou não, apresenta enorme amplitude, verificando-se sempre que houver dois ou mais sujeitos em contingência de interação. Toda vez que alguém difundir informação, ainda que não destinada a receptor determinado (porém, determinável) e mesmo que de forma inconsciente, esse alguém estará realizando processo de comunicação.

Prestar serviço de comunicação, por seu turno, consiste na atividade de colocar à disposição do usuário os meios e modos necessários à transmissão e recepção de mensagens, distinguindo-se, nessa medida, da singela realização do fato comunicacional. "Comunicação" e "prestação de serviços de comunicação" são realidades distintas.

Para que se possa perceber com maior nitidez a diferença acima referida, convém examinar mais de perto o conceito de "prestação de serviço", fazendo o contraponto com os significados dos termos "comunicação" e "prestação de serviço de comunicação".

"Prestação de serviço", define Aires Barreto[290], é o "esforço de pessoas desenvolvido em favor de outrem, com conteúdo econômico, sob regime de direito privado, em caráter negocial, tendente a produzir uma utilidade material ou imaterial". Configura-se, em outras palavras, no exercício, por alguém (prestador), de atividade que tem por escopo produzir benefício relativamente a outra pessoa (tomador), a qual remunera o prestador (preço do serviço)[291].

Desde logo se vê, na definição de "prestação de serviço" oferecida pelo mencionado autor, o caráter de necessidade absoluta da coexistência dos três elementos que a compõem, quais sejam: o *prestador*, o *tomador* e o *preço do serviço*. Ao mesmo tempo, recordando os elementos do processo comunicacional, observamos a presença de um emissor, de um canal ou transmissor, de u'a mensagem, de um código comum ao emissor e ao receptor, e de um destinatário.

A prestação de serviço de comunicação só se verificará quando houver a junção simultânea dos elementos constitutivos da prestação de serviço, de um lado, e do processo comunicacional, do outro, de tal forma que a atividade exercida pelo prestador tenha por objetivo realizar a comunicação entre o tomador do serviço e terceira pessoa, mediante pagamento de um valor. Pode falar-se em prestação de serviço de comunicação quando o emissor da mensagem aparece como tomador do serviço, que, mediante pagamento de remuneração, contrata o prestador para que este exerça a função de

---

290. "Imposto sobre serviço de qualquer natureza", *in Revista de Direito Tributário*, vol. 29/30, p. 188.

291. A expressão "prestação de serviço", assim como o vocábulo "comunicação", padece do problema da ambiguidade, comportando sentidos diversos. Todavia, em se tratando de interpretação de texto jurídico, produzido em linguagem técnica, o sentido atribuído deve decorrer de uma construção harmônica do sistema normativo, cientificamente estabelecida.

canal, proporcionando meios que tornem possível a transmissão de mensagens ao destinatário.

Do que foi dito infere-se que a comunicação pode ocorrer de dois modos: (1) de forma pessoal, havendo transmissão de mensagem própria; e (2) com intermediação, em que há transmissão da mensagem de terceiros. Apenas na segunda hipótese incidirá o ICMS, pois como ninguém presta serviço a si mesmo, unicamente se o canal transmissor configurar pessoa diversa do emissor é que teremos a prestação de serviço comunicacional. Enquanto na comunicação a mensagem é recebida diretamente do emissor, na prestação de serviço de comunicação a mensagem, de propriedade do emissor, é transmitida por indivíduo diverso (prestador de serviços). Sintetizando: no processo comunicativo, quem efetua a transmissão da mensagem é o próprio emissor; na prestação de serviço de comunicação, o emissor contrata alguém (prestador do serviço) para que este transmita sua mensagem.

Firmados tais critérios, por conseguinte, consistindo a materialidade do ICMS na "prestação de serviço de comunicação", nos termos do artigo 155, II, da Lei Fundamental, só quando houver serviço de comunicação poderá dar-se a incidência daquele imposto. Para que isso ocorra, porém, exige-se que o laço comunicacional seja instalado mediante fornecimento, pelo contratado (prestador de serviço), dos meios e modos necessários à transmissão e à recepção de mensagens entre o emissor (contratante) e uma terceira pessoa (receptor), apresentando-se o contratado como transmissor de informações entre o emitente e a terceira pessoa que, com ele, pretende comunicar-se. Logo, a hipótese de incidência do ICMS consistiria, para esse caso, no ato de intermediar a emissão e recepção de mensagens entre duas ou mais pessoas, podendo ocorrer a percussão do imposto apenas na contingência de verificar-se uma atividade em que, por força de remuneração, um indivíduo (A) forneça condições materiais a outro indivíduo (B) a fim de que este se comunique com terceira pessoa (C), funcionando como transmissor da mensagem na relação comunicacional. Será possível haver incidência do ICMS apenas se houver um prestador de serviço intermediando a comunicação entre emissor e receptor.

3.3.6.4.1 A atividade dos provedores de acesso à internet e a não-incidência do ICMS

Os provedores de acesso à Internet têm, dentre seus objetivos sociais, de tornar viável o acesso à rede de comunicação mundial – a Internet. Nos termos da Portaria n. 148/95, do Ministério das Comunicações, que aprovou a Norma n. 004/95, Internet é "o nome genérico que designa o conjunto de redes, os meios de transmissão e comutação, roteadores, equipamentos e protocolos necessários à comunicação entre computadores, bem como o *software* e os dados contidos nestes computadores". Trata-se de sistema que interliga computadores por meio dos chamados "protocolos TCP/IP", responsáveis por uniformizar a transmissão de informações das diversas redes.

O serviço de conexão à Internet, por si só, não possibilita a emissão, transmissão ou recepção de informações, deixando de enquadrar-se, por isso, no conceito de serviço comunicacional. Para ter acesso à Internet, o usuário deve conectar-se a um sistema de telefonia ou outro meio eletrônico, e, este sim, estaria em condições de prestar o serviço de comunicação, ficando sujeito à incidência do ICMS. O provedor, portanto, precisa de uma terceira pessoa que efetue esse serviço, servindo como canal físico, para que, desse modo, fique estabelecido o vínculo comunicacional entre usuário e Internet[292]. É esse canal físico (empresa de telefonia ou outro meio comunicacional) o verdadeiro prestador de serviço de comunicação, pois é ele quem efetua a transmissão, emissão e recepção de mensagens.

A atividade exercida pelo provedor de acesso à Internet configura, na realidade, um "serviço de valor adicionado", pois

---

[292]. No Brasil, os provedores de acesso à Internet contratam empresas de telefonia, que cobram pelo uso de seus *backbones* (tronco de comunicação essencial ao funcionamento da Internet).

aproveita um meio físico de comunicação preexistente, a ele acrescentando elementos que agilitam o fenômeno comunicacional. A própria Norma n. 004/95 define o serviço de conexão à Internet, em seu item 3, alínea c, como "serviço de valor agregado, que possibilita o acesso à Internet a usuários e provedores de serviços de informações" e, ao definir "serviço de valor agregado", esclarece, nesse mesmo item, alínea b, tratar-se de "serviço que acrescenta a uma rede preexistente de serviço de telecomunicações meios ou recursos que criam novas utilidades específicas, ou novas atividades produtivas, relacionadas com o acesso, movimentação e recuperação de informações".

A Lei n. 9.472/97 (Lei Geral de Telecomunicações) ao definir, no artigo 61, o que é o serviço de valor adicionado, registra:

> Serviço de valor adicionado é a atividade que acrescenta a um serviço de telecomunicação, que lhe dá suporte e com o qual não se confunde, novas utilidades relacionadas ao acesso, armazenamento, apresentação, movimentação ou recuperação de mensagens.

Dessa menção ao direito positivo já se percebe que o serviço de valor adicionado, embora dê suporte a um serviço de comunicação (telecomunicação), com ele não se confunde, pois seu objetivo não é a transmissão, emissão ou recepção de mensagens, o que, nos termos do § 1º, do artigo 60, desse Diploma legal, é atribuição do serviço de telecomunicação. A função do provedor de acesso à Internet não é efetuar a comunicação, mas apenas facilitar o serviço comunicacional prestado por outrem, no caso, a companhia telefônica. Aproveita uma rede de comunicação em funcionamento e a ela agrega mecanismos adequados ao trato do armazenamento, movimentação e recuperação de informações.

Torna-se preciso advertir: quando assevero instalar-se o laço comunicacional mediante o fornecimento, pelo contratado (prestador de serviço), dos meios e modos necessários à transmissão e à recepção de mensagens entre o emissor (contratante) e uma terceira pessoa (receptor), não quero afirmar que o mero fornecimento de um aparelho ou serviço que facilite a comunicação seja o suficiente para caracterizar prestação de serviço comunicacional. A entender-se desse modo, estaria compelido a concluir: quando um indivíduo "A" aluga aparelho e linha telefônica de "B", este estaria obrigado a recolher ICMS relativamente ao valor recebido em decorrência da citada locação, já que somente por meio do aparelho e da linha telefônica de propriedade de "B" é possível efetivarem-se laços comunicacionais entre "A" e outros indivíduos. Isso seria absurdo!

O exemplo acima aplica-se integralmente no caso dos provedores de acesso à Internet. Não integram eles o processo comunicacional, sendo sua função apenas permitir, mediante sua aparelhagem, conexão à rede. Assim como na locação de equipamentos telefônicos, o prestador de serviço de comunicação continua sendo, unicamente, a empresa de telefonia. É ela quem transmite informações entre os usuários da Internet e não os provedores de acesso, que apenas agilitam a função do prestador de serviço.

Logo, ao argumentar só existir incidência do ICMS quando se verificar uma atividade em que, por força de remuneração, um indivíduo (a) forneça condições materiais a outro indivíduo (b) a fim de que este se comunique com terceira pessoa (c), funcionando como transmissor da mensagem na relação comunicacional, estou afirmando que o prestador do serviço é tão somente aquele que *transporta a mensagem*. A ideia de *prestador de serviço de comunicação* está ligada, irremediavelmente, à *noção de canal*.

Comparemos com a prestação de serviço de transportes. Suponhamos que um indivíduo "A", pretendendo mudar-se, contrata duas empresas, sendo uma com a finalidade de organizar os bens a serem transportados e colocá-los no caminhão de mudanças, e outra com a função de levar esses bens até outro Município. Pergunta-se: ambas as empresas contratadas sujeitam-se à incidência do ICMS, em decorrência da prestação de serviço de transporte intermunicipal? Resposta: obviamente que não. Apenas quem foi contratado para transportar efetivamente os bens é que se sujeitará a esse tributo. A outra empresa, responsável pela organização dos objetos, tornando mais rápida a mudança, não presta qualquer espécie de serviço de transporte.

Analogicamente, é o que ocorre com o serviço de acesso prestado pelo provedor: restringe-se a criar condições mais objetivas, facilitando, com isso, a instalação do liame comunicacional. Porém, não presta, em termos efetivos, serviço de comunicação, sendo este praticado por terceiro, geralmente, empresa de telefonia. É o que registra Clélio Chiesa[293]:

> Nota-se que os provedores de acesso não realizam o transporte de sinais de comunicação, mas utilizam-se dos sistemas de transporte já existentes para o fim de estabelecer o elo do usuário com a Internet. Há, portanto, dois serviços distintos: um de transporte de sinais, viabilizado pelas empresas de telecomunicações, e outro proporcionado pelos provedores de acesso, representado pela conexão do usuário à Internet.

Seguindo essa mesma linha de raciocínio, Júlio Maria de Oliveira[294] assevera que:

> o referido provimento de acesso não pode ser enquadrado, assim, como um serviço de comunicação, pois não atende aos requisitos mínimos que, técnica e legalmente, são exigidos para tanto, ou seja, o serviço de conexão à Internet não pode executar as atividades necessárias e suficientes para resultarem na emissão, na transmissão, ou na recepção de sinais de telecomunicação. Nos moldes regulamentares, é um serviço de valor adicionado, pois aproveita de uma rede de comunicação em funcionamento e agrega mecanismos adequados ao trato do armazenamento, movimentação e recuperação de informações.

Claro está, portanto, que o serviço prestado pelo provedor não é de comunicação. Tendo em vista a necessidade de um emissor, um canal e um receptor, a fim de que essa espécie de serviço se efetive, o canal, ou seja, o transportador dos sinais, é que será o prestador. E, no caso, essa atividade não é

---

293. "A tributação dos serviços de Internet prestados pelos provedores: ICMS ou ISS", *in Revista de Direito Tributário*, n. 74, p. 202.

294. *Internet e competência tributária*, São Paulo, Dialética, 2001, p. 123.

praticada pelo provedor de acesso, mas sim pela companhia telefônica (ou outro meio que lhe faça as vezes).

Em conclusão, os provedores de acesso à Internet não configuram o "canal" realizador da comunicação; não colocam à disposição do usuário os meios e modos necessários à transmissão e recepção de mensagens. Sua tarefa, por conseguinte, não é prestar serviço de comunicação, mas tornar mais eficiente o serviço comunicacional prestado por outra empresa. É, simplesmente, um serviço de valor adicionado, ou seja, serviço agregado a outro serviço, este sim de comunicação. Não pode, por tais motivos, ser objeto de tributação pelo ICMS.

3.3.6.5 ICMS e tributação sobre prestação de serviços de transporte

Tomemos, a título elucidativo, a hipótese de incidência do ICMS sobre a prestação de serviços de transporte interestadual ou intermunicipal, para dissertar sobre os componentes lógicos no fraseado normativo da referida exação. Convém, desde logo, examinar o critério material da hipótese que se apresenta com o verbo "prestar" e o complemento "serviços de transporte intermunicipal e interestadual", o que sugere, de pronto, que não envolve outras condutas senão o comportamento do prestador, consubstanciado na iniciativa de desenvolver ação em favor de outro sujeito de direito, com conteúdo econômico, e da qual resulte o transporte intermunicipal ou interestadual de bens ou de pessoas. Exclui-se, por inadmissível, o autosserviço ou serviço prestado a si mesmo, pela reflexividade que lhe é própria e que acarreta a inexistência de caráter econômico na atividade desenvolvida.

Assinale-se também que, ao adjudicar aos Estados e ao Distrito Federal a competência para instituir ICMS, a Constituição da República circunscreveu suas prerrogativas a dois tipos de serviço de transporte: o interestadual e o intermunicipal. Equivale a dizer que o serviço de transporte internacional ficou imune ao ICMS e as imunidades tributárias interpretam-se amplamente.

Amilcar de Araújo Falcão[295] estabelece a diferença:

> ... além da importância que possui sob o ponto de vista doutrinário ou teórico, tem consequências práticas importantes, no que se refere à interpretação dos princípios constitucionais que estabelecem imunidades tributárias. É que sendo a isenção uma exceção à regra de que, havendo incidência, deve ser exigido o pagamento do tributo, a interpretação dos preceitos que estabeleçam isenção deve ser estreita, restritiva. Inversamente, a interpretação, quer nos casos de incidência, quer nos de não-incidência, quer, portanto, nos de imunidade, é ampla, no sentido de que todos os métodos, inclusive o sistemático, o teleológico, etc., são admitidos.

O legislador constituinte preservou o princípio da não oneração das exportações com tributos que possam afetar a inserção comercial brasileira no mercado internacional, ao limitar a percussão do ICMS aos serviços de transporte intermunicipal e interestadual. Aliás, a competência para a tributação do comércio exterior tradicionalmente cabe à União, nos termos do artigo 153, I e II, da Constituição da República, o que permite dizer que os Estados e o Distrito Federal não podem interferir, mediante tributação, nas operações ligadas ao comércio internacional.

O critério espacial é qualquer lugar em que o serviço seja prestado, desde que situado sob o manto da lei estadual. O critério temporal está fixado no átimo da entrega do serviço executado. De nada adiantaria o desenvolvimento do trabalho, sem que fosse direcionado ao seu destinatário, sendo-lhe entregue. Óbvio está que na hipótese de serviço encomendado por um sujeito, mas entregue a outro, que o aceita, este último será o destinatário, constituindo-se a prestação. Restaria ao primeiro reivindicar os danos porventura ocorridos ou formular nova encomenda. Para os fins da regra-matriz, aconteceu a incidência e nasceu a obrigação tributária.

No consequente, temos o critério pessoal, que permite identificar como sujeito ativo os Estados ou o Distrito Federal e, como sujeito passivo, o transportador, desde que a prestação

---

295. "Imunidade e isenção tributária - instituição de assistência social", *in Revista de Direito Administrativo*, n. 66, p. 372.

de serviços seja efetuada de um para outro Estado ou para o Distrito Federal ou do Distrito Federal para outro Estado ou de um Município para outro estando situados dentro de uma mesma unidade federativa.

O critério quantitativo indica como base de cálculo o valor atribuído à prestação de serviço pactuada, enquanto a alíquota que irá incidir poderá ser a interna (nas prestações de serviços de transporte entre Municípios de um mesmo Estado) ou a externa (se a prestação de serviços exigir a ultrapassagem do território de mais de um Estado).

Assinale-se que o ICMS não incide sobre o transporte, mas, sim, sobre o serviço de transporte interestadual ou intermunicipal, seja ele realizado por via terrestre, aérea ou hidroviária. Alcança, portanto, os transportes de passageiros, de cargas, de valores, de mercadorias, etc., bastando que o serviço seja objeto de contratação autonomamente considerada. São quaisquer serviços de transporte prestados sob o regime de direito privado, submetidos a tratamento jurídico próprio, isto é, aqueles colocados no mundo dos negócios e subordinados a um ajuste autônomo de vontades, em clima de igualdade das partes contratantes.

3.3.6.5.1 Limites do conceito "operação de transporte" nos contratos complexos

Para bem demarcar o campo de atuação, no que concerne à prestação de serviço que pode ser alcançada pelo ICMS, vale dizer que transportar é conduzir mercadorias, bens, documentos, cargas ou passageiros, de um canto para outro, seja por via terrestre, aérea ou hidroviária.

Enquanto negócio jurídico, na esfera do Direito Comercial, transporte:

> é o contrato em que uma pessoa ou empresa se obriga, mediante retribuição, a transportar, de um local para outro, pessoas ou coisas animadas ou inanimadas, por via terrestre, aquaviária, ferroviária ou aérea. Celebra-se entre o transportador e a pessoa que

vai ser transportada (viajante ou passageiro) ou quem entrega o objeto (remetente ou expedidor). O destinatário, ou consignatário, a quem a mercadoria deve ser expedida não é contratante, embora, eventualmente, tenha alguns deveres e até mesmo direitos contra o transportador[296].

Entre as formas de transporte indicadas pela legislação federal (Lei n. 6.288/75) incluem-se:

> I – Modal – quando a mercadoria é transportada utilizando-se apenas um meio de transporte;
>
> II – Segmentado – quando se utilizam veículos diferentes e serão contratados separadamente os vários serviços e os diferentes transportadores que terão a seu cargo a condução da mercadoria do ponto de expedição até o destino final;
>
> III – Sucessivo – quando a mercadoria, para alcançar o destino final, necessita ser transportada para prosseguimento em veículo da mesma modalidade de transporte;
>
> IV – Intermodal – quando a mercadoria é transportada utilizando-se duas ou mais modalidades de transporte (art. 8º da Lei mencionada).

Fixemos em uma dessas formas, buscando demonstrar o regime jurídico tributário aplicável à situação. Tomemos como exemplo uma empresa que exerce atividade de transporte internacional. Já vimos que não se poderá incluir nos domínios competenciais do legislador essa atividade, visto que o próprio Texto Maior definiu o campo legiferante dos Estados e do Distrito Federal, circunscrevendo-o à instituição de impostos sobre prestação de serviços de transporte interestadual e intermunicipal, como se vê do artigo 155, II. Em decorrência, portanto, não se sujeita à obrigatoriedade de emissão de conhecimento de Transporte – CTRC, estatuído pela Instrução Normativa Conjunta n. 58, da Secretaria da Receita Federal e da Secretaria Nacional dos Transportes. Os negócios que envolvam transporte internacional não estarão, por esse modo,

---

296. Maria Helena Diniz, *Dicionário jurídico*, vol. 4, São Paulo, Saraiva, 1998, p. 614.

sujeitos ao ICMS, precisamente porque não há como a regra jurídica desse imposto neles incidir.

Por outro lado, uma empresa que desempenhe, no Brasil, a atividade de *courier*, que se caracteriza pelo transporte urgente de documentos e encomendas, por exemplo, distingue-se do convencional transporte de carga justamente pelo aspecto de rapidez inerente a essa peculiar forma de prestação de serviços, que passou a ser indispensável ao desenvolvimento das relações de comércio entre os países, permitindo o trânsito veloz de documentos e bens, conduzidos com eficiência, no trajeto que vai do remetente ao destinatário. Nessa condição, não podem ser tomados como serviços de simples transporte, já que envolvem contrato complexo, com diferentes obrigações para serem observadas por ambas as partes – contratante e contratada.

A legislação estadual paulista, no seu âmbito de competência, limitou-se a estabelecer "deveres instrumentais" a serem cumpridos pelas empresas de *courier*. No artigo 1º do Anexo XV (Transporte de mercadoria decorrente de encomenda aérea internacional por empresa de "courier" ou a ela equiparada), baixado pelo Decreto n. 45.490/00, estatui:

> A mercadoria ou bem contidos em encomenda aérea internacional transportada por empresa de "courier" ou a ela equiparada, até sua entrega ao destinatário paulista, serão acompanhados, no seu transporte, do Conhecimento de Transporte Aéreo Internacional (AWB), da fatura comercial e, quando devido o imposto, da Guia Nacional de Recolhimento de Tributos Estaduais – GNRE ou, em caso de não-sujeição ao pagamento do imposto, pela guia de exoneração do ICMS, que poderá, quando exigida, ser providenciada pela empresa de "courier" na repartição fiscal competente.

A partir dessas notas, pode dizer-se que, consoante o tipo de carga (pessoas ou coisas) e conforme a modalidade de locomoção (terrestre, aérea ou hidroviária), o objeto será sempre o transporte, devendo o transportador utilizar o veículo e responsabilizar-se pelos riscos próprios desse tipo de avença.

Não importa se a contratada efetivará diretamente, ou não, a prestação de serviços de transporte, mas, sim, que a ela caberá a responsabilidade direta pela coleta e entrega nos locais previamente designados.

Ora, o que importa é o simples fato de o transportador conduzir a carga do ponto de partida ao destino demarcado. Utilizar-se de meios próprios ou de terceiros não modifica a natureza das coisas: o contrato não tem modificada sua característica de internacional, se assim era a obrigação assumida. Aquilo que interessa ao contratante é ter sua encomenda ou documento entregue no destino indicado, e que isto seja feito pela empresa contratada, independentemente dos meios empregados para tanto.

Conclui-se que a prestação do serviço de transporte internacional é atividade-fim, enquanto a entrega do bem a destinatário localizado em território nacional é atividade-meio, imprescindível à concretização da citada atividade-fim. Trata-se de prestação completamente vinculada ao fim perseguido, qual seja, o transporte internacional.

Em consequência, sendo o alvo de tributação por via de ICMS apenas a prestação de serviço de transporte estritamente nacional (entre Estados ou Municípios), aquele serviço de transporte realizado em território nacional, mas, com o escopo de cumprir contrato de transporte internacional, fica fora do âmbito de incidência do citado imposto, por tratar-se de mera atividade-meio relativamente a um serviço não passível de imposição pelo ICMS. Neste caso, o transporte efetuado dentro do território nacional inclui-se, indissociavelmente, no transporte internacional, não podendo ser considerado isoladamente, para fins de tributação pelo ICMS. Não teria fundamento, juridicamente, pretender desmembrar as várias atividades-meio necessárias à prestação em tela, como se fossem serviços de transporte "parciais", pois o transporte praticado pela empresa contratada é mera "fase" indispensável à consecução do contrato de transporte internacional. No território nacional são praticados simplesmente atos necessários à implementação de serviços de caráter internacional, que só se concretizam quando realizados entre um ponto do território brasileiro e outro ponto no exterior.

A própria Fazenda de São Paulo já se manifestou no sentido de que:

> o transporte de natureza internacional – ainda que parte do percurso seja feita em território nacional (normalmente entre o local de saída da mercadoria e a divisa com o país vizinho) – não é fato alcançado pela incidência do imposto; essa execução não admite a forma mista do contrato de transporte, pois, sendo ele único, assim como o veículo transportador, cujo itinerário liga dois pontos extremados em países diferentes, é serviço de natureza internacional que extrapola o limite de incidência definido no texto legal; a circunstância de que uma parte da execução esteja compreendida na hipótese de incidência é acidental, pois todo o percurso é o que caracteriza o transporte internacional[297].

Tal entendimento deve ser integralmente aplicado aos casos em que a empresa de transporte internacional, para maior celeridade ou em razão de peculiaridades do país, efetua subcontratação para fins de implementar o serviço no território nacional. É o chamado "transbordo", cuja característica não é a de uma nova prestação de serviço, mas de simples continuidade da prestação de serviço internacional. Não há, portanto, dois contratos de transporte, mas apenas um, da espécie "intermodal", em que a carga é transportada em todo o percurso utilizando duas ou mais modalidades de transporte, abrangidas por um único contrato de transporte.

Demonstráramos aqui um dos panoramas possíveis desses contratos complexos de transporte, sendo sempre recomendável a cada tipo contratual percorrer tais incisões para fins de descobrir o regime jurídico de cada uma dessas espécies de avença no direito tributário.

---

297. Consulta n. 113/90, de 24.10.90, *Boletim Tributário* 448, série A.

3.3.6.6 ICMS incidente sobre a "realização de operações de importação de mercadorias"[298]: seus critérios material e temporal

Ainda com relação à hipótese de incidência do ICMS, interessa agora elucidar acerca da "realização de operações de importação de mercadorias", ou, comumentemente chamado o "ICMS-importação". Prescreve o artigo 155, incisos II, § 2º, e IX, a, da Constituição de 1988 que:

> Art. 155. Compete aos Estados e ao Distrito Federal instituir impostos sobre:
>
> (...)
>
> II – operações relativas à circulação de mercadorias e sobre prestações de serviços de transporte interestadual e intermunicipal e de comunicação, ainda que as operações e as prestações se iniciem no exterior;
>
> (...)
>
> § 2º O imposto previsto no inciso II atenderá ao seguinte:
>
> (...)
>
> IX – incidirá também:
>
> a) sobre a entrada de bem ou mercadoria importados do exterior por pessoa física ou jurídica, ainda que não seja contribuinte habitual do imposto, qualquer que seja a sua finalidade, assim como sobre o serviço prestado no exterior, cabendo o imposto ao Estado onde estiver situado o domicílio ou o estabelecimento do destinatário da mercadoria, bem ou serviço; (...)[299].

A literalidade do texto constitucional poderia levar o intérprete desavisado a concluir que a mera *entrada de mercadoria importada do exterior* seria suficiente à caracterização

---

298. Ao discorrer sobre o ICMS incidente sobre operações de importação, utilizo, indistintamente, os vocábulos "mercadorias" e "bens". Conquanto essas palavras costumem ter significações diferentes, quando relacionadas a importações acabam por assumir feição idêntica: todo bem importado configura, de certa forma, uma mercadoria, pois decorrente de operação jurídica que acarretou a transferência de sua titularidade (de sujeito situado no exterior para pessoa estabelecida no território nacional).

299. Redação conferida pela Emenda Constitucional n. 33/2001.

do fato jurídico tributário, sendo esse o núcleo tributável do "ICMS-importação". Trata-se de erro crasso, que só mediante compreensão sistêmica da Carta Magna é possível superar.

Recorde-se, nesta oportunidade, que sendo a República Federativa do Brasil um país onde se adota o regime democrático de governo, os membros das nossas Casas Legislativas representam os vários segmentos da sociedade. Alguns são médicos, outros bancários, industriais, agricultores, engenheiros, advogados, dentistas, comerciantes, operários, etc., o que confere um forte caráter de heterogeneidade, peculiar aos regimes que se queiram representativos. Essas ponderações nos permitem compreender o porquê dos erros, impropriedades, atecnias, deficiências e ambiguidades que os textos legais, inclusive a Constituição, cursivamente apresentam. Não é, de forma alguma, o resultado de um trabalho sistematizado cientificamente. E ainda que sejam nomeadas comissões encarregadas de cuidar dos aspectos formais e jurídico-constitucionais dos diversos estatutos, prevalece a formação extremamente heterogênea que as caracteriza.

Por essa razão, ao ingressarmos na interpretação do direito posto, tal fator há de ser impreterivelmente considerado. O sentido das construções utilizadas pelo legislador não deve ser buscado na linguagem ordinária, repleta de imprecisões. Mister se faz que a interpretação dos textos jurídicos se dê a partir das significações atribuídas pelo discurso científico, pois somente dessa maneira será possível alcançar-se o padrão preciso que aquele tipo de mensagem requer.

Exemplo das mencionadas equivocidades legislativas é a desarrazoada confusão entre os critérios material e temporal das exações tributárias. Progrediu, em todos os diplomas normativos de que temos conhecimento, esse vezo impróprio e descabido de tomar como "fato gerador" do imposto o critério temporal de sua hipótese de incidência. A isso havemos de debitar boa parte do atraso no esclarecimento de importantes aspectos da intimidade estrutural de alguns impostos.

A confirmação dessa tendência é denunciada pelo próprio Texto Supremo, no dispositivo que define a incidência do ICMS-importação: o constituinte definiu a incidência considerando a entrada no território nacional de mercadorias importadas, sem ater-se ao fato de que essa *entrada*, realizada por ocasião do desembaraço aduaneiro, nada mais é que o instante em que se verifica a concretização da materialidade, consistente na *operação de importação*.

A conclusão alcançada não poderia ser diversa, pois que o ICMS incide sempre sobre "operações", sejam elas relativas à circulação de mercadorias ou a prestações de serviços de transporte interestadual, intermunicipal, ou de comunicação. E isso se aplica integralmente ao imposto estadual que recai sobre as importações.

"Importar", em termos jurídicos, significa trazer produtos originários de outro país para dentro do território brasileiro, com o objetivo de permanência. Tal situação somente se concretiza quando presente uma *operação jurídica* subjacente, não sendo fato jurídico tributário do ICMS a mera entrada no Brasil ou circulação física de produtos estrangeiros em nosso território. O critério material desse imposto é, portanto, *importar mercadorias do exterior*, ou seja, *realizar operações de importação de mercadorias do exterior*, sendo a entrada no território pátrio, pelo desembaraço aduaneiro, apenas a delimitação de tempo em que se considera ocorrido aquele fato básico.

Aplicando os conceitos da regra-matriz de incidência nesta exação, identificamos, como sujeito ativo, o Estado ou Distrito Federal onde se realiza a operação jurídica de importação de mercadorias, enquanto o sujeito passivo é o importador, aquele que praticou o fato descrito na hipótese tributária, conforme a seguir exposto.

a) Sujeito ativo

Aplicadas as diretrizes gerais do artigo 155, inciso II, e § 2º, inciso IX, *a*, da Constituição da República, verificamos ser o ICMS-importação de competência dos Estados e do

Distrito Federal, os quais, salvo hipóteses de transferência da capacidade tributária ativa, figuram como titulares do direito subjetivo de perceber as prestações pecuniárias concernentes a operações de importação que se realizem nos limites do seu território.

b) Sujeito passivo

Nos impostos incidentes sobre operações de importação, assume o papel de sujeito passivo quem realiza a conduta de "importar". Em outras palavras, contribuinte dessa espécie de imposto é a pessoa cujo nome está consignado na declaração de importação, por ser este, unicamente, quem promove a introdução de mercadorias estrangeiras no país, como resultado de negócio jurídico por ele praticado. Essa afirmativa abrange, inclusive, o ICMS-importação: consistindo sua materialidade na "realização de operações de importação", o sujeito passivo será a pessoa que praticar referida conduta – o importador.

Procurando elucidar o assunto e evitar conflitos de competência, explicitou o constituinte que o ICMS incidente sobre operações de importação de mercadorias "caberá ao Estado onde estiver situado o domicílio ou o estabelecimento do destinatário da mercadoria". Por destinatário deve-se entender o adquirente, importador, aquele a quem a mercadoria estrangeira foi juridicamente remetida, sob pena de a interpretação ser conflitante com outros dispositivos constitucionais.

Partindo de tais premissas, chegamos a duas conclusões de extrema relevância para a solução de dúvidas comumente surgidas na experiência com operações dessa natureza:

> (i) Não interessa, para fins jurídico-tributários, o local onde se dá o desembaraço aduaneiro, pois o ICMS-importação não cabe ao Estado onde ocorreu o ato físico de entrada no território nacional, mas àquele onde se localiza o sujeito passivo do tributo, destinatário da operação importadora.
>
> (ii) Caso a importação tenha sido feita para terceiros, mediante contratação de revenda do bem importado, é desnecessário o ingresso físico da mercadoria no estabelecimento do importador,

podendo esta ser diretamente remetida ao adquirente interno. Neste caso, temos duas operações: uma de importação; outra, interna. E, sendo o destino jurídico do produto importado o critério de determinação do sujeito ativo, este permanece inalterado em face de negócios jurídicos posteriores.

A utilidade de tais conclusões é facilmente observada nas hipóteses em que o importador se encontra estabelecido em Estado "A", diverso daquele onde se deu o desembaraço aduaneiro (Estado "B"), sendo a mercadoria remetida a adquirente situado em terceiro Estado ("C").

Considerando que o critério material do imposto analisado consiste em "realizar operações de importação de mercadorias", e que possui capacidade tributária para sua exigência o Estado para o qual o bem importado for juridicamente destinado, o ICMS-importação é sempre devido à pessoa política onde estiver localizado o estabelecimento do importador (no exemplo, Estado "A"), pouco importando se o desembaraço aduaneiro, com consequente entrada física do bem, ocorreu em Estado diverso ("B"). A Constituição ordena que, para fins de tributação pelo ICMS, interessa o local onde se deu a operação jurídica de importação, consistente no Estado do estabelecimento ou domicílio que a promoveu. O desembaraço aduaneiro, no caso, é apenas o instrumento que fixa o tempo em que a importação se materializa.

Quanto ao sujeito ativo, nada se altera quando a importação tenha sido realizada para terceiros, atuando o importador como *Trading Company* e remetendo-as aos adquirentes situados em outro Estado ("C"). Primeiramente, porque a tributação recai sobre a "operação jurídica de importação", cabendo o imposto ao Estado onde está situado o destinatário do negócio, na figura do importador. Além disso, as "circulações físicas" não apresentam relevo para fins tributários, devendo, sim, a realização de "operações jurídicas" ser considerada como fato tributável, com implicações na delimitação do sujeito ativo. Por fim, impõe consignar que o preceito constitucional não se refere a estabelecimento do destinatário "final", último adquirente da mercadoria na cadeia circulatória que teve início com a importação. Em face de todas essas considerações, concluo que a circunstância de os bens importados não transitarem fisicamente pelo estabelecimento do importador, sendo diretamente remetidas a adquirente situado em outro Estado, não autoriza a exigência do ICMS-importação por este segundo ente político, visto que a "operação jurídica" é concretizada com sujeito passivo localizado em outro local.

Efetuados esses esclarecimentos, convém apontar a incompatibilidade do disposto no artigo 11, inciso I, alínea *d*, da Lei Complementar n. 87/96, com o perfil constitucional do ICMS incidente sobre operações de importação. O legislador complementar, deixando-se levar pela aparente indicação da "entrada do bem ou mercadoria importados" como conteúdo material desse imposto, determinou, equivocadamente, considerar-se local da operação importadora o do estabelecimento onde ocorrer a entrada física. Prescrição desse teor, entretanto, além de afrontar o Texto Magno, abriga contradição interna: no *caput* do dispositivo reconhece que o fato jurídico tributário consiste na prática de "operação", mas na alínea *b* do inciso I exige, para sua concretude, "entrada física". Logo, é inconsistente a estipulação ali contida, não encontrando fundamento na ordem jurídica constitucional vigente.

3.3.6.7 *O caráter nacional do ICMS*

Para encerrar este capítulo, parece-me importante ressaltar o caráter nacional do ICMS, máxima que sobressai do sistema com grande vigor de juridicidade. Não se aloja na formulação expressa de qualquer dos dispositivos constitucionais tributários, mas está presente nas dobras de inúmeros preceitos, irradiando sua força por toda a extensão da geografia desse imposto. Seu relevo é tal que, sem o invocarmos, fica praticamente impossível a compreensão da regramatriz do ICMS em sua plenitude sintática e na sua projeção semântica. Os conceitos de operação interna, interestadual e de importação; de compensação do imposto, de base de cálculo e de alíquota, bem como de isenção e de outros "benefícios fiscais", estão diretamente relacionados com diplomas normativos de âmbito nacional, válidos, por mecanismos de integração, para todo o território brasileiro.

A trama normativa das regras de caráter nacional sobre impostos federais, estaduais e municipais é, hoje, verdadeiramente densa e numerosa. Alcança todos os impostos, além das taxas e das contribuições, mas com relação ao ICMS excede os limites da tradição legislativa brasileira. Não há setor do quadro positivo desse tributo que não experimente forte e decidida influência de preceitos do sistema nacional. Sua própria instituição não é faculdade dos Estados e do Distrito Federal: é procedimento regulado com o modal "O" (obrigatório), ao contrário do que sucede com as demais figuras de tributos. O titular da competência impositiva do ICMS não pode deixar de legislar, ficando tolhido a disciplinar o imposto consoante os traços que o constituinte esboçou. Neste sentido, o comando da uniformização vem de cima para baixo, de tal sorte que as regras-matrizes de incidência, expedidas pelos Estados e pelo Distrito Federal, terão que manter praticamente os mesmos conteúdos semânticos. Não há como admitir legislações discrepantes, no que concerne ao núcleo da incidência, de modo que ao lado da homogeneidade sintática, qualidade de todas as normas jurídicas do sistema, constituídas da mesma forma lógica (juízo condicional), encontraremos pronunciada coincidência de significações.

Falando pela via ordinária, os titulares da competência para instituir o ICMS não podem deixar de fazê-lo e, além disso, terão que seguir os termos estritos que as leis complementares e as resoluções do Senado prescrevem, por virtude de mandamentos constitucionais.

3.3.7 Impostos sobre prestação de serviços de qualquer natureza

O sistema constitucional brasileiro estipulou elementos relevantes para a compostura da fisionomia jurídica dos impostos adjudicados aos entes tributantes. Todavia, a despeito de terem competência para tanto, da maneira em que foi proposta a organização da matéria, as entidades políticas, salvo algumas exceções, não são obrigadas a impor tributos. Isso nos mostra, por um lado, que as competências se exprimem como faculdades (F) outorgadas às pessoas políticas. No ISS essa situação é muito comum, onde encontramos diversos Municípios que deixaram de criá-lo, buscando, com isso, estimular a política extrafiscal interna do Município.

Nesse capítulo, o caminho que empreenderemos não será outro que o de começar pela investigação da regra-matriz de incidência do gravame municipal a partir das delimitações competenciais no altiplano das normas de competência da Constituição da República. Nesse sentido, armamos o arcabouço da norma-padrão do ISS. A partir desse estudo, encontraremos as peculiaridades do imposto, como alguns casos de tributos fixos, como, por exemplo, o ISS na faixa de incidência que atinge os profissionais liberais.

3.3.7.1 *Competência legislativa e ISS*

Foi-me dado observar no curso de capítulos anteriores que o constituinte elegeu a legislação complementar como veículo apto para pormenorizar, de forma cuidadosa, as várias outorgas de competência atribuídas às pessoas políticas, compatibilizando interesses locais, regionais e federais, debaixo de disciplina unitária, verdadeiro corpo de regras de âmbito nacional, sempre que os elevados valores, plasmados no Texto Supremo, estiverem em jogo. A regra é a franca utilização das competências constitucionais pelas entidades políticas portadoras de autonomia. Quando, porém, qualquer daquelas diretrizes da Lei Maior estiver na iminência de ser violada, pelo exercício regular da atividade legiferante das pessoas políticas, podendo configurar-se conflito jurídico no campo das produções normativas, ingressa a lei complementar colocando no ordenamento "normas gerais de direito tributário", para atuar na elucidação dos âmbitos competenciais tributários, regendo matérias que, a juízo do constituinte, parecem suscitar maior vigilância, merecendo, portanto, cuidados especiais.

No que diz respeito ao ISS, além das funções referidas genericamente pelo art. 146 do Texto Maior, o constituinte conferiu à lei complementar a específica atribuição de delimitar os serviços tributáveis (art. 156, III):

> Art. 156. Compete aos Municípios instituir imposto sobre:
>
> (...)
>
> III – serviços de qualquer natureza, não compreendidos no art. 155, II, definidos em lei complementar.

Diante da complexidade desse imposto e visando a evitar eventuais conflitos de competência, o constituinte houve por bem eleger a lei complementar como veículo introdutor de normas jurídicas tributárias definidoras de quais sejam os *serviços de qualquer natureza*, susceptíveis de tributação pelos Municípios. Essa é uma das matérias que aquele legislador considerou especial e merecedora de maior vigilância, demandando disciplina cuidadosa, a ser introduzida no ordenamento mediante instrumento normativo de posição intercalar, em decorrência de seu procedimento legislativo mais complexo. Eis caso típico do papel de ajuste reservado à legislação complementar para garantir a harmonia que o sistema requer.

Essa tarefa, no entanto, assim como quaisquer outras reservadas à lei complementar, há de ser analisada no contexto constitucional. Não podemos esquecer que a lei complementar configura mecanismo de ajuste que assegura o funcionamento do sistema, prevenindo conflitos de competência. Logo, ao dispor sobre quaisquer dos assuntos a que se refere o art. 146 da Constituição, e, mais especificamente, o art. 156, III, desse Diploma normativo, o legislador infraconstitucional deve ater-se à tarefa de elucidar e reforçar os comandos veiculados pelo constituinte. É-lhe terminantemente vedado extrapolar tal função, inovando e prescrevendo condutas diversas daquelas referidas pelo Texto Magno.

Tal ordem de esclarecimentos assume relevância não apenas perante a atividade do legislador, mas também do intérprete: limita a atuação do primeiro e orienta a do segundo. Por isso, o exame de qualquer texto de lei complementar em matéria tributária há de ser efetuado de acordo com as regras constitucionais de competência. É o que ocorre com o Decreto-lei n. 406/68 (com a redação dada pela Lei Complementar n. 56/87) e com a Lei Complementar n. 116/2003, do mesmo modo, com as legislações municipais, cujos termos só podem ser compreendidos se considerada a totalidade sistêmica do ordenamento, respeitando-se os limites impostos pela Constituição à disciplina do ISS.

3.3.7.2 Aspectos constitucionais da regra-matriz de incidência do ISS

O ISS, de competência municipal, encontra seu fundamento normativo previamente referido no Estatuto Maior. É o que se percebe da leitura do art. 156, III, o qual dispõe competir aos Municípios a instituição de impostos sobre *"serviços de qualquer natureza, não compreendidos no art. 155, II, definidos em lei complementar"*. Preenchendo o arranjo sintático da regra-matriz de incidência tributária com a linguagem do direito positivo, vale dizer, saturando as variáveis lógicas com o conteúdo semântico constitucionalmente previsto, construo a seguinte norma-padrão do ISS:

Hipótese:

- critério material: prestar serviços de qualquer natureza, excetuando-se os serviços de transporte interestadual e intermunicipal e de comunicação;
- critério espacial: âmbito territorial do Município;
- critério temporal: momento da prestação do serviço.

Consequência:

- critério pessoal: *sujeito ativo*: Município[300]; *sujeito passivo*: prestador do serviço;
- critério quantitativo: *base de cálculo*: preço do serviço; *alíquota*: aquela prevista na legislação do imposto.

---

300. Impende consignar que o Distrito Federal também é competente para instituir os impostos municipais, conforme disposto nos arts. 32, § 1º, e 147, do Texto Constitucional.

Quero advertir que o esquema da regra-matriz de incidência é uma fórmula simplificadora, reduzindo, drasticamente, as dificuldades do feixe de enunciados constituidores da figura impositiva. Obviamente, não esgota as especulações que a leitura do texto suscita, porquanto o legislador lida com múltiplos dados da experiência, promovendo mutações que atingem o sujeito passivo, o tempo da ocorrência factual, as condições de espaço, a alíquota e as formas de mensurar o núcleo do acontecimento. Essa gama de liberdade legislativa, contudo, não pode ultrapassar os limites lógicos que a regramatriz comporta. Se as mutações chegarem ao ponto de modificar os dados essenciais da hipótese e, indo além, imprimir alterações na base de cálculo, estaremos, certamente, diante de violação à competência constitucionalmente traçada. O emprego desse modelo normativo apresenta, portanto, extrema utilidade, possibilitando esclarecer questões jurídicas mediante a exibição das fronteiras dentro das quais o legislador e o aplicador das normas devem manter-se para não ofender o Texto Constitucional.

3.3.7.2.1 *Critério material da regra-matriz do ISS*

Critério material é o núcleo do conceito mencionado na hipótese normativa. Nele há referência ao comportamento de pessoas físicas ou jurídicas, cuja verificação em determinadas coordenadas de tempo e espaço, acompanhadas do relato pela linguagem prevista no ordenamento, acarretará o fenômeno da percussão tributária. No caso do ISS, esse núcleo é representado pelo verbo "prestar", acompanhado do complemento "serviços de qualquer natureza", fazendo-se necessário consignar que a referida locução não engloba os serviços de transporte interestadual e intermunicipal e de comunicação, por expressa previsão do art. 156, III, da Carta Magna, bem como por integrarem o âmbito de competência dos Estados e do Distrito Federal, nos termos do art. 155, II, desse mesmo Documento normativo.

Examinando o conteúdo significativo da expressão "serviços de qualquer natureza", empregada pelo constituinte para fins de incidência desse gravame, percebe-se, desde logo, que o conceito de "prestação de serviço", nos termos da previsão constitucional, não coincide com o sentido que lhe é comumente atribuído no domínio da linguagem ordinária. Na dimensão de significado daquela frase não se incluem: *a*) o serviço público, tendo em vista ser ele abrangido pela imunidade (art. 150, IV, *a*, da Carta Fundamental); *b*) o trabalho realizado para si próprio, despido que é de natureza econômica; e *c*) o trabalho efetuado em relação de subordinação, abrangido pelo vínculo empregatício.

Marçal Justen Filho[301], ao versar o tema do critério material do ISS, assim como estabelecido na atribuição constitucional de competência, e pondo ênfase na exclusão das atuosidades praticadas segundo as regras do direito do trabalho, afirma que é a "prestação de utilidade (material ou não) de qualquer natureza, efetuada sob regime de Direito privado mas não sob regime trabalhista, qualificável juridicamente como execução de obrigação de fazer, decorrente de um contrato bilateral".

Para configurar-se a prestação de serviços é necessário que ocorra o exercício, por parte de alguém (prestador), de atuação que tenha por objetivo produzir uma utilidade relativamente a outra pessoa (tomador), a qual remunera o prestador (preço do serviço). Prestar serviços é atividade irreflexiva, reivindicando, em sua composição, o caráter da bilateralidade. Em vista disso, torna-se invariavelmente necessária a existência de duas pessoas diversas, na condição de prestador e de tomador, não podendo cogitar-se de alguém que preste serviço a si mesmo. E mais, é imprescindível que o contrato bilateral tenha conteúdo econômico, fixando-se um "preço" em contraprestação à utilidade imaterial fornecida pelo prestador. A necessidade de que a prestação de serviço seja remunerada, apresentando, assim, substância econômica, é decorrência direta do princípio da capacidade contributiva. Com efeito, a hipótese tributária

---

301. O ISS, a Constituição de 1988 e o Decreto-lei n. 406, *in Revista Dialética de Direito Tributário*, São Paulo, Oliveira Rocha, 1995, p. 66.

de qualquer exação deve descrever fato realizado por pessoa que manifeste, objetivamente, riqueza. Ao recortar, no plano da realidade social, aqueles fatos que julga de porte adequado para fazer nascer a obrigação tributária, o legislador deve sair à procura de acontecimentos passíveis de serem medidos segundo parâmetros econômicos, uma vez que o vínculo jurídico a eles atrelado deve ter como objeto prestação pecuniária. É evidente que de uma ocorrência insusceptível de avaliação patrimonial jamais se conseguirão cifras monetárias que traduzam, de alguma forma, valor em dinheiro.

A mais desse fator, é forçoso que a atividade realizada pelo prestador apresente-se sob a forma de "obrigação de fazer". Eis aí outro elemento caracterizador da prestação de serviços. Só será possível a incidência do ISS se houver negócio jurídico mediante o qual uma das partes se obrigue a praticar certa atividade, de natureza física ou intelectual, recebendo, em troca, remuneração. Por outro ângulo, a incidência do ISS pressupõe atuação decorrente do dever de fazer algo *até então inexistente*, não sendo exigível quando se tratar de obrigação que imponha a mera entrega, permanente ou temporária, de algo que já existe.

3.3.7.2.2 *Relevância da lei complementar na delimitação do serviço tributável*

Nosso direito positivo compreende quatro distintos plexos normativos: a ordem total, a das regras federais, a das regras estaduais e o feixe de preceitos jurídicos dos Municípios. As três primeiras são próprias do esquema federativo, enquanto a última revela peculiaridade do regime constitucional brasileiro. Tudo pode ser resumido na coalescência de quatro sistemas: (i) o sistema nacional; (ii) o sistema federal; (iii) os sistemas estaduais; e (iv) os sistemas municipais.

Se as diferenças entre a ordem federal, a estadual e a municipal são claramente perceptíveis, fato idêntico não sucede entre a organização judiciária do Estado federal (sistema nacional) e a da União (sistema federal). Para tanto, em trabalho insuperável,

Oswaldo Aranha Bandeira de Mello[302] apresenta os sinais correspondentes aos dois arranjos, de forma precisa e juridicamente escorreita, dizendo que são ordens jurídicas especiais, visto que as respectivas competências se circunscrevem aos campos materiais que lhe são indicados pela ordem jurídica total.

A Carta Magna, ao estruturar a República brasileira como sistema federativo de governo, imprimindo autonomia às pessoas jurídicas de direito público interno, representadas pela União, Estados, Distrito Federal e Municípios, atribuiu função dúplice ao Presidente da República e ao Congresso Nacional: representar a União e, simultaneamente, a República Federativa do Brasil. Essa é a razão pela qual a distinção dos atos normativos federais e nacionais não se faz por meio do exame da autoridade que os expediu, mas pelo seu conteúdo: se de interesse da pessoa política de direito interno denominada União, trata-se de "norma federal"; se relevante para todo o País, está-se diante de "norma nacional". Quanto aos efeitos, diferenciam-se pelo fato de que a norma federal vincula apenas o aparelho administrativo da União, ao passo que a nacional, não obstante editada pela mesma autoridade, atinge também os Estados, Distrito Federal e Municípios. Como salienta Geraldo Ataliba[303], "são, com efeito, nitidamente distintas a lei nacional e a lei federal, estando seu único ponto de contato na origem comum: o legislador comum".

Exemplo corriqueiro de norma nacional é o daquela veiculada pela lei complementar prevista no art. 146 da Constituição. Esta, por introduzir no ordenamento normas gerais de direito tributário, estende sua eficácia a todas as pessoas políticas. Além desse dispositivo, diversos outros dizem respeito a conteúdos de relevância para toda a Nação brasileira, conferindo à lei complementar aquele papel de mecanismo de ajuste ao

---

302. *Natureza jurídica do estado federal*, São Paulo, Revista dos Tribunais, 1937, p. 40-51.

303. "Normas gerais de direito financeiro e tributário e autonomia dos Estados e Municípios", *in Revista de Direito Público*, n. 10, p. 49.

qual me referi a tratar especificamente do tema de Lei Complementar, calibrando a produção legislativa ordinária em sintonia com os mandamentos constitucionais. É o que se verifica, com nitidez, no comando veiculado pelo art. 156, III, do Texto Supremo, que exige lei complementar definidora dos serviços de qualquer natureza, susceptíveis de tributação pelos Municípios. Compete à legislação de caráter nacional, portanto, auxiliar na delimitação do critério material do ISS, indicando quais atividades se inserem nos limites competenciais dessa pessoa política. Tudo isso, por certo, com observância da rígida demarcação constitucional das competências tributárias.

Considerações dessa ordem levaram o Superior Tribunal de Justiça a pacificar posição acerca do caráter taxativo da lista de serviços introduzida por Diploma normativo com força de lei complementar:

> TRIBUTÁRIO E PROCESSUAL CIVIL. AGRAVO REGIMENTAL. ISS. SERVIÇOS BANCÁRIOS. NÃO-INCIDÊNCIA. LISTA DE SERVIÇOS DO DL N. 406/68, ALTERADO PELO DL N. 834/69. TAXATIVIDADE. INCABIMENTO DE APLICAÇÃO ANALÓGICA. PRECEDENTES DESTA CORTE E DO STF.
>
> 1. Pacífico o entendimento nesta Corte Superior e no colendo STF no sentido de que a "lista de serviços" prevista no DL n. 406/68, alterado pelo DL n. 834/69, é taxativa e exaustiva, e não exemplificativa, não se admitindo, em relação a ela, o recurso da analogia, visando a alcançar hipóteses de incidência distantes das ali elencadas, devendo à lista subordinar-se a lei municipal. Vastidão de precedentes.
>
> 2. Divergência jurisprudencial não demonstrada nos moldes em que exigidos pelo RISTJ e Código de Processo Civil.
>
> 3. Agravo regimental improvido[304].

A lista de serviços veiculada por lei complementar (ou por documento normativo com força equivalente) serve para especificar ou delimitar a extensão do significado da locução

---

304. AgRg no Ag 639.029/MG, 1ª T., Rel. Min. José Delgado, j. em 8-3-2005, *DJ* de 18-4-2005, p. 222.

"serviços de qualquer natureza". Assim, justifica-se dizer que, não obstante os principais vocábulos constantes da lista de serviços sejam substantivos, exercem função sintática adjetiva, qualificando atividades que, por estarem abrangidas pelo conteúdo semântico de "serviços", são susceptíveis de tributação pelos Municípios.

Em síntese, para caracterizar "serviço de qualquer natureza", nos termos empregados pelo constituinte, a prestação deve atender, simultaneamente, a dois requisitos: (i) ser serviço; e (ii) estar indicado em lei complementar.

3.3.7.2.3 A "lista de serviços" anexa ao Decreto-lei n. 406/68 e à Lei Complementar n. 116/03

Consignados os esclarecimentos acima e considerando que o Decreto-lei n. 406/68 disciplinou, durante longo período, o regime jurídico do Imposto sobre Serviços, é o caso de lembrar que o CTN foi incorporado à ordem jurídica instaurada com a Constituição de 1988, conforme regra contida no § 5º do art. 34 do Ato das Disposições Constitucionais Transitórias, que assegura a validade sistêmica da "legislação anterior", naquilo em que não for incompatível com o novo sistema tributário brasileiro. É o tradicional "princípio da recepção".

Ocorre que o legislador, ao redigir o Decreto-lei n. 406/68, regulou, em muitos de seus dispositivos, matéria privativa de lei complementar, como é o caso da identificação dos "serviços de qualquer natureza". Logo, em face dessa orientação semântica, foi esse preceptivo acolhido pelo ordenamento jurídico com a força vinculativa daquele Estatuto, em função do assunto por ele disciplinado, cumprindo a lista de serviços anexa a função referida na parte final do inciso III do art. 156 da Constituição. O mesmo se pode dizer do Decreto-lei n. 834/69 e da Lei Complementar n. 56/87, que o sucederam.

A Constituição da República confere aos Municípios competência para instituir imposto sobre *serviços de qualquer natureza, não compreendidos no art. 155, II, definidos em lei complementar*. É intuitivo perceber que além de serem "definidos" em lei complementar, o Texto Constitucional exige que haja "serviços de qualquer natureza". Não pode o legislador complementar, portanto, relacionar atividades que não se enquadrem no conceito de "serviço". Se aceitássemos o contrário, estaríamos resvalando para o campo delicado das invasões de competência, porquanto o legislador da União, produzindo normas de legislação complementar, ficaria investido do poder ilimitado de chamar para o domínio legislativo do ISS atividades submetidas a impostos de outras pessoas políticas de direito constitucional interno (União, Estados e Distrito Federal).

Tendo sido a competência tributária exaustivamente delimitada pelo constituinte, ao legislador infraconstitucional, incluindo o complementar, cabe a tarefa de regulamentá-la, explicitando-a em seus pormenores, sempre em conformidade com as prescrições constitucionais. Se assim não o fizer, o produto legislativo deve ser desprezado pelo intérprete, inaplicado e retirado do ordenamento jurídico pelo órgão competente.

Posto isto, e tendo em vista que o oferecimento de garantias, como é o caso da fiança e do aval, dista de ser prestação de serviço, inadmissível a tentativa do legislador, por meio da Lei Complementar n. 116/2003, de ampliar as fronteiras da competência municipal, em flagrante desrespeito ao que determina a Constituição. A expressão "definidos em lei complementar" não autoriza que seja conceituado como serviço aquilo que efetivamente não o é. Indigitada prática subverte a hierarquia do sistema positivo brasileiro, pois o constituinte traçou o quadro dentro do qual os Municípios podem mover-se, autorizando a exigência de imposto sobre "serviços", enquanto o legislador complementar aumentou essa faixa de atuação, agregando atividades que, decididamente, não se inscrevem no catálogo das atividades atribuídas à tributação municipal. O ISS, como fiz empenho de frisar, tem em sua hipótese de incidência a prestação de serviços definidos em lei complementar, excluídos os de transporte interestadual e intermunicipal e os de comunicação. O legislador municipal está impedido, por isso mesmo, de instituir o referido imposto relativamente a algo que não esteja compreendido no conceito de "serviço", sob pena de afronta à supremacia constitucional.

O conceito de "serviço", por sua vez, é consagrado pelo direito civil e foi utilizado pelo constituinte para definir competência tributária, não podendo sofrer alterações pelo legislador infraconstitucional, quer complementar, quer ordinário. É o que prescreve o art. 110 do Código Tributário Nacional.

Em outro escrito discorri sobre o assunto[305], mencionando que seria até curioso imaginar lei ordinária estabelecendo: *"de agora em diante, as máquinas de escritório serão equiparadas a bens imóveis, para fins de IPTU".* A incidência do imposto, que por determinação constitucional alcança apenas os bens imóveis, passaria a atingir também "máquinas de escritório"!

O mesmo ocorrerá se o legislador infraconstitucional fizer incidir o ISS sobre as receitas decorrentes dos contratos de prestação de garantias, como é a situação da fiança e do aval, equiparando essas atividades à remuneração pela prestação de serviços. Com tal atitude, o legislador complementar ultrapassa as barreiras postas pelo constituinte, conferindo aos Municípios atribuição para tributar fatos não relacionados no seu âmbito de competência traçado constitucionalmente, sendo manifesta a incompatibilidade desse preceito com os princípios maiores do sistema jurídico tributário brasileiro.

3.3.7.3 *O problema da habitualidade*

Há palavras da fraseologia jurídica que sempre ocuparam a atenção dos cientistas, sem que pudesse surgir, até hoje, uma solução definitiva e inteiramente satisfatória. "Habitualidade" se inscreve nesse quadro. Ela, como tantas outras, é dotada de vaguidade semântica ou, como preferem alguns, é palavra plurissignificativa. É termo dúbio, ambíguo, esquivo,

---

305. COFINS – a Lei n. 9.718/98 e a Emenda Constitucional n. 20/98, in *Revista de Direito Tributário*, n. 75, p. 178.

indefinido, inconsistente, que não dá segurança a quem o emprega, deixando hesitante aquele que o lê. Não tendo sido demarcado, transmite meramente noção, ideia, conceito; nunca definição, sentença, asserto.

Por "habitual" devemos considerar aquilo que não é esporádico, anormal, atípico, ou se quisermos utilizar linguagem afirmativa, aquilo que se repete, que tem constância, que se renova, assim no tempo, que no estilo. Costumamos chamar de *habitualidade* a reiteração de certo comportamento, a celebração iterativa de atos, de tal forma que mesmo considerados isoladamente pressupõem outros, que o antecedam ou que lhe sejam posteriores. É óbvio que um único ato ou dois ou três, soltos num período tomado por referência, podem não expressar "habitualidade". Contudo, não há negar-se que um ato singelo, pode, perfeitamente, caracterizar uma cadeia, da qual aparece como o primeiro. O *ato habitual*, muitas vezes, traz consigo a marca da reiteração, o timbre repetitivo. É exemplo vivo a primeira venda efetuada por comerciante que acaba de inaugurar suas instalações comerciais e inicia suas atividades. Se o considerarmos, mesmo isoladamente, haveremos de sentir que se trata de ato habitual, que se repetirá com frequência, ainda que não tenhamos notícia do segundo nem do terceiro ou do quarto. Tem vocação iterativa, tende a repetir-se, indefinidamente.

Assim também a *habitualidade* na prestação de serviços tributáveis pelos Municípios. É no exame de cada caso, perlustrando evento por evento, que podemos concluir pela existência de comportamentos habituais. Em exemplário formado ao propósito, se um mecânico abre sua oficina e presta o primeiro serviço, imediatamente saberemos dizer que aquele ato, embora isolado tem assomos de *habitualidade*. Por outro lado, ressalva-se, entretanto, que se alguém, não registrado como profissional autônomo, presta serviços, com ou sem estabelecimento fixo, seus atos hão de ter-se da mesma forma por *habituais*, dada a reiteração, a continuidade e a frequência que a eles imprimiu.

3.3.7.4 Sociedades sem fins lucrativos e o ISS

Tomemos como exemplo uma situação jurídica peculiar, que envolve agremiações socioculturais e recreativas, promotoras de bailes e apresentações artísticas, mediante cobrança de certas quantias, a título de ingresso, tanto para sócios, como para seus convidados. Tais associações, como se sabe, têm a estrutura jurídica de sociedades civis, sem fins lucrativos, com o objeto societário voltado à realização de atividades sociais, culturais e recreativas, podendo, além disso, incentivar o esporte amador e a prática de educação física. Os recursos de que dispõem para o implemento de suas finalidades são hauridos no quadro de associados, seja pelo pagamento normal de mensalidades, seja por chamadas extraordinárias, entre outras, devidamente autorizadas por seus órgãos deliberativos.

Não repugna à natureza dessas instituições o *superavit*, significa dizer, a importância que corresponde ao valor do excesso de receitas, com relação às despesas. Fato dessa espécie, todavia, há de estar previsto, na forma dos estatutos, pois não consta da pauta regular que caracteriza a existência jurídica de tais entidades.

De qualquer modo, parece indiscutível que o produto arrecadado deve compor itens de reinversão, quer no patrimônio associativo, quer em outras realizações da mesma índole.

Tomemos como exemplo a atuação recreativa, verificando a possibilidade de estarem presentes os critérios da regra-matriz do ISS, para desenvolver item por item, as relações existentes nessa atividade. Os clubes, por exemplo, podem realizar bailes e apresentações artísticas, seguindo, quase que invariavelmente, quatro modalidades diferentes: a) nada cobram de seus sócios, únicos e exclusivos participantes: b) estipulam determinado valor para o ingresso, conquanto circunscrevam a promoção ao quadro de associados; c) abrem seus salões a sócios e convidados de sócios, cobrando importâncias de uns e de outros, em proporções diversas; e d) franqueiam a entrada ao público, em geral, estabelecendo quantias desiguais, na medida em que se trate de associado, seu convidado ou pessoa estranha.

Há clubes que podem aproveitar, sistematicamente, as oportunidades de festa, para encetar suas promoções. Nesse caso, há inegável reiteração, existe sucessividade, ocorre a repetição característica da *habitualidade*. Aquela frequência própria das atividades sistemáticas com que quase todas as agremiações recreativas reúnem seus sócios, familiares e convidados, está presente, delineando o timbre habitual de suas realizações. Dessa escala refogem os clubes que realizam eventos desse teor, apenas a título episódico e ocasional.

Não se discute, neste momento, a posição jurídico-tributária de entidades que assim procedam. Estão em evidência precisamente aquelas que dão espaço a festas sucessivas no curso de cada ano. Surge aqui o requisito da habitualidade, com toda a força de seu significado, dando ensanchas à previsão por parte de qualquer dos interessados ou frequentadores.

Mas o certificado desse quesito não esgota a figura típica, para que possa existir a incidência da exação municipal. Resta saber se o exercício da atividade tem substrato econômico, no caminho de perquirir da possível percussão do gravame. A lembrança de que a associação não tem fins lucrativos nada acresce, pois o conteúdo econômico está latente no volume de numerário arrecadado entre os convidados, isto é, entre aqueles que forem estranhos à composição do quadro associativo. Por sem dúvida que se excluem os sócios, uma vez que o clube tem existência em função deles e as promoções realizadas se contêm, por inteiro, nos objetivos da sociedade, cobrando-se ou não o valor relativo aos ingressos. Com relação a eles teríamos, quando muito, a figura do autosserviço, ou do serviço prestado a si mesmo, que não autoriza qualquer tipo de pretensão fiscal.

Agora, o argumento de que os estatutos vedam as finalidades lucrativas não pode ser invocado, diante da demonstração cabal, viva e eloquente de que desenvolve a agremiação atividade produtora de resultados econômicos, *advindo de terceiros*. Se acolhêssemos o fundamento, colocaríamos a *forma* da estrutura institucional acima da verdadeira natureza de suas atividades, subvertendo valores jurídicos essenciais.

Vale prevenir que, ao isolar o critério material da hipótese de incidência do ISS, anunciamos, de modo enfático, *o conteúdo econômico da prestação, jamais a contingência de auferir-se ou não lucros*, algo aleatório, que se prende ao risco de cada negócio e reflui do esboço essencial de qualquer das espécies de atividades. Em outras palavras, podemos cogitar de vários tipos de prestação de serviços, tanto com utilidades materiais quanto imateriais, sem a presença do fator lucro, prova importante de que este último não é imprescindível ao "ser" da atividade. Nessa linha de pensamento, há incontáveis exemplos de empresas que sacrificam o lucro imediato, visando a conseguir uma posição vantajosa no contexto da concorrência mercantil e, nem por isso, estariam fora do ângulo de percussão do tributo.

Visualizemos uma sociedade teatral que, exercitando suas funções empresariais, renitisse em comprometer a expectativa de obtenção de lucros, oferecendo a venda de ingressos a preços de custo do espetáculo, com o firme propósito de influenciar o público e propiciar futuro auspicioso em ulteriores apresentações. Não estaríamos em condições semelhantes? Será que apenas a leitura dos estatutos dilucidaria a questão? Supomos que não. Há o imperioso mister de investigar o evento, na estrita conformidade do desenho hipotético que o legislador traçou. Existindo subsunção, incidirá o gravame, nascerá a obrigação tributária, automática e infalivelmente, como pondera Alfredo Augusto Becker.

Para escoimar possíveis dúvidas, convém aduzir que a qualificação jurídica do agente que realiza a ação-tipo é irrelevante para considerar-se efetivado o evento. Tive ocasião de tecer algumas considerações sobre o profissional, vinculado numa relação de emprego, que presta utilidades a terceiros, *com habitualidade*, revestindo-se o serviço de conteúdo econômico, tudo ao lado, paralelamente, do liame laboral. Será que a mera alegação do laço empregatício teria o condão de liberá-la da incidência do ISS? Logicamente, não. O fato está configurado e independe da caracterização jurídico-profissional do agente. E isso acontece até em casos de imunidade, em que se tutela o patrimônio, os serviços e a renda próprios e inerentes à natureza íntima da entidade imune. Fora desse âmbito, haverá incidência e subsequente dever tributário.

Não cansa memorar o caso da sociedade de fato, sem personalidade jurídica, mas, ao mesmo tempo, apta para concretizar o evento imponível. Outrossim, o menor, relativamente incapaz, que pratica, de maneira reiterada, atividades de cunho econômico, tributáveis pelo Município. Em última análise, não é profissional autônomo nem empresa, mas realiza, à justa, o fato descrito.

Não colhe boa messe o recurso ao texto frio dos estatutos, quando vemos, com hialina clareza, que a associação recreativa promove, habitualmente, atividade de conteúdo econômico, gravada pelo Município.

Haveria o quadramento do fato – atividade recreativa a terceiros – no antecedente normativo do imposto sobre serviços de qualquer natureza? Sim. Vimos que a hipótese de incidência do ISS está definida como a prestação, a terceiro, de utilidades materiais ou imateriais, com assomos de habitualidade e com substrato econômico, debaixo de regime de direito privado, realizada dentro dos limites geográficos do serviço ao interessado.

Ora, todas as cláusulas do enunciado estão satisfeitas. Se isolarmos, uma a uma, saltará aos olhos perfeita subsunção. Certifiquemo-nos.

  a) A prestação da utilidade é o oferecimento de serviços de diversão pública, em estabelecimento congênere aos teatros, cinemas, circos, auditórios, parques de diversões e *taxi-dancings*.

  b) A utilidade é imaterial.

  c) O terceiro é o convidado do sócio, elemento estranho ao quadro de associados.

d) A habitualidade está configurada na exata proporção em que sabemos repetirem-se os eventos, dentro de linha sistemática de programações que a própria entidade exibe, com razoável antecedência.

e) O conteúdo econômico se identifica pelo montante dos numerários arrecadados dos terceiros.

f) Todas as normas aplicáveis ao contrato regem-se por princípios de direito privado, mais precisamente, aqueles que atinam ao "Direito das Obrigações".

g) A agremiação sociocultural e esportiva tem sede no município e é dentro dos limites geográficos dessa pessoa política de direito constitucional interno que os serviços são prestados.

h) Dá-se por acontecido o fato no instante em que o baile ou a apresentação artística se realiza, efetivamente, não se compondo o tipo tributário se, embora vendidos os ingressos a terceiros, a diversão deixa de concretizar-se.

O enquadramento é cabal, pleno e insofismável. Divisemos, porém, a base de cálculo para que possamos armar aquele binômio que desenha a estrutura tipológica do imposto sobre serviços de qualquer natureza. A base de cálculo, base imponível ou matéria tributável será conhecida, com relativa facilidade, somando-se os valores dos ingressos vendidos às pessoas não integrantes do meio associativo. Tratando-se de importâncias diferentes, não é difícil ao responsável pela "bilheteria" do clube separar o volume de dinheiro arrecadado entre os não sócios. O montante representará a base de cálculo, sobre que incidirá a alíquota prevista na legislação específica.

3.3.8 Imposto sobre a propriedade predial e territorial urbana

Nos termos do art. 156, I, da Constituição da República, compete aos Municípios instituir imposto sobre *"propriedade predial e territorial urbana"*.

Não obstante a dicção do Texto Supremo, o Código Tributário Nacional, no art. 32, designou como fato jurídico tributário desse imposto *"a propriedade, o domínio útil ou a posse de bem imóvel"*.

De forma sintética, com base nos enunciados prescritivos anteriormente mencionados e na tradição jurídica municipal brasileira, podemos indicar os seguintes elementos da regra-matriz "padrão" do IPTU:

Hipótese:
- critério material: ser proprietário, ter o domínio útil ou ter a posse de bem imóvel, edificado ou não;
- critério espacial: perímetro urbano do território municipal;
- critério temporal: instante indicado na lei, consistente, na maioria dos casos, no dia 1º de cada ano:
- critério pessoal: *sujeito ativo*: Município[306]; *sujeito passivo*: quem for proprietário, tiver o domínio útil ou a posse do imóvel urbano;
- critério quantitativo: *base de cálculo*: valor venal do imóvel; *alíquota*: estipulada em lei, observada a progressividade quanto ao valor a seletividade quanto ao uso do imóvel.

Desse esquema, já é possível entrever a necessidade de esclarecimentos adicionais quanto à extensão dos conceitos utilizados no critério material e, ainda, sobre a determinação da figura do sujeito passivo (contribuinte).

3.3.8.1 Do critério material da regra-matriz de incidência do IPTU

Considerando os termos da Constituição da República e aqueles do art. 32, do CTN, salta aos olhos, de pronto, a dúvida: se a Constituição alude apenas à *"propriedade"* do imóvel urbano, como podem as normas de inferior hierarquia, como o CTN e as leis municipais fazerem menção "à propriedade, ao domínio útil ou à posse"? Esses Diplomas não estariam extrapassando os limites instituídos constitucionalmente?

Estou convicto de que não. O domínio útil e a posse são atributos intrínsecos a um instituto jurídico mais amplo, que é

---

306. O Distrito Federal também é competente para instituir os impostos municipais, conforme disposto nos arts. 32, § 1º, e 147, do Texto Constitucional.

o direito de propriedade. Dessa maneira, as normas infraconstitucionais não estariam ampliando a previsão da Lei Fundamental, mas tão só desdobrando a relação jurídica "propriedade" em outras duas que, em princípio, nela estão integradas. Digamos que ambas contribuem para a formação da "situação jurídica" *propriedade*, entendendo aqui essa expressão como o plexo de relações que têm, num sujeito[307], pontos de referência.

De fato, conquanto seja indisputável que um inquilino detém a posse sobre um imóvel, falta-lhe os poderes inerentes ao direito de propriedade, hipótese em que não cabe sequer cogitar da incidência do imposto diante de sua situação jurídica. Sua *posse* é precária, submetendo-se aos desígnios unilaterais do proprietário, ainda que essa encontre algumas restrições na legislação cível. Falta-lhe o que os civilistas denominam *animus domini*, cuja ausência não permite cogitar da materialidade constitucional do IPTU nesses casos.

Além desse traço, seria absurdo referir-se ao impacto jurídico da norma sobre o imóvel urbano, enquanto bem corpóreo, na sua materialidade constitutiva. O direito não incide sobre coisas, sobre objetos, como não incide, também, sobre seres humanos isoladamente considerados. A incidência se dá, invariavelmente, na alteridade que lhe é própria, sobre relações entre sujeitos, levando em conta *condutas* sobre bens, móveis ou imóveis, corpóreos ou incorpóreos, fungíveis ou infungíveis etc.

Não significa reconhecer, entretanto, que o autor da regra deva preocupar-se mais com o sujeito do que com o objeto. Casos há, como se observa com o IPTU, em que o legislador se demora, com insistência, no bem "gravado", mesmo ao pressupor a relação do direito real de propriedade, que se estabelece entre o titular do domínio e todos os demais, isto é, a totalidade dos indivíduos da sociedade menos a pessoa do

---

[307]. A bem do rigor, poderá haver a figura de coproprietários, sempre que as duas (ou mais) partes exerçam simultaneamente os direitos sobre a propriedade. Assim ocorre, por exemplo, quando se verifica a comunhão total de bens num casamento. Em tais ocasiões, haverá solidariedade entre os cônjuges no que se refere às obrigações "vinculadas ao imóvel", tal como ocorre com os tributos "reais".

proprietário. A tendência, no que diz respeito a tributos que "oneram bens", conhecida de longa data pelos estudiosos do fenômeno tributário, até levou juristas famosos a distinguirem os impostos em *reais* e *pessoais*, classificação sob alguns aspectos adequada[308] para estabelecer diferenças entre situações em que o legislador valoriza os dados pessoais do sujeito-proprietário, daquel'outras em que o interesse converge para o objeto, foco da atenção dos sujeitos postos em relação.

Sucede que grande parte da elaboração legislativa do imposto de que tratamos se volta para especificações do bem imóvel em torno do qual se instala a relação jurídica, o que autoriza a ilação de que o legislador pouco se ateve ao titular do direito subjetivo, preferindo estabelecer gradações regulatórias em função do objeto.

Para preencher os critérios da hipótese do IPTU, como já salientado, encontraremos *"ser proprietário"*, *"ter o domínio útil"* ou *"ter a posse de bem imóvel"*, predial e territorial, desde que situado na área urbana do Município. Ainda, na tradição do estilo legislativo brasileiro, quando regula impostos sobre o patrimônio imobiliário, o critério temporal costuma ser o primeiro dia do ano (1º de janeiro).

3.3.8.2 *Sobre o critério quantitativo da regra-matriz de incidência do IPTU: a extensão do conceito "valor venal"*

Pois bem, a competência outorgada aos Municípios é conferida para que estes façam incidir o imposto sobre a propriedade imobiliária urbana. O Código Tributário Nacional, na condição de norma geral atribuída pelo art. 146 da Constituição, contribui para o estabelecimento de balizas mais precisas sobre tal materialidade ao inserir, dentre outras medidas, a

---

308. Essa classificação somente pode ser tida como juridicamente correta quando abandonada a premissa falsa de que as obrigações tributárias poderiam recair sobre "coisas". Obrigações, sabe-se, atrelam juridicamente dois ou mais sujeitos e nunca coisas. Feita essa ressalva, os tributos "reais" seriam, ainda, obrigações tributárias *pessoais* que, à diferença das outras, têm um grande conjunto de prescrições relativas à quantificação e responsabilidade atreladas a outras operações com a "coisa tributada".

necessidade de que seja levado em conta o "valor venal" do imóvel tributado (art. 33).

Ocorre que o Código não chegou a precisar a extensão desse conceito, deixando o trabalho de defini-lo ao intérprete, que deve cotejar os dispositivos concernentes direta ou indiretamente à competência para instituir esse tributo. Com efeito, uma vez assumida a premissa kelseniana segundo a qual a pertinência d'uma norma ao sistema identifica-se com as relações de derivação que ela entretenha com as demais regras de hierarquia superior, parece-me que tal itinerário é o mais adequado para atribuir à ideia de "valor venal" os seus fins, confins e limites.

3.3.8.2.1 O objeto constitucional: propriedade imobiliária

Firmes no pressuposto de que as normas de competência podem servir de bom caminho para averiguar a definição do étimo "valor venal", partamos do enunciado que a inaugura. De fato, a disposição do art. 156, I, da Lei Maior Brasileira, enuncia desde logo que o elemento a ser tributado é a propriedade predial e territorial urbana. Essa informação interessa sobremaneira para que se possa avançar, com segurança, sobre os limites do campo de irradiação semântica da locução que ora investigamos. "Valor venal" aparece, assim, como uma das maneiras de estipular-se expressão monetária à propriedade territorial urbana. É, desse modo, *instrumento*, *expediente* de que se valem a Administração e os Contribuintes para conhecer o valor das propriedades tributadas, possibilitando-lhes aferir o imposto devido mediante base justa e objetiva, previamente conhecida pelos interessados. Tais motivos certamente influenciaram o constituinte a exigir procedimento rigoroso para que, tanto na sua instituição como na sua modificação, as disposições sobre o tema fossem sempre inseridas no ordenamento jurídico por meio de lei.

A esse propósito, vale lembrar a lição de Alfredo Augusto Becker, para quem a base de cálculo era o *núcleo* do tributo[309],

---

309. *Teoria Geral do Direito Tributário*. São Paulo: Noeses, 2012.

pois exprimia em termos objetivos e precisos aquilo que realmente se tributava, para além dos nomes estranhos que os legisladores pudessem atribuir às exações. Com efeito, essa noção mantém-se presente na identificação das três funções dessa partícula da norma tributária: objetivar, mensurar a intensidade e confirmar (e, assim, poderá também afirmar ou infirmar) o fato jurídico tributário. Disso já podemos deduzir relevante nota: a base de cálculo do IPTU, sob pena de inconstitucionalidade, deve ser apta para mensurar a propriedade predial e territorial urbana, pois foi essa a competência outorgada pelo Poder Constituinte aos Municípios.

Vale notar, entretanto, que essa base aparece também no contexto de outros tributos cuja competência a Constituição versa em diferentes dispositivos. Vale dizer que a *mesma* propriedade predial territorial urbana pode ser ainda tributada, segundo desenho das potestades impositivas, pelo Imposto sobre a Transmissão de Bens Imóveis *Inter Vivos* (ITBI, art. 156, II, da Lei Maior) e pelo Imposto sobre a Transmissão *Causa Mortis* e Doações (ITCMD, art. 155, I, da Carta). Esse dado é valioso para nossa investigação semântica porque se tributa a propriedade urbana também nos momentos de sua transmissão, onerosa ou gratuita. É evidente que a essas operações interessará apurar o valor da propriedade transferida para, por conseguinte, mensurar-se o tributo devido. Perceba-se, no entanto, que há um núcleo comum a esses três impostos: o valor da propriedade, que resta por definir.

3.3.8.2.2 Das diferentes materialidades constitucionais relacionadas à propriedade imobiliária urbana (ITBI, ITCMD e IPTU) e suas respectivas bases de cálculo

Curioso observar que o Código Tributário Nacional se vale da expressão valor venal em dois momentos: no art. 33, ao exigir que os Municípios valham-se desse instrumento para definir a base de cálculo do IPTU e, mais adiante, no art. 38, para referir-se à base imponível dos impostos sobre a transmissão. A coincidência não é mero acaso: pretende-se medir o valor da propriedade – não importando o que se faz com ela, seja conservá-la numa esfera patrimonial, seja transferi-la – a propriedade pode precificar-se por meio de uma valoração, para reconhecer o seu *valor venal*.

Na transferência onerosa é fácil identificar o valor pago pela propriedade na operação, bastando consultar os instrumentos contratuais. No entanto, tal tarefa mostra-se bem mais difícil fora de uma situação de negociação imobiliária, ou seja, nos casos de transferência gratuita (quer pela doação, quer *causa mortis*) ou de simples conservação do bem no patrimônio de seu proprietário.

É bem verdade que o valor envolvido na realização de um negócio jurídico para transferir a propriedade de imóvel urbano é, muitas vezes, composto por elementos alheios à substância do negócio propriamente dito. Quando do ajuste do preço a ser pago pela coisa transferida interferem, por exemplo, a valoração afetiva que dela faz o adquirente, a habilidade persuasiva dos agentes envolvidos, dentre outras contingências. De fato, tão numerosos são esses dados que se torna difícil reconhecer aquilo que há de geral, constante, ou melhor, a *normalidade* dos preços dos imóveis: qual seria seu valor n'uma transação sem as peculiaridades da circunstância, numa avaliação para além das particularidades e interesses exclusivamente pessoais dos indivíduos que a realizam? Está em tal pergunta a razão da diferença entre o valor venal do imóvel e aquela expressão econômica que integra um contrato de transmissão como preço ajustado.

Precisamente porque busca a *normalidade*, expressa-se como a *norma* dos preços, aquele valor que é para todos, tal como a regra jurídica que o estipule. O divórcio que se pode registrar entre o valor de mercado e o valor venal de um imóvel é, porém, inevitável dada a infinidade de elementos que podem interferir numa dada negociação, somente se justifica se o primeiro for resultado excepcional, *i.e.*, que *escapa à normalidade*, ao *padrão dos preços*. Não é isso que vêm registrando as principais cidades brasileiras, nas quais se tem observado intensa valorização imobiliária, generalizada, muito acima dos índices oficiais de inflação e, até mesmo, dos números que apontam o crescimento econômico nacional. Quando os meios para apurar o valor venal já não se mostram aptos a registrarem essa *normalidade*, justifica-se perfeitamente a iniciativa legiferante no sentido de corrigir esses montantes. Essa atribuição, aliás, é verdadeiro *dever* do sujeito tributante, para garantir que a tributação da propriedade se dê sobre bases confiáveis e adequadas à realidade que pretende regrar.

Ao inserir-se a figura do "valor venal" nos dispositivos do Código Tributário Nacional que tratam do IPTU, do ITBI e do ITCMD, registrou-se, ali, disposição que atua como limite objetivo ao livre exercício das competências legislativas. Para instrumentar princípios muito caros ao ordenamento jurídico brasileiro, como a vedação ao confisco, a capacidade contributiva e a autonomia municipal, restringe-se a liberdade estipulativa dos legisladores de modo que possibilite a incidência desses tributos apenas sobre os valores que estariam envolvidos numa potencial transação *normal*, livre do ágio ou deságio causados exclusivamente pela subjetividade das partes envolvidas numa transação concreta.

A estipulação do valor venal mostra-se útil de duas maneiras na demarcação da base de cálculo dos tributos com os quais a Constituição grava a propriedade imobiliária urbana: (a) no caso do ITCMD e do IPTU, em que não há transação onerosa, serve ele mesmo de índice para cômputo do montante devido; (b) no caso do ITBI, atua como elemento comparativo do valor firmado no contrato e aquele *normal*, sendo, portanto, expediente para que se possa apurar, mediante a coleta de provas adicionais, a ocorrência de eventuais fraudes na quantificação do imposto devido.

3.3.8.2.3 *Valor venal e planta genérica de valores*

Pois bem, tendo assentado que a expressão "valor venal" foi concebida para evocar no intérprete a noção de um preço *normal*, livre das contingências subjetivas e de difícil determinação que podem afetar as transações concretas, passemos ao seu trato na linguagem do direito, com o propósito de confirmar ou infirmar essa proposição na experiência jurídica brasileira.

Logo chamará a atenção daquele que pretenda conhecer os mecanismos de incidência dos tributos que gravam a propriedade urbana a existência de uma figura de extrema importância nas legislações municipais: a Planta Genérica de Valores. Com essas palavras chama-se ao conjunto de disposições que atribui números precisos ao valor venal dos imóveis nas diversas regiões abarcadas pela extensão territorial do Município. Desde logo deve fazer-se importante nota: conquanto no mais das vezes coincidam seus objetos, não se podem confundir o sentido das expressões "valor venal" e o "valor do imóvel conforme a planta genérica de valores". Com a primeira, vimos de ver, designa-se o valor *normal* do imóvel, já a última é o resultado da aplicação de um instrumento para determinar aquele valor.

Em outras palavras, deve ter-se em mente que a Planta Genérica de Valores é expediente *presuntivo* de que se vale a Administração para determinar a base imponível do IPTU. Justamente porque o valor apontado por ela *não é*, propriamente, o valor venal, admite-se a iniciativa do contribuinte para produzir prova em contrário, reunindo documentação de que o preço *normal* do imóvel não coincide com aquele apontado pelo instrumento oficial do Município e, assim, ver a base calculada do imposto reduzida. Tal procedimento, aliás, pode ser solicitado administrativamente ou pela via judicial, como aceitam os tribunais nos diversos estados do país.

Com efeito, a Planta Genérica de Valores preenche satisfatoriamente a definição d'uma presunção: trata-se de provar o fato presuntivo (*ter a propriedade de X metros quadrados em certa região*) e, com isso, afirmar-se o fato presumido (*o valor venal é este*). Quando se permite ao contribuinte substituir o expediente presuntivo fiscal por outra prova do fato presumido, bem se evidencia essa relação. Se for emitido pela autoridade competente juízo de preferência pela prova do sujeito passivo da exação, será porque se entendeu que aquele acervo probatório melhor reflete o *valor venal* naquela acepção que acabamos de explicitar: o preço *normal*, livre de maiores interferências, do imóvel em questão.

Por suposto que também a presunção do valor venal posta pela Planta Genérica de Valores permanece sob reserva legal, sendo sua alteração acima dos índices inflacionários, permitida somente por meio de nova lei, como aliás, tem entendido as mais altas cortes do País:

> RECURSO EXTRAORDINÁRIO - PREQUESTIONAMENTO - AUMENTO DE TRIBUTO - DECRETO. Mostra-se objeto de debate e decisão prévios, tema alusivo ao aumento de tributo via decreto quando conste do acórdão proferido a exigibilidade de lei. TRIBUTO - REAJUSTE X AUMENTO - DECRETO X LEI. Se de um lado e certo assentar-se que simples atualização do tributo, tendo em conta a espiral inflacionaria, independe de lei, isto considerado o valor venal do imóvel (IPTU), de outro não menos correto e que, em se tratando de verdadeiro aumento, o decreto-lei não e o veículo próprio a implementá-lo. A teor do disposto no inciso I, do artigo 150 da Constituição Federal, a via própria ao aumento de tributo e a lei em sentido formal e matéria.[310]
>
> [Súmula STJ, Enunciado 160:] É defeso, ao Município, atualizar o IPTU, mediante decreto, em percentual superior ao índice oficial de correção monetária.[311]

Tudo isso para mostrar que a fixação do valor venal por meio de Plantas Genéricas de Valores é apenas mais um expediente de que se serve o sujeito encarregado da incidência tributária para apontar o valor venal de um imóvel, não se confundindo com este.

3.3.8.3 Do critério pessoal da regra-matriz do IPTU: a definição dos contribuintes

Não deixemos de lado a circunstância de que o critério pessoal é sempre integrante da relação jurídica instituída no

---

310. STF. AI 176870 AgR. Segunda Turma. Rel. Min. Marco Aurélio. DJ 26.04.1996.

311. STJ. Súmula. Enunciado 160. DJ. 19.06.1996.

consequente da regra-matriz do tributo, se bem que em todos os casos, numa fase *pré-legislativa*, o editor da norma o extrai dos elementos colhidos na figura típica que escolhe como antecedente normativo. Para o IPTU, será sujeito passivo a pessoa, física ou jurídica, que tenha praticado a conduta prevista no critério material da hipótese, isto é, deve ser o titular da relação de propriedade, de domínio ou de posse do imóvel predial e territorial urbano.

Excepcionalmente, outras pessoas poderão responder pelo tributo caso venha a incidir outra norma jurídica: a regra de responsabilidade tributária. No entanto, se não ficar caracterizada quaisquer das hipóteses previstas para desencadear esse fenômeno, apenas o contribuinte terá o dever jurídico de adimplir a obrigação tributária.

A mesma dependência para com os elementos conformadores do "fato gerador" se observa também no desenho do critério quantitativo: o valor do imposto a pagar será o resultado da conjunção de uma alíquota, definida em lei, com a base de cálculo, mensuradora necessária da conduta inserta no critério material da hipótese.

Decorre dessa análise a inferência decisiva, mediante a qual tanto a escolha do sujeito passivo, quanto da base de cálculo, nos remetem, novamente, a indagações sobre a materialidade do evento colhido na hipótese: as relações jurídicas legais, reais ou contratuais, de natureza patrimonial e possessória, estabelecidas sobre o objeto que, no caso, deve ser o bem imóvel.

3.4 REGRA-MATRIZ DAS TAXAS

A espécie tributária denominada "taxa" apresenta, em seu antecedente normativo, a previsão conotativa de atividade do Estado diretamente relacionada ao contribuinte, que somente pagará o valor exigido pelo Poder Público quando deste receber ou tiver à disposição alguma prestação de serviços públicos específicos e divisíveis, utilizados, efetiva ou potencialmente, ou, ainda, se for exercido o poder de polícia, ficando certo que é imprescindível lei anterior prevendo determinada prática estatal como condição suficiente e necessária à exigência do tributo. É essa composição lógica que definirá o regime tributário dessa espécie determinando os critérios e limites para sua instituição legal e cobrança administrativa.

3.4.1 Taxas e suas espécies

O direito positivo vigente prevê duas espécies de taxas: a) taxas cobradas pela prestação de serviços públicos; e b) taxas exigidas em razão do exercício do poder de polícia. Na redação dada pelo artigo 145, inciso II, da Constituição, podem ser instituídas "taxas, em razão do exercício do poder de polícia ou pela utilização, efetiva ou potencial, de serviços públicos específicos e divisíveis, prestados ao contribuinte ou postos à sua disposição".

3.4.2 Taxa exigida em função da prestação efetiva ou potencial de serviço público

Celso Antônio Bandeira de Mello[312] é incisivo:

> *Serviço público* é toda atividade de oferecimento de utilidade ou comodidade material destinada à satisfação da coletividade em geral, mas fruível singularmente pelos administrados, que o Estado assume como pertinente a seus deveres e presta por si mesmo ou por quem lhe faça as vezes, sob um regime de Direito Público – portanto, consagrador de prerrogativas de supremacia e de restrições especiais – instituído em favor dos interesses definidos como públicos no sistema normativo.

Cabe lembrar que não é o desempenho de qualquer serviço público que enseja a imposição de taxa. Nos termos do inciso II, do artigo 145, da Constituição da República, é mister que esse serviço apresente as características de "divisibilidade" e "especificidade".

Ainda que o referido mandamento constitucional não fizesse expressa menção a tais caracteres, seriam eles necessários

---

312. *Curso de direito administrativo*, 21ª ed., São Paulo, Malheiros, 2006, p. 642.

em virtude do próprio conceito de taxa, definido, até aqui, como tributo cuja hipótese de incidência consiste na descrição de atividade estatal diretamente vinculada ao contribuinte, enquanto o pagamento do valor prescrito no consequente representará a contraparte devida ao Estado, pelo administrado, a quem o Poder Público voltou sua atenção. É exatamente essa referência direta ao particular que constitui a "especificidade": um serviço público é específico quando há individualização no oferecimento da utilidade e na forma como é prestada.

"Divisibilidade", por sua vez, significa possibilidade de mensurar o serviço efetivamente prestado ou posto à disposição de cada contribuinte. É elemento correlato à especificidade, pois se o serviço mostra-se individualizado, importará admitir que permitirá o cálculo de seu custo relativamente a cada usuário, tornando possível a exigência de taxa. Outros, contudo, preferem salientar o princípio da "retributividade", mediante o qual o pagamento da taxa pelo sujeito passivo haveria de corresponder à retribuição pecuniária pelo reconhecimento do serviço público utilizado.

Do enunciado normativo-constitucional (artigo 145, II) depreende-se, ainda, expressa referência à possibilidade do serviço público remunerável por taxa ser utilizado efetiva ou potencialmente, podendo ser prestado ao contribuinte ou posto à sua disposição. Em outras palavras, a cobrança poderá ocorrer não apenas nos casos em que houver efetiva utilização do serviço público específico e divisível, mas também nas hipóteses em que, sendo esse serviço de utilização compulsória, seja ele colocado à disposição do particular, encontrando-se em efetivo funcionamento.

Acerca dos requisitos necessários para que o serviço público seja remunerável por taxa, acima relatados, dispõe o artigo 79 do Código Tributário Nacional:

> Art. 79. Os serviços públicos a que se refere o art. 77 consideram-se:
>
> I – utilizados pelo contribuinte:
>
> a) efetivamente, quando por ele usufruídos a qualquer título;

b) potencialmente, quando, sendo de utilização compulsória, sejam postos à sua disposição mediante atividade administrativa em efetivo funcionamento;

II – específicos, quando possam ser destacados em unidades autônomas de intervenção, de utilidade ou necessidade pública;

III – divisíveis, quando suscetíveis de utilização, separadamente, por parte de cada um dos seus usuários.

Tão só quando presentes esses requisitos o ente prestador do serviço público estará credenciado para exigir, daqueles que usufruíram dessa prestação, o pagamento de taxa. Simetricamente, estando ausente qualquer desses caracteres (utilização efetiva ou potencial, especificidade e divisibilidade), comprometida ficará a cobrança da prestação pecuniária sobre que discorremos.

Não é essa, porém, a modalidade de taxa introduzida, por exemplo, no ordenamento pela Lei n. 8.033/2003 do Estado do Mato Grosso. Tem-se, no caso, taxa exigida em contraprestação à fiscalização dos atos praticados pelos prestadores de serviços notariais e de registro, estes sim caracterizados como serviços públicos. São duas relações jurídicas distintas e inconfundíveis: a) uma, decorrente da prática de serviços públicos específicos e divisíveis pelos notários e registradores, cuja contraprestação é representada pelos emolumentos, verdadeiras taxas pela prestação de serviços públicos; b) outra, fundada nos atos de fiscalização do Judiciário, para assegurar o regular exercício dos atos notariais e registrais, remunerada por taxa de polícia. Inconcebível, portanto, imaginar-se que a exação criada pela Lei estadual seria mero adicional aos emolumentos cartorários. É tributo novo, com hipótese de incidência e base de cálculo diversos de quaisquer outros existentes no sistema jurídico brasileiro.

3.4.3 Taxa exigida em razão do exercício do poder de polícia

"Poder de polícia" consiste na possibilidade de o Estado praticar atividades condicionantes da liberdade e da propriedade dos seus administrados, em nome de interesses coletivos. Tendo o Poder Público a missão de garantir a segurança, o bem-estar, a paz e a ordem coletiva, é-lhe atribuído poder de vigilância, que o autoriza a controlar a liberdade dos indivíduos para proteger os interesses da sociedade. Objetivando proteger tais interesses, o funcionamento de algumas atividades requer autorização administrativa, o que implica controle e fiscalização. E é exatamente o exercício desse poder de polícia, inspecionando e fiscalizando os particulares em nome do bem comum, que abre espaço à remuneração por meio de "taxa de polícia".

A Constituição de 1988, ao dispor sobre o sistema tributário brasileiro, permitiu que fossem instituídas taxas tendo como hipótese de incidência o exercício do poder de polícia (artigo 145, II). Este se consubstancia na efetiva atuação dos órgãos da Administração Pública incumbidos de fiscalizar e controlar atividades dos particulares que possam, de alguma forma, prejudicar interesses da coletividade. Em síntese, a exigibilidade da "taxa de polícia" tem como pressuposto a existência de um serviço atrelado ao poder de polícia.

Assim como o serviço público, o ato expressivo do poder de polícia deve ser específico e divisível para fins de exigência de taxa, já que esta, como explicado, é tributo que apresenta referibilidade direta ao contribuinte. Rege-se, também, pelo princípio da "retributividade", devendo haver retribuição dos custos das diligências necessárias ao seu exercício, motivo pelo qual deve ser individualizado, permitindo precisar o custo relativamente a cada usuário.

De quanto foi dito, meu entendimento se inclina, decisivamente, para a declarada orientação de considerar o tributo criado pela Lei n. 8.033/2003 uma verdadeira *taxa de polícia*. Sua hipótese de incidência é a fiscalização dos atos notariais e de registro público. Esses atos, conquanto de natureza pública, são exercidos em caráter privado. Por isso mesmo, demandam fiscalização, que, nos termos do artigo 236, § 1º, da Carta Magna, é competência do Poder Judiciário.

3.4.4 A lei complementar e a instituição de taxas

O veículo introdutor de normas denominado "lei complementar" possui matéria estabelecida expressamente na redação constitucional e está submetido, para sua aprovação, a *quorum* qualificado, previsto no artigo 69, da Constituição, isto é, maioria absoluta nas duas Casas do Congresso Nacional. São esses seus dois traços diferenciadores e é por isso que se diz que a lei complementar reveste-se de natureza "ontológico-formal" (matéria e forma específicas). A competência para veiculá-la é da União, configurando uma lei não apenas federal (destinada à União), mas nacional (destinada a todos os entes políticos).

As Constituições estaduais podem, igualmente, fazer referência à lei complementar estadual e atribuir-lhe competência para regular determinadas matérias, desde que não contrariem a Carta da República Federativa. Fundado nessa premissa e, a título elucidativo, tomemos um caso interessante da legislação estadual do Mato Grosso.

O constituinte do Estado de Mato Grosso, ao disciplinar a organização judiciária, exigiu que sua disciplina fosse efetuada por lei complementar, prescrevendo:

> Art. 45. As leis complementares serão aprovadas por maioria absoluta dos membros da Assembleia Legislativa e receberão numeração distinta das leis ordinárias.
>
> Parágrafo único. Serão regulados por lei complementar, entre outros casos previstos nesta Constituição:
>
> (...)
>
> II – Organização Judiciária do Estado;

Dispôs, também, no artigo 5º, do Ato das Disposições Constitucionais Transitórias, que a Lei de Organização Judiciária definiria a fiscalização dos atos dos serviços notariais e de registro:

> Art. 5º Os serviços notariais e de registro são exercidos em caráter privado, por delegação do Poder Público, conforme dispuser

> a Lei de Organização Judiciária, que disciplinará a responsabilidade civil e criminal dos notários, dos oficiais de registro e de seus pressupostos, e definirá a fiscalização de seus atos pelo Poder Judiciário.

A Lei Estadual n. 4.964/85, por disciplinar o assunto, foi recepcionada e vigora na qualidade de Código de Organização e Divisão Judiciárias do Estado de Mato Grosso (COJE). Dentre outras matérias, traz prescrições concernentes aos serviços auxiliares da Justiça, inclusive Tabelionatos e Ofícios de Registros Públicos, como anuncia seu art. 1º, IV:

> Art. 1º Este Código estabelece a Organização e a Divisão Judiciárias do Estado de Mato Grosso e, respeitando a legislação, compreende:
>
> (...)
>
> IV – organização, classificação, disciplina e atribuição dos serviços auxiliares da Justiça, inclusive Tabelionatos e Ofícios de Registros Públicos;

A primeira advertência que deve ser feita é quanto à distinção entre normas de organização judiciária e as de fiscalização dos atos notariais e registrais. Os dispositivos da Constituição Estadual transcritos exigem que enunciados reguladores da organização judiciária sejam introduzidos no ordenamento por lei complementar, sendo que a Lei de Organização Judiciária assim criada deverá dispor sobre o exercício dos serviços notariais e de registro, definindo a fiscalização de seus atos. Eis por que na Lei Estadual n. 4.964/85 encontraremos disposições sobre a organização, classificação, disciplina e atribuição dos serviços auxiliares da Justiça, inclusive Tabelionatos e Ofícios de Registros Públicos.

A definição da fiscalização dos atos notariais e de registro, referidas pelo artigo 5º, do Ato das Disposições Constitucionais Transitórias, não se confunde com a especificação dos procedimentos adotados para fins de controle de tais atos. "Definir" significa determinar, fixar, demarcar. Implica traçar as autorizações e vedações à atividade fiscalizatória, sem ingressar em pormenores, particularizando o modo pelo qual a fiscalização será operacionalizada. Base que dá justificativa à Lei n. 8.033/2003, para exigir a aposição de selo de controle nos atos fiscalizados, o que não viola os dispositivos mencionados.

Outro ponto que merece destaque é a distinção entre regras que definem a organização e fiscalização e normas jurídicas que instituem tributo destinado ao custeio da atividade estatal relativa ao exercício de poder de polícia. As primeiras são disciplinadas pela Constituição Estadual do Mato Grosso e lá encontram seu fundamento de validade, devendo ser veiculadas por lei complementar. Já os requisitos para a instituição de taxas estão enunciados na Constituição da República, sendo vedado ao Estado impor outras condições além das prescritas pelo Diploma Maior.

Em resumo: o artigo 150, I, da Carta Magna estipula ser vedado à União, aos Estados, ao Distrito Federal e aos Municípios a exigência de tributo sem lei que o estabeleça. Referindo-se simplesmente à "lei", o constituinte se satisfaz com a edição de lei ordinária, a ela competindo a criação de tributos. Quando o Texto Constitucional quer que a instituição do tributo seja feita por lei complementar, expressamente o determina, como nas hipóteses de impostos e contribuições residuais e de empréstimos compulsórios.

No que diz respeito às taxas, não traça exceção alguma. Ainda que se trate de taxa que tenha por hipótese de incidência a fiscalização dos atos notariais e registrais, seu fundamento de validade é o art. 145, II, da Constituição do Brasil, bastando para sua regular introdução no sistema que seja introduzida por lei ordinária.

3.5 REGRA-MATRIZ DAS CONTRIBUIÇÕES

A expansão do Estado no domínio das múltiplas atividades socioeconômicas assinala um período bem característico para a experiência jurídico-tributária brasileira: o recurso às contribuições como instrumento eficaz no exercício do poder impositivo. O crescimento e o aprimoramento dessa figura no campo do direito posto foram acompanhados de perto pela Dogmática, que passou a investigar-lhe as formas, discutindo suas possibilidades e analisando os efeitos jurídicos e sociais que dela se irradiam, podendo dizer-se significativa, até aqui, a teorização a propósito das chamadas "contribuições tributárias".

3.5.1 Noções gerais sobre as contribuições tributárias

A experiência jurídica, como toda a experiência, implica pressupostos, e a premissa básica, que está na raiz do pensamento ora proposto, é o constructivismo radical representado pelo "giro-linguístico", mediante o qual os discursos, sejam eles científicos ou metafísicos, não revelam uma realidade subjacente, mas a constituem e o fazem pela linguagem. Para tanto, aproveito-me das "tecnologias da linguagem" que floresceram no início da década de 1970, com as obras dos alemães Karl-Otto Apel e Jurgen Habermas, adotando a pragmática anglo-saxônica.

Com efeito, a partir do advento da Constituição de 1988, as contribuições adquiriram inusitado interesse, do que é testemunho o número expressivo de manifestações doutrinárias sobre a matéria. Mas as referências científicas a propósito das contribuições vêm se ressentindo da ausência da desejada organicidade, porquanto os trabalhos publicados colhem apenas certos tópicos que, isolados, não têm o condão de oferecer uma visão mais larga e abrangente do objeto. Daí a necessidade de percorrer o ordenamento, entrelaçando normas, invocando princípios e buscando o adequado relacionamento formal entre suas unidades, tudo para propiciar uma interpretação verdadeiramente sistêmica a respeito de tão importante setor do direito tributário. Pois, se o direito se apresenta como um sistema de linguagem prescritiva de condutas, se a existência específica das normas consiste em integrar a ordem positiva, inadmissível compreender outro tipo de aproximação cognoscitiva que não seja a que prestigie o sistema.

Além dessa integração entre as unidades no ordenamento total, há de buscar-se, incessantemente, como determinação do método que se elege, a regra-matriz de incidência das contribuições, guia seguro para nos imitirmos na intimidade estrutural da norma que provoca a percussão tributária, para examiná-la à luz dos conteúdos do direito positivo brasileiro e extrair as consequências práticas tão discutidas nos dias atuais.

Muitos são os métodos de aproximação científica pelos quais o objeto "direito" pode ser examinado, manifestação da complexidade ontológica do sistema jurídico. No processo conhecido como "interpretação do direito", pelo qual se atribui conteúdos de significação às entidades jurídicas, aparece, desde logo, a necessidade da composição sintática condicionada a um princípio unificador. As unidades jurídicas de sentido passam a ficar dispostas numa estrutura hierarquizada em que cada uma delas encontra-se apoiada, material e formalmente, em normas superiores. No exame das "contribuições" em direito tributário, a Carta Magna exerce esse papel unificador na dinâmica interpretativa, condição sem a qual não se alcança o sentido completo desse instituto no sistema jurídico.

Não é de agora que advogo a tese de que as chamadas "contribuições" têm natureza tributária. Sempre as tive como figuras de impostos ou de taxas, em estrita consonância com o critério constitucional consubstanciado naquilo que nominamos de *tipologia tributária no Brasil*. Todo o suporte argumentativo calcava-se na orientação do sistema, visto e examinado na sua integridade estrutural. Penso que outra coisa não fez o legislador constituinte senão prescrever, manifestamente, que as contribuições são entidades tributárias, subordinando-se, em tudo e por tudo, às linhas definitórias do regime constitucional peculiar aos tributos. Nesse sentido a nota de Paulo Ayres Barreto[313], em seu excelente "Contribuições":

> As contribuições têm natureza tributária por se amoldarem ao conceito de tributo. Não é a sua submissão ao regime tributário que lhe confere tal natureza. Ao revés, é a sua natureza que define o regime jurídico ao qual deva estar submetida.

---

313. *Contribuições*: regime jurídico, destinação e controle, São Paulo, Noeses, 2006, p. 95.

A redação do artigo 149, *caput*, está estruturada assim: "Compete exclusivamente à União instituir contribuições sociais, de intervenção no domínio econômico e de interesse das categorias profissionais ou econômicas, como instrumento de sua atuação nas respectivas áreas, observado o disposto nos arts. 146, III, e 150, I e III, e sem prejuízo do previsto no art. 195, § 6º, relativamente às contribuições a que alude o dispositivo".

Certifiquemo-nos. O artigo 146, III, prevê que as normas gerais sobre matéria tributária deverão ser introduzidas no ordenamento mediante lei complementar, dispondo, entre outros pontos, a respeito do "fato gerador", da base de cálculo, dos contribuintes, da obrigação, do lançamento, da prescrição e da decadência. O artigo 150, I, veda a possibilidade de exigir-se ou aumentar-se tributo sem que a lei o estabeleça (princípio da estrita legalidade); enquanto o inc. III consagra os cânones da irretroatividade e da anterioridade. Por fim, o artigo 195, § 6º, cuida das contribuições para a seguridade social, excepcionando o princípio da anterioridade e fixando o termo inicial para a vigência da lei que tenha instituído ou modificado tais contribuições para 90 (noventa) dias após a data da publicação do diploma normativo.

A conclusão parece-nos irrefutável: as contribuições são tributos, devendo sua instituição ou alteração de quaisquer de seus critérios normativos ser realizada com integral observância do regime jurídico tributário constitucionalmente prescrito.

3.5.2 Diferentes categorias de contribuições sociais e respectivas fontes de custeio

A Constituição da República de 1988 faz referência expressa a três espécies de contribuições passíveis de serem instituídas pela União, diferenciadas conforme as finalidades a que se destinem: (i) sociais, (ii) de intervenção no domínio econômico e (iii) de interesse das categorias profissionais ou econômicas (artigo 149, *caput*). Implicitamente, também estariam no rol das contribuições aquelas conhecidas por residuais. Ao tratar das contribuições sociais, por sua vez, subdivide-as em duas categorias: as genéricas (artigo 149, *caput*) e as destinadas ao financiamento da seguridade social (artigo 195).

Quanto às contribuições sociais a que se refere o artigo 149, *caput*, da Constituição, têm acepção bem abrangente, destinando-se ao custeio das metas fixadas na Ordem Social (Título VIII). Incluem-se no seu domínio aquelas voltadas ao financiamento da seguridade social, disciplinadas pelo artigo 195 da Carta Suprema. Em síntese, as contribuições sociais são instrumentos tributários, previstos na Constituição de 1988, que têm por escopo o financiamento de atividades da União nesse setor. E, no âmbito desse campo social, encontramos contribuições com a específica finalidade de custear a seguridade social (saúde, previdência e assistência social), configurando subgrupo da classe denominada contribuições sociais.

As duas categorias de contribuição acima referidas, conquanto consubstanciem espécies de um mesmo gênero – contribuições sociais –, são disciplinadas de forma diferenciada pelo Texto Maior. Não obstante ambas sejam completamente submetidas ao regime jurídico tributário, as contribuições para a seguridade social receberam tratamento constitucional peculiar.

Merece relevo a circunstância de não ter o constituinte indicado os conteúdos possíveis de serem onerados pela criação de contribuições sociais genéricas, deixando tal incumbência a cargo do legislador infraconstitucional, que terá a liberdade para eleger as hipóteses de incidências e correspondentes bases de cálculo, encontrando limites apenas em relação aos fatos cuja tributação foi atribuída à esfera competencial dos demais entes federados e nos direitos fundamentais dos contribuintes, erigidos como princípios constitucionais em geral e, mais especificamente, como princípios constitucionais tributários.

3.5.3 Requisitos necessários à instituição de "contribuições"

Convém repetir: o constituinte enunciou que "compete exclusivamente à União instituir contribuições sociais, de intervenção no domínio econômico e de interesse das categorias profissionais ou econômicas, como instrumento de sua atuação nas respectivas áreas, observado o disposto nos arts. 146, III, e 150, I e III, e, sem prejuízo do previsto no art. 195, § 6º, relativamente às contribuições a que alude o dispositivo" (artigo 149, *caput*), deixando de relacionar os fatos susceptíveis de serem tributados mediante contribuições.

Apesar de não haver discriminado as hipóteses de incidência e bases de cálculo, ao atribuir à União a possibilidade de instituir contribuições sociais, de intervenção no domínio econômico e de interesse das categorias profissionais ou econômicas, isso não quer dizer que o legislador infraconstitucional disponha de ilimitada permissão para criar tais tributos. Deve respeitar a competência tributária conferida aos Estados, Distrito Federal e Municípios, bem como os direitos fundamentais dos contribuintes, consagrados nos magnos princípios gerais e, mais especificamente, nos princípios constitucionais tributários.

A circunstância de poder instituir contribuição não autoriza que sejam tributadas situações pertencentes à competência legislativa alheia. Para criar uma das contribuições previstas no artigo 149 do Texto Supremo, caberá à União eleger substâncias factuais para as quais possua aptidão de tributar, relacionadas no artigo 153, ou, nos termos do artigo 154, I, situações não previstas constitucionalmente. Não haveria sentido admitir que o constituinte tenha repartido, pormenorizadamente, o poder de instituir tributos entre União, Estados, Distrito Federal e Municípios (artigos 153, 155 e 156) para, logo após, desfigurar a divisão antes efetuada, concedendo à primeira (União) a prerrogativa de tributar, de maneira indiscriminada, fatos contidos na faixa competencial das demais pessoas políticas. Entendimento contrário esvaziaria o conteúdo da repartição constitucional das competências tributárias.

Por conseguinte, o legislativo federal, ao descrever a hipótese de incidência e base de cálculo de qualquer das contribuições previstas no artigo 149 da Carta Maior, deve limitar-se aos acontecimentos do mundo social para os quais tenha poder impositivo, respeitando o campo de atuação das outras pessoas políticas.

Registre-se, ao mesmo tempo, que toda regra jurídica, para ingressar no sistema do direito positivo, necessita ser introduzida por outra norma, de caráter geral e concreto, denominada "veículo introdutor de normas". Apenas por meio de veículos introdutores é que novas regras passam a integrar o universo jurídico, regulando condutas intersubjetivas. Em matéria de contribuições, referidas no artigo 149 da Constituição, não entendo necessária a edição de lei complementar para instituí-las, quando incidentes sobre eventos relacionados na competência tributária da União (artigo 153). A todo tributo, o veículo introdutório por excelência é a lei ordinária, por meio da qual as exações devem ser criadas ou majoradas. É ela, inegavelmente, o item do processo legislativo mais apto para veicular preceitos relativos à regra-matriz dos tributos, tanto no plano federal como no estadual e no municipal. E esta exegese é perfeitamente aplicável às contribuições sociais, de intervenção no domínio econômico e de interesse das categorias profissionais ou econômicas. A remissão do artigo 149 ao artigo 146, inciso III, ambos da Carta Magna, refere-se única e exclusivamente ao fato de que as contribuições hão de submeter-se às normas gerais de direito tributário, mais precisamente representadas pelos preceitos constantes do Código Tributário Nacional.

Prescindível, porém, é a remissão constante do artigo 149. Apresentando as contribuições natureza jurídica tributária, necessariamente estarão subordinadas ao disposto, não apenas no artigo 146, como a todos os princípios constitucionais tributários. Igualmente dispensável é a referência ao artigo 150, I e III, do Diploma Básico, uma vez que os princípios da estrita legalidade, da irretroatividade das leis e da anterioridade aplicam-se a todas as espécies tributárias, salvo exceções expressamente consignadas no texto original da Constituição. Aplica-se, neste caso, a lei lógica da idempotência do conjuntor, que assim se exprime, em linguagem formal: $Op.Op \equiv Op$ ("O" é a notação simbólica da "obrigação"; "p", uma conduta qualquer; ".", o conectivo da conjunção lógica; e "≡", a equivalência), significando que a repetição de vários preceitos jurídicos equivale a apenas um. São dispensáveis, portanto, as remissões acima referidas. O constituinte, todavia, preferiu ser enfático e repetitivo, imprimindo tom retórico a tais enunciados, certamente no sentido de evitar possíveis tentativas de burlar esses preceitos, sob a infundada alegação de não terem sido eles especificamente prescritos no âmbito das contribuições.

3.5.4 Contribuições residuais

Por outro lado, caso se pretenda instituir contribuição incidente sobre fato não relacionado no artigo 153 (competência da União), é impreterível o cumprimento dos requisitos do artigo 154, I, que dispõe sobre a competência residual da União. Isso porque, além das fontes de custeio da seguridade social previamente arroladas no texto da Constituição, o artigo 195, § 4º, estabelece a possibilidade de serem instituídas outras fontes que tenham por finalidade garantir a manutenção ou expansão da seguridade social. Essas novas fontes são as referidas "contribuições residuais" e sujeitam-se ao mesmo regime jurídico dos impostos residuais, motivo pelo qual se impõe a observância dos requisitos prescritos no artigo 154, I, da Constituição.

Nesse mesmo sentido, assevera José Eduardo Soares de Melo, "a remissão que o § 4º do art. 195 faz ao art. 154, I, constitui uma efetiva condicionante, um requisito irremovível, só permitindo a imposição de novos encargos aos contribuintes (pela via das contribuições inseridas na competência residual da União), mediante camisa de força jurídica".

Já tendo sido instituídas as contribuições previstas no artigo 195, qualquer outra contribuição para a seguridade social que se pretenda instituir deve observância ao § 4º do artigo 195 da Constituição de 1988, exigindo-se, impreterivelmente, a presença de lei complementar, sem a qual não poderão ser instituídas outras fontes destinadas a garantir a manutenção ou expansão da seguridade social.

Releva acrescentar que essa é a interpretação do Ministro Marco Aurélio de Mello, manifestada nos autos do Recurso Extraordinário n. 166.772/RS[314], cujo trecho transcrevo a seguir:

> A esta altura, cabe indagar: a Constituição de 1988 repetiu a liberdade atribuída ao legislador, no campo ordinário, pelas Cartas pretéritas?
>
> A resposta já foi dada por esta Corte no julgamento de recursos extraordinários que versaram sobre a matéria. O art. 195 da Lei Básica de 1988 introduziu no cenário jurídico-constitucional nova forma de disciplina do tema. Ao contrário do que ocorreu com as constituições anteriores, a partir de 1934, não se teve apenas a revelação do tríplice custeio. *Mediante os incisos I, II e III, previu-se em rol inegavelmente "numerus clausus", exaustivo, e não simplesmente exemplificativo,* que a seguridade social seria financiada pelas contribuições dos empregadores, incidente sobre a folha de salários, o faturamento e o lucro; dos trabalhadores e sobre a receita de concursos de prognósticos. Pois bem, esses parâmetros, em termos de possibilidade da regência por lei ordinária, mostram-se absolutos. *Fora das hipóteses explicitamente contempladas, obstaculizou-se a possibilidade de – repito – via lei ordinária, serem estabelecidas novas contribuições* (grifo meu).

Conclui-se, portanto, que, para sua regular instituição, as contribuições residuais exigem: (i) introdução no ordenamento jurídico mediante lei complementar, (ii) caráter não-cumulativo e (iii) tipologia tributária diversa daquelas já previstas na Constituição.

Acontece que, ao repartir a competência para criar tributos, o constituinte foi minucioso, relacionando as materialidades dos impostos cuja criação poderia ser efetuada pelas pessoas políticas. E, para evitar que fosse em vão esse rigoroso tratamento tributário, colocou como requisito ao exercício da competência residual pela União que o tributo por ela criado (seja imposto ou contribuição para a seguridade social) não possuísse "fato gerador" ou base de cálculo próprios dos discriminados na Constituição. Essa restrição visa a impedir, além da invasão de competências, a pluralidade de

---

314. Publicado no *DJ* de 16-12-94.

incidências tributárias sobre a mesma hipótese, como bem esclarece Misabel Abreu Machado Derzi[315]:

> Mas o art. 195, § 4º, além de exigir a edição de lei complementar, veda:
>
> – a invasão de competência, impondo o respeito ao campo de incidência privativo de Estados e Municípios;
>
> – a dupla ou tríplice imposição, pela coibição do *bis in idem*, assim como da cumulatividade.

Não restam dúvidas, portanto, de que o Texto Constitucional, nos termos estabelecidos em seu artigo 195, § 4º, só permite a criação de contribuições residuais para a seguridade social cujas hipóteses de incidência e bases de cálculo sejam diversas daquelas já expressamente previstas em seu texto. A União pode instituir, com base na competência que lhe é outorgada pelo artigo 195 do Diploma Maior, contribuições para a seguridade social incidentes sobre (i) folha de salários e demais rendimentos do trabalho, (ii) receita ou faturamento, (iii) lucro e (iv) importação de bens e serviços do exterior. Desejando criar outras contribuições para essa finalidade, deve eleger *novas manifestações de riqueza*, onerando fontes de custeio diversas para, desse modo, não gravar de forma exorbitante, mediante múltiplas incidências, um mesmo fato jurídico tributário.

3.5.5 Contribuições destinadas à seguridade social

Ao discriminar a competência para instituição de contribuições destinadas à seguridade social, o constituinte traçou minuciosamente os arquétipos das possíveis regras-matrizes de incidência tributária, impondo, ao legislador infraconstitucional, observância a uma série de requisitos. Dentre as exigências estipuladas para o exercício dessa competência tributária cabe destacar as fontes de custeio autorizadas pelo Texto Maior, às quais deve limitar-se o legislador

---

315. "Contribuições sociais", *in Cadernos de Pesquisas Tributárias*, São Paulo, Resenha Tributária, v. 17, 1992, p. 145.

ordinário da União, bem como as condições necessárias à criação de nova fonte.

Ao relacionar as possíveis fontes de financiamento direto da seguridade social, dispõe o artigo 195, I a IV, e § 8º, do Texto Supremo[316]:

> Art. 195. A seguridade social será financiada por toda a sociedade, de forma direta e indireta, nos termos da lei, mediante recursos provenientes dos orçamentos da União, dos Estados, do Distrito Federal e dos Municípios, e das seguintes contribuições sociais:
>
> I – do empregador, da empresa e da entidade a ela equiparada na forma da lei, incidentes sobre:
>
> a) a folha de salários e demais rendimentos do trabalho pagos ou creditados, a qualquer título, à pessoa física que lhe preste serviço, mesmo sem vínculo empregatício;
>
> b) a receita ou o faturamento;
>
> c) o lucro;
>
> II – do trabalhador e dos demais segurados da previdência social, não incidindo contribuição sobre aposentadoria e pensão concedidas pelo regime geral de previdência social de que trata o art. 201;
>
> III – sobre a receita de concursos de prognósticos;
>
> IV – do importador de bens ou serviços do exterior, ou de quem a lei a ele equiparar.
>
> (...)
>
> § 8º O produtor, o parceiro, o meeiro e o arrendatário rurais e o pescador artesanal, bem como os respectivos cônjuges, que exerçam suas atividades em regime de economia familiar, sem empregados permanentes, contribuirão para a seguridade social mediante a aplicação de uma alíquota sobre o resultado da comercialização da produção e farão jus aos benefícios nos termos da lei.

Com tal prescrição, traça o modelo da regra-matriz de incidência das contribuições para a seguridade social, vinculando a atividade do legislador ordinário da União. Este, no exercício da competência tributária, não pode distanciar-se

---

316. Redação dada pela Emenda Constitucional n. 20/98.

dos termos constitucionalmente estabelecidos, quer no que diz respeito ao sujeito passivo, quer no tocante à hipótese de incidência ou à base de cálculo. Fica adstrito, portanto, às seguintes normas-padrões:

i) *contribuição com fundamento na alínea "a", do inciso I, do artigo 195*:

Hipótese:

critério material: pagar ou creditar salários e demais rendimentos do trabalho;

critério espacial: território nacional;

critério temporal: momento do pagamento ou creditamento do salário e demais rendimentos do trabalho;

Consequente:

critério pessoal: *ativo:* União[317]; *passivo:* empregador, empresa e entidade a ela equiparada na forma da lei;

critério quantitativo: *base de cálculo:* valor da folha de salário e dos demais rendimentos pagos ou creditados; *alíquota:* percentual fixado em lei.

ii) *contribuição com fundamento na alínea "b", do inciso I, do artigo 195*:

Hipótese:

critério material: auferir receita ou faturamento;

critério espacial: território nacional;

critério temporal: instante em que a receita ou o faturamento forem auferidos;

Consequente:

critério pessoal: *ativo:* União; *passivo:* empregador, empresa e entidade a ela equiparada na forma da lei;

critério quantitativo: *base de cálculo:* montante da receita ou do faturamento auferidos; *alíquota:* percentual fixado em lei.

iii) *contribuição com fundamento na alínea "c", do inciso I, do artigo 195*:

---

317. Indiquei a União como sujeito ativo por ser ela a entidade competente para instituir o tributo. Nada impede que ao exercer a competência que lhe foi atribuída, delegue a capacidade tributária ativa a outra pessoa.

Hipótese:

critério material: auferir lucro;

critério espacial: território nacional;

critério temporal: momento em que o lucro for auferido;

Consequente:

critério pessoal: *ativo:* União; *passivo:* empregador, empresa e entidade a ela equiparada na forma da lei;

critério quantitativo: *base de cálculo: quantum* do lucro auferido; *alíquota:* fixada em lei.

iv) *contribuição com fundamento no inciso II do artigo 195:*

Hipótese:

critério material: receber remuneração pelo trabalho;

critério espacial: território nacional;

critério temporal: instante do recebimento da remuneração;

Consequente:

critério pessoal: *ativo:* União; *passivo:* trabalhador e demais segurados da previdência social;

critério quantitativo: *base de cálculo:* valor da remuneração recebida pelo trabalho, exceto o montante da aposentadoria e pensão concedidos pelo regime geral de previdência social; *alíquota:* percentual fixado em lei.

v) *contribuição com fundamento no inciso IV do artigo 195:*

Hipótese:

critério material: importar bens ou serviços do exterior, ou de quem a lei a ele equiparar;

critério espacial: território nacional;

critério temporal: na data da entrada de bens estrangeiros no território nacional ou na data do pagamento, crédito, entrega, emprego ou remessa de valores a residentes ou domiciliados no exterior como contraprestação por serviço prestado.

Consequente:

critério pessoal: *ativo:* União; *passivo:* importador de bens ou serviços do exterior, ou de quem a lei a ele equiparar;

critério quantitativo: *base de cálculo:* valor aduaneiro; *alíquota:* percentual fixado em lei.

vi) *contribuição com fundamento no parágrafo 8º do artigo 195:*

Hipótese:

atividade exercida em regime de economia familiar;

critério espacial: território nacional;

critério temporal: momento da comercialização da produção;

Consequente:

critério pessoal: *ativo:* União; *passivo:* o produtor, o parceiro, o meeiro e o arrendatário rurais e o pescador artesanal, bem como os respectivos cônjuges, que exerçam suas atividades em regime de economia familiar, sem empregados permanentes;

critério quantitativo: *base de cálculo:* resultado da comercialização da produção; *alíquota:* percentual fixado em lei.

Além disso, o legislador federal, ao descrever a hipótese de incidência e base de cálculo dessas contribuições, deve limitar-se a instituir uma única contribuição para cada situação ali relacionada. A título de exemplo, registre-se que o constituinte, no art. 195, I, "a", relacionou como base de cálculo a "folha de salários e demais rendimentos do trabalho, pagos ou creditados, a qualquer título, *à pessoa física que lhe preste serviço,* mesmo sem vínculo empregatício" (grifei). Sendo a base de cálculo o elemento que exterioriza a grandeza do fato descrito no antecedente normativo, o critério material não pode ser outro que não "o pagamento de folha de salários e demais rendimentos do trabalho, *em decorrência da prestação de serviços por pessoa física,* mesmo sem vínculo empregatício". Eis a base de cálculo exercendo a função comparativa, afirmando a hipótese tributária que não foi expressamente referida no texto do direito positivo.

São dois, portanto, os fatos susceptíveis de sofrerem a incidência da contribuição previdenciária prevista no art. 195, I, "a", da Constituição: (i) pagamento de folha de salários em razão de serviços prestados na vigência de relação de emprego; e (ii) pagamento de remuneração ao trabalhador que preste serviços sem vínculo empregatício.

O inciso II do art. 195, por sua vez, indica apenas os possíveis sujeitos passivos, referindo-se a trabalhadores e demais segurados da previdência social. Tal enunciado abrange todas as formas de prestação de serviço, independentemente da existência de vínculo empregatício. Assim, a despeito de inexistir expressa referência à base de cálculo, esta há de ser, necessariamente, a remuneração percebida em decorrência do trabalho prestado, visto que para a caracterização de "trabalhador" é imprescindível o exercício de atividade laboral. Não pode a contribuição cobrada do trabalhador ter por base qualquer outro valor que não seja essa remuneração, pois é exatamente ela que o qualifica como trabalhador.

Por seu turno, a instituição de contribuições não deve seguir critérios diferentes daqueles exigidos para criar impostos. Ora, não é porque o Texto Maior autoriza que o ente federal institua imposto incidente sobre a renda (artigo 153, III), por exemplo, que este poderá percutir sobre o referido fato várias vezes, por meio de impostos diversos. O mesmo ocorre com as contribuições: é vedado à União criar duas contribuições com idênticas hipóteses de incidência e bases de cálculo, pois se assim o fizer, estará tributando duplamente um único fato e, em consequência, ofenderá o princípio constitucional implícito, decorrente da repartição das competências tributárias e que proíbe o *bis in idem*. Nesse sentido, já se manifestou o E. Supremo Tribunal Federal, consignando a possibilidade de instituição de uma única contribuição para cada base de cálculo[318].

Como já observado, o legislador deve limitar-se a instituir uma contribuição para cada situação relacionada no texto constitucional. Em vista disso, quando o artigo 195, I, "b", da Constituição relaciona "receita ou faturamento", deve-se interpretá-lo de acordo com o conectivo escolhido, disjuntor excludente "ou", que claramente impõe alternativas, inviabilizando a exigência simultânea de duas contribuições: uma sobre a receita

---

318. Tal orientação foi adotada no julgamento de feito no qual se discutia a constitucionalidade da instituição da Cofins sobre o faturamento, base de cálculo já tributada pelo PIS. Nessa ocasião, o STF deixou claro que a Cofins só era constitucional porque o PIS, conquanto incidente sobre o mesmo fato, possuía fundamento de validade diverso. ADC 1/DF - Distrito Federal. Ação Declaratória de Constitucionalidade. Relator Min. Moreira Alves, *DJ* de 16-06-1995.

e outra sobre faturamento. Ao editar a Lei n. 10.256/01, entretanto, o legislador da União ignorou referidos limites constitucionais ao exercício da competência tributária e instituiu nova contribuição, exigida das agroindústrias que industrializam matéria-prima própria, elegendo, como base de cálculo, o valor da receita bruta proveniente da comercialização de tais produtos. Desse modo, criou outra contribuição para a seguridade social, cuja materialidade e correspondente base de cálculo já são tributadas por contribuição diversa, também destinada ao financiamento da seguridade social: a COFINS. Configurou-se assim o *bis in idem*, vedado consoante interpretação sistemática do texto constitucional.

3.5.6 Evolução legislativa da contribuição ao PIS e COFINS

A Lei Complementar n. 7, de 07/09/1970, instituiu o Programa de Integração Social – PIS, destinado a promover a integração do empregado na vida e no desenvolvimento das empresas (artigo 1º, *caput*). Além de outras providências, referida legislação criou a contribuição ao PIS, estabelecendo, em seu artigo 3º, que o Fundo de Participação seria constituído por duas parcelas: (i) mediante dedução de porcentagem do imposto sobre a renda devido pelas pessoas jurídicas; e (ii) com recursos próprios da empresa, recolhidos com base no faturamento. Essa lei definiu, ainda, como seria a contribuição das instituições financeiras e das sociedades seguradoras, visto tratar-se de empresas que não realizam operações de venda de mercadorias ou prestação de serviços (artigo 3º, § 2º).

A Lei Complementar n. 7/70 buscava seu fundamento de validade no artigo 21, I, § 2º, da Constituição de 1967, tendo sido expressamente recepcionada pela Carta de 1988 (artigo 239). Paralelamente, o Texto Constitucional vigente autorizou, em seu artigo 195, a instituição de nova contribuição destinada ao financiamento da seguridade social, incidente sobre o faturamento. Com isso, foi instituída a COFINS, introduzida na ordem jurídica pela Lei Complementar n. 70/91.

Referidos Diplomas legais encontravam-se em perfeita harmonia com a redação originária do artigo 195, I, da Constituição, que prescrevia:

> Art. 195. A seguridade social será financiada por toda a sociedade, de forma direta e indireta, nos termos da lei, mediante recursos provenientes dos orçamentos da União, dos Estados, do Distrito Federal e dos Municípios, e das seguintes contribuições sociais:
>
> I – dos empregadores, incidente sobre a folha de salários, o faturamento e o lucro.

Em momento posterior, porém, foi editada a Medida Provisória n. 1.724/98, convertida na Lei n. 9.718, de 27 de novembro de 1998, a qual, pretendendo alterar as bases de cálculo da contribuição ao PIS e da COFINS, determinou a incidência de ambas sobre o "faturamento". Não bastasse isso, equiparou o conteúdo significativo do vocábulo "faturamento" ao de "receita bruta", impondo fossem os gravames calculados com suporte nesta última:

> Art. 2º As contribuições para o PIS/PASEP e a COFINS, devidas pelas pessoas jurídicas de direito privado, serão calculadas com base no seu faturamento, observadas a legislação vigente e as alterações introduzidas por esta Lei.
>
> Art. 3º O faturamento a que se refere o artigo anterior corresponde à receita bruta da pessoa jurídica.
>
> § 1º Entende-se por receita bruta a totalidade das receitas auferidas pela pessoa jurídica, sendo irrelevantes o tipo de atividade por ela exercida e a classificação contábil adotada para as receitas.

Com expediente dessa natureza, o legislador ordinário extrapolou os limites da competência constitucional que lhe foi atribuída, pois instituiu contribuição sobre receita bruta, expressão bem mais ampla do que o simples faturamento.

Em 16 de dezembro de 1998, adveio a Emenda Constitucional n. 20, autorizando a instituição de contribuição para a seguridade social incidente sobre a receita, nos seguintes termos:

> Art. 195. A seguridade social será financiada por toda a sociedade, de forma direta e indireta, nos termos da lei, mediante recursos

provenientes dos orçamentos da União, dos Estados, do Distrito Federal e dos Municípios, e das seguintes contribuições sociais:

I – do empregador, da empresa e da entidade a ela equiparada na forma da lei, incidentes sobre:

a) a folha de salários e demais rendimentos do trabalho pagos ou creditados, a qualquer título, à pessoa física que lhe preste serviço, mesmo sem vínculo empregatício;

b) a receita ou o faturamento;

c) o lucro.

A despeito dessa alteração legislativa, o Supremo Tribunal Federal tem considerado inconstitucional a incidência das referidas contribuições sobre a receita bruta, afastando a aplicabilidade do § 1º do artigo 3º da Lei n. 9.718/98, o qual não teria sido convalidado pela edição da Emenda Constitucional n. 20/98. O citado dispositivo legal, além de afrontar a noção de faturamento posta no artigo 195, I, da Carta Magna, viola o § 4º desse artigo, no que diz respeito aos aspectos formais para a criação de nova fonte de custeio da seguridade social. É o que se depreende do voto do Exmo. Ministro Cezar Peluso, proferido por ocasião do julgamento do RE 346.084-6/PR, cujo trecho permito-me transcrever:

> 19. Por todo o exposto, julgo inconstitucional o § 1º do art. 3º da Lei n. 9.718/98, por ampliar o conceito de receita bruta para 'toda e qualquer receita', cujo sentido afronta a noção de faturamento pressuposta no art. 195, I, da Constituição da República, e, ainda, o art. 195, § 4º, se considerado para efeito de nova fonte de custeio da seguridade social.

Em seguida, o Ministro manifesta-se sobre o *caput* do artigo 3º, julgando-o constitucional, "(...) para lhe dar interpretação conforme à Constituição, nos termos do julgamento proferido no RE n. 150.755/PE, que tomou a locução receita bruta como sinônimo de faturamento (...)".

Com tal significado, a contribuição ao PIS, assim como a COFINS, passam a ser disciplinadas pela Lei n. 9.718/98, excluído apenas o disposto no § 1º do artigo 3º. Incidem, portanto, sobre o faturamento. Em face do exposto, surge a indagação acerca da verdadeira abrangência do termo "faturamento" e sua aplicabilidade em termos concretos e racionais no direito tributário. Eis a problemática que pretendo elucidar.

3.5.6.1 Conceito de faturamento

Diante de sua relevância, penso que ao tratar do tema deva ser dito que faturamento é signo que representa o ingresso bruto de recursos externos, provenientes de operações de vendas a prazo ou à vista, de mercadorias, produtos ou serviços, tanto no mercado interno como no exterior. A fatura aparece como o registro documental que expressa a quantificação de negócios jurídicos realizados pelo contribuinte, ao passo que o faturamento, enquanto valor final das atividades praticadas registradas em fatura, equivale exatamente ao resultado de tais negócios. Fatura é documento; faturamento é atividade que se exprime em valores pecuniários. Para haver faturamento, portanto, é indispensável que se tenham realizado operações mercantis ou prestações de serviços, e é exatamente com base no valor decorrente de tais operações que a legislação vigente determina o recolhimento da contribuição ao PIS e da COFINS.

A definição do conceito de faturamento não decorre de mera construção doutrinária, mas de interpretação dos textos do direito posto, especialmente do direito comercial positivo. É certo que não encontramos, no direito comercial, dispositivo que enuncie "faturamento é ...". Mas, são diversos os preceitos relativos à fatura e à obrigação de faturar, tal como o artigo 219 do Código Comercial, que estipula:

> Art. 219. *Nas vendas* em grosso ou por atacado, entre comerciantes, o vendedor é obrigado a apresentar ao comprador, por duplicado, *no ato da entrega das mercadorias*, a fatura, ou conta dos gêneros vendidos, os quais serão por ambos assinados, um para ficar na mão do vendedor e outro na do comprador. Não se declarando na fatura o prazo do pagamento, presume-se que a compra foi feita à vista. As faturas sobreditas, não sendo reclamadas pelo vendedor ou comprador, dentro de 10 dias subsequentes à entrega e recebimento, presumem-se contas líquidas. (Destaquei).

Esclarece Fran Martins[319] que esse dispositivo legal jamais foi cumprido, sendo que as relações entre vendedores e compradores, nas vendas a prazo, limitavam-se a anotações nas respectivas contas correntes. Não obstante carente de eficácia social, referido preceito permaneceu válido e vigente no ordenamento jurídico, vindo a ser regulamentado pelo Decreto n. 16.041/23, nos termos do qual, nas vendas mercantis a prazo, entre vendedor e comprador domiciliados em território nacional, se tornava obrigatória, por ocasião da entrega da mercadoria, a apresentação, pelo vendedor, de fatura ou conta em duplicata, ficando o comprador com a fatura e devolvendo a duplicata assinada ao vendedor.

O Decreto n. 16.041/23 sofreu diversas modificações, até que o assunto foi finalmente consolidado na Lei n. 187/36, a qual estipula, de forma patente, a obrigação do vendedor de emitir, entregar ou remeter, nas vendas a prazo, entre vendedores e compradores domiciliados em território nacional, a fatura da venda e sua duplicata, que deverá ser assinada e devolvida pelo comprador. Essa obrigação de emitir a duplicata foi retirada do ordenamento pela Lei n. 5.474/69, modificada pelo Decreto-lei n. 436/69, remanescendo, entretanto, a obrigação de extrair fatura nas vendas a prazo. Essa mesma lei autoriza emissão de faturas também por empresas individuais ou coletivas, fundações ou sociedades civis, que se dediquem à prestação de serviços (artigo 20).

Desses preceitos legais é que decorre o conceito de fatura, tomada como nota descritiva de mercadorias ou serviços, especificando a qualidade, quantidade, preço e outras circunstâncias de acordo com os usos da praça. Consequentemente, é a partir dessas mesmas legislações que se identifica o conceito de faturamento, o qual não pode ser outro senão o valor decorrente das vendas e prestações de serviços, ainda que, eventualmente, não seja emitido o documento da fatura, quer por descumprimento das normas de direito comercial, quer por inexistir obrigatoriedade naquela operação específica.

---

319. *Contratos e obrigações comerciais*, 4ª ed., Rio de Janeiro, Forense, 1976, p. 221.

É lícito concluir, desde logo, que "receita bruta" é expressão bem mais ampla do que "faturamento". A receita bruta, além de abranger o faturamento (valores percebidos em decorrência da comercialização de mercadorias ou da prestação de serviços), incorpora também todas as outras receitas da pessoa jurídica, tais como aluguéis, juros, correções monetárias, *royalties*, dividendos etc. São fatos completamente distintos e inconfundíveis.

Dada a diferenciação entre faturamento e receita, é inconcebível qualquer tentativa de ampliar o conceito de faturamento a ponto de abarcar outras receitas que não as provenientes da soma dos valores das vendas de mercadorias e serviços prestados. As ideias de fatura e de faturamento são definidas, de há muito, no direito comercial e pertencem, tradicionalmente, ao patrimônio do vocabulário técnico-jurídico brasileiro.

Esse é o conteúdo significativo acolhido pela Constituição ao autorizar o legislador federal a instituir contribuições sobre o faturamento. O faturamento empregado no contexto constitucional e sujeito à tributação consiste na expressão financeira indicativa da realização de operações (negócios jurídicos) de venda de mercadorias ou de prestação de serviços.

3.5.6.2 Conceito de receita

Com efeito, no processo de classificação, iremos nos deparar com produtos e subprodutos de classe, de acordo com os critérios adotados, encontrando gêneros e espécies. Sabemos que o "gênero" compreende a "espécie". Nessa linha, e transportando esses pensamentos para o entendimento das locuções "entradas financeiras", "faturamento" e "receita bruta", não há dúvidas de que o termo "receita" é gênero, susceptível de ser dividido em subclasses. O "faturamento" figura como exemplo nítido, pois abrange apenas as receitas decorrentes de vendas de mercadorias e serviços (tem-se o gênero "receita", acrescido da diferença específica "venda de mercadorias e serviços".

Sobre o assunto, vale transcrever trecho do voto-vista do Ministro Cezar Peluso, proferido por ocasião do julgamento do RE 346.084-6/PR:

> Não precisa recorrer às noções elementares de Lógica Formal sobre as distinções entre gênero e espécie para reavivar que, nesta, sempre há um excesso de conotação e um *déficit* de denotação em relação àquele. Nem para atinar logo em que, como já visto, *faturamento* também significa percepção de valores e, como tal, pertence ao gênero ou classe *receita*, mas com a diferença específica de que compreende apenas os valores oriundos da *'atividade econômica organizada para a produção ou a circulação de bens ou serviços' (venda de mercadorias e de serviços)*. De modo que o conceito legal de *faturamento* coincide com a modalidade de receita discriminada no inc. I do art. 187 da Lei das Sociedades por Ações, ou seja, é *'receita bruta de vendas e de serviços'*. (Grifos no original).

Diversas são as possibilidades de classificação das receitas. Realmente, não existem limites à liberdade de fazer classificações que, no fundo, se consubstancia em separar em classes, em grupos, formando subclasses, subdomínios, subconjuntos. Ao sujeito do conhecimento é reservado o direito de fundar a classe que lhe aprouver e segundo a particularidade que se mostrar mais conveniente aos seus propósitos, desde que o faça de acordo com as regras que presidem a operação de dividir que é, afinal de contas, o processo empregado para classificar os termos. Assim, podem ser diversas as modalidades de receitas, conforme o modo pelo qual foram produzidas. Além da *receita de vendas de mercadorias e serviços*, a que já me referi, são também espécies as *receitas financeiras* e as *receitas patrimoniais*, por exemplo, cujas diferenças específicas residem na atividade que lhes deu origem.

Essa diferença entre as espécies de receitas foi certificada pelo próprio legislador da União, que, ao veicular o Decreto-lei n. 2.397/87 (promovendo alterações no artigo 22, § 1º, do Decreto-lei n. 1.940/82, que disciplinava o FINSOCIAL), já distinguia o faturamento, enquanto receita das vendas de mercadorias e serviços de qualquer natureza, das receitas operacionais das instituições financeiras, assim como das receitas operacionais e patrimoniais das sociedades seguradoras e entidades a elas equiparadas.

Por todo o exposto e, tendo em vista que a contribuição ao PIS e à COFINS incide sobre o faturamento, ou seja, sobre a receita bruta, nos termos do Decreto-lei n. 2.397/87, apenas os valores relativos à comercialização de mercadorias ou de serviços integram suas bases de cálculo.

A *receita bruta* não se identifica, também, com *entrada financeira*, sendo esta ainda mais abrangente que aquela. Tal é a lição de Geraldo Ataliba[320]:

> O conceito de receita refere-se a uma espécie de entrada. Entrada é todo o dinheiro que ingressa nos cofres de uma entidade. Nem toda entrada é uma receita. Receita é a entrada que passa a pertencer à entidade. Assim, só se considera receita o ingresso de dinheiro que venha a integrar o patrimônio da entidade que a recebe.

Para a efetiva existência de receita, o ingresso de dinheiro deve integrar o patrimônio de quem a auferiu, havendo alteração de riqueza. *Receita* é a entrada que, integrando-se ao patrimônio sem quaisquer reservas ou condições, vem acrescer seu vulto, como elemento novo positivo. Assim, quando o particular vende determinado bem que lhe pertence, o dinheiro recebido é receita, uma vez que altera a situação patrimonial do vendedor. Por outro lado, ingressos financeiros que não constituam fatos modificativos do patrimônio, como o recebimento de depósitos recolhidos ou valores recebidos pela alienação de coisa alheia, não se apresentam como receita, sendo mera *entrada*.

De acordo com as Normas e Procedimentos de Contabilidade editadas pelo Instituto dos Auditores Independentes do Brasil (IBRACON), receita é a entrada bruta de benefícios

---

[320]. "Estudos e pareceres de direito tributário", in *Revista dos Tribunais*, São Paulo, vol. I, p. 81.

econômicos durante o período que ocorre no curso das atividades da empresa, quando tais entradas acarretam aumento patrimonial líquido, excluídos aqueles decorrentes de contribuições dos proprietários, acionistas ou quotistas. No conceito de receita estão incluídos somente os benefícios econômicos recebidos e a receber pela empresa em transações por conta própria, não abrangendo, por conseguinte, importâncias cobradas por conta e em favor de terceiros (NPC n. 14).

Em conclusão, receita é o acréscimo patrimonial que adere definitivamente ao patrimônio da pessoa jurídica, não a integrando quaisquer entradas provisórias, representadas por importâncias que se encontrem em seu poder de forma temporária, sem pertencer-lhe em caráter definitivo.

A capacidade contributiva absoluta consubstancia-se na participação das pessoas em fatos que denotem sinais de riqueza, fatos esses que, eleitos para compor a hipótese da regra-matriz de incidência tributária, ensejarão o nascimento de obrigação pecuniária, quantificada conforme a proporção monetária do acontecimento tributado. Logo, para a capacidade contributiva ser observada, é imprescindível que a tributação tome como base de cálculo elemento mensurador do fato praticado pelo contribuinte, refletindo, presumivelmente, aqueles signos de riqueza. Isso, por si só, inviabiliza qualquer pretensão tributária de incidência sobre valores que extrapolem a medida do fato praticado pelo contribuinte, invadindo esfera patrimonial alheia.

Aplicadas essas considerações à contribuição para o PIS e à COFINS, tributos que, nos termos da legislação vigente, incidem sobre a receita, apenas os recursos que passem a integrar o patrimônio do contribuinte estão sujeitos a tais exações. Primeiramente, porque a hipótese de incidência, confirmada pela base de cálculo, consiste na "receita" e não em meras "entradas financeiras", conceitos que, como demonstrado, não se confundem. Além disso, a tributação de valores não pertencentes ao contribuinte desvirtua completamente o sistema constitucional tributário brasileiro, atingindo o sujeito passivo em quantias que este não está apto a suportar, violando os princípios da capacidade contributiva e do não-confisco.

3.5.6.3 Análise dos precedentes do Supremo Tribunal Federal quanto à diferenciação entre receita e faturamento

Por ocasião do julgamento do Recurso Extraordinário n. 150.755-1/PE, o Supremo Tribunal Federal manifestou-se acerca do conceito de "faturamento", concluindo pela constitucionalidade da Lei n. 7.738/89, instituidora do FINSOCIAL, *apenas se entendida a receita bruta como receita decorrente da venda de mercadorias e prestações de serviços de qualquer natureza*, nos termos definidos pelo Decreto-lei n. 2.397/87. Conquanto exame superficial possa levar ao entendimento de que a Magna Corte teria se fundado em conceito estabelecido pela própria legislação infraconstitucional tributária, a análise do inteiro teor dos votos proferidos naquele julgado evidenciam que o suporte jurídico utilizado para definir "faturamento" foram as normas de direito comercial.

A decisão proferida nos autos do mencionado Recurso Extraordinário não autoriza, também, que se equipare, de modo indiscriminado, "faturamento" e "receita bruta". Aliás, nas muitas ocasiões em que esse egrégio Tribunal examinou o assunto, sempre procurou preservar o conceito de "faturamento" prescrito pelo direito comercial e adotado pela Constituição de 1988. Quando o STF, em seus julgamentos, afirmou que "receita bruta" e "faturamento" seriam equiparáveis, não o fez de forma abstrata, como se nenhuma diferença existisse entre esses dois conceitos. Ao contrário, tais manifestações se realizaram no contexto de casos concretos, em que a legislação determinava a incidência de tributo sobre receita bruta. Nessas hipóteses, foi implicitamente reconhecida a impossibilidade da tributação do total das receitas, afirmando-se que a lei impugnada só seria constitucional se entendida receita bruta como *o resultado da comercialização de mercadorias e prestação de serviços*.

O Pleno do Supremo Tribunal Federal só julgou constitucional o artigo 28 da Lei n. 7.738/89 porque entendeu que a receita bruta a ser tributada seria aquela referida no Decreto-lei n. 2.397/87, qual seja, o resultado da venda de mercadorias e prestação de serviços. É que o Decreto-lei n. 2.397/87, ao aludir-se à receita bruta, restringiu seu conteúdo ao resultado da comercialização de mercadorias e prestação de serviços:

> Art. 22. (...)
>
> § 1º A contribuição social de que trata este artigo será de 0,5% (meio por cento) e incidirá mensalmente sobre:
>
> a) *a receita bruta das vendas de mercadorias e serviços de qualquer natureza*, das empresas públicas ou privadas definidas como pessoa jurídica ou a elas equiparadas pela legislação do Imposto de Renda. (Grifei).

Nota-se, de forma patente, que ao interpretar a Lei n. 7.738/89 a Corte Máxima não autorizou que fosse alargado o conceito de faturamento, nem ampliou a possibilidade de tributação pela União. Ao contrário, tendo o legislador federal criado tributo incidente sobre a receita bruta, o STF delimitou seu significado para que mencionada lei fosse compatível com o Texto Constitucional.

Diante dos argumentos expendidos, contrários a qualquer equiparação entre receita bruta e faturamento, em face da vedação constante do artigo 110 do Código Tributário Nacional, o Ministro Sepúlveda Pertence certificou: "Há um consenso: faturamento é menos que receita bruta". E concluiu ponderando que, também a seu ver, a lei tributária não pode igualar referidos conceitos, razão pela qual julgou constitucional o artigo 28 da Lei n. 7.738/89, partindo de uma interpretação restritiva de receita bruta. São suas as palavras:

> Incidiria essa regra [a do art. 110 do CTN] – que não precisaria estar no CTN, porque é elementar à própria aplicação da Constituição – se a lei dissesse: faturamento é igual a receita bruta. O que tentei mostrar em meu voto, a partir do Decreto-Lei n. 2.397, é que a lei tributária, ao contrário, para efeito do Finsocial,

chamou receita bruta o que é faturamento. E, aí, ela se ajusta à Constituição.

Acompanharam o voto do Ministro Sepúlveda Pertence os Ministros Francisco Rezek, Ilmar Galvão, Moreira Alves, Néri da Silveira, Sydney Sanches e Octavio Gallotti, entendendo que não obstante a Lei n. 7.738/89 se refira a receita bruta, esta seria constitucional se restringido seu conteúdo à receita de venda de mercadorias e prestação de serviços, pois consistentes em faturamento, objeto da tributação.

Firmou-se, portanto, precedente no sentido de que não importa o nome que se dê – "receita bruta" ou "faturamento" –, desde que o objeto de tributação, a base de cálculo tributária, corresponda exatamente aos *valores auferidos pela pessoa jurídica em decorrência da venda de mercadorias ou da prestação de serviços, ou de ambos.*

Apenas em momento posterior, em 16 de dezembro de 1998, foi editada a Emenda Constitucional n. 20, autorizando a instituição de contribuição para a seguridade social incidente sobre a receita, nos seguintes termos:

> Art. 195. A seguridade social será financiada por toda a sociedade, de forma direta e indireta, nos termos da lei, mediante recursos provenientes dos orçamentos da União, dos Estados, do Distrito Federal e dos Municípios, e das seguintes contribuições sociais:
>
> I – do empregador, da empresa e da entidade a ela equiparada na forma da lei, incidentes sobre:
>
> a) a folha de salários e demais rendimentos do trabalho pagos ou creditados, a qualquer título, à pessoa física que lhe preste serviço, mesmo sem vínculo empregatício;
>
> b) a receita ou o faturamento;
>
> c) o lucro;

Em resumo, até a edição da Emenda Constitucional n. 20/98, apenas o *faturamento* poderia ser eleito pelo legislador da União como base de cálculo de contribuição para a seguridade social. Somente a partir da mencionada Emenda é que passou a ser permitida a tributação da *receita*. Ingenuamente se supôs que a ulterior aprovação da Emenda Constitucional n. 20 pudesse convalidar o desnexo existencial da Lei n. 9.718/98, que passaria a vigorar, de 16 de dezembro de 1998 para frente, com a devida carga de juridicidade de que até então era destituída. Ledo engano!

Norma jurídica não pode ser editada sem fundamento de validade, como ocorreu com a Lei n. 9.718/98. À época de sua introdução no ordenamento, nenhum preceptivo constitucional autorizava que se criasse contribuição para a seguridade social incidente sobre a *receita*. E a demonstração de que isso é verdade está na subsequente aprovação da Emenda Constitucional n. 20, permitindo que, de lá avante, isto é, de 16 de dezembro para frente, houvesse contribuições sobre a receita bruta.

Há um argumento, contudo, que pode iludir nossa atenção, desviando-a, temporariamente, para outro tipo de exegese. Trata-se da proposição afirmativa segundo a qual a Lei n. 9.718, de 27 de novembro de 1998, teria sido legitimada pelos dispositivos da Emenda n. 20, de 16 de dezembro do mesmo ano, a quem atribui a virtude de cobrir aquele período de anomia constitucional para suportar a Lei carente de juridicidade, em face da ausência de apropriada subordinação hierárquica. O raciocínio é atraente, aparecendo como recurso retórico para a entidade tributante. Creio, entretanto, que seu valor argumentativo ficará enfraquecido, sensivelmente, com algumas considerações jurídico-científicas que passarei a deduzir.

3.5.6.3.1 *Projeção das normas para o tempo futuro*

As normas jurídicas existem para regrar condutas em interferência intersubjetiva, implantando valores e procurando canalizar os comportamentos em direção aos fins que a sociedade histórica pretende ver realizados. Nesse ideal de vida comunitária, a estabilidade das instituições é pressuposto inarredável, pois sem ela não há como pensar em paz social.

Muito bem. Instaurada a ordem jurídica, com a aprovação da Lei Constitucional, seja qual for o meio adotado para fundá-la, o direito passa a regular as condutas interpessoais que se verificarem *a partir da data da publicação dos textos normativos*, marco decisivo para o conhecimento que os destinatários precisam ter, levando em conta os direitos e obrigações estipulados. Essa é a regra geral. O agir entre pessoas, todavia, postula outros cuidados que abrem espaço a exceções, como, por exemplo, a que se dá com as normas interpretativas, com as prescrições que estabelecem penalidades mais brandas e outras circunstâncias em que o legislador, atento aos anseios de justiça e equilíbrio na relação entre os vários atores do complexo social, se vê na contingência de adotar. Nos domínios do direito penal, do direito tributário e daqueles em que os direitos e garantias individuais possam ser ameaçados de modo mais agudo, a consagração do princípio receptor há de ser exarada em fortes e incisivas manifestações expressas, já que o respeito ao direito adquirido, à coisa julgada e ao ato jurídico perfeito é limite fundamental para todas as cadeias normativas da ordenação brasileira.

Nessa linha de raciocínio inscreve-se o da *irretroatividade das leis*. Este, como direito individual que é, aplica-se integralmente às emendas constitucionais, cujas prescrições atingem apenas fatos que venham a ocorrer em momento posterior ao início de sua vigência.

3.5.6.3.2 *A incompatibilidade vitanda da Lei n. 9.718/98, à luz do sistema constitucional em vigor na data de sua publicação*

Houve uma série de impropriedades na parificação semântica pretendida pelo Poder Público federal, ao expedir a Medida Provisória que, por outro tropeço, se converteu na Lei n. 9.718/98. Como já frisei, linhas acima, não se poderia cogitar de lei ordinária para fins de redefinir conceitos e formas de direito privado, utilizados pela Constituição na outorga de competências tributárias. E muito menos iniciar esse esdrúxulo procedimento pela via sempre temerária de medida provisória. O resultado apareceu de maneira insofismável: criou-se perplexidade tal que as autoridades constituídas passaram a conceber a edição de emenda constitucional como paliativo que pudesse sanar tão vicioso procedimento. Em menos de um mês, lá estava a Emenda à Constituição n. 20, proclamando a mudança do inciso I do art. 195, que passou a prescrever, em sua alínea "b", autorização para instituir contribuição para a seguridade social incidente sobre *"a receita ou faturamento"*.

De ver está que ninguém contesta o expediente disjuntivo posto pela Emenda, *mas para o futuro*, vale dizer, a contar do dia de sua publicação: 16 de dezembro de 1998. Nunca para retroceder, atingindo situações pretéritas, *pois se o quisesse teria feito o próprio legislador da Emenda, referindo-se, até especificamente, à Lei n. 9.718/98*. Significa que a alteração constitucional não acolheu o teor do mencionado Estatuto, porque, para fazê-lo, *a recepção teria de ser expressa e inequívoca*, o que macularia o conteúdo do art. 195, § 4º, da própria Constituição, sobre passar por cima do art. 110 do Código Tributário Nacional.

O advento da Emenda, aliás, não só deixou de dar abrigo à Lei de que falamos, como declarou patente sua incompatibilidade com o sistema anterior, pondo à calvo a erronia procedimental da trajetória eleita, e permitindo que se alcançassem as matérias tributárias a que alude, mas por obra de novo diploma a ser produzido depois dela, Emenda, para encontrar fundamento de validade nos termos da modificação estabelecida. Se dúvidas houvesse sobre a carga de juridicidade dos dispositivos da Lei convertida, a disposição da Emenda veio a dissipar.

O direito, qualificado por dinamismos de autocomposição, produz suas próprias realidades, que, vezes sem conta, se mostram em descompasso com as soluções que o senso comum aponta. Não cabe distinguir, portanto, o absurdo de equiparar-se *faturamento* a *receita bruta*, modo grosseiro de aumentar o campo de incidência (base de cálculo) e o universo de contribuintes da contribuição ao PIS e da COFINS. Aquilo que deve ser sublinhado, e com tintas fortes, é que sempre houve o obstáculo procedimental da existência, entre nós, de uma Constituição rígida e que se quer respeitada no seu modo particularíssimo de ser. Esse mesmo Texto Supremo não comportaria tais anseios equiparativos, até vir a ser modificado, como o foi, pela Emenda n. 20/98.

Referida Emenda Constitucional, entretanto, não tem o condão de retroagir, atingindo o processo legislativo passado e as normas jurídicas dele decorrentes. O princípio da irretroatividade da lei veda que preceitos normativos retroajam e juridicizem fatos concretizados antes de sua entrada em vigor. No tocante à Emenda n. 20/98, a situação não é diferente. Conquanto o poder constituinte derivado tenha ampliado a competência tributária da União relativamente às contribuições para a seguridade social, seus efeitos não podem retroceder no tempo, alcançando os processos de enunciação realizados sob fundamento constitucional diverso.

Nossas assertivas são corroboradas por manifestações pretéritas do Supremo Tribunal Federal, que, ao julgar a ADIN n. 2, consignou na ementa: *"O vício de inconstitucionalidade é congênito à lei e há de ser apurado em face da Constituição vigente ao tempo de sua elaboração".* Referido julgado teve como relator o Exmo. Min. Paulo Brossard, consignando em seu voto os seguintes argumentos:

> Ao ultrapassar os limites fixados pela Constituição o Poder Legislativo passa a exercer poderes que não tem, invade uma competência que não lhe pertence e o que fizer terá a marca desse vício fatal, *nullus est major defectus quam defectus potestatis.*
>
> Mas que Constituição será esta que limita e legitima a competência do Poder Legislativo ao fazer a lei? *Não pode ser outra senão a Constituição em vigor.*
>
> A teoria da inconstitucionalidade das leis supõe uma Constituição como lei suprema, hierarquicamente superior às demais leis, que lhe devem fidelidade e nela encontram a *origem de sua validade;* supõe que os Poderes do Estado estejam sujeitos a essa lei maior, com atribuições por ela definidas e competência por ela limitada. (Grifei).

A conduta produtora da mensagem prescritiva (processo de enunciação da norma) deve dar-se em harmonia com as normas que regulam a produção normativa, dentre elas, as que delimitam a competência tributária. Essa compatibilidade é verificada pelo exame das marcas deixadas pela enunciação, consistente na enunciação-enunciada, onde se encontram os indicativos de tempo, espaço e sujeito que produziu as proposições prescritivas. A lei não pode ser vista abstraída dos fatores de produção que a engendraram, devendo ser considerada como um produto indissociado de seu processo de criação.

Tenho plena convicção de que é o Texto Constitucional vigente no instante da instauração da norma infraconstitucional que deve representar o parâmetro de aferição da constitucionalidade desta. Consta da citada Lei, em sua enunciação-enunciada, que foi ela produzida em 27 de novembro de 1998, tendo sido introduzida no ordenamento pela publicação no dia 28 do mesmo mês. Logo, sua constitucionalidade há de ser examinada à luz da redação vigente naquele momento. As modificações introduzidas pela EC n. 20/98 não legitimam juridicamente as legislações anteriores que tenham sido editadas de forma irregular, determinando a tributação com base em fato que não era previsto no art. 195, I, do Texto Magno original, como é o caso da Lei n. 9.718/98.

3.5.7 Instituição do regime da não-cumulatividade na contribuição ao PIS e na COFINS

Com as sucessivas alterações legais e consequentes modificação e alargamento da regra-matriz de incidência dos mencionados tributos pela Lei n. 9.718, de 27/11/98, a contribuição ao PIS e a COFINS passaram a ter por base de cálculo o total das receitas da empresa, representando elevado ônus econômico às cadeias industriais, comerciais e de serviços. Daí o pleito dos contribuintes pela implantação da sistemática não-cumulativa a esses tributos.

Nesse sentido, adveio a Medida Provisória n. 66, de 29/08/2002, convertida na Lei n. 10.637/02, instituindo uma série de medidas destinadas a implementar a "não-cumulatividade" da contribuição ao PIS, como bem referido na exposição de motivos daquela Medida Provisória:

> (...) 2. A proposta, de plano, dá curso a uma ampla reestruturação na cobrança das contribuições sociais incidentes sobre o faturamento. Após a instituição da cobrança monofásica em vários setores da economia, o que se pretende, na forma desta Medida Provisória, é, gradualmente, proceder-se à introdução da cobrança em regime de valor agregado – inicialmente com o PIS/Pasep para, posteriormente, alcançar a Contribuição para o Financiamento da Seguridade Social (Cofins). (...)
>
> 9. A alíquota foi fixada em 1,65% e incidirá sobre as receitas auferidas pelas pessoas jurídicas, admitido o aproveitamento de créditos vinculados à aquisição de insumos, bens para revenda e bens destinados ao ativo imobilizado, ademais de, entre outras, despesas financeiras.

Logo depois, foi editada a Medida Provisória n. 135, de 30/10/2003, convertida na Lei n. 10.833/03, dispondo sobre a cobrança "não-cumulativa" da COFINS, o que o legislador chamou de "continuidade à reestruturação na cobrança das contribuições incidentes sobre o faturamento". Ainda, objetivando empreender as modificações legislativas concernentes ao assunto, surgiu a Lei n. 10.865/04, que, além de dispor sobre a contribuição ao PIS e a COFINS incidentes sobre a importação de bens e serviços, alterou, em muitos aspectos, o regime não-cumulativo das contribuições examinadas, conferindo nova redação a diversos dispositivos das Leis ns. 10.637/02 e 10.833/03.

Convém esclarecer, nesta oportunidade, que a tributação não-cumulativa é expressamente exigida pelo Texto Constitucional relativamente ao IPI, ICMS, impostos e contribuições residuais. Outros tributos, sobre os quais a Constituição é silente, podem ser, em princípio, cumulativos, estando na inteira discrição do legislador infraconstitucional estabelecer ou não métodos para evitar a incidência em cascata.

Eis a razão pela qual a contribuição ao PIS e a COFINS sempre foram cumulativas. Eis também a mesma base constitucional que permitiu ao legislador ordinário prever o abatimento de créditos relativamente a essas contribuições (Leis n.s 10.637/02 e 10.833/03). Naquele ensejo, o legislador desenhou o modelo do sistema não-cumulativo, determinando quais seriam as pessoas jurídicas sujeitas a essa nova modalidade de cálculo, os critérios para a quantificação do crédito, a forma de sua compensação e, até mesmo, as limitações e vedações ao creditamento.

Em seguida, procurando conferir *status* constitucional à não-cumulatividade dessas contribuições, o constituinte derivado editou a Emenda Constitucional n. 42, de 19/12/2003, acrescentando o § 12 ao art. 195, cuja redação vale transcrever:

> § 12. A lei definirá os setores de atividade econômica para os quais as contribuições incidentes na forma dos incisos I, b; e IV do *caput*, serão não-cumulativas.

Diante dessa Emenda, a não-cumulatividade da contribuição ao PIS e da COFINS, que havia sido instituída por liberalidade do legislador ordinário, com os permissivos e vedações pelos quais livremente optou, passou a apresentar conteúdo mínimo de significação. Por imperativo constitucional, pretendendo-se a aplicação do regime não-cumulativo àqueles tributos, coube ao legislador apenas indicar os setores da atividade econômica em que deseja fazê-lo, sem, no entanto, autorizar que este limite o direito ao crédito, mitigando os efeitos da não-cumulatividade[321].

3.5.7.1 Direito ao crédito de PIS e COFINS

Com o objetivo de implantar o regime da não-cumulatividade à contribuição para o PIS e à COFINS, as Leis ns. 10.637/02 e

---

321. Importa consignar que o art. 195, § 12, da CR/88 é dirigido, também, à contribuição para o PIS, pois prescreve que a não-cumulatividade será aplicada às contribuições incidentes *na forma* dos incisos I, b; e IV do *caput*. A contribuição ao PIS, por seu turno, é incidente na forma do inciso I, b, do art. 195, visto que tem por base de cálculo o faturamento ou a receita, nos mesmos moldes da COFINS, sendo destinada ao financiamento da seguridade social (seguro-desemprego).

10.833/03 permitem que do valor devido a título de PIS e COFINS sejam deduzidos créditos, calculados com base no custo das aquisições de bens e serviços, bem como das despesas incorridas, todos esses valores necessários à atividade da pessoa jurídica.

Das regras-matrizes de incidência tributária advêm os liames que têm por objeto o pagamento da contribuição ao PIS e da COFINS. Reduzindo as complexidades suscitadas pela disciplina de tais tributos, podemos construir os seguintes conteúdos prescritivos[322]:

> Contribuição ao PIS: "Dado o fato de haver ingresso de receita, deve-ser o pagamento à União, pela pessoa jurídica titular daquela receita, de tributo equivalente a 1,65% da receita auferida".
>
> COFINS: "Dado o fato de haver ingresso de receita, deve-ser o pagamento à União, pela pessoa jurídica titular daquela receita, de tributo correspondente a 7,6% da receita auferida".

Simultaneamente, prescrevem as Leis n.s 10.637/02 e 10.833/03 que, depois de apurado o *quantum* devido, na forma acima referida, faz *jus* o contribuinte ao abatimento de certos valores, por elas denominados "créditos". Criam, com isso, *regras-matrizes do direito ao crédito*, as quais objetivam concretizar o princípio da não-cumulatividade e podem ser assim enunciadas:

> Contribuição ao PIS: "Dado o fato da aquisição de bens, serviços e a realização de despesas, deve-ser o direito do contribuinte ao desconto, do montante do tributo devido, de 1,65% calculado sobre o valor daqueles bens, serviços e despesas".
>
> COFINS: "Dado o fato da aquisição de bens, serviços e a realização de despesas, deve-ser o direito do contribuinte ao desconto, do montante da contribuição devida, de 7,6% calculado sobre o valor daqueles bens, serviços e despesas".

A relação jurídica de direito ao crédito (também denominado "abatimento" ou "desconto") nasce como eficácia do fato da aquisição de bens e serviços e da sujeição a despesas

---

322. Essa construção normativa é referente apenas à tributação das pessoas jurídicas abrangidas pela regra da não-cumulatividade.

relacionadas com a atividade do contribuinte. Quanto à forma de cálculo do crédito, consiste na aplicação das alíquotas de 1,65% e 7,6%, caso se trate de contribuição ao PIS ou COFINS, independentemente de os bens, serviços e despesas terem sido onerados por equivalente alíquota.

O montante do crédito não se afere com base no tributo incidente na etapa anterior do ciclo econômico, mas sim a partir de alíquota previamente determinada, aplicada sobre o valor da operação. Como decorrência disso, sendo o adquirente sujeito ao regime não-cumulativo da contribuição ao PIS e da COFINS, está autorizado a descontar créditos calculados a 1,65% e 7,6% em relação a seus dispêndios, ainda que o fornecedor do bem ou serviço seja onerado com alíquota diversa, como é o caso das pessoas jurídicas tributadas pelo imposto de renda com base no lucro presumido ou dos optantes pelo SIMPLES, além das demais entidades relacionadas no art. 8º da Lei n. 10.637/02 e art. 10 da Lei n. 10.833/03. Isso evidencia a independência entre a regra-matriz tributária e a regra-matriz do direito ao crédito.

3.5.7.2 O fenômeno da isenção no caso dos tributos não-cumulativos

Entre os efeitos produzidos pela regra de isenção não se encontra qualquer detrimento à norma jurídica que regula o *direito ao crédito*. Aliás, não vai nisso grande novidade, uma vez que a isenção, como acontece com outros mecanismos do direito positivo, é instrumento relevantíssimo para que o legislador opere providências extrafiscais, modelando a aplicação do sistema tributário, em função dos objetivos e dos valores que pretende alcançar.

De ver está que o expediente da isenção deve caminhar juntamente com os preceitos que asseguram a técnica da não-cumulatividade, não sendo o caso de cogitar qualquer colisão entre o preceito isentivo e o magno princípio, dificultando, de alguma forma, a operacionalidade deste último. Ora, havendo por parte do contribuinte direito aos recursos que asseguram a não-cumulatividade, e desfrutando ele de isenção, não quadraria argumentar que um anula o outro, como se estivessem em oposição frontal. Ao contrário, tais providências ordinatórias se entrecruzam, somando seus efeitos: o direito subjetivo à isenção e o direito constitucional à não-cumulatividade.

Se a operação é isenta, a *regra-matriz de incidência tributária* fica neutralizada, não havendo falar em acontecimento do "fato gerador" e, por via de consequência, em nascimento da obrigação tributária. Entretanto, percutindo sobre o mesmo suporte fáctico para determinar outro fato jurídico, a *regra-matriz de direito ao crédito* produz seus efeitos, para o fim de constituir o *direito ao crédito*.

Como o *direito ao crédito* não decorre diretamente da incidência da norma tributária, fica sendo de todo irrelevante saber se a operação é ou não isenta, se o fato jurídico tributário adquiriu ou não a concrescência que dele se esperava, se irrompeu ou não o vínculo obrigacional do imposto, se foi ou não cobrado o valor da eventual prestação. Na verdade, a cobrança da dívida, a instalação da obrigação tributária, a concretude do fato jurídico, a dinâmica da regra-matriz de incidência e a atuação da regra isentiva são momentos da fenomenologia jurídica dos tributos que não influem na composição do *direito ao crédito*. A atuação da regra isentiva não macula o direito ao crédito. A norma de isenção existe para inibir a incidência da norma tributária, nos específicos casos nela previstos, e não para prejudicar o direito ao crédito, comprometendo, de algum modo, as metas constitucionais da não-cumulatividade.

Apenas em relação ao ICMS a Carta Magna prescreve que *"a isenção ou não-incidência, salvo determinação em contrário da legislação: a) não implicará crédito para compensação com o montante devido nas operações ou prestações seguintes; b) acarretará a anulação do crédito relativo às operações anteriores"* (art. 155, § 2º, II). A tentativa de estender tal restrição aos demais tributos não-cumulativos é fabricar prescrições, em manifestação cerebrina, atribuindo-as a um pseudolegislador constitucional, que muito distante esteve de tais elucubrações.

Diversamente do que ocorre com o ICMS, no que diz respeito à contribuição ao PIS e à COFINS, o constituinte não especificou o conteúdo, limites e extensão do princípio da não-cumulatividade, deixando de pormenorizar o modo pelo qual o objetivo prescrito há de ser alcançado. Esse silêncio, no entanto, dista de implicar total liberdade do legislador na implantação daquele primado. Ao contrário, a singela indicação da não-cumulatividade como vector a ser seguido revela a amplitude do princípio, que não comporta restrição de espécie alguma, limitando sobremaneira a ação legislativa.

Por ocasião da disciplina da não-cumulatividade daquelas contribuições, à lei infraconstitucional é vedado restringir seu alcance ou extensão. Quando muito, poderá tratar dos deveres instrumentais necessários à concretização do princípio, como procedimentos de constituição, registro e utilização dos créditos, bem como indicar os setores da atividade econômica sujeitos ao regime não-cumulativo, observadas as peculiaridades dos respectivos ciclos produtivos.

A conclusão há de ser peremptória: explicitamente posto o cânone da não-cumulatividade, que não só permite como exige o exercício do direito ao crédito do tributo, e na ausência de obstáculo constitucional para sua implantação, as restrições válidas para o ICMS não podem ser aplicadas à contribuição para o PIS e à COFINS. O princípio da não-cumulatividade prescrito às referidas contribuições consiste no direito de o contribuinte compensar, abater, deduzir ou reduzir o valor da contribuição correspondente às etapas anteriores do ciclo econômico (independentemente da efetiva incidência tributária), sem qualquer tipo de condição, limitação ou restrição. Tudo para que apenas o valor agregado sofra tributação na sequência da cadeia negocial.

3.5.7.3 *Vedações ao crédito*

Como já anotado, o regime não-cumulativo instituído pelas Leis ns. 10.637/02 e 10.833/03 permite às empresas utilizar créditos de PIS e COFINS relativos às etapas anteriores da cadeia econômica para abatê-los dos valores das contribuições incidentes sobre suas receitas. Tais legislações, porém, limitam a possibilidade de creditamento, relacionando situações que não fazem surgir esse direito. Prescrevem, no art. 3º, § 2º:

> Art. 3º (...)
>
> § 2º Não dará direito a crédito o valor:
>
> I – de mão-de-obra paga a pessoa física; e
>
> II – da aquisição de bens ou serviços não sujeitos ao pagamento da contribuição, inclusive no caso de isenção, esse último quando revendidos ou utilizados como insumo em produtos ou serviços sujeitos à alíquota 0 (zero), isentos ou não alcançados pela contribuição. (Acrescentado pela Lei n. 10.865/04).

Ponderando a redação de tais dispositivos com as hipóteses que geram créditos de PIS e COFINS à pessoa jurídica, iremos encontrar um problema. Mencionaremos o rico exemplo da aquisição de ativos fixos, nas hipóteses de incidência das referidas contribuições, para plantar argumentos sólidos àquela zona de penumbra e delimitar o campo da abrangência normativa. As Leis ns. 10.637/02 e 10.833/03 relacionam, expressamente, que "a pessoa jurídica poderá descontar créditos calculados em relação a: máquinas, equipamentos e outros bens incorporados ao ativo imobilizado adquiridos para utilização na produção de bens destinados à venda, ou na prestação de serviços" (art. 3º, VI). Mas, quando os bens forem adquiridos sem incidência das contribuições, o direito ao crédito é limitado.

Para além do rigor, diversas são as hipóteses de não sujeição ao pagamento da contribuição ao PIS e da COFINS, susceptíveis de serem enquadradas na parte inicial do preceito restritivo acima (art. 3º, § 2º, II). Dentre elas, as mais comuns são: (i) inexistência de receita, não ocorrente o fato jurídico tributário que dá nascimento aos gravames; (ii) imunidade tributária, por tratar-se de situação à qual o constituinte proibiu a incidência do tributo; e (iii) isenção, em que a obrigação tributária não nasce em virtude de ter o legislador ordinário assim determinado, mediante mutilação parcial da regra-matriz. Não obstante todos esses fenômenos jurídicos acarretarem a *não sujeição ao pagamento da contribuição*, o dispositivo em exame confere tratamento diferenciado à isenção, determinando que, na hipótese dos bens e serviços adquiridos serem isentos, é vedado o direito ao crédito, apenas e tão somente, se a saída desses bens e serviços também não se sujeitar ao pagamento de tais tributos.

Nos termos dessa interpretação, e considerando a tecnicidade do vocábulo "isenção", cravemos nossas premissas metodológicas no exemplo da transferência de bens dos ativos operacionais mediante conferência destes para formação do capital das subsidiárias. Segundo dispositivo legal, a mencionada hipótese não daria direito ao crédito, visto não ser essa aquisição sujeita à contribuição ao PIS e à COFINS em razão da inexistência de receita.

Por outro lado, dando-se a aquisição dos ativos operacionais por ato de compra e venda, tem-se a ocorrência de receitas, as quais estão isentas da tributação. Daí por que, nesse caso, mesmo não havendo exigência do pagamento de PIS e COFINS, a aquisição gera créditos às subsidiárias adquirentes. A isenção torna inviável o direito ao crédito tão só quando os bens adquiridos forem revendidos ou utilizados em produtos ou serviços sujeitos à alíquota zero, isentos ou não alcançados pelas contribuições.

Transportando agora nossas atenções para as hipóteses de aquisição de bens usados, deparamo-nos com a Instrução Normativa n. 457, de 18/10/2004, emitida pelo Secretário da Receita Federal que, objetivando regulamentar o assunto, disciplinou a utilização de créditos calculados em relação aos encargos de depreciação de máquinas, equipamentos, vasilhames de vidros retornáveis e outros bens incorporados ao ativo imobilizado, para fins de apuração da contribuição para o PIS/PASEP e da COFINS. O ato confirma a possibilidade de desconto de créditos relativos a bens do ativo fixo, estipulando o modo e prazo em que deve ser feito, e *proibindo*, no art. 1º, § 3º, II, a utilização de créditos *"na hipótese de aquisição de bens usados"*. Não é difícil verificar que a vedação constante na Instrução Normativa, no sentido de não poderem ser aproveitados créditos em tais hipóteses, é juridicamente inaplicável por violar o princípio da estrita legalidade tributária. As instruções normativas caracterizam-se como instrumentos normativos secundários, inteiramente subordinados à lei, não sendo veículos apropriados à inovação do ordenamento, mediante introdução de normas que obrigam os particulares. Por ser ato infralegal, inadmissível o estabelecimento de restrição não referida pelas leis ordinárias.

Esta é, a meu ver, a interpretação mais apropriada do dispositivo que examinamos. No entanto, registro que a posição da Secretaria da Receita Federal é diversa. Segundo seu entendimento, não é possível creditar-se quando os bens adquiridos para esse fim sejam usados. Além disso, esse órgão administrativo entende que os bens adquiridos, incorporados ao ativo imobilizado, quando tal operação não se sujeite à contribuição ao PIS e à COFINS, não geram direito ao crédito, motivo pelo qual esses créditos devem ser buscados perante o Poder Judiciário.

3.5.8 As cooperativas e o não cabimento de sua tributação pelo PIS e COFINS

Nas sociedades cooperativas, os associados obrigam-se a contribuir com bens ou serviços para o exercício de atividade econômica, de proveito comum e sem objetivo de lucro, conforme demarcado pela Lei n. 5.764/71, que definiu a Política Nacional do Cooperativismo e instituiu o regime jurídico das sociedades cooperativas, trazendo disciplina segura a respeito dos princípios e das relações que se estabelecem nesse tipo de grupamento associativo.

Em tal espécie de sociedade, o cooperado participa como proprietário, atuando em todos os processos decisórios, de criação e de manutenção da sociedade. Ao mesmo tempo, esse sócio/proprietário figura como destinatário da atividade exercida pela cooperativa, ou seja, é consumidor dos serviços por ela prestados. Eis o elemento caracterizador da cooperativa:

a existência de duas relações distintas, porém indissociáveis. Uma, relação em que o associado faz as vezes do proprietário; outra, resultado da primeira, em que o cooperado toma parte como beneficiário.

Desses liames decorrem os atos cooperativos, definidos no artigo 79, *caput*, e parágrafo único da Lei n. 5.764/71, como aqueles praticados entre as cooperativas e seus associados, entre estes e aquelas, bem como pelas cooperativas entre si, para a consecução dos objetivos sociais, não implicando operação de mercado, nem contrato de compra e venda de produto ou mercadoria. Esse é o *fim* das sociedades cooperativas: prestação direta de serviços a seus associados, sem objetivo de lucro, ainda que para tanto seja necessário o exercício de atividades negociais como *meio* para a obtenção da finalidade proposta.

Essa "intermediação" exercida pela cooperativa tem por premissa a ausência de lucro. Seu objetivo é tão somente prestar serviços em benefício dos cooperados. Acerca do assunto, cuida esclarecer que o fato de, nos termos do art. 80 da Lei n. 5.764/71, efetivar-se a distribuição dos prejuízos e sobras líquidas aos associados não lhe retira o caráter de sociedade sem fins lucrativos, pois entre "lucro" e "sobra" há grande diferença.

Costumeiramente, o preço de um produto ou serviço é composto pela soma do seu custo, acrescido de um valor que o proprietário de tal bem ou executor da atividade receberá pelo seu feito. Em outras palavras, o preço de venda de um bem ou serviço consiste na somatória do custo e da mais-valia, motivo pelo qual, sendo o resultado econômico positivo, está-se diante do "lucro". Nas cooperativas, porém, a composição do preço ocorre de modo diverso, visto que seu intuito não é alcançar vantagem econômica, mas tão somente prestar serviço, da forma menos onerosa possível, aos cooperados, atuando como intermediárias nas operações entre estes e terceiros. No caso, o preço de venda equivale ao custo do produto.

Na prática, entretanto, é difícil avaliar o exato custo da mercadoria ou serviço, para fins de fixação do seu preço de venda. Por essa razão, é possível verificar-se, no final do período de apuração, um resultado positivo ou negativo. No primeiro caso, fala-se em "sobra"; no segundo, em "prejuízo". Estes nada mais são do que uma consequência da difícil tarefa de apurar, antecipadamente, o exato montante dos custos, ou seja, um indesejável desencontro entre esses dois elementos: custo e preço, não se vislumbrando na "sobra" aquele intuito lucrativo próprio das sociedades mercantis.

A legislação que disciplina a atividade cooperativa (Lei n. 5.764/71) prescreve, em seu art. 24, § 3º, que: "É vedado às cooperativas distribuírem qualquer espécie de benefício às quotas-partes do capital ou estabelecer outras vantagens ou privilégios, financeiros ou não, em favor de quaisquer associados ou terceiros, excetuando-se os juros até o máximo de 12% (doze por cento) ao ano que incidirão sobre a parte integralizada". Observa-se, nessa pequena transcrição, a grande diferença existente entre cooperativas e as tradicionais sociedades mercantis e de serviços, pois enquanto as segundas objetivam a máxima retribuição monetária, essa espécie de remuneração é expressamente vedada relativamente às primeiras.

Como já anotei, a legislação complementar cumpre, em termos tributários, relevante papel de mecanismo de ajuste, calibrando a produção legislativa ordinária em sintonia com os mandamentos supremos da Constituição da República. Aproveito para renovar que a legislação complementar opera de dois modos diferentes: (i) como instrumento das chamadas "normas gerais de direito tributário", isto é, introduzindo aqueles preceitos que regulam as limitações constitucionais ao exercício do poder tributário, bem como os que dispõem sobre conflitos de competência entre as pessoas políticas de direito constitucional interno; e (ii) como veículo deliberadamente escolhido pelo legislador constituinte, tendo em vista a disciplina jurídica de certas matérias.

Assim, diante das peculiaridades inerentes às cooperativas, o constituinte houve por bem eleger a lei complementar como veículo introdutor de normas jurídicas tributárias no âmbito dessa espécie de sociedade, prescrevendo, expressamente, no art. 146, inciso III, alínea "c", da Carta Magna, competir à lei complementar estabelecer referidas normas, especialmente sobre *"adequado tratamento tributário ao ato cooperativo praticado pelas sociedades cooperativas"*. Essa é uma das matérias que o constituinte considerou especial e merecedora de maiores cuidados, demandando disciplina rigorosa, a ser introduzida no ordenamento mediante veículo normativo de posição intercalar, em decorrência de seu procedimento legislativo mais complexo.

Estamos diante de típico exemplo do papel de ajuste reservado à legislação complementar, para garantir a harmonia que o sistema requer.

Consignados esses esclarecimentos e considerando que a Lei n. 5.764/71 disciplina o regime das sociedades cooperativas, é o caso de registrar que referido Diploma Legal foi incorporado à ordem jurídica instaurada com a Constituição de 1988, por efeito da manifestação explícita contida no § 5º, do art. 34, do Ato das Disposições Constitucionais Transitórias, que assegura a validade sistêmica da "legislação anterior", naquilo em que não for incompatível com o novo sistema tributário brasileiro. É o tradicional "princípio da recepção", meio pelo qual se evita intensa e árdua movimentação dos órgãos legislativos para o implemento de normas jurídicas que já se encontram prontas e acabadas, irradiando sua eficácia em termos de compatibilidade plena com o teor dos novos preceitos constitucionais, como, aliás, já foi assentado páginas atrás.

Ocorre que o legislador, ao criar a Lei n. 5.764/71, disciplinou, em muitos de seus dispositivos, matéria privativa de lei complementar, como é o caso do adequado tratamento tributário do ato cooperativo. Logo, em face dessa orientação semântica, foram tais preceptivos acolhidos pelo ordenamento jurídico com a força vinculativa daquele Estatuto, em função do assunto por eles regulado, não podendo, consequentemente, ser revogados ou alterados por legislação ordinária.

As cooperativas são criadas para beneficiar seus membros, atuando como uma espécie de intermediárias, porém sem finalidade lucrativa. Na hipótese de cooperativa de produção, por exemplo, a sociedade é representante estatutária dos produtores da matéria-prima, transformando-a em produto para comercialização e distribuindo-o no mercado. A produção e comercialização do bem são praticadas pelas cooperativas, porém em nome dos cooperados, que são os beneficiados pelas prestações de serviços realizados por aquelas, sendo os verdadeiros titulares dos valores pagos pelos adquirentes.

Suponhamos uma sociedade cooperativa que tenha por escopo proporcionar a seus cooperados condições de produção e comercialização de álcool e carburante. O fim dessa sociedade é exatamente tornar viável a atividade produtiva dos sócios-cooperados, sendo tal objetivo alcançado por "intermédio" do processamento de cana-de-açúcar produzida pelos associados, tarefa realizada pelo cooperado, gerando como produto o álcool combustível, para posterior comercialização. A produção da sociedade cooperativa, no entanto, faz-se em nome dos cooperados, sendo estes os verdadeiros adquirentes dos valores pagos por terceiros, conforme está representado graficamente.

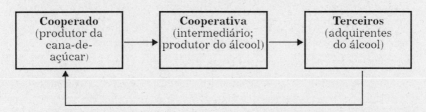

Na realidade, não estamos diante de duas operações mercantis, acarretando dois ingressos distintos, sendo um relativo aos cooperados e outro à cooperativa. Há apenas um ato de mercado, seguido de apenas um faturamento, consistente nos valores recebidos pelos cooperados e resultantes das vendas a terceiros. Logo, inadmissível falar em faturamento ou receita bruta da cooperativa, pois esta funciona como mera intermediária, efetuando a cobrança e recebimento de valores em nome dos cooperados.

No exemplo, a cooperativa de produção é autorizada a transformar a cana-de-açúcar em álcool combustível, bem como a negociar a venda desse produto, de propriedade dos cooperados, com terceiros, possíveis adquirentes. Em síntese, essa espécie de sociedade contrata a venda dos produtos de seus associados, os quais, após concretizado o negócio, recebem o fruto de seus esforços. Disso depreende-se que a atividade da cooperativa não configura empreendimento dissociado daquele praticado pelos cooperados, representando mero instrumento para a realização dos fins por estes colimados.

Todas as cooperativas, enfim, integram, juntamente com os cooperados, uma unidade econômica, agindo como um só ente, sempre em nome, por conta e em benefício dos associados, titulares das eventuais receitas auferidas, sendo essa espécie de sociedade, na terminologia empregada por Waldírio Bulgarelli[323], apenas uma "projeção do cooperado". Por esse motivo, não possuindo a cooperativa faturamento nem receita, é inadmissível seu enquadramento na regra-matriz de incidência das contribuições ao PIS e à COFINS, seja nos termos das Leis Complementares n. 7/70 e n. 70/91, da Lei Federal n. 9.718/98 ou mesmo da Medida Provisória n. 1858-6 e suas reedições.

Acerca das referidas contribuições, mister se faz registrar que a primeira (PIS) foi instituída pela Lei Complementar n. 07/70, recepcionada pela Constituição da República de 1988 (art. 239), enquanto a segunda (COFINS) teve sua introdução no ordenamento jurídico mediante a Lei Complementar n. 70/91, com fundamento de validade no art. 195, I, da Carta Magna. Considerando o peculiar caráter do ato cooperativo, tais veículos normativos excluíram as cooperativas do rol de seus contribuintes, reconhecendo sua intributabilidade por exações incidentes sobre o faturamento ou a receita.

O legislador ordinário federal, porém, pretendendo alterar a disciplina jurídica da contribuição ao PIS e da COFINS, editou a Lei n. 9.718/98, estabelecendo, em seu art. 3º e § 1º,

---

323. *Regime tributário das cooperativas*, São Paulo, Saraiva, 1974, p. 18.

que será tributada a receita bruta da pessoa jurídica, *sendo irrelevante o tipo de atividade por ela exercida e a classificação contábil adotada para as receitas*. Posteriormente, expediu a Medida Provisória n. 1.858-6, determinando, no art. 23, II, "a", a revogação da isenção constante do art. 6º, inciso I, da Lei Complementar n. 70/91, no intuito de ver os atos cooperativos tributados pela COFINS. Além disso, essa mesma Medida Provisória, tendo deixado de relacionar as cooperativas dentre aqueles que devem contribuir para o PIS com base apenas na sua folha de salários, pretendeu ver exigida dessas sociedades a contribuição incidente sobre sua receita bruta.

As alterações suso mencionadas, porém, não podem prosperar, pois como já anotei e repito, as cooperativas não possuem faturamento nem receita bruta, o que representa cabal impossibilidade de incidência da regra-matriz tributária.

Não bastasse esse relevante argumento jurídico, convém deixar marcado o descabimento de a lei complementar disciplinadora da tributação dos atos cooperativos vir a ser alterada ou revogada, total ou parcialmente, por lei ordinária ou medida provisória. Não fosse pela expressa previsão do art. 146, III, "c", da Constituição da República, prescrevendo a necessidade de que o veículo introdutor de normas atinentes ao adequado tratamento tributário dos atos cooperativos seja a lei complementar, o próprio caráter desse instrumento normativo como mecanismo de ajuste assegurador do funcionamento do sistema seria suficientemente hábil para impedir alterações desse jaez.

Capítulo 4

INFRAÇÕES E SANÇÕES TRIBUTÁRIAS

Sumário: **4.1. Estrutura lógica da regra sancionatória** – 4.1.1. Noções sobre o vocábulo "sanção" – 4.1.2. Ambiguidade do termo "sanção" e suas espécies na esfera tributária – 4.1.3. Algumas palavras sobre a norma secundária – 4.1.4. Regra-matriz e a estrutura lógica das normas sancionatórias. – 4.1.5. Requisito para a aplicação de sanções: existência de provas. **4.2. Infrações tributárias: hipótese normativa, seu núcleo constante** – 4.2.1. Ilícitos ou infrações tributárias e os chamados "crimes fiscais" – 4.2.2. Classificações e espécies de infrações tributárias – 4.2.3. Os conceito de "fraude" e "dolo" – 4.2.4. As figuras do "abuso de direito" e da "fraude à lei" no Ordenamento Jurídico Tributário Brasileiro – 4.2.5. Infrações tributárias no Código Tributário Nacional – 4.2.6. Hipóteses de exclusão da penalidade. **4.3. Sanções no direito tributário** – 4.3.1. Sanção como consequente normativo – 4.3.2. Espécies de sanções tributárias – 4.3.3. Impossibilidade de cobrança de juros de mora no caso de medidas liminares – 4.3.4. Excessos sancionatórios – 4.3.5. Responsabilidade dos sucessores – 4.3.6. Responsabilidade de terceiros – 4.3.7. Responsabilidade por infrações.

4.1 ESTRUTURA LÓGICA DA REGRA SANCIONATÓRIA

O traço característico do direito é a coatividade, que é exercida, em último grau, pela execução forçada e pela restrição da liberdade. Mas enganam-se aqueles que apontam para a *coatividade* como sendo ela o aspecto que o individualiza de outros domínios normativos, tal qual a religião, a moral, etc. Em linha de princípio, a coação é a característica determinante da *normatividade* de um conjunto sistemático. Todos os sistemas normativos são essencialmente coativos, não servindo, pois, tal aspecto, para diferençar o ordenamento jurídico de outros sistemas de normas. No subsolo desta análise é que se revelará ser a forma ou o modo com que a coatividade é exercida no direito o elemento de base capaz de dissociá-lo de outros domínios do social. Só a ordem jurídica prevê, como consequência final do descumprimento de seus deveres, espécies de providências que ora coage mediante emprego de força ora aplica penas privativas de liberdade ou execução forçada. Nesta medida, o traço distintivo reside inteiramente na forma de coação.

Os seres humanos, exclusivos destinatários das regras jurídicas do direito posto, encontram-se diante de diferentes caminhos no constante inter-relacionamento tecido pela vida em sociedade: ou cumprem os deveres estabelecidos nos dispositivos legais, ou não realizam essas condutas, incorrendo, por via de consequência, nas chamadas sanções. O ordenamento jurídico, como forma de tornar possível a coexistência do homem em comunidade, quer garantir, efetivamente, o cumprimento das suas normas, ainda que, para tanto, seja necessária a adoção de medidas punitivas que afetem a propriedade ou a própria liberdade das pessoas. Daí por que, ao criar uma prescrição jurídica, concomitantemente o legislador enlaça uma providência sancionatória ao não-cumprimento do referido dever. O direito, por assim dizer, garante seu ato de vontade, mediante a pressão psicológica de sanções, associadas, uma a uma, a cada descumprimento de dever estabelecido. Mas o súdito, resistindo ao temor de punição do Estado, pode ser alvo do aparato coativo, inerente ao Poder Público, momento em que se desencadeia efetivamente o *procedimento sancionatório*. No corpo dessa temática, encontraremos os conceitos de coerção, sanção e coação, categorias imprescindíveis ao conhecimento da matéria jurídica.

4.1.1 Noções sobre o vocábulo "sanção"

Procede afirmar que o vocábulo "sanção" não é unívoco, experimentando várias acepções distintas, conforme sublinhou Eurico Marcos Diniz de Santi[324]:

> (i) a relação jurídica consistente na conduta substitutiva reparatória, decorrente do descumprimento de pressuposto obrigacional (de fazer, de omitir, de dar – genericamente prestações do sujeito passivo 'Sp'); (ii) relação jurídica que habilita o sujeito ativo 'Sa' a exercitar seu direito subjetivo de ação (processual) para exigir perante o Estado-Juiz 'Sj' a efetivação do dever constituído na norma primária e (iii) a relação jurídica, consequência processual deste 'direito de ação' preceituada na sentença condenatória, decorrente do processo judicial.

Lourival Vilanova, bem interpretando a concepção kelseniana, esclarece que o critério fundamental da distinção entre normas primárias e secundárias repousa na circunstância de estas últimas expressarem, no consequente, uma relação de cunho jurisdicional, em que o Estado participa como juiz para obter, coativamente, a prestação insatisfeita. Como corolário, advém a necessidade de alojarmos as relações que não revestirem essa forma no quadro amplo das normas primárias (ou endonormas, no léxico de Cossio). É o caso das chamadas "sanções administrativas", projetadas para reforçar a eficácia dos deveres jurídicos previstos em outras normas, também primárias, estabelecendo multas e outras penalidades. Podem ter, como de fato muitas têm, finalidade punitiva, agravando o valor cobrado a título de tributo. Nada obstante, essa condição, por si só, não é suficiente para outorgar-lhes o caráter de norma

---

324. *Lançamento tributário*, São Paulo, Max Limonad, 1996, pp. 38-39.

sancionatória no sentido estrito (perinorma, em Cossio), exatamente por faltar-lhes a presença da atividade jurisdicional na exigência coativa da prestação, traço decisivo na sua identificação normativa. São normas primárias que se justapõem às outras normas primárias, entrelaçadas, lógica e semanticamente, a específicas normas secundárias, se bem que o legislador, em obséquio à economia do discurso jurídico-positivo, integre os valores cobrados em cada uma das unidades normativas, estipulando uma única prestação, a ser exigida coativamente pelo exercício da função jurisdicional do Estado.

Meditações como essas fizeram com que o Prof. Eurico de Santi adotasse a classificação das normas primárias "dispositivas" e "sancionadoras".

O vocábulo "sanção" comparece aqui na sua acepção estrita, equivale a dizer, "norma jurídica em que o Estado-Juiz intervém como sujeito passivo da relação deôntica, sendo sujeito ativo a pessoa que postula a aplicação coativa da prestação descumprida".

4.1.2 Ambiguidade do termo "sanção" e suas espécies na esfera tributária

A linguagem ideal para o discurso científico seria aquela composta apenas por termos unívocos, não fossem as palavras todas elas vagas e potencialmente ambíguas. O remédio está no processo de elucidação, mediante o qual as proporções significativas do sinal linguístico crescem em determinação, segundo os objetivos comunicacionais do autor da mensagem. É a recomendação de Rudolf Carnap para assegurar o rigor do estilo descritivo, na linguagem da ciência.

"Sanção" pode experimentar mutações semânticas que variam conforme o momento da sequência prescritiva (direito posto) ou expositiva (Ciência do Direito). Tanto é "sanção" a penalidade aplicada ao infrator quanto a relação jurídica que a veicula, tratando-se de norma individual e concreta. Também é "sanção" o consequente da norma geral e abstrata, como a própria norma que tem como antecedente a tipificação do ilícito. E participa do mesmo nome, ainda, o ato jurídico-administrativo que encerra o processo de elaboração de certas leis. Sobremais, recebe o nome de sanção também a percentagem a ser aplicada na base de cálculo da multa. Exemplo: "A sanção será de 20% sobre o valor do imposto devido."

Creio que a acepção de base do termo, nos domínios do jurídico, está na providência que o Estado-jurisdição aplica coativamente, a pedido do titular de direito violado, tendo em vista a conduta do sujeito infrator. A "sanção", por esse modo, estaria contida no consequente de norma individual e concreta, como traço identificador do próprio direito.

Nada obstante, como vimos, o termo tem largo curso no universo da comunicação jurídica e é muito empregado no âmbito do direito tributário.

4.1.3 Algumas palavras sobre a norma secundária

Convém sublinhar que as normas que põem no ordenamento sanções tributárias integram a subclasse das normas secundárias, pois, como já observado, são providências em que o Estado-jurisdição encontra-se em relação com o sujeito infrator para fins de aplicar-lhe coativamente uma sanção. Sob outro ponto de vista, mas ainda no intuito de identificar o quadro conceptual normativo da sanção, as normas sancionatórias são regras de conduta e ostentam a mesma estrutura lógica da regra-matriz de incidência: um antecedente, descritor de classe de fatos do mundo real e uma consequência prescritora de vínculo jurídico que há de formar-se entre dois sujeitos de direito. A proposição-hipótese está ligada à proposição-tese ou consequência pelo conectivo dever-ser na sua função neutra, enquanto outro conectivo deôntico, modalizado nas formas obrigatório, proibido ou permitido, une os sujeitos da relação – pretensor e devedor. A diferença entre essa espécie normativa e as demais regras de comportamento está no antecedente, tendo em vista que a regra sancionatória descreve fato ilícito qualificado pelo descumprimento de dever estipulado no consequente da regra-matriz de incidência. Essa conduta é tida como antijurídica por transgredir o mandamento prescrito, e recebe o nome de "ilícito" ou "infração tributária". No consequente, estão previstas penalidades pecuniárias ou multas fiscais, impostas pelo Estado-jurisdição, configurando o objeto do dever a ser cumprido pelo autor do ilícito. Eis a sanção como liame de natureza obrigacional e o pagamento do valor estipulado é promovido a título de sanção.

Convém assinalar que a referida estrutura normativa da regra sancionatória nem sempre foi tida da forma como descrita acima. Kelsen, já em seu *Teoria Pura do Direito*, dizia ser fato ilícito aquele enunciado convertido por uma norma em pressuposto de sanção para seu agente. Neste passo, para o autor, a norma primária descreveria a sanção, enquanto a secundária estabeleceria o comportamento desejado pela ordem jurídica. O critério adotado em sua classificação tomava em conta o caráter funcional da estrutura normativa. Com estes torneios, a formulação de Kelsen expressa-se da seguinte forma:

> *norma primária – dado certo comportamento humano, deve ser a sanção (ato coativo por parte de um órgão do Estado pena ou execução forçada);*
>
> *norma secundária – dado certo fato temporal, deve ser a prestação (ou comportamento que evite a consequência coativa).*

Sob tais concepções kelsenianas, seria possível erigir um sistema normativo, perfeitamente válido e eficaz, tão só estabelecendo dispositivos sancionadores, isto é, normas de caráter primário, na terminologia do citado autor. Acontece, porém, que da norma primária poder-se-á sempre extrair, logicamente, a norma secundária que lhe corresponda. Desse modo, para Kelsen, ao estatuir o legislador uma norma primária que enlace determinada sanção ao descumprimento de certa prestação, estará, irremediavelmente, criando o dever de cumprir a aludida prestação. Extrai-se da norma primária, por um processo lógico, a correspondente norma secundária, configurando-se esta última expediente técnico para expor o Direito; enquanto aquel'outra, qual seja a norma descritora de providência sancionadora da ordem jurídica, concentraria a essência da forma coativa do ordenamento jurídico.

Lourival Vilanova, bem interpretando a concepção kelseniana, esclarece que o critério fundamental da distinção entre normas primárias e secundárias repousa na circunstância de estas últimas expressarem, no consequente, uma *relação de cunho jurisdicional*, em que o Estado participa como juiz para obter, coativamente, a prestação insatisfeita.

Lembremos que as qualidades – primárias e secundárias – acompanhando o termo "norma" não dizem respeito, como alguns autores o afirmam, à cronologia dos eventos, isto é, à ordem temporal em que se dá a positivação desses enunciados. Na mesma linha, não procede a relação dessas normas tomando-a como de causa e efeito, isto é, entendendo a primeira como o enunciado jurídico que dá o motivo – primária – da criação de outra norma – secundária. No falar cotidiano, reflexões como essas poderiam até ser aceitas. Contudo, cientificamente, a situação é outra. Norma primária, regra que estatui direitos e deveres, e norma secundária, aquela que positiva a hipótese sancionatória, guardam entre si tão só a relação de antecedente e consequente, conforme observaremos abaixo, produzindo, deste modo, aquilo que se entende por enunciado normativo completo[325].

Como corolário, advém a necessidade de alojarmos as relações que não revestirem essa forma no quadro amplo das normas primárias (ou endonormas, no léxico de Cossio). É o caso das chamadas "sanções administrativas", projetadas para reforçar a eficácia dos deveres jurídicos previstos em outras normas,

---

325. A este respeito, atentemos às palavras de Lourival Vilanova: "norma primária a que estatui direitos/deveres (sentido amplo) e norma secundária a que vem em consequência da inobservância da conduta devida, justamente para sancionar seu inadimplemento (impô-la coativamente ou dar-lhe conduta substitutiva reparadora). As denominações adjetivas "primária" e "secundária" não exprimem relações de ordem temporal ou causal, mas de antecedente lógico para consequente lógico." (*Estruturas lógicas e o sistema do direito positivo*. São Paulo, Ed. Noeses, 2005, p.106).

também primárias, estabelecendo multas e outras penalidades. Podem ter, como de fato muitas têm, finalidade punitiva, agravando o valor cobrado a título de tributo. Nada obstante, essa condição, por si só, não é suficiente para outorgar-lhes o caráter de norma sancionatória no sentido estrito (perinorma, em Cossio), exatamente por faltar-lhes a presença da atividade jurisdicional na exigência coativa da prestação, traço decisivo na sua identificação normativa. São normas primárias que se justapõem a outras normas primárias, entrelaçadas, lógica e semanticamente, a específicas normas secundárias, se bem que o legislador, em obséquio à economia do discurso jurídico-positivo, integre os valores cobrados em cada uma das unidades normativas, estipulando uma única prestação, a ser exigida coativamente pelo exercício da função jurisdicional do Estado.

Em síntese, a norma primária tem em sua hipótese a conotação de um fato de possível ocorrência, ao passo que a hipótese da norma secundária descreve a inobservância da conduta prescrita na consequência da primeira. E, enquanto aquela estatui direitos e deveres correlatos, esta prescreve a sanção mediante o exercício da coação estatal. *A norma primária estabelece relação jurídica de direito material (substantivo); a norma secundária, relação jurídica de direito formal (adjetivo ou processual).*

Analisando a arquitetura lógica interna das normas primária e secundária, observa-se que a primeira prescreve, em sua consequência, uma relação jurídica entre dois sujeitos de direito, perfazendo a seguinte estrutura formal D [H → R' (S', S'')][326]. A consequência da norma secundária, por sua vez, prescreve outra relação jurídica em que o sujeito ativo é o mesmo da primária, havendo, porém, um terceiro sujeito S''' integrando o polo passivo da relação jurídica: o Estado, exer-

---

326. Explicando a fórmula: D é o functor-de-functor, que afeta a relação implicacional; H é a hipótese, descritora de um fato lícito de possível ocorrência; → é o functor implicacional, que denota o caráter condicional da fórmula; R' (S', S'') é a consequência, prescritora de uma conduta intersubjetiva entre dois sujeitos de direito, onde R' é o relacional deôntico e S' e S'' são os sujeitos da relação (sujeito ativo e sujeito passivo, respectivamente).

citando sua função jurisdicional. Possui a norma secundária, por conseguinte, a forma:

$$D [-R' (S', S'') \to R'' (S', S''')]^{327}$$

As normas primária e secundária, porém, não se apresentam simplesmente justapostas. O relacionamento entre ambas dá-se por meio de conectivos com função lógica, dos quais o mais adequado, segundo nossa opinião, é o disjuntor includente (v), que suscita um trilema: uma ou outra ou ambas. O emprego desse conectivo tem a propriedade de mostrar que tanto a norma primária como a norma secundária são válidas, mas que *a aplicação de uma exclui a da outra*, podendo assim ser representadas:

$$D \{[H \to R' (S', S'')] \lor [-R' (S', S'') \to R'' (S', S''')]\}$$

4.1.4 Regra-matriz e a estrutura lógica das normas sancionatórias

As normas jurídicas que põem no ordenamento sanções tributárias integram a subclasse das regras de conduta e ostentam a mesma estrutura lógica da regra-matriz de incidência. Têm uma hipótese descritora de um fato do mundo real e uma consequência prescritora de vínculo jurídico que há de formar-se entre dois sujeitos. A proposição-hipótese está ligada à proposição-tese ou consequência pelo conectivo *dever--ser* na sua função neutra, enquanto outro conectivo deôntico, modalizado nas formas *permitido, obrigado ou proibido*, une os sujeitos da relação – credor e devedor.

O antecedente da regra sancionatória descreve fato ilícito qualificado pelo descumprimento de dever estipulado no

---

327. Interpretando a estrutura lógica: D é o functor-de-functor, que afeta a relação implicacional; -R (S', S'') é a hipótese, que se caracteriza por descrever o não-cumprimento da conduta intersubjetiva prescrita pela norma primária; → é o functor implicacional, que denota o caráter condicional da fórmula; R'' (S', S''') é a consequência, que prescreve uma relação jurídica R'' entre S' e S''' (sujeito ativo da norma primária e o Estado exercitando sua função jurisdicional, respectivamente.

consequente da regra-matriz de incidência. É a não-prestação do objeto da relação jurídica tributária. Essa conduta é tida como antijurídica, por transgredir o mandamento prescrito, e recebe o nome de ilícito ou infração tributária. Anote-se: "ilícito" ou "infração tributária" são categorias relativas ao mundo fáctico. As penalidades pecuniárias ou multas fiscais configuram o objeto do dever a ser cumprido pelo autor do ilícito, integrando liame, por isso mesmo, de natureza obrigacional. O pagamento do valor estipulado é promovido a título de sanção. Novamente aqui estamos lidando com a dualidade terminológica que tantos problemas já causou no campo das investigações científicas sobre o chamado "fato gerador".

Atrelada ao antecedente ou suposto da norma sancionadora está a relação deôntica, vinculando, abstratamente, o autor da conduta ilícita ao titular do direito violado.

No caso das penalidades pecuniárias ou multas fiscais, o liame também é de natureza obrigacional. Uma vez que tem substrato econômico, denomina-se relação jurídica sancionatória e o pagamento da quantia estabelecida é promovido a título de sanção. Tratando-se de outro tipo de sanção, que não seja multa ou penalidade pecuniária, a relação não se altera na sua estrutura básica, modificando-se apenas o objetivo da prestação, que será um fazer ou não fazer. Perde o nome de vínculo de cunho obrigacional, mas continua sendo uma relação jurídica sancionatória. Nestes casos, contudo, não se trata da sanção compreendida em seu significado de base, ou seja, em que se faz presente o Estado-Juiz.

No terreno do estudo das infrações e sanções também é utilíssimo o esquema metodológico da regra-matriz, permitindo uma análise minuciosa do suposto, que traz a descrição hipotética do fato ilícito ou infração, e bem assim do consequente, que nos leva à prescrição dos elementos que compõem o nexo sancionatório. Tudo o que dissemos sobre os critérios da hipótese tributária vale para o antecedente da norma sancionatória, que tem o seu critério material – uma conduta infringente de dever jurídico –, um critério espacial – a conduta há de ocorrer em certo lugar – e um critério temporal – o instante em que se considera acontecido o ilícito. Na consequência, depararemos com um critério pessoal – o sujeito ativo será aquele investido do direito subjetivo de exigir a multa e o sujeito passivo o que deve pagá-la – e um critério quantitativo – a base de cálculo da sanção pecuniária e a percentagem sobre ela aplicada (chamada, como vimos, de "sanção").

A indagação pormenorizada de cada um desses critérios, do antecedente e do consequente, propiciará elevado grau de aprofundamento teórico na pesquisa do tema das infrações e sanções tributárias.

4.1.5 Requisito para aplicação de sanções: existência de provas

Para que seja possível a aplicação de qualquer sanção, é necessário que a autoridade competente demonstre de forma cabal a ocorrência da infração que determine a sua aplicação. Isso porque, no hemisfério do direito, o uso competente da linguagem pressupõe manipulação adequada dos seus signos e, em especial, a simbologia que diz respeito às provas, isto é, à técnica que o direito elegeu para articular os enunciados fáticos com que opera. De ver está que o discurso prescritivo do direito posto indica, fato por fato, os instrumentos credenciados para constituí-los, de tal sorte que os acontecimentos do mundo social que não puderem ser relatados com tais ferramentas de linguagem, não ingressam nos domínios do direito, por mais evidentes que sejam.

Com efeito, surge como requisito indispensável à perfeita configuração das infrações tributárias e dos crimes contra a ordem tributária a existência de provas que atestem a vontade do agente de criar situação fictícia para evitar a ocorrência do fato tributário. Somente da ocorrência do fato descrito na hipótese da norma sancionatória é que será possível desencadear as consequências previstas pela legislação para coibir as práticas de burla à legislação fiscal. Vale, neste caso, a máxima: não se admite presunções ou suposições no tocante à configuração, por exemplo, de fraude e dolo, pois são atos que dependem da vontade do agente.

4.2 INFRAÇÕES TRIBUTÁRIAS: HIPÓTESE NORMATIVA, SEU NÚCLEO CONSTANTE

O suposto das regras sancionatórias, vale recordar, hospeda sempre a descrição de um acontecimento do mundo físico exterior, no qual alguém deixou de cumprir determinada prestação a que estava submetido, por força de outra norma jurídica de conduta. Tratando-se de matéria tributária, o ilícito pode advir da não-prestação do tributo (da importância pecuniária), ou do não-cumprimento de deveres instrumentais ou formais. Seja como for, haverá um constante e invariável traço que identifica, prontamente, estarmos diante de uma hipótese de ilícito tributário: é a não-prestação (não-p), presente onde houver fórmula descritiva de infração.

Definimos a infração tributária, portanto, como toda ação ou omissão que, direta ou indiretamente, represente descumprimento dos deveres jurídicos estatuídos em leis fiscais.

Para o direito penal tem de haver a materialidade do evento, contrária aos desígnios da ordem jurídica (antijuridicidade), e, além disso, a culpabilidade, isto é, a imputação do resultado delituoso à participação volitiva do agente. Sem dolo ou culpa, numa de suas gradações, não é punível a conduta que ocasionou o acontecimento típico e antijurídico. Nos domínios do direito tributário, a linha diretriz não é bem essa, penetrando outra sorte de indagações.

4.2.1 Ilícitos ou infrações tributárias e os chamados "crimes fiscais"

O comportamento violador do dever jurídico estabelecido em lei tributária pode revestir as características de meras infrações ou ilícitos tributários, bem como de crimes fiscais, dessa maneira definidos em preceitos da lei penal. Entre tais entidades existe uma distinção formal e, atrás disso, uma grande diferença de regime jurídico, uma vez que os crimes fiscais estão subordinados aos princípios, institutos e formas do direito penal, ao passo que as infrações contidas em leis tributárias, de caráter não-criminal, sujeitam-se aos princípios gerais do direito administrativo.

São poucos os crimes tributários no Brasil. O Código Penal de 1969 resumiu as hipóteses previstas no anterior (1940), na Lei n. 4.729, de 14 de julho de 1965, e em outras esparsas, disciplinando somente a matéria atinente ao *contrabando* e ao *descaminho*, no art. 372. Por outro lado, permanece a equiparação de certas condutas, transgressoras de dispositivos tributários, ao crime de *apropriação indébita*, consoante o que escreve a Lei n. 4.357, de 16 de julho de 1964.

Também foram inseridas, entre esses ilícitos, as condutas definidas como crimes contra a Fazenda Pública, cujo sujeito ativo é o funcionário público federal que facilitar a prática de delitos contra a Fazenda Pública ou der causa ao não-recolhimento de tributos devidos à União (Lei n. 8.026, de 12-4-1990).

A Lei n. 8.137, de 27 de dezembro de 1990, por sua vez, alterou a definição dos crimes contra a ordem tributária, reescrevendo aqueles delitos antes designados de "sonegação tributária" pela Lei n. 4.729/65. A mencionada legislação alargou o rol dos fatos típicos configuradores dos crimes contra a ordem tributária, redesenhando, outrossim, a figura da "apropriação indébita", ao definir como crime o fato de deixar de recolher, no prazo legal, valor de tributo descontado ou cobrado de terceiro (art. 2º, II). Posteriormente, também a Lei n. 8.212/91 arrolou tal situação como crime (art. 95).

4.2.2 Classificações e espécies de infrações tributárias

Já firmamos que infração tributária é o nome que se dá à conduta transgressora de obrigações ou deveres relativos aos tributos, seja no que atina à conduta mesma, observada na sua concretude material, seja no que diz respeito à previsão hipotética que dela faz o suposto das normas sancionatórias. Descumprido o dever tributário, de natureza patrimonial (obrigação) ou sem valor pecuniário (deveres instrumentais ou formais), irrompe uma relação jurídica de caráter sancionador, com que o ordenamento positivo visa a punir o infrator, restabelecendo o equilíbrio do sistema normativo do direito.

Muitas são as propostas classificatórias dos comportamentos delituosos em matéria tributária. Das mais difundidas é a que distingue as infrações em objetivas e subjetivas, fundada no critério que leva em conta a participação subjetiva do agente na realização da figura típica.

Denominam-se *infrações objetivas* aquelas que independem da intenção do agente. Apura-se somente o resultado: cumprida a prestação, desaparece o vínculo; agora, em caso de inadimplemento, não se cogita do *animus* do sujeito: de qualquer maneira, incidirá juridicamente a sanção prevista. Ao documentar a existência oficial dessas infrações, os funcionários encarregados deverão apenas comprovar o resultado, descabendo alusões ao modo intrínseco ou extrínseco da conduta violadora.

Por outro lado, as *infrações subjetivas* requerem a presença de dolo ou culpa (em qualquer de seus graus), sem o que o resultado não será imputado ao agente. Sendo assim, ao compor em linguagem o fato ilícito, além de referir os traços concretos que perfazem o resultado, os funcionários da Administração terão que indicar o *nexus* entre a conduta do infrator e o efeito que provocou, ressaltando o elemento volitivo (dolo ou culpa, conforme o caso), justamente porque integram o vulto típico da infração.

Também no campo dos deveres formais, inexistindo aquilo que seria a percussão automática das entidades do ordenamento, pois, como vimos, somente o ser humano é capaz de aplicar o direito, fazendo-o incidir, remanescerá, para o caso de inobservância, a necessidade de constituição do fato e prescrição de medida sancionatória. Isto quer significar que apenas na hipótese de infração dos deveres instrumentais o sistema jurídico brasileiro prevê a edição de norma individual e concreta a ser exarada pelo poder administrativo. Havendo satisfação, a própria norma individual e concreta produzida pelo sujeito passivo atestará o cumprimento do dever que fora estabelecido em caráter geral e abstrato.

No que toca a essas prestações, o instante do nascimento do dever está igualmente previsto no critério temporal da regra geral e abstrata, que ingressa no ordenamento imediatamente, uma vez que os "livros e efeitos fiscais" dos administrados estarão sempre à disposição dos agentes da entidade tributante, justificando-se nesse aspecto sua publicidade para fins comunicacionais. Nas hipóteses de inadimplemento, em que se requer, por parte do Fisco, a produção de norma individual e concreta, criando o enunciado factual da infração e o enunciado relacional da medida punitiva, o funcionário competente deverá expedi-la a contar do átimo em que tiver conhecimento da conduta omissiva, introduzindo-se a regra no sistema do direito positivo assim que dela tiver ciência o interessado.

No quadro geral das possibilidades, entretanto, sobra espaço para algumas exceções. Fundado no dever genérico de oferecer declarações e esclarecimentos às autoridades tributárias, é comum lavrarem-se intimações para que o administrado se manifeste sobre certas matérias, em determinado intervalo de tempo, sob pena da aplicação de penalidades. Eis aí a norma individual e concreta, emitida pelo poder tributante, para instar o sujeito passivo a cumprir deveres instrumentais ou formais.

Da mesma forma, quero aludir também às situações em que, deparando-se o funcionário do Fisco com a insatisfação do dever instrumental, por exemplo, o atraso na escrituração de livro obrigatório, intima o sujeito passivo para que satisfaça a prestação dentro de certo trato de tempo. Comparece aqui, novamente, a norma individual e concreta, que aparentava não existir nesses domínios, mas que surge no bojo do ato de intercâmbio procedimental conhecido por "intimação". Nela registra-se ter havido conhecimento do fato tributário, por parte do contribuinte, na condição de antecedente, e a relação jurídica veiculadora do dever formal, como consequente. Não se cogita aqui de regra sancionatória, mas de regra confirmadora da prestação jurídica devida.

De quanto se pode observar na sistemática do direito brasileiro, os deveres instrumentais são previstos em normas gerais e abstratas e se efetivam na concretude de normas individuais, produzidas pelos sujeitos passivos do tributo. Com frequência, mas pouco significando em termos quantitativos, pois o contingente de deveres formais é muito expressivo, a conduta que realiza o dever instrumental vem estipulada em norma individual e concreta expedida pela entidade tributante, na forma de intimações ou de notificações, precisando o comportamento que se espera seja adotado pelo destinatário. Mas claro está que essas hipóteses dizem respeito a prestações típicas, que refogem à generalidade dos procedimentos atribuídos ao administrado e, por isso mesmo, requerem especificações objetivas. Quando o diploma normativo indicar o conteúdo do comportamento a ser seguido, precisando o objeto da prestação, tornar-se-á despicienda a edição de norma individual e concreta, por parte do Fisco, deixando-se ao bom juízo do administrado o implemento da conduta e reservando-se às autoridades tributárias atuarem somente em caso de descumprimento.

Em face do inadimplemento da prestação instrumental, costuma o Fisco optar por um, entre esses dois procedimentos: aplicar, desde logo, a sanção cabível, em substituição à conduta que fora estabelecida para o devedor ou colocar-se no lugar do sujeito passivo, cumprindo, a seu modo, as providências formalizadoras. Não se exclui, ainda, a possibilidade de aplicação do dispositivo sancionatório acompanhado de notificação para que cumpra o dever dentro de outro prazo para tanto estipulado.

Traçado o paralelo com a regra-matriz de incidência, notaremos a presença de deveres instrumentais que não se perfazem em normas individuais e concretas, consistindo, antes, em condutas de caráter omissivo, como o dever de tolerar ou de suportar fiscalização. A linguagem aparecerá aqui tão somente em caso de inadimplemento da conduta atribuída ao administrado, ensejo em que o Fisco expedirá norma concreta ("auto de embaraço à fiscalização", por exemplo), em que o evento será relatado na forma competente. Essa peculiaridade exibe outra diferença do dever instrumental em face da prestação tributária: aquele não pode existir, em hipótese alguma, sem norma individual e concreta.

4.2.3 Os conceitos de "fraude" e "dolo"

Fundamentalmente, as definições jurídicas perseguem uma finalidade prática: facilitar a interpretação e aplicação das normas que integram o sistema de direito. Definir é precisar a classificação empreendida pela conceituação. Com efeito, ao conceituar determinada palavra, se estabelecem duas categorias distintas: a dos objetos que representam e a dos objetos que não representam. A definição de tributo contida no art. 3º do CTN, por exemplo, cria duas classes, sendo uma a dos tributos e, outra, a dos demais objetos que não têm esta natureza. E assim o fazem também outros diplomas normativos, como o Código Civil brasileiro ao prescrever definições de negócio jurídico válidos e inválidos, lícitos e ilícitos, simulados e verdadeiros, legítimos ou fraudulentos.

A função de tais classificações não é mudar a contextura da coisa-em-si, mas criá-la e sujeitá-la a regime jurídico específico. Desse modo, ao contemplar noções como a de "fraude" e "dolo", busca-se alertar o interlocutor para as falsas dificuldades que podem existir por força de uma abordagem essencialista, ingênua e apressada. Até porque esses conceitos denotam categorias de atos que não podem ser classificados como certos nem errados, mas sim sujeitos a um regime jurídico próprio.

O conceito jurídico de fraude tributária encontra-se expressamente positivado no art. 72 da Lei nº 4.502/1964, cuja mensagem prescritiva é posta nos seguintes termos:

> Art. 72. Fraude é tôda ação ou omissão dolosa tendente a impedir ou retardar, total ou parcialmente, a ocorrência do fato gerador

> da obrigação tributária principal, ou a excluir ou modificar as suas características essenciais, de modo a reduzir o montante do impôsto devido a evitar ou diferir o seu pagamento.

A prescrição legal é de hialina clareza: todo aquele que realizar atos dolosos, comissivos, com o propósito de evadir-se da percussão tributária, cometerá fraude, sujeitando-se a lançamento de ofício, independente da validade comercial ou civil dos atos jurídicos celebrados. A referência ao dolo coloca em destaque o aspecto intrassubjetivo, ou seja, a inquestionável intenção de fraudar, o que o afasta de meramente assumir o risco de produzir o resultado, que caracterizaria o dolo eventual. É preciso, portanto, que reste comprovado o dolo direto.

Outro ponto que merece destaque é o fato de que a fraude não se confunde com o dolo. A fraude se refere à realização de atos dolosos, comissivos, com o propósito de evadir-se da percussão tributária. O dolo, por sua vez, é elemento subjetivo da fraude e imprescindível para configurá-la. Ele caracteriza, portanto, a vontade do agente de fraudar determinada operação de circulação de mercadoria com o intuito de suprimir ou reduzir o imposto devido.

A fraude, bem como seu elemento subjetivo característico – o dolo –, devem ser suficientemente demonstrados para que gerem os efeitos postos na legislação, normalmente relacionados à aplicação da penalidade correlata.

4.2.4 As figuras do "abuso de direito" e da "fraude à lei" no Ordenamento Jurídico Tributário Brasileiro

O conceito de abuso de direito vem sendo observado, no domínio tributário, na acepção que é apreendido pelos civilistas. Esta doutrina o considera como exercício anormal de um direito, que fará com que o ato abusivo seja considerado ato ilícito, devendo o seu autor reparar os danos aí advindos[328]. O mesmo acontece com a noção de fraude à lei,

---

328. Silvio Rodrigues, *Direito Civil – Parte Geral*, v. 1, 29ª ed., São Paulo, Saraiva, p. 312.

assumida por ato jurídico que, "para burlar princípio cogente, usa de procedimento aparentemente lícito. Ela altera deliberadamente a situação de fato em que se encontra, para fugir à incidência da norma"[329].

Com base nas considerações apontadas, muitos autores, sem ater atenção sobre as particularidades que subjazem o subdomínio do direito tributário, aplicaram-nas de forma literal em matéria de imposição de tributo. Tomam por critério atributos extrajurídicos para desconsiderar o negócio particular, afrontando diretamente os princípios supremos que se assentam na Constituição.

Por este ponto de vista civilista, consideram-se abuso de direito e fraude à lei toda forma contratual em "a) que existe, em termos objetivos, uma vantagem do contribuinte e um consequente prejuízo do Fisco, sob a forma de menor renda; e b) que a finalidade única da operação é subtrair recursos ao Erário, reduzindo a base de cálculo ou evitando a realização do fato gerador através de uma atividade contratualmente fraudulenta, no plano civilístico"[330]. Ora, sobre o primeiro aspecto, falar em vantagem do contribuinte e prejuízo do Fisco, sob a forma de menor renda, é considerar estritamente critérios econômicos e não jurídicos. A aproximação cognoscitiva que se pretende está fora do recorte que o direito positivo atribui a seus fatos e, portanto, são notas que não podem ser consideradas como delimitadoras de um conceito jurídico.

Há que se tomar nota que os antecedentes normativos, em qualquer subdomínio do direito, guardam, na multiplicidade de suas determinações, os recortes cognoscitivos que o próprio sistema normativo lhe imputa, não estando susceptível de interferências de outros universos, como o econômico. Aliás, oportuna a lição de Alfredo Augusto Becker[331]:

---

329. Silvio Rodrigues, *Direito Civil – Parte Geral*, v. 1, 29ª ed., São Paulo, Saraiva, p. 226.

330. Franco Gallo, "Elisão Fiscal, economia de imposto e fraude à lei", *in RDT* 52 (1990), p. 7.

331. Teoria Geral do Direito Tributário, 6ªed., São Paulo, Noeses, 2013, p. 138.

> A doutrina da Interpretação do Direito Tributário, segundo a realidade econômica, é filha do maior equívoco que tem impedido o Direito Tributário evoluir como ciência jurídica. Esta doutrina, inconscientemente, nega a utilidade do direito, porquanto destrói precisamente o que há de jurídico dentro do Direito Tributário.

Tudo no universo do direito positivo, portanto, está sob a dependência dos critérios adotados pelo ordenamento jurídico que constrói o fato à sua maneira. Já em resposta ao item "b" apontado acima, pondera-se, ainda que, no campo do direito tributário, todos os fatos vão seguir a gramaticabilidade própria deste subdomínio, respeitando imposições como Segurança Jurídica, estrita legalidade, tipicidade, todos orientados quanto à estrutura de repartição da competência tributária prescrita na Constituição Federal.

Tomemos o princípio da estrita legalidade, princípio implícito que é, diretriz axiológica que vem acrescer os rigores procedimentais em matéria de tributo, dizendo mais do que isso: estabelece que a lei adventícia traga, no seu bojo, os elementos descritores do fato jurídico e os dados prescritores da relação obrigacional. Esse *plus* caracteriza a tipicidade tributária.

A tipicidade tributária significa a exata adequação do fato à norma, e, por isso mesmo, o surgimento da obrigação se condicionará ao evento da subsunção, que é a plena correspondência entre o fato jurídico tributário e a hipótese de incidência, fazendo surgir a obrigação correspondente, nos exatos termos previstos em lei. Não se verificando o perfeito quadramento do fato à norma, inexistirá obrigação tributária. Nesse percurso, ou ocorre a subsunção do fato à regra, ou não ocorre, afastando-se terceira possibilidade. Perfaz-se aqui a eficácia da lei lógica do terceiro excluído. Por outro lado, ocorrido o fato, a relação obrigacional que nasce há de ser exatamente aquela estipulada no consequente normativo. No tocante ao tema ora em análise, também foi este o entendimento exarado no acórdão n. 102-47.181, proferido pela

Segunda Câmara do C. Conselho de Contribuintes nos autos do Processo Administrativo n. 10865.002036/2002-81, verbis:

> Destarte, é absolutamente necessário **restar demonstrada a materialidade dessa conduta**, ou então que fique configurado o dolo específico do agente evidenciando não somente a intenção mas também o seu objetivo, isso porque **a fraude e a simulação não podem ser presumidas mas devem sim ser comprovada através de elementos contundentes apuráveis**, inclusive, através do devido processo legal. Entende-se por 'prova' os meios de demonstrar **a existência de um fato jurídico** ou de fornecer ao julgador o conhecimento da verdade dos fatos.

Guarde-se, por todo exposto, que são três condições necessárias para o estabelecimento de vínculo tributário válido: sem lei anterior que descreva o fato imponível, obrigação tributária não nasce (princípio da legalidade); sem subsunção do evento descrito à hipótese normativa, também não (princípio da tipicidade); havendo previsão legal e a correspondente subsunção do fato à norma, os elementos do liame jurídico irradiado devem equivaler àqueles prescritos na lei. O desrespeito a esses cânones fulminará, decisivamente, qualquer pretensão de cunho tributário.

Se considerarmos os valores máximos acolhidos por nosso Texto Constitucional, principalmente em termos de tributação – segurança e certeza – que sustentam os cânones da legalidade e da tipicidade, torna-se extremamente problemático captar a figura da desconsideração do negócio jurídico, em especial tomando como critério o "abuso de direito" e a "fraude à lei", aludindo a noções de ordem econômica. São procedimentos e conceitos que devem respeitar esses princípios, especialmente ao tratar de matéria de imposição tributária.

No corpo desta temática, observando-se quadro conceptual do termo, o abuso de direito significa, portanto, norma produzida por particular, constituída no exercício de competência que excede as atribuições jurídicas que o direito autoriza ao sujeito, identificando-o como incompetente naquela função, ao mesmo tempo que atribui ao ato caráter de ilicitude. Fraude à lei, por outro lado, é a produção de norma ilícita, com feições de ato jurídico lícito, para fins de fugir à incidência normativa. A localização de um ou outro ilícito exige, como requisito essencial, norma válida no sistema, que, em termos objetivos, fundamenta a figura da ilicitude no direito. A partir do enunciado normativo válido é que o exegeta vai encontrar substrato para depreender desrespeito aos princípios constitucionais de (ii) Segurança jurídica, (iii) certeza de direito (iv) estrita legalidade e (v) tipicidade, em afronta direta à estrutura de repartição de competências tributárias realizada pela Constituição. Estão nesses elementos a figura do ilícito do abuso de direito e da fraude à lei.

4.2.5 Infrações tributárias no Código Tributário Nacional

Salvo disposição de lei em contrário, a responsabilidade por infrações da legislação tributária independe da intenção do agente ou do responsável e da efetividade, natureza e extensão dos efeitos do ato (CTN, art. 136). Eis aqui uma declaração de princípio em favor da *responsabilidade objetiva*. Mas, como sua formulação não está em termos absolutos, a possibilidade de dispor em sentido contrário oferta espaço para que a autoridade legislativa construa as chamadas infrações subjetivas.

O art. 137 aponta os casos em que a responsabilidade é pessoal do agente: quanto às infrações conceituadas por lei como crimes ou contravenções, salvo quando praticadas no exercício regular de administração, mandato, função, cargo ou emprego, ou no cumprimento de ordem expressa emitida por quem de direito (inciso I); quanto às infrações em cuja definição o dolo específico do agente seja elementar (inciso II); e quanto às infrações que decorram direta e exclusivamente de dolo específico: a) das pessoas referidas no art. 134, contra aquelas por quem respondem; b) dos mandatários, prepostos ou empregados, contra seus mandantes, preponentes ou empregadores; c) dos diretores, gerentes ou representantes de pessoas jurídicas de direito privado, contra estas (inciso III).

4.2.6 Hipóteses de exclusão da penalidade

Prescreve o art. 138 do Código Tributário Nacional:

> Art. 138. A responsabilidade é excluída pela denúncia espontânea da infração, acompanhada, se for o caso, do pagamento do tributo devido e dos juros de mora, ou do depósito da importância arbitrada pela autoridade administrativa, quando o montante do tributo dependa de apuração.
>
> Parágrafo único. Não se considera espontânea a denúncia apresentada após o início de qualquer procedimento ou medida de fiscalização, relacionados com a infração.

O dispositivo acima transcrito possibilita identificarmos os requisitos necessários à configuração da denúncia espontânea, assim como a construção da respectiva norma jurídica.

Para que se tenha denúncia espontânea, necessário se faz a conjugação dos seguintes elementos:

(i) comunicação espontânea, ao Fisco, da infração praticada;

(ii) tratando-se de infração consistente na ausência ou insuficiência de pagamento, o recolhimento do tributo devido, acompanhado de juros de mora; e

(iii) inexistência de procedimento administrativo ou medida de fiscalização instalados para apurar aquela ilicitude.

Verificados, cumulativamente, esses elementos (hipótese normativa), instala-se relação jurídica que determina, ao sujeito ativo do liame obrigacional, a exclusão da responsabilidade àquele que denunciou espontaneamente a realização de ilícitos tributários, não se devendo instaurar, por conseguinte, nenhum procedimento de fiscalização com vistas a infligir penalidade pela prática de infração ao sujeito que efetuou a denúncia espontânea de tal ilícito (consequência normativa). A iniciativa do sujeito passivo, promovida com a observância desses requisitos, tem a virtude de evitar a aplicação de multas de natureza punitiva, porém não afasta os juros de mora e a chamada multa de mora, de índole indenizatória e destituída do caráter de punição. Entendemos, outrossim, que as duas medidas — juros de mora e multa de mora — por não se excluírem mutuamente, podem ser exigidas de modo simultâneo: uma e outra.

São reiteradas as manifestações do Conselho de Contribuintes no sentido de excluir a responsabilidade pela infração sempre que houver denúncia espontânea dos erros e irregularidades praticados pelo contribuinte:

> IMPOSTO DE IMPORTAÇÃO. CONFERÊNCIA FINAL DE MANIFESTO. DENÚNCIA ESPONTÂNEA DA INFRAÇÃO. Visita aduaneira e registro da D.I. não são procedimentos administrativos nem medidas de fiscalização tendentes à apuração de diferenças na descarga do veículo transportador (arts. 34/36 e 411/413 do Regulamento Aduaneiro). Denúncia espontânea apresentada antes das efetivas medidas de fiscalização e procedimentos administrativos de apuração das diferenças na descarga e antes do lançamento do montante de imposto a pagar, tendo sido feito o pagamento do montante calculado pela autoridade aduaneira conforme documento de arrecadação apresentado. Caracterizada a denúncia espontânea para os fins do art. 138 do CTN. Recurso voluntário provido[332].

> DECLARAÇÃO DE IMPORTAÇÃO. ERRO DE DIGITAÇÃO. DENÚNCIA ESPONTÂNEA. No caso em questão, entendo que a recorrente agiu corretamente com o Fisco e de acordo com a lei. Ao verificar um evidente erro gráfico ou de digitação dirigiu-se à repartição competente para retificar a imprecisão havida. Em direito tal conduta enquadra-se exatamente nos termos do art. 138 do CTN, que trata da denúncia espontânea, não havendo o que se falar na aplicação da multa prevista no art. 522, IV, do Regulamento Aduaneiro de 1985. Recurso provido por maioria[333].

> CONFERÊNCIA FINAL DE MANIFESTO. Falta e acréscimo de mercadoria. Verificado que a denúncia espontânea ocorreu antes do procedimento fiscal específico e diretamente relacionado com a infração (no caso, a Conferência Fiscal de Manifesto). Acolhe-se o ato espontâneo de auto-acusação para excluir as penalidades exigidas. Quanto à taxa de câmbio, a conversão de moeda estrangeira far-se-á pela taxa de câmbio vigente na data

---

332. Terceiro Conselho de Contribuintes, 3ª Câm., Ac. 303-28458, Rel. Cons. Levi Davet Alves, j. 12/06/1996.

333. Terceiro Conselho de Contribuintes, 2ª Câm., Ac. 302-36467, Rel. Cons. Elizabeth Emílio de Moraes Chieregatto, j. 21/10/2004.

de apuração da falta da mercadoria, considerando-se como tal aquela do lançamento tributário (artigo 86, parágrafo único, artigo 87, II, c, e artigo 107, parágrafo único, todos do Regulamento Aduaneiro aprovado pelo Decreto n. 91.030/85)[334].

Dito de outro modo, na forma de juízo hipotético, "se ocorrer a denúncia espontânea da infração tributária, consistente na comunicação ao Fisco, pelo próprio sujeito passivo, acerca de ilícito tributário e do correspondente pagamento do tributo devido, junto com os juros de mora e a multa de mora, antes de qualquer procedimento administrativo ou medida de fiscalização a ele relativo, então deve-ser a exclusão da responsabilidade pela prática do referido ilícito fiscal".

Outra hipótese de exclusão de penalidade encontra-se na figura do caso fortuito ou força maior. Segundo o art. 393 do Código Civil, *"o devedor não responde pelos prejuízos resultantes de caso fortuito ou força maior, se expressamente não se houver por eles responsabilizado"*. E, nos termos do seu parágrafo único, o caso fortuito ou de força maior verifica-se com a ocorrência de fato necessário, cujos efeitos não era possível evitar ou impedir.

Tem-se por caso de força maior a verificação de fato extraordinário cujo acontecimento é suposto, porém inevitável. O caso fortuito também decorre de acontecimento extraordinário, o qual, além de irresistível, advém de causa desconhecida ou de ato de terceiro, sendo, portanto, imprevisível. O legislador houve por bem equiparar os efeitos jurídicos de ambas as hipóteses, considerando-as excludentes de responsabilidade.

Nem poderia ser diferente, visto que as normas jurídicas sujeitam-se ao limite ontológico da possibilidade. Se a hipótese normativa eleger fato de impossível realização, a relação prevista na consequência jamais se instalará, sendo a norma carente de sentido deôntico. Do mesmo modo, a modalização das condutas interpessoais somente terá sentido dentro do quadro geral da possibilidade, não havendo como prescrever, logicamente, a prática de conduta impossível.

---

334. Terceiro Conselho de Contribuintes, 2ª Câm., Ac. 302-32118, Rel. Cons. Ronaldo Lindimar José Marton, j. 23/10/1991.

É pacífico o entendimento do Superior Tribunal de Justiça no sentido de os casos fortuitos ou de força maior serem excludentes da responsabilidade, como se observa nas seguintes ementas:

PROCESSO CIVIL. RECURSO ESPECIAL. INDENIZAÇÃO POR DANOS MATERIAIS E MORAIS. ASSALTO À MÃO ARMADA NO INTERIOR DE ÔNIBUS COLETIVO. FORÇA MAIOR. CASO FORTUITO. EXCLUSÃO DE RESPONSABILIDADE DA EMPRESA TRANSPORTADORA. CONFIGURAÇÃO.

1. Este Tribunal já proclamou o entendimento de que fato inteiramente estranho ao transporte (assalto à mão armada no interior de ônibus coletivo) constitui caso fortuito, excludente de responsabilidade da empresa transportadora.

2. Entendimento pacificado pela eg. Segunda Seção desta Corte. Precedentes: REsp. 435.865/RJ; REsp. 402.227/RJ; REsp. 331.801/RJ; REsp. 468.900/RJ; REsp. 268.110/RJ.

3. Recurso conhecido e provido[335].

SEGURO. ROUBO DE CARGA. RESPONSABILIDADE. EXCLUSÃO. CASO FORTUITO. (...) Segundo entendimento consolidado, o roubo de carga constitui força maior, suficiente para excluir a responsabilidade da transportadora perante a seguradora do proprietário da mercadoria transportada. Nesse sentido:

'CIVIL. INDENIZAÇÃO. TRANSPORTADORA. ROUBO DE CARGA. FORÇA MAIOR. RESPONSABILIDADE. EXCLUSÃO.

1. O roubo de mercadoria durante o transporte caracteriza-se como força maior, apta a excluir a responsabilidade da empresa transportadora perante a seguradora do proprietário da carga indenizada. Precedentes iterativos da Terceira e Quarta Turmas.

2. Recurso especial conhecido e provido'. (Resp 222.821/SP, Quarta Turma, Rel. Min. Fernando Gonçalves, *DJ* de 01/07/2004).

'Processual civil e civil. Agravo no recurso especial. Transporte de mercadoria. Roubo. Responsabilidade da transportadora.

– O roubo de mercadoria praticado mediante ameaça exercida com arma de fogo é fato desconexo do contrato de transporte e, sendo inevitável, diante das cautelas exigíveis da transportadora, constitui-se em caso fortuito ou força maior, excluindo a responsabilidade dessa pelos danos causados. Agravo não provido'.

---

335. Superior Tribunal de Justiça, 4ª T., REsp 822.666/RJ, Rel. Min. Jorge Scartezzini, j. 17/08/2006.

(AgRg no Resp 470.520/SP, Terceira Turma, Rel. Min. Nancy Andrighi, *DJ* de 25/08/2003). (...)[336].

A imposição de sanções, em tais casos, dependeria da existência e da prova de conduta dolosa, o que, indiscutivelmente, não se verifica.

4.3 SANÇÕES NO DIREITO TRIBUTÁRIO

A garantia de que o feixe de proposições descritivas se dirige, efetivamente, sobre a base objetal, cobrindo-a por inteiro, segundo métodos previamente estabelecidos, é o que manifesta a vantagem do conhecimento científico, vertido sempre em linguagem rigorosa.

Decididamente, não creio em aprofundamento teórico sem que o agente do conhecimento, numa atitude de introspecção, como estratégia para aproximar-se do objeto, desloque provisoriamente o alvo de suas reflexões para os pressupostos do saber científico, reservando espaço para considerações de ordem epistemológica.

De fato, tratar das sanções tributárias e das sanções penais tributárias, a partir de seus fundamentos últimos, não é tarefa confortável. Testemunho desse asserto é o número pequeno de produções dogmáticas sobre o assunto, além do tímido impulso de especulação vertical que as qualificam.

4.3.1 A sanção como consequente normativo

Assim como se denomina *obrigação tributária* ao liame jurídico que se estabelece entre dois sujeitos — pretensor e devedor — designa-se por *sanção tributária* à relação jurídica que se instala, por força do acontecimento de um fato ilícito, entre o titular do direito violado e o agente da infração. Além desse significado, obrigação e sanção querem dizer, respectivamente,

---

336. Superior Tribunal de Justiça, 4ª T., Resp. 753.404, Rel. Min. Castro Filho, j. 01/08/2005.

o dever jurídico cometido ao sujeito passivo, nos vínculos obrigacionais, e a importância devida ao sujeito ativo, a título de penalidade ou de indenização, bem como os deveres de fazer ou de não-fazer, impostos sob o mesmo pretexto.

A relação sancionatória vem mencionada no prescritor da regra, onde podemos colher todos os elementos necessários e suficientes para a sua identificação, num caso concreto. A norma que estipula a sanção descreve o fato antijurídico no seu antecedente, e a providência desfavorável ao autor do ilícito (sanção) no consequente.

Convém assinalar, conquanto já tenha sido anotado, que a relação jurídica sancionatória pode assumir feitio obrigacional, quando se tratar de penalidades pecuniárias, multas de mora ou juros de mora, como também veiculadora de meros deveres, de fazer ou de não-fazer, sem conteúdo patrimonial. Incluem-se nessa rubrica uma série de atos cuja prática a Fazenda Pública impõe ao infrator, como também as proibições a que fica sujeito, toda vez que se formalizarem certos tipos de ilícito.

Estudar as infrações é pesquisar o suposto das regras sancionatórias, assim como indagar sobre as sanções é analisar o consequente daquelas normas. No mandamento normativo é que vamos conhecer o expediente assecuratório com que o legislador procurou resguardar o cumprimento de suas estipulações prescritivas.

Vale a lembrança final, porém de extrema importância, de que tratando-se de sanção, ainda que meramente material, a norma que delineia esse fato "antijurídico" não pode apresentar tipologia aberta. Arquétipo aberto é o que constitui as hipóteses das normas que regem o direito privado, já que as garantias e os direitos individuais hão de ser interpretados com amplitude semântica. Norma sancionadora com tipo aberto restringe, de maneira incontrolável, a liberdade e a propriedade, ferindo e comprometendo a segurança do sistema jurídico. Este, substancialmente, o motivo pelo qual o "tipo" das normas sancionadoras há de ser sempre preciso e restrito.

Transportando essas considerações para o universo fáctico, podemos tomar como exemplo a hipótese descritora do *factum* da distribuição disfarçada de lucros, que, em se tratando de tipo sancionatório, deve pautar-se em termos estritos, delimitados, rigorosamente, por critérios objetivos e de fácil determinação.

As indicações precisas dos sujeitos do vínculo e a forma de calcular-se o montante da penalidade aplicável ou a delimitação do dever infringido pela prática ilícita, tudo isso vamos encontrar nos critérios do consequente: pessoal — sujeito ativo e passivo; e quantitativo — base de cálculo e percentagem da multa, ou a quantia fixa prevista na lei, ou, ainda, as específicas formas de cumprimento do dever jurídico (de fazer ou de não-fazer). Usamos quantitativo aqui nas acepções de quantificar o valor pecuniário e de quantificar a forma e a intensidade do dever.

4.3.2 Espécies de sanções tributárias

Diversas são as modalidades de sanções que o legislador brasileiro costuma associar aos ilícitos tributários. Teceremos considerações acerca das principais delas, elucidando os tipos conforme os nomes que se lhes veem atribuindo. No falar quotidiano, diferentes apelidos são dados a um mesmo instituto, sendo, portanto, as referências abaixo não uma lista taxativa das modalidades sancionatórias, mas uma relação das principais expressões que são associadas à matéria *Espécies de sanções tributárias*, que, por este motivo, pede reflexões mais atiladas. Vejamos algumas delas:

a) Penalidades pecuniárias,

b) Multa de ofício,

c) Multa punitiva ou por infração,

d) Multa isolada,

e) Multa agravada,

f) Multa de mora,

g) Juros de mora,

h) Acréscimos legais,

i) Correção monetária, e

j) Outras providências, como apreensão de mercadorias e de documentos, bem como dos veículos que os transportarem; e, da mesma forma, suspensão ou inclusão de contribuinte a regime fiscal especial, etc.

Penalidades pecuniárias

As penalidades pecuniárias são as mais expressivas formas do desígnio punitivo que a ordem jurídica manifesta, diante do comportamento lesivo dos deveres que estipula. Ao lado do indiscutível efeito psicológico que operam, evitando, muitas vezes, que a infração venha a ser consumada, é o modo por excelência de punir o autor da infração cometida. Agravam, sensivelmente, o débito fiscal e quase sempre são fixadas em níveis percentuais sobre o valor da dívida tributária. A legislação do imposto sobre a renda e proventos de qualquer natureza, por exemplo, prevê até 150% do valor do imposto não pago. Nessa hipótese, o montante do tributo seria a base de cálculo e a percentagem corresponderia à alíquota, fazendo analogia com o critério quantitativo da regra-matriz de incidência tributária. Mas podem aparecer como uma importância já determinada, que não experimenta oscilações — são as penalidades de valor fixo, ou ainda estabelecidas entre dois limites, um mínimo e um máximo, cabendo à autoridade administrativa competente dosá-las segundo as circunstâncias de cada caso.

Multa de ofício

De fato, pensemos na premissa de que toda multa exerce função de apenar o sujeito a ela submetido, tendo em vista o ilícito praticado. É na pessoa do infrator que recai a multa, isto é, naquele a quem incumbia o dever legal de adotar conduta determinada e que, tendo deixado de fazê-lo, deve sujeitar-se à sanção cominada pela lei. As multas fiscais, portanto, possuem caráter pessoal, pois como assevera Temístocles Brandão

Cavalcanti[337], *"podem ser consideradas indenizações, mas visam, antes de tudo, a coagir o contribuinte: é processo de intimidação. Mesmo a multa de mora pode ser assim considerada, para coagir o contribuinte a pagar com pontualidade o seu débito".* Essa linha de raciocínio levou o Supremo Tribunal Federal a sumular que *"a multa fiscal moratória constitui pena administrativa, não se incluindo no crédito habilitado em falência"* (Súmula n. 565).

Desse modo, qualquer que seja o nome que se lhe dê, toda multa tem, incontestavelmente, natureza de sanção, advinda da inobservância de um dever jurídico. Agora, ao falarmos de sua aplicabilidade *ex offício* pela Administração Pública, torna-se necessário subclassificar seu contexto sancionatório para identificar novo critério que a ordene dentro desta nova classe.

Multa de ofício é expressão que indica o procedimento para a constituição do consequente sancionatório: lançamento de ofício. Nesta medida, significa simplesmente que é uma espécie de sanção aplicada pela Autoridade Administrativa mediante lançamento de ofício ou Auto de Infração ou Imposição de Multa (AIIM). São geralmente da espécie punitiva, o que, por sua vez, não exclui as de caráter moratório. As multas de mora podem ser aplicadas mediante lançamento de ofício, da mesma forma que as espécies punitivas em sentido estrito. A diferença entre uma e outra, no âmbito procedimental, está em que as moratórias podem ser lançadas ora de ofício pela autoridade ora por homologação pelo sujeito infrator. Por outro lado, contudo, as de cunho punitivo serão sempre de ofício. Razão esta que justifica sua denominação *multa de ofício*.

Multa punitiva ou por infração

Não é demasia repetir que o legislador nacional não distinguiu as multas chamadas "punitivas" das "moratórias"; no entanto, em razão do vasto uso desta expressão em domínios tributários, cumpre tecer comentários sobre as primeiras.

A multa punitiva encontra-se como espécie de sanção tributária consistente numa prestação pecuniária, compulsória,

---

337. *Teoria dos atos administrativos*, São Paulo, Revista dos Tribunais, 1973, p. 163.

que sobrevém como decorrência da prática de determinadas infrações, ação ou omissão do sujeito infrator contrária à lei fiscal. É, pois, típica sanção de ato ilícito, de caráter essencialmente intimidatório, aplicada tão só por ato jurídico próprio e observados os ditames do devido processo legal.

Em direito tributário, a constituição do ilícito se dá em regra pelo Auto de Infração, como acima já mencionado, veículo normativo apto para constituir a infração no seu antecedente e, mediante vínculo deôntico, instituir, no consequente, a relação jurídica tributária sancionatória que irá impor a multa punitiva. É no consequente da referida norma que nascerá o direito subjetivo do Estado de exigir do sujeito infrator uma quantia em dinheiro devida a título de punição pelo ato ilícito. Dá-se, portanto, a um só tempo, a localização dos sujeitos da relação (sujeitos credor e devedor); assim como o surgimento da figura do crédito/débito, objeto mesmo da relação.

Multa isolada

Multa isolada é o nome que se dá ao procedimento sancionatório que, como o próprio nome indica, isoladamente exige a multa por algum motivo que a lei o determina. Trata-se de um atributo que qualifica a forma de exigência da multa pelo Fisco. Assim, exemplificando, a multa será cobrada isoladamente, quando o tributo ou a contribuição houver sido paga após o vencimento do prazo previsto em lei. Esta é a hipótese do inciso II do § 1º do art. 44 da Lei n. 9430/96, Lei do ajuste tributário, com redação anterior às Medidas Provisórias n. 303/06 e n. 351/07 que prescrevia a forma de cobrança da multa isolada. Confiram-se também as hipóteses dos incisos III a V[338].

---

338. III – isoladamente, no caso de pessoa física sujeita ao pagamento mensal do imposto (carnê-leão) na forma do art. 8º da Lei n. 7.713, de 22 de dezembro de 1988, que deixar de fazê-lo, ainda que não tenha apurado imposto a pagar na declaração de ajuste;
IV – isoladamente, no caso de pessoa jurídica sujeita ao pagamento do imposto de renda e da contribuição social sobre o lucro líquido, na forma do art. 2º, que deixar de fazê-lo, ainda que tenha apurado prejuízo fiscal ou base de cálculo negativa para a contribuição social sobre o lucro líquido, no ano-calendário correspondente;
V – isoladamente, no caso de tributo ou contribuição social lançado, que não houver sido pago ou recolhido. (Revogado pela Lei n. 9.716, de 1998).

Em linha de princípio, entende-se por isolada a multa aplicada mediante cobrança tão só do valor, a título de penalidade. Agora, há que se tomar nota que tais espécies, em regra, serão também de ofício, em decorrência do procedimento a que se submetem, e punitiva, em razão do seu específico intuito regulatório.

Ainda na amplitude da providência de se caracterizar a multa isolada no âmbito do sistema tributário, vale a lembrança de que, em face da sua própria natureza punitiva e de ofício, é inadmissível a sua exigência cumulativa com outra multa de ofício. Nesses termos, é o entendimento da Câmara Superior de Recursos Fiscais que consignou a exegese, no Acórdão CRSF/01-05.511,[339] e em outros julgados do Conselho de Contribuintes[340]. A solução encontrada por este Órgão Administrativo é no sentido de dever-se cancelar multa de ofício lançada isoladamente, por caracterizar dupla pena relativa a uma mesma infração:

> PENALIDADE – MULTA ISOLADA – LANÇAMENTO DE OFÍCIO FALTA DE RECOLHIMENTO – PAGAMENTO POR ESTIMATIVA. Não comporta a cobrança de multa isolada por falta de recolhimento de tributo por estimativa concomitante com a multa de lançamento de ofício, ambas calculadas sobre os mesmos valores apurados em procedimento fiscal. (Ac. n. 101-94.155).

Não poderia ser outra a conclusão, já que tanto a multa de lançamento de ofício como a multa isolada decorrem da mesma situação fáctica, qual seja, ausência de recolhimento do tributo.

---

339. APLICAÇÃO CONCOMITANTE DE MULTA DE OFÍCIO E MULTA ISOLADA NA ESTIMATIVA – Incabível a aplicação concomitante de multa isolada por falta de recolhimento de estimativas no curso do período de apuração e de ofício pela falta de pagamento de tributo apurado no balanço. (...)

340. MULTA ISOLADA – IMPOSSIBILIDADE DE COBRANÇA CUMULATIVA COM A MULTA DE OFÍCIO NORMAL – Deve ser afastada a aplicação da multa isolada concomitantemente com a multa de ofício normal, incidentes sobre o tributo objeto do lançamento. (Acórdão 102-4693.1)
MULTA ISOLADA – CUMULATIVIDADE COM A MULTA DE OFÍCIO – Contendo o artigo 44, I, da lei n. 9430, de 1996, norma que alberga a falta, genérica, de pagamento do Imposto de Renda, sua aplicação inibe a eficácia simultânea daquela contida no § 1º, III, desse artigo. (Acórdão 102-46375).

Multa agravada

É a espécie de multa que tem por conteúdo a agravação de penalidade em decorrência de dolo, fraude ou simulação na prática do ato jurídico tributário. É aplicada quando a Administração Pública demonstra, por elementos seguros de prova, no Auto de Infração, a existência da intenção do sujeito infrator de atuar com dolo, fraudar ou simular situação perante o Fisco. Para caracterizar a multa agravada, é necessário, outrossim, a existência de fato doloso, fradulento ou simulado, devidamente provado, para se produzir a correta subsunção do fato infracional à norma autorizadora do agravamento da penalidade.

A constituição do crédito tributário sancionatório dá-se por ofício sendo, portanto, também do tipo "multas de ofício". Decorrem da prática de determinadas infrações, ações ou omissões do sujeito infrator contrárias à lei fiscal, deste modo, também chamadas multas punitivas ou por infração.

É geralmente aplicada no percentual de 150%, objetivando com isso intimidar a prática da infração e, por fim, evitar situações dessa gravidade nos casos concretos. Por exemplo, quando dissonantes as informações na DCTF[341] e os livros fiscais, entende-se por demonstrado na situação concreta o intuito de fraudar a Administração Pública, justificando-se a aplicação da multa agravada de 150%. Em termos de linguagem das provas, sendo as informações de valores na DCTF e DIPJ[342] diversos ao dos livros fiscais dá-se por caracterizada a disposição de ludibriar o Fisco, de simular uma situação, o que fundamenta a aplicação da multa agravada, neste caso, nos termos do inc. II do art. 44 da Lei n. 9.430/96.

Multa de mora

As multas de mora são também penalidades pecuniárias, mas destituídas de nota punitiva em sentido estrito. Nelas predomina o intuito indenizatório, pela contingência de o

---

341. Declaração de Débitos e Créditos Tributários Federais.
342. Declaração de Informações Econômico-Fiscais da Pessoa Jurídica.

Poder Público receber a destempo, com as inconveniências que isso normalmente acarreta, o tributo a que tem direito. A conduta omissiva (não pagamento) do sujeito contribuinte, independentemente de haver ou não culpabilidade, atinge certeira o direito subjetivo da Administração Pública ao crédito. O descumprimento da obrigação tributária, em razão do destempo, é causa que dá motivo a dano para o Erário Público, pressuposto de fato para a imposição da multa de mora. Eis aí a origem da sua função indenizatória. Muitos a consideram de natureza civil, porquanto largamente utilizadas em contratos regidos pelo direito privado. Essa doutrina não procede. São previstas em leis tributárias e aplicadas por funcionários administrativos do Poder Público, podendo, por isso mesmo ser aplicadas *ex officio*.

Juros de mora

Os juros de mora, cobrados na base de 1% ao mês, quando a lei não dispuser outra taxa, são tidos por acréscimos de cunho civil, à semelhança daqueles usuais nas avenças de direito privado. Igualmente aqui não se lhes pode negar feição administrativa. Instituídos em lei e cobrados mediante atividade administrativa plenamente vinculada, distam de ser equiparados aos juros de mora convencionados pelas partes, debaixo do regime da autonomia da vontade. Sua cobrança pela Administração não tem fins punitivos, que atemorizem o retardatário ou o desestimule na prática da dilação do pagamento. Para isso atuam as multas moratórias. Os juros adquirem um traço remuneratório do capital que permanece em mãos do administrado por tempo excedente ao permitido. Essa particularidade ganha realce, na medida em que o valor monetário da dívida se vai corrigindo, o que presume manter-se constante com o passar do tempo. Ainda que cobrados em taxas diminutas (1% do montante devido, quando a lei não dispuser sobre outro valor percentual), os juros de mora são adicionados à quantia do débito, e exibem, então, sua essência remuneratória, motivada pela circunstância de o contribuinte reter consigo importância que não lhe pertence.

Após a edição da Lei n. 9.065, de 20 de junho de 1995, o valor correspondente aos créditos tributários federais é atualizado pela taxa SELIC — Sistema Especial de Liquidação e Custódia, cujo índice varia em função de critérios adotados pelo Banco Central do Brasil. Pouco a pouco, Estados e Municípios vêm adotando referida taxa para corrigir o valor dos créditos tributários de que são titulares, como fez o Estado de São Paulo com a Lei n. 10.619, de 20 de julho de 2000.

Acréscimos legais

A expressão "acréscimos legais" tem duas acepções: uma, estrita, utilizada para designar a correção monetária e os juros de mora; outra, em sentido amplo, empregada para mencionar tudo aquilo que aumenta o *quantum* do débito tributário a ser recolhido, compreendendo a correção do valor aquisitivo da moeda, juros de mora, multa de mora e sanção punitiva eventualmente aplicada. Enfim, o montante da importância exigida do administrado, menos o valor originário da exação.

Por outro prisma, a locução "acréscimos legais" postula cobrir toda a extensão das verbas que podem ser exigidas ao ensejo da apuração do débito, independentemente da abertura de prazo para o sujeito passivo defender-se. Abrangeria, desse modo, a correção monetária, juros de mora e multa de mora, não alcançando, porém, as penalidades punitivas, para a configuração das quais se torna necessário o respeito ao direito de defesa.

Claro está que essa instância de significação não afasta o direito subjetivo que todos têm de impugnar pretensões que entendam indevidas. O critério alude, apenas, ao modo como a exigência deve ser formulada, assumindo caráter procedimental.

Vale a ressalva de que em muitos casos, tomam-se correção monetária por acréscimo legal, ou mesmo por sanção, o que a nosso ver, não nos parece a melhor concepção adotada. De fato, não é correto incluir entre as sanções que incidem pela falta de pagamento do tributo, em qualquer situação, a conhecida figura da *correção monetária* do débito. As leis tributárias, muitas vezes, referem-se a ela (correção monetária) como *acréscimo ou ônus* que agrava a prestação do tributo. Em termos aritméticos, não há dúvida, trata-se de majoração. Todavia, para o direito, o resultado corrigido traduz apenas o valor atual da dívida, sendo o montante da correção uma parte do próprio objeto prestacional. É por esse motivo que a dispensa da correção monetária do débito equivale à remissão, perdão parcial da dívida tributária, que só pode ocorrer nos termos de lei que expressamente a autorize.

Acaso os índices corretivos não venham a significar, com exatidão, a precisa intensidade do desgaste da moeda, num dado intervalo de tempo, é questão de fato, que dependeria de prova adequada. Em princípio, presumem-se procedentes.

Correção monetária

A despeito de correção monetária não ser hipótese de sanção, como já mencionado em comentários ligeiros acima, tendo em vista sua vasta referência em planos sancionatórios, não sobeja traçar algumas de suas características para fins de identificá-la em planos juridico-tributários.

A correção monetária representa atualização do valor da dívida, tendo em vista a desvalorização da moeda, em regime político-jurídico onde atua o problema inflacionário. O valor aquisitivo do dinheiro é corrigido, periodicamente, de acordo com índices estimativos, de modo que, em qualquer tempo, é possível saber-se da expressão econômica do débito ou do crédito em relação a determinado intervalo de tempo.

Essa recomposição do valor monetário encontra integral aplicação aos créditos de indébito tributário, pois a restituição dos valores indevidamente recolhidos só será completa se mantida sua real expressão econômica. Foi instituída pela Lei n. 4.357, de 16 de julho de 1964, e há muitos anos vem subsistindo a todas as investidas para suprimi-la.

A correção monetária não diz respeito à regra-matriz do imposto, não participa da incidência tributária, e não está jungida aos limites constitucionais da competência tributária. É, sim, instrumento de justiça e paz social que deve estar presente em qualquer relação obrigacional de cunho pecuniário, seja ela pública ou privada. A correção monetária nada acrescenta ao valor do principal, mas a ele incorpora as perdas sofridas, ao longo do tempo, em decorrência da espiral inflacionária. Revela uma garantia de propriedade, na medida em que resguarda o direito patrimonial de verdadeiros atos confiscatórios gerados pela inflação. Da mesma forma, não se enquadra como penalidade ao fisco, uma vez que é simples reposição do valor real da moeda, em decorrência da inflação, destituída, portanto, de qualquer caráter de sanção por ato ilícito.

O direito à correção monetária é consectário natural dos princípios constitucionais da propriedade, da estrita legalidade e tipicidade em matéria tributária, bem como da isonomia e da não-confiscatoriedade. Nessa linha de raciocínio, qualquer restrição à correção monetária de indébitos tributários implicaria flagrante ilegalidade e inconstitucionalidade, pois acarretaria restituição a menor.

Outras providências penalizadoras

Providência até certo ponto comum é a apreensão de mercadorias e de documentos, bem como dos veículos que os transportarem, em função de irregularidades verificadas pela fiscalização. A devolução ficará condicionada ao pagamento do tributo devido, com as penalidades cabíveis, ou então, querendo discutir a legitimidade do procedimento fiscal, o interessado terá de oferecer fiança idônea ou depósito de valor correspondente à mais elevada multa aplicável à espécie. Todavia, acerca dessa medida sancionatória, consistente na retenção de bens para forçar o recolhimento do tributo ou da multa, já se manifestou o Supremo Tribunal Federal, entendendo que "é inadmissível a apreensão de mercadorias como meio coercitivo para pagamento de tributos" (Súmula 323).

As mercadorias estrangeiras encontradas em situação irregular serão apreendidas e seu proprietário, independentemente do processo penal a ser instaurado, perdê-las-á em favor da Fazenda Pública. Tais bens, posteriormente, serão levados a leilão e o produto arrecadado passará a constituir receita tributária. O infrator sofrerá duas sanções: a de caráter administrativo-tributário, em virtude da perda de mercadoria, e a de índole criminal, mediante a pena que lhe será infligida.

A sujeição a regime especial de controle é outro expediente sancionatório de que a Fazenda Pública se utiliza, com relação a certos impostos, como IPI e o ICMS. Aplica-se ao sujeito passivo que se mostra renitente quanto ao cumprimento de suas obrigações e deveres tributários. Consiste na rotulagem especial, na numeração ou no controle quantitativo dos produtos; no uso de documentos ou livros de modelos especiais; na prestação de informações periódicas sobre as operações de seu estabelecimento; e até na vigilância constante dos agentes do Fisco, que poderão fazer plantões à porta do estabelecimento.

A cassação de regimes especiais de pagamento do imposto, do uso de documentos ou de escrituração de livros específicos, concedida a certos contribuintes na conformidade da legislação em vigor, é outra medida punitiva aplicável ao sujeito passivo que procedeu de modo fraudulento, no gozo das respectivas concessões. Tais medidas sancionatórias, a propósito, são sentidas tanto quando infringida a obrigação principal de pagar, quanto aqueles *deveres instrumentais ditos de conformação de regime*. Tais incumbências conferidas aos contribuintes, vale dizer, voltam-se à fiscalização, controle e manutenção dos chamados "regimes especiais" concedidos perante a Administração tributária. Nesse sentido, é interessante verificar que a sanção pelo descumprimento de tais deveres é, justamente, a perda do benefício ao "regime especial" outorgado. Em franco contraste com aqueles *deveres de conformação fáctica*, que informam os regimes impositivos ou ordinários, os *deveres instrumentais de conformação de regime* visam tão somente a garantir a manutenção das condições necessárias para a fruição do regime especial, não se prestando, pois, a seguir a rotina de simplesmente documentar, passo a passo, os enunciados prescritivos que se congregam para determinar a incidência.

4.3.3 Impossibilidade de cobrança de juros de mora no caso de medidas liminares

A mora caracteriza-se, nos termos do artigo 394 do Código Civil brasileiro, pela ausência do pagamento no tempo, lugar e forma previstos. Tratando-se de obrigação tributária, ocorre a mora quando seu cumprimento dá-se em momento posterior àquele previsto na norma jurídica vigente no momento do vencimento do tributo.

Verificando-se a ocorrência de mora, duas espécies de normas jurídicas encontram aplicação: (i) norma que institui a multa pelo não-pagamento do tributo e (ii) norma que determina a aplicação de juros em virtude do não-pagamento da prestação devida no prazo fixado. Ambas têm em comum o fato de apresentarem, no antecedente normativo, a previsão do descumprimento de obrigação prescrita em outra norma, ou seja, a ocorrência de ilícito (não-pagamento do tributo na data aprazada). Por via conseguinte, inocorrendo desobediência à norma jurídica que determina quando o tributo deve ser recolhido, inexiste mora, não havendo lugar para a aplicação de multa e juros.

Sendo o Judiciário um dos órgãos encarregados de aplicar o direito, interpretando-o e expedindo normas individuais e concretas e individuais e abstratas, suas decisões introduzem no sistema jurídico comandos direcionados à regulação de comportamentos intersubjetivos. Consequentemente, quando uma decisão judicial é posta, o comando por ela emitido deve ser seguido, sob pena de desencadear a aplicação da norma sancionadora.

Por outro lado, sendo obrigatória a obediência à prescrição normativa, quando o administrado segue a determinação de uma decisão judicial não lhe pode ser imposta sanção alguma. Todo aquele a quem é cometido um dever jurídico tem o direito de cumpri-lo. A Lógica Deôntico-jurídica expressa esse enunciado na composição formal: $Op \rightarrow Pp$, que se interpreta assim: se alguém está obrigado à conduta "p", então esse alguém tem a permissão de cumprir essa conduta "p". A permissão de cumprir a conduta está contida no modal obrigatório, da mesma forma que a permissão de omiti-la está igualmente contida na sua proibição: Vp → P-p, que se lê: se alguém está proibido (V) de cumprir a conduta p, então esse alguém terá a permissão (P) de omiti-la.

Vê-se, nessa imanência ingênita do direito embutido no dever, um obstáculo intransponível à possibilidade teórica da escravidão absoluta, pois ainda que suprimíssemos todos os direitos de uma pessoa, atribuindo-lhe somente obrigações e proibições, não poderíamos deixar de admitir seu direito de cumprir ou de omitir as condutas obrigatórias ou proibidas, respectivamente.

Sendo assim, havendo medida liminar que prorrogue o termo final do pagamento do tributo, esta deve ser observada por seus destinatários. Trata-se de norma individual e concreta, produzindo todos os efeitos inerentes às normas jurídicas válidas e vigentes, fazendo nascer direitos e deveres subjetivos. Postergando o vencimento da obrigação tributária, atribui ao contribuinte a permissão para que ele a cumpra na data ali determinada, em detrimento dos prazos previstos em outras normas jurídicas. E, se é juridicamente permitido o não-recolhimento do tributo nas datas previstas em outras normas jurídicas que não a introduzida mediante a liminar, não há como afimar a ocorrência de mora, caso efetuado o pagamento na data judicialmente estipulada. Não se pode admitir que ao cumprir os comandos da decisão judicial, exercendo direito que lhe está assegurado por ela, seja o contribuinte considerado em mora.

Todas as decisões judiciais prescrevem alguma ação ou omissão do destinatário, sendo expressão do dever-ser. Seu descumprimento, portanto, representa um ilícito, desencadeador da aplicação da norma sancionatória. Por outro lado, seu cumprimento é o que objetiva a ordem jurídica, razão pela qual não há como cogitar de punição àquele que age em observância às suas determinações.

Logo, quando o Judiciário reconhece o direito do contribuinte de deixar de recolher algum tributo em certa data, postergando-a, outorga-lhe direito que só pode ser entendido como orientação do agir do destinatário em consonância com o dever-ser expresso pela norma. E, se a mora tem por pressuposto justamente o não-cumprimento, na data aprazada, de conduta devida, não sendo descumprido qualquer dever normativamente prescrito, não há que falar em sua ocorrência. Se de acordo com a prescrição contida na norma individual e concreta o prazo para cumprimento da obrigação ainda não venceu, inexiste mora.

Em suma, a medida liminar que permite o recolhimento do tributo em momento posterior ao previsto na norma geral e abstrata modifica o termo final da obrigação. Desse modo, apenas o descumprimento do prazo para pagamento fixado na norma individual e concreta é que acarretará a mora, possibilitando a aplicação de multa e juros.

Havendo postergação da data do pagamento por meio de decisão judicial liminar e, mais tarde, por ocasião da sentença ou do julgamento de recurso, sendo esta cassada, fica restabelecido o prazo originalmente estipulado como termo final do recolhimento do tributo. Isso não significa, entretanto, que os efeitos já produzidos devam ser desconsiderados e que os atos praticados sob sua égide devam ser analisados segundo os termos da decisão revogadora. O artigo 5º, inciso XXXVI, da Carta Magna, veda terminantemente esse tipo de atitude.

Em homenagem ao direito adquirido e ao princípio da segurança jurídica, a nova norma deve alcançar apenas fatos futuros. Admitir-se o contrário, asseveram Estevão Horvath e José Roberto Pernomian Rodrigues[343]:

> seria reconhecer a inutilidade da atuação do Poder Judiciário no questionamento da legalidade/constitucionalidade dos tributos,

---

343. "Efeitos da modificação de uma decisão judicial em matéria tributária", *in Revista de processo*, n. 89, São Paulo, Revista dos Tribunais, 1998, p. 56.

bem como reconhecer que as decisões judiciais que não põem fim ao processo são inúteis, incapazes de amparar direitos dos administrados, o que não é o caso.

A exigência do recolhimento de multa e juros moratórios, numa hipótese como a suscitada, implicaria desconsiderar os efeitos da decisão judicial, que, apesar de introduzir no ordenamento jurídico norma individual e concreta, válida e vigente, seria como se não tivesse existido, visto que incapaz de afastar as consequências decorrentes do não-pagamento no tempo previsto na norma geral e abstrata.

Mais ainda, estar-se-ia punindo o contribuinte que, no exercício do direito de ampla defesa, recorreu ao Judiciário, obteve decisão favorável e a cumpriu. Seria simplesmente absurdo admitir que se pudesse contemplar, como hipótese de incidência da multa e dos juros de mora, a circunstância de alguém agir em cumprimento da determinação judicial. Nesse sentido, pondera Geraldo Ataliba[344]:

> sempre que alguém atua concretamente, na conformidade de um preceito normativo que lhe assegura o direito de assim atuar, não pode o intérprete jamais entender como ilícito tal comportamento. É mesmo logicamente inconcebível que um comportamento possa ser jurídico e antijurídico ao mesmo tempo.

Entendimento contrário levaria à conclusão de que incorre em mora quem, recorrendo ao Judiciário, obtém decisão favorável e a cumpre. Tal exegese deve ser veementemente repelida. Não faz senso considerar inadimplente o contribuinte que acode ao Judiciário, mostrando uma pretensão no mínimo plausível e vendo concedida medida liminar em seu favor[345].

Com efeito, apenar-se com os consectários da mora aquele contribuinte que apela ao Judiciário, e deste logo obtém

---

344. *Estudos e pareceres de direito tributário*, vol. 2, São Paulo, Revista dos Tribunais, 1978, p. 271.

345. Cf. Eduardo Arruda Alvim, *Mandado de segurança no direito tributário*, São Paulo, Revista dos Tribunais, 1998, pp. 221-222.

proteção liminar, pelo fato de ela ter sido posteriormente cassada, significa, indiretamente, obstar ou no mínimo desencorajar o acesso ao Judiciário. Se a lei não pode excluir da apreciação do Judiciário lesão ou ameaça a direito (artigo 5º, XXXV, CR/88), com muito mais razão não pode ser interpretada de forma tal que o contribuinte que se utilize dessa prerrogativa fique prejudicado. Não se pode, portanto, qualificar de inadimplente o contribuinte que obtém medida liminar postergando o vencimento do tributo.

Estando o sujeito passivo protegido por uma decisão judicial, não incorre ele em mora, pois em tal situação não se pode falar em inadimplemento ou impontualidade, no sentido de descumprimento de dever legal.

Corolário da inocorrência da mora é a inexigibilidade da multa e dos juros moratórios. Se resultam eles do descumprimento de um comando jurídico, inexistindo desobediência em virtude de outra norma jurídica, individual e concreta, responsável pela alteração da primeira, não se observa comportamento contrário ao determinado pelo ordenamento jurídico. Consequentemente, inexistindo mora, fica obstada a cobrança de qualquer encargo moratório.

4.3.4 Excessos sancionatórios

São numerosas as manifestações doutrinárias e jurisprudenciais contra sanções tributárias que exigem importâncias desproporcionadas com relação ao tributo. Os fundamentos sobre que se edificam tais insurgências são, substancialmente, dois: o princípio do respeito à capacidade contributiva e o da proibição de confisco.

Realmente, uma pretensão de 300% (trezentos por cento) do valor do tributo é algo sobremodo oneroso, que sufoca qualquer atividade econômica normal, tolhendo as possibilidades até da reeducação mental do contribuinte, para relembrar as categorias de BECKER. Sabemos quais são os fins da arrecadação dos tributos. Nesse trajeto, não interessa ao

Estado-Administração e à comunidade em geral que uma unidade econômica produtiva venha a desaparecer, em singela homenagem à afirmação de um princípio, por mais relevante que seja. Mesmo porque, ao lado das sanções de índole administrativa, como a de que tratamos, outras há de caráter penal, punindo os comportamentos que atentem contra valores fundamentais, entre eles o do recolhimento de tributos. Num país em que os índices inflacionários sejam relativamente módicos, como acontece no Brasil de hoje, convenhamos que, em termos práticos, a penalidade é insuportável. E juridicamente, com a força constitucional do primado do respeito à capacidade contributiva da pessoa, diretriz responsável pela concretização da própria igualdade em matéria tributária, fica muito difícil conceber a razoabilidade dessa sanção. Como as sanções existem como expedientes que desestimulam as práticas indesejadas, de ver está que aquela cogitada na consulta em nada contribui para os fins do Estado. Além disso, consubstancia um verdadeiro confisco, figura que a Constituição brasileira também procura impedir, estatuindo-lhe a proibição peremptória. Esses dois comandos constitucionais bastam para mostrar a incompatibilidade entre sanções desse tipo e a sistemática constitucional tributária que vigora no Brasil.

Vale a lembrança de que um dos princípios a serem seguidos pela Administração Pública é o da razoabilidade, segundo o qual o meio deve ser adequado ao fim almejado. Sua consecução exige proporcionalidade entre os meios de que se utilize a Administração e os fins que ela tem que realizar. Com supedâneo em tais definições, leciona Agustin Gordillo[346] que uma medida é irrazoável, dentre outras situações, quando "não guarde uma proporção adequada entre os meios que emprega e o fim que a lei deseja alcançar, ou seja, que se trate de uma medida desproporcionada, excessiva em relação ao que se deseja alcançar".

---

346. *Princípios Gerais de Direito Público*. São Paulo: Revista dos Tribunais, 1977, p. 183-184.

A aplicação desses princípios, entretanto, não se restringe à Administração Pública, devendo ser aplicado relativamente a todo raciocínio jurídico. Com efeito, o Supremo Tribunal Federal tem entendido imprescindível que a legislação discipline as condutas de modo razoável e proporcional ao que realmente tal conduta requer[347]. Disso conclui-se que as leis e atos do poder público submetem-se aos princípios da razoabilidade e proporcionalidade, devendo haver adequação entre a imposição e o fim que se pretende atingir.

A imposição de multas, por conseguinte, deve ficar dentro do limite da razoabilidade e da proporcionalidade, ou seja, precisa guardar adequação com o ilícito praticado, não podendo ser excessivo relativamente ao dano causado e ao benefício obtido com prática indevida, pois como leciona Odete Medauar[348], não podem ser impostas aos indivíduos obrigações, restrições ou sanções em medida superior àquela necessária ao atendimento do interesse público, segundo critério de razoável adequação dos meios aos fins. Havendo distorção entre a medida exigida e o fim efetivamente nela previsto, *in casu*, entre a multa imposta e a finalidade de sua imposição, haverá inadmissível violação aos mencionados princípios.

4.3.5 Responsabilidade dos sucessores

Sabemos que o sujeito passivo é aquela pessoa que está em relação econômica com o fato jurídico tributário, dele extraindo vantagens. Por outro lado, vezes há em que o Estado tem interesse ou necessidade de cobrar o tributo de pessoa diversa. É o que se entende por *sujeição passiva indireta*, que pode vir tanto como transferência, em uma de suas três hipóteses solidariedade, sucessão e responsabilidade, quanto como substituição. Tal classificação tomava em conta critérios extrajurídicos, principalmente de cunho econômico ou da

---

347. Veja-se, a título de exemplo, a concessão da medida liminar na ADIn n. 1753/DF (DJU de 12/06/98, p. 51) e na ADIn n. 855/PR (DJU de 01/10/93, p. 20.212).

348. *Direito Administrativo Moderno*. São Paulo: Revista dos Tribunais, 1996, p. 146.

ordem da pragmática administrativa. Cravadas estas premissas, não haveria, em termos propriamente jurídicos, a divisão dos sujeitos em diretos e indiretos. Parece, pois, com ares de evidência, que as hipóteses instituidoras de responsabilidade, estabelecidas pelo legislador, vinham maculadas como uma medida sancionadora destinada a garantir a boa fiscalização e arrecadação de tributos pelos Entes políticos. Tanto é assim que, a título exemplificativo, não haveria outra justificativa que não a sancionatória a hipótese de responsabilidade do tabelião quanto ao Registro e arrecadação de ITBI na transferência de bens imóveis. A sua falta seria sido por infringência de seu dever jurídico de "providenciar a cobrança do imposto, no ato de passar a escritura". Além de não ser essa a hipótese estabelecida pelo legislador estadual para o imposto de transmissão "intervivos", parece, com ares de evidência, uma medida sancionadora destinada a garantir a vigilância dos tabeliães, ao ensejo da lavratura de escritos públicos que visem a transferência de propriedades imobiliárias.

Posto isto, cremos que, em termos técnico-jurídico, não se deva falar em sujeito passivo indireto. Todas as pessoas colhidas pela endonorma tributária, para efeito de integrar o vínculo, na qualidade de devedores de prestação pecuniária, haverão de ser sujeitos passivos diretos. A distinção, repetimos, só é possível em termos extrajurídicos, em que se considerem dados econômicos. Sobremais, a categoria dos sujeitos passivos, em que aparece a transferência por responsabilidade, não deve ser estudada no campo das endonormas, mas sim das perinormas tributárias, já que se apresentam como elementos do suposto, ao qual se imputam sanções, por virtude da violação de deveres jurídicos.

A matéria que trata da *Responsabilidade dos sucessores* está disciplinada na Seção II, do Capítulo V sobre *Responsabilidade Tributária*, em especial nos arts. 129 a 133 do CTN. Sucessão é a relação de aquisição de uma coisa por outrem. A responsabilidade por sucessão, nesta medida, pressupõe um negócio jurídico em que uma pessoa (terceiro) adquire de outra (contribuinte) determinado objeto gravado com débito tributário não satisfeito, recebendo, por sucessão, todos os deveres fiscais anteriores ao ato sucessório que integram o objeto, ainda que o lançamento seja efetuado em momento posterior, conforme leciona art. 129 do Código.

No corpo do enunciado do art. 130 do CTN, apresenta-se a sucessão por aquisição de imóvel, em que há verdadeira assunção do adquirente das obrigações anteriores do proprietário daquele bem. Mais à frente, prescreve o art. 131 do mesmo Diploma a responsabilidade pessoal do adquirente ou remitente, pelos tributos relativos aos bens adquiridos ou remidos; do sucessor a qualquer título e o cônjuge meeiro, pelos tributos devidos pelo de cujus até a data da partilha ou adjudicação, limitada esta responsabilidade ao montante do quinhão do legado ou da meação; e do o espólio, pelos tributos devidos pelo de cujus até a data da abertura da sucessão. No primeiro caso, o artigo cuida de outros bens que não aqueles do art. 130, isto é, bens em geral com exceção aos bens imóveis. Já na segunda hipótese, a sucessão decorre da morte do proprietário, passando-se a propriedade e os deveres que a ela integram aos seus sucessores. Por último, no caso de espólio, verifica-se a responsabilidade pessoal antes mesmo da sucessão. Nesta medida, verificado o débito com o Fisco e realizada a partilha ou adjudicação, responde o espólio *pessoalmente* com os débitos do *de cujus*.

Finalmente, dispõe, por último o Código, sobre a sucessão empresarial de direito. Segundo dicção do art. 132, a pessoa jurídica de direito privado que resultar de fusão, transformação e incorporação é responsável pelo pagamento dos tributos devidos até a data do ato. Não é difícil verificar a pressuposição da Lei em trazer um dever de cooperação para que as prestações tributárias venham a ser satisfeita, estabelecendo dever implícito de forçar a regularização do débito, antes da operação, ou de assumir o ônus na qualidade de responsável.

Vale dizer que, ao disciplinar a responsabilidade tributária decorrente de incorporação, prescreveu o legislador nacional que a pessoa jurídica resultante dessa operação societária (no caso, a incorporadora) fica obrigada a responder pelos valores devidos, pela incorporada, a título de "tributo". Quando o art. 132 atribui a responsabilidade tributária ao incorporador, o faz em relação aos "tributos". Não se refere a crédito tributário, ou a obrigação principal, o que poderia, eventualmente, dar margem a discussões acerca da inclusão, nesses conceitos, das quantias correspondentes a penalidades pecuniárias. Ao empregar o vocábulo "tributo", não deixou dúvida quanto aos valores cuja responsabilidade é passada ao incorporador, pois este exclui quaisquer exigências que configurem sanção por ato ilícito.

Dada a pessoalidade da pena em razão do seu nexo com as ações praticadas pelo infrator, o responsável somente responde por infrações quando para elas contribuir por ato próprio, não podendo assumir o polo passivo de imposições decorrentes de ilegalidades que jamais foram por ele pessoalmente praticadas.

O Supremo Tribunal Federal já se manifestou sobre o assunto, no seguinte sentido:

> ICMS. MULTA PUNITIVA. NÃO RESPONDE POR ELA O SUCESSOR NO NEGÓCIO. O art. 133 do CTN responsabiliza solidariamente o sucessor do sujeito passivo pelos tributos que este não pagou, mas não autoriza a exigência de multas punitivas, que são de responsabilidade pessoal do antecessor (CTN, art. 137. Súmula n. 192). Esse art. 133 não comporta interpretação extensiva, que os arts. 106, 122, 134 e 137 do CTN, interpretados sistemática e analogicamente, condenam. Padrões que decidiram casos anteriores ao CTN e em antagonismo com a política legislativa destenão demonstram dissídio com interpretação desse diploma (art. 135, do Regimento Interno do Supremo Tribunal Federal). (...) Precedentes do Supremo Tribunal Federal. Recurso extraordinário não conhecido. (STF – 1ª T. – RE 77571/SP – Rel. Min. Rodrigues Alckmin – DJ de 04.04.75).

As sanções, quaisquer que sejam, não são transferidas a terceiros mediante o vínculo da responsabilidade tributária, pois o dever de com elas arcar decorre de conduta pessoal, não coincidente com a obrigação tributária que, por sua origem lícita, é passível de transferência a quem a lei assim determine.

Não bastassem os relevantes argumentos expostos, registre-se que tanto o art. 132, do Código Tributário Nacional como o art. 5º, do Decreto-lei nº 1.598/77, que disciplinam a responsabilidade dos sucessores nas hipóteses de alterações societárias, referem-se apenas a "tributos", não cuidando da transferência dos créditos relativos a penalidades. Fosse intenção do legislador abranger a relação jurídica tributária e a relação jurídica sancionatória, a elas teria feito expressa menção. Em resumo, gravemos: As infrações são de responsabilidade pessoal de quem as praticou, sendo inadmissível sua transferência a terceiros, estranhos à relação delituosa.

Decorrendo o ilícito tributário de atos de determinada pessoa, física ou jurídica, somente ela responde pela sanção originada. A responsabilidade por sucessão abrange apenas os "créditos tributários", entendidos como valores devidos a título de "tributo", como expressamente referido no art. 132, que regulamenta as sucessões empresariais. Vale recordar que "tributo" não constitui sanção de ato ilícito (art. 3º, CTN), motivo por que penalidade alguma pode ser objeto de transferência ao incorporador, independentemente de já ter sido constituída ou não, no instante em que se verificou a mutação societária.

Estou convicto de que a exegese do art. 129 veda a aplicação de penalidade pecuniária ao sucessor, independentemente da autuação ter sido efetivada antes ou depois da incorporação, razão pela qual a parte inicial da nota transcrita ("não tendo sido autuada esta empresa anteriormente à sucessão") não se mostra condizente com as normas integrantes do ordenamento posto.

Fiz essas considerações apenas para tornar clara a sistemática adotada pela legislação nacional, não deixando margem a dúvidas acerca da responsabilidade por sucessão, quaisquer que sejam as características da situação concreta.

4.3.6 Responsabilidade de terceiros

A figura da responsabilidade de terceiros, no Código, vem a aparecer nos arts 134 e 135, admitida nas hipóteses de impossibilidade de exigência do cumprimento da obrigação principal pelo contribuinte. Os arts. 134 e 135 do Código Tributário Nacional denunciam, com força e expressividade, o timbre sancionatório que vimos salientando.

O art. 134 tem aplicabilidade em relação a *atos em que as pessoas indicadas intervierem ou pelas omissões de que forem responsáveis*, evidenciando a presença de um dever descumprido como requisito à exigência do débito, em caráter supletivo, dos sujeitos relacionados nos incisos I a VII. É intuitivo crer que, a despeito de se dizer expressamente solidária a responsabilidade, a frase "nos casos de impossibilidade de exigência do cumprimento da obrigação principal pelo contribuinte", que introduz o próprio texto do art. 134 do CTN, retoma o benefício de ordem, qualificando, deste modo, a responsabilidade por subsidiária. Nesta medida, cobra-se em primeiro do contribuinte; cessadas as formas de exigência do dever legal daquele, executa-se o responsável.

Vale a ressalva de que, em matéria de penalidades, a aludida responsabilidade subsidiária do caput do art. 134 do CTN só se aplica às de caráter moratório. Sendo assim, é vedado à Administração Pública autuar terceiros por infrações cometidas pelo contribuinte, exceto nas situações em que aquele agiu com dolo específico na produção do ato infrator.

O art. 135, não obstante também apresente caráter sancionatório. Elege hipótese diversa, mais grave, cominando sanção igualmente mais severa: exige que tenham sido praticados *atos com excesso de poderes ou infração de lei, contrato social ou estatutos*, implicando a responsabilidade exclusiva e pessoal daquele que agiu desse modo. Semelhante é a prescrição veiculada pelo art. 137 do Código Tributário Nacional, que, ao dispor sobre a figura da responsabilidade por infrações, atribui ao agente, de modo pessoal, a carga tributária decorrente das infrações que praticou de forma dolosa.

Havendo infração tributária subjetiva, praticada com dolo, quer dizer, intenção de fraudar, de agir de má-fé e de prejudicar terceiros, aplicam-se as figuras da responsabilidade de terceiros e responsabilidade por infrações, prescritas nos arts. 135 e 137 do Código Tributário Nacional, respectivamente. As condutas que geram a responsabilidade exclusiva e pessoal são: excesso de poderes, infração de lei, infração do contrato social ou do estatuto.

Levemos em conta essas injunções para aplicar tais normas no caso do administrador (inciso III do art. 135 do CTN). O administrador deve sempre agir com cuidado, diligência e probidade. Deve zelar pelos interesses e pela finalidade da sociedade, o que se faz mediante o cumprimento de seu objetivo social, definido no estatuto ou no contrato social. Quando o administrador pratica qualquer ato dentro dos limites estabelecidos, o faz em nome da pessoa jurídica e não como ato particular seu. Mas quando o administrador, investido dos poderes de gestão da sociedade, pratica algo que extrapole os limites contidos nos contratos sociais, comete ato com excesso de poderes.

Tem-se infração à lei quando se verifica o descumprimento de prescrição relativa ao exercício da Administração. A infração do contrato social ou do estatuto consiste no desrespeito a disposição expressa constante desses instrumentos societários, e que tem por consequência o nascimento da relação jurídica tributária.

As situações acima relacionadas desencadeiam as implicações jurídicas estipuladas pelo art. 135 do Código Tributário Nacional, respondendo o administrador pessoalmente pelos débitos tributários cujo surgimento deu causa. Ainda que, eventualmente, a sociedade beneficie-se de tais atos, competirá ao administrador responder pessoalmente pela obrigação. A relação jurídica de responsabilidade tributária não se altera em função de a sociedade ter-se beneficiado do ato ilícito, pois inexiste previsão legal nesse sentido. Para os fins da relação existente entre o Fisco e o responsável, o benefício usufruído pela sociedade é irrelevante, não havendo solidariedade nem subsidiariedade, mas somente obrigação pessoal do administrador pelo pagamento do valor correspondente ao tributo e penalidades pecuniárias.

4.3.7 Responsabilidade por infrações

Salvo disposição de lei em contrário, a responsabilidade por infrações da legislação tributária independe da intenção do agente ou do responsável e da efetividade, natureza e extensão dos efeitos do ato (CTN, art. 136). Nota-se aqui uma declaração de princípio em favor da responsabilidade objetiva. Mas, como sua formulação não está em termos absolutos, a possibilidade de dispor em sentido contrário oferta espaço para que a autoridade legislativa construa as chamadas infrações subjetivas.

O art. 137 aponta os casos em que a responsabilidade é pessoal do agente: quanto às infrações conceituadas por lei como crimes ou contravenções, salvo quando praticadas no exercício regular de administração, mandato, função, cargo ou emprego, ou no cumprimento de ordem expressa emitida por quem de direito (item I); quanto às infrações em cuja definição o dolo específico do agente seja elementar (item II); e quanto às infrações que decorram direta e exclusivamente de dolo específico: a) das pessoas referidas no art. 134, contra aquelas por quem respondem; b) dos mandatários, prepostos ou empregados, contra seus mandantes, preponentes ou empregadores; c) dos diretores, gerentes ou representantes de pessoas jurídicas de direito privado, contra estas (art. 137, III).

Modo de exclusão da responsabilidade por infrações à legislação tributária é a denúncia espontânea do ilícito, acompanhada, se for o caso, do pagamento do tributo devido e dos juros de mora, ou do depósito da importância arbitrada pela autoridade administrativa, quando o montante do tributo dependa de apuração (CTN, art. 138). A confissão do infrator, entretanto, haverá de ser feita antes que tenha início qualquer procedimento administrativo ou medida de fiscalização relacionada com o fato ilícito, sob pena de perder seu teor de espontaneidade (art. 138, parágrafo único). A iniciativa do sujeito passivo, promovida com a observância desses requisitos, tem a virtude de evitar a aplicação de multas de natureza punitiva, porém não afasta os juros de mora e a chamada multa de mora, de índole indenizatória e destituída do caráter de punição. Entendemos que as duas medidas — juros de mora e multa de mora — por não se excluírem mutuamente, podem ser exigidas de modo simultâneo: uma e outra.

Capítulo 5
PROCEDIMENTO ADMINISTRATIVO TRIBUTÁRIO

Sumário: **5.1. Regras gerais da Administração Tributária** – 5.1.1. Processo e procedimento – 5.1.2. Ato administrativo e procedimento administrativo – 5.1.3. Procedimento administrativo tributário como forma de controle das atividades administrativas – 5.1.3.1. Princípios endógenos aplicáveis ao procedimento administrativo tributário – 5.1.3.1.1. Princípio da legalidade objetiva – 5.1.3.1.2. Princípio da oficialidade – 5.1.3.1.3. Princípio do informalismo em favor do interessado – 5.1.3.1.4. Princípio do devido processo – 5.1.3.1.5. Princípio da contraprodução – 5.1.3.2. Princípios exógenos aplicáveis ao procedimento administrativo tributário. **5.2. Síntese da atividade da Administração tributária** – 5.2.1. Classificação dos atos administrativos que integram o procedimento administrativo – 5.2.2. Faculdades da Administração em matéria de lançamento tributário – 5.2.2.1. Critérios do procedimento administrativo e meios para se reconhecer a perspectiva dimensível do fato jurídico tributário – 5.2.2.2. Observações críticas sobre as formas de reconhecimento da medida do fato jurídico tributário – 5.2.3. Limites às faculdades da Administração no lançamento e garantias dos administrados – 5.2.3.1. Princípio da legalidade – 5.2.3.2. Limites da atividade de inspeção fiscal – 5.2.4. Procedimento administrativo e controle de legalidade dos atos de aplicação de sanções – 5.2.5. Algumas observações de política tributária acerca dos atos administrativos – 5.2.6. Impugnações e recursos no procedimento administrativo tributário.

5.1 REGRAS GERAIS DA ADMINISTRAÇÃO TRIBUTÁRIA

Recebe nomes diversos a conjugação de atos e termos, organizados harmonicamente, voltados para o fim de obter resultado que se substancia em ato expressivo e final da vontade do Estado, enquanto Poder Público, no desempenho de suas funções. Alguns a chamam de *processo administrativo*; outros, de *procedimento administrativo*. Interessa-nos restringir a discussão, no entanto, àquela forma precisa de processo/procedimento administrativo verificado na esfera tributária, que tem como conteúdo a discussão do ato de lançamento ou do ato de imposição de penalidade.

5.1.1 Processo e procedimento

Tem-se empregado o termo "processo" para designar, invariavelmente, tanto a discussão que se desdobra perante o Poder Judiciário quanto as controvérsias deduzidas no âmbito da Administração Pública, sobre temas tributários ou meramente administrativos. A palavra, contudo, não parece revestir a riqueza semântica que se lhe quer outorgar, sugerindo dimensão mais restrita, um sentido mais estreito, justamente em obséquio ao rigor da precisão dos conceitos jurídicos.

De fato, "processo", nos domínios do direito, é o nome que se dá ao instrumento de composição de litígios, ou ao complexo de atos e termos voltados à aplicação do direito positivo a uma situação controvertida. Nele realiza o Estado, de forma plena, sua função jurisdicional, aplicando a lei e tornando efetivos os ideais de Justiça. Como acentua José Frederico Marques[349]:

> Não se confunde processo e procedimento. Este é a marcha dos atos do juízo, coordenados sob formas e ritos, para que se atinjam os fins compositivos do processo. Já o processo tem um significado diverso, porquanto consubstancia uma relação de direito 'que se estabelece entre seus sujeitos durante a substanciação do litígio'.

A figura do "processo" está jungida ao campo da jurisdição, em que se pressupõe a existência de órgão estatal, independente e imparcial, credenciado a compor conflitos de interesse, de maneira peremptória e definitiva.

Seu caráter teleológico é exalçado por Augustin A. Gordillo[350], que distingue o vocábulo na sua concepção ampla, daquel'outra concepção estrita. Anota, porém, aquilo que chama de perigo da noção ampla, porquanto, usualmente, processo é sinônimo de juízo, e poderia chegar a entender-se que a decisão prolatada pela Administração, ouvido o interessado, resolveria definitivamente acerca dos direitos debatidos. O autor argentino sublinha a necessidade de reservarmos ao processo uma atribuição específica, que vai além de simplesmente ouvir o interessado, mas que pressupõe a existência de um julgador neutro e que não dependa de outrem, qualidades estas que em nenhum caso pode reunir plenamente a Administração. E assevera:

> Por esta razón también es conveniente reservar el concepto de proceso y por ende de juicio para el proceso o juicio estrictamente judicial, evitando con esta terminología posibles confusiones como las que se acaban de recordar[351].

Penso ser imperiosa a distinção entre processo e procedimento. Reservemos o primeiro termo, efetivamente, à

---

349. *Instituições de direito processual civil*, Rio de Janeiro, Forense, 2ª ed., 1962, p. 31.

350. *Tratado de derecho administrativo*, Buenos Aires, Macchi-Lopes, 1974, p. XVII-1 a XVII-5.

351. *Tratado de derecho administrativo*, Buenos Aires, Macchi-Lopes, 1974, p. XVII-1 a XVII-5.

composição de litígios que se opera no plano da atividade jurisdicional do Estado, para que signifique a controvérsia desenvolvida perante os órgãos do Poder Judiciário. Procedimento, embora sirva para nominar também a conjugação dos atos e termos harmonizados na ambitude da relação processual, deve ser o étimo apropriado para referir a discussão que tem curso na esfera administrativa.

Firmadas tais premissas, é lícito dizer que a locução adequada para aludirmos à impugnação de atos administrativos, junto à própria Administração, no que tange à matéria dos tributos, é "procedimento administrativo tributário". Isso não impede, é claro, que reconheçamos outras dimensões semânticas ao vocábulo, mesmo dentro dos domínios do direito, como por exemplo, em "processo legislativo."

5.1.2 Ato administrativo e procedimento administrativo

Circunscritas as fronteiras do objeto deste estudo ao procedimento administrativo tributário, quadra indagar de seu conteúdo, de seus antessupostos, de sua finalidade. Demais disso, impende atinar ao significado intrínseco da locução "ato administrativo", de superior importância para a devida compreensão do procedimento. Como unidade atômica e entidade irredutível da própria função administrativa, vamos nos imitir no exame da compostura interior do ato jurídico administrativo, para depois, deslocarmos a atenção ao campo do procedimento.

Oswaldo Aranha Bandeira de Mello[352], polarizando o centro de suas indagações no ato administrativo, firma as características de essência daquela entidade, concebida no sentido material ou objetivo,

> como manifestação de vontade do Estado, enquanto Poder Público, individual, concreta, pessoal, na consecução do seu fim, de criação de utilidade pública, de modo direto e imediato a produzir efeitos de direito.

---

352. *Princípios gerais de direito administrativo*, vol. 1, Rio de Janeiro, Forense, 1969, pp. 413-414.

São aqueles atos jurídicos praticados segundo o direito administrativo, pelas pessoas administrativas, a que alude Ruy Cirne Lima[353], adicionando ao conceito anterior a acepção orgânico-formal que Oswaldo Aranha Bandeira de Mello refere em definição apartada. De modo análogo, Caio Tácito[354] separa os atos administrativos formais – "todos aqueles praticados por um órgão administrativo" – dos materiais – "os que representam, substancialmente, o exercício da função administrativa do Estado, independentemente do órgão de sua execução".

No ato jurídico administrativo encontramos os requisitos estruturais do gênero "atos jurídicos", isto é, agente capaz, objeto lícito, possível, determinado ou determinável e forma prescrita ou não defesa em lei (art. 104 do Código Civil), além de elementos que lhe dão especificidade, quais sejam, os motivos e a finalidade do ato. Haverá, portanto, cinco características, como tem entendido a melhor doutrina do direito administrativo.

Como assinala Caio Tácito[355], a capacidade do agente assume, no direito público, sentido particular que se exprime na regra da *competência*, ou seja, o poder legal de realizar determinada parcela da função administrativa, e tal competência não adere à pessoa do agente, visto que se refere ao conteúdo da função pública.

Quanto ao objeto, não se pode adotar, sem a devida reserva, o requisito genérico dos atos jurídicos. Sobre a condição geral da licitude, deve o objeto, ainda na conformidade do magistério do ilustre professor, estar relacionado com a competência específica da autoridade e com o grau de opção que lhe tenha sido atribuído. Nos atos vinculados, o objeto estará determinado no preceito legal, enquanto nos atos de competência discricionária deverá quadrar-se nos limites estipulados na lei, da liberdade apreciativa outorgada à Administração.

---

353. *Princípios de direito administrativo*, 2ª ed., Porto Alegre, Globo, p. 73.

354. *Direito administrativo*, São Paulo, Saraiva, 1975, p. 55.

355. *Direito administrativo*, São Paulo, Saraiva, 1975, p. 58.

Imprescindíveis se tornam tais adaptações ao reconhecimento da intimidade estrutural dos atos jurídicos administrativos, merecendo considerar, ainda, os dois outros elementos que completam sua existência: o *motivo* e a *finalidade*.

O *motivo* está atrelado aos fundamentos que ensejaram a celebração do ato. Pode, na doutrina de Hely Lopes Meirelles[356], vir expresso em lei ou ficar ao critério do administrador. Tratar-se-á, então, de ato vinculado ou discricionário, segundo a hipótese. No primeiro caso, terá a autoridade que houver de celebrá-lo justificar a existência do motivo, sem o que o ato será inválido ou, pelo menos, invalidável, por ausência de motivação. Mas, deixado ao alvedrio do administrador, poderá ele praticá-lo sem motivação expressa. Caso venha a especificá-lo, porém, ficará jungido aos motivos aduzidos.

A *finalidade* é o objetivo que se pretende com a celebração do ato, ou, no dizer de Seabra Fagundes[357], o resultado prático que se procura alcançar pela modificação da ordem jurídica.

Coalescentes os cinco elementos que lhe dão substância, estaremos diante de ato jurídico administrativo. Entretanto, nem todo ato jurídico administrativo realiza os efeitos típicos a que está preordenado. Importa saber de sua eficácia, da aptidão para irradiar os efeitos que lhe são próprios. Todavia, satisfeita a publicidade necessária, o ato existe, justamente por reunir aqueles cinco componentes que dizem com sua essência.

De outra parte, procedimento administrativo é a conjugação de atos e termos, organizados harmonicamente, para obtenção de resultado que consiste num ato expressivo e final da vontade do Estado, enquanto Poder Público, no desempenho de suas funções administrativas.

Vê-se, desde logo, que o procedimento traz à sirga um grupamento, mais ou menos complexo, de atos jurídico-administrativos.

---

356. *Direito administrativo brasileiro*, 4ª ed., São Paulo, Revista dos Tribunais, 1976, p. 121.

357. *O Controle dos atos administrativos pelo Poder Judiciário*, Rio de Janeiro, Forense, 1967, p. 38.

Esses atos se compõem, sucessivamente, num todo orgânico, e em cada qual está sempre vivo o objetivo derradeiro que anima o próprio existir do procedimento. No seu curso, é dado observar a marcha compassada, o fluir contínuo que vai ajeitar ensejo ao aparecimento da manifestação volitiva do Estado, expressa também num ato. Há, por isso mesmo, um indisfarçável aspecto teleológico, como se os elementos que lhe imprimem compostura estivessem carregados de certo teor de energia, capaz de impulsioná-lo para frente, no sentido de atingir o alvo colimado.

Ressalta à obviedade que o procedimento, enquanto sucessão de atos administrativos, depende da validade e eficácia de cada uma das respectivas atividades, a ponto de ver-se prejudicado, em seu caminhar, pelos vícios que porventura os comprometam.

Do quanto se disse, até aqui, já é possível chegarmos a uma conclusão de transcendental relevância: o procedimento administrativo tributário se consubstancia numa sucessão de atos tendentes a exercitar o controle de validade do lançamento, da multa, da notificação de qualquer deles ou de ambos, a fim de que a atividade desenvolvida pela Administração Pública realize, de pleno, aquele peremptório conteúdo proclamado pelos publicistas: "administrar é aplicar a lei de ofício". Os sucessivos controles de validade têm por escopo a precisa, exata e fiel aplicação da lei tributária. A inobservância desse preceito acarreta a presença de vícios. Por sua vez, o vício aponta para a anulação do ato administrativo que pode ser empreendida tanto pela Administração, *ex officio*, como pelo Poder Judiciário. Identificadas as irregularidades, é imperativa a anulação dos atos administrativos, bem como de todos os atos que deles decorram ou neles se fundamentem.

5.1.3 Procedimento administrativo tributário como forma de controle das atividades administrativas

A cadeia sistemática de atos e termos, que dão sentido de existência ao procedimento administrativo tributário, já pôde ser examinada no seu conteúdo, como uma sucessão de providências viradas ao fim precípuo de se aplicar, de ofício, mas rigorosamente, a lei tributária. E tal observação não encerraria qualquer curiosidade, uma vez que é cediço o princípio segundo o qual a toda aplicação de penalidades deve preceder uma verificação contraditória das provas produzidas nos autos, em consonância com inúmeros postulados, entre eles o da ampla defesa.

Acontece que o procedimento administrativo tributário não surde à luz, na ordem jurídica vigente, apenas no que se refere à aplicação das chamadas multas ou outras sanções fiscais. Tem ensejo, igualmente, no que concerne à exigência do tributo, concebida dentro dos mesmos parâmetros e cercada de idênticos cuidados. Por quê? Precisamente porque a pretensão tributária esbarra em dois primados caríssimos, na estrutura do direito positivo brasileiro: o direito de liberdade e o direito de propriedade. A singela ameaça a esses dois direitos substanciais é motivo suficiente para que se desencadeie toda aquela sucessão de expedientes, alguns do Fisco, outros do sujeito passivo, conduzindo-se a discussão de tal arte que se promova, iterativamente, o controle de legalidade dos atos praticados no plano de gestão dos tributos.

Muitos autores, mais preocupados com a possível existência de uma "Justiça Administrativa", têm procurado deslocar o cerne do problema, entendendo que o procedimento deva se ater a outras diretrizes, quem sabe mais amplas, contudo, juridicamente menos verdadeiras e autênticas. Não se pretende, com isso, afastar do plano da correta aplicação da lei, nos domínios da relação do Ente Público com o administrado, os ideais de Justiça. Quer apenas significar que o procedimento não persegue, como finalidade primeira e imediata, a concretização de critérios de Justiça. Tais anseios por certo que penetram o encadeamento das peças integradoras da sucessão harmônica que culmina com a manifestação final da vontade do Estado. Devem permear a celebração dos atos e inspirar todas as providências que se fizerem necessárias no curso do procedimento, mas não é o objetivo capital, a razão última, o desígnio pronto e direto que o particular e a Administração almejam conseguir. Esta meta está restrita, em caráter primordial, à aplicação escorreita dos preceitos da lei, entendido este vocábulo na plenitude de seu conteúdo semântico. Ao Judiciário, entretanto, cabe a aplicação do direito positivo, compondo litígios e realizando, com todo o vigor, os mais elevados padrões de Justiça. Reside aqui, precisamente, a distinção entre as funções da Administração, no contexto do procedimento administrativo e a do Judiciário, quando se trata do processo tributário. A tutela jurisdicional do Estado é concebida como atividade que se desempenha imediatamente voltada aos ideais de Justiça. Não há exagero até em afirmar-se que o Estado exerce a Jurisdição para celebrar a Justiça, muito embora o faça também aplicando o direito, de ofício.

Tecidas essas considerações, fiquemos com a afirmação de que o procedimento administrativo tributário se traduz num plexo de formalidades, armadas para o escopo de exercitar o controle de legalidade de certos e determinados atos administrativos, como o lançamento, a imposição de penalidades e a notificação. De ver está que outros existem, sugerindo também um controle de legalidade e, nesta medida, seria admissível afirmar que todo ato administrativo deve estar submetido à verificação de sua legitimidade. Interessa-nos, por ora, o procedimento administrativo tributário, razão pela qual centralizaremos nossas atenções naqueles específicos atos.

Desse modo, sempre que dúvida pairar sobre o teor de juridicidade do lançamento, por exemplo, caberá ao sujeito passivo impugnar o ato, lembrando aquele controle. Provocará, assim, uma cadeia de outros atos e termos, propiciando ensejo para a decisão de primeira instância, que nada mais é que a manifestação de órgão superior (à autoridade competente para realizar o ato de lançamento) acerca da validade do ato praticado. Insatisfeito, ainda, o particular pode interpor recurso da decisão expedida pelo órgão *a quo*, provocando, novamente um controle de legalidade, agora mais especializado, e cercado de prerrogativas mais solenes e importantes:

a deliberação de um órgão colegial, de estrutura paritária (Tribunal de Impostos e Taxas, Conselho de Contribuintes, etc.). Acresce notar que não pára aí o exercício do controle da legitimidade dos atos administrativos pela própria Administração, uma vez que outros atos serão praticados, invariavelmente compostos para aquele fim. A culminância é o ato de apuração da dívida ativa, seguida de sua inscrição no livro de registro da dívida pública.

Convém memorar, neste ponto, a grande importância de que se reveste esse ato, algumas vezes relegado pela própria Fazenda a uma posição de secundário relevo. É que o ato de apuração da dívida ativa e subsequente inscrição no registro adequado, não só expressa o derradeiro instante em que a Administração pode desenvolver o específico controle da legitimidade dos atos praticados, como também que esse exercício é feito por especialistas juridicamente qualificados. Na verdade, por uma série de razões que não frisa retomar, as autoridades que decidem, na esfera administrativa, não precisam ter formação jurídica especializada. Em inúmeras oportunidades vamos encontrar profissionais de outras áreas do conhecimento cumprindo o mister de analisar o teor de juridicidade de atos administrativos, sem que congreguem, para tanto, as condições intelectuais que o juízo crítico requer.

Acredito que o único ato realizado, *obrigatoriamente*, por profissionais habilitados na interpretação jurídica, é o de apuração e inscrição da dívida ativa, porquanto se consubstancia em atividade privativa dos Procuradores da Fazenda. Se enlaçarmos essa nota à situação, já mencionada, de ser esse o último instante para que o controle de legalidade seja exercido, ver-se-á, de modo claro e insofismável, o grande valor que representa.

5.1.3.1 *Princípios endógenos aplicáveis ao procedimento administrativo tributário*

A mais autorizada doutrina do direito administrativo tem refletido nas grandes diretrizes que hão de governar a marcha do procedimento, de um modo geral, e, sobretudo, no campo das imposições tributárias. Segundo Agustín A. Gordillo[358], os princípios que informam o procedimento administrativo, dizendo, diretamente, com o objetivo fundamental que a sucessão de atos e termos persegue, são de dois tipos, aparecendo, contudo, um terceiro grupo, que se prende a características externas do procedimento, e que valem ser considerados.

Os princípios ligados ao primeiro tipo e, portanto, intrínsecos ao procedimento, guardam semelhança com formulações do processo penal, destacando seu caráter oficial, instrutório, donde se irradiam a chamada impulsão de ofício e as provas pré-concebidas, como dado prioritário; os cânones do segundo tipo visam a garantir a participação das pessoas no curso do procedimento, aparecendo, nesse nível, o informalismo a favor do administrado, o da defesa adequada, com ampla possibilidade de prova, o princípio do contraditório e da imparcialidade.

Entre os princípios exógenos, teríamos, ainda na trilha do juriscultor argentino, aqueles que asseguram o caráter escrito do procedimento, o da ausência de custas e outros mais que não interferem propriamente com a estrutura procedimental.

Passemos a examinar, topicamente, esses postulados capitais, que nos permitem compreender o procedimento administrativo tributário dentro de uma visão global e orgânica.

5.1.3.1.1 Princípio da legalidade objetiva

O procedimento administrativo tributário deve seguir seus trâmites no âmbito daquilo que se conhece por realização do conteúdo objetivo das normas jurídicas, para preservar o império da legalidade e da justiça. Como é cometido à Administração "aplicar a lei de ofício", haverão de procurar seus agentes a forma mais concreta, adequada e verdadeira de realizar os comandos jurídicos. Esse princípio, que ilumina toda a marcha do procedimento, atina, de maneira plena, com

---

358. *Procedimiento y recursos administrativos*, 2ª ed., Buenos Aires, Macchi, pp. 53-54.

a *ratio essendi* da figura, visto que já examinamos, com alguma insistência até, que o procedimento existe para garantir ao Poder Público o aperfeiçoamento da intelecção da mensagem legislada, expedindo atos inteiramente consonantes com o sistema jurídico vigente. Nessa exata dimensão, a legalidade que deve presidir a celebração e anexação dos atos, no quadro procedimental, não vem em favor ou detrimento de qualquer das partes, antes pressupõe o objetivo cardeal de efetivar os comandos legais nos seus precisos e estritos termos.

Obtempera Gordillo[359] que, em função desse primado, explica-se: o caráter instrutório do procedimento; a possibilidade de a autoridade proceder de ofício; e considerável amplitude na interposição de recursos e impugnações, facilitando assim, dentro do possível, o controle dos superiores hierárquicos sobre a boa marcha e legalidade da administração pública. Aduz, finalmente, que, em virtude desse princípio, se esclarece porque a desistência do recorrente não veda à Administração prosseguir na busca da legitimidade do ato prolatado, o que também ocorre com o falecimento do interessado.

Com supedâneo nesse postulado, apreendido em toda a sua abrangência, emerge a necessidade de conferir-se ampla defesa ao administrado, não só como requisito erigido nos sistemas liberais, em homenagem à pessoa humana do particular, mas, sobretudo, como disposição técnica para assegurar a efetiva e correta aplicação da "legalidade objetiva".

5.1.3.1.2 Princípio da oficialidade

Do princípio da oficialidade se desprende a regra de que o impulso do procedimento deve caber à Administração, quer como desdobramento do próprio cânone da legalidade objetiva, quer como imperativo de que a atividade, primeiro que diga respeito ao interesse do particular, envolve um interesse público e da Administração mesma, na medida em que, por seu intermédio, se controla a precisa e correta aplicação da lei.

---

359. *Procedimiento y recursos administrativos*, 2ª ed., Buenos Aires, Macchi, p. 55.

Isso não quer exprimir que o início do procedimento não possa caber ao administrado ou, ainda, que certos atos procedimentais não sejam cometidos à sua iniciativa. Expressa, única e exclusivamente, que compete ao Poder Público zelar pelo curso regular do procedimento, evitando que seu progresso fique tolhido por manifestações de inércia do interessado, com o comprometimento dos objetivos finais que norteiam sua existência.

Demora-se aqui um fator de dessemelhança com relação ao direito processual civil, em que prevalece a diretriz segundo a qual a lei atribui às partes assegurarem o caminhar do procedimento judicial, na busca da tutela jurisdicional do Estado.

Convém advertir que quando se fala em impulso de ofício, não se alude a um caráter absoluto, mas apenas preponderante, variando em sua intensidade conforme o tipo de interesse que se coloca como conteúdo da controvérsia. Tratando-se de atos jurídicos de índole tributária, vigora o princípio com grande força e vitalidade, de tal modo que se torna admissível asseverar, sem qualquer extravagância, que foi deferida à Administração cuidar do avanço procedimental, afastando todas as hipóteses em que a sucessão de atos fique truncada, frustrando-se por essa via o controle de legalidade dos atos praticados.

Deflui, também, da máxima da oficialidade o timbre instrutório que há de acompanhar o procedimento administrativo, entendendo-se por isso a condição de que a produção de provas e todas as demais providências para a averiguação dos fatos subjacentes cabem tanto ao Poder Público quanto à parte interessada. Por evidência que no plexo das disposições normativas é que vamos encontrar a quem compete realizar esta ou aquela prova; tomar esta ou aquela providência no sentido de atestar os acontecimentos. Alguns expedientes são, por natureza, privativos da Administração, enquanto outros só ao administrado quadra produzir. No feixe de tais contribuições reside o caráter instrutório do procedimento administrativo tributário e, com ele, a forma encontrada pelo direito para o esclarecimento dos fatos e subsequente controle da legalidade dos atos.

5.1.3.1.3 Princípio do informalismo em favor do interessado

O informalismo é um sainete bem próprio ao procedimento administrativo. Por ele deve entender-se a ausência de formas estritas, de modelos exclusivos, que podem ser interpretados com alcances até discrepantes. Por um lado, o informalismo muitas vezes conduz à arbitrariedade, pela ausência de fórmulas determinadas, que se afiguram autênticas garantias da segurança das relações procedimentais. Por outro, contudo, o informalismo significa a aceitação de um quadro amplo de direitos e prerrogativas, para a busca da melhor adequação fáctica ao suposto normativo geral e abstrato. E é com tal acepção que há de ser acolhido, presumindo-se que todos os efeitos favoráveis que venha a suscitar, beneficiem o administrado. Daí a referência expressa a informalismo em favor do interessado.

Adscrever-se um aspecto formal rígido para governar os atos praticados pelo particular significaria, em última análise, criar empeços e sugerir embaraços a um relacionamento que há de ser simples e objetivo, por natureza. Esse critério não é de aplicar-se à atividade administrativa, na pauta de sua intervenção procedimental. Favorece o interessado, o particular, a parte, não a Fazenda Pública, cujos atos serão celebrados e acompanhados com imprescindível rigor.

Como aplicação prática desse princípio, temos a tolerância quanto à denominação de recursos e peças impugnatórias; a consideração de medidas endereçadas a autoridades diversas, dentro do mesmo órgão, ou dentro de certos limites. O que interessa, no caso, é a vontade de impugnar, o desejo de interpor recurso, ficando para segundo plano os requisitos formais que dizem com a compostura da peça.

Em súmula estreita, vale acentuar que o critério do informalismo, que permeia o procedimento administrativo, inscreve-se no plano das prerrogativas do administrado, vindo a favorecê-lo, beneficiá-lo e criar pressupostos para que participe em igualdade de condições com o Poder Público no contexto procedimental. Não aproveita, porém, à Fazenda, que deverá ater-se ao espectro de requisitos formais que inspiram suas manifestações. Caso admitíssemos o informalismo em favor da Administração, entraríamos nos perigosos domínios do arbítrio e no mar revolto das soluções extralegais.

5.1.3.1.4 *Princípio do devido processo*

A diretriz suprema do devido processo legal, que anima a composição de litígios promovida pelo Judiciário, e garante ampla liberdade às partes para exibir o teor de juridicidade e o fundamento de justiça das pretensões deduzidas em juízo, se aplica com assomos de princípio capital ao procedimento administrativo tributário. Existe o chamado "devido processo legal", como instrumento exclusivo de preservar direitos e assegurar garantias, tornando concreta a busca da tutela jurisdicional ou do ato jurídico administrativo, o que consubstancia a manifestação final da Fazenda em questões tributárias que dependam de um ato formal expressivo de sua vontade.

É com estribo nesse primado que não se concebe, nos dias atuais, alguém ser apenado sem que lhe seja dado oferecer todas as razões favoráveis, que justifiquem ou expliquem seu comportamento. É direito que mereceu referência explícita em nossa Carta Constitucional, consoante se vê do art. 5º, LV, da CR/88, *in verbis*: "Aos litigantes, em processo judicial ou administrativo, e aos acusados em geral são assegurados o contraditório e ampla defesa, com os meios e recursos a ele inerentes".

Fique assinalado que à locução "aos acusados em geral", se equipara, em tudo e por tudo, a situação de todos os administrados que tenham ameaçados seu patrimônio e sua liberdade, por força de exigências de índole tributária. Já mencionamos que o poder de império do Estado, na plataforma dessas imposições, há de manifestar-se de forma extremamente cuidadosa, inspirada pelo zelo que a magnitude desses direitos sugere, tratando-se, como se trata, de prerrogativas fundamentais ao ser humano no convívio com seus semelhantes.

A observância de tão elevado critério, porém, não há de inscrever-se no aparente quadro de faculdades externas e rotineiras, preservadas como singelos deveres dos agentes da Administração, no decurso do procedimento. Antes de tudo, são imperativos constitucionais, que embora expressos naquele já citado preceito, penetram inúmeros outros dispositivos, quer no Texto Magno, quer em diplomas de inferior estatura hierárquica. A ele devem curvar-se todos os funcionários incumbidos de intervir na marcha do procedimento, curando, de ofício – sem necessidade de qualquer instância do particular – de sua preservação e do sentido e da profundidade de sua existência, enquanto critério sobranceiro, diretriz primeira e conquista inarredável do moderno Estado de Direito, assim concebido como aquele que se submete à lei e à jurisdição.

O direito ao devido processo, o *due process of law*, antessupõe a verificação de uma série de desdobramentos, que podem ser assim enumerados:

1º – **Direito a ser ouvido**, que abrange, por sua vez:

a) ampla publicidade de todos os atos do procedimento, máxime aqueles privativos da Administração, firmando-se, nesse plano, o direito de vista do particular, que não pode ser tolhido sob qualquer pretexto. Admoesta Gordillo[360] que o ato "secreto del procedimiento sólo se justifica en casos excepcionales y por decisión expresa de autoridad competente";

b) oportunidade de expressar suas razões em momentos que antecedam a expedição do ato administrativo e, também, por desdobramento lógico, *em instantes subsequentes* à celebração e *publicidade do ato*;

c) manifestação expressa da autoridade que está incumbida de apreciar o feito, *com relação a cada um dos argumentos e das questões propostas*, ressalvando-se, naturalmente, aquelas que refugirem do segmento circunscrito na lide;

---

360. *Procedimiento y recursos administrativos*, 2ª ed., Buenos Aires, Macchi, p. 82.

d) dever da Administração de decidir explicitamente os pedidos, impugnações e recursos, fundamentando as soluções alvitradas e analisando, topicamente, os pontos levantados pelas partes;

e) direito de fazer-se representar por profissional especializado, o que se explica nas adnumeráveis situações em que o sujeito passivo não tem o desejado conhecimento da sistemática que preside a exigência fazendária. Essa faculdade, todavia, não elide a defesa do próprio interessado, muitas vezes impossibilitado de contratar alguém para representá-lo.

2º – **Direito a oferecer e produzir a prova adequada à defesa de suas pretensões.** Essa prerrogativa traz, também, como pressupostos:

a) direito a que toda prova, razoavelmente proposta, *seja produzida*, ainda que tenha que fazê-lo a própria Administração, como atestados, certidões, informações, esclarecimentos, etc.;

b) direito a que a produção da prova seja efetivada antes que o Poder Público adote alguma posição definitória sobre o conteúdo da questão;

c) direito a participar na produção da prova feita pela Administração, seja ela pericial ou testemunhal, como outra manifestação do princípio da publicidade.

5.1.3.1.5 *Princípio da contraprodução*

O princípio da contraprodução não assume, propriamente, a categoria de primado independente, mas tem como premissa a configuração procedimental dentro da amplitude do "devido processo legal". A realização desse cânone tem como corolário imediato que se estabeleça uma sequência contraditória, em que Administração e administrado se coloquem numa situação de equilíbrio, apta a propiciar o desdobramento do feito e ensejar a edição do ato conclusivo, para o qual propende.

Cabe asseverar que a cada expediente de iniciativa do particular corresponde um ato ou uma providência da Fazenda, de tal sorte que se configure a contradição inspiradora do procedimento, enquanto cadeia de atos e termos, associados orgânica e harmonicamente, para o fim deliberado de obter-se um ato final, substanciador da vontade administrativa. A recíproca também é verdadeira, uma vez que todo ato administrativo suscita, ou pode suscitar (não se tratando da manifestação derradeira), pedido de revisão, peça impugnatória ou recurso.

É imperioso reconhecer que o princípio da contraprodução não se perfaz, apenas e tão somente, com a possibilidade de o administrado ou a Administração oferecer argumentos e provas que contradigam atos ou peças interpostas no procedimento. Requer, sobretudo, que isso ocorra num ambiente de rigoroso equilíbrio, opondo-se equitativa e uniformemente, as razões de ambas as partes.

Deve ser vista com inusitada reserva, por exemplo, a prática utilizada no procedimento administrativo do Estado de São Paulo, em que o oferecimento de razões de defesa ou de recurso dá espaço à manifestação do representante fiscal, para depois subir, respectivamente, à apreciação do órgão de primeiro grau ou da Corte Administrativa que decide em segunda instância. Parece óbvio que esse vezo rompe com o equilíbrio procedimental, atribuindo-se participação maior à Fazenda que ao particular. Sobre violar o caráter contraditório, acaba por favorecer a Administração.

É importante ressaltar que o princípio do contraditório está jungido à observância de certo grau de imparcialidade na solução do litígio. Não se pretende, é claro, que haja aquela imparcialidade absoluta que caracteriza, teoricamente, as emanações do Poder Judiciário. O esquema estrutural que governa a existência do procedimento, desenvolvido nos cancelos da Administração Pública, em que esta aparece como interessada no deslinde do problema suscitado, por si só já afasta a possibilidade de uma solução imparcial e equiponderante.

Sabe-se que a autoridade julgadora está premida por contingências que a tornam mais próxima do ato administrativo que abriu ensanchas à controvérsia do que à impugnação deduzida pelo interessado. É verdade intuitiva que não pode ser afastada sem desapreço do exame objetivo da realidade que se estuda com o procedimento. Em contraponto, faz-se mister a existência de um mínimo de independência e imparcialidade, para que se possa falar em contraditório e, por via de consequência, em procedimento administrativo tributário. Por esse mínimo de independência vêm lutando os tribunais administrativos do Brasil.

5.1.3.2 Princípios exógenos aplicáveis ao procedimento administrativo tributário

Consoante sublinhei, na esteira do juspublicista argentino, outros princípios há que podem ser identificados como exteriores ao procedimento, mas que servem para distingui-lo de outras entidades jurídicas, interessando, portanto, enunciá-los.

1º – *O caráter escrito do procedimento*, que assume relevo na dimensão em que os momentos de oralidade são muito reduzidos e praticamente inexistentes. Essa particularidade se traduz como imperativo que inibe arbitrariedades e afasta pressões espúrias que, por uma razão ou por outra, poderiam macular o curso normal do procedimento. Assim, até as provas testemunhais hão de ser reduzidas a escrito. É fato, sobretudo de estabilidade, da própria relação procedimental.

2º – *A ausência de custas* é outro pormenor que marca, ainda que de maneira exterior, a realidade do procedimento administrativo tributário, principalmente em cotejo com o processo judicial tributário. A justificação repousa no interesse que a Administração devota ao curso do procedimento, que tem por escopo a edição de ato final controlador da legalidade de atos anteriormente praticados. O procedimento interessa à Fazenda, que não pode pretender o exercício de direitos que a lei não lhe comete e não deve extrapassar os limites consignados no direito positivo para o implemento das imposições legalmente atribuídas. Embora de feição exógena, a ausência de custas se prende ao sentido de existência jurídica do procedimento como um todo.

3º – *A rapidez, simplicidade e economia* são também fatores externos, mas que devem inspirar a figura do protótipo de procedimento administrativo tributário. A rapidez interessa a todos. O direito existe para ser cumprido e o retardamento na execução de atos ou nas manifestações de conteúdo volitivo hão de sugerir medidas coibitivas, tanto para a Fazenda como para o particular. Nesse domínio se situa a estipulação de prazos para a celebração de atos administrativos, bem como a interposição de peças e outros expedientes que interessem aos direitos do administrado. Não se compaginam com os ideais de segurança e garantia das relações jurídicas certas situações indefinidas, qualificadas pela inércia de agentes da Administração ou do titular de direitos subjetivos.

A rapidez liga-se à simplicidade, uma vez que expedientes e providências complexas não poderiam responder ao requisito da celeridade suso mencionada. Os atos administrativos realizados no decurso do procedimento, assim como todos os momentos que qualificam a participação do interessado, devem obedecer a disposições singelas, a pressupostos de fácil compreensão, a medidas de entendimento imediato ao comum dos homens, em ordem a que se torne possível assegurar o caminho do procedimento, em clima de rapidez e segurança. Ainda quanto aos atos administrativos, seria admissível certa implexidade, firmada a convicção de que o agente competente para efetivá-lo seja também competente na acepção vulgar do termo. Entretanto, no que entende ao particular, pareceria desatinado exigir o cumprimento de formas complicadas, se não em casos excepcionais, onde as próprias circunstâncias requerem manifestações complexas.

Se à rapidez se liga a simplicidade, é lícito dessumir que da conjugação dos dois requisitos nasce a economia. De fato, não se pode pensar em economia, se nos deparamos com uma cadeia iterativa de atos complexos, de providências rebuscadas, de expedientes estrambóticos, de exigências esdrúxulas, tudo isso associado numa "organização" que prima pela ausência de prazos determinados para *ambas as partes*. Não há exagero em afirmar-se que a economia procedimental é decorrência lógica e cronológica da simplicidade e da rapidez.

Vimos de ver os postulados endógenos e exógenos que devem inspirar o procedimento administrativo tributário, para que ele se realize como "sucessão itinerária e encadeada de atos administrativos tendendo todos a um resultado final e conclusivo", no dizer de Celso Antonio Bandeira de Mello[361], ou, segundo Alberto Xavier[362], "como a sucessão ordenada de formalidades tendentes à prática ou à execução de um ato administrativo por parte de uma autoridade ou órgão administrativo".

Seja como for, a coalescência de todos aqueles primados, derramando luzes sobre a sucessão articulada de atos e termos, outorga ao procedimento um sentido jurídico de grande significação, aparecendo como instrumento valioso para o surgimento, no universo do direito positivo, de uma sadia e adequada manifestação de vontade do Estado enquanto Administração Pública.

5.2 SÍNTESE DA ATIVIDADE DA ADMINISTRAÇÃO TRIBUTÁRIA

Dentre os princípios exógenos do procedimento administrativo tributário de um lado – rapidez, simplicidade e economia –, e os princípios endógenos de outro – legalidade, oficialidade, informalidade, devido processo legal –, encontraremos a Administração tributária realizando, como primado da sua atividade, o controle de legalidade de seus atos com fundamento na Constituição da República, que determinou, expressamente, a observância aos princípios inerentes ao devido processo legal (art. 5º, LIV). Trata-se de preceito de observância necessária em todos os procedimentos administrativos tributários. Representa, segundo Manoel de Oliveira Franco Sobrinho[363], forma de conciliar o interesse público com o direito dos administrados:

---

361. *Elementos de direito administrativo*, São Paulo, Revista dos Tribunais, 1980, p. 71.

362. *Procedimento administrativo*, São Paulo, Bushatsky, 1976, p. 89.

363. *A prova administrativa*, São Paulo, Saraiva, 1973, p. 40.

"a segurança jurídica para os que dependem da Administração através do controle das formas que a lei determinar para que os atos governamentais se legitimem na legalidade".

Desse princípio decorrem, dentre outros, vedação a juízo ou tribunal de exceção, proibição de julgamento do processo por autoridade incompetente, garantia de que o particular não será privado de sua liberdade física ou de seus bens sem o correspondente processo judicial, princípios da ampla defesa e do contraditório, exigência de motivação das decisões e publicidade dos julgamentos. Segundo o princípio da publicidade, todos os atos processuais devem ser susceptíveis de conhecimento geral, salvo os processos que se desenvolvam em segredo de justiça. Mesmo nessa última hipótese, persiste a publicidade em relação às partes, cujo direito de ser comunicado a respeito dos atos processuais não pode ser tolhido sob nenhum pretexto.

Quero dizer com isso que, falar em procedimento administrativo tributário é identificar todos esses preceitos no ato, sem o qual ele não persiste no direito. Esses princípios são as regras diretivas da atividade da Administração Pública, inibindo a produção normativa que se mostrar autoritária e extralegal, de tal modo que os direitos fundamentais do contribuinte possam ser garantidos.

5.2.1 Classificação dos atos administrativos que integram o procedimento administrativo

Assentando sua posição em catálogo exposto por Pietro Virga, Celso Antonio Bandeira de Mello[364] classifica os atos que compõem o procedimento administrativo, na conformidade da função que desempenham para o conjunto, em:

a) atos propulsivos – que deflagram o procedimento. São atos de iniciativa, como as propostas, convocações, etc.;

b) atos instrutórios ou ordinários – todos aqueles que se destinam a instrumentar e preparar as condições de decisão,

---

364. *Curso de direito administrativo*, 21ª ed., São Paulo, Malheiros, pp. 422-423.

tais como as informações, os laudos, as perícias, documentações, pareceres, etc.;

c) *atos decisórios* – são os que decidem, resolvendo a sequência procedimental;

d) *atos controladores* – são os que confirmam ou infirmam a legitimidade dos atos do procedimento ou a oportunidade da decisão final;

e) *atos de comunicação* – aqueles que dão conhecimento a terceiros dos atos que lhes devem ser noticiados. É o caso da publicação, da intimação, da participação, etc.

5.2.2 Faculdades da Administração em matéria de lançamento tributário

A ambiguidade da expressão "lançamento tributário" é do tipo processo/produto, havendo uma atividade de lançar e o resultado dessa atividade, que é o produto por meio dela obtido. Também pode ocultar-se nessa dupla fisionomia a divergência sobre a constitutividade ou declaratividade do lançamento, discussão que, para mim, parece totalmente ultrapassada. Temos que o procedimento administrativo é forma de apuração dos acontecimentos ocorridos no passado que, no ato final, serão revestidos em linguagem competente. A linguagem descritiva é, ao mesmo tempo, declaratória de um referencial e constitutiva do suporte físico-linguístico que representa este referencial. E assim pode ocorrer com o lançamento. Todas as providências relativas à atividade intelectual e material, desenvolvida para preparar o ato final, apresentando-o no estilo de linguagem previsto na lei, estariam incluídas na fase, digamos assim, procedimental, remanescendo o documento derradeiro como produto daquela atividade, que seria o processo, melhor dizendo, o procedimento. Quando se usa "faculdades da Administração", nesse campo, pretende-se aludir à "atividade-procedimento" e não ao "documento-produto".

Por isso, em "Relatório Geral" que apresentei na XVIII Jornada Latino Americana de Derecho Tributário[365], autores como Rodolfo R. Spisso, da Argentina, Ferreiro Lapatza[366], da Espanha, e Andres Octavio, da Venezuela, sublinham o fato de que, pensar em "faculdades da Administração" implica admitir a figura do lançamento, no seu aspecto fáctico-procedimental, isto é, na série de atos e termos em que se manifesta o procedimento, objetivando-se no produto final, que é o ato de lançamento tributário. Será exercício de competência administrativa, se a pessoa indicada pela lei para empreender esses fatos for um agente administrativo. Mas será o desempenho de deveres instrumentais no caso do destinatário do mandamento vir a ser o próprio administrado.

Debaixo dessa rubrica, interessam-nos os atos praticados pela Administração Pública, motivo pelo qual colocarei entre parênteses metódicos os demais atos dos particulares. Isso nos permitirá outro isolamento temático, na medida em que separamos a palavra "faculdade", passando a examiná-la pelo prisma da Lógica. "Faculdade" é operador relacional que pressupõe dois termos-sujeitos: Administração e administrado. Representa-se pela conjunção de duas permissões: permissão de cumprir a conduta e permissão de omiti-la. Em símbolos formais: $Fp \equiv (Pp.P\text{-}p)$.

Ao mesmo tempo em que o agente público, fazendo as vezes da Administração, dispõe de faculdades perante o sujeito passivo dos tributos, que também se expressa como um "poder", aquele mesmo agente se acha atrelado à entidade tributante, no contexto de outra relação de direito administrativo, em que há de realizar determinado fato em cumprimento de seu dever. Nest'outra relação, o agente público é sujeito passivo do vínculo, sendo sujeito ativo a Administração, como órgão. Na primeira, aparece o agente público representando a entidade tributante, como sujeito ativo, e o administrado,

---

365. Montevidéu, Uruguai, de 1 a 6 de dezembro de 1996.

366. *Curso de derecho financiero espanõl*, Madrid, Marcial Pons, 1990.

como sujeito passivo. A Administração obriga o agente que, por sua vez, obriga o administrado. Este se sujeita aos atos do agente que, de sua parte, se sujeita às prescrições da Administração. Trata-se da decomposição analítica daquilo que conhecemos por "dever-poder" da entidade pública perante o sujeito passivo da obrigação tributária. Dever do agente, em face da Administração; e poder, diante do administrado.

A "faculdade administrativa" é mera permissão decorrente do exercício vinculado da competência administrativa. Nesse sentido, é possível afirmar que a atividade de gerir e liquidar comporta a competência normativa tributária (*potestad normativa tributária*) e a competência de imposição (*potestad de imposición*): cuida esta da correta aplicação da lei tributária e compreende um conjunto de "potestades" que tem por objetivo investigar e comprovar fatos, constituindo o desenho material da norma tributária. A "potestad" de imposição é uma faculdade-dever. Vincular a "potestad" ao dever significa que, de um lado, o Poder Administrativo deverá exercitar a "potestad" sempre que exija o cumprimento daquela prescrição e, pelo outro, que só poderá exercitá-lo na medida em que seu exercício seja meio de cumprimento de dito dever.

A atividade administrativa gestora suscita relações entre a Administração e os particulares, cujo objeto são prestações de caráter instrumental que têm por finalidade imediata favorecer o exercício da gestão tributária, na busca do fato jurídico impositivo. Tais deveres públicos de prestação denominam-se *deveres formais* e consistem em obrigações de fazer que prescrevem aos particulares condutas tendentes a facilitar a atividade diretiva da Administração tributária. Esta, no exercício de suas funções de aplicação do tributo ao caso concreto, deve atuar com sujeição estrita ao princípio da legalidade, que se erige numa garantia dos administrados diante dos poderes públicos.

Ao analisar o termo "faculdades", pondera-se, todavia, que somente à lei compete determinar os critérios da regra-matriz de incidência. Cabe, deste modo, à Administração apenas aplicar o que é prescrito em lei, carecendo, portanto, de qualquer espécie de "faculdade", senão a de cumprir o preceito legal. O sistema de presunções, como procedimento de substituição de um imposto sobre valores reais por outro sobre valores médios, deve servir de base e razão inescusável para remeter ao Parlamento a competência de sua regulação, respeitando o princípio da legalidade e garantindo a segurança jurídica. Assim sendo, as "faculdades da Administração" constituem manifestações de competência administrativa vinculadas às normas legais que definem e regulam, consoante o cânone da legalidade. Portanto, a lei deve estabelecer os métodos para determinar o fato imponível, as formas de atuação, a iniciativa do processo e os efeitos jurídicos subsequentes. A "não discricionariedade", nesta proporção, significa o necessário quadramento da atividade administrativa nos ditames legais. Nestes, assentam os aspectos material, pessoal, espacial, temporal e quantitativo da regra-matriz de incidência, limitando as faculdades da Administração a utilizar seu critério e livre-arbítrio para solucionar questões tributárias.

5.2.2.1 Critérios do procedimento administrativo e meios para se reconhecer a perspectiva dimensível do fato jurídico tributário

"Re-conhecer" é enunciar o conhecido. O ato de conhecer é atividade meramente intrapsíquica, particular a cada sujeito cognoscente, mas o direito impõe método para reconhecimento das verdades jurídicas, constituindo aquilo que chamamos de fatos jurídicos. A busca da verdade jurídica, entretanto, pouco tem que ver com os valores verdadeiro/falso das linguagens descritivas das Ciências. Há uma diferença que se revela fortalecida no plano pragmático: a Ciência procura explicar o mundo dos objetos, agrupados nas quatro regiões ônticas; o direito, por outro lado, prescreve condutas intersubjetivas, compondo conflitos de interesses. O conhecer jurídico relativo ao ato de determinação tributária manifesta-se na evolução do procedimento administrativo. As normas que regulam esse processo funcionam como filtros seletores de propriedades do real. Seu produto não será, certamente, a realidade mesma, mas a realidade reconstituída pela própria linguagem do direito.

Todo o conhecimento é redutor de complexidades e o conhecimento jurídico-prescritivo não foge à regra. No caso das pretensões tributárias, o "re-conhecimento" dos fatos dar-se-á consoante recursos de linguagem que o direito positivo liberar ao sujeito passivo, quando a ele couber fazê-lo, ou à autoridade competente, no âmbito de procedimento administrativo.

Nesta segunda hipótese, assume grande interesse, atualmente, a classificação do lançamento pelo critério do procedimento e dos meios pelos quais as autoridades administrativas o realizam. Trata-se de uma determinação de ofício, que pode ser: *a*) sobre base certa; *b*) sobre base presumida; ou *c*) mista.

Meditemos que o sujeito passivo tem garantias de uma tributação pautada rigorosamente dentro dos limites da lei, ao mesmo tempo em que o Poder Público não pode aceitar a mutilação de seus direitos, pela ausência ou pela insuficiência de suportes materiais que lhe permitam apurar a dívida tributária também absolutamente dentro dos padrões legais. É assim que as legislações estabelecem o direito de o Fisco prover aquela falta ou insuficiência por outros meios que lhe dêem acesso à realidade subjacente, quantificando, então, a dívida tributária.

Precisamente nesse sentido é o que se observa em quase todos os supostos que autorizam a Administração a utilizar procedimentos sobre bases presumidas. Na legislação nacional, encontram-se casos em que o devedor tributário comete alguma infração formal, tais como não ter apresentado a declaração a que estava obrigado, dentro do prazo de lei ou não ter exibido livros e registros contábeis, quando intimado para tanto, autorizando o emprego, pelo Fisco, de base de cálculo presumida. Sem embargo, também há hipóteses que não configuram infrações, como a não exibição de livros e documentos por motivo de perda ou roubo.

As regras que definem a base de cálculo constituem um conjunto normativo complexo em que, como poucos, se materializa a dificuldade para diferençar as normas de direito substantivo das normas de direito formal, e este tema é de suma importância para a compreensão plena dos regimes de apuração indireta da base imponível. Daí a conclusão de que a regra de juízo que se incorpora nos pressupostos da apuração indireta é uma regra de caráter procedimental, construída para resolver problema de procedimento. A premissa para a certificação indireta se encontra na impossibilidade fáctica de conhecer a real perspectiva dimensível do fato tributário. O Poder Público há de motivar suficientemente a técnica da apuração indireta, justificando a impossibilidade do emprego do regime de determinação direta.

A ficção, por seu turno, abstrai toda consideração a respeito da probabilidade: ao utilizá-la, o legislador mesmo prescindiu da exploração do real. Diversamente, na base das presunções legais, está o julgamento sobre fatos que não se pode conhecer facilmente, ou que, de ordinário, escapam à investigação. Antecipando-se sobre o assunto, Alfredo Augusto Becker[367], já em 1962, afirmava que:

> existe uma diferença radical entre a presunção legal e a ficção legal: 'A presunção tem por ponto de partida a verdade de um fato: de um fato conhecido se infere outro desconhecido. A ficção, todavia, nasce de uma falsidade. Na ficção, a lei estabelece como verdadeiro um fato que é provavelmente (ou com toda a certeza) falso. Na presunção, a lei estabelece como verdadeiro um fato que é provavelmente verdadeiro. A verdade jurídica imposta pela lei, quando se baseia numa provável (ou certa) falsidade é ficção legal, quando se fundamenta numa provável veracidade é presunção legal.

Lembremo-nos de que, tratando dos métodos de apuração da base de cálculo, há os diretos e indiretos. Diretos são aqueles que se baseiam em declarações ou documentos apresentados pelo contribuinte ou em dados consignados em livros

---

367. Alfredo Augusto Becker, *Teoria geral do direito tributário*, 4ª ed., São Paulo, Noeses/Marcial Pons, 2007, p. 539.

e registros fiscais, comprovados pela Administração. Ao contrário, o método indireto se baseia, em maior ou menor grau, em índices ou presunções. Sobre essas últimas, a Ciência do Direito costuma apresentar dois tipos: a presunção relativa e a absoluta. A primeira surte efeitos limitados a determinadas pessoas e admite prova em sentido oposto. *A contrario sensu*, a presunção absoluta, *juris et de jure*, se irradia contra todos, não admitindo prova em contrário. Limitando-se a inverter o ônus da prova, a presunção relativa torna mais complexo o exercício do direito de defesa. Trata-se de presunção estabelecida pela lei, a qual impõe nexo de causalidade entre dois eventos que, na realidade, não estão necessariamente ligados. As presunções absolutas, por sua vez, estão na zona cinzenta em que o direito adjetivo se confunde com o direito substantivo, de tal modo que afirmar a presença do fato B, conduzindo à existência do fato A, sem possibilidade de comprovar o contrário, significa o mesmo que querer aplicar uma norma de caráter substantivo que estabeleça a equivalência de B e A (a obrigação fiscal se funda na presunção de A e não de B). Apresenta, portanto, os mesmos caracteres da relativa, induzindo uma situação de fato a partir de outra. Distingue-se desta última por constituir prova determinante, inadmitindo-se argumentação em contrário.

5.2.2.2 *Observações críticas sobre as formas de reconhecimento da medida do fato jurídico tributário*

No que concerne às técnicas de reconhecimento do fato jurídico tributário, sejam quais forem, haverão de pautar-se pelo regime jurídico previsto para os tributos, segundo as linhas mestras fixadas na Constituição de cada país. A realização desse modelo impositivo, não obstante, requer o seguimento de uma linha diretiva que a teoria tradicional chama de *princípio da busca da verdade material*, orientação informadora que vai ensejar o lançamento do tributo.

Cumpre lembrar que, sendo os fatos ocorrências que já se consumiram no tempo e, portanto, exauridas as circunstâncias histórico-existenciais em que o evento aconteceu, seu conhecimento será sempre indireto, mediante signos linguísticos (símbolos, índices e ícones). A diferença entre o chamado conhecimento direto e o indireto está em que este último estaria representado por signos de segundo grau, vale dizer, signos de signos ou metassignos. Não há, portanto, que falar em verdade material.

Advém daí relevância da posição epistemológica que adoto, distinguindo evento de fato. Não sobeja repetir, para fins de esclarecimento da teoria da prova ora proposta, que os eventos sejam as alterações ocorridas com os objetos da experiência, no "mundo da vida", ao passo que os fatos se consubstanciam no relato linguístico dos eventos. Esta tese, quando aplicada nos domínios do direito e, especificamente, do direito tributário, proporciona coerência que repercute na própria noção de "verdade material"[368], porquanto haveria de ser buscada na linguagem competente, isto é, em manifestações de linguagem aceitas pelo sistema do direito positivo, na qualidade de "provas". A linguagem jurídica é constitutiva de sua própria realidade. Eis justificado o fato de no direito admitir-se como verdades jurídicas as presunções e as ficções, bem como seus correlatos produtos: fatos sobre base presumida e fatos sobre base mista.

As atividades administrativas de provar e de comprovar têm essencialmente por objeto fixar a dimensão do fato jurídico e quantificar a base tributária, servindo-se, para esse fim, dos meios e procedimentos estabelecidos na ordem jurídica. Nesta linha, de todos os procedimentos possíveis, o da determinação direta ou sobre base certa é o mais credenciado, desfrutando, por isso, de preferência sobre os demais, tendo em vista que é o procedimento que mais se ajusta ao primado da capacidade contributiva, pois exige a medição direta da base: valor, renda, vendas, etc. Entretanto, este princípio não se opõe de forma absoluta à existência de outros meios de apuração, desde que não ofendam o Texto Constitucional.

---

368. Frise-se: não adoto esta terminologia.

No que toca aos problemas relativos à quantificação da dívida tributária, há vários problemas que concorrem na determinação da perspectiva dimensível do fato jurídico tributário, entre eles, a utilização de termos indeterminados, por parte do legislador, na definição da base imponível.

5.2.3 Limites às faculdades da Administração no lançamento e garantias dos administrados

Tem suscitado muita inquietação o desconhecimento ou a própria ausência de limites, dentro dos quais a atividade administrativa possa mover-se com o auxílio dos signos indiciários. É região nebulosa, que dá ensejo a excesso de discricionariedade, transbordando para a arbitrariedade de agentes da Administração, tudo com sérios detrimentos à racionalidade e ao bom funcionamento do sistema tributário. A desconsideração da chamada "escrita fiscal" tem sido feita, algumas vezes, de modo precipitado, passando a desclassificar-se, por inteiro, plano contábil que poderia, em boa parte, ser aproveitado. Funcionários da entidade tributante, animados pela busca da "verdade material", passam a ingressar, desordenadamente, em setores nem sempre admissíveis, pondo em risco a integridade de direitos fundamentais do cidadão.

E não basta proclamar que os limites da ação do Estado ficam determinados pelo feixe dos direitos e garantias individuais, porque, nas situações que examinamos, qualquer desvio significará violação daqueles direitos. Como resolver esse delicado problema, isto é, dar instrumentos ao Poder Público para que desenvolva seus programas de gestão tributária e, ao mesmo tempo, assegurar a plataforma dos direitos fundamentais dos administrados? Ninguém discute a procedência de presunções relativas e absolutas, bem como de ficções, para que o subsistema das normas tributárias possa cumprir seus objetivos reguladores. As presunções e ficções, utilizadas em procedimento administrativo de imposição tributária, haverão de ser cuidadosamente construídas como tipos normativos. Mas o problema já não se situa nesse plano e sim no das regras formais que, estipulando a competência dos funcionários da Administração, possam permitir-lhes, ainda que involuntariamente, transgressões a direitos e garantias tão importantes para a pessoa do administrado.

Sobre esse tema, que pode ser trabalhado em várias direções de significado, aparecem os princípios da certeza do direito e da segurança jurídica como garantias constitucionais aos direitos dos particulares e limitações às prerrogativas e faculdades dos agentes públicos, indistintamente. A ideia se confirma perante exigência, em lei, de que as atividades administrativas em provar e comprovar fatos devem ser motivadas, na fase de comprovação, como forma de se defender os direitos dos administrados ao conteúdo das valorações realizadas pelo Poder Público. Exigência desse teor assume caráter fundamental para o próprio controle da legalidade dos atos administrativos, seja pela Administração, seja pelo Poder Judiciário. E valorizando a necessária motivação dos atos praticados pelo Fisco, exige-se ainda o reconhecimento de uma relação de proporcionalidade entre o número e a intensidade dos deveres de colaboração requeridos pela Administração fiscal, bem como o grau de veracidade adequado à atividade comprobatória.

Insistindo nesse ponto, entendo ser certo que o uso de valorações presuntivas pela lei se justifica, pois trata de introduzir certeza ali onde a medição direta da base real implica sérias dificuldades, aumentando a pressão fiscal indireta sobre o contribuinte. Por outro lado, a determinação da base mediante as presunções absolutas ou ficções trazem consigo nota positiva de sua neutralidade. Já as presunções *juris tantum* apresentam função técnica de fortalecer a posição do Fisco, evitando o encargo deste em provar diretamente a realidade dos fatos, ao mesmo tempo em que trasladam esse encargo para o próprio sujeito passivo obrigado. No entanto, independentemente de se tratar de presunção absoluta ou de ficções, é fundamental, em todas essas situações recorrentes em direito tributário, identificar a correta adequação destes institutos aos princípios fundamentais da ampla defesa, da impugnabilidade dos atos administrativos do fisco, da reserva legal, da capacidade contributiva e da progressividade, como formas de garantir os valores constitucionalmente defendidos na Carta Magna.

5.2.3.1 *Princípio da legalidade*

Nas constituições atuais, o princípio da legalidade derrama sua influência por todos os setores da ordem jurídica, não sendo possível pensar no surgimento de direitos subjetivos e deveres correlatos, sem que a lei os estipule ou delimite. E a relevância desse cânone ultrapassa qualquer argumentação que pretenda enaltecê-lo.

Ora, no exercício administrativo de apuração da matéria tributável, duas são as formas de irradiação desse princípio: uma, relativa à norma de direito tributário material – que se projeta sobre o fato –; outra, a norma de direito tributário formal, que regula o comportamento da Administração, no proceder administrativo de apuração dos fatos e aplicação do direito material, de modo que se pode fixar, como premissa, que a determinação do fato jurídico e dos elementos que servem para identificar a quantia da obrigação tributária é reserva de lei.

A presunção de legalidade dos atos administrativos exige que o Fisco atue de forma habitual dentro da esfera da legalidade. Entretanto, a presunção da legalidade do proceder administrativo, de modo algum, é extensiva aos fatos tomados em consideração por esses atos, de sorte que o Poder Público fique na contingência de provar a relação de base da presunção, restando ao contribuinte ainda a possibilidade de infirmar o fato presumido, mediante apresentação da oportuna prova em contrário. Nesta linha é que se afirma ser só a lei o instrumento adequado para estabelecer os elementos constitutivos da obrigação. O princípio da reserva legal, nesta medida, outorga à Administração fiscal a função de interpretar conceitos jurídicos não definidos, inexistindo discricionariedade na determinação do fato. O lançamento tributário, seja qual for o método utilizado para sua celebração, somente se sustenta, no plano jurídico, com o rígido enquadramento legal, de tal modo que quaisquer índices ou presunções utilizados devam estar previstos em lei.

5.2.3.2 *Limites da atividade de inspeção fiscal*

Sabemos que é de difícil obtenção um quadro de limites objetivos para o desempenho da atividade de inspeção fiscal, exatamente porque, a "verdade material", procurada como fim último do procedimento, não é algo tangível, materialmente configurado. Essa verdade há de resultar de um processo às vezes penoso de convicção, envolvendo elementos concretos e abstratos, o que torna complexa qualquer iniciativa no sentido de aprisioná-la para estabelecer seus limites.

Neste ponto, tenho que é necessária a elaboração de planos gerais de fiscalização, imperativo do equilíbrio entre os direitos da Administração e do administrado, como se pode verificar do trabalho daqueles que reivindicam um "Código de Defesa do Contribuinte". A publicidade dos critérios em lei se converte em condição necessária para que a sua aplicação por parte dos contribuintes possa ser controlada, comportando assim a possibilidade de impugnação da discricionariedade administrativa por desvio de poder. A fiscalização deve exercer-se com estrita observância dos direitos e garantias individuais, devendo evitar-se o uso distorcido desse instrumento como expediente sancionatório, além do respeito ao direito da intimidade, que há de ser exigido.

5.2.4 **Procedimento administrativo e controle de legalidade dos atos de aplicação de sanções**

Interessa-nos aludir a uma forma precisa de procedimento administrativo, qual seja a do procedimento administrativo tributário, que tem como conteúdo a discussão do ato de lançamento ou do ato de imposição de penalidade, ou, ainda, da própria notificação, como ato jurídico administrativo que é.

Vale dizer que tal procedimento apresenta-se como sistema de controle de legalidade dos atos administrativos. A decisão de primeira instância exerce controle inicial; o acórdão do tribunal administrativo visa, também, à verificação da validade do ato exarado pela autoridade recorrida; e, às vezes, câmaras superiores exercitam a análise da legalidade do próprio acórdão expedido pelo órgão colegial. Se atinarmos à lição categórica de Seabra Fagundes[369], mediante a qual administrar é aplicar a lei de ofício, poderemos reconhecer nessa atividade, de rigoroso e sistemático controle da legalidade dos atos administrativos, um signo expressivo da função administrativa, exercitada na plenitude de seu conteúdo existencial.

Desse modo, sempre que pairar dúvida sobre o teor de juridicidade de um desses atos administrativos, caberá ao sujeito passivo impugnar o ato, suscitando aquele controle. Desencadeará, assim, uma série de outros atos e termos, propiciando ensejo para a decisão de primeira instância, que nada mais é que a manifestação acerca da validade do ato praticado, manifestação essa emanada por um órgão superior à autoridade competente para realizar o ato de lançamento ou de aplicação de penalidade. Insatisfeitas quaisquer das partes, o particular ou a autoridade fiscal pode interpor recurso da decisão expedida pelo órgão *a quo*, provocando, novamente, um controle de legalidade, agora mais especializado e cercado de prerrogativas mais solenes e importantes: a deliberação de um órgão colegial, de estrutura paritária, como é o caso, por exemplo, do Conselho de Contribuintes.

A necessidade de ser exercido o controle decorre da circunstância de que, apesar de a atividade administrativa trazer ínsita a presunção (*juris tantum*) de legitimidade, cabe ao Poder Público examinar o assunto com maior minúcia apurando sua conformação aos critérios fixados em lei. Tudo para que sejam respeitados os direitos e garantias fundamentais assegurados ao sujeito passivo da relação tributária.

Os atos jurídicos administrativos podem desaparecer do mundo jurídico pela revogação ou pela anulação. A distinção

---

369. *O controle dos atos administrativos pelo Poder Judiciário*, Rio de Janeiro, Forense, 1967.

entre ambos foi elucidada pelo Egrégio Supremo Tribunal Federal, mediante edição da Súmula n. 473:

> A administração pode anular seus próprios atos, eivados de vícios que os tornem ilegais, porque deles não se originam direitos, ou revogá-los, por motivo de conveniência ou oportunidade, respeitados os direitos adquiridos e ressalvada, em todos os casos, a apreciação judicial.

Referida Súmula abrange os atos administrativos genéricos, devendo ser respeitadas, obviamente, as particularidades jurídicas inerentes a cada modalidade específica integrante dessa categoria de atos. No âmbito tributário é inadmissível falar em revogação do ato de lançamento, fundamentada em razões de conveniência ou oportunidade, pois uma de suas características é a "vinculação". Seu controle deve consistir, portanto, no exame da legalidade, o que acarreta anulação do ato administrativo. Verificado vício dessa espécie, tanto a Administração como o Judiciário são competentes para proceder à anulação.

O ato jurídico administrativo de lançamento ou de aplicação de penalidade pode ser nulo, de pleno direito, se o motivo nele declarado – a ocorrência de determinado fato jurídico, por exemplo, – inexistiu. Também será nulo quando violar norma hierarquicamente superior.

Identificadas tais irregularidades, é imperativa a anulação dos atos administrativos, bem como de todos os atos que deles decorram ou neles se fundamentem. Esse é o motivo pelo qual só se pode falar em reincidência depois de exarada decisão administrativa irreformável que confirme a ocorrência do ilícito, mantendo a imposição punitiva.

A título de exemplo, observe-se o disposto na Lei n. 9.847/99, que dispõe sobre a fiscalização das atividades relativas ao abastecimento nacional de combustíveis. Essa legislação, ao prescrever sanção administrativa mais severa no caso de reincidência, dispõe, em seu art. 8º, §§ 1º e 2º:

> § 1º Verifica-se a reincidência quando o infrator pratica uma infração *depois da decisão administrativa definitiva* que o tenha apenado por qualquer infração prevista nesta Lei.

§ 2º Pendendo ação judicial na qual se discuta a imposição de penalidade administrativa, *não haverá reincidência até o trânsito em julgado da decisão.* (Grifei).

Na esfera tributária, esse tem sido, também, o critério adotado pelo Conselho de Contribuintes:

> CONTRIBUIÇÃO AO IAA – Falta de recolhimento não contestada. O foro é inadequado para o questionamento de supostas inconstitucionalidades. *Reincidência só se configura após o trânsito em julgado da decisão condenatória.* Recurso parcialmente provido[370] (grifei).
>
> CONSÓRCIO – PRAZO DE DURAÇÃO – É de se manter a penalidade aplicada, quando restar comprovado que foram descumpridas as normas previstas na legislação de regência (item 39 da Portaria MF n. 190/89). EXASPERAÇÃO DA MULTA – REINCIDÊNCIA – *Não há por que se falar em reincidência quando não observada decisão definitiva, transitada em julgado, em processos anteriores que discutiram a mesma prática punível nos últimos cinco anos.* Recurso provido em parte[371] (grifei).

Do quanto se disse, é possível chegarmos à conclusão de transcendental relevância: o procedimento administrativo tributário se compõe de uma sucessão de atos tendentes a exercitar o controle de validade do lançamento, da imposição de sanções, da notificação de qualquer deles ou de ambos, a fim de que a atividade desenvolvida pela Administração Pública atinja seu objetivo último, consistente na exata e fiel aplicação da lei tributária. Identificadas irregularidades capazes de viciar atos administrativos, tal qual o lançamento, por vício no motivo ou na violação de norma hierarquicamente superior, dá-se por ato nulo, insusceptível de gerar efeitos jurídicos tributários ou sancionatórios próprios.

---

370. Segundo Conselho de Contribuintes, 1ª Câm., Ac. 201-67362, Rel. Cons. Selma Santos Salomão Wolszczak, j. 17/09/91.

371. Segundo Conselho de Contribuintes, 2ª Câm., Ac. 202-04508, Rel. Cons. José Cabral Garofano, j. 19/09/91.

5.2.5 Algumas observações de política tributária acerca dos atos administrativos

O procedimento administrativo tributário não se confunde, já vimos, com o processo judicial tributário. Assente esta premissa, não nos parece recomendável a adoção de institutos e formas inerentes ao campo da relação processual, vale afirmar, tudo aquilo que diga respeito ao processo, enquanto processo. Não se pretende afastar a possibilidade de enriquecer o procedimento administrativo tributário com figuras hauridas no direito processual. Todavia, estou em crer que o legislador deva polarizar suas atenções nas *entidades técnicas* que asseguram a marcha do procedimento judicial para trasladá-las ao segmento da discussão que se desdobra perante as vias do Poder Executivo. A diferença surge de certa forma sutil. De nada serve para animar o procedimento administrativo tributário, por exemplo, chamar a decisão de primeiro grau de sentença, utilizando, com isso, terminologia do *Processo Judicial*. A sentença é uma instituição processual que revela a prestação jurisdicional do Estado, na sua primeira manifestação. Por outro lado, fórmulas técnicas, como a perempção, a preclusão, a contagem dos prazos, assumem feição de operatividade e praticidade, quando transportadas para o plano do procedimento administrativo tributário.

Estão aqui abaixo algumas sugestões que poderiam dar mais equilíbrio e racionalidade ao procedimento administrativo tributário. Na verdade, estariam mais bem acomodadas em texto de política tributária, porém ficam como registros para nossa reflexão.

a) Agilitar o procedimento com a estipulação de prazos definidos e obrigatórios, para ambas as partes.

Reside aí fator de equilíbrio procedimental que não vem sendo observado nos procedimentos conhecidos, quer no plano federal, quer no estadual ou municipal. Traduz um imperativo do contraditório, à sombra do princípio da igualdade. Se tanto a Administração quanto o particular perseguem seus interesses, buscando constituir o fato jurídico ao seu favor, o fenômeno jurídico subjacente, surpreendido na sua plenitude, já que o interesse precípuo é a cabal aplicação do direito objetivo, não se há de compreender que os prazos fluam em detrimento exclusivo do administrado, compelindo-o a celebrar certos atos, sob pena de vê-los comprometidos pelo decurso do tempo. Se mal que em homenagem à supremacia do interesse público sobre o do particular se assinem prazos maiores para o cumprimento dos atos da Administração, ainda assim é inadmissível a liberdade plena e irrefletida, a consagração da inconsequência, da tolerância sem peias e da absoluta falta de parâmetros para os expedientes, as providências e os próprios atos decisórios que hão de ser exarados pela autoridade competente. Urge a consignação de prazos para a Administração, como forma de atinência a esses princípios e, também, como imposição inarredável dos mais elementares princípios de segurança na vida das relações jurídicas.

b) Assume proporções de inteira oportunidade a exigência do título de bacharel em direito para que o representante da Fazenda, que se vai manifestar sobre a validade ou invalidade do ato, possa fazê-lo de maneira específica e responsável.

A função de aplicar a lei aos casos concretos, solucionando conflitos de interesses, seja de natureza judicial ou mesmo administrativa, pressupõe conhecimento profundo, não apenas do corpo de regras que disciplinam a matéria, mas, fundamentalmente, dos grandes princípios de direito constitucional, administrativo, civil, comercial, tributário, sem falar, é claro, nas diretrizes que a Teoria Geral do Direito e a Filosofia do Direito estabelecem, e que dão cunho de cientificidade ao método jurídico.

A alegação de que os assuntos sobre os quais decidem os órgãos administrativos, singulares ou coletivos, têm subjacência econômica ou contábil, nada traz em desfavor daquela ideia, porquanto toda norma jurídica disciplina um segmento da realidade social, do que se poderia supor que a aplicação do direito teria como antecedente lógico o conhecimento de todos os fenômenos sociais, o que é absurdo.

Sobremais, aceitando-se como válido o argumento, haveríamos de negar competência intelectual aos Juízes, Desembargadores e, bem assim, aos Ministros do Superior Tribunal de Justiça e do Supremo Tribunal Federal, para o julgamento de questões tributárias, raciocínio que envolveria inusitado despropósito.

Acresce repontar que a estipulação guarda coerência com aqueles preceitos que aconselham se utilize o Código de Processo Civil, como legislação supletiva. Ressalta à mais pura evidência que se espera do julgador conhecimentos especializados de direito processual civil, matéria das mais técnicas e difíceis de quantas há no universo do saber jurídico.

O requisito da formação jurídica especializada deve ser observado para todas as funções de direção do procedimento e, especialmente, para aquelas que expressam a manifestação de vontade da Administração.

c) No que toca à composição dos tribunais administrativos, algumas ponderações devem ser feitas.

Conceber-se órgão dotado de certa autonomia e independência, que se possa colocar, dentro do possível, à salvo de pressões e influências, assim das Fazendas, que das entidades de classe, não se compagina com as funções temporárias que serão exercidas por seus membros, mais precisamente no que diz com o funcionário da Fazenda.

É ineludível que o representante da Fazenda Pública, Federal, Estadual ou Municipal, investido das elevadas atribuições de membro de Conselhos ou Tribunais administrativos, ficará sujeito ao juízo de conveniência que sobre ele, periodicamente, manifestará a Administração Pública, tendo em vista a renovação de seu mandato. Além disso, nas hipóteses de não ser reconduzido, ver-se-á rebaixado às funções que exercera outrora, circunstância que também não se coaduna com a existência de órgão que desfrute de certa autonomia e independência.

Medida de grande efeito, nesse sentido, seria o provimento, por concurso de provas e títulos, entre os funcionários que exerçam as atribuições de julgador de primeira instância (já com formação especializada), posta a experiência que se presume hajam adquirido, no desempenho de seus misteres.

A composição das Cortes Administrativas, desse modo, ficaria estruturada em nível de estabilidade dos membros da Fazenda, que não teriam mandato determinado, disputadas as vagas porventura existentes, entre os funcionários julgadores de primeiro grau, consoante provas e títulos.

d) O capítulo das nulidades merece consideração adequada.

Se é correto afirmar que o procedimento não pode ficar prejudicado por irregularidades de somenos, irrelevantes no contexto genérico da controvérsia, não é de menor acerto o enunciado de que alguns atos há, cuja perfeição jurídica deve ser observada, a qualquer título, ainda que a falha não venha em detrimento do direito de defesa do sujeito passivo. A orientação traduz mera aplicação da teoria geral dos atos administrativos e do controle de sua legalidade.

Falando pela via ordinária: decisão de primeiro grau, em que a autoridade competente mantém a exigência do gravame e impõe penalidade pecuniária, sem, contudo, tipificar a infração, descrevendo-a ou aludindo ao dispositivo de lei transgredido. Mesmo que o interessado ofereça razões de recurso voluntário, em prazo oportuno, demonstrando conhecer os fundamentos jurídicos da decisão, contingência que exibe não ter havido preterição do direito de defesa, ainda assim é de decretar-se a nulidade do procedimento, por virtude da inexistência jurídica do ato. Faltou-lhe requisito de essência: o motivo de sua celebração.

Vem a ponto notar, a bem do rigor, que a indigitada nulidade não seria do ato, mas do procedimento que se desenvolveu ulteriormente a ele, porquanto jamais existiu, juridicamente, como ato administrativo, à míngua de um dos pressupostos de sua tecitura intrínseca.

Os atos administrativos, primordialmente os vinculados, devem hospedar o motivo ou causa de sua celebração. Caso contrário, será impossível a verificação de sua legalidade e isso, sabemos, não pode ocorrer com os atos de competência vinculada.

A rigidez diria com poucos atos do procedimento: auto de infração, notificação de lançamento, decisão de primeiro grau e outras peças de grande momento da lide.

De fora parte os argumentos expostos, que entenderiam mais com ditames de Direito Administrativo, cumpre agregar que a Teoria do Direito Processual Civil igualmente consagra hipóteses de imprestabilidade de atos jurisdicionais, por falta de certos pressupostos, desde a inépcia de petições que não trazem o supedâneo legal, até a inexistência ou, em alguns casos, nulidade absoluta de sentenças que se edificaram sem elemento essencial.

Os diplomas normativos que venham a disciplinar essa matéria deveriam expressar, se não quiserem distinguir os planos da existência e da validade dos atos administrativos, ao menos estabelecer como inquinados de nulidade absoluta todos aqueles que forem erigidos sem observância de elemento estrutural, segundo a doutrina acolhida pelos bons autores de Direito Administrativo.

5.2.6 Impugnações e recursos no procedimento administrativo tributário

O lançamento tributário, ao ser lavrado pela autoridade administrativa competente, vem impregnado dos atributos da presunção de legitimidade e da exigibilidade. O sujeito passivo não se conformando poderá deduzir seus artigos de impugnação, suscitando, então, o pronunciamento de órgão controlador da legalidade daquele ato que, por sua vez, também abre ensejo a nova manifestação de insurgência do administrado, mediante recurso a órgãos superiores da Administração, quase sempre estruturados em colégio. O contraditório administrativo pode se prolongar, desde que as leis reguladoras da matéria, no âmbito federal, estadual e municipal, assim o estabeleçam. Tais diplomas fixam as condições do procedimento, disciplinando os requisitos formais, os prazos, as autoridades credenciadas a se manifestar e tudo mais que assegure o caráter orgânico dessa sucessão de atos e termos, unificados em torno de um objetivo final, qual seja a derradeira deliberação da Fazenda, acerca da questão debatida.

Respeitados os pressupostos instituídos em lei para o ingresso no procedimento administrativo tributário, as impugnações e os recursos têm a força de sustar a exigibilidade do crédito. Não quer isso dizer que o procedimento fique estagnado, o que seria absurdo supor, mas que o Poder Público, na pendência da solução administrativa, ficará inibido de inscrever a dívida e procurar o Poder Judiciário para requerer seus direitos. Na ausência de impugnação, ou de recurso próprio, como a exigibilidade não está trancada, a Fazenda passa, imediatamente (em tese), a formulá-la, ingressando com o instrumento adequado, que é a ação de execução.

Capítulo 6

TEORIA DAS PROVAS:
CONTEÚDO, SENTIDO E ALCANCE

> *Sumário*: **6.1. Teoria das provas: conteúdo, sentido e alcance** – 6.1.1. Teoria das provas e constituição do fato jurídico tributário – 6.1.2. Relação jurídica tributária e provas – 6.1.3. Prova e presunções no direito tributário – 6.1.4. Inscrição em dívida ativa como prova pré-constituída.

6.1 TEORIA DAS PROVAS: CONTEÚDO, SENTIDO E ALCANCE

Gostaria de dizer que as ponderações que vou fazer são meras observações e reflexões a respeito da constituição do fato jurídico tributário, aquele que o Fisco tem que criar para fazer valer o direito subjetivo ao tributo; aquele que o contribuinte acompanha ponto por ponto, passo por passo, para defender seus direitos, suas prerrogativas e suas garantias constitucionais.

Com efeito, a constituição dos fatos jurídicos é modo de usar-se a linguagem jurídico-prescritiva. Nós usamos a linguagem do direito para constituir os fatos jurídicos, modificá-los ou desconstituí-los – o que significa dizer trabalhar, ou operar, na faixa da criação da realidade jurídica. Quando nós lutamos para desconstituir um fato significa dizer que estamos trabalhando contra a constituição de fato jurídico que não foi levado a bom termo.

Nesse sentido, devo registrar que o tema das provas está passando por momento de reflexão. Este capítulo nada mais é que um intervalo, uma passagem por essa trajetória de reflexão, de repensamento da teoria das provas.

6.1.1 Teoria das provas e constituição do fato jurídico tributário

Sempre é bom lembrar que o processo de positivação do direito inaugura-se com os preceitos competenciais cravados no Texto Supremo e avança, gradativamente, em direção aos comportamentos inter-humanos para disciplina-los e tornar possível a convivência social. Ora, tais providências são obtidas por intermédio da linguagem das provas, de tal modo que vale a afirmação categórica segundo a qual fato jurídico é aquele, e somente aquele, que puder expressar-se em linguagem competente, isto é, segundo as qualificações estipuladas pelas normas do direito positivo.

Se acrescentarmos a essas meditações a decisiva e fecunda distinção entre evento e fato, tão presente na epistemologia do conhecimento pós-moderno, chegaremos ao ponto que nos interessa salientar. Estou convencido, aliás, de que em nenhum outro domínio do universo jurídico, a dualidade fato/evento manifesta sua presença com tanta nitidez e vigor. Ou a mutação ocorrida na vida real é contada, fielmente, de acordo com os meios de prova admitidos pelo sistema positivo, consubstanciando a categoria dos fatos jurídicos (lícitos ou ilícitos, pouco importa) e da eficácia que deles se irradia; ou nada terá acontecido de relevante para o direito, em termos de propagação de efeitos disciplinadores da conduta. Transmitido de maneira mais direta: fato jurídico requer linguagem competente, isto é, linguagem das provas, sem o que será mero evento, a despeito do interesse que possa suscitar no contexto da instável e turbulenta vida social.

Latente entre os conceitos fundamentais está a recomendação de que o jurista é o ponto de intersecção entre a teoria e a prática, entre a ciência e a experiência. Eis a Ciência do Direito Tributário oferecendo, mais uma vez, contribuição valiosa para a Teoria Geral do Direito, pois a dinâmica da prova é observada no contexto do fato comunicacional e considerada em suas projeções axiológicas. Vamos a uma análise mais aprofundada.

Fato jurídico é a parte do suporte fáctico que o legislador, mediante a expedição de juízos valorativos, recortou do universo social para introduzir no mundo jurídico. Pontes de Miranda argumenta que o suporte factual, que está no mundo, não entra, sempre, todo ele. As mais das vezes, despe-se de aparências, de circunstâncias, de que o direito abstraiu; e outras vezes se veste de aparências, de formalismo, ou se reveste de certas circunstâncias, fisicamente estranhas a ele, para poder entrar no mundo jurídico. A própria morte não é fato que entre nu, em sua rudeza, em sua definitividade no mundo jurídico[372].

Ao promover essas incisões no plano da realidade social, o legislador tem de levar em conta a estrutura lógica da norma que vai compor, uma vez que as descrições factuais serão associadas implicacionalmente a prescrições de conduta. O mesmo fato social pode sofrer tantos cortes jurídico-conceptuais quanto o desejar a autoridade que legisla, dando ensejo à incidência de normas jurídicas diferentes. Ao confluírem sobre a mesma base de incidência, as várias regras vão projetando, uma a uma, os peculiares efeitos que os fatos jurídicos irradiam.

Realizado o acontecimento da hipótese de incidência prevista no ordenamento jurídico tributário e constituído o fato pela linguagem competente, propaga-se o efeito jurídico próprio, instalando-se o liame mediante o qual uma pessoa,

---

372. *Tratado de direito privado*, Rio de Janeiro, Borsoi, 1954, Tomo I, p. 20.

sujeito ativo, terá o direito subjetivo de exigir de outra, sujeito passivo, o cumprimento de determinada prestação pecuniária. Eis que os fatos jurídicos serão aqueles enunciados que puderem sustentar-se em face de provas em direito admitidas. Daí ocorre o fato jurídico tributário, dando ensejo ao nascimento da obrigação, o que, dito de outro modo, nada mais é do que a fenomenologia da incidência tributária.

Convém observar que a incidência requer, por um lado, a norma jurídica válida e vigente; por outro, a realização do evento juridicamente vertido em linguagem que o sistema indique como própria e adequada. Em tal acepção, quando se fala em incidência jurídico-tributária estamos pressupondo a linguagem do direito positivo projetando-se sobre o campo material das condutas intersubjetivas, para organizá-las deonticamente. De ver está que o discurso prescritivo do direito posto indica, fato por fato, os instrumentos credenciados para constituí-los, de tal sorte que os acontecimentos do mundo social que não puderem ser relatados com tais ferramentas de linguagem não ingressam nos domínios do jurídico, por mais evidentes que sejam. Nesse sentido, encontra-se também Fabiana Del Padre Tomé[373] em seu inovador *A prova no direito tributário*:

> O sistema do direito positivo indica os momentos em que os fatos podem ser constituídos mediante produção probatória, impõe prazos para a apresentação de defesas e de recursos (tempestividade), além de estabelecer o instante em que as decisões se tornam imutáveis (coisa julgada). Com determinações desse jaez, fornece os limites dentro dos quais a verdade será produzida, prescrevendo sejam tomadas como verídicas as situações verificadas no átimo e forma legais, independentemente de sua relação com o *mundo das coisas* (grifos no original).

O sistema do direito positivo estabelece regras estruturais para organizar como fatos as situações existenciais que julga relevantes. Cria, com isso, objetivações, mediante

---

373. *A prova no direito tributário*, São Paulo, Noeses, 2005, p. 33.

sistema articulado de símbolos que vão orientar os destinatários quanto ao reconhecimento daquelas ocorrências. Quais os recursos de linguagem para constituir juridicamente o matrimônio? Como se prova a venda de um bem imóvel? De que modo se constitui o fato da posse, num cargo público, de agente nomeado pelo Presidente da República? Quais os meios para dizermos, em linguagem do direito, que houve legítima defesa? E estado de necessidade? Com que argumentos alguém prova ser sujeito de direitos? Ser maior de idade para participar dos atos da vida civil? Como se identifica, juridicamente, o crime, o contrato, o ato jurídico administrativo?

Com efeito, estimo residir no capítulo das provas o mecanismo fundamental para o reconhecimento dos fatos da vida social juridicizados pelo direito, bem como um dado imprescindível ao funcionamento do sistema de normas. É por isso que Paulo Celso B. Bonilha[374], em oportuna monografia sobre a prova no âmbito da discussão administrativa a respeito de tributos, pondera:

> Falar em meios de prova é cogitar dos instrumentos ou provas, através dos quais os fatos serão representados no processo. Há meios hábeis para efetuar essa produção, de acordo com a natureza do fato e, por via de consequência, os meios de prova variam de acordo com as necessidades de utilização de métodos técnicos e juridicamente idôneos à fixação desses fatos em juízo.

É importante relembrar, porém, que esse fenômeno não se dá sem que um ser humano interfira, fazendo a subsunção e promovendo a implicação que o preceito normativo determina. É preciso que o homem movimente as estruturas do direito, construindo, a partir de normas gerais e abstratas, outras gerais e abstratas ou individuais e concretas, imprimindo positividade ao sistema. A incidência só se dá, invariavelmente, de maneira automática e infalível, sob a condição de que seja vertida em linguagem competente pelo exegeta do direito.

---

[374]. *Da prova no direito administrativo*, São Paulo, Revista Dialética, 2001, p. 86.

Pois bem, para que haja o fato jurídico e a relação entre sujeitos de direito que dele, fato, se irradiam, necessária se faz não só a existência de linguagem que relate o evento acontecido no mundo da experiência, como também o vínculo jurídico que se instala entre duas ou mais pessoas. Não restam dúvidas, portanto, de que o vínculo jurídico tributário que decorre imediatamente do fato jurídico tributário requer, para sua exigibilidade, relato mediante linguagem própria prescrita pelo direito posto, que nada mais é que a própria "linguagem competente".

Essa atividade de formalização dos eventos e das relações em linguagem é confiada, algumas vezes, à autoridade fiscal, e outras, ao próprio particular (sujeito passivo). Formalizar significa construir as normas individuais e concretas, que apresentam em seu consequente o vínculo obrigacional, ora atribuído ao contribuinte, ora ao Fisco. No caso do ICMS, por exemplo, a construção das normas individuais e concretas que apresentam em seu consequente o vínculo obrigacional tributário e o liame de direito ao crédito é atribuída, em caráter originário, ao contribuinte, devendo essas regras jurídicas individuais e concretas constar de um documento especificamente determinado pela legislação, e que consiste numa redução sumular, num resumo objetivo daquele tecido de linguagem, mais amplo e abrangente, constante dos talonários de notas fiscais, livros e outros feitos jurídico-contábeis.

Tanto a produção da norma que contém a relação jurídica tributária como a do vínculo de direito ao crédito são de competência do contribuinte, intervindo o Poder Público apenas na hipótese de omissão ou irregularidades por parte do administrado, situação em que caberá às autoridades fiscais, em atividade substitutiva ou corretiva, construir a norma individual e concreta e levá-la ao conhecimento do particular.

Nesse contexto, falar em linguagem competente e em formalização é verter a concretude existencial em construção linguística do fato jurídico tributário e respectivas relações jurídicas. Diz respeito à composição da frase normativa em linguagem jurídica e isso só se dá por escrito.

Cumpre reiterar a importância deste conceito. O processo civil e o processo penal dizem que as provas podem ser materiais, testemunhais e documentais. Eu digo que todas elas são documentais! Não há provas materiais e não há provas testemunhais. O relato das testemunhas é, necessariamente, reduzido a termo, em linguagem escrita; caso contrário, não entram nos autos e, consequentemente, não ingressam no mundo jurídico sem essa linguagem específica. Como é que os sons produzidos pelo depoente ou por aquele que o está interrogando poderiam ingressar nos autos? É algo absurdo. Aquilo que foi dito oralmente é reduzido a escrito. O escrivão o lerá em voz alta, entregará o documento ao depoente, este o assinará e pronto: é o termo escrito, resultado deste procedimento, que ingressará nos autos.

E as impressões digitais deixadas na arma do crime? Pois bem, essas impressões digitais vão fazer parte de um laudo pericial, e esse laudo vai entrar nos autos. Então, onde é que estão as provas materiais? Onde é que estão as marcas, os sinais, os vestígios? Eis que reafirmaremos que todas as provas são indiciárias e, portanto, representativas do evento. Só ingressa no sistema jurídico a reprodução em linguagem escrita do evento.

O Professor Frederico Marques, renomado jurista, processualista civil e penal, conhecedor de direito penal, direito administrativo, direito constitucional, diz, num momento das suas *Instituições de Direito Civil*, que algumas vezes o laudo não precisa ser escrito; mas ele não afirma que pode ser oral, e, sim, que não precisa ser escrito.

Em uma primeira leitura, isso poria abaixo toda a expectativa de conduzir o assunto com suporte no relato linguístico. Mas, logo em seguida, esse doutrinador assevera: "Exemplo dessas situações é aquela em que o agente, entendendo muito simples o que tem que relatar, deixa para fazê-lo no auto da diligência". Então, pronto: ele não faz um laudo separado, mas registra aquele evento no auto da diligência. Vemos que continua a necessidade da formulação escrita.

Ainda mais, recuperando a premissa de que o direito se realiza no contexto de um grandioso processo comunicacional, impõe-se a necessidade premente de que o documento do qual falamos seja oferecido à ciência da entidade tributante, segundo a forma igualmente prevista no sistema positivo. De nada adiantaria ao contribuinte expedir o suporte físico que contém tais enunciados prescritivos, sem que o órgão público, juridicamente credenciado, viesse a saber do expediente. Em algumas situações, isso ocorre automaticamente, tal como no laudo judicial dos depoimentos testemunhais. Em outras, no entanto, fica a cargo da parte, como nos tributos sujeitos a lançamento por homologação.

No direito tributário, o átimo dessa ciência marca o instante preciso em que a norma individual e concreta, produzida pelo sujeito passivo, ingressa no ordenamento do direito posto, formalizando o débito tributário ou o crédito do tributo.

6.1.2 Relação jurídica tributária e provas

"Relação jurídica", como tantas outras expressões usadas no discurso jurídico, prescritivo ou descritivo, experimenta mais de uma acepção. É relação jurídica, entre outras, o liame de parentesco, entre pai e filho, o laço processual que envolve autor, juiz e réu, e o vínculo que une credor e devedor, com vistas a determinada prestação. Iremos nos ocupar dessa derradeira espécie, que nas regras de comportamento atua decisivamente.

Para a Teoria Geral do Direito, "relação jurídica", também entre outras acepções, é definida como o vínculo abstrato, segundo o qual, por força da imputação normativa, uma pessoa, chamada de "sujeito ativo", tem o direito subjetivo de exigir de outra, denominada "sujeito passivo", o cumprimento de certa prestação. Nela se há de notar a exclusão de qualquer referência a relações do contexto social que viriam a ser juridicizadas pelo direito, o que equivale a afirmar que emerge o vínculo, apenas e tão somente, por virtude da imputação normativa, indiferente à existência ou não de laço de caráter sociológico, político, econômico, ético, religioso ou biológico, anterior à disciplina jurídica.

O direito cria suas próprias realidades, não estando condicionado a atender, com foros de obrigatoriedade, à natureza das relações contidas no plano sobre o qual incide. As fórmulas e esquemas que constrói independem do fenômeno real que organiza, contingência que explica disposições jurídicas que não só prescindem de vínculos subjacentes, como até chegam a assumir feição indisfarçavelmente antagônica. A chamada "morte civil", prevista no direito pretérito, é manifestação significativa e eloquente dessa desvinculação. A ordem jurídica declarava a morte de determinada pessoa, que passava a ser coisa, perdendo aquela condição; tudo isso sem qualquer alteração do ser, enquanto vida animal. As ficções jurídicas, expediente largamente utilizado pelo legislador, nos diversos setores da regulação social, consubstanciam outro modelo expressivo do desapego do direito, com referência à realidade que ordena.

A relação jurídica se instaura por virtude de um enunciado fáctico, posto pelo consequente de norma individual e concreta, uma vez que, na regra geral e abstrata, aquilo que encontramos são classes de predicados que um acontecimento deve reunir para tornar-se fato concreto, na plenitude de sua determinação empírica. Enquanto na norma geral e abstrata o enunciado referencial se arma para o futuro, se programa para frente, a norma individual e concreta vai fazer irromper um liame jurídico específico mediante enunciado de índole relacional, perfeitamente individualizado quanto aos termos, sujeitos (ativo e passivo) e quanto à conduta-prestação, que é seu objeto. Subordinado o ato ou negócio jurídico a evento futuro e incerto, seus efeitos normais ficarão inibidos e somente por ocasião do acontecimento previsto como condição suspensiva, vertida em linguagem, é que nascerá, com todo o vigor característico, o vínculo obrigacional tributário.

Neste sentido, tomando-se a norma individual e concreta, todos os elementos utilizados para a composição do enunciado relacional serão formados a partir do fato e não do evento, que já se consumiu. No processo de positivação da obrigação tributária, identificamos as seguintes etapas: (i) existindo uma regra-matriz de incidência tributária e (ii) verificando-se o acontecimento do evento previsto na hipótese da norma geral e abstrata, (iii) com a correspondente produção da linguagem competente que constrói a norma individual e concreta, (iv) devidamente comunicada ao outro sujeito da relação jurídica, (v) dar-se-á o aparecimento formal do débito tributário.

Somente quando efetivados os procedimentos acima especificados, sem a subtração de nenhuma etapa, é que estaremos diante da existência formal da relação jurídica (obrigação tributária).

No entanto, inexiste cronologia entre a verificação empírica do fato e o surgimento da relação jurídica, como se poderia imaginar num exame mais apressado. Instala-se o vínculo abstrato, que une as pessoas, exatamente no instante em que aparece a linguagem competente que relata o evento descrito pelo legislador. Para o direito, portanto, são entidades simultâneas, concomitantes.

Composto o vínculo, ver-se-á o sujeito passivo tolhido na sua liberdade, jungindo-se ao cumprimento de certa prestação, e, bem assim, ameaçado em seu patrimônio, porque a exigência fiscal se arma ao escopo de obter nele uma parcela pecuniária. Idêntico interesse toca ao sujeito ativo, que tem, naquele momento, a assunção de seus direitos às chamadas receitas derivadas ou coativas, com que provê o bem comum que a sociedade anela.

O instante em que nasce a obrigação tributária é exatamente aquele em que a norma individual e concreta - produzida pelo particular ou pela Administração, neste último caso por meio de lançamento – ingressar no sistema do direito positivo, o que implica reconhecer que a relação se dá juntamente com a ocorrência do fato jurídico. Daí falar em instauração automática e infalível do vínculo obrigacional, ao ensejo do acontecimento do "fato gerador". A contar desse ponto na escala do tempo, existirá um enunciado linguístico, formulado em consonância com os preceitos da ordem jurídica (linguagem competente), e que somente poderá ser modificado por outros enunciados especialmente proferidos para esse fim, segundo a orientação do sistema.

Nada diverso sucede com as relações jurídicas que veiculam os deveres instrumentais, camada de linguagem preparatória da percussão da norma individual e concreta. Dentre as relações jurídicas que podem ser identificadas na fenomenologia da incidência tributária estão aquelas que veiculam os chamados "deveres instrumentais" ou "formais". Os trabalhos de Dogmática sempre mantiveram o vezo de cotejá-los com os chamados deveres substanciais, relegando-os a posição secundária. Reflexo disso está gravado na própria terminologia edificada pela ciência e pelo direito positivo que os designam como "obrigações de caráter acessório", "deveres de contorno", "deveres instrumentais" ou meramente "formais".

Penso que tais adjetivos, quando empregados com o propósito de rebaixar a importância desses vínculos, incorrem em forte imprecisão. Os deveres instrumentais serão tão relevantes quanto os substanciais, se os examinarmos pelo prisma de que colaboram, em momentos distintos, para a realização do mesmo fim, qual seja o da implantação do tributo.

As relações jurídicas dos deveres instrumentais estão previstas, igualmente, em norma geral e abstrata, e também surgem para o direito mediante a expedição de norma individual e concreta, como no caso do tributo. Os deveres, enquanto previsão normativa, visam a estimular os destinatários no sentido de exercitarem certas condutas producentes daquela linguagem preliminar a que me referi e passam a existir, concretamente, em termos jurídicos, quando forem cumpridos os respectivos destinatários. A grande diferença reside na circunstância de que os deveres instrumentais se apresentam bastantes-em-si, exaurindo-se as expectativas normativas com a só realização da conduta prevista, isto é, com a expedição das regras individuais e concretas que os múltiplos deveres consubstanciam. Enquanto isso, as normas individuais e concretas do lançamento, ou as correspondentes, de competência dos administrados, são preparatórias da prestação pecuniária compulsória, a que chamamos de "tributo". Dizendo de outro modo, aparecem como providências imprescindíveis para que o sujeito passivo satisfaça a obrigação nascida com o acontecimento do fato jurídico tributário, pelo que adquirem, nesse sentido, aspecto procedimental, pois se atrelam ao ato jurídico do pagamento como expediente derradeiro.

Em função de sua relevância no processo de apuração do crédito tributário podemos classificar, dicotomicamente, tais liames jurídicos em: (i) deveres instrumentais de conformação de fáctica e (ii) deveres instrumentais de conformação de regime.

São deveres instrumentais de conformação fáctica, entre muitos outros, o de escriturar livros, prestar informações, expedir notas fiscais, fazer declarações; tudo isso opera com o fim de propiciar a base objetiva necessária para o efetivo exercício da atividade impositiva, levada a termo pelo órgão próprio da Fazenda Pública. Constróem, assim, uma camada de linguagem, insuficiente ainda como expressão da norma individual e concreta, porém utilíssima para preparar, no caso efetivo, a percussão da regra-matriz de incidência, oferecendo a plataforma linguística com base na qual aquela norma individual será expedida. O tecido formado pelo implemento desses deveres instrumentais será o campo propício para detectarmos a incidência da regra-padrão do tributo.

Outrossim, o cumprimento dessa classe de deveres formais constitui o corpo de linguagem que está no subsolo da facticidade jurídica, sobre que as normas tributárias hão de incidir no ato de aplicação do direito, de tal sorte que todos os meios de prova admitidos em direito tributário decorrem, direta ou indiretamente, da observância dessa classe de deveres jurídicos. E ato de aplicação jurídica requer, note-se, direito substantivo e suporte factual. Precisamente esse é o substrato composto pela facticidade jurídica, enquanto produto oferecido pela concretização dos deveres instrumentais.

Estabelecendo paralelo com a proposição de Kant, na Estética Transcendental, em que "sem categorias, as intuições sensíveis seriam cegas, e sem as intuições sensíveis, as categorias seriam vazias", poderíamos dizer que o direito substantivo tributário, sem tais deveres instrumentais, é cego, e estes, sem aquele, são vazios. Na ausência de deveres formais não há incidência das normas de direito material, não há efeitos, nem crédito tributário, nem débito fiscal, nem produção normativa, nem prova, e, tampouco, a segurança jurídica que a ordem positiva visa a estabelecer[375]. O reflexo nítido da relevância dos deveres instrumentais de conformação fáctica está estampado na intensidade das sanções que preveem seu descumprimento, chegando a elevadas multas patrimoniais calculadas sobre o valor da operação tributada.

Os deveres instrumentais de conformação de regime, de modo diverso, voltam-se à fiscalização, controle e manutenção dos chamados "regimes especiais" concedidos pela Administração tributária. Nesse domínio, é interessante verificar que a sanção pelo descumprimento de tais deveres é, justamente, a perda do benefício do "regime especial" outorgado. Em franco contraste com aqueles deveres de conformação fáctica, que informam os regimes impositivos ou ordinários, os deveres instrumentais de conformação de regime visam tão somente a garantir a manutenção das condições necessárias para a fruição do regime especial, não se prestando, pois, a seguir a rotina de simplesmente documentar, passo a passo, os enunciados prescritivos que se congregam para determinar a incidência. Tais deveres traduzem-se como camada de linguagem preparatória, participando na construção da prova e da norma jurídico-tributária que a tome por base.

O cumprimento dos deveres instrumentais ou formais, cometidos ao sujeito passivo das imposições tributárias, forma um tecido de linguagem que, na sua integridade, relata o

---

[375]. Sobre a independência dos deveres instrumentais em face das obrigações principais, ver Paulo de Barros Carvalho, *Curso de direito tributário*, 19ª ed., 2007, pp. 320-323.

acontecimento de eventos e a instalação de relações jurídicas obrigacionais. Poder-se-ia pensar, então, que o implemento desses deveres, já que se afiguram como linguagem competente em face da lei, bastaria para se dar por construída a norma individual e concreta.

Não é assim, contudo. A regra jurídica individual e concreta, quando ficar a cargo do contribuinte, há de constar de documento especificamente determinado em cada legislação, e que consiste numa redução sumular, num resumo objetivo daquele tecido de linguagem, mais amplo e abrangente, constante dos talonários de notas fiscais, livros e outros efeitos jurídico-contábeis. O documento da norma há de ter, além da objetividade que mencionei, o predicado da unidade de sentido, uma vez que expressa enunciados prescritivos, a partir dos quais o intérprete fará emergir a norma individual e concreta.

É bem verdade que os enunciados conotativos que prescrevem esses deveres se agrupam para formar normas jurídicas, com a mesma esquematização formal das demais unidades do sistema, confirmando, dessa maneira, o princípio da uniformidade sintática de que já nos ocupamos. Dirigem-se, diretamente, aos sujeitos passivos do tributo que implementarão, ou não, os expedientes previstos. Havendo acatamento aos comandos da ordem jurídica, os deveres instrumentais lá estarão, na qualidade de prestações manifestadas em forma de linguagem, formando o lastro sobre o qual a Fazenda Pública e os particulares exercerão gestões de controle. Insatisfeitas as condutas prescritas, no tempo, lugar e forma determinados na legislação específica, outra norma jurídica exigirá que funcionário público habilitado pratique o ato próprio, tipificando o fato do descumprimento e aplicando a medida sancionatória cabível.

6.1.3 Prova e presunções no direito tributário

Nem sempre, no entanto, a prova é tida como "fato". Às vezes, poderá ser utilizada para referir-se a vínculo, como ocorre nos casos das presunções. Ingressamos aqui nos estudos da aplicabilidade das presunções na sistemática das provas.

Na presunção legal encontraremos, de um lado, o fato presuntivo e, de outro, o fato presumido. Considera-se provado o fato legalmente presumido. E o que justifica essa previsão legal? Por que o fato presumido adquire, de pronto, *status* de fato provado? Tal se justifica pelo vínculo de associação prescrito pela lei. Desse modo, fala-se em presunção relativa, que admite prova em contrário; mas, não havendo prova em contrário, a associação se mantém; dado o fato presuntivo, deve ser o fato presumido, porque não houve prova em sentido oposto.

Há também aquela chamada "presunção humana", que é uma associação que nós fazemos em face de juízos de valor sobre elementos de prova. É o que ocorre quando, verificados os fatos "F1", "F2", "F3", "F4", eu digo: "Diante desses acontecimentos, dou por certificado o fato 'F5'". Temos que considerar também a existência da presunção absoluta, embora seja inadmissível na esfera tributária.

Ainda com relação às presunções na Teoria das Provas, cumpre tecer, por fim, algumas considerações no que tange às infrações tributárias. O discrime entre infrações objetivas e subjetivas abre espaço a larga aplicação prática. Tratando-se da primeira, o único recurso de que dispõe o suposto autor do ilícito, para defender-se, é concentrar razões que demonstrem a inexistência material do fato acoimado de "antijurídico", descaracterizando-o em qualquer de seus elementos constituintes. Cabe-lhe a prova, com todas as dificuldades que lhe são inerentes.

Agora, no setor das infrações subjetivas, em que penetra o dolo ou a culpa na compostura do enunciado descritivo do fato ilícito, a coisa se inverte, competindo ao Fisco, com toda a gama instrumental dos seus expedientes administrativos, exibir os fundamentos concretos que revelem a presença do dolo ou da culpa, como nexo entre a participação do agente e o resultado material que dessa forma se produziu. Os embaraços dessa comprovação, que nem sempre é fácil, transmudam-se para a atividade fiscalizadora da Administração, que terá a incumbência intransferível de evidenciar não só a materialidade do evento como, também, o elemento volitivo que propiciou ao infrator atingir seus fins contrários às disposições da ordem jurídica vigente.

As dificuldades probatórias a que nos reportamos, sejam as experimentadas pelo sujeito passivo, no caso de impugnar pretensões punitivas por ilícitos de natureza objetiva, sejam aquelas outras que os funcionários da fiscalização tributária enfrentam para certificar a infração subjetiva, nem sempre são adequadamente suplantadas. Nos autos de infração, o agente limita-se a circunscrever os caracteres fácticos, fazendo breve alusão ao cunho doloso ou culposo da conduta do administrado. Isto não basta. Há de provar, de maneira inequívoca, o elemento subjetivo que integra o fato típico, com a mesma evidência com que demonstra a integração material da ocorrência fáctica.

Exige-se que se verifique a vontade concreta do agente de perpetrar ato lesivo aos interesses da fiscalização. Não teria sentido apenar os intervenientes nas operações de efeitos tributários cujas atividades foram regularmente praticadas, não causando, voluntariamente, danos ou obstáculos ao Fisco e à exigência de tributos.

Breve análise dos julgados do Egrégio Conselho de Contribuintes do Ministério da Fazenda confirma o critério ora exposto, evidenciando a imprescindibilidade da presença do dolo para fins de aplicação de sanções administrativas:

> INFRAÇÃO ADMINISTRATIVA. *Constatado que houve erro material* na Declaração de Importação de mercadorias devidamente manifestadas e consignadas em fatura comercial, e *evidenciada a míngua de dolo ou fraude na operação, em que foram devidamente recolhidos os impostos*, não há como prosperar a *exigência de multa do controle administrativo das importações*, por ocasião da retificação da declaração apresentada pelo importador. Recurso provido[376] (grifei).

---

376. Terceiro Conselho de Contribuintes, 2ª Câm., Ac. 302-37114, Rel. Cons. Corintho Oliveira Machado, j. 09/11/2005.

IMPOSTO DE IMPORTAÇÃO. CLASSIFICAÇÃO FISCAL. AFUGAN TÉCNICO. A mercadoria comercialmente denominada Afugan Técnico, ingrediente ativo Pyrazophos 660, na forma como foi importada, identificado pela Labana como 'preparação fungicida' à base de uma solução de Pyrazophos em Xileno, classifica-se no código NBM 3808.20.99 da tarifa vigente à época da ocorrência do fato gerador. INFRAÇÃO ADMINISTRATIVA. MULTA POR FALTA DE GUIA. A multa prevista no art. 526, II, do Regulamento Aduaneiro *é incabível quando o produto importado guarda correspondência com a descrição feita pelo importador e este está imbuído de boa-fé.* DECLARAÇÃO INEXATA. MULTA DE OFÍCIO. Incabível a aplicação de multa de ofício na hipótese destes autos, posto que houve apenas classificação fiscal errônea, *sem que tenha vestígios de dolo ou má-fé por parte do importador*, estando o produto descrito corretamente. Fundamentação: ADN Cosit n. 10, de 16/01/1997. JUROS DE MORA. APLICABILIDADE DA TAXA SELIC. A falta de pagamento de imposto no prazo legal sujeita a aplicação dos juros de mora, calculados com base na taxa SELIC. Compete exclusivamente ao Poder Judiciário o controle da constitucionalidade das normas jurídicas. Recurso parcialmente provido[377] (grifei).

É justamente por tais argumentos que as *presunções* não devem ter admissibilidade no que tange às infrações subjetivas. O dolo e a culpa não se presumem, provam-se. A despeito disso, predicando contornar os obstáculos que adviriam à atividade de fiscalização dos tributos, caso tivesse ela de pautar-se dentro desses parâmetros estritamente legais, serve-se o legislador do apelo à *presunção*, que equipara, desatinadamente, as infrações subjetivas às objetivas. Tais preceitos brigam com a organização do nosso direito positivo, que não comporta equiparação dessa índole, agredindo a sólida estrutura de institutos jurídicos seculares e maculando a inteireza de direitos fundamentais consagrados no texto do Estatuto Supremo.

Na trilha dessa orientação, que prestigia soberanamente o ordenamento jurídico como sistema, em detrimento da letra fria e isolada dos escritos da lei, já existem importantes manifestações do Poder Judiciário, emanadas, principalmente, do

---

377. Terceiro Conselho de Contribuintes, 2ª Câm., Ac. 302-37435, Rel. Cons. Elizabeth Emílio de Moraes Chieregatto, j. 25/04/2006.

antigo Tribunal Federal de Recursos, repudiando peremptoriamente o emprego de interpretações presuntivas no plano de ilícitos que requerem os elementos subjetivos na integralidade do seu enunciado. De fato, o tema das presunções no direito tributário deve ser observado com mais cautela.

Em razão das próprias especificidades do sistema tributário brasileiro, os recursos à presunção devem ser utilizados com muito cuidado. Nesse subdomínio do jurídico, não convém que a presunção mantenha atinência intrínseca com os aspectos estruturados da norma de incidência tributária. Há apenas de referir-se a elementos (situações/fatos) que possam conduzir à tipificação da figura impositiva.

Se considerarmos os valores máximos acolhidos pelo Texto Constitucional, principalmente em termos de tributação – *segurança* e *certeza* – que sustentam os cânones da legalidade e da tipicidade, torna-se extremamente problemático captar a figura da presunção, sempre pronta a suscitar imprecisão, dubiedade e incerteza.

Uma providência salutar para o exegeta que lida com a linguagem jurídica é lembrar-se, a cada momento, que o sistema brasileiro de direito positivo, dispensando cuidado especial a certos campos de atuação da disciplina normativa, não acolhe, excluídas raríssimas exceções, a técnica presuntiva para efeito de caracterização do "fato jurídico tributário". Permite, sim, em outros setores da atividade tributária, mas *resguarda o instante da subsunção*, qualificador que é do fenômeno jurídico da incidência.

Observado este pressuposto, entendo que a lavratura do lançamento, por exemplo, deve dar-se em conformidade com os meios ou instrumentos reconhecidos pelo direito como hábeis. Reafirmo, a propósito, que nem sempre os expedientes da linguagem natural, tão atuantes no intercurso diário de nossas relações, são recolhidos pela ordem jurídica. No procedimento administrativo são admitidos os meios de prova tidos como idôneos no processo comum. Entretanto, por virtude de sua peculiaridade, são muito pouco utilizadas a prova testemunhal e a inspeção judicial, assim como a providência do depoimento pessoal. Em obséquio ao rigor, todo instrumento probatório se reduzirá à prova documental, pois em qualquer instância, seja do procedimento administrativo, seja do processo judicial, a linguagem escrita é a única capaz de objetivar os signos jurídicos.

Vale salientar, a propósito, que não se permite ao funcionário da Fazenda o emprego de recursos imaginativos, por mais evidente que pareça ser o comportamento delituoso do sujeito passivo. É imprescindível a cabal demonstração de causalidade entre o fato, considerado como indício, e a efetiva existência do ato infrator. É o registro que faz Luís Eduardo Schoueri[378]:

> O dever de provar a relação de causalidade é tão importante quanto a prova da ocorrência do indício. Enquanto este é matéria que se encontra no campo dos fatos, a relação de causalidade caminha para o campo do pensamento, permitindo que a contra-prova se dê de modo próprio. Assim, para que se desminta a relação de causalidade entre o indício e o fato a ser provado, pode-se não só mostrar que a referida relação não atende aos reclamos da lógica (prova abstrata, lógica) como, simplesmente, demonstrar que a ocorrência do indício permitiria não só a ocorrência do fato alegado como também de outro diverso.

Em outras palavras, não pode haver sombra de dúvida sobre a concreção do fato que dá causa à autuação administrativa, sendo inaceitável adotar a figura da presunção, tendo em vista que ela consiste no processo lógico em que de um fato conhecido infere-se fato desconhecido e, portanto, incerto.

6.1.4 Inscrição em dívida ativa como prova pré-constituída

Outro ponto a ser mencionado, ainda no tema da prova no direito tributário, e de extrema relevância, é a prova pré-constituída, que tem como suporte físico a certidão de inscrição em dívida ativa (CDA).

Consiste o documento em expediente emitido pela Fazenda Pública, como resultado do ato de inscrição de débito fiscal. É o

---

378. *Processo administrativo fiscal*, 2º vol, São Paulo, Dialética, p. 85.

produto da apuração da liquidez e certeza do crédito, representando o suporte físico da norma individual e concreta introduzida no ordenamento mediante o ato da inscrição em dívida ativa.

Pondere-se que como o vocábulo "ato" padece do problema semântico da ambiguidade, do tipo "processo/produto". É ato tanto o processo de inscrição do crédito na dívida ativa como o resultado dessa atividade, consubstanciado num documento que passa a integrar o sistema do direito positivo (certidão de dívida ativa). Ambos, para serem perfeitos, devem implementar as cláusulas da definição da estrutura do ato: a) motivo ou pressuposto: acontecimento fáctico que exige ou possibilita a prática do ato; b) agente competente: funcionário indicado pela lei para o exercício de tal função; c) forma: organização de linguagem prescrita na lei; d) conteúdo ou objeto: norma individual e concreta inserida no ordenamento pelo ato; e) finalidade: objetivo postulado pelo expediente.

Satisfeitas as cláusulas da definição da estrutura do ato, acima relacionadas, estará ele perfeito perante o sistema jurídico. Havendo, porém, vício em qualquer dos elementos, ter-se-á ato defeituoso.

Tratando-se de certidão de dívida ativa, esta desfruta de presunção de liquidez e certeza. Apresenta o atributo da certeza porque não expressa mero juízo de probabilidade acerca da existência do débito, uma vez que certifica seu efetivo surgimento. Possui liquidez porque manifesta o exato valor do débito, consignando um *quantum* determinado[379]. Tal presunção, entretanto, é relativa, podendo ser ilidida, nos termos do artigo 3º, parágrafo único, da Lei n. 6.830/80 e do artigo 204, parágrafo único, do Código Tributário Nacional.

Verificando-se erro em qualquer dos elementos do ato que originaram a certidão de dívida ativa, fica refutada a sua presunção de liquidez e certeza. Assim, comprovando-se a

---

[379]. Cabe advertir que, essa presunção de certeza e liquidez, não é atributo exclusivo da CDA. Todo ato que veicula norma relata a débito ou crédito de tributo presume-se certa e líquida até prova em contrário.

inexistência de fundamento jurídico que respalde a constituição do débito, deixa ele de ser certo e, por via de consequência, líquido. A presunção de liquidez também é eliminada nas hipóteses em que, embora existente o débito, este não corresponda ao valor exigido. Ainda, como o motivo do ato consiste nas razões que permitem sua prática, esse elemento, além de ser necessariamente legal e existente, deve articular-se com a finalidade do ato. Por isso, afirma José Cretella Júnior[380] que se o ato administrativo é fundamentado em fato inexistente ou em fato existente, mas em proporção insuficiente para justificar a medida aplicada, o ato se alicerçou em motivo viciado. Do mesmo modo, desvirtuado o fim, o ato eiva-se de vício irreparável.

Logo, a certidão de dívida ativa somente goza dos atributos da liquidez e da certeza quando os elementos do ato que a originaram estiverem em conformidade com as prescrições do ordenamento jurídico. Existindo mácula em qualquer de seus elementos, ela padecerá de nulidade.

A inscrição em dívida ativa tem por escopo a constituição unilateral do título executivo que servirá de base para a cobrança judicial dos créditos não pagos à Fazenda Pública. Sendo assim, a certidão de dívida ativa é o único dos títulos executivos extrajudiciais em que não há necessidade da assinatura do devedor, existindo a partir de ato unilateral do credor.

No tocante ao âmbito processual, esgotados os trâmites administrativos, pela inexistência de recursos procedimentais que possam atender a novas iniciativas do sujeito passivo, e não havendo medida judicial que suspenda a exigibilidade do crédito tributário, chegou a hora de a Fazenda Pública praticar quem sabe o mais importante ato de controle de legalidade sobre a constituição de seu crédito: o ato de apuração e de inscrição do débito no livro de registro da dívida pública.

Sempre vimos o exercício de tal atividade revestido da mais elevada importância jurídica. É o único ato de controle

---

380. *Curso de direito administrativo*, 16ª ed., Rio de Janeiro, Forense, 1999, p. 289.

de legalidade, efetuado sobre o crédito tributário já constituído, que se realiza pela apreciação crítica de profissionais obrigatoriamente especializados: os procuradores da Fazenda.

Além disso, é a derradeira oportunidade que a Administração tem de rever os requisitos jurídico-legais dos atos praticados, constituindo o título executivo, resultado do processo de inscrição. Não pode modificá-los, é certo, porém tem meios de evitar que não prossigam créditos inconsistentes, penetrados de ilegitimidades substanciais ou formais que, fatalmente, serão fulminadas pela manifestação jurisdicional que se avizinha.

Assim como todo e qualquer título executivo, quando regularmente inscrito, o ato de apuração e de inscrição do débito no livro de registro da dívida pública goza da presunção de certeza e liquidez e tem efeito de prova pré-constituída, tal qual afirma o artigo 204 do CTN. E esclarece o parágrafo único deste mesmo artigo que essa presunção, no entanto, é relativa, podendo ser ilidida por prova inequívoca, a cargo do sujeito passivo ou do terceiro a que aproveite. Por isso mesmo, a certidão de dívida ativa será tida como autêntica e válida, até que se prove o contrário, operando em seu benefício a presunção *juris tantum*.

O artigo 202 do CTN enumera as indicações que obrigatoriamente deverão estar contidas no termo de inscrição da dívida, autenticado pela autoridade competente: o nome do devedor e, sendo caso, o dos corresponsáveis, bem como, sempre que possível, o domicílio ou a residência de um ou de outros (I); a quantia devida e a maneira de calcular os juros de mora acrescidos (II); a origem e a natureza do crédito, mencionada especificamente a disposição da lei em que seja fundado (III); a data em que foi inscrita (IV). Frisa o parágrafo único deste artigo 202 do CTN que a certidão conterá, além dos requisitos enumerados, a indicação do número do livro e da folha de inscrição. A omissão de quaisquer dos requisitos previstos no artigo 202 do CTN, ou o erro a eles relativo, são causas de nulidade da inscrição e do processo de cobrança dela decorrente. Para adquirir foro de dívida ativa, não importa que o ato administrativo haja sido celebrado e que nele se conjuguem os elementos tidos como "substanciais". Insta que seus requisitos estejam conformados às prescrições da lei. Da subsunção do ato de inscrição de dívida ativa ao feixe de regras, se houver adequação e harmonia, falaremos de validade e de presunção de liquidez e certeza, experimentada segundo os canais competentes que o próprio sistema preconiza.

Mas a nulidade da inscrição e do respectivo processo de cobrança poderá ser sanada até a decisão de primeira instância, mediante substituição da certidão nula, devolvido ao sujeito passivo, acusado ou interessado, o prazo para defesa, que somente poderá versar sobre a parte modificada (artigo 203 do CTN).

BIBLIOGRAFIA

ABBAGNANO, Nicola. *Dicionário de filosofia*. Trad. Alfredo Bosi. São Paulo, Mestre Jou, 1982.

AFTALIÓN, Enrique; VILANOVA, José. *Introducción al derecho*. Buenos Aires, Abeledo-Perrot, 1988.

ALCHOURRÓN, Bulygin. *Lenguaje del derecho*. Buenos Aires, Abeledo. Perrot, 1995.

ALESSI, Renato. *Principi di diritto admministrativo*. Milano, Giuffrè, 1978. t. I.

ALMEIDA, Joaquim Canuto Mendes de. Procedimento fiscal de autolançamento e sua homologação, *Revista de Direito Público*, (II) 6:187-93. São Paulo, Revista dos Tribunais, 1968.

ALVES, Moreira. Taxa e preço público, *Cadernos de Pesquisa Tributária*, n. 10, São Paulo, Resenha Tributária, 1985.

ALVIM, Eduardo Arruda. *Mandado de segurança no direito tributário*. São Paulo, Revista dos Tribunais, 1998.

ALVIM PINTO, Thereza Arruda. *Nulidades da sentença*. São Paulo, Revista dos Tribunais, 1992.

AMARAL, Antônio Carlos Cintra do. Conceito e elementos do ato administrativo, *Revista de Direito Público*, (VII) 32:36-42. São Paulo, Revista dos Tribunais, 1974.

_____. *Extinção do ato administrativo*. São Paulo, Revista dos Tribunais, 1978.

AMARO, Luciano. *Direito tributário brasileiro*. São Paulo, Saraiva, 1997.

_____. Imposto de renda: Regimes jurídicos. In: *Curso de direito tributário*. 5. ed. coord. Ives Gandra da Silva Martins. Belém, CEJUP: Centro de Estudos de Extensão Universitária, 1997.

ANGEIRAS, Luciana. *Lançamento tributário e o processo de positivação do direito*. Dissertação de mestrado (PUC-SP), São Paulo, 1999.

ATALIBA, Geraldo. *Sistema tributário constitucional brasileiro*. São Paulo, Revista dos Tribunais, 1966.

_____. *Sistema tributário constitucional brasileiro*. São Paulo, Revista dos Tribunais, 1968.

_____. *Princípios gerais de direito administrativo*. Rio de Janeiro, Forense, 1969. v. 1.

_____. Lei complementar em matéria tributária, *Revista de Direito Tributário*, v. 48, São Paulo, Revista dos Tribunais, 1989.

_____. *Hipótese de incidência tributária*. São Paulo, Malheiros, 1992.

_____. *República e Constituição*. 2. ed. São Paulo, Malheiros, 1998.

_____. Taxa de polícia e funcionamento. In: *Estudos e pareceres de direito tributário*.

_____. Normas gerais de direito financeiro e tributário e autonomia dos Estados e Municípios, *Revista de Direito Público*, n. 10.

_____. Estudos e pareceres de direito tributário, *Revista dos Tribunais*, v. 1. São Paulo, 1978.

_____. Estudos e pareceres de direito tributário, *Revista dos Tribunais*, v. 2. São Paulo, 1978.

_____. *Natureza jurídica do estado federal*. São Paulo, Revista dos Tribunais, 1937.

_____. *Proposições tributárias*. São Paulo, Resenha Tributária, 1975 (obra conjunta em homenagem a Rubens Gomes de Sousa).

ATALIBA, Geraldo; BARRETO, Aires F. ISS – Locação e "Leasing", *Revista de Direito Tributário*, v. 51, São Paulo, Malheiros.

ATALIBA, Geraldo; GIARDINO, Cléber. Segurança do direito, tributação e anterioridade – Imposto sobre a renda (Exame do Dec. Lei 1967/82. Exercício social encerrado em março de 1983). *Revista de Direito Tributário*, v. 27 e 28, São Paulo, Revista dos Tribunais, 1984.

ARAUJO, Clarice Von Oertzen de. Fato e evento tributário – uma análise semiótica. In: *Curso de especialização em direito tributário*. Rio de Janeiro, Forense, 2004.

AULETE, Caldas. *Dicionário contemporâneo da língua portuguesa*. Rio de Janeiro, Delta, 1964. t. I a V.

AYALA, Juan L. Pérez de. Função tributária e o procedimento de lançamento, *Revista de Direito Público*, (VII) 32:196-213 São Paulo, Revista dos Tribunais, 1974.

_____. *Derecho tributario*. Madrid, Editorial de Derecho Financiero, 1968.

AZEVEDO, Antonio Junqueira. *Negócio jurídico* – existência, validade e eficácia. São Paulo, Saraiva, 1974.

BALEEIRO, Aliomar. *Direito tributário brasileiro*. Rio de Janeiro, Forense, 1977.

_____. *Limitações constitucionais ao poder de tributar*. 4. ed. Rio de Janeiro, Forense, 1998.

BANDEIRA DE MELLO, Celso Antônio. O conteúdo do regime jurídico-administrativo e seu valor metódico, *Revista de Direito Público*, (I) 2:44-61, São Paulo, Revista dos Tribunais, 1967.

_____. *Natureza e regime jurídico das autarquias*. São Paulo, Revista dos Tribunais, 1968.

_____. *Ato administrativo e direito dos administrados*. São Paulo, Revista dos Tribunais, 1981.

_____. *Conteúdo jurídico do princípio da igualdade*. 3. ed. São Paulo, Malheiros, 2003.

_____. *Curso de direito administrativo*. 21. ed., São Paulo, Malheiros, 2006.

_____. *Elementos de direito administrativo*. São Paulo, Revista dos Tribunais, 1980.

BANDEIRA DE MELLO, Oswaldo Aranha. *Princípios gerais de direito administrativo*. Rio de Janeiro, Forense, 1979. t. 1.

_____. *Princípios gerais de direito administrativo*. Rio de Janeiro, Forense, 1969. v. 1.

_____. *Natureza jurídica do estado federal*. São Paulo, Revista dos Tribunais, 1937.

BARRETO, Aires. *Base de cálculo, alíquota e princípios constitucionais*. São Paulo, Max Limonad, 1987.

_____. Lançamento "ex officio" – notificação, *Revista de Direito Tributário*, (9) 45:188-195 São Paulo, Malheiros, 1988.

_____. Imposto sobre serviço de qualquer natureza, *Revista de Direito Tributário*, v. 29 e 30, São Paulo, Revista dos Tribunais, 1984.

_____. *Segurança jurídica na tributação no Estado de Direito*. São Paulo, Noeses, 2005.

BARRETO, Paulo Ayres. *Imposto sobre a renda e preços de transferência*. São Paulo, Dialética, 2000.

_____. *Contribuições: Regime Jurídico, destinação e controle*. São Paulo, Noeses, 2006.

BARROS MONTEIRO, Washington. *Curso de direito civil*. São Paulo, Saraiva, 1986. t. I.

BARTHES, Roland. *Elementos de semiologia*. Trad. Isidoro Blikstein. São Paulo, Cultrix, 1993.

BASTOS, Celso Ribeiro. *Curso de direito constitucional.* São Paulo, Saraiva, 1980.

BECKER, Alfredo Augusto. *Teoria geral do direito tributário.* 4. ed. São Paulo, Noeses, 2007.

_____. *Carnaval tributário.* São Paulo, Lejus, 1999.

BERLIRI, Antonio. *Principi di diritto tributário.* Milano, Giuffrè, 1964. t. III.

BERNARDES DE MELLO, Marcos. *Teoria do fato jurídico.* São Paulo, Saraiva, 1993.

BERNARDES, Haroldo Gueiros. Lançamento – decadência e prescrição, *Revista de Direito Tributário*, (8) 29/30:253-259, São Paulo, Malheiros, 1984.

BITTAR, Djalma. *Relação jurídica tributária em nível lógico.* Dissertação de mestrado. São Paulo, PUC/SP, 1991.

BLUMENSTEIN, Ernest. *Sistema di diritto delle imposta.* Trad. it. F. Forte. Milano, 1954.

BOBBIO, Norberto. *Teoria della norma giuridica.* Torino, Gianpichelli, 1958.

_____. *Teoria dell'ordinamiento giuridico.* Torino, Giappichelli, 1960.

_____. *Teoria do ordenamento jurídico.* Trad. Maria Celeste Cordeiro Leite dos Santos. Brasília-São Paulo, UNB/Polis, 1991.

BONILHA, Paulo Celso B. *Da prova no direito administrativo.* São Paulo, Revista Dialética, 2001.

BONO, Catanheira de. *L'accertamento tributário.* Milano, Giuffrè, 1966. t. I.

BORGES, Arnaldo. Artigo publicado na *Revista de Estudos Tributários*, IBET, 1979, v.3.

BORGES, José Souto Maior. *Isenções tributárias.* 2. ed. São Paulo, Sugestões Literárias, 1980.

_____. *Lei complementar tributária.* São Paulo, Revista dos Tribunais, 1975.

_____. Lançamento tributário. In: *Tratado de Direito Tributário.* Rio de Janeiro, Forense, 1981. v. 4.

_____. *Elementos de direito tributário.* São Paulo, Revista dos Tribunais, 1978.

BOTTALLO. Eduardo Domingos. *Procedimento administrativo tributário.* São Paulo, Revista dos Tribunais, 1977.

_____. Restituição de impostos indiretos, *Revista de Direito Público,* (6) 22:314-32, São Paulo, Revista dos Tribunais, 1973. v. 22.

_____. Imposto sobre a Renda, *Revista de Direito Tributário,* v. 48, p. 107-25, São Paulo, Malheiros.

_____. *Obrigação tributária:* uma introdução metodológica. São Paulo, Saraiva, 1984.

BRANDÃO MACHADO. Decadência e prescrição no direito tributário. Notas a um acórdão do Supremo Tribunal Federal. In: *Direito tributário atual.* Coord. Ruy Barbosa Nogueira. São Paulo, Resenha Tributária, 1986. T. 6.

BRANDÃO, Themístocles Cavalcanti. *Teoria dos atos administrativos.* São Paulo, Revista dos Tribunais, 1973.

BRASIL, Roberta Fonseca. *Lançamento por homologação.* Dissertação de Mestrado (PUC/SP), 1999.

BRITO, Edvaldo. Lançamento, *Revista de Direito Tributário,* (11) 42:186-198, São Paulo, Malheiros, 1987.

BULGARELLI, Waldírio. *Regime tributário das cooperativas.* São Paulo, Saraiva, 1974.

BULHÕES PEDREIRA, José Luiz. *Imposto de renda.* Rio de Janeiro, Justec, 1971.

CAETANO, Marcelo. *Manual de direito administrativo.* Coimbra, Livr. Almedina, 1990. T. I e II.

CAMMAROSANO, Márcio. *Decaimento e extinção dos atos administrativos*, Revista de Direito Público, (XIII) 53/54: 161-72, São Paulo, Revista dos Tribunais, 1980.

CAMPILONGO, Celso Fernandes. *Representação política*. São Paulo, Ática, 1988 (Série Princípios).

_____. *O direito na sociedade complexa*. São Paulo, Max Limonad, 2000.

_____. *Diritto, democrazia e globalizzazione*. Lecce (Itália), Pensa, 2000.

_____. *Decisão política e decisão jurídica*. São Paulo, Max Limonad, 2001.

CAMPOS, Francisco, *Direito constitucional*. Rio de Janeiro, Freitas Bastos, 1956. v. 1.

CANARIS, Claus-Wilthelm. *Pensamento sistemático e conceito de sistema na ciência do direito*. Trad. de António Manuel da Rocha e Menezes Cordeiro. Lisboa, Fundação Calouste Gulbenkian, 1989.

CANOTILHO, J. J. Gomes. *Direito constitucional e teoria da Constituição*. 4. ed. Coimbra, Livr. Almedina, 2000.

CANTO, Gilberto de Ulhôa. *Temas de direito tributário*, Alba. v. III.

CARLINI, Haydée Antunes. Invalidade dos atos administrativos, *Revista de Direito Público*, (VII) 34:24-33, São Paulo, Revista dos Tribunais, 1975.

CARNELUTTI, Francesco. *Teoría general del derecho*. Trad. F. X. Osset. Madrid, 1955.

CARRAZZA, Elizabeth Nazar. *Os princípios da igualdade e da capacidade contributiva e a progressividade no IPTU*. Curitiba, Juruá, 1993.

CARRAZZA, Roque Antonio. *O regulamento no direito tributário brasileiro*. São Paulo, Revista dos Tribunais, 1981.

_____. *Curso de direito constitucional tributário.* 10. ed. São Paulo, Malheiros, 1997.

_____. Vigência e aplicação das leis tributárias, *Revista da APG*, (1) 2:118-41, São Paulo, APG/PUC/SP, 1992.

_____. *ICMS*. São Paulo, Malheiros, 1997.

CARRIÓ, Genaro R. *Sobre el concepto de deber jurídico.* Buenos Aires, Abeledo-Perrot, 1966.

_____. *Algunas palabras sobre las palabras de la ley.* Buenos Aires, Abeledo-Perrot, 1971.

_____. *Principios jurídicos y positivismo jurídico.* Buenos Aires, Abeledo-Perrot, 1970.

CARVALHO, Aurora Tomazini. *Curso de teoria geral do direito (o Constructivismo lógico-semântico).* São Paulo: Noeses, 2009.

CARVALHO, Cristiano. *Ficções Jurídicas no Direito Tributário.* São Paulo: Noeses, 2008.

CARVALHO, Paulo de Barros. *Teoria da norma tributária.* 3. ed. São Paulo, Max Limonad, 1998.

_____. Decadência e prescrição, *Cadernos de Pesquisas Tributárias*, n. 1, São Paulo, Resenha Tributária, 1976.

_____. Natureza jurídica do lançamento, *Revista de Direito Tributário*, (2) 6:124-137, São Paulo, Malheiros, 1978.

_____. *Curso de direito tributário.* 11. ed. São Paulo, Saraiva, 1999.

_____. Formalização da linguagem – proposições e fórmulas, *Revista do programa de pós-graduação em direito PUC/SP*, (I) 1:143-54. São Paulo, Max Limonad, 1995.

_____. *Direito tributário*: fundamentos jurídicos da incidência. 2. ed. Saraiva, São Paulo, 1999.

_____. Lançamento por homologação – decadência e pedido de restituição, *Repertório IOB de Jurisprudência*, n. 3/97, Caderno 1, p. 77-82, 1997.

_____. IPI – Comentários sobre as regras de interpretação da tabela NBM/SH (TIPI/TAB), *Revista Dialética de Direito Tributário*, (2) *12*:42-60, 1998.

_____. Isenções tributárias do IPI, em face do princípio da não-cumulatividade, *Revista Dialética de Direito Tributário*, (4) *33*:142-73, 1998.

_____. O direito positivo como sistema homogêneo de enunciados deônticos. *Revista de Direito Tributário*, v. 45, ano 12, São Paulo, Malheiros, jul./set. 1988.

_____. Prefácio do livro *A prova no direito tributário*. São Paulo, Noeses, 2005.

_____. COFINS – a Lei n. 9.718/98 e a Emenda Constitucional n. 20/98, *Revista de Direito Tributário*, v. 75, São Paulo, Malheiros.

CASSAGNE, Juan Carlos. *El acto administrativo*. Buenos Aires, Abeledo-Perrot, 1995.

_____. *Derecho administrativo*. Buenos Aires, Abeledo-Perrot, 1993. T. I e II.

CASSONE, Vittorio. *Direito tributário*. São Paulo, Atlas, 1993.

CASTELLANI, Fernando. *Contribuições Especiais e sua Destinação*. São Paulo: Noeses, 2009.

CASTRO Jr., Torquato da Silva. *A Pragmática das nulidades e a teoria do ato jurídico inexistente*. São Paulo: Noeses, 2009.

_____. *Teoria da situação jurídica em direito privado nacional*. São Paulo, Saraiva, 1985.

CHIESA, Clélio. *ICMS* – Sistema constitucional tributário. São Paulo, LTr, 1997.

_____. A tributação dos serviços de Internet prestados pelos provedores: ICMS ou ISS. *Revista de Direito Tributário*, v. 74, São Paulo, Malheiros.

CINTRA, Antônio Carlos Araújo. *Motivo e motivação do ato administrativo*. São Paulo, Revista dos Tribunais, 1979.

CINTRA, Carlos César Sousa. *A denúncia espontânea no direito tributário brasileiro*. Dissertação de Mestrado (PUC/SP), 2000.

_____. Anotações sobre as imunidades tributárias, *Revista de Direito Tributário*, v. 77, p. 220-33, São Paulo, Malheiros, 2000.

CIRNE LIMA, Ruy. *Princípios de direito administrativo*. Porto Alegre, Livraria Sulina, 1954.

_____. *Princípios de direito administrativo*. 2. ed. Porto Alegre, Globo, 2. ed.

COELHO, Luiz Fernando. *Aulas de introdução ao direito*. São Paulo, Manole, 2004.

COELHO NETTO, J. Teixeira. *Semiótica, informação e comunicação*. 3. ed. São Paulo, Perspectiva, 1990.

COELHO, Sacha Calmon Navarro. *Teoria e prática das multas tributárias*. Rio de Janeiro, Forense, 1993.

_____. *Teoria geral do tributo e da exoneração tributária*. São Paulo, Revista dos Tribunais, 1982.

COPI, Irwing. *Introdução à lógica*. Trad. de Álvaro Cabral. São Paulo, Mestre Jou, 1981.

COSTA, Alcides Jorge. *ICM na Constituição e na lei complementar*. São Paulo, Resenha Tributária, 1977.

_____. *Da extinção das obrigações tributárias*. Tese de concurso. São Paulo, USP/SP, 1991.

COSTA, Carlos C. Orcesi da. *Obrigação, lançamento e relação jurídica tributária*. São Paulo, Revista dos Tribunais, 1993.

CORRÊA, Walter Barbosa. Lançamento e ato administrativo nulo, *Revista de Direito Tributário*, (1) *1*:33-41, São Paulo, Malheiros, 1977.

CRETELLA JR., José. *Anulação do ato administrativo por desvio de poder*. Rio de Janeiro, Forense, 1978.

_____. *Curso de direito administrativo*. Rio de Janeiro: Forense, 1975.

_____. *Curso de direito administrativo*. Rio de Janeiro: Forense, 1999.

CRETELLA JR., José. *Curso de direito administrativo*. 16. ed. Rio de Janeiro, Forense, 1999.

CUNHA, Antônio Geraldo. *Dicionário etimológico nova fronteira da língua portuguesa*. São Paulo, Nova Fronteira, 1994.

DÁCOMO, Natália de Nardi. *Hipótese de incidência do ISS*. São Paulo, Noeses, 2007.

DAMIANI, Vera Araújo. Normas gerais de direito tributário, *Revista de Direito Tributário*, (VI) 19/20:28-47, São Paulo, Malheiros, 1982.

DENARI, Zelmo. *Curso de direito tributário*. Rio de Janeiro, Forense, 1993.

DERZI, Mizabel Machado. *Direito tributário, direito penal e tipo*. São Paulo, Revista dos Tribunais, 1988.

_____. Contribuições sociais, *Cadernos de Pesquisas Tributárias*, v. 17, São Paulo, Resenha Tributária, 1992.

_____. *Modificações da Jurisprudência no Direito Tributário*. São Paulo: Noeses, 2009.

DINIZ, Maria Helena. *A ciência jurídica*. São Paulo, Resenha Universitária, 1982.

_____. *Curso de direito civil brasileiro*. São Paulo, Saraiva, 1982. T. I.

_____. *As lacunas do direito*. São Paulo, Saraiva, 1989.

_____. *Dicionário jurídico*, São Paulo, Saraiva, 1998. v. 3.

_____. *Dicionário jurídico*, São Paulo, Saraiva, 1998. v. 4.

_____. *Compêndio de introdução à ciência do direito*. São Paulo, Saraiva, 1988.

DOMINGO, Fernando Vicente-Arche et al. *Seminario de Derecho Financiero de la Universidad Complutense*. Org. Fernando Sainz De Bujanda. Madrid, 1967.

DONIAK JÚNIOR, Jimir. *As presunções no direito tributário.* Dissertação de mestrado (PUC/SP), 1998.

DUARTE MARQUES, Maria Helena. *Iniciação à semântica.* Rio de Janeiro, Zahar, 1990.

DUCROT, Oswald; TODOROV, Tzvetan. *Dicionário das ciências da linguagem.* Trad. Eduardo Prado Coelho. Lisboa, Dom Quixote, 1974.

DUROZOI, Gerard; Roussel, André. *Dicionário de filosofia.* Trad. Marinha Appenzeller. Campinas, Papirus, 1993.

DWORKIN, Ronald M. *The model of rules.* 35 University of Chicago Law Review 14, 1967.

ECHAVE, Delia Tereza; URQUIJO, María Eugenia; GUIBOURG, Ricardo. *Lógica, proposición y norma.* Buenos Aires, Astrea, 1991.

ECO, Umberto. *O signo.* Trad. Maria de Fátima Marinho. Lisboa, Presença, 1973.

_____. *Tratado geral de semiótica.* 2. ed. São Paulo, Perspectiva, 1991.

_____. *Estrutura ausente.* São Paulo, Perspectiva, 1976.

ENGISH, Karl. *Introdução ao pensamento jurídico.* Trad. de João Baptista Machado. Lisboa, Calouste Gulbenkian, 1983.

ESTEVES. Maria do Rosário. *Normas gerais de direito tributário.* São Paulo, Mas Limonad, 1997.

FAGUNDES, Seabra. *O controle dos atos administrativos pelo Poder Judiciário.* Rio de Janeiro, Forense, 1967.

FALCÃO, Amilcar de Araújo. *Fato gerador da obrigação tributária.* 5. ed., Rio de Janeiro, Forense, 1994.

_____. Imunidade e isenção tributária – Instituição de Assistência Social, *Revista de Direito Tributário*, v. 66, São Paulo, Malheiros.

FALEIRO, Kelly Magalhães. *Procedimento de consulta fiscal.* São Paulo, Noeses, 2005.

FANUCCHI, Fábio. *A decadência e a prescrição no direto tributário*. São Paulo, Resenha Tributária, 1982.

FERRAGUT, Maria Rita. *As presunções no direito tributário*. São Paulo, Dialética, 2001.

_____. *Responsabilidade tributária e Código Civil 2002*. São Paulo, Noeses, 2005.

FERRAZ JÚNIOR, Tercio Sampaio. *Conceito de sistema no direito positivo*. São Paulo, Revista dos Tribunais, 1976.

_____. Segurança jurídica e normas gerais tributárias, *Revista de Direito Tributário*, (5) 17/18:50-6, São Paulo, Malheiros, 1981.

_____. A relação meio/fim na teoria geral do direito administrativo, *Revista de Direito Público*, (XV) 61:27-33, São Paulo, Revista dos Tribunais, 1981.

_____. *Teoria da norma jurídica: ensaio de pragmática da comunicação normativa*. Rio de Janeiro, Forense, 1986.

_____. *Introdução ao estudo do direito*. São Paulo, Atlas, 1991.

_____. Contribuições (2) – mesa de debates, *Revista de Direito Tributário*, (1) 60:249-67, São Paulo, Malheiros, 1994.

FERREIRA FILHO, Manoel Gonçalves. *Do processo legislativo*. São Paulo, Saraiva, 1968.

FERREIRA LIMA, Reginaldo. *Direito cooperativo tributário*. São Paulo, Max Limonad, 1997.

FIGUEIREDO, Lúcia Valle. *Curso de direito administrativo*. São Paulo, Malheiros, 1994.

_____. *Estudos de direito tributário*. São Paulo, Malheiros, 1996.

FIORIN, José Luiz. "Interdiscursividade e intertextualidade". *Bakhtin: outros conceitos-chave*. Org. Beth Brait. São Paulo, Contexto, 2006.

FLUSSER, Vilém. *Língua e realidade*. 2. ed. São Paulo, Annablume, 2004.

FRANCO SOBRINHO, Manoel de Oliveira. *A prova administrativa*. São Paulo, Saraiva, 1973.

FONROUGE, Giuliani. *Derecho financeiro*. 2 ed. Buenos Aires, Depalma, 1970.

FONSECA, Tito Prates da. Atos administrativos nulos e anuláveis, *Revista Direito*, (3) *13*:45-69, Rio de Janeiro, 1942.

FORTES DE CERQUEIRA, Marcelo Paulo. *Repetição do indébito tributário*. São Paulo, Max Limonad, 2000.

FRANCA. Pe. Leonel S. J. *Noções de história da filosofia*. Rio de Janeiro, Agir, 1965.

FRANCO SOBRINHO, Manoel de Oliveira. *A prova administrativa*. São Paulo, Saraiva, 1973.

FREIRE, Laudelino. *Grande e novíssimo dicionário da língua portuguesa*. Rio de Janeiro, José Olympio, 1954. T. I a V.

FURLAN, Valéria C. P. *IPTU*. São Paulo, Malheiros, 1998.

GAMA, Tácio Lacerda. Obrigação e crédito tributário. *Anotação à margem da teoria de Paulo de Barros Carvalho*, n. 50, São Paulo, Revista dos Tribunais, 2002.

_____. *Contribuição de intervenção no domínio econômico*. São Paulo, Quartier Latin, 2003.

_____. *Competência Tributária – Fundamentos para uma teoria da nulidade*. São Paulo, Noeses, 2009.

GAMBRA, Rafael. *Pequena história da filosofia*. Livraria Tavares Martins, 1973.

GARCIA DE ENTERRÍA, Eduardo; FERNÁNDEZ, Tomás-Rámon. *Curso de direito administrativo*. São Paulo, Revista dos Tribunais, 1991.

GASPARINI, Diógenes. *Direito administrativo*. São Paulo, Saraiva, 1989.

GIANNINI, A. D. *Concetti fondamentali del diritto tributário*. UTET, 1956.

GUIRAUD, Pierre. *A semântica*. Trad. de Maria Elisa Mascarenhas. São Paulo, Difel, 1980.

GOFFI, Ana Maria. Extinção dos atos administrativos, *Revista de Direito Público*, (VI) 30:35-41, São Paulo, Revista dos Tribunais, 1974.

GOMES, Nuno Sá. *Manual de direito fiscal*. Lisboa, Rei dos Livros, 1997. v. II.

GOMES, Pinharanda. *Pensamento e movimento*. Porto: Lello & Irmão, 1974.

GORDILLO, Agustin A. *Tratado de derecho administrativo*. Buenos Aires, Ediciones Macchi-Lopes, 1974.

_____. *Procedimento y recursos administrativos*. 2. ed. Buenos Aires, Ediciones Macchi-Lopes.

_____. Princípios gerais de direito público, *Revista dos Tribunais*, São Paulo, Revista dos Tribunais, 1977.

GRAU, Eros Roberto. *Licitação e contrato administrativo*. São Paulo, Malheiros, 1995.

_____. *La doppia destrutturazione del diritto*. Milano, Edizioni Unicopli, 1996.

_____. *O direito posto e direito pressuposto*. 6. ed. São Paulo, Malheiros, 2005.

GRECO, Marco Aurélio. *Norma jurídica tributária*. São Paulo, Saraiva/EDUC, 1974.

_____. *Dinâmica da tributação e procedimento*. São Paulo, Revista dos Tribunais, 1979.

_____. Lançamento, *Cadernos de Pesquisas Tributárias*, v. 12. Coord. Ives Gandra da Silva Martins. São Paulo, Resenha Tributária, 1987.

GREIMAIS, A. J. e COURTÉS, J. *Dicionário de semiótica*. Trad. Alceu Dias de Lima e outros. São Paulo, Cultrix, 1979.

GUASTINI, Riccardo. *Dale fonti alle norme*. Torino, Giappichelli, 1982.

GUASTINI, Riccardo. *Das fontes às normas*. Trad. Edson Bini. São Paulo, Quartier Latin, 2005.

_____. Norberto Bobbio sul ragionamento dei giuristi. In: Comanducci, P.; GUSTINI, R. *L'analisi del ragionamento giuridico*. v. II.

GUIBOURG, Ricardo; GHIGLIANI, Alejandro; GUARINONI, Ricardo. *Introducción al conocimiento científico*. Buenos Aires, EUDEBA, 1985.

GUIMARÃES, Carlos Rocha. Lançamento por homologação. *Revista de Direito Tributário*, (9) *31*:142-146 São Paulo, Malheiros, 1985.

HARET, Florence. As presunções e a linguagem prescritiva do direito, *Revista de Direito Tributário*, v. 97, São Paulo, Malheiros, 2007.

HART, Herbert L. A. *O conceito de direito*. Trad. de Armindo Ribeiro Mendes. Lisboa, Fundação Calouste Gulbenkian, 1961.

HEGENBERG, Leônidas. *Lógica simbólica*. São Paulo, Editora Herder, 1966.

_____. *Dicionário de lógica*. São Paulo, EPU, 1995.

HORVATH, Estevão. *Aspectos teóricos do lançamento tributário no direito positivo brasileiro*. Dissertação de mestrado. (PUC/SP), 1989.

_____. *La autoliquidacion tributaria*. Tese de doutoramento. Madrid, Universidade Autónoma de Madrid, 1992.

_____. *Lançamento tributário e "autolançamento"*. São Paulo, Dialética, 1997.

HORVATH, Estevão; RODRIGUES, José Roberto Pernomian. Efeitos da modificação de uma decisão judicial em matéria tributária. *Revista de Processo*, v. 89. São Paulo, Revista dos Tribunais, 1998.

HOSPERS, John. *Introducción al análisis filosófico*. Madrid, Alianza Editorial, 1995.

HUME, David. *Tratado da natureza humana*: uma tentativa de introduzir o método experimental de raciocínio nos assuntos morais. São Paulo, Imprensa Oficial/UNESP, 2001.

HUSSERL, Edmund. *Ideas relativas a una fenomenologia pura y una filosofia fenomenologica*. Trad. para o espanhol de José Gaos. México, Fondo de Cultura Econômica, 1949.

_____. *A idéia da fenomenologia*. Trad. Artur Morão. Lisboa, Edições 70. s/d.

ILARI, Rodolfo; GERALDI, João Wanderley. *Semântica*. São Paulo, Ática, 1992.

IRBARNE, Aguinsky de. *Fenomenologia y ontologia jurídica*. Buenos Aires, Pannedille, 1971.

IVO, Gabriel. *Constituição estadual:* competência para elaboração da constituição do Estado Membro. São Paulo, Max Limonad, 1997.

_____. *Norma jurídica* – produção e controle. São Paulo, Noeses, 2007.

JAKOBSON, Roman. *Linguística e comunicação*. Trad. José Paulo Paes e Isidoro Blikstein. São Paulo, Cultrix, 1991.

JARACH, Dino. *El hecho imponible*. 2. ed. Buenos Aires, Abeledo Perrot, 1971.

JARDIM, Eduardo Marcial Ferreira. *Manual de direito financeiro e tributário*. São Paulo, Saraiva, 1994.

JOLIVET, Régis. *Curso de filosofia*. Trad. Eduardo Prado de Mendonça. Rio de Janeiro, Agir, 1961.

JUNQUEIRA FILHO, Aguinaldo de Mello. Termo inicial do prazo de decadência do direito de lançar tributo, *Revista de Direito Tributário*, 32:298-302 São Paulo, Malheiros, 1985.

JUSTEN FILHO, Marçal. *O imposto sobre serviços na Constituição*. São Paulo, Revista dos Tribunais, 1985.

_____. *Sujeição passiva tributária*. Belém, CEJUB, 1990.

_____. O ISS, a Constituição de 1988 e o Decreto-lei n. 406, *Revista Dialética de Direito Tributário*, vol. 3.

KALINOWSKI, Georges. *Introducción a la lógica jurídica*. Trad. esp. Juan A. Casaubon. Buenos Aires, EUDEBA, 1973.

_____. *Lógica del discurso normativo*. Trad. Juan Ramon Capella. Madrid, Tecnos, 1975.

KANT, Immanuel. *Crítica da razão pura*. Trad. Manuela Pinto dos Santos e Alexandre Fradique Morujão. Lisboa, Calouste Gulbenkian, 1994.

KELSEN, Hans. *Teoria pura do direito*. Trad. João Baptista Machado. Lisboa, Armênio Amado, 1984.

_____. *Teoria geral do direito e do estado*. Trad. Luís Carlos Borges. São Paulo, Martins Fontes, 1990.

_____. *Teoria geral das normas*. Porto Alegre, Sergio Antonio Fabris, 1986.

_____. *Teoria pura do direito*. 4. ed., trad. Baptista Machado, Coimbra, Arménio Amado, 1979.

LACOMBE, Américo Masset. *Obrigação tributária*. São Paulo, Revista dos Tribunais, 1977.

LANGER, Suzane K. *Introducción a la lógica simbólica*. Trad. esp. Francisco González Aramburu. Madrid, Siglo Veintiuno, 1974.

LAPATZA, José Juan Ferreiro. *Curso de derecho financiero español*. Madrid, Marcial Pons, 1992.

_____. *Direito tributário:* teoria geral do tributo. São Paulo, Marcial Pons, 2007.

LARENZ, Karl. *Metodologia da ciência do direito*. Trad. José Lamego. Lisboa, Calouste Gulbenkian, 1983.

LEAL, Antonio Luiz da Câmara. *Da prescrição e da decadência*. 2. ed. Rio de Janeiro, Forense, 1969.

LEITE JÚNIOR, Orlando. *A regra-matriz do IVVC*: sua textualidade. São Paulo, Ed. Gonçalves, 1993.

LIMA GONÇALVES, José Artur. Lançamento – revisão de ofício – erro de direito, *Revista de Direito Tributário*, (9) *33*:270-275, São Paulo, Malheiros, 1985.

_____. *Isonomia na norma tributária*. São Paulo, Malheiros, 1993.

_____. *Imposto sobre a renda*: pressupostos constitucionais. São Paulo, Malheiros, 1997.

LIMA, Ruy Cirne. *Princípios de direito administrativo*. 2. ed. Porto Alegre, Globo.

LINS, Robson Maia. *Controle de constitucionalidade da norma tributária* – Decadência e prescrição. São Paulo, Quartier Latin, 2005.

LOPES FILHO, Osíris. *Regimes aduaneiros especiais*. São Paulo, Revista dos Tribunais, 1984.

LUNARDELLI, Maria Rita Gradilone Sampaio. Decisões judiciais e tributação, *Cadernos de Pesquisas Tributárias*, *19*:251-271, São Paulo, Revista dos Tribunais, 1994.

_____. Permissão de uso do solo para instalação de equipamentos de telecomunicações – cobrança indevida, *Revista Dialética de Direito Tributário*, *62*:96-112, São Paulo, Dialética, 2000.

_____. Decadência e prescrição nos casos do chamado "lançamento por homologação", *Revista de Direito Tributário*, (77):152-169, São Paulo, Malheiros, 2000.

LUNARDELLI, Pedro. Decisões judiciais e tributação, *Cadernos de Pesquisas Tributárias*, n. 19. Coord. Ives Gandra da Silva Martins. São Paulo, Resenha Tributária, 1994.

_____. *Isenções tributárias*. São Paulo, Dialética, 1999.

MACHADO, Hugo Brito. Lançamento por declaração, *Revista de Direito Tributário*, (7) *25/26*:335-40, São Paulo, Malheiros, 1983.

_____. Lançamento com base em depósitos bancários, *Revista de Direito Tributário*, (12) *44*:220-223, São Paulo, Malheiros, 1988.

_____. *Curso de direito tributário*. Rio de Janeiro, Forense, 1981.

_____. *Curso de direito tributário*. São Paulo, Malheiros, 1993.

MAINGUENEAU, Dominique. *Frases sem texto*. 1.ed. São Paulo: Parábola Editorial, 2014.

MALERBI, Diva. *Segurança jurídica e tributação*. Tese de Doutoramento (PUC/SP), 1992.

MANGIONE, Giovanni. *Problemi attuali di diritto finanziario*. Padova, CEDAM, 1971.

MANSO. Paulo da Costa. Revogação dos atos administrativos, *Revista de Direito Público*, (VI) *31*:27-32, São Paulo, Revista dos Tribunais, 1974.

MARIZ DE OLIVEIRA, Ricardo. Princípios fundamentais do imposto de renda. In: *Direito tributário* – estudos em homenagem a Brandão Machado. São Paulo, Dialética, 1998.

MARQUES, José Frederico. *Instituições de direito processual civil*. 2. ed. Rio de Janeiro, Forense, 1962.

MARTINS, Fran. *Contratos e obrigações comerciais*. 4. ed. Rio de Janeiro, Forense, 1976.

MARTINS, Ives Gandra da Silva. Do lançamento, *Cadernos de Pesquisas Tributárias*, n. 12. Coord. Ives Gandra da Silva Martins. São Paulo, Resenha Tributária, 1987.

MAXIMILIANO, Carlos. *Hermenêutica e aplicação do direito*. 9. ed. Rio de Janeiro, Forense, 1979.

MAYA, Rômulo. A abstração do lançamento e sua repercussão na execução fiscal, *Revista de Direito Tributário*, (3) 6:158-62, São Paulo, Malheiros, 1979.

MAYNEZ, Eduardo García. *Lógica del concepto jurídico*. México, Fondo de Cultura Económica, 1959.

_____. *Introducción al estudio del derecho*. México, Editorial Porrúa, 1973

_____. *Lógica del raciocinio jurídico*. México, Fondo de Cultura Económica, 1959.

MEDAUAR, Odete. *Direito administrativo moderno*. São Paulo, Revista dos Tribunais, 1996.

MEIRELES, Hely Lopes. *Direito administrativo brasileiro*. 33. ed. São Paulo, Malheiros, 2007.

_____. Revogação e anulação de ato administrativo, *Revista de Direito Administrativo*, 75: 31-5, São Paulo, FGV.

_____. *Licitação e contrato administrativo*. 14. ed. São Paulo, Malheiros, 2006.

MELLO, Marcos Bernardes de. *Teoria do fato jurídico. Plano da existência*, São Paulo, Saraiva, 1999.

MENDES, Sônia Maria Broglia. *A validade jurídica - pré e pós giro linguístico*. São Paulo, Noeses, 2007.

MENDONÇA, Christine. O regime jurídico do programa de recuperação fiscal – Refis: parcelamento *stricto sensu*. In: *Refis, aspectos jurídicos relevantes*. São Paulo, Edipro, 2001.

MENDONCA, Daniel. *Normas y sistemas normativos*. Barcelona, Jurídicas y Sociales S.A., 2005.

MENNE, Albert. *Introducción a la lógica*. Madrid, Gredos, 1974.

MICHELI, Gian Antônio. Considerações sobre a disciplina do lançamento tributário na lei brasileira, *Revista de Direito Público*, (VII) 32:193-5, São Paulo, Revista dos Tribunais, 1974.

_____. *Curso de direito tributário*. Trad. Marco Aurélio Greco e Pedro Luciano Marrey Jr. São Paulo, Revista dos Tribunais, 1978.

MILL, Stuart. *O sistema da lógica*. Madrid, Daniel Jorro Editor, 1917.

MIRANDA, Pontes de. *Tratado de direito privado*. Rio de Janeiro, Borsoi, 1954. T. I, II, IV e V.

_____. *Tratado de direito privado*. 4. ed. São Paulo, Revista dos Tribunais, 1974. t. I.

_____. *Comentários à Constituição de 1967 com a Emenda n. 1 de 1969*. São Paulo, Revista dos Tribunais, 1971. v. V.

MONTE ALEGRE, José Sérgio. Estabilidade e certeza das relações jurídicas como fator de limitação à anulação de ofício do ato administrativo, *Revista de Direito Público*, (XIII) 53/54:153-60, São Paulo, Revista dos Tribunais, 1980.

MONTEIRO DE BARROS, José Eduardo. Teoria geral do lançamento tributário. In: *Elementos de direito tributário*. Coord. Geraldo Ataliba. São Paulo, Revista dos Tribunais, 1978.

MONTUORI, Luigi. *L'accertamento nelle imposte della riforma*. Torino, Giappichelli, 1975.

MORAES, Bernardo Ribeiro de. *Sistema tributário na Constituição de 1969*. São Paulo, Revista dos Tribunais, 1973.

_____. *Elementos de direito tributário*. São Paulo, Revista dos Tribunais, 1978.

_____. "A imunidade tributária e seus novos aspectos". In: *Revista Dialética de Direito Tributário*, n. 34, São Paulo, Dialética, julho de 1998.

MORCHÓN, Gregorio Robles. *El derecho como texto:* Cuatro estudios de teoria comunicacional del derecho. Madrid, Ed. Civitas, 1998.

_____. *Teoria del derecho:* fundamentos de teoria comunicacional del derecho. Madrid, Ed. Civitas, 1998. v. 1.

_____. *Las reglas del derecho y las reglas de los juegos*. Universidade de Palma de Mallorca, 1984.

MORETTI, Gian Carlo. *La motivazione nell'accertamento tributario*. Padova, CEDAM, 1969.

MORIN, Edgar. *O método 3* – o conhecimento do conhecimento. Trad. Juremir Machado da Silva. 3. ed. Porto Alegre, Sulina, 2005.

MOTTA PACHECO, Ângela Maria da. *Sanções tributárias e sanções penais tributárias.* São Paulo, Max Limonad, 1997.

_____. *Ficções Tributárias Identificação e Controle.* São Paulo: Noeses, 2008.

MOUSSALLEM, Tárek Moysés. *Fontes do direito tributário.* 2. ed. São Paulo, Noeses, 2007.

_____. *Revogação em matéria tributária.* São Paulo, Noeses, 2005.

NASCENTES, Antenor. *Dicionário da língua portuguesa.* Coimbra, Atlântica, 1957.

NAVARRO, Pablo Eugênio. *La eficácia del derecho.* Madrid, Centro de Estudios Constitucionales, 1990.

NEVES, Luis Fernando de Souza. *COFINS*: Lei complementar 70/93. São Paulo, Max Limonad, 1997.

NEVES, Marcelo. Função do ato de lançamento em relação ao crédito tributário, *Revista da Ordem dos Advogados de Pernambuco*, (XXV) 25/26:169-208, Recife, OAB/Recife, 1982.

_____. *Teoria da inconstitucionalidade das leis.* São Paulo, Saraiva, 1988.

_____. *A constitucionalização simbólica.* São Paulo, Editora Acadêmica, 1994.

NINO, Carlos Santiago. *La validez del derecho.* Buenos Aires, Editorial Astrea, 1985.

_____. *Introducción al análisis del derecho.* Buenos Aires, Editorial Astrea, 1984.

NOGUEIRA, Rubens. *Curso de introdução ao estudo do direito.* 4. ed. São Paulo, Noeses, 2007.

NOGUEIRA, Ruy Barbosa. *Curso de direito financeiro*, J. Bushatsky Ed., 1971.

_____. *Teoria do lançamento tributário.* São Paulo, Resenha Tributária, 1973.

_____. *Curso de direito tributário*. 5. ed. São Paulo, Saraiva, 1994.

_____. *Imunidade tributária*. São Paulo, Saraiva, 1993.

NOVAES, Raquel Cristina. *A regra-matriz do IOF*. Dissertação de Mestrado (PUC/SP), 1992.

NOVELLI, Flávio Bauer. A eficácia do ato administrativo, *Revista de Direito Administrativo*, 60:16-26. São Paulo, FGV, 1960.

OLIVEIRA, Fábio Leopoldo de. *Curso expositivo de direito tributário*. Resenha Tributária, 1976.

OLIVEIRA, Júlio Maria de. *Internet e competência tributária*. São Paulo, Dialética, 2001.

_____. Adicional à contribuição previdenciária, *Repertório IOB de Jurisprudência*, São Paulo, IOB, jan. 1996, p. 13-4.

_____. Substituição tributária. *Repertório IOB de Jurisprudência*, São Paulo, IOB, abr. 1997, p. 164-9.

OLIVEIRA, Régis Fernandes. *Ato administrativo*. São Paulo, Revista dos Tribunais, 1992.

PEIRCE, Charles S. *Semiótica*. Trad. José Teixeira Coelho Neto. São Paulo, Perspectiva, 1990.

PEREIRA, André Gonçalves. *Erro e ilegalidade no acto administrativo*. Lisboa, Ática, 1962.

PEREIRA FILHO, Luiz Alberto. *As taxas no sistema tributário brasileiro*. Dissertação de Mestrado (PUC/SP), 2000.

PIMENTA, Paulo. *Aplicabilidade e eficácia das normas constitucionais programáticas*. São Paulo, Max Limonad, 1999.

PONDÉ, Lafayette. O ato administrativo, sua perfeição e eficácia, *Revista de Direito Administrativo*, 29:16-21, São Paulo, FGV, 1952.

POPPER, Karl. *A lógica da pesquisa científica*. Trad. Leonidas Hegenberg e Octanny Silveira da Mota. São Paulo, Cultrix, 1993.

POTITI, Enrico. *L'ordinamento tributario italiano*. Milano, Giuffrè, 1978.

PUGLIESE, Mario. *Instituciones de derecho financiero*. Trad. esp. José Silva. México, Fondo de Cultura Económica, 1939.

RÁO, Vicente. *O direito e a vida dos direitos*. São Paulo, Max Limonad, 1952.

_____. *Ato jurídico*. São Paulo, Max Limonad, 1964.

RATTI, Bruno. *Comércio internacional e câmbio*. 8. ed. São Paulo, Aduaneiras, 1994.

REALE, Miguel. *Introdução à filosofia*. 3. ed. São Paulo, Saraiva, 1994.

_____. *Teoria do direito e do estado*. 5. ed. São Paulo, Saraiva, 2000.

_____. *O direito como experiência*. 2. ed. São Paulo, Saraiva, 1992.

ROJO, Margarita Beladiez. *Validez y eficácia de los actos administrativos*. Madrid, Marcial Pons, 1994.

ROSS, Alf. *Sobre el derecho y la justicia*. Trad. Genaro Carrió. Buenos Aires, EUDEBA, 1974.

_____. *Lógica de las normas*. Madrid, Editorial Tecnos, 1971.

QUEIROZ. Mary Elbe Gomes. *Do lançamento tributário – execução e controle*. São Paulo, Dialética, 1999.

_____. Tributação das pessoas jurídicas – *Comentários ao regulamento do Imposto sobre a Renda*. Brasília, Editora UNB, 1997.

_____. A inexistência de sigilo bancário frente ao poder-dever de investigação das autoridades fiscais, *Revista de Direito Tributário*, v. 76, São Paulo, Malheiros, 2000.

_____. As indenizações sob a ótica do imposto sobre a renda. Coord. Hugo de Brito Machado. In: *Regime tributário da indenização*. São Paulo, Dialética, 2000.

_____. A impossibilidade de limitação de 30% para compensação de prejuízos fiscais na apuração das bases de cálculo do IRPJ e da CSLL, *Revista de Direito Tributário*, v. 79, São Paulo, Malheiros, 2000.

QUIROGA MOSQUERA, Roberto. *Renda e proventos de qualquer natureza*: o imposto e o conceito contitucional. São Paulo, Dialética, 1996.

_____. *Tributação no mercado financeiro e de capitais*. São Paulo, Dialética, 1998.

SALMON, Wesley C. *Lógica*. Trad. Leonidas Hegenberg e Octanny Silveira da Mota. Rio de Janeiro, Zahar, 1984.

SALOMÃO, Marcelo Viana. *ICMS na importação*. São Paulo, Editora Atlas, 2000.

_____. Das inconstitucionalidades do IPVA sobre a propriedade de aeronaves, *Revista Dialética de Direito Tributário*, *13*:41-54, São Paulo, Editora Dialética, 1996.

SAMPAIO DÓRIA, António Roberto. *Da lei tributária no tempo*. São Paulo, Editora Obelisco, 1968.

SANTI, Eurico Marcos Diniz. *Lançamento tributário*. São Paulo, Max Limonad, 1999.

_____. *Lançamento tributário*. São Paulo, Max Limonad, 1996.

_____. Compensação e restituição de tributos, *IOB Repertório de Jurisprudência*, IOB, São Paulo, jan./1996.

_____. Classificações no sistema tributário brasileiro. In: *Justiça Tributária:* 1º Congresso internacional de direito tributário – IBET. São Paulo, Max Limonad, 1998.

_____. O "livro eletrônico" e a imunidade do livro como limite objetivo. In: *Livro eletrônico*. Coord. Hugo de Brito Machado. São Paulo, IOB, 1998.

_____. *Decadência e prescrição no direito tributário*. São Paulo, Max Limonad, 2000.

_____. (org.) *Interpretação e estado de direito*. São Paulo, Noeses, 2006.

SARTIN, Agostinho. IR – Lançamento presuntivo – depósitos bancários – sinais exteriores de riqueza – legalidade e tipicidade, *Revista de Direito Tributário*, (9) *34*:266-276, São Paulo, Malheiros, 1985.

SAUSSURE, Ferdinand de. *Curso de lingüística geral*. Trad. Antônio Chelini, José Paulo Paes e Isidoro Blikstein. São Paulo, Cultrix, 1991.

SCAVINO, Dardo. *La filosofía actual: pensar sin certezas*. Buenos Aires, Paidos, 1999.

SCHOUERI, Luís Eduardo. *Processo administrativo fiscal*. São Paulo, Dialética, v. 2.

____. Do prazo de decadência em matéria de "drawback" – suspensão. In: *Direito tributário*. São Paulo, Quartier Latin, 2003, v. 1.

SEABRA FAGUNDES, Miguel. *O controle dos atos administrativos pelo Poder Judiciário*. Rio de Janeiro, Forense, 1957.

SEIFFERT, Helmut. *Introdución a la lógica*. Barcelona, Herder, 1977.

SILVA, José Afonso da. *Aplicabilidade das normas constitucionais*. São Paulo, Revista dos Tribunais, 1968.

____. *Curso de direito constitucional positivo*. São Paulo, Malheiros, 1992.

SILVA PEREIRA, Caio Mário da. *Instituições de direito civil*. Rio de Janeiro, Forense, 1993. t. I.

SOARES DE MELO, José Eduardo. Lançamento. In: *Cadernos de Pesquisas Tributárias*, n, 12. Coord. Ives Gandra da Silva Martins. São Paulo, Resenha Tributária, 1987.

____. *Contribuições sociais no sistema tributário*. São Paulo, Malheiros, 1993.

____. *Curso de direito tributário*. São Paulo, Dialética, 1997.

SOUSA, Rubens Gomes de. *Compêndio de legislação tributária*. São Paulo, Resenha Tributária, 1975.

_____. *Compêndio de legislação tributária.* 2.ed., Rio de Janeiro, Ed. Financeiras, 1954, p. 12.

_____. Um caso de ficção legal no direito tributário, *Revista de Direito Público*, (III) 11:13-33, São Paulo, Revista dos Tribunais, 1970.

_____. Procedimento tributário. In: *Elementos de direito tributário*. São Paulo, Revista dos Tribunais, 1978.

_____. Evolução do conceito de rendimento tributável, *Revista de Direito Público*, n. 14.

SOUZA DE QUEIROZ, Luís César. *Sujeição passiva tributária*. Rio de Janeiro, Forense, 1998.

SOUZA NEVES. Luis Fernando de. *Cofins:* contribuição social sobre o faturamento – LC.70/91. São Paulo, Max Limonad, 1997.

SUNDFELD, Carlos Ari. *O ato administrativo inválido*. Tese (PUC/SP). São Paulo, (PUC/SP), 1986.

_____. *Fundamentos de direito público*. São Paulo, Malheiros, 1993.

TÁCITO, Caio. A teoria da inexistência do ato administrativo, *Revista de Direito Administrativo*, 36:78-81, São Paulo, FGV, 1947.

_____. A teoria da inexistência do ato administrativo, *Revista de Direito Administrativo*, 48:350-5, São Paulo, FGV, 1954.

_____. *Direito administrativo*. São Paulo, Saraiva, 1975.

TARSKI, Alfred. *A concepção semântica da verdade:* textos clássicos de Tarski. São Paulo, Imprensa Oficial/UNESP, 2007.

TELLES JUNIOR, Gofredo da Silva. *Direito quântico*. 6. ed. São Paulo, Max Limonad, 1985.

TEMER, Michel. *Elementos de direito constitucional*. São Paulo, Revista dos Tribunais, 1990.

TESAURO, Francesco. Lançamento e recolhimento, *Revista de Direito Tributário*, (2) 6:101-23 São Paulo, Malheiros, 1978.

TOMÉ, Fabiana Del Padre. Imunidades tributárias e as emendas constitucionais, *Revista da APG/PUC-SP*, (8) *18*:79-86, São Paulo, *Lorosae*, 1999.

_____. *A prova no direito tributário*. São Paulo, Noeses, 2005.

TORRES, Ricardo Lobo. *Curso de direito financeiro e tributário*. Rio de Janeiro, Renovar, 1993.

_____. *Curso de direito financeiro e tributário*. Rio de Janeiro, Forense, 1998.

_____. *Curso de direito financeiro e tributário*. Rio de Janeiro, Renovar, 1993.

ULLMANN, Sthephen. *Semântica:* uma introdução à ciência do significado. Trad. J. A. Osório Mateus. Lisboa, Fundação Calouste Gulbenkian, 1964.

VELLOSO, Carlos Mário da Silva. Irretroatividade da lei tributária – Irretroatividade e anterioridade – Imposto de renda e empréstimo compulsório, *Revista de Direito Tributário*, v. 45, São Paulo, Malheiros.

VERNENGO, Roberto J. *Curso de teoría general del derecho*. Buenos Aires, Depalma, 1986.

VIEIRA, José Roberto. *IPI*: a regra-matriz de incidência – texto e contexto. Curitiba, Juruá, 1993.

VIEIRA, Maria Leonor Leite. *A suspensão da exigibilidade do crédito tributário*. Dialética, 1997.

VILANOVA, Lourival. *Escritos jurídicos e filosóficos*. São Paulo, Axis Mundi/IBET, 2003. v. I.

_____. *Escritos jurídicos e filosóficos*. São Paulo, Axis Mundi/IBET, 2003. v. II.

_____. *As estruturas lógicas e o sistema do direito positivo*. São Paulo, Noeses, 2005.

_____. *Causalidade e relação no direito*. São Paulo, Saraiva, 1989.

VILLEGAS, Hector B. *Curso de finanzas, derecho financiero y tributario*. Buenos Aires, Depalma, 1972.

_____. Verdade e ficções em torno do tributo denominado taxa, *Revista de Direito Público*, n. 17. Brasília, Malheiros.

XAVIER, Alberto Pinheiro. *Conceito e natureza do acto tributário*. Coimbra, Almedina, 1972.

_____. *Do lançamento no direito tributário brasileiro*. São Paulo, Resenha Tributária, 1977.

_____. *Procedimento administrativo*. São Paulo, Bushatsky, 1976.

_____. IR – Lançamento por arbitramento – pressupostos e limites, *Revista de Direito Tributário*, (9) *31*:174-185, São Paulo, Malheiros, 1985.

_____. Do prazo de decadência em matéria de "drawback" – suspensão. In: *Direito tributário*. São Paulo, Quartier Latin, 2003, v. 1.

_____. *Direito tributário internacional do Brasil*: tributação das operações internacionais, 3. ed. Rio de Janeiro, Forense, 1994.

WARAT, Luiz Alberto. *O direito e sua linguagem*. Porto Alegre, Fabris, 1984.

_____. *Introdução geral ao direito*. Porto Alegre, Fabris, 1994. T. I.

WITTGENSTEIN, Ludwig. *Tractatus logico-philosophicus*. Trad. Luis Henrique Lopes dos Santos. São Paulo, EDUSP, 1994.

WRIGHT. Georg Henrik von. *Norma y acción*: una investigação lógica. Trad. esp. Pedro Garcia Ferrero. Madrid, Technos, 1970.

ZANCANER, Weida. *Da convalidação e da invalidação dos atos administrativos*. São Paulo, Malheiros, 1993.